LETRAS
de Hispanoamérica

NUEVA ANTOLOGÍA DE LA LITERATURA DE LAS AMÉRICAS

JULIO ORTEGA
Brown University

GUSTAVO PELLÓN
University of Virginia

MARTÍN GASPAR
University of Wisconsin

VISTA®
HIGHER LEARNING

Boston, Massachusetts

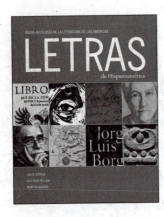

The cover of LETRAS features (top row, left to right) the title page of Xeres' account of the conquest of Peru, 1535; a linocut by Rachael Romero of Pablo Neruda, 1976; a letter in José Martí's handwriting; Gabriela Mistral image on Chilean 5000 peso banknote, 2009; (bottom row, left to right) Gabriel García Márquez at the University of Guadalajara, 2004; a map of America from the Spanish atlas by Joan Martines, 1587; Jorge Luis Borges' name embossed; and an example of Mayan writing.

Publisher: José A. Blanco

President: Janet Dracksdorf

Editorial Development: María Cinta Aparisi, Deborah Coffey, María Victoria Echeverri, Iñigo Javaloyes

Project Management: María Rosa Alcaraz, Natalia González, Sharon Inglis

Design and Production Director: Marta Kimball

Senior Creative Designer, Print & Web/Interactive: Susan Prentiss

Production Manager: Oscar Díez

Design and Production Team: Liliana Bobadilla, Alejandro Bustamante, María Eugenia Castaño, Mauricio Henao, Jhoany Jiménez, Fabian Montoya, Nick Ventullo

Printed in the United States of America

ISBN: 978-1-61857-173-1

Library of Congress Control Number: 2013930279

1 2 3 4 5 6 7 8 9 RC 18 17 16 15 14 13

ÍNDICE DE MATERIAS

CAPÍTULO 4

PREFACE

Letras de Hispanoamérica: Nueva antología de la literatura de las Américas is a comprehensive anthology presenting the written texts which form part of the literature and history of Spanish-speaking America. The vast and diverse territory in which the selected texts originated extends across two continents and nineteen countries, and is home to over four hundred million people. Of those, forty-five million people of Hispanic descent live in the United States. Though geographically, culturally, and ethnically diverse, the region is bound together by a common language, Spanish, which arrived with the conquest of the Americas, beginning with Columbus' first voyage to the New World in 1492, and expanded through the colonization of Mexico, Central and South America, and parts of the United States.

The texts included in *Letras de Hispanoamérica* span twelve centuries. The most significant literary periods began in the 16th century and continue today. However, *Letras* presents texts from pre-Columbian times which were not written in Spanish, and also includes works by U.S.-based authors of Hispanic descent.

The pre-Hispanic texts included in Chapter 1 were written in the native languages of the indigenous people who inhabited the region prior to the arrival of Europeans: Náhuatl in central Mexico, Mayan in southern Mexico and Central America, and Quechua in the Andean region comprised by Ecuador, Peru, Bolivia, and Colombia. These texts constitute a distinct and ancient narrative tradition, the influence of which is significant in the evolution of Spanish American literature from the early 16th century. To cite just a few examples, writers as diverse as Inca Garcilaso de la Vega, Ricardo Palma, César Vallejo, Carlos Fuentes, Octavio Paz, and Julio Cortázar all draw on the rich imagery and complex mythology found in pre-Columbian writings.

Chapters 2 and 3 cover the period from the conquest and colonization to the independence movements of the early and mid-19th century. The *Crónicas*, seminal texts which record the key events of the discovery and the conquest, are represented by works from major historical figures: Christopher Columbus, Hernán Cortés, Bernal Díaz del Castillo, Bartolomé de las Casas, and Álvar Núñez Cabeza de Vaca. The earliest examples of literary works in the New World appear in the 17th century with the poems and philosophical essays of Sor Juana Inés de la Cruz. In 1816 José Joaquín Fernández de Lizardi's *El Periquillo Sarniento*, generally recognized as the first Latin American novel, is published.

In the early 19th century, statesmen and intellectuals like Simón Bolívar and Andrés Bello establish the foundations of a new sense of national identity in the texts *Carta de Jamaica* and *Las repúblicas hispanoamericanas: Autonomía cultural*. In this period, we see the emergence of Romanticism, Naturalism, and Realism, movements which produce figures like José María Heredia, Esteban Echeverría, Clorinda Matto de Turner, and Domingo Faustino Sarmiento.

Chapters 4, 5, and 6 of ***Letras*** span the period from the end of the 19ᵗʰ century to the 21ˢᵗ century. This is unquestionably the most prolific and explosive period in the literature of Spanish America, and works by writers such as Rubén Darío, Gabriela Mistral, César Vallejo, Pablo Neruda, Gabriel García Márquez, Jorge Luis Borges, Julio Cortázar, Mario Vargas Llosa, and many others catapult the region onto the world stage.

Modernism emerges as a literary movement: it not only influences literary culture abroad, but it also represents the first truly Pan-American literature, as national differences become less relevant. In Spanish, the founding text is considered to be Darío's *Azul* (1888). Bold and experimental modern poetry continues to be written in the region in the 20ᵗʰ century by the Nobel-prize winners Gabriela Mistral and Pablo Neruda. Equally as important and highly regarded internationally is the poetry of César Vallejo, Delmira Agustini, Vicente Huidobro, Alfonsina Storni, Octavio Paz, José Lezama Lima, Nicanor Parra, and Rosario Castellanos, all of whom contribute to making Spanish America a true "Land of Poets."

Argentine writer Jorge Luis Borges' short stories, poetry, translations, and essays possess a unique imaginative quality. His writings synthesize philosophical inquiry, fantasy, and profound erudition. A critic notes the influence of Borges on the new generation of Latin American writers: "He, more than anyone, renovated the language of fiction and thus opened the way to a remarkable generation of Spanish American novelists."

With the publication of *Cien años de soledad* in 1967 by Gabriel García Márquez, the Latin American novel becomes a driving force which creates the period known as *El boom*. Julio Cortázar's *Rayuela*, Carlos Fuentes' *La muerte de Artemio Cruz*, Mario Vargas Llosa's *La casa verde*, and Juan Rulfo's *Pedro Páramo*, as well as Guillermo Cabrera Infantes' *Tres tristes tigres* and José Donoso's *El obsceno pájaro de la noche* all become best-selling novels in the 1960s and 1970s, and are widely disseminated in the United States, Europe, and Asia.

Chapter 7 presents the emerging literature in Spanish created in the United States by immigrants from the nations of Spanish-speaking America and by descendants of colonists who populated what is now California, the South West, and parts of the Pacific North West. Included are many writers now considered "classics," such as Pedro Juan Soto, Sabine Ulibarrí, and Francisco Jiménez, who often write about the realities of the immigrant experience. Tino Villanueva, Tato Laviera, Guillermo Gómez-Peña, and Mayra Santos-Febres form part of a new generation of writers in North America attempting to capture the complexities of life in a culturally diverse, rapidly changing, technology-driven society.

TEXT ORGANIZATION

Letras is intended to be used in introductory courses focusing on the study of Latin American literature in Spanish. It may be used as the core text in courses that offer a general introduction to Spanish or Latin American literature, or as a supplementary text in survey courses which cover both Latin American and Iberian literature. It may also be suitable for courses covering more specific periods, such as 19th and 20th century Latin American literature.

As previously noted, *Letras* covers the key literary currents of each major period, presenting works in all genres: poetry, short stories, novels, plays, essays, and historical texts. For many significant writers, there is a richer and more diverse selection than what is found in standard anthologies. The authors and editors of *Letras* have made every effort to include unique and compelling works that expand the writers' points of view and showcase unknown aspects of their work. In this vein, *Letras* offers texts such as the Nobel Prize acceptance speech by Gabriel García Márquez; "La verdad de las mentiras," a literary essay by Mario Vargas Llosa; and a political essay by Gabriela Mistral entitled "La cacería de Sandino," as well as others.

Each chapter of *Letras* is preceded by an in-depth overview of the main literary themes and socio-historical dimensions of the period. A graphic timeline outlines the period's most relevant historical and literary events in an easy-to-follow format. The individual author biographies include a list of works, followed by selected texts. A series of analytical and interpretive questions and two or three research topics prompt students to test their comprehension and investigate other thematic aspects more deeply. Bibliographies are also included for certain key authors.

Letras features a unique section called *De viva voz*, in which authors discuss their works and the creative process involved in their writing. Sources include Rubén Darío's autobiography, interviews with Julio Cortázar and Gabriel García Márquez, and a conference given by Jorge Luis Borges.

ACKNOWLEDGMENTS

The publisher wishes to thank the principal authors of *Letras de Hispanoamérica* for their many thoughtful suggestions, their collaborative spirit, and their willingness to deliver manuscripts on an extremely tight schedule. Julio Ortega, Gustavo Pellón and Martín Gaspar were instrumental in the methodical selection of authors and their works, as well as in the writing of the introductory essays.

This book would not have been possible without the hard work, passion, and perseverance of a devoted team of writers, editors, and advisors. We are extremely grateful to the lead development editor of *Letras*, Iñigo Javaloyes, who valiantly managed the process of text selection and writing. Much gratitude is owed to María Cinta Aparisi and María Victoria Echeverri for their dedication to accuracy and careful editing. Many thanks also to Jorge I. Domínguez, for his guidance, wisdom, and insightful writing; to Paula Cañón, for her many excellent biographies; to Maribel García, for bringing to the text the reality of the classroom with relevant analytical and interpretive questions; to Julio Luengo Soto, whose poetic sensibility shed light on the most cryptic texts; and to Raquel Rodríguez Muñoz, for her careful work in the proofreading stages.

The publisher would also like to thank the following reviewers who contributed to the planning, organization, and development of *Letras:*

Scott Weintraub
The University of New Hampshire

Paul M. Worley
University of North Dakota

Aarti S. Madan
Worcester Polytechnic Institute

James C. Courtad
Illinois Wesleyan University

Selena Millares
Universidad Autónoma de Madrid

María A. Rey López
Metropolitan State University of Denver

Pablo Valle
Universidad de Buenos Aires

María Jesús Zamora Calvo
Universidad Autónoma de Madrid

PRÓLOGO

La literatura hispanoamericana es producto de la Edad Moderna temprana; empezó a formarse como tal entre los siglos XVI y XVII. Dos grandes tradiciones la alimentaron: en primer lugar, la literatura española, que desembarcó en el Nuevo Mundo en su momento de mayor esplendor, el Siglo de Oro, el Humanismo y el Barroco; y, en segundo lugar, la nutrieron las literaturas de las lenguas originales, de México a Chile, y aunque sus textos se difunden en traducciones, el poderoso imaginario de mitos y leyendas indígenas, así como la historia de su resistencia y reapropiación de los nuevos bienes, permearon y, a veces, definieron la visión americana de sus escritores. Por ser hija de la primera modernidad, esta literatura se pregunta desde sus comienzos por su propio origen, debate sus rasgos de identidad y busca definir su función social y política. Por eso, demanda precisar su propio campo de estudio, los espacios históricos que representa y aún el significado de su lugar en el mundo.

Aunque no tiene fecha de nacimiento, pues se debe a un conflictivo proceso de intercambio, resistencia, mezcla, reapropiaciones y negociación, existe hoy un consenso establecido sobre las áreas que incluyen su designación: "literatura latinoamericana" se refiere a los países y lenguas al sur del Río Grande, e incluye, por ello, el portugués de Brasil, así como el francés de las islas caribeñas; "literatura iberoamericana" incluye España, América hispánica, Portugal, Brasil y el Caribe francófono; "literatura "trasatlántica" equivale a la noción de "iberoamericana", pero pone énfasis en los intercambios que forman una nueva cultura literaria, hecha en la mezcla. Han dejado de utilizarse designaciones como "literatura de la América española", que sugiere un rango colonial, así como "literatura panamericana", que pretendía sumar a las de Estados Unidos y América Latina, porque conllevaba una dudosa unidad. "Literatura latinoamericana", que es el nombre más usual, tiende a excluir a Brasil, país que vive un momento de gran protagonismo geopolítico y cultural, y que está llamado a marcar el camino de toda América Latina. Incluso el origen del término "América Latina" es conflictivo: lo inventaron los franceses cuando el imperio de Napoleón planeaba invadir y anexionar México: así, se decidió que "lo latino" (la cultura latina, originada en Roma) era patrimonio común de Francia y de la América hispánica. Sin embargo, aún si los motivos son imperiales, los latinoamericanos identifican una nueva dignidad en su recién estrenado apelativo: son los escritores y los lectores quienes acuerdan el valor y el sentido, no solo de los nuevos nombres, sino de los nombres de lo nuevo.

En todo caso, entre los siglos XVI y XVIII, un escritor como el Inca Garcilaso de la Vega se hubiese sentido extrañado de que se le considerara solo peruano y no español. Aunque vivió en España la mayor parte de su vida y escribió en español, se proclamó peruano y de familia incaica; además, trató de armonizar ambas partes de su vida, sumando a su padre español y a su madre inca, hablando tanto el quechua como el español y siendo, por tanto, un sujeto del Nuevo Mundo. Por esta razón dedica su historia a los mestizos del Perú, esos nuevos sujetos, en los que vislumbra a sus lectores. En verdad, "mestizaje" o "mestizo" no suponen un equilibrio de ambas partes; más bien, implican una hibridez fluida y en proceso. En este sentido, el Inca Garcilaso ya no es de uno u otro lado de sus orígenes, sino que pertenece más bien al futuro. Cervantes, por su parte, pensó mudarse a las Indias, no para ser americano sino para tener un trabajo estable y poder dedicarse a su obra en un medio que era, además, más tolerante con la mezcla y con la diversidad. Por su lado, sor Juana Inés de la Cruz, agobiada por el acoso del autoritarismo eclesiástico mexicano, parece haber soñado con mudarse a España, donde podría ser protegida por una gran dama de la corte.

Y, sin embargo, Garcilaso y sor Juana coinciden en los elogios de la fecundidad y riqueza nativas, que para ellos son señas de la identidad americana. En sus *Comentarios reales de los incas*, Garcilaso describe un rábano tan grande que varios hombres, dice, no pueden abrazarlo: "yo probé del rábano", añade, dando testimonio de la experiencia propia como prueba de una verdad moderna frente a la verdad tradicional, que no requiere pruebas, solo fe. Sor Juana ve América como un cuerpo de cuyas venas España "desangra" los minerales. Él incluye como héroes de la lectura a los que no saben leer pero, como neófitos, están listos para aprender, empezando por los Evangelios; ella incluye la lengua náhuatl en sus villancicos, demostrando que la fe también es integradora. Ambas operaciones literarias pertenecen al que acabaría siendo el estilo de representación más característico del Nuevo Mundo: el Barroco hispanoamericano. Esto es así porque el lenguaje barroco es, antes que nada, inmanente: está afincado en el mundo, en lo material y en lo sensible; en una idea de la fecundidad americana como pródigo divino.

El Barroco, que se desarrolla en España como parte de la Contrarreforma, es un lenguaje cifrado y figurativo que entiende el conocimiento como forma de fe, pero que se expresa en un estilo sensorial y lujoso al que el Nuevo Mundo ha contribuido con sus bienes suntuosos: son americanos el chocolate, la plata, el oro, el tabaco, la piña, los frutos y los pájaros exóticos, que pronto enriquecen el repertorio de la poesía y las artes visuales de este estilo artístico. El gran teólogo andaluz fray Luis de Granada, a quien el Inca Garcilaso leía con devoción, había escrito que Dios amaba tanto a los españoles, que les había regalado los bienes americanos, y que para evitarles sufrir de hartazgo había decorado el paisaje con unos pájaros para su distracción. De modo que, aunque el Barroco español tenía un repertorio americano y el Barroco americano asimilaba el modelo español, ambos compartían sus diferencias retóricas como buenos parientes.

Por eso, cuando a comienzos del siglo XIX las Cortes de Cádiz reemplazan el poder absoluto del rey y se debate la nueva Constitución, se proclama que españoles y americanos tienen una misma ciudadanía, y que la voluntad del pueblo es la fuente de la legitimidad de los gobiernos. Los sueños de unidad tienen allí su primera formulación política liberal, antimonárquica y moderna. No obstante, pronto vuelve el absolutismo conservador y la utopía republicana de esas Cortes termina. Y, sin embargo, esos diputados españoles y americanos se adelantaron a las luchas por la emancipación de América, y señalaron que la representación y el parlamento son la base de la unidad política del universo hispano.

Cuando Bolívar declara la independencia de la Gran Colombia, tiene a su lado a un maestro inglés, contratado para instaurar la reforma educacional, según el modelo de la Escuela de Lancaster. Todos los libertadores fueron, en distinta medida, educadores. La emancipación es la época más universal de la cultura americana. Bajo la inspiración de los Derechos del Hombre, proclamados en Francia, las constituciones americanas se escribieron como fundamento de la civilidad social moderna; también estuvieron inspiradas en la Constitución de Estados Unidos que, a su vez, fue fruto del espíritu liberal y democrático de la Ilustración europea. Andrés Bello, el gran lexicógrafo y humanista venezolano, no confiaba en la división de América en tantos países, ya que temía que esa división política fragmentara la lengua española, tal y como ocurrió con el latín, que se dividió en varias lenguas romances. Debíamos, creía Bello, conservar la unidad del español y las relaciones con España, aunque nos independizáramos de ella. El siglo XIX produce una gran cantidad de literatura política, social y panfletaria. El periodismo es la forma de comunicación predominante y el terreno donde combaten las ideas liberales y las conservadoras.

La literatura hispanoamericana se hizo más americana que nunca y, bajo la inspiración francesa del "espíritu de los pueblos", según la cual cada país tiene su propia voz, los enciclopedistas de la nacionalidad se dedicaron a escribir la historia literaria de sus países. Al mismo tiempo, en cada país recientemente declarado independiente, se inició una febril compilación de diccionarios del español local (de mexicanismos, peruanismos, argentinismos, etc.). Pronto, la emancipación acentúa las rivalidades regionales y fronterizas, y a la inestabilidad de las democracias se sucede el control de los gobiernos militares. Escritores como Ricardo Palma prefirieron refugiarse en la evocación de la vida colonial para evitar las discordias políticas, pero al reescribir la historia introduce, como buen liberal, el habla popular; así, emprende un estilo de narración de la tolerancia, pero no exento de ironía y de críticas a los poderes establecidos. Tampoco es casual que las repúblicas tengan en las mujeres sus nuevos sujetos de acción, creación y crítica. O que el elemento negro, como más tarde lo hizo el chino, se integre al paisaje humano, social y cultural hispanoamericano, a través de migraciones de diversa índole. Todos estos elementos nuevos encuentran su lugar en la sintaxis aglutinante americana, cuya suma de las partes es mayor que la simple unidad. Las diferencias multiplican el tejido cultural americano.

El patriota cubano y gran cronista de la vida urbana, José Martí, creyó que el ciudadano de la futura república, liberado del yugo colonial, saldría del campo, porque la ciudad produce gente egoísta, mientras que en el campo hay austeridad y comunidad. En cambio, el argentino Domingo Faustino Sarmiento pensaba que el hombre rural era la clientela de los tiranos, y veía en la modernidad del hombre urbano una garantía para que la república se diera a la civilización y no a la barbarie. Por su parte, Andrés Bello confiaba en que el sujeto republicano, ese lector que vislumbraba en un futuro no muy lejano, surgiría de las instituciones nacionales: el Estado, la educación, el Código Civil y el Sistema Judicial. En Chile, país que lo contrató como arquitecto de su estado moderno, Bello logró sentar las bases de una de las primeras naciones-estado de América Latina. Por eso, se puede decir que Chile es una creación del discurso jurídico, gracias a Bello, que organizó la justicia, la Universidad y el aparato de Estado que requería un consenso político nacional.

Rubén Darío es uno de los más grandes escritores de la literatura latinoamericana: el nicaragüense cambió el registro de la escritura y el carácter de la lectura en español; culminó el siglo XIX y dejó como legado al siglo XX su formidable poesía, que enriqueció la música verbal de la lengua española y renovó la función social de este género literario, convertido en una forma artística y estética del conocimiento y de la comunicación. Darío, desde la poesía y la crónica, movilizó la nueva modernidad latinoamericana; abrió al mundo la nueva cultura, haciendo suyos conceptos estéticos franceses y recuperando de los orígenes de la lengua española su gran repertorio rítmico y la sabiduría ancestral de sus poetas. El modernismo que le tocó forjar puso a la lengua española en contacto con sus fuentes y con su futuro, y su obra fue una celebración del apetito estético, de la capacidad sensorial y del lenguaje inventivo, que distinguirían a la poesía que inspiró a multitud de poetas: de Antonio Machado a César Vallejo, de Juan Ramón Jiménez a Pablo Neruda.

Después de Darío, sería Vallejo quien haría de la poesía el instrumento cognitivo del mundo emocional, de la pregunta por el sentido de una existencia en lucha contra las servidumbres de la modernidad, donde la crisis, la guerra, los malos gobiernos y la migración han llevado la penuria a las ciudades, han despoblado el campo, han prohibido la disidencia y han institucionalizado la pobreza. El "hombre pobre" de Vallejo es el hombre desprovisto de respuestas, e incluso de palabras. Frente a la elocuencia dariana, el desgarramiento verbal de Vallejo demuestra que la cultura latinoamericana no asume ya las ideologías consoladoras y forja su propia voz contemporánea, desde un lenguaje en ruinas. Octavio Paz llamaría "la tradición de la ruptura" a este permanente recomienzo de la literatura hispanoamericana en una modernidad que le ha llegado a medias, a alto costo y precariamente.

Serán las vanguardias de los años veinte y treinta las que reflejen el escepticismo del artista ante una sociedad progresivamente materialista, cuya noción del arte se basa en el entretenimiento y en el espectáculo. La conciencia latinoamericana adquiere en la etnología y en la política de izquierdas su nueva instrumentación crítica. Iniciada por Huidobro y Girondo, la vanguardia ensaya el dadaísmo, el futurismo, el surrealismo y el negrismo; hay, incluso, una vanguardia neo-indigenista. Pablo Neruda, por un lado, y Jorge Luis Borges, por otro, llevarán más lejos la necesidad de romper, no solo con los modelos modernistas sino, también, con el realismo doméstico imperante. Borges, ciertamente, sería el escritor más universal en español, y su impronta fue de larga y saludable influencia creativa. Nicanor Parra, Octavio Paz, José Lezama Lima y Julio Cortázar resumirían esas lecciones de innovación y acabarían forjando las voces más persuasivas y canónicas de las décadas de 1960 y 1970.

A pesar de los oropeles del progreso, celebrados por el modernismo del siglo XIX, a comienzos del siglo XX aún no se ha cumplido lo que el historiador Jorge Basadre llamó "la promesa de la vida peruana". Por ello, en la nueva literatura aparece la demanda de un sujeto formado, ya no en el campo ni en la ciudad ni en el Estado, sino en el interior de la república, allí donde perviven las regiones.

Son espacios étnicos y excéntricos, que no han acabado de negociar su lugar en la sociedad nacional y cuyas fronteras no coinciden con las fronteras oficiales del Estado. El peruano de origen quechua que elabora esta visión es José María Arguedas. Su lengua materna fue el quechua ayacuchano y a los ocho años empezó a aprender el español. En *Los ríos profundos* (1958), Arguedas encontró la manera de escribir en español con el quechua como substrato.

Las literaturas nativas son traducidas, editadas y divulgadas, y empieza, en las décadas de 1960 y 1970, una reivindicación de las lenguas originarias. Son, además, los años del *Boom* de la novela hispanoamericana. Convocados y proclamados por Carlos Fuentes, una serie de escritores inician un nuevo punto de partida en la narrativa latinoamericana. Se trata de Julio Cortázar, Jorge Luis Borges, Miguel Ángel Asturias, Alejo Carpentier y, sobre todo, de Juan Rulfo, cuyo laconismo y poderosa capacidad de evocación hicieron de sus dos únicos libros, *El llano en llamas* y *Pedro Páramo*, la auténtica piedra de fundación del nuevo relato hispanoamericano. La novela latinoamericana, en efecto, se convirtió en el mayor fenómeno de difusión internacional de la historia literaria en español. Las novelas de Carlos Fuentes, Gabriel García Márquez, Mario Vargas Llosa y José Donoso se tradujeron a multitud de idiomas y fueron celebradas por la crítica internacional. Ese movimiento todavía sumó, en una suerte de *postboom*, a escritores posteriores como Manuel Puig, Alfredo Bryce Echenique, Luis Rafael Sánchez, Luisa Valenzuela, Salvador Garmendia, Margo Glantz, Sergio Ramírez, Mario Levrero, Rosario Ferré, José Emilio Pacheco, José Balza, Ricardo Piglia, Diamela Eltit y César Aira, entre otros.

A finales del siglo XX y comienzos del XXI, la literatura latinoamericana se nos aparece más diversificada que nunca. Incluye a escritores indígenas de Chile y de México, emigrantes de español andino en el Perú, emigrados a Estados Unidos que escriben en español e inglés, a escritoras, poetas y narradoras de impacto y voz propias, a escritores cubanos de dentro y de fuera de la Isla y, también, a un nuevo sistema de producción que ha revaluado a las pequeñas editoriales artesanales, a las revistas en Internet y a los circuitos de comunicación literaria como las Ferias del Libro, en las que cada vez se incluyen escritores más jóvenes. El ciudadano latinoamericano posmoderno y transfronterizo empieza a ser posnacional, esto es, migrante periódico y habitante del mundo. Nuevos movimientos de renovación literaria emergen en Ecuador, en Chile, en Cuba y en Centroamérica, y los polos de influencia tradicional ceden su lugar a las voces del actual nomadismo literario. La literatura hispanoamericana se convierte en el primer territorio en español que ya no conoce fronteras.

Esta antología, que reúne los grandes momentos de esa aventura cultural tan creativa como crítica, tan imaginativa como política, es una guía de viaje por ese país de la fábula y la denuncia, de la celebración y la fraternidad, que en español y desde la América hispánica, da cuenta de su travesía entre orillas ganadas y fronteras vencidas.

Julio Ortega

LETRAS

de Hispanoamérica

NUEVA ANTOLOGÍA DE LA LITERATURA DE LAS AMÉRICAS

1

VOCES DE LAS CULTURAS AMERICANAS ORIGINARIAS

Antes de la Conquista, la transmisión cultural en los pueblos y naciones del Nuevo Mundo se produjo básicamente de forma oral y dispersa. Aparte de esta razón fundamental, la escasez de escritos precolombinos obedece a otras causas: por un lado, a la degradación natural de los materiales originales, al clima templado y húmedo de las tierras americanas y al carácter único de cada ejemplar; y por otro, a la importancia de las sociedades teocráticas que inhibían la creación individual.

Las lenguas precolombinas no son de escritura alfabética, sino de tipo jeroglífico en el caso maya (con algunos rasgos fonéticos), o pictográfico, en el náhuatl clásico (con algunos rasgos jeroglíficos). El caso del quechua de los incas es materia aparte, que se explicará más adelante. Y aunque, como dejó escrito Bernal Díaz del Castillo en su *Historia verdadera de la Conquista de la Nueva España* (1568), los aztecas tenían bibliotecas, o *amoxcalli,* la conservación de los textos no era, en general, una prioridad entre los gobernantes precolombinos (en la vieja Europa tampoco se dio importancia a la conservación del legado literario hasta el Renacimiento).

En los pueblos precolombinos sí existía la intuición sobre la necesidad de utilizar las lenguas francas (el uso del latín fue lo que permitió la continuidad cultural en Europa durante siglos). Así lo acredita, por ejemplo, fray Bartolomé de las Casas en su *Apologética historia sumaria* (1552). En ella, el cronista español habla de cómo el caudillo inca Pachacuti impuso "que todos hablaran la lengua de Cuzco".

También empieza a haber una conciencia del valor del libro como objeto, como testimonia Pedro Mártir en una de sus cartas latinas escritas al Papa. "¿También vosotros tenéis libros?", pregunta en 1515 un indígena a un juez de Darién. "¿También vosotros usáis de caracteres con los cuales os entendéis estando ausentes?". El propio Pedro Mártir describe las ediciones indígenas: "Tienen libros en cuyas páginas intercalan entre las líneas de la escritura figuras de reyes y de ídolos, tal como entre nosotros vemos que hacen los historiadores con los grabados o en los códices".

Y el obispo Diego de Landa, en su *Relación de las cosas de Yucatán* (1566), explica cómo, entre los mayas, los sacerdotes enseñaban a los hijos de otros sacerdotes a leer y a escribir, y "que algunos señores principales sabían de estas ciencias por curiosidad, y que por esto eran más estimados aunque no las usaban en público".

A pesar de la multitud de culturas americanas, las más desarrolladas y creativas en el momento del Encuentro eran la maya, la azteca y la inca, cada una con su idioma característico (quiché, náhuatl y quechua, respectivamente). Las dos primeras se encontraban en Mesoamérica, zona que agrupaba más de medio millar de variantes dialectales en un territorio comprendido entre lo que hoy son Venezuela y el sur de Estados Unidos; la tercera, una amplia franja de los Andes.

Los mayas esculpieron bajorrelieves, fueron diestros artesanos y desarrollaron sus propios sistemas matemáticos y astronómicos. Se cifra en doscientas las ciudades ceremoniales mayas en México y

Guatemala, y se estima que la población llegó a superar el millón. La caída de los mayas se produjo gradualmente. A la llegada de los españoles, había quedado ya circunscrita a la península del Yucatán y Guatemala.

La preservación de su cultura dependió, en gran medida, de la labor de los frailes españoles que se dedicaron a transcribir la lengua maya a caracteres alfabéticos. Entre sus obras conservadas, la más conocida y estudiada es el *Popol Vuh*, redactado en la variante idiomática quiché durante el siglo XVI. El *Popol Vuh* o *Libro del Consejo* es uno de los libros de cosmogonía más destacables de la historia.

Por otra parte, el empeño del misionero por aplicar el sistema alfabético de escritura a las lenguas indígenas supuso la posibilidad de que los indígenas creasen una literatura oculta y clandestina. El mejor ejemplo de esto son los libros de *Chilam Balam*, escritos secretamente y escondidos durante siglos, especialmente tras el auto de fe de Maní (1562), en el que la Inquisición ordena la quema de textos e imágenes sagradas mayas.

Los *Libros de Chilam Balam* versan sobre mitología, adivinación, rituales, sucesos históricos y cronología. Comenzaron a escribirse en el siglo XVI y son una forma heterogénea de literatura precolombina. *Ah Chilam* significa "sacerdote" o "adivinación", y *Balam* equivale a "jaguar" o "cosa oculta".

Si la literatura maya se caracteriza por su tono profético y sus temáticas cosmogónicas, las composiciones aztecas son fundamentalmente historicistas. No son, sin embargo, sociedades aisladas la una de la otra; existen múltiples convergencias entre ambas, tanto en recursos de estilo lírico, como en sus estructuras narrativas y, sobre todo, en campos metafóricos y simbólicos.

En torno al valle de México irían prosperando diferentes pueblos, algunos de los cuales serían fundamentales para el posterior asentamiento del imperio azteca. El primero es el de Teotihuacán, entre el siglo I y el VII d. C., del cual proceden mitos como el de Quetzalcóatl. El segundo es el de los toltecas, una cultura que dominó el centro de México durante dos siglos (1000 a 1200 d. C.) y que hablaba náhuatl, la lengua franca de la región. El más relevante será el de los mexicas, epicentro de lo que se da en llamar cultura azteca. Llegaron desde el norte en torno al 1200, se impusieron a los tepanecas después de ser sus vasallos, y adoptaron de estos rasgos religiosos y comerciales, su sistema de clases o castas e, incluso, elementos de su sistema de calendarios. Fueron ampliando su poderío hasta fundar su ciudad estado, Tenochtitlán. Gracias a los códices sabemos de su sistema de tributos, de sus sacrificios humanos y de su aritmética.

Del escaso medio millar de manuscritos indígenas hallados en Mesoamérica, una décima parte son precolombinos. De estos, solo tres son de origen maya, el resto son aztecas. El procedimiento de confección de los códices es común en ambas culturas: los manuscritos están hechos con pulpa de madera y pegados con goma natural. Al papel se le aplicaba una capa de cal blanca y se escribía o, mejor dicho, se dibujaba, de izquierda a derecha, y de arriba hacia abajo, dividiendo el contenido con líneas rojas y negras trazadas con plumas de guajolote. Se encuadernaban con tapas adornadas. Los códices mesoamericanos son todavía enigmáticos en buena medida. Algunos se han descifrado, pero otros resultan incomprensibles.

Los poetas aztecas eran de casta noble y su cualidad de literatos se consideraba hereditaria. La poesía náhuatl es elaborada y grave, y constituye una parte proporcional muy importante de la literatura azteca, como acreditan muchas piezas incluidas en los numerosos códices y manuscritos contemporáneos a la colonización española, destacando recopilaciones como los *Cantares mexicanos* (1532–1579). Por otra parte, es en la literatura mexica donde encontramos mayoritariamente los textos compendiados por Miguel León-Portilla en su *Visión de los vencidos* (1959).

Ya fuera de Mesoamérica, la lengua y cultura quechuas tuvieron una extensión geográfica notable, desde casi la Patagonia hasta el norte de Ecuador. El imperio inca fue fundamentalmente agrícola, relativamente joven (tres siglos) y bien comunicado a través de calzadas. A pesar de existir más de doscientos idiomas y dialectos en América del Sur, ninguno alcanzó la trascendencia geográfica del quechua. No obstante, este tiene la particularidad de no haber empleado jamás ninguna forma de signo escrito; para ello, los incas utilizaron siempre *quipús*, unos trenzados de nudos que usaban en sus registros oficiales. Solo es posible intuir los contenidos de los *quipús*, puesto que se trata en realidad de bancos de referencias que se organizaban probablemente con reglas diferentes en cada caso.

Por todo esto, la literatura inca en lengua quechua solo se conservó por vía oral hasta la llegada de los españoles; no existen ni códices ni otras formas fiables de conocer de forma fidedigna hasta dónde se trasladaron las tradiciones a la alfabetización latina. Sus composiciones se centraron en diversas formas de poesía, y en la elaboración de leyendas y fábulas muy populares y versionadas, tanto de temas cosmogónicos como de la vida cotidiana. Fueron recogidas por sacerdotes, literatos indígenas cristianizados o por escritores mestizos a lo largo de los siglos XVI y XVII, en antologías como *Dioses y hombres de Huarochirí* (1598), de Francisco de Ávila.

Casi todo lo que hoy se conserva de estas literaturas no procede de manuscritos originales, sino de los trabajos que estudiosos, principalmente clérigos católicos, realizaron en las primeras décadas de la Conquista. El empeño de franciscanos, dominicos y jesuitas, que estudiaron y aprendieron estos idiomas con vistas a la evangelización, se tradujo en transcripciones de manuscritos, en encuestas y en recopilaciones de antigüedades culturales. De ahí surgieron también obras esenciales de la historia y la antropología americanas. Significativamente, también, muchas de estas obras se encuentran desaparecidas.

Así, una de las primeras manifestaciones de esta fusión entre Europa y América está en la fórmula mixta de recopilación y preservación de los textos precolombinos, con términos y sintaxis indígenas, y alfabeto y grafía latinos. De hecho, en los españoles de entonces hay una pretensión manifiesta de insertar al indígena americano en una sociedad todavía atomizada, en la que los valores unificadores, por encima de cualquier otro, son la lengua y la religión. No en vano, desde mediados del siglo XVI, lo precolombino ya solo podía definirse como un ingrediente, ineludible pero mestizo, de la realidad cultural hispanoamericana.

Ignacio Armada Manrique
Universidad San Pablo, CEU

BIBLIOGRAFÍA DEL PERIODO

Barrera, Alfredo, Rendón, Silvia (eds.). *El libro de los Libros del Chilam Balam*. México D.F.: Secretaría de Educación Pública (SEP). Fondo de Cultura Económica, 1984.

Bendezú Aibar, Edmundo (ed.). *Literatura quechua*. Caracas: Biblioteca Ayacucho, 1980.

Bernal, Ignacio. "El tiempo prehispánico", en AA.VV.: *Historia mínima de México*. México D.F.: Colegio de México, 1973.

Betanzos, Juan de. *Suma y Narración de los Incas*, seguido del *Discurso sobre la Descendencia y Gobierno de los Incas* (1542–1557). Madrid: Editorial Polifemo, Colección Crónicas y Memorias, 2004.

Escalante Gonzalbo, Pablo. *Los códices mesoamericanos antes y después de la conquista española*. México D.F.: Fondo de Cultura Económica, Serie Antropología, 2010.

Garibay, Ángel María (ed.). *Poesía náhuatl*. México D.F.: UNAM / Instituto de Investigaciones Históricas, 3 vol. 1965.

Landa, fray Diego de. *Los mayas de Yucatán*. México D.F.: Fondo de Cultura Económica, Colección Fondo 2000, selección de *Relación de las cosas de Yucatán* (1566), 1997.

Las Casas, fray Bartolomé de. *Apologética historia sumaria* (1552). Madrid: Editorial Bailly-Bailliere e Hijos, Colección Nueva Biblioteca de Autores Españoles, nº 13, Serie Historiadores de Indias, Tomo I, 1909.

León-Portilla, Miguel (edición y estudio). *Visión de los vencidos*. Madrid: Editorial Dastin, Colección Historia, Serie Crónicas de América, 2000.

Miralles, Juan. *Hernán Cortés, inventor de México*. México D.F.: Tusquets Editores, 2001.

Morley, Silvanus G. *La civilización maya*. México D.F.: Fondo de Cultura Económica, 1972. Edición original: *The Ancient Maya*, 1947 y 1968. Versión de Adrián Recinos.

Recinos, Adrián (ed.). *Popol Vuh*. México D.F.: Fondo de Cultura Económica, (35ª reimpresión), 2010.

Sahagún, fray Bernardino de. *Historia general de las cosas de Nueva España* (1557–1577). Madrid: Historia 16, Colección Crónicas de América. Edición de Juan Carlos Temprano. 2 vol. 1990.

Séjourné, Laurette. *Pensamiento y religión en el México antiguo*. México D.F.: Fondo de Cultura Económica. Serie Breviarios, nº 128. Edición original: *Burning Water Thought & Religion in Ancient Mexico*, 1957.

Silva Galeana, Librado (ed.). *Huehuehtlahtolli: Testimonios de la antigua palabra*. México D.F.: Secretaría de Educación Pública (SEP). Fondo de Cultura Económica. Estudio de Miguel León-Portilla, 1991.

Taviani, P.E. *Cristóbal Colón, génesis del gran descubrimiento*. Novara: Instituto Oceanográfico Agostini, 1982.

TEXTOS NÁHUATL

"Sólo en tu libro de pinturas vivimos."

—Netzahualcóyotl, *"Con flores escribes"*

En tiempos del Descubrimiento la cultura azteca estaba en pleno apogeo. Esto explica la abundancia de códices o textos manuscritos de origen náhuatl, en contraste con la escasez de vestigios literarios del ámbito maya que, como se verá más adelante, estaba fragmentado en pequeñas ciudades estado. Por otro lado, la civilización azteca ya daba un valor específico al texto escrito, dotándolo de un carácter social, aunque su divulgación siguiera siendo oral.

Las traducciones más fidedignas de los textos náhuatl corresponden al sacerdote, filólogo y lingüista mexicano Ángel María Garibay y, más adelante, a su más destacado discípulo, el antropólogo e historiador Miguel León-Portilla, quien recopiló una colección de escritos indígenas sobre la conquista de México bajo el título *Visión de los vencidos* (1959).

Gracias a los esfuerzos de estos estudiosos, sabemos que los aztecas institucionalizaron el registro de lo que consideraban relevante de su historia y sus tradiciones a través de los *amoxtli* o códices, de los cuales se han recuperado un número significativo. La ordenación de dichos códices es inexacta debido a diversos criterios de compilación, denominación y origen. Una porción considerable del legado náhuatl se debe al trabajo del fraile Bernardino de Sahagún, quien con su equipo de escribas y artistas aztecas copió y recreó miles de páginas e ilustraciones sobre la cosmología, cultura, rituales religiosos y demás aspectos de la vida antes, durante y después de la Conquista. *Historia general de las cosas de Nueva España,* o *Códice florentino,* escrita entre los años 1540 y 1585, es el fruto de su dedicada labor.

La otra gran fuente de la cultura náhuatl proviene de los *Cantares mexicanos* (1532–1579), una recopilación de trece libros, también del siglo XVI, de los cuales los primeros "cuadernillos" son los más importantes y los que dan título a toda la compilación. A diferencia del *Códice florentino,* los *Cantares mexicanos* son fundamentalmente de naturaleza poética y se centran en buena parte en pensamientos filosóficos y en "la visión de los vencidos".

Al margen de los esfuerzos de sistematización que emprendieron los frailes españoles después de la Conquista, las obras literarias aztecas se dividen, como en la tradición europea, en prosa y en verso. Las prosas o *tlahtolli* ("palabra") podían realizarse tanto en clave cronológica e histórica (la *thltoloca* o anales pictográficos), como filosófica: pensamientos y aforismos conocidos como *huehuehtlahtolli.* Estos eran de naturaleza proverbial, establecidos a partir de exhortaciones y réplicas de ancianos y jóvenes sobre cuestiones como el matrimonio, la virtud, etc.; en definitiva, doctrinas que derivan de la tradición y que, tras la Conquista, fueron rápidamente adaptadas a la moralidad cristiana. La expresión literaria en verso se centra en los

cuícatl o himnos, que iban asociados a la exhibición pública, acompañando música y danzas, e incluían tanto cantos religiosos como piezas de naturaleza lírica e íntima.

Las obras aquí seleccionadas corresponden a expresiones poéticas. Estos poemas se componían para ser recitados en público y era importante que fueran de fácil memorización. En cuanto a la forma, su métrica es breve y repetitiva, emplea reiteraciones y estribillos; su temática aborda cuestiones sensibles, cotidianas y de meditación y, solo ocasionalmente, asuntos cómicos.

Aun siendo una poesía de transmisión oral y generalmente anónima, el ejercicio lírico suponía una forma de reconocimiento intelectual y espiritual, por lo cual algunos de los poetas sí mencionaban su identidad en sus composiciones. Es el caso del legendario rey poeta de Texcoco, "Coyote Hambriento" o Netzahualcóyotl, conocido tanto por sus victorias militares y su ferocidad en el campo de batalla, como por sus delicados poemas en los que expresaba sentimientos, a veces paradójicos, como el amor al prójimo, y siempre universales, como el éxtasis ante la belleza del mundo o la angustia existencial, como puede apreciarse en la melódica "Sed de inmortalidad" y "La vida póstuma", escrito tras comandar la exitosa defensa de su reino del asedio de los tepanecas con tan solo dieciséis años de edad.

POEMA DE LA CONQUISTA
Del *manuscrito de 1528*, ed. Mengin

Con suerte lamentosa nos vimos angustiados.
En los caminos yacen dardos• rotos: •flechas, lanzas
los cabellos están esparcidos.
Destechadas están las casas,
5   enrojecidos tienen sus muros.
Gusanos pululan por calles y plazas,
y están las paredes manchadas de sesos.
Rojas están las aguas, cual si las hubieran teñido,
y si las bebíamos, eran agua de salitre.
10 Golpeábamos los muros de adobe en nuestra ansiedad
y nos quedaba por herencia una red de agujeros.
En los escudos estuvo nuestro resguardo•,   •refugio, protección
pero los escudos no detienen la desolación.
Hemos comido panes de colorín
15 hemos masticado grama• salitrosa,   •hierba
pedazos de adobe, lagartijas, ratones
y tierra hecha polvo y aun los gusanos…

SED DE INMORTALIDAD
De *Cantares mexicanos*, 1532–1579

Me siento fuera de sentido,
lloro, me aflijo• y pienso,   •me apeno
digo y recuerdo:
¡Oh, si nunca yo muriera,
5 si nunca desapareciera!…
¡Vaya yo donde no hay muerte,
donde se alcanza victoria!
Oh, si nunca yo muriera,
si nunca desapareciera…

10 De Netzahualcóyotl[1]

---

[1] Netzahualcóyotl (1402–1472), rey de Texcoco. Fue guerrero, gobernante, filósofo y urbanista en la época anterior a la Conquista y está considerado como el poeta náhuatl por excelencia.

LA VIDA PÓSTUMA

De *Cantares mexicanos*, 1532–1579

Áurea mariposa ya libando* está:
la flor que se ha abierto es mi corazón,
oh amigos míos, es una flor fragante,
ya la esparzo en lluvia.

5   De Tenochtitlan, con ocasión de la muerte
del príncipe Tlacahuepan (1493–1498)

*chupando el néctar

MI HERMANO EL HOMBRE

De *Romances de los Señores de la Nueva España*

Amo el canto de zenzontle,
pájaro de cuatrocientas voces,
amo el color del jade
y el enervante perfume de las flores,
5   pero más amo a mi hermano: el hombre.

De Netzahualcóyotl

PREGUNTAS

ANÁLISIS

1. ¿Cuál es la figura retórica predominante en "Poema de la Conquista"?

2. En "Poema de la Conquista", ¿qué versos hacen alusión al hambre de los vencidos?

3. Analiza "Sed de inmortalidad" teniendo en cuenta la condición de noble guerrero de Netzahualcóyotl.

4. La información que se presenta sobre la muerte del príncipe Tlacahuepan en "La vida póstuma" nos permite pensar que se trata de un poema de lamento. Di qué función ejerce en el poema la nota inicial. Explica tu respuesta.

5. En "Mi hermano el hombre", subraya y comenta los elementos utilizados para alcanzar la máxima expresión del verso final y di qué recurso poético utiliza el autor.

INTERPRETACIÓN

1. En "Poema de la Conquista", comenta cuál crees que es el significado de la metáfora en el verso "y nos quedaba por herencia una red de agujeros".

2. ¿Qué verso de "Poema de la Conquista" dirías que describe de manera más eficaz los horrores de la guerra?

3. En "Sed de inmortalidad" el poeta anhela ir "donde no hay muerte, donde se alcanza la victoria". Comenta ese deseo en el contexto de las creencias judeocristianas sobre la vida eterna.

4. "La vida póstuma" es un delicado poema que expresa el dolor por la muerte de alguien. Comenta la metáfora del corazón abierto como una flor en el contexto de este poema elegíaco.

5. "Mi hermano el hombre" es una eufórica declaración de filantropía. ¿Qué sugiere este poema sobre la condición de gobernante de Netzahualcóyotl?

6. En "Mi hermano el hombre", ¿qué opinión te merece el uso del adjetivo "enervante"? ¿Qué otro adjetivo o expresión le habrías sugerido al traductor del poema para describir el perfume de las flores?

INVESTIGACIÓN

1. Al igual que en Europa, en los pueblos indígenas la poesía y la escritura estaban reservadas a la nobleza. Averigua qué otros reyes de ambos lados del Atlántico, además de Netzahualcóyotl, se dedicaron a la poesía.

2. Averigua cómo contribuyó el *Códice florentino* al desarrollo de la etnografía moderna.

TEXTOS MAYA

"De esta manera, existía el cielo y también el Corazón del Cielo, que éste es el nombre de Dios. Así contaban. Llegó aquí entonces la Palabra."

—*Popol Vuh*

Los expertos en las culturas precolombinas encuentran grandes dificultades a la hora de dar una denominación precisa a las historias, leyendas, profecías y demás manifestaciones culturales basadas en el lenguaje. Dado que en la mayoría de los casos el origen de estas construcciones es oral, algunos estudiosos prefieren referirse a ellas como "voces". Por otro lado, el hecho de que hayan sido transcritas con posterioridad (y, en ocasiones, escritas directamente) hace que otros se atrevan a hablar de "literatura", sobre todo en el caso de la cultura maya, que, a diferencia de otras, contaba con una escritura propia basada en ideogramas. Sean voces, literaturas o simplemente textos, en el ámbito cultural maya se destacan dos grandes obras o conjuntos de obras: el *Popol Vuh* y el *Chilam Balam*.

El *Popol Vuh* o *Libro del Consejo* es el nombre con el que se conoce al conjunto de escritos mayas que versan sobre el origen del mundo, entre otros temas mitológicos y folclóricos. Aunque la autoría de esta obra se llegó a atribuir al copista indígena Diego Reynoso, el libro fue escrito por sacerdotes mayas.

En el *Popol Vuh*, como en el resto de las obras mayas, son habituales las referencias al cristianismo y a los invasores, ya sea en forma de profecía, de crítica o de descripción analítica. El manuscrito más antiguo del *Popol Vuh* del que se tiene noticia data del siglo XVIII. El fraile español Francisco Ximénez lo copió y tradujo el manuscrito original con el título *Las historias del origen de los indios de esta provincia de Guatemala*.

La estructura del *Popol Vuh* es compleja y gracias a la labor de eruditos y traductores como Adrián Recinos, hoy comprendemos que la obra está construida con secciones superpuestas. La división tradicional establece medio centenar de capítulos con una secuencia complicada. Sobre la base de una narración cíclica de creación, apocalipsis y regeneración, sus cuatro partes intercalan el plano trascendental con el cronológico. En la primera parte se habla del origen del universo ("vacía estaba la extensión del cielo") y del ensayo divino de poner al ser humano en el mundo, primero como criatura de barro, luego de madera y, finalmente, como expresión de la verdadera grandeza de los mayas como hombres de maíz. En la segunda parte, se hallan relatos moralistas sobre semidioses, y en la tercera y cuarta partes se describe la expansión y conquista de los quichés sobre otros pueblos mayas. En esta última, se relata el horror ante la aparición de los europeos y las destructivas campañas de Pedro de Alvarado, lugarteniente de Cortés.

De igual manera, hay alusiones continuas a la religión de los conquistadores, ya sean del Génesis o incluso del Éxodo, al describir las peregrinaciones quichés en la historia de los

señores de Totonicapán. También hay coincidencias sobre los mismos hechos bajo un prisma diferente, como es el caso del Diluvio Universal. Todo esto, naturalmente, en el contexto de una cosmogonía propia, que se refleja en las imágenes empleadas para narrar el origen del cosmos o las sensibilidades que llamaríamos paganas respecto al politeísmo y al dualismo de la realidad.

Los *Libros de Chilam Balam* tratan sobre mitología, adivinación, rituales, sucesos históricos y cronología. Comenzaron a escribirse en el siglo XVI en las poblaciones mayas del norte del Yucatán. Nos consta la existencia de al menos una veintena de libros. Si algo caracteriza los *Chilam Balam*, al margen de su categoría de libros secretos y sagrados, es su grado de mestizaje. En la media docena de libros traducidos y estudiados, se pueden encontrar tanto crónicas y genealogías como mitología y folclore. También hay observaciones sobre la cultura invasora, incluyendo alusiones teológicas cristianas. Abundan las metonimias, los simbolismos esotéricos y las advocaciones de naturaleza mística al estilo del Antiguo Testamento. Las alocuciones directas reflejan muchas veces una sensibilidad comunal de desgracia y pérdida y, en media docena de sus capítulos, se enuncia un directo reproche a "los que llegaron de Oriente".

El *Chilam Balam de Chumayel* tiene especial importancia y singularidad. Ya era conocido en el siglo XVII, como atestiguó el franciscano Bernardo de Lizana en su *Historia de Yucatán* (1663) al comentar las profecías indígenas sobre los conquistadores. No obstante, el libro de Chumayel contiene textos de todos los géneros citados anteriormente. Se trata de un manuscrito en el que se fueron registrando aportaciones en épocas diferentes. Esto significa que es una obra colectiva. Por otro lado, el hallazgo del libro ha supuesto, paradójicamente, el punto y final a esta "obra viva" al fijar el texto de forma definitiva.

POPOL VUH
De *Popol Vuh*[1]

PRIMERA PARTE

CAPÍTULO I

Este es la relación de cómo todo estaba en suspenso, todo en calma, en silencio; todo inmóvil, callado, y vacía la extensión del cielo.

Esta es la primera relación, el primer discurso. No había todavía un hombre, ni un animal, pájaros, peces, cangrejos, árboles, piedras, cuevas, barrancas, hierbas ni bosques: sólo el cielo existía.

No se manifestaba la faz de la tierra. Sólo estaban el mar en calma y el cielo en toda su extensión.

No había nada junto, que hiciera ruido, ni cosa alguna que se moviera, ni se agitara, ni hiciera ruido en el cielo.

No había nada que estuviera en pie; sólo el agua en reposo, el mar apacible, solo y tranquilo. No había nada dotado de existencia.

Solamente había inmovilidad y silencio en la obscuridad, en la noche. Sólo el Creador, el Formador, Tepeu, Gucumatz, los Progenitores, estaban en el agua rodeados de claridad. Estaban ocultos bajo plumas verdes y azules, por eso se les llama Gucumatz. De grandes sabios, de grandes pensadores es su naturaleza. De esta manera existía el cielo y también el Corazón del Cielo, que éste es el nombre de Dios y así es como se llama.

Llegó aquí entonces la palabra, vinieron juntos Tepeu y Gucumatz, en la obscuridad, en la noche, y hablaron entre sí Tepeu y Gucurnatz. Hablaron, pues, consultando entre sí y meditando; se pusieron de acuerdo, juntaron sus palabras y su pensamiento.

Entonces se manifestó con claridad, mientras meditaban, que cuando amaneciera debía aparecer el hombre.[2] Entonces dispusieron la creación y crecimiento de los árboles y los bejucos• y el nacimiento de la vida y la creación del hombre. Se dispuso así en las tinieblas y en la noche por el Corazón del Cielo, que se llama *Huracán*.

El primero se llama *Caculhá Huracán*. El segundo es *Chipi-Caculhá*. El tercero es *Raxa-Caculhá*.[3] Y estos tres son el Corazón del Cielo.

•tipo de planta tropical

[1] Versión del investigador guatemalteco Adrián Recinos publicada por el Fondo de Cultura Económica en México D.F., en 1947, y de cuya fuente se ha extraído la información que se incluye a pie de página.

[2] Aquí se concibe la idea de crear al hombre, que para los quichés representaba el elemento supremo de la Creación. Sin embargo, esta empresa no se lleva a la práctica hasta mucho más adelante.

[3] *Calculhá Huracán*, relámpago; *Chipi Caculhá*, rayo pequeño; y *Raxa Caculhá*, rayo verde, según la interpretación de Francisco Ximénez.

Entonces vinieron junto Tepeu y Gucumatz; entonces conferenciaron sobre
la vida y la claridad, cómo se hará para que aclare y amanezca, quién será el que
produzca el alimento y el sustento.

—¡Hágase así! ¡Que se llene el vacío! ¡Que esta agua se retire y desocupe
[el espacio], que surja la tierra y que se afirme! Así dijeron. ¡Que aclare, que
amanezca en el cielo y en la tierra! No habrá gloria ni grandeza en nuestra
creación y formación hasta que exista la criatura humana, el hombre formado.
Así dijeron.

Luego la tierra fue creada por ellos. Así fue en verdad como se hizo la creación
de la tierra: —¡Tierra!, dijeron, y al instante fue hecha.

Como la neblina, como la nube y como una polvareda fue la creación, cuando
surgieron del agua las montañas; y al instante crecieron las montañas.

Solamente por un prodigio, sólo por arte mágica se realizó la formación de
las montañas y los valles; y al instante brotaron juntos los cipresales y pinares en
la superficie.

Y así se llenó de alegría Gucumatz, diciendo: —¡Buena ha sido tu venida,
Corazón del Cielo; tú, Huracán, y tú, Chipi-Caculhá, Raxa-Caculhá!

—Nuestra obra, nuestra creación será terminada, contestaron.

Primero se formaron la tierra, las montañas y los valles; se dividieron las
corrientes de agua, los arroyos se fueron corriendo libremente entre los cerros,
y las aguas quedaron separadas cuando aparecieron las altas montañas.

Así fue la creación de la tierra, cuando fue formada por el Corazón del Cielo,
el Corazón de la Tierra, que así son llamados los que primero la fecundaron,
cuando el cielo estaba en suspenso y la tierra se hallaba sumergida dentro
del agua.

Así fue como se perfeccionó la obra, cuando la ejecutaron después de pensar
y meditar sobre su feliz terminación.

Capítulo II

Luego hicieron a los animales pequeños del monté, los guardianes de todos
los bosques, los genios de la montaña, los venados, los pájaros, leones, tigres,
serpientes, culebras, cantiles [víboras], guardianes de los bejucos.

Y dijeron los Progenitores: —¿Sólo silencio e inmovilidad habrá bajo los
árboles y los bejucos? Conviene que en lo sucesivo haya quien los guarde.

Así dijeron cuando meditaron y hablaron en seguida. Al punto fueron creados
los venados y las aves. En seguida les repartieron sus moradas a los venados y

a las aves. —Tú, venado, dormirás en la vega* de los ríos y en los barrancos. Aquí estarás entre la maleza, entre las hierbas; en el bosque os multiplicaréis, en cuatro pies andaréis y os sostendréis. Y así como se dijo, así se hizo.

*terreno llano y cultivado

Luego designaron también su morada a los pájaros pequeños y a las aves mayores: —Vosotros, pájaros, habitaréis sobre los árboles y los bejucos, allí haréis vuestros nidos, allí os multiplicaréis, allí os sacudiréis en las ramas de los árboles y de los bejucos. Así les fue dicho a los venados y a los pájaros para que hicieran lo que debían hacer, y todos tomaron sus habitaciones y sus nidos.

De esta manera los Progenitores les dieron sus habitaciones a los animales de la tierra.

Y estando terminada la creación de todos los cuadrúpedos y las aves, les fue dicho a los cuadrúpedos y pájaros por el Creador y el Formador y los Progenitores: —Hablad, gritad, gorjead, llamad, hablad cada uno según vuestra especie, según la variedad de cada uno. Así les fue dicho a los venados, los pájaros, leones, tigres y serpientes.

—Decid, pues, nuestros nombres, alabadnos a nosotros, vuestra madre, vuestro padre. ¡Invocad, pues, a Huracán, Chipi-Caculhá, Raxa-Caculhá, el Corazón del Cielo, el Corazón de la Tierra, el Creador, el Formador, los Progenitores; hablad, invocadnos, adoradnos!, les dijeron.

Pero no se pudo conseguir que hablaran como los hombres; sólo chillaban, cacareaban y graznaban; no se manifestó la forma de su lenguaje, y cada uno gritaba de manera diferente.

Cuando el Creador y el Formador vieron que no era posible que hablaran, se dijeron entre sí: —No ha sido posible que ellos digan nuestro nombre, el de nosotros, sus creadores y formadores. Esto no está bien, dijeron entre sí los Progenitores.

Entonces se les dijo: —Seréis cambiados porque no se ha conseguido que habléis. Hemos cambiado de parecer: vuestro alimento, vuestra pastura, vuestra habitación y vuestros nidos los tendréis, serán los barrancos y los bosques, porque no se ha podido lograr que nos adoréis ni nos invoquéis. Todavía hay quienes nos adoren, haremos otros [seres] que sean obedientes. Vosotros, aceptad vuestro destino: vuestras carnes serán trituradas. Así será. Esta será vuestra suerte. Así dijeron cuando hicieron saber su voluntad a los animales pequeños y grandes que hay sobre la faz de la tierra.

Luego quisieron probar suerte nuevamente; quisieron hacer otra tentativa y quisieron probar de nuevo a que los adoraran.

Pero no pudieron entender su lenguaje entre ellos mismos, nada pudieron conseguir y nada pudieron hacer. Por esta razón fueron inmoladas sus carnes y fueron condenados a ser comidos y matados los animales que existen sobre la faz de la tierra.

Así, pues, hubo que hacer una nueva tentativa de crear y formar al hombre por el Creador, el Formador y los Progenitores.

105 —¡A probar otra vez! Ya se acercan el amanecer y la aurora; ¡hagamos al que nos sustentará y alimentará! ¿Cómo haremos para ser invocados, para ser recordados sobre la tierra? Ya hemos probado con nuestras primeras obras, nuestras primeras criaturas; pero no se pudo lograr que fuésemos alabados y venerados por ellos. Así, pues, probemos a hacer unos seres obedientes,

110 respetuosos, que nos sustenten y alimenten. Así dijeron.

Entonces fue la creación y la formación. De tierra, de lodo hicieron la carne [del hombre]. Pero vieron que no estaba bien, porque se deshacía, estaba blando, no tenía movimiento, no tenía fuerza, se caía, estaba aguado, no movía la cabeza, la cara se le iba para un lado, tenía velada la vista, no podía ver hacia atrás. Al

115 principio hablaba, pero no tenía entendimiento. Rápidamente se humedeció dentro del agua y no se pudo sostener.

Y dijeron el Creador y el Formador. Bien se ve que no podía andar ni multiplicarse. Que se haga una consulta acerca de esto, dijeron.

Entonces desbarataron y deshicieron su obra y su creación. Y en seguida

120 dijeron: —¿Cómo haremos para perfeccionar, para que salgan bien nuestros adoradores, nuestros invocadores?

Así dijeron cuando de nuevo consultaron entre sí: —Digámosles a Ixpiyacoc, Ixmucané, Hunahpú-Vuch, Hunahpú-Utiú: ¡Probad suerte otra vez! ¡Probad a hacer la creación! Así dijeron entre sí el Creador y el Formador cuando hablaron

125 a Ixpiyacoc e Ixmucané.

En seguida les hablaron a aquellos adivinos, la abuela del día, la abuela del alba, que así eran llamados por el Creador y el Formador, y cuyos nombres eran Ixpiyacoc e Ixmucané.

Y dijeron Huracán, Tepeu y Gucumatz cuando le hablaron al agorero, al

130 formador, que son los adivinos: —Hay que reunirse y encontrar los medios para que el hombre que formemos, el hombre que vamos a crear nos sostenga y alimente, nos invoque y se acuerde de nosotros.

—Entrad, pues, en consulta, abuela, abuelo, nuestra abuela, nuestro abuelo, Ixpiyacoc, Ixmucané, haced que aclare, que amanezca, que seamos invocados,

135 que seamos adorados, que seamos recordados por el hombre creado, por el hombre formado, por el hombre mortal, haced que así se haga.

—Dad a conocer vuestra naturaleza, Hunahpú-Vuch, Hunahpú-Utiú, dos veces madre, dos veces padre, Nim-Ac, Nimá-Tziís,[4] el Señor de la esmeralda, el joyero, el escultor, el tallador, el Señor de los hermosos platos, el Señor de la

140 verde jícara•, el maestro de la resina, el maestro Toltecat,[5] la abuela del sol, la abuela del alba, que así seréis llamados por nuestras obras y nuestras criaturas.

•vasija, taza

[4] El autor llama dos veces madre a Hunahpú-Vuch y dos veces padre a Hunahpú-Utiú; Nim-Ac es el padre, Nimá-Tziís, la madre.
[5] En esta enumeración de oficios comunes del hombre de aquella época, el maestro Toltecat hace referencia a la habilidad de los toltecas en el arte de trabajar la plata, oficio que dominaban con maestría.

—Echad la suerte con vuestros granos de maíz y de tzité.[6] Hágase así y se sabrá y resultará si labraremos o tallaremos su boca y sus ojos en madera. Así les fue dicho a los adivinos.

145 A continuación vino la adivinación, la echada de la suerte con el maíz y el tzité. —¡Suerte! ¡Criatura!, les dijeron entonces una vieja y un viejo. Y este viejo era el de las suertes del tzité, el llamado Ixpiyacoc.[7] Y la vieja era la adivina, la formadora, que se llamaba Chiracán Ixmucané.

Y comenzando la adivinación, dijeron así: —¡Juntaos, acoplaos! ¡Hablad, que
150 os oigamos, decid, declarad si conviene que se junte la madera y que sea labrada por el Creador y el Formador, y si éste [el hombre de madera] es el que nos ha de sustentar y alimentar cuando aclare, cuando amanezca!

Tú, maíz; tú, tzité; tú, suerte; tú, criatura: ¡uníos, ayuntaos! les dijeron al maíz, al tzité, a la suerte, a la criatura. ¡Ven a sacrificar aquí, Corazón del Cielo; no
155 castigues a Tepeu y Gucumatz!

Entonces hablaron y dijeron la verdad: —Buenos saldrán vuestros muñecos hechos de madera; hablarán y conversarán sobre la faz de la tierra.

—¡Así sea!, contestaron, cuando hablaron.

Y al instante fueron hechos los muñecos labrados en madera. Se parecían al
160 hombre, hablaban como el hombre y poblaron la superficie de la tierra.

Existieron y se multiplicaron; tuvieron hijas, tuvieron hijos los muñecos de palo; pero no tenían alma, ni entendimiento, no se acordaban de su Creador, de su Formador; caminaban sin rumbo y andaban a gatas.* ^{*con las manos y los pies, o las rodillas, en el suelo}

Ya no se acordaban del Corazón del Cielo y por eso cayeron en desgracia. Fue
165 solamente un ensayo, un intento de hacer hombres. Hablaban al principio, pero su cara estaba enjuta*; sus pies y sus manos no tenían consistencia; no tenían ^{*delgada} sangre, ni substancia, ni humedad, ni gordura; sus mejillas estaban secas, secos sus pies y sus manos, y amarillas sus carnes.

Por esta razón ya no pensaban en el Creador ni en el Formador, en los que les
170 daban el ser y cuidaban de ellos.

Estos fueron los primeros hombres que en gran número existieron sobre la faz de la tierra.

Capítulo III

En seguida fueron aniquilados, destruidos y deshechos los muñecos de palo, y recibieron la muerte.

175 Una inundación fue producida por el Corazón del Cielo; un gran diluvio se formó, que cayó sobre las cabezas de los muñecos de palo.

---

[6] Tipo de árbol cuyo fruto, unos granos rojos similares al frijol, usaban los indios con granos de maíz para realizar sus hechizos y adivinaciones.
[7] Hechicero; el que adivina la fortuna con los granos del tzité.

De tzité se hizo la carne del hombre, pero cuando la mujer fue labrada por el Creador y el Formador, se hizo de espadaña[8] la carne de la mujer. Estos materiales quisieron el Creador y el Formador que entraran en su composición.

180 Pero no pensaban, no hablaban con su Creador, su Formador, que los habían hecho, que los habían creado. Y por esta razón fueron muertos, fueron anegados•. •ahogados Una resina abundante vino del cielo. El llamado *Xecotcovach* llegó y les vació los ojos; *Camalotz* vino a cortarles la cabeza; y vino *Cotzbalam* y les devoró las carnes. El *Tucumbalam*[9] llegó también y les quebró y magulló los huesos y los

185 nervios, les molió y desmoronó los huesos.

Y esto fue para castigarlos porque no habían pensado en su madre, ni en su padre, el Corazón del Cielo, llamado Huracán. Y por este motivo se obscureció la faz de la tierra y comenzó una lluvia negra, una lluvia de día, una lluvia de noche.

190 Llegaron entonces los animales pequeños, los animales grandes, y los palos y las piedras les golpearon las caras. Y se pusieron todos a hablar; sus tinajas•, •cántaros sus comales•, sus platos, sus ollas, sus perros, sus piedras de moler, todos se levantaron y les golpearon las caras.

—Mucho mal nos hacíais; nos comíais, y nosotros ahora os morderemos, les

195 dijeron sus perros y sus aves de corral•.

Y las piedras de moler: —Éramos atormentadas por vosotros; cada día, cada día, de noche, al amanecer, todo el tiempo hacían *holi, holi huqui, huqui* nuestras caras, a causa de vosotros. Este era el tributo que os pagábamos. Pero ahora que habéis dejado de ser hombres probaréis nuestras fuerzas. Moleremos

200 y reduciremos a polvo vuestras carnes, les dijeron sus piedras de moler.

Y he aquí que sus perros hablaron y les dijeron: —¿Por qué no nos dábais nuestra comida? Apenas estábamos mirando y ya nos arrojábais de vuestro lado y nos echábais fuera. Siempre teníais listo un palo para pegarnos mientras comíais.

Así era como nos tratábais. Nosotros no podíamos hablar. Quizás no os

205 diéramos muerte ahora; pero ¿por qué no reflexionábais, por qué no pensábais en vosotros mismos? Ahora nosotros os destruiremos, ahora probaréis vosotros los dientes que hay en nuestra boca: os devoraremos, dijeron los perros, y luego les destrozaron las caras.

Y a su vez sus comales, sus ollas les hablaron así: —Dolor y sufrimiento nos

210 causábais. Nuestra boca y nuestras caras estaban tiznadas, siempre estábamos puestos sobre el fuego y nos quemábais como si no sintiéramos dolor. Ahora probaréis vosotros, os quemaremos, dijeron sus ollas, y todos les destrozaron

•platos grandes de barro para cocer las tortillas de maíz

•pavos, faisanes y gallinas de monte

[8] Del quiché *zibaque*. Planta que se usa para hacer esteras, llamadas petates.
[9] Nombres de los enemigos del hombre que según la interpretación de Ximénez podrían referirse a un águila (*Xecotcovach*), un vampiro (*Camalotz*), un tigre (*Cotzbalam*) y un tapir (*Tucumbalam*).

las caras. Las piedras del hogar,[10] que estaban amontonadas, se arrojaron directamente desde el fuego contra sus cabezas causándoles dolor.

215 Desesperados corrían de un lado para otro; querían subirse sobre las casas y las casas se caían y los arrojaban al suelo; querían subirse sobre los árboles y los árboles los lanzaban a lo lejos; querían entrar a las cavernas y las cavernas se cerraban ante ellos.

Así fue la ruina de los hombres que habían sido creados y formados, de los 220 hombres hechos para ser destruidos y aniquilados: a todos les fueron destrozadas las bocas y las caras.

Y dicen que la descendencia de aquéllos son los monos que existen ahora en los bosques; éstos son la muestra de aquéllos, porque sólo de palo fue hecha su carne por el Creador y el Formador.

225 Y por esta razón el mono se parece al hombre, es la muestra de una generación de hombres creados, de hombres formados que eran solamente muñecos y hechos solamente de madera.

TERCERA PARTE
CAPÍTULO I

He aquí, pues, el principio de cuando se dispuso hacer al hombre, y cuando se buscó lo que debía entrar en la carne del hombre.

230 Y dijeron los Progenitores, los Creadores y Formadores, que se llaman Tepeu y Gucumatz: "Ha llegado el tiempo del amanecer, de que se termine la obra y que aparezcan los que nos han de sustentar y nutrir, los hijos esclarecidos, los vasallos civilizados; que aparezca el hombre, la humanidad, sobre la superficie de la tierra". Así dijeron.

235 Se juntaron, llegaron y celebraron consejo en la obscuridad y en la noche; luego buscaron y discutieron, y aquí reflexionaron y pensaron. De esta manera salieron a luz claramente sus decisiones y encontraron y descubrieron lo que debía entrar en la carne del hombre.

Poco faltaba para que el sol, la luna y las estrellas aparecieran sobre los 240 Creadores y Formadores.

De *Paxil*, de *Cayalá*,[11] así llamados, vinieron las mazorcas amarillas y las mazorcas blancas.

Estos son los nombres de los animales que trajeron la comida:[12] *Yac* [el gato de monte], *Utiú* [el coyote], *Quel* [una cotorra vulgarmente llamada chocoyo] 245 y *Hoh* [el cuervo]. Estos cuatro animales les dieron la noticia de las mazorcas

---

[10] En el hablar cotidiano de Guatemala, los tenamastes (del náhuatl *tenamaxtle*) son las tres piedras del hogar sobre las que los indios ponen el comal y las ollas.

[11] Lugares que según la leyenda dieron a los pueblos americanos los frutos de la tierra para subsistir y prosperar.

[12] El maíz molido y cocido era el alimento básico del indio americano que los quichés creyeron que sirvió para crear a los primeros hombres.

amarillas y las mazorcas blancas, les dijeron que fueran a Paxil y les enseñaron el camino de Paxil.

Y así encontraron la comida y ésta fue la que entró en la carne del hombre creado, del hombre formado; ésta fue su sangre, de ésta se hizo la sangre del hombre. Así
250 entró el maíz [en la formación del hombre] por obra de los Progenitores.

Y de esta manera se llenaron de alegría, porque habían descubierto una hermosa tierra, llena de deleites, abundante en mazorcas amarillas y mazorcas blancas y abundante también en pataxte[13] y cacao, y en innumerables zapotes, anonas, jocotes, nances, matasanos y miel.[14] Abundancia de sabrosos alimentos
255 había en aquel pueblo llamado de Paxil y Cayalá.

Había alimentos de todas clases, alimentos pequeños y grandes, plantas pequeñas y plantas grandes. Los animales enseñaron el camino. Y moliendo entonces las mazorcas amarillas y las mazorcas blancas, hizo Ixmucané nueve bebidas, y de este alimento provinieron la fuerza y la gordura y con él crearon los músculos y el vigor
260 del hombre. Esto hicieron los Progenitores, Tepeu y Gucumatz, así llamados.

A continuación entraron en pláticas acerca de la creación y la formación de nuestra primera madre y padre. De maíz amarillo y de maíz blanco se hizo su carne; de masa de maíz se hicieron los brazos y las piernas del hombre. Únicamente masa de maíz entró en la carne de nuestros padres, los cuatro
265 hombres que fueron creados. ✺

---

[13] El *pataxte* es el nombre mexicano de cacao.
[14] Lista de frutas que abundan en las tierras cálidas y templadas de Guatemala.

PROFECÍA LLAMADA DE LAS FLORES EN UN KATUN 11 AHAU

De *Los libros de Chilam Balam*[1]

E l 11 Ahau será el tiempo del poder de Ah Bolon Dzacab, El-Nueve-fecundador, el sabio. El doblez de la vuelta del katun será cuando se manifieste el lugar de su carga, que será de nueve medidas. El día cuatro Kan, Piedra-preciosa, ligará su carga terminándola. Cuando baje, del Corazón del Cielo sacará su consagración, su nueva vida, su renacer;
5 bajará a su acicalada· casa con Bolon Mayel,[2] Nueve-perfumado. Dulces son sus bocas, dulces las puntas de sus lenguas y dulces tienen los sesos· estos dos

·limpia y arreglada

·cerebro

---

[1] Traducción de Alfredo Barrera Vásquez y Silvia Rendón publicada en Lecturas Mexicanas por el Fondo de Cultura Económica en México D.F. en 1984 con el título de *El Libro de los Libros de Chilam Balam* y de cuya fuente se ha extraído la información que se incluye a pie de página.
[2] Término maya que se refiere a cualquier olor suavísimo y trascendente, según el Diccionario de Motul.

grandes y nefastos murciélagos que vienen a chupar la miel de las Flores: la roja
de hondo cáliz, la blanca de hondo cáliz, la oscura de hondo cáliz, la amarilla
10 de hondo cáliz, la inclinada, la vuelta hacia arriba, el capullo, la marchita, la
campánula recostada de lado, la mordisqueada del cacao, la pegajosa flor de
pedernal, la flor de hueso, la *Macuilxúchit*, cinco-flores, la de corazón colorido,
la Ixlaul, flor de laurel, la flor de pie torcido; a todas éstas vinieron los Ah Con
Mayeles, Los-ofrecedores-de-perfume.

15 Las madres de las flores serán olidas por el Ah Kin, Sacerdote-del-culto-solar,
por el Ahau, Señor-príncipe, por el Holcan, Soldado, por el Halach Uinic, Jefe.
Tal será la carga del katun florido cuando venga. "Pero no habrá otro, ya no se
verá otro", dijo. No traerá pan en su carga el katun florido sino flores de cizaña• •broza, hierbajos
por el pecado cometido por Bolon Tiku, Nueve-deidad. A tres años aún no
20 llegará la presencia del dios infernal Bolon Dzacab, Nueve-fecundador, cuando
se manifestará en las flores *Pizlímtec* [Pilzintecuhtli][3] el infante inmaturo,
cuando se disfrace de colibrí y venga a chupar la miel de la flor de nueve pétalos,
de la flor de nueve corazones. Entonces querrá marido la flor marchita cuando
le arranquen el corazón.

25 De cuatro pétalos será el cáliz de las flores cuando tengan asentada en su
centro la presencia del Ah Kin Xocbil Tun, Sacerdote-del-culto-solar, Xocbil
Tun, Piedra-preciosa-que-se-cuenta, cuando tenga la presencia de Oxlahun
Tiku, Trece-deidad, cuando vean cómo baja el pecado hacia la Estera, cuando
hasta allí llegue el poder de la Flor de Mayo. De Flor de Mayo será la Estera, de
30 Flor de Mayo el Trono, de Flor de Mayo la sustancia. De envidia será su asiento,
de envidia será su caminar, de envidia será su plato, de envidia su jícara•, de •vasija, taza
envidia su corazón, de envidia será su entendimiento, de envidia su pensamiento,
de envidia su boca. Desvariado• de lascivia será el poder en su época cuando •delirante
pida a gritos su comida y su bebida, cuando por la comisura de la boca coma su
35 sustento que estará sobre los dedos de sus pies mientras mordido tenga el palo y
sostenga la piedra. Grande será la lascivia durante la presencia de Lahun Chaan,
Diez Poderoso. De pecado será su rostro, de pecado su entendimiento, de
pecado su palabra, de pecado su enseñanza durante su presencia, de pecado su
caminar; porque tuvo vendados los ojos su presencia; peligrosa será su situación
40 en la Estera durante su imperio porque se olvidará de su madre, se olvidará de
su padre, y querrá ignorar al padre que lo ha engendrado y querrá ignorar a
la madre que lo ha parido; olvidadiza será su voluntad y tendrá orfandad que
ofenderá a su padre y querrá ir en orfandad de madre. Como de borracho serán
sus señales porque perderá el entendimiento ante su madre y ante su padre y
45 será falto de virtud, y de bondad despojado• estará su corazón y sólo un poco de •desposeído, arrebatado
bondad tendrá en la punta de la lengua. Ignorará cómo va a acabar e ignorará
lo que habrá al final de su época cuando sea el término del tiempo de su poder,

[3] Término mexicano al que se identifica como "el sol joven".

cuando pesadamente cargue su limosna Bolon Tiku, Nueve-deidad, Uuc Satay, Siete-Muerte, cuando pierda su ánimo y espíritu y sea degollado después que
50 él mismo se haya ahorcado. Pecadora será la palabra del Ah Bobat, Profeta, pecador será el Ah Kin, Sacerdote-del-culto-solar, pecador el Ahau, Señor-príncipe, pecador el Holcan, Guerrero.

Terminará su poder embrocando[*] los escudos y colocando las lanzas con la punta para abajo. De diez pétalos será la enemistad que se levante. Pero
55 no sabrán lo que viene al final del poder del katun: Holcanes, Guerreros, que cuando lleguen, colgada traerán del brazo a Ix Tab, La-de-la-cuerda.[4] Entonces no estará vendado el rostro del katun sino que pondrán sus pechos para ser alanceados[*] por los de la Flor de Mayo y morirán por los Ah Kines, Sacerdotes-del-culto-solar, los sabios, en compañía de los Ahaues, Señores Príncipes, y de
60 los Holcanes, Guerreros. Este mensaje sale en otro katun en el noveno año tun en cuyo tiempo se establecerán Batabes, Los-del-hacha, y Ahaues, Señores-príncipes, hijos de Ah Kinchil Cobá, El-Chachalaca-de-rostro-solar y de Ah Miscit, El-barredor, por el poder de Oxlahun Tiku, Trece-deidad, antes de que transcurran, según mi entender, tres dobleces, vueltas, duraciones de hombre
65 sobre la tierra.

En la tercera vuelta del katun será el tiempo de escalar las montañas[5] por la sequía y los grandes padecimientos del hijo del gran Itzá, Brujo-del-agua. Pero no acabarán por completo el tiempo de la Flor de Mayo y los hombres de la Flor de Mayo dentro del cristianismo. ✤

[*]dejando caer

[*]heridos con lanzas

[4]Ixtab era la deidad patrona de los que se ahorcaban.
[5]En México, la celebración del culto agrícola que se festejaba en la cima de los montes ha llevado a deducir a los estudiosos el significado a constantes referencias sobre escalar las montañas. Era en esas cimas donde acudían las nubes por designio de Tlaloc Tlamacazqui, dios de las lluvias.

PREGUNTAS

ANÁLISIS

1. A diferencia del Génesis, donde la creación se produce al dictado de un solo Dios, en el *Popol Vuh* el origen del mundo es fruto de un diálogo. ¿Cómo se llaman los interlocutores de ese diálogo?

2. Resume con tus propias palabras el proceso de la creación del hombre descrito en estos pasajes del *Popol Vuh*.

3. Según el *Popol Vuh,* ¿cuál es el atributo que acerca al hombre a las fuerzas de la creación y que lo diferencia del resto de los animales?

4. Una de las razones por las que los textos del *Chilam Balam* son tan difíciles de interpretar es el uso continuado de la metonimia. Busca ejemplos de esta figura retórica que consiste en asignar el nombre de una cosa a otra.

5. Las profecías del *Chilam Balam* se basan en interpretaciones de fenómenos naturales. Menciona alguno de esos fenómenos naturales y su significación para los hermeneutas mayas.

INTERPRETACIÓN

1. En el Antiguo Testamento, el segundo versículo del Génesis dice: "[…] y el espíritu de Dios se movía sobre la faz de las aguas". En el sexto párrafo del capítulo I de la primera parte del *Popol Vuh,* el origen divino del mundo también se sitúa en el agua. Localiza ese pasaje y comenta las semejanzas y diferencias entre ambos textos sagrados, en el contexto de la Conquista.

2. Las deidades mayas descritas en el *Popol Vuh* castigan al hombre con crueldad y ensañamiento. Comenta las acciones de Camalotz y Cotzbalam en vísperas del diluvio maya.

3. Lee el segundo párrafo de la "Profecía llamada de las flores en un Katun 11 ahau" del *Chilam Balam,* donde se menciona la llegada del dios infernal Bolon Dzacab en forma de colibrí. Haz tu propia interpretación del final del párrafo: "Entonces querrá marido la flor marchita cuando le arranquen el corazón".

4. Di cuál de las dos selecciones sobre textos mayas te ha parecido más interesante, el fragmento del *Popol Vuh* o el del *Chilam Balam*. Explica por qué.

INVESTIGACIÓN

1. El *Popol Vuh* ha sido sometido a abundantes comparaciones con otros textos sobre el origen del mundo, como el Génesis, el Antiguo Testamento y la *Epopeya de Gilgamesh*. Investiga qué semejanzas y diferencias existen, además de las ya apuntadas, entre estos textos cosmogónicos.

2. Las últimas investigaciones sobre las culturas mesoamericanas apuntan a que los mayas antiguos no hicieron profecías, sino predicciones basadas en observaciones de la realidad. Investiga sobre este nuevo enfoque y explica brevemente los puntos de vista de los expertos que profundizaron en el tema.

TEXTOS QUECHUA

"Todo en la luna está escrito
en signos, para mí hasta
lo que más oculto tengas es
cierto para mí."

—Anónimo, *Ollantay*

Los incas carecían de escritura y basaban sus anotaciones en un procedimiento aún hoy irresoluble: un código de cuerdas anudadas llamadas *quipus*. Es difícil imaginar cómo un sistema de tales características puede tener una gramática o una sintaxis y, mucho menos, cómo puede contener un texto. Por ello, el consenso definitivo es que la literatura quechua es totalmente oral.

La creación estaba a cargo de *haravicus* y *amautas*, es decir, de poetas y narradores, y dramaturgos, respectivamente. Los primeros dependían, argumentalmente, de los segundos, que a su vez interpretaban los *quipus*. Todo ello concluye en una definición colectivista y anónima de la literatura, de exposición pública y ritual. En este sentido, hay que destacar la estrecha relación que existía en el imperio inca entre composiciones y festividades, por un lado, y entre representaciones y coreografías, por otro.

El repertorio quechua es muy homogéneo porque no existe una influencia apreciable de otras culturas previas. A diferencia de civilizaciones como la maya o la azteca, en el vasto ámbito geográfico de la cultura inca no existen rastros de otras tradiciones anteriores al apogeo de Cuzco a partir del siglo XIII. El quechua fue impuesto, igualmente, como lengua franca.

Su prosa incluye temas variados que abarcan la cosmología y la mitología, pero con un desarrollo muy característico de la narración moralista, al estilo de los *exempla* o fábulas medievales europeas. Disponemos de recopilaciones de estos cuentos gracias a la labor de compilación y escritura de los frailes españoles a finales del siglo XVI. Es el caso de *Los orígenes de los incas*, de Martín Murúa, donde caben historias de todo género, con referencias eróticas incluidas. Lo mismo se puede apreciar en el otro clásico, *Dioses y hombres de Huarochirí*, de Francisco de Ávila.

La poesía quechua es a menudo religiosa y de exaltación del héroe, como himno y como oración sagrada. También, el mundo agrario forma parte de su universo poético, que demuestra su importancia y vitalidad en el mundo inca, donde la tierra es símbolo de abundancia y plenitud. Estas obras se incluyen en la categoría de los *haylli*, denominados así por el grito con el que concluían sus versos.

Aunque los temas predominantes son los previamente mencionados, la poética inca es muy variada y tiene clasificaciones concretas, especialmente en lo referente a la lírica amorosa. Los *urpis* son poemas o cantos de desamor y ruego en los que la comparación del amante con una paloma se convierte en un recurso metafórico constante. El *urpi* representa una estética idealista y romántica, inusual e influyente en el ámbito inca.

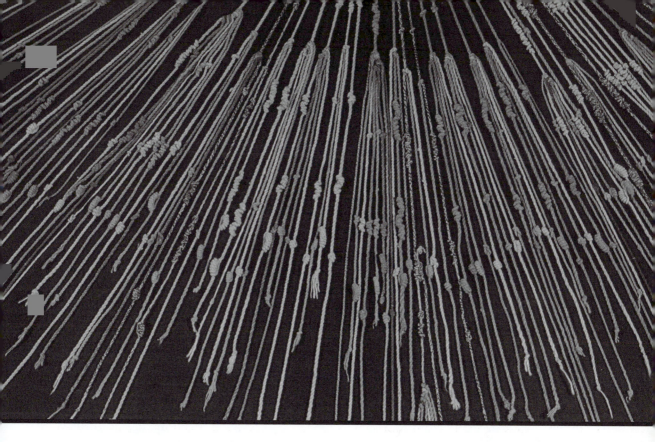

El poema seleccionado es el conocido *Apu Inca Atawallpaman*, "Al gran Inca Atahualpa". Se trata de la versión española que realizó hace medio siglo el poeta, narrador, traductor y antropólogo peruano José María Arguedas, uno de los máximos exponentes de la literatura indigenista peruana, que alcanzó la fama internacional con obras como *Uku Mallu* (*Los ríos profundos*) y *Todas las sangres*.

"Al gran Inca Atahualpa" es un lamento poético, o elegía, anónimo, quizá el más representativo de la poesía *haylli*, que, en este caso, está dedicado al último emperador del imperio inca. Atahualpa accedió al poder tras una lucha fratricida entre algunos de los más de doscientos hijos de Huayna Capac, quien, en primera instancia, cedió el trono a Huáscar. Atahualpa organizó un ejército para combatir al rey, quien ya había sofocado con éxito rebeliones de otros hermanos. Atahualpa, sin embargo, logra vencer a Huáscar, que es sacado del palacio con una soga al cuello y ejecutado. Poco después, el propio Atahualpa sería derrotado y asesinado por el conquistador español Francisco de Pizarro.

"Al gran Inca Atahualpa" se compuso en los primeros años de la conquista, por lo que no podemos considerarlo propiamente un texto colonial, sino, más bien, literatura quechua sin la filtración de motivos europeos. Las formas métricas típicas de los poemas incas rechazaban los esquemas métricos fijos, estaban compuestos con bastante libertad formal y versos muy breves, y solo ocasionalmente empleaban el recurso de la rima.

Para el poeta y para el imaginario inca, Atahualpa era la encarnación del triunfo y la unidad, y por ello la tragedia de su final es descrita de forma lúgubre, de cercanía con la muerte. Las imágenes son obsesivas, con la reiteración del duelo, subrayado por el acompañamiento musical de percusiones. Es un poema de complejas metáforas, en el que solo cabe el odio contra los opresores.

AL GRAN INCA ATAHUALPA

Traducción de José María Arguedas en su libro *Poesía quechua* (1966)

¿Qué arco iris es este negro arco iris
que se alza?

Para que el enemigo del Cuzco horrible flecha
que amanece.
5 Por doquier granizada siniestra
golpea.

Mi corazón presentía
a cada instante,
aun en mis sueños, asaltándome,
10 en el letargo,
a la mosca azul anunciadora de la muerte;
dolor inacabable.

El sol vuélvese amarillo, anochece,
misteriosamente;
15 amortaja*a Atahualpa, su cadáver
y su nombre;
la muerte del Inca reduce
al tiempo que dura una pestañada.

Su amada cabeza ya la envuelve
20 el horrendo enemigo;
y un río de sangre camina, se extiende,
en dos corrientes.

Sus dientes crujidores ya están mordiendo
la bárbara tristeza;
25 se han vuelto de plomo sus ojos que eran como el sol,
ojos de Inca.

Se ha helado ya el gran corazón
de Atahualpa.
El llanto de los hombres de las Cuatro Regiones
30 ahogándole.

Las nubes del cielo han dejado
ennegreciéndose;
la madre Luna, transida*, con el rostro enfermo,
empequeñece.
35 Y todo y todos se esconden, desaparecen,
padeciendo.

La tierra se niega a sepultar
a su Señor,

*cubre con una mortaja o
sudario: sábana con que
se envuelve un cadáver
para enterrarlo

*consumida por un
intenso dolor

como si se avergonzara del cadáver
40 de quien la amó,
como si temiera a su adalid*
devorar.

*jefe militar

Y los precipicios de roca tiemblan por su Amo
canciones fúnebres entonando,
45 el río brama con el poder de su dolor
su caudal levantando.

Las lágrimas, en torrente, juntas,
se recogen.
¿Qué hombre no caerá en el llanto
50 por quien le amó?
¿Qué hijo no ha de existir
para su padre?

Gimiente, doliente, corazón herido
sin palmas.
55 ¿Qué paloma amante no da su ser
al amado?

¿Qué delirante e inquieto venado salvaje
a su instinto no obedece?

Lágrimas de sangre arrancadas, arrancadas
60 de su alegría;
espejo vertiente de sus lágrimas
¡retratad su cadáver!
Bañad todos en su gran ternura
vuestro regazo*.

*espacio entre la cintura
y las rodillas de un
cuerpo sentado

65 Con sus múltiples, poderosas manos,
los acariciados;
con las alas de su corazón
los protegidos;
con la delicada tela de su pecho
70 los abrigados;
claman ahora,
con la doliente voz de las viudas tristes.

Las nobles escogidas se han inclinado, juntas,
todas de luto,

75 el Willaj Umu[1] se ha vestido de su manto
para el sacrificio.
Todos los hombres han desfilado
a sus tumbas.

Mortalmente sufre su tristeza delirante,
80 la Madre Reina;
los ríos de sus lágrimas saltan
al amarillo cadáver.
Su rostro está yerto, inmóvil,
y su boca (dice):

85 "¿Adónde te fuiste, perdiéndote
de mis ojos,
abandonando este mundo
en mi duelo;
eternamente desgarrándote,
90 de mi corazón?"

Enriquecido con el oro del rescate
el español.
Su horrible corazón por el poder devorado;
empujándose unos a otros,
95 con ansias cada vez, cada vez más oscuras,
fiera enfurecida.
Les diste cuanto pidieron, los colmaste;
te asesinaron, sin embargo.

Sus deseos hasta donde clamaron los henchiste*   *llenaste
100 tú solo;
y muriendo en Cajamarca[2]
te extinguiste.

Se ha acabado ya en tus venas
la sangre;
105 se ha apagado en tus ojos
la luz;
en el fondo de la más intensa estrella ha caído
tu mirar.

Gime, sufre, camina, vuela enloquecida,
110 tu alma, paloma amada;
delirante, delirante, llora, padece
tu corazón amado.

[1] Sacerdote supremo en la época de los incas poseedor de vastos conocimientos y sabiduría.
[2] Atahualpa (1497–1533), último soberano del imperio inca. Fue capturado el 16 de noviembre
de 1532 por las tropas de Francisco Pizarro en una emboscada conocida como la Batalla
de Cajamarca.

Con el martirio* de la separación infinita
el corazón se rompe.

*tormento, tortura

115 El límpido, resplandeciente trono de oro,
y tu cuna;
los vasos de oro, todo,
se repartieron.

Bajo extraño imperio, aglomerados los martirios,
120 y destruidos;
perplejos, extraviados, negada la memoria,
solos;
muerta la sombra que protege;
lloramos;
125 sin tener a quién o a dónde volver,
estamos delirando.

¿Soportará tu corazón,
Inca,
nuestra errabunda* vida

*nómada, vagabunda

130 dispersada,
por el peligro sin cuento cercada, en manos ajenas,
pisoteada?

Tus ojos que como flechas de ventura herían
ábrelos;
135 tus magnánimas manos
extiéndelas;
y con esa visión fortalecidos
despídenos.

PREGUNTAS

ANÁLISIS

1. En los primeros versos de "Al gran Inca Atahualpa" el narrador poético anuncia el drama. ¿Qué recursos estilísticos utiliza para introducirnos en la idea de la muerte? ¿Por qué crees que usa el color negro para describir el arcoíris?

2. ¿Quién es el "horrendo enemigo" que se cierne sobre Atahualpa? ¿De qué le acusa el poeta al final del poema?

3. Una elegía es un poema en el que se lamenta la muerte de alguien. ¿Qué metáforas de este poema son claramente elegíacas?

4. ¿A qué alude el oro en este poema? ¿Dirías que tiene un valor simbólico? Explica tu respuesta.

INTERPRETACIÓN

1. Con tus propias palabras, describe cómo representa el poema la figura de Atahualpa y qué crees que significó para la civilización inca su muerte a manos de los españoles.

2. Al final del poema, el poeta interroga al pueblo inca. ¿Con qué intención crees que formula esa pregunta?

3. Teniendo en cuenta que Atahualpa llegó al poder al matar a su hermano, el emperador Huáscar, ¿quién podría haber sido el poeta anónimo que llora la muerte de Atahualpa?

INVESTIGACIÓN

1. Investiga cuáles fueron las "Cuatro Regiones" de las que habla el poema y sitúalas en el contexto histórico y geográfico de la muerte de Atahualpa.

2. Busca, lee y comenta el cautiverio al que fue sometido Atahualpa antes de su muerte.

3. Lo telúrico, es decir, la fuerza de la Tierra, es un elemento recurrente en esta traducción de José María Arguedas. Busca ejemplos de esta característica en la obra de otro gran poeta mestizo peruano, César Vallejo.

2

DESCUBRIMIENTO Y MESTIZAJE: DE LA CONQUISTA A LA INDEPENDENCIA

La primera mirada sobre el Nuevo Mundo fue de asombro: el *Diario de a bordo* (1492) de Colón da cuenta de ese deslumbramiento. En un momento, no pudiendo describir lo que ve, dice que una palma es "de una desformidad fermosa," esto es, "hermosamente fea". El lenguaje no logra describir la planta y Colón cae en un oxímoron. La palma es hermosa porque es imponente pero es horrenda porque no encuentra término de comparación. El lenguaje pierde su capacidad de control ante la abundancia de lo nuevo. Los nativos, por otra parte, son de risa fácil, nos dice, como niños, y tienen el cabello como cola de caballo. Después, Colón los hará más feroces, para justificar su empresa conquistadora. La aventura del descubrimiento empieza como una puesta a prueba del lenguaje. Hasta el nombre es un equívoco: Colón creyó haber llegado a las Indias de las especias, pero solo poco a poco entendió que estaba en otro continente, y sustituyó la búsqueda de los condimentos caros por la de una mercancía aún más valiosa: el oro. Lo que vino a llamarse América, dada la fama del navegante Américo Vespucio, en puridad debió llamarse Colombia. Pero Colón fue llevado a España preso, cargado de cadenas, por abuso de autoridad, venta de indios como esclavos y codicia. La reina Isabel lo perdonó y le devolvió sus escasas propiedades, pero le quitó todo mando y autoridad; su último viaje a Indias lo haría como parte de una empresa comercial. Cristóbal Colón se sentía gobernado por un mandato superior; no en vano su nombre significa "paloma de Cristo."

Las *Cartas de relación de la conquista de México*, (1519–1526) de Hernán Cortés, en cambio, son de un impecable rigor clásico. Escribe con elegancia, mesura y precisión, esas virtudes del diálogo humanista que valora al mensajero por la honradez de su mensaje. Pero hay también en Cortés un sentido práctico y sobrio: en sus cartas, es cierto, elogia la abundancia que lo rodea; sin embargo, el conquistador escribe también con la inteligencia de los hechos que identifica con claridad, sentido práctico y cortesanía. Su estrategia retórica busca, ciertamente, cubrirse las espaldas y dar una versión persuasiva de su función. Se ha dicho que Cortés debió haber leído *El Príncipe* de Maquiavelo, lo que estaría patente en su arte de la manipulación, que ejerce con talento de dramaturgo. Cortés parece ser consciente de su público al escenificar la muerte del rey azteca, lapidado. Según los cronistas indígenas, el emperador ya estaba muerto y Cortés lo sacó atado a su silla, como si estuviese vivo. Lo que apedrearon los indios fue el grotesco espectáculo, no a su emperador. Cortés regresó rico a España, pero a pesar de los honores concedidos fue separado del poder y murió decepcionado.

Un soldado de Cortés, Bernal Díaz del Castillo, ya viejo y desengañado, escribió la primera memoria de la Conquista, con una precisión, gusto por el detalle y gracia novelesca que harían de su *Historia verdadera de la Conquista de la Nueva España* (1568) una gran reconstrucción de los días y las noches de Cortés y los suyos, entre ellas, la famosa Noche Triste de la fuga. A Álvar Núñez Cabeza de Vaca, el lenguaje es todo lo que le queda de esa gran empresa, hecha de gloria y sacrificio, violencia y agonía.

Pocos conquistadores fueron más novelescos que él, quien en sus *Naufragios y comentarios* (1542) narró la aventura de su penosa epopeya entre las tierras inhóspitas del Sur de Estados Unidos, en las que sobrevivió durante años en soledad.

La empresa española del descubrimiento y la exploración de las Indias se define como una conquista, más que como una colonización. Pero, desde el primer día, el asombro por el Nuevo Mundo incluyó a los aborígenes. ¿Eran humanos? Y si lo eran, ¿tenían alma? Y si la tenían, ¿sería legítimo esclavizarlos? Fray Bartolomé de las Casas intervino en la polémica teológica, cuya conclusión fue que los indios, en efecto, eran como ellos y no podían ser esclavos. Sin embargo, se comportaban como niños y necesitaban la verdad de la doctrina, la tutoría de sus amos, la evangelización católica y, por su condición de siervos, debían trabajar para sus señores, los encomenderos. El asombro lleva a la fantasía y las interpretaciones difieren. ¿Cómo pueden ser hijos de Dios si no están citados en la Biblia? La justificación teológica es que su origen se remonta a los descendientes de Caín. Esas tribus perdidas reaparecen en América. Otros argumentan, para espanto de la Inquisición, que los verdaderos hijos de Jesucristo son los indios y los europeos son las tribus perdidas a las que alude el Libro Sagrado.

El lenguaje no alcanza a dar cuenta de la diversidad de novedades, sucesos y descubrimientos. Para mayor desmesura, el propio Colón había sugerido que el Paraíso de Adán y Eva había estado en el Caribe. El padre Las Casas, que había sido primero explorador y colono, creía en un sentido de justicia superior y se convirtió en "defensor de los indios". Su condena de los abusos de la Conquista hizo de su *Brevísima relación de la destrucción de las Indias* (1552) el primer superventas del Nuevo Mundo; se tradujo a varias lenguas y los ingleses lo usaron como arma discursiva contra su archirrival en la pugna por el dominio de América: España. La "Leyenda negra" se alimentó de la denuncia del padre Las Casas. Sin embargo, este fue admirador de Colón, probablemente porque el "providencialismo" (la idea de la intervención divina en el descubrimiento) le hizo ver en el codicioso navegante a un padre fundador elegido por la mano de Dios. Bartolomé de las Casas abrazó las causas justas con ardor, fervor y elocuencia.

Alonso de Ercilla, en cambio, no conoció la exuberancia del Caribe ni la abundancia del Perú. En Chile, los conquistadores no tuvieron mucho que conquistar. Pero la carencia no lo amilanó. Ercilla fue un literato de formación clásica y el mejor poeta de su tiempo; como tal, fue reconocido por los grandes poetas españoles de su época. Decidió ver en la sencillez de los indígenas una bravura en el combate digna del propio Homero. Dio a los araucanos dignidad y valor, y los representó como nobles luchadores de un mundo perdido. El vigor, el colorido, el drama de los episodios y la entereza de los personajes hace de *La Araucana* (1569–1589) uno de los libros fundamentales de la literatura entre una y otra orilla. Este poema épico español, pero también obra fundadora chilena, se convirtió en la primera fuente de las letras de Chile. Gracias al lenguaje, el Nuevo Mundo adquiría no solo asombro, memoria y protesta, sino también valor y belleza. En la obra de Ercilla, la gran poesía española y la naciente poesía americana se encontraban y se enriquecían mutuamente. Ese diálogo fundacional prometía una fructífera mezcla: la diferencia americana forjada en español.

Sería otro gran escritor, el Inca Garcilaso de la Vega, quien elaborase la primera teoría cultural sobre la diferencia americana. Hijo de un capitán español de noble estirpe y de una princesa incaica descendiente de la rama cuzqueña de los reyes incas, fue un mestizo que vivió en ambos mundos y que trató de unirlos.

Tuvo una educación privilegiada y la atención de su padre, quien lo envió a España a recuperar a su familia (estaba emparentado con el poeta Garcilaso de la Vega). Se instaló en Montilla, donde vivían sus lejanos parientes, y empezó su vida de escritor, en primer lugar, para reivindicar su condición de cronista autorizado por su conocimiento de la lengua quechua y haber vivido una parte de los hechos; y en segundo lugar, para defender la fidelidad de su padre al rey. Ya mayor, escribió sus *Comentarios reales de los incas* (1609), que tuvo un éxito inmediato y fue citado por varios historiadores y escritores españoles y, muy probablemente, leído por Cervantes. El Inca, como se llamó a sí mismo para recuperar su linaje materno, observó que la abundancia era una consecuencia natural de la mezcla, porque eran las semillas de España las que se multiplicaban en la tierra americana, acrecentando los frutos; y que la naturaleza era pródiga en la mezcla como lo era en la cultura. Esa tesis es la primera interpretación de la América hispánica como un espacio moderno, donde el mestizaje no se limita a la mezcla biológica de las razas, sino que forma el tejido gastronómico, musical, lingüístico y artístico de un nuevo tejido cultural. Esa nueva cultura se anuncia en la prosa armoniosa y en la visión tolerante de este humanista que buscaba en los elementos de esta nueva ecuación mestiza la paz definitiva de la historia.

Sor Juana Inés de la Cruz, una monja mexicana más cortesana que devota, escribió la mejor poesía de su tiempo y fue reconocida y celebrada en España como tal. Hija natural de una madre modesta, no podría haberse casado al carecer de rango social y dinero, y tampoco pudo ingresar a la Universidad, vedada entonces a las mujeres. Pero su fama de ingeniosa hizo que la virreina la contratara como una de las jóvenes a su servicio en la corte. Muy pronto, se destacó por su inteligencia y por sus poemas, de estilo barroco y conceptual, esto es, laboriosos de forma, ingeniosos de sentido, y plenos de brío metafórico y sutil ironía. Protegida por la virreina, ingresó al convento, y sus poemas fueron solicitados para celebraciones y fiestas, lo que la convirtió en una figura cortesana exitosa. Sin embargo, cuando se permitió el atrevimiento de intervenir en una polémica, probablemente para demostrar su ingenio, alarmó a las autoridades eclesiásticas, que la condenaron al silencio. Los virreyes que la protegieron habían vuelto a España y, aunque tuvo defensores poderosos, su suerte estaba echada: aceptó el castigo, abandonó la poesía y se encerró en penitencia. Su único retrato la muestra sentada como una autoridad de las letras con su gran biblioteca detrás, siendo los libros sus blasones y su honra. Ayudando a curar enfermos de la peste, la contrajo y murió. Su tumba debe haber sido muy humilde pues no se sabe dónde fue enterrada.

Buena parte de su obra está conformada por elogios de la corte, pero otra parte más importante está hecha de argumentaciones y demandas de la condición femenina. Por eso, a partir del siglo xx, empezó a ser considerada como una precursora del feminismo que reivindicaba para la mujer un espacio propio en la intelectualidad. La "agudeza" de su poesía (y de sus brillantes obras teatrales) es equiparable al *wit* inglés. Para ella, el poema es un juego retórico construido a base de alusiones e ironías, contrastes y ejemplos, que hacen de la composición una suerte de teorema lógico y deslumbrante.

La poesía fue para ella "la casa del placer" en el lenguaje y en el diálogo, mientras que "la casa del deber" era el convento como institución de clausura y obediencia. Sor Juana Inés de la Cruz estaba hecha para los placeres de la inteligencia, pero fue víctima del poder y de su rigor. Como sentenció un obispo mexicano, las monjas "no solo están muertas, sino amortajadas […] dentro de la misma sepultura, enterradas y encerradas".

Sor Juana sugiere en su obra la necesidad de dar libertad al lenguaje ("la libertad", escribió Cervantes, a quien ella había leído, "es uno de los más preciosos dones que a los hombres dieron los cielos"); su compatriota José Joaquín Fernández de Lizardi saca ese lenguaje de su enclaustramiento secular y lo lleva al espacio público de debate. Hombre de la Ilustración y formado en la idea de los derechos del hombre, Lizardi fue un periodista mil veces censurado y apresado por sus críticas a las instituciones de poder. Condenado a vivir de su pluma, este escritor profesional (uno de los primeros de Hispanoamérica) no tuvo más remedio que ponerse al servicio del político de turno. Sin embargo, los riesgos de su profesión eran mayores que la ley o el favor de los gobiernos. Lizardi parece haber definido el modo de producción intelectual de su país: una negociación zozobrante con el poder. Siendo, además, partidario de la emancipación y de las ideas de vanguardia, casi siempre llevaba las de perder. Bastó con que criticara la esclavitud para que lo devolvieran a la cárcel.

Lizardi escribía, imprimía y vendía su propio periódico, *El Libre Pensador*, que tuvo, así, varias vidas, hasta que la censura acabó por enterrarlo; entonces decidió escribir *El Periquillo Sarniento* (1816), la primera novela de México y de toda Latinoamérica. Una mezcla de periodismo, crítica social y narración, este libro es también autobiográfico, pero es la ficción lo que le da espacio para decir lo que quiere. La novela se constituye en una ocupación del espacio público desde la libertad del relato; demasiada libertad para el gusto de la Inquisición. Lizardi murió pobre y, como sor Juana Inés de la Cruz, sus restos yacen en paradero desconocido. De ambos nos queda la verdad de su palabra.

Julio Ortega

BIBLIOGRAFÍA DEL PERIODO

Elliott, J. H. *The Old World and the New, 1492–1650*. Cambridge University Press, 1992.

Fuentes, Carlos. *El espejo enterrado*. México: Taurus, 1988.

Leonard, Irving A. *Books of the Brave*. Los Ángeles: University of California Press, 1992.

Mazzotti, José Antonio. *Coros mestizos del Inca Garcilaso: Resonancias andinas*. Lima: Fondo de Cultura Económica, 1996.

Pastor, Beatriz. *El segundo descubrimiento: Discursos narrativos de la conquista de América*. Barcelona: EDHASA, 2008.

Paz, Octavio. *Sor Juana Inés de la Cruz. Las trampas de la fe*. México: Fondo de Cultura Económica, 1982.

CRONOLOGÍA: HISTORIA Y LITERATURA

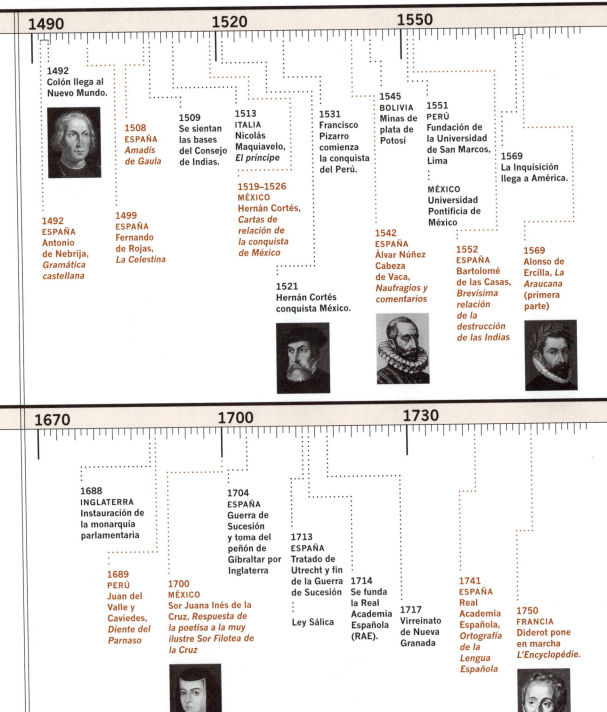

1490   **1520**   **1550**

1492
Colón llega al
Nuevo Mundo.

1508
ESPAÑA
*Amadís
de Gaula*

1509
Se sientan
las bases
del Consejo
de Indias.

1513
ITALIA
Nicolás
Maquiavelo,
El príncipe

1519–1526
MÉXICO
Hernán Cortés,
*Cartas de
relación de
la conquista
de México*

1531
Francisco
Pizarro
comienza
la conquista
del Perú.

1545
BOLIVIA
Minas de
plata de
Potosí

1551
PERÚ
Fundación de
la Universidad
de San Marcos,
Lima

MÉXICO
Universidad
Pontificia de
México

1569
La Inquisición
llega a América.

1492
ESPAÑA
Antonio
de Nebrija,
*Gramática
castellana*

1499
ESPAÑA
Fernando
de Rojas,
La Celestina

1521
Hernán Cortés
conquista México.

1542
ESPAÑA
Álvar Núñez
Cabeza
de Vaca,
*Naufragios y
comentarios*

1552
ESPAÑA
Bartolomé
de las Casas,
*Brevísima
relación
de la
destrucción
de las Indias*

1569
Alonso de
Ercilla, *La
Araucana*
(primera
parte)

1670   **1700**   **1730**

1688
INGLATERRA
Instauración de
la monarquía
parlamentaria

1704
ESPAÑA
Guerra de
Sucesión
y toma del
peñón de
Gibraltar por
Inglaterra

1713
ESPAÑA
Tratado de
Utrecht y fin
de la Guerra
de Sucesión

Ley Sálica

1714
Se funda
la Real
Academia
Española
(RAE).

1717
Virreinato
de Nueva
Granada

1741
ESPAÑA
Real
Academia
Española,
*Ortografía
de la
Lengua
Española*

1689
PERÚ
Juan del
Valle y
Caviedes,
*Diente del
Parnaso*

1700
MÉXICO
Sor Juana Inés de la
Cruz, *Respuesta de
la poetisa a la muy
ilustre Sor Filotea de
la Cruz*

1750
FRANCIA
Diderot pone
en marcha
L'Encyclopédie.

■ HISTORIA Y POLÍTICA
■ LITERATURA

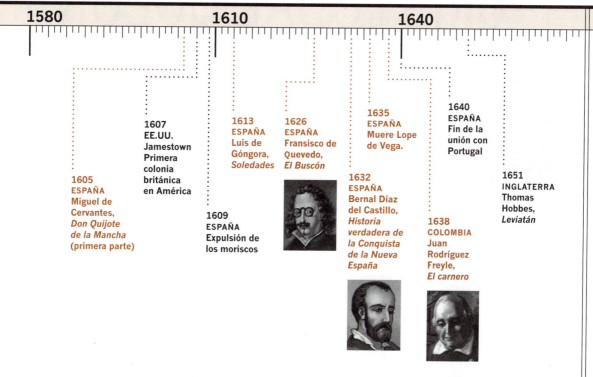

1580 **1610** **1640**

1607
EE.UU.
Jamestown
Primera
colonia
británica
en América

1605
ESPAÑA
Miguel de
Cervantes,
*Don Quijote
de la Mancha*
(primera parte)

1609
ESPAÑA
Expulsión de
los moriscos

1613
ESPAÑA
Luis de
Góngora,
Soledades

1626
ESPAÑA
Fransisco de
Quevedo,
El Buscón

1632
ESPAÑA
Bernal Díaz
del Castillo,
*Historia
verdadera de
la Conquista
de la Nueva
España*

1635
ESPAÑA
Muere Lope
de Vega.

1640
ESPAÑA
Fin de la
unión con
Portugal

1638
COLOMBIA
Juan
Rodríguez
Freyle,
El carnero

1651
INGLATERRA
Thomas
Hobbes,
Leviatán

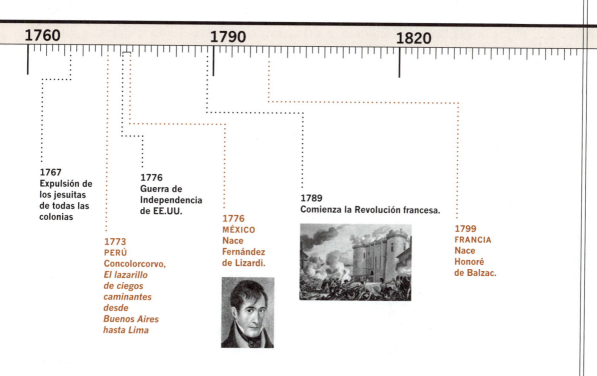

1760 **1790** **1820**

1767
Expulsión de
los jesuitas
de todas las
colonias

1773
PERÚ
Concolorcorvo,
*El lazarillo
de ciegos
caminantes
desde
Buenos Aires
hasta Lima*

1776
Guerra de
Independencia
de EE.UU.

1776
MÉXICO
Nace
Fernández
de Lizardi.

1789
Comienza la Revolución francesa.

1799
FRANCIA
Nace
Honoré
de Balzac.

CRISTÓBAL COLÓN

c.1451–1506

"Ellos no traen armas ni las conocen, porque les amostré espadas y las tomaban por el filo y se cortaban con ignorancia."

—**Cristóbal Colón**, *Diario de a bordo*

A Cristóbal Colón se le han atribuido más de treinta patrias diferentes. Hoy es ya aceptado que nació en un pueblo genovés y que dedicó, desde muy pronto, su vida a la marina mercante. Estudió Astrología, Cosmografía y Geometría. Navegó el Mediterráneo, las costas de África, Canarias y la isla de Madeira. Estuvo en contacto con portugueses y españoles. Vivió en Lisboa, y en 1485 se encontraría en España con su hermanastro Diego. Allí planteó su proyecto más ambicioso, ya desechado por el rey Juan II de Portugal y por el inglés Enrique VII. Colón pretendía alcanzar las costas del Extremo Oriente atravesando el Atlántico. Aunque los primeros informes fueron desfavorables, al fin convenció a la reina Isabel la Católica.

Desde entonces, emprendió cuatro viajes a América: en el primero (1492–1493) llegó a las islas de San Salvador (Bahamas), a La Española (República Dominicana y Haití) y a Cuba. En los siguientes, hasta 1504, estableció colonias de explotación y llegó a Puerto Rico, Jamaica, Venezuela, Panamá y Honduras. En su tercer viaje, fue procesado en España por su gestión de las colonias. Murió en Valladolid en 1506, sin lograr que la Corona española reconociese todas las compensaciones y derechos que reclamaba.

De todos sus viajes redactó *Diario de a bordo* (1492), elaboró documentos diversos y escribió otras obras significativas, como su Testamento (1506) y su *Libro de las profecías* (1504). Los cuatro diarios de viaje que se conocen no son todos obra de puño y letra de Colón: del primero y del tercero, se conservan copias realizadas y resumidas por Fray Bartolomé de las Casas, lo cual explica la narración en tercera persona, repleta de declaraciones entrecomilladas. Los diarios de Cristóbal Colón eran informes para sus inversores y para información de sus auspiciadores, los Reyes Católicos. Colón era un marinero genovés que manejaba sin precisión media docena de idiomas; en sus escritos hay incorrecciones, barbarismos, lusismos, diptongos incorrectos y leísmos. Sin embargo, su diario, particularmente en lo referente a su primer viaje, se reviste sin dificultad de literatura en algunos pasajes, especialmente de una forma de poesía del acontecimiento, de la reflexión histórica.

En el diario del "Primer viaje" se aprecia que Colón, a pesar de su experiencia, cuenta con pocos medios de navegación para cumplir su misión. Es muy habitual la referencia a la hierba flotando en el agua, presintiendo la costa —en realidad, habían entrado en el Mar de los Sargazos—, y la mención de aves que creen que no se alejan mucho de tierra —los "rabos de junco" o los alcatraces, que se hallaban migrando y que solo tocan suelo para anidar—. Colón, además, calculó la distancia entre Europa y Asia en una cuarta parte de la real; no admitió que la dulzura de las aguas del Orinoco en su desembocadura indicaba que aquello no podía ser una isla; nunca aceptó que había hallado un nuevo continente: creyó haber arribado a las Indias Orientales, después a Japón y, finalmente, mantuvo por escrito que había encontrado el Paraíso Terrenal de las Sagradas Escrituras. Como puede leerse, Colón se guía por estrellas con las que no está acostumbrado a hacer mediciones; además, cambia los rumbos guiado por intuiciones y sin corregir la declinación magnética en su brújula. También, tiene que vigilar la psicología de los que lo acompañan: engaña a la tripulación al llevar un doble cómputo de distancias. En vísperas del Descubrimiento, tiene que hacer frente a una sublevación, por lo que la expedición estuvo a punto de suspenderse a menos de dos días de llegar, justo cuando la tripulación se inquieta porque "toda la noche oyeron pasar pájaros". Todo esto se sabe gracias a su *Diario de a bordo*, en el cual, además de mostrarse el grado de azar que tuvieron sus viajes, resalta una cuestión fundamental de toda la primera literatura americana: la dificultad para establecer metáforas partiendo de imágenes nuevas y desconocidas.

LEGADO HISTÓRICO

1492 | *Diario de a bordo*
1493 | *Carta dirigida a los Reyes Católicos anunciando el descubrimiento de América*
1504 | *Libro de las profecías*
1506 | *Testamento*

DIARIO DE ABORDO

De *Diario de a bordo*, 1492

PRIMER VIAJE

[…]

Y partí yo de la ciudad de Granada a doce días del mes de mayo del mesmo año de 1492, en sábado. Vine a la villa de Palos, que es puerto de mar, adonde armé yo tres navíos[1] muy aptos para semejante fecho•, y partí del dicho puerto muy abastecido de muy muchos mantenimientos y de mucha gente de la mar, a •acción, hazaña

5 tres días del mes de agosto del dicho año en un viernes, antes de la salida del sol con media hora, y llevé el camino de las islas de Canaria de Vuestras Altezas,[2] que son en la dicha mar océana, para de allí tomar mi derrota• y navegar tanto •rumbo, camino que yo llegase a las Indias, y dar la embajada de Vuestras Altezas a aquellos príncipes y cumplir lo que así me habían mandado; y para esto pensé de escribir

10 todo este viaje muy puntualmente de día en día todo lo que hiciese y viese y pasase, como adelante se verá. […]

[…]

Lunes, 17 de septiembre. — […] Vieron mucha hierba y muy a menudo, y era hierba de peñas, y venía la hierba de hacia Poniente•. Juzgaban estar cerca •Oeste

15 de tierra. Tomaron los pilotos el Norte marcándolo, y hallaron que las agujas noruesteaban• una gran cuarta, y temían los marineros y estaban penados y no •marcaban el noroeste decían de qué. Conociólo el Almirante; mandó que tornasen a marcar el Norte en amaneciendo, y hallaron que estaban buenas las agujas. La causa fue porque la estrella que parece hace movimiento y no las agujas. En amaneciendo, aquel

20 lunes vieron muchas más hierbas y que parecían hierbas de ríos, en los cuales hallaron un cangrejo vivo, el cual guardó el Almirante. […] El agua de la mar hallaban menos salada desde que salieron de las Canarias; los aires siempre más suaves. Iban muy alegres todos y los navíos quien más podía andar andaba por ver primero tierra. Vieron muchas toninas•, y los de la *Niña* mataron una. […] •delfines rosados

25 En aquella mañana dice que vido• un ave blanca que se llama *rabo de junco* que •vio no suele dormir en la mar.

[…]

Domingo, 30 de septiembre. — […] Vinieron al navío cuatro rabos de junco, que es gran señal de tierra, porque tantas aves de una naturaleza juntas es señal

30 que no andan desmandadas ni perdidas. Viéronse cuatro alcatraces en dos veces. Hierba, mucha. *Nota*: Que las estrellas que se llaman las guardias, cuando anochece, están junto al brazo de la parte del Poniente, y cuando amanece

---

[1] En la villa de Palos, Colón recibió, para su primera expedición al Nuevo Mundo y por orden de la reina Isabel la Católica, dos carabelas, la Niña y la Pinta, y arrendó una tercera a la que rebautizó con el nombre de Santa María.

[2] Tratamiento para dirigirse a los reyes.

están en la línea debajo del brazo al Nordeste, que parece que en toda la noche no andan salvo tres líneas, que son nueve horas, y esto cada noche [...] y en amaneciendo están con la estrella justo; por lo cual parece que la estrella hace movimiento como las otras estrellas, y las agujas piden siempre la verdad.

[...]

Domingo, 7 de octubre. — [...] En este día, al levantar el sol, la carabela *Niña*, que iba delante por ser velera·, y andaban quien más podía por ver primero tierra, por gozar de la merced· que los Reyes a quien primero la viese habían prometido, levantó una bandera en el topo del mástel· y tiró una lombarda·· por señal que vían tierra, porque así lo había ordenado el Almirante. [...]

·rápida

·recompensa

·mástil ··disparo de este tipo de cañón

[...]

Jueves, 11 de octubre. — [...] Y porque la carabela *Pinta* era más velera e iba delante del Almirante, halló tierra y hizo las señas que el Almirante había mandado. Esta tierra vido primero un marinero que se decía Rodrigo de Triana; puesto que el Almirante, a las diez de la noche, estando en el castillo de popa, vido lumbre, aunque fue cosa tan cerrada que no quiso afirmar que fuese tierra; pero llamó a Pero Gutiérrez, repostero de estrados del Rey, e díjole que parecía lumbre, que mirase él, y así lo hizo y vídola; díjole también a Rodrigo Sánchez de Segovia, que el Rey y la Reina enviaban en el armada por veedor, el cual no vido nada porque no estaba en lugar do la pudiese ver. Después que el Almirante lo dijo, se vido una vez o dos, y era como una candelilla de cera que se alzaba y levantaba, lo cual a pocos pareciera ser indicio de tierra. Pero el Almirante tuvo por cierto estar junto a la tierra. Por lo cual, cuando dijeron la *Salve*,[3] que la acostumbraban decir e cantar a su manera todos los marineros y se hallan todos, rogó y amonestólos el Almirante que hiciesen buena guarda al castillo de proa, y mirasen bien por la tierra, y que al que le dijese primero que vía tierra le daría luego un jubón de seda, sin las otras mercedes que los Reyes habían prometido, que eran diez mil maravedís de juro a quien primero la viese. A las dos horas después de media noche pareció la tierra, de la cual estarían dos leguas. Amañaron todas las velas, y quedaron con el treo, que es la vela grande sin bonetas, y pusiéronse a la corda, temporizando hasta el día viernes, que llegaron a una isleta de los Lucayos, que se llamaba en lengua de indios *Guanahani*. Luego vinieron gente desnuda, y el Almirante salió a tierra en la barca armada, y Martín Alonso Pinzón y Vicente Anés, su hermano, que era capitán de la *Niña*. Sacó el Almirante la bandera real y los capitanes con dos

[3] Oración de salutación a la Virgen cuyo comienzo reza: "Dios te salve, Reina y Madre de misericordia, vida, dulzura y esperanza nuestra."

banderas de la Cruz Verde, que llevaba el Almirante en todos los navíos por
seña con una F y una Y:[4] encima de cada letra su corona, una de un cabo de la
† y otra de otro. Puestos en tierra vieron árboles muy verdes y aguas muchas y
frutas de diversas maneras. El Almirante llamó a los dos capitanes y a los demás
que saltaron en tierra, y a Rodrigo de Escovedo, Escribano de toda el armada, y
a Rodrigo Sánchez de Segovia, y dijo que le diesen por fe y testimonio como él
por ante todos tomaba, como de hecho tomó, posesión de la dicha isla por el Rey
e por la Reina sus señores, haciendo las protestaciones que se requerían, como
más largo se contiene en los testimonios que allí se hicieron por escripto. Luego
se ayuntó allí mucha gente de la isla. Esto que se sigue son palabras formales
del Almirante, en su libro de su primera navegación y descubrimiento de estas
Indias. "Yo (dice él), porque nos tuviesen mucha amistad, porque conocí que
era gente que mejor se libraría y convertiría a nuestra Santa Fe con amor que no
por fuerza, les di a algunos de ellos unos bonetes colorados y unas cuentas de
vidrio que se ponían al pescuezo, y otras cosas muchas de poco valor, con que
hobieron mucho placer y quedaron tanto nuestros que era maravilla. Los cuales
después venían a las barcas de los navíos adonde nos estábamos, nadando, y nos
traían papagayos y hilo de algodón en ovillos y azagayas y otras cosas muchas,
y nos las trocaban por otras cosas que nos les dábamos, como cuentecillas de
vidrio y cascabeles. En fin, todo tomaban y daban de aquello que tenían de
buena voluntad. Mas me pareció que era gente muy pobre de todo. Ellos andan
todos desnudos como su madre los parió, y también las mujeres, aunque no
vide más de una farto moza. Y todos los que yo vide eran todos mancebos,
que ninguno vide de edad de más de treinta años: muy bien hechos, de muy
fermosos cuerpos y muy buenas caras: los cabellos gruesos cuasi como sedas de
cola de caballo, e cortos: los cabellos traen por encima de las cejas, salvo unos
pocos de trás que traen largos, que jamás cortan. Dellos• se pintan de prieto, • algunos (italianismo)
y ellos son de la color de los canarios, ni negros ni blancos, y dellos se pintan
de blanco, y dellos de colorado, y dellos de lo que fallan, y dellos se pintan las
caras, y dellos todo el cuerpo, y dellos solos los ojos, y dellos sólo el nariz. Ellos
no traen armas ni las conocen, porque les amostré espadas y las tomaban por
el filo y se cortaban con ignorancia. No tienen algún fierro: sus azagayas son
unas varas sin fierro, y algunas de ellas tienen al cabo un diente de pece, y otras
de otras cosas. Ellos todos a una mano son de buena estatura de grandeza y
buenos gestos, bien fechos•. Yo vide algunos que tenían señales de feridas en sus • hechos
cuerpos, y les hice señas qué era aquello, y ellos me amostraron cómo allí venían
gente de otras islas que estaban acerca y les querían tomar y se defendían. Y yo
creí e creo que aquí vienen de tierra firme a tomarlos por captivos. Ellos deben
ser buenos servidores y de buen ingenio, que veo que muy presto dicen todo lo
que les decía, y creo que ligeramente se harían cristianos; que me pareció que

---

[4]La bandera de los Reyes Católicos con sus iniciales: F de Fernando e Y de Ysabel.

ninguna secta tenían. Yo, placiendo a Nuestro Señor, llevaré de aquí al tiempo de mi partida seis a V.A.[*] para que deprendan fablar[**]. Ninguna bestia de ninguna manera vide, salvo papagayos en esta isla". Todas son palabras del Almirante.

[*]Vuestras Altezas [**]aprendan a hablar

[…]

Miércoles, 16 de enero. — Partió antes del día tres horas del golfo que llamó el *Golfo de las Flechas*, […] para ir diz[*] que a la isla de Carib, donde estaba la gente de quien todas aquellas islas y tierras tanto miedo tenían, porque diz que con sus canoas sinnúmero andaban todas aquellas mares y diz que comían los hombres que pueden haber. La derrota diz que le habían mostrado unos indios de aquellos cuatro que tomó ayer en el Puerto de las Flechas. Después de haber andado a su parecer sesenta y cuatro millas, señaláronle los indios quedaría la dicha isla al Sueste: quiso llevar aquel camino y mandó templar las velas, y, después de haber andado dos leguas, refrescó el viento muy bueno para ir a España. Notó en la gente que comenzó a entristecerse por desviarse del camino derecho, por la mucha agua que hacían ambas carabelas, y no tenían algún remedio salvo el de Dios. Hobo de[*] dejar el camino que creía que llevaba de la isla y volvió al derecho de España, Nordeste cuarta del Leste, y anduvo así hasta el sol puesto cuarenta y ocho millas, que son doce leguas. Dijéronle los indios que por aquella vía hallaría la isla de Matinino, que diz que era poblada de mujeres sin hombres, lo cual el Almirante mucho quisiera por llevar diz que a los Reyes cinco o seis de ellas; pero dudaba que los indios supiesen bien la derrota, y él no se podía detener, por el peligro del agua que cogían las carabelas; mas, diz que era cierto que las había, y que cierto tiempo del año venían los hombres a ellas de la dicha isla de Carib, que diz que estaba de ellas diez o doce leguas, y si parían niño enviábanlo a la isla de los hombres, y si niña dejábanla consigo. Dice el Almirante que aquellas dos islas no debían distar[*] de donde había partido quince o veinte leguas, y creía que eran al Sueste, y que los indios no le supieron señalar la derrota. Después de perder de vista el cabo que nombró de *San Theramo*, de la isla Española, que le quedaba al Oueste diez y seis leguas, anduvo doce leguas al Oeste cuarta del Nordeste. Llevaba muy buen tiempo. ✺

[*]dice

[*]tuvo que

[*]estar a una distancia

PREGUNTAS

ANÁLISIS

1. ¿Cuál es el objetivo de Cristóbal Colón al comenzar la escritura de su diario?

2. El *Diario de a bordo*, cuyo original entregó su autor a los Reyes Católicos al regresar a España, está perdido; el texto que conocemos es una transcripción de Bartolomé de las Casas. Busca indicios de este hecho en los párrafos seleccionados.

3. ¿En qué estado de ánimo se encuentran los marinos en la mitad de la travesía? ¿Qué los alienta a seguir adelante?

4. ¿Qué observaciones hace Colón del paisaje que encuentra al pisar por primera vez la tierra del Nuevo Mundo? ¿Qué aspectos destaca en su descripción de los nativos americanos? ¿Qué información revelan sobre el origen, la cultura, la religión y las intenciones de su autor?

INTERPRETACIÓN

1. En tu opinión, ¿en qué parte del texto se manifiesta la visión humanista de Colón?

2. ¿Qué lugar piensas que ocupaba en las prioridades de la expedición de Colón la evangelización de los nativos? ¿Por qué?

3. Comenta el pasaje en el que Colón menciona el valor de las cosas que intercambia con los nativos.

4. Colón dice en su diario: "Llevaré de aquí al tiempo de mi partida seis a V.A. para que deprendan fablar". ¿Qué concepción de los nativos refleja su propósito?

INVESTIGACIÓN

1. Cristóbal Colón logra persuadir a los Reyes Católicos para que financien su expedición. Sin embargo, tras su tercer viaje a América, el Almirante pierde el favor de la Corona española. Averigua qué circunstancias llevan a este desencuentro.

2. Investiga la biografía de los hermanos Pinzón, dos personajes mencionados en el texto que tuvieron un papel importante en los viajes de Colón. ¿Qué puesto ocupaban en la flota? ¿Cómo evolucionó la relación personal de ambos con el Almirante?

HERNÁN CORTÉS

1485–1547

"Certifico a vuestra majestad que no había tal de nosotros que no tuviese mucho temor por vernos tan dentro en la tierra y entre tanta y tal gente y tan sin esperanzas de socorro de ninguna parte."

—Hernán Cortés, *Cartas de relación de la conquista de México*

Hernán Cortés nació en una familia de hidalgos extremeños. Estudió Latín, Derecho y Gramática en la Universidad de Salamanca. Antes de cumplir los veinte años, se embarcó para América y trabajó hasta 1510 como escribiente y buscador de oro en la isla La Española. Viajó entonces a Cuba, donde fue magistrado y secretario del gobernador. En 1519, tras dos expediciones frustradas al continente americano en busca de esclavos, se acuerda que Cortés encabece la tercera.

Con medio millar de españoles llega a Yucatán (México), funda Veracruz y contacta con los mexicas-aztecas, de cuyo emperador, Moctezuma, consigue la sumisión a la Corona española. Algunos de los líderes mexicas, dirigidos por Cuauhtémoc, se rebelaron, mataron al emperador azteca y atacaron a los españoles, que huyeron en la famosa Noche Triste. Tras reorganizarse, los hombres de Cortés vencieron en la batalla de Otumba y, junto con sus aliados tlaxcaltecas, arrasaron la capital Tenochtitlán. El imperio azteca fue eliminado en apenas tres años. Cortés fue gobernador de Nueva España (México), y vivió con su amante indígena Malitzin. Por intrigas políticas de sus enemigos en la Corte, dejó de gobernar. Se dedicó a la explotación de sus haciendas y, en 1540, volvió a España. Murió en el pueblo sevillano de Castilleja de la Cuesta en 1547.

A lo largo de su experiencia política mexicana (1519–1526), Cortés escribió *Cartas de relación de la conquista de México*, cinco cartas o declaraciones extensas sobre sus actos y reflexiones, dirigidas al emperador Carlos I de España y V de Alemania. La primera y la quinta no llegaron a ser conocidas públicamente hasta mediados del siglo XIX. Las tres intermedias se editaron por primera vez entre 1522 y 1525, y fueron ampliamente traducidas en Europa. Tratan sobre la fundación de Veracruz, la entrada en Tenochtitlán y la aceptación mexica del vasallaje al español, sobre la Noche Triste, el asedio final a la ciudad, y la rebelión posterior de Olid. Cortés expone hechos para que su destinatario, el emperador español, extraiga conclusiones políticas.

Los primeros escritos sobre la conquista y colonización de Mesoamérica, desde el pionero *Itinerario de la armada del rey católico a la isla de Yucatán* (1518) de Fray Juan Díaz, son informes y crónicas de valor literario desigual, o bien historias o compendios de significado antropológico, histórico, o cultural. Las relaciones de Cortés constituyen casos únicos. Fueron redactadas por un soldado con una educación clásica, que improvisó una política en el Nuevo Mundo y que después justificó ante su rey. Son textos ideológicos, en los que Cortés narra su epopeya y, a la vez, va exponiendo toda una teoría del Estado y de la legitimidad de España para emprender, no solo la Conquista, sino la evangelización y la creación de un gobierno global.

La segunda de las cartas es la más relevante desde un punto de vista histórico. Cortés niega la transmisión de soberanía y las formas de administración que existían con otras colonias y defiende que América implica otra forma de vivir y de gobernar. En el fragmento seleccionado, leeremos dos episodios fundamentales: primero, la descripción de la sorpresa y maravilla que a Cortés le inspiran los indígenas y su ciudad-estado; segundo, el momento en que los mexicas aceptan la autoridad española como algo inevitable. La referencia que se hace a Moctezuma, sugiriendo que ve en Cortés al mítico semidiós Quetzálcoatl, tiene una lectura más política que religiosa. Hay que recordar que, por aquel entonces, el concepto de imperio español ni siquiera existía; es precisamente un término empleado por Hernán Cortés en su relación, coincidiendo casi con el momento en el que el rey Carlos I es coronado como Emperador en Aquisgrán.

Cortés escribe con un estilo uniforme y argumentativo de raíz latina. No describe nunca paisajes ni cuestiones científicas y no utiliza nunca el estilo directo. Sus cartas son el punto de apoyo para la creación de la Nueva España, un virreinato en el que habitaban, para sorpresa de los europeos, ocho millones de habitantes, casi la misma cifra que existía entonces en la patria de Cortés.

LEGADO HISTÓRICO

1519–1526	*Cartas de relación de la conquista de México*	*1828	*Historia de Méjico* *Obra publicada póstumamente.

CARTAS DE RELACIÓN DE LA CONQUISTA DE MÉXICO
De *Cartas de relación de la conquista de México*, 1519–1526

CARTA SEGUNDA

Enviada a su sacra· majestad del emperador nuestro señor por el capitán general de la Nueva España, llamado don Fernando Cortés   ·sagrada

En la cual hace relación de las tierras y provincias sin cuento que ha descubierto nuevamente en el Yucatán, del año de 19 a esta parte, y ha sometido a la corona real de Su Majestad. En especial hace relación de una grandísima provincia muy rica, llamada Gulúa, en la cual hay muy grandes ciudades, y de maravillosos
5   edificios, y de grandes tratos y riquezas, entre las cuales hay una más maravillosa y rica que todas, llamada Timixtitán, que está por maravillosa arte edificada sobre una grande laguna; de la cual ciudad y provincia es rey un grandísimo señor

llamado Muteczuma; donde le acaecieron al capitán y a los españoles espantosas• •horribles
cosas de oír. Cuenta largamente del grandísimo señorío del dicho Muteczuma, y de
sus ritos y ceremonias y de cómo se sirven.

Muy alto y poderoso y muy católico príncipe, invictísimo• emperador   •invencible
y señor nuestro: [...]
[...]
En la otra relación, muy excelentísimo príncipe, dije a
vuestra majestad las ciudades y villas que hasta entonces a su
real servicio se habían ofrecido y yo a él tenía sujetas y conquistadas. Y dije
asimesmo que tenía noticia de un gran señor que se llamaba Muteczuma, que
los naturales desta tierra me habían dicho que en ella había, que estaba, según
ellos señalaban las jornadas, hasta noventa o cien leguas de la costa y puerto
donde yo desembarqué. Y que confiado en la grandeza de Dios, y con esfuerzo
del real nombre de vuestra alteza, pensara irle a ver doquiera que estuviese; y
aun me acuerdo que me ofrecí, en cuanto a la demanda deste señor, a mucho
más de lo a mí posible. Porque certifiqué a vuestra alteza que lo habría, preso
o muerto, o súbdito a la corona real de vuestra majestad; y con este propósito
y demanda me partí de la ciudad de Cempoal, que yo intitulé Sevilla, a 16 de
agosto, con quince de a caballo y trescientos peones lo mejor aderezados de
guerra que yo pude y el tiempo dió a ello lugar; y dejé en la Villa de la Veracruz
ciento y cincuenta hombres con dos de a caballo, haciendo una fortaleza, que
ya tengo casi acabada, y dejé toda aquella provincia de Cempoal y toda la sierra
comarcana a la dicha villa, que serán hasta cincuenta mil hombres de guerra[1]
y cincuenta villas y fortalezas, muy seguros y pacíficos y por ciertos y leales
vasallos de vuestra majestad, como hasta agora lo han estado y están; porque
ellos eran súbditos de aquel señor Muteczuma, y según fui informado lo era por
fuerza y de poco tiempo acá.
[...]
La ciudad [Tenochtitlán][2] es tan grande y de tanta admiración, que aunque
mucho de lo que della podría decir deje, lo poco que diré creo que es casi
increíble, porque es muy mayor que Granada y muy más fuerte, y de tan buenos
edificios y de muy mucha más gente que Granada tenía al tiempo que se ganó,
y muy mejor abastecida de las cosas de la tierra, que es de pan, de aves y caza,
pescados de ríos y de otras legumbres y cosas que ellos comen muy buenas. Hay
en esta ciudad un mercado en que casi cuotidianamente, todos los días, hay
en él de treinta mil ánimas arriba, vendiendo y comprando, sin otros muchos
mercadillos que hay por la ciudad en partes. En este mercado hay todas cuantas

---

[1] Referencia a los indios que combatían contra los aztecas y a quienes, muy astutamente,
Cortés persuadió para que se unieran a su ejército.
[2] Fundada en 1325, se convirtió en capital del imperio azteca en el siglo xv y fue la ciudad más
grande del Nuevo Mundo antes de la Conquista.

45 cosas, así de mantenimiento como de vestido y calzado, que ellos tratan y
pueden haber. Hay joyerías de oro y plata y piedras y otras joyas de plumaje, tan
bien concertado como puede ser en todas las plazas y mercados del mundo. Hay
mucha loza• de muchas maneras y muy buena, y tal como la mejor de España.

•vajilla de barro cocido
y barnizado

Venden mucha leña y carbón y hierbas de comer y medicinales. Hay casas
50 donde lavan las cabezas como barberos y las rapan; hay baños. Finalmente, que
entre ellos hay toda manera de buena orden y policía y es gente de toda razón y
concierto; tal que lo mejor de África no se le iguala.

Es esta provincia de muchos valles llanos y hermosos, y todos labrados y
sembrados sin haber en ella cosa vacua•; tiene en torno la provincia noventa

•desocupada

55 leguas y más; la orden que hasta ahora se ha alcanzado que la gente della tiene
en gobernarse, es casi como las señorías de Venecia y Génova o Pisa, porque no
hay señor general de todos. Hay muchos señores y todos residen en esta ciudad,
y los pueblos de la tierra son labradores y son vasallos de estos señores y cada
uno tiene su tierra por sí; tienen unos más que otros y para sus guerras, que han
60 de ordenar, júntanse todos, y todos juntos las ordenan y conciertan.

[…]

E ya junto a la ciudad está una puente de madera de diez pasos de anchura,
y por allí está abierta la calzada•, porque tenga lugar el agua de entrar y salir,

•calle

porque crece y mengua, y también por fortaleza de la ciudad porque quitan y
65 ponen unas vigas muy luengas• y anchas, de que la dicha puente está hecha, todas

•largas

las veces que quieren, y destas hay muchas por toda la ciudad, como adelante, en
la relación que de las cosas della faré, vuestra alteza verá.

Pasada esta puente, nos salió a recibir aquel señor Muteczuma con fasta
doscientos señores, todos descalzos y vestidos de otra librea o manera de
70 ropa, asimismo bien rica a su uso y más que la de los otros; y venían en dos
procesiones, muy arrimados a las paredes de la calle, que es muy ancha y muy
hermosa y derecha, que de un cabo se parece el otro, y tiene dos tercios de legua,
y de la una parte y de la otra muy buenas y grandes casas, así de aposentamientos
como de mezquitas;[3] y el dicho Muteczuma venía por medio de la calle con dos
75 señores, el uno a la mano derecha y el otro a la izquierda; de los cuales, el uno era
aquel señor grande que dije que me había salido a fablar en las andas, y el otro
era su hermano del dicho Muteczuma, señor de aquella ciudad de Iztapalapa,
de donde yo aquel día había partido, todos tres vestidos de una manera, excepto
el Muteczuma que iba calzado, y los otros dos señores descalzos; cada uno le
80 llevaba de su brazo; y como nos juntamos, yo me apeé y le fuí a abrazar solo; y
aquellos dos señores que con él iban me detuvieron con las manos para que no le
tocase; ellos y él ficieron asimismo ceremonia de besar la tierra; y hecha, mandó

---

[3] Cortés se refiere a los templos aztecas como mezquitas, que eran las construcciones que los
musulmanes habían construido en España.

a aquel su hermano que venía con él que se quedase conmigo y me llevase por el brazo, y él con el otro se iba adelante de mí poquito trecho˙: […]   ˙distancia

85   […]

[…] y dende a poco rato, ya que toda la gente de mi compañía estaba aposentada, volvió con muchas y diversas joyas de oro y plata y plumajes,[4] y hasta cinco o seis mil piezas de ropa de algodón, muy ricas y de diversas maneras tejidas y labradas. E después de me la haber dado, se sentó en otro estrado, que
90   luego le ficieron allí junto con el otro donde yo estaba; y sentado, propuso en esta manera: "Muchos días ha que por nuestras escrituras tenemos de nuestros antepasados noticia que yo ni todos los que en esta tierra habitamos no somos naturales della, sino extranjeros y venidos a ella de partes muy extrañas; e tenemos asimismo que a estas partes trajo nuestra generación un señor, cuyos
95   vasallos todos eran, el cual se volvió a su naturaleza, y después tornó a venir dende mucho tiempo; y tanto, que ya estaban casados los que habían quedado con las mujeres naturales de la tierra, y tenían mucha generación y fechos pueblos donde vivían; y queriéndolos llevar consigo, no quisieron ir, ni menos recibirle por señor; […] no creáis más de lo que por vuestros ojos veredes, en
100 especial de aquellos que son mis enemigos y algunos dellos eran mis vasallos, y hánseme rebelado con vuestra venida y por ser favorecer con vos lo dicen; los cuales sé que también os han dicho que yo tenía las casas con las paredes de oro,[5] y que las esteras de mis estrados y otras cosas de mi servicio eran asimismo de oro y que yo era y me facía dios y otras muchas cosas. Las casas ya las véis que
105 son de piedra, cal y tierra." Y entonces alzó las vestiduras y me mostró el cuerpo diciendo a mí: "Veisme aquí que soy de carne y hueso como vos y como cada uno y que soy mortal y palpable." Asiéndose él con sus manos de los brazos y del cuerpo: "Ved cómo os han mentido; verdad es que yo tengo algunas cosas de oro que me han quedado de mis abuelos; todo lo que yo tuviere tenéis cada vez
110 que vos lo quisiéredes. Yo me voy a otras casas, donde vivo; aquí seréis proveído de todas las cosas necesarias para vos y vuestra gente, e no recibáis pena alguna, pues estáis en vuestra casa y naturaleza."

      […]

Pasamos algunos pocos días después de la prisión de este Cacamazin,[6] el dicho
115 Muteczuma hizo llamamiento y congregación de todos los señores de las ciudades y tierras allí comarcanas; y juntos, me envió a decir que subiese allí adonde él estaba con ellos, e llegado yo, les habló en esta manera: "Hermanos y amigos míos:

---

[4] Las plumas eran un símbolo de prestigio y riqueza entre los antiguos nativos de Mesoamérica.
[5] Moctezuma desmiente el mito del oro en el que los españoles creían y su visión del Nuevo Mundo como un botín.
[6] Cacamatzin (1483–1520), gobernador de Texcoco y sobrino de Moctezuma. Ambos fueron arrestados por Cortés. Mientras Moctezuma intentó evitar la confrontación bélica con los españoles, Cacamatzin decidió luchar para impedir su avance y acabó siendo torturado y ejecutado por los soldados de Cortés.

ya sabéis que de mucho tiempo acá vosotros y vuestros padres y abuelos habéis
sido y sois súbditos y vasallos de mis antecesores y míos, y siempre dellos y de mí
habéis sido muy bien tratados y honrados, e vosotros asimismo habéis hecho lo
que buenos y leales vasallos son obligados a sus naturales señores, e también creo
que de vuestros antecesores tenéis memoria cómo nosotros no somos naturales
desta tierra, e que vinieron a ella de otra muy lejos, y los trajo un señor, que en
ella los dejó, cuyos vasallos todos eran; el cual volvió dende ha mucho tiempo
y halló que nuestros abuelos estaban ya poblados y asentados en esta tierra, y
casados con las mujeres desta tierra y tenían mucha multiplicación de fijos; por
manera que no quisieron volverse con él, ni menos lo quisieron recebir por señor
de la tierra; y él se volvió, y dejó dicho que tornaría o enviaría con tal poder que
los pudiese costreñir• y atraer a su servicio. E bien sabéis que siempre lo hemos   •obligar, forzar
esperado, y según las cosas que el capitán nos ha dicho de aquel rey y señor que
le envió acá, y según la parte de do él dice que viene, tengo por cierto, y así lo
debéis vosotros tener, que aqueste es el señor que esperábamos,[7] en especial
que nos dice que allá tenía noticia de nosotros. E pues nuestros predecesores no
hicieron lo que a su señor eran obligados, hagámoslo nosotros, y demos gracias a
nuestros dioses porque en nuestros tiempos vino lo que tanto aquéllos esperaban.
Y mucho os ruego, pues a todos es notorio todo esto, que así como hasta aquí a
mí me habéis tenido y obedecido por señor vuestro, de aquí en adelante tengáis
y obedezcáis a este gran rey, pues él es vuestro natural señor, y en su lugar tengáis
a este su capitán; y todos los tributos y servicios que fasta aquí a mí me hacíades,
los haced y dad a él, porque yo asimismo tengo de contribuir y servir con todo lo
que me mandare; y demás de hacer lo que debéis y sois obligados, a mí me haréis
en ello mucho placer." Lo cual todo lo dijo llorando con las mayores lágrimas y
suspiros que un hombre podía manifestar, e asimismo todos aquellos señores que
le estaban oyendo lloraban tanto, que en gran rato no le pudieron responder. Y
certifico a vuestra sacra majestad que no había tal de los españoles que oyese el
razonamiento que no hobiese mucha compasión. Y después de algo sosegadas•   •calmadas
sus lágrimas, respondieron que ellos lo tenían por su señor y habían prometido de
hacer todo lo que les mandase; y que por esto y por la razón que para ello les daba,
que eran muy contentos de hacerlo; e que desde entonces para siempre se daban
ellos por vasallos de vuestra alteza, y desde allí todos juntos, y cada uno por sí
prometían, y prometieron, de hacer y cumplir todo aquello que con el real nombre
de vuestra majestad les fuese mandado, como buenos y leales vasallos lo deben
hacer, y de acudir con todos los tributos y servicios que antes a dicho Muteczuma
hacían y eran obligados; con todo lo demás que le fuese mandado en nombre de
vuestra alteza. Lo cual todo pasó ante un escribano público, y lo asentó por auto
en forma, y yo lo pedí así por testimonio en presencia de muchos españoles. ❧

---

[7] Los aztecas tenían la creencia de que Cortés era el enviado del dios Quetzalcóatl; Moctezuma
  consideraba al conquistador como un semidiós.

PREGUNTAS

ANÁLISIS

1. ¿Qué motivos pudo tener Hernán Cortés para renombrar la ciudad de Cempoal como Sevilla?

2. ¿Qué recursos literarios emplea Cortés para describir a Moctezuma? Busca ejemplos en el texto y explica de qué recurso literario se trata en cada caso.

3. ¿Por qué Hernán Cortés le miente a Moctezuma y le hace creer que el rey Carlos I se encontrará con él?

4. Según lo que has leído en la segunda carta de *Cartas de relación de la conquista de México*, ¿es este un texto sobre el descubrimiento o sobre la conquista del Nuevo Mundo? Explica tu respuesta.

INTERPRETACIÓN

1. ¿A qué género pertenece esta carta? Justifica tu respuesta.

2. ¿Cuál crees que es el objetivo personal de Hernán Cortés al escribir esta carta?

3. ¿Cuál es la causa de que en la carta haya muchas descripciones de riquezas, paisajes y ciudades, pero casi ninguna descripción de la cultura azteca?

4. ¿Crees que Cortés exagera o miente en su relación? Explica tu respuesta.

INVESTIGACIÓN

1. ¿Qué nuevos aportes hizo Hernán Cortés a la imagen del indígena en sus *Cartas de relación de la conquista de México*?

2. Investiga cuáles fueron los sucesos más importantes del episodio histórico conocido como la batalla de Otumba. En tu opinión, ¿qué importancia tuvo este acontecimiento en la dinámica de la Conquista?

BERNAL DÍAZ DEL CASTILLO

1495–1584

"[...] venían delante del gran Moctezuma barriendo el suelo por donde había de pisar, y le ponían mantas porque no pisase la tierra. Todos estos señores ni por pensamiento le miraban en la cara, sino los ojos bajos y con mucho acato."

—**Bernal Díaz del Castillo**, *Historia verdadera de la Conquista de la Nueva España*

Considerado como uno de los principales cronistas de Indias y uno de los primeros prosistas de la literatura hispanoamericana, Bernal Díaz del Castillo, natural de Medina del Campo, en la provincia española de Valladolid, fue un guerrero de escasos estudios que vivió varios de los episodios más relevantes de la Conquista. Siendo adolescente, fue al continente americano en una expedición al istmo de Panamá, y después a Cuba. Allí formó parte de las dos exploraciones frustradas al Yucatán. Bajo el mando de Hernán Cortés, llegó hasta las costas de Mesoamérica y, tras acompañar a su comandante en toda su odisea mexicana, Bernal fue también conquistador en Guatemala y Honduras. Más adelante, presentó en España un informe de sus merecimientos y se le concedió una encomienda. Se convierte en regidor de Espíritu Santo y de Santiago de Guatemala, donde permaneció hasta su muerte a los casi noventa años. Su *Historia verdadera de la Conquista de la Nueva España* (1568), publicada en 1632 en una versión retocada, relata sus aventuras entre los aztecas. El libro no surge de una experiencia inmediata, sino que lo hace de la mano de la memoria, cuatro décadas después.

Cuando Bernal Díaz del Castillo es casi anciano, sordo y medio ciego, alguien le trae un ejemplar de *Hispania Victrix* (1552), la obra histórica del sacerdote Francisco López de Gómara. La obra trata sobre la conquista de México y está documentada a partir de los relatos que Cortés hizo al autor, cuando Gómara era su capellán en España. Bernal Díaz del Castillo no encuentra su aventura en ese libro, ni reconoce esa historia. Al dictado, durante largo tiempo —tal vez diez años—, apoyándose en rememoraciones, en sus informes de merecimientos y en conversaciones con otros compañeros de armas, Bernal Díaz del Castillo cuenta lo que vio y lo que sabe que ocurrió.

Aunque recurre a fórmulas de la novela de caballerías y apela a la fantasía formal, su relato no pretende ser literatura. Sin embargo, su fuerza dramática, la de la épica de lo sucedido, y la cualidad que el castellano del siglo xv tenía como lengua recién fijada, hacen de la *Historia verdadera de la Conquista de la Nueva España* un libro singular y trascendental. En él se habla de un viaje desconcertante, de alimentación, fauna, bailes y batallas, de escenas privadas y hechos históricos. Hay un estilo oral que se fundamenta en testimonios y que hace que los recuerdos varíen, unas veces muy detallados y otras muy vagos. Bernal Díaz del Castillo los menciona apoyándose en una miríada de nombres y personajes; de hecho, uno de los méritos de este libro es la capacidad para caracterizar a sus protagonistas. Ejemplo de ello es su relato del encuentro entre Moctezuma y Cortés, y el retrato que hace del emperador azteca.

El fragmento seleccionado trata de la huida de los españoles, sus aliados y la familia del difunto Moctezuma en la Noche Triste del 30 de junio de 1520. Pretenden escapar, al abrigo de la oscuridad, de la capital Tenochtitlán. Son acosados por los mexicas, que están indignados por una matanza frente al Templo Mayor, perpetrada por el capitán Alvarado en ausencia de Cortés. Los indios los creen responsables también de la muerte de Moctezuma, que ha sido sustituido por su primo Cuauhtémoc. En la prosa de Bernal Díaz del Castillo todo se mezcla con una sencillez artística: recuerda frases decisivas y operaciones bélicas de conjunto, pero también recuerda al astrólogo Botello y sus funestas profecías (uno de los episodios más novelescos de la obra), o discute si Alvarado pudo saltar zanjas con una lanza; detalla las cantidades de oro, explica quién muere, cómo, y qué llevaba en los bolsillos; o recuerda el comportamiento de las mujeres de los conquistadores.

Bernal Díaz del Castillo es anecdótico y argumentativo al mismo tiempo. Su *Historia verdadera de la Conquista de la Nueva España* es, más que una crónica, una pieza narrativa avanzada y sorprendente. Por ello, escritores americanos tan reconocidos como el cubano Alejo Carpentier o el mexicano Carlos Fuentes la consideran la primera novela americana.

OBRA

*1568 | *Historia verdadera de la Conquista de la Nueva España*

*Publicada póstumamente en 1632.

HISTORIA VERDADERA DE LA CONQUISTA DE LA NUEVA ESPAÑA

De *Historia verdadera de la Conquista de la Nueva España*, 1632

Capítulo CXXVIII

Cómo acordamos de nos ir huyendo de Méjico, y lo que sobre ello se hizo

Como víamos que cada día menguaban· nuestras fuerzas y las de los mejicanos crescían, e víamos muchos de los nuestros muertos y todos los más heridos, e que aunque peleábamos muy como varones no podíamos hacer retirar ni que se apartasen los muchos escuadrones que de día y de noche nos daban guerra, y la pólvora apocada, y la comida e agua por el consiguiente, y el gran Moctezuma muerto, las paces y treguas· que les enviamos a demandar no las querían acetar; en fin, víamos nuestras muertes a los ojos, y las puentes que estaban alzadas, fue acordado por Cortés y por todos nuestros capitanes y soldados que de noche nos fuésemos, cuando viésemos que los escuadrones guerreros estaban más descuidados, y para más les descuidar, aquella tarde les enviamos a decir con un papa de los que estaban presos, que era muy principal entre ellos, y con otros prisioneros que nos dejen ir en paz de ahí ocho días, y que les daríamos todo el oro, y esto por descuidarlos y salirnos aquella noche. Y demás desto estaba con nosotros un soldado que se decía Botello, al parescer muy hombre de bien y latino, y había estado en Roma, y decían que era nigromántico·, otros decían que tenía familiar··, algunos le llaman astrólogo; y este Botello había dicho cuatro días había que hallaba por sus suertes o astrologías que si aquella noche que venía no salíamos de Méjico, que si más aguardábamos, que ninguno saldría con la vida, y aun había dicho otras veces que Cortés había de tener muchos trabajos o había de ser desposeído de su ser y honra, y que después había de volver a ser gran señor, e ilustre, de muchas rentas, y decía otras muchas cosas. Dejemos al Botello, que después tornaré a hablar en él, y diré cómo se dio luego orden que se hiciese de maderos y tablas muy recias una puente, que llevásemos para poner en las puentes que tenían quebradas, y para ponellas y llevallas y guardar el paso hasta que pasase todo el fardaje y el ejército, señalaron cuatrocientos indios tascaltecas e ciento cincuenta soldados; para llevar el artillería señalaron docientos indios de Tascala e cincuenta soldados, y para que fuesen en la delantera peleando señalaron a Gonzalo de Sandoval y a Diego de Ordás; e a Francisco de Saucedo e a Francisco de Lugo e una capitanía de cien soldados mancebos· sueltos para que fuesen entre medias y acudiesen a la parte que más conviniese pelear; señalaron a el mismo Cortés e Alonso de Ávila e Cristóbal de Olí y a otros capitanes que fuesen en medio; en la retaguarda a Pedro de Alvarado y a Joan Velázquez de León, y entremetidos en medio de dos capitanes y soldados del Narváez, y para

· disminuían

· intervalos de paz

· brujo ·· demonio que se comunica con una persona

· muy jóvenes

35 que llevasen a cargo los prisioneros y a doña Marina[1] y doña Luisa, señalaron trecientos tascaltecas y treinta soldados. Pues hecho este concierto, ya era noche para sacar el oro y llevallo a repartillo; mandó Cortés a su camarero que se decía Cristóbal de Guzmán, y a otros soldados sus criados, que todo el oro y joyas y plata lo sacasen con muchos indios de Tascala que para ello les dio, y

40 lo pusieron en la sala, y dijo a los oficiales del rey, que se decían Alonso de Dávila y Gonzalo Mexía que pusiesen cobro en el oro de Su Majestad, y les dio siete caballos heridos y cojos y una yegua y muchos amigos tascaltecas, que fueron más de ochenta, y cargaron dello a bulto lo que más pudieron llevar, que estaban hechas barras muy anchas, como otras veces he dicho en el capítulo que

45 dello habla, y quedaba mucho oro en la sala hecho montones. Entonces Cortés llamó a su secretario y a otros escribanos del rey y dijo: "Dame por testimonio que no puedo más hacer sobre este oro; aquí teníamos en este aposento• y sala •habitación
sobre setecientos mil pesos de oro, y como habéis visto que no se puede pesar ni poner más en cobro, los soldados que quisieren sacar dello, desde aquí se lo

50 doy, como ha de quedar perdido entre estos perros". Y desque aquello oyeron, muchos soldados de los de Narváez y algunos de los nuestros cargaron dello. Yo digo que no tuve codicia sino procurar de salvar la vida, mas no dejé de apañar• •tomar, robar
de unas cazuelas que allí estaban unos cuatro chalchuis, que son piedras entre los indios muy presciadas, que de presto me eché en los pechos entre las armas, que

55 me fueron después buenas para curar mis heridas y comer el valor dellas. Pues de que supimos el concierto que Cortés había hecho de la manera que habíamos de salir e ir aquella noche a los puentes, y como hacía algo obscuro y había niebla y lloviznaba, antes de medianoche se comenzó a traer la puente y caminar el fardaje y los caballos y la yegua y los tascaltecas cargados con el oro; y de presto se puso la

60 puente y pasó Cortés y los demás que consigo traía primero, y muchos de caballo. Y estando en esto suenan las voces y cornetas y gritas y silbos de los mejicanos, y decían en su lengua a los del Tatelulco: "salí presto con vuestras canoas, que se van los teules•, y atajallos, que no quede ninguno a vida." Y cuando no me cato •dioses
vimos tantos escuadrones de guerreros sobre nosotros y toda la laguna cuajada

65 de canoas que no nos podíamos valer, y muchos de nuestros soldados ya habían pasado. Y estando desta manera cargan tanta multitud de mejicanos a quitar la puente y a herir y matar en los nuestros, que no se daban a manos; [...]

---

[1] La Malinche (c.1500–1527), conocida también como Doña Marina, fue la intérprete de Cortés y varios de los líderes indígenas del Nuevo Mundo. Su extraordinario talento para aprender lenguas la convirtió en una intérprete excepcional. Destaca de su carrera el primer encuentro en persona entre Cortés y Moctezuma.

[…]

Dejemos esto y volvamos a decir qué lástima era de ver curar y apretar con algunos paños de mantas nuestras heridas, y como se habían resfriado y estaban hinchadas, dolían. Pues más de llorar fue los caballeros y esforzados soldados que faltaban, que es de Juan Velázquez de León, Francisco de Saucedo, y Francisco de Morla, y un Lares el Buen Jinete, y otros muchos de los nuestros de Cortés. Para qué cuento yo estos pocos, porque para escrebir los nombres de los muchos que de nosotros faltaron es no acabar tan presto, pues de los de Narváez todos los más en las puentes quedaron cargados de oro. Digamos ahora el astrólogo Botello no le aprovechó su astrología, que también allí murió con su caballo. Pasemos adelante. Y diré cómo se hallaron en una petaca˙ deste Botello, después que estuvimos en salvo, unos papeles como libro, con cifras y rayas y apuntamientos y señales, que decía en ellas: "si me he de morir aquí en esta triste guerra en poder de estos perros indios." Y decía en otras rayas y cifras más adelante: "no morirás". Y tornaba a decir en otras cifras y rayas y apuntamientos: "sí morirás". Y respondía la otra raya: "no morirás". Y decía en otra parte: "si me han de matar también mi caballo." Decía adelante: "sí matarán". Y desta manera tenía otras como cifras y a manera de suertes que hablaban unas letras contra otras en aquellos papeles que era como libro chico.

especie de caja

[…]

Y desde que le vio Cortés, con otros muchos mejicanos que eran principales, que todos traían grandes penachos˙, dijo a Gonzalo de Sandoval y a Cristóbal de Olí y Gonzalo de Domínguez y a los demás capitanes: "¡ea, señores; rompamos por ellos y no quede ninguno dellos sin herida!" Y encomendándose a Dios, arremetió Cortés y Cristóbal de Olí y Sandoval y Alonso de Ávila y otros caballeros; y Cortés dio un encuentro con el caballo al capitán mejicano, que le hizo abatir su bandera, y los demás nuestros capitanes acabaron de romper el escuadrón, que eran muchos indios, y quien siguió al capitán que traía la bandera, que aún no había caído del encuentro que Cortés le dio, fue Joan de Salamanca, ya por mí nombrado, que andaba con Cortés con una buena yegua overa, que le dio una lanzada y le quitó el rico penacho que traía e se lo dio luego a Cortés, diciendo que pues él lo encontró primero e le hizo abatir la bandera e le hizo perder el brío˙ del pelear de sus gentes, que aquel penacho era suyo; […].

adornos de plumas que cubren la cabeza

vigor, fuerza

PREGUNTAS

ANÁLISIS

1. En este capítulo de *Historia verdadera de la Conquista de la Nueva España*, los españoles deciden abandonar Tenochtitlán. ¿Por qué deben dejar la ciudad? ¿Qué medidas toman para poder salir sin ser descubiertos?

2. Explica la importancia de este fragmento dentro del contexto de la obra: "*Y estando en esto, suenan las voces y cornetas y gritas y silbos de los mexicanos, decían en su lengua a los del Tatelulco: ¡Salí presto con vuestras canoas, que se van los teules, y atajaldos, que no quede ninguno a vida!*"

3. ¿Con qué intención crees que Díaz del Castillo menciona las adivinaciones y el final de Botello? ¿Qué aporta este detalle?

4. ¿Qué se decide hacer con el oro acumulado en Tenochtitlán? ¿Cómo se describe el narrador a sí mismo en la escena del oro? ¿Y a los demás soldados?

INTERPRETACIÓN

1. Uno de los personajes de la *Historia verdadera de la Conquista de la Nueva España* es el conquistador español Hernán Cortés. ¿Cómo lo representa Díaz del Castillo? Ilustra tu respuesta con ejemplos del texto.

2. En este fragmento, los indígenas aparecen caracterizados de diferentes maneras. Localiza las descripciones que se hacen de ellos y explica el contexto en el que aparecen.

3. En este capítulo el autor retoma temas tratados anteriormente. Busca ejemplos de este recurso literario en el texto. ¿Qué efecto produce?

4. ¿Cómo dirías que es la prosa de Díaz del Castillo? Explica tu respuesta y pon ejemplos del texto.

INVESTIGACIÓN

1. Investiga qué otras relaciones o crónicas de Indias relatan los acontecimientos de la Noche Triste. ¿Dan la misma versión que Díaz del Castillo?

2. Averigua si hay otras crónicas de conquistas y batallas, similares a las de Indias, que no traten sobre la conquista de Hispanoamérica.

ÁLVAR NÚÑEZ CABEZA DE VACA

c.1490–1558

"Los indios, de ver el desastre que nos había venido [...] comenzaron todos a llorar recio, y tan de verdad, que lejos de allí se podía oír, y esto les duró más de media hora."

—**Álvar Núñez Cabeza de Vaca,** *Naufragios y comentarios*

Huérfano a temprana edad, Álvar Núñez Cabeza de Vaca estuvo de niño al servicio de un miembro de la alta nobleza española. Nació en la ciudad gaditana de Jerez de la Frontera y en 1527 llegó a América con la expedición comandada por Pánfilo de Narváez, en la que viajaba como tesorero. Después de hacer escala en La Española y Cuba, se propusieron explorar el sudeste de Estados Unidos. Desembarcaron en Tampa, Florida, en septiembre. Hostigados por el hambre, las enfermedades y las tribus indias, partieron hacia México con cinco naves que tuvieron que construir ellos mismos. Naufragaron y solo llegaron ochenta a tierra, que pronto quedaron reducidos a una quincena de hombres en la zona del delta del Mississippi.

Tres meses después de su llegada, de toda la expedición solo quedaba Cabeza de Vaca, enfermo y perdido. Durante seis años vagó solo, vivió con indígenas, como esclavo y como marginado, se hizo comerciante entre las tribus, e incluso curandero. A la altura de Texas, en 1534, se reencontró con tres supervivientes de los desertores de Mississippi, con los que escapó hacia el Oeste un año después. Uno de ellos era Estebanico, el primer hombre libre y de raza negra en Estados Unidos. Siguiendo el curso del Río Grande, avanzaron hasta la Sierra Madre y entablaron amistad con indios de la zona. En Petatlán (Río Sinaloa) vieron a uno que llevaba un clavo de herradura. Siguiendo este rastro encontraron por fin a conquistadores españoles, con los que se enfrentaron para impedir que esclavizasen a los indígenas. Cabeza de Vaca regresó a España en 1537. Había recorrido Florida, las costas de Alabama, Mississippi, Louisina, y desde Galveston, Texas, ascendió, tocando probablemente el sur de Oklahoma y Colorado, y visitando después todo el norte de México. Esta es la aventura que narra en *Naufragios*.

Naufragios es una obra breve comparada con otras crónicas, y especialmente si nos atenemos a la experiencia que describe. Su autor la redactó en 1537 como un informe. Más tarde, en 1542, apareció de nuevo en libro junto con otra obra, los *Comentarios*, que relataba sus andanzas en el Paraguay, que en realidad escribió, bajo su dirección, el secretario Pero Hernández. Cabeza de Vaca señala que el único resultado de su expedición fue su libro.

En el capítulo seleccionado, se narra el naufragio que lo llevó hasta el Mississippi. Habla de indígenas de los que solo se sabe lo que él cuenta. Describe animales desconocidos, naturaleza y costumbres, y se fija obsesivamente en la comida. El suyo es un relato de descubrimiento y aprendizaje, a veces muy parco: sobre su soledad en Texas apenas emplea dos capítulos. Al contrario que otros cronistas, ni hace citas ni emplea la retórica. Es hiperbólico e irónico. Nunca enjuicia a nadie, y se ha señalado el proceso de aculturación que se produce en él, igualándose con los indígenas en una misma vida atroz. Los viajeros no fundan colonias ni ciudades, atraviesan los bosques y no los transforman; bautizan los lugares por episodios cotidianos que para ellos adquieren gran importancia: el "camino del maíz", la "bahía de los caballos" (que comieron), el lugar "donde nos dieron los corazones de los venados". La defensa que de él hacen los indios en Petatlán es muy emotiva y elocuente.

Cabeza de Vaca fue el primer europeo que recorrió Estados Unidos y lo hizo a pie en la mayor parte de la ruta, que comenzó en el este y concluyó cerca del Pacífico. Este periplo le llevó siete años, en los que recorrió diez mil millas. El explorador e historiador estadounidense Charles F. Lummis lo definió en *The Spanish Pioneers* (1920) como "el primer caminante en América". Y recuerda que atravesó el país cien años antes de que llegasen los Padres Peregrinos a Massachusetts, cincuenta antes de que John Smith fundase Virginia. Henry Hudson no había nacido y ni un solo hombre blanco había visitado antes tierra alguna al norte de México.

OBRA

1542 | *Naufragios y comentarios*

NAUFRAGIOS Y COMENTARIOS
De *Naufragios y comentarios*, 1542

Capítulo x

De la refriega que nos dieron los indios

Venida la mañana, vinieron a nosotros muchas canoas de indios, pidiéndonos los dos compañeros que en la barca habían quedado por rehenes. El gobernador dijo que se los daría con que trajesen los dos cristianos que habían llevado. Con esta gente venían cinco o seis señores, y nos pareció ser la gente más bien dispuesta* y de más autoridad y concierto que hasta allí habíamos visto, aunque no tan grandes como los otros de quien habemos contado. Traían los cabellos sueltos y muy largos, y cubiertos con mantas de martas, de la suerte de las que atrás habíamos tomado, y algunas de ellas hechas por muy extraña manera, porque en ella había unos lazos de labores de unas pieles leonadas, que parecían muy bien. Rogábannos que nos fuésemos con ellos y que nos darían los cristianos y agua y otras muchas cosas; y contino acudían sobre nosotros muchas canoas, procurando tomar la boca de aquella entrada; y así por esto, como porque la tierra era muy peligrosa para estar en ella, nos salimos a la mar, donde estuvimos hasta mediodía con

*competente, inteligente

ellos. Y como no nos quisiesen dar los cristianos, y por este respecto nosotros no les diésemos los indios, comenzáronnos a tirar piedras con hondas, y varas, con muestras de flecharnos, aunque en todos ellos no vimos sino tres o cuatro arcos.

Estando en esta contienda el viento refrescó, y ellos se volvieron y nos dejaron; y así navegamos aquel día, hasta hora de vísperas, que mi barca que iba delante, descubrió una punta en la tierra, y del otro cabo se veía un río muy grande, y en una isleta que hacía la punta hice yo surgir por esperar las otras barcas. El gobernador no quiso llegar; antes se metió por una bahía muy cerca de allí, en que había muchas isletas, y allí nos juntamos, y desde la mar tomamos agua dulce, porque el río entraba en la mar de avenida, y por tostar algún maíz de lo que traíamos, porque ya había dos días que lo comíamos crudo, saltamos en aquella isla; mas como no hallamos leña, acordamos de ir al río que estaba detrás de la punta, una legua de allí. Yendo, era tanta la corriente, que no nos dejaba en ninguna manera llegar, antes nos apartaba de la tierra, y nosotros trabajando y porfiando• por tomarla. El norte que venía de la tierra comenzó a crecer tanto, que nos metió en la mar, sin que nosotros pudiésemos hacer otra cosa; y a media legua que fuimos metidos en ella, sondeamos, y hallamos que con treinta brazas• no pudimos tomar hondo, y no podíamos entender si la corriente era causa que no lo pudiésemos tomar. Así navegamos dos días todavía, trabajando por tomar tierra, y al cabo de ellos, un poco antes que el Sol saliese, vimos muchos humeros por la costa. Trabajando por llegar allá, nos hallamos en tres brazas de agua, y por ser de noche no osamos tomar tierra, porque como habíamos visto tantos humeros, creíamos que se nos podía recrecer algún peligro sin nosotros poder ver, por la mucha oscuridad, lo que habíamos de hacer, y por esto determinamos de esperar a la mañana. Como amaneció, cada barca se halló por sí perdida de las otras; yo me hallé en treinta brazas, y siguiendo mi viaje a hora de vísperas vi dos barcas, y como fui a ellas, vi que la primera a que llegué era la del gobernador, el cual me preguntó qué me parecía que debíamos hacer. Yo le dije que debía recobrar aquella barca que iba delante, y que en ninguna manera la dejase, y que juntas todas tres barcas, siguiésemos nuestro camino donde Dios nos quisiese llevar. Él me respondió que aquello no se podía hacer, porque la barca iba muy metida en el mar y él quería tomar la tierra, y que si la quería yo seguir, que hiciese que los de mi barca tomasen los remos y trabajasen, porque con fuerza de brazos se había de tomar la tierra, y esto le aconsejaba un capitán que consigo llevaba, que se llamaba Pantoja, diciéndole que si aquel día no tomaba la tierra, que en otros seis no la tomaría, y en este tiempo era necesario morir de hambre. Yo, vista su voluntad, tomé mi remo, y lo mismo hicieron todos los que en mi barca estaban para ello, y bogamos• hasta casi puesto el Sol; mas como el gobernador llevaba la más sana y recia• gente que entre toda había, en ninguna manera lo pudimos seguir ni tener con ella. Yo, como vi esto, le pedí que, para poderle seguir, me diese un cabo de su barca, y él me respondió que no harían ellos poco si solos aquella

•insistiendo
obstinadamente

•1 braza = 6 pies

•remamos
•fuerte

noche pudiesen llegar a tierra. Yo le dije que, pues vía la poca posibilidad que en nosotros había para poder seguirle y hacer lo que había mandado, que me dijese qué era lo que mandaba que yo hiciese. Él me respondió que ya no era tiempo

60 de mandar unos a otros; que cada uno hiciese lo que mejor le pareciese que era para salvar la vida; que él así lo entendía de hacer, y diciendo esto, se alargó con su barca, y como no le pude seguir, arribé sobre la otra barca que iba metida en la mar, la cual me esperó; y llegado a ella, hallé que era la que llevaban los capitanes Peñalosa y Téllez. Así, navegamos cuatro días en compañía, comiendo

65 por tasa cada día medio puño de maíz crudo. A cabo de estos cuatro días nos tomó una tormenta, que hizo perder la otra barca, y por gran misericordia que Dios tuvo de nosotros no nos hundimos del todo, según el tiempo hacía; y con ser invierno, y el frío muy grande, y tantos días que padecíamos hambre, con los golpes que de la mar habíamos recibido, otro día la gente comenzó mucho a

70 desmayar, de tal manera, que cuando el Sol se puso, todos los que en mi barca venían estaban caídos en ella unos sobre otros, tan cerca de la muerte, que pocos había que tuviesen sentido, y entre todos ellos a esta hora no había cinco hombres en pie. Cuando vino la noche no quedamos sino el maestre y yo que pudiésemos marear la barca, y a dos horas de la noche el maestre me dijo que

75 yo tuviese cargo de ella, porque él estaba tal, que creía aquella noche morir. Así, yo lo tomé el leme*, y pasada media noche, yo llegué por ver si era muerto el   *timón
maestre, y él me respondió que él antes estaba mejor y que él gobernaría hasta el día. Yo cierto aquella hora de muy mejor voluntad tomara la muerte, que no ver tanta gente delante de mí de tal manera.

80 Y después que el maestre tomó cargo de la barca, yo reposé un poco muy sin reposo, ni había cosa más lejos de mí entonces que el sueño. Y acerca del alba parecióme que oía el tumbo del mar, porque, como la costa era baja, sonaba mucho, y con este sobresalto llamé al maestre, el cual me respondió que creía que éramos cerca de tierra, y tentamos y hallámonos en siete brazas, y parecióle

85 que nos debíamos tener a la mar hasta que amaneciese. Así, yo tomé un remo y bogué de la banda de la tierra, que nos hallamos una legua della, y dimos la popa a la mar. Cerca de tierra nos tomó una ola, que echó la barca fuera del agua un juego de herradura, y con el gran golpe que dio, casi toda la gente que en ella estaba como muerta, tornó en sí, y como se vieron cerca de la tierra se

90 comenzaron a descolgar, y con manos y pies andando. Como salieron a tierra a unos barrancos*, hicimos lumbre y tostamos maíz que traíamos, y hallamos agua   *terreno desigual
de la que había llovido, y con el calor del fuego la gente tornó en sí y comenzaron algo a esforzarse. El día que aquí llegamos es a sexto del mes de noviembre. ❧

PREGUNTAS

ANÁLISIS

1. ¿Qué anticipa el título de las crónicas sobre lo que se narrará? Desarrolla tu respuesta.

2. ¿A quién se refiere Álvar Núñez cuando dice "nosotros"? ¿Quiénes son "ellos"? Explica qué significa esta división para los fines del argumento.

3. ¿Qué imagen de la naturaleza aparece en este capítulo?

4. ¿Cuál es el estado anímico del cronista? Ilustra tu respuesta con ejemplos del texto.

INTERPRETACIÓN

1. Según los académicos, los relatos o crónicas de los conquistadores inventaron una América para los europeos. ¿Qué imagen del Nuevo Mundo se percibe en este capítulo de *Naufragios y comentarios*?

2. Señala si, en tu opinión, el texto de Álvar Núñez es historia o literatura. Justifica tu respuesta.

3. Antonello Gerbi señala que el naufragio "es el paso más fácil de la realidad a la utopía, de la sociedad a la naturaleza, del pasado al futuro". Desarrolla esta imagen del náufrago a partir del relato presentado. ¿Para qué crees que debe prepararse el explorador superviviente?

4. La expedición estaba comandada por el adelantado Pánfilo de Narváez, quien, en el relato de Álvar Núñez, aparece mencionado como "gobernador". Según la descripción que se hace del comportamiento de dicho personaje, ¿qué clase de líder crees que era?

INVESTIGACIÓN

1. En la literatura occidental existen varios antecedentes del tema del naufragio y las consiguientes aventuras de los náufragos, como la *Odisea* de Homero o *Robinson Crusoe* de Daniel Defoe. Selecciona alguno de estos textos y compáralo con *Naufragios*.

2. Según Eduardo Tijeras, el conquistador se ajustaba a dos principios incuestionables de su tiempo, que eran a la vez características de los héroes caballerescos: la fidelidad al emperador y la voluntad de extender las enseñanzas evangélicas. Averigua cómo desarrolla estos principios Álvar Núñez en sus *Naufragios*.

FRAY BARTOLOMÉ DE LAS CASAS

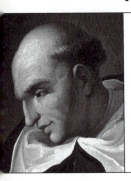

1484–1566

"La causa por que han muerto y destruido tantas y tales e tan infinito número de ánimas los cristianos ha sido solamente por tener por su fin último el oro y henchirse de riquezas."

—**Fray Bartolomé de las Casas**, *Brevísima relación de la destrucción de las Indias*

Bartolomé de las Casas nace en Sevilla a una década escasa del primer viaje de Cristóbal Colón al Nuevo Mundo. El joven Bartolomé, descendiente de judíos conversos (según algunos de sus biógrafos), acabaría siendo testigo y cronista del encuentro entre conquistadores y conquistados y, muy particularmente, de los abusos que padeció la población indígena a manos de los españoles. Su padre, un comerciante sevillano, estuvo enrolado en la segunda expedición de Cristóbal Colón a las Antillas. Los relatos de su padre sobre el épico viaje influirían en los deseos de aventura del joven Bartolomé, quien, desde niño, se propone cruzar el océano en busca de fortuna.

En el año 1502 se embarca en su primera expedición americana y participa en la conquista de La Española. El gobernador de la isla le retribuye sus éxitos militares con tierras y un número determinado de indígenas a quienes, según el sistema de encomiendas, debía retribuir justamente y evangelizar. Varios años después, hace el viaje de vuelta a España. Antes de su regreso a América viaja a Roma, donde recibe la orden sacerdotal. De vuelta ya en su hacienda de La Española, el capitán Diego Velázquez de Cuéllar le pide que marche a Cuba como capellán del conquistador Pánfilo de Narváez. Una vez más, sus servicios le son recompensados con una nueva encomienda. En esta ocasión, sin embargo, Las Casas renuncia públicamente a la concesión real en señal de repulsa por el trato inhumano que recibían los indios y emprende una campaña en su defensa, lo cual lo lleva a entrevistarse con el propio rey de España, Fernando el Católico, y con autoridades de la élite religiosa. Su denuncia, sin embargo, no conmueve al monarca. Tras la muerte de este, el clérigo sevillano acude al regente de Castilla, el cardenal Francisco Jiménez de Cisneros, quien oye sus peticiones y acaba nombrándole "procurador y protector universal de todos los indios". Cisneros cede el control de La Española a tres clérigos; Las Casas, sin embargo, condena la administración del triunvirato de frailes y regresa a España una vez más en busca de apoyo en la Corte.

En 1521 empieza a escribir sus testimonios directos de la Conquista, de los que se destaca su famosa *Brevísima relación de la destrucción de las Indias* (1552). La encendida defensa que hizo Bartolomé de las Casas en las propias Antillas y en los palacios imperiales acaba otorgando a los indios la protección jurídica que se reclamó durante mucho tiempo. En 1542, a petición de Carlos I, el Consejo de Indias dicta las llamadas "Leyes nuevas" para proteger a los indígenas de los encomenderos. Más tarde, Las Casas rechaza el poderoso obispado de Cuzco; acaba aceptando, sin embargo, el de la humilde provincia de Chiapas, cerca de Guatemala.

Tras su regreso a España, abre una agria polémica sobre la legitimidad de la Conquista. Murió en Madrid a los ochenta y dos años de edad.

La *Brevísima relación de la destrucción de las Indias* es un testimonio dirigido en forma epistolar al heredero de la Corona española para que legisle lo antes posible en defensa de los indígenas. En ella, el fraile hace una dramática descripción de las condiciones en que malvive la población nativa y denuncia poco menos que un genocidio en las Antillas. Algunos estudiosos consideran, sin embargo, que las denuncias de Las Casas son exageradas y que el fraile encendió el tono de sus testimonios para persuadir a la Corona a poner freno al exterminio de la población autóctona. También se le criticó el haber alentado el tráfico de esclavos procedentes de África, al considerarlos más aptos que los indígenas para los trabajos forzados de las encomiendas. No obstante, años después de defender esta idea, el propio Las Casas se retracta de ella expresando vergüenza y pidiendo perdón. En todo caso, se trate o no de una exageración, este documento expresa las ideas de un hombre cuya figura se ha convertido en objeto de veneración y culto, y cuya labor política asentó las bases para el desarrollo de los derechos humanos.

OBRAS

1521 | *Historia de las Indias*
1537 | *Del único modo de atraer a todos los pueblos a la verdadera religión*
1540 | *Los dieciséis remedios para la reformación de las Indias*
1552 | *Apologética historia sumaria*
1552 | *Brevísima relación de la destrucción de las Indias*
1563 | *De thesauris*

BREVÍSIMA RELACIÓN DE LA DESTRUCCIÓN DE LAS INDIAS

De *Brevísima relación de la destrucción de las Indias*, 1552

CAPÍTULO PRIMERO

Descubriéronse las Indias en el año de mil y cuatrocientos y noventa y dos. Fuéronse a poblar el año siguiente de cristianos españoles, por manera que ha cuarenta e nueve años que fueron a ellas cantidad de españoles; e la primera tierra donde entraron para hecho de poblar fué la grande y felicísima isla Española, que tiene seiscientas leguas
5 en torno. Hay otras muy grandes e infinitas islas alrededor, por todas las partes della, que todas estaban e las vimos las más pobladas e llenas de naturales gentes, indios dellas, que puede ser tierra poblada en el mundo. La tierra firme, que está de esta isla por lo más cercano docientas e cincuenta leguas, pocas más, tiene de costa de mar más de diez mil leguas descubiertas, e cada día se descubren más,
10 todas llenas como una colmena de gentes en lo que hasta el año de cuarenta e uno se ha descubierto, que parece que puso Dios en aquellas tierras todo el golpe o la mayor cantidad de todo el linaje° humano.

    Todas estas universas e infinitas gentes *a toto genero* crió Dios los más
15 simples, sin maldades ni dobleces, obedientísimas y fidelísimas a sus señores naturales e a los cristianos a quien sirven; más humildes, más pacientes, más pacíficas e quietas, sin rencillas° ni bullicios, no rijosos°°, no querulosos, sin rencores, sin odios, sin desear venganzas, que hay en el mundo. Son asimismo las gentes más delicadas, flacas y tiernas en complisión° e que menos pueden
20 sufrir trabajos y que más fácilmente mueren de cualquiera enfermedad, que ni hijos de príncipes e señores entre nosotros, criados en regalos e delicada vida, no son más delicados que ellos, aunque sean de los que entre ellos son de linaje° de labradores.

    Son también gentes paupérrimas° y que menos poseen ni quieren poseer de
25 bienes temporales; e por esto no soberbias, no ambiciosas, no codiciosas. Su comida es tal, que la de los sanctos padres en el desierto no parece haber sido más estrecha ni menos deleitosa ni pobre. Sus vestidos, comúnmente, son en cueros°, cubiertas sus vergüenzas, e cuando mucho cúbrense con una manta de algodón, que será como vara y media o dos varas de lienzo en cuadra. Sus
30 camas son encima de una estera, e cuando mucho, duermen en unas como redes colgadas, que en lengua de la isla Española llamaban hamacas.

    Son eso mesmo de limpios e desocupados e vivos entendimientos, muy capaces e dóciles para toda buena doctrina; aptísimos para recebir nuestra sancta fee católica e ser dotados de virtuosas costumbres, e las que menos
35 impedimentos tienen para esto, que Dios crió en el mundo. Y son tan importunas° desque una vez comienzan a tener noticia de las cosas de la fee, para

° razas; clases sociales

° conflictos °° lujuriosos

° constitución física

° ascendencia

° pobrísimas

° desnudos

° molestas, fastidiosas

saberlas, y en ejercitar los sacramentos de la Iglesia y el culto divino, que digo verdad que han menester[•] los religiosos, para sufrillos^{••}, ser dotados por Dios de don muy señalado de paciencia; e, finalmente, yo he oído decir a muchos seglares[•] españoles de muchos años acá e muchas veces, no pudiendo negar la bondad que en ellos veen: "Cierto estas gentes eran las más bienaventuradas[•] del mundo si solamente conocieran a Dios."

En estas ovejas mansas[•], y de las calidades susodichas^{••} por su Hacedor y Criador así dotadas, entraron los españoles, desde luego que las conocieron, como lobos e tigres y leones cruelísimos de muchos días hambrientos. Y otra cosa no han hecho de cuarenta años a esta parte, hasta hoy, e hoy en este día lo hacen, sino despedazarlas, matarlas, angustiarlas, afligirlas, atormentarlas y destruirlas por las extrañas y nuevas e varias e nunca otras tales vistas ni leídas ni oídas maneras de crueldad, de las cuales algunas pocas abajo se dirán, en tanto grado, que habiendo en la isla Española sobre tres cuentos de ánimas que vimos, no hay hoy de los naturales de ella docientas personas. La isla de Cuba es cuasi tan luenga[•] como desde Valladolid a Roma; está hoy cuasi toda despoblada. La isla de Sant Juan e la de Jamaica, islas muy grandes e muy felices e graciosas, ambas están asoladas[•]. Las islas de los Lucayos, que están comarcanas^{••} a la Española y a Cuba por la parte del Norte, que son más de sesenta con las que llamaban de Gigantes e otras islas grandes e chicas, e que la peor dellas es más fértil e graciosa que la huerta del rey de Sevilla, e la más sana tierra del mundo, en las cuales había más de quinientas mil ánimas, no hay hoy una sola criatura. Todas las mataron trayéndolas e por traellas a la isla Española, después que veían que se les acababan los naturales della. Andando en navío tres años a rebuscar por ellas la gente que había, después de haber sido vendimiadas[•], porque un buen cristiano se movió por piedad para los que se hallasen convertirlos e ganarlos a Cristo, no se hallaron sino once personas, las cuales yo vide. Otras más de treinta islas, que están en comarca de la isla de Sant Juan, por la misma causa están despobladas e perdidas. Serán todas estas islas, de tierra, más de dos mil leguas, que todas están despobladas e desiertas de gente.

De la gran tierra firme somos ciertos que nuestros españoles por sus crueldades y nefandas[•] obras han despoblado y asolado y que están hoy desiertas, estando llenas de hombres racionales, más de diez reinos mayores que toda España, aunque entre Aragón y Portugal en ellos, y más tierra que hay de Sevilla a Jerusalén dos veces, que son más de dos mil leguas.

Daremos por cuenta muy cierta y verdadera que son muertas en los dichos cuarenta años por las dichas tiranías e infernales obras de los cristianos, injusta

[•]necesitan ^{••}aguantarlos

[•]laicos

[•]felices, afortunadas

[•]dóciles ^{••}mencionadas

[•]larga

[•]devastadas ^{••}cercanas

[•]cosechadas

[•]abominables

y tiránicamente, más de doce cuentos de ánimas, hombres y mujeres y niños; y
en verdad que creo, sin pensar engañarme, que son más de quince cuentos.

Dos maneras generales y principales han tenido los que allá han pasado, que
se llaman cristianos, en estirpar y raer* de la haz de la tierra a aquellas miserandas
naciones. La una, por injustas, crueles, sangrientas y tiránicas guerras. La otra,
después que han muerto todos los que podrían anhelar o sospirar o pensar en
libertad, o en salir de los tormentos que padecen, como son todos los señores
naturales y los hombres varones (porque comúnmente no dejan en las guerras
a vida sino los mozos y mujeres), oprimiéndolos con la más dura, horrible y
áspera servidumbre en que jamás hombres ni bestias pudieron ser puestas. A
estas dos maneras de tiranía infernal se reducen e se resuelven o subalternan
como a géneros todas las otras diversas y varias de asolar aquellas gentes, que
son infinitas.

La causa por que han muerto y destruído tantas y tales e tan infinito número
de ánimas los cristianos ha sido solamente por tener por su fin último el oro
y henchirse* de riquezas en muy breves días e subir a estados muy altos e sin
proporción de sus personas (conviene a saber): por la insaciable codicia e
ambición que han tenido, que ha sido mayor que en el mundo ser pudo, por ser
aquellas tierras tan felices e tan ricas, e las gentes tan humildes, tan pacientes y
tan fáciles a sujetarlas; a las cuales no han tenido más respecto ni dellas han hecho
más cuenta ni estima (hablo con verdad por lo que sé y he visto todo el dicho
tiempo), no digo que de bestias (porque pluguiera a Dios que como a bestias las
hubieran tractado y estimado), pero como y menos que estiércol* de las plazas.
Y así han curado de sus vidas y de sus ánimas, e por esto todos los números e
cuentos dichos han muerto sin fee, sin sacramentos. Y esta es una muy notoria
y averiguada verdad, que todos, aunque sean los tiranos y matadores, la saben
e la confiesan: que nunca los indios de todas las Indias hicieron mal alguno a
cristianos, antes los tuvieron por venidos del cielo, hasta que, primero, muchas
veces hubieron recebido ellos o sus vecinos muchos males, robos, muertes,
violencias y vejaciones* dellos mesmos. ✒

*arrancar

*llenarse, colmarse

*excrementos

*humillaciones

PREGUNTAS

ANÁLISIS

1. Según relata Fray Bartolomé de las Casas en el Capítulo Primero de *Brevísima relación de la destrucción de las Indias*, ¿cómo actúan los indígenas ante la fe católica? ¿Por qué crees que el autor siente la necesidad de contarlo?

2. En el texto leemos varias causas que explican la destrucción de la población indígena. Según Las Casas, ¿de qué dos maneras victimizaron los cristianos a los indígenas?

3. ¿Cómo describe Las Casas a los indios? Selecciona algunos fragmentos del texto que, según tu opinión, destaquen las cualidades y valores que quiere resaltar el autor.

4. ¿Cuál es el tono que se desprende de *Brevísima relación de la destrucción de las Indias*? Ilustra tu respuesta con ejemplos del texto.

5. El autor hace un gran uso de la hipérbole, figura estilística que consiste en exagerar los hechos. Localiza algunos ejemplos en el fragmento seleccionado y explica las razones de Las Casas para utilizarla.

6. ¿Qué recursos literarios, aparte de la hipérbole, identificas en el texto?

INTERPRETACIÓN

1. ¿A qué podría estar aludiendo el autor cuando afirma que "nunca los indios de todas las Indias hicieron mal alguno a cristianos, antes los tuvieron por venidos del cielo"?

2. ¿A qué corresponde la necesidad de Las Casas de comparar las Indias con regiones europeas?

3. ¿Crees que la obra, a pesar de ser una denuncia de la Conquista, tiene una intención literaria? Ilustra tu respuesta con ejemplos del texto.

INVESTIGACIÓN

1. *Brevísima relación de la destrucción de las Indias* fue escrita en 1542 y publicada en 1552, para ser censurada unos años más tarde. Investiga las razones de su publicación y las de su posterior prohibición.

2. Fray Bartolomé de las Casas fue uno de los pocos religiosos en levantar la voz de alarma ante los crímenes que se estaban cometiendo en el Nuevo Mundo, pero no fue el único. Su voz se unió a la de otros sacerdotes para luchar por los derechos de los indios en la Junta de Valladolid. Averigua en qué consistió esta Junta y qué posturas defendían sus participantes.

ALONSO DE ERCILLA Y ZÚÑIGA

1533–1594

"El sentimiento dominante de *La Araucana* es el de una especie más noble: el amor a la humanidad, el culto de la justicia, una admiración generosa al patriotismo y al denuedo de los vencidos."

—**Andrés Bello**, *Juicio crítico de La Araucana de Ercilla*

Alonso de Ercilla y Zúñiga fue un poeta y soldado español que vivió en el siglo XVI entre España y América. Nacido en Madrid, sus vínculos familiares próximos a la Corte Real lo llevaron a formar parte del séquito personal de Felipe II y a luchar por la Corona en América. Esta experiencia es la que relata en su famoso poema *La Araucana*, considerado como una de las obras cumbre de la literatura del Renacimiento español. Cuando muere su padre, la madre de Alonso, una asistenta personal de la infanta doña María, se ve obligada a vivir bajo la protección del rey Carlos I. Años más tarde el monarca pone al joven Alonso al servicio del príncipe Felipe. Como paje del futuro rey de España, viajó por toda Europa durante su juventud y recibió una educación exquisita, propia de la Corte.

A su regreso a España, y tras producirse la muerte del conquistador Pedro de Valdivia en Chile a manos de los mapuches, Ercilla parte de Cádiz rumbo a las Indias. Después de luchar en el Perú bajo las órdenes del virrey Hurtado de Mendoza, viaja a Chile para combatir la sublevación de los araucanos. Esta epopeya marcaría su vida como hombre de armas y, sobre todo, como poeta; a su regreso a España se dedica a relatar en verso los pormenores de aquella contienda, a la que estuvo entregado durante un año y medio. El autor se referiría siempre a aquellos meses como "los más floridos de mi vida".

Aunque el autor empezó a escribir los primeros versos de *La Araucana* en plena campaña bélica, no sería sino hasta 1569, una vez de vuelta en España, cuándo publica la obra que dedicó a Felipe II. Inmerso en los profundos bosques de araucarias, el poeta soldado escribiría sus versos en cualquier material disponible: desde cortezas de abedul hasta retales de cuero.

Nueve años más tarde, tras ejercer como diplomático al servicio del rey, y después de casarse e instalarse en Madrid, el poeta publica la segunda parte de su ya entonces reconocido poema. En 1589 vería la luz la tercera parte. Alonso de Ercilla murió en 1594, a los sesenta y un años de edad.

Escrito en octavas reales (estrofa de ocho versos endecasílabos) y estructurado en treinta y siete cantos, *La Araucana* relata la dura batalla que españoles y araucanos libraron en Chile en 1558. La narración no se limita a mostrar la perspectiva española, sino que dedica muchos versos a describir la geografía del lugar y el modo de vivir y organizarse que tenían los nativos, dando testimonio de las luchas de poder que había establecidas entre algunos de los caciques del lugar, especialmente Lautaro y Caupolicán. Ercilla dedicó muchos de sus versos a las derrotas sufridas por las tropas españolas, que llegaron a perder la ciudad de Concepción.

El relato es el primero de los tiempos de la Conquista con una vocación claramente literaria; se detiene en detalles y descripciones que ensalzan el espíritu heroico tanto de los soldados españoles como de los nativos. Los fragmentos más emotivos están dedicados a glosar las gestas de los araucanos y el espíritu noble de sus líderes. No en vano, el poema épico de Ercilla ha sido considerado como el primer gran documento indigenista de América.

Al igual que las obras de Cabeza de Vaca y Bernal Díaz del Castillo, el texto de Ercilla tiene un incalculable valor como registro historiográfico, al dar fe de los hechos que acontecieron durante esos meses en ese preciso lugar de América a través de un testigo ocular. Sin embargo, y a diferencia de los relatos de los autores mencionados, *La Araucana* cobra un valor especial como composición creativa y referente poético de la literatura del momento. Se trata de la epopeya más famosa del Renacimiento español y el primer gran poema épico americano.

OBRA

1569–1589 | *La Araucana*

LA ARAUCANA

De *La Araucana*, 1569–1589

SEGUNDA PARTE

Pónese la discordia que entre los caciques* de Arauco hubo sobre la elección del   *tiranos
*capitán general, y el medio que se tomó por el consejo del cacique Colocolo, con
la entrada que por engaño los bárbaros hicieron en la casa fuerte de Tucapel,
y la batalla que con los españoles tuvieron.*

CANTO II

Muchos hay en el mundo que han llegado
a la engañosa alteza desta vida,
que Fortuna[1] los ha siempre ayudado,
y dádoles la mano a la subida,
5 para después de haberlos levantado,
derribarlos con mísera caída,
cuando es mayor el golpe y sentimiento
y menos el pensar que hay mudamiento*.   *cambio

[1] En la mitología romana, diosa de la suerte.

No entienden con la próspera bonanza
10 que el contento es principio de tristeza,
ni miran en la súbita• mudanza   •repentina
del consumidor tiempo y su presteza•;   •rapidez
mas con altiva• y vana confianza   •arrogante
quieren que en su fortuna haya firmeza;
15 la cual, de su aspereza no olvidada,
revuelve con la vuelta acostumbrada.

Con un revés de todo se desquita•,   •se venga
que no quiere que nadie se le atreva,
y mucho más que da siempre les quita,
20 no perdonando cosa vieja y nueva;
de crédito y de honor los necesita:
que en el fin de la vida está la prueba,
por el cual han de ser todos juzgados,
aunque lleven principios acertados.

25 Del bien perdido, al cabo ¿qué nos queda
sino pena, dolor y pesadumbre?
Pensar que en él Fortuna ha de estar queda•,   •callada
antes dejará el sol de darnos lumbre:
que no es su condición fijar• la rueda,²   •inmovilizar
30 y es malo de mudar vieja costumbre,
el más seguro bien de la Fortuna
es no haberla tenido vez alguna.

Esto verse podrá por esta historia:
ejemplo dello aquí puede sacarse,
35 que no bastó riqueza, honor y gloria
con todo el bien que puede desearse,
a llevar adelante la vitoria;
que el claro cielo al fin vino a turbarse,
mudando la Fortuna en triste estado
40 el curso y orden próspera del Hado•.   •destino, azar

La gente nuestra ingrata• se hallaba   •desagradecida
en la prosperidad que arriba cuento,
y en otro mayor bien, que me olvidaba,
hallado en pocas casas, que es contento:
45 de tal manera en él se descuidaba
(cierta señal de triste acaecimiento•)   •suceso
que en una hora perdió el honor y estado
que en mil años de afán• había ganado.   •ambición, deseo

---

²Referencia a la rueda de la fortuna, que reparte buena o mala suerte arbitrariamente.

Por dioses, como dije, eran tenidos
50 de los indios los nuestros; pero olieron
que de mujer y hombre eran nacidos,
y todas sus flaquezas entendieron;
viéndolos a miserias sometidos,
el error ignorante conocieron,
55 ardiendo en viva rabia avergonzados
por verse de mortales conquistados.

No queriendo a más plazo diferirlo˙ ˙aplazarlo
entre ellos comenzó luego a tratarse
que, para en breve tiempo concluirlo
60 y dar el modo y orden de vengarse,
se junten a consulta a definirlo,
do venga la sentencia a pronunciarse,
dura, ejemplar, cruel, irrevocable,
horrenda a todo el mundo y espantable.

65 Iban ya los caciques ocupando
los campos con la gente que marchaba,
y no fue menester˙ general bando, ˙necesario
que el deseo de guerra los llamaba
sin promesas, ni pagas, deseando
70 el esperado tiempo, que tardaba,
para el decreto y áspero castigo
con muerte y destruición del enemigo.

De algunos que en la junta se hallaron
es bien que haya memoria de sus nombres,
75 que, siendo incultos bárbaros, ganaron
con no poca razón claros renombres;
pues en tan breve término alcanzaron
grandes victorias de notables hombres,
que dellas darán fe los que vivieren,
80 y los muertos allá donde estuvieren.
[…]

PREGUNTAS

ANÁLISIS

1. El "Canto II" de *La Araucana* se inicia con una reflexión sobre la Fortuna. Según Ercilla, ¿quién padece los vaivenes de la fortuna?

2. ¿A quién alude Ercilla cuando escribe: "La gente nuestra ingrata se hallaba/ en la prosperidad que arriba cuento"? ¿A qué prosperidad se refiere?

3. ¿Qué razones llevaron a los indios a sentirse avergonzados y encendidos de rabia?

4. *La Araucana* es un poema narrativo, es decir, nos narra una historia. Haz un resumen de los acontecimientos que nos está narrando Ercilla en este fragmento.

5. *La Araucana* es considerado por muchos críticos como un poema épico. ¿Qué elementos de la épica encuentras en este poema?

INTERPRETACIÓN

1. ¿Quiénes dirías que son los protagonistas y los héroes de este fragmento? ¿Por qué?

2. ¿Por qué crees que Ercilla optó por narrar la historia en verso y no en prosa?

3. ¿Crees que los hechos narrados en *La Araucana* ocurrieron tal y como los cuenta Ercilla? Explica tu respuesta e ilústrala con ejemplos del fragmento.

INVESTIGACIÓN

1. Baltasar de Castiglione, soldado y escritor italiano, publicó *El cortesano* en 1528. En dicha obra establece que el caballero renacentista debía ser experto en el manejo de las armas y las letras. Aparte de Ercilla, ¿qué otros escritores reconocidos de la época responden a este ideal?

2. ¿Ha cambiado el concepto que se tiene de la historiografía a lo largo de los siglos?

INCA GARCILASO DE LA VEGA

1539–1616

"Perpetró un robo lingüístico y literario de imprevisibles consecuencias: tomó posesión del español, la lengua de los conquistadores, y la convirtió en una propiedad del mundo entero."

—**Mario Vargas Llosa,** *Discurso del II Congreso de la Lengua Española*

El Inca Garcilaso de la Vega nació en Cuzco, Perú, con el nombre de Gómez Suárez de Figueroa. Era hijo ilegítimo del conquistador español Sebastián Garcilaso de la Vega y de la princesa inca Isabel Chimpu Ocllo. Gracias a la privilegiada posición de su padre, el joven Garcilaso recibió una excelente educación de corte renacentista al lado de los hijos, también mestizos, de los conquistadores Francisco y Gonzalo Pizarro. Mantuvo un estrecho vínculo con su madre y la nobleza incaica, lo que le permitió beber de ambas herencias culturales. Su adolescencia y juventud estuvieron marcadas por la persecución a la que fue sometido su padre, conocido como el "leal de tres horas" por su reputación de cambiar de bando de acuerdo a sus intereses.

A los veintiún años se traslada a España, donde estudia la carrera militar hasta alcanzar el grado de capitán, como su padre. Participó en la campaña contra los moriscos de Granada bajo el mando de don Juan de Austria (1569). También combate en Italia, donde conoce a León Hebreo, de quien traduce los *Diálogos de amor*. En 1590, abandona las armas y se entrega a la religión, a la poesía y a la historia. En 1591 se traslada a Córdoba, donde comienza su ambiciosa crónica *La Florida del Inca*, historia del conquistador Hernando de Soto, que publicaría en Lisboa en 1605. Su obra maestra, *Comentarios reales de los incas* (1609), memoria personal y genuina del Perú, habría de esperar aún un tiempo para su publicación, tras su muerte a los setenta y siete años.

Los *Comentarios reales de los incas* son "reales" no porque tuvieran que ver con la realeza, sino porque eran realidad. Con ese título, el sabio peruano pretendía distanciarse de otros estudios de la nación andina que él consideraba poco fidedignos. Al fin y al cabo, su bilingüismo y su biculturalismo le daban una perspectiva privilegiada del tema que aborda: el Perú prehispánico.

El Inca Garcilaso escribe sobre los usos y costumbres peruanos, las leyes que regían sus sociedades, la fisonomía de sus gentes, y hasta los procesos de sincretismo religioso entre el politeísmo precolombino y el cristianismo de los evangelizadores. Habla también sobre el ganado y sobre la botánica de aquella parte del Nuevo Mundo. El capítulo seleccionado se corresponde con un breve tratado: "De hortalizas y yerbas, y de la grandeza de ellas". Esta sección comienza con un análisis de las legumbres recién importadas del Viejo Mundo y de sus efectos en el ecosistema local. Alza la voz el Inca Garcilaso contra los devastadores efectos en la flora local de los garbanzos, la yerbabuena o los nabos.

La prosa de Garcilaso es sencilla, directa y, a ratos, jocosa; tal es el caso de la aventura de dos indios y los diez melones, y la carta delatora. De igual forma, Garcilaso penetra en el análisis sociológico al introducir el concepto que tiene el español sobre el indio, y viceversa. Tal como se avisa en el proemio de esta obra, la intención del autor era dejar constancia de las verdades de su Perú, antes, durante y después de la Conquista, y desmentir algunas de las muchas inconsistencias e irregularidades de la historia contada por los conquistadores. Es, pues, una obra de consulta con valor propio, casi una enciclopedia del conocimiento y el saber inca, que hunde sus raíces en la rica experiencia cosmopolita de su autor.

OBRAS

1596 | *Relación de la descendencia de Garci Pérez de Vargas*
1605 | *La Florida del Inca*
1609 | *Comentarios reales de los incas*
1617 | *Historia general del Perú*

COMENTARIOS REALES DE LOS INCAS

De *Comentarios reales de los incas*, 1609

Capítulo XXIX

De la hortaliza y yerbas, de la grandeza de ellas

De las legumbres que en España se comen no había ninguna en el Perú, conviene a saber: lechugas, escarolas, rábanos, coles, nabos, ajos, cebollas, berenjenas, espinacas, acelgas, yerbabuena, culantro, perejil, ni cardos hortenses ni campestres, ni espárragos (verdolagas había y poleo); tampoco había biznagas ni otra yerba alguna de las que
5 hay en España de provecho. De las semillas, tampoco había garbanzos ni habas, lentejas, anís, mostaza, oruga, alcaravea, ajonjolí, arroz, alhucema, cominos, orégano, ajenuz y avenate, ni adormideras, trébol, ni manzanilla hortense ni campestre. Tampoco había rosas ni clavellinas de todas las suertes que hay en
10 España, ni jazmines ni azucenas ni mosquetes.

De todas estas flores y yerbas que hemos nombrado, y otras que no he podido traer a la memoria, hay ahora tanta abundancia que muchas de ellas son ya muy dañosas, como nabos, mostaza, yerbabuena y manzanilla, que han cundido•tanto • se han extendido
en algunos valles que han vencido las fuerzas y la diligencia humana toda cuanta
15 se ha hecho para arrancarlas, y han prevalecido de tal manera que han borrado el nombre antiguo de los valles y forzádolos que se llamen de su nombre, como el Valle de la Yerbabuena, en la costa de la mar que solía llamarse Rucma, y otros

semejantes. En la Ciudad de los Reyes crecieron tanto las primeras escarolas y espinacas que sembraron, que apenas alcanzaba un hombre con la mano los pimpollos° de ellas; y se cerraron tanto que no podía hender°° un caballo por ellas; la monstruosidad en grandeza y abundancia que algunas legumbres y mieses° a los principios sacaron fue increíble. El trigo en muchas partes acudió a los principios a trescientas hanegas,[1] y a más por hanega de sembradura.

°brotes °°abrirse paso
°cereales

En el valle del Huarcu, en un pueblo que nuevamente mandó poblar allí el Visorrey Don Andrés Hurtado de Mendoza, Marqués de Cañete, pasando yo por el año de mil y quinientos y sesenta, viniéndome a España, me llevó a su casa un vecino de aquel pueblo, que se decía Garci Vázquez, que había sido criado de mi padre, y dándome de cenar me dijo: "Comed de ese pan, que acudió a más de trescientas hanegas, porque llevéis qué contar a España. Yo me hice admirado de la abundancia, porque la ordinaria, que yo antes había visto, no era tanta ni con mucho, y me dijo el Garci Vázquez: "No se os haga duro de creerlo, porque os digo verdad, como cristiano, que sembré dos hanegas y media de trigo y tengo encerradas seiscientas y ochenta, y se me perdieron otras tantas, por no tener con quién las coger".

Contando yo este mismo cuento a Gonzalo Silvestre, de quien hicimos larga mención en nuestra historia de la Florida, y la haremos en ésta si llegamos a sus tiempos, me dijo que no era mucho, porque en la provincia de Chuquisaca, cerca del río Pillcumayu, en unas tierras que allí tuvo, los primeros años que las sembró le habían acudido a cuatrocientas y a quinientas hanegas por una. El año de mil y quinientos y cincuenta y seis, yendo por Gobernador a Chili Don García de Mendoza, hijo del Visorrey ya nombrado, habiendo tomado el puerto de Arica, le dijeron que cerca de allí, en un valle llamado Cuzapa, había un rábano de tan extraña grandeza, que a la sombra de sus hojas estaban atados cinco caballos; que lo querían traer para que lo viese. Respondió el Don García que no lo arrancasen, que lo quería ver por propios ojos para tener qué contar; y así fue, con otros muchos que le acompañaron, y vieron ser verdad lo que les habían dicho. El rábano era tan grueso que apenas lo ceñía° un hombre con los brazos, y tan tierno, que después se llevó a la posada de Don García y comieron muchos de él. En el valle que llaman de la Yerbabuena han medido muchos tallos de ella de a dos varas y media en largo. Quien las ha medido tengo hoy en mi posada, de cuya relación escribo esto.

°rodeaba

En la Santa Iglesia Catedral de Córdoba, el año de mil y quinientos y noventa y cinco, por el mes de mayo, hablando con un caballero que se dice Don Martín de Contreras, sobrino del famoso Gobernador de Nicaragua Francisco de Contreras, diciéndole yo cómo iba en este paso de nuestra historia, y que temía poner el grandor de las cosas nuevas de mieses y legumbres que se daban en

---

[1] Medida de superficie agraria anterior al sistema métrico equivalente a 10.000 varas cuadradas, siendo 1 vara igual a 0,8359 metros.

mi tierra, porque eran increíbles para los que no habían salido de las suyas, me dijo: "No dejéis por eso de escribir lo que pasa; crean lo que quisieren, basta decirle verdad. Yo soy testigo de vista de la grandeza del rábano, del valle de
60 Cuzapa, porque soy uno de los que hicieron aquella jornada con Don García de Mendoza, y doy fe, como caballero hijodalgo*, que vi los cinco caballos atados a sus ramas, y después comí del rábano con los demás. Y podéis añadir que en esa misma jornada vi en el valle de Ica un melón que pesó cuatro arrobas* y tres libras, y se tomó por fe y testimonio ante escribano, porque se diese crédito a
65 cosa tan monstruosa. Y en el valle de Yúcay comí de una lechuga que pesó siete libras y media". Otras muchas cosas semejantes, de mieses, frutas y legumbres, me dijo este caballero, que las dejo de escribir por no hastiar* con ellas a los que las leyeren.

    El Padre Maestro Acosta,[2] en el Libro cuarto, capítulo diez y nueve, donde
70 trata de las verduras, legumbres y frutas del Perú, dice lo que sigue, sacado a la letra: "Yo no he hallado que los indios tuviesen huertos diversos de hortaliza, sino que cultivaban la tierra a pedazos, para legumbres que ellos usan, como los que llaman *frisoles* y *pallares*, que le[s] sirven como acá garbanzos y habas y lentejas; y no he alcanzado que estos ni otros géneros de legumbres de Europa los hubiese
75 antes de entrar los españoles, los cuales han llevado hortalizas y legumbres de España, y se dan allá extremadamente; y aun en partes hay que excede mucho la fertilidad a la de acá, como si dijésemos de los melones que se dan en el valle de Ica, en el Perú; de suerte que se hace cepa* la raíz y dura años, y da cada uno melones, y la podan* como si fuese árbol, cosa que no sé que en parte ninguna
80 de España acaezca*", etc. Hasta aquí es del Padre Acosta, cuya autoridad esfuerza mi ánimo para que sin temor diga la gran fertilidad que aquella tierra mostró a los principios con las frutas de España, que salieron espantables e increíbles; y no es la menor de sus maravillas ésta que el Padre Maestro escribe, a la cual se puede añadir que los melones tuvieron otra excelencia entonces, que ninguno
85 salía malo, como lo dejasen madurar; en lo cual también mostraba la tierra su fertilidad, y lo mismo será ahora si se nota.

    Y porque los primeros melones que en la comarca de Los Reyes se dieron causaron un cuento gracioso, será bien lo pongamos aquí, donde se verá la simplicidad que los indios en su antigüedad tenían; y es que un vecino de aquella
90 ciudad, conquistador de los primeros, llamado Antonio Solar, hombre noble, tenía una heredad en Pachacámac, cuatro leguas de Los Reyes, con un capataz* español que miraba por su hacienda, el cual envió a su amo diez melones, que llevaron dos indios a cuestas, según la costumbre de ellos, con una carta. A la partida les dijo el capataz: "No comáis ningún melón de éstos, porque si lo

*hidalgo: noble que vivía de sus propiedades
*1 arroba ≈ 12 kg

*cansar, aburrir

*tronco
*le cortan algunas ramas
*suceda

*encargado de una finca agrícola

---

[2] José de Acosta (1540–1600), misionero jesuita, antropólogo y naturalista español que documentó las plantas y los animales, las costumbres, creencias, leyes, ritos y guerras de los indios de México y el Perú en su *Historia natural y moral de las Indias* (1590).

95 coméis lo ha de decir esta carta". Ellos fueron su camino, y a media jornada se descargaron para descansar. El uno de ellos, movido de la golosina•, dijo al otro: "¿No sabríamos a qué sabe esta fruta de la tierra de nuestro amo?" El otro dijo: "No, porque si comemos alguno, lo dirá esta carta, que así nos lo dijo el capataz". Replicó el primero: "Buen remedio; echemos la carta detrás de aquel paredón,

100 y como no nos vea comer, no podrá decir nada". El compañero se satisfizo del consejo, y, poniéndolo por obra, comieron un melón. Los indios, en aquellos principios, como no sabían qué eran letras, entendían que las cartas que los españoles se escribían unos a otros eran como mensajeros que decían de palabra lo que el español les mandaba, y que eran como espías que también decían lo

105 que veían por el camino; y por esto dijo: "Echémosla tras el paredón, para que no nos vea comer". Queriendo los indios proseguir su camino, el que llevaba los cinco melones en su carga dijo al otro: "No vamos acertados; conviene que emparejemos• las cargas, porque si vos lleváis cuatro y yo cinco, sospecharán que nos hemos comido el que falta". Dijo el compañero: "Muy bien decís". Y así,

110 por encubrir un delito, hicieron otro mayor, que se comieron otro melón. Los ocho que llevaban presentaron a su amo; el cual, habiendo leído la carta, les dijo: "¿Qué son de dos melones que faltan aquí?" Ellos a una respondieron: "Señor, no nos dieron más de ocho". Dijo Antonio Solar: "¿Por qué mentís vosotros, que esta carta dice que os dieron diez y que os comisteis los dos?" Los indios

115 se hallaron perdidos de ver que tan al descubierto les hubiese dicho su amo lo que ellos habían hecho en secreto; y así, confusos y convencidos, no supieron contradecir a la verdad. Salieron diciendo que con mucha razón llamaban dioses a los españoles con el nombre Viracocha,[3] pues alcanzaban tan grandes secretos. Otro cuento semejante refiere• Gómara[4] que pasó en la isla de Cuba a

120 los principios, cuando ella se ganó. Y no es maravilla que una misma ignorancia pasase en diversas partes y en diferentes naciones, porque la simplicidad de los indios del Nuevo Mundo, en lo que ellos no alcanzaron, toda fue una. Por cualquiera ventaja que los españoles hacían a los indios, como correr caballos, domar novillos y romper la tierra con ellos, hacer molinos y arcos de puente en

125 ríos grandes, tirar con un arcabuz• y matar con él a ciento y doscientos pasos, y otras cosas semejantes, todas las atribuían a divinidad; y por ende• les llamaron dioses, como lo causó la carta. �

•cosa que apetece comer por ser dulce

•igualemos

•cuenta

•fusil antiguo
•por lo tanto

[3] Nombre con que los indios del Perú y Chile se referían a los conquistadores españoles. Del quechua *Wirakocha*, dios inca.

[4] Francisco López de Gómara (c.1511–c.1566), historiador español. Aunque nunca estuvo en el Nuevo Mundo, escribió sobre la expedición de la conquista de Hernán Cortés a través de los relatos que los propios conquistadores que regresaban le contaban. La publicación de sus obras fue prohibida en 1533 por contener errores que comprometían la verdad histórica.

PREGUNTAS

ANÁLISIS

1. Localiza en este capítulo de los *Comentarios reales de los incas* las ideas y recursos utilizados por el Inca Garcilaso para mostrar la fertilidad de las tierras americanas.

2. Según explica el Inca Garcilaso, ¿por qué motivos cambian los nombres de los valles y otros lugares del Perú? ¿Qué opinión le merece al autor este hecho? Explica tu respuesta.

3. Resume con tus propias palabras la anécdota de los dos indios y los melones. ¿Qué representa la carta?

INTERPRETACIÓN

1. ¿Con qué intención escribe el Inca Garcilaso los *Comentarios reales de los incas*?

2. ¿Qué recursos utiliza el Inca Garcilaso en este fragmento para que no se cuestione la autenticidad de lo que se cuenta?

3. "¿No sabríamos a qué sabe esta fruta de la tierra de nuestro amo?", dice el indio en el cuento de los melones. ¿Qué importancia tiene esta pregunta en el contexto de la obra?

4. A tu juicio, ¿qué visión tiene el Inca Garcilaso de los conquistadores y de los indios? Ilustra tu respuesta con ejemplos del texto.

INVESTIGACIÓN

1. La lengua materna del Inca Garcilaso era el quechua. ¿Hay obras escritas en quechua pertenecientes a la época colonial? Averigua quién las escribió y por qué.

2. En su obra, el Inca Garcilaso reivindica el periodo del imperio inca como una época dorada de la civilización. Investiga cómo eran la cultura y la organización sociopolítica del imperio inca antes de la llegada de los conquistadores.

SOR JUANA INÉS DE LA CRUZ

1651–1695

"A Eva, en efecto, le hizo caer el deseo de probar el fruto del árbol de la ciencia del bien y del mal: la curiosidad y no la lascivia. Y Sor Juana Inés fue una legítima y castiza hija de Eva."

—Miguel de Unamuno, *"Sor Juana Inés, hija de Eva"*

Juana Inés de Asbaje y Ramírez de Santillana, más conocida como sor Juana Inés de la Cruz, nació en Ciudad de México. Su padre era español y su madre, mexicana. La llamada "Décima musa" y "Fénix mexicano" fue una niña precoz que aprendió a leer a los tres años y, más tarde, logró dominar el latín en veinte lecciones. El estudio le fascinaba y se dedicaba a él con tanta disciplina que, cada vez que no lograba dominar un tema, se cortaba unos cuatro o cinco dedos de cabello. A los trece años entró en la corte virreinal, uno de los lugares más cultos de México, para servir de dama de honor a la esposa del virrey, Leonor Carreto; allí deslumbró a todos con su belleza y su prodigiosa inteligencia.

En 1667 se decidió por la vida religiosa en la orden carmelita, pero la extrema dureza de la vida conventual perjudicó su salud y la hizo abandonar después de cuatro meses. Volvió a intentarlo en la orden de san Jerónimo, donde tomó los votos en 1669, convirtiéndose en sor Juana Inés de la Cruz. Vivía allí en una celda de dos pisos y contaba con la ayuda de sirvientes. Además, podía mantener tertulias con personas ilustradas de la ciudad. En su nueva orden mantuvo una estimulante vida intelectual: hacía experimentos, componía obras musicales y leía incansablemente literatura, filosofía y astronomía. Llegó a reunir una de las mejores bibliotecas de México por aquel entonces. Con el tiempo, sus poemas y erudición trascendieron y acabó siendo protegida del virrey y su esposa Luisa Manrique de Lara, condesa de Paredes, a quien la unió una gran amistad. Sin embargo, en 1693 sor Juana vendió sus libros y alhajas para destinar el dinero a los pobres y dedicarse de lleno a la vida religiosa. Murió durante una epidemia de cólera, mientras cuidaba a sus hermanas enfermas. Gran parte de su obra se ha perdido, pero lo que se conserva la establece como una de las grandes figuras de las letras hispanas.

En la sociedad profundamente estratificada de la Nueva España, las grandes instituciones de poder eran la Corte, la Iglesia y la Universidad. Como la Universidad le estaba negada, sor Juana vio en la vida religiosa el espacio de tregua necesario para el estudio y la escritura. Pudo así continuar su carrera sin las distracciones del matrimonio ni la agitada vida social de la Corte que conocía tan bien, e hizo de la escritura una fuente de ingreso económico: de la Iglesia por los villancicos, de la Corte por las loas y otros espectáculos.

Cultivó la poesía, la prosa y el teatro. Como representante del barroco hispanoamericano, en su obra se aprecian las influencias de Luis de Góngora y de Calderón de la Barca, entre otros. Abundan las referencias mitológicas, las citas en latín y el hipérbaton, que daban categoría a las composiciones de la época; sin embargo, sor Juana también aporta nuevas técnicas y nuevos temas. Con la redondilla "Hombres necios que acusáis", ubica lo femenino en el centro de su discurso, a partir de preguntas retóricas y antítesis para cuestionar la desigualdad de roles en la sociedad. Produce así una ruptura importante en la historia de la literatura hispanoamericana al presentar por primera vez la perspectiva femenina en una composición firmada por una mujer.

Por su extraordinario saber, contó con protectores pero también con opositores que recelaron de su fama y de su condición de mujer, monja y erudita. Su soneto "En perseguirme, mundo, ¿qué interesas?" es una declaración de principios que ella articula como defensa a los ataques que se le hacen por apartarse de los dictados sociales. Al final de su vida se vio envuelta en una controversia tras la publicación no autorizada de la "Carta atenagórica", donde criticaba un sermón del jesuita Antonio Vieira. Bajo el seudónimo de sor Filotea de la Cruz, el obispo de Puebla Manuel Fernández de Santa Cruz alabó su composición, pero también le recomendó públicamente que se dedicara a la vida monástica. Sor Juana, aceptando el juego de roles, le respondió con contundencia en lo que se considera uno de los grandes documentos feministas y un valioso relato autobiográfico en forma de carta, la "Respuesta de la poetisa a la muy ilustre sor Filotea de la Cruz".

SOR JUANA INÉS DE LA CRUZ
POEMAS

ÉXTASIS
WWW.LINKGUA.COM

OBRAS PRINCIPALES

1689 | *Inundación castálida*
1692 | *Segundo tomo de las obras de sóror Juana Inés de la Cruz*
1700 | *Fama y obras póstumas del Fénix de Méjico*

alguien "culto" = sabe mucho
El culteranismo es para
la gente "culta"

Conceptismo - ideas innovadoras,
witty (agudezas), juegos de palabra

HOMBRES NECIOS QUE ACUSÁIS

Redondilla, finales del siglo XVII

Arguye• de inconsecuentes el gusto y la censura de los hombres,   •justifica
que en las mujeres acusan lo que acusan.

Hombres necios• que acusáis   •estúpidos
a la mujer, sin razón,
sin ver que sois la ocasión   35
de lo mismo que culpáis.

5   Si con ansia sin igual
solicitáis su desdén•,   •desprecio
¿por qué queréis que obren bien
si las incitáis al mal?   40

Combatís su resistencia
10   y luego con gravedad
decís que fué liviandad
lo que hizo la diligencia.

Parecer quiere el denuedo•   •coraje
de vuestro parecer loco
15   al niño que pone el coco•   •ser imaginario
y luego le tiene miedo.   para asustar a
     los niños

Queréis, con presunción necia,
hallar a la que buscáis
para pretendida, Tais,
20   y en la posesión, Lucrecia.[1]

¿Qué humor puede ser más raro
que el que, falto de consejo,
él mismo empaña• el espejo   •ensucia
y siente que no esté claro?

25   Con el favor y el desdén
tenéis condición igual,
quejándoos, si os tratan mal,
burlándoos, si os quieren bien.

Opinión ninguna gana,
30   pues la que más se recata•,   •se modera,
si no os admite, es ingrata,   se controla
y si os admite, es liviana.

Siempre tan necios andáis
que con desigual nivel
a una culpáis por cruel
y a otra por fácil culpáis.

¿Pues cómo ha de estar templada
la que vuestro amor pretende•,   •quiere
si la que es ingrata ofende
y la que es fácil enfada?

Mas entre el enfado y la pena
que vuestro gusto refiere,
bien haya la que no os quiere
y quejaos en hora buena.

45   Dan vuestras amantes penas
a sus libertades alas
y después de hacerlas malas
las queréis hallar muy buenas.

¿Cuál mayor culpa ha tenido
50   en una pasión errada•:   •frustrada
la que cae de rogada
o el que ruega de caído?

¿O cuál es de más culpar,
aunque cualquiera mal haga;
55   la que peca por la paga
o el que paga por pecar?

¿Pues, para qué os espantáis•   •asustáis
de la culpa que tenéis?
Queredlas cual las hacéis
60   o hacedlas cual las buscáis.

Dejad de solicitar
y después, con más razón,
acusaréis la afición
de la que os fuere a rogar.

65   Bien con muchas armas fundo
que lidia• vuestra arrogancia,   •pelea
pues en promesa e instancia
juntáis diablo, carne y mundo.

---

[1] Tais, símbolo del erotismo; Lucrecia,
símbolo de la castidad femenina.

EN PERSEGUIRME, MUNDO, ¿QUÉ INTERESAS?

Soneto, finales del siglo XVII

Quéjase de la suerte: insinúa su aversión a los vicios
y justifica su divertimento a las Musas

En perseguirme, mundo, ¿qué interesas?
¿En qué te ofendo, cuando sólo intento
poner bellezas en mi entendimiento
y no mi entendimiento en las bellezas?

5 Yo no estimo tesoros ni riquezas,
y así, siempre me causa más contento
poner riquezas en mi pensamiento
que no mi pensamiento en las riquezas.

Yo no estimo hermosura que vencida
10 es despojo˙ civil de las edades,   ˙presa
ni riqueza me agrada fementida˙;   ˙falsa

teniendo por mejor en mis verdades
consumir˙ vanidades de la vida   ˙eliminar
que consumir˙ la vida en vanidades.   ˙malgastar

RESPUESTA DE LA POETISA A LA MUY ILUSTRE SOR FILOTEA DE LA CRUZ

De *Fama y obras póstumas del Fénix de Méjico*, 1700

[…] y hablando con más especialidad, os confieso con la ingenuidad que ante vos
es debida, y con la verdad y claridad que en mí siempre es natural y costumbre,
que el no haber escrito mucho de asuntos sagrados no ha sido desafición, ni de
aplicación la falta, sino sobra˙ de temor y reverencia debida a aquellas Sagradas   ˙abundancia
5 Letras, para cuya inteligencia yo me conozco tan incapaz y para cuyo manejo
soy tan indigna, resonándome siempre en los oídos, con no pequeño horror,
aquella amenaza y prohibición del Señor a los pecadores como yo: *Quare tu
enarras iustitias meas et assumis testamentum meum per os tuum?*[1]
    […]
10   El escribir nunca ha sido dictamen˙ propio, sino fuerza ajena; que les pudiera   ˙decisión
decir con verdad: *Vos me coegistis.*[2] Lo que sí es verdad, que no negaré (lo uno
porque es notorio a todos, y lo otro porque, aunque sea contra mí, me ha hecho

---

[1] Del latín, ¿Por qué tú hablas de mis mandamientos y tomas mi testamento en tu boca?
(Salmos, XLIX, 16)
[2] Del latín, Vosotros me obligasteis. (II Corintios, XII)

Dios la merced° de darme grandísimo amor a la verdad), que desde que me °favor, concesión
rayó la primera luz de la razón, fué tan vehemente y poderosa la inclinación a
15 las letras que ni ajenas represiones (que he tenido muchas), ni propias reflejas° °reflexiones
(que he hecho no pocas), han bastado a que deje de seguir este natural impulso
que Dios puso en mí: Su Majestad° sabe por qué y para qué; y sabe que le he °Dios
pedido que apague la luz de mi entendimiento dejando sólo lo que baste° para °sea necesario
guardar su Ley, pues lo demás sobra (según algunos) en una mujer; y aun hay
20 quien diga que daña°. °perjudica

[…]

[…] Entréme religiosa, porque aunque conocía que tenía el estado cosas (de las
accesorias hablo, no de las formales), muchas repugnantes a mi genio°, con todo, °naturaleza, personalidad
para la total negación que tenía al matrimonio, era lo menos desproporcionado
25 y lo más decente que podía elegir, en materia de la seguridad que deseaba, de
mi salvación: a cuyo primer respecto (como al fin más importante) cedieron y
sujetaron la cerviz° todas las impertinencillas de mi genio, que eran de querer °nuca
vivir sola, de no querer tener ocupación obligatoria que embarazase° la libertad °obstaculizara
de mi estudio, ni rumor de comunidad que impidiese el sosegado° silencio de °tranquilo, apacible
30 mis libros.

[…]

[…] Ya se ve cuán duro es estudiar en aquellos caracteres° sin alma, careciendo °letras
de la voz viva y explicación del maestro: pues todo este trabajo sufría yo muy
gustosa por amor de las letras: ¡oh, si hubiese sido por amor de Dios, que era
35 lo acertado, cuánto hubiera merecido! Bien que yo procuraba elevarlo cuanto
podía y dirigirlo a su servicio, porque el fin a que aspiraba era a estudiar Teología,
pareciéndome menguada° inhabilidad, siendo católica, no saber todo lo que en °pequeña
esta vida se puede alcanzar, por medios naturales, de los Divinos Misterios; y
que siendo monja y no seglar°, debía por el estado eclesiástico profesar letras; y °laica
40 más siendo hija de un San Jerónimo y de una Santa Paula,³ que era degenerar
de tan doctos padres ser idiota la hija. Esto me proponía yo de mí misma, y me
parecía razón si no es que era (y eso es lo más cierto) lisonjear° y aplaudir a mi °elogiar
propia inclinación, proponiéndole como obligatorio su propio gusto.

[…]

45 Este modo de reparos° en todo me sucedía, y sucede siempre, sin tener yo °dudas
arbitrio° en ello, que antes me suelo enfadar, porque me cansa la cabeza; y yo °poder de decisión
creía que a todos sucedía esto mismo, y el hacer versos, hasta que la experiencia
me ha mostrado lo contrario: y es de tal manera esta naturaleza o costumbre,
que nada veo sin segunda consideración.
50 […]

---

³Santa Paula (347–404), religiosa dedicada a la vida monástica. Fundó un convento de monjas
en Belén, el cual San Jerónimo hizo famoso. Sor Juana se refiere aquí a Santa Paula como su
"madre" porque era la patrona del convento.

O si todos (y yo la primera, que soy una ignorante) nos tomásemos la medida del talento antes de estudiar (y lo peor es, de escribir) con ambiciosa codicia de igualar y aun de exceder a otros, qué poco ánimo nos quedara, y de cuántos errores nos excusáramos, y ¡cuántas torcidas inteligencias que andan por ahí no anduvieran! Y pongo las mías en primer lugar, pues si conociera, como debo, esto mismo, no escribiera: y protesto que sólo lo hago por obedeceros con tanto recelo*, que me debéis más en tomar la pluma con este temor, que me debiérades si os remitiera más perfectas obras.

*desconfianza

[…]

Yo de mí puedo asegurar que las calumnias algunas veces me han mortificado; pero nunca me han hecho daño, porque yo tengo por muy necio al que, teniendo ocasión de merecer, pasa el trabajo y pierde el mérito; que es como los que no quieren conformarse al morir y al fin mueren, sin servir su resistencia de excusar la muerte, sino de quitarles el mérito de la conformidad y hacer mala muerte la muerte que podía ser bien. ❧

PREGUNTAS

ANÁLISIS

1. ¿Quién es el interlocutor al que se dirige sor Juana Inés en "Hombres necios que acusáis"?

2. ¿Qué idea desarrolla la escritora en ese poema?

3. Las preguntas que estructuran el soneto "En perseguirme, mundo, ¿qué interesas?" ¿son literales o retóricas? ¿Qué función cumplen en el poema? ¿A quién están dirigidas?

4. ¿Qué razones argumenta sor Juana Inés en su "Respuesta de la poetisa a la muy ilustre sor Filotea de la Cruz" para no haber escrito antes sobre temas religiosos?

5. Según la carta, ¿de dónde procede su intención de entrar en la vida religiosa? ¿Cuál habría sido su forma ideal de vivir?

6. Identifica al menos un pasaje de la carta en el que la poeta vincule literatura, verdad y fe.

INTERPRETACIÓN

1. Al final del poema "Hombres necios que acusáis", sor Juana Inés dice que los hombres juntan "diablo, carne y mundo", en referencia directa al pecado. ¿Qué piensas que quiere resaltar la poeta en ese verso?

2. ¿Piensas que este poema podría considerarse como una prueba del feminismo de sor Juana Inés? Justifica tu respuesta.

3. "En perseguirme, mundo, ¿qué interesas?" se clasifica entre los poemas filosófico-morales de sor Juana Inés. ¿Cuál es, en tu opinión, el tema central que trata?

4. Sor Juana Inés explica que se hizo religiosa porque le parecía "lo menos desproporcionado y lo más decente que podía elegir". Comenta cuál podría haber sido la elección vital de Juana Inés de Asbaje y Ramírez de Santillana si hubiera tenido las opciones de la mujer contemporánea.

5. Identifica en "Respuesta de la poetisa a la muy ilustre sor Filotea de la Cruz" algunos de los argumentos de la autora en defensa de su propia intelectualidad y explícalos con tus propias palabras.

6. ¿Cuál crees que era la verdadera energía o pasión que movía a sor Juana Inés en la vida? ¿Te parece que era incompatible con la vida religiosa?

INVESTIGACIÓN

1. Busca información sobre Lucrecia y Tais, y explica qué quiere decir sor Juana Inés al mencionarlas en su poema "Hombres necios que acusáis".

2. En la América colonial del siglo XVII, a las mujeres les estaba prohibida toda actividad intelectual. Averigua qué leyes concretas impedían a las mujeres realizar los mismos estudios que los hombres.

JOSÉ JOAQUÍN FERNÁNDEZ DE LIZARDI

1776–1827

"Me acuerdo que soy hombre, y que lo mismo que soy eres tú, sin diferencia ninguna sustancial, y así te miro, un hombre como yo."

—**José Joaquín Fernández de Lizardi,**
El negro sensible

José Joaquín Fernández de Lizardi fue un poeta, dramaturgo, novelista y periodista mexicano. El "Pensador mexicano", como decidió llamarse a sí mismo, es considerado no solo el iniciador de la literatura mexicana, sino también el creador de la primera novela escrita en América. A pesar de su condición de criollo, Fernández de Lizardi perteneció a una familia de pocos recursos económicos; su infancia transcurrió en Tepotzotlán, una pequeña ciudad donde su padre ejercía como médico en el Real Colegio. El escritor realizó sus primeros estudios en el Colegio de san Ildefonso; más adelante, debido a la enfermedad y muerte de su padre, y a la falta de recursos económicos, abandonó la universidad.

A pesar de expresar su afinidad con la monarquía española con un poema laudatorio, "Polaca en honor de nuestro católico monarca, el señor don Fernando Séptimo", el escritor evoluciona hacia posturas independentistas. Respaldó la revuelta llevada a cabo por el cura Hidalgo y escribió diversos panfletos que atacaban al gobierno monárquico y defendían la libertad de imprenta. Tras la derrota de la revolución separatista de José María Morelos en 1815, fue encarcelado.

Fernández de Lizardi fundó diferentes publicaciones; la más famosa de todas y de la cual tomaría su seudónimo literario fue el periódico liberal *El Pensador Mexicano* (1812–1814), suspendido durante el gobierno absolutista de Fernando VII. De igual manera, después de la independencia, dirigió la *Gaceta del Gobierno* (1825).

Además de sus artículos en defensa de la libertad de expresión y en apoyo del ideario independentista, la obra del "Pensador mexicano" abarca varios géneros literarios. Su novela *El Periquillo Sarniento* (1816), considerada por muchos críticos como la primera novela escrita y publicada en América, apareció por entregas en México, en pleno fervor independentista. De hecho, su mera publicación fue un acto de rebeldía; aunque la Inquisición toleraba la importación y reproducción de obras literarias procedentes de España, el veto a la creación literaria propia se ejercía con todo el rigor de la ley.

El título da la idea del tono burlón y humorístico del relato, y de sus raíces en la novela picaresca española, cuyos más claros exponentes son la obra anónima *El lazarillo de Tormes* (1554), *La vida de Guzmán de Alfarache* (1599), de Mateo Alemán, y la *Historia de la vida del Buscón, llamado don Pablos* (1626), de Francisco de Quevedo. Lizardi toma de la novela picaresca el formato de historia autobiográfica, el continuo cambio de oficios del narrador, y el tono mordaz y jocoso de las descripciones. Existen, no obstante, diferencias notables: en la picaresca española el protagonista es siempre un muchacho pobre que vive de la caridad y de su ingenio, y que sufre todo tipo de vejaciones, mientras que en *El Periquillo Sarniento*, el narrador pertenece a una familia pretenciosa de clase media ("de unos padres no opulentos, pero no constituidos en la miseria; al mismo tiempo que eran de una limpia sangre, la hacían lucir y conocer por su virtud"). Lizardi añade así el elemento de crítica social a la vocación moralizante de la obra, que pretende enseñar al lector a través de los continuos escarmientos de Periquillo.

BIBLIOTECA DE GRANDES NOVELAS

23526

EL PERIQUILLO SARNIENTO

POR

EL PENSADOR MEXICANO

EDICIÓN CORREGIDA É ILUSTRADA

BARCELONA
CASA EDITORIAL SOPENA
PROVENZA, 95
1908

OBRAS PRINCIPALES

Novela
1816 | *El Periquillo Sarniento*
1818 | *La Quijotita y su prima*
1818 | *Noches tristes y día alegre*
1832 | *Don Catrín de la Fachenda*

Poesía
1817 | *Fábulas*

Teatro
1813 | *Auto Mariano*
1825 | *El negro sensible*

Neoclasicismo

EL PERIQUILLO SARNIENTO

De *El Periquillo Sarniento*, 1816

Capítulo I

Comienza Periquillo escribiendo el motivo que tuvo para dejar a sus hijos estos cuadernos, y da razón de sus padres, patria, nacimiento y demás ocurrencias de su infancia

Postrado en una cama muchos meses hace, batallando con los médicos y enfermedades, y esperando con resignación el día en que, cumplido el orden de la divina Providencia, hayáis de cerrar mis ojos, queridos hijos míos, he pensado dejaros escritos los nada raros sucesos de mi vida, para que os sepáis guardar y precaver de muchos de los peligros que amenazan y aun lastiman al hombre en el discurso° de sus días.   °transcurso, paso

[...]

No creáis que la lectura de mi vida os será demasiado fastidiosa, pues como yo sé bien que la variedad deleita el entendimiento, procuraré evitar aquella monotonía o igualdad de estilo, que regularmente enfada a los lectores.

[...]

Ya leeréis en mis discursos retazos° de erudición y rasgos de elocuencia; y   °pedazos
ya veréis seguido un estilo popular mezclado con los refranes y *paparruchadas* del vulgo.

[...]

Mi patria, padres, nacimiento y primera educación

Nací en México, capital de la América Septentrional, en la Nueva España. Ningunos elogios serían bastantes en mi boca para dedicarlos a mi cara patria; pero, por serlo, ningunos más sospechosos. Los que la habitan y los extranjeros que la han visto pueden hacer su panegírico° más creíble, pues no tienen el   °elogio, halago
estorbo° de la parcialidad, cuyo lente de aumento puede a veces disfrazar los   °obstáculo, impedimento
defectos, o poner en grande las ventajas de la patria aun a los mismos naturales; y así dejando la descripción de México para los curiosos imparciales, digo: que nací en esta rica y populosa ciudad por los años de 1771 a 73, de unos padres no opulentos, pero no constituidos en la miseria; al mismo tiempo que eran de una limpia sangre, la hacían lucir y conocer por su virtud. ¡Oh, si siempre los hijos siguieran constantemente los buenos ejemplos de sus padres!

Luego que nací, después de las lavadas y demás diligencias de aquella hora, mis tías, mis abuelas y otras viejas del antiguo cuño querían amarrarme las manos, y fajarme o liarme como un cohete, alegando que si me las dejaban sueltas, estaba yo propenso a espantarme, a ser muy *manilargo*.

[...]

¡Válgame Dios, cuánto tuvo mi padre que batallar con las preocupaciones de las benditas viejas! ¡Cuánta saliva no gastó para hacerles ver que era una

35 quimera[*] y un absurdo pernicioso el liar y atar las manos a las criaturas! ¡Y qué   [*]ilusión
trabajo no le costó persuadir a estas ancianas inocentes a que el azabache, el
hueso, la piedra, ni otros amuletos de ésta ni ninguna clase, no tienen virtud
alguna contra el aire, rabia, mal de ojos, y semejantes faramallas[*]!   [*]engaños, enredos

[…]

40   Tenían los pobres viejos menos conocimiento de mundo que el que yo
he adquirido, pues tengo muy profunda experiencia de que los más de los
padrinos no saben las obligaciones que contraen respecto de los ahijados, y así
creen que hacen mucho con darles medio real cuando los ven, y si sus padres
mueren, se acuerdan de ellos como si nunca los hubieran visto. Bien es verdad
45 que hay algunos padrinos que cumplen con su obligación exactamente, y aun
se anticipan a sus propios padres en proteger y educar a sus ahijados. ¡Gloria
eterna a semejantes padrinos!

    En efecto, los míos, ricos, me sirvieron tanto como si jamás me hubieran
visto; bastante motivo para que no me vuelva a acordar de ellos.

50   […]

    Bautizáronme, por fin, y pusiéronme por nombre *Pedro*, llevando después,
como es uso, el apellido de mi padre, que era *Sarmiento*.

    Mi madre era bonita, y mi padre la amaba con extremo; con esto y con la
persuasión de mis discretas tías, se determinó *nemine discrepante*[*], a darme   [*]unánimemente
55 nodriza, o *chichigua* como acá decimos.

    ¡Ay, hijos! Si os casareis algún día y tuviereis sucesión, no la encomendéis a
los cuidados mercenarios de esta clase de gentes.

    […]

    ¡Ah! Si estas pobres criaturas de quienes hablo tuvieran sindéresis[*], al   [*]buen juicio, sensatez
60 instante que se vieran las inocentes abandonadas de sus madres, cómo dirían
llenas de dolor y entusiasmo: "Mujeres crueles, ¿por qué tenéis el descaro y la
insolencia de llamaros madres? ¿Conocéis acaso, la alta dignidad de una madre?
¿Sabéis las señales que la caracterizan? ¿Habéis atendido alguna vez a los afanes
que le cuesta a una gallina la conservación de sus pollitos? ¡Ah! No. Vosotras
65 nos concebisteis por apetito, nos paristeis por necesidad, nos llamáis hijos por
costumbre, nos acariciáis tal cual vez por cumplimiento, y nos abandonáis por
un demasiado amor propio o por una execrable lujuria".

    […]

    Quedé, pues, encomendado al cuidado o descuido de mi *chichigua*, quien
70 seguramente carecía de buen natural, esto es de un espíritu bien formado.

    […]

    […] Si las madres advirtieran, a lo menos, estas resultas[*] de su abandono,   [*]resultados, consecuencias
quizá no fueran tan indolentes con sus hijos.

[…]

No sólo consiguieron mis padres hacerme un mal genio* con su abandono, sino también enfermizo con su cuidado. Mis nodrizas comenzaron a debilitar mi salud, y hacerme resabido, soberbio e impertinente con sus desarreglos y descuidos, y mis padres la acabaron de destruir con su prolijo y mal entendido cuidado y cariño; porque luego que me quitaron el pecho, que no costó poco trabajo, se trató de criarme demasiado regalón y delicado, pero siempre sin dirección ni tino.

*carácter

[…]

Bastaba que yo manifestara deseo de alguna cosa, para que mi madre hiciera por ponérmela en las manos, aunque fuera injustamente.

Si alguna criada me incomodaba, hacía mi madre que la castigaba, como para satisfacerme, y esto no era otra cosa que enseñarme a ser soberbio y vengativo.

Me daban de comer cuanto quería, indistintamente a todas horas, sin orden ni regla en la cantidad y calidad de los alimentos, y con tan bonito método lograron verme dentro de pocos meses cursiento*, barrigón y descolorido.

*amanerado

Yo, a más de esto, dormía hasta las quinientas* y cuando me despertaban, me vestían y envolvían como un tamal de pies a cabeza; de manera que, según me contaron, yo jamás me levantaba de la cama sin zapatos, ni salía del *jonuco** sin la cabeza entrapajada.

*hasta muy tarde

*espacio debajo de una escalera

[…]

De esta suerte fue mi primera educación física: ¿y qué podía resultar de la observancia de tantas preocupaciones juntas, sino el criarme demasiado débil y enfermizo? Como jamás, o pocas veces, me franqueaban el aire, ni mi cuerpo estaba acostumbrado a recibir sus saludables impresiones, al menor descuido las extrañaba mi naturaleza, y ya a los dos o tres años padecía catarros constipados con frecuencia, lo que me hizo medio raquítico.

[…]

Otra candidez tuvo la pobrecita de mi madre, y fue llenarme la fantasía de *cocos, viejos y macacos**, con cuyos extravagantes nombres me intimidaba cuando estaba enojada y yo no quería callar, dormir o cosa semejante. Esta corruptela me formó un espíritu cobarde y afeminado, de manera que aún ya de ocho a diez años, yo no podía oír un ruidito a medianoche sin espantarme, ni ver un bulto que no distinguiera, ni un entierro, ni entrar en un cuarto oscuro, porque todo me llenaba de pavor; y aunque no creía entonces en el coco, pero sí estaba persuadido de que los muertos se aparecían a los vivos cada rato, que los diablos salían a rasguñarnos y apretarnos el pescuezo* con la cola cada vez que estaban para ello, que había bultos que se nos echaban encima, que andaban las ánimas en pena mendigando nuestros sufragios, y creía otras majaderías* de esta clase más que los artículos de la fe. ¡Gracias a un puñado de viejas necias que, o ya en clase de criadas o de visitas, procuraban entretener al niño con cuentos de sus

*seres de fantasía con los que los adultos asustan a los niños

*cuello

*estupideces

espantos, visiones y apariciones intolerables! ¡Ah, qué daño me hicieron estas viejas! ¡De cuántas supersticiones llenaron mi cabeza!

[…]

Mi padre era, como he dicho, un hombre muy juicioso• y muy prudente; siempre se incomodaba con estas boberías; era demasiadamente opuesto a ellas; pero amaba a mi madre con extremo, y este excesivo amor era causa de que por no darle pesadumbre, sufriera y tolerara, a su pesar, casi todas sus extravagantes ideas, y permitiera, sin mala intención, que mi madre y mis tías se conjuraran en mi daño.

•sensato

[…]

Finalmente, así viví en mi casa los seis años primeros que vi el mundo. Es decir, viví como un mero animal, sin saber lo que me importaba saber y no ignorando mucho de lo que me convenía ignorar.

Llegó, por fin, el plazo de separarme de casa por algunos ratos; quiero decir, me pusieron en la escuela, y en ella ni logré saber lo que debía, y supe, como siempre, lo que nunca había de haber sabido, y todo esto por la irreflexiva disposición de mi querida madre; pero los acontecimientos de esta época, os los escribiré en el capítulo siguiente.

Capítulo II

En el que Periquillo da razón de su ingreso a la escuela, los progresos que hizo en ella, y otras particularidades que sabrá el que las leyere, las oyere leer o las preguntare

Hizo sus mohinas• mi padre, sus pucheritos•• mi madre, y yo un montón de alharacas• y berrinches•• revueltos con mil lágrimas y gritos; pero nada valió para que mi padre revocara su decreto. Me encajaron en la escuela mal de mi grado.

•gestos de enojo ••lloros
•alboroto ••enfado, rabieta

[…]

Yo era uno de tantos, y cumplía con mis deberes exactamente. Me sentaba mi maestro junto a sí, ya por especial recomendación de mi padre, o ya porque era yo el más bien tratadito de ropa que había entre sus alumnos.

[…]

[…] Una vez le oí decir platicando con uno de ellos: "Sólo la maldita pobreza me puede haber metido a escuelero; ya no tengo vida con tanto muchacho condenado; ¡qué traviesos que son y qué tontos! Por más que hago, no puedo ver uno aprovechado. ¡Ah, *fucha*• en el oficio tan maldito! ¡Sobre que ser maestro de escuela es la última droga que nos puede hacer el diablo!…". Así se producía mi buen maestro, y por sus palabras conoceréis el candor de su corazón, su poco talento y el concepto tan vil que tenía tomado de un ejercicio tan noble y recomendable por sí mismo.

•expresión de asco

[…]

En segundo lugar carecía, como dije, de disposición para ella, o de lo que se dice genio. Tenía un corazón muy sensible, le era repugnante el afligir a nadie,

155 y este suave carácter le hacía ser demasiado indulgente con sus discípulos. Rara vez les reñía con aspereza, y más rara los castigaba. La palmeta y disciplina tenían poco que hacer por su dictamen•; con esto los muchachos estaban en sus glorias, y yo entre ellos, porque hacíamos lo que se nos antojaba impunemente. •creencia

Ya ustedes verán, hijos míos, que este hombre, aunque bueno de por sí, era
160 malísimo para maestro y padre de familias, pues así como no se debe andar todo el día sobre los niños con el azote en la mano como cómitre de presidio, así tampoco se les debe levantar del todo. […] Platón decía que "no siempre se han de refrenar las pasiones de los niños con la severidad, ni siempre se han de acostumbrar a los mimos y caricias". La prudencia consiste en poner medio
165 entre los extremos.

Por otra parte, mi maestro carecía de toda la habilidad que se requiere para desempeñar este título. Sabía leer y escribir, cuando más, para entender y darse a entender, pero no para enseñar. No todos los que leen saben leer. Hay muchos modos de leer, según los estilos de las escrituras.
170 […]

Y si esto era por lo tocante a leer, por lo que respecta a escribir, ¿qué tal sería? Tantito peor, y no podía ser de otra suerte; porque sobre cimientos falsos no se levantan jamás fábricas firmes.

Es verdad que tenía su tintura en aquella parte de la escritura que se
175 llama *caligrafía*, porque sabía lo que eran trazos, finales, perfiles, distancias, proporciones, etc.; en una palabra, pintaba muy bonitas letras; pero en esto de *ortografía* no había nada.

[…]

Tenía una hermosa imagen de la Concepción, y le puso al pie una redondilla
180 que desde luego debía decir así:

> Pues del Padre celestial
> fue María la hija querida.
> ¿No había de ser concebida
> sin pecado original?

185 Pero el infeliz hombre erró de medio a medio la colocación de los caracteres ortográficos, según que lo tenía de costumbre, y escribió un desatino• •error endemoniado y digno de una mordaza, si lo hubiera hecho con la más leve advertencia, porque puso:

> ¿Pues del Padre celestial
190 > fue María la hija querida?
> No, había de ser concebida
> sin pecado original.

Ya ven ustedes qué expuesto está a escribir mil desatinos el que carece de instrucción en la ortografía, y cuán necesario es que en este punto no os descuidéis con vuestros hijos.

[…]

Pues aún no es esto todo lo malo que hay en el particular, porque es una lástima ver que este defecto de ortografía se extiende a muchas personas de fina educación, de talentos no vulgares, y que tal vez han pasado su juventud en los colegios y universidades, de manera que no es muy raro oír un bello discurso a un orador, y notar en este mismo discurso escrito por su mano sesenta mil defectos ortográficos; y a mí me parece que esta falta se debe atribuir a los maestros de primeras letras, que o miran este punto tan principal de la escritura como mera curiosidad, o como requisito no necesario, y por eso se descuidan de enseñarlo a sus discípulos, o enteramente lo ignoran, como mi maestro, y así no lo pueden enseñar.

[…]

En mi escuela se nos olvidaban nuestros nombres propios por llamarnos con los injuriosos que nos poníamos. Uno se conocía por el tuerto, otro por el corcovado, éste por el lagañoso, aquél por el roto. Quien había que entendía muy bien por loco, quien por burro, quien por guajolote*, y así todos.

*pavo

Entre tantos padrinos no me podía yo quedar sin mi pronombre. Tenía cuando fui a la escuela una chupita verde y calzón amarillo. Estos colores, y el llamarme mi maestro algunas veces por cariño *Pedrillo*, facilitaron a mis amigos mi mal nombre, que fue *Periquillo*; pero me faltaba un adjetivo que me distinguiera de otro Perico que había entre nosotros, y este adjetivo o apellido no tardé en lograrlo. Contraje una enfermedad de sarna, y apenas lo advirtieron, cuando acordándose de mi legítimo apellido me encajaron el retumbante título de *Sarniento*, y heme aquí ya conocido no sólo en la escuela ni de muchacho, sino ya hombre y en todas partes, por *Periquillo Sarniento*. ❧

PREGUNTAS

ANÁLISIS

1. ¿Cómo se manifiesta en *El Periquillo Sarniento* el principio neoclásico de que la literatura debe "enseñar entreteniendo"?

2. Partiendo del fragmento seleccionado, menciona un elemento subversivo y un elemento innovador con respecto a la época en que fue escrita esta obra. Explica por qué lo consideras así.

3. Uno de los recursos literarios que más utilizó Fernández de Lizardi en *El Periquillo Sarniento* fue la ironía. Busca un pasaje en donde se emplea este recurso y describe el sentido recto (lo que quiso decir en realidad) de la oración.

4. Después de leer cómo el personaje principal describe la educación que recibió en su casa, ¿crees que el Periquillo ama a sus padres? Explica tu respuesta.

INTERPRETACIÓN

1. ¿A qué género literario pertenece *El Periquillo Sarniento*? Explica por qué crees que el autor lo escogió para expresar sus ideas.

2. ¿Qué propósito crees que tuvo Fernández de Lizardi al escribir *El Periquillo Sarniento*?

3. ¿Qué aspectos costumbristas se pueden apreciar en el "Capítulo I"?

4. Según lo que has leído en este fragmento, ¿podrías decir que el Periquillo es un personaje negativo? ¿Por qué?

5. ¿Por qué crees que Fernández de Lizardi escribió *El Periquillo Sarniento* en primera persona?

INVESTIGACIÓN

1. ¿Cuál es la importancia política, literaria y social de la obra de José Joaquín Fernández de Lizardi en México e Hispanoamérica?

2. Compara y contrasta *El Periquillo Sarniento* con *El lazarillo de ciegos caminantes desde Buenos Aires hasta Lima*, de Concolorcorvo, seudónimo de Alonso Carrió de la Vandera.

3

LAS NUEVAS NACIONES: DEL ROMANTICISMO AL REALISMO

Los distintos estudios que se han ocupado del Romanticismo coinciden en señalar que se asumieron en Hispanoamérica unas características específicas que lo singularizan frente al de otros lugares. Sin embargo, es importante reconocer que las ideas de libertad, igualdad, progreso, civilización y razón se difundieron en la América hispana a través de ávidas lecturas de Victor Hugo, René de Chateaubriand y Lord Byron, entre otros. Por lo tanto, está claro que el polo orientador siguió siendo europeo, mas no español.

Uno de los principales temas que ocuparon y definieron al Romanticismo hispanoamericano fue el de la búsqueda de aquellos elementos que permitieran delimitar su sentir americano, especialmente frente a los europeos; o como lo expresó Simón Bolívar en el discurso de Angostura, "no eran nativos ni tampoco europeos, sino especie media entre aborígenes y los españoles". Desde esta perspectiva, se comprende la labor que emprendieron los románticos de recalcar lo peculiar de su ser como americanos y de aquellas características regionales, culturales, sociales, etnográficas y lingüísticas que les facilitaran desarrollar con el mayor fundamento posible su conciencia de ser diferentes. Por su parte, y en consonancia con las nuevas ideas, a fines del siglo XVIII, la literatura hispanoamericana asume un carácter más didáctico, exigido por los acontecimientos sociopolíticos. La educación y la transmisión de las nuevas ideas fue una preocupación constante de los románticos, quienes vieron en ellas la vía para formar ciudadanos libres y civilizados, conscientes de su singularidad. Gran parte de esta educación descansaba en un interés por encontrar y difundir los presupuestos culturales, ideológicos, históricos y lingüísticos que los dotaran de identidad.

A su vez, el Romanticismo supuso también un interés por ir desprendiéndose de los acentos peninsulares a medida que se consolidaba una voz propia y se sentía la influencia de otras literaturas y culturas, como la francesa, que ocupó un lugar privilegiado en esta época y durante buena parte del siglo XIX. Con el Romanticismo surge también el americanismo literario, que trata de destacar en la literatura un sentido autóctono, junto al intercambio y asimilación críticos de otras corrientes estéticas provenientes principalmente de Francia, Inglaterra y Alemania. De ahí que la producción literaria de las primeras décadas del siglo XIX sea considerada como la fundación de la literatura hispanoamericana independiente, sin olvidar que una de las principales reivindicaciones era la necesidad de crear una literatura nacional, es decir, una literatura que se apoyara en una lengua propia, capaz de expresar lo específicamente americano. En este sentido, el Romanticismo se encadena a la labor de captar y describir las peculiaridades humanas y culturales de los habitantes de cada país, tarea iniciada durante el Neoclasicismo, en el último tercio del siglo XVIII.

A tenor de lo anterior, la emancipación de las distintas repúblicas americanas llevó a un primer plano de actualidad las preocupaciones lingüísticas y la discusión sobre las lenguas nacionales, a la vez que aparecieron nuevos contenidos que habían sido apenas esbozados en la época anterior. Es en este panorama donde se sitúa la obra de Andrés Bello. En su *Alocución a la poesía* (1823), una de sus silvas americanas más extensas, Bello propugna la independencia cultural de los países americanos, lo que supone también la creación de una literatura nacional, desprendida de la europea y capaz de expresar lo americano: esta es una de las constantes del pensamiento de Bello. De la misma manera, se puede afirmar que en la creación de un modelo formal del habla, Bello reivindica la unidad de un español culto en el que tengan cabida las variantes americanas y se cobre así legitimidad.

La personalidad y la obra de Andrés Bello son polifacéticas; ha sido unánimemente considerado la figura intelectual más destacada e influyente de Hispanoamérica, incluso mucho más allá de su propia época. En cualquier caso, se trata de un personaje de gran significación gracias al importante papel que asumió en el progreso cultural hispanoamericano en la época en que los deseos de independencia cultural siguieron a las independencias políticas. De hecho, Bello fue uno de los artífices de la independencia americana que, a la vez, creó una obra literaria y lingüística, cuya influencia provocó una fecunda discusión entre intelectuales españoles y americanos, discusión que sería decisiva para la normalización de las relaciones culturales a los dos lados del Atlántico.

Paralelo al desarrollo de este cúmulo de propuestas e ideas, acontecimientos políticos como la guerra de Independencia de Estados Unidos o la Revolución francesa ejercieron una gran influencia en los territorios coloniales hispanoamericanos. Sobre todo ese paisaje de ideas y de pasiones, de sueños y de delirios que pintaron George Washington y Napoleón Bonaparte, quienes pretendieron imponer la legalidad con la espada. Es entonces cuando Bolívar aparece, junto con muchos de sus compañeros, como un exponente de una nueva sensibilidad. Más tarde, a través de sus discursos, sus cartas y su acción, ratifica la existencia de una nueva actitud intelectual. Todo el desarrollo de ese proceso incide en la estructura doctrinaria sobre la que se afirman las guerras de independencia. Por esta razón se han identificado la acción y el pensamiento de Bolívar con los comienzos del Romanticismo en América, al señalarse que la gesta emancipadora fue una gran hazaña romántica.

La fuerte tendencia nacionalista, evidenciada en el contexto europeo en relación con una afanosa búsqueda de las raíces históricas que conforman las tradiciones, la herencia y las etnias en un propósito identitario, se constituye en materia de reflexión y de elaboración en la estética de Esteban Echeverría. La obra del autor argentino define estéticamente la configuración de las zonas de crisis de la sociedad del sur del continente en la primera mitad del siglo XIX; no solo poetiza la relación de los personajes en el momento en que, como dice Jorge Luis Borges en "El Sur", encuentran su destino, sino que también incide en la región donde se proyectan los dilemas de la conciencia nacional. La anécdota de la historia, plena de vigor sensible y sensitivo, como se plasma en los conmovedores cuadros de la época de unitarios y federales, inaugura un nuevo lenguaje y amplía el repertorio de imágenes que la literatura neoclásica forjaba con gélidas copias de modelos penosamente rescatados. Este nuevo repertorio de formas y símbolos acontece en una apertura al mundo, aunque sin olvidar la identidad. "Soy el otro desde mi propio cuerpo", parece decir Echeverría frente a sus fuentes francesas, pero también ante las generaciones literarias de la Argentina. El autor rescata el peso de la verdadera literatura, aquella que se escribe como una voz que dialoga con un conjunto de textos de la civilización contenidos en la historia y en la tradición. El diálogo exige reconocer al otro como condición para fundar la propia identidad a partir de la diferencia. En ese margen apenas perceptible se inscribe la propuesta discursiva del poeta que lo trasciende y lo incorpora al ámbito de los textos definitivos del horizonte nacional.

Echeverría llegó a ser una de las figuras más notables e influyentes del Romanticismo hispanoamericano, como se puede observar en *El Matadero* (1838–1839) y en "La Cautiva" (1837). Estas obras emplean, entre otras características románticas, la estrategia de revelar el mensaje del escritor al lector a través de una evocación cuidadosa de la naturaleza. Echeverría hace una crítica demoledora, llena de ironía y sarcasmo, del gobierno de la República. *El Matadero* representa el tema común de la civilización frente a la barbarie; la crítica al poder y al control de Juan Manuel de Rosas subraya el carácter romántico de su obra, esto es, abrazar la libertad y deshacerse del opresor.

En concordancia con la postura de Echeverría, Domingo Faustino Sarmiento publica *Facundo o Civilización y barbarie* (1845), que, traducido a cuatro idiomas, es el primer libro argentino que suscita verdadera resonancia en las letras mundiales. Ante la imperiosa necesidad de reconfigurar la historia argentina y con un acertado método de observación, adquieren universalidad literaria la Pampa y el Gaucho, Facundo Quiroga y Rosas. Sarmiento percibe y plasma en su libro la singularidad de la naturaleza argentina y los tipos sociales que engendra. En lugar de imitar lo extraño, revela un mundo nuevo. *Facundo* posee varios temas presentes en la Argentina de mediados del siglo XIX. Uno de los más conocidos y estudiados es el de la civilización contra la barbarie, dicotomía que proviene, en primera instancia, de las cuestiones políticas, el desarrollo social y los problemas económicos que enfrentaba el país bajo el gobierno opresor de Juan Manuel de Rosas. Sarmiento utiliza *Facundo* como un recurso para comunicar sus opiniones sobre los problemas existentes y los medios necesarios para reparar su tierra natal. Experiencias, visiones, sonidos, éxitos y fracasos ayudan a constituir el tema principal de *Facundo*, civilización contra barbarie.

La presencia del gaucho y los indios de las pampas aparece en el *Facundo* de Sarmiento, en "La Cautiva" y *El Matadero* de Echeverría, y en *El gaucho Martín Fierro* (1872) de José Hernández. Mientras que en las obras de Sarmiento y Echeverría se apunta a la erradicación de la barbarie gauchesca de la pampa, en la de Hernández se busca revivir la identidad perdida del gaucho. Sin embargo, el tema principal que sigue siendo constante en las cuatro obras es la opresión gubernamental. Hernández lleva a cabo un método de liberación inédito al usar el lenguaje vernáculo del gaucho para hacer denuncias de carácter social y económico. Martín Fierro es la clara revelación de cómo el Estado ejecuta sistemas de exclusión e inclusión. Enlazando lo poético con lo político y, a través de la figura del gaucho como portavoz, promueve, por cuestiones de identidad y conciencia, una filiación a elementos arraigadamente nacionales.

En la búsqueda de la originalidad de la literatura hispanoamericana, el medio ambiente desempeña un papel importante en la constitución del escritor y de la obra literaria. La exuberancia de la naturaleza americana, sumada al contexto histórico, regula el imaginario de los escritores. Estos aspectos se pueden apreciar en la poesía de José María Heredia, en la que se cierne el influjo de la naturaleza desatada, el mar embravecido, la tempestad, la catarata. En uno de sus poemas, llama al océano "elemento vital de mi existencia"; en otro, recordará "las húmedas reliquias de su nave". Su corta existencia —treinta y cinco años— lo muestra empujado de un lado a otro, entregado azarosamente a los acontecimientos exteriores, como impulsado por las olas bravías del mar. Heredia triunfa con el sabio dominio del lenguaje, con el cuidadoso trabajo para reproducir el movimiento del paisaje, con la elección de los verbos, con el efecto de la aliteración. Es evidente que en la labor de este escritor hay una actitud de resistencia que se manifiesta en tres aspectos esenciales que aparecen entremezclados en sus versos: la libertad del lenguaje, la ruptura genérica y el desafío a las normas del Neoclasicismo.

Al indicar inclusiones y exclusiones, opresores y oprimidos, en el mapa de las letras decimonónicas en Hispanoamérica, es notable la desproporción de la literatura escrita por mujeres. Sin embargo, cabe destacar dos figuras importantes: Clorinda Matto de Turner y Gertrudis Gómez de Avellaneda. En el momento de la concepción de su escritura, ellas utilizaron diversos géneros y modelos literarios, como el artículo periodístico, fundamental en Clorinda Matto de Turner; la carta privada, el diario, la memoria, la poesía, cruciales en Gómez de Avellaneda. A través de estos estilos, cada una de ellas cuestionó su exclusión del discurso patriarcal dominante y logró hacerse un lugar en las letras de su tiempo. Las voces femeninas de Gertrudis Gómez de Avellaneda y Clorinda Matto de Turner se oyeron claramente en su momento y aún hoy siguen siendo clamores dignos de ser rescatados y escuchados. Estas mujeres legaron una libertad ejemplar en su escritura, a través de la cual podemos explorar la identidad de la mujer decimonónica, que tanto contribuyó a abrir el camino de las que vendrían después. A pesar de que la clasificación feminista, en el amplio sentido de la palabra, sea difícil de aplicar a la totalidad de sus obras, es indudable que cada una de ellas representó destacadamente la conciencia de libertad de la mujer para escribir y para existir.

Una variante dentro de estos imaginarios del siglo XIX es la que ofrece el escritor peruano Ricardo Palma. Su obra *Tradiciones peruanas* presenta una nueva visión del pasado de su patria y las costumbres de su pueblo, hechos reales interpretados para su público a través del género de la ficción. Palma plantea sus tradiciones usando técnicas narrativas que se asemejan a una investigación histórica de los hechos. Escribe su texto con múltiples referencias biográficas, que supuestamente guían al lector hacia las fuentes de su información. El texto se presenta de tal manera que los hechos parecen historia real, aunque no lo sean, ya que estos elementos de la narración se insertan contextualmente en el marco de la ficción. Entre los personajes satirizados se encuentran escribanos, médicos, virreyes, oficiales del gobierno, agentes de justicia, curas y frailes, es decir, los que componían las clases privilegiadas de la colonia. Están satirizados también la Iglesia, el Tribunal de la Inquisición, la superstición, los litigios interminables y, en grado menor, la política de la época. Su sátira y crítica siempre siguen la misma pauta: se conduele de los oprimidos, presenta a las clases gobernantes como opresoras, y a los curas como ignorantes, sensuales y codiciosos, lo que ocasionó que se le percibiera como liberal, anticlerical y volteriano.

Producir una literatura independiente, moderna, o al menos intentarlo, en condiciones sociales todavía premodernas, implicaba dar expresión literaria a una serie de paradojas, de verdaderos enigmas indescifrables para el poeta, novelista o ensayista de fines del siglo XIX. No es extraño, pues, que coexistan en el curso de aproximadamente tres décadas, el positivismo de Manuel González Prada, el realismo de Ricardo Palma, el pesimismo trágico de José Asunción Silva y la búsqueda de una expresión propia y radical de José Martí. Todas esas actitudes son respuestas al mismo interrogante por la modernidad literaria y sus consecuencias. Románticos y positivistas privilegiaron la novela, género moderno por excelencia, como instrumento para la crítica de la tradición, y camino real para la secularización del pensamiento y de las formas de vida, aunque la poesía y el ensayo adquirieron también una función emancipadora, en el sentido racionalista e ilustrado de la palabra. Sin embargo, la idea moderna tenía, para el autor, dos caras: el liberalismo y el Romanticismo, que se identificaban en su esencia última: la aspiración a la autonomía del individuo.

En este contexto coyuntural surgen las crónicas de Martí, varias de las cuales se enfocan en la realidad de Estados Unidos. Es la mirada del sujeto que no solo vive la modernidad de modo pasivo, sino también como sujeto activo. La experiencia de lo moderno afecta no solo el cuerpo, sino también el espíritu, que parece desgarrarse y perder su unidad y su centro. Frente a esa experiencia, Martí intenta reconstruir la unidad espiritual perdida, a través del acto de la escritura. Las crónicas martianas son un esfuerzo de afirmación de lo moderno que revelan la potencia fragmentadora de los ruines tiempos, pero, al mismo tiempo, demuestran que el sujeto no es impotente, sino que a través de la palabra puede desenmascarar la fantasmagoría y anunciar la esperanza de transformar esa modernidad en favor de lo humano desde la mirada auténtica. Las metáforas del escritor, que lucha desde la pequeña tribuna de un género menor y efímero como la crónica, construyen un retrato de esa experiencia desvelada y desarman con ello la oposición entre civilización y barbarie. La mirada de lo natural y de lo genuino se posa sobre la realidad y la transforma desde la palabra para darle un significado nuevo.

Martí construye un discurso de lucha contra un mundo de modernización y cambio material. El intelectual, en su función como artista y creador, reclama el reconocimiento de un lugar preferente en la organización de la sociedad, pero —a la vez y por ello mismo— arrastra una valija de pretendida "diferencia cultural" frente a la emergencia de la movilidad social ascendente y los derechos conquistados por las capas medias y las nuevas mayorías populares. Esta es la dualidad de la lucha de los escritores de fines del siglo XIX, su capacidad de innovación formal y sus limitaciones ideológicas. Innovación y limitación que atraviesan tanto la producción literaria de estos autores, como las lecturas instituyentes de una nueva filosofía política. Esta crítica inicial será la que comience a dar forma y entidad a la existencia de un pensamiento propio e independiente de interpretación continental.

Antonio García-Lozada
Central Connecticut State University

BIBLIOGRAFÍA DEL PERIODO

Aguiar e Silva, V. M. "Prerromanticismo y Romanticismo", en *Teoría de la literatura*. Madrid: Gredos, 1964.

Barrera, Trinidad (coord.). *Historia de la literatura hispanoamericana. Tomo III. Siglo* xx. Madrid: Cátedra, 2008.

Béguin, Albert. *El alma romántica y el sueño*. México: Fondo de Cultura Económica, 1981.

Cornejo Polar, Antonio. *La novela peruana: Matto de Turner, López Albújar, Alegría, Arguedas, Scorza, Ribeiro, Vargas Llosa*. Lima: Horizonte, 1989.

Franco, Jean. *Historia de la literatura hispanoamericana a partir de la independencia*. Barcelona: Ariel, 1987.

Fernández Moreno, César (comp.). *América Latina en su literatura*. México: Siglo XXI, 1972.

Goic, Cedomil. *Historia y crítica de la literatura hispanoamericana*. Vol. II: *Del Romanticismo al Modernismo*. Barcelona: Crítica, 1990. Volumen III: *Época contemporánea*. Barcelona: Editorial Crítica, 1988.

González Echevarría, Roberto y Pupo-Walker, Enrique (eds.). *Historia de la literatura hispanoamericana*. Tomo I: *Del Descubrimiento al Modernismo*. Madrid: Gredos, 2006. Tomo II: *El siglo* xx. Madrid: Gredos 2006.

Henríquez Ureña, Max. "Romanticismo y anarquía", en *Las corrientes literarias en la América Hispánica*. México: Fondo de Cultura Económica, 1969.

Íñigo Madrigal, Luis (coord.). *Historia de la literatura hispanoamericana. II, Del neoclasicismo al modernismo*. Madrid: Cátedra, 2a ed., 1993.

Oviedo, José Miguel. *Historia de la literatura hispanoamericana*. Tomo II: *Del Romanticismo al Modernismo*. Madrid: Alianza, 1997. Tomo III: *Postmodernismo, Vanguardia, Regionalismo*. Madrid: Alianza Editorial, 2001.

Puccini, Darío y Yurkievich, Saúl (eds.). *Historia de la cultura literaria en Hispanoamérica I y II*. México: Fondo de Cultura Económica, 2010.

Verdugo, Iber. *Estrategias del discurso*. Córdoba: Dirección General de Publicaciones, 1990.

CRONOLOGÍA: HISTORIA Y LITERATURA

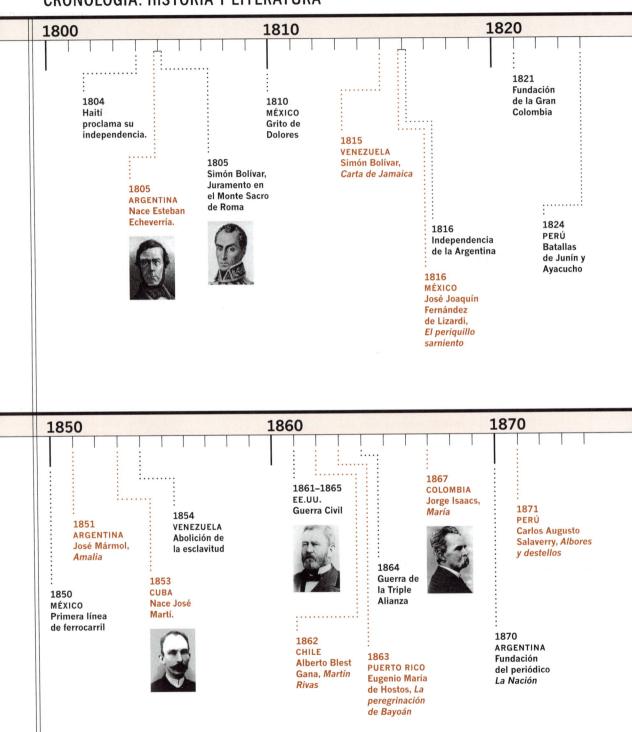

1800

1810

1820

1804
Haití
proclama su
independencia.

1810
MÉXICO
Grito de
Dolores

1815
VENEZUELA
Simón Bolívar,
Carta de Jamaica

1821
Fundación
de la Gran
Colombia

1805
ARGENTINA
Nace Esteban
Echeverría.

1805
Simón Bolívar,
Juramento en
el Monte Sacro
de Roma

1816
Independencia
de la Argentina

1824
PERÚ
Batallas
de Junín y
Ayacucho

1816
MÉXICO
José Joaquín
Fernández
de Lizardi,
*El periquillo
sarniento*

1850

1860

1870

1851
ARGENTINA
José Mármol,
Amalia

1854
VENEZUELA
Abolición de
la esclavitud

1861–1865
EE.UU.
Guerra Civil

1867
COLOMBIA
Jorge Isaacs,
María

1871
PERÚ
Carlos Augusto
Salaverry, *Albores
y destellos*

1850
MÉXICO
Primera línea
de ferrocarril

1853
CUBA
Nace José
Martí.

1864
Guerra de
la Triple
Alianza

1862
CHILE
Alberto Blest
Gana, *Martín
Rivas*

1863
PUERTO RICO
Eugenio María
de Hostos, *La
peregrinación
de Bayoán*

1870
ARGENTINA
Fundación
del periódico
La Nación

■ **HISTORIA Y POLÍTICA**
■ **LITERATURA**

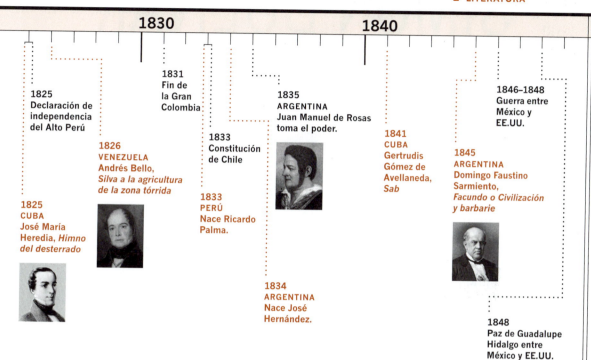

1830   1840

1825
Declaración de
independencia
del Alto Perú

1825
CUBA
José María
Heredia, *Himno
del desterrado*

1826
VENEZUELA
Andrés Bello,
*Silva a la agricultura
de la zona tórrida*

1831
Fin de
la Gran
Colombia

1833
Constitución
de Chile

1833
PERÚ
Nace Ricardo
Palma.

1835
ARGENTINA
Juan Manuel de Rosas
toma el poder.

1834
ARGENTINA
Nace José
Hernández.

1841
CUBA
Gertrudis
Gómez de
Avellaneda,
Sab

1845
ARGENTINA
Domingo Faustino
Sarmiento,
*Facundo o Civilización
y barbarie*

1846–1848
Guerra entre
México y
EE.UU.

1848
Paz de Guadalupe
Hidalgo entre
México y EE.UU.

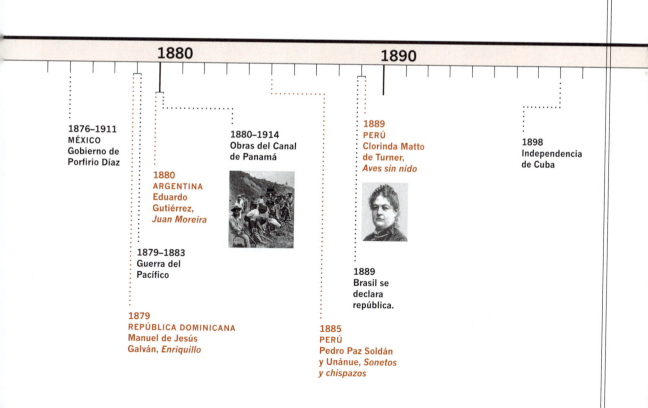

1880   1890

1876–1911
MÉXICO
Gobierno de
Porfirio Díaz

1880
ARGENTINA
Eduardo
Gutiérrez,
Juan Moreira

1879–1883
Guerra del
Pacífico

1879
REPÚBLICA DOMINICANA
Manuel de Jesús
Galván, *Enriquillo*

1880–1914
Obras del Canal
de Panamá

1885
PERÚ
Pedro Paz Soldán
y Unánue, *Sonetos
y chispazos*

1889
PERÚ
Clorinda Matto
de Turner,
Aves sin nido

1889
Brasil se
declara
república.

1898
Independencia
de Cuba

SIMÓN BOLÍVAR

1783–1830

"Juro por el Dios de mis padres, juro por mi patria, juro por mi honor, que no daré tranquilidad a mi alma, ni descanso a mi brazo, hasta no ver rotas las cadenas que oprimen a mi pueblo por voluntad de los poderosos."

—**Simón Bolívar,** *Juramento del Monte Sacro*

Simón Bolívar nació en Caracas, Venezuela. Con quince años, su familia lo envía a estudiar a España. Allí se casa a la edad de diecinueve y regresa a su país. Pronto queda viudo y vuelve a Europa. Llega a París a tiempo para presenciar la coronación de Napoleón. En Roma jura liberar a su patria del dominio español. Regresa a Venezuela y comienza a participar en las labores independentistas. A la caída de la Primera República sale a Nueva Granada. Continúa guerreando hasta reconquistar Caracas el 6 de agosto de 1813, donde recibe el título de "Libertador". La Segunda República fracasa y Bolívar viaja a Kingston, Jamaica, donde escribe su famosa *Carta de Jamaica* (1815). En 1816 regresa para reiniciar la lucha y en 1819 se proclama la República de la Gran Colombia con Bolívar como presidente. El 24 de junio de 1821 logra la independencia definitiva de Venezuela con su victoria en la Batalla de Carabobo. El 6 de agosto de 1824 vence al ejército español en la Batalla de Junín, con la que se sella la independencia del Perú. En 1828 sufre un atentado en Bogotá del que lo salva su amante, la legendaria Manuela Sáenz. El 13 de enero de 1830, Venezuela se separa de la Gran Colombia y Bolívar renuncia a la presidencia. Solo y enfermo de tuberculosis, decide marcharse a Europa. Tras una difícil travesía por el río Magdalena, que Gabriel García Márquez recrea en su novela *El general en su laberinto*, muere el Libertador el 17 de diciembre de 1830 en Santa Marta. De él dijo Martí: "Todo se estremecía y se llenaba de luz a su alrededor. Los generales peleaban a su lado con valor sobrenatural". La independencia de América Latina fue su obra. La unión de esas repúblicas de historia azarosa fue su sueño naufragado: la Gran Colombia, ideal de unión del Libertador, se disuelve oficialmente en 1831.

Se recuerda a Simón Bolívar como el Libertador de la América hispana, el vencedor de las batallas de Bocayá, Junín y Carabobo; el líder de Venezuela, del Perú y de la Gran Colombia. Sin embargo, para entender su pensamiento, es clave conocer las ideas que lo animaron a conquistar la independencia de un continente. Y no hay documento que mejor resuma sus ideas, conocimientos y aspiraciones que su *Carta de Jamaica*. Bolívar la escribe en Kingston, en 1815, tras la caída de la Segunda República en Venezuela. Tiene treinta y dos años; es un hombre que no conoce límites, pero su gran sueño debe esperar. El propósito de la misiva es obtener el apoyo de Inglaterra para la causa de la independencia latinoamericana. Refiriéndose a la América hispana, dice: "rara vez la desesperación no ha arrastrado tras sí la victoria". Esta observación bien podría referirse a sí mismo. El estilo de la escritura no es perfecto, pero la versión que hoy conocemos de este texto es, casi con toda seguridad, una retraducción al español de la versión en inglés de la carta, que fue la primera en publicarse. A pesar de eso, su

contenido retrata la personalidad del hombre que la escribió. Bolívar muestra su profunda comprensión de la historia americana, su sintonía con los pensadores de la Ilustración y su percepción del desfase insalvable entre Europa y el Nuevo Mundo. Pero el aspecto más relevante y revelador es su conciencia del presente. La carta demuestra que Bolívar sabe exactamente en qué momento de la historia la está escribiendo: sabe que el imperio español en América no tiene porvenir; prevé los futuros despotismos latinoamericanos; entiende que la única solución es forjar un país que abarque todo el Nuevo Mundo, aunque a continuación afirme que "como es imposible, no me atrevo a desearlo". *Carta de Jamaica* es el testimonio de una mente lúcida y un genio militar sobresaliente.

OBRAS

1805 | *Juramento del Monte Sacro*
1811 | *Discurso ante la Sociedad Patriótica*
1812 | *Manifiesto de Cartagena*
1813 | *Decreto de Guerra a Muerte*
1814 | *Manifiesto de Carúpano*
1815 | *Carta de Jamaica*
1816 | *Proclama sobre libertad de los esclavos*
1819 | *Discurso de Angostura*
1821 | *Parte de la Batalla de Carabobo*
1821 | *Discurso de Cúcuta*
1823 | *Mi delirio sobre el Chimborazo*
1823 | *Cartas con Gaspar Rodríguez de Francia et al. sobre Aimé Bonpland*
1824 | *Convocatoria del Congreso de Panamá*
1826 | *Discurso al Congreso Constituyente de Bolivia*
1830 | *Mensaje al Congreso Constituyente de la República de Colombia*
1830 | *Última proclama del Libertador Simón Bolívar*
1830 | *Testamento de Simón Bolívar*

CARTA DE JAMAICA
Contestación de un Americano Meridional a un caballero de esta isla

Muy señor mío:

Me apresuro a contestar la carta de 29 del mes pasado que V.* me hizo el honor de dirigirme, y yo recibí con la mayor satisfacción.

Sensible como debo, al interés que V. ha querido tomar por la
5   suerte de mi patria, afligiéndose con ella por los tormentos que padece desde su descubrimiento hasta estos últimos períodos, por parte de sus destructores los españoles, no siento menos el comprometimiento* en que me ponen las solícitas demandas que V. me hace, sobre los objetos más importantes de la política americana. Así, me encuentro en un conflicto, entre el deseo
10   de corresponder a la confianza con que V. me favorece, y el impedimento de satisfacerla, tanto por la falta de documentos y de libros, cuanto por los limitados conocimientos que poseo de un país tan inmenso, variado y desconocido como el Nuevo Mundo.

En mi opinión es imposible responder a las preguntas con que V. me ha
15   honrado. El mismo barón de Humboldt,[1] con su universalidad de conocimientos teóricos y prácticos, apenas lo haría con exactitud, porque aunque una parte de la estadística y revolución de América es conocida, me atrevo a asegurar que la mayor está cubierta de tinieblas, y por consecuencia, sólo se pueden ofrecer conjeturas* más o menos aproximadas, sobre todo en lo relativo a la suerte futura,
20   y a los verdaderos proyectos de los americanos; pues cuantas combinaciones suministra* la historia de las naciones, de otras tantas es susceptible la nuestra por sus posiciones físicas, por las vicisitudes* de la guerra, y por los cálculos de la política.

Como me conceptúo* obligado a prestar atención a la apreciable carta de V.,
25   no menos que a sus filantrópicas miras, me animo a dirigir estas líneas, en las cuales ciertamente no hallará V. las ideas luminosas que desea, mas sí las ingenuas expresiones de mis pensamientos.

"Tres siglos ha, dice V., que empezaron las barbaridades que los españoles cometieron en el grande hemisferio de Colón". Barbaridades que la presente
30   edad ha rechazado como fabulosas, porque parecen superiores a la perversidad humana; y jamás serían creídas por los críticos modernos, si constantes y repetidos documentos no testificasen estas infaustas* verdades. El filantrópico obispo de Chiapas, el apóstol de la América, Las Casas,[2] ha dejado a la posteridad una breve relación* de ellas, extractada de las sumarias que siguieron en Sevilla
35   a los conquistadores, con el testimonio de cuantas personas respetables había

*usted

*compromiso

*hipótesis, suposiciones

*facilita, proporciona

*sucesos

*considero

*tristes, dolorosas

*narración

---

[1] Barón Alejandro de Humboldt (Berlín, 1769–1859), sabio prusiano.
[2] Fray Bartolomé de las Casas (1484–1566), historiador español y fraile dominico. Su obra más conocida es *La Historia de las Indias.*

entonces en el Nuevo Mundo, y con los procesos mismos que los tiranos se hicieron entre sí: como consta por los más sublimes historiadores de aquel tiempo. Todos los imparciales han hecho justicia al celo, verdad y virtudes de aquel amigo de la humanidad, que con tanto fervor y firmeza denunció ante su gobierno y contemporáneos los actos más horrorosos de un frenesí sanguinario.

¡Con cuánta emoción de gratitud leo el pasaje de la carta de V. en que me dice "que espera que los sucesos que siguieron entonces a las armas españolas, acompañen ahora a las de sus contrarios, los muy oprimidos americanos meridionales". Yo tomo esta esperanza por una predicción, si la justicia decide las contiendas de los hombres. El suceso coronará nuestros esfuerzos; porque el destino de la América se ha fijado irrevocablemente; el lazo que la unía a la España está cortado; la opinión era toda su fuerza; por ella se estrechaban mutuamente las partes de aquella inmensa monarquía; lo que antes las enlazaba ya las divide; más grande es el odio que nos ha inspirado la Península que el mar que nos separa de ella; menos difícil es unir los dos continentes, que reconciliar los espíritus de ambos países. El hábito a la obediencia; un comercio de intereses, de luces, de religión; una recíproca benevolencia; una tierna solicitud por la cuna y la gloria de nuestros padres; en fin, todo lo que formaba nuestra esperanza nos venía de España. De aquí nacía un principio de adhesión que parecía eterno; no obstante que la inconducta[*] de nuestros dominadores relajaba esta simpatía; o por mejor decir este apego[*] forzado por el imperio de la dominación. Al presente sucede lo contrario: la muerte, el deshonor, cuanto es nocivo, nos amenaza y tememos: todo lo sufrimos de esa desnaturalizada madrastra. El velo se ha rasgado y hemos visto la luz y se nos quiere volver a las tinieblas; se han roto las cadenas; ya hemos sido libres, y nuestros enemigos pretenden de nuevo esclavizarnos. Por lo tanto, la América combate con despecho[*]; y rara vez la desesperación no ha arrastrado tras sí la victoria.

Porque los sucesos hayan sido parciales y alternados, no debemos desconfiar de la fortuna. En unas partes triunfan los independientes, mientras que los tiranos en lugares diferentes, obtienen sus ventajas, y ¿cuál es el resultado final? ¿No está el Nuevo Mundo entero, conmovido y armado para su defensa? Echemos una ojeada y observaremos una lucha simultánea en la misma extensión de este hemisferio.

[…]

Este cuadro representa una escala militar de 2.000 leguas de longitud y 900 de latitud en su mayor extensión en la que 16 millones de americanos defienden sus derechos, o están comprimidos por la nación española, que aunque fue en algún tiempo el más vasto imperio del mundo, sus restos son ahora impotentes para dominar el nuevo hemisferio, y hasta para mantenerse en el antiguo. ¿Y la Europa

[*]mala conducta
[*]dependencia

[*]resentimiento

75 civilizada, comerciante y amante de la libertad, permite que una vieja serpiente, por sólo satisfacer su saña• envenenada, devore la más bella parte de nuestro globo? ¡Qué! ¿está la Europa sorda al clamor de su propio interés? ¿No tiene ya ojos para ver la justicia? ¿Tanto se ha endurecido para ser de este modo insensible? Estas cuestiones, cuanto más las medito, más me confunden; llego a pensar que 80 se aspira a que desaparezca la América, pero es imposible porque toda la Europa no es España. ¡Qué demencia la de nuestra enemiga, pretender reconquistar la América, sin marina, sin tesoros, y casi sin soldados! Pues los que tiene apenas son bastantes para retener• a su propio pueblo en una violenta obediencia y defenderse de sus vecinos. Por otra parte, ¿podrá esta nación hacer el comercio exclusivo de 85 la mitad del mundo sin manufacturas, sin producciones territoriales, sin artes, sin ciencias, sin política? Lograda que fuese esta loca empresa, y suponiendo más, aun lograda la pacificación, los hijos de los actuales americanos, unidos con los de los europeos reconquistadores, ¿no volverían a formar dentro de veinte años los mismos patrióticos designios• que ahora se están combatiendo?

90 [...]

"La felonía• con que Bonaparte, dice V., prendió a Carlos IV y a Fernando VII,[3] reyes de esta nación, que tres siglos ha, aprisionó con traición a dos monarcas de la América Meridional, es un acto muy manifiesto de la retribución divina, y al mismo tiempo una prueba de que Dios sostiene la justa causa de los americanos, 95 y les concederá su independencia".

Parece que V. quiere aludir al monarca de México Moteuczoma,[4] preso por Cortés y muerto, según Herrera,[5] por el mismo, aunque Solís[6] dice que por el pueblo; y a Atahualpa,[7] Inca del Perú, destruido por Francisco Pizarro y Diego Almagro.[8] Existe tal diferencia entre la suerte de los reyes españoles y los reyes 100 americanos, que no admiten comparación; los primeros son tratados con dignidad, conservados, y al fin recobran su libertad y trono; mientras que los últimos sufren

•odio, crueldad

•inmovilizar

•intenciones

•traición, engaño

[3] Napoleón Bonaparte (1769–1821), emperador de Francia (1804–1814); Carlos IV (1748–1819), rey de España (1788–1808); Fernando VII de Borbón (1784–1833), hijo de Carlos IV y rey de España (1814–1833). Bolívar se refiere a las cesiones de Bayona, donde en 1808, Carlos IV y Fernando VII renunciaron al trono de España en favor de Bonaparte.

[4] Moctezuma II (1466–1520), rey de los aztecas (1502–1520). En 1519 los españoles entraron en México y fue hecho prisionero por Hernán Cortés (1485–1547), quien conquistó el imperio azteca (1519–1521).

[5] Antonio de Herrera y Tordesillas (1559–1625), historiador y cronista de las Indias durante los reinados de Felipe II, Felipe III y Felipe IV. Bolívar se refiere a su famosa obra *Décadas* o *Historia general de los hechos de los castellanos en las islas y tierra firme del mar océano*.

[6] Antonio de Solís y Rivadeneyra (1610–1686), secretario de Felipe IV y cronista de las Indias. Bolívar se refiere a su obra *Historia de la conquista de México, población y progresos de la América septentrional, conocida por el nombre de Nueva España*.

[7] El inca Atahualpa (1525–1533), último soberano de los incas del Perú.

[8] Francisco Pizarro (1476–1541), conquistador del Perú. Durante la conquista estuvo acompañado por su amigo Diego de Almagro (1475–1538).

tormentos inauditos˙ y los vilipendios˙˙más vergonzosos. Si a Quauhtemotzin,[9]   ˙atroces ˙˙humillaciones
sucesor de Moteuczoma, se le trata como emperador, y le ponen la corona, fue
por irrisión˙ y no por respeto, para que experimentase este escarnio˙˙antes que   ˙burla ˙˙insulto
105   las torturas. [...]

"Después de algunos meses, añade V., he hecho muchas reflexiones sobre la
situación de los americanos y sus esperanzas futuras; tomo grande interés en
sus sucesos; pero me faltan muchos informes relativos a su estado actual y a lo
que ellos aspiran; deseo infinitamente saber la política de cada provincia como
110   también su población; si desean repúblicas o monarquías, si formarán una gran
república o una gran monarquía. Toda noticia de esta especie que V. pueda
darme, o indicarme las fuentes a que debo ocurrir, la estimaré como un favor
muy particular"

[...]

115   La posición de los moradores del hemisferio americano ha sido por siglos
puramente pasiva; su existencia política era nula. Nosotros estábamos en un grado
todavía más abajo de la servidumbre, y por lo mismo con más dificultad para
elevarnos al goce de la libertad. Permítame V. estas consideraciones para establecer
la cuestión. Los Estados son esclavos por la naturaleza de su constitución o por el
120   abuso de ella; luego, un pueblo es esclavo, cuando el gobierno, por su esencia o por
sus vicios, holla˙ y usurpa˙˙ los derechos del ciudadano o súbdito. [...]   ˙derriba ˙˙roba

Los americanos, en el sistema español que está en vigor, y quizá con mayor
fuerza que nunca, no ocupan otro lugar en la sociedad que el de siervos propios
para el trabajo, y cuando más el de simples consumidores; y aun esta parte coartada
125   con restricciones chocantes; tales son las prohibiciones del cultivo de frutos de
Europa, el estanco de las producciones que el rey monopoliza, el impedimento
de las fábricas que la misma península no posee, los privilegios exclusivos del
comercio hasta de los objetos de primera necesidad; las trabas˙ entre provincias y   ˙obstáculos
provincias americanas para que no se traten, entiendan, ni negocien; en fin, ¿quiere
130   V. saber cuál era nuestro destino? Los campos para cultivar el añil˙, la grama, el   ˙planta que da una
café, la caña, el cacao y el algodón; las llanuras solitarias para criar ganados, los   tinta azulada
desiertos para cazar las bestias feroces, las entrañas de la tierra para excavar el oro,
que no puede saciar˙ a esa nación avarienta˙˙.   ˙satisfacer ˙˙avara,
codiciosa
[...]

135   Es más difícil, dice Montesquieu,[10] sacar un pueblo de la servidumbre, que
subyugar uno libre. Esta verdad está comprobada por los anales de todos los
tiempos, que nos muestran las más de las naciones libres sometidas al yugo˙, y   ˙opresión, esclavitud
muy pocas de las esclavas recobrar su libertad. A pesar de este convencimiento,

---

[9] Quauhtemotzi (o Guatimozín) (1495–1525), último emperador de los aztecas quien opuso
resistencia al ejército de Hernán Cortés.
[10] Charles Louis de Secondat, barón de La Brède y de Montesquieu (1689–1755), conocido
simplemente como Montesquieu. Filósofo de la Ilustración. Bolívar se refiere a su obra más
célebre *El espíritu de las leyes*.

los meridionales de este continente han manifestado el conato· de conseguir   ·intento
instituciones liberales, y aun perfectas; sin duda, por efecto del instinto que
tienen todos los hombres de aspirar a su mejor felicidad posible; la que se alcanza
infaliblemente en las sociedades civiles, cuando ellas están fundadas sobre las bases
de la justicia, de la libertad y de la igualdad. Pero, ¿seremos nosotros capaces de
mantener en su verdadero equilibrio la difícil carga de una República? ¿Se puede
concebir que un pueblo recientemente desencadenado, se lance a la esfera de la
libertad, sin que, como a Ícaro,[11] se le deshagan las alas y recaiga en el abismo?
Tal prodigio· es inconcebible, nunca visto. Por consiguiente, no hay un raciocinio   ·milagro, fenómeno
verosímil que nos halague con esta esperanza.

Yo deseo más que otro alguno ver formar en América la más grande nación del
mundo, menos por su extensión y riquezas que por su libertad y gloria. Aunque
aspiro a la perfección del gobierno de mi patria, no puedo persuadirme que el
Nuevo Mundo sea por el momento regido· por una gran república; como es   ·gobernado
imposible, no me atrevo a desearlo; y menos deseo aún una monarquía universal de
América, porque este proyecto, sin ser útil, es también imposible. Los abusos que
actualmente existen no se reformarían, y nuestra regeneración sería infructuosa·.   ·estéril, inútil
Los Estados americanos han menester· de los cuidados de gobiernos paternales   ·necesitan
que curen las llagas y las heridas del despotismo y la guerra. La metrópoli, por
ejemplo, sería México, que es la única que puede serlo por su poder intrínseco,
sin el cual no hay metrópoli. Supongamos que fuese el Istmo de Panamá, punto
céntrico para todos los extremos de este vasto continente; ¿no continuarían éstos
en la languidez, y aún en el desorden actual? Para que un solo gobierno dé vida,
anime, ponga en acción todos los resortes de la prosperidad pública, corrija,
ilustre y perfeccione al Nuevo Mundo sería necesario que tuviese las facultades de
un Dios, y cuando menos las luces y virtudes de todos los hombres.

[…]

De todo lo expuesto, podemos deducir estas consecuencias: las provincias
americanas se hallan lidiando· por emanciparse; al fin obtendrán el suceso,   ·peleando, combatiendo
algunas se constituirán de un modo regular en repúblicas federales y centrales;
se fundarán monarquías casi inevitablemente en las grandes secciones, y algunas
serán tan infelices que devorarán sus elementos, ya en la actual, ya en las
futuras revoluciones que una gran monarquía no será fácil consolidar; una gran
república imposible.

Es una idea grandiosa pretender· formar de todo el mundo nuevo una sola   ·intentar
nación con un solo vínculo que ligue· sus partes entre sí y con el todo. Ya que tiene   ·una
un origen, una lengua, unas costumbres y una religión, debería por consiguiente
tener un solo gobierno que confederase los diferentes Estados que hayan de
formarse; mas no es posible porque climas remotos, situaciones diversas, intereses
opuestos, caracteres desemejantes, dividen a la América. ¡Qué bello sería que el

[11]Referencia al mito de Ícaro.

Istmo de Panamá fuese para nosotros lo que el de Corinto[12] para los griegos! Ojalá
que algún día tengamos la fortuna de instalar allí un augusto Congreso de los
representantes de las repúblicas, reinos e imperios, a tratar y discutir sobre los
altos intereses de la paz y de la guerra, con las naciones de las otras tres partes del
mundo. Esta especie de corporación podrá tener lugar en alguna época dichosa
de nuestra regeneración; otra esperanza es infundada, semejante a la del abate
St. Pierre[13] que concibió el laudable delirio de reunir un congreso europeo para
decidir de la suerte de los intereses de aquellas naciones.

[...]

Yo diré a V. lo que puede ponernos en aptitud de expulsar a los españoles,
y de fundar un gobierno libre. Es la *unión*, ciertamente; mas esta unión no nos
vendrá por prodigios divinos, sino por efectos sensibles y esfuerzos bien dirigidos.
La América está encontrada entre sí, porque se halla abandonada de todas las
naciones, aislada en medio del universo, sin relaciones diplomáticas ni auxilios[*]   *ayudas
militares y combatida por la España que posee más elementos para la guerra, que
cuantos furtivamente[*] podemos adquirir.   *ocultamente

Cuando los sucesos no están asegurados, cuando el Estado es débil, y cuando
las empresas son remotas, todos los hombres vacilan[*]; las opiniones se dividen, las   *dudan
pasiones las agitan, y los enemigos las animan para triunfar por este fácil medio.
Luego que seamos fuertes, bajo los auspicios[*] de una nación liberal que nos preste   *ayuda
su protección, se nos verá de acuerdo cultivar las virtudes y los talentos que
conducen a la gloria; entonces seguiremos la marcha majestuosa hacia las grandes
prosperidades a que está destinada la América Meridional; entonces las ciencias y
las artes que nacieron en el Oriente y han ilustrado la Europa, volarán a Colombia
libre que las convidará con su asilo[*].   *alojamiento

Tales son, señor, las observaciones y pensamientos que tengo el honor de
someter a V. para que los rectifique o deseche según su mérito; suplicándole se
persuada que me he atrevido a exponerlos, más por no ser descortés, que porque
me crea capaz de ilustrar a V. en la materia.

Soy de V., &.&.&

Kingston, setiembre 6 de 1815.

---

[12] Istmo de Corinto, donde los antiguos griegos establecieron su confederación de ciudades de la
antigua Grecia.

[13] Abate Charles Irenée Castel de Saint Pierre (1658–1743), escritor francés de la obra *Proyecto
para lograr la paz perpetua en Europa.*

PREGUNTAS

ANÁLISIS

1. ¿Dónde, en qué circunstancias y con qué finalidad escribe Simón Bolívar la *Carta de Jamaica*?

2. ¿Por qué considera que la América española no estaba preparada para separarse de la metrópoli?

3. En opinión de Bolívar, ¿por qué ha tardado tanto tiempo en despertar el espíritu independentista en América?

4. ¿Cuál es para Bolívar el elemento esencial que deben buscar los hispanoamericanos en su intento de emancipación? ¿Por qué es tan crucial para la obtención de ese fin?

5. ¿Cómo define Bolívar la conducta de los españoles hacia la población autóctona? ¿Qué sentimientos le suscita al Libertador tal conducta?

6. ¿Qué planteamientos expone para demostrar la incapacidad de España para mantener el sistema colonial?

7. Según Bolívar, ¿qué forma de gobierno debían adoptar los países hispanoamericanos? ¿Qué dudas pone de manifiesto y cuál es su máxima preocupación?

INTERPRETACIÓN

1. Explica en tus propias palabras el siguiente enunciado de la *Carta de Jamaica*: "Los estados americanos han menester de los cuidados de gobiernos paternales que curen las llagas y las heridas del despotismo y la guerra".

2. ¿A qué ideal de sociedad aspira Bolívar para las futuras repúblicas libres?

3. ¿Qué características de la personalidad de Bolívar se reflejan en la *Carta de Jamaica*?

4. ¿Te parece convincente la carta? ¿Qué características le otorgan autoridad y credibilidad?

5. ¿Cuáles fueron las causas políticas y económicas de la independencia de la América hispana según Bolívar?

6. ¿Por qué crees que Bolívar decidió pedir ayuda a Inglaterra para que apoyara la causa independentista? ¿Por qué crees que al final no consiguió esa ayuda?

7. Compara el lenguaje que utiliza Simón Bolívar en la *Carta de Jamaica* con el de José Martí en el ensayo *Nuestra América*. ¿Cómo representa cada estilo la personalidad y el contexto histórico de cada autor?

INVESTIGACIÓN

1. José de San Martín y Miguel Hidalgo lucharon como Bolívar por la liberación de Hispanoamérica. Averigua qué rol ejercieron estos personajes en el proceso de independencia de las naciones hispanoamericanas.

2. La decadencia de la España de principios del siglo XIX contribuyó a la pérdida de sus colonias americanas. Investiga cuáles fueron las claves de esa decadencia.

ANDRÉS BELLO

1781–1865

"Yo, ciertamente, soy de los que miran la instrucción general, la educación del pueblo, como uno de los objetos más importantes y privilegiados a que puede dirigir su atención el gobierno."

—Andrés Bello, *Discurso de instalación de la Universidad de Chile*

Andrés Bello, caraqueño de dilatada cultura y proyección intelectual, simboliza la independencia política y cultural de Hispanoamérica. Su influencia en el pensamiento y la acción de los defensores de una América hispana libre fue decisiva en la conquista de la libertad. La traducción que realizó del latín del libro V de *La Eneida* de Virgilio con tan solo quince años señala el inicio de lo que sería una larga y emblemática trayectoria intelectual. Aunque no llegó a finalizarlos, realizó estudios de Derecho y Medicina. Antes de cumplir los veinte años, fue maestro de Simón Bolívar. En 1810 viajaron juntos a Londres en busca de apoyo para la lucha por la independencia de su patria. Allí se quedaría Bello por veinte años. En esa época entabló amistad con el revolucionario venezolano Francisco de Miranda, fundó revistas y publicó parte de su espléndida obra poética. En 1829 viaja a Chile, donde le habían ofrecido el puesto de Oficial Mayor del Ministerio de Hacienda. En Chile vivió los últimos treinta y seis años de su vida, y allí dejó su huella más indeleble. Sirvió como senador por Santiago durante veintisiete años y fue el redactor principal del Código Civil de Chile, que más tarde sería adoptado por otros países latinoamericanos. Además, fue nombrado como primer rector de la Universidad de Chile en 1842. En 1847 publica *Gramática de la lengua castellana destinada al uso de los americanos*, una de las obras clave para el estudio de la lengua española. No sería excesivo decir que Andrés Bello, con su pluma, logró dejar en la América hispana una impronta comparable a la que dejó su amigo Simón Bolívar con la espada. Murió en Santiago de Chile el 15 de octubre de 1865, dejando una prolífica obra.

En España, se recuerda a Bello como el autor de la *Gramática de la lengua castellana* y se le honra como lingüista. Para los chilenos, es el jurista excepcional que creó el Código Civil de esa nación. En otras naciones se le recuerda más como poeta e historiador. Hay una pasión que recorre toda su obra, desde las leyes del jurista hasta las normas del gramático, desde las tesis del historiador hasta los versos del poeta: la América joven que habla español. Su *Alocución a la Poesía* (1823), escrita en Londres, es un canto a la inocencia americana. En el tono pastoral del poema se trasluce su amor por la poesía de Virgilio; y sus versos reflejan la influencia de dos clásicos del Siglo de Oro español: Francisco de Quevedo y Garcilaso de la Vega.

El eclecticismo de su poesía revela una indecisión entre el Neoclasicismo y el Romanticismo; pero, curiosamente, esa sintonía con toda la cultura europea le sirve a Bello para enfatizar el potencial de las jóvenes repúblicas en contraposición con la civilización anquilosada del Viejo Continente. "La corrupción cultura se apellida", sentencia el poeta para indicar que apuesta por América. En ese sentido, su breve ensayo *Las repúblicas hispanoamericanas: Autonomía cultural* (1836) complementa la esperanza de la *Alocución a la Poesía*, con advertencias proféticas. Bello se da cuenta de los peligros que acechaban a esas repúblicas sin tradición democrática y sin una clase experimentada en los asuntos de gobierno. Se podría afirmar que quienes le siguieron —desde el José Martí de *Nuestra América* hasta los recientes autores de estudios postcoloniales—, hayan dicho algo sobre la realidad de América Latina que no esté anunciado en este ensayo. Andrés Bello depositó en la idea de una América hispana su más confiada esperanza y, al mismo tiempo, previó sus tropiezos futuros. *Alocución a la Poesía y Las repúblicas hispanoamericanas: Autonomía cultural* iluminan ese difícil equilibrio entre el temor y la esperanza que fue su destino.

GRAMÁTICA

DE LA

LENGUA CASTELLANA

DESTINADA

AL USO DE LOS AMERICANOS

POR

D. ANDRES BELLO,

Miembro de la Facultad de Filosofía y Humanidades y de la Facultad de Leyes de la Universidad de Chile, Miembro honorario de la Real Academia Española, y de otras Corporaciones Literarias y Científicas en Europa y América.

NUEVA EDICION HECHA SOBRE LA NOVENA DE VALPARAISO (1870), CON NOTAS Y UN COPIOSO ÍNDICE ALFABÉTICO

POR

RUFINO JOSÉ CUERVO.

BOGOTA, 1874.
ECHEVERRIA HERMANOS
EDITORES.

OBRAS PRINCIPALES

Obras académicas

1835 | *Principios de la ortología y métrica de la lengua castellana*

1838 | *Gramática de la lengua latina*

1841 | *Análisis ideológica de los tiempos de la conjugación castellana*

1847 | *Gramática de la lengua castellana destinada al uso de los americanos*

1850 | *Compendio de la historia de la literatura*

Poesía

1800 | *Al Anauco*

1805 | *Tirsis, habitador del Tajo umbrío*

1808 | *A la victoria de Bailén*

1819 | *Dios me tenga en gloria*

1823 | *Alocución a la poesía*

1826 | *Silva a la agricultura de la zona tórrida*

1841 | *El incendio de la Compañía. Canto elegíaco*

Ensayo

1810 | *Resumen de la historia de Venezuela*

1824 | *Arte de escribir con propiedad, compuesto por el Abate Condillac, traducido del francés y arreglado a la lengua castellana*

1832 | *Principios de derecho de jentes*

1836 | *Las repúblicas hispanoamericanas: Autonomía cultural*

*1843 | *Filosofía del entendimiento*

Teatro

1805 | *Venezuela consolada*

*Publicada póstumamente en 1881.

ALOCUCIÓN A LA POESÍA

Fragmentos de un poema titulado "América"

Divina Poesía,
tú de la soledad habitadora,
a consultar tus cantos enseñada
con el silencio de la selva umbría*,   *oscurecida por las sombras
5   tú a quien la verde gruta* fue morada**,   *caverna **refugio
y el eco de los montes compañía;
tiempo es que dejes ya la culta Europa,
que tu nativa rustiquez desama,
y dirijas el vuelo adonde te abre
10 el mundo de Colón su grande escena.
También propicio allí respeta el cielo
la siempre verde rama
con que al valor coronas;
también allí la florecida vega*,   *ribera
15 el bosque enmarañado, el sesgo río,
colores mil a tus pinceles brindan;
y Céfiro[1] revuela entre las rosas;
y fúlgidas* estrellas   *brillantes
tachonan la carroza de la noche;
20 y el rey del cielo entre cortinas bellas
de nacaradas nubes se levanta;
y la avecilla en no aprendidos tonos
con dulce pico endechas* de amor canta.   *canciones melancólicas

¿Qué a ti, silvestre ninfa, con las pompas
25 de dorados alcázares reales?
¿A tributar también irás en ellos,
en medio de la turba cortesana,
el torpe incienso de servil lisonja*?   *halago
No tal te vieron tus más bellos días,
30 cuando en la infancia de la gente humana,
maestra de los pueblos y los reyes,
cantaste al mundo las primeras leyes.
No te detenga, oh diosa,
esta región de luz y de miseria,
35 en donde tu ambiciosa
rival Filosofía,
que la virtud a cálculo somete,
de los mortales te ha usurpado* el culto;   *robado
donde la coronada hidra amenaza

[1] En la mitología griega, dios del viento que anunciaba la primavera.

40 traer de nuevo al pensamiento esclavo
    la antigua noche de barbarie y crimen;
    donde la libertad vano delirio,
    fe la servilidad, grandeza el fasto•,   •ostentación, lujo
    la corrupción cultura se apellida.
45 Descuelga de la encina carcomida•   •destruida por la carcoma
    tu dulce lira de oro, con que un tiempo   (insecto que perfora la
    los prados y las flores, el susurro   madera)
    de la floresta opaca, el apacible
    murmurar del arroyo transparente,
50 las gracias atractivas
    de Natura inocente,
    a los hombres cantaste embelesados•;   •seducidos, hechizados
    y sobre el vasto Atlántico tendiendo
    las vagorosas alas, a otro cielo,
55 a otro mundo, a otras gentes te encamina,
    do viste aún su primitivo traje
    la tierra, al hombre sometida apenas;
    y las riquezas de los climas todos
    América, del Sol joven esposa,
60 del antiguo Océano hija postrera,
    en su seno feraz cría y esmera.

    ¿Qué morada te aguarda? ¿qué alta cumbre,
    qué prado ameno, qué repuesto bosque
    harás tu domicilio? ¿en qué felice•   •feliz
65 playa estampada tu sandalia de oro
    será primero? ¿dónde el claro río
    que de Albión[2] los héroes vio humillados,
    los azules pendones reverbera
    de Buenos Aires, y orgulloso arrastra
70 de cien potentes aguas los tributos
    al atónito mar? ¿o dónde emboza
    su doble cima el Avila[3] entre nubes,
    y la ciudad renace de Losada?[4]
    ¿O más te sonreirán, Musa, los valles
75 de Chile afortunado, que enriquecen
    rubias cosechas y süaves frutos;
    do la inocencia y el candor ingenuo

[2]Gran Bretaña.
[3]Monte de Caracas.
[4]Diego de Losada (1511–1569), español que fundó Caracas.

y la hospitalidad del mundo antiguo
con el valor y el patriotismo habitan?

80 ¿O la ciudad que el águila posada
sobre el nopal[5] mostró al azteca errante,
y el suelo de inexhaustas venas rico,
que casi hartaron la avarienta· Europa?   ·codiciosa
Ya de la Mar del Sur la bella reina,

85 a cuyas hijas dio la gracia en dote
Naturaleza, habitación te brinda
bajo su blando cielo, que no turban
lluvias jamás, ni embravecidos vientos.
¿O la elevada Quito

90 harás tu albergue·, que entre canas··cumbres   ·morada, cobijo ··blancas
sentada, oye bramar las tempestades
bajo sus pies, y etéreas auras bebe
a tu celeste inspiración propicias?
Mas oye do tronando se abre paso

95 entre murallas de peinada roca,
y envuelto en blanca nube de vapores,
de vacilantes iris matizada,
los valles va a buscar del Magdalena[6]
con salto audaz el Bogotá espumoso.

100 Allí memorias de tempranos días
tu lira aguardan; cuando, en ocio dulce
y nativa inocencia venturosos,
sustento fácil dio a sus moradores,
primera prole· de su fértil seno,   ·hijos

105 Cundinamarca;[7] antes que el corvo· arado   ·curvo
violase el suelo, ni extranjera nave
las apartadas costas visitara.
Aún no aguzado la ambición había
el hierro atroz; aún no degenerado

110 buscaba el hombre bajo oscuros techos
el albergue, que grutas y florestas
saludable le daban y seguro,
sin que señor la tierra conociese,
los campos valla, ni los pueblos muro.

115 La libertad sin leyes florecía,
todo era paz, contento y alegría;
cuando de dichas· tantas envidiosa   ·alegrías

---

[5] Símbolo emblemático de Tenochtitlán, hoy México D.F.
[6] El Magdalena y el Bogotá son dos ríos importantes de Colombia.
[7] Departamento de Colombia.

Huitaca[8] bella, de las aguas diosa,
hinchando el Bogotá, sumerge el valle.
120 De la gente infeliz parte pequeña
asilo• halló en los montes;   •albergue
el abismo voraz sepulta• el resto.   •entierra
Tú cantarás cómo indignó el funesto
estrago de su casi extinta raza
125 a Nenqueteba, hijo del Sol, que rompe
con su cetro divino la enriscada
montaña; y a las ondas abre calle,
el Bogotá, que inmenso lago un día
de cumbre a cumbre dilató su imperio,
130 de las ya estrechas márgenes, que asalta
con vana furia, la prisión desdeña•,   •desprecia
y por la brecha hirviendo se despeña.
Tú cantarás cómo a las nuevas gentes
Nenqueteba piadoso leyes y artes
135 y culto dio; después que a la maligna
ninfa mudó• en lumbrera de la noche,   •transformó, convirtió
y de la luna por la vez primera
surcó el Olimpo el argentado coche.

Ve, pues, ve a celebrar las maravillas
140 del ecuador: canta el vistoso cielo
que de los astros todos los hermosos
coros alegran; donde a un tiempo el vasto
Dragón del norte[9] su dorada espira
desvuelve en torno al luminar inmóvil
145 que el rumbo al marinero audaz señala,
y la paloma[10] cándida de Arauco[11]
en las australes ondas moja el ala.
Si tus colores los más ricos mueles
y tomas el mejor de tus pinceles,
150 podrás los climas retratar, que entero
el vigor guardan genital primero
con que la voz omnipotente, oída
del hondo caos, hinchió la tierra, apenas
sobre su informe faz aparecida,
155 y de verdura la cubrió y de vida.
Selvas eternas, ¿quién al vulgo inmenso

[8] Diosa de la mitología muisca. Según la leyenda, fue castigada por Bochica, o Nenqueteba,
representante de la autoridad patriarcal, convirtiéndola en lechuza por su conducta rebelde.
[9] Constelación del Dragón.
[10] Constelación de la Paloma.
[11] Ciudad del sur de Chile.

que vuestros verdes laberintos puebla,
y en varias formas y estatura y galas
hacer parece alarde de sí mismo,
160 poner presumirá nombre o guarismo˙?   ˙número
En densa muchedumbre
ceibas, acacias, mirtos se entretejen,
bejucos, vides, gramas;
las ramas a las ramas,
165 pugnando˙ por gozar de las felices   ˙compitiendo
auras y de la luz, perpetua guerra
hacen, y a las raíces
angosto viene el seno de la tierra.

¡Oh quién contigo, amable Poesía,
170 del Cauca a las orillas me llevara,
y el blando aliento respirar me diera
de la siempre lozana˙ primavera   ˙vigorosa, fértil
que allí su reino estableció y su corte!
¡Oh si ya de cuidados enojosos
175 exento, por las márgenes˙ amenas   ˙orillas
del Aragua moviese
el tardo incierto paso;
o reclinado acaso
bajo una fresca palma en la llanura,
180 viese arder en la bóveda azulada
tus cuatro lumbres bellas,
oh Cruz del Sur,[12] que las nocturnas horas
mides al caminante
por la espaciosa soledad errante;
185 o del cucuy˙ las luminosas huellas   ˙insecto que irradia luz
viese cortar el aire tenebroso,
y del lejano tambo a mis oídos
viniera el son del yaraví˙ amoroso!   ˙cantos románticos de
                                                        los mestizos

Tiempo vendrá cuando de ti inspirado
190 algún Marón americano,[13] ¡oh diosa!
también las mieses˙, los rebaños cante,   ˙campos sembrados
el rico suelo al hombre avasallado,
y las dádivas˙ mil con que la zona   ˙regalos
de Febo[14] amada al labrador corona;
195 donde cándida miel llevan las cañas,

[12] Constelación cuya proximidad al Polo Sur Celeste ayudaba a los antiguos viajeros a ubicar este punto cardinal.

[13] Predicción de la llegada de un hombre mestizo que uniría al pueblo latinoamericano con su poesía.

[14] Apodo para el dios Apolo y el dios Sol en la mitología romana.

y animado carmín la tuna• cría,   •higuera
donde tremola el algodón su nieve,
y el ananás• sazona su ambrosía••;   •piña ••comida deliciosa
de sus racimos la variada copia
200 rinde el palmar, da azucarados globos
el zapotillo, su manteca ofrece
la verde palta•, da el añil•• su tinta,   •aguacate ••planta que
bajo su dulce carga desfallece   da una tinta azulada
el banano, el café el aroma acendra•   •purifica
205 de sus albos jazmines, y el cacao
cuaja en urnas de púrpura su almendra.
[…]

LAS REPÚBLICAS HISPANOAMERICANAS: AUTONOMÍA CULTURAL

E l aspecto de un dilatado continente que aparecía en el mundo político, emancipado de sus antiguos dominadores, y agregando de un golpe nuevos miembros a la gran sociedad de las naciones, excitó a la vez el entusiasmo de los amantes de los principios, el temor de los enemigos de la libertad, que veían el carácter distintivo de las instituciones que
la América escogía, y la curiosidad de los hombres de Estado. La Europa, recién convalecida del trastorno en que la revolución francesa puso a casi todas las monarquías, encontró en la revolución de la América del Sur un espectáculo semejante al que poco antes de los tumultos de París había fijado sus ojos
10 en la del Norte, pero más grandioso todavía, porque la emancipación de las colonias inglesas no fue sino el principio del gran poder que iba a elevarse de este lado de los mares, y la de las colonias españolas debe considerarse como su complemento.

Un acontecimiento tan importante, y que fija una era tan marcada en la
15 historia del mundo político, ocupó la atención de todos los gabinetes• y los   •gobiernos
cálculos de todos los pensadores. No ha faltado quien crea que un considerable número de naciones colocadas en un vasto continente, e identificadas en instituciones y en origen, y a excepción de los Estados Unidos, en costumbres y religión, formarán con el tiempo un cuerpo respetable, que equilibre la
20 política europea, y que por el aumento de riqueza y de población y por todos los bienes sociales que deben gozar a la sombra de sus leyes, den también, con el ejemplo, distinto curso a los principios gubernativos del Antiguo Continente. Mas pocos han dejado de presagiar• que, para llegar a este término lisonjero••,   •predecir ••favorable,
teníamos que marchar por una senda erizada de espinas y regada de sangre; que   satisfactorio
25 nuestra inexperiencia en la ciencia de gobernar había de producir frecuentes

oscilaciones en nuestros Estados; y que mientras la sucesión de generaciones no hiciese olvidar los vicios y resabios· del coloniaje, no podríamos divisar los primeros rayos de prosperidad.

defectos

Otros, por el contrario, nos han negado hasta la posibilidad de adquirir una existencia propia a la sombra de instituciones libres que han creído enteramente opuestas a todos los elementos que pueden constituir los gobiernos hispanoamericanos. Según ellos, los principios representativos, que tan feliz aplicación han tenido en los Estados Unidos, y que han hecho de los establecimientos ingleses una gran nación que aumenta diariamente en poder, en industria, en comercio y en población, no podían producir el mismo resultado en la América española. La situación de unos y otros pueblos al tiempo de adquirir su independencia era esencialmente distinta: los unos tenían las propiedades divididas, se puede decir, con igualdad; los otros veían la propiedad acumulada en pocas manos. Los unos estaban acostumbrados al ejercicio de grandes derechos políticos, al paso que los otros no los habían gozado, ni aun tenían idea de su importancia. Los unos pudieron dar a los principios liberales toda la latitud de que hoy gozan, y los otros, aunque emancipados de la España, tenían en su seno· una clase numerosa e influyente con cuyos intereses chocaban.

interior

Estos han sido los principales motivos, porque han afectado desesperar de la consolidación de nuestros gobiernos los enemigos de nuestra independencia.

En efecto, formar constituciones políticas más o menos plausibles, equilibrar ingeniosamente los poderes, proclamar garantías y hacer ostentaciones de principios liberales, son cosas bastante fáciles en el estado de adelantamiento a que ha llegado en nuestros tiempos la ciencia social. Pero conocer a fondo la índole· y las necesidades de los pueblos a quienes debe aplicarse la legislación, desconfiar de las seducciones de brillantes teorías, escuchar con atención e imparcialidad la voz de la experiencia, sacrificar al bien público opiniones queridas, no es lo más común en la infancia de las naciones, y en crisis en que una gran transición política, como la nuestra, inflama todos los espíritus. Instituciones que en la teoría parecen dignas de la más alta admiración, por hallarse en conformidad con los principios establecidos por los más ilustres publicistas, encuentran, para su observancia, obstáculos invencibles en la práctica; serán quizá las mejores que pueda dictar el estudio de la política en general, pero no, como las que Solón[1] formó para Atenas, las mejores que se pueden dar a un pueblo determinado. La ciencia de la legislación, poco estudiada entre nosotros, cuando no teníamos una parte activa en el gobierno de nuestros países, no podía adquirir desde el principio de nuestra emancipación todo el cultivo necesario, para que los legisladores americanos hiciesen de ella meditadas, juiciosas y exactas aplicaciones, y adoptasen, para la formación de las

idiosincrasia, naturaleza

---

[1] Legislador y poeta de la antigua Grecia que luchó contra la corrupción política, económica y social.

nuevas constituciones, una norma más segura que la que pueden presentarnos máximas abstracciones y reglas generales.

Estas ideas son plausibles; pero su exageración sería más funesta* para nosotros que el mismo frenesí revolucionario. Esa política asustadiza y pusilánime* desdoraría al patriotismo americano; y ciertamente está en oposición con aquella osadía* generosa que le puso las armas en la mano, para esgrimirlas* contra la tiranía. Reconociendo la necesidad de adaptar las formas gubernativas a las localidades, costumbres y caracteres nacionales, no por eso debemos creer que nos es negado vivir bajo el amparo* de instituciones libres, y naturalizar en nuestro suelo las saludables garantías que aseguran la libertad, patrimonio de toda sociedad humana que merezca nombre de tal. En América, el estado de desasosiego* y vacilación que ha podido asustar a los amigos de la humanidad es puramente transitorio. Cualesquiera que fuesen las circunstancias que acompañasen a la adquisición de nuestra independencia, debió pensarse que el tiempo y la experiencia irían rectificando los errores, la observación descubriendo las inclinaciones, las costumbres y el carácter de nuestros pueblos, y la prudencia combinando todos estos elementos, para formar con ellos la base de nuestra organización. Obstáculos que parecen invencibles desaparecerán gradualmente: los principios tutelares*, sin alterarse en la sustancia, recibirán en sus formas externas las modificaciones necesarias, para acomodarse a la posición peculiar de cada pueblo; y tendremos constituciones estables, que afiancen* la libertad e independencia, al mismo tiempo que el orden y la tranquilidad, a cuya sombra podamos consolidarnos y engrandecernos. Por mucho que se exagere la oposición de nuestro estado social con algunas de las instituciones de los pueblos libres, ¿se podrá nunca imaginar un fenómeno más raro que el que ofrecen los mismos Estados Unidos en la vasta libertad que constituye el fundamento de su sistema político, y en la esclavitud en que gimen casi dos millones de negros bajo el azote de crueles propietarios? Y sin embargo, aquella nación está constituida y próspera.

Entre tanto, nada más natural que sufrir las calamidades que afectan a los pueblos en los primeros ensayos de la carrera política; mas ellas tendrán término, y la América desempeñará* en el mundo el papel distinguido a que la llaman la grande extensión de su territorio, las preciosas y variadas producciones de su suelo, y tantos elementos de prosperidad que encierra.

Durante este período de transición, es verdaderamente satisfactorio para los habitantes de Chile ver que se goza en esta parte de la América una época de paz que, ya se deba a nuestras instituciones, ya al espíritu de orden que distingue el carácter nacional, ya a las lecciones de pasadas desgracias, ha alejado de nosotros las escenas de horror que han afligido a otras secciones del continente americano. En Chile están armados los pueblos por la ley; pero hasta ahora esas armas no han servido sino para sostener* el orden y el goce de los más preciosos bienes sociales; y esta consoladora observación aumenta en importancia al

*desastrosa, fatídica

*cobarde, pobre de espíritu

*valentía

*utilizarlas

*refugio, asilo

*agitación

*para guiar, proteger o defender

*consoliden, aseguren

*realizará

*mantener

fijar nuestra vista en las presentes circunstancias, en que se ocupa la nación en las elecciones, para la primera magistratura*. Las tempestuosas agitaciones que suelen acompañar estas crisis políticas no turban nuestra quietud*; los odios duermen; las pasiones no se disputan el terreno; la circunspección* y la prudencia acompañan al ejercicio de la parte más interesante de los derechos políticos. Sin embargo, estas mismas consideraciones causan el desaliento* y tal vez la desesperación de otros. Querrían que este acto fuese solemnizado con tumultos populares, que le presidiese todo género de desenfreno*, que se pusiesen en peligro el orden y las más caras garantías... ¡Oh!, ¡nunca lleguen a verificarse en Chile estos deseos! ❧

*mandato de un gobierno
*tranquilidad
*discreción

*desánimo, depresión

*exceso en las pasiones y vicios

PREGUNTAS

ANÁLISIS

1. Una alocución es un discurso o una petición. ¿Con qué fin se dirige el autor a la Poesía? ¿Cómo resumirías el "discurso" del autor a la poesía?

2. ¿Qué dualidad se representa en *Alocución a la Poesía*?

3. ¿En qué paisaje ubicarías "la carcomida encina"? Explica tu respuesta.

4. ¿Qué diferencias encuentra Bello entre la situación de las colonias inglesas y españolas de América en el momento en que unas y otras enfrentan la tarea de ordenar el territorio y formar un gobierno?

5. Comenta la opinión de Bello sobre la aplicación de los modelos de gobierno más avanzados de Europa a las nuevas naciones americanas.

6. ¿Qué valoración hace Bello sobre la institución de la esclavitud en Estados Unidos?

7. ¿Cuál de las nuevas naciones de Hispanoamérica constituye, según Bello, un ejemplo de orden que los demás países deberían seguir? ¿Con qué argumentos apoya esta afirmación el autor?

INTERPRETACIÓN

1. Lee los versos 30 a 40 de *Alocución a la Poesía*. ¿Por qué crees que Bello contrapone la filosofía a la poesía? ¿A quiénes crees que atribuye el autor ambos ámbitos del saber?

2. Este poema tiene una lectura política evidente. ¿Consideras que tiene también una lectura espiritual? Explica tu respuesta.

3. Explica por qué, en tu opinión, el periodo de formación de los nuevos gobiernos de América generó tanta expectativa entre los grandes pensadores y líderes del mundo.

4. ¿Crees, al igual que Bello, que las nuevas naciones habrían de andar necesariamente "por una senda erizada de espinas y regada en sangre"? Explica tu respuesta.

5. ¿Crees que, a día de hoy, se han cumplido los pronósticos de Bello sobre el futuro de las colonias hispanoamericanas y su rol en el mundo? ¿Por qué?

6. ¿Por qué crees que, para Bello, el establecimiento de leyes abstractas y generales sería peor para las nuevas naciones "que el mismo frenesí revolucionario"?

INVESTIGACIÓN

1. Al igual que Fray Luis de León, Bello invita al acercamiento a la naturaleza como fuente de paz y de sabiduría. Busca alguna obra del poeta del Siglo de Oro español con la misma temática que pudiera haber influido en el pensador americano.

2. Bello habla de la necesidad de "equilibrar ingeniosamente los poderes" en las naciones de Hispanoamérica. Averigua a qué tratado político hace referencia y el efecto que tuvo en las formas de gobierno en la Europa del siglo XVIII.

JOSÉ MARTÍ

1853–1895

"¡Grande es la palabra cuando cabalga en la razón! Penetra entonces más que la más larga espada."

—**José Martí,** *La Nación*

José Martí nació en La Habana, en el seno de una familia española de recursos modestos. Desde joven se sintió atraído por los ideales revolucionarios que defendió, tanto con la escritura como con la acción. A los diecisiete años, una comprometedora carta firmada por él le valió una condena a seis años de prisión. La carta iba dirigida a un compañero de escuela que se había alistado al ejército español para luchar contra los independentistas. Por su mala salud, y gracias a los esfuerzos de su familia, la pena le fue conmutada por el destierro a la Isla de Pinos y, más tarde, por la deportación a España. Allí se graduó en Derecho y Filosofía y Letras, y publicó folletos en los que denunciaba las condiciones infrahumanas a las que eran sometidos los prisioneros de las colonias. Después se trasladó a Francia, Estados Unidos, México y Guatemala, hasta que pudo regresar a Cuba en 1878, pero sería por poco tiempo; al año siguiente fue desterrado de nuevo y volvió a establecerse en Nueva York. Durante la década siguiente trabajó como cronista para diarios extranjeros como *La Nación* de Buenos Aires y *El Partido Liberal* de México. Fue editor, traductor, profesor y diplomático. Dedicado de lleno a planear la independencia soñada para Cuba, en 1892 fundó el Partido Revolucionario Cubano y la revista *Patria*. En 1895 desembarcó en Cuba con un pequeño contingente que se reunió con las tropas de la isla para dar batalla, pero fue abatido y muerto el 19 de mayo de 1895.

Aunque Martí es considerado uno de los primeros modernistas por la estética de sus obras, resulta una figura compleja de definir porque su vida y su temperamento lo ligan al Romanticismo en el que comenzó su literatura. Su obra se aparta tanto de uno como de otro movimiento: ni tiene el tono fúnebre romántico, ni imita el verso perfectamente elaborado del parnasianismo. Buscaba en su escritura la sencillez, la sinceridad y lo natural, descartando por principio la artificiosidad, el refinamiento y la imitación excesiva de los modelos extranjeros que, en su opinión, a algunos escritores les hacían perder de vista la originalidad propia de sus países. La prosa de Martí es poética, como señaló Rubén Darío, y en ella se refleja su fuerte sentimiento de pertenencia a su patria y la convicción de que los recursos no deben copiarse de otras naciones, sino crearse a partir de lo propio. En su ensayo *Nuestra América* (1891) aborda el destino de los pueblos latinoamericanos, los cuales, según él, no deben dejarse intimidar por las ideas y apariencias europeas ni por el poderío creciente de Estados Unidos. Si para el combate político recurría a la prosa, elegía la poesía para la expresión de sus sentimientos y emociones más íntimos. Pero también en ella dialogaba con el pueblo, porque la obra de arte tenía una clara función social para Martí; el punto de partida era siempre la experiencia vivida, como en su poema "Yo soy un hombre sincero" (*Versos sencillos,* 1889–1891), donde recorre eventos de su vida que van formando su memoria de pérdida y sufrimiento. El dolor es parte imprescindible de la vida y, a su vez, alienta la poesía, que surge "como las lágrimas salen de los ojos y la sangre sale a borbotones de la vida".

Poco antes de morir, Martí compuso "Dos patrias" (*Flores del destierro*, 1885–1895), una poesía cargada de metáforas. Cuba y la noche son sus dos patrias: una lo llama al combate, la otra se apodera de su espíritu; en público, el poeta mantiene el optimismo; en la oscuridad, se enfrenta a la incertidumbre. También entre dos realidades se debate en su poema "Amor de ciudad grande" (*Versos libres*, 1878–1882), donde se entrecruzan la ciudad, deshumanizadora y antagonista de lo perdurable, y el amor, sin espacio para sobrevivir en un mundo que cambia rápidamente al final del siglo.

JOSÉ MARTÍ
AMOR CON AMOR SE PAGA

DIFERENCIAS
WWW.LINKGUA.COM

OBRAS

Poesía
1882 | *Ismaelillo*
1878–1882 | *Versos libres*
*1885–1895 | *Flores del destierro*
1889–1891 | *Versos sencillos*

Ensayo
1871 | *El presidio político en Cuba*
1873 | *La República Española ante la Revolución Cubana*
1891 | *Nuestra América*
1893 | *Mi raza*
1895 | *Manifiesto de Montecristi*

Teatro
1869 | *Abdala*
1872 | *Adúltera*
1876 | *Amor con amor se paga*
1877 | *Patria y libertad*

Novela
1885 | *Amistad funesta (Lucía Jerez)*

Cuento
1889 | *Meñique*
1889 | *Bebé y el señor don Pomposo*
1889 | *Nené traviesa*
1889 | *La muñeca negra*

*Publicada póstumamente en 1933.

NUESTRA AMÉRICA

Cree el aldeano vanidoso que el mundo entero es su aldea•, y con tal que él quede de alcalde, o le mortifique al rival que le quitó la novia, o le crezcan en la alcancía• los ahorros, ya da por bueno el orden universal, sin saber de los gigantes que llevan siete leguas• en las botas y le pueden poner la bota encima, ni de la pelea de los cometas en el Cielo, que van por el aire dormidos engullendo mundos. Lo que quede de aldea en América ha de despertar. Estos tiempos no son para acostarse con el pañuelo en la cabeza, sino con las armas en la almohada, como los varones de Juan de Castellanos:[1] las armas del juicio, que vencen a las otras. Trincheras de ideas valen más que trincheras de piedra.

No hay proa que taje• una nube de ideas. Una idea enérgica, flameada a tiempo ante el mundo, para, como la bandera mística del juicio final, a un escuadrón de acorazados. Los pueblos que no se conocen han de darse prisa para conocerse, como quienes van a pelear juntos. Los que enseñan los puños, como hermanos celosos, que quieren los dos la misma tierra, o el de casa chica, que le tiene envidia al de casa mejor, han de encajar, de modo que sean una, las dos manos. Los que, al amparo• de una tradición criminal, cercenaron••, con el sable tinto en la sangre de sus mismas venas, la tierra del hermano vencido, del hermano castigado más allá de sus culpas, si no quieren que les llame el pueblo ladrones, devuélvanle sus tierras al hermano. Las deudas del honor no las cobra el honrado en dinero, a tanto por la bofetada. Ya no podemos ser el pueblo de hojas, que vive en el aire, con la copa cargada de flor, restallando o zumbando, según la acaricie el capricho de la luz, o la tundan• y talen•• las tempestades; ¡los árboles se han de poner en fila para que no pase el gigante de las siete leguas! Es la hora del recuento, y de la marcha unida, y hemos de andar en cuadro apretado•, como la plata en las raíces de los Andes.

A los sietemesinos sólo les faltará el valor. Los que no tienen fe en su tierra son hombres de siete meses. Porque les falta el valor a ellos, se lo niegan a los demás. No les alcanza al árbol difícil el brazo canijo•, el brazo de uñas pintadas y pulsera, el brazo de Madrid o de París, y dicen que no se puede alcanzar el árbol. Hay que cargar los barcos de esos insectos dañinos•, que le roen•• el hueso a la patria que los nutre. Si son parisienses o madrileños, vayan al Prado, de faroles, o vayan a Tortoni, de sorbetes.[2] ¡Estos hijos de carpintero, que se avergüenzan de que su padre sea carpintero! ¡Estos nacidos en América, que se avergüenzan, porque llevan delantal indio, de la madre que los crió, y reniegan•, ¡bribones!, de

- • pueblo pequeño con pocos habitantes
- • hucha
- • 1 legua = 5,5 km (aprox.)
- • corte
- • refugio •• quitaron
- • apaleen •• corten
- • juntos
- • pequeño
- • perjudiciales •• comen a mordiscos
- • abandonan

[1] Juan de Castellanos (1522–1607), escritor español, autor del poema "Elegías de varones ilustres de Indias".

[2] Ir de faroles al Prado: presumir, exhibirse en público, "farolear" por el Paseo del Prado, en Madrid; ir a Tortoni de sorbetes: ir a un famoso y elegante restaurante francés de la época con sombreros de copa alta.

la madre enferma, y la dejan sola en el lecho de las enfermedades! Pues, ¿quién
es el hombre? ¿el que se queda con la madre, a curarle la enfermedad, o el que la
pone a trabajar donde no la vean, y vive de su sustento• en las tierras podridas
con el gusano de corbata, maldiciendo del seno que lo cargó, paseando el letrero
40 de traidor en la espalda de la casaca• de papel? ¡Estos hijos de nuestra América,
que ha de salvarse con sus indios, y va de menos a más; estos desertores que
piden fusil en los ejércitos de la América del Norte, que ahoga en sangre a sus
indios, y va de más a menos! ¡Estos delicados, que son hombres y no quieren
hacer el trabajo de hombres! Pues el Washington que les hizo esta tierra ¿se fue
45 a vivir con los ingleses, a vivir con los ingleses en los años en que los veía venir
contra su tierra propia? ¡Estos "increíbles" del honor, que lo arrastran por el
suelo extranjero, como los increíbles[3] de la Revolución francesa, danzando y
relamiéndose, arrastraban las erres!

　　Ni ¿en qué patria puede tener un hombre más orgullo que en nuestras
50 repúblicas dolorosas de América, levantadas entre las masas mudas de indios,
al ruido de pelea del libro con el cirial•, sobre los brazos sangrientos de un
centenar de apóstoles? De factores tan descompuestos, jamás, en menos tiempo
histórico, se han creado naciones tan adelantadas y compactas. Cree el soberbio
que la tierra fue hecha para servirle de pedestal, porque tiene la pluma fácil o
55 la palabra de colores, y acusa de incapaz e irremediable a su república nativa,
porque no le dan sus selvas nuevas modo continuo de ir por el mundo de
gamonal• famoso, guiando jacas•• de Persia y derramando champaña. La
incapacidad no está en el país naciente, que pide formas que se le acomoden y
grandeza útil, sino en los que quieren regir• pueblos originales, de composición
60 singular y violenta, con leyes heredadas de cuatro siglos de práctica libre en los
Estados Unidos, de diecinueve siglos de monarquía en Francia. Con un decreto
de Hamilton no se le para la pechada al potro del llanero.[4] Con una frase de
Sieyès[5] no se desestanca• la sangre cuajada•• de la raza india. A lo que es, allí
donde se gobierna, hay que atender para gobernar bien; y el buen gobernante
65 en América no es el que sabe cómo se gobierna el alemán o el francés, sino el
que sabe con qué elementos está hecho su país, y cómo puede ir guiándolos en
junto•, para llegar, por métodos e instituciones nacidas del país mismo, a aquel
estado apetecible donde cada hombre se conoce y ejerce•, y disfrutan todos de
la abundancia que la Naturaleza puso para todos en el pueblo que fecundan•

• alimento

• chaqueta usada
como uniforme

• candelabro que los
monaguillos llevan en
rituales de la Iglesia

• cacique, tirano •• caballos
poco altos

• gobernar

• desbloquea •• solidificada

• simultáneamente
• trabaja, participa
• fertilizan

---

[3] Jóvenes quienes durante la Revolución francesa recibieron el apodo de *increíbles* (incroyables)
por la afectación con que repetían "C'est incroyable, ma parole d'honneur", omitiendo las erres.
[4] Golpe que da el jinete —llanero, habitante de los llanos de Colombia y Venezuela— con el
pecho del caballo que monta a una res para orientar su dirección.
[5] Abate Emmanuel Joseph Sièyes (1748–1836). Escritor francés que desempeñó un papel decisivo
como teórico de la Revolución francesa.

con su trabajo y defienden con sus vidas. El gobierno ha de nacer del país. El espíritu del gobierno ha de ser el del país. La forma de gobierno ha de avenirse˙ a la constitución propia del país. El gobierno no es más que el equilibrio de los elementos naturales del país.

    Por eso el libro importado ha sido vencido en América por el hombre natural. Los hombres naturales han vencido a los letrados˙ artificiales. El mestizo autóctono ha vencido al criollo exótico. No hay batalla entre la civilización y la barbarie, sino entre la falsa erudición y la naturaleza. El hombre natural es bueno, y acata˙ y premia la inteligencia superior, mientras esta no se vale˙˙ de su sumisión para dañarle, o le ofende prescindiendo de él, que es cosa que no perdona el hombre natural, dispuesto a recobrar˙ por la fuerza el respeto de quien le hiere˙ la susceptibilidad o le perjudica el interés. Por esta conformidad con los elementos naturales desdeñados˙ han subido los tiranos de América al poder; y han caído en cuanto les hicieron traición. Las repúblicas han purgado˙ en las tiranías su incapacidad para conocer los elementos verdaderos del país, derivar de ellos la forma de gobierno y gobernar con ellos. Gobernante, en un pueblo nuevo, quiere decir creador.

    En pueblos compuestos de elementos cultos e incultos, los incultos gobernarán, por su hábito de agredir˙ y resolver las dudas con su mano, allí donde los cultos no aprendan el arte del gobierno. La masa inculta es perezosa, y tímida en las cosas de la inteligencia, y quiere que la gobiernen bien; pero si el gobierno le lastima˙, se lo sacude˙˙ y gobierna ella. ¿Cómo han de salir de las universidades los gobernantes, si no hay universidad en América donde se enseñe lo rudimentario del arte del gobierno, que es el análisis de los elementos peculiares de los pueblos de América? A adivinar salen los jóvenes al mundo, con antiparras˙ yanquis o francesas, y aspiran a dirigir un pueblo que no conocen. En la carrera de la política habría de negarse la entrada a los que desconocen los rudimentos de la política. El premio de los certámenes˙ no ha de ser para la mejor oda, sino para el mejor estudio de los factores del país en que se vive. En el periódico, en la cátedra˙, en la academia, debe llevarse adelante el estudio de los factores reales del país. Conocerlos basta˙, sin vendas ni ambages˙˙; porque el que pone de lado, por voluntad u olvido, una parte de la verdad, cae a la larga por la verdad que le faltó, que crece en la negligencia, y derriba lo que se levanta sin ella. Resolver el problema después de conocer sus elementos, es más fácil que resolver el problema sin conocerlos. Viene el hombre natural, indignado y fuerte, y derriba la justicia acumulada de los libros, porque no se administra en acuerdos con las necesidades patentes del país. Conocer es resolver. Conocer el país, y gobernarlo conforme˙ al conocimiento es el único modo de librarlo de tiranías. La universidad europea ha de ceder a la universidad americana. La historia de América, de los incas acá, ha de enseñarse al dedillo˙, aunque no se enseñe la de los arcontes˙ de Grecia. Nuestra Grecia es preferible a la Grecia que no es nuestra. Nos es más necesaria. Los políticos nacionales han de reemplazar a los políticos

*ajustarse, acomodarse

*sabios

*obedece, respeta **se aprovecha

*recuperar

*daña

*despreciados

*pagado por sus pecados

*herir

*hiere **se libra de él

*lentes, gafas

*concursos literarios

*aula, clase

*es suficiente **ambigüedades

*de acuerdo

*detalladamente

*gobernantes de Atenas

exóticos. Injértese[•] en nuestras repúblicas el mundo; pero el tronco ha de ser el de nuestras repúblicas. Y calle el pedante vencido; que no hay patria en que pueda tener el hombre más orgullo que en nuestras dolorosas repúblicas americanas. *insértese

115   Con los pies en el rosario, la cabeza blanca y el cuerpo pinto[•] de indio y criollo, venimos, denodados[•], al mundo de las naciones. Con el estandarte de la Virgen salimos a la conquista de la libertad. Un cura,⁶ unos cuantos tenientes y una mujer alzan en México la república, en hombros de los indios. Un canónigo español, a la sombra de su capa, instruye la libertad francesa a unos cuantos bachilleres[•]

*de varios colores
*valientes

*licenciados

120 magníficos, que ponen de jefe de Centro América contra España al general de España. Con los hábitos monárquicos, y el Sol por pecho, se echaron a levantar pueblos los venezolanos por el Norte y los argentinos por el Sur. Cuando los dos héroes chocaron, y el continente iba a temblar, uno,⁷ que no fue el menos grande, volvió riendas[•]. Y como el heroísmo en la paz es más escaso, porque es

*se retiró

125 menos glorioso que el de la guerra; como al hombre le es más fácil morir con honra que pensar con orden; como gobernar con los sentimientos exaltados y unánimes es más hacedero[•] que dirigir, después de la pelea, los pensamientos diversos, arrogantes, exóticos o ambiciosos; como los poderes arrollados en la arremetida épica zapaban, con la cautela felina de la especie y el peso de lo real, el

*fácil

130 edificio que habían izado[•], en las comarcas burdas y singulares de nuestra América mestiza, en los pueblos de pierna desnuda y casaca de París, la bandera de los pueblos nutridos de savia gobernante en la práctica continua de la razón y de la libertad; como la constitución jerárquica de las colonias resistía la organización democrática de la República, o las capitales de corbatín dejaban en el zaguán[•]

*levantado

*entrada de una casa

135 al campo de bota y potro, o los redentores bibliógenos[•] no entendieron que la revolución que triunfó con el alma de la tierra había de gobernar, y no contra ella ni sin ella, entró a padecer América, y padece, de la fatiga de acomodación entre los elementos discordantes y hostiles que heredó de un colonizador despótico y avieso[•], y las ideas y formas importadas que han venido retardando, por su falta de

*estudiosos

*malo, malvado

140 realidad local, el gobierno lógico. El continente descoyuntado[•] durante tres siglos por un mando que negaba el derecho del hombre al ejercicio de su razón, entró, desatendiendo o desoyendo a los ignorantes que lo habían ayudado a redimirse, en un gobierno que tenía por base la razón; la razón de todos en las cosas de todos, y no la razón universitaria de unos sobre la razón campestre de otros. El problema

*fragmentado

145 de la independencia no era el cambio de formas, sino el cambio de espíritu.
     Con los oprimidos había que hacer una causa común, para afianzar[•] el sistema opuesto a los intereses y hábitos de mando de los opresores. El tigre,

*asegurar, reforzar

---

⁶Referencia al sacerdote Miguel Hidalgo y Costilla (1753–1811), quien a grito de *Dolores* el 16 de septiembre de 1810 marcó el comienzo de las luchas que llevarían a la independencia de México en 1821.

⁷Referencia a José de San Martín (1778–1850), libertador de Hispanoamérica junto con Simón Bolívar y Miguel Hidalgo. En una entrevista celebrada con Bolívar en Guayaquil en 1822, renunció a su liderazgo en las luchas independentistas cediendo a Bolívar la autoridad militar.

espantado del fogonazo[*], vuelve de noche al lugar de la presa. Muere echando llamas por los ojos y con las zarpas al aire. No se le oye venir, sino que viene con zarpas[*] de terciopelo. Cuando la presa despierta, tiene al tigre encima. La colonia continuó viviendo en la república; y nuestra América se está salvando de sus grandes yerros[*] —de la soberbia de las ciudades capitales, del triunfo ciego de los campesinos desdeñados, de la importación excesiva de las ideas y fórmulas ajenas, del desdén inicuo e impolítico de la raza aborigen—, por la virtud superior, abonada con sangre necesaria, de la república que lucha contra la colonia. El tigre espera, detrás de cada árbol, acurrucado[*] en cada esquina. Morirá, con las zarpas al aire, echando llamas por los ojos.

Pero "estos países se salvarán", como anunció Rivadavia el argentino, el que pecó de finura en tiempos crudos; al machete no le va vaina de seda, ni el país que se ganó con lanzón se puede echar el lanzón atrás, porque se enoja y se pone en la puerta del Congreso de Iturbide[8] "a que le hagan emperador al rubio". Estos países se salvarán porque, con el genio de la moderación que parece imperar, por la armonía serena de la Naturaleza, en el continente de la luz, y por el influjo de la lectura crítica que ha sucedido en Europa a la lectura de tanteo[*] y falansterio[**] en que se empapó la generación anterior, le está naciendo a América, en estos tiempos reales, el hombre real.

Éramos una visión, con el pecho de atleta, las manos de petimetre[*] y la frente de niño. Éramos una máscara, con los calzones de Inglaterra, el chaleco parisiense, el chaquetón de Norteamérica y la montera de España. El indio, mudo, nos daba vueltas alrededor, y se iba al monte, a la cumbre del monte, a bautizar a sus hijos. El negro, oteado[*], cantaba en la noche la música de su corazón, solo y desconocido, entre las olas y las fieras. El campesino, el creador, se revolvía, ciego de indignación, contra la ciudad desdeñosa[*], contra su criatura. Éramos charreteras y togas,[9] en países que venían al mundo con la alpargata en los pies y la vincha[*] en la cabeza. El genio hubiera estado en hermanar, con la caridad del corazón y con el atrevimiento de los fundadores, la vincha y la toga; en desestancar al indio; en ir haciendo lado[*] al negro suficiente; en ajustar la libertad al cuerpo de los que se alzaron y vencieron por ella. Nos quedó el oidor, y el general, y el letrado, y el prebendado.[10] La juventud angélica, como de los brazos de un pulpo, echaba al Cielo, para caer con gloria estéril, la cabeza, coronada de nubes. El pueblo natural, con el empuje del instinto, arrollaba, ciego de triunfo, los bastones de oro. Ni el libro europeo, ni el libro yanqui, daban la clave del enigma hispanoamericano. Se probó el odio, y los países venían cada año a menos. Cansados del odio inútil de la resistencia del libro contra la lanza,

*flash causado por un disparo

*manos y pies de los felinos

*errores

*agazapado, escondido

*prueba **comuna

*coqueto

*observado, espiado

*arrogante

*cinta que sujeta el pelo (quechua)

*dejando espacio

---

[8] Agustín de Iturbide (1783–1824), emperador de México (1822–1823).
[9] Las charreteras son insignias en forma cuadrada y plana con flecos que cubren los hombros del uniforme de los militares; las togas son una especie de túnica que se ponen los magistrados, letrados y catedráticos encima de la ropa de calle para participar en ceremonias y rituales.
[10] Eclesiástico que goza de alguna prebenda, o beneficio concedido de manera injustificada.

de la razón contra el cirial, de la ciudad contra el campo, del imperio imposible de las castas urbanas divididas sobre la nación natural, tempestuosa e inerte, se empieza, como sin saberlo, a probar el amor. Se ponen en pie los pueblos, y se saludan. "¿Cómo somos?" se preguntan; y unos a otros se van diciendo cómo son. Cuando aparece en Cojímar un problema, no van a buscar la solución a Dantzig. Las levitas* son todavía de Francia, pero el pensamiento empieza a ser de América. Los jóvenes de América se ponen la camisa al codo, hunden las manos en la masa, y la levantan con la levadura del sudor. Entienden que se imita demasiado, y que la salvación está en crear. Crear es la palabra de pase de esta generación. El vino, de plátano; y si sale agrio, ¡es nuestro vino! Se entiende que las formas de gobierno de un país han de acomodarse a sus elementos naturales; que las ideas absolutas, para no caer por un yerro de forma, han de ponerse en formas relativas; que la libertad, para ser viable, tiene que ser sincera y plena; que si la república no abre los brazos a todos y adelanta con todos, muere la república. El tigre de adentro se echa por al hendija, y el tigre de afuera. El general sujeta en la marcha la caballería al paso de los infantes. O si deja a la zaga* a los infantes, le envuelve el enemigo la caballería. Estrategia es política. Los pueblos han de vivir criticándose, porque la crítica es la salud; pero con un solo pecho y una sola mente. ¡Bajarse hasta los infelices y alzarlos en los brazos! ¡Con el fuego del corazón deshelar la América coagulada! ¡Echar, bullendo y rebotando, por las venas, la sangre natural del país! En pie, con los ojos alegres de los trabajadores, se saludan, de un pueblo a otro, los hombres nuevos americanos. Surgen los estadistas naturales del estudio directo de la Naturaleza. Leen para aplicar, pero no para copiar. Los economistas estudian la dificultad en sus orígenes. Los oradores empiezan a ser sobrios. Los dramaturgos traen los caracteres nativos a la escena. Las academias discuten temas viables. La poesía se corta la melena zorrillesca y cuelga del árbol glorioso el chaleco colorado.[11] La prosa, centelleante y cernida, va cargada de idea. Los gobernadores, en las repúblicas de indios, aprenden indio.

De todos sus peligros se va salvando América. Sobre algunas repúblicas está durmiendo el pulpo. Otras, por la ley del equilibrio, se echan a pie a la mar, a recobrar, con prisa loca y sublime, los siglos perdidos. Otras, olvidando que Juárez paseaba en un coche de mulas, ponen coche de viento y de cochero a una pompa de jabón; el lujo venenoso, enemigo de la libertad, pudre al hombre liviano y abre la puerta al extranjero. Otras acendran*, con el espíritu épico de la independencia amenazada, el carácter viril. Otras crían, en la guerra rapaz contra el vecino, la soldadesca que puede devorarlas. Pero otro peligro corre, acaso, nuestra América, que no le viene de sí, sino de la diferencia de orígenes, métodos e intereses entre los dos factores continentales, y es la hora próxima en

*chaquetas elegantes

*deja atrás

*perfeccionan, purifican

---

[11] Referencia a José Zorrilla (1817–1893) y Theophile Gautier (1811–1872), escritores románticos de España y Francia, respectivamente.

que se le acerque, demandando relaciones íntimas, un pueblo emprendedor y
225 pujante que la desconoce y la desdeña•. Y como los pueblos viriles, que se han
hecho de sí propios, con la escopeta y la ley, aman, y sólo aman, a los pueblos
viriles; como la hora del desenfreno• y la ambición, de que acaso se libre, por
el predominio de lo más puro de su sangre, la América del Norte, o en que
pudieran lanzarla sus masas vengativas y sórdidas, la tradición de conquista
230 y el interés de un caudillo hábil, no está tan cercana aún a los ojos del más
espantadizo, que no dé tiempo a la prueba de altivez•, continua y discreta, con
que se la pudiera encarar y desviarla; como su decoro de república pone a la
América del Norte, ante los pueblos atentos del Universo, un freno que no le ha
de quitar la provocación pueril o la arrogancia ostentosa o la discordia parricida
235 de nuestra América, el deber urgente de nuestra América es enseñarse como
es, una en alma e intento, vencedora veloz de un pasado sofocante, manchada
sólo con sangre de abono que arranca a las manos la pelea con las ruinas, y
la de las venas que nos dejaron picadas nuestros dueños. El desdén del vecino✳
formidable, que no la conoce, es el peligro mayor de nuestra América; y urge,
240 porque el día de la visita está próximo, que el vecino la conozca, la conozca
pronto, para que no la desdeñe. Por el respeto, luego que la conociese, sacaría de
ella las manos. Se ha de tener fe en lo mejor del hombre y desconfiar de lo peor
de él. Hay que dar ocasión• a lo mejor para que se revele y prevalezca sobre lo
peor. Si no, lo peor prevalece. Los pueblos han de tener una picota para quien les
245 azuza• a odios inútiles; y otra para quien no les dice a tiempo la verdad.

No hay odio de razas, porque no hay razas. Los pensadores canijos•, los
pensadores de lámparas, enhebran y recalientan las razas de librería, que el
viajero justo y el observador cordial buscan en vano en la justicia de la Naturaleza,
donde resalta en el amor victorioso y el apetito turbulento, la identidad universal
250 del hombre. El alma emana•, igual y eterna, de los cuerpos diversos en forma y
en color. Peca contra la Humanidad el que fomente y propague la oposición y el
odio de las razas. Pero en el amasijo• de los pueblos se condensan, en la cercanía
de otros pueblos diversos, caracteres peculiares y activos, de ideas y de hábitos,
de ensanche y adquisición, de vanidad y de avaricia, que del estado latente de
255 preocupaciones nacionales pudieran, en un período de desorden interno o de
precipitación del carácter acumulado del país, trocarse• en amenaza grave para
las tierras vecinas, aisladas y débiles, que el país fuerte declara perecederas e
inferiores. Pensar es servir. Ni ha de suponerse, por antipatía de aldea, una
maldad ingénita y fatal al pueblo rubio del continente, porque no habla nuestro
260 idioma, ni ve la casa como nosotros la vemos, ni se nos parece en sus lacras
políticas, que son diferentes de las nuestras; ni tiene en mucho a los hombres
biliosos• y trigueños••, ni mira caritativo, desde su eminencia aún mal segura,
a los que, con menos favor de la Historia, suben a tramos heroicos la vía de las
repúblicas; ni se han de esconder los datos patentes del problema que puede
265 resolverse, para la paz de los siglos, con el estudio oportuno y la unión tácita y

urgente del alma continental. ¡Porque ya suena el himno unánime; la generación actual lleva a cuestas, por el camino abonado por los padres sublimes, la América trabajadora; del Bravo a Magallanes, sentado en el lomo del cóndor, regó el Gran Semí,[12] por las naciones románticas del continente y por las islas dolorosas del mar, la semilla de la América nueva! ✤

[12] (Sic) Cemí o Zemí, espíritu protector taíno. Referencia a la escultura aborigen antillana tallada en madera por los taínos y descubierta en Cuba.

270

YO SOY UN HOMBRE SINCERO

De *Versos sencillos*, 1889–1891

Yo soy un hombre sincero
De donde crece la palma,
Y antes de morirme quiero
Echar mis versos del alma.

5 Yo vengo de todas partes,
Y hacia todas partes voy:
Arte soy entre las artes,
En los montes, monte soy.

Yo sé los nombres extraños
10 De las yerbas y las flores,
Y de mortales engaños,
Y de sublimes dolores.

Yo he visto en la noche oscura
Llover sobre mi cabeza
15 Los rayos de lumbre pura
De la divina belleza.

Alas nacer vi en los hombros
De las mujeres hermosas:
Y salir de los escombros*,   *desechos,
20 Volando las mariposas.   basura

He visto vivir a un hombre
Con el puñal al costado,
Sin decir jamás el nombre
De aquella que lo ha matado.

25 Rápida, como un reflejo,
Dos veces vi el alma, dos:
Cuando murió el pobre viejo,[1]
Cuando ella me dijo adiós.

Temblé una vez —en la reja,
30 A la entrada de la viña—,
Cuando la bárbara abeja
Picó en la frente a mi niña.

Gocé una vez, de tal suerte
Que gocé cual nunca: —cuando
35 La sentencia de mi muerte
Leyó el alcaide llorando.

Oigo un suspiro, a través
De las tierras y la mar,
Y no es un suspiro, —es
40 Que mi hijo va a despertar.

Si dicen que del joyero
Tome la joya mejor,
Tomo a un amigo sincero
Y pongo a un lado el amor.

45 Yo he visto al águila herida
Volar al azul sereno,
Y morir en su guarida
La víbora del veneno.

[1] Alusión a su padre.

VII

[…]

50 Yo sé bien que cuando el mundo
Cede, lívido, al descanso,
Sobre el silencio profundo
Murmura el arroyo manso.

Yo he puesto la mano osada,
55 De horror y júbilo yerta˙,   ˙rígida,
Sobre la estrella apagada   inmóvil
Que cayó frente a mi puerta.

Oculto en mi pecho bravo
La pena que me lo hiere:
60 El hijo de un pueblo esclavo
Vive por él, calla y muere.

Todo es hermoso y constante,
Todo es música y razón,
Y todo, como el diamante,
65 Antes que luz es carbón.

Yo sé que el necio˙ se entierra   ˙estúpido
Con gran lujo y con gran llanto.
Y que no hay fruta en la tierra
Como la del camposanto˙.   ˙cementerio

70 Callo, y entiendo, y me quito
La pompa del rimador:
Cuelgo de un árbol marchito˙   ˙sin vida
Mi muceta[2] de doctor.

[2]Especie de capa que solo llega hasta los
codos y que visten religiosos, doctores,
magistrados, etc.

DOS PATRIAS

De *Flores del destierro*, 1885–1895

Dos patrias tengo yo: Cuba y la noche.
¿O son una las dos? No bien retira
su majestad el sol, con largos velos
y un clavel en la mano, silenciosa
5 Cuba cual viuda triste me aparece.
¡Yo sé cuál es ese clavel sangriento
que en la mano le tiembla! Está vacío
mi pecho, destrozado está y vacío
en donde estaba el corazón. Ya es hora
10 de empezar a morir. La noche es buena
para decir adiós. La luz estorba˙   ˙molesta
y la palabra humana. El universo
habla mejor que el hombre.

Cual bandera
15 que invita a batallar, la llama roja
de la vela flamea. Las ventanas
abro, ya estrecho en mí. Muda, rompiendo
las hojas del clavel, como una nube
que enturbia˙ el cielo, Cuba, viuda, pasa…   ˙oscurece

AMOR DE CIUDAD GRANDE

De *Versos libres*, 1878–1882

De gorja* son y rapidez los tiempos.　　　　　　　　　　　*garganta
Corre cual luz la voz; en alta aguja,
Cual nave despeñada en sirte horrenda,
Húndese el rayo, y en ligera barca
5　El hombre, como alado, el aire hiende*.　　　　　　　　*perfora
¡Así el amor, sin pompa ni misterio
Muere, apenas nacido, de saciado!
Jaula es la villa de palomas muertas
Y ávidos cazadores! Si los pechos
10　Se rompen de los hombres, y las carnes
Rotas por tierra ruedan, no han de verse
Dentro más que frutillas estrujadas*!　　　　　　　　　*exprimidas

Se ama de pie, en las calles, entre el polvo
De los salones y las plazas; muere
15　La flor el día en que nace. Aquella virgen
Trémula que antes a la muerte daba
La mano pura que a ignorado mozo;
El goce de temer; aquel salirse
Del pecho el corazón; el inefable
20　Placer de merecer; el grato susto
De caminar de prisa en derechura
Del hogar de la amada, y a sus puertas
Como un niño feliz romper en llanto;
Y aquel mirar, de nuestro amor al fuego,
25　Irse tiñendo de color las rosas,
¡Ea, que son patrañas! Pues ¿quién tiene
Tiempo de ser hidalgo? ¡Bien que sienta,
Cual áureo vaso o lienzo suntuoso,
Dama gentil en casa de magnate!
30　¡O si se tiene sed, se alarga el brazo
Y a la copa que pasa se la apura*!　　　　　　　　　　*bebe
Luego, la copa turbia al polvo rueda,
Y el hábil catador —manchado el pecho
De una sangre invisible— sigue alegre
35　Coronado de mirtos, su camino!
¡No son los cuerpos ya sino desechos,
Y fosas, y jirones! ¡Y las almas
No son como en el árbol fruta rica
En cuya blanda piel la almíbar dulce
40　En su sazón de madurez rebosa,

Sino fruta de plaza que a brutales
Golpes el rudo labrador madura!

¡La edad es ésta de los labios secos!
¡De las noches sin sueño! ¡De la vida
45 Estrujada en agraz˙! ¿Qué es lo que falta   ˙amargura, pesar
Que la ventura falta? Como liebre
Azorada˙, el espíritu se esconde,   ˙asustada
Trémulo huyendo al cazador que ríe,
Cual en soto selvoso, en nuestro pecho;
50 Y el deseo, de brazo de la fiebre,
Cual rico cazador recorre el soto.

¡Me espanta˙ la ciudad! ¡Toda está llena   ˙asusta
De copas por vaciar, o huecas copas!
¡Tengo miedo ¡ay de mí! de que este vino
55 Tósigo˙ sea, y en mis venas luego   ˙tóxico
Cual duende vengador los dientes clave!
¡Tengo sed; mas de un vino que en la tierra
No se sabe beber! ¡No he padecido˙   ˙sufrido
Bastante aún, para romper el muro
60 Que me aparta˙ ¡oh dolor! de mi viñedo!   ˙separa
¡Tomad vosotros, catadores ruines
De vinillos humanos, esos vasos
Donde el jugo de lirio a grandes sorbos
Sin compasión y sin temor se bebe!
65 ¡Tomad! ¡Yo soy honrado, y tengo miedo!

DE VIVA VOZ: JOSÉ MARTÍ
"Y porque amo la sencillez..."

El patriotismo, la justicia, la libertad, la sinceridad, la belleza, el amor, la amistad, la fugacidad de la vida... todo parece provocar en José Martí ese río de emociones que fluye en sus versos y que, en cierto modo, presagia su muerte prematura. En esta introducción a sus *Versos sencillos,* Martí expone sus dudas y anhelos ante la futura publicación de su más conocido poemario.

Mis amigos saben cómo se me salieron estos versos del corazón. Fue aquel invierno de angustia, en que por la ignorancia, o por fe fanática, o por miedo, o por cortesía, se reunieron en Washington, bajo el águila temible, los pueblos hispanoamericanos. ¿Cuál de nosotros ha olvidado aquel escudo, el escudo en que el águila de Monterrey y de Chapultepec, el águila de López y de Walker, apretaba en sus garras los pabellones todos de la América? Y la agonía en que viví, hasta que pude confirmar la cautela y el brío de nuestros pueblos; y el horror y vergüenza en que me tuvo el temor legítimo de que pudiéramos los cubanos, con manos parricidas, ayudar el plan insensato de apartar a Cuba, para bien único de un nuevo amo disimulado, de la patria que la reclama y en ella se completa, de la patria hispanoamericana, que quitaron las fuerzas mermadas por dolores injustos. Me echó el médico al monte: corrían arroyos, y se cerraban las nubes: escribí versos. A veces ruge el mar, y revienta la ola, en la noche negra, contra las rocas del castillo ensangrentado: a veces susurra la abeja, merodeando entre las flores.

¿Por qué se publica esta sencillez, escrita como jugando, y no mis encrespados Versos libres, mis endecasílabos hirsutos, nacidos de grandes miedos, o de grandes esperanzas, o de indómito amor de libertad, o de amor doloroso a la hermosura, como riachuelo de oro natural, que va entre arenas y aguas turbias y raíces, o como hierro caldeado, que silba y chispea, o como surtidores candentes? ¿Y mis Versos cubanos, tan llenos de enojo, que están mejor donde no se les ve? ¿Y tanto pecado mío escondido, y tanta prueba ingenua y rebelde de literatura? ¿Ni a qué exhibir ahora, con ocasión de estas flores silvestres, un curso de mi poética, y decir por qué repito un consonante de propósito, o los gradúo y agrupo de modo que vayan por la vista y el oído al sentimiento, o salto por ellos, cuando no pide rimas ni soporta repujos la idea tumultuosa? Se imprimen estos versos porque el afecto con que los acogieron, en una noche de poesía y amistad, algunas almas buenas, los ha hecho ya públicos. Y porque amo la sencillez, y creo en la necesidad de poner el sentimiento en formas llanas y sinceras.

PREGUNTAS

ANÁLISIS

1. Según expone Martí en *Nuestra América*, ¿qué factores han retrasado y dificultado el proceso de democratización de los pueblos hispanoamericanos?

2. ¿Qué actitudes, conductas y valores critica Martí en *Nuestra América*?

3. Describe el concepto de *hombre natural* en *Nuestra América*.

4. Analiza la métrica de "Yo soy un hombre sincero". ¿Qué tipo de rima y número de sílabas tiene este poema? ¿Qué efecto tienen sus características formales en su musicalidad?

5. Los versos blancos son aquellos que no riman con ningún otro verso, pero tienen el mismo número de sílabas. Identifica cuáles de los poemas presentados tienen versos blancos y comenta qué efecto tiene el uso del hipérbaton, o alteración del orden natural de la oración, en dichos poemas.

6. Lee el poema "Dos patrias" en voz alta y comenta qué recursos utiliza Martí para darle ritmo y sonoridad. Ilustra tu respuesta con ejemplos.

7. Martí escribió "Amor de ciudad grande" durante su exilio en Nueva York. A tu juicio, ¿cuál es el mensaje central del poema y qué versos lo expresan con más claridad?

8. En una metáfora se establece una comparación entre dos cosas, mientras que un símbolo suele representar, por sí solo, una idea más amplia y abstracta. Identifica dos metáforas y, al menos, un símbolo en "Amor de ciudad de grande".

INTERPRETACIÓN

1. ¿Con qué intención escribe José Martí *Nuestra América*?

2. ¿Qué quiere decir Martí en *Nuestra América* al aseverar "El vino, de plátano; y si sale agrio, ¡es nuestro vino!"?

3. En el poema "Yo soy un hombre sincero", ¿a qué se podría estar refiriendo el verso de "todo, como el diamante, antes que luz es carbón"?

4. ¿Qué dos fuerzas entran en tensión en "Dos patrias"? Trata de expresar en una sola palabra el sentimiento predominante de este poema.

5. Relaciona la metáfora "silenciosa Cuba cual viuda triste me aparece" con los anhelos políticos expresados en *Nuestra América*.

6. ¿Qué lamenta el poeta en el verso "como liebre azorada, el espíritu se esconde"? ¿Qué otros versos de "Amor de ciudad grande" reflejan este lamento? ¿Qué tema primordial envuelve los versos de este poema?

7. ¿Qué representan, para ti, las copas llenas y vacías de "Amor de ciudad grande"? ¿Qué te sugiere la imagen "Se ama de pie, en las calles, entre el polvo de los salones y las plazas"?

INVESTIGACIÓN

1. Averigua por qué José Martí es considerado uno de los padres espirituales de América.

2. Los críticos no se ponen de acuerdo a la hora de clasificar a José Martí como romántico o como modernista. Explica las posibles razones de este desacuerdo y di en qué grupo lo clasificarías tú. Justifica tu respuesta.

3. José Martí escribió una revista infantil a la que le dio el nombre de *La Edad de Oro*. Averigua qué lo motivó a escribir para los niños y las niñas, cuál era el contenido de los textos que publicó y explica cuál era su visión general de la educación.

BIBLIOGRAFÍA

Castro Morales, Lilia. *Diccionario del Pensamiento de José Martí*. Editorial Selecta. La Habana, 1953.

Costa, Octavio Ramón. *Ser y esencia de Martí*. Colección Formación martiana. Ediciones Universal, 2000.

Franco, Jean. *Historia de la literatura hispanoamericana*. Traducción castellana para España y América: Ariel, S.A. Instrumenta 7, 2ª Edición, Barcelona, 1979.

González, Manuel Pedro; Schulman, Iván A. *José Martí, Rubén Darío y el modernismo*. Volumen 127 de Biblioteca románica hispánica: Estudios y ensayos Biblioteca románica hispánica: II. Prólogo de Cintio Vitier. Editorial Gredos. Madrid, 1969.

Guadarrama González, Pablo. *José Martí y el Humanismo en América Latina*. Edición ilustrada de Convenio Andrés Bello, 2003.

Henríquez Ureña, Max. *Breve historia del Modernismo*. Fondo de Cultura Económica. México, 1978.

Jardines, Alexis; González, Jorge C. *Reflexiones en torno al espiritualismo de José Martí*. Editorial Ciencias Sociales, 1990.

Lezama Lima, José. *La expresión americana*. Volumen 21 de Colección conmemorativa 70 aniversario. Fondo de Cultura Económica, 2005.

Mistral, Gabriela. *Recados: Contando a Chile*. Volumen 4 de Obras selectas de Gabriela Mistral. Editorial del Pacífico, 1957.

Reyes, Alfonso. *Obras Completas*. Tomo XXII del Fondo de Cultura Económica, México 1989.

Rivas Toll, Elena. *Pensamiento filosófico de José Martí: un estudio desde las mediaciones político-axiológicas*. Editorial de Ciencias Sociales, 2008.

Unamuno, Miguel de. *Sobre los Versos Libres de Martí*. En Heraldo de Cuba. Reproducido en "Archivo José Martí" Tomo IV, 1947, de las Publicaciones del Ministerio de Educación, Dirección de Cultura, La Habana, Cuba, 1947.

JOSÉ HERNÁNDEZ

1834–1886

"Mi gloria es vivir tan libre como el pájaro del cielo; no hago nido en este suelo ande hay tanto que sufrir, y naides me ha de seguir cuando yo remuento el vuelo."

—José Hernández, *El gaucho Martín Fierro*

José Hernández nació en la provincia de Buenos Aires. A los doce años su padre lo llevó a la pampa bonaerense para restablecerse de una dolencia de pecho. Allí conoció al gaucho y sus valores, aprendió a montar a caballo y tuvo experiencia en la vida del campo y sus tradiciones, que serían de importancia vital para su obra literaria. Desde joven comenzó a escribir artículos periodísticos que iban firmados generalmente con sus iniciales o con el seudónimo "Vincha". Defendía el federalismo de las provincias y su independencia de la centralidad de Buenos Aires, y se oponía a la política contra el indio. A los diecinueve años ingresó en el ejército y participó en varias batallas importantes, así como en la rebelión federal. Tras la derrota tuvo que exiliarse un año en Brasil.

A lo largo de su vida fue también comerciante, estanciero, taquígrafo, maestro, orador, poeta, diputado y senador, y participó en la fundación de varios periódicos y de una ciudad, La Plata. En 1872 publicó *El gaucho Martín Fierro*, poema narrativo sobre un gaucho que es empujado a la guerra de frontera contra el indio y queda finalmente fuera de la ley; la historia concluye en *La vuelta de Martín Fierro*, publicada en 1879.

La literatura gauchesca se desarrolló y consolidó en el marco histórico del movimiento romántico y de las luchas políticas en el Río de la Plata —por las guerras de Independencia primero y por el gobierno de Juan Manuel de Rosas después— durante el siglo XIX. El personaje del gaucho, con su forma de hablar, su cultura y sus costumbres, era portavoz de las críticas y denuncias en composiciones tradicionales de poesía popular, generalmente anónimas y muchas veces orales, o publicadas en periódicos o pliegues sueltos. Posteriormente aparecieron autores que pertenecían a las clases altas y educadas de la ciudad, como Hilario Ascasubi, Estanislao del Campo, Rafael Obligado y Antonio Lussich. Cuando se publicó *El gaucho Martín Fierro*, la Argentina intentaba consolidar la identidad nacional y el gaucho no encontraba lugar en ese proyecto, pues cargaba con la mala reputación de vago y delincuente por no tener domicilio ni trabajo fijo. El personaje que creó Hernández tiene pasado y familia, y sus características de valentía, honradez y libertad niegan esos prejuicios que se tenían sobre la figura del gaucho.

Si la primera parte narraba las desventuras del gaucho, forzado por las autoridades con falsas acusaciones a unirse al ejército para luchar contra el indio en la frontera y concluía con una aparente imposibilidad de encontrar un lugar en la sociedad de la nueva nación, en la segunda parte, esa dificultad se transforma en voluntad de integración a la civilización y al orden democrático. Para entonces, Martín Fierro, más viejo y con la experiencia de sus desventuras, da consejos a sus hijos para que aprendan a trabajar y a prosperar, adaptándose a la nueva sociedad.

OBRAS

El gaucho
Martín Fierro

Ilustrado por
artistas españoles

EL GAUCHO MARTÍN FIERRO[1]
De *El gaucho Martín Fierro*, 1872

I

Aquí me pongo a cantar
al compás de la vigüela,[2]
que el hombre que lo desvela• •le quita
una pena estrordinaria,   el sueño
5 como la ave solitaria
con el cantar se consuela.

Pido a los santos del cielo
que ayuden mi pensamiento;
les pido en este momento

10 que voy a cantar mi historia
me refresquen la memoria
y aclaren mi entendimiento.

Vengan santos milagrosos,
vengan todos en mi ayuda,
15 que la lengua se me añuda•   •anuda
y se me turba• la vista;   •nubla
pido a mi Dios que me asista
en una ocasión tan ruda•.   •difícil

Yo he visto muchos cantores,
20 con famas bien otenidas,
y que después de alquiridas
no las quieren sustentar:
parece que sin largar
se cansaron en partidas•.   •preliminares a una
                                  carrera de caballos

[1] *El gaucho Martín Fierro* es un poema
compuesto por trece cantos dispuestos
en sextinas de versos octosílabos. Su
narración refleja la lengua gauchesca.
[2] Vihuela; instrumento de cuerda similar
a la guitarra.

25 Mas ande° otro criollo pasa   °donde
Martín Fierro ha de pasar;
nada lo hace recular°   °dar marcha atrás
ni las fantasmas lo espantan,
y dende que° todos cantan   °puesto que
30 yo también quiero cantar.

Cantando me he de morir,
cantando me han de enterrar,
y cantando he de llegar
al pie del Eterno Padre:
35 dende el vientre de mi madre
vine a este mundo a cantar.

Que no se trabe mi lengua
ni me falte la palabra;
el cantar mi gloria labra°   °cultiva,
prepara
40 y poniéndome a cantar,
cantando me han de encontrar
aunque la tierra se abra.

Me siento en el plan de un bajo°   °cañada,
valle
a cantar un argumento;
45 como si soplara el viento
hago tiritar los pastos.
Con oros, copas y bastos[3]
juega allí mi pensamiento.

Yo no soy cantor letrao°,   °letrado,
culto
50 mas si me pongo a cantar
no tengo cuándo acabar
y me envejezco cantando:
las coplas° me van brotando   °versos
cantados
como agua de manantial.

55 Con la guitarra en la mano
ni las moscas se me arriman;
naides me pone el pie encima°,   °nadie me
gana
y cuando el pecho se entona,
hago gemir a la prima°   °cuerda delgada
60 y llorar a la bordona°.   °cuerda gruesa

Yo soy toro° en mi rodeo   °valiente
y torazo en rodeo ajeno;

[3] Palos de la baraja española. Aquí se
afirma la intención de "jugar" con
todas las cartas de la baraja, es decir,
con todos los recursos al alcance.

siempre me tuve por güeno°   °bueno
y si me quieren probar,
65 salgan otros a cantar
y veremos quién es menos.

No me hago al lao de la güeya°   °al lado del
camino
aunque vengan degollando;
con los blandos° yo soy blando   °débiles
70 y soy duro con los duros,
y ninguno en un apuro°   °dificultad
me ha visto andar tutubiando°.   °titubeando;
dudando

En el peligro, ¡qué Cristos!
el corazón se me enancha°,   °ensancha
75 pues toda la tierra es cancha°,   °campo abierto
y de eso naides se asombre;
el que se tiene por hombre
donde quiera hace pata ancha°.   °actúa con
valentía

Soy gaucho, y entiendaló
80 como mi lengua lo esplica:
para mí la tierra es chica
y pudiera ser mayor;
ni la víbora me pica
ni quema mi frente el sol.

85 Nací como nace el peje°   °pez
en el fondo de la mar;
naides me puede quitar
aquello que Dios me dio:
lo que al mundo truje° yo   °traje
90 del mundo lo he de llevar.

Mi gloria es vivir tan libre
como el pájaro del cielo;
no hago nido en este suelo
ande hay tanto que sufrir,
95 y naides me ha de seguir
cuando yo remuento° el vuelo°°.   °remonto °°me
echo a volar

Yo no tengo en el amor
quien me venga con querellas°;   °quejas
como esas aves tan bellas
100 que saltan de rama en rama,
yo hago en el trébol mi cama,
y me cubren las estrellas.

Y sepan cuantos escuchan
de mis penas el relato,
105 que nunca peleo ni mato

sino por necesidá,
y que a tanta alversidá
sólo me arrojó el mal trato.

110 Y atiendan la relación
que hace un gaucho perseguido,
que padre y marido ha sido
empeñoso• y diligente, •trabajador
y sin embargo la gente
lo tiene por un bandido•. •delincuente

II

115 Ninguno me hable de penas,
porque yo penando vivo,
y naides se muestre altivo• •arrogante
aunque en el estribo• esté, •encima del
que suele quedarse a pie caballo
120 el gaucho más alvertido•. •atrevido;
 autosuficiente

Junta esperencia en la vida
hasta pa dar y prestar• •en abundancia
quien la tiene que pasar
entre sufrimiento y llanto;
125 porque nada enseña tanto
como el sufrir y el llorar.

Viene el hombre ciego al mundo,
cuartiándolo la esperanza,
y a poco andar ya lo alcanzan
130 las desgracias a empujones;
¡la pucha, que trae liciones• •lecciones
el tiempo con sus mudanzas•! •cambios

Yo he conocido esta tierra
en que el paisano• vivía •campesino
135 y su ranchito tenía
y sus hijos y mujer...
Era una delicia el ver
cómo pasaba sus días.

Entonces... cuando el lucero
140 brillaba en el cielo santo,
y los gallos con su canto
nos decían que el día llegaba,
a la cocina rumbiaba• •iba
el gaucho... que era un encanto.

145 Y sentao junto al jogón• •fogón,
a esperar que venga el día, cocina

al cimarrón• le prendía •mate negro y
hasta ponerse rechoncho, sin azucar
mientras su china• dormía •mujer
150 tapadita con su poncho.

Y apenas la madrugada
empesaba a coloriar,
los pájaros a cantar
y las gallinas a apiarse,
155 era cosa de largarse• •irse
cada cual a trabajar.

Este se ata las espuelas,
se sale el otro cantando,
uno busca un pellón• blando, •tela para cubrir
160 éste un lazo, otro un rebenque, y proteger
y los pingos relinchando al caballo
los llaman dende el palenque•. •poste para
 atar caballos

El que era pión domador
enderezaba al corral,
165 ande estaba el animal
bufidos que se las pela...
y más malo que su agüela
se hacía astillas el bagual•. •caballo sin
 domar

Y allí el gaucho inteligente
170 en cuanto el potro enriendó•, •le puso
los cueros le acomodó, las riendas
y se le sentó en seguida,
que el hombre muestra en la vida
la astucia que Dios le dio.

175 Y en las playas corcoviando• •con las patas
pedazos se hacía el sotreta delanteras
mientras él por las paletas en el aire
le jugaba las lloronas
y al ruido de las caronas
180 salía haciéndose gambetas•. •brincos

¡Ah tiempos!... ¡Si era un orgullo
ver jinetear un paisano!
Cuando era gaucho baquiano•, •experto
aunque el potro se boliase•, •intentara
185 no había uno que no parase derribar al jinete
con el cabresto• en la mano. •rienda

Y mientras domaban unos,
otros al campo salían,

190 y la hacienda recogían,
las manadas repuntaban*, — *reunían
y ansí sin sentir pasaban
entretenidos el día.

Y verlos al cair* la tarde — *caer
en la cocina riunidos*, — *reunidos
195 con el juego* bien prendido — *fuego
y mil cosas que contar,
platicar muy divertidos
hasta después de cenar.

Y con el buche* bien lleno — *estómago
200 era cosa superior
irse en brazos del amor
a dormir como la gente,
pa empezar al día siguiente
las fainas* del día anterior. — *faenas

205 Ricuerdo ¡qué maravilla!
cómo andaba la gauchada
siempre alegre y bien montada
y dispuesta pa el trabajo...
pero hoy en día... ¡barajo!
210 no se la ve de aporriada*. — *aporreada; maltratada

El gaucho más infeliz
tenía tropilla de un pelo*; — *manada de caballos del mismo color
no le faltaba un consuelo
y andaba la gente lista...
215 tendiendo al campo la vista
no vía* sino hacienda y cielo. — *veía

Cuando llegaban las yerras*, — *hierrros para marcar las reses
¡cosa que daba calor
tanto gaucho pialador* — *hábil atrapando animales con el lazo
220 y tironiador sin yel!
¡Ah tiempos... pero si en él
se ha visto tanto primor!

Aquello no era trabajo,
más bien era una junción*, — *función
225 y después de un güen tirón
en que uno se daba maña*, — *prisa
pa darle un trago de caña
solía llamarlo el patrón.

Pues siempre la mamajuana* — *damajuana, botellón de vidrio
230 vivía bajo la carreta,

y aquel que no era chancleta* — *hombre que no bebe alcohol
en cuanto el goyete vía,
sin miedo se le prendía
como güérfano a la teta.

235 ¡Y qué jugadas se armaban
cuando estábamos riunidos!
Siempre íbamos prevenidos,
pues en tales ocasiones
a ayudarles a los piones* — *peones
240 caiban muchos comedidos*. — *gente dispuesta a ayudar; entrometidos

Eran los días del apuro
y alboroto pa el hembraje,
pa preparar los potajes* — *comidas
y osequiar bien a la gente,
245 y así, pues, muy grandemente
pasaba siempre el gauchaje.

Venía la carne con cuero,
la sabrosa carbonada*, — *plato típico
mazamorra* bien pisada, — *postre indígena
250 los pasteles y el güen vino...
pero ha querido el destino
que todo aquello acabara.

Estaba el gaucho en su pago
con toda seguridá,
255 pero aura... ¡barbaridá!
la cosa anda tan fruncida*, — *mal
que gasta el pobre la vida
en juir* de la autoridá. — *huir

Pues si usté pisa en su rancho
260 y si el alcalde lo sabe
lo caza lo mesmo que ave
aunque su mujer aborte...
¡No hay tiempo que no se acabe
ni tiento* que no se corte! — *cuerda para guiar al caballo

265 Y al punto dése por muerto
si el alcalde lo bolea,
pues ahí no más se le apea
con una felpa de palos*. — *paliza
Y después dicen que es malo
270 el gaucho si los pelea.

Y el lomo le hinchan a golpes,
y le rompen la cabeza,

y luego con ligereza,
ansí lastimao y todo,
275 lo amarran codo con codo
y pa el cepo* lo enderiezan.

Ahí comienzan sus desgracias,
ahí principia el pericón*;
porque ya no hay salvación,
280 y que usté quiera o no quiera,

*instrumento
de tortura

*danza folclórica

lo mandan a la frontera
o lo echan a un batallón.

Ansí empezaron mis males
lo mesmo que los de tantos;
285 si gustan... en otros cantos
les diré lo que he sufrido.
Después que uno está perdido
no lo salvan ni los santos.

PREGUNTAS

ANÁLISIS

1. A la manera de la epopeya clásica, "El gaucho Martín Fierro" se inicia con una invocación. ¿A quién pide ayuda Martín Fierro para poder contar su historia? ¿Qué te dice esto sobre las creencias del hombre de campo en la Argentina de la época?

2. ¿Con qué estado de ánimo comienza el gaucho su canto? ¿Cuál es su propósito?

3. ¿Cuál es su vocación? ¿Cuál es su nivel de compromiso con esa vocación? Explica tu respuesta.

4. La guitarra es el instrumento por excelencia del payador para acompañar sus cantos. ¿Qué características, dice Martín Fierro, diferencian al payador de los otros cantores?

5. ¿Qué rasgos de su personalidad anuncia Martín Fierro en su primer canto? ¿Qué virtudes se atribuye? ¿Cuál es el valor más importante para él?

6. ¿Cómo justifica Martín Fierro su comportamiento?

INTERPRETACIÓN

1. ¿Por qué dirías que a Martín Fierro, en su invocación inicial, se le "añuda la lengua" y se le "turba la vista"?

2. El gaucho se compara varias veces con un ave del cielo. ¿Qué relevancia tiene esta metáfora en el contexto de la obra?

3. ¿Qué quiere decir el poeta con los versos "Toda la tierra es cancha" y "para mí la tierra es chica y pudiera ser mayor"?

4. ¿Cuál es la actitud del gaucho hacia los valores materiales? ¿Cómo describirías su forma de vida?

5. ¿Qué ideas universales simbolizan los pensamientos y los actos del gaucho?

6. Contrasta la percepción que tiene el gaucho de sí mismo y cómo es considerado por la sociedad.

INVESTIGACIÓN

1. "El gaucho Martín Fierro" se desarrolla en un momento crítico de la historia de la Argentina. Identifica el periodo histórico en que tiene lugar el poema y explica la problemática que representa el gaucho en ese contexto político.

2. *El Cantar del Mío Cid* es la gran referencia del poema épico en lengua española. Averigua qué similitudes y diferencias existen entre estos dos poemas y sus protagonistas.

DOMINGO FAUSTINO SARMIENTO

1811–1888

"Soldado, con la pluma o la espada, combato para poder escribir, que escribir es pensar, escribo como medio y arma de combate, que combatir es realizar el pensamiento."

—**Domingo Faustino Sarmiento,**
Campaña en el Ejército Grande

Domingo Faustino Sarmiento nació en un pequeño caserío de la provincia de San Juan, Argentina. A pesar de los escasos recursos de su familia, aprendió a leer a los cuatro años y fundó una escuela a los quince. Siempre fascinado por la lectura y el estudio, se abrió paso en la vida con esfuerzo: en su juventud trabajó en una tienda, fue maestro, periodista, y combatió en las guerras entre unitarios y federales. En 1927, las tropas montoneras de Facundo Quiroga invadieron San Juan; Sarmiento se unió al ejército unitario del general Paz para luchar contra ellas, pero fue imposible derrotarlas, y en 1831 debió exiliarse en Chile. Allí se dedicó a la enseñanza y al periodismo, publicó *Facundo o Civilización y barbarie* (1845), y realizó un viaje para estudiar los sistemas educativos y políticas inmigratorias de Europa y Estados Unidos. A partir de 1862, como gobernador de su provincia, llevó a cabo la construcción de caminos, escuelas y edificios, y promovió la industria y la agricultura. En 1865 viajó a Estados Unidos como ministro plenipotenciario de la Argentina; allí escribió *Vida de Abraham Lincoln* y recibió doctorados *honoris causa* de las universidades de Michigan y Brown.

Como presidente de la Argentina entre 1868 y 1874, promovió el desarrollo de la educación, con la fundación de unas ochocientas escuelas y dos liceos militares, y de las comunicaciones, con la instalación del telégrafo y la extensión de las vías férreas. Durante el resto de su vida continuó defendiendo la educación gratuita, laica y obligatoria para todos. En el aniversario de su muerte, el 11 de septiembre, se celebra el Día del Maestro en la Argentina.

En 1845 Sarmiento se encontraba exiliado en Chile. La continuidad en Buenos Aires del gobierno de Juan Manuel de Rosas, de quien era opositor, le impedía regresar a su país. El panorama era complejo para él también en Chile por las polémicas discusiones que mantenía a través de sus columnas periodísticas sobre política, lingüística, estética e historia, cosechando enemigos por todas partes. En ese momento escribe *Facundo o Civilización y barbarie*, con tanta intensidad y pasión que, según amigos y testigos, se olvidaba de comer y dormir para avanzar sin pausa en los capítulos que entregaba al diario *El Progreso* para su publicación en veinticinco entregas. El libro trata sobre el caudillo federal Facundo Quiroga, pero en él, Sarmiento apuntaba a Rosas, a quien consideraba un tirano que había sumido a la Argentina en una lucha sangrienta entre federales y unitarios.

Desde el comienzo, el género literario de *Facundo* fue materia de discusión, la cual continúa hasta la actualidad: ensayo o narrativa, historia o ficción, autobiografía o novela histórica, epopeya, memoria, panfleto. El libro hace una crítica de la cultura argentina y culpa a la barbarie y al caudillismo (con Rosas a la cabeza) por la pobreza, el retraso y la ignorancia, y por sumir al país en el caos y la anarquía. La geografía del país era también responsable para Sarmiento de los problemas que enfrentaba el país, con el desierto y la inmensa extensión despoblada que marcaba el límite entre las zonas habitadas y la frontera siempre acosada por los indios. El gaucho era producto de esa sociedad, pero Sarmiento también veía en él grandes cualidades que podrían desarrollarse para beneficio de todos si este recibía educación. En eso no difiere del final de *El gaucho Martín Fierro*, en el que José Hernández le hace decir al narrador que el gaucho debe tener familia, trabajo, educación y derechos, y someterse a la ley del Estado liberal. Según Enrique Anderson Imbert, "Sarmiento simpatizaba estéticamente con las costumbres gauchas y las desdeñaba en nombre de sus principios políticos". La disyuntiva "civilización o barbarie" de *Facundo* marcó el pensamiento y la literatura de toda la América hispana, que buscaba su identidad tras obtener su independencia en el siglo XIX. José Martí se refirió a esta problemática en su ensayo *Nuestra América*, al disentir: "No hay batalla entre la civilización y la barbarie, sino entre la falsa erudición y la naturaleza".

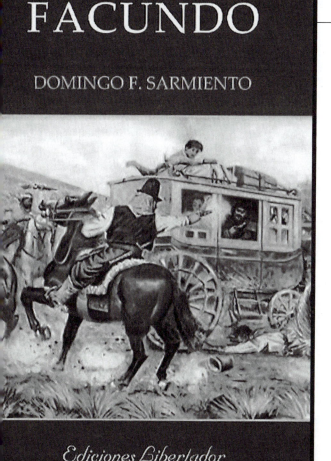

OBRAS*

1843 | *Mi defensa*
1845 | *Facundo o Civilización y barbarie*
1845 | *Vida de Aldao*
1849 | *Viajes por África, Europa y América*
1850 | *Argirópolis*
1850 | *Recuerdos de provincia*
1852 | *Campaña del Ejército Grande*
1853 | *Las ciento y una*
1853 | *Comentario a la Constitución de la Confederación Argentina*
1856 | *Memoria sobre educación común*
1865 | *El Chacho*
1865 | *Vida de Abraham Lincoln*
1866 | *Las escuelas, bases de la prosperidad*
1884 | *Conflicto y armonías de las razas en América*
1886 | *Vida de Dominguito*

*Las obras de Sarmiento son de difícil clasificación. En ellas se mezcla el ensayo con la narración, la crónica y la ficción política, como en el caso de *Argirópolis*.

VIDA DE JUAN FACUNDO QUIROGA

De *Facundo o Civilización y barbarie*, 1845

V

Au surplus, ces traits appartiennent au caractère original du genre humain.
L'homme de la nature, et qui n'a pas encore appris à contenir ou déguiser ses
passions, les montre dans toute leur énergie, et se livre à toute leur impétuosité.

ALIX, Histoire de l'Empire Ottoman

INFANCIA Y JUVENTUD

Media entre las ciudades de San Luis y San Juan un dilatado desierto, que, por su falta completa de agua, recibe el nombre de *travesía*. El aspecto de aquellas soledades es, por lo general, triste y desamparado, y el viajero que viene del oriente no pasa la última *represa* o aljibe de campo, sin proveer sus *chifles**, de suficiente cantidad de agua. En esta travesía, tuvo lugar, una vez, la extraña escena que sigue: Las cuchilladas tan frecuentes entre nuestros gauchos, habían forzado, a uno de ellos, a abandonar precipitadamente la ciudad de San Luis, y ganar la *travesía* a pie, con la montura al hombro, a fin de escapar de las persecuciones de la justicia. Debían alcanzarlo dos compañeros, tan luego como pudieran robar caballos para los tres.

*recipientes para conservar el agua

No eran, por entonces, sólo el hambre o la sed los peligros que le aguardaban en el desierto aquel, que un tigre *cebado* andaba hacía un año siguiendo los rastros de los viajeros, y pasaban ya de ocho, los que habían sido víctimas de su predilección por la carne humana. Suele ocurrir, a veces, en aquellos países en que la fiera y el hombre se disputan el dominio de la naturaleza, que éste cae bajo la garra sangrienta de aquélla: entonces, el tigre empieza a gustar de preferencia su carne, y se llama *cebado* cuando se ha dado a este nuevo género de caza, la caza de hombres. El juez de la campaña inmediata al teatro de sus devastaciones, convoca a los varones hábiles para la correría, y bajo su autoridad y dirección, se hace la persecución del tigre *cebado*, que rara vez escapa a la sentencia que lo pone fuera de la ley.

Cuando nuestro prófugo había caminado cosa de seis leguas, creyó oír bramar el tigre a lo lejos, y sus fibras se estremecieron. Es el bramido del tigre un gruñido como el del cerdo, pero agrio, prolongado, estridente, y que, sin que haya motivo de temor, causa un sacudimiento involuntario en los nervios, como si la carne se agitara, ella sola, al anuncio de la muerte.

Algunos minutos después, el bramido se oyó más distinto y más cercano; el tigre venía ya sobre el rastro, y sólo a una larga distancia se divisaba un pequeño algarrobo. Era preciso apretar* el paso, correr, en fin, porque los bramidos se sucedían con más frecuencia, y el último era más distinto, más vibrante que el que le precedía.

*acelerar

Al fin, arrojando la montura a un lado del camino, dirigióse el gaucho al árbol que había divisado, y no obstante la debilidad de su tronco, felizmente bastante elevado, pudo trepar a su copa y mantenerse en una continua oscilación, medio oculto entre el ramaje. Desde allí pudo observar la escena que tenía lugar en el camino: el tigre marchaba a paso precipitado, oliendo el suelo y bramando con más frecuencia, a medida que sentía la proximidad de su presa. Pasa adelante del punto en que ésta se había separado del camino y pierde el rastro; el tigre se enfurece, remolinea*, hasta que divisa la montura, que desgarra de un manotón, esparciendo en el aire sus prendas. Más irritado aún con este chasco*, vuelve a buscar el rastro, encuentra al fin la dirección en que va, y levantando la vista, divisa a su presa haciendo con el peso balancearse el algarrobillo, cual la frágil caña cuando las aves se posan en sus puntas.

*se mueve en círculos
*fracaso

Desde entonces, ya no bramó el tigre: acercábase a saltos, y en un abrir y cerrar de ojos, sus enormes manos estaban apoyándose a dos varas del suelo, sobre el delgado tronco, al que comunicaban un temblor convulsivo, que iba a obrar sobre los nervios del mal seguro gaucho. Intentó la fiera dar un salto, impotente; dio vuelta en torno del árbol midiendo su altura con ojos enrojecidos por la sed de sangre, y al fin, bramando de cólera, se acostó en el suelo, batiendo, sin cesar, la cola, los ojos fijos en su presa, la boca entreabierta y reseca. Esta escena horrible duraba ya dos horas mortales: la postura violenta del gaucho y la fascinación aterrante que ejercía sobre él la mirada sanguinaria, inmóvil, del tigre, del que por una fuerza invencible de atracción no podía apartar los ojos, habían empezado a debilitar sus fuerzas, y ya veía próximo el momento en que su cuerpo extenuado iba a caer en su ancha boca, cuando el rumor lejano del galope de caballos le dio esperanza de salvación.

En efecto, sus amigos habían visto el rastro del tigre y corrían sin esperanza de salvarlo. El desparramo de la montura les reveló el lugar de la escena, y volar a él, desenrollar sus lazos, echarlos sobre el tigre, *empacado* y ciego de furor, fue la obra de un segundo. La fiera, estirada a dos lazos, no pudo escapar a las puñaladas repetidas con que, en venganza de su prolongada agonía, le traspasó el que iba a ser su víctima. "Entonces supe lo que era tener miedo" —decía el general D. Juan Facundo Quiroga, contando a un grupo de oficiales este suceso.

*firme, sin ceder terreno

También a él le llamaron *Tigre de los Llanos*, y no le sentaba mal esta denominación, a fe. La frenología y la anatomía comparada han demostrado, en efecto, las relaciones que existen en las formas exteriores y las disposiciones morales, entre la fisonomía del hombre y de algunos animales a quienes se asemeja en su carácter. Facundo, porque así lo llamaron largo tiempo los pueblos del interior; el general don Facundo Quiroga, el excelentísimo brigadier general don Juan Facundo Quiroga, todo eso vino después, cuando la sociedad lo

recibió en su seno y la victoria lo hubo coronado de laureles: Facundo, pues, era
de estatura baja y fornida•; sus anchas espaldas sostenían sobre un cuello corto •fuerte
una cabeza bien formada, cubierta de pelo espesísimo, negro y ensortijado•. •rizado
Su cara, un poco ovalada, estaba hundida en medio de un bosque de pelo, a
75 que correspondía una barba igualmente espesa, igualmente crespa y negra, que
subía hasta los juanetes•, bastante pronunciados, para descubrir una voluntad •pómulos
firme y tenaz.

Sus ojos negros, llenos de fuego y sombreados por pobladas cejas, causaban
una sensación involuntaria de terror en aquellos sobre quienes, alguna vez,
80 llegaban a fijarse; porque Facundo no miraba nunca de frente, y por hábito,
por arte, por deseo de hacerse siempre temible, tenía de ordinario la cabeza
inclinada y miraba por entre las cejas, como el Alí-Bajá de Monvoisin.[1] El Caín
que representaba la famosa Compañía Ravel me despierta la imagen de Quiroga,
quitando las posiciones artísticas de la estatuaria, que no le convienen. Por lo
85 demás, su fisonomía era regular, y el pálido moreno de su tez sentaba bien, a las
sombras espesas en que quedaba encerrada.

La estructura de su cabeza revelaba, sin embargo, bajo esta cubierta selvática,
la organización privilegiada de los hombres nacidos para mandar. Quiroga
poseía esas cualidades naturales que hicieron del estudiante de Brienne, el genio
90 de la Francia, y del mameluco• obscuro que se batía con los franceses en las •soldado de la guardia
Pirámides, el virrey de Egipto. La sociedad en que nacen da a estos caracteres la personal de los sultanes
manera especial de manifestarse: sublimes, clásicos, por decirlo así, van al frente de Egipto
de la humanidad civilizada en unas partes; terribles, sanguinarios y malvados,
son, en otras, su mancha, su oprobio•. •deshonor

95 Facundo Quiroga fue hijo de un sanjuanino de humilde condición, pero
que, avecindado en los Llanos de La Rioja, había adquirido en el pastoreo,
una regular fortuna. El año 1799 fue enviado Facundo a la patria de su padre,
a recibir la educación limitada que podía adquirirse en las escuelas: leer y
escribir. Cuando un hombre llega a ocupar las cien trompetas de la fama con
100 el ruido de sus hechos, la curiosidad o el espíritu de investigación van hasta
rastrear la insignificante vida del niño, para anudarla a la biografía del héroe, y
no pocas veces, entre fábulas inventadas por la adulación, se encuentran ya en
germen, en ella, los rasgos característicos del personaje histórico.

Cuéntase de Alcibíades que, jugando en la calle, se tendía a lo largo del
105 pavimento, para contrariar a un cochero, que le prevenía que se quitase del
paso• a fin de no atropellarlo; de Napoleón, que dominaba a sus condiscípulos •se apartase
y se atrincheraba• en su cuarto de estudiante, para resistir a un ultraje••. De •se encerraba ••ofensa
Facundo se refieren, hoy, varias anécdotas, muchas de las cuales lo revelan
todo entero.

---

[1] August Raimond Quinsac Monvoisin (1790–1870), pintor francés que vivió en Chile entre los
años 1848 y 1857. Allí pintó al Sultán Mehemet Alí, citado por Sarmiento.

En la casa de sus huéspedes, jamás se consiguió sentarlo a la mesa común; en la escuela, era altivo, huraño• y solitario; no se mezclaba con los demás niños sino para encabezar en actos de rebelión y para darles de golpes. El *magister* cansado de luchar con este carácter indomable, se provee, una vez, de un látigo nuevo y duro, y enseñándolo a los niños, aterrados, "éste es" —les dice— para estrenarlo en Facundo". Facundo, de edad de once años, oye esta amenaza, y al día siguiente, la pone a prueba. No sabe la lección, pero pide al maestro que se la tome en persona, porque el pasante lo quiere mal. El maestro condesciende•; Facundo comete un error, comete dos, tres, cuatro; entonces el maestro hace uso del látigo, y Facundo, que todo lo ha calculado, hasta la debilidad de la silla en que su maestro está sentado, dale una bofetada, vuélcalo de espaldas, y entre el alboroto que esta escena suscita, toma la calle y va a esconderse en ciertos parrones de una viña, de donde no se le saca sino después de tres días. ¿No es ya el caudillo que va a desafiar•, más tarde, a la sociedad entera?

Cuando llega a la pubertad, su carácter toma un tinte más pronunciado. Cada vez más sombrío•, más imperioso••, más selvático; la pasión del juego, la pasión de las almas rudas que necesitan fuertes sacudimientos para salir del sopor• que las adormeciera, domínalo irresistiblemente desde la edad de quince años. Por ella se hace una reputación en la ciudad; por ella se hace intolerable en la casa en que se le hospeda; por ella, en fin, derrama, por un balazo dado a un Jorge Peña, el primer reguero de sangre que debía entrar en el ancho torrente que ha dejado marcado su pasaje en la tierra.

Desde que llega a la edad adulta, el hilo de su vida se pierde en un intrincado laberinto de vueltas y revueltas, por los diversos pueblos vecinos: oculto unas veces, perseguido siempre, jugando, trabajando en clase de peón•, dominando todo lo que se le acerca y distribuyendo puñaladas. En San Juan, muéstranse hoy, en la quinta• de los Godoyes, tapias pisadas por Quiroga; en La Rioja, las hay de su mano en Fiambalá. Él enseñaba otras, en Mendoza, en el lugar mismo en que una tarde hacía traer de sus casas, veintiséis oficiales de los que capitularon en Chacón,[2] para hacerlos fusilar, en expiación de los manes• de Villafañe.[3] En la campaña de Buenos Aires, también mostraba algunos monumentos de su vida de peón errante•. ¿Qué causas hacen a este hombre, criado en una casa decente, hijo de un hombre acomodado y virtuoso, descender a la condición del gañán•, y en ella escoger el trabajo más estúpido, más brutal, en el que sólo entra la fuerza física y la tenacidad? ¿Será que el tapiador gana doble sueldo y que se da prisa para juntar un poco de dinero?

•insociable

•cede, acepta

•retar

•triste ••autoritario
•letargo

•trabajador asalariado, jornalero

•finca, estancia, hacienda

•dioses del infierno que purificaban las almas de los muertos
•sin rumbo, vagabundo
•peón

[2] Triunfo de las tropas de Quiroga sobre el General José Videla Castillo en 1831 en la batalla de Rodeo de Chacón.
[3] José Benito Villafañe (1790–1831), gobernador de La Rioja en 1825. Partidario de Quiroga.

Lo más ordenado que de esta vida obscura y errante he podido recoger, es lo siguiente: Hacia el año 1806 vino a Chile, con un cargamento de grana,[4] de cuenta de sus padres. Jugólo con la tropa y los troperos, que eran esclavos de su casa. Solía llevar a San Juan y Mendoza, arreos de ganado de la estancia paterna, que tenían siempre la misma suerte; porque en Facundo, era el juego una pasión feroz, ardiente, que le resacaba las entrañas. Estas adquisiciones y pérdidas sucesivas debieron cansar las larguezas paternales, porque, al fin, interrumpió toda relación amigable con su familia. Cuando era ya el terror de la República, preguntábale uno de sus cortesanos: "¿Cuál es, general, la parada[·] más grande que ha hecho en su vida?" "Setenta pesos" —contestó Quiroga con indiferencia, acababa de ganar, sin embargo, una de doscientas onzas. Era, según lo explicó después, que en su juventud, no teniendo sino setenta pesos los había perdido juntos a una sota[·].

[·]apuesta en el juego

[·]carta número 10 de la baraja española

Pero este hecho tiene su historia característica. Trabajaba de peón en Mendoza, en la hacienda de una señora, sita[·] aquélla en el Plumerillo.[5] Facundo se hacía notar, hacía un año, por su puntualidad en salir al trabajo y por la influencia y predominio que ejercía sobre los demás peones. Cuando éstos querían hacer falla[·] para dedicar el día a una borrachera, se entendían con Facundo, quien lo avisaba a la Señora, prometiéndole responder de la asistencia de todos al día siguiente, la que era siempre puntual. Por esta intercesión llamábanle los peones, el *Padre*.

[·]situada

[·]no ir al trabajo

Facundo, al fin de un año de trabajo asiduo[·], pidió su salario, que ascendía a setenta pesos; montó en su caballo sin saber adónde iba, vio gente en una pulpería, desmontóse y alargando la mano sobre el grupo que rodeaba al tallador[·], puso sus setenta pesos en una carta: perdiólos y montó de nuevo, marchando sin dirección fija, hasta que a poco andar un juez Toledo, que acertaba a pasar a la sazón, le detuvo para pedirle su papeleta de conchavo.[6]

[·]estable

[·]crupier

Facundo aproximó su caballo en ademán[·] de entregársela, afectó buscar algo en el bolsillo, y dejó tendido al juez de una puñalada. ¿Se vengaba en el juez, de la reciente pérdida? ¿Quería sólo saciar[·] el encono[··] de *gaucho malo* contra la autoridad civil y añadir este nuevo hecho al brillo de su naciente fama? Lo uno y lo otro. Estas venganzas sobre el primer objeto que se presentaba son frecuentes en su vida. Cuando se apellidaba General y tenía coroneles a sus órdenes, hacía dar en su casa, en San Juan, doscientos azotes a uno de ellos, por

[·]gesto

[·]saciar [··]resentimiento

---

[4] La grana, o cochinilla, es un insecto del que se extrae una sustancia colorante, también llamada grana. Se exportaba a Chile y al Perú, y se usaba en la industria textil, siendo de gran importancia para la economía.

[5] Ciudad vecina a Mendoza, donde José de San Martín formó el ejército de los Andes en 1816.

[6] Documento que certificaba que un habitante era peón y tenía trabajo estable. Esta obligación fue impuesta desde el siglo XVIII para controlar a la población rural y siguió vigente hasta la caída del dictador Rosas. Los individuos de la clase de peón que no tenían esta "papeleta" eran considerados vagos y recibían diversos castigos.

180 haberle ganado mal, decía Facundo; a un joven, doscientos azotes, por haberse
permitido una chanza* en momentos en que él no estaba para chanzas; a una   *broma
mujer, en Mendoza, que le había dicho al paso, "Adiós, mi general", cuando él va
enfurecido porque no había conseguido intimidar a un vecino tan pacífico, tan
juicioso, como era valiente y gaucho, doscientos azotes.

185   Facundo reaparece después, en Buenos Aires, donde en 1810 es enrolado,
como recluta, en el regimiento de *Arribeños*[7] que mandaba el general Ocampo,
su compatriota, después Presidente de Charcas. La carrera gloriosa de las armas
se abría para él, con los primeros rayos del sol de mayo; y no hay duda, que
con el temple de alma de que estaba dotado, con sus instintos de destrucción
190 y carnicería, Facundo, moralizado por la disciplina y ennoblecido por la
sublimidad del objeto de la lucha, habría vuelto un día del Perú, Chile o Bolivia,
uno de los generales de la República Argentina, como tantos otros valientes
gauchos, que principiaron su carrera desde el humilde puesto del soldado. Pero
el alma rebelde de Quiroga no podía sufrir el yugo* de la disciplina, el orden del   *opresión
195 cuartel, ni la demora de los ascensos. Se sentía llamado a mandar, a surgir de
un golpe, a crearse él solo, a despecho de la sociedad civilizada y en hostilidad
con ella, una carrera a su modo, asociando el valor y el crimen, el gobierno
y la desorganización. Más tarde fue reclutado para el ejército de los Andes, y
enrolado en los *Granaderos a Caballo*;[8] un teniente García, lo tomó de asistente,
200 y bien pronto, la deserción dejó un vacío en aquellas gloriosas filas. Después,
Quiroga, como Rosas, como todas estas víboras que han medrado* a la sombra   *prosperado
de los laureles de la Patria, se ha hecho notar por su odio a los militares de la
Independencia, en los que uno y otro han hecho una horrible matanza.

    Facundo, desertando de Buenos Aires, se encamina* a las provincias con tres   *se dirige
205 compañeros. Una partida le da alcance: hace frente, libra una verdadera batalla,
que permanece indecisa por algún tiempo, hasta que, dando muerte a cuatro o
cinco, puede continuar su camino, abriéndose paso, todavía, a puñaladas, por
entre otras partidas que hasta San Luis le salen al paso. Más tarde, debía recorrer
este mismo camino con un puñado de hombres, disolver ejércitos en lugar de
210 partidas e ir hasta la ciudadela famosa de Tucumán,[9] a borrar los últimos restos
de la República y del orden civil.

    Facundo reaparece en los Llanos en la casa paterna. A esta época se refiere
un suceso que está muy valido y del que nadie duda. Sin embargo, en uno de
los manuscritos que consulto, interrogado su autor sobre este mismo hecho,
215 contesta: "que no sabe que Quiroga haya tratado nunca de arrancar a sus padres

---

[7] Regimiento de defensa contra las invasiones inglesas formado por hombres nacidos en las
provincias del norte del virreinato, conocidas como de "arriba".
[8] José de San Martín organizó en Mendoza en 1816 el ejército de los Andes para liberar los
territorios de Chile y el Perú en poder de los realistas. En 1812 creó en Buenos Aires el ejército
Granaderos a Caballo.
[9] Ciudad que José de San Martín ordenó amurallar para frenar el avance de los realistas en 1814.

dinero por la fuerza"; y contra la tradición constante, contra el asentimiento˙ aprobación
general, quiero atenerme a este dato contradictorio. ¡Lo contrario es horrible!
Cuéntase que habiéndose negado su padre a darle una suma de dinero que le
pedía, acechó el momento en que su padre y madre dormían la siesta, para
220 poner aldaba˙ a la pieza donde estaban y prender fuego al techo de pajas con ˙cerrojo
que están cubiertas, por lo general, las habitaciones de los Llanos.

Pero lo que hay de averiguado es que su padre pidió una vez, al Gobierno de
La Rioja, que lo prendieran˙ para contener sus demasías˙˙ y que Facundo, antes ˙arrestaran ˙˙extravagancias, excesos
de fugarse de los Llanos, fue a la ciudad de La Rioja donde a la sazón se hallaba
225 aquél, y cayendo de improviso sobre él, le dio una bofetada, diciéndole: "¿Usted
me ha mandado prender? ¡Tome, mándeme prender ahora!", con lo cual montó
en su caballo y partió a galope para el campo. Pasado un año, preséntase de nuevo
en la casa paterna, échase a los pies del anciano ultrajado, confunden ambos sus
sollozos, y entre las protestas de enmienda˙ del hijo y las reconvenciones˙˙ del ˙reconciliación ˙˙críticas
230 padre, la paz queda restablecida, aunque sobre base tan deleznable y efímera.

Pero su carácter y hábitos desordenados no cambian, y las carreras, el juego,
las correrías del campo, son el teatro de nuevas violencias, de nuevas puñaladas
y agresiones, hasta llegar, al fin, a hacerse intolerable para todos e insegura su
posición. Entonces un gran pensamiento viene a apoderarse de su espíritu, y lo
235 anuncia sin empacho. El desertor de los Arribeños, el soldado de Granaderos a
caballo, que no ha querido inmortalizarse en Chacabuco y en Maipú, resuelve
ir a reunirse a la montonera de Ramírez,[10] vástago de la de Artigas, y cuya
celebridad en crímenes y en odio a las ciudades a que hace la guerra, ha llegado
hasta los Llanos y tiene llenos de espanto a los gobiernos. Facundo parte a
240 asociarse a aquellos filibusteros˙ de la pampa, y acaso la conciencia que deja de ˙piratas
su carácter e instintos, y de la importancia del esfuerzo que va a dar a aquellos
destructores, alarma a sus compatriotas, que instruyen a las autoridades de
San Luis, por donde debía pasar, del designio˙ infernal que lo guía. Dupuy, ˙objetivo, intención
gobernador entonces (1818), lo hace aprehender, y por algún tiempo, permanece
245 confundido entre los criminales que la cárcel encierra. Esta cárcel de San Luis,
empero, debía ser el primer escalón que había de conducirlo a la altura a que
más tarde llegó. San Martín había hecho conducir a San Luis un gran número
de oficiales españoles de todas las graduaciones, de los que habían sido tomados
prisioneros en Chile. Sea hostigados por las humillaciones y sufrimientos, sea
250 que previesen la posibilidad de reunirse de nuevo a los ejércitos españoles, el
depósito de prisioneros se sublevó un día, y abrió las puertas de los calabozos
de reos˙ ordinarios, a fin de que les prestasen ayuda para la común evasión. ˙presos
Facundo era uno de estos reos y no bien se vio desembarazado˙ de las prisiones, ˙libre
cuando, enarbolando el *macho*˙ de los grillos˙˙, abre el cráneo al español mismo ˙barra de hierro ˙˙cadenas que aprisionan a los presos por los pies

---

[10]Francisco Ramírez (1786–1821), caudillo de Entre Ríos. Sus esfuerzos ayudaron a Artigas a
expulsar a los españoles de esa provincia argentina.

255 que se los ha quitado, y yendo por entre el grupo de los amotinados, deja una ancha calle sembrada de cadáveres, en el espacio que ha querido correr. Dícese que el arma de que hizo uso fue una bayoneta, y que los muertos no pasaron de tres. Quiroga, empero, hablaba siempre del *macho* de los grillos y de catorce muertos. Acaso es ésta una de esas idealizaciones, con que la imaginación poética

260 del pueblo embellece los tipos de la fuerza brutal, que tanto admira; acaso la historia de los grillos es una traducción argentina de la quijada de Sansón, el Hércules hebreo. Pero Facundo la aceptaba como un timbre de gloria, según su bello ideal, y *macho* de grillos o bayoneta, él, asociándose a otros soldados y presos a quienes su ejemplo alentó, logró sofocar el alzamiento y reconciliarse

265 por este acto de valor, con la sociedad, y ponerse bajo la protección de la patria, consiguiendo que su nombre volase por todas partes, ennoblecido y lavado, aunque con sangre, de las manchas que lo afeaban. Facundo, cubierto de gloria, mereciendo bien de la patria y con una credencial que acredita su comportación, vuelve a la Rioja y ostenta en los Llanos, entre los gauchos, los nuevos títulos

270 que justifican el terror que ya empieza a inspirar su nombre; porque hay algo de imponente, algo que subyuga y domina, en el premiado asesino de catorce hombres a la vez.

Aquí termina la vida privada de Quiroga, de la que he omitido una larga serie de hechos que sólo pintan el mal carácter, la mala educación y los instintos

275 feroces y sanguinarios de que estaba dotado. Sólo he hecho uso de aquellos que explican el carácter de la lucha, de aquellos que entran en proporciones distintas, pero formados de elementos análogos, en el tipo de los caudillos de las campañas, que han logrado, al fin, sofocar la civilización de las ciudades, y que, últimamente, han venido a completarse en Rosas, el legislador de esta

280 civilización tártara, que ha ostentado toda su antipatía a la civilización europea, en torpezas y atrocidades sin nombre aún en la historia.

Pero aún quédame algo por notar en el carácter y espíritu de esta columna de la Federación. Un hombre iletrado, un compañero de infancia y de juventud de Quiroga, que me ha suministrado muchos de los hechos que dejo referidos,

285 me incluye en su manuscrito, hablando de los primeros años de Quiroga, estos datos curiosos: "—que no era ladrón antes de figurar como hombre público —que nunca robó, aun en sus mayores necesidades —que no sólo gustaba de pelear, sino que pagaba por hacerlo y por insultar al más pintado• —que •al que no tenía ninguna razón para ser insultado tenía mucha aversión a los hombres decentes —que no sabía tomar licor nunca

290 —que de joven era muy reservado, y no sólo quería infundir miedo, sino aterrar, para lo que hacía entender a hombres de su confianza, que tenía agoreros• o era •brujos adivino —que con los que tenía relación, los trataba como esclavos —que jamás se ha confesado, rezado ni oído misa —que cuando estuvo de general, lo vio una vez en misa —que él mismo le decía que no creía en nada". El candor con que

295 estas palabras están escritas revela su verdad.

Toda la vida pública de Quiroga me parece resumida en estos datos. Veo en ellos el hombre grande, el hombre de genio, a su pesar, sin saberlo él, el César, el Tamerlán, el Mahoma. Ha nacido así, y no es culpa suya; descenderá en las escalas sociales para mandar, para dominar, para combatir el poder de la ciudad, la partida de la policía. Si le ofrecen una plaza en los ejércitos, la desdeñará, porque no tiene paciencia para aguardar los ascensos; porque hay mucha sujeción*, muchas trabas** puestas a la independencia individual; hay generales que pesan sobre él, hay una casaca que oprime el cuerpo, y una táctica que regla los pasos; ¡todo esto es insufrible! La vida de a caballo, la vida de peligros y emociones fuertes, han acerado su espíritu y endurecido su corazón; tiene odio invencible, instintivo, contra las leyes que lo han perseguido, contra los jueces que lo han condenado, contra toda esa sociedad y esa organización a que se ha sustraído desde la infancia y que lo mira con prevención y menosprecio. Aquí se eslabona* insensiblemente el lema de este capítulo: "Es el hombre de la Naturaleza que no ha aprendido aún a contener o a disfrazar sus pasiones, que las muestra en toda su energía, entregándose a toda su impetuosidad. Este es el carácter original del género humano"; y así se muestra en las campañas pastoras de la República Argentina. Facundo es un tipo de la barbarie primitiva: no conoció sujeción de ningún género; su cólera era la de las fieras: la melena de sus renegridos y ensortijados cabellos caía sobre su frente y sus ojos, en guedejas* como las serpientes de la cabeza de Medusa; su voz se enronquecía, y sus miradas se convertían en puñaladas. Dominado por la cólera, mataba a patadas estrellándoles los sesos a N. por una disputa de juego; arrancaba ambas orejas a su querida porque le pedía, una vez, 30 pesos para celebrar un matrimonio consentido por él; y abría a su hijo Juan la cabeza de un hachazo*, porque no había forma de hacerlo callar; daba de bofetadas, en Tucumán, a una linda señorita a quien ni seducir ni forzar podía. En todos sus actos, mostrábase el hombre bestia aún, sin ser por eso estúpido, y sin carecer de elevación de miras. Incapaz de hacerse admirar o estimar, gustaba de ser temido; pero este gusto era exclusivo, dominante, hasta el punto de arreglar todas las acciones de su vida a producir el terror en torno suyo, sobre los pueblos como sobre los soldados, sobre la víctima que iba a ser ejecutada, como sobre su mujer y sus hijos. En la incapacidad de manejar los resortes* del gobierno civil, ponía el terror como expediente para suplir el patriotismo y la abnegación; ignorante, rodeábase de misterios y haciéndose impenetrable, valiéndose de una sagacidad natural, una capacidad de observación no común, y de la credulidad del vulgo, fingía una presciencia de los acontecimientos, que le daba prestigio y reputación entre las gentes vulgares.

Es inagotable el repertorio de anécdotas de que está llena la memoria de los pueblos, con respecto a Quiroga; sus dichos, sus expedientes, tienen un sello de originalidad que le daban ciertos visos* orientales, cierta tintura de sabiduría salomónica en el concepto de la plebe. ¿Qué diferencia hay, en efecto, entre aquel

---

*control **obstáculos

*se une, se encadena

*mechones

*golpe de hacha

*recursos

*aires

famoso expediente de mandar partir en dos, el niño disputado, a fin de descubrir la verdadera madre, y este otro para encontrar un ladrón? Entre los individuos que formaban una compañía, habíase robado un objeto, y todas las diligencias practicadas para descubrir el ladrón habían sido infructuosas. Quiroga forma la tropa, hace cortar tantas varitas de igual tamaño cuantos soldados había, hace enseguida que se distribuyan a cada uno, y luego, con voz segura, dice: "Aquél cuya varita amanezca mañana más grande que las demás, ése es el ladrón". Al día siguiente, fórmase de nuevo la tropa, y Quiroga procede a la verificación y comparación de las varitas. Un soldado hay, empero, cuya vara aparece más corta que las otras. "¡Miserable!" —le grita Facundo, con voz aterrante—"¡tú eres!…" y, en efecto, él era: su turbación lo dejaba conocer demasiado. El expediente es sencillo; el crédulo˙ gaucho, temiendo que, efectivamente, creciese su varita, le había cortado un pedazo. Pero se necesita cierta superioridad y cierto conocimiento de la naturaleza humana, para valerse de estos medios.

˙ingenuo, inocente

Habíanse robado algunas prendas de la montura de un soldado, y todas las pesquisas˙ habían sido inútiles para descubrir al ladrón. Facundo hace formar la tropa y que desfile por delante de él, que está con los brazos cruzados, la mirada fija, escudriñadora˙, terrible. Antes ha dicho: "yo sé quién es", con una seguridad que nada desmiente. Empiezan a desfilar, desfilan muchos, y Quiroga permanece inmóvil; es la estatua de Júpiter Tonante, es la imagen del Dios del Juicio Final. De repente, se abalanza sobre uno, le agarra del brazo y le dice, en voz breve y seca: "¿Dónde está la montura?" —"Allí, señor" —contesta, señalando un bosquecillo—. "Cuatro tiradores" —grita entonces Quiroga.

˙investigaciones

˙inquisitiva

¿Qué revelación era ésta? La del terror y la del crimen, hecha ante un hombre sagaz˙. Estaba, otra vez, un gaucho respondiendo a los cargos que se le hacían por un robo; Facundo le interrumpe, diciendo: "Ya este pícaro˙ está mintiendo; ¡a ver…, cien azotes…" Cuando el reo hubo salido, Quiroga dijo a alguno que se hallaba presente: "Vea, patrón, cuando un gaucho, al hablar, esté haciendo marcas con el pie, es señal que está mintiendo". Con los azotes, el gaucho contó la historia como debía de ser, esto es, que se había robado una yunta de bueyes.

˙astuto

˙tramposo

Necesitaba otra vez, y había pedido, un hombre resuelto˙, audaz˙˙, para confiarle una misión peligrosa. Escribía Quiroga, cuando le trajeron el hombre; levanta la cara después de habérselo anunciado varias veces, lo mira y dice, continuando de escribir: "¡Eh!… ¡Ese es un miserable! ¡Pido un hombre valiente y arrojado˙!" Averiguóse, en efecto, que era un patán˙˙.

˙decidido ˙˙valiente

˙atrevido ˙˙ignorante

De estos hechos hay a centenares en la vida de Facundo, y que, al paso que descubren un hombre superior, han servido eficazmente para labrarle una reputación misteriosa, entre hombres groseros˙, que llegaban a atribuirle poderes sobrenaturales.

˙vulgares, sin modales

NOTA DEL AUTOR:

Después de escrito lo que precede, he recibido de persona fidedigna la aseveración de haber el mismo Quiroga contado en Tucumán, ante señoras que viven aún, la historia del incendio de la casa. Toda duda desaparece ante deposiciones de este género. Más tarde he obtenido la narración circunstanciada de testigo presencial y compañero de infancia de Facundo Quiroga, que le vio a éste dar a su padre una bofetada y huirse; pero estos detalles contristan[*] sin aleccionar y es deber impuesto por el decoro apartarlos de la vista. ꙮ

[*]entristecen

380

PREGUNTAS

ANÁLISIS

1. ¿Por qué llamaron a Facundo Quiroga el "Tigre de los Llanos"? ¿Qué información nos revela este episodio sobre el protagonista de la narración?

2. ¿De dónde surge el interés, según Sarmiento, por investigar la infancia de Facundo?

3. Según el autor, ¿qué vida alternativa podría haber tenido Facundo y qué impidió que esta se concretara?

4. ¿Qué interpretación hace Sarmiento de la crueldad de Quiroga?

5. ¿Cómo se refleja en el texto la opinión del autor sobre Rosas? ¿Cómo relaciona Sarmiento al dictador con el personaje de Facundo?

6. ¿Qué opinión le merecen a Sarmiento Facundo y los gauchos? Ilustra tu respuesta con pasajes del texto.

7. ¿A qué recurre Sarmiento para sustentar su crónica sobre Facundo? Ilustra tu respuesta con pasajes del texto.

INTERPRETACIÓN

1. Sarmiento no menciona el nombre del protagonista hasta el final del episodio de su encuentro con el felino. ¿Qué efecto crees que tiene este recurso en la narración?

2. ¿Crees que la nota a pie de página aporta veracidad a la historia o que, por el contrario, subraya su carácter ficticio? Explica tu respuesta.

3. Una de las críticas que le hicieron a Sarmiento fue la de la exageración. ¿Cuánto crees tú que hay de ficción y cuánto de realidad en esta historia? Explica tu respuesta.

4. Enumera las razones que permiten clasificar esta obra como histórica y las que no.

INVESTIGACIÓN

1. Jorge Luis Borges relata en su poema "El general Quiroga va en coche al muere" el asesinato de Facundo Quiroga. Lee el poema de Borges y compara su visión sobre el caudillo con la de Sarmiento.

2. *Facundo* fue publicado en fascículos en un periódico por entregas, a la manera de los folletines de la época. Identifica las características del folletín y determina si el libro de Sarmiento podría clasificarse en ese género.

RICARDO PALMA

1833–1919

"En el fondo, la Tradición no es más que una de las formas que puede revestir la Historia, pero sin los escollos de ésta. Cumple a la Historia narrar los sucesos secamente, sin recurrir a las galas de la fantasía [...]."

—Ricardo Palma, "Prólogo" a *Tradiciones cuzqueñas* de Clorinda Matto de Turner

Ricardo Palma nació en Lima en el seno de una familia humilde de origen incaico. Su precoz inquietud intelectual lo llevó a dirigir, con tan solo quince años, un periódico satírico llamado *El Diablo*, donde hacía afilados comentarios de la sociedad y política limeñas. Años más tarde estudió Derecho, fue voluntario de la Marina y se dedicó a la política. Su interés por los asuntos públicos le trajo algunos problemas que lo llevaron a exiliarse en Chile entre 1860 y 1863, pero también le permitió acceder a cargos importantes: fue nombrado cónsul, senador y funcionario del Ministerio de Guerra y Marina. También hizo numerosas aportaciones a la cultura de su país como miembro de la Academia de la Historia y de la Academia Peruana de la Lengua. Además, se encargó de la reconstrucción de la Biblioteca Nacional, saqueada durante la Guerra del Pacífico (1879–1883). A pesar de no contar con suficiente presupuesto, Ricardo Palma se volcó en cuerpo y alma a la labor. Recurrió a la petición de libros y de donativos, una decisión que le valió el sobrenombre de "el bibliotecario mendigo". A pesar de ser un hombre de acción, Palma nunca dejó de lado la literatura. Durante toda su vida leyó incansablemente, coleccionó libros y recopiló historias. Tras una vida azarosa y prolífica, Palma muere plácidamente en su Lima natal a los ochenta y seis años de edad.

Su mestizaje español e indígena habría de tener un profundo efecto en su identificación con lo peruano y su progresivo distanciamiento de las modas europeas. En la vasta cosecha literaria de Palma, lo romántico solo se manifiesta en la adopción de géneros como la leyenda y la novela histórica, pero no así en los temas. De hecho, el escritor acabaría renegando amargamente del Romanticismo. Lo que le interesaba a Palma era, ante todo, lo propio. Así, dedicó una parte importante de sus esfuerzos literarios a retratar la sociedad peruana y a indagar en las ondas raíces de su literatura oral. De esa vocación nacen sus *Tradiciones peruanas*, una amplia colección de relatos costumbristas que publicó en varias etapas entre 1872 y 1910, y entre las que se destaca la famosísima historia de "El alacrán de fray Gómez". En esta especie de fábula se narran los extraordinarios actos de un fraile santo y milagrero a quien todo el mundo ama y respeta. El buen clérigo cura a un jinete que se abre la cabeza al caer de su montura, se saca peces vivos de la manga de su sotana y convierte un alacrán en una valiosa joya de oro y platino. Palma escribió una abundante cantidad de relatos, que inicialmente aparecieron publicados en periódicos y que más tarde se compilaron en varios volúmenes donde el escritor salva para la posteridad cientos de mitos y leyendas de la cosmología incaica.

En algunas de esas obras, además de retratar las costumbres de la época, recordó con una extraña mezcla de burla y nostalgia los años de la colonia. Empleó un lenguaje llano e incluyó numerosos localismos peruanos, algunos de los cuales presentó, sin éxito, ante la Real Academia de la Lengua Española durante un viaje a Madrid en 1892. Como le ocurriera en España a Francisco de Quevedo, una de las plumas que más influyeron en su faceta burlesca, la ironía, la picardía y el carácter a veces irreverente de su narrativa no siempre hicieron reír a todos. La publicación de su poema "A San Martín" (1890), dio lugar a una protesta formal de la vecina nación de Chile. Nada, sin embargo, hizo callar a este prolífico escritor que escribió casi de forma ininterrumpida hasta la fecha de su muerte.

PERÚ.

—

TRADICIONES

POR

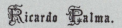

LIMA.
BENITO GIL, EDITOR.
LIBRERIA UNIVERSAL, BODEGONES 42.
1875.

OBRAS

Cuento
1872–1910 | *Tradiciones peruanas*

Poesía
1855 | *Poesías*
1865 | *Armonías: Libro de un desterrado*
1870 | *Pasionarias*
1877 | *Verbos y gerundios*
1886 | *Enrique Heine: Traducciones*
1892 | *Filigranas. Aguinaldo a mis amigos*

Obras académicas
1853 | *Corona patriótica*
1863 | *Anales de la Inquisición en Lima*
1877 | *Monteagudo y Sánchez Carrión. Páginas de la historia de la independencia*
1886 | *Refutación a un compendio de historia del Perú*
1896 | *Neologismos y americanismos*
1903 | *Papeletas lexicográficas*

Teatro
1849 | *El hijo del sol*
1851 | *Rodil*
1869 | *El santo de Panchita*

Crónicas de viaje
1898 | *Recuerdos de España*

EL ALACRÁN DE FRAY GÓMEZ
De *Tradiciones peruanas*, 1872–1910

A Casimiro Prieto Valdés

> Principio principiando;
> principiar quiero,
> por ver si principiando
> principiar puedo.

In diebus illis˙, digo, cuando yo era muchacho, oía con frecuencia a las viejas ⁵ exclamar, ponderando˙ el mérito y precio de una alhaja:

—¡Esto vale tanto como el alacrán˙ de fray Gómez! Tengo una chica, remate de lo bueno, flor de la gracia y espumita de la sal, con unos ojos más pícaros y trapisondistas˙ que un par de escribanos˙˙:

> chica que se parece ¹⁰
> al lucero del alba
> cuando amanece,

al cual pimpollo˙ he bautizado, en mi paternal chochera˙˙, con el mote de *alacrancito de fray Gómez.* Y explicar el dicho de las viejas y el sentido del piropo con que agasajo˙ a mi Angélica, es lo que me propongo, amigo y camarada ¹⁵ Prieto, con esta tradición.

El sastre paga deudas con puntadas, y yo no tengo otra manera de satisfacer la literaria que con usted he contraído que dedicándole estos cuatro palotes˙.

│˙en aquellos días
│˙elogiando, alabando
│˙escorpión
│˙engañosos ˙˙notarios
│˙bonita ˙˙admiración desmesurada
│˙halago
│˙líneas

I

Éste era un lego˙ contemporáneo de don Juan de la Pipirindica, el de la ²⁰ valiente pica, y de San Francisco Solano;[1] el cual lego desempeñaba en Lima, en el convento de los padres seráficos,[2] las funciones de refitolero˙ en la enfermería u hospital de los devotos frailes. El pueblo lo llamaba fray Gómez, y fray Gómez lo llamaban las crónicas conventuales, y la tradición lo conoce por fray Gómez. Creo que hasta en el expediente que para su beatificación y canonización existe ²⁵ en Roma no se le da otro nombre.

Fray Gómez hizo en mi tierra milagros a mantas˙, sin darse cuenta de ellos y como quién no quiere la cosa. Era de suyo milagrero, como aquel que hablaba en verso sin sospecharlo.

Sucedió que un día iba el lego por el puente, cuando un caballo desbocado ³⁰ arrojó sobre las losas al jinete. El infeliz quedó patitieso˙, con la cabeza hecha una criba˙ y arrojando sangre por la boca y narices.

│˙religioso sin órdenes clericales
│˙monje al cuidado del refectorio
│˙en abundancia
│˙inmóvil, paralizado
│˙colador

---

[1] Francisco Solano (1549–1610), misionero español de la orden de los franciscanos en el Perú.
[2] Pertenecientes a la orden de San Francisco de Asís.

—¡Se descalabró, se descalabró•! —gritaba la gente—. ¡Que vayan a San Lázaro, por el santo óleo!

> • se abrió la cabeza

Y todo era bullicio y alharaca•.

> • emoción

35   Fray Gómez acercóse pausadamente al que yacía en tierra, púsole sobre la boca el cordón de su hábito, echóle tres bendiciones, y sin más médico ni más botica el descalabrado se levantó tan fresco, como si golpe no hubiera recibido.

—¡Milagro! ¡Milagro! ¡Viva fray Gómez! —exclamaron los infinitos espectadores.

Y en su entusiasmo intentaron llevar en triunfo• al lego. Éste, para substraerse a
40   la popular ovación, echó a correr camino de su convento y se encerró en su celda.

> • en aclamaciones

La crónica franciscana cuenta esto último de manera distinta. Dice que fray Gómez, para escapar de sus aplaudidores, se elevó en los aires y voló desde el puente hasta la torre de su convento. Yo ni lo niego ni lo afirmo. Puede que sí y puede que no. Tratándose de maravillas, no gasto tinta en defenderlas ni
45   en refutarlas.

Aquel día estaba fray Gómez en vena• de hacer milagros, pues cuando salió de su celda se encaminó a la enfermería, donde encontró a San Francisco Solano acostado sobre una tarima•, víctima de una furiosa jaqueca••. Pulsólo el lego y le dijo:

> • inspirado
>
> • plataforma •• migraña

50   —Su paternidad está muy débil, y haría bien en tomar algún alimento.

—Hermano —contestó el santo—, no tengo apetito.

—Haga un esfuerzo, reverendo padre, y pase siquiera un bocado.

Y tanto insistió el refitolero, que el enfermo, por librarse de exigencias que picaban ya en majadería•, ideó pedirle lo que hasta para el virrey habría sido
55   imposible conseguir, por no ser la estación propicia para satisfacer el antojo.

> • estupidez

—Pues mire, hermanito, sólo comería con gusto un par de pejerreyes•.

> • tipo de pescado

Fray Gómez metió la mano derecha dentro de la manga izquierda, y sacó un par de pejerreyes tan fresquitos que parecían acabados de salir del mar.

—Aquí los tiene su paternidad, y que en salud se le conviertan. Voy a guisarlos.
60   Y ello es que con los benditos pejerreyes quedó San Francisco curado como por ensalmo•.

> • por arte de magia

Me parece que estos dos milagritos de que incidentalmente me he ocupado no son paja picada•. Dejo en mi tintero otros muchos de nuestro lego, porque no me he propuesto relatar su vida y milagros.

> • cosa sin importancia

65   Sin embargo, apuntaré, para satisfacer curiosidades exigentes, que sobre la puerta de la primera celda del pequeño claustro, que hasta hoy sirve de enfermería, hay un lienzo pintado al óleo representando estos dos milagros, con la siguiente inscripción:

"El Venerable Fray Gómez. —Nació en Extremadura en 1560. Vistió el hábito en Chuquisaca[3] en 1580. Vino a Lima en 1587—. Enfermero fue cuarenta años, ejercitando todas las virtudes, dotado de favores y dones celestiales. Fue su vida un continuo milagro. Falleció en 2 de mayo de 1631, con fama de santidad. En el año siguiente se colocó el cadáver en la capilla de Aranzazú, y en 13 de octubre de 1810 se pasó debajo del altar mayor, a la bóveda donde son sepultados los padres del convento. Presenció la traslación de los restos el señor doctor don Bartolomé María de las Heras. Se restauró este venerable retrato en 30 de noviembre de 1882, por M. Zamudio".

II

Estaba una mañana fray Gómez en su celda, entregado a la meditación, cuando dieron a la puerta unos discretos golpecitos, y una voz de quejumbroso timbre dijo:

—*Deo gratias*… ¡Alabado sea el Señor!

—Por siempre jamás, amén. Entre, hermanito —contestó fray Gómez.

Y penetró en la humildísima celda un individuo algo desharrapado°, *vera effigies*° del hombre a quien acongojan pobrezas, pero en cuyo rostro se dejaba adivinar la proverbial honradez del castellano viejo.

> ° vestido como un mendigo
> ° verdadera imagen

Todo el mobiliario de la celda se componía de cuatro sillones de vaqueta, una mesa mugrienta° y una tarima sin colchón, sábanas ni abrigo, y con una piedra por cabezal o almohada.

> ° muy sucia

—Tome asiento, hermano, y dígame sin rodeos° lo que por acá le trae —dijo fray Gómez.

> ° claramente

—Es el caso, padre, que yo soy hombre de bien a carta cabal…

—Se le conoce, y que persevere deseo, que así merecerá en esta vida terrena la paz de la conciencia, y en la otra la bienaventuranza.

—Y es el caso que soy buhonero°, que vivo cargado de familia y que mi comercio no cunde° por falta de medios, que no por holgazanería y escasez de industria° en mí.

> ° vendedor ambulante
> ° mejora, prospera
> ° trabajo, esfuerzo

—Me alegro, hermano, que a quien honradamente trabaja Dios le acude.

—Pero es el caso, padre, que hasta ahora Dios se me hace el sordo, y en acorrerme° tarda…

> ° ayudarme

—No desespere, hermano, no desespere.

—Pues es el caso que a muchas puertas he llegado en demanda de habilitación° por quinientos duros, y todas las he encontrado con cerrojo y cerrojillo. Y es el caso que anoche, en mis cavilaciones, yo mismo me dije a mí mismo: "¡Ea!, Jerónimo, buen ánimo y vete a pedirle el dinero a fray Gómez, que si él lo quiere, mendicante y pobre como es, medio encontrará para sacarte del apuro".

> ° préstamo

---

[3] Ciudad de Bolivia; en la actualidad, la capital Sucre.

Y es el caso que aquí estoy porque he venido, y a su paternidad le pido y ruego que me preste esa puchuela° por seis meses, seguro que no será por mí por quien se diga:

°cantidad de dinero insignificante

> En el mundo hay devotos
> de ciertos santos;
> la gratitud les dura
> lo que el milagro;
> que un beneficio
> da siempre vida a ingratos
> desconocidos.

—¿Cómo ha podido imaginarse, hijo, que en esta triste celda encontraría ese caudal?

—Es el caso, padre, que no acertaría a° responderle, pero tengo fe en que no me dejará ir desconsolado.

°sabría cómo

—La fe lo salvará, hermano. Espere un momento.

Y paseando los ojos por las desnudas y blanqueadas paredes de la celda, vio un alacrán que caminaba tranquilamente sobre el marco de la ventana. Fray Gómez arrancó una página de un libro viejo, dirigióse a la ventana, cogió con delicadeza a la sabandija°, la envolvió en el papel, y tornándose hacia el castellano viejo le dijo:

°bicho, insecto

—Tome, buen hombre, y empeñe esta alhajita; no olvide, sí, devolvérmela dentro de seis meses.

El buhonero se deshizo en frases de agradecimiento, se despidió de fray Gómez y más que de prisa se encaminó a la tienda de un usurero.

La joya era espléndida, verdadera alhaja de reina morisca, por decir lo menos. Era un prendedor figurando un alacrán. El cuerpo lo formaba una magnífica esmeralda engarzada sobre oro, y la cabeza un grueso brillante con dos rubíes por ojos.

El usurero, que era hombre conocedor, vio la alhaja con codicia, y ofreció al necesitado adelantarle dos mil duros por ella; pero nuestro español se empeñó° en no aceptar otro préstamo que el de quinientos duros por seis meses, y con un interés judaico°, se entiende. Extendiéronse y firmáronse los documentos o papeletas de estilo, acariciando el agiotista° la esperanza de que a la postre el dueño de la prenda acudiría por más dinero, que con el recargo de intereses lo convertiría en propietario de joya tan valiosa por su mérito intrínseco y artístico.

°estaba decidido
°altísimo
°especulador

Y con este capitalito fuele° tan prósperamente en su comercio, que a la terminación del plazo pudo desempeñar la prenda, y, envuelta en el mismo papel en que la recibiera, se la devolvió a fray Gómez.

°le fue

Éste tomó el alacrán, lo puso sobre el alféizar° de la ventana, le echó una bendición y dijo:

°marco de la ventana

—Animalito de Dios, sigue tu camino.

Y el alacrán echó a andar libremente por las paredes de la celda.

> Y vieja, pelleja,
>
> aquí dio fin la conseja. ✏

PREGUNTAS

ANÁLISIS

1. ¿Qué nos dice el preludio del relato sobre la intención con que Ricardo Palma escribió esta tradición?

2. Identifica palabras concretas del texto que denoten el sarcasmo con que Ricardo Palma se refiere a los milagros.

3. Explica en tus propias palabras la transacción entre el usurero y el buhonero español.

4. El género narrativo de "El alacrán de fray Gómez" está entre el cuento y la fábula, pero tiene también elementos de crónica periodística. Identifica estos elementos en el relato.

INTERPRETACIÓN

1. El autor de "El alacrán de fray Gómez" dice que en el rostro del buhonero se adivinaba "la proverbial honradez del castellano viejo". ¿Crees que lo decía con sarcasmo? Justifica tu respuesta.

2. ¿Por qué razón podría haber ido el español a pedir dinero al fraile si sabía que este era pobre?

3. El usurero presta quinientos duros al español. Según la información que se da de este personaje, ¿crees que el español acabaría devolviéndole ese dinero? Explica tu respuesta.

4. Después de leer "El alacrán de fray Gómez", ¿dirías que Ricardo Palma creía en los milagros? Explica tu respuesta.

INVESTIGACIÓN

1. Las *Tradiciones* de Palma siguen el modelo de los *exempla*, un género de relatos orales con una moraleja final. ¿Qué antecedentes de este género hay en la literatura española y europea?

2. La Real Academia Española de la Lengua rechazó a finales del siglo XIX los indigenismos peruanos propuestos por Palma en sus *Papeletas lexicográficas*. Identifica los indigenismos que aparecen en esta obra y comprueba si están incluidos en la edición actual de la RAE.

GERTRUDIS GÓMEZ DE AVELLANEDA

1814–1873

"Por encima de su expresión literaria, está su expresión temperamental, y ésta es incuestionablemente rica, sincera, apasionada, con toda la exuberancia de su pathos al descubierto."

—José Lezama Lima, *Antología de la poesía cubana*

Gertrudis Gómez de Avellaneda nace en Camagüey, Cuba. Desde niña comienza a escribir poesía. En 1836 viaja a Europa y no regresa a Cuba hasta veintitrés años después. En ese viaje escribe su famoso soneto "Al partir". En 1839 conoce en Sevilla a Ignacio de Cepeda, escritor y abogado con el que tendrá una relación que marcará su vida y su obra. En 1841 publica sus primeros versos en Madrid. Escribe obras de teatro como *Alfonso Munio*, *Leoncia* y *Baltazar*, que se estrenan con éxito en Europa. Traduce al castellano obras de Victor Hugo, Byron y Lamartine. En 1844 conoce al poeta Gabriel García Tassara, con el que tiene una hija fuera del matrimonio que fallece a los siete meses de vida. En 1846 se casa con Pedro Sabater, quien fallece poco después. Diez años más tarde se casa en segundas nupcias con el político Domingo Verdugo. A su regreso a Cuba en 1859, la poetisa es recibida con grandes homenajes. Funda en La Habana la revista literaria *Álbum cubano de lo bueno y lo bello*, de la que se publican doce números. En 1863 vuelve a enviudar. Parte a Estados Unidos y vuelve a España, donde vive cada vez más retirada, hasta su muerte. Buena parte de su vasta obra ha sido relegada al olvido, pero su figura y algunos de sus poemas siguen despertando la admiración de sus lectores. Refiriéndose a la Avellaneda, Cintio Vitier afirma: "Ella es ya, completo, el tipo de la mujer hispanoamericana […], que se abalanza ávida hacia la vida y el conocimiento, que se arriesga igual que un hombre en la búsqueda de la felicidad y la ambición creadora".

Tras publicar un libro con sus poesías reunidas en 1841, Gómez de Avellaneda escribe su primera novela: una obra romántica que cuenta la historia de un esclavo mestizo llamado Sab. El esclavo se enamora de Carlota, la hija de su dueño. Sab, un hombre instruido y de profundas preocupaciones éticas, terminará sacrificando todo lo que tiene por hacer posible la boda de Carlota con el hombre del que ella está enamorada, un oportunista que no la ama realmente. Avellaneda la escribió a los veintisiete años de edad, tras haber estado cinco años ausente de su patria y cuando ya había ganado fama como poetisa en España. Sin embargo, *Sab* supone un regreso literario a su tierra natal. Ambientada en Cuba, la obra contiene descripciones del paisaje cubano y del trasfondo de esclavitud en que se basaba la economía de la colonia. La autora, criada en una familia acomodada y propietaria de esclavos, abre los ojos, a pesar de haber sido educada en un medio donde la esclavitud era una realidad cotidiana, a la injusticia monstruosa que era esa institución. Poco después de la publicación de la novela, el crítico español Pastor Díaz Corbelle afirmaría en su ensayo sobre la obra: "No es *Sab* una novela española, ni mucho menos inglesa o francesa. *Sab* es una novela americana, como su autora. No es una novela histórica, ni de costumbres. *Sab* es una pasión". Publicada once años antes que *Uncle Tom's Cabin*, esta obra se considera la primera novela antiesclavista escrita en lengua española. Los críticos coinciden en que no es una novela de ideas, pues en ella no encontrará el lector una denuncia clara y directa de la esclavitud. Pero los hechos y situaciones que nos presenta la obra son, por la acumulación de detalles de los horrores de la esclavitud, indudablemente una condena.

OBRAS PRINCIPALES

Poesía

1841 | "A la muerte de don José María de Heredia"
1841 | "Al árbol de Guernica"
1841 | "Al partir"
1841 | "A él"
1841 | "Amor y orgullo"
1841 | "Paisaje guipuzcoano"

Novela

1841 | *Sab*
1843 | *Dos mujeres*
1844 | *Espatolino*
1846 | *Guatimozín, último emperador de Méjico*
1851 | *Dolores*
1852 | *El donativo del Diablo*
1853 | *La mano de Dios*
1861 | *El artista barquero*

Teatro

1840 | *Leoncia*
1844 | *El príncipe de Viana*
1849 | *Saúl*
1850 | *Hortensia*
1851 | *Los puntapiés*
1851 | *Flavio Recaredo*
1852 | *La hija de las flores*
1852 | *Errores del corazón*
1852 | *La verdad vence apariencias*
1853 | *La aventurera*
1854 | *La sonámbula*
1855 | *La hija del rey René*
1855 | *Simpatía y antipatía*
1855 | *Los duendes en palacio*
1858 | *Los tres amores*
1858 | *Baltasar*
1867 | *Catilina*

CARTA DE SAB A TERESA

De *Sab*, 1841

[…]

Yo muero, Teresa, y quiero despedirme de vos. ¿No os lo he dicho ya? Creo que sí.

Quiero despedirme de vos y daros gracias por vuestra amistad, y por haberme enseñado la generosidad, la abnegación y el heroísmo. Teresa, vos sois una mujer sublime, yo he querido imitaros: pero
5 ¿puede la paloma tomar el vuelo del águila? Vos os levantáis grande y fuerte, ennoblecida por los sacrificios, y yo caigo quebrantado. Así cuando precipita el huracán su carro de fuego sobre los campos, la ceiba• se queda erguida,   •tipo de árbol iluminada su cabeza vencedora por la aureola con que la ciñe• su enemigo;   •rodea
10 mientras que el arbusto, que ha querido en vano defenderse como ella, sólo queda para atestiguar• el poder que le ha vencido. El sol sale y la ceiba le saluda   •testificar diciéndole: "veme aquí", pero el arbusto sólo presenta sus hojas esparcidas y sus ramas destrozadas.

Y, sin embargo, vos sois una débil mujer: ¿cuál es esa fuerza que os sostiene
15 y que yo pido en vano a mi corazón de hombre? ¿Es la virtud quien os la da?… Yo he pensado mucho en esto: he invocado en mis noches de vigilia• ese gran   •insomnio nombre —¡la virtud!—. Pero ¿qué es la virtud? ¿en qué consiste?… Yo he deseado comprenderlo, pero en vano he preguntado la verdad a los hombres. Me acuerdo que cuando mi amo me enviaba a confesar mis culpas a los pies
20 de un sacerdote, yo preguntaba al ministro de Dios qué haría para alcanzar la virtud. La virtud del esclavo, me respondía, es obedecer y callar, servir con humildad y resignación a sus legítimos dueños, y no juzgarlos nunca.

Esta explicación no me satisfacía. ¡Y qué!, pensaba yo: ¿la virtud puede ser relativa? ¿La virtud no es una misma para todos los hombres? ¿El gran jefe de esta
25 gran familia humana, habrá establecido diferentes leyes para los que nacen con la tez negra y la tez blanca? ¿No tienen todos las mismas necesidades, las mismas pasiones, los mismos defectos? ¿Por qué, pues, tendrán los unos el derecho de esclavizar y los otros la obligación de obedecer? Dios, cuya mano suprema ha repartido sus beneficios con equidad sobre todos los países del globo, que hace
30 salir al sol para toda su gran familia dispersa sobre la tierra, que ha escrito el gran dogma de la igualdad sobre la tumba, ¿Dios podrá sancionar los códigos inicuos• en los que el hombre funda sus derechos para comprar y vender al   •perversos hombre, y sus intérpretes en la tierra dirán al esclavo; "tu deber es sufrir: la virtud del esclavo es olvidarse de que es hombre, renegar de los beneficios que
35 Dios le dispensó, abdicar la dignidad con que le ha revestido, y besar la mano que le imprime el sello de la infamia•?" No, los hombres mienten: la virtud no   •humillación, deshonra existe en ellos.

Muchas veces, Teresa, he meditado, en la soledad de los campos y en el silencio de la noche, en esta gran palabra: ¡la virtud! Pero la virtud es para mí
40 como la providencia: una necesidad desconocida, un poder misterioso que concibo pero que no conozco. Entre los hombres la he buscado en vano. He visto siempre que el fuerte oprimía al débil, que el sabio engañaba al ignorante, y que el rico despreciaba al pobre. No he podido encontrar entre los hombres la gran armonía que Dios ha establecido en la naturaleza.
45 Nunca he podido comprender estas cosas, Teresa, por más que se las he preguntado al sol, y a la luna, y a las estrellas, y a los vientos bramadores del huracán, y a las suaves brisas de la noche. Las densas nubes de mi ignorancia cubrían a pesar mío los destellos de mi inteligencia, y al preguntaros ahora si debéis a la virtud vuestra fortaleza se me ocurre una nueva duda, y me pregunto
50 a mí mismo si la virtud no es la fortaleza, y si la fortaleza no es el orgullo. Porque el orgullo es lo más bello, lo más grande que yo conozco, y la única fuente de donde he visto nacer las acciones nobles y brillantes de los hombres. Decídmelo, Teresa, esa grandeza y abnegación de vuestra alma ¿no es más que orgullo?… ¡Y bien!, ¿qué importa? Cualquiera que sea el nombre del sentimiento que dicta
55 las nobles acciones es preciso respetarle. Pero ¿de qué carezco• que no puedo   •qué no tengo, qué me falta
igualarme con vos? ¿Es la falta de orgullo?… ¿Es que ese gran sentimiento no puede existir en el alma del hombre que ha sido esclavo?… Sin embargo, aunque esclavo yo he amado todo lo bello y lo grande, y he sentido que mi alma se elevaba sobre mi destino. ¡Oh! Sí, yo he tenido un grande y hermoso orgullo:
60 el esclavo ha dejado volar libre su pensamiento, y su pensamiento subía más allá de las nubes en que se forma el rayo. ¿Cuál es, pues, la diferencia que existe entre vuestra organización moral y la mía? Yo os la diré, os diré lo que pienso. Es que en mí hay una facultad inmensa de amar: es que vos tenéis el valor de la resistencia y yo la energía de la actividad: es que a vos os sostiene la razón y
65 a mí me devora el sentimiento. Vuestro corazón es del más puro oro, el mío es de fuego.
[…]
Un día Carlota leyó un drama en el cual encontré por fin a una noble doncella que amaba a un africano, y me sentí transportado de placer y orgullo cuando
70 oí a aquel hombre decir: "No es un baldón el nombre de africano, y el color de mi rostro no paraliza mi brazo". ¡Oh, sensible y desventurada doncella! ¡Cuánto te amaba yo! ¡Oh, Otelo! ¡Qué ardientes simpatías encontrabas en mi corazón! ¡Pero tú también eras libre! Tú saliste de la Libia ardiente y brillante como su sol: tú no te alimentaste jamás con el pan de la servidumbre, ni se dobló• tu soberbia   •se doblegó, cedió
75 delante de un dueño. Tu amada no vio en tus manos triunfantes la señal de

los hierros, y cuando le referías* tus trabajos y hazañas, ningún recuerdo de   *contabas
humillación hizo palidecer tu semblante. ¡Teresa!, el amor se apoderó bien
pronto exclusivamente de mi corazón: pero no le debilitó, no. Yo hubiera
conquistado a Carlota a precio de mil heroísmos. Si el destino me hubiese
abierto una senda cualquiera, me habría lanzado en ella… la tribuna o el campo
80 de batalla, la pluma o la espada, la acción o el pensamiento… todo me era igual:
para todo hallaba en mí la aptitud y la voluntad… ¡sólo me faltaba el poder! Era
mulato y esclavo.

    […]

85   No he conocido más cielo que el de Cuba: mis ojos no han visto las grandes
ciudades con palacios de mármol, ni he respirado el perfume de la gloria: pero
acá en mi mente se desarrollaba, a la manera de un magnífico panorama, un
mundo de opulencia y de grandeza, y en mis insomnios devorantes pasaban
delante de mí coronas de laurel y mantos de púrpura. A veces veía a Carlota
90 como una visión celeste, y la oía gritarme: "¡Levántate y marcha!" Y yo me
levantaba, pero volvía a caer al eco terrible de una voz siniestra que me repetía:
"¡Eres mulato y esclavo!"

    […]

    Pero si no es Dios, Teresa, si son los hombres los que me han formado este
95 destino, si ellos han cortado las alas que Dios concedió a mi alma, si ellos han
levantado un muro de errores y preocupaciones entre mí y el destino que la
providencia me había señalado, si ellos han hecho inútiles los dones* de Dios, si   *regalos
ellos me han dicho: "¿Eres fuerte?, pues sé débil. ¿Eres altivo*?, pues sé humilde.   *arrogante
¿Tienes sed de grandes virtudes?, pues devora tu impotencia en la humillación.
100 ¿Tienes inmensas facultades de amar?, pues sofócalas, porque no debes amar
a ningún objeto bello y puro y digno de inspirarte amor. ¿Sientes la noble
ambición de ser útil a tus semejantes y de emplear en el bien general y en tu
gloria, las facultades que te oprimen?, pues dóblate* bajo su peso y desconócelas,   *arrodíllate
y resígnate a vivir inútil y despreciado, como la planta estéril o como el animal
105 inmundo…" Si son los hombres los que me han impuesto este horrible destino,
ellos son los que deben temer al presentarse delante de Dios: porque tienen que
dar una cuenta terrible, porque han contraído una responsabilidad inmensa. ❧

PREGUNTAS

ANÁLISIS

1. Cuando fue escrita esta novela los esclavos eran tratados inhumanamente. ¿Por qué crees que Sab puede escribir esta carta tan profunda y conmovedora?

2. ¿Qué instituciones, actitudes, conductas y valores critica Gertrudis Gómez de Avellaneda en este fragmento?

3. ¿Dirías que Sab es el prototipo del héroe romántico? Explica tu respuesta.

4. La prosopopeya consiste en atribuir cualidades propias de seres animados y corpóreos a otros inanimados o abstractos. Identifica dos prosopopeyas en este fragmento.

5. ¿Por qué, a juicio de Sab, el orgullo es la más importante de todas las virtudes?

INTERPRETACIÓN

1. En 1945, Juan Remos y Rubio escribió que "Sab encarna el espíritu de la esclavitud injusta y dolorosa, pero no el de la protesta contra la misma". ¿Estás de acuerdo con su opinión? Explica tu respuesta.

2. ¿Qué propósito crees que guio más a Gertrudis Gómez de Avellaneda al escribir esta obra, el humanitario o el artístico? Justifica tu respuesta.

3. ¿Te parecen verosímiles la personalidad y las acciones de Sab? ¿Por qué?

4. ¿Qué idea quiere transmitir Sab en el último párrafo de la carta? Explica tu respuesta.

5. ¿Qué frases de la carta rompen los estereotipos sobre la feminidad de la época de Gertrudis Gómez de Avellaneda?

INVESTIGACIÓN

1. ¿Hasta qué punto influyeron las ideas abolicionistas en los movimientos de independencia de las colonias españolas en América?

2. Compara la temática del abolicionismo en las literaturas del siglo XIX de Hispanoamérica y de Estados Unidos.

3. ¿Qué tema clásico del Romanticismo aparece en *Sab*?

JOSÉ MARÍA HEREDIA

1803–1839

"[...] hierve mi corazón en pos de la perfección ideal que en vano busco sobre la tierra."

—**José María Heredia, *"Carta a Ignacio Heredia y Campuzano"***

José María Heredia nació en Santiago de Cuba. De niño vivió en la Florida, Santo Domingo y Venezuela, donde su padre era oidor de la Audiencia. Regresa a Cuba en 1817. En 1819 parte hacia México, donde estudia Derecho. En diciembre de 1820 escribe el poema "En el Teocalli de Cholula", una de sus obras más elogiadas por la crítica. Regresa a La Habana en 1821 y un año después recibe su título de abogado. Acusado de participar en una conspiración contra el gobierno, huye a Nueva York. En 1825 publica sus *Poesías* y recibe halagos de la crítica europea y americana. Poco después parte hacia México, donde ocupa diversos cargos gubernamentales y escribe para varios periódicos. En 1831 es condenado a muerte por participar en una conspiración independentista y se confiscan sus bienes en La Habana. Cinco años después, presintiendo quizá su temprana muerte, escribe una carta al capitán general de Cuba, Miguel Tacón, pidiendo autorización para volver a la Isla a ver a su madre enferma y renegando de sus ideas independentistas. Domingo del Monte y otros amigos se niegan a verlo durante su estancia en la Isla, entre noviembre de 1837 y febrero de 1838. Su tuberculosis se agrava en los primeros meses de 1839. A inicios de mayo escribe su poema "La oración del poeta moribundo", días antes de su fallecimiento, a los treinta y cinco años de edad. Heredia "es lava viva, y agonía que da piedad", dijo de él José Martí.

Heredia es considerado por muchos críticos el primer poeta romántico de la lengua española. Cintio Vitier lo llama el "primer poeta cabal" de Cuba y "el primer lírico de la patria, el primer vivificador poético de la nación como necesidad del alma". El amor romántico, los temas históricos, el dolor del exilio y el poderío de la naturaleza son sus fuentes de inspiración primordiales. El poema "En una tempestad" (1822) es una visión romántica de uno de los fenómenos naturales más temibles de su Caribe natal: el ciclón. Es muy probable que Heredia hubiese presenciado personalmente el espectáculo que describe. Escrito cuando Heredia tenía veintidós años, el poema nos presenta una visión alucinada de la tempestad. No es el temor lo que mueve al poeta a escribir, sino la admiración: "¡Gigante de los aires, te saludo…!", le dice al verlo llegar. Describe al huracán como un portento de la naturaleza más que como un peligro o una desgracia. Su emoción ante el espectáculo supera cualquier preocupación por sus efectos. Y como buen romántico, se ve a sí mismo solo ante la tormenta. Se trata probablemente de la primera vez que un poeta describe un fenómeno tan esencialmente americano como el huracán desde una sensibilidad romántica europea.

"Himno del desterrado" (1825) es quizás el poema más famoso de Heredia. En él se describen las emociones que despierta en el poeta la imagen del cerro Pan de Matanzas al pasar cerca de Cuba durante su travesía de Nueva York a México. El poema contiene una de las estrofas más citadas de la literatura cubana, y una de las más sintéticas y agudas definiciones de la contradicción esencial de tantos países colonizados: "¡Dulce Cuba! en tu seno se miran/ En su grado más alto y profundo,/ La belleza del físico mundo,/ Los horrores del mundo moral".

JOSÉ MARÍA HEREDIA

Poesía completa

EDITORIAL **V** *Verbum*

OBRAS PRINCIPALES

Poesía

1820		*"En el Teocalli de Cholula"*
1820		*"A la hermosura"*
1820		*"Al Popocatépetl"*
1821		*"La inconstancia"*
1821		*"La cifra"*
1822		*"Ausencia y recuerdos"*
1822		*"A Lola en sus días"*
1822		*"En una tempestad"*
1824		*"Niágara"*
1825		*"Himno del desterrado"*
1825		*"Himno al Sol"*
1825		*"Placeres de la melancolía"*
1826		*"A la estrella de Venus"*
1827		*"A mi esposa"*
1827		*"A mi amante"*
1939		*"La oración del poeta moribundo"*

Teatro

1819		*Eduardo IV o El usurpador clemente*
1819		*Moctezuma y el sainete o El campesino espantado*
1825		*Sila*
1829		*Los últimos romanos*

EN UNA TEMPESTAD

Huracán, huracán, venir te siento,
Y en tu soplo abrasado•   •quemado
Respiro entusiasmado
Del señor de los aires el aliento.

5 En las alas del viento suspendido
Vedle rodar por el espacio inmenso,
Silencioso, tremendo, irresistible
En su curso• veloz••. La tierra en calma   •trayectoria ••rápido
Siniestra, misteriosa,
10 Contempla con pavor• su faz•• terrible.   •miedo ••cara
¿Al toro no miráis? El suelo escarban•,   •rascan
De insoportable ardor sus pies heridos:
La frente poderosa levantando,
Y en la hinchada nariz fuego aspirando,
15 Llama la tempestad con sus bramidos•.   •sonidos que emiten
                                              los toros

¡Qué nubes! ¡Qué furor! El sol temblando
Vela en triste vapor su faz gloriosa,
Y su disco nublado sólo vierte
Luz fúnebre y sombría,
20 Que no es noche ni día…
¡Pavoroso color, velo de muerte!
Los pajarillos tiemblan y se esconden
Al acercarse el huracán bramando,
Y en los lejanos montes retumbando•   •resonando
25 Le oyen los bosques, y a su voz responden.

Llega ya… ¿No le veis? ¡Cuál desenvuelve
Su manto aterrador y majestuoso…!
¡Gigante de los aires, te saludo…!
En fiera confusión el viento agita
30 Las orlas• de su parda•• vestidura…   •adornos ••oscura
¡Ved…! ¡En el horizonte
Los brazos rapidísimos enarca•,   •forma con ellos un arco
Y con ellos abarca•   •rodea, encierra
Cuanto alcanzo a mirar de monte a monte!

35 ¡Oscuridad universal!… ¡Su soplo
Levanta en torbellinos
El polvo de los campos agitado…!
En las nubes retumba despeñado•   •desprendido
El carro del Señor, y de sus ruedas
40 Brota el rayo veloz, se precipita•,   •se abalanza

Hiere y aterra a suelo,
Y su lívida luz inunda el cielo.

¿Qué rumor? ¿Es la lluvia…? Desatada
Cae a torrentes, oscurece el mundo,
45 Y todo es confusión, horror profundo.
Cielo, nubes, colinas, caro bosque,
¿Dó• estáis…? Os busco en vano: •dónde
Desaparecisteis… La tormenta umbría
En los aires revuelve un océano
50 Que todo lo sepulta•…   •entierra
Al fin, mundo fatal, nos separamos:
El huracán y yo solos estamos.

¡Sublime tempestad! ¡Cómo en tu seno,
De tu solemne inspiración henchido•,   •lleno, hinchado
55 Al mundo vil y miserable olvido,
Y alzo la frente, de delicia lleno!
¿Dó está el alma cobarde
Que teme tu rugir•…? Yo en ti me elevo   •bramar
Al trono del Señor: oigo en las nubes
60 El eco de su voz; siento a la tierra
Escucharle y temblar. Ferviente• lloro   •apasionado
Desciende por mis pálidas mejillas,
Y su alta majestad trémulo adoro.

HIMNO DEL DESTERRADO

Reina el sol, y las olas serenas
Corta en torno la prora• triunfante,   •proa: parte delantera
Y hondo rastro de espuma brillante   de una nave
Va dejando la nave en el mar.

5 "¡Tierra!" claman: ansiosos miramos
Al confín• del sereno horizonte,   •punto más lejano
Y a lo lejos descúbrese un monte…
Le conozco… ¡Ojos tristes, llorad!

Es el Pan… En su falda• respiran   •ladera
10 El amigo más fino y constante,
Mis amigas preciosas, mi amante…
¡Qué tesoros de amor tengo allí!

Y más lejos, mis dulces hermanas,
Y mi madre, mi madre adorada,
15 De silencio y dolores cercada
Se consume gimiendo por mí.

Cuba, Cuba, que vida me diste,
Dulce tierra de luz y hermosura,
¡Cuánto sueño de gloria y ventura
20 Tengo unido a tu suelo feliz!

¡Y te vuelvo a mirar…! ¡Cuán severo
Hoy me oprime el rigor de mi suerte!
La opresión me amenaza con muerte
En los campos do al mundo nací:

25 Mas, ¿qué importa que truene• el tirano?   •haga el ruido del trueno
Pobre, sí, pero libre me encuentro:
Sola el alma del alma es el centro:
¿Qué es el oro sin gloria ni paz?

Aunque errante• y proscripto•• me miro,   •vagabundo ••desterrado,
30 Y me oprime el destino severo,   exiliado
Por el cetro del déspota ibero
No quisiera mi suerte trocar•.   •intercambiar

Pues perdí la ilusión• de la dicha••,   •deseo, esperanza ••felicidad
Dame ¡oh gloria! tu aliento divino.
35 ¿Osaré• maldecir mi destino,   •me atreveré a
Cuando puedo vencer o morir?

Aún habrá corazones en Cuba
Que me envidien de mártir la suerte,
Y prefieran espléndida muerte
40 A su amargo, azaroso• vivir.   •lleno de dificultades
                                                        y peligros
De un tumulto de males cercado
El patriota inmutable• y seguro,   •firme
O medita en el tiempo futuro,
O contempla en el tiempo que fue,

45 Cual los Andes en luz inundados
A las nubes superan serenos,
Escuchando a los rayos y truenos
Retumbar• hondamente a su pie.   •tronar, resonar

¡Dulce Cuba! en tu seno se miran
50 En su grado más alto y profundo,
La belleza del físico mundo,
Los horrores del mundo moral.

Te hizo el Cielo la flor de la tierra:
Mas tu fuerza y destinos ignoras,
55 Y de España en el déspota adoras
Al demonio sangriento del mal.

¿Ya qué importa que al cielo te tiendas•,   •te tumbes
De verdura perenne vestida,
Y la frente de palmas ceñida•   •rodeada
60 A los besos ofrezcas del mar.

Si el clamor del tirano insolente,
Del esclavo el gemir lastimoso,
Y el crujir del azote horroroso
Se oye sólo en tus campos sonar?

65 Bajo el peso del vicio insolente
La virtud desfallece• oprimida,   •se debilita, se cansa
Y a los crímenes y oro vendida
De las leyes la fuerza se ve.

Y mil necios•, que grandes•• se juzgan   •estúpidos ••importantes
70 Con honores al peso comprados,
Al tirano idolatran, postrados
De su trono sacrílego al pie.

Al poder el aliento se oponga,
Y a la muerte contraste la muerte:
75 La constancia encadena• la suerte;   •conecta, enlaza
Siempre vence quien sabe morir.

Enlacemos un nombre glorioso
De los siglos al rápido vuelo:
Elevemos los ojos al cielo,
80 Y a los años que están por venir.

Vale más a la espada enemiga
Presentar el impávido• pecho,   •impasible
Que yacer de dolor en un lecho,
Y mil muertes muriendo sufrir.

85 Que la gloria en las lides• anima   •batalla, lucha
El ardor• del patriota constante,   •pasión
Y circunda• con halo brillante   •rodea
De su muerte el momento feliz.

¿A la sangre teméis…? En las lides
90 Vale más derramarla a raudales•,   •en abundancia
Que arrastrarla en sus torpes• canales   •ineptos, incompetentes
Entre vicios, angustias y horror.

¿Qué tenéis? Ni aun sepulcro seguro
En el suelo infelice* cubano.   *infeliz
95 ¿Nuestra sangre no sirve al tirano
Para abono* del suelo español?   *fertilizante

Si es verdad que los pueblos no pueden
Existir sino en dura cadena,
Y que el Cielo feroz los condena
100 A ignominia* y eterna opresión,   *humillación

De verdad tan funesta* mi pecho   *horrible
El horror melancólico abjura*,   *rechaza
Por seguir la sublime locura
De Washington y Bruto y Catón.[1]

105 ¡Cuba! al fin te verás libre y pura
Como el aire de luz que respiras,
Cual las ondas hirvientes que miras
De tus playas la arena besar.

Aunque viles traidores le sirvan,
110 Del tirano es inútil la saña*,   *crueldad, odio
Que no en vano entre Cuba y España
Tiende* inmenso sus olas el mar.   *despliega, extiende

---

[1] Marco Junio Bruto (85 a.C. – 42 a.C.), político y militar en la última etapa de la República romana. Fue uno de los conspiradores que planearon el asesinato de Julio César; Marco Porcio Catón (95 a.C. – 46 a.C.), filósofo estoico y político quien se opuso a la política de Julio César.

PREGUNTAS

ANÁLISIS

1. En el poema "En una tempestad" el poeta parece someterse al poder del huracán y desafiarlo con admiración al mismo tiempo. Comenta los recursos que emplea para describir los sentimientos que en él despierta.

2. ¿Con qué fuerzas terrenales y espirituales compara Hernández al huracán?

3. ¿Qué características propias del Romanticismo identificas en "En una tempestad"?

4. ¿Qué provoca el llanto del poeta en la segunda estrofa de "Himno del desterrado"? ¿En qué estrofa se alude a la lejanía con España como argumento a favor de la independencia?

5. Enumera los paralelismos que encuentres entre "En una tempestad" y el "Himno del desterrado". Justifica tu elección.

INTERPRETACIÓN

1. ¿Qué efecto logra Heredia al hablarle directamente al huracán?

2. Describe la secuencia de sentimientos que manifiesta el poeta a lo largo de "En una tempestad" y explica cuál es, a tu juicio, el sentimiento predominante.

3. ¿A qué se refiere Heredia en "Himno del desterrado" cuando habla de "los horrores del mundo moral"? ¿A qué se refiere cuando dice que los cubanos no tienen "ni aun sepulcro seguro"?

4. ¿Qué relación hay entre la temática de la fuerza de la naturaleza y las ideas libertarias de Heredia?

5. El ansia de libertad es un tema que se expresa de formas diferentes en la obra de los autores románticos. ¿Qué semejanzas temáticas encuentras entre *Sab* de Gertrudis Gómez de Avellaneda y el "Himno del desterrado"?

INVESTIGACIÓN

1. Investiga la situación política en Cuba que provocó el destierro de José María Heredia.

2. El realismo es una corriente que nace en oposición a las ideas y criterios estéticos del Romanticismo. Identifica las diferencias fundamentales entre ambos movimientos.

ESTEBAN ECHEVERRÍA

1805–1851

"La poesía nacional es la expresión animada, el vivo reflejo de los hechos heroicos, de las costumbres, del espíritu, de lo que constituye la vida moral, misteriosa, interior y exterior de un pueblo."

—Esteban Echeverría, *Sobre el arte de la poesía*

Esteban Echeverría fue miembro precursor de la Generación del 37: un grupo de intelectuales argentinos fuertemente influidos por el Romanticismo europeo. Echeverría nació en Buenos Aires. Quedó huérfano de padre cuando era niño y de madre en su juventud. En 1825 marchó a Europa para completar sus estudios y en busca de reposo, pues padecía del corazón. Nada más llegar a París se contagió de la "fiebre" romántica imperante en Europa. El joven e inquieto argentino leyó a Shakespeare, Goethe, Schiller y Lamartine, y sintió una admiración especial por Lord Byron. A su regreso a la patria, introdujo este movimiento en el Río de la Plata: el poema "Elvira o la novia del Plata" (1832), que publicó de forma anónima, se considera la primera obra romántica en habla castellana de Sudamérica. En 1834 publicó su primer libro de versos, *Los consuelos*, y en 1837, *Rimas*, donde se encuentra su poema "La cautiva".

Participó activamente en el Salón Literario dirigido por Marcos Sastre en la trastienda de su librería, que reunía a jóvenes intelectuales para celebrar tertulias de literatura y política. Cuando el gobierno de Juan Manuel de Rosas lo clausuró en 1838, las reuniones continuaron en la clandestinidad bajo el nombre de Asociación de la Joven Generación Argentina. Con el tiempo, la mayoría de sus miembros terminarían exiliados o muertos durante los enfrentamientos con las fuerzas de Rosas. Echeverría, uno de los fundadores del grupo, escribió para este *Palabras simbólicas* o *Credo*, una lista de consignas que buscaban renovar el ideario de la Revolución de Mayo de 1810: libertad, progreso y democracia plena, para una nueva generación de argentinos. La persecución política obligó a Echeverría a exiliarse en Uruguay. A pesar de que su salud y su situación económica eran precarias, mantuvo una intensa producción literaria, y trabajó apasionadamente por la educación pública, que consideraba esencial para el progreso de las naciones. Murió de tisis un año antes de la derrota de Rosas en la Batalla de Caseros.

Cuando Esteban Echeverría regresa de Europa en 1830, entusiasmado con las ideas del Romanticismo y convencido de la importancia de una literatura nacional, Juan Manuel de Rosas gobernaba ya la provincia de Buenos Aires. Tras el asesinato del caudillo Facundo Quiroga, el Restaurador ejerció una represión violenta contra toda sombra de oposición. El déspota Rosas se valió de una unidad de policía, conocida como la Mazorca, para aterrorizar a los opositores mediante golpizas, torturas y ejecuciones sumarias. Se impuso entonces el uso de la "divisa punzó", una cinta roja que era obligatorio llevar en la ropa, en público y en privado, como demostración constante de fidelidad a Rosas.

Este es el marco de *El matadero*, un relato que Echeverría ubica en el límite entre dos mundos irreconciliables: el del salvajismo y el de la civilización. El único que se atreve a cruzar esa frontera, un joven unitario, tiene un final cruel por no llevar el luto obligatorio en honor a la esposa de Rosas ni la cinta roja de los federales. El texto comienza con la intensa actividad en el matadero de la ciudad y describe con detalle el ambiente grotesco de caos y degradación humana. La muerte es un espectáculo habitual en el país que gobierna Rosas y la población, embrutecida, presencia la matanza de las reses o la muerte accidental de un niño con igual actitud, entre indiferente y divertida. Los seres humanos se encuentran aquí al mismo nivel de los animales del matadero, sumergidos todos en la violencia sin salida de la Argentina rosista. Echeverría escribió *El matadero* entre 1838 y 1839, pero sus contemporáneos no llegaron a leerlo porque no salió a la luz hasta su publicación en la *Revista del Río de la Plata*, en 1871. Gran parte de la crítica lo considera el primer cuento argentino.

OBRAS

Poesía
1832 | *"Elvira o la novia del Plata"*
1834 | *Los consuelos*
1837 | *Rimas*
1846 | *"Ángel caído"*
1849 | *"La guitarra"*
1849 | *"Insurrección del Sud"*
1849 | *"Avellaneda"*

Ensayo
1846 | *Dogma Socialista*

Cuento
*1820–1830 | *Mefistófeles*
*1838–1839 | *El matadero*
*1820–1830 | *Peregrinaje de Gualpo*

Cartas
*1820–1830 | *Cartas a un amigo*

Crónicas
1837 | *Apología del Matambre* (cuadro de costumbres)

*Publicados póstumamente entre 1870 y 1874.

EL MATADERO

A pesar de que la mía es historia, no la empezaré por el arca de Noé y la genealogía de sus ascendientes como acostumbraban hacerlo los antiguos historiadores españoles de América, que deben ser nuestros prototipos. Tengo muchas razones para no seguir ese ejemplo, las que callo por no ser difuso. Diré solamente que los sucesos de mi narración, pasaban por los años de Cristo de 183... Estábamos, a más, en cuaresma, época en que escasea la carne en Buenos Aires, porque la Iglesia, adoptando el precepto de Epicteto,[1] *sustine, abstine* (sufre, abstente),

5

---

[1] Filósofo estoico griego del siglo I.

ordena vigilia y abstinencia a los estómagos de los fieles, a causa de que la carne
10   es pecaminosa, y, como dice el proverbio, busca a la carne. Y como la Iglesia
tiene *ab initio* y por delegación directa de Dios, el imperio inmaterial sobre las
conciencias y los estómagos, que en manera alguna pertenecen al individuo,
nada más justo y racional que vede• lo malo.   •prohíba

Los abastecedores, por otra parte, buenos federales,[2] y por lo mismo buenos
15   católicos, sabiendo que el pueblo de Buenos Aires atesora una docilidad singular
para someterse a toda especie de mandamiento, sólo traen en días cuaresmales
al matadero los novillos• necesarios para el sustento de los niños y los enfermos   •toros y vacas de 2-3 años
dispensados de la abstinencia por la bula• y no con el ánimo de que se harten   •privilegio que otorga
algunos herejotes, que no faltan, dispuestos siempre a violar las mandamientos   la Iglesia
20   carnificinos• de la Iglesia, y a contaminar la sociedad con el mal ejemplo.   •que prohíben comer carne

Sucedió, pues, en aquel tiempo, una lluvia muy copiosa. Los caminos se
anegaron; los pantanos se pusieron a nado y las calles de entrada y salida a la
ciudad rebosaban en acuoso barro. Una tremenda avenida se precipitó de repente
por el Riachuelo de Barracas, y extendió majestuosamente sus turbias aguas hasta
25   el pie de las barrancas del Alto. El Plata, creciendo embravecido, empujó esas
aguas que venían buscando su cauce y las hizo correr hinchadas por sobre campos,
terraplenes, arboledas, caseríos, y extenderse como un lago inmenso por todas las
bajas tierras. La ciudad circunvalada del Norte al Este por una cintura de agua y
barro, y al sur por un piélago• blanquecino en cuya superficie flotaban a la ventura   •mar
30   algunos barquichuelos y negreaban las chimeneas y las copas de los árboles, echaba
desde sus torres y barrancas atónitas miradas al horizonte como implorando la
protección del Altísimo. Parecía el amago• de un nuevo diluvio. Los beatos y   •señal, indicio
beatas gimoteaban haciendo novenarios y continuas plegarias. Los predicadores
atronaban el templo y hacían crujir el púlpito a puñetazos. "Es el día del juicio
35   —decían—, el fin del mundo está por venir. La cólera divina rebosando se derrama
en inundación. ¡Ay de vosotros, pecadores! ¡Ay de vosotros unitarios[3] impíos que
os mofáis de la Iglesia, de los santos, y no escucháis con veneración la palabra
de los ungidos del Señor•! ¡Ah de vosotros si no imploráis misericordia al pie de   •reyes, sacerdotes y profetas
los altares! Llegará la hora tremenda del vano crujir de dientes y de las frenéticas   untados con el óleo de la
40   imprecaciones•. Vuestra impiedad, vuestras herejías, vuestras blasfemias, vuestros   consagración
crímenes horrendos, han traído sobre nuestra tierra las plagas del Señor. La justicia •maldiciones
del Dios de la Federación[4] os declarará malditos".

Las pobres mujeres salían sin aliento, anonadadas del templo, echando, como
era natural, la culpa de aquella calamidad a los unitarios.
45   Continuaba, sin embargo, lloviendo a cántaros, y la inundación crecía
acreditando el pronóstico de los predicadores. Las campanas comenzaron

[2] Partidarios de Juan Manuel de Rosas (1793–1877), dictador argentino (1835–1852).
[3] Opositores al gobierno de Rosas.
[4] Referencia a Rosas, jefe del partido federal.

a tocar rogativas[*] por orden del muy católico Restaurador,[5] quien parece no las tenía todas consigo. Los libertinos, los incrédulos, es decir, los unitarios, empezaron a amedrentarse[*] al ver tanta cara compungida, oír tanta batahola de imprecaciones. Se hablaba ya, como de cosa resuelta, de una procesión en que debía ir toda la población descalza y a cráneo descubierto, acompañando al Altísimo, llevado bajo palio por el obispo, hasta la barranca de Balcarce, donde millares de voces conjurando al demonio unitario de la inundación, debían implorar[*] la misericordia divina.

Feliz, o mejor, desgraciadamente, pues la cosa habría sido de verse, no tuvo efecto la ceremonia, porque bajando el Plata, la inundación se fue poco a poco escurriendo en su inmenso lecho, sin necesidad de conjuro ni plegarias.

Lo que hace principalmente a mi historia es que por causa de la inundación estuvo quince días el matadero de la Convalecencia sin ver una sola cabeza vacuna, y que en uno o dos, todos los bueyes de quinteros y *aguateros*[*] se consumieron en el abasto de la ciudad. Los pobres niños y enfermos se alimentaban con huevos y gallinas, y los gringos y herejotes bramaban por el *beefsteak* y el asado. La abstinencia de carne era general en el pueblo, que nunca se hizo más digno de la bendición de la Iglesia, y así fue que llovieron sobre él millones y millones de indulgencias plenarias. Las gallinas se pusieron a 6 pesos y los huevos a 4 reales y el pescado carísimo. No hubo en aquellos días cuaresmales promiscuaciones ni excesos de gula; pero, en cambio, se fueron derecho al cielo innumerables ánimas, y acontecieron cosas que parecen soñadas.

No quedó en el matadero ni un solo ratón vivo de muchos millares que allí tenían albergue. Todos murieron o de hambre o ahogados en sus cuevas por la incesante lluvia. Multitud de negras rebuscanas de *achuras*[*], como los caranchos[*] de presa, se desbandaron por la ciudad como otras tantas arpías prontas a devorar cuanto hallaran comible. Las gaviotas y los perros, inseparables rivales suyos en el matadero, emigraron en busca de alimento animal. Porción de viejos achacosos[*] cayeron en consunción por falta de nutritivo caldo; pero lo más notable que sucedió fue el fallecimiento casi repentino de unos cuantos gringos herejes, que cometieron el desacato de darse un hartazgo de chorizos de Extremadura, jamón y bacalao, y se fueron al otro mundo a pagar el pecado cometido por tan abominable promiscuación.

Algunos médicos opinaron que si la carencia de carne continuaba, medio pueblo caería en síncope por estar los estómagos acostumbrados a su corroborante jugo; y era de notar el contraste entre estos tristes pronósticos de la ciencia y los anatemas lanzados desde el púlpito por los reverendos padres contra toda clase de nutrición animal y de promiscuación en aquellos días destinados por la Iglesia al ayuno y 1a penitencia. Se originó de aquí una especie de guerra intestina entre los estómagos y las conciencias, atizada por el inexorable

[*] rezos o procesiones para pedir algo a los Santos

[*] intimidarse, asustarse

[*] rogar

[*] colonos de una quinta o finca y personas que venden o reparten agua

[*] vísceras de la res

[*] aves rapaces

[*] enfermos, débiles

---

[5] Restaurador de las leyes es como se hacía llamar el caudillo Rosas.

apetito, y las no menos inexorables vociferaciones de los ministros de la Iglesia, quienes, como es su deber, no transigen con vicio alguno que tienda a relajar las costumbres católicas: a lo que se agregaba el estado de flatulencia intestinal

90 de los habitantes, producido por el pescado y los porotos• y otros alimentos algo indigestos.

•frijoles

Esta guerra se manifestaba por sollozos y gritos descompasados en la peroración de los sermones y por rumores y estruendos subitáneos en las casas y calles de la ciudad o dondequiera concurrían gentes. Alarmóse un tanto el

95 gobierno, tan paternal como previsor del Restaurador, creyendo aquellos tumultos de origen revolucionario y atribuyéndolos a los mismos salvajes unitarios, cuyas impiedades, según los predicadores federales, habían traído sobre el país la inundación de la cólera divina; tomó activas providencias, desparramó a sus esbirros• por la población, y por último, bien informado,

•sicarios

100 promulgó un decreto tranquilizador de las conciencias y de los estómagos, encabezado por un considerando• muy sabio y piadoso para que a todo trance••, y arremetiendo por agua y todo, se trajese ganado a los corrales.

•conjunto de motivos ••a toda prisa

En efecto, el decimosexto día de la carestía, víspera del día de Dolores, entró a vado• por el paso de Burgos al matadero del Alto una tropa de cincuenta

105 novillos gordos; cosa poca por cierto para una población acostumbrada a consumir diariamente de 250 a 300, y cuya tercera parte al menos gozaría del fuero• eclesiástico de alimentarse con carne. ¡Cosa extraña que haya estómagos privilegiados y estómagos sujetos a leyes inviolables y que la Iglesia tenga la llave de los estómagos!

•cruzando el río a pie

•privilegio

110 Pero no es extraño, supuesto que el diablo con la carne suele meterse en el cuerpo y que la Iglesia tiene el poder de conjurarlo: el caso es reducir al hombre a una máquina cuyo móvil principal no sea su voluntad sino la de la Iglesia y el gobierno. Quizá llegue el día en que sea prohibido respirar aire libre, pasearse y hasta conversar con un amigo, sin permiso de autoridad competente. Así era,

115 poco más o menos, en los felices tiempos de nuestros beatos abuelos que por desgracia vino a turbar la revolución de Mayo.[6]

Sea como fuera; a la noticia de la providencia gubernativa, los corrales del Alto se llenaron, a pesar del barro, de carniceros, de *achuradores*• y de curiosos, quienes recibieron con grandes vociferaciones y palmoteos los cincuenta

120 novillos destinados al matadero.

•los que se llevaban las achuras

—Chica, pero gorda —exclamaban—. ¡Viva la Federación! ¡Viva el Restaurador!

Porque han de saber los lectores que en aquel tiempo la Federación estaba en todas partes, hasta entre las inmundicias• del matadero, y no había fiesta

•desperdicios, porquerías

---

[6] Los acontecimientos que tuvieron lugar durante la semana del 18 al 25 de mayo de 1810 en Buenos Aires, conocidos como la Revolución de Mayo, iniciaron el proceso de independencia de la Argentina que culminó en 1816.

sin Restaurador como no hay sermón sin San Agustín.[7] Cuentan que al oír tan desaforados gritos las últimas ratas que agonizaban de hambre en sus cuevas, se reanimaron y echaron a correr desatentadas•, conociendo que volvían a aquellos lugares la acostumbrada alegría y la algazara precursora de abundancia.

    •sin orden ni mesura

El primer novillo que se mató fue todo entero de regalo al Restaurador, hombre muy amigo del asado. Una comisión de carniceros marchó a ofrecérselo en nombre de los federales del matadero, manifestándole *in voce* su agradecimiento por la acertada providencia del gobierno, su adhesión ilimitada al Restaurador y su odio entrañable a los salvajes unitarios, enemigos de Dios y de los hombres. El Restaurador contestó a la arenga•, *rinforzando* sobre el mismo tema y concluyó la ceremonia con los correspondientes vivas y vociferaciones de los espectadores y actores. Es de creer que el Restaurador tuviese permiso especial de su Ilustrísima• para no abstenerse de carne, porque siendo tan buen observador de las leyes, tan buen católico y tan acérrimo protector de la religión, no hubiera dado mal ejemplo aceptando semejante regalo en día santo.

    •discurso para inspirar entusiasmo

    •Obispo

Siguió la matanza, y en un cuarto de hora cuarenta y nueve novillos se hallaban tendidos en la playa del matadero, desollados unos, los otros por desollar. El espectáculo que ofrecía entonces era animado y pintoresco aunque reunía todo lo horriblemente feo, inmundo y deforme de una pequeña clase proletaria peculiar del Río de la Plata. Pero para que el lector pueda percibirlo a un golpe de ojo preciso es hacer un croquis• de la localidad.

    •dibujo, esquema

El matadero de la Convalecencia o del Alto, sito en las quintas al sur de la ciudad, es una gran playa en forma rectangular, colocada al extremo de dos calles, una de las cuales allí termina y la otra se prolonga hacia el este. Esta playa, con declive al sur, está cortada por un zanjón labrado por la corriente de las aguas pluviales, en cuyos bordes laterales se muestran innumerables cuevas de ratones y cuyo cauce recoge en tiempo de lluvia toda la sangraza seca o reciente del matadero. En la junción del ángulo recto, hacia el oeste, está lo que llaman la casilla, edificio bajo, de tres piezas de media agua con corredor al frente que da a la calle y palenque para atar caballos, a cuya espalda se notan varios corrales de palo a pique de ñandubay• con sus fornidas puertas para encerrar el ganado.

    •tipo de árbol

Estos corrales son en tiempo de invierno un verdadero lodazal, en el cual los animales apeñuscados se hunden hasta el encuentro, y quedan como pegados y casi sin movimiento. En la casilla se hace la recaudación del impuesto de corrales, se cobran las multas por violación de reglamentos y se sienta el juez del matadero, personaje importante, caudillo de los carniceros y que ejerce la suma del poder en aquella pequeña república, por delegación del Restaurador. Fácil es calcular qué clase de hombre se requiere para el desempeño de semejante cargo. La casilla, por otra parte, es un edificio tan ruin y pequeño que nadie lo notaría en los corrales a no estar asociado su nombre al del terrible juez y no resaltar

---

[7] San Agustín (354–450), filósofo cristiano y uno de los padres de la Iglesia católica.

sobre su blanca cintura los siguientes letreros rojos: "Viva la Federación", "Viva el Restaurador y la heroica doña Encarnación Ezcurra", "Mueran los salvajes unitarios". Letreros muy significativos, símbolo de la fe política y religiosa de la gente del matadero. Pero algunos lectores no sabrán que la tal heroína es la difunta esposa del Restaurador, patrona muy querida de los carniceros, quienes, ya muerta, la veneraban por sus virtudes cristianas y su federal heroísmo en la revolución contra Balcarce.[8] Es el caso que un aniversario de aquella memorable hazaña de la mazorca, los carniceros festejaron con un espléndido banquete en la casilla de la heroína, banquete al que concurrió con su hija y otras señoras federales, y que allí, en presencia de un gran concurso, ofreció a los señores carniceros en un solemne brindis, su federal patrocinio, por cuyo motivo ellos la proclamaron entusiasmados patrona del matadero, estampando su nombre en las paredes de la casilla donde estará hasta que lo borre la mano del tiempo.

La perspectiva del matadero a la distancia era grotesca, llena de animación. Cuarenta y nueve reses estaban tendidas sobre sus cueros, y cerca de doscientas personas hollaban• aquel suelo de lodo regado con la sangre de sus arterias. En torno de cada res resaltaba un grupo de figuras humanas de tez• y raza distinta. La figura más prominente de cada grupo era el carnicero con el cuchillo en mano, brazo y pecho desnudos, cabello largo y revuelto, camisa y chiripá• y rostro embadurnado de sangre. A sus espaldas se rebullían caracoleando y siguiendo los movimientos, una comparsa• de muchachos, de negras y mulatas achuradoras, cuya fealdad trasuntaba• las arpías de la fábula, y entremezclados con ellas algunos enormes mastines•, olfateaban, gruñían o se daban de tarascones• por la presa. Cuarenta y tantas carretas toldadas con negruzco y pelado cuero, se escalonaban irregularmente a lo largo de la playa, y algunos jinetes con el poncho calado y el lazo prendido al tiento cruzaban por entre ellas al tranco o reclinados sobre el pescuezo de los caballos echaban ojo indolente sobre uno de aquellos animados grupos, al paso que, más arriba, en el aire, un enjambre de gaviotas blanquiazules que habían vuelto de la emigración al olor de carne, revoloteaban cubriendo con su disonante graznido todos los ruidos y voces del matadero y proyectando una sombra clara sobre aquel campo de horrible carnicería. Esto se notaba al principio de la matanza.

Pero a medida que adelantaba, la perspectiva variaba; los grupos se deshacían, venían a formarse tomando diversas actitudes y se desparramaban corriendo como si en medio de ellos cayese alguna bala perdida, o asomase la quijada• de algún encolerizado mastín. Esto era que el carnicero en un grupo descuartizaba a golpe de hacha, colgaba en otros los cuartos en los ganchos a su carreta, despellejaba en éste, sacaba el sebo• en aquél, de entre la chusma•• que ojeaba y aguardaba la presa de achura, salía de cuando en cuando una mugrienta mano

• pisaban
• piel de la cara

• pantalón de los gauchos

• grupo
• copiaba
• perros grandes y fuertes
• mordiscos

• mandíbula muy grande

• grasa •• gentuza, gente sin prestigio social

---

[8] Juan Ramón Balcarce (1773–1836), gobernador de Buenos Aires y ministro del gobierno de Rosas. En 1833, fue obligado a renunciar de su cargo en la Revolución de los Restauradores.

a dar un tarazón con el cuchillo al sebo o a los cuartos de la res, lo que originaba
gritos y explosión de cólera del carnicero y el continuo hervidero de los grupos,
dichos y gritería descompasada de los muchachos.

—Ahí se mete el sebo en las tetas, la tipa —gritaba uno.

—Aquél lo escondió en el alzapón˙ —replicaba la negra. ˙bragueta

—Che, negra bruja, salí de aquí antes de que te pegue un tajo —exclamaba
el carnicero.

—¿Qué le hago, ño˙ Juan? ¡No sea malo! Yo no quiero sino la panza y ˙señor
las tripas.

—Son para esa bruja: a la m...

—¡A la bruja! ¡A la bruja! —repitieron los muchachos—: ¡Se lleva la riñonada
y el tongorí˙! —Y cayeron sobre su cabeza sendos cuajos de sangre y tremendas ˙aparato digestivo
pelotas de barro.

Hacia otra parte, entretanto, dos africanas llevaban arrastrando las entrañas
de un animal; allá una mulata se alejaba con un ovillo de tripas y resbalando de
repente sobre un charco de sangre, caía a plomo, cubriendo con su cuerpo la
codiciada presa. Acullá se veían acurrucadas en hilera 400 negras destejiendo
sobre las faldas el ovillo y arrancando, uno a uno, los sebitos que el avaro
cuchillo del carnicero había dejado en la tripa como rezagados, al paso que otras
vaciaban panzas y vejigas y las henchían de aire de sus pulmones para depositar
en ellas, luego de secas, la achura.

Varios muchachos, gambeteando˙ a pie y a caballo, se daban de vejigazos˙˙ ˙dando saltitos ˙˙golpes
o se tiraban bolas de carne, desparramando con ellas y su algazara la nube de dados con una vejiga
gaviotas que, columpiándose en el aire, celebraban chillando la matanza. Oíanse
a menudo, a pesar del veto del Restaurador y de la santidad del día, palabras
inmundas y obscenas, vociferaciones preñadas de todo el cinismo bestial que
caracteriza a la chusma de nuestros mataderos, con las cuales no quiero regalar
a los lectores.

De repente caía un bofe˙ sangriento sobre la cabeza de alguno, que de allí ˙pulmón
pasaba a la de otro, hasta que algún deforme mastín lo hacía buena presa, y una
cuadrilla de otros, por si estrujo o no estrujo, armaba una tremenda de gruñidos
y mordiscones. Alguna tía vieja salía furiosa en persecución de un muchacho
que le había embadurnado el rostro con sangre, y acudiendo a sus gritos y
puteadas los compañeros del rapaz, la rodeaban y azuzaban como los perros
al toro, y llovían sobre ella zoquetes de carne, bolas de estiércol, con groseras
carcajadas y gritos frecuentes, hasta que el juez mandaba restablecer el orden y
despejar el campo.

Por un lado dos muchachos se adiestraban en el manejo del cuchillo
tirándose horrendos tajos y reveses; por otro, cuatro, ya adolescentes, ventilaban
a cuchilladas el derecho a una tripa gorda y un mondongo˙ que habían robado ˙intestinos, tripas
a un carnicero; y no de ellos distante, porción de perros, flacos ya de la forzosa
abstinencia, empleaban el mismo medio para saber quién se llevaría un hígado

envuelto en barro. Simulacro en pequeño era éste del modo bárbaro con que se ventilan en nuestro país las cuestiones y los derechos individuales y sociales. En fin, la escena que se representaba en el matadero era para vista, no para escrita.

250 Un animal había quedado en los corrales, de corta y ancha cerviz, de mirar fiero, sobre cuyos órganos genitales no estaban conformes los pareceres, porque tenía apariencias de toro y de novillo. Llególe la hora. Dos enlazadores a caballo penetraron en el corral en cuyo contorno hervía la chusma a pie, a caballo y horqueteada sobre sus nudosos palos. Formaban en la puerta el más grotesco y sobresaliente grupo, varios pialadores* y enlazadores de a pie con el brazo *expertos con el lazo
255 desnudo y armado del certero lazo, la cabeza cubierta con un pañuelo punzó* y *rojo
chaleco y chiripá colorado, teniendo a sus espaldas varios jinetes y espectadores de ojo escrutador y anhelante.

El animal, prendido* ya al lazo por las astas, bramaba echando espuma *atrapado
furibundo, y no había demonio que lo hiciera salir del pegajoso barro, donde
260 estaba como clavado y era imposible pialarlo. Gritábanle, lo azuzaban en vano con las mantas y pañuelos los muchachos que estaban prendidos sobre las horquetas* del corral, y era de oír la disonante batahola de silbidos, palmadas y *banquetas hechas de
voces, tiples y roncas que se desprendía de aquella singular orquesta. troncos de árbol

Los dicharachos, las exclamaciones chistosas y obscenas rodaban de boca en
265 boca, y cada cual hacía alarde espontáneamente de su ingenio y de su agudeza, excitado por el espectáculo o picado por el aguijón de alguna lengua locuaz.

—Hi de p… en el toro.

—Al diablo los torunos del Azul*. *toros castrados

—Malhaya el tropero que nos da gato por liebre*. *engaña haciendo pasar
270 —Si es novillo. una cosa por otra de
mejor calidad
—¿No está viendo que es toro viejo?

—Como toro le ha de quedar. ¡Muéstreme los c. . . si le parece, c. . .o!

—Ahí los tiene entre las piernas. ¿No los ve, amigo, más grandes que la cabeza de su castaño, o se ha quedado ciego en el camino?
275 —Su madre sería la ciega, pues que tal hijo ha parido. ¿No ve que todo ese bulto es barro?

—Es emperrado* y arisco como un unitario. *obstinado, tozudo, cabezón

Y al oír esta mágica palabra, todos a una voz exclamaron: ¡Mueran los salvajes unitarios!
280 —Para el tuerto los h…

—Sí, para el tuerto, que es hombre de c… para pelear con los unitarios. El matambre* a Matasiete, degollador de unitarios. ¡Viva Matasiete! *carne entre la piel
y las costillas
—A Matasiete el matahambre.

—Allá va —gritó una voz ronca, interrumpiendo aquellos desahogos de la
285 cobardía feroz—. ¡Allá va el toro!

—¡Alerta! ¡Guarda los de la puerta! ¡Allá va furioso como un demonio!

Y en efecto, el animal acosado por los gritos y sobre todo por dos picanas* varas largas con un
agudas que le espoleaban la cola, sintiendo flojo el lazo, arremetió bufando a la extremo de hierro
puerta, lanzando a entrambos lados una rojiza y fosfórica mirada. Dióle el tirón
290 el enlazador sentando su caballo, desprendió el lazo del asta, crujió por el aire un
áspero zumbido y al mismo tiempo se vio rodar desde lo alto de una horqueta
del corral, como si un golpe de hacha lo hubiese dividido a cercén, una cabeza
de niño cuyo tronco permaneció inmóvil sobre su caballo de palo, lanzando por
cada arteria un largo chorro de sangre.

295 —¡Se cortó el lazo! —gritaron unos—. ¡Allá va el toro!

Pero otros, deslumbrados y atónitos, guardaron silencio, porque todo fue
como un relámpago.

Desparramóse un tanto el grupo de la puerta. Una parte se agolpó sobre la
cabeza y el cadáver palpitante del muchacho degollado por el lazo, manifestando
300 horror en su atónito semblante, y la otra parte, compuesta de jinetes que no vieron
la catástrofe, se escurrió en distintas direcciones en pos del toro, vociferando y
gritando: ¡Allá va el toro! ¡Atajen! ¡Guarda! ¡Enlaza, Sietepelos! ¡Que te agarra,
botija! ¡Va furioso; no se le pongan delante! ¡Ataja, ataja, morado! ¡Déle espuela
al mancarrón*! ¡Ya se metió en la calle sola! ¡Que lo ataje el diablo! caballo débil y flaco

305 El tropel y vocifería era infernal. Unas cuantas negras achuradoras, sentadas en
hilera al borde del zanjón, oyendo el tumulto se acogieron y agazaparon* entre las escondieron
panzas y tripas que desenredaban y devanaban con la paciencia de Penélope,[9] lo
que sin duda las salvó, porque el animal lanzó al mirarlas un bufido aterrador, dio
un brinco sesgado y siguió adelante perseguido por los jinetes. Cuentan que una
310 de ellas se fue de cámaras*; otra rezó diez salves en dos minutos, y dos prometieron se orinó
a San Benito no volver jamás a aquellos malditos corrales y abandonar el oficio de
achuradoras. No se sabe si cumplieron la promesa.

El toro, entretanto, tomó hacia la ciudad por una larga y angosta calle que
parte de la punta más aguda del rectángulo anteriormente descripto, calle
315 encerrada por una zanja y un cerco de tunas*, que llaman *sola* por no tener más plantas con hojas
de dos casas laterales, y en cuyo aposado centro había un profundo pantano que carnosas con espinas
tomaba de zanja a zanja. Cierto inglés, de vuelta de su saladero, vadeaba este
pantano a la sazón, paso a paso, en un caballo algo arisco, y, sin duda, iba tan
absorto en sus cálculos que no oyó el tropel de jinetes ni la gritería sino cuando
320 el toro arremetía el pantano. Azoróse de repente su caballo dando un brinco al
sesgo y echó a correr, dejando al pobre hombre hundido media vara en el fango.
Este accidente, sin embargo, no detuvo ni frenó la carrera de los perseguidores
del toro, antes al contrario, soltando carcajadas sarcásticas: "Se amoló* el gringo; se fastidió, se enojó
levantate, gringo —exclamaron, cruzando el pantano y amasando con barro
325 bajo las patas de sus caballos su miserable cuerpo. Salió el gringo, como pudo,
después a la orilla, más con la apariencia de un demonio tostado por las llamas

[9] Esposa de Ulises en la *Odisea* de Homero.

del infierno que un hombre blanco pelirrubio. Más adelante, al grito de ¡al toro! cuatro negras achuradoras que se retiraban con su presa, se zambulleron en la zanja llena de agua, único refugio que les quedaba.

El animal, entretanto, después de haber corrido unas 20 cuadras en distintas direcciones azorando con su presencia a todo viviente, se metió por la tranquera de una quinta, donde halló su perdición. Aunque cansado, manifestaba brío y colérico ceño; pero rodeábalo una zanja profunda y un tupido cerco de pitas[*], y no había escape. Juntáronse luego sus perseguidores que se hallaban desbandados, y resolvieron llevarlo en un señuelo de bueyes para que expiase su atentado en el lugar mismo donde lo había cometido.

*plantas de hojas largas y carnosas que nacen en el tallo

Una hora después de su fuga el toro estaba otra vez en el matadero, donde la poca chusma que había quedado no hablaba sino de sus fechorías. La aventura del gringo en el pantano excitaba principalmente la risa y el sarcasmo. Del niño degollado por el lazo no quedaba sino un charco de sangre: su cadáver estaba en el cementerio.

Enlazaron muy luego por las astas al animal, que brincaba haciendo hincapié y lanzando roncos bramidos. Echáronle uno, dos, tres piales[*]; pero infructuosos: al cuarto quedó prendido de una pata: su brío y su furia redoblaron; su lengua, estirándose convulsiva, arrojaba espuma, su nariz humo, sus ojos miradas encendidas.

*lazos

—¡Desjarreten[*] ese animal! —exclamó una voz imperiosa. Matasiete se tiró al punto del caballo, cortóle el garrón[*] de una cuchillada y gambeteando en torno de él con su enorme daga en mano, se la hundió al cabo hasta el puño en la garganta, mostrándola en seguida humeante y roja a los espectadores. Brotó un torrente de la herida, exhaló algunos bramidos roncos, y cayó el soberbio animal entre los gritos de la chusma que proclamaban a Matasiete vencedor y le adjudicaba en premio el matambre. Matasiete extendió, como orgulloso, por segunda vez el brazo y el cuchillo ensangrentado, y se agachó a desollarlo con otros compañeros.

*córtenle la pantorrilla
*parte más baja y delgada de la pata

Faltaba que resolver la duda sobre los órganos genitales del muerto, clasificado provisoriamente de toro por su indomable fiereza; pero estaban todos tan fatigados de la larga tarea, que la echaron por lo pronto en olvido. Mas de repente una voz ruda exclamó:

—Aquí están los huevos— y sacando de la barriga del animal y mostrando a los espectadores dos enormes testículos, signo inequívoco de su dignidad de toro. La risa y la charla fue grande; todos los incidentes desgraciados pudieron fácilmente explicarse. Un toro en el matadero era cosa muy rara, y aun vedada[*]. Aquél, según reglas de buena policía debió arrojarse a los perros; pero había tanta escasez de carne y tantos hambrientos en la población que el señor Juez tuvo a bien hacer ojo lerdo[*].

*prohibida

*ser indulgente, tolerante

En dos por tres estuvo desollado, descuartizado y colgado en la carreta el maldito toro. Matasiete colocó el matambre bajo el pellón de su recado y se preparaba a partir. La matanza estaba concluida a las 12, y la poca chusma que había presenciado hasta el fin, se retiraba en grupos de a pie y de a caballo, o tirando a la cincha algunas carretas cargadas de carne.

Mas de repente la ronca voz de un carnicero gritó:

—¡Allí viene un unitario! —y al oír tan significativa palabra toda aquella chusma se detuvo como herida de una impresión subitánea•. •súbita, repentina

—¿No le ven la patilla en forma de U? No trae divisa en el fraque ni luto en el sombrero.

—Perro unitario.

—Es un cajetilla•. •presumido y afectado en exceso

—Monta en silla como los gringos.

—La Mazorca con él.

—¡La tijera!

—Es preciso sobarlo•. •golpearlo

—Trae pistoleras por pintar•. •para presumir

—Todos estos cajetillas unitarios son pintores como el diablo.

—¿A que no te le animas, Matasiete?

—¿A que no?

—A que sí.

Matasiete era hombre de pocas palabras y de mucha acción. Tratándose de violencia, de agilidad, de destreza en el hacha, el cuchillo o el caballo, no hablaba y obraba. Lo habían picado: prendió la espuela a su caballo y se lanzó a brida suelta al encuentro del unitario.

Era éste un joven como de 25 años, de gallarda y bien apuesta persona, que mientras salían en borbotones de aquellas desaforadas bocas las anteriores exclamaciones, trotaba hacia Barracas, muy ajeno de temer peligro alguno. Notando, empero, las significativas miradas de aquel grupo de dogos• de •perros matadero, echa maquinalmente la diestra sobre las pistoleras de su silla inglesa, cuando una pechada• al sesgo del caballo de Matasiete lo arroja de los lomos del •golpe dado con el pecho del caballo suyo tendiéndolo a la distancia boca arriba y sin movimiento alguno.

—¡Viva Matasiete! —exclamó toda aquella chusma, cayendo en tropel sobre la víctima como los caranchos rapaces sobre la osamenta de un buey devorado por el tigre.

Atolondrado todavía el joven, fue, lanzando una mirada de fuego sobre aquellos hombres feroces, hacia su caballo que permanecía inmóvil no muy distante, a buscar en sus pistolas el desagravio y la venganza. Matasiete dando un salto le salió al encuentro y con fornido brazo asiéndolo de la corbata lo tendió en el suelo tirando al mismo tiempo la daga de la cintura y llevándola a su garganta.

Una tremenda carcajada y un nuevo viva estentóreo volvió a vitorearlo.

¡Qué nobleza de alma! ¡Qué bravura en los federales!, ¡siempre en pandillas cayendo como buitres sobre la víctima inerte!

—Degüéllalo, Matasiete; quiso sacar las pistolas. Degüéllalo como al toro.

—Pícaro unitario. Es preciso tusarlo•.

—Tiene buen pescuezo para el violín.

—Tocale el violín.

—Mejor es la resbalosa.[10]

—Probemos —dijo Matasiete, y empezó sonriendo a pasar el filo de su daga por la garganta del caído, mientras con la rodilla izquierda le comprimía el pecho y con la siniestra mano le sujetaba por los cabellos.

—No, no lo degüellen —exclamó de lejos la voz imponente del Juez del Matadero que se acercaba a caballo.

—A la casilla con él, a la casilla. Preparen la mazorca y las tijeras. ¡Mueran los salvajes unitarios! ¡Viva el Restaurador de las leyes!

—¡Viva Matasiete!

—"¡Mueran!" "¡Vivan!" —repitieron en coro los espectadores y atándolo codo con codo, entre moquetes y tirones, entre vociferaciones e injurias, arrastraron al infeliz joven al banco del tormento, como los sayones• al Cristo.

•verdugos

La sala de la casilla tenía en su centro una grande y fornida mesa de la cual no salían los vasos de bebida y los naipes sino para dar lugar a las ejecuciones y torturas de los sayones federales del matadero. Notábase además en un rincón otra mesa chica con recado de escribir y un cuaderno de apuntes y porción de sillas entre las que resaltaba un sillón de brazos destinado para el juez. Un hombre, soldado en apariencia, sentado en una de ellas, cantaba al son de la guitarra la resbalosa, tonada de inmensa popularidad entre los federales, cuando la chusma llegando en tropel al corredor de la casilla lanzó a empellones• al joven unitario hacia el centro de la sala.

•empujones

—A ti te toca la resbalosa —gritó uno.

—Encomienda tu alma al diablo.

—Está furioso como toro montaraz.

—Ya te amansará el palo.

—Es preciso sobarlo.

—Por ahora verga• y tijera.

•palo, garrote

—Si no, la vela.

—Mejor será la mazorca.

—Silencio y sentarse —exclamó el juez dejándose caer sobre su sillón. Todos obedecieron, mientras el joven de pie, encarando al juez, exclamó con voz preñada de indignación:

—¡Infames sayones!, ¿qué intentan hacer de mí?

—¡Calma! —dijo sonriendo el juez— no hay que encolerizarse. Ya lo verás.

El joven, en efecto, estaba fuera de sí de cólera. Todo su cuerpo parecía estar

---

[10] Al acto de degollar se lo conoce también como "tocar la resbalosa", música que acompaña la danza del mismo nombre.

450 en convulsión. Su pálido y amoratado rostro, su voz, su labio trémulo, mostraban el movimiento convulsivo de su corazón, la agitación de sus nervios. Sus ojos de fuego parecían salirse de la órbita, su negro y lacio cabello se levantaba erizado. Su cuello desnudo y la pechera de su camisa dejaban entrever el latido violento de sus arterias y la respiración anhelante de sus pulmones.

455 —¿Tiemblas? —le dijo el juez.

—De rabia porque no puedo sofocarte entre mis brazos.

—¿Tendrías fuerza y valor para eso?

—Tengo de sobra voluntad y coraje para ti, infame.

—A ver las tijeras de tusar mi caballo: túsenlo a la federala.

460 Dos hombres le asieron, uno de la ligadura del brazo, otro de la cabeza y en un minuto cortáronle la patilla que poblaba toda su barba por bajo, con risa estrepitosa de sus espectadores.

—A ver —dijo el juez—, un vaso de agua para que se refresque.

—Uno de hiel te daría yo a beber, infame.

465 Un negro petiso* púsosele al punto delante con un vaso de agua en la mano.   *bajito
Dióle el joven un puntapié en el brazo y el vaso fue a estrellarse en el techo, salpicando el asombrado rostro de los espectadores.

—Este es incorregible.

—Ya lo domaremos.

470 —Silencio —dijo el juez—. Ya estás afeitado a la federala, sólo te falta el bigote. Cuidado con olvidarlo. Ahora vamos a cuenta. —¿Por qué no traes divisa?

—Porque no quiero.

—¿No sabes que lo manda el Restaurador?

475 —La librea es para vosotros, esclavos, no para los hombres libres.

—A los libres se les hace llevar a la fuerza.

—Sí, la fuerza y la violencia bestial. Esas son vuestras armas, infames. ¡El lobo, el tigre, la pantera también son fuertes como vosotros! Deberíais andar como ellos, en cuatro patas.

480 —¿No temes que el tigre te despedace?

—Lo prefiero a que maniatado me arranquen, como el cuervo, una a una las entrañas.

—¿Por qué no llevas luto en el sombrero por la heroína?

—Porque lo llevo en el corazón por la patria que vosotros habéis

485 asesinado, infames.

—¿No sabes que así lo dispuso el Restaurador?

—Lo dispusisteis vosotros, esclavos, para lisonjear el orgullo de vuestro señor, y tributarle vasallaje infame.

—¡Insolente! Te has embravecido mucho. Te haré cortar la lengua si chistas*.   *hablas

490 Abajo los calzones a ese mentecato* cajetilla y a nalga pelada denle verga, bien   *imbécil
atado sobre la mesa.

Apenas articuló esto el juez, cuatro sayones salpicados de sangre, suspendieron al joven y lo tendieron largo a largo sobre la mesa comprimiéndole todos sus miembros.

495 —Primero degollarme que desnudarme; infame canalla.

Atáronle un pañuelo a la boca y empezaron a tironear sus vestidos. Encogíase el joven, pateaba, hacía rechinar los dientes. Tomaban ora sus miembros la flexibilidad del junco, ora la dureza del fierro y su espina dorsal era el eje de un movimiento parecido al de la serpiente. Gotas de sudor fluían por su rostro, 500 grandes como perlas; echaban fuego sus pupilas, su boca espuma, y las venas de su cuello y frente negreaban en relieve sobre su blanco cutis como si estuvieran repletas de sangre.

—Átenlo primero —exclamó el Juez.

—Está rugiendo de rabia —articuló un sayón.

505 En un momento liaron sus piernas en ángulo a los cuatro pies de la mesa, volcando su cuerpo boca abajo. Era preciso hacer igual operación con las manos, para lo cual soltaron las ataduras que las comprimían en la espalda. Sintiéndolas libres el joven, por un movimiento brusco en el cual pareció agotarse toda su fuerza y vitalidad, se incorporó primero sobre sus brazos, después sobre sus 510 rodillas y se desplomó al momento murmurando:

—Primero degollarme que desnudarme, infame canalla.

Sus fuerzas se habían agotado.

Inmediatamente quedó atado en cruz y empezaron la obra de desnudarlo. Entonces un torrente de sangre brotó borbolloneando de la boca y las narices 515 del joven, y extendiéndose empezó a caer a chorros por entrambos lados de la mesa. Los sayones quedaron inmóviles y los espectadores estupefactos.

—Reventó de rabia el salvaje unitario —dijo uno.

—Tenía un río de sangre en las venas —articuló otro.

—Pobre diablo, queríamos únicamente divertirnos con él y tomó la cosa 520 demasiado a lo serio —exclamó el juez frunciendo el ceño de tigre. Es preciso dar parte; desátenlo y vamos.

Verificaron la orden; echaron llave a la puerta y en un momento se escurrió la chusma en pos del caballo del juez cabizbajo y taciturno.

Los federales habían dado fin a una de sus innumerables proezas.

525 En aquel tiempo los carniceros degolladores del matadero eran los apóstoles que propagaban a verga y puñal la federación rosina, y no es difícil imaginarse qué federación saldría de sus cabezas y cuchillas. Llamaban ellos salvaje unitario, conforme a la jerga inventada por el Restaurador, patrón de la cofradía, a todo el que no era degollador, carnicero, ni salvaje, ni ladrón; a todo hombre 530 decente y de corazón bien puesto, a todo patriota ilustrado amigo de las luces y de la libertad; y por el suceso anterior puede verse a las claras que el foco de la federación estaba en el matadero. ꝏ

PREGUNTAS

ANÁLISIS

1. ¿En qué periodo del calendario cristiano transcurre *El matadero*? ¿Qué importancia tiene este dato en el curso de los acontecimientos?

2. ¿Cuáles son los dos sectores enfrentados que describe Echeverría? ¿Qué características le atribuye a cada uno de ellos?

3. ¿Qué recursos emplea Echeverría para describir a Juan Manuel de Rosas?

4. Analiza la forma en que Echeverría caracteriza a los personajes de *El matadero* y explica cómo contribuyen sus descripciones a establecer su punto de vista.

5. El vocabulario elevado del unitario contrasta con el lenguaje vulgar de las personas del matadero. ¿Qué efecto logra Echeverría al contraponer esos registros?

6. La ironía fue un recurso frecuente entre los románticos para denunciar determinadas actitudes. Identifica algún ejemplo de ironía en el texto y explica qué efecto tiene en la narración.

INTERPRETACIÓN

1. ¿Qué pretende Echeverría al citar tantos datos históricos precisando fechas, nombres, etc.?

2. El autor identifica la figura del unitario con la de Jesús. ¿Qué efecto tiene esta idealización en la oposición que establece entre federales y unitarios?

3. ¿Con qué personajes del relato crees que se identifica el narrador? Justifica tu opinión con fragmentos del texto.

4. Tras la muerte del unitario, el juez comenta: "Pobre diablo: queríamos únicamente divertirnos con él y tomó la cosa demasiado a lo serio". ¿Por qué piensas que la turba no podía comprender lo que le ocurrió al unitario?

5. Del toro atrapado se dice que es "emperrado y arisco como un unitario". ¿Estarías de acuerdo con esa valoración? Explica tu respuesta.

6. Identifica los elementos del relato que contribuyen a crear su característico ambiente apocalíptico.

INVESTIGACIÓN

1. Explica por qué *El matadero* es una alegoría de la Argentina bajo el gobierno de Rosas.

2. En este periodo histórico se escribió también la novela *Amalia*, del escritor José Mármol. Investiga de qué trata e identifica las similitudes y diferencias de esta obra con la de Echeverría.

CLORINDA MATTO DE TURNER

1852–1909

"Amo con amor de ternura a la raza indígena, por lo mismo que he observado de cerca sus costumbres, encantadoras por su sencillez, y la abyección a que someten esa raza [...] curas, gobernadores, caciques y alcaldes."

—**Clorinda Matto de Turner**, *Aves sin nido*

Clorinda Matto de Turner nació en Cusco, Perú. De pequeña aprendió a hablar el quechua con los indígenas en la hacienda familiar de Paullo-Chico. A los dieciséis años muere su madre y tiene que dejar los estudios para encargarse de criar a sus tres hermanos menores. A los catorce años comenzó a escribir poemas y obras dramáticas que representaba en su casa. En 1871 contrae matrimonio con el médico inglés Joseph Turner y en 1874 comienza a publicar en el semanario *El Recreo*, donde aparece su biografía de Francisca Zubiaga, se inicia así su carrera como biógrafa y como defensora de los derechos de la mujer. Su esposo muere en 1881, y en las dos décadas siguientes, Matto dirige varios periódicos y revistas, y publica también ensayos, obras de teatro y tres novelas. En 1889 asume la dirección de *El Perú Ilustrado*, la revista literaria más importante del país, y publica *Aves sin nido* (1889), la más famosa de sus obras. Esa novela, más la publicación del relato *Magdala* de Henrique Coelho Netto, en *El Perú Ilustrado*, provocaron su excomunión de la Iglesia católica y una campaña en su contra. Renuncia a la dirección del periódico y funda con sus hermanos la imprenta La Equitativa, operada por mujeres. Poco después se produce una rebelión y las tropas asaltan y queman su imprenta. En 1895 se exilia en Buenos Aires y funda la revista *El Búcaro Americano*, donde publicarían escritores como Leopoldo Lugones y Rubén Darío. En la Argentina tradujo al quechua el Nuevo Testamento. Su ensayística, publicada en parte en *Boreales, miniaturas y porcelanas* (1902), su narrativa, y su defensa de los derechos de la mujer y de los indígenas, hacen de ella una figura imprescindible en la literatura latinoamericana del siglo XIX.

Aves sin nido cuenta la historia de un matrimonio indígena —Marcela y Juan Yupanqui— que ha quedado endeudado con el cura y el gobernador de la ciudad, y que busca la mediación de una pareja criolla acomodada, Lucía y Fernando, para aliviar su situación. Los sucesos de la trama mostrarán al lector la corrupción del clero y el poder político, así como la impotencia de los indígenas para rebelarse contra los poderes que los oprimen. Es una obra que ha provocado escándalos, polémicas y opiniones encontradas desde su publicación. El crítico norteamericano Stephen M. Hart considera que la descripción que se hace en *Aves sin nido* de los indígenas es de un realismo tan descarnado y materialista que podría ser considerada una obra naturalista. Sin embargo, para el ensayista Julio Rodríguez Luis, la obra "adopta un enfoque esencialmente sentimentalista y romántico para desarrollar lo que es al cabo una denuncia muy explícita, basada en hechos de los que fue testigo la autora, y que autentica en la novela, de la explotación del indígena en las sierras peruanas". *Aves sin nido* no pretende ser un programa político, sino una presentación cruda y auténtica de la situación de bárbara injusticia en la que vivían los indígenas peruanos. Y eso estuvo claro desde el inicio, tanto para los admiradores como para los críticos más implacables de la autora. A unos, la novela los llevó a identicarse con los indígenas y a tomar conciencia de cómo se violaban todos sus derechos. A otros, los motivó a excomulgar a la autora y a quemar ejemplares de la obra en las calles de varias ciudades del Perú. Esas reacciones de sus lectores demuestran mejor que cualquier análisis crítico el valor literario y la trascendencia social de esta obra. Esta fue la novela que marcó a fuego su vida, y la que la convirtió en una perseguida y en una exiliada. Sin embargo, también es la obra que la llevó a la inmortalidad, al considerarse parte esencial del canon literario de Hispanoamérica.

OBRAS

Novela
1889 | *Aves sin nido*
1891 | *Índole*
1893 | *Herencia*

Cuento
1884 | *Tradiciones cuzqueñas: leyendas, biografías y hojas sueltas*
1886 | *Tradiciones cuzqueñas: crónicas, hojas sueltas*
1893 | *Leyendas y recortes*

Ensayo
1902 | *Boreales, miniaturas y porcelanas*

1902 | *En el Perú: Narraciones históricas*
1902 | *Las obreras del pensamiento*
1909 | *Cuatro conferencias sobre América del Sur*

Biografía
1889 | *Bocetos al lápiz de americanos célebres*

Crónicas de viajes
1909 | *Viaje de recreo: España, Francia, Inglaterra, Italia, Suiza, Alemania*

Teatro
1893 | *Hima-Sumac*

AVES SIN NIDO
De *Aves sin nido*, 1889

II

En aquella mañana descrita, cuando recién se levantaba el sol de su tenebroso lecho, haciendo brincar, a su vez, al ave y a la flor, para saludarle con el vasallaje de su amor y gratitud, cruzaba la plaza un labrador arreando su *yunta* de bueyes, cargado de los arreos de labranza y la provisión alimenticia del día. Un *yugo*, una *picana* y una *coyunta* de cuero para el trabajo; la tradicional *chuspa*, tejida de colores, con las hojas de coca y los bollos de *llipta* para el desayuno.

•bolsa

•pasta de papas hervidas y ceniza de quinua

Al pasar por la puerta del templo, se sacó reverente la monterilla franjeada, murmurando algo semejante a una invocación; y siguió su camino, pero, volviendo la cabeza de trecho en trecho, mirando entristecido la choza* de la cual se alejaba.

*cabaña, chabola

¿Eran el temor o la duda, el amor o la esperanza, los que agitaban su alma en aquellos momentos?

Bien claro se notaba su honda impresión.

En la tapia de piedras que se levanta al lado sur de la plaza, asomó una cabeza, que, con la ligereza del zorro, volvió a esconderse detrás de las piedras, aunque no sin dejar conocer la cabeza bien modelada de una mujer, cuyos cabellos negros, largos y lacios, estaban separados en dos *crenchas*, sirviendo de marco al busto hermoso de tez* algo cobriza**, donde resaltaban las mejillascoloreadas de tinte rojo, sobresaliendo aún más en los lugares en que el tejido capilar era abundante.

*piel **del color del cobre

Apenas húbose perdido el labrador en la lejana ladera de *Cañas*, la cabeza escondida detrás de las tapias, tomó cuerpo saltando a este lado. Era una mujer rozagante* por su edad, y notable por su belleza peruana. Bien contados tendría treinta años, pero su frescura ostentaba veintiocho primaveras a lo sumo. Estaba vestida con una *pollerita* flotante de bayeta azul oscuro; y un corpiño de pana café adornado al cuello y bocamangas con franjas de plata falsa y botones de hueso, ceñía* su talle.

*saludable, exuberante

*falda

*ajustaba

Sacudió lo mejor que pudo la tierra barrosa que cayó sobre su ropa al brincar la tapia; y en seguida se dirigió a una casita blanquecina cubierta de tejados, en cuya puerta se encontraba una joven, graciosamente vestida con una bata de granadina color plomo, con blondas de encaje, cerrada por botonadura de concha de perla, que no era otra que la señora Lucía, esposa de don Fernando Marín, matrimonio que había ido a establecerse temporalmente en el campo.

La recién llegada habló sin preámbulos a Lucía y le dijo:

—En nombre de la Virgen, *señoracha*, ampara el día de hoy a toda una familia desgraciada. Ese que ha ido al campo cargado con las *cacharpas** del trabajo, y que pasó junto a ti, es Juan Yupanqui, mi marido, padre de dos muchachitas. ¡*Ay señoracha*! él ha salido llevando el corazón medio muerto, porque sabe que hoy será la *visita del reparto*, y como el cacique hace la faena del sembrío de cebada, tampoco puede esconderse porque a más del encierro sufriría la multa de ocho reales por *la falla*, y nosotros no tenemos plata. Yo me quedé llorando cerca de *Rosacha*, que duerme junto al fogón* de la choza, y de repente mi corazón me ha dicho que tú eres buena, y sin que sepa Juan vengo a implorar tu socorro por la Virgen, *señoracha* ¡ay, ay!

*utensilios

*cocina

Las lágrimas fueron el nal de aquella demanda que dejó entre misterios a Lucía, pues residiendo pocos meses en el lugar, ignoraba las costumbres y no apreciaba en su verdadero punto la fuerza de las cuitas* de la pobre mujer, que desde luego despertaba su curiosidad.

*preocupaciones

Era preciso ver de cerca aquellas desheredadas criaturas, y escuchar de sus labios, en su expresivo idioma, el relato de su actualidad, para explicarse la simpatía que brota sin sentirlo en los corazones nobles, y cómo se llega a ser parte en el dolor, aun cuando sólo el interés del estudio motive la observación de costumbres que la mayoría de peruanos ignoran y que lamenta un reducido número de personas.

En Lucía era general la bondad y creciendo desde el primer momento el interés despertado por las palabras que acababa de oír, preguntó:

—¿Y quién eres tú?

—Soy Marcela, *señoracha*, la mujer de Juan Yupanqui, pobre y desamparada —contestó la mujer secándose los ojos con la bocamanga del jubón o corpiño.

Lucía púsole la mano sobre el hombro con ademán° cariñoso, invitándola a pasar y tomar descanso en el asiento de piedra que existe en el jardín de la casa blanca.

       °gesto

—Siéntate Marcela, enjuga tus lágrimas que enturbian el cielo de tu mirada, y hablemos con calma —dijo Lucía vivamente interesada en conocer a fondo las costumbres de los indios.

Marcela calmó su dolor, y acaso° con la esperanza de su salvación, respondió con minucioso afán al interrogatorio de Lucía; y fue cobrando conanza tal que le habría contado hasta sus acciones reprensibles°, hasta esos pensamientos malos que en la humanidad son la exhalación de los gérmenes viciosos. Por eso en dulce expansión le dijo:

       °quizás

       °censurables, criticables

—Como tú no eres de aquí, *niñay*, no sabes los martirios° que pasamos con el cobrador, el cacique y el *tata* cura, ¡ay!, ¡ay! ¿Por qué no nos llevó la peste a todos nosotros, que ya dormiríamos en la tierra?

       °sufrimientos, tormentos

—¿Y por qué te confundes, pobre Marcela? —interrumpió Lucía—. Habrá remedio; eres madre y el corazón de las madres vive en una sola tantas vidas como hijos tiene.

—Sí *niñay* —replicó Marcela—, tú tienes la cara de la Virgen a quien rezamos el *alabado*, y por eso vengo a pedirle. Yo quiero salvar a mi marido. Él me ha dicho al salir: "uno de estos días he de arrojarme al río, porque ya no puedo con mi vida, y quisiera matarte a ti antes de entregar mi cuerpo al agua", y ya tú ves *señoracha* que esto es desvarío.

—Es pensamiento culpable, es locura, ¡pobre Juan! —dijo Lucía con pena, y dirigiendo una mirada escudriñadora° a su interlocutora, continuó—: ¿Y qué es lo más urgente de hoy? Habla, Marcela, como si hablases contigo misma.

       °inquisitiva

—El año pasado —repuso la india con palabra franca—, nos dejaron en la choza diez pesos para dos quintales° de lana. Ese dinero lo gastamos en la *Feria* comprando estas cosas que llevo puestas, porque Juan dijo que reuniríamos en el año vellón° a vellón, mas esto no nos ha sido posible por las *faenas*°° donde trabaja sin socorro°; y porque muerta mi suegra en Natividad, el *tata* cura nos embargó° nuestra cosecha de papas por el entierro y los rezos. Ahora tengo que

       °1 quintal = 100 libras

       °moneda °°tareas

       °ayuda

       °quitó

entrar de *mita*[1] a la casa parroquial, dejando mi choza y mis hijas, y mientras voy, ¿quién sabe si Juan delira˙ y muere? ¡Quién sabe también la suerte que a mí me espera, porque las mujeres que entran de *mita* salen… mirando al suelo!

˙ se vuelve loco

95   —¡Basta! no me cuentes más —interrumpió Lucía, espantada por la gradación que iba tomando el relato de Marcela, cuyas últimas palabras alarmaron a la candorosa paloma, que en los seres civilizados no encontraba más que monstruos de codicia y aun de lujuria.

   —Hoy mismo hablaré con el gobernador y con el cura, y tal vez mañana

100 quedarás contenta —prometió la esposa de don Fernando, y agregó como despidiendo a Marcela: —Anda ahora a cuidar de tus hijas, y cuando vuelva Juan tranquilízalo, cuéntale que has hablado conmigo, y dile que venga a verme.

   La india, por su parte, suspiraba satisfecha por la primera vez de su vida.

   Es tan solemne la situación del que en la suprema desgracia encuentra una

105 mano generosa que le preste apoyo, que el corazón no sabe si bañar de lágrimas o cubrir de besos la mano cariñosa que le alargan, o sólo prorrumpir˙ en gritos de bendición. Eso pasaba en aquellos momentos en el corazón de Marcela.

˙ estallar, explotar

   Los que ejercitan el bien con el desgraciado, no pueden medir nunca la magnitud de una sola palabra de bondad, una sonrisa de dulzura que para el

110 caído, para el infeliz, es como el rayo de sol que vuelve la vida a los miembros entumecidos˙ por el hielo de la desgracia.

˙ congelados, paralizados

III

   En las provincias donde se cría la *alpaca* y es el comercio de lanas la principal fuente de riqueza, con pocas excepciones, existe la costumbre del *reparto antelado* que hacen los comerciantes potentados, gentes de las más acomodadas˙

115 del lugar.

˙ burguesas

   Para los adelantos forzosos que hacen los *laneros* jan al quintal de lana un precio tan ínmo˙ que el rendimiento que ha de producir el capital empleado, excede del quinientos por ciento; usura˙ que, agregada a las extorsiones de que va acompañada, casi da la necesidad de la existencia de un inerno para

120 esos bárbaros.

˙ bajo
˙ robo

   Los indios propietarios de alpacas emigran de sus chozas en las épocas de reparto, para no recibir aquel dinero adelantado, que llega a ser para ellos tan maldito como las trece monedas de Judas. Pero ¿el abandono del hogar, la erraticidad˙ en las soledades de las encumbradas montañas, los pone a

125 salvo? No…

˙ peregrinaje

   El cobrador, que es el mismo que hace el reparto, allana la choza, cuya cerradura endeble, en puerta hecha de vaqueta, no ofrece resistencia: deja sobre

---

[1] Durante la colonización española, en la sociedad inca, la Mita era la obligación impuesta a los indígenas de participar en el trabajo público de la comunidad durante un periodo de tiempo determinado del año en el que tenían que abandonar la atención de sus propias familias y trabajos.

el batán˙ el dinero, y se marcha enseguida para volver al año siguiente con la *lista*   ˙piedra para moler
ejecutoria, que es el único juez y testigo para el desventurado deudor forzoso.

130   Cumplido el año se presenta el cobrador con su séquito de diez o doce
mestizos, a veces disfrazados de soldados; y extrae, en romana especial con
contrapesos de piedra, cincuenta libras de lana por veinticinco. Y si el indio
esconde su única hacienda, si protesta y maldice, es sometido a torturas que la
pluma se resiste a narrar, a pesar de pedir venia˙ para los casos en que la tinta   ˙permiso
135   varíe de color.

    La pastoral de uno de los más ilustrados obispos que tuvo la Iglesia peruana,
hace mérito de estos excesos, pero no se atrevió a hablar de las lavativas˙ de agua   ˙enemas
fría que en algunos lugares emplean para hacer declarar a los indios que ocultan
sus bienes. El indio teme aquello más aún que el ramalazo del látigo, y los
140   inhumanos que toman por la forma el sentido de la ley, alegan que la flagelación
está prohibida en el Perú, mas no la barbaridad que practican con sus hermanos
nacidos en el infortunio˙.   ˙desgracia, adversidad

    ¡Ah! Plegue a Dios que algún día, ejercitando su bondad, decrete la extinción
de la raza indígena, que después de haber ostentado la grandeza imperial, bebe el
145   lodo del oprobio˙. ¡Plegue a Dios la extinción, ya que no es posible que recupere   ˙humillación, deshonra
su dignidad, ni ejercite sus derechos!

    El amargo llanto y la desesperación de Marcela al pensar en la próxima
llegada del cobrador eran, pues, la justa explosión angustiosa de quien veía en
su presencia todo un mundo de pobreza y dolor infamante˙.   ˙humillante, ofensivo

IV

150   Lucía no era una mujer vulgar.

    Había recibido bastante buena educación, y la perspicacia˙ de su inteligencia   ˙astucia
alcanzaba la luz de la verdad estableciendo comparaciones.

    De alta estatura y color medianamente tostado, lo que se llama en el país color
perla; ojos hermosos sombreados por espesas pestañas y cejas aterciopeladas;
155   llevaba además ese grande encanto femenino de una cabellera abundante y
larga que, cuando deshecha, caía sobre sus espaldas como un manto de carey˙   ˙planta de tallos largos
ondulado y brillante. Su existencia no marcaba todavía los veinte años, pero el   y flexibles
matrimonio había dejado en su sonomía˙ ese sello de gran señora que tan bien   ˙rostro
sienta a la mujer joven, cuando sabe hermanar la amabilidad de su carácter
160   con la seriedad de sus maneras. Establecida desde un año atrás con su esposo,
en Kíllac, habitaba "la casa blanca" donde se había implantado una ocina para
el benecio de los minerales de plata que explotaba en la provincia limítrofe˙,   ˙vecina
una compañía de la cual don Fernando Marín era accionista principal y, en la
actualidad, gerente.

165   Kíllac ofrece al minero y comerciante del interior la ventaja de ocupar un
punto céntrico para las operaciones mercantiles en relación con las capitales
de departamento; y la bondad de sus caminos presta alivio˙ a los peones˙˙ que   ˙tranquilidad ˙˙trabajadores
    del campo

transitan cargados de los capachos del mineral en bruto, y a las *llamas* empleadas en el acarreo lento.

170   Después de su entrevista con Marcela, Lucía se entregó a combinar un plan salvador para la situación de la pobre mujer, que era harto[•] grave, atendidas sus revelaciones.   [•]muy

    Lo primero en que pensó fue en ponerse al habla con el cura y el gobernador, y con tal propósito les dirigió, a entrambos, un recadito suplicatorio solicitando
175 de ellos una visita.

    La palabra de don Fernando en esos momentos podía ser ecaz para realizar los planes que debían ponerse en práctica inmediata, pero don Fernando había emprendido viaje a los minerales, de donde volvería después de muchas semanas.

180   Una vez que Lucía resolvió[•] llamar a su casa a los personajes de cuyo favor   [•]decidió
necesitaba, púsose a meditar, intranquila, sobre la manera persuasiva como
hablaría a aquellas notabilidades[•] de provincia.   [•]personas importantes

    —¿Y si no vienen? Iré en persona —se preguntó y respondió simultáneamente, con la rapidez del pensamiento que envuelve en sus giros la intención y la
185 ejecución, y se puso a sacudir[•] los muebles, arreglando ésta y aquella silleta hasta   [•]quitar el polvo
que, llegando junto a un sofá, tomó asiento y tornó a sus combinaciones de discurso en la forma más interesante, aunque sin los giros de retórica que habría necesitado para un caballero de ciudad.

    Entregada a este teje y desteje del pensamiento, sentía los minutos pesados,
190 cuando tocaron a la puerta, y abriéndose suavemente el portón de vidrios dio paso al cura y al gobernador del poético pueblo de Kíllac. ✤

PREGUNTAS

ANÁLISIS

1. ¿Dónde se desarrolla la trama del fragmento que leíste, en la ciudad o en el interior? Explica tu respuesta.

2. Describe los arquetipos sociales representados por los personajes de Marcela y Lucía.

3. ¿Qué características, virtudes y defectos de la mujer indígena describe la autora en el personaje de Marcela?

4. Explica en tus propias palabras en qué consistía el "reparto antelado".

5. El uso de indigenismos es una de las grandes aportaciones de *Aves sin nido*. ¿Qué describen la mayoría de estas palabras? ¿Por qué crees que la autora las escribe en cursiva?

INTERPRETACIÓN

1. Con *Aves sin nido*, Clorinda Matto de Turner se enfrenta a una parte importante de la sociedad peruana. ¿En qué basa su crítica a las instituciones de la época?

2. Marcela dice: "[…] las mujeres que entran de *mita* salen… mirando al suelo!" ¿Qué quiere decir "entrar de mita"? ¿Por qué dice que salen "mirando al suelo"?

3. ¿Por qué crees que la autora ruega a Dios para que "decrete la extinción de la raza indígena"?

4. ¿Qué papel desempeña en el relato la descripción del entorno que aparece al inicio del capítulo III?

INVESTIGACIÓN

1. Clorinda Matto de Turner está considerada como una de las pioneras del indigenismo, una importante corriente de la literatura hispanoamericana. Averigua cuáles son las características de esta corriente y cómo contribuyó a forjar la identidad literaria de Hispanoamérica.

4 ENTRE EL MODERNISMO Y LAS VANGUARDIAS

Llamamos modernismo al movimiento de renovación literaria que, desde América Latina y gracias a Rubén Darío, transformó la poesía en español a partir de su diálogo con la musicalidad y el esteticismo de la literatura francesa. El cubano José Martí y el mexicano Manuel Gutiérrez Nájera se adelantaron a hacer de la crónica (el género periodístico que celebra la vida urbana) el instrumento de la idea moderna del cambio y la novedad. El modernismo cultivó el cosmopolitismo, el gusto por la moda, y entendió la vida misma como una obra de arte. El colombiano José Asunción Silva encarnó el idealismo estético de la época.

Se ha dicho que el modernismo corresponde al desarrollo de la burguesía del siglo XIX en América Latina —favorecida por las exportaciones— y al proceso de urbanización de sus capitales, sobre todo Santiago de Chile y Buenos Aires; corresponde también al primer sistema internacional de las comunicaciones, a la prensa y su difusión. En la ciudad modernista, una visión utópica de cosmópolis, todas las culturas y todas las lenguas coinciden para traducirse sin conflicto y entenderse con plenitud. La utopía poética modernista que se deduce de la obra de Darío y sus gozosos contertulios presume que la literatura nos hace dueños del mundo contemporáneo. En el modernismo hispanoamericano, América Latina adquiere su identidad en la cultura. Es una identidad fecunda, hecha por las sumas de lo americano y de lo europeo en un escenario internacional propicio, aunque no exento de peligros imperialistas y patriarcas autoritarios.

La fecunda influencia del modernismo hispanoamericano fue decisiva en la renovación poética, incluyendo la española. El peruano César Vallejo tuvo a Darío como su poeta tutelar y su primer libro, *Los heraldos negros* (1919), fue un diálogo con el maestro y el modernismo. Sin embargo, ya en *Trilce* (1922) buscó —inspirado por los cambios propuestos por las vanguardias europeas— un lenguaje sensorial, coloquial y emotivo que, superando el idealismo modernista, diera cuenta de la experiencia del dolor, la agonía, el absurdo y la muerte. Su poética desarrolla la voz de un sujeto que es el hijo histórico de la modernidad desigual, la modernidad hispanoamericana que ha revelado, después del modernismo estético, su carácter social conflictivo. Por lo mismo, este sujeto del antagonismo hispanoamericano empieza rebelándose contra la tradición idealista y requiere forjar otro discurso, a partir del cuerpo y la materia, liberando a las palabras de su propia lógica. "Trilce" es un nombre que no está en el diccionario, lo inventa Vallejo para nombrar la frustración de lo moderno cuando sus promesas se han cumplido a medias, y el entusiasmo de Darío es seguido por el escepticismo y el nihilismo de la primera posguerra y la crisis económica de finales de los años veinte. Aunque las vanguardias habían celebrado la aventura del hombre en el espectáculo urbano, para Vallejo, el artista ya no es un héroe del discurso, sino el explorador de la nueva conciencia colectiva.

Si bien el modernismo se inspiró en la poesía y en la prosa francesa de finales del siglo xix, su americanismo se expresó en el ensayo del escritor uruguayo José Enrique Rodó, quien en su *Ariel* (1900) partió de *Calibán*, última obra Shakespeare, para proponer que América Latina, por su culto del espíritu y de la belleza, era representada por Ariel, mientras que el mundo moderno y materialista era representado por Calibán. Una generación modernista se llamó "arielista" y "novomundista", remarcando la idea de que los "líderes" y las "élites" estaban llamados a gobernar y que su ideal era la nueva cultura americana, joven y universal. Ese novomundismo cuajó en una narrativa de fuerza local, basada en las regiones. El escritor más importante de esta tendencia fue el uruguayo Horacio Quiroga, cuyos cuentos fantásticos tienen el verosímil marco regional de la provincia.

Otra dimensión importante en el desarrollo del modernismo fue el papel de las escritoras. Las poetas y narradoras que en Cuba, Colombia, Perú, Uruguay, Chile y Argentina se hicieron escuchar por sus propios méritos forjaron una literatura que rápidamente se alejó de los moldes modernistas para hacerse más personal, en la poesía, y más social, en la narrativa. Delmira Agustini y Alfonsina Storni dedicaron su mejor obra a la pasión amorosa, mientras que Gabriela Mistral, que obtuvo el Premio Nobel de Literatura, cultivó un humanismo ecuménico.

Vicente Huidobro fue un aristócrata chileno cuya audacia inventiva lo hizo recorrer todos los escenarios de la vanguardia, entre París y Madrid, y fundar el creacionismo, que postulaba que "el poeta es un pequeño dios" cuya misión es hacer brotar la "flor en el poema". Fue un poeta programático, capaz de definir su propio espacio literario entre grandes polémicas, manifiestos y rupturas. Protagonizó serios debates en nombre de la "originalidad", un valor fundamental en las vanguardias, debido a su voluntad fundacional. Tuvo seguidores fieles que batallaron por la causa de lo nuevo. Se dedicó también a la prosa y fue autor de una serie de novelas breves que demuestran la libertad de su imaginación creadora. Su poesía tiene una frescura y levedad inconfundibles; su obra más importante, *Altazor* (1931) —cuya metáfora es el vuelo— es un emblema de su sed de horizonte y de altura.

En las vanguardias se dio, como en el modernismo, un movimiento paralelo al culto estético: la necesidad de un afincamiento americano. Varios escritores importantes pasaron del culto de las formas audaces (el dadaísmo, el futurismo, el letrismo, el surrealismo) a modelos socialmente más críticos (el indigenismo, el negrismo, el nihilismo). José Carlos Mariátegui propuso, en los años veinte, la articulación de las vanguardias y el pensamiento político renovador como dos formas de la modernidad crítica, de estirpe de emancipación y de libertad. Tanto el modernismo como las vanguardias pasaron así de una etapa de celebración formal y juvenil a una de reflexión madura y de crítica social. Su idea era que no habría una literatura indígena (nativa) propia, excepto la que hicieran los propios indígenas y reclamaba la autoridad de la experiencia como forma de conciencia crítica. En este sentido, en su libro *Siete ensayos de interpretación de la realidad peruana* (1928) propuso el diagnóstico de la sociedad tradicional (semifeudal, atrasada, subdesarrollada) desde las demandas de la sociedad moderna (educada, democrática y secular). A pesar de que sus fuentes fueron marxistas, su diagnóstico fue objetivo y productivo, e inspiró a varias generaciones de intelectuales latinoamericanos.

Miguel Ángel Asturias, que había empezado en París como vanguardista, descubrió, en sus investigaciones etnológicas de su Guatemala nativa, la poesía precolombina, su misterio y su encanto.

Trabajó en el equipo de traducción del *Popol Vuh*, y en sus estudios empezó a concebir sus *Leyendas de Guatemala* (1930), su primer gran libro. La relación de la literatura surrealista y la etnología tiene, en el París de los años treinta, un auge importante que lleva a varios escritores franceses a Haití, Cuba y México. La idea de "lo real maravilloso" debe haber nacido de una de esas expediciones, organizadas por el cubano Alejo Carpentier, quien llevó al Caribe al escritor y etnógrafo Michel Leiris y al poeta surrealista Robert Desnos. Un papel similar cumplió Asturias con la cultura maya gracias a su relación con Paul Rivet, director del Museo del Hombre de París, donde trabajó el propio nobel guatemalteco. Su obra logró una fluida mixtura de lirismo, mitología y política, sobre todo, en su gran novela *El señor presidente* (1946).

Pero si Mariátegui creía en una vía nacional, Alfonso Reyes, desde las fuentes del Humanismo, creyó que las alternativas eran, más bien, continentales y que América Latina debía ser parte del mundo moderno gracias a su tradición humanista, voluntad internacionalista, y fe en los valores y en la comunidad. No se resignó a la violencia política (que en México se había cobrado la vida de su padre) y, refugiado en París y en Madrid, trazó su vasta obra como una civilización americana alternativa, formada por las fuentes griegas y latinas, alimentada por la tradición cultural española, y capaz de encontrar sus propias voces.

Ya Rubén Darío había tenido el sueño de una novela latinoamericana propia, y había escrito que solo habría una novela americana cuando hubiese una literatura americana. Esto es, no vendría de afuera, saldría de la propia experiencia moderna de un Nuevo Mundo que en el modernismo y la vanguardia ensayaba, con éxito, sus registros propios. Un mundo latinoamericano plural y diverso, pero también moldeado por paralelismos constantes, que finalmente encontró en estos autores mayores su voz propia, identificando así su lugar en el mundo.

Julio Ortega

BIBLIOGRAFÍA DEL PERIODO

González, Aníbal. *La crónica modernista hispanoamericana*. Madrid: José Porrúa Turanzas, 1983.

Rama, Ángel. *La ciudad letrada*. Hanover: Norte, 1984.

Ramos, Julio. *Desencuentros de la modernidad en América Latina*. México: Fondo de Cultura Económica, 1989.

Salinas, Pedro. *La poesía de Rubén Darío*. Buenos Aires: Losada, 1948.

CRONOLOGÍA: HISTORIA Y LITERATURA

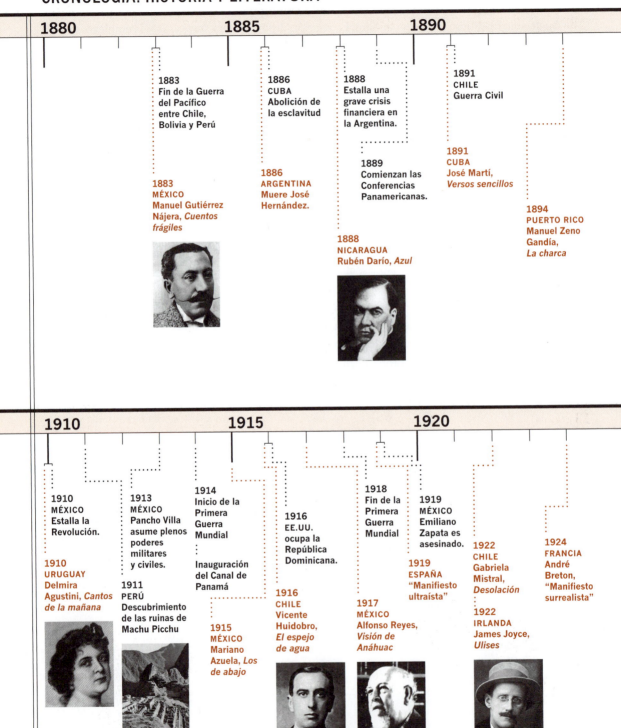

1880   **1885**   **1890**

1883
Fin de la Guerra
del Pacífico
entre Chile,
Bolivia y Perú

1886
CUBA
Abolición de
la esclavitud

1888
Estalla una
grave crisis
financiera en
la Argentina.

1891
CHILE
Guerra Civil

1883
MÉXICO
Manuel Gutiérrez
Nájera, *Cuentos
frágiles*

1886
ARGENTINA
Muere José
Hernández.

1889
Comienzan las
Conferencias
Panamericanas.

1891
CUBA
José Martí,
Versos sencillos

1894
PUERTO RICO
Manuel Zeno
Gandía,
La charca

1888
NICARAGUA
Rubén Darío, *Azul*

1910   **1915**   **1920**

1910
MÉXICO
Estalla la
Revolución.

1913
MÉXICO
Pancho Villa
asume plenos
poderes
militares
y civiles.

1914
Inicio de la
Primera
Guerra
Mundial

1916
EE.UU.
ocupa la
República
Dominicana.

1918
Fin de la
Primera
Guerra
Mundial

1919
MÉXICO
Emiliano
Zapata es
asesinado.

1910
URUGUAY
Delmira
Agustini, *Cantos
de la mañana*

Inauguración
del Canal de
Panamá

1919
ESPAÑA
"Manifiesto
ultraísta"

1922
CHILE
Gabriela
Mistral,
Desolación

1924
FRANCIA
André
Breton,
"Manifiesto
surrealista"

1911
PERÚ
Descubrimiento
de las ruinas de
Machu Picchu

1916
CHILE
Vicente
Huidobro,
*El espejo
de agua*

1917
MÉXICO
Alfonso Reyes,
*Visión de
Anáhuac*

1922
IRLANDA
James Joyce,
Ulises

1915
MÉXICO
Mariano
Azuela, *Los
de abajo*

■ HISTORIA Y POLÍTICA
■ LITERATURA

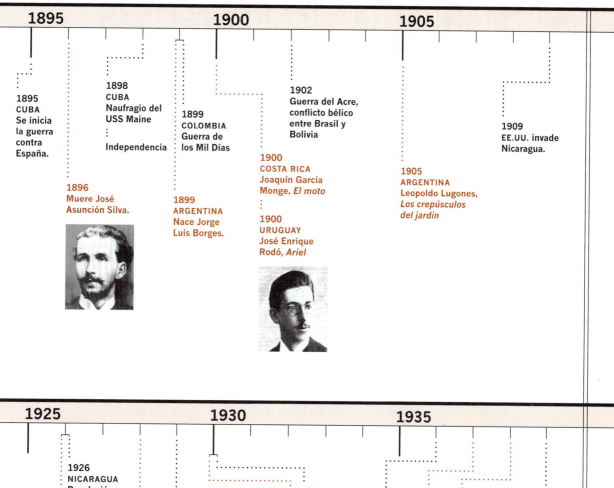

1895   **1900**   **1905**

1895
CUBA
Se inicia
la guerra
contra
España.

1898
CUBA
Naufragio del
USS Maine

Independencia

1899
COLOMBIA
Guerra de
los Mil Días

1902
Guerra del Acre,
conflicto bélico
entre Brasil y
Bolivia

1909
EE.UU. invade
Nicaragua.

1896
Muere José
Asunción Silva.

1899
ARGENTINA
Nace Jorge
Luis Borges.

1900
COSTA RICA
Joaquín García
Monge, *El moto*

1900
URUGUAY
José Enrique
Rodó, *Ariel*

1905
ARGENTINA
Leopoldo Lugones,
*Los crepúsculos
del jardín*

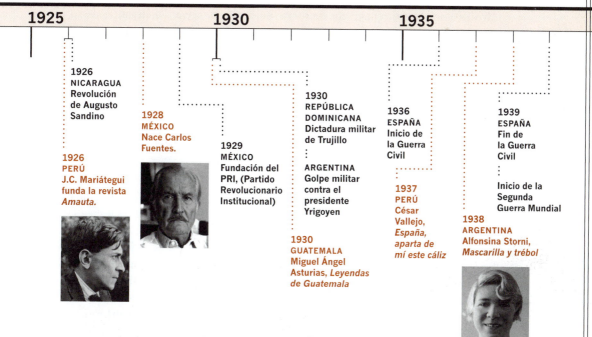

1925   **1930**   **1935**

1926
NICARAGUA
Revolución
de Augusto
Sandino

1928
MÉXICO
Nace Carlos
Fuentes.

1929
MÉXICO
Fundación del
PRI, (Partido
Revolucionario
Institucional)

1930
REPÚBLICA
DOMINICANA
Dictadura militar
de Trujillo

ARGENTINA
Golpe militar
contra el
presidente
Yrigoyen

1936
ESPAÑA
Inicio de
la Guerra
Civil

1939
ESPAÑA
Fin de
la Guerra
Civil

Inicio de la
Segunda
Guerra Mundial

1926
PERÚ
J.C. Mariátegui
funda la revista
Amauta.

1930
GUATEMALA
Miguel Ángel
Asturias, *Leyendas
de Guatemala*

1937
PERÚ
César
Vallejo,
*España,
aparta de
mí este cáliz*

1938
ARGENTINA
Alfonsina Storni,
Mascarilla y trébol

MANUEL GUTIÉRREZ NÁJERA

1859–1895

> "¡No moriré del todo, amiga mía!
> De mi ondulante espíritu disperso,
> algo en la urna diáfana del verso,
> piadosa guardará la poesía."
>
> —Manuel Gutiérrez Nájera, *"Non omnis moriar"*

Manuel Gutiérrez Nájera nació en Ciudad de México, lugar en el que vivió hasta su temprana muerte y del que apenas se ausentó. De clase media acomodada, se inclinó desde muy joven por las letras. Bajo la influencia de su madre, que quería que fuera sacerdote, descubrió a los místicos españoles (San Juan de la Cruz, Santa Teresa, entre otros); y bajo la de su padre, a los clásicos franceses. Trabajó desde los dieciséis años en diferentes periódicos y revistas mexicanos, donde publicó casi toda su obra. De hecho, sus *Cuentos frágiles* (1883) fue la única obra literaria del poeta publicada en vida. Bajo el seudónimo de "El duque Job", demostró ser un hábil retratista de las costumbres y personajes de la Ciudad de México. Durante diecinueve años, Gutiérrez Nájera fue forjándose como cronista social y crítico literario, en especial, del teatro de finales de siglo. Muchos de sus alias ("Puck", "Junius", "Nemo", etc.) proceden de las obras teatrales que le enseñó su padre durante su infancia. Su pasión fue la poesía, que cultivó en unos versos románticos de fuerte influencia francesa. La elegancia de su poesía seguía el principio del "arte por el arte" propuesto por el parnasianismo, una corriente estética preconizada por Théophile Gautier. Poco a poco, su personal escritura fue dejando huella y ayudó a cimentar los nuevos conceptos estéticos del modernismo. Sin embargo, la aventura no habría de durarle mucho tiempo, al sorprenderle la muerte a los treinta y seis años.

El periodo histórico en que desarrolló su breve obra coincide con el final del Romanticismo y el principio del modernismo, que impulsó desde la *Revista Azul* (1894), fundada con su amigo y también escritor mexicano Carlos Díaz Dufoo. Precursor de este movimiento, introdujo el gusto por lo francés, como en su poema "Para entonces" (*Elegías*, 1887–1890), con abundancia de efectos sonoros, o sinestesias, (como en el verso "sus áureas redes de la onda verde"). En él, el autor mexicano invoca el *carpe diem* de los románticos en apenas cuatro estrofas. Algo más extenso, "De blanco" (*Nuevas canciones*, 1888–1895) es un poema de juventud, de carácter descriptivo y con un trasfondo de inocencia y exotismo que nos recuerda al Rubén Darío de las *Divagaciones*, por ejemplo.

En 1884, Gutiérrez Nájera, sin abandonar las pinceladas románticas de su primera etapa, compone su célebre "La duquesa Job" (*Ala y abismo*, 1884–1887). Se trata de una crónica en verso sobre las andanzas de una joven de la que el poeta, presuntamente, está enamorado, y a la que retrata con un estilo desenfadado, simpático y frívolo. Es un claro ejemplo del modernismo literario de finales de siglo XIX, salpicado de extranjerismos, abundantes recursos musicales, y reflejos de decadencia y evasión en el tiempo hacia pasados remotos. La madurez poética de Nájera llegaría con su poema "Non omnis moriar" (*Odas breves*, 1883–1894). La declaración que el poeta hace en sus versos nos recuerda al poeta latino Horacio. Se trata, con verso ágil y libre, de la perdurabilidad de la vida a través del arte. Es el viejo tema de la posteridad y la gloria literarias, obsesión íntima del poeta francés Charles Baudelaire, a quien Nájera tanto debe y a quien tanto acude. Es el tema, por definición, de la estética modernista, donde confluyen el espíritu moderno y el antiguo. Nájera, como Horacio entonces, vence al tiempo a través de unos versos llenos de esperanza que acarician la inmortalidad. Metáforas contundentes y claras hacen de este poema todo un canto filosófico y religioso a la "Santa Poesía".

OBRAS

Poesía

1875–1880 | *Trovas de amor*
1876–1891 | *Poesías varias*
1880–1883 | *Caminos del viento*
1883–1894 | *Odas Breves*
1884–1887 | *Ala y abismo*
1887–1890 | *Elegías*
1888–1895 | *Nuevas canciones*

Cuento*

1883 | *Cuentos frágiles*
1894 | *Cuentos de color de humo*

*No se encuentra una fecha de aparición de estas obras. *Cuentos frágiles* fue la única obra del autor publicada en vida. Los demás cuentos fueron ordenados bajo distintos criterios por el autor y enviados a periódicos y revistas con los nombres *Cuentos de color de humo*, *Cuentos del domingo*, *Cuentos vistos*, *Crónicas color de oro*, *Crónicas color de lluvia*.

PARA ENTONCES

De *Elegías*, 1887–1890

Quiero morir cuando decline el día,
en alta mar y con la cara al cielo;
donde parezca sueño la agonía,
y el alma, un ave que remonta el vuelo.

5   No escuchar en los últimos instantes,
ya con el cielo y con el mar a solas,
más voces ni plegarias* sollozantes   *rezos
que el majestuoso tumbo* de las olas.   *vaivén, balanceo

Morir cuando la luz, triste, retira
10   sus áureas redes de la onda verde,
y ser como ese sol que lento expira:
algo muy luminoso que se pierde.

Morir, y joven: antes que destruya
el tiempo aleve* la gentil corona;

15 cuando la vida dice aún: soy tuya,
aunque sepamos bien que nos traiciona!

*traidor

DE BLANCO

De *Nuevas canciones*, 1888–1895

¿Qué cosa más blanca que cándido lirio?
¿Qué cosa más pura que místico cirio?
¿Qué cosa más casta que tierno azahar?
¿Qué cosa más virgen que leve neblina?

5 ¿Qué cosa más santa que el ara divina
de gótico altar?

De blancas palomas el aire se puebla;
con túnica blanca, tejida de niebla,
se envuelve a lo lejos del feudal torreón;

10 erguida* en el huerto la trémula acacia**
al soplo del viento sacude con gracia
su níveo pompón*.

*erecta **planta de flores
blancas como racimos

*adorno que cuelga (racimo)

¿No ves en el monte la nieve que albea*?
La torre muy blanca domina la aldea,

15 las tiernas ovejas triscando* se van;
de cisnes intactos el lago se llena;
columpia su copa la enhiesta* azucena
y su ánfora inmensa levanta el volcán.

*blanquea

*brincando, dando saltitos

*erguida

Entremos al templo: la hostia* fulgura**;

20 de nieve parecen las canas del cura,
vestido con alba de lino sutil;
cien niñas hermosas ocupan las bancas,
y todas vestidas con túnicas blancas
en ramos ofrecen las flores de abril.

*cuerpo de Cristo **brilla

25 Subamos al coro: la virgen propicia
escucha los rezos de casta novicia
y el cristo de mármol expira en la cruz:
sin mancha se yerguen* las velas de cera:
de encaje* es la tenue cortina ligera

30 que ya transparenta del alba la luz.

*se estiran
*delicado tejido
con agujeritos que
forman dibujos

Bajemos al campo: tumulto de plumas
parece el arroyo de blancas espumas
que quieren, cantando, correr y saltar;

su airosa mantilla de fresca neblina
35 terció la montaña, la vela latina
de barca ligera se pierde en la mar.

Ya salta del lecho• la joven hermosa   •cama
y el agua refresca sus hombros de diosa,
sus brazos ebúrneos•, su cuello gentil.   •de marfil
40 Cantando y risueña se ciñe la enagua•,   •prenda interior femenia
y trémulas brillan las gotas de agua
en su árabe peine de blanco marfil.

¡Oh mármol! ¡Oh nieves! ¡Oh inmensa blancura
que esparces doquiera• tu casta hermosura!   •irradias por todas partes
45 ¡Oh tímida virgen! ¡Oh casta vestal![1]
Tú estás en la estatua de eterna belleza;
de tu hábito blanco nació la pureza,
¡al ángel das alas, sudario• al mortal!   •sábana que envuelve
     un cadáver

Tú cubres al niño que llega a la vida,
50 coronas las sienes de fiel prometida,
al paje revistes de rico tisú•.   •tela de seda tejida con
¡Qué blancos son, reinas, los mantos de armiño![2]   hilos de oro o plata
¡Qué blanca es, ¡oh madres!, la cuna del niño!
¡Qué blanca, mi amada, qué blanca eres tú!

55 En sueños ufanos• de amores contemplo   •alegres, gozosos
alzarse muy blancas las torres de un templo
y oculto entre lirios abrirse un hogar;
y el velo de novia prenderse a tu frente,
cual nube de gasa que cae lentamente
60 y viene en tus hombros su encaje a posar.

[1] Doncella que rendía culto a Vesta, diosa del hogar en la mitología romana y símbolo
de la fidelidad.
[2] Mamífero de piel blanquísima en invierno. Aquí se refiere a la piel de este animal.

LA DUQUESA JOB
De *Ala y abismo*, 1884–1887

En dulce charla de sobremesa,
mientras devoro fresa tras fresa
y abajo ronca tu perro Bob,
te haré el retrato de la duquesa
5 que adora a veces al duque Job.

No es la condesa que Villasana[1]
caricatura, ni la poblana[2]
de enagua roja, que Prieto[3] amó;
no es la criadita de pies nudosos,[4]
10 ni la que sueña con los gomosos
y con los gallos de Micoló.[5]

Mi duquesita, la que me adora,
no tiene humos· de gran señora: ·presunción, vanidad
es la griseta de Paul de Kock.[6]
15 No baila *Boston*, y desconoce
de las carreras el alto goce,
y los placeres del *five o'clock*.

Pero ni el sueño de algún poeta,
ni los querubes· que vio Jacob,   ·querubines, ángeles
20 fueron tan bellos cual la coqueta
de ojitos verdes, rubia griseta
que adora a veces el duque Job.

Si pisa alfombras, no es en su casa,
si por Plateros[7] alegre pasa
25 y la saluda Madam Marnat,[8]
no es, sin disputa, porque la vista;
sí porque a casa de otra modista
desde temprano rápida va.

No tiene alhajas· mi duquesita,   ·joyas
30 pero es tan guapa, y es tan bonita,
y tiene un perro tan *v'lan*·, tan *pschutt*·;   ·sonidos de piropos
de tal manera trasciende a Francia   en francés
que no la igualan en elegancia
ni las clientes de Hélène Kossut.[9]

---

[1] José María Villasana (1848–1904), caricaturista e historietista mexicano.
[2] Mujer de Puebla, ciudad y estado de México.
[3] Guillermo Prieto (1818–1897), escritor y político mexicano.
[4] En el siglo XIX, en México, eran los hombres jóvenes de aspecto impecable que vestían
siguiendo la más elegante moda de la época. El nombre deriva de la *goma*, o gel, con que
se fijaban, o engominaban, los cabellos.
[5] Peluquero francés de la época que atendía a los "gomosos". Los gallos eran los protagonistas
de los cuadros que decoraban las paredes de su peluquería.
[6] Paul de Kock (1793–1871), novelista francés cuyos relatos sobre la vida parisina gozaron
de gran popularidad en la época.
[7] Calle del México D.F. de entonces.
[8] Modista y dueña de una tienda de ropa en la calle de Plateros.
[9] Modista francesa que vestía a la aristocracia.

35 Desde las puertas de la Sorpresa
hasta la esquina del Jockey Club,[10]
no hay española, *yanquee* o francesa,
ni más bonita, ni más traviesa
que la duquesa del duque Job.

40 ¡Cómo resuena su taconeo•
en las baldosas! ¡Con qué meneo
luce su talle• de tentación!
¡Con qué airecito de aristocracia
mira a los hombres, y con qué gracia
45 frunce los labios —¡Mimí Pinsón![11]

 Si alguien la alcanza, si la requiebra•,
ella, ligera como una cebra,
sigue camino del almacén;
pero ¡ay del tuno• si alarga el brazo!
50 ¡nadie le salva del sombrillazo
que le descarga sobre la sien!

 ¡No hay en el mundo mujer más linda!
Pie de andaluza, boca de guinda•,
esprit rociado de Veuve Clicquot•,
55 talle de avispa, cutis de ala,
ojos traviesos de colegiala
como los ojos de Louise Théo.[12]

 Ágil, nerviosa, blanca, delgada,
media de seda bien restirada,
60 gola• de encaje, corsé de crac,
nariz pequeña, garbosa•, cuca••,
y palpitantes sobre la nuca
rizos tan rubios como el coñac.

 Sus ojos verdes bailan el tango;
65 ¡nada hay más bello que el arremango•
provocativo de su nariz!
Por ser tan joven y tan bonita,
cual mi sedosa, blanca gatita,
diera sus pajes la emperatriz.

70 ¡Ah! Tú no has visto cuando se peina,
sobre sus hombros de rosa reina
caer los rizos en profusión.

•ruido de los tacones al andar	
•cintura	
•piropea, halaga	
•joven	
•cereza	
•champán francés	
•cuello	
•de andares ágiles ••pequeña, bonita y elegante	
•forma respingona, levantada	

[10] Local de reunión de los personajes de la alta sociedad.
[11] Protagonista de la obra del dramaturgo francés Alfred de Musset (1810–1857), *Mademoiselle Mimi Pinson: Profil de grisette.*
[12] Cantante francesa de la época.

Tú no has oído qué alegre canta,
mientras sus brazos y su garganta
75 de fresca espuma cubre el jabón.

¡Y los domingos!… ¡Con qué alegría
oye en su lecho bullir el día
¡y hasta las nueve quieta se está!
¡Cuál se acurruca*la perezosa,   *se acomoda con coqueteo
80 bajo la colcha color de rosa,
mientras a misa la criada va!

La breve cofia de blanco encaje
cubre sus rizos, el limpio traje
aguarda encima del canapé*;   *diván
85 altas, lustrosas* y pequeñitas,   *brillantes
sus puntas muestran las dos botitas,
abandonadas del catre* al pie,   *cama, lecho

Después, ligera, del lecho brinca.
¡Oh quién la viera cuando se hinca*   *se clava de rodillas
90 blanca y esbelta sobre el colchón!
¿Qué valen junto de tanta gracia
las niñas ricas, la aristocracia,
ni mis amigas del cotillón*?   *baile de sociedad

Toco; se viste; me abre; almorzamos;
95 con apetito los dos tomamos
un par de huevos y un buen *beefsteak*,
media botella de rico vino,
y en coche juntos, vamos camino
del pintoresco Chapultepec.[13]

100 Desde las puertas de la Sorpresa
hasta la esquina del Jockey Club,
no hay española, *yanquee* o francesa,
ni más bonita ni más traviesa
que la duquesa del duque Job.

[13] Parque de México D.F.

NON OMNIS MORIAR

De *Odas Breves*, 1883–1894

¡No moriré del todo, amiga mía!
De mi ondulante espíritu disperso,
algo en la urna diáfana•del verso,   •transparente
piadosa guardará la poesía.

5   ¡No moriré del todo! Cuando herido
caiga a los golpes del dolor humano,
ligera tú, del campo entenebrido•   •nublado
levantarás al moribundo hermano.

Tal vez para entonces por la boca inerme•   •indefensa
10 que muda aspira la infinita calma,
oigas la voz de todo lo que duerme
¡con los ojos abiertos en mi alma!

Hondos recuerdos de fugaces días,
ternezas tristes que suspiran solas;
15 pálidas, enfermizas alegrías
sollozando al compás de las violas…

Todo lo que medroso•oculta el hombre   •miedoso
se escapará, vibrante, del poeta,
en áureo ritmo de oración secreta
20 que invoque en cada cláusula tu nombre.

Y acaso adviertas que de modo extraño
suenan mis versos en tu oído atento,
y en el cristal, que con mi soplo empaño•,   •cubro con el vapor
mires aparecer mi pensamiento.   de mi aliento

25 Al ver entonces lo que yo soñaba,
dirás de mi errabunda•poesía: •desorientada
era triste, vulgar lo que cantaba…
mas, ¡qué canción tan bella la que oía!

Y porque alzo en tu recuerdo notas
30 del coro universal, vívido y almo•;   •venerable
y porque brillan lágrimas ignotas•   •ignoradas
en el amargo cáliz de mi salmo;

Porque existe la Santa Poesía
y en ella irradias tú, mientras disperso
35 átomo de mi ser esconda el verso,
¡no moriré del todo, amiga mía!

PREGUNTAS

ANÁLISIS

1. Una anáfora es un recurso literario que consiste en empezar los versos de un poema con una misma palabra. Localiza las anáforas del poema "Para entonces" y explica qué función cumplen.

2. ¿Qué características del Romanticismo ves en "Para entonces"? Ilustra tu respuesta con ejemplos.

3. Busca en "La duquesa Job" términos extranjeros. ¿Por qué los usa el poeta?

4. Enumera los elementos modernistas que identifiques en "La duquesa Job", desde el tipo de estrofa y rima, hasta el léxico usado por el poeta.

5. ¿A quién se dirige el poeta en "Non omnis moriar"? Justifica tu respuesta.

6. El poeta afirma al final de "Non omnis moriar" que no morirá del todo. Explica el sentido del poema a través de este último verso.

7. Gutiérrez Nájera escribió que "la belleza reside en el orden espiritual y no en la materia". Comenta cómo se manifiesta ese principio en estos cuatro poemas.

INTERPRETACIÓN

1. ¿Qué personificación parece hacer el autor en la última estrofa de "Para entonces"? Interpreta el significado de esos versos finales.

2. Para Gutiérrez Nájera el blanco es un poderoso símbolo. ¿Qué crees que representa ese color para él tal y como lo utiliza en "De blanco"?

3. ¿Cuál es el tono de "La duquesa Job"? ¿Y el de "Non omnis moriar"? Explica por qué el tono de cada poema es adecuado al tema que trata. Ilustra tus respuestas con ejemplos de los poemas.

4. Gutiérrez Nájera dedica "La duquesa Job" a su amigo Manuel Puga y Acal. ¿Qué sugiere esta dedicatoria sobre la intención y punto de vista del autor?

5. ¿Qué te sugiere el uso de mayúsculas en Santa Poesía en "Non omnis moriar"? ¿Por qué califica la poesía de "santa"? ¿A qué obedece esta asimetría léxica?

6. La sinestesia es un recurso común del modernismo que consiste en atribuir percepciones de unos sentidos a otros. Identifica las sinestesias en los poemas y di a qué sentidos aluden.

7. De estos cuatro poemas, dos podrían clasificarse como románticos y otros dos como modernistas. ¿Qué poemas crees que son románticos? ¿Cuáles son modernistas? Explica tu respuesta e ilústrala con ejemplos de los poemas.

INVESTIGACIÓN

1. ¿Qué influencia tuvieron los místicos del Siglo de Oro en la obra de Gutiérrez Nájera?

2. El principio del "arte por el arte", defendido por el parnasianismo, ha sido causa de controversia a lo largo de la historia de la literatura. Averigua qué corrientes artísticas lo han apoyado y cuáles no, e indica las razones que han aportado a ese debate.

JOSÉ ASUNCIÓN SILVA

1865–1896

"El verso es vaso santo. ¡Poned en él tan sólo un pensamiento puro, en cuyo fondo bullan hirvientes las imágenes como burbujas de oro de un viejo vino oscuro!"

—**José Asunción Silva, "*Ars*"**

José Asunción Silva nació en Bogotá en el seno de una familia culta y adinerada. Sus dotes expresivas y su talento poético, refinado en la biblioteca familiar, harán de él uno de los más distinguidos poetas de su época. Silva ingresa en el Liceo de la Infancia dos cursos por delante. Su precocidad y talento, sin embargo, despiertan ya desde niño envidias e inquinas. En el propio Liceo, a uno de sus maestros se le ocurre llamarle "José Presunción", apodo que habrá de acompañarle el resto de su vida. Acabados sus estudios, se hace cargo del negocio familiar de objetos de arte. Desde detrás de un mostrador, Silva hace las observaciones que nutrirán su obra en prosa *De sobremesa* (1891–1896). La escasa información sobre la vida de Silva genera todo tipo de rumores: una hija secreta, su presunta homosexualidad o la disparatada historia de incesto con su hermana Elvira. En 1884 viaja a Europa, donde se sumergirá, de la mano de Stephan Mallarmé, en los movimientos literarios de la época. La inestabilidad política en Colombia afecta al negocio familiar, del que habrá de ocuparse Silva tras la muerte de su padre en 1867. Poco después, Elvira, su hermana y confidente, fallece a causa de una pulmonía. Incapaz de enderezar el negocio, acaba trabajando en la delegación colombiana de Caracas. En 1895 decide regresar a Bogotá. Durante la travesía, el vapor en el que viajaba naufraga y pierde una parte importante de su obra lista para publicar. El 23 de mayo de 1896, tras reescribir de memoria la obra perdida, Silva se suicida disparándose en el pecho.

La obra de Silva debe enmarcarse en pleno modernismo, siendo el mismo poeta un escritor puramente modernista, y no un precursor o premodernista, como, en ocasiones, se le designa. La larga proyección de Rubén Darío hizo que muchos creyeran que antes del gran escritor nicaragüense no hubo más que una tenue luz que lo anunciaba. Silva, por el contrario, apenas dos años mayor que Darío, tenía plena conciencia artística de las innovaciones del lenguaje, que introdujo, por ejemplo, en su poema "Nocturno III" (*El libro de versos*, 1891–1896). En él, el poeta colombiano nos muestra una realidad oscura, vaga y de carácter pesimista. Dedicado a su hermana Elvira tras su muerte, el poema se desenvuelve en una misteriosa atmósfera simbolista, con una cadencia musical sugerente cercana a los maestros franceses (Verlaine, Rimbaud, entre otros) y con clara influencia de Edgar Allan Poe. La obsesión por el tiempo, la memoria y la muerte, tan propios del Romanticismo, dan paso, en una visión más intimista, a la elegía del vacío, la nada en estado puro, la ausencia. Esa renovación del lenguaje, sin romper con la estética decorativa y exótica de los inicios del modernismo, se hace aún más patente en su poema "Sinfonía color de fresa con leche" (*El libro de versos*), una divertida y caprichosa composición burlesca dedicada a los imitadores de Darío ("versos mirrinos", "lilial albura", "crisodinas nieblas", etc.). De ritmo vertiginoso y sugerentes verbos, el poema conmocionó a la sociedad literaria de entonces, demostrando que Silva no era uno de esos colibríes decadentes a los que el poeta ataca sin piedad. Muestra de la naturaleza creativa de Silva es también el soneto "Paisaje tropical" (*El libro de versos*), en endecasílabos, cuya fuerza radica en su encendido retrato de la selva, plena de armonías y sensaciones, y que marca el regreso del poeta a un mundo de pureza ideal, lejos de ese otro que tanto le atenazó en vida.

José Asunción Silva

Poesía
———
De sobremesa

Edición de
Remedios Mataix

CATEDRA
Letras Hispánicas

OBRAS

Poesía
*1889 | *Intimidades*
*1891–1896 | *El libro de versos*
*1891–1896 | *Gotas amargas*

Novela
*1891–1896 | *De sobremesa*

Cuento
1888 | *Cuentos negros*

*Obras publicadas póstumamente en 1977, 1923, 1908 y 1925, respectivamente.

NOCTURNO III

De *El libro de versos*, 1891–1896

Una noche,
una noche toda llena de perfumes, de murmullos y de músicas de alas,
Una noche,
en que ardían en la sombra nupcial y húmeda las luciérnagas fantásticas,
5   a mi lado, lentamente, contra mí ceñida toda,
muda y pálida,
como si un presentimiento de amarguras infinitas,
hasta el fondo más secreto de tus fibras te agitara,
por la senda que atraviesa la llanura florecida
10 caminabas,
y la luna llena
por los cielos azulosos, infinitos y profundos esparcía su luz blanca,
y tu sombra,
fina y lánguida,
15 y mi sombra
por los rayos de la luna proyectada,
sobre las arenas tristes
de la senda se juntaban,
y eran una
20 y eran una
¡y eran una sola sombra larga!
¡y eran una sola sombra larga!
¡y eran una sola sombra larga!

Esta noche
25 solo, el alma
llena de las infinitas amarguras y agonías de tu muerte,
separado de ti misma por la sombra, por el tiempo y la distancia,
por el infinito negro,
donde nuestra voz no alcanza,
30 solo y mudo
por la senda caminaba,
y se oían los ladridos de los perros a la luna,
a la luna pálida
y el chillido
35 de las ranas…
Sentí frío; ¡era el frío que tenían en la alcoba
tus mejillas y tus sienes y tus manos adoradas,
entre las blancuras níveas
de las mortuorias sábanas!
40 Era el frío del sepulcro, era el frío de la muerte,
era el frío de la nada…

Y mi sombra
por los rayos de la luna proyectada,
iba sola
45 iba sola
¡iba sola por la estepa solitaria!
Y tu sombra esbelta y ágil,
fina y lánguida,
como en esa noche tibia de la muerta primavera,
50 como en esa noche llena de perfumes, de murmullos y de músicas de alas,
se acercó y marchó con ella,
se acercó y marchó con ella,
se acercó y marchó con ella... ¡Oh las sombras enlazadas!
¡Oh las sombras que se buscan y se juntan en las noches de negruras y
55   de lágrimas!…

PAISAJE TROPICAL

De *El libro de versos*, 1891–1896

Magia adormecedora vierte el río
en la calma monótona del viaje,
cuando borra los lejos del paisaje
la sombra que se extiende en el vacío.

5 Oculta en sus negruras el bohío*   *cabaña
la maraña* tupida**, y el follaje   *maleza **espesa
semeja los calados de un encaje
al caer del crepúsculo sombrío.

Venus se enciende en el espacio puro.
10 La corriente dormida una piragua*   *canoa
rompe en su viaje rápido y seguro

y con sus nubes el poniente* fragua**   *viento del oeste **crea,
otro cielo rosado y verdeoscuro   moldea
en los espejos húmedos del agua.

SINFONÍA COLOR DE FRESA CON LECHE[1]

De *El libro de versos*, 1891–1896

A los colibríes• decadentes   •pajaritos que picotean el néctar de las flores

¡Rítmica Reina lírica! Con venusinos
cantos de sol y rosa, de mirra[2] y laca
y polícromos cromos de tonos mil,
oye los constelados versos mirrinos•,   •semejantes a la mirra
5   escúchame esta historia Rubendariaca,
de la Princesa verde y el paje Abril,
rubio y sutil.

El bizantino esmalte do irisa el rayo
las purpuradas gemas que enflora junio
10   si Helios[3] recorre el cielo de azul edén,
es lilial• albura•• que esboza mayo   •de lirio ••blancura
en una noche diáfana de plenilunio
cuando las crisodinas[4] nieblas se ven
a tutiplén•!   •en abundancia

15   En las vívidas márgenes que espuma el Cauca,
—áureo• pico, ala ebúrnea•• — currucuquea,[5]   •dorado ••de marfil
de sedeñas verduras bajo el dosel,
de las perladas ondas se esfuma glauca•:   •verde claro
¿es paloma, es estrella o azul idea?…
20   Labra el emblema heráldico de áureo broquel•,   •escudo
róseo rondel.[6]

Vibran sagradas liras que ensueña Psiquis
son argentados• cisnes, hadas y gnomos   •de plata
y edenales olores, lirio y jazmín
25   y vuelan entelechias y tiquismiquis
de corales, tritones, memos y momos,
del horizonte lírico nieve y carmín
hasta el confín.

Liliales manos vírgenes al son aplauden
30   y se englaucan los líquidos y cabrillean•   •centellean

[1] Silva califica a Rubén Darío como el poeta de versos "color de fresa con leche" para definir el sentimentalismo delirante, exaltado y con poco carácter del modernismo con el que él consideraba que se expresaba Darío en su poesía.
[2] Resina que se obtiene de un árbol que crece en Arabia y que por sus cualidades aromáticas se emplea para hacer perfumes e incienso.
[3] El sol en la mitología griega.
[4] El prefijo criso (del griego, *chrysós*) significa oro.
[5] Verbo formado a partir de la onomatopeya que imita el sonido de la paloma.
[6] Poema corto que finaliza repitiendo el primer verso.

con medievales himnos al abedul,
desde arriba Orión, Venus, que Secchis lauden
miran como pupilas que cintillean
por los abismos húmedos del negro tul
35 del cielo azul.

Tras de las cordilleras sombrías, la blanca
Selene,[7] entre las nubes ópalo y tetras
surge como argentífero tulipán
y por entre lo negro que se espernanca•
40 huyen los bizantinos de nuestras letras
hacia el Babel• Bizancio, do llegarán
con grande afán•.

¡Rítmica Reina lírica! Con venusinos
cantos de sol y rosa, de mirra y laca
45 y polícromos cromos de tonos mil,
estos son los caóticos versos mirrinos
ésta es la descendencia Rubendariaca,
de la Princesa verde y el paje Abril,
rubio y sutil!

•despatarra

•desorden, caos
•deseo, ansia

[7] La Luna en la mitología romana.

PREGUNTAS

ANÁLISIS

1. La reiteración, o repetición, es una de las características más destacadas de "Nocturno III". Busca las reiteraciones del poema que consideres de mayor importancia en la estructura de la composición. ¿Qué quiere expresar el poeta mediante ellas?

2. ¿Por qué crees que utiliza el poeta la imagen "sombra nupcial" en "Nocturno III"?

3. En "Paisaje tropical" el poeta describe un apacible viaje en piragua al anochecer. ¿Qué recurso literario dificulta la comprensión del primer terceto? Ordena de manera lógica los versos de esta estrofa. Explica qué efecto transmite cada manera de ordenarlos.

4. ¿A qué se refiere el poeta cuando habla de "los lejos del paisaje"? Explica en qué consiste esta figura retórica.

5. Analiza la métrica y la rima de "Paisaje tropical". ¿Es un esquema métrico utilizado habitualmente por los autores modernistas? Justifica tu respuesta.

6. En "Sinfonía color de fresa con leche", Silva habla de "colibríes decadentes". ¿Quiénes son esos *colibríes*? Busca en el poema más referencias a estos personajes.

7. Identifica los excesos lingüísticos que usa Silva en "Sintonía color de fresa con leche". ¿Qué efecto consigue con esta estrategia morfológico-semántica?

INTERPRETACIÓN

1. La estructura del poema "Nocturno III" va ligada a su desarrollo temático y nos da las claves para su interpretación. ¿En qué partes se divide el poema y qué nos cuenta el poeta en cada una de ellas?

2. Describe el "yo poético" en "Nocturno III". ¿Por qué se siente así? ¿Qué imágenes utiliza el poeta para transmitirnos su estado de ánimo?

3. El modernismo es el movimiento en el que por primera vez se da cabida al verso libre, que alterna con versos tradicionales. ¿Cómo es la métrica de "Nocturno III"? ¿Qué efectos crees que busca el poeta al utilizarla?

4. Compara la presentación de la naturaleza en "Nocturno III" y en "Paisaje tropical". ¿Cuál es la diferencia entre ambas naturalezas? ¿A qué se debe esa diferencia?

5. ¿Qué te sugiere la imagen "Magia adormecedora vierte el río/en la calma monótona del viaje." de "Paisaje tropical"?

6. Silva es considerado modernista por muchos críticos, mientras otros defienden que es premodernista. Busca en los poemas las características propias del modernismo y las que crees que se alejan de este movimiento artístico.

7. Comenta la relación entre la estética de la muerte reflejada en la obra de Silva y la trágica vida del poeta.

INVESTIGACIÓN

1. A menudo se habla de la influencia de Allan Poe en la obra de José Asunción Silva. Trata de establecer esta relación comparando el poema "Nocturno III" con los versos finales de "The Raven".

   And the lamp light o'er him streaming throws his shadow on the floor;
   And my soul from out that shadow that lies floating on the floor
   Shall be lifted—nevermore!

2. El poeta Juan Ramón Jiménez describió a Silva como "modernista natural" por hablar de temas cercanos a su realidad, en contraposición al "modernismo exotista" que trata de temas cultos, extraños o remotos. Describe los temas de los poemas seleccionados y explica si estás de acuerdo con la apreciación de Jiménez.

RUBÉN DARÍO

1867–1916

"Juventud, divino tesoro, ¡ya te vas para no volver! Cuando quiero llorar, no lloro... y a veces lloro sin querer..."

—**Rubén Darío**, *"Canción de otoño en primavera"*

Rubén Darío (su verdadero nombre fue Félix Rubén García Sarmiento) es considerado el fundador del modernismo latinoamericano. Nació en San Pedro de Metapa, Nicaragua, y sus padres se separaron pronto, por lo que él fue criado por sus tíos abuelos. A los tres años ya sabía leer, a los trece publicó por primera vez un poema en un periódico y antes de cumplir quince años ya se había enamorado perdidamente. Su vida fue siempre movida: viajes, gran actividad social, apremios económicos, enredos amorosos y problemas con el alcohol que dañaron seriamente su salud. De sus diferentes relaciones tuvo varios hijos, de los que solo vivieron dos. "Plural ha sido la celeste historia de mi corazón", dice en uno de sus poemas, donde deja claro su concepto fugaz del amor.

Tras algunos intentos, alcanzó finalmente reconocimiento y fama en 1888 con la publicación de *Azul…*, favorecido por la buena crítica que le hizo en España el novelista Juan Valera; el libro se convertiría en un hito del movimiento modernista.

En 1892 logró hacer realidad su sueño de ir a Europa, tras ser enviado por el gobierno de su país a España. En 1893 viaja a París y conoce al poeta Paul Verlaine, uno de los escritores que más admiraba. Vivió largas temporadas en Centroamérica, Chile, la Argentina, España y Francia. Ocupó cargos diplomáticos y trabajó como periodista, pero su verdadera vocación siempre fue la literatura. Conoció la fama en vida, pero también se vio envuelto en polémicas con quienes lo acusaban de estar demasiado influido por la literatura francesa y, especialmente, por Victor Hugo. Experimentó con las formas poéticas, renovó el lenguaje, defendió la belleza como bien supremo e inspiró a muchos poetas jóvenes a ambos lados del Atlántico. Murió en León, Nicaragua a los cuarenta y nueve años de edad.

La voz poética de Rubén Darío representa una búsqueda incansable de nuevas manifestaciones estéticas del lenguaje. Admirador del español Gustavo Adolfo Bécquer, a quien leyó en su juventud, las huellas románticas aún pueden verse en "Canción de otoño en primavera" (*Cantos de vida y esperanza*, 1905), donde a través del verso eneasílabo nos lleva por distintas evocaciones de sus amores pasados. De *Prosas profanas y otros poemas* (1896), libro inmediatamente posterior a *Azul…*, donde Darío proclama su "estética acrática", destaca, por encima de muchos, su "Sonatina", verdadero canto modernista a lo etéreo, lo exótico y lo lejano. Habitado por una princesa triste y palacios orientales, el poema nos traslada, por medio de alejandrinos (el verso modernista por excelencia de catorce sílabas), a una intimidad plena de libertad y de esperanza. Muestra de la poesía cívica que Darío también cultivó es su poema "A

Roosevelt" (*Cantos de vida y esperanza*), donde ataca la figura del presidente de Estados Unidos después de que este arrebatara el Canal de Panamá a Colombia en 1903.

La defensa de la otra América que "tiembla de huracanes y que vive de Amor" es un canto a la memoria histórica del "continente ingenuo". En "Yo soy aquel…" (*Cantos de vida y esperanza*), poema extenso y autobiográfico en endecasílabos, el autor repasa su trayectoria y evolución poéticas, desde los versos sensoriales de su primera etapa modernista a la poesía pura y musical y plena de ritmos de su madurez. Finalmente, en "Lo fatal" (*Cantos de vida y esperanza*), el Darío metafísico ahonda en el dolor de saberse vivo y perecedero. Esta angustia vital, que en Darío se hizo cada vez más patente, es expresada en versos de fatal melancolía en los que el poeta se pregunta por el sentido de la vida. Darío también escribió prosa en varios artículos, críticas y manifiestos, así como algunos cuentos modernistas, como "El rey burgués" (*Azul…*), el relato humorístico e irónico de un rey aficionado a las artes y de un poeta hambriento. Este "cuento alegre", como él mismo lo define, es una declaración contra los versificadores anodinos de fin de siglo y una defensa de lo que Darío consideraba "verdadera poesía".

Rubén Darío
Azul…
Edición de Arturo Ramoneda

Literatura
Alianza Editorial

OBRAS

Poesía

CANCIÓN DE OTOÑO EN PRIMAVERA

De *Cantos de vida y esperanza*, 1905

A Gregorio Martínez Sierra[1]

Juventud, divino tesoro,
¡ya te vas para no volver!
Cuando quiero llorar, no lloro…
y a veces lloro sin querer…

5 Plural ha sido la celeste
historia de mi corazón.
Era una dulce niña, en este
mundo de duelo• y de aflicción.

*dolor, pena

Miraba como el alba pura;
10 sonreía como una flor.
Era su cabellera obscura
hecha de noche y de dolor.

Yo era tímido como un niño.
Ella, naturalmente, fue,
15 para mi amor hecho de armiño,
Herodías y Salomé…

Juventud, divino tesoro,
¡ya te vas para no volver!
Cuando quiero llorar, no lloro…
20 y a veces lloro sin querer…

Y más consoladora y más
halagadora y expresiva,
la otra fue más sensitiva
cual no pensé encontrar jamás.

25 Pues a su continua ternura
una pasión violenta unía.
En un peplo• de gasa pura
una bacante[2] se envolvía…

*vestido de las mujeres griegas

En sus brazos tomó mi ensueño
30 y lo arrulló como a un bebé…
Y te mató, triste y pequeño,
falto de luz, falto de fe…

Juventud, divino tesoro,
¡te fuiste para no volver!
35 Cuando quiero llorar, no lloro…
y a veces lloro sin querer…

Otra juzgó que era mi boca
el estuche de su pasión;
y que me roería, loca,
40 con sus dientes el corazón.

Poniendo en un amor de exceso
la mira de su voluntad,
mientras eran abrazo y beso
síntesis de la eternidad;

45 y de nuestra carne ligera
imaginar siempre un Edén,
sin pensar que la Primavera
y la carne acaban también…

Juventud, divino tesoro,
50 ¡ya te vas para no volver!
Cuando quiero llorar, no lloro…
y a veces lloro sin querer…

¡Y las demás! En tantos climas,
en tantas tierras siempre son,
55 si no pretextos de mis rimas
fantasmas de mi corazón.

En vano busqué a la princesa
que estaba triste de esperar.
La vida es dura. Amarga y pesa.
60 ¡Ya no hay princesa que cantar!

Mas a pesar del tiempo terco•,
mi sed de amor no tiene fin;
con el cabello gris, me acerco
a los rosales del jardín…

*intransigente

[1] Gregorio Martínez Sierra (1881–1947), escritor, poeta y dramaturgo español. Impulsó el modernismo hispanoamericano con la fundación de la revista *Helios* (1903) y la editorial Renacimiento (1907).
[2] Sacerdotisa de Baco, dios romano del vino.

65 Juventud, divino tesoro,
¡ya te vas para no volver!
Cuando quiero llorar, no lloro…
y a veces lloro sin querer…

¡Mas es mía el Alba de oro!

SONATINA

De *Prosas profanas y otros poemas*, 1896

La princesa está triste… ¿qué tendrá la princesa?
Los suspiros se escapan de su boca de fresa,
que ha perdido la risa, que ha perdido el color.
La princesa está pálida en su silla de oro,
5   está mudo el teclado de su clave• sonoro,   •instrumento musical
y en un vaso, olvidada, se desmaya una flor.

El jardín puebla el triunfo de los pavos reales.
Parlanchina, la dueña dice cosas banales,
y, vestido de rojo, piruetea el bufón.
10   La princesa no ríe, la princesa no siente;
la princesa persigue por el cielo de Oriente
la libélula vaga de una vaga ilusión.

¿Piensa acaso en el príncipe de Golconda[1] o de China,
o en el que ha detenido su carroza argentina•   •plateada
15   para ver de sus ojos la dulzura de luz?
¿O en el rey de las Islas de las Rosas fragantes,
o en el que es soberano de los claros diamantes,
o en el dueño orgulloso de las perlas de Ormuz?

¡Ay!, La pobre princesa de la boca de rosa
20   quiere ser golondrina, quiere ser mariposa,
tener alas ligeras, bajo el cielo volar,
ir al sol por la escala luminosa de un rayo,
saludar a los lirios con los versos de mayo,
o perderse en el viento sobre el trueno del mar.

[1] Antigua ciudad de la India famosa por sus diamantes.

25   Ya no quiere el palacio, ni la rueca de plata,
    ni el halcón encantado, ni el bufón escarlata,
    ni los cisnes unánimes en el lago de azur.
    Y están tristes las flores por la flor de la corte;
    los jazmines de Oriente, los nelumbos• del Norte,   •flores de loto
30   de Occidente las dalias y las rosas del Sur.

    ¡Pobrecita princesa de los ojos azules!
    Está presa en sus oros, está presa en sus tules,
    en la jaula de mármol del palacio real,
    el palacio soberbio que vigilan los guardas,
35   que custodian cien negros con sus cien alabardas•,   •lanzas
    un lebrel• que no duerme y un dragón colosal.   •perro cazador de liebres

    ¡Oh, quién fuera hipsipila[2] que dejó la crisálida•!   •larva, ninfa
    (La princesa está triste. La princesa está pálida.)
    ¡Oh visión adorada de oro, rosa y marfil!
40   ¡Quién volara a la tierra donde un príncipe existe
    (La princesa está pálida. La princesa está triste)
    más brillante que el alba, más hermoso que abril!

    —¡Calla, calla, princesa —dice el hada madrina—,
    en caballo con alas, hacia acá se encamina,
45   en el cinto la espada y en la mano el azor,
    el feliz caballero que te adora sin verte,
    y que llega de lejos, vencedor de la Muerte,
    a encenderte los labios con un beso de amor!

[2] La mariposa como símbolo del alma en la cultura griega fue adoptado por los poetas españoles de finales del siglo XIX. La ninfa que pasa a ser mariposa representa la metamorfosis y la liberación del alma de las limitaciones e impurezas del cuerpo.

A ROOSEVELT

De *Cantos de vida y esperanza*, 1905

    ¡Es con voz de la Biblia, o verso de Walt Whitman,
    que habría que llegar hasta ti, Cazador!
    ¡Primitivo y moderno, sencillo y complicado,
    con un algo de Washington y cuatro de Nemrod![1]

5   Eres los Estados Unidos,
    eres el futuro invasor

[1] Personaje bíblico, poderoso rey de Caldea a quien en el Génesis se define como "gran cazador".

de la América ingenua que tiene sangre indígena,
que aún reza a Jesucristo y aún habla en español.

Eres soberbio y fuerte ejemplar de tu raza;
10 eres culto, eres hábil; te opones a Tolstoy.
Y domando caballos o asesinando tigres,
eres un Alejandro-Nabucodonosor.[2]
(Eres un profesor de energía
como dicen los locos de hoy).

15 Crees que la vida es incendio,
que el progreso es erupción;
en donde pones la bala
el porvenir pones.
　　No.
20 Los Estados Unidos son potentes y grandes.
Cuando ellos se estremecen hay un hondo temblor
que pasa por las vértebras enormes de los Andes.
Si clamáis, se oye como el rugir del león.
Ya Hugo[3] a Grant[4] le dijo: "Las estrellas son vuestras".
25 (Apenas brilla, alzándose, el argentino sol
y la estrella chilena se levanta…) Sois ricos.
Juntáis al culto de Hércules el culto de Mammón;[5]
y alumbrando el camino de la fácil conquista,
la Libertad levanta su antorcha en Nueva York.

30 Mas la América nuestra, que tenía poetas
desde los viejos tiempos de Netzahualcoyotl,[6]
que ha guardado las huellas de los pies del gran Baco,
que el alfabeto pánico en un tiempo aprendió;
que consultó los astros, que conoció la Atlántida,
35 cuyo nombre nos llega resonando en Platón,
que desde los remotos momentos de su vida
vive de luz, de fuego, de perfumes, de amor,
la América del grande Moctezuma, del Inca,
la América fragrante de Cristóbal Colón,
40 la América católica, la América española,

[2] Dos grandes conquistadores de la antigüedad, Alejandro el Grande (356–323 a.C.), rey de Macedonia; y Nabucodonosor (630–562 a.C), rey de Babilonia.
[3] Victor Hugo (1802–1885), famoso escritor francés que trató temas políticos, sociales y artísticos.
[4] Ulysses Grant (1822–1885), presidente de Estados Unidos (1869–1877).
[5] Para los fenicios, Mammón era el dios de las riquezas; en el Nuevo Testamento se utilizó para simbolizar la codicia.
[6] Netzahualcóyotl (1402–1471), soberano de Texcoco, México. Poeta y hombre de gran sensibilidad estética.

la América en que dijo el noble Guatemoc:[7]
"Yo no estoy en un lecho de rosas"; esa América
que tiembla de huracanes y que vive de Amor;
hombres de ojos sajones y alma bárbara, vive.
45 Y sueña. Y ama, y vibra; y es la hija del Sol.
Tened cuidado. ¡Vive la América española!,
hay mil cachorros sueltos del León Español.
Se necesitaría, Roosevelt, ser, por Dios mismo,
el Riflero terrible y el fuerte Cazador,
50 para poder tenernos en vuestras férreas garras.

Y, pues contáis con todo, falta una cosa: ¡Dios!

[7] Último emperador de los aztecas (1520–1521). Aquí Darío cita la frase que se le atribuye
cuando, con fuego en los pies, los españoles esperaban que revelase la ubicación del oro
que ansiaban.

YO SOY AQUEL...

De *Cantos de vida y esperanza*, 1905

A José Enrique Rodó

Yo soy aquel que ayer no más decía
el verso azul y la canción profana,
en cuya noche un ruiseñor había
que era alondra de luz por la mañana.

5 El dueño fui de mi jardín de sueño,
lleno de rosas y de cisnes vagos;
el dueño de las tórtolas, el dueño
de góndolas y liras en los lagos;

y muy siglo diez y ocho y muy antiguo
10 y muy moderno; audaz, cosmopolita;
con Hugo fuerte y con Verlaine ambiguo,
y una sed de ilusiones infinita.

Yo supe de dolor desde mi infancia,
mi juventud… ¿fue juventud la mía?
15 Sus rosas aún me dejan su fragancia,
una fragancia de melancolía…

Potro sin freno se lanzó mi instinto,
mi juventud montó potro sin freno;
iba embriagada y con puñal al cinto;
20 si no cayó, fue porque Dios es bueno.

En mi jardín se vio una estatua bella;
se juzgó mármol y era carne viva;
una alma joven habitaba en ella,
sentimental, sensible, sensitiva.

25 Y tímida ante el mundo, de manera
que encerrada en silencio no salía,
sino cuando en la dulce primavera
era la hora de la melodía…

Hora de ocaso y de discreto beso;
30 hora crepuscular y de retiro;
hora de madrigal y de embeleso,
de "te adoro", de "¡ay!", y de suspiro.

Y entonces era en la dulzaina• un juego   •instrumento musical
de misteriosas gamas cristalinas,   de viento
35 un renovar de notas del Pan[1] griego
y un desgranar de músicas latinas,

con aire tal y con ardor tan vivo,
que a la estatua nacían de repente
en el muslo viril patas de chivo
40 y dos cuernos de sátiro[2] en la frente.

Como la Galatea[3] gongorina
me encantó la marquesa verleniana,
y así juntaba a la pasión divina
una sensual hiperestesia humana;

45 todo ansia, todo ardor, sensación pura
y vigor natural; y sin falsía,
y sin comedia y sin literatura…:
si hay un alma sincera, ésa es la mía.

La torre de marfil tentó mi anhelo;
50 quise encerrarme dentro de mí mismo,
y tuve hambre de espacio y sed de cielo
desde las sombras de mi propio abismo.

Como la esponja que la sal satura
en el jugo del mar, fue el dulce y tierno
55 corazón mío, henchido de amargura
por el mundo, la carne y el infierno.

---

[1] Dios de los pastores en la mitología griega quien se deleitaba tocando la flauta.
[2] En la mitología griega, los sátiros eran criaturas mitad hombre, mitad cabra; tenían orejas puntiagudas, cuernos en la cabeza y se les asociaba con los placeres físicos.
[3] *Fábula de Polifemo y Galatea* del poeta español Luis de Góngora (1561–1627).

Mas, por gracia de Dios, en mi conciencia
el Bien supo elegir la mejor parte;
y si hubo áspera hiel en mi existencia,
60 melificó toda acritud el Arte.

Mi intelecto libré de pensar bajo,
bañó el agua castalia[4] el alma mía,
peregrinó mi corazón y trajo
de la sagrada selva la armonía.

65 ¡Oh, la selva sagrada! ¡Oh, la profunda
emanación del corazón divino
de la sagrada selva! ¡Oh, la fecunda
fuente cuya virtud vence al destino!

Bosque ideal que lo real complica,
70 allí el cuerpo arde y vive y Psiquis vuela;
mientras abajo el sátiro fornica,
ebria de azul deslíe• Filomela.[5]   •disuelva

Perla de ensueño y música amorosa
en la cúpula en flor del laurel verde,
75 Hipsipila sutil liba• en la rosa,   •chupa el néctar
y la boca del fauno el pezón muerde.

Allí va el dios en celo tras la hembra,
y la caña de Pan se alza del lodo;
la eterna vida sus semillas siembra,
80 y brota la armonía del gran Todo.

El alma que entra allí debe ir desnuda,
temblando de deseo y fiebre santa,
sobre cardo heridor y espina aguda:
así sueña, así vibra y así canta.

85 Vida, luz y verdad, tal triple llama
produce la interior llama infinita.
El Arte puro como Cristo exclama:
Ego sum lux et veritas et vita![6]

Y la vida es misterio, la luz ciega
90 y la verdad inaccesible asombra;
la adusta• perfección jamás se entrega,   •rígida, austera
y el secreto ideal duerme en la sombra.

---

[4] La fuente Castalia de aguas sagradas en el Monte Parnaso era morada de musas y ninfas,
y símbolo de la patria de los poetas.
[5] En poesía, sinónimo de ruiseñor.
[6] "Yo soy la luz y la verdad y la vida", del Evangelio de San Juan.

Por eso ser sincero es ser potente:
de desnuda que está, brilla la estrella;
95   el agua dice el alma de la fuente
en la voz de cristal que fluye de ella.

Tal fue mi intento, hacer del alma pura
mía, una estrella, una fuente sonora,
con el horror de la literatura
100   y loco de crepúsculo y de aurora.

Del crepúsculo azul que da la pauta
que los celestes éxtasis inspira,
bruma y tono menor —¡toda la flauta!,
y Aurora, hija del Sol —¡toda la lira!

105   Pasó una piedra que lanzó una honda;
pasó una flecha que aguzó un violento.
La piedra de la honda fue a la onda,
y la flecha del odio fuese al viento.

La virtud está en ser tranquilo y fuerte;
110   con el fuego interior todo se abrasa;
se triunfa del rencor y de la muerte,
y hacia Belén… ¡la caravana pasa!

LO FATAL

De *Cantos de vida y esperanza*, **1905**

A René Pérez

Dichoso˙ el árbol que es apenas sensitivo,   ˙afortunado
y más la piedra dura porque esa ya no siente,
pues no hay dolor más grande que el dolor de ser vivo,
ni mayor pesadumbre˙ que la vida consciente.   ˙pena, dolor

5   Ser, y no saber nada, y ser sin rumbo cierto,
y el temor de haber sido y un futuro terror…
Y el espanto seguro de estar mañana muerto,
y sufrir por la vida y por la sombra y por

lo que no conocemos y apenas sospechamos,
10   y la carne que tienta con sus frescos racimos,
y la tumba que aguarda con sus fúnebres ramos,
¡y no saber adónde vamos,
ni de dónde venimos!…

EL REY BURGUÉS

Cuento alegre
De *Azul…*, 1888

Amigo! El cielo está opaco, el aire frío, el día triste. Un cuento alegre…, así como para distraer las brumosas y grises melancolías, helo aquí:

Había en una ciudad inmensa y brillante un rey muy poderoso que tenía trajes caprichosos y ricos, esclavas desnudas, blancas y negras, caballos de largas crines, armas flamantísimas, galgos rápidos, y monteros con cuernos
5 de bronce, que llenaban el viento con sus fanfarrias˙. ¿Era un rey poeta? No, amigo mío: era el Rey Burgués.

Era muy aficionado a las artes el soberano, y favorecía con gran largueza a sus músicos, a sus hacedores de ditirambos˙, pintores, escultores, boticarios, barberos y maestros de esgrima.
10

Cuando iba a la floresta, junto al corzo o jabalí herido y sangriento, hacía improvisar a sus profesores de retórica, canciones alusivas; los criados llenaban las copas del vino de oro que hierve, y las mujeres batían palmas con movimientos rítmicos y gallardos. Era un rey sol, en su Babilonia llena de
15 músicas, de carcajadas y de ruido de festín. Cuando se hastiaba de la ciudad bullente, iba de caza atronando el bosque con sus tropeles˙, y hacía salir de sus nidos a las aves asustadas, y el vocerío repercutía en lo más escondido de las cavernas. Los perros de patas elásticas iban rompiendo la maleza˙ en la carrera, y los cazadores, inclinados sobre el pescuezo de los caballos, hacían ondear los
20 mantos purpúreos y llevaban las caras encendidas y las cabelleras al viento.

El rey tenía un palacio soberbio donde había acumulado riquezas y objetos de arte maravillosos. Llegaba a él por entre grupos de lilas y extensos estanques, siendo saludado por los cisnes de cuellos blancos, antes que por los lacayos˙ estirados. Buen gusto. Subía por una escalera llena de columnas de alabastro y de esmaragdina˙,
25 que tenía a los lados leones de mármol, como los de los tronos salomónicos. Refinamiento. A más de los cisnes, tenía una vasta pajarera, como amante de la armonía, del arrullo, del trino; y cerca de ella iba a ensanchar su espíritu, leyendo novelas de M. Ohnet, o bellos libros sobre cuestiones gramaticales, o críticas hermosillescas. Eso sí, defensor acérrimo de la corrección académica en letras, y del
30 modo lamido˙ en artes; alma sublime amante de la lija˙˙ y de la ortografía.

¡Japonerías! ¡Chinerías! Por lujo y nada más. Bien podía darse el placer de un salón digno del gusto de un Goncourt[1] y de los millones de un Creso;[2] quimeras de bronce con las fauces abiertas y las colas enroscadas, en grupos fantásticos y

---

[1] Edmond de Goncourt (1822–1896), escritor francés y fundador de la Academia Goncourt, que desde 1903 otorga anualmente el Premio Goncourt a la mejor creación literaria en lengua francesa.
[2] Rey de Lidia (560–546 a.C.), poseedor de inmensas riquezas.

Margin glosses:

˙exhibiciones de opulencia

˙composiciones poéticas que derrochaban entusiasmo

˙cuadrillas, grupos

˙arbustos y malas hierbas

˙sirvientes

˙vidrio color verde esmeralda

˙refinado ˙˙perfección

maravillosos; lacas[*] de Kioto con incrustaciones de hojas y ramas de una flora   [*]barnices
monstruosa, y animales de una fauna desconocida; mariposas de raros abanicos
junto a las paredes; peces y gallos de colores; máscaras de gestos infernales y
con ojos como si fuesen vivos; partesanas de hojas antiquísimas y empuñaduras
con dragones devorando flores de loto; y en conchas de huevo, túnicas de seda
amarilla como tejidas con hilos de araña, sembradas de garzas rojas y de verdes
matas de arroz; y tibores, porcelanas de muchos siglos, de aquellas en que hay
guerreros tártaros con una piel que les cubre los riñones y que llevan arcos
estirados y manojos de flechas.

Por lo demás, había el salón griego, lleno de mármoles: diosas, musas, ninfas
y sátiros; el salón de los tiempos galantes, con cuadros del gran Watteau y de
Chardin:[3] dos, tres, cuatro, ¡cuántos salones!

Y Mecenas se paseaba por todos, con la cara inundada de cierta majestad, el
vientre feliz y la corona en la cabeza, como un rey de naipe[*].   [*]carta de baraja

Un día le llevaron una rara especie de hombre ante su trono donde se hallaba
rodeado de cortesanos, de retóricos y de maestros de equitación y de baile.

—¿Qué es eso? —preguntó.

—Señor, es un poeta.

El rey tenía cisnes en el estanque, canarios, gorriones, sinsontes en la pajarera;
un poeta era algo nuevo y extraño.

—Dejadle aquí.

Y el poeta:

—Señor, no he comido.

Y el rey:

—Habla y comerás.

Comenzó:

—Señor, ha tiempo que yo canto el verbo del porvenir. He tendido mis alas
al huracán, he nacido en el tiempo de la aurora; busco la raza escogida que debe
esperar, con el himno en la boca y la lira en la mano, la salida del gran sol. He
abandonado la inspiración de la ciudad malsana, la alcoba llena de perfumes,
la musa de carne que llena el alma de pequeñez y el rostro de polvos de arroz.
He roto el arpa adulona de las cuerdas débiles contra las copas de Bohemia y
las jarras donde espumea el vino que embriaga sin dar fortaleza; he arrojado
el manto que me hacía parecer histrión o mujer, y he vestido de modo salvaje
y espléndido; mi harapo es de púrpura. He ido a la selva, donde he quedado
vigoroso y ahíto[*] de leche fecunda y licor de nueva vida; y en la ribera del mar   [*]saciado

[3] Antoine Watteau y Jean Baptiste Chardin, pintores franceses del siglo XVIII.

70　áspero, sacudiendo la cabeza bajo la fuerte y negra tempestad, como un ángel soberbio, o como un semidiós olímpico, he ensayado el yambo[4] dando al olvido el madrigal.[5]

He acariciado a la gran Naturaleza, y he buscado al calor del ideal, el verso que está en el astro, en el fondo del cielo, y el que está en la perla, en lo profundo

75　del océano. ¡He querido ser pujante! Porque viene el tiempo de las grandes revoluciones, con un Mesías todo luz, todo agitación y potencia, y es preciso recibir su espíritu con el poema que sea arco triunfal, de estrofas de acero, de estrofas de oro, de estrofas de amor.

•fuerte, vigoroso

¡Señor, el arte no está en los fríos envoltorios de mármol, ni en los cuadros

80　lamidos, ni en el excelente señor Ohnet! ¡Señor! El arte no viste pantalones, ni habla en burgués, ni pone los puntos en todas las íes. Él es augusto, tiene mantos de oro, o de llamas, o anda desnudo, y amasa la greda con fiebre, y pinta con luz, y es opulento, y da golpes de ala como las águilas o zarpazos como los leones. Señor, entre un Apolo y un ganso, preferid el Apolo, aunque el uno sea de tierra

85　cocida y el otro de marfil.

•arcilla

•pato

¡Oh, la Poesía!

¡Y bien! Los ritmos se prostituyen, se cantan los lunares de las mujeres y se fabrican jarabes poéticos. Además, señor, el zapatero critica mis endecasílabos, y el señor profesor de farmacia pone puntos y comas a mi inspiración. Señor, ¡y

90　vos lo autorizáis todo esto!… El ideal, el ideal…

El rey interrumpió:

—Ya habéis oído. ¿Qué hacer?

Y un filósofo al uso:

•actual, de moda

—Si lo permitís, señor, puede ganarse la comida con una caja de música;

95　podemos colocarle en el jardín, cerca de los cisnes, para cuando os paseéis.

—Sí —dijo el rey; y dirigiéndose al poeta—:

—Daréis vueltas a un manubrio. Cerraréis la boca. Haréis sonar una caja de música que toca valses, cuadrillas y galopas, como no prefiráis moriros de hambre. Pieza de música por pedazo de pan. Nada de jerigonzas, ni de

100　ideales. Id.

•lenguaje incomprensible, galimatías

Y desde aquel día pudo verse, a la orilla del estanque de los cisnes, al poeta hambriento que daba vueltas al manubrio: tiriririrín, tiriririrín… ¡avergonzado a las miradas del gran sol! ¿Pasaba el rey por las cercanías? ¡Tiriririrín, tiriririrín…! ¿Había que llenar el estómago? ¡Tiriririrín! Todo entre las burlas de los pájaros

105　libres que llegaban a beber rocío en las lilas floridas; entre el zumbido de las abejas que le picaban el rostro y le llenaban los ojos de lágrimas…, ¡lágrimas amargas que rodaban por sus mejillas y que caían a la tierra negra!

---

[4] En la poesía grecolatina, era el pie de métrica formado por una sílaba breve y una larga.

[5] Poema lírico muy breve y refinado.

Y llegó el invierno, y el pobre sintió frío en el cuerpo y en el alma. Y su cerebro estaba como petrificado, y los grandes himnos estaban en el olvido, y el poeta de la montaña coronada de águilas no era sino un pobre diablo que daba vueltas al manubrio: ¡Tiriririn!

Y cuando cayó la nieve se olvidaron de él el rey y sus vasallos; a los pájaros se les abrigó, y a él se le dejó al aire glacial que le mordía las carnes y le azotaba el rostro.

Y una noche en que caía de lo alto la lluvia blanca de plumillas cristalizadas, en el palacio había festín, y la luz de las arañas reía alegre sobre los mármoles, sobre el oro y sobre las túnicas de los mandarines de las viejas porcelanas. Y se aplaudían hasta la locura los brindis del señor profesor de retórica, cuajados de dáctilos, de anapestos y de pirriquios, mientras en las copas cristalinas hervía el champaña con su burbujeo luminoso y fugaz. ¡Noche de invierno, noche de fiesta! ¡Y el infeliz, cubierto de nieve, cerca del estanque, daba vueltas al manubrio para calentarse, tembloroso y aterido, insultado por el cierzo*, bajo la blancura implacable y helada, en la noche sombría, haciendo resonar entre los árboles sin hojas la música loca de las galopas y cuadrillas; y se quedó muerto, pensando en que nacería el sol del día venidero, y con él el ideal… y en que el arte no vestiría pantalones, sino manto de llamas o de oro… Hasta que al día siguiente lo hallaron el rey y sus cortesanos, al pobre diablo de poeta, como gorrión que mata el hielo, con una sonrisa amarga en los labios, y todavía con la mano en el manubrio.

¡Oh, mi amigo! El cielo está opaco, el aire frío, el día triste. Flotan brumosas y grises melancolías…

Pero ¡cuánto calienta el alma una frase, un apretón de manos a tiempo! Hasta la vista. ❧

*viento

DE VIVA VOZ: RUBÉN DARÍO
"Me he lanzado a Dios como a un refugio."

A Rubén Darío se le suele asociar con el preciosismo de la poesía modernista. En el poema "Lo fatal", sin embargo, el poeta nicaragüense deja a un lado los palacios y las princesas del parnasianismo, y se enfrenta cara a cara con el más fundamental de los temas: la muerte. Darío concluye su *Autobiografía* hablando de los sentimientos que lo llevaron a escribir estos versos que se levantan "como una sombra temerosa de desolación y de duda".

Ciertamente, en mí existe, desde los comienzos de mi vida, la profunda preocupación del fin de la existencia, el terror a lo ignorado, el pavor de la tumba, o, más bien, del instante en que cesa el corazón su ininterrumpida tarea y la vida desaparece de nuestro cuerpo. En mi desolación, me he lanzado a Dios como a un refugio; me he asido de la plegaria como de un paracaídas. Me he llenado de congoja cuando he examinado el fondo de mis creencias y no he encontrado suficientemente maciza y fundamentada mi fe cuando el conflicto de las ideas me ha hecho vacilar, y me he sentido sin un constante y seguro apoyo.

Todas las filosofías me han parecido impotentes; y algunas, abominables y obra de locos y malhechores.

En cambio, desde Marco Aurelio hasta Bergson, he saludado con gratitud a los que dan alas, tranquilidad, vuelos apacibles, y enseñan a comprender de la mejor manera posible el enigma de nuestra estancia sobre la tierra.

Y el mérito principal de mi obra, si alguno tiene, es el de una gran sinceridad, el de haber puesto "mi corazón al desnudo", el de haber abierto de par en par las puertas y ventanas de mi castillo interior para enseñar a mis hermanos el habitáculo de mis más íntimas ideas y de mis más caros ensueños.

He sabido lo que son las crueldades y locuras de los hombres. He sido traicionado, pagado con ingratitudes, calumniado, desconocido en mis mejores intenciones por prójimos mal inspirados; atacado, vilipendiado. Y he sonreído con tristeza. Después de todo, todo es nada, la gloria comprendida. Si es cierto que "el busto sobrevive a la ciudad", no es menos cierto que lo infinito del tiempo y del espacio, el busto como la ciudad, y ¡ay!, el planeta mismo, habrán de desaparecer ante la mirada de la única eternidad.

PREGUNTAS

ANÁLISIS

1. ¿Qué figura literaria contiene el título "Canción de otoño en primavera" y qué sugiere sobre el tema del poema?

2. Busca en "Sonatina" las metáforas que hacen referencia al estado de ánimo y los deseos de la princesa.

3. ¿Qué visión de Hispanoamérica y de Estados Unidos presenta el poeta en "A Roosevelt"? Ilustra tus respuestas con ejemplos.

4. "Yo soy aquel…" es considerado un poema autorretrato. ¿Qué claves identifican el "yo poético" con Rubén Darío?

5. "Canción de otoño en primavera" y "Lo fatal" tienen una temática común. Busca ejemplos en ambos poemas que expresen la actitud del poeta ante la vida y la muerte.

6. ¿Por qué crees que el rey castiga al poeta en el cuento "El rey burgués"?

7. "El rey burgués" es una alegoría de las teorías estéticas del momento. Explica, según tu opinión, a qué se refiere el poeta hambriento cuando afirma que "El arte no viste pantalones, ni habla en burgués, ni pone los puntos en todas las íes."

INTERPRETACIÓN

1. La variación del estribillo de "Canción de otoño en primavera" ayuda a ver el desarrollo temático del poema, que se divide en cuatro partes. Localízalas y resume lo que se expresa en cada parte.

2. "Sonatina" es un canto a la belleza imaginada de lo exótico. ¿Crees que esta exaltación de lo extranjero sería posible en un mundo globalizado como el actual?

3. ¿Qué figura literaria se encuentra en el verso "Y en un vaso, olvidada, se desmaya una flor" de "Sonatina"? ¿Qué te sugiere?

4. En "Yo soy aquel…" se alternan diferentes tiempos verbales. ¿De qué habla el poeta cuando utiliza el pasado y de qué habla cuando usa el presente? ¿Por qué piensas que utiliza esos tiempos para tratar esos temas?

5. En la tercera estrofa de "Yo soy aquel…" se lee: "y muy siglo diez y ocho y muy antiguo/y muy moderno". ¿A qué crees que hace referencia?

6. ¿Cómo describirías el tono de "Lo fatal"? ¿Qué pretende expresar el poeta con él? Justifica tu respuesta con ejemplos del poema.

7. ¿Por qué crees que el cuento se titula "El rey burgués" y por qué añade Rubén Darío la aclaración "Cuento alegre"?

INVESTIGACIÓN

1. La figura del cisne aparece en tres de las obras seleccionadas. Busca dónde se menciona. ¿Tiene siempre el mismo simbolismo? ¿Qué representa el cisne en la obra de Rubén Darío?

2. En varias de las obras seleccionadas el poeta nicaragüense teoriza sobre la creación. Según estas obras, ¿qué propone y qué rechaza Rubén Darío para el modernismo?

BIBLIOGRAFÍA

Darío, Rubén. *La vida de Rubén Darío contada por él mismo*. Colección "La Expresión Americana". Volumen IV. Caracas: Fundación Biblioteca Ayacucho, 1991.

Franco, Jean. *Historia de la literatura hispanoamericana*. Barcelona: Ariel, S.A. Instrumenta 7, 1979.

González, Manuel Pedro. *Notas en torno al modernismo*. Volumen 27 de Filosofía y letras, México: Universidad Nacional Autónoma de México. 1958.

Henríquez Ureña, Max. *Breve historia del modernismo*. México: Fondo de Cultura Económica, Colección *Tierra Firme*, 1954.

Mejía Sánchez, Ernesto. *Estudios sobre Rubén Darío*. México: Fondo de Cultura Económica. Sección de lengua y estudios literarios, 1968.

Neruda, Pablo. *Rubén Darío 1867–1967*. Santiago: Universidad de Concepción, 1967.

Oviedo, José Miguel. *Historia de la literatura hispanoamericana: del romanticismo al modernismo*. Volumen II. Madrid: Alianza Universidad Textos, 1997.

Salinas, Pedro. *La poesía de Rubén Darío*. Barcelona: Editorial Seix Barral, 1975.

Schulman, Iván A. *José Martí, Rubén Darío y el modernismo*. Volumen 27 de Filosofía y letras, México: Editorial Gredos. Universidad Nacional Autónoma de México, 1969.

Torres, Edelberto. *La dramática vida de Rubén Darío*. Volumen 29 de "El Libro de Guatemala". Colección Contemporáneos. México: Editorial del Ministerio de Educación Pública, 1952.

HORACIO QUIROGA

1878–1937

"No escribas bajo el imperio de la emoción. Déjala morir y evócala luego. Si eres capaz entonces de revivirla tal cual fue, has llegado en arte a la mitad del camino."

—Horacio Quiroga, *Decálogo del perfecto cuentista*

Horacio Quiroga nació en Salto, Uruguay. En su juventud practicó ciclismo, fotografía, mecánica y carpintería. Este hombre de acción, aventurero y trabajador compulsivo fue uno de los pioneros de la escritura profesional. De joven viajó a Europa, fundó la *Revista de Salto* y comenzó a escribir poemas y a darse a conocer como autor. La tragedia marcó su vida: su padre murió en un accidente de caza cuando él era un bebé, y su padrastro y su primera esposa se suicidaron. El propio Quiroga mata accidentalmente de un disparo a un amigo. En 1898, viaja a la Argentina para distanciarse del recuerdo de aquel terrible accidente, y se dedica durante algún tiempo al cultivo de orquídeas y caña de azúcar. Vivía en contacto directo con la naturaleza en medio de la selva, cuyo clima cálido y húmedo era favorable para sus problemas digestivos y de asma. Allí cría estrictamente a sus hijos, acostumbrándolos a sobrevivir en el inhóspito entorno de la selva.

Seguidor en un comienzo del modernismo de Rubén Darío, fue luego un lector apasionado de Maupassant, Poe, Chejov y Kipling, a quienes reconoce como maestros en su *Decálogo del perfecto cuentista*. Además de escribir para distintas revistas, Quiroga exploró nuevas técnicas para el cuento y creó escuela con sus preceptos para prosistas. A lo largo de su vida ejerció la docencia, se desempeñó como funcionario público y se embarcó en varias empresas que resultaron fracasos económicos. En 1937, a los cincuenta y ocho años, lo ingresan en un hospital de Buenos Aires donde le comunican que padece un tumor. Días después, se quita la vida ingiriendo cianuro.

En 1903 el escritor Leopoldo Lugones lleva a Quiroga como fotógrafo a una expedición a San Ignacio, en la provincia argentina de Misiones. Este primer contacto con la selva cambiaría la vida de Quiroga para siempre. Años después se establece en la región, en plena naturaleza. Excéntrico en la ciudad y excéntrico en la selva, Quiroga nunca fue reconocido por los habitantes del lugar como "uno de los suyos". Siempre se sintió atraído por lo extraño, lo cual introdujo en su literatura. Su esposa anhelaba la vida urbana, una opción que Quiroga ni siquiera consideró. Desesperada por el aislamiento, su mujer se quita la vida en 1915. Dos años más tarde, Quiroga publica *Cuentos de amor de locura y de muerte*. El título aparece deliberadamente sin coma, indicando una identidad común de temática en los cuentos, que pueden leerse en clave de amor de locura, amor de muerte, y otras tantas combinaciones. El crítico Andrés Neuman lo describe como un proyecto narrativo que, visto en perspectiva, postula una tesis. "Amor-locura-muerte", dice, "son tres pasos hacia un destino común, tres escalas en un itinerario".

En "El almohadón de plumas" (*Cuentos de amor de locura y de muerte*), la rubia y angelical Alicia, enferma misteriosamente ante los ojos de Jordan, su marido y probable alter ego del autor. En la relación agobiante de este matrimonio de carácteres opuestos, el crítico Noé Jitrik ve un claro contenido autobiográfico. La muerte es nuevamente la protagonista de "El hijo" (*Más allá*, 1935), donde Quiroga despliega su enorme talento para una narración psicológica que transcurre casi íntegramente en la mente del protagonista. En este relato de la selva, un padre imagina escenarios trágicos mientras espera a su hijo, cuyo regreso de una expedición de caza se demora más de la cuenta. También aquí hay elementos autobiográficos: sus hijos, Darío y Ana, crecieron en la selva. Quiroga los adiestró en el manejo de las armas, y les enseñó a criar animales salvajes y a soportar largos periodos de soledad. Todo esto aparece en la relación entre los dos personajes del cuento, padre e hijo enfrentados a una naturaleza que, lejos de estar idealizada como en los textos románticos, se presenta como una fuerza implacable y destructora.

OBRAS

Cuento

1904 | *El crimen de otro*
1905 | *Los perseguidos*
1917 | *Cuentos de amor de locura y de muerte*
1918 | *Cuentos de la selva*
1920 | *El salvaje*
1921 | *Anaconda y otros cuentos*
1924 | *El desierto*
1925 | *La gallina degollada y otros cuentos*
1926 | *Los desterrados*
1935 | *Más allá*

Novela

1908 | *Historia de un amor turbio*
1929 | *Pasado amor*

Poesía

1901 | *Los arrecifes de coral*

Teatro

1920 | *Las sacrificadas*

A pesar de la expresa intención de Quiroga de omitir la coma detrás de la palabra *amor* en su obra *Cuentos de amor de locura y de muerte*, algunas editoriales optan por añadirla.

EL HIJO

De *Más allá*, 1935

Es un poderoso día de verano en Misiones,[1] con todo el sol, el calor y la calma que puede deparar• la estación. La naturaleza, plenamente abierta, se siente satisfecha de sí.

•ofrecer

Como el sol, el calor y la calma ambiente, el padre abre también su corazón a la naturaleza.

—Ten cuidado, chiquito —dice a su hijo abreviando en esa frase todas las observaciones del caso y que su hijo comprende perfectamente.

—Sí, papá —responde la criatura, mientras coge la escopeta y carga de cartuchos los bolsillos de su camisa, que cierra con cuidado.

—Vuelve a la hora de almorzar —observa aún el padre.

—Sí, papá —repite el chico.

Equilibra la escopeta en la mano, sonríe a su padre, lo besa en la cabeza y parte.

Su padre lo sigue un rato con los ojos y vuelve a su quehacer de ese día, feliz con la alegría de su pequeño.

Sabe que su hijo, educado desde su más tierna infancia en el hábito y la precaución del peligro, puede manejar un fusil y cazar no importa qué. Aunque es muy alto para su edad, no tiene sino trece años. Y parecía tener menos, a juzgar por la pureza de sus ojos azules, frescos aún de sorpresa infantil.

No necesita el padre levantar los ojos de su quehacer para seguir con la mente la marcha de su hijo: ha cruzado la picada• roja y se encamina rectamente al monte a través del abra• de espartillo••.

•camino entre malas hierbas
•claro ••esparto

Para cazar en el monte —caza de pelo— se requiere más paciencia de la que su cachorro puede rendir. Después de atravesar esa isla de monte, su hijo costeará la linde de cactus hasta el bañado•, en procura de palomas, tucanes o tal cual casal de garzas, como las que su amigo Juan ha descubierto días anteriores.

•terreno pantanoso

Sólo ahora, el padre esboza una sonrisa al recuerdo de la pasión cinegética• de las dos criaturas. Cazan sólo a veces un yacútoro, un surucuá —menos aún— y regresan triunfales, Juan a su rancho con el fusil de nueve milímetros que él le ha regalado, y su hijo a la meseta, con la gran escopeta Saint-Étienne, calibre 16, cuádruple cierre y pólvora blanca.

•por la caza

Él fue lo mismo. A los trece años hubiera dado la vida por poseer una escopeta. Su hijo, de aquella edad, la posee ahora; y el padre sonríe.

No es fácil, sin embargo, para un padre viudo, sin otra fe ni esperanza que la vida de su hijo, educarlo como lo ha hecho él, libre en su corto radio de acción, seguro de sus pequeños pies y manos desde que tenía cuatro años, consciente de la inmensidad de ciertos peligros y de la escasez de sus propias fuerzas.

---

[1] Provincia de la Argentina al noreste del país, limítrofe de Paraguay y Brasil.

Ese padre ha debido luchar fuertemente contra lo que él considera su egoísmo. ¡Tan fácilmente una criatura calcula mal, sienta un pie en el vacío y se pierde un hijo!

El peligro subsiste siempre para el hombre en cualquier edad; pero su amenaza amengua• si desde pequeño se acostumbra a no contar sino con sus propias fuerzas.
•se reduce, disminuye

De este modo ha educado el padre a su hijo. Y para conseguirlo ha debido resistir no sólo a su corazón, sino a sus tormentos morales; porque ese padre, de estómago y vista débiles, sufre desde hace un tiempo de alucinaciones.

Ha visto, concretados en dolorosísima ilusión, recuerdos de una felicidad que no debía surgir más de la nada en que se recluyó. La imagen de su propio hijo no ha escapado a este tormento. Lo ha visto una vez rodar envuelto en sangre cuando el chico percutía• en la morsa del taller una bala de parabellum, siendo así que lo que hacía era limar la hebilla de su cinturón de caza.
•golpeaba

Horribles cosas… Pero hoy, con el ardiente y vital día de verano, cuyo amor su hijo parece haber heredado, el padre se siente feliz, tranquilo y seguro del porvenir.

En ese instante, no muy lejos, suena un estampido.

—La Saint-Étienne… —piensa el padre al reconocer la detonación—. Dos palomas de menos en el monte…

Sin prestar más atención al nimio• acontecimiento, el hombre se abstrae de nuevo en su tarea.
•insignificante, trivial

El sol, ya muy alto, continúa ascendiendo. Adonde quiera que se mire —piedras, tierra, árboles—, el aire, enrarecido como en un horno, vibra con el calor. Un profundo zumbido que llena el ser entero e impregna el ámbito hasta donde la vista alcanza, concentra a esa hora toda la vida tropical.

El padre echa una ojeada a su muñeca: las doce. Y levanta los ojos al monte.

Su hijo debía estar ya de vuelta. En la mutua confianza que depositan el uno en el otro —el padre de sienes plateadas y la criatura de trece años—, no se engañan jamás. Cuando su hijo responde: —Sí, papá—, hará lo que dice. Dijo que volvería antes de las doce, y el padre ha sonreído al verlo partir.

Y no ha vuelto.

El hombre torna a su quehacer, esforzándose en concentrar la atención en su tarea. ¡Es tan fácil, tan fácil perder la noción de la hora dentro del monte, y sentarse un rato en el suelo mientras se descansa inmóvil…!

Bruscamente, la luz meridiana, el zumbido tropical y el corazón del padre se detienen a compás de lo que acaba de pensar: su hijo descansa inmóvil…

El tiempo ha pasado; son las doce y media. El padre sale de su taller, y al apoyar la mano en el banco de mecánica sube del fondo de su memoria el estallido de una bala de parabellum, e instantáneamente, por primera vez en las tres horas transcurridas, piensa que tras el estampido de la Saint-Étienne no ha oído nada más. No ha oído rodar el pedregullo* bajo un paso conocido. Su hijo no ha vuelto, y la naturaleza se halla detenida a la vera* del bosque, esperándolo.

*piedras
*lado

¡Oh! No son suficientes un carácter templado y una ciega confianza en la educación de un hijo para ahuyentar el espectro de la fatalidad que un padre de vista enferma ve alzarse desde la línea del monte. Distracción, olvido, demora fortuita; ninguno de estos nimios motivos que pueden retardar la llegada de su hijo, halla cabida en aquel corazón.

Un tiro, un solo tiro ha sonado, y hace mucho. Tras él el padre no ha oído un ruido, no ha visto un pájaro, no ha cruzado el abra una sola persona a anunciarle que al cruzar un alambrado, una gran desgracia…

La cabeza al aire y sin machete, el padre va. Corta el abra de espartillo, entra en el monte, costea la línea de cactus sin hallar el menor rastro de su hijo.

Pero la naturaleza prosigue detenida. Y cuando el padre ha recorrido las sendas de caza conocidas y ha explorado el bañado en vano, adquiere la seguridad de que cada paso que da en adelante lo lleva, fatal e inexorablemente, al cadáver de su hijo.

Ni un reproche que hacerse, es lamentable. Sólo la realidad fría, terrible y consumada: ha muerto su hijo al cruzar un…

¡Pero dónde, en qué parte! ¡Hay tantos alambrados* allí, y es tan, tan sucio el monte!… ¡Oh, muy sucio!… Por poco que no se tenga cuidado al cruzar los hilos con la escopeta en la mano…

*vallas de alambre de púas

Él padre sofoca un grito. Ha visto levantarse en el aire… ¡Oh, no es su hijo, no!… Y vuelve a otro lado, y a otro y a otro…

Nada se ganaría con ver el color de su tez y la angustia de sus ojos. Ese hombre aún no ha llamado a su hijo. Aunque su corazón clama por él a gritos, su boca continúa muda. Sabe bien que el solo acto de pronunciar su nombre, de llamarlo en voz alta, será la confesión de su muerte…

—¡Chiquito! —se le escapa de pronto. Y si la voz de un hombre de carácter es capaz de llorar, tapémonos de misericordia los oídos ante la angustia que clama en aquella voz.

Nadie ni nada ha respondido. Por las picadas rojas de sol, envejecido en diez años, va el padre buscando a su hijo que acaba de morir.

—¡Hijito mío!… ¡Chiquito mío!… —clama en un diminutivo que se alza del fondo de sus entrañas.

Ya antes, en plena dicha* y paz, ese padre ha sufrido la alucinación de su hijo rodando con la frente abierta por una bala al cromo níquel. Ahora, en cada rincón sombrío del bosque ve centelleos de alambre; y al pie de un poste, con la escopeta descargada al lado, ve a su…

*felicidad

—¡Chiquito!… ¡Mi hijo!…

Las fuerzas que permiten entregar un pobre padre alucinado a la más atroz pesadilla tienen también un límite. Y el nuestro siente que las suyas se le escapan, cuando ve bruscamente desembocar de un pique· lateral a su hijo.

·caminito muy estrecho

A un chico de trece años bástale ver desde cincuenta metros la expresión de su padre sin machete dentro del monte para apresurar el paso con los ojos húmedos.

—Chiquito… —murmura el hombre. Y, exhausto, se deja caer sentado en la arena albeante, rodeando con los brazos las piernas de su hijo.

La criatura, así ceñida, queda de pie; y como comprende el dolor de su padre, le acaricia despacio la cabeza:

—Pobre papá…

En fin, el tiempo ha pasado. Ya van a ser las tres. Juntos, ahora, padre e hijo emprenden el regreso a la casa.

—¿Cómo no te fijaste en el sol para saber la hora?… —murmura aún el primero.

—Me fijé, papá… Pero cuando iba a volver vi las garzas de Juan y las seguí…

—¡Lo que me has hecho pasar, chiquito!…

—Piapiá… —murmura también el chico.

Después de un largo silencio:

—Y las garzas, ¿las mataste? —pregunta el padre.

—No…

Nimio detalle, después de todo. Bajo el cielo y el aire candente, a la descubierta por el abra de espartillo, el hombre vuelve a casa con su hijo, sobre cuyos hombros, casi del alto de los suyos, lleva pasado su feliz brazo de padre. Regresa empapado de sudor, y aunque quebrantado el cuerpo y alma, sonríe de felicidad.

Sonríe de alucinada felicidad… Pues ese padre va solo. A nadie ha encontrado, y su brazo se apoya en el vacío. Porque tras él, al pie de un poste y con las piernas en alto, enredadas en el alambre de púa, su hijo bien amado yace al sol, muerto desde las diez de la mañana. ❧

EL ALMOHADÓN DE PLUMAS

De *Cuentos de amor de locura y de muerte*, 1917

Su luna de miel fue un largo escalofrío[.] Rubia, angelical y tímida, el carácter duro de su marido heló sus soñadas niñerías de novia. Lo quería mucho, sin embargo, a veces con un ligero estremecimiento cuando volviendo de noche juntos por la calle, echaba una furtiva mirada a la alta estatura de Jordán, mudo desde hacía una hora. Él, por su parte, la amaba profundamente, sin darlo a conocer.

*escalofrío, temblor

Durante tres meses —se habían casado en abril— vivieron una dicha especial. Sin duda hubiera ella deseado menos severidad en ese rígido cielo de amor, más expansiva e incauta[*] ternura; pero el impasible[**] semblante de su marido la contenía siempre.

*inocente **inexpresivo

La casa en que vivían influía un poco en sus estremecimientos. La blancura del patio silencioso —frisos, columnas y estatuas de mármol— producía una otoñal impresión de palacio encantado. Dentro, el brillo glacial del estuco[*], sin el más leve rasguño en las altas paredes, afirmaba aquella sensación de desapacible[*] frío. Al cruzar de una pieza[*] a otra, los pasos hallaban eco en toda la casa, como si un largo abandono hubiera sensibilizado su resonancia.

*yeso
*desagradable
*habitación

En ese extraño nido de amor, Alicia pasó todo el otoño. No obstante, había concluido por echar un velo sobre sus antiguos sueños, y aún vivía dormida en la casa hostil, sin querer pensar en nada hasta que llegaba su marido.

No es raro que adelgazara. Tuvo un ligero ataque de influenza que se arrastró insidiosamente días y días; Alicia no se reponía nunca. Al fin una tarde pudo salir al jardín apoyada en el brazo de él. Miraba indiferente a uno y otro lado. De pronto Jordán, con honda ternura, le pasó la mano por la cabeza, y Alicia rompió en seguida en sollozos, echándole los brazos al cuello. Lloró largamente todo su espanto[*] callado, redoblando el llanto a la menor tentativa de caricia. Luego los sollozos fueron retardándose, y aún quedó largo rato escondida en su cuello, sin moverse ni decir una palabra.

*horror, miedo

Fue ese el último día que Alicia estuvo levantada. Al día siguiente amaneció desvanecida[*]. El médico de Jordán la examinó con suma atención, ordenándole calma y descanso absolutos.

*desmayada, sin conocimiento

—No sé —le dijo a Jordán en la puerta de calle, con la voz todavía baja—. Tiene una gran debilidad que no me explico, y sin vómitos, nada… Si mañana se despierta como hoy, llámeme enseguida.

Al otro día Alicia seguía peor. Hubo consulta. Constatóse[*] una anemia de marcha agudísima, completamente inexplicable. Alicia no tuvo más desmayos, pero se iba visiblemente a la muerte. Todo el día el dormitorio estaba con las luces prendidas y en pleno silencio. Pasábanse horas sin oír el menor ruido. Alicia dormitaba. Jordán vivía casi en la sala, también con toda la luz encendida. Paseábase sin cesar de un extremo a otro, con incansable obstinación. La

*se constató, se verificó

40 alfombra ahogaba sus pasos. A ratos entraba en el dormitorio y proseguía su mudo vaivén a lo largo de la cama, mirando a su mujer cada vez que caminaba en su dirección.

Pronto Alicia comenzó a tener alucinaciones, confusas y flotantes al principio, y que descendieron luego a ras del suelo. La joven, con los ojos
45 desmesuradamente abiertos, no hacía sino mirar la alfombra a uno y otro lado del respaldo de la cama. Una noche se quedó de repente mirando fijamente. Al rato abrió la boca para gritar, y sus narices y labios se perlaron° de sudor.

    °se cubrieron con gotas

—¡Jordán! ¡Jordán! —clamó, rígida de espanto, sin dejar de mirar la alfombra. Jordán corrió al dormitorio, y al verlo aparecer Alicia dio un alarido de horror.
50 —¡Soy yo, Alicia, soy yo!

Alicia lo miró con extravío°, miró la alfombra, volvió a mirarlo, y después de largo rato de estupefacta° confrontación, se serenó. Sonrió y tomó entre las suyas la mano de su marido, acariciándola temblando.

    °con la mirada perdida
    °desconcertada, alterada

Entre sus alucinaciones más porfiadas°, hubo un antropoide, apoyado en la
55 alfombra sobre los dedos, que tenía fijos en ella los ojos.

    °insistentes

Los médicos volvieron inútilmente. Había allí delante de ellos una vida que se acababa, desangrándose día a día, hora a hora, sin saber absolutamente cómo. En la última consulta Alicia yacía en estupor° mientras ellos la pulsaban°°, pasándose de uno a otro la muñeca inerte. La observaron largo rato en silencio
60 y siguieron al comedor.

    °sopor, letargo °°le tomaban el pulso

—Pst… —se encogió de hombros desalentado° su médico—. Es un caso serio… poco hay que hacer…

    °triste

—¡Sólo eso me faltaba! —resopló Jordán. Y tamborileó° bruscamente sobre la mesa.

    °golpeó las manos

65 Alicia fue extinguiéndose en su delirio de anemia, agravado de tarde, pero que remitía° siempre en las primeras horas. Durante el día no avanzaba su enfermedad, pero cada mañana amanecía lívida, en síncope° casi. Parecía que únicamente de noche se le fuera la vida en nuevas olas de sangre. Tenía siempre al despertar la sensación de estar desplomada en la cama con un millón de
70 kilos encima. Desde el tercer día este hundimiento° no la abandonó más. Apenas podía mover la cabeza. No quiso que le tocaran la cama, ni aún que le arreglaran el almohadón. Sus terrores crepusculares° avanzaron en forma de monstruos que se arrastraban hasta la cama y trepaban dificultosamente por la colcha.

    °disminuía
    °desmayo
    °colapso
    °al anochecer

75 Perdió luego el conocimiento°. Los dos días finales deliró sin cesar a media voz. Las luces continuaban fúnebremente encendidas en el dormitorio y la sala. En el silencio agónico de la casa, no se oía más que el delirio monótono que salía de la cama, y el rumor ahogado de los eternos pasos de Jordán.

    °sentido, conciencia

Murió, por fin. La sirvienta, que entró después a deshacer la cama, sola ya, miró un rato extrañada el almohadón.

—¡Señor! —llamó a Jordán en voz baja—. En el almohadón hay manchas que parecen de sangre.

Jordán se acercó rápidamente y se dobló a su vez. Efectivamente, sobre la funda, a ambos lados del hueco que había dejado la cabeza de Alicia, se veían manchitas oscuras.

—Parecen picaduras —murmuró la sirvienta después de un rato de inmóvil observación.

—Levántelo a la luz —le dijo Jordán.

La sirvienta lo levantó, pero enseguida lo dejó caer, y se quedó mirando a aquél, lívida y temblando. Sin saber por qué, Jordán sintió que los cabellos se le erizaban•.   • se le ponían de punta

—¿Qué hay? —murmuró con la voz ronca.

—Pesa mucho —articuló la sirvienta, sin dejar de temblar.

Jordán lo levantó; pesaba extraordinariamente. Salieron con él, y sobre la mesa del comedor Jordán cortó funda y envoltura de un tajo•. Las plumas   • corte
superiores volaron, y la sirvienta dio un grito de horror con toda la boca abierta,
llevándose las manos crispadas a los bandos•: —sobre el fondo, entre las plumas,   • lados
moviendo lentamente las patas velludas, había un animal monstruoso, una bola
viviente y viscosa. Estaba tan hinchado que apenas se le pronunciaba• la boca.   • veía

Noche a noche, desde que Alicia había caído en cama, había aplicado
sigilosamente su boca —su trompa, mejor dicho— a las sienes de aquélla,
chupándole la sangre. La picadura era casi imperceptible. La remoción• diaria   • cambio
del almohadón había impedido sin duda su desarrollo, pero desde que la joven
no pudo moverse, la succión fue vertiginosa. En cinco días, en cinco noches,
había vaciado a Alicia.

Estos parásitos de las aves, diminutos en el medio habitual, llegan a adquirir
en ciertas condiciones proporciones enormes. La sangre humana parece
serles particularmente favorable, y no es raro hallarlos en los almohadones
de pluma. ✺

PREGUNTAS

ANÁLISIS

1. ¿Qué elementos autobiográficos se advierten en "El hijo"?

2. ¿En qué momento del relato empiezan a confundirse las alucinaciones del padre con la realidad?

3. ¿Quién es el narrador de la historia y desde qué puntos de vista la cuenta? Ilustra tus respuestas con ejemplos del texto y explica qué aportan estas decisiones técnicas al significado de la narración.

4. Identifica en "El almohadón de plumas" todas las imágenes sensoriales (visuales, auditivas, etc.) que aparecen y determina cómo las asocia el autor a cada personaje.

5. ¿Qué detalles de la narración nos dan pistas sobre los sentimientos que se profesan Alicia y Jordán?

6. ¿En qué momento de la narración surge el elemento del misterio?

7. ¿Qué significado tiene el título "El almohadón de plumas" y cómo lo utiliza Quiroga para crear suspenso?

INTERPRETACIÓN

1. Quiroga escribió que "En un cuento bien logrado, las tres primeras líneas tienen casi la importancia de las tres últimas". ¿Qué información se da en las primeras y las últimas líneas de estos dos cuentos? ¿Qué efecto crees que busca el autor? ¿Lo consigue? Explica tu respuesta.

2. En el "El hijo", el padre, frente a la posibilidad de la muerte del hijo, piensa: "Ni un reproche que hacerse, es lamentable". ¿A qué crees que se refieren esas palabras?

3. Describe en tus propias palabras la concepción de la naturaleza de Quiroga tal y como aparece representada en "El hijo".

4. ¿Qué temas característicos de la narrativa de Quiroga encuentras en "El hijo"?

5. En "El almohadón de plumas", tras escuchar el diagnóstico desesperanzador del médico, Jordán dice: "sólo eso me faltaba". ¿Qué te sugiere ese enunciado sobre el personaje de Jordán?

6. ¿Crees que la alfombra y la mirada fija del antropoide son creación de la mente alucinada de Alicia o tienen un referente real? Explica tu respuesta.

INVESTIGACIÓN

1. Busca los preceptos que Quiroga consideraba fundamentales para escribir un cuento y que anotó en su *Decálogo del perfecto cuentista*. Comprueba si se cumplen en los cuentos analizados. Justifica tus respuestas.

2. Jack London escribió extensamente sobre la naturaleza salvaje del norte de Estados Unidos. Compara las vidas y obras de London y Quiroga. ¿Qué elementos comunes destacan?

GABRIELA MISTRAL

1889–1957

"Donde haya un árbol que plantar, plántalo tú; donde haya un error que enmendar, enmiéndalo tú; donde haya un esfuerzo que todos esquivan, acéptalo tú."

—Gabriela Mistral, "*El placer de servir*"

Lucila Godoy, conocida por su seudónimo de poetisa, Gabriela Mistral, nació en Vicuña, Chile. La mayor parte de su formación fue autodidacta. De intelecto precoz, ya a los catorce años se dedica a la enseñanza siguiendo los pasos de su padre y su hermana mayor. Comenzó a colaborar en algunos periódicos con sus cuentos y poemas. Su consagración literaria llegó en 1914 al ganar el primer premio en unos juegos florales con sus *Sonetos de la muerte*. Gracias a su tarea de docente recorrió todo el país, lo que la llevó a conocer Chile, hecho que quedó plasmado en su obra. Su vida familiar estuvo marcada por las pérdidas, desde el abandono de su padre, cuando ella tenía tres años, hasta el suicidio de su ex novio y posteriormente de su sobrino, a quien había adoptado de niño. En 1922 se publicó su primer libro, *Desolación*, y fue invitada a México para participar en un programa educativo. En adelante, vivió entre América y Europa para cubrir puestos diplomáticos sin abandonar su labor de poeta y escritora. Conoció así a las grandes figuras de la literatura y la intelectualidad del mundo, y cosechó doctorados *honoris causa* de importantes universidades. En 1945 se le concedió el Premio Nobel de Literatura. Murió en 1957, en Nueva York. Tras la muerte de su amiga Doris Dana, en 2006, han salido a la luz una enorme cantidad de cartas y ensayos inéditos que completan su obra.

Los versos llanos de Mistral contrastan con los preciosismos y el refinamiento de los primeros modernistas hispanoamericanos y se alejan de las innovaciones lingüísticas de las vanguardias. Es la poesía de lo cercano. Su obra surge del amor y de la plenitud del alma femenina, bien desde la maternidad, bien desde la ausencia de esta. En "Los sonetos de la muerte" (*Desolación*), Mistral nos presenta con maternal sensibilidad el cadáver del niño muerto. Subyace en estos sonetos en alejandrinos la idea de la muerte como vehículo de eternidad. Así, en "Balada de mi nombre" (*Lagar II*, 1991) la poetisa roza con ternura la imagen de sí misma a través de su abandonado nombre bautismal, y en "La maestra rural", (*Desolación*), con la austeridad que caracteriza su obra, retrata la labor silenciosa de aquellos que dedican la vida a enseñar a otros y, en sus propias palabras, a "volcar aljófares sobre la humanidad". En la misma línea, el poema "Pan" (*Tala*, 1938) pone sobre la mesa el alimento básico y sacramental, símbolo de la fecundidad y fraternidad; el pan nostálgico de la infancia rural, y el pan de los que ya se fueron. Un pan de vida que, en unos versos de nueve sílabas y rima asonante, nos muestran a una Mistral profunda, casi mística.

A su vocación de maestra se une el deseo íntimo de encontrar el equilibrio en un mundo deshecho por las guerras y las vanidades de los hombres. A través de una poesía más infantil,

con ecos de cancioncillas populares, Mistral recupera esa armonía en la humildad e inocencia de las cosas sencillas, como en "La pajita" (*Ternura*, 1924).

La obra de Mistral se extiende rápidamente tanto en Estados Unidos como en Latinoamérica. Y no solo su obra poética, que no es muy extensa, sino también la prosa, que cultivó en sus llamados *Recados*, distribuidos en revistas y periódicos de todo el mundo. En uno de ellos, con honda simpatía y amistad, nos muestra su visión de una de las obras de Pablo Neruda, *Residencia en la tierra*. Y, por último, la figura política de Mistral asoma en sus recelos hacia el gran vecino del Norte. Muestra de ello es "La cacería de Sandino", donde denuncia el intervencionismo de Estados Unidos en Hispanoamérica e invoca al sueño de unidad continental de Simón Bolívar.

OBRAS

Poesía
1914 | *Sonetos de la muerte*
1922 | *Desolación*
1923 | *Rondas de niños*
1924 | *Ternura*
1934 | *Nubes blancas y breve descripción de Chile*
*1937–1957 | *Poema de Chile*
1938 | *Tala*
1941 | *Antología*
1950 | *Pequeña antología*
1954 | *Lagar*
*1956? | *Lagar II*

Ensayo
1923 | *Lecturas para mujeres*
1957 | *Recados, contando a Chile*

*Obras publicadas póstumamente.

LOS SONETOS DE LA MUERTE

De *Desolación*, 1922

I

Del nicho[*] helado en que los hombres te pusieron,
te bajaré a la tierra humilde y soleada.
Que he de dormirme en ella los hombres no supieron,
y que hemos de soñar sobre la misma almohada.

5 Te acostaré en la tierra soleada con una
dulcedumbre de madre para el hijo dormido,
y la tierra ha de hacerse suavidades de cuna
al recibir tu cuerpo de niño dolorido.

Luego iré espolvoreando tierra y polvo de rosas,
10 y en la azulada y leve polvareda de luna,
los despojos livianos irán quedando presos.

Me alejaré cantando mis venganzas hermosas,
¡porque a ese hondor[*] recóndito la mano de ninguna
bajará a disputarme tu puñado de huesos!

[*]tumba, sepultura

[*]profundidad

II

15 Este largo cansancio se hará mayor un día,
y el alma dirá al cuerpo que no quiere seguir
arrastrando su masa por la rosada vía,
por donde van los hombres, contentos de vivir...

Sentirás que a tu lado cavan briosamente[*],
20 que otra dormida llega a la quieta ciudad.
Esperaré que me hayan cubierto totalmente...
¡y después hablaremos por una eternidad!

Sólo entonces sabrás el porqué no madura
para las hondas huesas[*] tu carne todavía,
25 tuviste que bajar, sin fatiga, a dormir.

Se hará luz en la zona de los sinos[*], oscura;
sabrás que en nuestra alianza signo de astros había
y, roto el pacto enorme, tenías que morir...

[*]con vigor

[*]fosas donde se entierran a los muertos

[*]destinos, fatalidades

BALADA DE MI NOMBRE

De *Lagar II*, 1991

El nombre mío que he perdido,
¿dónde vive, dónde prospera?
Nombre de infancia, gota de leche,
rama de mirto tan ligera.

5   De no llevarme iba dichoso•   •contento, gozoso
o de llevar mi adolescencia
y con él ya no camino
por campos y por praderas.

Llanto mío no conoce
10   y no la quemó mi salmuera;
cabellos blancos no me ha visto,
ni mi boca con acidia,
y no me habla si me encuentra.

Pero me cuentan que camina
15   por las quiebras de mi montaña
tarde a la tarde silencioso
y sin mi cuerpo y vuelto mi alma.

LA MAESTRA RURAL

De *Desolación*, 1922

A Federico de Onís[1]

La Maestra era pura. "Los suaves hortelanos",
decía, "de este predio•, que es predio de Jesús,   •finca en el campo
han de conservar puros los ojos y las manos,
guardar claros sus óleos, para dar clara luz".

5   La Maestra era pobre. Su reino no es humano.
(Así en el doloroso sembrador de Israel).
Vestía sayas• pardas••, no enjoyaba su mano   •faldas ••grises, oscuras
¡y era todo su espíritu un inmenso joyel!

La Maestra era alegre. ¡Pobre mujer herida!
10   Su sonrisa fue un modo de llorar con bondad.

---

[1] Federico de Onís (1885–1966), escritor español. Divulgó las letras hispanas desde su cátedra de profesor de literatura española en la Universidad de Columbia en Nueva York, donde invitó a diversos escritores, Gabriela Mistral entre ellos.

Por sobre la sandalia rota y enrojecida,
tal sonrisa, la insigne˙ flor de su santidad.

˙célebre

¡Dulce ser! En su río de mieles, caudaloso,
largamente abrevaba˙ sus tigres el dolor!

˙daba de beber

15 Los hierros que le abrieron el pecho generoso
¡más anchas le dejaron las cuencas˙ del amor!

˙valles

¡Oh, labriego, cuyo hijo de su labio aprendía
el himno y la plegaria, nunca viste el fulgor˙

˙resplandor

del lucero cautivo que en sus carnes ardía:
20 pasaste sin besar su corazón en flor!

Campesina, ¿recuerdas que alguna vez prendiste˙

˙uniste

su nombre a un comentario brutal o baladí˙?

˙trivial

Cien veces la miraste, ninguna vez la viste
¡y en el solar˙ de tu hijo, de ella hay más que de ti!

˙terreno, propiedad

25 Pasó por él su fina, su delicada esteva˙,

˙parte del arado

abriendo surcos donde alojar perfección.
La albada˙ de virtudes de que lento se nieva

˙alba

es suya. Campesina, ¿no le pides perdón?

Daba sombra por una selva su encina hendida
30 el día en que la muerte la convidó a partir.
Pensando en que su madre la esperaba dormida,
a La de Ojos Profundos se dio sin resistir.

Y en su Dios se ha dormido, como un cojín de luna;
almohada de sus sienes, una constelación;
35 canta el Padre para ella sus canciones de cuna
¡y la paz llueve largo sobre su corazón!

Como un henchido vaso, traía el alma hecha
para volcar aljófares˙ sobre la humanidad;

˙perlas

y era su vida humana la dilatada brecha˙

˙abertura

40 que suele abrirse el Padre para echar claridad.

Por eso aún el polvo de sus huesos sustenta
púrpura de rosales de violento llamear.

¡Y el cuidador de tumbas, como aroma, me cuenta,
las plantas del que huella˙ sus huesos, al pasar!

˙pisa

PAN

De *Tala*, 1938

A Teresa y Enrique Diez-Canedo

Dejaron un pan en la mesa,
mitad quemado, mitad blanco,
pellizcado encima y abierto
en unos migajones de ampo.   •blancura de la nieve

5   Me parece nuevo o como no visto,
y otra cosa que él no me ha alimentado,
pero volteando su miga, sonámbula,
tacto y olor se me olvidaron.

Huele a mi madre cuando dio su leche,
10   huele a tres valles por donde he pasado:
a Aconcagua, a Pátzcuaro, a Elqui,
y a mis entrañas cuando yo canto.

Otros olores no hay en la estancia
y por eso él así me ha llamado;
15   y no hay nadie tampoco en la casa
sino este pan abierto en un plato,
que con su cuerpo me reconoce
y con el mío yo reconozco.

Se ha comido en todos los climas
20   el mismo pan en cien hermanos:
pan de Coquimbo, pan de Oaxaca,
pan de Santa Ana y de Santiago.

En mis infancias yo le sabía
forma de sol, de pez o de halo,
25   y sabía mi mano su amiga
y el calor de pichón emplumado.   •cría de la paloma

Después le olvidé, hasta este día
en que los dos nos encontramos,
yo con mi cuerpo de Sara vieja
30   y él con el suyo de cinco años.

Amigos muertos con que comíalo
en otros valles, sientan el vaho
de un pan en septiembre molido
y en agosto en Castilla segado.

35   Es otro y es el que comimos
en tierras donde se acostaron.

Abro la miga y les doy su calor;
lo volteo y les pongo su hálito*.

           *aliento

La mano tengo de él rebosada
40 y la mirada puesta en mi mano;
entrego un llanto arrepentido
por el olvido de tantos años,
y la cara se me envejece
o me renace en este hallazgo.

45 Como se halla vacía la casa,
estemos juntos los reencontrados,
sobre esta mesa sin carne y fruta,
los dos en este silencio humano,
hasta que seamos otra vez uno
50 y nuestro día haya acabado...

LA PAJITA

De *Ternura*, 1924

Esta que era una niña de cera;
pero no era una niña de cera,
era una gavilla* parada en la era**.

          *fajo, haz **huerto

Pero no era una gavilla
5 sino la flor tiesa de la maravilla.
Tampoco era la flor sino que era
un rayito de sol pegado a la vidriera.
No era un rayito de sol siquiera*:
una pajita dentro de mis ojitos era.

          *ni tan solo

10 ¡Alléguense a mirar cómo he perdido entera,
en este lagrimón, mi fiesta verdadera!

RECADO SOBRE PABLO NERUDA

De *Recados, contando a Chile*, 1957

P ablo Neruda, a quien llamamos, en el escalafón consular de Chile, Ricardo Reyes, nos nació en la tierra de Parral, a medio Llano Central, en el año 1904, al que siempre contaremos como de Natividades verídicas. La ciudad de Temuco le tiene por suyo y alega el derecho de haberle dado las infancias que "imprimen carácter" en la criatura
5 poética. Estudió Letras en nuestro Instituto Pedagógico de Santiago y no se

convenció de la vocación docente, común en los chilenos. Algún Ministro que apenas sospechaba la cosa óptima que hacía, lo mandó en misión consular al Oriente a los veintitrés años, poniendo mucha confianza en esta brava mocedad*. [*joven]

Vivió entre la India Holandesa y Ceylán y en el Océano Índico, que es una zona muy especial de los Trópicos, tomó cinco años de su juventud, trabajando su sensibilidad como lo hubiesen hecho veinte años. Posiblemente las influencias mayores caídas sobre su temperamento sean esas tierras oceánicas y supercálidas y la literatura inglesa, que él conoce y traduce con capacidad prócer*. [...] [*sublime]

Residencia en la Tierra dará todo gusto a los estudiosos, presentándoles una ligazón de documentos donde seguir, anillo por anillo, el desarrollo del formidable poeta. Con una actitud de lealtad a sí mismo y de entrega entera a los extraños, él ofrece, en un orden escrupuloso, desde los poemas —amorfos e iniciales— de su segunda manera hasta la pulpa madura de los temas de la Madera, el Vino y el Apio [...].

Un espíritu de la más subida* originalidad hace su camino buscando eso que llamamos "la expresión", y el logro de una lengua poética personal. Rehúsa* las próximas, es decir, las nacionales: Pablo Neruda de esta obra no tiene relación alguna con la lírica chilena. Rehúsa también la mayor parte de los comercios extranjeros, algunos contactos con Blake, Whitman, Milosz, parecen coincidencias temperamentales. [*elevada] [*rechaza]

La originalidad del léxico en Neruda, su adopción del vocablo violento y crudo, corresponde en primer lugar a una naturaleza que por ser rica es desbordante* y desnuda, y corresponde en segundo lugar a cierta profesión de fe antipreciosista* [...]. [*exuberante] [*antiminuciosa, antiescrupulosa]

[...]

La expresividad contumaz* de Neruda es una marca de idiosincrasia chilena genuina. Nuestro pueblo está distante de su grandísimo poeta y, sin embargo, él tiene la misma repulsión de su artista respecto a la lengua manida* y barbilinda**. Es preciso recordar el empalagoso* almacén lingüístico de bulbules, cendales, y rosas en que nos dejó atollados* el modernismo segundón, para entender esta ráfaga marina asalmuerada con que Pablo Neruda limpia su atmósfera propia y quiere despejar* la general. [*obstinada, rebelde] [*gastada **amanerada] [*muy dulce y sentimental] [*atascados, estancados] [*desatascar]

Otro costado de la originalidad de Neruda es la de los temas. Ha despedido las empalagosas circunstancias poéticas nuestras: crepúsculos, estaciones, idilios de balcón o de jardín, etc. También eso era un atascamiento en la costumbre empedernida*, es decir, en la inercia, y su naturaleza de creador quema cuanto encuentra en estado de leño y cascarones [...]. La muerte es referencia insistente y casi obsesionante en la obra de Neruda, el cual nos descubre y nos entrega las formas más insospechadas de la ruina, la agonía y la corrupción. [*rígida]

Pocos sabores españoles se sacarán de la obra de Neruda, pero hay en ella esta vena castellanísima de la obsesión morbosa de la muerte. El lector atropellado llamaría a Neruda un antimístico español [...]. Pudiese ser Neruda un místico

de la materia. Aunque se trata del poeta más corporal que pueda darse (por algo
es chileno), siguiéndole paso a paso, se sabe de él esta novedad que alegraría a
San Juan de la Cruz: la materia en la que se sumerge voluntariamente, le repugna
de pronto y de una repugnancia que llega hasta la náusea […]. Y aquí se desnuda
un germen eterno de Castilla.

[…]

Las facultades opuestas y los rumbos contrastados en la criatura americana
se explican siempre por el mestizaje; aquí anda como en cualquier cosa un
hecho de sangre. Neruda estima blanco puro, al igual del mestizo común
que, por su cultura europea, olvida fabulosamente su doble manadero[*] […]. ·origen
Aunque su cuerpo no dijese lo suficiente el mestizaje, en ojo y mirada, en
la languidez de la manera y especialmente del habla, la poesía suya, llena de
dejos[*] orientales, confesaría el conflicto, esta vez bienaventurado, de las sangres. ·entonaciones, acentos
Porque el mestizaje, que tiene varios aspectos de tragedia pura, tal vez sólo en
las artes entraña una ventaja y da una seguridad de enriquecimiento. La riqueza
que forma el aluvión emotivo y lingüístico de Neruda, la confluencia de un
sarcasmo un poco brutal con una gravedad casi religiosa, y muchas cosas más,
se las miramos como la consecuencia evidente de su trama de sangres española
e indígena […].

[…]

Mi país le debe favor extraordinario: Chile ha sido país fermental y fuerte.
Pero su literatura, muchos años regida[*] por una especie de Senado remolón[**] ·gobernada ··perezoso, indolente
que fue clásico con Bello y seudoclásico después, apenas si en uno u otro trozo
ha dejado ver las entrañas ígneas[*] de la raza, por lo que la chilenidad aparece ·ardientes, al rojo vivo
en las Antologías seca, lerda y pesada. Neruda hace estallar en *Residencia*
unas tremendas levaduras chilenas que nos aseguran porvenir poético muy
ancho y feraz[*]. ৵ ·fértil

El Mercurio, 26 de abril de 1936. Santiago de Chile.

LA CACERÍA DE SANDINO[1]

Mister Hoover ha declarado a Sandino "fuera de la ley". Ignorando
eso que llaman derecho internacional, se entiende, sin embargo,
que los Estados Unidos hablan del territorio nicaragüense como del
propio, porque no se comprende la declaración sino como lanzada
sobre uno de sus ciudadanos: "Fuera de la ley norteamericana".

---

[1] Augusto César Sandino (1895–1934), líder revolucionario defensor de la soberanía de
Nicaragua ante la dominación de Estados Unidos (1927–1933).

Los desgraciados políticos nicaragüenses, cuando pidieron contra Sandino el auxilio norteamericano, tal vez no supieron imaginar lo que hacían y tal vez se asusten hoy de la cadena de derechos que han creado al extraño y del despeñadero* de concesiones por el cual echaron a rodar** su país.

*precipicio **arruinaron*

10   La frase cocedora de Mr. Hoover suena a ese "Halalí*" de las grandes cacerías, cuando sobre la presa que ha asomado el bulto en un claro del bosque, el cuerno llamador arroja a la jauría*. Es numerosa la jauría, esta vez hasta ser fantástica: sobre unas lomas caerán cinco mil bombas y decenas de aeroplanos. También equivale la frase a la otra de uso primitivo: "Tantos miles de pesos por tal cabeza",

15   usada en toda tierra por los hombres de presa.

*grito de victoria

*grupo de perros que lidera una cacería

Lástima grande que la cabeza enlodada del herrero que la prensa yanqui llama "bandido", sea, por rara ocurrencia*, una cabeza a la cual sigue anhelante el Continente donde vive toda su raza y una pieza que desde Europa llaman de héroe nato y de criatura providencial los que saben nombrar bien.

casualidad, circunstancia

20   El herrero se parece más a Hércules que al Plutón infernal que ve Mr. Hoover. Enlodado corre por las cuchillas*, a causa de los pantanos en que ha de escurrirse como culebra; carga las dos o tres pistolas que le dan las fotografías malignas de los semanarios neoyorquinos porque corre perseguido por los ajenos y los propios, y cada árbol y cada piedra de su región le son desleales; y su defensa

25   toma aspectos de locura porque vive un caso fabuloso como para voltear a cualquiera la masa de sangre.

montañas escarpadas y abruptas

Desde los años de 1810, o sea, desde el aluvión guerrero que bajó de Méjico y Caracas hasta Chile, rompiéndolo todo para salvar una sola cosa, no habíamos vivido con nuestra expectación un trance* semejante.

dificultad, momento crítico

30   Mr. Hoover, mal informado, a pesar de sus veinte y una embajadas, no sabe que el hombrecito Sandino, moruno, plebeyo e infeliz, ha tomado como un garfio* la admiración de su raza, excepto uno que otro traidorzuelo o alma seca del sur. Si lo supiese, a pesar de la impermeabilidad a la opinión pública de la Casa Blanca (la palabra es de un periodista yanqui) se pondría a voltear esta

35   pieza de fragua* y de pelotón militar tan parecida a los Páez, a los Artigas y a los Carreras,[2] se volvería a lo menos caviloso y pararía la segunda movilización.

gancho de hierro para agarrar algo

donde se golpea el hierro candente para moldearlo

El guerrillero no es el mineral simple que él ve y que le parece un bandido químicamente puro; no es un pasmo* militar a lo** Pancho Villa, congestionado de ganas de matar, borracho de fechoría afortunada y cortador de cabezas a lo

40   cuento de Salgari. Ha convencido desde la prensa francesa y el aprecio español hasta el último escritor sudamericano que suele leer, temblándole el pulso, el cable que le informa que su Sandino sigue vivo.

*asombro **al estilo de*

---

[2] José Antonio Páez (1790–1873), José Gervasio Artigas (1764–1850) y José Miguel Carrera (1785–1821) lucharon en las guerras de independencia de Venezuela, Uruguay y Chile, respectivamente.

Tal vez caiga ahora esa cabeza sin peinar que trae locas las cabezas acepilladas de los marinos ocupantes; tal vez sea esta ocasión la última en el millar de las jugadas y perdidas por el invasor. Ya no se trata de una búsqueda, sino de una cacería, como decimos.

Pero los marinos de Mr. Hoover van a recoger en sus manos un trofeo en el que casi todos los del sur veremos nuestra sangre y sentiremos el choque del amputado que ve caer su muñón. Mala mirada vamos a echarles y un voto diremos bajito o fuerte, que no hemos dicho nunca hasta ahora, a pesar de Santo Domingo y de Haití: "¡Malaventurados sean!".

Porque la identificación ya comienza y a la muerte de Sandino se hará de un golpe quedándose en el bloque. El guerrillero es, en un solo cuerpo, nuestro Páez, nuestro Morelos,[3] nuestro Carreras y nuestro Artigas. La faena es igual, el trance es el mismo.

Nos hará vivir Mr. Hoover, eso sí, una sensación de unidad continental no probada ni en 1810 por la guerra de la independencia, porque este héroe no es local, aunque se mueva en un kilómetro de suelo rural, sino rigurosamente racial. Mr. Hoover va a conseguir, sin buscarlo, algo que nosotros mismos no habíamos logrado: sentirnos uno de punta a cabo del Continente en la muerte de Augusto Sandino.

El Mercurio, junio 7 de 1931. Santiago de Chile. ❧

---

[3] José María Morelos y Pavón (1765–1815), sacerdote y líder revolucionario en las guerras de independencia de México tras la ejecución de Miguel Hidalgo Costilla.

DE VIVA VOZ: GABRIELA MISTRAL
"La riqueza del castellano es realmente la de una catarata."

Ante una audiencia de estudiantes de español de una universidad norteamericana, la Nobel sudamericana pronuncia una alegórica lección sobre el arte de aprender. Cada idioma es, dice, "una llave de una casa", y las palabras misteriosas de la lengua desconocida, "una muchedumbre que apabulla". A pesar de los muchos obstáculos, la poeta chilena anima al estudiante a enfrentar la aventura con valentía y con humor.

[…]

Eso que llaman búsqueda del conocimiento, y que es, por excelencia, la tarea del hombre, requiere instrumentos sutiles. El primero de ellos es el aprendizaje de idiomas. Ustedes adoptaron este oficio fino mucho antes de que la segunda guerra mundial sacudiese a los adormilados e hiciese ver a los ciegos. Y ustedes van a ser en cinco años más quienes den testimonio recto y claro a los dirigentes de los Estados Unidos sobre los países mal deletreados, mal averiguados, que son los nuestros. Es categoría subida esta de traducir el espíritu de las razas. Pero es también trabajo muy bello, porque se trata de ver y tocar raíces y sacarlas a la luz.

El aprendizaje de un idioma fue siempre una aventura fascinante, el mejor de todos los viajes y el llamado más leve y más penetrante que hacemos a las puertas ajenas en busca, no de mesa ni lecho, sino de coloquio, de diálogo entrañable.

Los sudamericanos no somos gentes de puertas atrancadas, excepción hecha del indio puro que es huidizo, en cuanto a criatura herida y traicionada, los demás, el mestizo y el blanco del Sur, somos de una índole fácil fluvial. Nos gusta el extraño, por una curiosidad colombina de costas nuevas; viajamos bastante, somos "projimistas", es decir, cristianos que aman convivir. Somos dados al trueque o comercio de las almas, en el sentido que dio a esta palabra aduanera el francés Valéry.

Cuando ustedes, con nuestro idioma a flor de pecho, vayan a nuestros pueblos, allá les pagaremos las marchas forzadas de los cursos de español con la moneda de la cordialidad rápida y de la lealtad. Juntos hablaremos de nuestros problemas, juntos corregiremos los feos errores del pasado, como quien enmienda planas de cuaderno escolar…

En cuanto al volumen del idioma español, no es nada angosto ni leve; el alumno siente, como el bañista de río, que se ha metido en un torrente. La riqueza del castellano es realmente la de una catarata. Mucho creció la corriente verbal por el vaciadero de las generaciones y allí está ahora despeñada sobre un muchacho californiano que la recibe, cegado de resplandor y aturdido de la música vertical.

Las demás aventuras se quedan chiquitas al lado de ésta; son nómadas. Aquí es el trance de volverse niño y aventurar el amor propio, aceptando el balbucear, el caer de bruces a cada rato y el oír las risotadas del corro. Y el reído ha de reír con la clase entera y no enojarse como los vanidosos. (En esto ayuda el buen humor americano, linda virtud.)

[…]

Aprender una lengua se parece también a cualquier desembarco, al azoro de Colón o de Vasco de Gama. Primero es el penetrar en luz y aire nuevos y recibir el alud de mil criaturas inéditas que se vienen encima de golpe, y nos apabullan con su muchedumbre. Vamos y venimos dentro de la lengua novedosa, cayendo y levantando; nos parecemos al marinero mareado. Los sentidos pueden aquí y no pueden más allá. El sonido y el ritmo nuevos nos intrigan de un lado y de otro nos disgustan. Avanzamos en un zigzag de simpatías y de antipatías. Lo antipático es lo diferente, y nada más; la costumbre es una vieja remolona que detesta lo nuevo sólo por ser forastero.

[…]

PREGUNTAS

ANÁLISIS

1. La poeta escribió sus "Sonetos de la muerte" tras el suicidio de su antiguo novio Romelio Ureta. ¿Qué sentimiento aparece reflejado en los poemas seleccionados? ¿Qué deseo expresa?

2. Gabriela Mistral fue el seudónimo literario que Lucila Godoy utilizó desde el comienzo de su carrera. Explica en tus propias palabras cómo expresa la poeta esa dualidad.

3. ¿Cuáles son los pesares y maltratos que enumera la autora en "La maestra rural"? ¿En qué sentido la maestra tiene más influencia en el niño que su propia madre?

4. Identifica los valores religiosos y espirituales que aparecen en "La maestra rural" y contrástalos con los de "Pan".

5. ¿Qué recursos utiliza Mistral en "La pajita" para que el poema tenga el ritmo musical de una cancioncilla?

6. Lee atentamente "Recado sobre Pablo Neruda". ¿Cómo se manifiesta el mestizaje en Neruda, según Gabriela Mistral? ¿Por qué cree que dicho mestizaje es un "enriquecimiento"?

7 ¿Por qué opina Gabriela Mistral que Chile "le debe favor extraordinario" al poeta Pablo Neruda?

8. ¿Por qué más que de una búsqueda de Sandino, Mistral habla de una *cacería*?

INTERPRETACIÓN

1. En "Los sonetos de la muerte" se dice: "¡porque a ese hondor recóndito la mano de ninguna bajará a disputarme tu puñado de huesos!" ¿A quién piensas que se refiere con "la mano de ninguna"? ¿Qué es lo que celebra la poeta en este verso?

2. ¿Cuál es el sentido de la vida para la maestra rural de Gabriela Mistral?

3. En "Pan", el alimento universal adquiere una dimensión humana en la voz poética de la autora. Identifica esos elementos de humanidad en el poema.

4. A manera de canción de cuna, Mistral compone "La pajita", que ella misma dice ser su poema preferido. ¿Qué crees que significa para la poeta "la fiesta verdadera"?

5. "El hombrecito Sandino ha tomado como un garfio la admiración de su raza." Explica en tus propias palabras el significado de esta comparación y lo que nos revela sobre la personalidad de Sandino.

6. ¿Qué crees que quiere decir la poeta cuando afirma que Hoover conseguirá "una sensación de unidad continental" única? Explica tu respuesta.

INVESTIGACIÓN

1. ¿Qué contribuciones hizo Gabriela Mistral al avance de los derechos de la mujer en Hispanoamérica?

2. Elabora una lista de prioridades sociales y políticas de Gabriela Mistral a partir de su discurso de aceptación del Premio Nobel.

BIBLIOGRAFÍA

Amate Blanco, Juan José y Gálvez Acero, Marina. *Poesía y teatro de Hispanoamérica en el siglo xx.* Volumen 34 de Cuadernos de estudio: Serie Literatura. Madrid: Ed. Cincel, 1981.

Arrigoitia, Luis de. *Pensamiento y forma en la prosa de Gabriela Mistral.* Carolina: Universidad de Puerto Rico, 1989.

Franco, Jean. *Historia de la literatura hispanoamericana.* Barcelona: Ariel, S.A. Instrumenta 7, 1979.

Mistral, Gabriela. *Epistolario americano.* Santiago: Das Kapital Ediciones, 2012.

Oroz, Rodolfo. *Estudios mistralianos.* Volumen 34 de Colección Premios nacionales de literatura. Santiago: Editorial Universitaria, 2000.

Oviedo, José Miguel. *Historia de la literatura hispanoamericana: del romanticismo al modernismo,* Volumen II. Madrid: Alianza Universidad Textos, 1997.

Pizarro, Ana. *Gabriela mistral: el proyecto de Lucila.* Colección Texto sobre texto. Santiago: Lom Ediciones, 2005.

MIGUEL ÁNGEL ASTURIAS

1899–1974

> "El trabajo del novelista es hacer visible lo invisible con palabras."
>
> —Miguel Ángel Asturias, "Novelistas no, hechiceros",
> *América, fábula de fábulas*

Miguel Ángel Asturias nace en Ciudad de Guatemala a caballo entre dos orígenes, dos continentes y dos siglos. El escritor iluminará los secretos mayas, gracias, en parte, a su niñera indígena, Lolita Reyes, que le contaba leyendas de sus ancestros. Estas historias orales serán clave en la concepción y desarrollo de sus *Leyendas de Guatemala* (1930).

El joven Asturias inicia la carrera de Medicina, pero se pasa a Derecho al considerarlo el camino adecuado para enfrentarse a las injusticias seculares contra los campesinos indígenas. Al terminar sus estudios marcha a París, donde estudia Antropología y Lingüística. En 1932 regresa a su patria. Allí colabora en periódicos, crea el programa radiofónico *El diario del aire* y promueve iniciativas de alfabetización y culturización nacional hasta que el dictador Jorge Urbico prohibe todos sus proyectos sociales y cierra la Universidad Popular, fundada en 1922 por el propio escritor y otros intelectuales. Asturias se convierte en un prestigioso diplomático cuya suerte irá ligada a la alternancia de dictaduras militares y gobiernos democráticos. El coronel Carlos Castillo, ascendido al poder de la mano de la CIA, lo despojó de su nacionalidad guatemalteca y le obligó a exiliarse, hasta el asesinato de aquel en 1957.

El abuso de poder (representado por el dictador) y el mundo mágico indígena (el pueblo) se plasman en *El señor presidente* (1946). También destaca su traducción del *Popol Vuh*, una labor de más de cuarenta años que influyó en otra de sus grandes novelas, *Hombres de maíz* (1949). En 1967 se le concede el Premio Nobel por "sus logros literarios vivos, fuertemente arraigados en [...] las tradiciones de los pueblos indígenas". Ocho años después muere en Madrid.

La figura y la obra del autor guatemalteco alcanzan su apogeo con la publicación de *El señor presidente*. Organizada en torno a la dualidad precolombina de la luz y las tinieblas, se trata de la novela de la dictadura por excelencia, no solo la de Urbico o Cabrera Estrada, máximos exponentes de los gobiernos abusivos que se dieron sucesivamente en Guatemala. En ella, Asturias nos introduce en un mundo caricaturesco donde las relaciones humanas están distorsionadas, como hiciera ya el español Valle Inclán en su *Tirano Banderas*, de quien toma el esperpento para retratar esta fantasmagórica república. Máximo exponente del realismo mágico, en su vertiente más surrealista, Asturias va hilando acontecimientos con el denominador común del miedo al dictador. Sometido a la sinrazón del tirano, el pueblo entero sufre las consecuencias de la pesadilla dictatorial y sus habitantes son reducidos a títeres del líder. Reencarnado como dios del fuego, el señor presidente pasa por encima de la ancestral cultura maya ante la mirada impotente del pueblo que es torturado hasta la extenuación. En el capítulo XXII de la segunda parte, "La tumba viva", se relata la tragedia de una madre, Niña

Fedina, encarcelada y embrutecida en "El Dulce Encanto". En ese prostíbulo se pudre el cadáver de su hijo entre sus amorosos brazos; la madre se convierte así en su "tumba viva". Oprimiendo el cadáver contra su pecho, como "camisa de fuerza y cariño", la locura va estrechando su cerco a medida que el hedor de la descomposición se va haciendo más presente. El capítulo se cierra con la imagen de una mujer ebria, con un seno fuera y un puro en la boca. La tragedia funciona, como el resto de la novela, dentro de un contexto de corrupción moral y pérdida total de la identidad bajo el yugo de la dictadura.

OBRAS PRINCIPALES

Novela
*1943? | *Tres de cuatro soles*
1946 | *El señor presidente*
1949 | *Hombres de maíz*
1950 | *Viento fuerte*
1954 | *El Papa verde*
1960 | *Los ojos de los enterrados*
1963 | *Mulata de Tal*
1969 | *Malandrón*
1972 | *Viernes de Dolores*

Cuento
1930 | *Leyendas de Guatemala*
1956 | *Week-end en Guatemala*
1967 | *El espejo de Lida Sal*

Poesía
1936 | *Sonetos*
1943 | *Anoche, 10 de marzo de 1543*

1949 | *Poesía; Sien de alondra*
1951 | *Ejercicios poéticos en forma de soneto sobre temas de Horacio*
1952 | *Alto es el sur: Canto a la Argentina*
1955 | *Bolívar: Canto al Libertador*
1959 | *Nombre custodio e imagen pasajera*
1965 | *Clarivigilia primaveral*

Teatro
1955 | *Soluna*
1957 | *La audiencia de los confines*
1964 | *Chantaje*
1964 | *Dique seco*

Ensayo
1923 | *El problema social del indio*
1928 | *Arquitectura de la vida nueva*
1952 | *Carta aérea a mis amigos de América*
1968 | *Latinoamérica y otros ensayos*

*Obra publicada póstumamente en 1977.

LA TUMBA VIVA

De *El señor presidente*, 1946

XXII

S u hijo había dejado de existir… Con ese modo de moverse, un poco de fantoche•, de los que en el caos de su vida deshecha se van desatando de la cordura•, Niña Fedina alzó el cadáver que pesaba como una cáscara seca hasta juntárselo a la cara fiebrosa. Lo besaba. Se lo untaba•. Mas pronto se puso de rodillas —fluía bajo la puerta un reflejo pajizo—, inclinándose adonde la luz del alba era reguero• claro, a ras del suelo, en la rendija• casi, para ver mejor el despojo•• de su pequeño.

Con la carita plegada como la piel de una cicatriz, dos círculos negros alrededor de los ojos y los labios terrosos, más que un niño de meses parecía un feto en pañales. Lo arrebató sin demora de la claridad, apretujándolo contra sus senos pletóricos de leche. Quejábase de Dios en un lenguaje inarticulado de palabras amasadas con llanto; por ratitos se le paraba el corazón y, como un hipo agónico, lamento tras lamento, balbucía: ¡hij!… ¡hij!… ¡hij!… ¡hij!…

Las lágrimas le rodaban por la cara inmóvil. Lloró hasta desfallecer•, olvidándose de su marido, a quien amenazaban con matar de hambre en la Penitenciaría, si ella no confesaba; haciendo caso omiso de sus propios dolores físicos, manos y senos llagados, ojos ardorosos, espalda molida a golpes; posponiendo las preocupaciones de su negocio abandonado, inhibida de todo, embrutecida•. Y cuando el llanto le faltó que ya no pudo llorar, se fue sintiendo la tumba de su hijo, que de nuevo lo encerraba en su vientre, que era suyo su último interminable sueño. Incisoria• alegría partió un instante la eternidad de su dolor. La idea de ser la tumba de su hijo acariciaba el corazón como un bálsamo. Era suya la alegría de las mujeres que se enterraban con sus amantes en el Oriente sagrado. Y en medida mayor, porque ella no se enterraba con su hijo; ella era la tumba viva, la cuna de tierra última, el regazo materno donde ambos, estrechamente unidos, quedarían en suspenso hasta que les llamasen a Josafat. Sin enjugarse• el llanto, se arregló los cabellos como la que se prepara para una fiesta y apretó el cadáver contra sus senos, entre sus brazos y sus piernas, acurrucada• en un rincón del calabozo••.

Las tumbas no besan a los muertos, ella no lo debía besar; en cambio, los oprimen mucho, mucho, como ella lo estaba haciendo. Son camisas de fuerza y de cariño que los obligan a soportar quietos, inmóviles, las cosquillas de los gusanos, los ardores de la descomposición. Apenas aumentó la luz de la rendija un incierto afán cada mil años. Las sombras, perseguidas por el claror que iba subiendo, ganaban los muros paulatinamente como alacranes. Eran los muros de hueso… Huesos tatuados por dibujos obscenos. Niña Fedina cerró los ojos

---

• títere

• sentido común

• lo acariciaba

• hilo

• abertura •• restos

• extenuarse

• sucia

• incisiva, cortante

• secarse

• en posición fetal •• celda

—las tumbas son oscuras por dentro— y no dijo palabra ni quiso quejido[*] —las   [*]lamento
tumbas son calladas por fuera—.

40   Mediaba la tarde. Olor de cipresales lavados con agua del cielo. Golondrinas.
Media luna. Las calles bañadas de sol entero aún se llenaban de chiquillos
bulliciosos. Las escuelas vaciaban un río de vidas nuevas en la ciudad. Algunos
salían jugando a la tenta, en mareante ir y venir de moscas. Otros formaban
rueda a dos que se pegaban como gallos coléricos. Sangre de narices, mocos,
45 lágrimas. Otros corrían aldabeando[*] las puertas. Otros asaltaban las tilcheras   [*]golpeando con la aldaba
de dulces, antes que se acabaran los bocadillos amelcochados, las cocadas, las   o picaporte
tartaritas de almendra, las espumillas; o caían, como piratas, en los canastos de
frutas que abandonaban tal como embarcaciones vacías y desmanteladas. Atrás
se iban quedando los que hacían cambalaches, coleccionaban sellos o fumaban,
50 esforzándose por dar el golpe.

    De un carruaje que se detuvo frente a la Casa Nueva se apearon tres mujeres
jóvenes y una vieja doble ancho. Por su traza[*] se veía lo que eran. Las jóvenes   [*]aspecto
vestían cretonas de vivísimos colores, medias rojas, zapatos amarillos de tacón
exageradamente alto, las enaguas arriba de las rodillas, dejando ver el calzón
55 de encajes largos y sucios, y la blusa descotada[*] hasta el ombligo. El peinado   [*]abierta
que llamaban colochera Luis XV, consistente en una gran cantidad de rizos
mantecosos, que de un lado a otro recogía un listón verde o amarillo; el color
de las mejillas, que recordaba los focos eléctricos rojos de las puertas de los
prostíbulos. La vieja vestida de negro con pañolón morado, pujó al apearse
60 del carruaje, asiéndose a una de las loderas con la mano regordeta y tupida
de brillantes.

    —Que se espere el carruaje, ¿verdad, Niña Chonita? —preguntó la más joven
de las tres jóvenes gracias, alzando la voz chillona, como para que en la calle
desierta la oyeran las piedras.

65   —Sí, pues, que se espere aquí —contestó la vieja.
    Y entraron las cuatro a la Casa Nueva, donde la portera las recibió con fiestas.
Otras personas esperaban en el zaguán inhospitalario.

    —Ve, Chinta, ¿está el secretario?… —interrogó la vieja a la portera.
    —Si, doña Chón, acaba de venir.
70   —Decile, por vida tuya, que si me quiere recibir, que le traigo una ordencita[*]   [*]pedido
que me precisa[*] mucho.   [*]me urge

    Mientras volvía la portera, la vieja se quedó callada. El ambiente, para las
personas de cierta edad, conservaba su aire de convento. Antes de ser prisión de
delincuentes había sido cárcel de amor. Mujeres y mujeres. Por sus murallones

75 vagaba, como vuelo de paloma, la voz dulce de las teresas. Si faltaban azucenas, la luz era blanca, acariciadora, gozosa, y a los ayunos y cilicios sustituían los espineros de todas las torturas florecidos bajo el signo de la cruz y de las telarañas.

Al volver la portera, doña Chón pasó a entenderse con el secretario. Ya
80 ella había hablado con la directora. El Auditor de Guerra mandaba a que le entregaran, a cambio de los diez mil pesos —lo que no decía—, a la detenida Fedina de Rodas, quien, a partir de aquel momento, haría alta⠂ en *El Dulce   ⠂permanecería
Encanto, como se llamaba el prostíbulo de doña *Chón Diente de Oro*.

Dos toquidos como dos truenos resonaron en el calabozo donde seguía
85 aquella infeliz acurrucada con su hijo, sin moverse, sin abrir los ojos, casi sin respirar. Sobreponiéndose a su conciencia, ella hizo como que no oía. Los cerrojos lloraron entonces. Un quejido de viejas bisagras oxidadas prolongóse como lamentación en el silencio. Abrieron y la sacaron a empellones⠂. Ella   ⠂empujones
apretaba los ojos para no ver la luz —las tumbas son oscuras por dentro—. Y así,
90 a ciegas, con el tesoro de su muertecito apretado contra su corazón, la sacaron. Ya era una bestia comprada para el negocio más infame.

—¡Se está haciendo la muda!

—¡No abre los ojos por no vernos!

—¡Es que debe tener vergüenza!

95 —¡No querrá que le despierten a su hijo!

Por el estilo eran las reflexiones que la *Chón Diente de Oro* y las tres jóvenes gracias se hicieron en el camino. El carruaje rodaba por las calles desempedradas produciendo un ruido de todos los diablos. El auriga⠂, un español con aire de   ⠂conductor
quijote, enflaquecía a insultos los caballos, que luego, como era picador⠂, le   ⠂torero montado a caballo
100 servirían en la plaza de toros. Al lado de éste hizo Niña Fedina el corto camino   que pica al toro con una
que separaba la Casa Nueva de las casas malas, como en la canción, en el más   vara larga
absoluto olvido del mundo que la rodeaba, sin mover los párpados, sin mover los labios, apretando a su hijo con todas sus fuerzas.

Doña Chón se detuvo a pagar el carruaje. Las otras, mientras tanto, ayudaron
105 a bajar a Fedina y con manos afables de compañeras, a empujoncitos, la fueron entrando a *El Dulce Encanto*.

Algunos clientes, casi todos militares, pernoctaban⠂ en los salones   ⠂pasaban la noche
del prostíbulo.

—¿Qui-horas, son, vos? —gritó doña Chón de entrada al cantinero.

110 Uno de los militares respondió:

—Las seis y veinte, doña *Chompipa*…

—¿Aquí estás vos, cuque buruque? ¡No te había visto!

—Y veinticinco son en este reloj… —interpuso el cantinero.

La "nueva" fue la curiosidad de todos. Todos la querían para esa noche.
115 Fedina seguía en su obstinado silencio de tumba, con el cadáver de su hijo

cubierto entre sus brazos, sin alzar los párpados, sintiéndose fría y pesada como piedra.

—Vean —ordenó la *Diente de Oro* a las tres jóvenes gracias—; llévenla a la cocina para que la Manuela le dé un bocado, y hagan que se vista y se peine un poco.

Un capitán de artillería, de ojos zarcos•, se acercó a la nueva para hurgarle•• las piernas. Pero una de las tres gracias la defendió. Mas luego otro militar se abrazó a ella, como al tronco de una palmera, poniendo los ojos en blanco y mostrando sus dientes de indio magníficos, como un perro junto a la hembra en brama. Y la besó después, restregándole los labios aguardentosos en la mejilla helada y salobre de llanto seco. ¡Cuánta alegría de cuartel y de burdel! El calor de las rameras• compensa el frío ejercicio de las balas.

—¡Ve, cuque buruque, calientamicos, estate quieto!… —intervino doña Chón, poniendo fin a tanto desplante•—. ¡Ah, sí, ¿verdá?, será cosa de echarle chachaguate…!

Fedina no se defendió de aquellos manipuleos deshonestos, contentándose con apretar los párpados y cerrar los labios para librar su ceguera y su mutismo de tumba amenazados, no sin oprimir contra su oscuridad y su silencio, exprimiéndolo, el despojo de su hijo, que arrullaba• todavía como un niño dormido.

La pasaron a un patio pequeño donde la tarde se ahogaba en una pila poco a poco. Oíanse lamentos de mujeres, voces quebradizas, frágiles, cuchicheos• de enfermas o colegialas, de prisioneras o monjas, risas falsas, grititos raspantes y pasos de personas que andan en medias. De una habitación arrojaron una baraja que se regó en abanico por el suelo. No se supo quién. Una mujer, con el cabello en desorden, sacó la cara por una puertecita de palomar y volviéndose a la baraja, como a la fatalidad misma, se enjugó una lágrima en la mejilla descolorida.

Un foco rojo alumbraba la calle en la puerta de *El Dulce Encanto*. Parecía la pupila inflamada de una bestia. Hombres y piedras tomaban un tinte• trágico. El misterio de las cámaras fotográficas. Los hombres llegaban a bañarse en aquella lumbrarada roja, como variolosos para que no les quedara la cicatriz. Exponían sus caras a la luz con vergüenza de que los vieran, como bebiendo sangre, y se volvían después a la luz de las calles, a la luz blanca del alumbrado municipal, a la luz clara de la lámpara hogareña con la molestia de haber velado• una fotografía.

Fedina seguía sin darse cuenta de nada de lo que pasaba, con la idea de su inexistencia para todo lo que no fuera su hijo. Los ojos más cerrados que nunca, así mismo los labios, y el cadáver siempre contra sus senos pletóricos de leche. Inútil decir todo lo que hicieron sus compañeras para sacarla de aquel estado antes de llegar a la cocina.

La cocinera, Manuela Calvario, reinaba desde hacía muchos años entre el carbón y la basura de *El Dulce Encanto* y era una especie de Padre Eterno sin barbas y con los fustanes• almidonados. Los carrillos•• fláccidos de la respetable

•verdes ••tocarle

•prostitutas

•descaro, insolencia

•mecía

•susurros, rumores

•tonalidad, matiz

•borrado

•ropa interior ••mejillas

y gigantesca cocinera se llenaron de una sustancia aeriforme que pronto adquirió forma de lenguaje al ver aparecer a Fedina.

160 —¡Otra sinvergüenza[*]!… Y ésta, ¿de dónde sale?… ¿Y qué es lo que trae ahí tan agarrado…?

      Por señas —ya las tres gracias, sin saber por qué, tampoco osaban[*] hablar— le dijeron a la cocinera que salía de la cárcel, poniendo una mano sobre la otra en forma de reja.

165 —¡Gallina pu… erca[*]! —continuó aquélla. Y cuando las otras se marcharon, añadió—: ¡Veneno te diera yo en lugar de comida! ¡Aquí está tu bocadito! ¡Aquí…, tomá…, tomá…!

      Y le propinó una serie de golpes en la espalda con el asador.

      Fedina se tendió por tierra con su muertecito sin abrir los ojos ni responder. Ya no lo sentía de tanto llevarlo en la misma postura. La Calvario iba y venía 170 vociferando y persignándose[*].

      En una de tantas vueltas y revueltas sintió mal olor en la cocina. Regresaba del lavadero con un plato. Sin detenerse en pequeñas[*] dio de puntapiés[**] a Fedina gritando:

175 —¡La que jiede[*] es esta podrida! ¡Vengan a sacarla de aquí! ¡Llévensela de aquí! ¡Yo no la quiero aquí!

      A sus gritos alborotadores vino doña Chón y entre ambas, a la fuerza, como quebrándoles las ramas a un árbol, le abrieron los brazos a la infeliz que, al sentir que le arrancaban a su hijo, peló los ojos[*], soltó un alarido[**] y 180 cayó redonda[*].

      —El niño es el que jiede. ¡Si está muerto! ¡Qué bárbara!… —exclamó doña Manuela. La *Diente de Oro* no pudo soplar palabra y mientras las prostitutas invadían la cocina, corrió al teléfono para dar parte a la autoridad. Todas querían ver y besar al niño, besarlo muchas veces, y se lo arrebataban de las manos, de las 185 bocas. Una máscara de saliva de vicio cubrió la carita arrugada del cadáver, que ya olía mal. Se armó la gran lloradera y el velorio. El mayor Farfán intervino para lograr la autorización de la policía. Se desocupó una de las alcobas[*] galantes, la más amplia; quemóse incienso para quitar a los tapices la hedentina[*] de esperma viejo; doña Manuela quemó brea en la cocina, y en un charol negro, entre flores 190 y linos, se puso al niño todo encogido, seco, amarillento, como un germen de ensalada china…

      A todas se les había muerto aquella noche un hijo. Cuatro cirios ardían. Olor de tamales y aguardiente, de carnes enfermas, de colillas y orines. Una mujer medio borracha, con un seno fuera y un puro en la boca, que tan pronto lo 195 masticaba como lo fumaba, repetía, bañada en lágrimas:

> *¡Dormite, niñito,*
> *cabeza de ayote,*
> *que si no te dormís*

Glosas marginales:
- [160] viciosa, golfa
- [162] se atrevían a
- [165] sucia, asquerosa
- [170-171] haciendo la señal de la cruz
- [172] sutilezas   [**] patadas
- [175] huele mal
- [179] prestó atención   [**] grito
- [180] se desplomó
- [187] habitaciones
- [188] hedor, mal olor

200

te come el coyote!
¡Dormite, mi vida,
que tengo que hacer,
lavar los pañales,
sentarme a coser! ❧

PREGUNTAS

ANÁLISIS

1. ¿Dónde está Niña Fedina? ¿Por qué crees que se encuentra ahí?

2. Pon en contexto la siguiente afirmación: "Era suya la alegría de las mujeres que se enterraban con sus amantes en el Oriente sagrado". ¿A qué se refiere?

3. ¿De dónde procede la orden para que doña Chon recoja a Niña Fedina? ¿Qué motivos tiene?

4. Identifica algunas expresiones del texto que representen el carácter de los militares, de las mujeres del prostíbulo y de la madre. ¿Qué cualidades se destacan de cada uno?

5. ¿Quién es y cómo se describe a la cocinera? Compara su descripción con la de las otras mujeres del prostíbulo. ¿Es como ellas? Pon ejemplos del texto.

6. ¿Cuál es la intención del autor al escribir: "A todas se les había muerto aquella noche un hijo"?

INTERPRETACIÓN

1. ¿Cómo caracterizarías el lenguaje que usa el autor para describir la muerte del niño? Selecciona algunas imágenes y explica su sentido.

2. Miguel Ángel Asturias refleja el habla del pueblo en esta obra. Explica qué aportan estos coloquialismos a la narración.

3. ¿En qué espacios se desarrolla el capítulo? ¿A qué estrato social pertenecen los personajes? ¿Qué efecto tienen estos factores en el retrato que hace "La tumba abierta" de la sociedad del momento?

4. Algunos críticos han apuntado que los personajes de *El señor presidente* no tienen mucha profundidad y que solo conocemos sus conflictos cuando los exteriorizan. ¿Estás de acuerdo? Busca ejemplos en el capítulo para ilustrar tu opinión.

5. ¿Cuál crees que es el tema principal de este capítulo?

INVESTIGACIÓN

1. Miguel Ángel Asturias comenzó a escribir *El señor presidente* en la década de 1920 y la terminó en 1933, pero fue censurada y no se pudo publicar hasta 1946. Investiga qué factores sociopolíticos pudieron provocar la censura de la novela.

2. *El señor presidente* es considerada por muchos la primera novela en la que aparece el llamado "realismo mágico". Investiga los antecedentes de este recurso narrativo.

JOSÉ ENRIQUE RODÓ

1871–1917

"El espíritu de la juventud es un terreno generoso donde la simiente de una palabra oportuna suele rendir, en corto tiempo, los frutos de una inmortal vegetación."

—José Enrique Rodó, *Ariel*

José Enrique Rodó, ensayista influyente del modernismo y miembro de la llamada Generación del 900, nació en Montevideo, Uruguay. Pertenecía a una familia acomodada. En su casa había una gran biblioteca con los clásicos de la literatura; su padre era amigo de diversos escritores y periodistas, y su hermana mayor le enseñó a leer a la edad de cuatro años. Sin embargo, más tarde su familia sufrió problemas económicos que lo obligaron a pasarse de una escuela privada a una escuela pública. A los catorce años, tras la muerte de su padre, Rodó abandonó los estudios para ayudar a su familia trabajando, primero de ayudante en un estudio de escribanos y luego en un banco. Fue periodista desde muy joven; escribió poemas y artículos para distintos medios de Uruguay y la Argentina, y fundó la *Revista Nacional de Literatura y Ciencias Sociales*, junto con otros intelectuales del país. Allí publicó sus dos primeros ensayos *El que vendrá* y *La novela nueva*.

En 1898 comenzó a trabajar como profesor en la cátedra de Literatura en la Universidad de Montevideo, aunque nunca se había graduado. De 1902 a 1907 fue diputado del Partido Colorado, pero luego se desilusionó de los dirigentes del partido y se alejó de la política. En 1912 fue elegido Académico de la Lengua. Posteriormente, se marchó a Europa, cumpliendo un sueño de toda su vida porque creía que era imprescindible viajar para lograr inspiración. Allí realizó distintas entrevistas a personajes famosos como corresponsal de la revista argentina *Caras y Caretas*. Enfermó sorpresivamente y murió de tifus y nefritis a los cuarenta y seis años, en Palermo, Italia. Se le conocía como Maestro de la Juventud de América. El año 1898 resultó muy importante en la discusión sobre la identidad latinoamericana. La intervención de Estados Unidos contra España en la guerra de independencia de Cuba había puesto en guardia a los intelectuales de la zona contra el gran poder y la voluntad expansionista que veían desplegar a Estados Unidos.

Rodó escribió entonces su obra más conocida, *Ariel* (1900), que tuvo un gran éxito. La juventud latinoamericana es el interlocutor de este ensayo, que Rodó construye a partir del personaje de Próspero, el sabio maestro que da un discurso a sus alumnos para despedir el año escolar. Henríquez Ureña aclara que este discurso "se dirige a una juventud ideal, la elite de los intelectuales". Ariel, Calibán, Próspero y Miranda son personajes de *La tempestad* de Shakespeare. Ya el escritor modernista Rubén Darío había utilizado al Ariel shakesperiano como símbolo de América Latina, y a Calibán como símbolo de Estados Unidos en tres de sus artículos periodísticos: "El triunfo de Calibán", "El crepúsculo de España" y "Edgar Allan Poe". En Rodó, señaló el crítico Enrique Anderson Imbert, se mezclaron el modernismo y el espiritualismo: es la espiritualidad de Ariel la que se opone al materialismo de Calibán, como los valores grecolatinos con su cultura de los sentimientos estéticos se oponen al utilitarismo norteamericano, excesivamente pragmático, que limita al hombre sin dejarlo alcanzar la plenitud de su humanidad. El ensayo no ataca a Estados Unidos, sino a un grupo de valores que el escritor quiere desterrar de Latinoamérica. Igual que Martí, Rodó reaccionó ante el peligro de una imitación excesiva de Estados Unidos; como Sarmiento, creía que la educación era la clave, frente a la necesidad de una elite intelectual y educada que sostuviera e hiciera progresar a la nación.

OBRAS

Ensayo
1897 | *La novela nueva*
1897 | *El que vendrá*
1899 | *Rubén Darío*
1900 | *Ariel*
1906 | *Liberalismo y jacobinismo*

1909 | *Motivos de Proteo*
1913 | *El mirador de Próspero*
*1916–1917 | *El camino de Paros*

*Obra publicada póstumamente en 1918. Recoge los artículos de Rodó destinados a la revista *Caras y Caretas*.

ARIEL

De *Ariel*, 1900

[…]

Ariel, génio del aire, representa, en el simbolismo de la obra de Shakespeare, la parte noble y alada del espíritu. Ariel es el imperio de la razón y el sentimiento sobre los bajos estímulos de la irracionalidad; es el entusiasmo generoso, el móvil alto y desinteresado en la acción, la espiritualidad de la cultura, la vivacidad y la gracia de la inteligencia: —el término ideal a que asciende la selección humana, rectificando en el hombre superior los tenaces vestigios• de Calibán, símbolo de sensualidad y de torpeza, con el cincel• perseverante de la vida.

    La estatua, de real arte, reproducía al genio aéreo en el instante en que, libertado por la magia de Próspero, va a lanzarse a los aires para desvanecerse en un lampo•. Desplegadas las alas; suelta y flotante la leve vestidura, que la caricia de la luz en el bronce damasquinaba• de oro; erguida la amplia frente; entreabiertos los labios por serena sonrisa, todo en la actitud de Ariel acusaba admirablemente el gracioso arranque del vuelo; y con inspiración dichosa, el

• huellas, rastros
• instrumento para esculpir piedra

• relámpago, resplandor
• salpicaba

15 arte que había dado firmeza escultural a su imagen había acertado a conservar
en ella, al mismo tiempo, la apariencia seráfica* y la levedad ideal.

    *angelical

Próspero acarició, meditando, la frente de la estatua; dispuso luego al grupo
juvenil en torno suyo; y con su firme voz —*voz magistral*, que tenía para fijar
la idea e insinuarse en las profundidades del espíritu, bien la esclarecedora
20 penetración del rayo de luz, bien el golpe incisivo del cincel en el mármol, bien
el toque impregnante del pincel en el lienzo o de la onda en la arena, —comenzó
a decir, frente a una atención afectuosa.

[…]

La juventud que vivís es una fuerza de cuya aplicación sois los obreros y
25 un tesoro de cuya inversión sois responsables. Amad ese tesoro y esa fuerza;
haced que el altivo sentimiento de su posesión permanezca ardiente y eficaz
en vosotros. Yo os digo con Renan:[1] "La juventud es el descubrimiento de
un horizonte inmenso, que es la Vida". El descubrimiento que revela las
tierras ignoradas necesita completarse con el esfuerzo viril que las sojuzga*.

    *oprime, tiraniza

30 Y ningún otro espectáculo puede imaginarse más propio para cautivar a un
tiempo el interés del pensador y el entusiasmo del artista, que el que presenta
una generación humana que marcha al encuentro del futuro, vibrante con la
impaciencia de la acción, alta la frente, en la sonrisa un altanero desdén del
desengaño*, colmada** el alma por dulces y remotos mirajes que derraman en

    *decepción **llena

35 ella misteriosos estímulos, como las visiones de Cipango y El Dorado en las
crónicas heroicas de los conquistadores.

Del renacer de las esperanzas humanas; de las promesas que fían* eternamente

    *prestan

al porvenir la realidad de lo mejor, adquiere su belleza el alma que se entreabre
al soplo de la vida; dulce e inefable belleza, compuesta, como lo estaba la del
40 amanecer para el poeta de *Las Contemplaciones*, de un "vestigio de sueño y un
principio de pensamiento".

La humanidad, renovando de generación en generación su activa esperanza y
su ansiosa fe en un ideal al través de la dura experiencia de los siglos, hacía pensar
a Guyau[2] en la obsesión de aquella pobre enajenada cuya extraña y conmovedora
45 locura consistía en creer llegado, constantemente, el día de sus bodas. Juguete
de su ensueño, ella ceñía cada mañana a su frente pálida corona de desposada y
suspendía de su cabeza el velo nupcial. Con una dulce sonrisa, disponíase luego
a recibir al prometido ilusorio, hasta que las sombras de la tarde, tras el vano
esperar, traían la decepción a su alma. Entonces, tomaba un melancólico tinte
50 su locura. Pero su ingenua confianza reaparecía con la aurora siguiente; y ya sin

---

[1] Ernest Renan (1823–1892), escritor, filósofo e historiador francés. En 1878 escribió el drama *Caliban: Sequel to the Tempest*.

[2] Marie-Jean Guyau (1854–1888), filósofo francés. Destacaba el aspecto moral de las ideas en su pensamiento.

el recuerdo del desencanto pasado, murmurando: *Es hoy cuando vendrá*, volvía a ceñirse la corona y el velo y a sonreír en espera del prometido.

Es así como, no bien la eficacia de un ideal ha muerto, la humanidad viste otra vez sus galas nupciales para esperar la realidad del ideal soñado con nueva fe, con tenaz y conmovedora locura. Provocar esa renovación, inalterable como un ritmo de la Naturaleza, es en todos los tiempos la función y la obra de la juventud. De las almas de cada primavera humana está tejido aquel tocado de novia. Cuando se trata de sofocar esta sublime terquedad de la esperanza, que brota alada del seno de la decepción, todos los pesimismos son vanos […]. Hay veces en que, por una aparente alteración del ritmo triunfal, cruzan la historia humana generaciones destinadas a personificar, desde la cuna, la vacilación y el desaliento. Pero ellas pasan, —no sin haber tenido quizá su ideal como las otras, en forma negativa y con amor inconsciente; —y de nuevo se ilumina en el espíritu de la humanidad la esperanza en el Esposo anhelado, cuya imagen, dulce y radiosa como en los versos de marfil de los místicos, basta para mantener la asimilación y el contento[•] de la vida, aun cuando nunca haya de encarnarse^{••} •gozo ••reproducirse
en la realidad.

[…]

La divergencia de las vocaciones personales imprimirá diversos sentidos a vuestra actividad, y hará predominar una disposición, una aptitud determinada, en el espíritu de cada uno de vosotros. —Los unos seréis hombres de ciencia; los otros seréis hombres de arte; los otros seréis hombres de acción. —Pero por encima de los afectos que hayan de vincularos individualmente a distintas aplicaciones y distintos modos de la vida, debe velar[•], en lo íntimo de vuestra •permanecer despierta
alma, la conciencia de la unidad fundamental de nuestra naturaleza, que exige que cada individuo humano sea, ante todo y sobre toda otra cosa, un ejemplar no mutilado de la humanidad, en el que ninguna noble facultad del espíritu quede obliterada[•] y ningún alto interés de todos pierda su virtud comunicativa. •obstruida, inutilizada
Antes que las modificaciones de profesión y de cultura está el cumplimiento del destino común de los seres racionales. "Hay una profesión universal, que es la de *hombre*", ha dicho admirablemente Guyau. Y Renan, recordando, a propósito de las civilizaciones desequilibradas y parciales, que el fin de la criatura humana no puede ser exclusivamente saber, ni sentir, ni imaginar, sino ser real y enteramente *humana*, define el ideal de perfección a que ella debe encaminar sus energías como la posibilidad de ofrecer en un tipo individual un cuadro abreviado de la especie.

Aspirad, pues, a desarrollar, en lo posible, no un solo aspecto sino la plenitud de vuestro ser. No os encojáis de hombros delante de ninguna noble y fecunda manifestación de la naturaleza humana, a pretexto de que vuestra organización individual os liga[•] con preferencia a manifestaciones diferentes. •une
Sed espectadores atenciosos[•] allí donde no podáis ser actores. —Cuando cierto •atentos
falsísimo y vulgarizado concepto de la educación, que la imagina subordinada

exclusivamente al fin utilitario, se empeña• en mutilar, por medio de ese *se obstina, insiste
utilitarismo y de una especialización prematura, la integridad natural de los
95 espíritus, y anhela proscribir• de la enseñanza todo elemento desinteresado *excluir
e ideal, no repara• suficientemente en el peligro de preparar para el porvenir *nota, se da cuenta
espíritus estrechos que, incapaces de considerar más que el único de la realidad
con que estén inmediatamente en contacto, vivirán separados por helados
desiertos de los espíritus que, dentro de la misma sociedad, se hayan adherido a
100 otras manifestaciones de la vida.

[…]

El verso célebre en que el esclavo de la escena antigua afirmó que, pues era
hombre, no le era ajeno• nada de lo humano, forma parte de los gritos de la *extraño
solidaridad. Augusto Comte[3] ha señalado bien este peligro de las civilizaciones
105 avanzadas. Un alto estado de perfeccionamiento social tiene para él un
grave inconveniente en la facilidad con que suscita• la aparición de espíritus *provoca, causa
deformados y estrechos; de espíritus "muy capaces bajo un aspecto único y
monstruosamente ineptos bajo todos los otros". El empequeñecimiento de un
cerebro humano por el comercio continuo de un solo género de ideas, por el
110 ejercicio indefinido de un solo modo de actividad, es para Comte un resultado
comparable a la mísera suerte del obrero a quien la división del trabajo de taller
obliga a consumir en la invariable operación de un detalle mecánico todas las
energías de su vida.

[…]

115 Yo os ruego que os defendáis, en la milicia de la vida, contra la mutilación de
vuestro espíritu por la tiranía de un objetivo único e interesado. No entreguéis
nunca a la utilidad o a la pasión sino una parte de vosotros. Aun dentro de la
esclavitud material hay la posibilidad de salvar la libertad interior: la de la razón
y el sentimiento. No tratéis, pues, de justificar, por la absorción del trabajo o el
120 combate, la esclavitud de vuestro espíritu.

[…]

Una vez más: el principio fundamental de vuestro desenvolvimiento•, *desarrollo, expansión
vuestro lema en la vida, deben ser mantener la integridad de vuestra condición
humana. Ninguna función particular debe prevalecer jamás sobre esa finalidad
125 suprema. Ninguna fuerza aislada puede satisfacer los fines racionales de la
existencia individual, como no puede producir el ordenado concierto de la
existencia colectiva. Así como la deformidad y el empequeñecimiento son, en el
alma de los individuos, el resultado de un exclusivo objeto impuesto a la acción
y un solo modo de cultura, la falsedad de lo artificial vuelve efímera la gloria
130 de las sociedades que han sacrificado el libre desarrollo de su sensibilidad y
su pensamiento, ya a la actividad mercantil, como en Fenicia; ya a la guerra,
como en Esparta; ya al misticismo, como en el terror del milenario; ya a la vida

[3] Auguste Comte (1798–1857), filósofo francés fundador de la sociología y el positivismo.

de sociedad y de salón, como en la Francia del siglo XVIII. —Y preservándoos
contra toda mutilación de vuestra naturaleza moral; aspirando a la armoniosa
135 expansión de vuestro ser en todo noble sentido; pensad al mismo tiempo en
que la más fácil y frecuente de las mutilaciones es, en el carácter actual de las
sociedades humanas, la que obliga al alma a privarse de ese género de *vida
interior*, donde tienen su ambiente propio todas las cosas delicadas y nobles que,
a la intemperie de la realidad, quema el aliento de la pasión impura y el interés
140 utilitario proscribe: ¡la vida de que son parte la meditación desinteresada, la
contemplación ideal, el *ocio* antiguo, la impenetrable estancia de mi cuento! ❧

PREGUNTAS

ANÁLISIS

1. *Ariel* quizá sea el ejemplo más claro de modernismo en el ámbito de la ensayística. Busca en el texto ejemplos que demuestren esta afirmación.

2. *Ariel* está inspirada en *La Tempestad* de William Shakespeare. ¿Qué representan los personajes que toma Rodó de esta obra en el contexto de su ensayo?

3. ¿Cuál es el destino común de los seres racionales y cuál debe ser, según Rodó, su máxima aspiración? Explica tu respuesta.

4. ¿En qué basa Rodó su defensa de lo que él llama "integridad natural de los espíritus libres" frente al utilitarismo?

INTERPRETACIÓN

1. Rodó identifica el utilitarismo con la decadencia de Occidente. ¿Hasta qué punto crees que su visión es una realidad en la sociedad en la que vives?

2. Explica con tus propias palabras el concepto de idealismo y espiritualidad según se expresa en *Ariel*.

3. La influencia de este ensayo marcó un antes y un después en la literatura hispanoamericana. ¿Por qué crees que fue tan importante en su época?

4. ¿Qué virtudes o valores observas en el idealismo y la integridad del ser humano propuestos por *Ariel*? ¿Crees que un ensayo como *Ariel* es capaz de transformar una sociedad? ¿Un individuo?

INVESTIGACIÓN

1. Profundiza e investiga sobre las civilizaciones mencionadas por Rodó como ejemplo de decadencia y sobre los factores que contribuyeron a su fin.

2. El ensayo de Rodó dividió la política uruguaya entre partidarios de sus ideas y aquellos que las consideraban demasiado utópicas. Investiga sobre este debate en el Uruguay de principios del siglo XX.

DELMIRA AGUSTINI

1886–1914

"Yo muero extrañamente… No me mata la Vida, no me mata la Muerte, no me mata el Amor; muero de un pensamiento mudo como una herida."

—**Delmira Agustini**, *"Lo inefable"*

Delmira Agustini nació en Montevideo en el seno de una familia burguesa. "La Nena", como todos la llamaban, fue instruida en las Bellas Artes, como correspondía a una jovencita de su rango, y apoyada en toda su trayectoria literaria por su padre quien, según Magdalena García Pinto, "se ocupó de ordenar y pasar en limpio los poemas de los cuadernos y papeles sueltos de la poeta", además de cultivar sus sentidos con clases de música y pintura. Su voraz afición a la lectura, su naturaleza libre y la revolución moral que latía en la burguesía uruguaya acabarían convirtiéndola en la fundadora de la poesía erótica femenina. En 1902, con apenas dieciséis años, empieza a publicar sus primeros poemas en la revista *La Alborada*. En una sección de la revista llamada "La legión etérea", Delmira hace finas descripciones de las principales damas de la capital. Su primer libro llega en 1907 entre elogios de la crítica. Delmira no tarda en codearse con la élite de la poesía latinoamericana y llega a mantener una intensa correspondencia privada con Rubén Darío. Sus poemas eróticos, desde la perspectiva femenina, causan un escándalo que agranda su leyenda. La mujer, que hasta entonces era un objeto de deseo, es presentada por Agustini como un sujeto que desea. "Cómo ha llegado usted, sea a saber, sea a sentir lo que ha puesto en ciertas poesías suyas", le escribe el filósofo uruguayo Carlos Vaz Ferreira.

Agustini comienza su noviazgo clandestino con Enrique Job Reyes, cuya naturaleza agresiva y dominante adelantará la tragedia. Tras unos meses casados, Delmira pide el divorcio. Una vez concedido, se reúne con su ya ex marido en un hotel de citas donde Job la asesina a tiros y luego se suicida. Tenía veintiséis años de edad.

La obra de Delmira Agustini abre el camino del modernismo feminista ahondando en su "yo" más íntimo. Muestra de ello es el soneto "El intruso" (*El libro blanco*, 1907), donde aparecen constantes alusiones al deseo femenino y al encuentro sexual entre los amantes. Ese intruso es, precisamente, el amante furtivo a cuyo lecho invita la poetisa. Del erotismo puramente romántico donde lo que trasciende es lo divino, Agustini descubre un diálogo entre el cuerpo y el alma donde la mujer adquiere una presencia activa y no meramente decorativa. Y luego el júbilo ("¡y bendigo la noche sollozante y oscura/que floreció en mi vida tu boca tempranera!"), la memoria de lo vivido en que la inteligencia, el espíritu de los amantes y el lenguaje de los cuerpos entrelazados se confunden en una sola unidad. En otro de sus poemas, "Nocturno" (*Los cálices vacíos*, 1913), la voz poética toma la figura de un cisne, en clara proyección modernista. No se trata, sin embargo, del cisne blanco de los cánones tradicionales: la poetisa le confiere el color rojo de la sangre y la pasión. Se anuncia ya en estos versos la violencia con que Agustini iba a tratar, a partir de entonces, su concepción de la vida y del amor, y el desencuentro entre el deseo y la realidad que desemboca en una vertiente siniestra de su poesía. "El vampiro" (*Cantos de la mañana*, 1910) es un ejemplo de la angustia y el horror con que ahondaría en esa nueva dimensión poética, claramente influida por los simbolistas franceses: imágenes espeluznantes, la idea del desdoblamiento y cierta alusión a la necrofilia, hacen de este poema una verdadera invocación al dolor y a la muerte. Y, por último, "Otra estirpe" (*Los cálices vacíos*, 1913), el poema con que Agustini vuelve su mirada hacia Eros, dios absoluto y primitivo, y al que pretende guiar con sus versos hacia un acto sexual casi antropofágico para dar a luz "otra estirpe sublimemente loca".

OBRAS

Poesía
1907 | *El libro blanco (Frágil)*
1910 | *Cantos de la mañana*
1913 | *Los cálices vacíos*

*1924 | *El rosario de Eros*
*1924 | *Los astros del abismo*

*Obras completas (dos tomos) publicadas diez años después de la muerte de la autora. Recogen toda la producción de Agustini, desde sus obras inéditas, escritas en su infancia, hasta sus más famosos poemarios.

EL INTRUSO

De *El libro blanco*, 1907

Amor, la noche estaba trágica y sollozante
Cuando tu llave de oro cantó en mi cerradura;
Luego, la puerta abierta sobre la sombra helante*   *helada, fría
Tu forma fue una mancha de luz y de blancura.

5   Todo aquí lo alumbraron tus ojos de diamante;
Bebieron en mi copa tus labios de frescura,
Y descansó en mi almohada tu cabeza fragante*;   *perfumada
Me encantó tu descaro* y adoré tu locura.   *insolencia

Y hoy río si tú ríes, y canto si tú cantas;
10 Y si tú duermes, duermo como un perro a tus plantas*!   *pies
Hoy llevo hasta en mi sombra tu olor de primavera;
Y tiemblo si tu mano toca la cerradura
Y bendigo la noche sollozante y oscura
Que floreció en mi vida tu boca tempranera!

EL VAMPIRO

De *Cantos de la mañana*, 1910

En el regazo° de la tarde triste   °refugio
Yo invoqué tu dolor… Sentirlo era
Sentirte el corazón! Palideciste
Hasta la voz, tus párpados de cera,

5 Bajaron… y callaste… Pareciste
Oír pasar la Muerte… Yo que abriera
Tu herida mordí en ella —¿me sentiste?—
Como en el oro de un panal° mordiera!   °colmena

Y exprimí más, traidora, dulcemente
10 Tu corazón herido mortalmente,
Por la cruel daga rara y exquisita
De un mal sin nombre, hasta sangrarlo en llanto!
Y las mil bocas de mi sed maldita
Tendí a esa fuente abierta en tu quebranto°.   °aflicción

15 ¿Por qué fui tu vampiro de amargura?
¿Soy flor o estirpe° de una especie oscura   °linaje, raza
Que come llagas y que bebe el llanto?

NOCTURNO

De *Los cálices vacíos*, 1913

Engarzado° en la noche el lago de tu alma,   °acoplado
Diríase una tela de cristal y de calma
Tramada° por las grandes arañas del desvelo°°.   °tejida °°insomnio

Nata de agua lustral en vaso de alabastros;
5 Espejo de pureza que abrillantas los astros
Y reflejas la sima° de la Vida en un cielo!…   °abismo

Yo soy el cisne errante de los sangrientos rastros,
Voy manchando los lagos y remontando el vuelo.

OTRA ESTIRPE

De *Los cálices vacíos*, 1913

Eros, yo quiero guiarte, Padre ciego…
Pido a tus manos todopoderosas,
¡Su cuerpo excelso˙ derramado en fuego   ˙sublime
Sobre mi cuerpo desmayado en rosas!

5 La eléctrica corola˙ que hoy desplego   ˙pétalos
Brinda˙ el nectario de un jardín de Esposas;   ˙ofrece
Para sus buitres˙ en mi carne entrego   ˙aves rapaces
Todo un enjambre˙ de palomas rosas.   ˙grupo numeroso

Da a las dos sierpes˙ de su abrazo, crueles,   ˙serpientes
10 Mi gran tallo febril… Absintio, mieles,
Viérteme de sus venas, de su boca…
¡Así tendida, soy un surco ardiente,
Donde puede nutrirse la simiente˙,   ˙semilla
De otra Estirpe, sublimemente loca!

PREGUNTAS

ANÁLISIS

1. Un intruso es alguien que entra en una casa ajena sin haber sido invitado. En "El intruso", ¿de quién es la casa y por qué la poeta califica al visitante de intruso?

2. En "El intruso", la llegada del extraño supone un antes y un después en la vida de la poeta. ¿Qué transformación se produce en ella? Indica los versos en los que va desarrollándose dicha transformación.

3. En "El vampiro", ¿cómo describe el vampiro a su víctima? ¿Qué imágenes utiliza el vampiro para representarse a sí mismo?

4. ¿Quién se desvela y por qué en "Nocturno"? Justifica tu respuesta con ejemplos del poema.

5. Explica la metáfora de los últimos versos de "Nocturno".

6. En "Otra estirpe", ¿qué le pide la poeta a Eros y con qué objetivo? Pon ejemplos del poema.

7. ¿Qué recursos utiliza Agustini en "Otra estirpe" para otorgarle ritmo y sonoridad al poema? Ilustra tu respuesta con ejemplos.

INTERPRETACIÓN

1. Busca en "El intruso" imágenes que hagan referencia al encuentro amoroso y explícalas.

2. ¿Cuál es el *mal sin nombre* que menciona la poeta en "El vampiro"?

3. ¿Qué representa el vampiro en este poema?

4. ¿Qué símbolos modernistas aparecen en "Nocturno"? ¿Ves alguna diferencia en el tratamiento de estos símbolos en la obra de Rubén Darío?

5. Busca en "Otra estirpe" las imágenes que hagan referencia a los cuerpos de la poeta y de su amante. ¿Ves una pauta en las imágenes elegidas para cada uno de ellos? ¿La ves en los otros poemas de la selección? Justifica tu respuesta.

INVESTIGACIÓN

1. Una de las influencias más importantes en la obra de Delmira Agustini es Nietzsche, según declaró ella misma. Investiga esa influencia en el poema "Otra estirpe".

2. ¿Qué singulares circunstancias de la sociedad uruguaya de finales del siglo xix y principios del xx explican el éxito de la poesía erótica de Delmira Agustini?

CÉSAR VALLEJO

1892–1938

> "Hoy me gusta la vida mucho menos, pero siempre me gusta vivir: ya lo decía."
>
> —César Vallejo, *"Hoy me gusta la vida mucho menos..."*

César Vallejo nació en Santiago de Chuco, Perú. En su juventud pasó por la universidad para estudiar Letras y luego Medicina, pero en ambas ocasiones tuvo que abandonar por dificultades económicas. Con diferentes empleos logró reunir el dinero para pagar sus estudios, y finalmente se graduó en 1915 de bachiller en Letras. Mientras trabajaba como preceptor de los hijos de un hacendado azucarero, pudo conocer el grado de explotación al que eran sometidos los trabajadores indígenas. En 1919, se publicó su libro de poemas *Los heraldos negros*; poco después, de regreso en Trujillo, fue arrestado por un saqueo en el que no había participado y pasó ciento doce días en prisión.

En 1923, marchó a Francia prácticamente sin dinero, sin conocidos que pudiesen ayudarlo y sin hablar el idioma. Pero fue haciendo amigos, como el pintor Juan Gris y los escritores Huidobro y Neruda, y comenzó a escribir para distintos periódicos. En 1925 consiguió el puesto de secretario y una beca del gobierno español; sin embargo, renunció a ambos dos años más tarde. Inmerso en una profunda crisis, se entregó en cuerpo y alma al marxismo, y realizó varios viajes a Rusia. Afiliado desde 1932 al Partido Comunista español, colaboró activamente para socorrer a la República Española durante la Guerra Civil, en 1936. Murió en París el 14 de abril de 1938. Muchos de sus escritos, rechazados en su mayoría por las editoriales, fueron publicados después de su muerte.

La poesía de Vallejo nace de su experiencia vital y se nutre de ella. Se trata de una de las más innovadoras, desde la perspectiva del lenguaje, y de las más oscuras y densas en cuanto a contenido. Es, junto a Vicente Huidobro, uno de los poetas más personales de después del modernismo y, sin duda, el más revolucionario. Su imaginería y su desarticulación del lenguaje se anticipan a las grandes vanguardias de principios de siglo. En "Los heraldos negros" (*Los heraldos negros*) establece una relación de íntima desconfianza con Dios, anclada en la duda existencial ("Yo no sé…") y en el inmenso dolor del hombre. La alteración del lenguaje y cierta ruptura con las convenciones poéticas llevan a Vallejo a territorios de expresión hasta entonces inexplorados; en "Voy a hablar de la esperanza", poema en prosa de gran hondura y ritmo, Vallejo nos abre a una angustia y a un sufrimiento cíclicos, eternos e inapelables. Y, entonces, como si no quisiera rendirse a la negrura de la muerte, la esperanza aparece como espejismo en el último verso de "Masa" (*España, aparta de mí este cáliz*, 1937). En este conmovedor poema, Vallejo relata con extraña claridad el milagro de la resurrección de un caído, cuyo cadáver asiente a la demanda de la entera humanidad para que vuelva a la vida; a manera de parábola, sin más rima que la recurrencia de un verso ("Pero el cadáver ¡ay! siguió muriendo"), el poema, dedicado a los caídos en la Guerra Civil Española, funciona a través de una conciencia espiritual y fraternal que redime al hombre de sus guerras y horrores. Será en *Trilce* (1922) donde Vallejo, según muchos críticos, alcanza su cénit creador. El armazón del lenguaje en este poemario está hecho de una miscelánea de registros lingüísticos que engendran estructuras poéticas caprichosas, casi sin sentido, pero que cuentan una historia: la del drama del hombre ante su existencia. También en "Me viene, hay días, una gana ubérrima, política…" (*Poemas humanos*, 1921–1939), Vallejo trata con ironía el amor que él mismo siente hacia esa humanidad en conflicto perpetuo.

En su obra Vallejo se adueña del tiempo: pasado, presente y futuro son piezas intercambiables, como en "Piedra negra sobre una piedra blanca" (*Poemas humanos*), un singular soneto de catorce versos con rima asonante en los cuartetos y rima libre en los dos tercetos. Aquí el poeta anuncia su propia muerte en un vertiginoso epitafio donde el dolor, al fin, desaparece.

César Vallejo

Trilce

Edición de
Julio Ortega

CÁTEDRA
Letras Hispánicas

OBRAS

Poesía
1919 | *Los heraldos negros*
1922 | *Trilce*
*1921–1939 | *Poemas humanos*
*1923–1929 | *Poemas en prosa*
*1937 | *España, aparta de mí este cáliz*

Novela
1923 | *Fabla salvaje*
*1924–1928 | *Hacia el reino de los Sciris*
1931 | *El tungsteno*

Cuento
1923 | *Escalas melografiadas*   *1931 | *Paco Yunque*

Teatro
*1930 | *Entre las dos orillas corre el río*
*1930 | *Lock-out*
*1934 | *Colacho hermanos o Presidentes de América*
*1937 | *La piedra cansada*

Ensayo
*1923–1929 | *Contra el secreto profesional*
*1929–1931 | *El arte y la revolución*
1931 | *Rusia en 1931*
*1932 | *Rusia ante el segundo plan quinquenal*

*Obras publicadas póstumamente entre 1939 y 1979.

LOS HERALDOS NEGROS

De *Los heraldos negros*, 1919

Hay golpes en la vida, tan fuertes… Yo no sé!
Golpes como del odio de Dios; como si ante ellos,
la resaca de todo lo sufrido
se empozara˙ en el alma… Yo no sé!   ˙se estancara

5   Son pocos; pero son… Abren zanjas oscuras
en el rostro más fiero y en el lomo más fuerte.
Serán tal vez los potros de bárbaros atilas;
o los heraldos negros que nos manda la Muerte.

Son las caídas hondas de los Cristos del alma,
10 de alguna fe adorable que el Destino blasfema.
Esos golpes sangrientos son las crepitaciones
de algún pan que en la puerta del horno se nos quema.

Y el hombre… Pobre… pobre! Vuelve los ojos, como
cuando por sobre el hombro nos llama una palmada;
15 vuelve los ojos locos, y todo lo vivido
se empoza, como charco de culpa, en la mirada.

Hay golpes en la vida, tan fuertes… Yo no sé!

VOY A HABLAR DE LA ESPERANZA

De *Poemas en prosa*, 1923-1929

Yo no sufro este dolor como César Vallejo. Yo no me duelo ahora como artista, como hombre ni como simple ser vivo siquiera˙. Yo no sufro este dolor como católico, como mahometano ni como ateo. Hoy sufro solamente. Si no me llamase César Vallejo, también   ˙tan solo
5 sufriría este mismo dolor. Si no fuese artista, también lo sufriría. Si no fuese hombre ni ser vivo siquiera, también lo sufriría. Si no fuese católico, ateo ni mahometano, también lo sufriría. Hoy sufro desde más abajo. Hoy sufro solamente.

Me duelo ahora sin explicaciones. Mi dolor es tan hondo, que no tuvo ya causa
10 ni carece de causa. ¿Qué sería su causa? ¿Dónde está aquello tan importante, que dejase de ser su causa? Nada es su causa; nada ha podido dejar de ser su causa. ¿A qué ha nacido este dolor, por sí mismo? Mi dolor es del viento del norte y del viento del sur, como esos huevos neutros que algunas aves raras ponen del viento. Si hubiera muerto mi novia, mi dolor sería igual. Si la vida fuese,
15 en fin, de otro modo, mi dolor sería igual. Hoy sufro desde más arriba. Hoy sufro solamente.

Miro el dolor del hambriento y veo que su hambre anda tan lejos de mi sufrimiento, que de quedarme ayuno hasta morir, saldría siempre de mi tumba una brizna de yerba al menos. Lo mismo el enamorado. ¡Qué sangre la suya más engendrada, para la mía sin fuente ni consumo!

Yo creía hasta ahora que todas las cosas del universo eran, inevitablemente, padres o hijos. Pero he aquí que mi dolor de hoy no es padre ni es hijo. Le falta espalda para anochecer, tanto como le sobra pecho para amanecer y si lo pusiesen en la estancia• oscura, no daría luz y si lo pusiesen en una estancia luminosa, no echaría sombra. Hoy sufro suceda lo que suceda. Hoy sufro solamente.

•habitación

TRILCE

De *Trilce*, 1922

XVIII

Oh las cuatro paredes de la celda.
Ah las cuatro paredes albicantes• •blancas
que sin remedio dan al mismo número.

Criadero de nervios, mala brecha•, •grieta
por sus cuatro rincones cómo arranca
las diarias aherrojadas• extremidades. •aprisionadas con hierros

Amorosa llavera de innumerables llaves,
si estuvieras aquí, si vieras hasta
qué hora son cuatro estas paredes.
Contra ellas seríamos contigo, los dos,
más dos que nunca. Y ni lloraras,
di, libertadora!

Ah las paredes de la celda.
De ellas me duelen entretanto más
las dos largas que tienen esta noche
algo de madres que ya muertas
llevan por bromurados declives•, •pendientes, cuestas
a un niño de la mano cada una.

Y sólo yo me voy quedando,
con la diestra•, que hace por ambas manos, •mano derecha
en alto, en busca de terciario brazo
que ha de pupilar•, entre mi dónde y mi cuándo, •supervisar
esta mayoría inválida de hombre.

ME VIENE, HAY DÍAS, UNA GANA UBÉRRIMA, POLÍTICA...

De *Poemas humanos*, 1921–1939

Me viene, hay días, una gana* ubérrima**, política,   *deseo **fértil, exuberante
de querer, de besar al cariño en sus dos rostros,
y me viene de lejos un querer
demostrativo, otro querer amar, de grado o fuerza,
5 al que me odia, al que rasga su papel, al muchachito,
a la que llora por el que lloraba,
al rey del vino, al esclavo del agua,
al que ocultóse en su ira,
al que suda, al que pasa, al que sacude su persona en mi alma.
10 Y quiero, por lo tanto, acomodarle
al que me habla, su trenza; sus cabellos, al soldado;
su luz, al grande; su grandeza, al chico.
Quiero planchar directamente
un pañuelo al que no puede llorar
15 y, cuando estoy triste o me duele la dicha*,   *felicidad
remendar* a los niños y a los genios.   *coser, reforzar

Quiero ayudar al bueno a ser su poquillo de malo
y me urge estar sentado
a la diestra del zurdo, y responder al mudo,
20 tratando de serle útil en
lo que puedo y también quiero muchísimo
lavarle al cojo el pie,
y ayudarle a dormir al tuerto próximo.

¡Ah querer, éste, el mío, éste, el mundial,
25 interhumano y parroquial, provecto*!   *viejo, senil
Me viene a pelo,
desde el cimiento, desde la ingle pública,
y, viniendo de lejos, da ganas de besarle
la bufanda al cantor,
30 y al que sufre, besarle en su sartén,
al sordo, en su rumor craneano, impávido;
al que me da lo que olvidé en mi seno,
en su Dante, en su Chaplin, en sus hombros.

Quiero, para terminar,
35 cuando estoy al borde célebre de la violencia
o lleno de pecho el corazón, querría
ayudar a reír al que sonríe,
ponerle un pajarillo al malvado en plena nuca,
cuidar a los enfermos enfadándolos,
40 comprarle al vendedor,

ayudarle a matar al matador —cosa terrible—
y quisiera yo ser bueno conmigo
en todo.

PIEDRA NEGRA SOBRE UNA PIEDRA BLANCA

De *Poemas humanos*, 1921–1939

Me moriré en París con aguacero•,
un día del cual tengo ya el recuerdo.
Me moriré en París —y no me corro—
tal vez un jueves, como es hoy, de otoño.

5 Jueves será, porque hoy, jueves, que proso
estos versos, los húmeros me he puesto
a la mala y, jamás como hoy, me he vuelto,
con todo mi camino, a verme solo.

César Vallejo ha muerto, le pegaban
10 todos sin que él les haga nada;
le daban duro con un palo y duro
también con una soga; son testigos
los días jueves y los huesos húmeros,
la soledad, la lluvia, los caminos…

•chaparrón, lluvia
abundante que dura
poco tiempo

MASA

De España, aparta de mí este cáliz, 1937

Al fin de la batalla,
y muerto el combatiente, vino hacia él un hombre
y le dijo: "¡No mueras, te amo tanto!"
Pero el cadáver ¡ay! siguió muriendo.

5 Se le acercaron dos y repitiéronle:
"¡No nos dejes! ¡Valor! ¡Vuelve a la vida!"
Pero el cadáver ¡ay! siguió muriendo.

Acudieron a él veinte, cien, mil, quinientos mil,
clamando: "¡Tanto amor y no poder nada contra la muerte!"
10 Pero el cadáver ¡ay! siguió muriendo.

Le rodearon millones de individuos,
con un ruego común: "¡Quédate hermano!"
Pero el cadáver ¡ay! siguió muriendo.

Entonces, todos los hombres de la tierra
15 le rodearon; les vio el cadáver triste, emocionado;
incorporóse lentamente,
abrazó al primer hombre; echóse a andar…

DE VIVA VOZ: CÉSAR VALLEJO

*"**Trilce** no quiere decir nada."*

París, 1924. El *Manifiesto surrealista* de André Breton, inspirado en el psicoanálisis de Sigmund Freud, revoluciona el mundo de las letras. César Vallejo llega a París un año antes con un libro bajo el brazo: *Trilce*, un poemario publicado en 1922 que la crítica contemporánea define como surrealista. El poeta español César González–Ruano recoge este momento en una entrevista publicada en el *Heraldo de Madrid* en 1931.

[…] Ha llegado el indefinible Vallejo. Yo recuerdo unas palabras del nuevo libertador de América, Carlos Mariátegui, que nos explicaba cómo el ultraísmo, el creacionismo, el superrealismo y todos los "ismos" son elementos anteriores en él, dentro del panorama de su sueño; elementos, en suma, que no permiten tampoco catalogarle en ninguna escuela. Así lo creo yo también. Asombra su autoctonismo y los lejanísimos mares, las remotas palabras que le sirven a este hombre desinteresado de partidos políticoliterarios para construir su poema con el mismo sentido personal y directo que las flores producen su olor. César Vallejo aprisiona en *Trilce* la precisión como principal elemento poético. Sus versos me dieron, cuando lo conocí, la impresión de una angustia sin la cual no concibo al verdadero poeta. Su desgarramiento por lograr la verdad —su verdad— me pareció terrible.

[…] Mazos de pensamiento sacaron su frente y hundieron sus ojos, a los que la noche daba el *kool* de quienes suspiran más hacia dentro que los demás. Este hombre muy moreno, con nariz de boxeador y gomina en el pelo, cuya risa tortura en cicatrices el rostro, habla con la misma precisión que escribe, y no os espantará demasiado si os juro que en el café se quita el abrigo y lo duerme en la percha.

GONZÁLEZ–RUANO César Vallejo, ¿a qué viene usted?

VALLEJO Pues a tomar café.

GONZÁLEZ–RUANO ¿Cómo empezó a tomar café en su vida?

VALLEJO Publiqué mi primer libro en Lima. Una recopilación de poemas: *Los heraldos negros*. Fue el año 1918.

GONZÁLEZ–RUANO ¿Qué cosas interesantes sucedían en Lima en ese año?

VALLEJO No sé… Yo publicaba mi libro…, por aquí se terminaba la guerra… No sé…

GONZÁLEZ–RUANO ¿Qué tipo de poesía hizo usted en *Los heraldos negros*?

VALLEJO Podría llamarse poesía modernista. Encajaban, sí, en un modernismo español, en un sentido tradicional con lógicas incrustaciones de americanismos.

GONZÁLEZ–RUANO ¿Recuerda, usted…?

VALLEJO Es Abril quien la recuerda:

> *Qué estará haciendo esta hora mi andina y dulce Rita,*
> *de junco y capulí;*
> *ahora que me asfixia Bizancio, y que dormita*
> *la sangre, como flojo coñac, dentro de mí.*

Lo ha recitado César Vallejo mal, muy mal; pero no tan mal que yo no aprecie las excelencias de esta estrofa, que revela —y más si se la mira con el sentido histórico de su fecha— un auténtico poeta. En ella veo, por de pronto…

GONZÁLEZ–RUANO Veo por de pronto, amigo Vallejo, algo importantísimo en un poeta y sin cuya condición no me interesan ni los poetas, ni los prosistas, ni las locomotoras; la precisa adjetivación: "flojo coñac".

VALLEJO La precisión me interesa hasta la obsesión. Si usted me preguntara cuál es mi mayor aspiración en estos momentos, no podría decirle más que esto: la eliminación de toda palabra de existencia accesoria, la expresión pura, que hoy mejor que nunca habría que buscarla en los sustantivos y en los verbos… ¡ya que no se puede renunciar a las palabras!…

GONZÁLEZ–RUANO En *Trilce* por ejemplo, ¿puede citarme algún verso así?

Vallejo busca en su libro que yo he traído al café, y elige lo siguiente:

> *La creada voz rebélase y no quiere*
> *ser malla, ni amor.*
> *Los novios sean novios en eternidad.*

Pues no deis 1, que resonará al infinito.
Y no deis 0, que callará tanto,
hasta despertar y poner de pie al 1.

GONZÁLEZ–RUANO Muy bien. ¿Quiere usted decirme por qué se llama su libro *Trilce*? ¿Qué quiere decir *Trilce*?

VALLEJO Ah, pues *Trilce* no quiere decir nada. No encontraba, en mi afán, ninguna palabra con dignidad de título, y entonces la inventé: *Trilce*. ¿No es una palabra hermosa? Pues ya no pensé más: *Trilce*.

GONZÁLEZ–RUANO ¿Cuándo llega usted a Europa, a París, Vallejo?

VALLEJO En 1923, con *Trilce* publicado el año anterior.

GONZÁLEZ–RUANO ¿Usted no conocía a los modernos poetas franceses?

VALLEJO Ni a uno. El ambiente de Lima era otro. Había alguna curiosidad; pero concretamente yo no me había enterado de muchas cosas. [...]

PREGUNTAS

ANÁLISIS

1. La crisis espiritual y religiosa de principios de siglo xx explica, según algunos críticos, el surgimiento de las vanguardias. ¿En qué aspectos de las obras seleccionadas de Vallejo se refleja esta crisis? Justifica tu respuesta con ejemplos de los poemas.

2. Para Vicente Huidobro "la poesía es el único desafío que acepta la razón". ¿Dirías, tras la lectura del poema de *Trilce*, que también es el único desafío que acepta el lenguaje?

3. En su obra poética, César Vallejo expresa su soledad ante un universo sin Dios. Sin embargo, uno de sus poemas es casi una alegoría cristiana. Identifica ese poema y coméntalo en el contexto general de desesperanza de las demás obras aquí seleccionadas.

4. En la obra de Vallejo, el poeta de la eternidad, el tiempo tiene una nueva dimensión. Comenta cómo se manifiesta esta característica en "Piedra negra sobre una piedra blanca".

5. El animismo es una concepción del universo de ciertas culturas en la que todo, no solo los seres vivos, tiene alma. Identifica los versos animistas en "Piedra negra sobre una piedra blanca".

6. ¿Qué diferencias formales hay entre "Piedra negra sobre una piedra blanca" y el soneto tradicional?

7. ¿Qué elementos narrativos identificas en la estructura de "Masa"?

INTERPRETACIÓN

1. En "Los heraldos negros", ¿qué pretende transmitir el poeta con su "Yo no sé!"?

2. Lee el final del tercer cuarteto de "Los heraldos negros". ¿Qué crees que simbolizan esas "crepitaciones de algún pan que en el horno se nos quema"?

3. ¿Identificas en el contexto de tu vida el significado de los heraldos negros? ¿Cuál sería, en el poema de Vallejo, el mensaje que envían esos heraldos o mensajeros?

4. Explica por qué crees que el poeta titula la segunda poesía seleccionada, "Voy a hablar de la esperanza".

5. En "Me viene, hay días, una gana ubérrima, política…", es posible hallar ciertas notas de ironía y de humor ("ayudar al bueno a ser su poquillo de malo", "lavar al cojo el pie"). ¿Crees que ese humor es premeditado? Elabora tu respuesta.

6. ¿En qué verso de "Masa" se manifiesta con claridad la singular percepción de Vallejo sobre la vida y la muerte?

7. Algunos críticos consideran a Vallejo como un maestro de la ironía. Identifica ejemplos de ironía en alguno de los poemas.

INVESTIGACIÓN

1. César Vallejo es uno de los muchos representantes de las vanguardias que se entregó en cuerpo y alma al comunismo. Investiga las causas históricas de esta identificación de los poetas de las vanguardias con las ideas revolucionarias de Marx y Engels.

2. Investiga las influencias de César Vallejo en el dramaturgo y actor estadounidense Sam Shepard.

BIBLIOGRAFÍA

Franco, Jean. *Historia de la literatura hispanoamericana.* Barcelona: Ariel, S.A. Instrumenta 7, 1979.

González Vigil, Ricardo. *Claves para leer a César Vallejo.* Lima: Editorial San Marcos, 2009.

Oviedo, José Miguel. *Historia de la literatura hispanoamericana: del romanticismo al modernismo.* Volumen II. Madrid: Alianza Universidad Textos, 1997.

Vallejo, César. *Los heraldos negros: Trilce.* Bogotá: Oveja negra, 1997.

Vallejo, César. *Poemas en prosa.* Madrid: Cátedra, 1988.

Vallejo, César. *Hay golpes en la vida tan fuertes...* Santiago: Editorial Andrés Bello, 1996.

Vallejo, César. *Poemas en prosa, Poemas humanos, España, aparta de mí este cáliz.* Argentina: Losada, 1997.

Vallejo, César. *Antología poética.* Madrid: Alianza Editorial, 2001.

VICENTE HUIDOBRO

1893–1948

"Que el verso sea como una llave que abra mil puertas. Una hoja cae; algo pasa volando; cuanto miren los ojos creado sea, y el alma del oyente quede temblando."

—**Vicente Huidobro, "*Arte poética*"**

Vicente Huidobro nació en Santiago de Chile. Fue uno de los poetas más importantes de la vanguardia y el fundador del creacionismo, movimiento que sostenía que el artista competía de igual a igual con la naturaleza en su función creadora. Descendiente de la nobleza española, disfrutó de una educación privilegiada y de viajes constantes a Europa. Cultivó una intensa vida social y se integró plenamente en los círculos de artistas e intelectuales de su época, tanto en América como en Europa. Estableció vínculos entre la literatura y el cine, la moda y la pintura; fundó revistas y publicó novelas, poemas, obras de teatro, ensayos y artículos de crítica cinematográfica y política. De regreso a Chile, en 1925, participó en política y se postuló para la presidencia, siendo derrotado en las urnas. Más tarde se concentró en su militancia en el partido comunista chileno y en su oposición al fascismo que avanzaba en Europa. Mantuvo una "guerrilla literaria" con su compatriota Pablo Neruda por sus diferencias en la concepción de la poesía y la política. Demostró su bravura, tanto en el frente de la Guerra Civil Española como en el de la Segunda Guerra Mundial, donde combatió con el Ejército francés alcanzando el grado de capitán. Al final de la contienda, entró con las tropas aliadas en Berlín. Murió en Cartagena, Chile.

Dentro de las vanguardias que se anunciaban en Europa, un joven Huidobro prepara la ruptura con lo establecido en su poema "Arte poética" (*El espejo de agua*, 1916), donde define lo que para él es o debe ser la poesía. La palabra asume propiedades mágicas, y sugiere, asombra, se contradice y da paso a nuevos ámbitos de la experiencia; el poeta se hace Dios creador del mundo que percibe. En 1921, Huidobro lee su manifiesto *La Poesía* en el Ateneo de Madrid y ofrece una visión de la atmósfera casi sagrada en que se desenvuelve la palabra poética. La poesía "como desafío único a la razón" y como lenguaje de la creación; la poesía como voz secreta e inmortal de las cosas primeras y últimas que ha de descubrir el verdadero poeta, que es, según Huidobro, el que recuerda el drama entre el mundo y su representación. Pero será en *Altazor* (1931) donde asuma los riesgos poéticos que marcarán su voz creadora. En este poema, en siete cantos y un prefacio, se describe la caída del hombre moderno del orden al caos, de la fe al absurdo, y su búsqueda incansable de certeza. El héroe de *Altazor* es el hombre-artista de principios de siglo xx que desafía de forma trágica a Dios y que ahora, desde un paracaídas —símbolo de la modernidad— se precipita a la tierra. Todo el poema es un espacio donde el lenguaje habita con libertad absoluta y se despliega en un juego continuo.

En "La poesía es un atentado celeste" (*Últimos poemas*, 1948), el poeta salva la distancia sorda e infranqueable entre lo inanimado y su propia corporeidad, mutando en árbol mediante una silenciosa "transubstanciación". En "El espejo de agua", Huidobro anuncia el fin del modernismo con el símbolo del cisne ahogado y el inicio de una lírica nueva representada por el "ruiseñor ebrio que aletea en mi dedo". Huidobro sigue explorando incansablemente los límites de la experiencia humana en "Preludio de esperanza" (*El ciudadano del olvido*, 1941). En palabras del crítico chileno Federico Schopf, "el poeta construye el espacio de juego en que se acoplan parcialmente soledad y contacto, palabra y silencio, el yo y el prójimo, esperanza y desaliento, amada y amante, alegría y amargura".

Vicente Huidobro

Cagliostro

Edición de
Gabriele Morelli

CATEDRA
Letras Hispánicas

OBRAS

Poesía
1911 | *Ecos del alma*
1913 | *La gruta del silencio*
1913 | *Canciones en la noche*
1914 | *Pasando y pasando*
1914 | *Las pagodas ocultas*
1916 | *Adán*
1916 | *El espejo de agua*
1918 | *Hallali*
1918 | *Poemas árticos*
1918 | *Ecuatorial*
1921 | *Saisons Choisies*
1921 | *La Poesía*
1925 | *Automne régulier*
1925 | *Tout à coup*
1931 | *Altazor o El viaje en paracaídas*
1931 | *Temblor de cielo*
1941 | *Ver y palpar*
1941 | *El ciudadano del olvido*
1945 | *Antología*
*1948 | *Últimos poemas*

Novela
1929 | *Mío Cid Campeador*
1934 | *La Próxima (historia que pasó en poco tiempo más)*
1934 | *Cagliostro*
1934 | *Papá o El diario de Alicia Mir*
1939 | *Sátiro o El poder de las palabras*

Cuento
1935 | *Tres inmensas novelas*

Teatro
1932 | *Gilles de raíz*
1934 | *En la luna*

Ensayo
1923 | *Finis Britannia*
1925 | *Manifestes*
1926 | *Vientos contrarios*

*Obra publicada póstumamente.

ARTE POÉTICA

De *El espejo de agua*, 1916

Que el verso sea como una llave
Que abra mil puertas.
Una hoja cae; algo pasa volando;
Cuanto miren los ojos creado sea,
5   Y el alma del oyente quede temblando.

Inventa mundos nuevos y cuida tu palabra;
El adjetivo, cuando no da vida, mata.

Estamos en el ciclo de los nervios.
El músculo cuelga,
10 Como recuerdo, en los museos;
Mas no por eso tenemos menos fuerza:
El vigor verdadero
Reside en la cabeza.

Por qué cantáis la rosa, ¡oh Poetas!
15 Hacedla florecer en el poema;
Sólo para nosotros
Viven todas las cosas bajo el Sol.

El poeta es un pequeño Dios.

LA POESÍA

De *La Poesía*, 1921

Aparte de la significación gramatical del lenguaje, hay otra, una significación mágica, que es la única que nos interesa. Uno es el lenguaje objetivo que sirve para nombrar las cosas del mundo sin sacarlas fuera de su calidad de inventario; el otro rompe esa norma convencional y en él las palabras pierden su representación estricta
5 para adquirir otra más profunda y como rodeada de un aura luminosa que debe elevar al lector del plano habitual y envolverlo en una atmósfera encantada.

En todas las cosas hay una palabra interna, una palabra latente y que está debajo de la palabra que las designa. Esa es la palabra que debe descubrir
10 el poeta.

La poesía es el vocablo virgen de todo prejuicio; el verbo creado y creador, la palabra recién nacida. Ella se desarrolla en el alba primera del mundo. Su precisión no consiste en denominar las cosas, sino en no alejarse del alba.

Su vocabulario es infinito porque ella no cree en la certeza de todas sus
15 posibles combinaciones. Y su rol es convertir las probabilidades en certeza. Su

valor está marcado por la distancia que va de lo que vemos a lo que imaginamos. Para ella no hay pasado ni futuro.

El poeta crea fuera del mundo que existe el que debiera existir. Yo tengo derecho a querer ver una flor que anda o un rebaño de ovejas atravesando el arco iris, y el que quiera negarme este derecho o limitar el campo de mis visiones debe ser considerado un simple inepto.

El poeta hace cambiar de vida a las cosas de la Naturaleza, saca con su red todo aquello que se mueve en el caos de lo innombrado, tiende hilos eléctricos entre las palabras y alumbra de repente rincones desconocidos, y todo ese mundo estalla en fantasmas inesperados.

El valor del lenguaje de la poesía está en razón directa de su alejamiento del lenguaje que se habla. Esto es lo que el vulgo· no puede comprender porque no quiere aceptar que el poeta trate de expresar sólo lo inexpresable. Lo otro queda para los vecinos de la ciudad. El lector corriente no se da cuenta de que el mundo rebasa· fuera del valor de las palabras, que queda siempre un más allá de la vista humana, un campo inmenso lejos de las fórmulas del tráfico diario.

La Poesía es un desafío a la Razón, el único desafío que la razón puede aceptar, pues una crea su realidad en el mundo que es y la otra en el que está siendo.

La Poesía está antes del principio del hombre y después del fin del hombre. Ella es el lenguaje del Paraíso y el lenguaje del Juicio Final, ella ordeña las ubres· de la eternidad, ella es intangible como el tabú del cielo.

La Poesía es el lenguaje de la Creación. Por eso sólo los que llevan el recuerdo de aquel tiempo, sólo los que no han olvidado los vagidos· del parto universal ni los acentos del mundo en su formación, son poetas. Las células del poeta están amasadas en el primer dolor y guardan el ritmo del primer espasmo. En la garganta del poeta el universo busca su voz, una voz inmortal.

El poeta representa el drama angustioso que se realiza entre el mundo y el cerebro humano, entre el mundo y su representación. El que no haya sentido el drama que se juega entre la cosa y la palabra, no podrá comprenderme.

El poeta conoce el eco de los llamados de las cosas a las palabras, ve los lazos sutiles que se tienden las cosas entre sí, oye las voces secretas que se lanzan unas a otras palabras separadas por distancias inconmensurables·. Hace darse la mano a vocablos enemigos desde el principio del mundo, los agrupa y los obliga a marchar en su rebaño por rebeldes que sean, descubre las alusiones más misteriosas del verbo y las condensa en un plano superior, las entreteje en su discurso, en donde lo arbitrario pasa a tomar un rol encantatorio·. Allí todo cobra nueva fuerza y así puede penetrar en la carne y dar fiebre al alma. Allí coge ese temblor ardiente de la palabra interna que abre el cerebro del lector y le da alas y lo transporta a un plano superior, lo eleva de rango·. Entonces se apoderan del alma la fascinación misteriosa y la tremenda majestad.

·masa, gente ordinaria

·se desborda, traspasa

·mamas de los mamíferos hembra

·llantos

·infinitas, que no se pueden medir

·de encantamiento, hechizo, seducción

·categoría, nivel

Las palabras tienen un genio recóndito*, un pasado mágico que sólo el poeta   *remoto, escondido
sabe descubrir, porque él siempre vuelve a la fuente. El lenguaje se convierte
en un ceremonial de conjuro* y se presenta en la luminosidad de su desnudez   *magia
60   inicial ajena a todo vestuario convencional fijado de antemano.

Toda poesía válida tiende al último límite de la imaginación. Y no sólo
de la imaginación, sino del espíritu mismo, porque la poesía no es otra cosa
que el último horizonte, que es, a su vez, la arista en donde los extremos se
tocan, en donde no hay contradicción ni duda. Al llegar a ese lindero final el
65   encadenamiento habitual de los fenómenos rompe su lógica, y al otro lado, en
donde empiezan las tierras del poeta, la cadena se rehace en una lógica nueva.

El poeta os tiende la mano para conduciros más allá del último horizonte,
más arriba de la punta de la pirámide, en ese campo que se extiende más
allá de lo verdadero y lo falso, más allá de la vida y de la muerte, más allá del
70   espacio y del tiempo, más allá de la razón y la fantasía, más allá del espíritu y
la materia.

Allí ha plantado el árbol de sus ojos y desde allí contempla el mundo, desde
allí os habla y os descubre los secretos del mundo.

Hay en su garganta un incendio inextinguible.

75   Hay además ese balanceo* de mar entre dos estrellas.   *vaivén

Y hay ese Fiat Lux[1] que lleva clavado en su lengua. ✦

---

[1] Expresión del latín que aparece en la Biblia; Hágase la luz.

ALTAZOR

De *Altazor* o *El viaje en paracaídas*, 1931

Canto III

Romper las ligaduras* de las venas   *ataduras
Los lazos de la respiración y las cadenas

De los ojos senderos de horizontes
Flor proyectada en cielos uniformes

5   El alma pavimentada de recuerdos
Como estrellas talladas por el viento

El mar es un tejado de botellas
Que en la memoria del marino sueña

Cielo es aquella larga cabellera intacta
10 Tejida entre manos de aeronauta

Y el avión trae un lenguaje diferente
Para la boca de los cielos de siempre

Cadenas de miradas nos atan a la tierra
Romped romped tantas cadenas

15 Vuela el primer hombre a iluminar el día
El espacio se quiebra en una herida

Y devuelve la bala al asesino
Eternamente atado al infinito

Cortad todas las amarras•   •cuerdas
20 De río mar o de montaña

De espíritu y recuerdo
De ley agonizante y sueño enfermo

Es el mundo que torna y sigue y gira
Es una última pupila

25 Mañana el campo
Seguirá los galopes del caballo

La flor se comerá a la abeja
Porque el hangar será colmena

El arco iris se hará pájaro
30 Y volará a su nido cantando

Los cuervos se harán planetas
Y tendrán plumas de hierba

Hojas serán las plumas entibiadas•   •tibias, templadas
Que caerán de sus gargantas

35 Las miradas serán ríos
Y los ríos heridas en las piernas del vacío

Conducirá el rebaño a su pastor
Para que duerma el día cansado como avión

Y el árbol se posará sobre la tórtola•   •paloma
40 Mientras las nubes se hacen roca

Porque todo es como es en cada ojo
Dinastía astrológica y efímera
Cayendo de universo en universo

Manicura de la lengua es el poeta
45 Mas no el mago que apaga y enciende
Palabras estelares y cerezas de adioses vagabundos
Muy lejos de las manos de la tierra
Y todo lo que dice es por él inventado
Cosas que pasan fuera del mundo cotidiano
50 Matemos al poeta que nos tiene saturados

Poesía aún y poesía poesía
Poética poesía poesía
Poesía poética de poético poeta
Poesía
55 Demasiada poesía
Desde el arco iris hasta el culo pianista de la vecina
Basta señora poesía bambina
Y todavía tiene barrotes˙ en los ojos   ˙palos, barras
El juego es juego y no plegaria infatigable
60 Sonrisa o risa y no lamparillas de pupila
Que ruedan de la aflicción hasta el océano
Sonrisa y habladurías de estrella tejedora
Sonrisa del cerebro que evoca estrellas muertas
En la mesa mediúmnica de sus irradiaciones

65 Basta señora arpa de las bellas imágenes
De los furtivos comos iluminados
Otra cosa otra cosa buscamos
Sabemos posar un beso como una mirada
Plantar miradas como árboles
70 Enjaular árboles como pájaros
Regar pájaros como heliotropos
Tocar un heliotropo como una música
Vaciar una música como un saco
Degollar un saco como un pingüino
75 Cultivar pingüinos como viñedos
Ordeñar un viñedo como una vaca
Desarbolar vacas como veleros
Peinar un velero como un cometa
Desembarcar cometas como turistas
80 Embrujar turistas como serpientes
Cosechar serpientes como almendras
Desnudar una almendra como un atleta
Leñar˙ atletas como cipreses   ˙hacer leña
Iluminar cipreses como faroles
85 Anidar faroles como alondras
Exhalar alondras como suspiros
Bordar suspiros como sedas
Derramar sedas como ríos
Tremolar˙ un río como una bandera   ˙temblar
90 Desplumar una bandera como un gallo
Apagar un gallo como un incendio
Bogar˙ en incendios como en mares   ˙remar
Segar mares como trigales˙   ˙campos de trigo
Repicar trigales como campanas
95 Desangrar campanas como corderos

Dibujar corderos como sonrisas
Embotellar sonrisas como licores
Engastar° licores como alhajas   °incrustar
Electrizar alhajas como crepúsculos
100   Tripular crepúsculos como navíos
Descalzar un navío como un rey
Colgar reyes como auroras
Crucificar auroras como profetas
Etc. etc. etc.
105   Basta señor violín hundido en una ola ola
Cotidiana ola de religión miseria
De sueño en sueño posesión de pedrerías°   °piedras preciosas

Después del corazón comiendo rosas
Y de las noches del rubí perfecto
110   El nuevo atleta salta sobre la pista mágica
Jugando con magnéticas palabras
Caldeadas° como la tierra cuando va a salir un volcán   °calentadas
Lanzando sortilegios° de sus frases pájaro   °encantamientos
Agoniza el último poeta
115   Tañen las campanas de los continentes
Muere la luna con su noche a cuestas
El sol se saca del bolsillo el día
Abre los ojos el nuevo paisaje solemne
Y pasa desde la tierra a las constelaciones
120   El entierro de la poesía

Todas las lenguas están muertas
Muertas en manos del vecino trágico
Hay que resucitar las lenguas
Con sonoras risas
125   Con vagones de carcajadas
Con cortacircuitos en las frases
Y cataclismo en la gramática
Levántate y anda
Estira las piernas anquilosis salta
130   Fuegos de risa para el lenguaje tiritando de frío
Gimnasia astral para las lenguas entumecidas°   °rígidas, paralizadas
Levántate y anda
Vive vive como un balón de fútbol
Estalla en la boca de diamantes motocicleta
135   En ebriedad de sus luciérnagas
Vértigo sí de su liberación
Una bella locura en la vida de la palabra
Una bella locura en la zona del lenguaje
Aventura forrada° de desdenes tangibles   °cubierta

140 │ Aventura de la lengua entre dos naufragios
Catástrofe preciosa en los rieles• del verso　　　　　　　•carriles

Y puesto que debemos vivir y no nos suicidamos
Mientras vivamos juguemos
El simple sport de los vocablos

145 │ Sin imagen limpia de joyas
(Las palabras tienen demasiada carga)
Un ritual de vocablos sin sombra
Juego de ángel allá en el infinito
Palabra por palabra
150 │ Con luz propia de astro que un choque vuelve vivo
Saltan chispas del choque y mientras más violento
Más grande es la explosión
Pasión del juego en el espacio
Sin alas de luna y pretensión
155 │ Combate singular entre el pecho y el cielo
Total desprendimiento al fin de voz de carne
Eco de luz que sangra aire sobre el aire

Después nada nada
Rumor aliento de frase sin palabra

LA POESÍA ES UN ATENTADO CELESTE

De *Últimos poemas*, 1948

Yo estoy ausente, pero en el fondo de esta ausencia
Hay la espera de mí mismo.
Y esta espera es otro modo de presencia
La espera de mi retorno
5 │ Yo estoy en otros objetos
Ando en viaje dando un poco de mi vida
A ciertos árboles y a ciertas piedras
Que me han esperado muchos años.

Se cansaron de esperarme y se sentaron.

10 │ Yo no estoy y estoy
Estoy ausente y estoy presente en estado de espera
Ellos querrían mi lenguaje para expresarse
Y yo querría el de ellos para expresarlos
He aquí el equívoco•, el atroz equívoco.　　　　•ambigüedad, confusión

15 │ Angustioso lamentable
Me voy adentrando en estas plantas

Voy dejando mis ropas
Se me van cayendo las carnes
Y mi esqueleto se va revistiendo de cortezas.

20 Me estoy haciendo árbol. Cuántas veces me he ido convirtiendo en otras cosas…
Es doloroso y lleno de ternura.

Podría dar un grito pero se espantaría* la transubstanciación   *se asustaría
Hay que guardar silencio. Esperar en silencio.

EL ESPEJO DE AGUA

De *El espejo de agua*, 1916

Mi espejo, corriente por las noches,
Se hace arroyo y se aleja de mi cuarto.

Mi espejo, más profundo que el orbe*   *mundo; universo
Donde todos los cisnes se ahogaron.

5 Es un estanque verde en la muralla
Y en medio duerme tu desnudez anclada.

Sobre sus olas, bajo cielos sonámbulos,
Mis ensueños* se alejan como barcos.   *ilusiones, fantasías

De pie en la popa siempre me veréis cantando.
10 Una rosa secreta se hincha en mi pecho
Y un ruiseñor ebrio aletea en mi dedo.

PRELUDIO DE ESPERANZA

De *El ciudadano del olvido*, 1941

Cantas y cantas hablas y hablas
Y ruedas por el tiempo
Y lloras como lirio desatado
Y suspiras entre largos agonizantes que no saben qué decir
5 A veces también ríes con tus huesos de gran noche
Señalados en su sitio de esqueleto
Designados en su trozo de tierra saludando al cielo.
Pide conformidad para tus altos intereses
En el país de la esperanza que despierta en tus costillas
10 Pide lección al árbol acusado por sus excesos*   *abusos
Y sus alas habituadas a todo trance*   *infortunio
Escucha la salida del río escucha la sombra adentro de la flor

Cantas y cantas hablas y hablas
Y sueñas que la especie olvidará tinieblas
15 Pronto pronto el olvido del llanto
Las lágrimas armadas de tan lejana luz
Como animales numerados que van saliendo del mar
Pronto el olvido de tanta sombra suspirado
Pronto el futuro de horizontes que conoce su pasión

20 Cantas y cantas
Y tienes una voz acumulada
Tienes una voz con ciertos lados dolorosos
Y ciertos rincones impacientes
Y gotas de astros perdidos por su tierno corazón
25 Tienes cascadas en tus regiones más pensadoras
Tienes objetos convertidos en vidrio al fondo de tus ojos
Tienes rutas nacidas para el oscuro sonar de la garganta
Pues hacer un nudo de puertas con tus enigmas
Y así mismo desatar el tiempo entre sonidos y presagios•   •premoniciones, presentimientos
30 Puedes dar una parte a tu luz en el camino mismo

Hablas y hablas
Y ya sabemos que es como el ruido de la lluvia
Que cae de cabeza sobre el campo
Pero tu ruido lleva sueños y puntas de hojas pensativas
35 Lleva un bronce que ha escarbado• cenizas y montañas   •removido

Cantas y cantas lloras y lloras
Y en tu llorar hay el combate de la muerte y de la marcha
Todas las últimas batallas con su color de límite
Y en tu silencio crecen árboles tan decididos• como las borrascas••   •valientes ••tormentas
40 Y, la muerte obedece a su mundo tembloroso
Ardiendo en sueños de clave visionaria

Hablas y hablas miras y miras
Y sientes la corteza que te separa de las ansias ajenas•   •de los otros
Sientes desde adentro de ti mismo
45 Los impulsos del mundo los latidos de la tierra
Y los tormentos de todas las crisálidas
En su escafandra• de enigmas   •traje de buzo
Sientes las alas ciegas de tus signos jadeantes
Y esa agua olvidada de sus mares que corre en tus arterias

50 Cantas y cantas ríes y ríes
Y tienes una dulzura que te come los huesos
Y oyes crujir la tierra que no sabe su nombre
Y le duelen los árboles
Le duele el mar con todas sus olas
55 Le duele el paso de los hombres

Y los arroyos oscuros que se entrecruzan
En un pacto ungido* por la nobleza de sus años.

          *dignificado

Lloras y lloras miras y miras ríes y ríes
Y te detienes pensativo en medio de tantos ecos
60 En esta tierra de entusiasmos secretos
En estos vientos que traen apariencias de destinos.
Y contemplas de un lado el empezar del mundo
Del otro la noche de cristales espantados
Y te vas y buscas ansioso
65 Esa música rasgada por donde se evade la casa
Y desaparece moviendo el corazón entre fantasmas.
Cuando el sol te reemplaza de repente
Qué quieres que te diga
A tiempo de mirar caen las plumas
70 Como vejez de palabra en traje de alma
Qué quieres que te diga
El mundo baja por tus angustias a tu encuentro.

Cantas y cantas hablas y hablas
Y te olvidas de todo para que todo te olvide
75 Hablas y hablas cantas y cantas
Lloras y lloras miras y miras ríes y ríes
Y te vas en silueta de aire.

PREGUNTAS

ANÁLISIS

1. ¿Qué recurso poético utiliza Huidobro en el verso de "Arte poética": "El poeta es un pequeño Dios"? Explica el significado de este verso dentro del movimiento creacionista.

2. Describe con tus propias palabras cómo evoluciona la poesía, desde el modernismo hasta las vanguardias definido en *La Poesía*.

3. Lee detenidamente el "Canto III" de *Altazor* e intenta seleccionar algunos de los versos en donde se parodia la poesía muerta y algunos de los versos creacionistas. Justifica tu selección.

4. Busca en el poema "La poesía es un atentado celeste" elementos que ejemplifiquen los postulados defendidos en "Arte poética".

5. ¿En qué consiste la transubstanciación de "La poesía es un atentado celeste"?

6. En el poema "El espejo del agua", el poeta habla de la muerte del cisne. Si el cisne representa la poesía modernista, busca en el poema la imagen que, según tu opinión, represente la nueva poesía. Explica tu elección.

7. Según tu opinión, ¿a quién le habla el "yo poético" en el poema "Preludio de esperanza"? Pon ejemplos del texto.

INTERPRETACIÓN

1. Lee otra vez la tercera estrofa de "Arte poética". En ella, el poeta habla de "músculo" y de "cabeza". ¿Qué idea crees que quiere transmitir con esta analogía? Justifica tu respuesta.

2. ¿Consideras, al igual que Huidobro en *La Poesía*, que esta "es el único desafío que la razón puede aceptar"? ¿Por qué crees que otorga el escritor chileno ese rango a la poesía?

3. Estudia la estructura del "Canto III" de *Altazor*. ¿En qué partes dividirías el poema? ¿Por qué?

4. En el "Canto III" de *Altazor* aparecen el poeta y el mago como personajes. ¿Qué representan cada uno de ellos? Apoya tu argumento con ejemplos del texto.

5. ¿Qué elementos de la naturaleza son recurrentes en la presente selección de la poesía de Huidobro? Según tu opinión, ¿qué papel desempeñan en su obra? Pon ejemplos de las obras seleccionadas y justifica tu respuesta.

6. ¿Qué poemas tratan el tema de la creación poética? ¿Por qué crees que este tema es tan importante para el autor?

7. En "Preludio de esperanza" el "yo poético" nos presenta su cosmovisión de la existencia humana. Encontramos tanto imágenes que llevan al desaliento como otras que apuntan a la esperanza. Según tu opinión, ¿cuál es el tono del poema? Ilustra tu razonamiento con ejemplos de la composición.

INVESTIGACIÓN

1. El joven Huidobro fue colaborador de la revista *Dada*, publicación del movimiento dadaísta. Averigua en qué consiste este movimiento y si tiene conexiones con el creacionismo.

2. A principios del siglo xx surgieron los llamados *ismos*, movimientos artísticos entre los que se encuentra el creacionismo. Investiga qué otros movimientos formaban parte de los *ismos*, cuáles eran las características de cada uno y qué circunstancias alentaron su nacimiento y su fin.

ALFONSINA STORNI

1892–1938

"Mar que te agitas: prende en tus olas el alma mía, que estando a solas en esta hora con mi inquietud tengo deseos de que mi todo a un tiempo sea cristal y lodo, paloma y cuervo, llama y alud."

—**Alfonsina Storni,** *"Tempestad"*

Alfonsina Storni nació en Suiza, pero su familia se trasladó poco después a la Argentina. Su infancia fue difícil: su padre era alcohólico y depresivo, y Alfonsina tuvo que dejar la escuela desde pequeña para trabajar limpiando y sirviendo mesas en el café familiar y, posteriormente, en una fábrica de gorras. Tras probar suerte brevemente en el teatro como actriz de una compañía itinerante, estudió para ser maestra y encontró trabajo en una escuela. Durante ese periodo empezó a escribir poesía asiduamente. En 1911 se mudó a Buenos Aires, donde fue cajera en una tienda, empleada en una importadora y celadora en un colegio. En 1916 publicó su primer poemario: *La inquietud del rosal*, al que le siguieron *El dulce daño* (1918), *Irremediablemente* (1919) y *Languidez* (1920), con los que se transformó en una poeta admirada y reconocida internacionalmente. Fue amiga de personalidades de la cultura y artistas como el pintor Benito Quinquela Martín y el escritor Horacio Quiroga, entre otros.

Nunca dejó de escribir, a pesar de contraer un cáncer del que logra curarse, de sus constantes problemas económicos, o de la marginación social por su condición de mujer y madre soltera en el entorno machista de su época. A través de sus artículos, que publicaba en distintas revistas y periódicos, expresaba su cuestionamiento de la visión social y cultural del papel de la mujer. Tras la reaparición de un cáncer diagnosticado años atrás, se arroja al mar el 25 de octubre de 1938. Su poema "Voy a dormir", que había enviado algunos días antes al diario *La Nación*, salió publicado el día después de su muerte.

Alfonsina Storni fue feminista, apoyó el derecho de las mujeres al voto, nunca se casó ni dependió de nadie para mantener a su hijo. Tuvo una vida amorosa agitada y debió abrirse camino entre escritores que en su gran mayoría eran hombres y no reconocían a las mujeres como iguales, especialmente si provenían de la clase trabajadora como ella. Pero Alfonsina, como la siguen llamando afectuosamente en su Argentina, nunca se dio por vencida. Según el escritor argentino Conrado Nalé Roxlo, ella fue la primera mujer que se sentó en un banquete de escritores.

La escritora se rebela sin titubeos contra el inflexible arquetipo de la mujer, mero objeto de afectos y pasiones, de crueldad y de abandono. Storni anuncia la liberación de ese modelo social en "Hombre pequeñito" (*Irremediablemente*) proclamando "no me entiendes ni me entenderás". También entiende Storni, sin embargo, que el hombre está limitado por las convenciones culturales y sociales que le prohíben la expresión de sentimientos, como observa en su poema "Peso ancestral", del mismo poemario. Storni, dedicada hasta entonces a cuestionar el lugar de la mujer en la sociedad patriarcal, muestra en este poema su vertiente más compasiva al probar "el dolor de siglos" en la lágrima de un hombre. Y, sin embargo, no se resigna a ser una poetisa de lágrimas. También tiene y comparte una visión del mundo, y se integra en una nueva estirpe de poetas iberoamericanas como Gabriela Mistral y Juana de Ibarbourou, sin olvidar a su antecesora modernista, a quien dedicó el poema "Palabras a Delmira Agustini" (*Ocre*, 1925).

Con espíritu combativo denuncia el doble estándar de la moral para la mujer y para el hombre en su poema cargado de metáforas y sinestesias "Tú me quieres blanca" (*El dulce daño*), en cuyos versos la crítica oye ecos evidentes de Sor Juana Inés de la Cruz. Sin embargo, en "A Eros" (*Mascarilla y trébol*, 1938) confiesa la necesidad de un compañero y reconoce que el hombre puede necesitar de ella, aunque teme que al entregarse al amor, no encuentre más que sexo. Lo sexual y lo sensual pasan a convertirse en el centro temático de su poesía, comenta la ensayista argentina Beatriz Sarlo. Desde la publicación de *Ocre*, su estilo deriva hacia un realismo próximo a las vanguardias que abandonan la rima clásica.

OBRAS

TÚ ME QUIERES BLANCA
De *El dulce daño*, 1918

Tú me quieres alba,
me quieres de espumas,
me quieres de nácar.
Que sea azucena
5 sobre todas, casta.
De perfume tenue.
Corola* cerrada.

Ni un rayo de luna
filtrado me haya.
10 Ni una margarita

*pétalos de una flor

se diga mi hermana.
Tú me quieres nívea,
tú me quieres blanca,
tú me quieres alba.

15 Tú que hubiste todas
las copas a mano,
de frutos y mieles
los labios morados.
Tú que en el banquete
20 cubierto de pámpanos*

*hojas de la vid

dejaste las carnes
festejando a Baco.
Tú que en los jardines
negros del Engaño
25 vestido de rojo
corriste al Estrago•.   •daño, destrozo
Tú que el esqueleto
conservas intacto
no sé todavía
30 por cuáles milagros,
me pretendes blanca
(Dios te lo perdone),
me pretendes casta
(Dios te lo perdone),
35 ¡me pretendes alba!

Huye hacia los bosques;
vete a la montaña;
límpiate la boca;
vive en las cabañas;
40 toca con las manos

la tierra mojada;
alimenta el cuerpo
con raíz amarga;
bebe de las rocas;
45 duerme sobre escarcha;
renueva tejidos
con salitre y agua;
habla con los pájaros
y lévate• al alba.   •levántate
50 Y cuando las carnes
te sean tornadas•,   •devueltas
y cuando hayas puesto
en ellas el alma
que por las alcobas
55 se quedó enredada,
entonces, buen hombre,
preténdeme blanca,
preténdeme nívea,
preténdeme casta.

PESO ANCESTRAL

De *Irremediablemente*, 1919.

Tú me dijiste: no lloró mi padre;
tú me dijiste: no lloró mi abuelo;
no han llorado los hombres de mi raza,
eran de acero.

5 Así diciendo te brotó una lágrima
y me cayó en la boca… más veneno.
Yo no he bebido nunca en otro vaso
así pequeño.

Débil mujer, pobre mujer que entiende,
10 dolor de siglos conocí al beberlo;
oh, el alma mía soportar no puede
todo su peso.

A EROS

De *Mascarilla y trébol*, 1938

He aquí que te cacé por el pescuezo[*]
a la orilla del mar, mientras movías
las flechas de tu aljaba para herirme
y vi en el suelo tu floreal corona.

5 Como a un muñeco destripé tu vientre
y examiné sus ruedas engañosas
y muy envuelta en sus poleas[*] de oro
hallé una trampa que decía: sexo.

Sobre la playa, ya un guiñapo[*] triste,
10 te mostré al sol, buscón de tus hazañas,
ante un corro[*] asustado de sirenas.

Iba subiendo por la cuesta albina
tu madrina de engaños, Doña Luna,
y te arrojé a la boca de las olas.

[*]cuello

[*]mecanismo de ruedas
y cuerdas para elevar
objetos pesados
[*]trapo

[*]círculo

PALABRAS A DELMIRA AGUSTINI

De *Ocre,* 1925

Estás muerta y tu cuerpo, bajo uruguayo manto,
descansa de su fuego, se limpia de su llama,
sólo desde tus libros tu roja lengua llama
como cuando vivías, al amor y al encanto.

5 Hoy, si un alma de tantas, sentenciosa y oscura,
con palabras pesadas va a sangrarte el oído,
encogida en tu pobre cajoncito roído[*]
no puedes contestarle desde tu sepultura.

Pero sobre tu pecho, para siempre deshecho,
10 comprensivo vigila, todavía, mi pecho,
y, si ofendida lloras por tus cuencas abiertas

tus lágrimas heladas, con mano tan liviana
que más que mano amiga parece mano hermana,
te enjugo dulcemente las tristes cuencas muertas.

[*]carcomido; destruido
por la carcoma (insecto
que se come la madera)

HOMBRE PEQUEÑITO

De *Irremediablemente,* 1919

Hombre pequeñito, hombre pequeñito,
suelta a tu canario que quiere volar…
yo soy el canario, hombre pequeñito,
déjame saltar.

5 Estuve en tu jaula, hombre pequeñito,
hombre pequeñito que jaula me das.
digo pequeñito porque no me entiendes,
ni me entenderás.

Tampoco te entiendo, pero mientras tanto
10 ábreme la jaula que quiero escapar;
hombre pequeñito, te amé un cuarto de ala;
no me pidas más.

CUADRADOS Y ÁNGULOS

De *El dulce daño,* 1918

Casas enfiladas, casas enfiladas,
casas enfiladas.
Cuadrados, cuadrados, cuadrados.
Casas enfiladas.
5 Las gentes ya tienen el alma cuadrada,
ideas en fila
y ángulo en la espalda.
Yo misma he vertido ayer una lágrima,
Dios mío, cuadrada.

PREGUNTAS

ANÁLISIS

1. En "Tú me quieres blanca", ¿qué exige la poeta al hombre a cambio de la pureza que él le reclama a la mujer?

2. ¿Cuál es el dolor expresado en el poema "Peso ancestral"? ¿Qué tiene de ancestral la carga que describe Storni? ¿Qué sentimientos le despierta a la poeta la situación del hombre?

3. Explica las razones por las que "A Eros" puede considerarse una sátira. Ilustra tu respuesta con ejemplos del texto.

4. Delmira Agustini murió asesinada por su ex marido, un mes después de haberse oficializado su divorcio. ¿Cómo pervive el alma de la poetisa uruguaya en "Palabras a Delmira Agustini"?

5. ¿Qué sentimientos expresa Storni sobre el sexo contrario en "Hombre pequeñito"?

6. ¿Qué observa la poeta en "Cuadrados y ángulos"? ¿Qué emoción la atrapa? ¿Cómo la expresa?

INTERPRETACIÓN

1. A tu juicio, ¿qué tiene que perdonar Dios al hombre en "Tú me quieres blanca"? ¿A qué atribuyes la amargura expresada por la poeta a través de sus versos?

2. En "Peso ancestral", Storni escribe "débil mujer, pobre mujer que entiende". ¿A qué se refiere?

3. En "A Eros", ¿cuál crees que es el rasgo común entre Eros, las sirenas y la luna? ¿Compartes esa visión del amor romántico?

4. ¿Cuál piensas que es el fuego del que descansa Delmira Agustini una vez muerta? ¿Por qué consideras que Storni se identifica tanto con la poeta uruguaya?

5. A tu juicio, ¿qué espera de la mujer el hombre pequeñito al que Storni se dirige en su poema?

6. El poema "Cuadrados y ángulos" fue publicado en 1918, ¿crees que sigue teniendo vigencia en la actualidad? ¿En qué sentido?

7. ¿Crees que una arquitectura hecha de cuadrados y ángulos carece de alma? ¿Por qué?

INVESTIGACIÓN

1. Días antes de suicidarse, Alfonsina Storni escribió y envió al diario *La Nación* un poema titulado "Voy a dormir". Busca el poema y propón una solución al misterio sobre la identidad de alguien allí mencionado. Investiga sobre las explicaciones que se han intentado dar sobre este tema y sugiere tu propia interpretación.

2. En la Argentina, la primera mujer médica se graduó en 1889 y el voto femenino no fue un derecho hasta 1947. Busca escritoras estadounidenses contemporáneas de Alfonsina Storni y compara sus temáticas y biografías con las de la escritora argentina.

ALFONSO REYES

1889–1959

"A mí me enseñó que [...] la literatura mexicana era importante por ser literatura y no por ser mexicana."

—Carlos Fuentes, *"Recuerdo de Alfonso Reyes"*

Alfonso Reyes nace en Monterrey, Nuevo León, México. Su padre, el general Bernardo Reyes, fue gobernador de este estado durante el gobierno de Porfirio Díaz. Allí Alfonso cursó sus primeros estudios hasta licenciarse en Derecho. En 1909, junto con otros escritores mexicanos, fundó el Ateneo de la Juventud, lugar que se convertiría en un centro cultural vivo de México y donde el escritor comenzaría a sentir su fascinación por los clásicos griegos que tanto influyeron en su obra.

En 1913, su padre participa en el golpe de estado contra el presidente Francisco I. Madero, y cae muerto el primer día de combate. Profundamente afectado y dada la situación política de entonces, decide marcharse a Europa. Reside primero en París, pero la Primera Guerra Mundial lo obliga a trasladarse a España, donde traba amistad con el poeta andaluz Juan Ramón Jiménez y el filósofo José Ortega y Gasset. Durante esta etapa (1914–1924), Reyes perfecciona su estilo, que se caracteriza por su gran riqueza léxica. En España, Reyes comienza su producción ensayística y periodística. Destacan sus estudios sobre la figura y obra de Sor Juana Inés de la Cruz, y su versión en prosa del *Cantar del Mío Cid* (1919). Consagrado ya a la literatura, la fama de Reyes cruza el Atlántico y desde México le ofrecen incorporarse a los servicios diplomáticos. Primero en Buenos Aires, donde se haría amigo y mentor de un joven Jorge Luis Borges, luego en Río de Janeiro y, finalmente, en México. Estos años de frenética creatividad literaria culminaron en el Premio Nacional de Literatura en México (1945). Fue, asimismo, miembro de la Academia Mexicana de la Lengua y candidato en cuatro ocasiones al Premio Nobel de Literatura. Fallece en Ciudad de México a la edad de setenta años.

En *Última Tule* (1942), Reyes profundiza en el tema de la búsqueda de lo universal en el hombre. En esta obra se recorren, con un estilo híbrido entre el ensayo y la poesía, los diferentes espacios de esa "América coherente", y se representa el ideal de una América Latina unida bajo la armonía de sus diferencias y similitudes. Esta "americanidad" se refleja de manera sustancial en "Capricho de América", capítulo de la obra antes citada, en el que el escritor aborda desde el mito, la "fatalidad geográfica" del continente. Reyes representa en su ensayo la unidad del universo fragmentada en pequeños trozos. Uno de ellos es la propia Tierra que, surgida del primer pecado original, busca redimirse y volver a ser unidad en un todo único. Sin embargo, la Tierra se descompone en continentes, ocasionando la incomunicación entre sus pueblos que, en lugar de buscar la cohesión, se mantienen unidos por la fuerza debido al poder militar.

El ensayo muestra el intento frustrado de dos razas europeas enérgicas, la sajona y la íbera, por reunificar los territorios. Más adelante repasa la figura de Simón Bolívar y su sueño nunca cumplido de un continente único. Finalmente, Reyes se sirve del mito y de la metáfora para representar la esperanza en esa "América coherente" y unida: Osiris, cuyo cuerpo despedazado se reparte por catorce lugares distintos, es ayudado por Isis, quien, con ayuda del dios Anubis, recoge los pedazos. Este *capricho* no pretende ser ciencia histórica; sin embargo, en un sentido profundo del texto es posible entrever la propia historia de América.

OBRAS PRINCIPALES

Ensayo

1910 | *Cuestiones estéticas*
1917 | *Cartones de Madrid*
1917 | *Visión de Anáhuac*
1917 | *El suicida*
1920 | *Retratos reales e imaginarios*
1921 | *El cazador*
1927 | *Cuestiones gongorinas*
1938 | *Homilía por la cultura*
1942 | *La experiencia literaria*
1942 | *Última Tule*
1942 | *La antigua retórica*
1944 | *El deslinde*
1944 | *Tentativas y orientaciones*
1945 | *Norte y Sur*
1945 | *La crítica en la edad ateniense*
1946 | *Los trabajos y los días*
1949 | *Junta de sombras: Estudios helénicos*

1952 | *La X en la frente*
1952–1959 | *Marginalia*

Poesía

1922 | *Huellas*
1924 | *Ifigenia cruel*
1926 | *Pausa*
1931 | *5 casi sonetos*
1936 | *Otra voz*
1944 | *La vega y el soto*
1948–1951 | *Homero en Cuernavaca*

Cuento

1915–1954 | *Quince presencias*
1920 | *El plano oblicuo*
1953 | *Árbol de pólvora*
1955 | *Los tres tesoros*

CAPRICHO DE AMÉRICA

De *Última Tule*, 1942

L a imaginación, la loca de la casa, vale tanto como la historia para la interpretación de los hechos humanos. Todo está en saberla interrogar y en tratarla con delicadeza. El mito es un testimonio fehaciente* sobre alguna operación divina. La *Odisea* puede servir de carta náutica al que, entendiéndola, frecuente los pasos del Mediterráneo. Dante, enamorado de las estrellas,

*irrefutable, indiscutible

5

...Le divine fiammelle
dànno per gli occhi una dolcezza al core
che intender non la può chi non la prova,

acaba por adelantarse al descubrimiento de la Cruz del Sur.[1] Y asimismo, entre
la más antigua literatura, los relatos novelescos de los egipcios (y quién sabe si
también entre las memorias de la desaparecida y misteriosa era de Aknatón),
encontramos ya que la fantasía se imanta hacia el Occidente, presintiendo la
existencia de una tierra ignota• americana. A través de los griegos, Europa   •ignorada, desconocida
hereda esta inclinación de la mente, y ya en el Renacimiento podemos decir
que América, antes de ser encontrada por los navegantes, ha sido inventada por
los humanistas y los poetas. La imaginación, la loca de la casa, había andado
haciendo de las suyas.

    Préstenos la imaginación su caballo con alas y recorramos la historia del
mundo en tres minutos. La masa solar, plástica y blanda —más aún: vaporosa—,
solicitada un día por la vecindad de algún otro cuerpo celeste que la atrae, levanta
una inmensa cresta de marea. Aquella cresta se rompe en los espacios. Los
fragmentos son los planetas y nuestra Tierra es uno de ellos. Desde ese remoto
día, los planetas giran en torno a su primitivo centro como verdaderas ánimas
en pena. Porque aquel arrancamiento• con que ha comenzado su aventura es el   •separación, fragmentación
pecado original de los planetas, y si ellos pudieran se refundirían otra vez en la
unidad solar de que sólo son como destrozos.

    La Tierra, entregada pues a sí misma, va equilibrando como puede sus partes
de mar y suelo firme. Pero aquella corteza de suelo firme se desgarra un día por
las líneas de menor resistencia, ante las contracciones y encogimientos de su
propia condensación. Y aquí —nueva ruptura y destrozo, segundo pecado—
comienzan a alejarse unos de otros los continentes flotantes, según cierta
fatalidad geométrica. Uno de los resultados de este destrozo es nuestra América.

    Imaginemos todavía. Soñemos, para mejor entender la realidad. Soñemos
que un día nuestra América constituyó, a su vez, una grande comunidad
humana, cuyas vinculaciones salvaran mágicamente la inmensidad de los
territorios, las murallas de montañas, la cerrazón de los bosques impracticables.
A la hora en que los primeros europeos se asoman a nuestro Continente, esta
unidad se ha roto ya. Quetzalcóatl,[2] el civilizador de México, ha huido hacia el
Sur, precisamente empujado por las tribus sanguinarias que venían del Norte,
y ha dejado allá por Guatemala la impronta• de sus plantas, haciéndose llamar   •marca, huella
Cuculcán. Semejante fenómeno de disgregación se ha repetido en todos los
focos del Nuevo Mundo. Acaso hay ya pueblos des-civilizados, recaídos en
la barbarie a consecuencia de la incomunicación, del nuevo destrozo o tercer

---

[1] Constelación más próxima al hemisferio sur.
[2] Quetzalcóatl, serpiente emplumada en náhuatl, fue uno de los principales dioses de los aztecas.
En la región de los maya era Cuculcán.

pecado. Los grandes imperios americanos no son ya centros de cohesión, sino residencias de un poder militar que sólo mantiene la unión por la fuerza.

Todavía la historia hace un nuevo intento de reunificación, atando, ya que no a una sola, a dos fuertes razas europeas toda esta pedacería de naciones americanas. Sajones e iberos se dividen el Continente. Pero como todo aspira a bastarse a sí mismo, las dos grandes familias americanas que de aquí resultan se emancipan un día. El proceso de fecundación europea sólo ha servido, como un recurso lateral, para nutrirlas artificialmente, para devolverles la conciencia de su ser continental, para restaurar entre ellas otra vez el sueño de una organización coherente y armónica.

Y, en efecto, cuando los padres de las independencias americanas se alzan contra las metrópolis europeas, bien puede decirse que se sienten animados de un espíritu continental. En sus proclamas de guerra se dirigen siempre a "los americanos", de un modo general y sin distinción de pueblos, y cada uno de ellos se imagina que lucha por todo el Continente. Naturalmente, este fenómeno sólo es apreciable en los países hispanoamericanos, únicos para los cuales tiene sentido. Luminosa imagen del planeta que ronda en torno a su sol, Bolívar sueña entonces en la aparición de la Grande América. Pero el tiempo no está maduro, y la independencia procede por vías de fraccionamientos nacionales.

En las distintas etapas recorridas, asistimos, pues, a un juego cósmico de rompecabezas. Los tijeretazos de algún demiurgo[3] caprichoso han venido tajando en fragmentos la primitiva unidad, y uno de los fragmentos en partes, y una de las partes en pedazos, y uno de los pedazos en trozos. Y la imaginación —cuyo consejo hemos convenido en seguir para ver a dónde nos lleva— nos está diciendo en voz baja que, aunque esa unidad primitiva nunca haya existido, el hombre ha soñado siempre con ella, y la ha situado unas veces como fuerza impulsora y otras como fuerza tractora de la historia: si como fuerza impulsora, en el pasado, y entonces se llama la Edad de Oro; si como fuerza tractora, en el porvenir, y entonces se llama la Tierra Prometida. De tiempo en tiempo, los filósofos se divierten en esbozar los contornos de la apetecida ciudad perfecta, y estos esbozos se llaman Utopías, de que los Códigos Constitucionales (si me permitís una observación de actualidad) no son más que la última manifestación.

Así pues —y aquí volvemos a la realidad profunda de los mitos con que he comenzado estas palabras—, hay que concebir la esperanza humana en figura de la antigua fábula de Osiris:[4] nuestra esperanza está destrozada, y anda poco a poco juntando sus *disjecti membra*[5] para reconstruirse algún día. Soñamos, como si nos acordáramos de ella (Edad de Oro a la vez que Tierra Prometida),

---

[3] Dios creador del mundo en la filosofía de Platón.

[4] Rey de Egipto en la mitología egipcia. Cuenta la leyenda que fue asesinado por su hermano Set, quien, después de despedazar el cuerpo, dispersó los pedazos por todo Egipto. Isis, hermana y esposa de Osiris, reunió los pedazos, le devolvió la vida y tuvieron un hijo.

[5] En latín, fragmentos dispersos.

en una América coherente, armoniosa, donde cada uno de los fragmentos, triángulos y trapecios encaje*, sin frotamiento ni violencia, en el hueco de los demás. Como en el juego de dados de los niños, cuando cada dado esté en su sitio tendremos la verdadera imagen de América.

*se acople

Pero —¡Platón nos asista*!— ¿existe en algún repliegue de la realidad esta verdadera imagen de América? ¡Oh, sí: existe en nuestros corazones, y para ella estamos viviendo! Y he aquí cómo llegamos a la Idea[6] de América, idea que tiene de paradójico el que casi se la puede ver con los ojos, como aquella *Ur-Pflanze* o planta de las plantas (verdadero paradigma del reino vegetal) en la célebre conversación de Goethe[7] y Schiller. ✜

*ayude

[6] En su *Teoría de las Ideas,* Platón distingue dos tipos de realidades: una eterna e inamovible, la Idea, y otra cambiante y temporal, percibida por los sentidos. El mundo de lo sensible es mera copia del mundo superior de las Ideas y solo a través de este puede accederse al mundo verdadero.

[7] En *La metamorfosis de las plantas* (1790), Goethe presenta su teoría de la Urpflanze, planta madre, o arquetipo, a partir de la cual emergen todas las plantas del reino vegetal y de la cual pueden también derivar multitud de otras inventadas.

PREGUNTAS

ANÁLISIS

1. ¿Qué es exactamente el "espíritu continental" al que apela Reyes en "Capricho de América"?

2. ¿En qué consiste el "juego cósmico de rompecabezas" que describe Reyes hacia el final del ensayo?

3. Según Reyes, ¿qué hace fracasar al ideal bolivariano de la unidad americana?

4. Explica por qué, a juicio de Reyes, las constituciones de las naciones son una manifestación de una utopía.

INTERPRETACIÓN

1. Explica en tus propias palabras el modelo de fuerzas que propone Reyes para exponer sus ideas sobre el anhelo compartido de la unidad americana.

2. Tanto el *Ariel* de José Enrique Rodó como el "Capricho de América" de Reyes son ensayos escritos para América. ¿Cuál es la diferencia fundamental entre ellos?

3. ¿Qué opinas de la invitación de Reyes a que "soñemos para mejor entender la realidad."? ¿Te convence su proposición de usar la imaginación como vehículo de entendimiento? Explica tu respuesta.

4. Para Reyes, América es un presagio. Explica esta idea con tus propias palabras.

INVESTIGACIÓN

1. En el último párrafo, Reyes ilustra la conclusión de su ensayo con una referencia a una célebre conversación entre Goethe y Schiller. Averigua cuál fue esa conversación y cómo ayuda a explicar la paradoja a la que se alude al final del texto.

2. Reyes afirma que desde las independencias, los ciudadanos de las distintas naciones americanas han soñado con la unidad del continente. Averigua qué líderes hispanoamericanos actuales basan su política en el ideal bolivariano.

JOSÉ CARLOS MARIÁTEGUI

1894–1930

> "Todo crítico, todo testigo, cumple consciente o inconscientemente, una misión."
>
> —José Carlos Mariátegui, *Siete ensayos de interpretación de la realidad peruana*

La vida de José Carlos Mariátegui transcurrió en un periodo que se considera clave en la transición de la sociedad colonial peruana a la actual, cuando se desarrolla y reconfigura la estructura socioeconómica del país. Nació en Moquegua, Perú, en el seno de una familia muy humilde. Por un accidente que sufrió a los ocho años, se vio obligado a quedarse en casa; mientras los niños de su edad jugaban, él se dedicó a leer y a estudiar, escribió poemas místicos y aprendió francés. En 1909 comenzó a trabajar en el periódico *La Prensa*. Poco a poco va logrando méritos, y no tarda en publicar sus primeros artículos que inicialmente serían crónicas de sociedad y de eventos hípicos. Su incursión en el periodismo estimuló su interés en el pensamiento social. Algunos críticos ven el germen de su compromiso político (que brota con la fundación del Partido Comunista Peruano) cuando abandona *La Prensa* y empieza a cubrir reuniones parlamentarias para el nuevo diario opositor *El Tiempo*. En 1919 creó el periódico *La Razón*, y desde allí apoyó la reforma universitaria y los derechos de los obreros. Sin embargo, sus críticas al gobierno fueron respondidas por este con la clausura del diario. Obligado a elegir entre la cárcel o Europa, Mariátegui optó por lo segundo.

Ese viaje al Viejo Continente será fundamental en su vida porque le dio la oportunidad de madurar sus opiniones y formarse en el marxismo, inmerso en la atmósfera política italiana, y siendo testigo de la crisis que vivía el continente entero en el periodo de entre guerras. A su vuelta, tiene ya la idea de construir un régimen socialista para su país, y se dedica a la lucha sindical y al análisis de la realidad social, política y cultural del Perú a través de sus escritos.

A su regreso al Perú ya era un marxista convencido. En 1926 fundó la revista *Amauta* (palabra quechua que quiere decir "maestro" y que pasó a designar al mismo Mariátegui), donde se reunía el pensamiento sobre el país, la política social y el arte. Ahí publicó por entregas sus *Siete ensayos de interpretación de la realidad peruana*. Con el tiempo entró en conflicto y se distanció de otros dirigentes que le reclamaban sumisión a la jerarquía comunista. Sus ideas políticas lo llevaron a prisión más de una vez y su precaria salud empeoró por el exceso de trabajo. Tras su prematura muerte, a los treinta y seis años de edad, dejó una amplia producción ensayística, además de cuentos, poemas y obras teatrales.

Después de cuatro años de investigación, Mariátegui publica en 1928 su obra magna: *Siete ensayos de interpretación de la realidad peruana*, donde desarrolla un análisis de la sociedad nacional mediante una metodología de análisis socialista. Desde esta nueva perspectiva teórica, Mariátegui establece tres temas fundamentales: el indio, la propiedad de la tierra y la cuestión nacional, que desarrolla en los primeros tres ensayos, mientras que en los cuatro últimos se ocupa de la educación, la religión y la literatura. Siempre enfocado en la identidad peruana, busca y encuentra un punto de partida en la antigua tradición de los pueblos originarios de América. Leyó a Marx al mismo tiempo que estudiaba los aportes de las corrientes románticas revolucionarias de principio de siglo en Europa: Nietzsche, Bergson, Unamuno, Sorel, Breton y el surrealismo. Sin embargo, como pensador vanguardista, comprendió la teoría como un estado de diálogo constante con la cultura contemporánea y se negó a dejarse colonizar por modelos políticos unilaterales, buscando vincular de manera creativa el marxismo europeo con la realidad latinoamericana.

OBRAS

Ensayo
1923–1930 | *Defensa del marxismo*
1923–1930 | *El alma matinal y otras estaciones del hombre de hoy*
1923–1930 | *La novela y la vida. Siegfried y el profesor Canella*
1923–1930 | *El artista y la época*
1923–1930 | *Signos y obras. Análisis del pensamiento literario contemporáneo*
1923–1930 | *Historia de la crisis mundial. Conferencias pronunciadas en 1923*

1923–1930 | *Peruanicemos al Perú*
1923–1930 | *Temas de nuestra América*
1923–1930 | *Ideología y política*
1923–1930 | *Temas de educación*
1923–1930 | *Figuras y aspectos de la vida mundial*
1925 | *La escena contemporánea*
1928 | *Siete ensayos de interpretación de la realidad peruana*

*Mariátegui solo publicó dos obras en vida: *La escena contemporánea* (1925) y *Siete ensayos de interpretación de la realidad peruana* (1928). Sus obras completas, recopiladas póstumamente, suman un total de dieciséis tomos y fueron producidas entre 1923 y 1930.

EL PROBLEMA DEL INDIO

De *Siete ensayos de interpretación de la realidad peruana*, 1928

Su nuevo planteamiento

Todas las tesis sobre el problema indígena, que ignoran o eluden a éste como problema económico-social, son otros tantos estériles ejercicios teóricos —y a veces sólo verbales—, condenados a un absoluto descrédito. No las salva a algunas su buena fe•. Prácticamente, todas no han servido sino para ocultar o desfigurar la realidad del problema. La crítica socialista lo descubre y esclarece•, porque busca sus causas en la economía del país y no en su mecanismo administrativo, jurídico o eclesiástico, ni en su dualidad o pluralidad de razas, ni en sus condiciones culturales y morales. La cuestión indígena arranca• de nuestra economía.

•intención

•aclara

•comienza

10 Tiene sus raíces en el régimen de propiedad de la tierra. Cualquier intento de resolverla con medidas de administración o policía, con métodos de enseñanza o con obras de vialidad, constituye un trabajo superficial o adjetivo, mientras subsista la feudalidad de los "gamonales•". •caciques, tiranos

El "gamonalismo" invalida inevitablemente toda ley u ordenanza de
15 protección indígena. El hacendado, el latifundista, es un señor feudal. Contra su autoridad, sufragada• por el ambiente y el hábito, es impotente la ley escrita. •apoyada, respaldada
El trabajo gratuito está prohibido por la ley y, sin embargo, el trabajo gratuito, y aun el trabajo forzado, sobreviven en el latifundio. El juez, el subprefecto, el comisario, el maestro, el recaudador, están enfeudados a la gran propiedad. La
20 ley no puede prevalecer contra los gamonales. El funcionario que se obstinase en imponerla, sería abandonado y sacrificado por el poder central, cerca del cual son siempre omnipotentes las influencias del gamonalismo, que actúan directamente o a través del parlamento, por una y otra vía con la misma eficacia.

El nuevo examen del problema indígena, por esto, se preocupa mucho menos
25 de los lineamientos• de una legislación tutelar que de las consecuencias del •diseños
régimen de propiedad agraria. El estudio del Dr. José A. Encinas (*Contribución a una legislación tutelar indígena*) inicia en 1918 esta tendencia, que de entonces a hoy no ha cesado de acentuarse. Pero por el carácter mismo de su trabajo, el Dr. Encinas no podía formular en él un programa económico-social. Sus
30 proposiciones dirigidas a la tutela de la propiedad indígena, tenían que limitarse a este objetivo jurídico. Esbozando las bases del *Home Stead* indígena, el Dr. Encinas recomienda la distribución de tierras del Estado y de la Iglesia. No menciona absolutamente la expropiación de los gamonales latifundistas. Pero su tesis se distingue por una reiterada acusación de los efectos del latifundismo,
35 que sale inapelablemente condenado de esta requisitoria, que en cierto modo preludia la actual crítica económico-social de la cuestión del indio.

Esta crítica repudia y descalifica las diversas tesis que consideran la cuestión con uno u otro de los siguientes criterios unilaterales y exclusivos: administrativo, jurídico, étnico, moral, educacional, eclesiástico.
40 La derrota más antigua y evidente es, sin duda, la de los que reducen la protección de los indígenas a un asunto de ordinaria administración. Desde los tiempos de la legislación colonial española, las ordenanzas sabias y prolijas•, elaboradas después de concienzudas encuestas, se revelan •extensas, detalladas
totalmente infructuosas. La fecundidad de la República, desde las jornadas de
45 la Independencia, en decretos, leyes y providencias encaminadas a amparar a los indios contra la exacción• y el abuso, no es de las menos considerables. El •imposición, injusticia
gamonal de hoy, como el "encomendero" de ayer, tiene sin embargo muy poco que temer de la teoría administrativa. Sabe que la práctica es distinta.

El carácter individualista de la legislación de la República ha favorecido,
50 incuestionablemente, la absorción de la propiedad indígena por el latifundismo. La situación del indio, a este respecto, estaba contemplada con mayor realismo

por la legislación española. Pero la reforma jurídica no tiene más valor práctico que la reforma administrativa, frente a un feudalismo intacto en su estructura económica. La apropiación de la mayor parte de la propiedad comunal e individual indígena está ya cumplida. La experiencia de todos los países que han salido de su evo•-feudal, nos demuestra, por otra parte, que sin la disolución del feudo no ha podido funcionar, en ninguna parte, un derecho liberal.

•periodo eterno

La suposición de que el problema indígena es un problema étnico, se nutre del más envejecido repertorio de ideas imperialistas. El concepto de las razas inferiores sirvió al Occidente blanco para su obra de expansión y conquista. Esperar la emancipación indígena de un activo cruzamiento de la raza aborigen con inmigrantes blancos, es una ingenuidad antisociológica, concebible sólo en la mente rudimentaria de un importador de carneros merinos. Los pueblos asiáticos, a los cuales no es inferior en un ápice el pueblo indio, han asimilado admirablemente la cultura occidental, en lo que tiene de más dinámico y creador, sin transfusiones de sangre europea. La degeneración del indio peruano es una barata invención de los leguleyos• de la mesa feudal.

•abogados poco inteligentes

La tendencia a considerar el problema indígena como un problema moral, encarna una concepción liberal, humanitaria, ochocentista•, iluminista, que en el orden político de Occidente anima y motiva las "ligas de los Derechos del Hombre". Las conferencias y sociedades antiesclavistas, que en Europa han denunciado más o menos infructuosamente los crímenes de los colonizadores, nacen de esta tendencia, que ha confiado siempre con exceso en sus llamamientos al sentido moral de la civilización. González Prada[1] no se encontraba exento de su esperanza cuando escribía que la "condición del indígena puede mejorar de dos maneras: o el corazón de los opresores se conduele al extremo de reconocer el derecho de los oprimidos, o el ánimo de los oprimidos adquiere la virilidad suficiente para escarmentar• a los opresores". La Asociación Pro-Indígena (1909–1917) representó, ante todo, la misma esperanza, aunque su verdadera eficacia estuviera en los fines concretos e inmediatos de defensa del indio que le asignaron sus directores, orientación que debe mucho, seguramente, al idealismo práctico, característicamente sajón, de Dora Mayer.[2] El experimento está ampliamente cumplido, en el Perú y en el mundo. La prédica• humanitaria no ha detenido ni embarazado en Europa el imperialismo ni ha bonificado• sus métodos. La lucha contra el imperialismo, no confía ya sino en la solidaridad y en la fuerza de los movimientos de emancipación de las masas coloniales. Este concepto preside en la Europa contemporánea una acción antimperialista, a la cual se adhieren espíritus liberales como Albert Einstein y Romain Rolland, y que por tanto no puede ser considerada de exclusivo carácter socialista.

•del siglo XIX

•castigar

•sermón
•mejorado

[1] Manuel González Prada (1844–1918), ensayista peruano muy comprometido en el progreso de Hispanoamérica quien denunció abiertamente el lastre del colonialismo español.
[2] Dora Mayer (1868–1959), periodista y activista indigenista peruana.

90　En el terreno de la razón y la moral, se situaba hace siglos, con mayor energía, o al menos mayor autoridad, la acción religiosa. Esta cruzada no obtuvo, sin embargo, sino leyes y providencias muy sabiamente inspiradas. La suerte de los indios no varió sustancialmente. González Prada, que como sabemos no consideraba estas cosas con criterio propia o sectariamente socialista, 95　busca la explicación de este fracaso en la entraña económica de la cuestión: "No podía suceder de otro modo: oficialmente se ordenaba la explotación; se pretendía que humanamente se cometieran iniquidades o equitativamente se consumaran injusticias. Para extirpar los abusos, habría sido necesario abolir los repartimientos y las mitas,[3] en dos palabras, cambiar todo el régimen 100　colonial. Sin las faenas• del indio americano se habrían vaciado las arcas del tesoro español". Más evidentes posibilidades de éxito que la prédica liberal tenía, con todo, la prédica religiosa. Ésta apelaba al exaltado• y operante catolicismo español mientras aquélla intentaba hacerse escuchar del exiguo• y formal liberalismo criollo.

• trabajos, tareas

• apasionado, fanático
• limitado

105　Pero hoy la esperanza en una solución eclesiástica es indiscutiblemente la más rezagada• y antihistórica de todas. Quienes la representan no se preocupan siquiera, como sus distantes —¡tan distantes!— maestros, de obtener una nueva declaración de los derechos del indio, con adecuadas autoridades y ordenanzas, sino de encargar al misionero la función de mediar entre el indio y el gamonal. 110　La obra que la Iglesia no pudo realizar en un orden medioeval, cuando su capacidad espiritual e intelectual podía medirse por frailes como el padre de Las Casas,[4] ¿con qué elementos contaría para prosperar ahora? Las misiones adventistas, bajo este aspecto, han ganado la delantera al clero católico, cuyos claustros convocan cada día menor suma de vocaciones de evangelización.

• atrasada, lenta

115　El concepto de que el problema del indio es un problema de educación, no aparece sufragado ni aun por un criterio estricta y autónomamente pedagógico. La pedagogía tiene hoy más en cuenta que nunca los factores sociales y económicos. El pedagogo moderno sabe perfectamente que la educación no es una mera cuestión de escuela y métodos didácticos. El medio económico 120　social condiciona inexorablemente la labor del maestro. El gamonalismo es fundamentalmente adverso a la educación del indio: su subsistencia tiene en el mantenimiento de la ignorancia del indio el mismo interés que en el cultivo de su alcoholismo. La escuela moderna —en el supuesto de que, dentro de las circunstancias vigentes•, fuera posible multiplicarla en proporción a la población 125　escolar campesina—, es incompatible con el latifundio feudal. La mecánica de

• actuales

[3] Durante la colonización española, en la sociedad inca, la mita era la obligación impuesta a los indígenas de participar en el trabajo público de la comunidad durante un periodo de tiempo determinado del año en el que tenían que abandonar la atención de sus propias familias y trabajos.
[4] Bartolomé de las Casas (1484–1566), fraile dominico y cronista de las colonias españolas quien documentó y denunció los abusos y las injusticias perpetrados por los españoles contra el indio.

la servidumbre, anularía totalmente la acción de la escuela, si esta misma, por un milagro inconcebible dentro de la realidad social, consiguiera conservar, en la atmósfera del feudo, su pura misión pedagógica. La más eficiente y grandiosa enseñanza normal no podría operar estos milagros. La escuela y el
130 maestro están irremisiblemente condenados a desnaturalizarse bajo la presión del ambiente feudal, inconciliable con la más elemental concepción progresista o evolucionista de las cosas. Cuando se comprende a medias esta verdad, se descubre la fórmula salvadora en los internados indígenas. Mas la insuficiencia clamorosa* de esta fórmula se muestra en toda su evidencia, apenas** se
135 reflexiona en el insignificante porcentaje de la población escolar indígena que resulta posible alojar en estas escuelas.

*colosal **en cuanto

La solución pedagógica, propugnada* por muchos con perfecta buena fe, está ya hasta oficialmente descartada. Los educacionistas son, repito, los que menos pueden pensar en independizarla de la realidad económica y social. No
140 existe, pues, en la actualidad, sino como una sugestión vaga e informe, de la que ningún cuerpo y ninguna doctrina se hace responsable.

*propuesta

El nuevo planteamiento consiste en buscar el problema indígena en el problema de la tierra. ❧

PREGUNTAS

ANÁLISIS

1. ¿Quiénes son los gamonales y, según Mariátegui, qué problema plantea su supervivencia?

2. ¿Qué opinión le merecen a Mariátegui aquellos que consideran que el problema del indígena en el Perú es un problema étnico? Pon ejemplos del texto.

3. ¿Qué razones da Mariátegui para afirmar que la religión es "la solución más antihistórica" para el problema de los indígenas?

4. Según el autor, ¿qué efecto tuvo la Revolución de la Independencia en la población indígena?

5. Mariátegui considera que la legislación española perjudicó en menor grado la situación del indígena que la República. ¿Estás de acuerdo con el razonamiento del autor?

6. ¿Cuál es la tesis central que defiende Mariátegui en "El problema del indio"? Resúmela en tus propias palabras.

INTERPRETACIÓN

1. Mariátegui publicó este ensayo en 1928. ¿Crees que su preocupación por el problema indio sigue siendo válida en la actualidad peruana? Razona tu respuesta.

2. ¿Crees que Mariátegui solo quiso teorizar sobre el problema o que pretendía alcanzar objetivos en la vida real? Sustenta tu opinión con citas del texto.

3. ¿Cuál es a tu juicio la diferencia fundamental entre la situación de los indígenas de Estados Unidos y los indígenas peruanos? Razona tu respuesta.

INVESTIGACIÓN

1. Investiga qué movimientos indigenistas existen hoy en Latinoamérica, cuáles son sus reivindicaciones y qué medios utilizan para difundir su mensaje.

2. Averigua a qué se dedicaba la Asociación Pro-Indígena a la que hace referencia este ensayo y cuáles eran sus objetivos. ¿Coincidían con los de Mariátegui?

5

EL *BOOM*

Antes de 1960, a cualquier lector más o menos informado que se le preguntara el nombre de los escritores más conocidos de Hispanoamérica hubiera recitado, casi con toda seguridad, una lista de poetas. Seguramente habría mencionado a Rubén Darío, José Martí, Gabriela Mistral, César Vallejo, Vicente Huidobro y Pablo Neruda. Sí, Hispanoamérica tenía excelentes novelistas (Mariano Azuela, Miguel Ángel Asturias, Alejo Carpentier), cuentistas innovadores (Horacio Quiroga, Jorge Luis Borges, Juan Rulfo) y grandes mentes dedicadas al ensayo (José Vasconcelos, José Carlos Mariátegui y Alfonso Reyes, entre otros); sin embargo, el ámbito hispanoamericano era conocido fundamentalmente por sus poetas. No es casual que el primer Nobel de literatura hispanoamericano fuera concedido, en 1945, a la poeta chilena Gabriela Mistral.

Si hiciéramos esa pregunta hoy en día, los lectores seguramente nos darían una lista de novelistas encabezada por nombres como Gabriel García Márquez y Mario Vargas Llosa. Al lado de estos, aparecerían Jorge Luis Borges, Julio Cortázar, Carlos Fuentes, José Donoso, José Lezama Lima y Guillermo Cabrera Infante. Con la excepción de Borges, estos son los grandes narradores de los años 1960 y 1970 que la crítica mundial ubica en el marco del llamado *Boom* de la novela hispanoamericana.

"El *Boom*" es una etiqueta polémica, sobre todo porque dicho anglicismo sugiere que se trata de un afloramiento cultural originado de la nada; un poco como el concepto del *Boom town*, nombre referido a los pueblos de la frontera del Oeste de Estados Unidos, surgidos como de la nada. ¿De la nada? Los propios autores del *Boom* lo niegan categóricamente. Sus obras se nutrieron de sus lecturas de la generación anterior de escritores hispanoamericanos, sobre todo de autores como Borges, Rulfo y Carpentier; también surgieron de un diálogo con las voces de la vanguardia novelística mundial: James Joyce, Virginia Woolf, William Faulkner, John Dos Passos, John Steinbeck, Marcel Proust y Thomas Mann, entre muchos otros. A esto se refiere José Donoso en su *Historia personal del Boom* cuando dice que "la novela hispanoamericana comenzó a hablar un idioma internacional".

Ulises, la gran novela de Joyce, es un modelo evidente para Carlos Fuentes en *La muerte de Artemio Cruz* —con su compleja estructura narrativa y su uso audaz de la técnica del flujo de conciencia—, también para Cortázar en *Rayuela*, para Cabrera Infante en *Tres tristes tigres*, y para Lezama Lima en *Paradiso*. La influencia de la novela de Proust, *En busca del tiempo perdido*, se advierte en Lezama y Cortázar. A este respecto, resulta bastante significativo que la reseña que hizo Severo Sarduy de *Paradiso* se titulara "Un Proust cubano". En la colección de entrevistas *El olor de la guayaba*, García Márquez menciona el impacto que le causó la lectura de *La metamorfosis* de Kafka, y dice que aprendió mucho como narrador de la obra de Virginia Woolf, *Mrs. Dalloway*. El Nobel colombiano asegura, asimismo, que las novelas de Graham Greene le ayudaron a "descifrar el trópico".

Así como los autores del *Boom* leyeron a los escritores del resto mundo, estos también recibieron con entusiasmo las nuevas novelas hispanoamericanas que se empezaron a publicar en la década de 1960. Las primeras novelas del *Boom* que irrumpen en la escena de la literatura mundial son *La muerte de Artemio Cruz* (1962), de Carlos Fuentes; *Rayuela* (1963), de Julio Cortázar; *La ciudad y los perros* (1963) y *La Casa Verde* (1966), de Mario Vargas Llosa; *Paradiso* (1966), de José Lezama Lima; *Tres tristes tigres* (1967), de Guillermo Cabrera Infante; *Cien años de soledad* (1967), de Gabriel García Márquez y *El obsceno pájaro de la noche* (1970), de José Donoso. También es importante mencionar al argentino Manuel Puig y al cubano Severo Sarduy, considerados en su día como autores del *Boom*, pero hoy enmarcados en un *boom* tardío conocido como *Post Boom*.

El éxito del *Boom* se explica, en parte, por el hecho de que muchas de sus obras fueran publicadas por casas editoriales españolas, argentinas y mexicanas con una sólida implantación internacional. La amplia distribución de estas novelas facilitó también su traducción a los principales idiomas del mundo. Las traducciones al inglés de Gregory Rabassa y Susan Jill Levine ejercieron una función muy importante en su diseminación internacional, y su implantación en los países de habla hispana tuvo un efecto notable en el desarrollo de sus respectivas literaturas nacionales.

¿Había una novela hispanoamericana antes del *Boom*? Se ha dicho que la novela hispanoamericana no existía hasta entonces. Según Donoso, solo los especialistas hablaban de "la novela hispanoamericana contemporánea" antes de 1960. Cada país tenía su literatura propia que era, fundamentalmente, de consumo local, pero no existía la idea de un ámbito literario hispanoamericano de autores conocidos e influyentes cuyas obras fueran leídas en todo el continente. Esta idea es provocativa y discutible, pero tiene la virtud de plantear la siguiente reflexión: ¿qué es una literatura, un grupo de autores o un grupo de lectores?

Además de fomentar el concepto de una literatura continental en los países hispanoparlantes de América, las obras del *Boom* tuvieron un impacto importante en los jóvenes lectores de España. Es la segunda vez que esto ocurre en la historia de las relaciones culturales entre España y sus antiguas colonias americanas. La primera fue en la época del modernismo, cuando un grupo de jóvenes poetas españoles, entre los que destaca Juan Ramón Jiménez, descubrió la obra del poeta nicaragüense Rubén Darío.

Muchas de las obras importantes del *Boom* fueron publicadas en España por la editorial Seix Barral, en Barcelona, ciudad donde frecuentemente se congregaban los escritores del *Boom* con el editor Carlos Barral. Paradójicamente, el hecho de que estas novelas se publicaran en España facilitó la distribución continental de las novelas en la América hispana.

A pesar de que España se encontraba bajo la dictadura de Francisco Franco y sus censores, los jóvenes lectores españoles no tuvieron ningún problema para acceder a estas novelas; en España la literatura estaba sujeta a una censura política estricta, pero las audaces creaciones procedentes del otro lado del Atlántico no encontraron ningún obstáculo para su difusión. Esto explica que la generación de narradores españoles surgida tras la muerte de Franco, en 1975, creciera leyendo las obras del *Boom*; el autor y académico andaluz Antonio Muñoz Molina, por ejemplo, se declara heredero parcial de la novelística hispanoamericana de los sesenta.

Más allá del mundo hispanoparlante, autores como Kenzaburo Oe y Salman Rushdie han destacado la influencia de García Márquez en su producción literaria. Según Rushdie, García Márquez cambió el curso de la literatura en el siglo xx. A su vez, el influyente ensayo "The Literature of Exhaustion", del novelista estadounidense John Barth, se basa en su lectura de la obra de Jorge Luis Borges y es considerado como un manifiesto de la literatura posmoderna.

La mayoría de los críticos de la literatura hispanoamericana coinciden en ubicar el *Boom* entre 1960 y 1975. A partir de entonces, la novelística hispanoamericana (incluso la de los autores inscritos en esta generación) deriva hacia lo que ahora llamamos el *Post Boom*.

El *Boom* marcó un hito en la historia de la literatura hispanoamericana: por un lado, cambió la percepción que tenían los hispanoamericanos sobre su literatura; por otro, abrió el ámbito literario hispanoamericano al exterior y lo dotó de prestigio mundial. Una de las características peculiares de este grupo literario es su espontaneidad: surgió sin cartas de intenciones ni manifiestos, porque los autores del *Boom* no se propusieron ser "autores del *Boom*".

Aunque estos narradores escribieron, cada cual, según sus impulsos estéticos y sus intereses temáticos, con la perspectiva de los años se distinguen similitudes en sus planteamientos respecto al arte de narrar, aunque, naturalmente, también hay notables diferencias. Teniendo esto en cuenta, es posible describir las características de la narrativa del *Boom*. La principal de todas ellas quizá sea la experimentación: todos los escritores del *Boom*, sin excepción, muestran un interés profundo en poner a prueba las posibilidades del cuento y la novela; por lo tanto, también examinan las expectativas de sus lectores. Exigen lo que Cortázar denominó un "lector cómplice", es decir, un lector que se preste a ser también coautor. Por razones estéticas, e incluso políticas, los narradores del *Boom* suelen evitar "narradores guía", que explican al lector todo lo que va sucediendo.

El narrador omnisciente, que informa puntualmente sobre los pensamientos de sus personajes, es mucho menos frecuente en la narrativa del *Boom* que la narración en primera persona, una perspectiva que aporta inmediatez y subjetividad, y que cede al lector la libertad de creer o no en lo que se cuenta. Borges y Rulfo, por ejemplo, explotan las posibilidades de lo que podríamos llamar "narradores mentirosos", o que por diferentes razones (inmadurez o incompetencia mental) no saben descifrar el mundo que están narrando. Cuando recurren a la tercera persona, esta suele ser un narrador limitado al punto de vista no omnisciente de un personaje. También hay ejemplos de narraciones desde múltiples perspectivas, como *La muerte de Artemio Cruz*, novela en la que Carlos Fuentes alterna narradores en primera, segunda y tercera persona.

Quizá la innovación que más le cueste al lector sea la del flujo de conciencia, en la que el autor procura reproducir el proceso mental del personaje. Los escritores del *Boom* también experimentan con la secuencia narrativa alterando el orden temporal de la narración: en vez de presentar los sucesos desde el principio hasta el fin, la narración puede saltar del presente a varios momentos pasados o futuros (un ejemplo memorable de esta técnica lo podemos encontrar en *Viaje a la semilla*, de Alejo Carpentier). Estas técnicas, comunes en las novelas y cuentos del *Boom*, requieren un lector ágil y atento que esté dispuesto a reconstruir la narrativa con los elementos que le da el autor. Los autores del *Boom* no quieren subestimar la inteligencia de sus lectores.

¿Y qué hay de la poesía? Los narradores del *Boom* son devotos lectores de poemas y, en algunos casos (Borges sobre todo y, en menor medida, Cortázar), tuvieron una producción poética notable. Esa devoción se plasma con frecuencia en su narrativa, escrita a menudo con el esmero y la atención a los detalles propia del lenguaje que normalmente asociamos con la composición de un soneto. No es, por tanto, una prosa que busque solamente comunicar, sino que también se deleita en la expresión.

Para muchos lectores, el *Boom* está estrechamente asociado con el realismo mágico y con lo que Alejo Carpentier, en el proemio de su novela *El reino de este mundo*, denominó "lo real maravilloso americano". En su prólogo de 1949, Carpentier alude a dos fenómenos intrínsecamente americanos: por un lado, se refiere a las maravillas y a la exuberancia de la naturaleza americana y, por otro, a un conjunto de creencias: las autóctonas, las importadas de África y las resultantes de esa mezcla, donde lo sobrenatural forma parte de la realidad.

Hay que distinguir entre esa realidad asombrada de Carpentier y la técnica narrativa del realismo mágico, que consiste en narrar los hechos sobrenaturales como si fueran cotidianos, y los hechos cotidianos con sorpresa o fascinación. García Márquez es el mejor exponente de esta técnica: en *Cien años de soledad*, describe algo tan cotidiano como el hielo como algo sobrenatural y luego narra con una naturalidad desconcertante cómo un golpe de viento se lleva para siempre a Remedios la Bella mientras cuelga la ropa en el alambre. Sin embargo, aunque lo real maravilloso americano y el realismo mágico son aspectos llamativos de la ficción hispanoamericana del periodo en cuestión, no es posible afirmar que definan el *Boom*.

Sí lo define, sin embargo, el espíritu enciclopédico de sus autores. Aunque la temática del *Boom* se ciñe a la experiencia social e histórica de Hispanoamérica, su voracidad de conocimiento universal (su enciclopedismo, al cabo) la separa de la narrativa anterior. Tal vez, el mejor ejemplo de enciclopedismo literario sea Borges, autor a quien la mayoría de los escritores del *Boom* consideran su mentor, cuando no su maestro. Borges escribe sobre gauchos y compadritos, pero también llena sus cuentos y poemas de temas filosóficos universales: la Cábala, la Roma antigua, Babilonia y *Las mil y una noches*… Todo le interesa. Se puede decir que los narradores del *Boom* saben ser cosmopolitas sin dejar de ser americanos.

La poesía merece un punto y aparte. Aunque el auge de la narrativa en la segunda parte del siglo xx es el fenómeno que más llama la atención en el desarrollo de las letras hispanoamericanas, este hecho coexiste con una producción poética de gran variedad, calidad y reconocimiento mundial. Si es verdad que García Márquez y Vargas Llosa ganaron el Premio Nobel de Literatura, también dos de los poetas incluidos en este capítulo, Pablo Neruda y Octavio Paz, obtuvieron el galardón. Neruda es el Pablo Picasso de la poesía hispanoamericana: fue capaz de reinventar el género constantemente a través de su larga y prolífica carrera. Neruda es un poeta incatalogable cuya estética va desde el neorromanticismo de *Veinte poemas de amor y una canción desesperada*, al surrealismo y enajenamiento de su *Segunda residencia en la tierra*, a su función como portavoz de los oprimidos en "Alturas de Macchu Picchu" y, por último, a la aparente simplicidad de sus *Odas elementales*.

Nicolás Guillén, por su parte, enarbola en su obra la importancia de la transculturación de lo africano en América con un lenguaje que mezcla elementos de la vanguardia poética con la reproducción literal del habla afrocubana. Guillén se suma así a la idea del antropólogo cubano Fernando Ortiz de que la cultura de Cuba es mulata, es decir, una mezcla de las culturas de España y de África.

Muy diferente es la obra de su compatriota, José Lezama Lima. Para el autor de *Paradiso*, lo americano encuentra su expresión principal en el barroco; su poesía neobarroca está inspirada en los escritores del Siglo de Oro español. La curiosidad de Lezama, así como la de Octavio Paz, no se da por satisfecha con la cultura de Occidente, sino que indaga, además, en el pensamiento oriental que considera la poesía como vehículo de iluminación transcendental.

Con sus antipoemas, Nicanor Parra deja de lado la retórica tradicional de la poesía a favor del lenguaje prosaico y directo —lo que en su "Manifiesto" llama "poesía de la tierra firme"—. También, en un lenguaje contemporáneo y conversacional, Rosario Castellanos da testimonio de la experiencia de la mujer hispanoamericana en distintas clases sociales a través de sus ensayos, novelas, obras de teatro y poesía. Sus poemas "Autorretrato" y "Valium 10" captan las situaciones de doble vínculo en las que se ve atrapada la intelectual hispanoamericana.

Como hemos visto, los narradores y poetas recogidos en este capítulo ganan un público hemisférico y mundial para sus obras. La poesía, siempre un género prestigioso en América, pasa a dar muestras de su riqueza, pujanza y variedad; sin embargo, es el *Boom* el que por primera vez proyecta al mundo la narrativa de las letras hispanoamericanas. El impacto de estas obras audaces, consideradas ya como canónicas, sigue dando fruto entre los escritores de hoy.

Gustavo Pellón

BIBLIOGRAFÍA DEL PERIODO

Donoso, José. *Historia personal del "boom"*. Santiago de Chile: Editorial Andrés Bello, 1987.

Faris, Wendy B. y Parkinson Zamora. Lois, Introduction to *Magical Realism: Theory, History, Community*. Durham, N.C.: Duke University Press, 1995.

Fuentes, Carlos. *La nueva novela hispanoamericana*. México: Mortiz, 1969.

García Márquez, Gabriel. *El olor de la guayaba: conversaciones con Plinio Apuleyo Mendoza/García Márquez*. Madrid: Bruguera, 1982.

Pellón, Gustavo. *José Lezama's Joyful Vision*. Austin: University of Texas Press, 1989.

Salgado, César. *From modernism to neobaroque: Joyce and Lezama Lima*. Lewisburg [PA.]: Bucknell University Press; London; [Cranbury, N.J.]: Associated University Presses, ©2001.

Santí, Enrico Mario. *Pablo Neruda. The Poetics of Prophecy*. Ithaca: Cornell University Press, 1982.

Swanson, Philip (ed.). *Landmarks in Modern Latin American Fiction*. London: New York: Routledge, 1990.

CRONOLOGÍA: HISTORIA Y LITERATURA

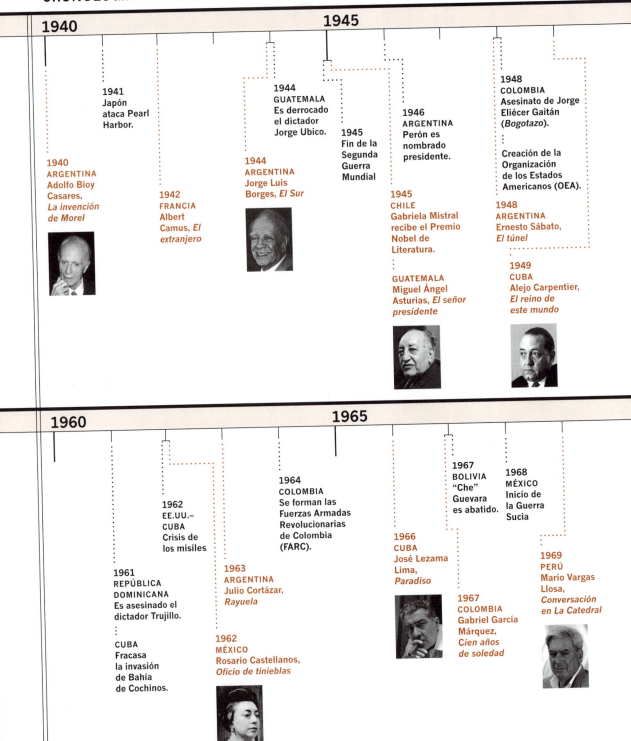

1940

1945

1941
Japón
ataca Pearl
Harbor.

1940
ARGENTINA
Adolfo Bioy
Casares,
*La invención
de Morel*

1942
FRANCIA
Albert
Camus, *El
extranjero*

1944
GUATEMALA
Es derrocado
el dictador
Jorge Ubico.

1944
ARGENTINA
Jorge Luis
Borges, *El Sur*

1945
Fin de la
Segunda
Guerra
Mundial

1946
ARGENTINA
Perón es
nombrado
presidente.

1945
CHILE
Gabriela Mistral
recibe el Premio
Nobel de
Literatura.

GUATEMALA
Miguel Ángel
Asturias, *El señor
presidente*

1948
COLOMBIA
Asesinato de Jorge
Eliécer Gaitán
(*Bogotazo*).

Creación de la
Organización
de los Estados
Americanos (OEA).

1948
ARGENTINA
Ernesto Sábato,
El túnel

1949
CUBA
Alejo Carpentier,
*El reino de
este mundo*

1960

1965

1962
EE.UU.–
CUBA
Crisis de
los misiles

1961
REPÚBLICA
DOMINICANA
Es asesinado el
dictador Trujillo.

CUBA
Fracasa
la invasión
de Bahía
de Cochinos.

1964
COLOMBIA
Se forman las
Fuerzas Armadas
Revolucionarias
de Colombia
(FARC).

1963
ARGENTINA
Julio Cortázar,
Rayuela

1962
MÉXICO
Rosario Castellanos,
Oficio de tinieblas

1966
CUBA
José Lezama
Lima,
Paradiso

1967
BOLIVIA
"Che"
Guevara
es abatido.

1967
COLOMBIA
Gabriel García
Márquez,
*Cien años
de soledad*

1968
MÉXICO
Inicio de
la Guerra
Sucia

1969
PERÚ
Mario Vargas
Llosa,
*Conversación
en La Catedral*

■ **HISTORIA Y POLÍTICA**
■ **LITERATURA**

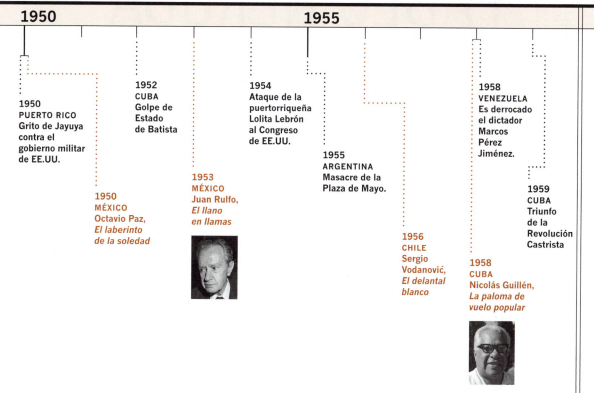

1950   1955

1950
PUERTO RICO
Grito de Jayuya
contra el
gobierno militar
de EE.UU.

1950
MÉXICO
Octavio Paz,
*El laberinto
de la soledad*

1952
CUBA
Golpe de
Estado
de Batista

1953
MÉXICO
Juan Rulfo,
*El llano
en llamas*

1954
Ataque de la
puertorriqueña
Lolita Lebrón
al Congreso
de EE.UU.

1955
ARGENTINA
Masacre de la
Plaza de Mayo.

1956
CHILE
Sergio
Vodanović,
*El delantal
blanco*

1958
VENEZUELA
Es derrocado
el dictador
Marcos
Pérez
Jiménez.

1958
CUBA
Nicolás Guillén,
*La paloma de
vuelo popular*

1959
CUBA
Triunfo
de la
Revolución
Castrista

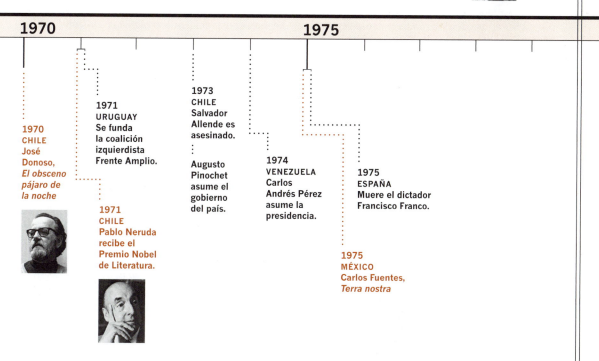

1970   1975

1970
CHILE
José
Donoso,
*El obsceno
pájaro de
la noche*

1971
URUGUAY
Se funda
la coalición
izquierdista
Frente Amplio.

1971
CHILE
Pablo Neruda
recibe el
Premio Nobel
de Literatura.

1973
CHILE
Salvador
Allende es
asesinado.

Augusto
Pinochet
asume el
gobierno
del país.

1974
VENEZUELA
Carlos
Andrés Pérez
asume la
presidencia.

1975
ESPAÑA
Muere el dictador
Francisco Franco.

1975
MÉXICO
Carlos Fuentes,
Terra nostra

PABLO NERUDA

1904–1973

"Quiero hacer contigo lo que la primavera hace con los cerezos."

—**Pablo Neruda**, *"Poema 14"*

Pablo Neruda es el seudónimo de Ricardo Eliecer Neftalí Reyes Basoalto. Su madre, Rosario Basoalto, murió de tuberculosis, por lo que su cálida y amorosa "Mamadre", como llamaba él a su madrastra, fue quien llenó ese vacío y alentó su vocación poética a escondidas de su padre, un ferroviario poco amigo de lirismos. A los dieciséis años marcha a Santiago para completar sus estudios. Trabaja en varias revistas donde escribe poemas a un ritmo incesante. Los frutos de este esfuerzo serían *Crepusculario* (1923), su primer libro de poemas, y una duradera amistad con Gabriela Mistral. Poco después, Neruda emprende su carrera diplomática en el consulado de Rangún (Myanmar). En 1930 conoce a María Antonieta Hagenaar, su primera esposa, con quien tendrá una hija, Malva Marina, y con la que regresa a Chile dos años después. Su estancia es tan breve como su matrimonio. Es destinado al consulado chileno en Barcelona, donde hace amistad con poetas de la Generación del 27. Al estallar la Guerra Civil, apoya desde Francia la causa republicana dejando constancia en *España en el corazón* (1937).

Tras la muerte de su padre y de su queridísima "Mamadre", Neruda marcha a América lejos de su hija Malva, que fallece en Europa durante su ausencia. En 1946 es elegido senador de la República chilena, coincidiendo con la ilegalización del Partido Comunista al que él pertenecía. En 1949 se autoexilia y su obra alcanza un gran reconocimiento internacional. No regresa hasta 1952, esta vez acompañado de Matilde Urrutia. En 1971 recibe el Premio Nobel de Literatura. Poco después, el golpe militar contra Allende marcará las últimas y más amargas horas del poeta, quien muere en la capital dejando para la posteridad unas de las obras más fecundas e influyentes de la literatura.

En 1924, Neruda publica uno de los títulos que le harían mundialmente famoso: *Veinte poemas de amor y una canción desesperada*. Es una obra personal e íntima, escrita desde la experiencia de los vaivenes de la pasión. Con un lenguaje cálido, Neruda compone estos versos sencillos, aunque con recursos originales. En "Poema 20", experimenta con el punto de vista al escribir su famoso "Puedo escribir los versos más tristes esta noche".

Con las vanguardias, Neruda incorpora a su obra las modas de los *ismos*, en especial, del surrealismo. Tal es el caso de "Walking around", de *Segunda residencia en la tierra* (1935), diez estrofas donde Neruda atraviesa una onírica ciudad con ecos del *Poeta en Nueva York* de Lorca. También descubre otras formas de expresión: en "Alturas de Macchu Picchu" (*Canto general*, 1950), rescata del olvido la milenaria ciudadela. Estos doce poemas de estilo sencillo y fraternal son una suerte de alocución a los hombres: a los que ya estuvieron y a los que llegan, exhaustos y sin rumbo.

Con una voz mucho más desenfadada, Neruda compone sus *Odas elementales* (1954); el poeta lo somete todo a su disección poética. De esa vocación casi analítica nacen los cantos a la cebolla o a la alcachofa y al "astro de tierra", el tomate: primero el tomate familiar y callejero de su Chile natal, luego el tomate elevado a la categoría de planeta mediante hipérboles fantásticas ("majestad benigna") y, aun así, cotidianas.

Ya en plena madurez poética, Neruda escribe sus memorias, entre "intermitentes y olvidadizas" bajo el título de *Confieso que he vivido* (1974). Con la prosa magistral fiel a su voz poética, el chileno pisa con paso firme por los lugares que fueron su *residencia en la tierra,* desde los fumadores de opio de Birmania hasta los bosques de araucarias de sus veraneos infantiles en el sur de Chile.

COLECCION
RESIDENCIA EN LA TIERRA
Director: Juvencio Valle

OBRA POETICA DE
PABLO NERUDA

España en el corazón

OBRAS PRINCIPALES

Poesía

1923		*Crepusculario*
1924		*Veinte poemas de amor y una canción desesperada*
1926		*El habitante y su esperanza*
1926		*Anillos*
1926		*Tentativa del hombre infinito*
1933		*El hondero entusiasta*
1933		*Residencia en la tierra (1925–1931)*
1935		*Segunda residencia en la tierra (1931–1935)*
1937		*España en el corazón*
1943		*Nuevo canto de amor a Stalingrado*
1947		*Tercera residencia (1935–1945)*
1950		*Canto general*
1952		*Los versos del capitán*
1953		*Todo el amor*
1954		*Las uvas y el viento*
1954		*Odas elementales*
1955		*Nuevas odas elementales*
1957		*Tercer libro de las odas*
1958		*Estravagario*
1959		*Navegaciones y regresos*
1959		*Cien sonetos de amor*
1960		*Canción de gesta*
1961		*Cantos ceremoniales*
1964		*Memorial de Isla Negra*
1968		*Las manos del día*
1969		*Aún*
1970		*La espada encendida*
1970		*Las piedras del cielo*
1972		*Geografía infructuosa*

Novela

1926		*El habitante y su esperanza*

Memorias

*1974		*Confieso que he vivido*

*Obra publicada póstumamente.

POEMA 20

De *Veinte poemas de amor y una canción desesperada*, 1924

Puedo escribir los versos más tristes esta noche.

Escribir, por ejemplo: "La noche está estrellada,
y tiritan, azules, los astros, a lo lejos".

El viento de la noche gira en el cielo y canta.

5 Puedo escribir los versos más tristes esta noche.
Yo la quise, y a veces ella también me quiso.

En las noches como ésta la tuve entre mis brazos.
La besé tantas veces bajo el cielo infinito.

Ella me quiso, a veces yo también la quería.
10 ¡Cómo no haber amado sus grandes ojos fijos!

Puedo escribir los versos más tristes esta noche.
Pensar que no la tengo. Sentir que la he perdido.

Oír la noche inmensa, más inmensa sin ella.
Y el verso cae al alma como al pasto el rocío.

15 ¡Qué importa que mi amor no pudiera guardarla!
La noche está estrellada y ella no está conmigo.

Eso es todo. A lo lejos alguien canta. A lo lejos.
Mi alma no se contenta con haberla perdido.

Como para acercarla mi mirada la busca.
20 Mi corazón la busca, y ella no está conmigo.

La misma noche que hace blanquear los mismos árboles.
Nosotros, los de entonces, ya no somos los mismos.

Ya no la quiero, es cierto, pero cuánto la quise.
Mi voz buscaba al viento para tocar su oído.

25 De otro. Será de otro. Como antes de mis besos.
Su voz, su cuerpo claro. Sus ojos infinitos.

Ya no la quiero, es cierto, pero tal vez la quiero.
Es tan corto el amor, y es tan largo el olvido.

Porque en noches como ésta la tuve entre mis brazos,
30 mi alma no se contenta con haberla perdido.

Aunque éste sea el último dolor que ella me causa,
y éstos sean los últimos versos que yo le escribo.

WALKING AROUND

De *Segunda residencia en la tierra*, 1935

Sucede que me canso de ser hombre.
Sucede que entro en las sastrerías y en los cines
marchito, impenetrable, como un cisne de fieltro*
navegando en un agua de origen y ceniza.

*tela gruesa y rígida

5 El olor de las peluquerías me hace llorar a gritos.
Sólo quiero un descanso de piedras o de lana,
sólo quiero no ver establecimientos ni jardines,
ni mercaderías, ni anteojos, ni ascensores.

Sucede que me canso de mis pies y mis uñas
10 y mi pelo y mi sombra.
Sucede que me canso de ser hombre.

Sin embargo sería delicioso
asustar a un notario con un lirio cortado
o dar muerte a una monja con un golpe de oreja.
15 Sería bello
ir por las calles con un cuchillo verde
y dando gritos hasta morir de frío.

No quiero seguir siendo raíz en las tinieblas,
vacilante, extendido, tiritando de sueño,
20 hacia abajo, en las tripas mojadas de la tierra,
absorbiendo y pensando, comiendo cada día.

No quiero para mí tantas desgracias.
No quiero continuar de raíz y de tumba,
de subterráneo solo, de bodega con muertos
25 ateridos*, muriéndome de pena.

*congelados

Por eso el día lunes arde como el petróleo
cuando me ve llegar con mi cara de cárcel,
y aúlla en su transcurso como una rueda herida,
y da pasos de sangre caliente hacia la noche.

30 Y me empuja a ciertos rincones, a ciertas casas húmedas,
a hospitales donde los huesos salen por la ventana,
a ciertas zapaterías con olor a vinagre,
a calles espantosas* como grietas.

*aterradoras

Hay pájaros de color de azufre y horribles intestinos
35 colgando de las puertas de las casas que odio,
hay dentaduras olvidadas en una cafetera,
hay espejos

que debieran haber llorado de vergüenza y espanto•,
hay paraguas en todas partes, y venenos, y ombligos.

•terror, miedo

40 Yo paseo con calma, con ojos, con zapatos,
con furia, con olvido,
paso, cruzo oficinas y tiendas de ortopedia,
y patios donde hay ropas colgadas de un alambre:
calzoncillos, toallas y camisas que lloran
45 lentas lágrimas sucias.

ALTURAS DE MACCHU PICCHU

De *Canto general*, 1950

IX

Águila sideral, viña de bruma.
Bastión perdido, cimitarra• ciega.
Cinturón estrellado, pan solemne.
Escala torrencial, párpado inmenso.
5 Túnica triangular, polen de piedra.
Lámpara de granito, pan de piedra.
Serpiente mineral, rosa de piedra.
Nave enterrada, manantial de piedra.
Caballo de la luna, luz de piedra.
10 Escuadra equinoccial, vapor de piedra.
Geometría final, libro de piedra.
Témpano• entre las ráfagas labrado.
Madrépora• del tiempo sumergido.
Muralla por los dedos suavizada.
15 Techumbre por las plumas combatida.
Ramos de espejo, bases de tormenta.
Tronos volcados por la enredadera.
Régimen de la garra encarnizada.
Vendaval sostenido en la vertiente.
20 Inmóvil catarata de turquesa.
Campana patriarcal de los dormidos.
Argolla• de las nieves dominadas.
Hierro acostado sobre sus estatuas.
Inaccesible temporal cerrado.
25 Manos de puma, roca sanguinaria.
Torre sombrera, discusión de nieve.

Noche elevada en dedos y raíces.
Ventana de las nieblas, paloma endurecida.

•sable curvo

•fragmento de hielo
•arrecife

•aro

Planta nocturna, estatua de los truenos.
30 Cordillera esencial, techo marino.

Arquitectura de águilas perdidas.
Cuerda del cielo, abeja de la altura.
Nivel sangriento, estrella construida.
Burbuja mineral, luna de cuarzo.
35 Serpiente andina, frente de amaranto.
Cúpula del silencio, patria pura.
Novia del mar, árbol de catedrales.
Ramo de sal, cerezo de alas negras.
Dentadura nevada, trueno frío.
40 Luna arañada, piedra amenazante.
Cabellera del frío, acción del aire.
Volcán de manos, catarata oscura.
Ola de plata, dirección del tiempo.

X

Piedra en la piedra, el hombre, dónde estuvo?
45 Aire en el aire, el hombre, dónde estuvo?
Tiempo en el tiempo, el hombre, dónde estuvo?
Fuiste también el pedacito roto
de hombre inconcluso*, de águila vacía   *incompleto, inacabado
que por las calles de hoy, que por las huellas,
50 que por las hojas del otoño muerto
va machacando* el alma hasta la tumba?   *golpeando
La pobre mano, el pie, la pobre vida…
Los días de la luz deshilachada
en ti, como la lluvia
55 sobre las banderillas de la fiesta,
dieron pétalo a pétalo de su alimento oscuro
en la boca vacía?

Hambre, coral del hombre,
hambre, planta secreta, raíz de los leñadores,
60 hambre, subió tu raya de arrecife
hasta estas altas torres desprendidas*?   *sueltas, separadas

Yo te interrogo, sal de los caminos,
muéstrame la cuchara, déjame, arquitectura,
roer con un palito los estambres de piedra,
65 subir todos los escalones del aire hasta el vacío,
rascar la entraña hasta tocar el hombre.
Macchu Picchu, pusiste
piedra en la piedra, y en la base, harapos?
Carbón sobre carbón, y en el fondo la lágrima?
70 Fuego en el oro, y en él, temblando el rojo

goterón de la sangre?
Devuélveme el esclavo que enterraste!
Sacude de las tierras el pan duro
del miserable, muéstrame los vestidos
75 del siervo y su ventana.
Dime cómo durmió cuando vivía.
Dime si fue su sueño
ronco, entreabierto, como un hoyo negro
hecho por la fatiga sobre el muro.
80 El muro, el muro! Si sobre su sueño
gravitó cada piso de piedra, y si cayó bajo ella
como bajo una luna, con el sueño!
Antigua América, novia sumergida,
también tus dedos,
85 al salir de la selva hacia el alto vacío de los dioses,
bajo los estandartes nupciales de la luz y el decoro,
mezclándose al trueno de los tambores y de las lanzas,
también, también tus dedos,
los que la rosa abstracta y la línea del frío, los
90 que el pecho sangriento del nuevo cereal trasladaron
hasta la tela de materia radiante, hasta las duras cavidades,
también, también, América enterrada, guardaste en lo más bajo
en el amargo intestino, como un águila, el hambre?

ODA AL TOMATE

De *Odas elementales*, 1954

La calle
se llenó de tomates,
mediodía,
verano,
5 la luz
se parte
en dos
mitades
de tomate,
10 corre
por las calles
el jugo.
En diciembre
se desata
15 el tomate,
invade
las cocinas,
entra por los almuerzos,
se sienta
20 reposado
en los aparadores,
entre los vasos,
las mantequilleras,
los saleros azules.
25 Tiene
luz propia,
majestad benigna.
Debemos, por desgracia,
asesinarlo:
30 se hunde
el cuchillo
en su pulpa viviente,
es una roja
víscera,

35 un sol
fresco,
profundo,
inagotable,
llena las ensaladas
40 de Chile,
se casa alegremente
con la clara cebolla,
y para celebrarlo
se deja
45 caer
aceite,
hijo
esencial del olivo,
sobre sus hemisferios
50 entreabiertos,
agrega
la pimienta
su fragancia,
la sal su magnetismo:
55 son las bodas
del día
el perejil
levanta
banderines,
60 las papas
hierven vigorosamente,

el asado
golpea
con su aroma
65 en la puerta,
es hora!
vamos!
y sobre
la mesa, en la cintura
70 del verano,
el tomate,
astro de tierra,
estrella
repetida
75 y fecunda,
nos muestra
sus circunvoluciones,
sus canales,
la insigne plenitud
80 y la abundancia
sin hueso,
sin coraza,
sin escamas ni espinas,
nos entrega
85 el regalo
de su color fogoso
y la totalidad de su frescura.

PRINCIPIO Y FIN DE UN DESTIERRO

De *Confieso que he vivido*, 1974

Oceanografía dispersa

Yo soy un amateur del mar. Desde hace años colecciono conocimientos que no me sirven de mucho porque navego sobre la tierra.

Ahora regreso a Chile, a mi país oceánico, y mi barco se acerca a las costas de África. Ya pasó las antiguas columnas de Hércules, hoy acorazadas, servidoras del penúltimo imperialismo.

Miro el mar con el mayor desinterés; el del oceanógrafo puro, que conoce la superficie y la profundidad; sin placer literario, sino con un saboreo conocedor, de paladar cetáceo.

[...]

10 Es el plancton el que me interesa; esa agua nutricia, molecular y electrizada que tiñe los mares de un color de relámpago violeta. Así he llegado a saber que las ballenas se nutren casi exclusivamente de este innumerable crecimiento marino. Pequeñísimas plantas e infusorios irreales pueblan nuestro tembloroso continente. Las ballenas abren sus inmensas bocas mientras se desplazan,

15 levantando la lengua hasta el paladar, de modo que estas aguas vivas y viscerales las van llenando y nutriendo. Así se alimenta la ballena glauca (Bacbianetas Glaucas) que pasa, rumbo al sur del Pacífico y hacia las islas calurosas, por frente a las ventanas de mi Isla Negra.

Por allí también transcurre la ruta migratoria del cachalote, o ballena

20 dentada, la más chilena de las perseguidas. Los marineros chilenos ilustraron con ellas el mundo folklórico del mar. En sus dientes grabaron a cuchillo corazones y flechas, pequeños monumentos de amor, retratos infantiles de sus veleros o de sus novias. Pero nuestros balleneros, los más audaces del hemisferio marino, no cruzaron el estrecho y el Cabo de Hornos, el Antártico y sus cóleras,

25 simplemente para desgranar la dentadura del amenazador cachalote, sino para arrebatarle su tesoro de grasa y lo que es más aún, la bolsita de ámbar gris que sólo este monstruo esconde en su montaña abdominal.

[…]

Miro las pequeñas olas de un nuevo día en el Atlántico.

30 El barco deja a cada costado de su proa una desgarradura* blanca, azul y   *rasgadura, rotura grande
sulfúrica de aguas, espumas y abismos agitados.

Son las puertas del océano que tiemblan.

Por sobre ella vuelan los diminutos peces voladores, de plata y transparencia.

Regreso del destierro.

35 Miro largamente las aguas. Sobre ellas navego hacia otras aguas: las olas atormentadas de mi patria.

El cielo de un largo día cubre todo el océano.

La noche llegará y con su sombra esconderá una vez más el gran palacio verde del misterio. ✺

DE VIVA VOZ: PABLO NERUDA
La mujer de los "Veinte poemas"

¿A qué mujer hubiera hecho Pablo Neruda "lo mismo que hace la primavera con los cerezos"? ¿A quién veía "envuelta en la luz de la llama mortal"? ¿De quién se acordaba el poeta, en definitiva, cuando escribió sus *Veinte poemas de amor y una canción desesperada*? En este fragmento de su obra autobiográfica, *Confieso que he vivido*, el poeta chileno revela que la amante no fue solo una.

Los *Veinte poemas de amor y una canción desesperada* son un libro doloroso y pastoril que contiene mis más atormentadas pasiones adolescentes, mezcladas con la naturaleza arrolladora del sur de mi patria. Es un libro que amo porque a pesar de su aguda melancolía está presente en él el goce de la existencia. Me ayudaron a escribirlo un río y su desembocadura: el río Imperial. Los "Veinte poemas" son el romance de Santiago, con las calles estudiantiles, la universidad y el olor a madreselva del amor compartido.

Los trozos de Santiago fueron escritos entre la calle Echaurren y la avenida España y en el interior del antiguo edificio del Instituto Pedagógico, pero el panorama son siempre las aguas y los árboles del sur. Los muelles de la "Canción desesperada" son los viejos muelles de Carahue y de Bajo Imperial; los tablones rotos y los maderos como muñones golpeados por el ancho río; el aleteo de gaviotas se sentía y sigue sintiéndose en aquella desembocadura.

Es un esbelto y largo bote abandonado, de no sé qué barco náufrago, leí entero el "Juan Cristóbal" y escribí la "Canción desesperada". Encima de mi cabeza el cielo tenía un azul tan violento como jamás he visto otro. Yo escribía en el bote, escondido en la tierra. Creo que no he vuelto a ser tan alto y tan profundo como en aquellos días. Arriba el cielo azul impenetrable. En mis manos el "Juan Cristóbal" o los versos nacientes de mi poema. Cerca de mí todo lo que existió y siguió existiendo para siempre en mi poesía: el ruido lejano del mar, el grito de los pájaros salvajes, y el amor ardiendo sin consumirse como una zarza inmortal.

Siempre me han preguntado cuál es la mujer de los "Veinte poemas", pregunta difícil de contestar. Las dos o tres que se entrelazan en esta melancólica y ardiente poesía corresponden, digamos, a Marisol y a Marisombra. Marisol es el idilio de la provincia encantada con inmensas estrellas nocturnas y ojos oscuros como el cielo mojado de Temuco. Ella figura con su alegría y su vivaz belleza en casi todas las páginas, rodeada por las aguas del puerto y por la media luna sobre las montañas. Marisombra es la estudiante de la capital. Boina gris, ojos suavísimos, el constante olor a madreselva del errante amor estudiantil, el sosiego físico de los apasionados encuentros en los escondrijos de la urbe.

PREGUNTAS

ANÁLISIS

1. Describe cómo al principio de "Poema 20" el poeta juega con el punto de vista colocándose simultáneamente dentro y fuera de la composición.

2. La anáfora es un recurso estilístico que consiste en la repetición de una o varias palabras al principio del verso o enunciado. Localiza las anáforas de "Poema 20" y explica por qué recurre a ellas el poeta.

3. ¿Qué aporta el título "Walking around" a la ambientación del poema?

4. El polisíndeton consiste en el uso reiterado de conjunciones para reforzar la expresión del verso. Localiza este recurso en "Walking around" y explica con qué intención lo emplea el autor.

5. ¿Qué recursos literarios son utilizados en "Alturas de Macchu Picchu" para alcanzar el ritmo poético en el poema IX? Pon ejemplos de la obra.

6. ¿Qué mundo evocan las imágenes utilizadas en el poema IX de "Alturas de Macchu Picchu"? ¿Cuál sería el tema tratado en el poema X?

7. Señala las personificaciones que se encuentran en "Oda al tomate". ¿Qué efecto logra el poeta con esta figura retórica?

8. Las memorias de Neruda, *Confieso que he vivido*, están escritas en prosa. Busca en el fragmento seleccionado algunas imágenes o expresiones que, según tu opinión, destaquen por su lirismo.

INTERPRETACIÓN

1. ¿Cuáles son, a tu juicio, las confesiones más importantes que hace Neruda en "Poema 20"?

2. Aunque todo el "Poema 20" es un canto triste a la ausencia y a la nostalgia del amor, Neruda se aferra en los últimos versos al sujeto amado. Comenta por qué el poeta no se conforma con la pérdida de la amada.

3. ¿Cómo describirías el sentimiento que abate al poeta en el primer verso de "Walking around"? ¿Cómo desarrolla esa idea a lo largo del poema? Ilustra tu respuesta con ejemplos del poema.

4. ¿A qué movimiento artístico se acerca la imaginería que aparece en "Walking around"? Explica tu respuesta.

5. Neruda expresó su deseo de abandonar el ensimismamiento del poeta burgués. Relaciona este deseo del poeta chileno con "Alturas de Macchu Picchu". Ilustra tu respuesta con ejemplos de la obra.

6. ¿Qué forma métrica utiliza Neruda en "Oda al tomate"? ¿Crees que se corresponde con el tema tratado? ¿Por qué?

7. Neruda escribió las odas como cantos dedicados a las materias más humildes para celebrar la vida. Localiza en "Oda al tomate" los versos que plasmen dicha celebración.

8. Tras haber leído la presente selección de la obra de Neruda, ¿observas una evolución temática o estilística? Razona tu respuesta.

INVESTIGACIÓN

1. ¿Por qué es el "Poema 20" el que aparece justo antes de "La canción desesperada"? Averigua si hay algo que explique esta ubicación dentro del poemario *Veinte poemas de amor y una canción desesperada*.

2. En *Confieso que he vivido* leemos: "Las olas atormentadas de mi patria". Explica la metáfora en su contexto histórico.

BIBLIOGRAFÍA

Aguirre, Margarita. *Genio y figura de Pablo Neruda*. Buenos Aires: EUDEBA, 1964.

Alegría, Fernando. "Alturas de Machu Picchu': utopía de un pasado heroico", *Nuevo Texto Crítico*, 1 (1988): 79–84.

Amado, Alonso. *Poesía y estilo de Pablo Neruda*. Madrid: Editorial Gredos, 1997.

Anderson Imbert, Enrique. *Historia de la literatura hispanoamericana*. México: Fondo de Cultura Económica, 1970.

Jiménez, Juan Ramón. *Españoles de tres mundos*. Madrid: Aguilar, 1969.

Larrea, Juan. *Del Surrealismo a Macchupicchu: tres ensayos*. México: Editorial Joaquín Mortiz, 1967.

López Martínez, María Isabel. *Neruda y los escritores de la Edad de Oro*. Sevilla: CSIC-Dpto. de Publicaciones, 2009.

JUAN RULFO

1918–1986

"… el tiempo es más pesado que la más pesada carga que puede soportar el hombre."

—Juan Rulfo, *"La herencia de Matilde Arcángel"*

Juan Rulfo nació con el nombre de Juan Nepomuceno Carlos Pérez Vizcaíno, en la ciudad mexicana de Sayula, estado de Jalisco. Su familia lo perdió todo durante la Revolución mexicana. Creció en medio de la guerra de los Cristeros, alzamiento popular contra el régimen anticatólico del entonces presidente Plutarco Elías Calles. Durante ese conflicto su padre muere asesinado de un disparo. Poco después murieron su madre y sus tíos, por lo que Rulfo tuvo que pasar parte de su infancia en un orfanato de Guadalajara. En 1934 se radicó en Ciudad de México, donde tuvo diferentes trabajos que le permitieron recorrer todo el país y conocer bien distintos dialectos y costumbres de la geografía nacional. Por aquel entonces comenzó a publicar sus cuentos en dos revistas: *México* y *Pan*, y también se inició en la fotografía, disciplina que le apasionó y con la que formó una extensa colección. En 1953 publicó *El llano en llamas*, una colección de diecisiete cuentos que incluye "Macario" y "No oyes ladrar los perros". Dos años más tarde publica *Pedro Páramo*, novela corta considerada por la crítica como su obra maestra. También colaboró con Juan José Arreola en la escritura de varios guiones de cine. En todos sus relatos combina la realidad y la fantasía para analizar, con un tono fatalista y oscuro, los problemas socioculturales que sufrían las áreas rurales del México posrevolucionario.

Rulfo dedicó las dos últimas décadas de su vida al Instituto Nacional Indigenista, donde se encargó de la edición de una de las colecciones más importantes de antropología contemporánea y antigua de México. Obtuvo el Premio Nacional de Literatura de México en 1970 y el Premio Príncipe de Asturias en 1983.

Los cuentos recopilados en *El llano en llamas*, *Pedro Páramo* y *El gallo de oro*, un relato para cine rescatado póstumamente, constituyen toda la obra literaria del prosista mexicano; apenas cuatrocientas páginas que revolucionaron la literatura del siglo XX. El antecedente de sus textos se encuentra en las narraciones tradicionales de la Revolución mexicana. Rulfo les da, sin embargo, un nuevo enfoque que transforma la conocida temática local en universal. Aunque en su obra no aparecen fechas, ni nombres de personajes históricos, el trasfondo de la revolución, el caciquismo y la lucha sangrienta por la tierra son patentes.

Rulfo se propuso plasmar el habla de los campesinos de su tierra, reflejando su parquedad y precisión; conscientemente elaboró su prosa tratando de reproducir el lenguaje que había oído desde su infancia para conseguir la autenticidad que tanto le importaba. Asimismo, abandonó el punto de vista omnisciente que dominaba en la literatura testimonial del momento para adentrarse en la psique de sus personajes con un efecto abrumador. Rulfo tiene predilección por el discurso de personajes marginados y solitarios, y refleja de forma conmovedora su situación de desamparo absoluto.

El tiempo detenido, los fantasmas, la violencia y la muerte son los temas de *Pedro Páramo*, una historia impregnada por lo mágico. En sus cuentos impera el realismo de la tierra devastada por la revolución y la guerra cristera que tanto marcó a Rulfo en su niñez. La voz narradora, generalmente en primera persona, tiene una fuerza especial en el monólogo interior de "Macario", un cuento trepidante, escrito sin párrafos. También sin interlocutor se encuentra el personaje de "No oyes ladrar los perros", donde el diálogo se convierte en monólogo porque Rulfo decide ocultarle al lector lo que el padre dice y que puede ser escuchado por el hijo herido. En toda su obra, la memoria juega un papel central; como señala Mónica Mansour, "Juan Rulfo dedicó gran parte de su escritura a explicar —o explicarse— los mecanismos de la memoria, su percepción, sus tiempos, sus sentidos, para descifrar el límite tan frágil y casi imperceptible entre la memoria y lo que suele llamarse locura".

Juan Rulfo

El Llano en llamas

Edición de
Carlos Blanco Aguinaga

CATEDRA
Letras Hispánicas

OBRAS

Cuento
1953 | *El llano en llamas*

Novela
1955 | *Pedro Páramo*
*1956–1958 | *El gallo de oro*

*Obra publicada en 1980.

MACARIO

De *El llano en llamas*, 1953

Estoy sentado junto a la alcantarilla aguardando° a que salgan las ranas. Anoche, mientras estábamos cenando, comenzaron a armar el gran alboroto y no pararon de cantar hasta que amaneció. Mi madrina también dice eso: que la gritería de las ranas le espantó el sueño. Y ahora ella bien quisiera dormir. Por eso me mandó a que me sentara aquí, junto a la alcantarilla, y me pusiera con una tabla en la mano para que cuanta rana saliera a pegar de brincos afuera, la apalcuachara° a tablazos… Las ranas son verdes de todo a todo, menos en la panza. Los sapos son negros. También los ojos de mi madrina son negros. Las ranas son buenas para hacer de comer con ellas. Los sapos no se comen; pero yo me los he comido también, aunque no se coman, y saben igual que las ranas. Felipa es la que dice que es malo comer sapos. Felipa tiene los ojos verdes como los ojos de los gatos. Ella es la que me da de comer en la cocina cada vez que me toca comer. Ella no quiere que yo perjudique° a las ranas. Pero, a todo esto, es mi madrina la que me manda hacer las cosas… Yo quiero más a Felipa que a mi madrina. Pero es mi madrina la que saca el dinero de su bolsa para que Felipa compre todo lo de la comedera°. Felipa sólo se está en la cocina arreglando la comida de los tres. No hace otra cosa desde que yo la conozco. Lo de lavar los trastes° a mí me toca. Lo de acarrear leña para prender el fogón también a mí me toca. Luego es mi madrina la que nos reparte la comida. Después de comer ella, hace con sus manos dos montoncitos, uno para Felipa y otro para mí. Pero a veces Felipa no tiene ganas de comer y entonces son para mí los dos montoncitos. Por eso quiero yo a Felipa, porque yo siempre tengo hambre y no me lleno nunca, ni aun comiéndome la comida de ella. Aunque digan que uno se llena comiendo, yo sé bien que no me lleno por más que coma todo lo que me den. Y Felipa también sabe eso… Dicen en la calle que yo estoy loco porque jamás se me acaba el hambre. Mi madrina ha oído que eso dicen. Yo no lo he oído. Mi madrina no me deja salir solo a la calle. Cuando me saca a dar la vuelta es para llevarme a la iglesia a oír misa. Allí me acomoda cerquita de ella y me amarra° las manos con las barbas°° de su rebozo°. Yo no sé por qué me amarrará mis manos; pero dice que porque dizque°° luego hago locuras. Un día inventaron que yo andaba ahorcando a alguien; que le apreté el pescuezo a una señora nada más por nomás. Yo no me acuerdo. Pero, a todo esto, es mi madrina la que dice lo que yo hago y ella nunca anda con mentiras. Cuando me llama a comer, es para darme mi parte de comida, y no como otra gente que me invitaba a comer con ellos y luego que me les acercaba, me apedreaban hasta hacerme correr sin comida ni nada. No, mi madrina me trata bien. Por eso estoy contento en su casa. Además, aquí vive Felipa. Felipa es muy buena conmigo. Por eso la quiero… La leche de Felipa es dulce como las flores del obelisco. Yo he bebido leche de chiva y también de

°esperando

°aplastara

°les haga daño

°comida

°platos, ollas, vasos, cubiertos

°ata °°flecos
°manto °°dice que

puerca recién parida; pero no, no es igual de buena que la leche de Felipa…
Ahora ya hace mucho tiempo que no me da a chupar de los bultos esos que ella
tiene donde tenemos solamente las costillas, y de donde le sale, sabiendo sacarla,
una leche mejor que la que nos da mi madrina en el almuerzo de los domingos…
Felipa antes iba todas las noches al cuarto donde yo duermo, y se arrimaba
conmigo, acostándose encima de mí o echándose a un ladito. Luego se las
ajuareaba• para que yo pudiera chupar de aquella leche dulce y caliente que se •arreglaba, inventaba
dejaba venir en chorros por la lengua… Muchas veces he comido flores de
obelisco para entretener• el hambre. Y la leche de Felipa era de ese sabor, sólo •distraer
que a mí me gustaba más porque, al mismo tiempo que me pasaba los tragos,
Felipa me hacía cosquillas por todas partes. Luego sucedía que casi siempre se
quedaba dormida junto a mí, hasta la madrugada. Y eso me servía de mucho;
porque yo no me apuraba del frío ni de ningún miedo a condenarme en el
Infierno si me moría yo solo allí, en alguna noche… A veces no le tengo tanto
miedo al Infierno. Pero a veces sí. Luego me gusta darme mis buenos sustos• con •sobresaltos de pánico,
eso de que me voy a ir al Infierno cualquier día de estos, por tener la cabeza tan miedo repentino
dura y por gustarme dar de cabezazos contra lo primero que encuentro. Pero e inesperado
viene Felipa y me espanta mis miedos. Me hace cosquillas con sus manos como
ella sabe hacerlo y me ataja el miedo ese que tengo de morirme. Y por un ratito
hasta se me olvida… Felipa dice, cuando tiene ganas de estar conmigo, que ella
le contará al Señor todos mis pecados. Que irá al Cielo muy pronto y platicará
con Él pidiéndole que me perdone toda la mucha maldad que me llena el cuerpo
de arriba abajo. Ella le dirá que me perdone, para que yo no me preocupe más.
Por eso se confiesa todos los días. No porque ella sea mala, sino porque yo estoy
repleto• por dentro de demonios, y tiene que sacarme esos chamucos del cuerpo •lleno
confesándose por mí. Todos los días. Todas las tardes de todos los días. Por toda
la vida ella me hará ese favor. Eso dice Felipa. Por eso yo la quiero tanto… Sin
embargo, lo de tener la cabeza así de dura es la gran cosa. Uno da de topes• •golpes
contra los pilares del corredor horas enteras y la cabeza no se hace nada, aguanta
sin quebrarse. Y uno da de topes contra el suelo; primero despacito, después más
recio y aquello suena como un tambor. Igual que el tambor que anda con la
chirimía•, cuando viene la chirimía a la función del Señor. Y entonces uno está •especie de flauta
en la iglesia, amarrado a la madrina, oyendo afuera el tum tum del tambor… Y
mi madrina dice que si en mi cuarto hay chinches• y cucarachas y alacranes es •bichos, insectos
porque me voy a ir a arder en el Infierno si sigo con mis mañas• de pegarle al •caprichos, mala
suelo con mi cabeza. Pero lo que yo quiero es oír el tambor. Eso es lo que ella costumbre
debería saber. Oírlo, como cuando uno está en la iglesia, esperando salir pronto
a la calle para ver cómo es que aquel tambor se oye de tan lejos, hasta lo hondo
de la iglesia y por encima de las condenaciones del señor cura…: "El camino de

las cosas buenas está lleno de luz. El camino de las cosas malas es oscuro." Eso

80 dice el señor cura… Yo me levanto y salgo de mi cuarto cuando todavía está a oscuras. Barro la calle y me meto otra vez en mi cuarto antes que me agarre la luz del día. En la calle suceden cosas. Sobra* quien lo descalabre a pedradas apenas** lo ven a uno. Llueven piedras grandes y filosas por todas partes. Y luego hay que remendar la camisa y esperar muchos días a que se remienden* las

85 rajaduras** de la cara o de las rodillas. Y aguantar otra vez que le amarren a uno las manos, porque si no ellas corren a arrancar la costra del remiendo y vuelve a salir el chorro de sangre. Ora* que la sangre también tiene buen sabor aunque eso sí, no se parece al sabor de la leche de Felipa… Yo por eso, para que no me apedreen, me vivo siempre metido en mi casa. En seguida que me dan de comer

90 me encierro en mi cuarto y atranco bien la puerta para que no den conmigo los pecados mirando que aquello está a oscuras. Y ni siquiera prendo el ocote* para ver por dónde se me andan subiendo las cucarachas. Ahora me estoy quietecito. Me acuesto sobre mis costales, y en cuanto siento alguna cucaracha caminar con sus patas rasposas* por mi pescuezo** le doy un manotazo y la aplasto. Pero no

95 prendo el ocote. No vaya a suceder que me encuentren desprevenido* los pecados por andar con el ocote prendido buscando todas las cucarachas que se meten por debajo de mi cobija… Las cucarachas truenan como saltapericos cuando uno las destripa. Los grillos no sé si truenen. A los grillos nunca los mato. Felipa dice que los grillos hacen ruido siempre, sin pararse ni a respirar,

100 para que no se oigan los gritos de las ánimas que están penando en el Purgatorio. El día en que se acaben los grillos, el mundo se llenará de los gritos de las ánimas santas y todos echaremos a correr espantados por el susto. Además, a mí me gusta mucho estarme con la oreja parada oyendo el ruido de los grillos. En mi cuarto hay muchos. Tal vez haya más grillos que cucarachas aquí entre las

105 arrugas de los costales donde yo me acuesto. También hay alacranes. Cada rato se dejan caer del techo y uno tiene que esperar sin resollar* a que ellos hagan su recorrido por encima de uno hasta llegar al suelo. Porque si algún brazo se mueve o empiezan a temblarle a uno los huesos, se siente en seguida el ardor del piquete*. Eso duele. A Felipa le picó una vez uno en una nalga. Se puso a llorar y

110 a gritarle con gritos queditos a la Virgen Santísima para que no se le echara a perder* su nalga. Yo le unté saliva. Toda la noche me la pasé untándole saliva y rezando con ella, y hubo un rato, cuando vi que no se aliviaba con mi remedio, en que yo también le ayudé a llorar con mis ojos todo lo que pude… De cualquier modo, yo estoy más a gusto en mi cuarto que si anduviera en la calle, llamando

115 la atención de los amantes de aporrear* gente. Aquí nadie me hace nada. Mi madrina no me regaña* porque me vea comiéndome las flores de su obelisco, o sus arrayanes, o sus granadas. Ella sabe lo entrado en ganas de comer que estoy siempre. Ella sabe que no se me acaba el hambre. Que no me ajusta ninguna comida para llenar mis tripas aunque ande a cada rato pellizcando aquí y allá

120 cosas de comer. Ella sabe que me como el garbanzo remojado que le doy a los

*abunda **tan pronto como

*curen **cortes

*ahora

*madera de pino resinosa

*ásperas **cuello
*indefenso, por sorpresa

*respirar

*picada

*dañara, arruinara

*golpear
*riñe, sermonea

puercos gordos y el maíz seco que le doy a los puercos flacos. Así que ella ya sabe con cuánta hambre ando desde que me amanece hasta que me anochece. Y mientras encuentre de comer aquí en esta casa, aquí me estaré. Porque yo creo que el día en que deje de comer me voy a morir, y entonces me iré con toda

125 seguridad derechito al Infierno. Y de allí ya no me sacará nadie, ni Felipa, aunque sea tan buena conmigo, ni el escapulario* que me regaló mi madrina y que traigo   *medalla
enredado en el pescuezo… Ahora estoy junto a la alcantarilla esperando a que salgan las ranas. Y no ha salido ninguna en todo este rato que llevo platicando. Si tardan más en salir, puede suceder que me duerma, y luego ya no habrá modo

130 de matarlas, y a mi madrina no le llegará por ningún lado el sueño si las oye cantar, y se llenará de coraje. Y entonces le pedirá, a alguno de toda la hilera de santos que tiene en su cuarto, que mande a los diablos por mí, para que me lleven a rastras* a la condenación eterna, derechito, sin pasar ni siquiera por el   *arrastrando, a la fuerza
Purgatorio, y yo no podré ver entonces ni a mi papá ni a mi mamá, que es allí

135 donde están… Mejor seguiré platicando… De lo que más ganas tengo es de volver a probar algunos tragos de la leche de Felipa, aquella leche buena y dulce como la miel que le sale por debajo a las flores del obelisco… ❧

NO OYES LADRAR LOS PERROS
De *El llano en llamas*, 1953

—Tú que vas allá arriba, Ignacio, dime si no oyes alguna señal de algo o si ves alguna luz en alguna parte.

—No se ve nada.

—Ya debemos estar cerca.

5 —Sí, pero no se oye nada.

—Mira bien.

—No se ve nada.

—Pobre de ti, Ignacio.

La sombra larga y negra de los hombres siguió moviéndose de arriba abajo,
10 trepándose a las piedras, disminuyendo y creciendo según avanzaba por la orilla del arroyo. Era una sola sombra, tambaleante.

La luna venía saliendo de la tierra, como una llamarada redonda.

—Ya debemos estar llegando a ese pueblo, Ignacio. Tú que llevas las orejas de fuera, fíjate a ver si no oyes ladrar los perros. Acuérdate que nos dijeron que
15 Tonaya estaba detrasito* del monte. Y desde qué horas que hemos dejado el   *justo detrás
monte. Acuérdate, Ignacio.

—Sí, pero no veo rastro de nada.

—Me estoy cansando.

—Bájame.

El viejo se fue reculando[*] hasta encontrarse con el paredón y se recargó allí, sin soltar la carga de sus hombros. Aunque se le doblaban las piernas, no quería sentarse, porque después no hubiera podido levantar el cuerpo de su hijo, al que allá atrás, horas antes, le habían ayudado a echárselo a la espalda. Y así lo había traído desde entonces.

—¿Cómo te sientes?

—Mal.

Hablaba poco. Cada vez menos. En ratos parecía dormir. En ratos parecía tener frío. Temblaba. Sabía cuándo le agarraba a su hijo el temblor por las sacudidas que le daba, y porque los pies se le encajaban en los ijares[*] como espuelas. Luego las manos del hijo, que traía trabadas en su pescuezo, le zarandeaban la cabeza como si fuera una sonaja[*].

Él apretaba los dientes para no morderse la lengua y cuando acababa aquello le preguntaba:

—¿Te duele mucho?

—Algo —contestaba él.

Primero le había dicho: "Apéame aquí… Déjame aquí… Vete tú solo. Yo te alcanzaré mañana o en cuanto me reponga[*] un poco." Se lo había dicho como cincuenta veces. Ahora ni siquiera eso decía.

Allí estaba la luna. Enfrente de ellos. Una luna grande y colorada que les llenaba de luz los ojos y que estiraba y oscurecía más su sombra sobre la tierra.

—No veo ya por dónde voy —decía él.

Pero nadie le contestaba.

El otro iba allá arriba, todo iluminado por la luna, con su cara descolorida, sin sangre, reflejando una luz opaca. Y él acá abajo.

—¿Me oíste, Ignacio? Te digo que no veo bien.

Y el otro se quedaba callado.

Siguió caminando, a tropezones. Encogía el cuerpo y luego se enderezaba para volver a tropezar de nuevo.

—Éste no es ningún camino. Nos dijeron que detrás del cerro[*] estaba Tonaya. Ya hemos pasado el cerro. Y Tonaya no se ve, ni se oye ningún ruido que nos diga que está cerca. ¿Por qué no quieres decirme qué ves, tú que vas allá arriba, Ignacio?

—Bájame, padre.

—¿Te sientes mal?

—Sí

—Te llevaré a Tonaya a como dé lugar[*]. Allí encontraré quien te cuide. Dicen que allí hay un doctor. Yo te llevaré con él. Te he traído cargando desde hace horas y no te dejaré tirado aquí para que acaben contigo quienes sean.

Se tambaleó un poco. Dio dos o tres pasos de lado y volvió a enderezarse.

—Te llevaré a Tonaya.

—Bájame.

[*] andando hacia atrás

[*] espacios entre costillas y cadera

[*] objeto que al moverse con rapidez hace ruido

[*] recupere

[*] monte

[*] sea como sea

Su voz se hizo quedita, apenas murmuraba:

—Quiero acostarme un rato.

—Duérmete allí arriba. Al cabo* te llevo bien agarrado.

*al fin y al cabo

65 La luna iba subiendo, casi azul, sobre un cielo claro. La cara del viejo, mojada en sudor, se llenó de luz. Escondió los ojos para no mirar de frente, ya que no podía agachar la cabeza agarrotada* entre las manos de su hijo.

*paralizada, inmovilizada

—Todo esto que hago, no lo hago por usted. Lo hago por su difunta madre. Porque usted fue su hijo. Por eso lo hago. Ella me reconvendría* si yo lo hubiera

70 dejado tirado allí, donde lo encontré, y no lo hubiera recogido para llevarlo a que lo curen, como estoy haciéndolo. Es ella la que me da ánimos, no usted. Comenzando porque a usted no le debo más que puras dificultades, puras mortificaciones, puras vergüenzas.

*reñiría, criticaría

Sudaba al hablar. Pero el viento de la noche le secaba el sudor. Y sobre el

75 sudor seco, volvía a sudar.

—Me derrengaré*, pero llegaré con usted a Tonaya, para que le alivien esas heridas que le han hecho. Y estoy seguro de que, en cuanto se sienta usted bien, volverá a sus malos pasos. Eso ya no me importa. Con tal que se vaya lejos, donde yo no vuelva a saber de usted. Con tal de eso… Porque para mí usted

*romperé la columna vertebral

80 ya no es mi hijo. He maldecido la sangre que usted tiene de mí. La parte que a mí me tocaba la he maldecido. He dicho: "¡Que se le pudra en los riñones la sangre que yo le di!" Lo dije desde que supe que usted andaba trajinando* por los caminos, viviendo del robo y matando gente… Y gente buena. Y si no, allí está mi compadre Tranquilino. El que lo bautizó a usted. El que le dio su nombre. A

*ocupado

85 él también le tocó la mala suerte de encontrarse con usted. Desde entonces dije: "Ése no puede ser mi hijo."

"Mira a ver si ya ves algo. O si oyes algo. Tú que puedes hacerlo desde allá arriba, porque yo me siento sordo."

—No veo nada.

90 —Peor para ti, Ignacio.

—Tengo sed.

—¡Aguántate! Ya debemos estar cerca. Lo que pasa es que ya es muy noche y han de haber apagado la luz en el pueblo. Pero al menos debías de oír si ladran los perros. Haz por oír.

95 —Dame agua.

—Aquí no hay agua. No hay más que piedras. Aguántate. Y aunque la hubiera, no te bajaría a tomar agua. Nadie me ayudaría a subirte otra vez y yo solo no puedo.

—Tengo mucha sed y mucho sueño.

100 —Me acuerdo cuando naciste. Así eras entonces. Despertabas con hambre y comías para volver a dormirte. Y tu madre te daba agua, porque ya te habías acabado la leche de ella. No tenías llenadero. Y eras muy rabioso. Nunca pensé que con el tiempo se te fuera a subir aquella rabia a la cabeza… Pero así fue. Tu

madre, que descanse en paz, quería que te criaras fuerte. Creía que cuando tú
105 crecieras irías a ser su sostén·. No te tuvo más que a ti. El otro hijo que iba a tener   ·soporte, ayuda
la mató. Y tú la hubieras matado otra vez si ella estuviera viva a estas alturas.

Sintió que el hombre aquel que llevaba sobre sus hombros dejó de apretar las
rodillas y comenzó a soltar los pies, balanceándolos de un lado para otro. Y le
pareció que la cabeza, allá arriba, se sacudía como si sollozara.

110 Sobre su cabello sintió que caían gruesas gotas, como de lágrimas.

—¿Lloras, Ignacio? Lo hace llorar a usted el recuerdo de su madre, ¿verdad?
Pero nunca hizo usted nada por ella. Nos pagó siempre mal. Parece que, en lugar
de cariño, le hubiéramos retacado· el cuerpo de maldad. ¿Y ya ve? Ahora lo han   ·llenado
herido. ¿Qué pasó con sus amigos? Los mataron a todos. Pero ellos no tenían
115 a nadie. Ellos bien hubieran podido decir: "No tenemos a quién darle nuestra
lástima." ¿Pero usted, Ignacio?

Allí estaba ya el pueblo. Vio brillar los tejados bajo la luz de la luna. Tuvo la
impresión de que lo aplastaba el peso de su hijo al sentir que las corvas· se le   ·rodillas
doblaban en el último esfuerzo. Al llegar al primer tejaván· se recostó sobre el   ·construcción con
120 pretil de la acera y soltó el cuerpo, flojo, como si lo hubieran descoyuntado.   el tejado de tejas

Destrabó difícilmente los dedos con que su hijo había venido sosteniéndose
de su cuello y, al quedar libre, oyó cómo por todas partes ladraban los perros.

—¿Y tú no los oías, Ignacio? —dijo—. No me ayudaste ni siquiera con
esta esperanza. ꙮ

DE VIVA VOZ: JUAN RULFO
"Por qué no escribo más"

Cada uno de sus cuentos es un viaje literario de una intensidad extenuante, como si el autor examinara la realidad mediante un brutal exorcismo a sus personajes, siempre en el umbral de la locura y de la muerte. ¿De dónde salen estos personajes? ¿Y por qué no volvió a escribir tras la publicación de *El llano en llamas* y *Pedro Páramo*? En 1974, rodeado de un grupo de estudiantes, Rulfo ironizó sobre su silencio literario.

[...]

"Tenía los personajes completos de *Pedro Páramo*, sabía que iba a ubicarlos en un pueblo abrasado por el desierto, sabía cómo iba a transcurrir toda la novela; pero no sabía cómo iba a decirlo, me faltaban las formas. Y para eso escribí los cuentos de *El Llano en llamas*, para soltar la mano. En Luvina me nació aquel profesor que se va del pueblo abandonado, que le cuenta al otro, que va a sustituirlo, lo que es aquello; se lo cuenta todo bebiendo (el otro no toma nada), bebiendo hasta caerse de borracho; aquella era la atmósfera que andaba buscando. Poco a poco fui encontrando las claves."

[...]

"Pues, para más o menos situarnos, como dicen en las iglesias, quisiera estrenar un acto de contrición; no rezar, claro está, pero sí meditar un poco, y para eso añadiré algo a lo que dijo nuestro buen amigo Balza. Efectivamente, él quiere que yo hable un poco de los cuentos y de qué relación tienen con la vida real. Yo le explicaba que no, que no la tenían; pero sí, sí la tienen. Yo tenía un tío que se llamaba Celerino. Un borracho. Y siempre que íbamos del pueblo a su casa o de su casa al rancho que tenía él, me iba platicando historias.

Y no sólo iba a titular los cuentos de *El llano en llamas* como *Los cuentos del Tío Celerino*, sino que dejé de escribir el día en que se murió. Por eso me preguntan mucho que por qué no escribo: pues porque se me murió el tío Celerino que era el que me platicaba todo... Pero era muy mentiroso. Todo lo que me dijo eran puras mentiras, y, entonces, naturalmente, todo lo que escribí, eran puras mentiras." [...]

PREGUNTAS

ANÁLISIS

1. ¿Qué oración u oraciones de "Macario" sintetizan mejor la relación entre el narrador y Felipa?

2. Aunque "Macario" está escrito en un solo párrafo, el relato tiene una estructura. Identifica cada una de sus partes.

3. ¿Qué recurso utiliza Rulfo en "No oyes ladrar los perros" para indicar el progresivo debilitamiento del hijo?

4. A pesar de que "No oyes ladrar los perros" está enmarcado en el realismo, en el habla popular aquí representada hay abundantes ejemplos de lenguaje poético. Identifica algunos.

5. Además de novelista, Juan Rulfo fue fotógrafo y guionista de cine. ¿Qué elementos de guion cinematográfico identificas en "No oyes ladrar los perros"?

6. Rulfo prefiere dar la palabra a sus personajes que al narrador omnisciente. ¿Qué efecto tiene este punto de vista en las obras seleccionadas?

INTERPRETACIÓN

1. ¿Cómo definirías la visión del mundo de Rulfo tras la lectura de "Macario" y "No oyes ladrar los perros"?

2. ¿Calificarías la obra de Rulfo de realista o pesimista? Ilustra tu respuesta con ejemplos tanto de "Macario" como de "No oyes ladrar los perros".

3. El crítico Jorge Ruffinelli considera que "la orfandad real o meramente afectiva es siempre un conflicto cardinal en la obra de Rulfo". ¿Qué indicios de esa orfandad ves en las obras aquí seleccionadas?

4. La narración de Macario se va convirtiendo en una auténtica pesadilla con elementos surreales. ¿Qué semejanzas y diferencias encuentras entre esta narración y "La tumba viva", de Miguel Ángel Asturias?

5. ¿Qué representa Dios para los personajes de las obras seleccionadas? ¿Dirías que existe la esperanza en el universo rulfiano? Justifica tu respuesta con pasajes de ambos textos.

INVESTIGACIÓN

1. El crítico José Alberti Rubí Barquero considera que el cuento clave para entender a Juan Rulfo es "¡Diles que no me maten!" Lee esta narración y analiza el sentimiento de desarraigo propio de la obra del prosista.

2. Gabriel García Márquez cuenta a Rulfo entre sus grandes maestros. Averigua qué aspectos de la narrativa rulfiana se manifiestan en la obra del novelista colombiano.

BIBLIOGRAFÍA

Amat, Nuria. *Juan Rulfo*. Barcelona: Ediciones Omega, 2003.

Ascencio, Juan Antonio. *Un extraño en la tierra*. México: Editorial Debate. Random House Mondadori, 2005.

Campbell, Federico. *La ficción de la memoria. Juan Rulfo ante la crítica*. México: Ediciones Era, 2003.

Dorfman, Ariel. *Imaginación y violencia en América*. Barcelona: Anagrama, 1970.

López Mena, Sergio. *Los caminos de la creación en Juan Rulfo*. México: Universidad Nacional Autónoma de México, 1994.

NICOLÁS GUILLÉN

1902–1989

"¡De qué callada manera se me adentra usted sonriendo, como si fuera la primavera! (Yo, muriendo)."

—**Nicolás Guillén**, *"Canción"*

Nicolás Guillén nació en la ciudad de Camagüey, Cuba. Su padre, Nicolás Guillén Urra, fue coronel del Ejército, senador de la República y un conocido periodista y político liberal. Tras la muerte de su padre en la revuelta liberal de 1917 contra el presidente Menocal, la situación económica y social de la familia sufre un rápido declive. Guillén estudia la primaria y la secundaria en Camagüey, y en 1920 comienza a estudiar Derecho en la Universidad de La Habana, carrera que abandona al año siguiente. Por esa época termina su primer cuaderno de poesía, que no publicará hasta mucho más tarde. En esos años trabaja como tipógrafo, corrector de pruebas y periodista. Con la publicación de los poemarios *Motivos de son* (1930) y *Sóngoro cosongo* (1931), Guillén se convierte en el autor más importante de la llamada *poesía negra* de Cuba y en uno de los poetas esenciales del período republicano. Sus obras se traducen a otros idiomas y comienza a ser conocido internacionalmente. Aunque escritores como José Zacarías Tallet, Alejo Carpentier y Ramón Guirao también escribieron "poemas negros" durante la misma época, "Guillén es el único poeta de este grupo", escribe Cintio Vitier, "para el cual el tema negro no fue una moda ni, propiamente hablando, un 'tema', sino el centro generador de toda su actividad creadora".

Durante las tres décadas siguientes, Guillén viaja por Europa y América Latina, intensifica su activismo político, y publica numerosos artículos periodísticos y varias colecciones de poemas. En 1937 se hace miembro del Partido Comunista y participa en el II Congreso Internacional de Escritores para la Defensa de la Cultura, en la España de la Guerra Civil. Tras el triunfo de la Revolución, en 1959, se convierte en presidente de la Unión de Escritores y Artistas de Cuba (UNEAC) y en uno de los intelectuales más estrechamente vinculados al gobierno cubano. A partir de entonces publica varios poemarios de claro contenido político que pocas veces alcanzan el nivel de su obra anterior. Nicolás Guillén murió en La Habana a los ochenta y siete años de edad.

Los tres poemas que se presentan a continuación nos muestran un resumen de los temas esenciales de su poesía: la tradición africana, la esencia mestiza del Caribe y el compromiso político. Después de publicar *Motivos de son* y *Sóngoro cosongo*, en su tercer poemario publicado, *West Indies, Ltd.* (1934), Guillén pasa del tema negro a una poesía centrada en la denuncia de la injusticia. Aunque forma parte de *West Indies, Ltd.*, "Sensemayá" regresa al tema de sus primeros libros. El texto sencillo, de claro aliento tradicional, está marcado por la frase de sabor africano "Mayombe-bombe-mayombé", que representa el papel de una antífona, o estribillo litúrgico, entre las estrofas.

"Balada de los dos abuelos" (1962), que forma parte del mismo libro, es un poema de mayores pretensiones. Guillén pasa aquí de la *poesía negra* a la *poesía mulata*, tanto desde el punto de vista formal como conceptual. Del rescate de la cultura negra y el lenguaje de los nietos de los esclavos, así como de la denuncia de la injusticia en la que viven, Guillén arriba ahora a la síntesis: una cultura mulata de la que él mismo es el mejor exponente. Con su "Balada de los dos abuelos", Guillén transforma en poesía una idea inquietante y llena de potencialidades: para los caribeños, el mestizaje, que se origina en una violación, es su destino y su única vía de reconciliación. *España, poema en cuatro angustias y una esperanza* es una obra en la que el claro sentido político no anula la ambición poética. El poeta, para pedir la solidaridad del lector con la causa de la República Española, comienza por definir una nueva manera de mirar a España. "No Cortés ni Pizarro" dice el primer verso de la "Angustia primera" para aclarar que la España de los conquistadores de ayer ya no es la misma: hoy necesita la solidaridad de los antiguos conquistados. Guillén, con imágenes bellas y sencillas, nos da un retrato de la desventura de España y de la urgencia de su reclamo.

OBRAS PRINCIPALES

Poesía

1928 | *Cerebro y corazón*
1930 | *Motivos de son*
1931 | *Sóngoro cosongo*
1927–1931 | *Poemas de transición*
1934 | *West Indies, Ltd.*
1937 | *Cantos para soldados y sones para turistas*
1937 | *España, poema en cuatro angustias y una esperanza*
1947 | *El son entero*
1947 | *Summa poética*
1948–1958 | *Elegías*
1958 | *La paloma de vuelo popular*
1960 | *¿Puedes?*
1962 | *Balada de los dos abuelos*
1964 | *Tengo*
1964 | *Poemas de amor*

1964 | *Antología mayor*
1966 | *En algún sitio de la primavera*
1967 | *El gran zoo*
1972 | *La rueda dentada*
1972 | *El diario que a diario*
1972 | *Obra poética*
1975 | *Poemas manuables*
1975 | *El corazón con que vivo*
1978 | *Por el mar de las Antillas anda un barco de papel*
1979 | *Música de cámara*
1980 | *El libro de las décimas*
1982 | *Sol de domingo*

Crónicas

1962 | *Prosa de prisa*

SENSEMAYÁ[1]

De *West Indies, Ltd.*, 1934

Canto para matar a una culebra

¡Mayombe-bombe-mayombé![2]
¡Mayombe-bombe-mayombé!
¡Mayombe-bombe-mayombé!

La culebra tiene los ojos de vidrio·;   ·cristal
5   la culebra viene y se enreda· en un palo;   ·se enrosca, se enrolla
con sus ojos de vidrio, en un palo,
con sus ojos de vidrio.
La culebra camina sin patas;
la culebra se esconde en la yerba;
10   caminando se esconde en la yerba,
caminando sin patas.

¡Mayombe-bombe-mayombé!
¡Mayombe-bombe-mayombé!
¡Mayombe-bombe-mayombé!

15   Tú le das con el hacha, y se muere:
¡dale ya!
¡No le des con el pie, que te muerde,
no le des con el pie, que se va!

Sensemayá, la culebra,
20   sensemayá.
Sensemayá, con sus ojos,
sensemayá.
Sensemayá, con su lengua,
sensemayá.
25   Sensemayá, con su boca,
sensemayá…

¡La culebra muerta no puede comer;
la culebra muerta no puede silbar;
no puede caminar,
30   no puede correr!
¡La culebra muerta no puede mirar;
la culebra muerta no puede beber;
no puede respirar,
no puede morder!

[1] Diosa afrocubana representada por una serpiente.
[2] Palo Mayombe es una forma de magia negra que se originó en el Congo. En la época del tráfico de esclavos al Caribe fue asimilada en varias religiones y en Cuba fue integrada en la santería.

35 ¡Mayombe-bombe-mayombé!
Sensemayá, la culebra…
¡Mayombe-bombe-mayombé!
Sensemayá, no se mueve…
¡Mayombe-bombe-mayombé!
40 *Sensemayá, la culebra…*
¡Mayombe-bombe-mayombé!
¡Sensemayá, se murió!

BALADA DE LOS DOS ABUELOS

De *West Indies, Ltd.*, 1934

Sombras que sólo yo veo,
me escoltan mis dos abuelos.

Lanza con punta de hueso,
tambor de cuero y madera:
5 mi abuelo negro.
Gorguera[1] en el cuello ancho,
gris armadura guerrera:
mi abuelo blanco.

Pie desnudo, torso pétreo*   *duro, como
10 los de mi negro;   de piedra
pupilas de vidrio antártico
las de mi blanco!
África de selvas húmedas
y de gordos gongos* sordos…   *instrumento
15 —¡Me muero!   de percusión
(Dice mi abuelo negro.)
Aguaprieta de caimanes,
verdes mañanas de cocos…
—¡Me canso!
20 (Dice mi abuelo blanco.)
Oh velas de amargo viento,
galeón ardiendo en oro…

—¡Me muero!
(Dice mi abuelo negro.)
25 ¡Oh costas de cuello virgen
engañadas de abalorios*…!   *adornos hechos
—¡Me canso!   con bolitas de
(Dice mi abuelo blanco.)   vidrio
¡Oh puro sol repujado*,   *adornado con
30 preso en el aro del trópico;   diseños en
oh luna redonda y limpia   relieve como
sobre el sueño de los monos!   si fuera de oro

¡Qué de barcos, qué de barcos!
¡Qué de negros, qué de negros!
35 ¡Qué largo fulgor de cañas!
¡Qué látigo el del negrero!
Piedra de llanto y de sangre,
venas y ojos entreabiertos,
y madrugadas vacías,
40 y atardeceres de ingenio,
y una gran voz, fuerte voz,
despedazando el silencio.
¡Qué de barcos, qué de barcos,
qué de negros!

45 Sombras que sólo yo veo,
me escoltan mis dos abuelos.

[1] Gorjal; pieza de metal que se
ceñía al cuello como parte de
la armadura antigua.

Don Federico me grita
y Taita Facundo calla;
los dos en la noche sueñan
50 y andan, andan.
Yo los junto.

—¡Federico!
¡Facundo! Los dos se abrazan.
Los dos suspiran. Los dos
55 las fuertes cabezas alzan;

los dos del mismo tamaño,
bajo las estrellas altas;
los dos del mismo tamaño,
ansia negra y ansia blanca,
60 los dos del mismo tamaño,
gritan, sueñan, lloran, cantan.
Sueñan, lloran, cantan.
Lloran, cantan.
¡Cantan!

ANGUSTIA PRIMERA

De *España, poema en cuatro angustias y una esperanza*, 1937

Miradas de metales y de rocas

No Cortés, ni Pizarro,
(aztecas, incas, juntos halando° el doble carro).   ° tirando
Mejor, sus hombres rudos
saltando el tiempo. Aquí, con sus escudos;
5 Aquí, con sus callosas, duras manos;
remotos milicianos°   ° soldados
al pie aquí de nosotros,
clavadas las espuelas en sus potros;
aquí al fin con nosotros,
10 lejanos milicianos,
ardientes, cercanísimos hermanos.

Los hierros tumultuosos
de lanzas campeadoras;
las espadas, que hundieron su punta en las auroras;
15 las grises armaduras,
los ingenuos arcabuces° fogosos,   ° armas de fuego antiguas
los clavos y herraduras   similares al rifle
de las esquinas finas patas conquistadoras;
los cascos, las viseras,
20 las gordas rodilleras,
todo el viejo metal imperialista
corre fundido en aguas quemadoras,
donde soldado, obrero, artista,
las balas cogen para sus ametralladoras.

25 No Cortés, ni Pizarro,
(incas, aztecas, juntos halando el doble carro).

Mejor, sus hombres rudos
saltando el tiempo. Aquí, con sus escudos.

¡Miradla, a España, rota!
30 Y pájaros volando sobre ruinas,
y el fachismo y su bota,
y faroles sin luz en las esquinas,
y los puños en alto,
y los pechos despiertos,
35 y obuses estallando en el asfalto
sobre caballos ya definitivamente muertos;
y lágrimas marinas,
saladas, curvas, chocando contra todos los puertos;
y gritos que se asoman a las bocas
40 y a los ojos coléricos, abiertos, bien abiertos,
miradas de metales y de rocas.

PREGUNTAS

ANÁLISIS

1. La antifonía es un recurso que consiste en repetir, a modo de estribillo, una idea de una canción o poema. Identifica la antifonía de "Sensemayá".

2. En "Balada de los dos abuelos", ¿muestra Guillén preferencia por alguno de ellos? Explica tu respuesta.

3. La antítesis es un recurso que consiste en enunciar dos frases opuestas. Busca un ejemplo de antítesis en "Balada de los dos abuelos" y explica su papel en este poema.

4. ¿Qué recursos métricos utiliza el poeta para imprimirle ritmo a su poema "Balada de los dos abuelos"?

5. ¿Qué recurso literario utiliza Guillén en "Angustia primera" para comparar al español histórico y al contemporáneo? Ilustra tu respuesta con ejemplos.

6. ¿Qué sentido da el poeta al adverbio "aquí" en los versos cuarto y quinto de "Angustia primera"?

INTERPRETACIÓN

1. Según diversos críticos, "Sensemayá" es una alegoría política. A tu juicio, y teniendo en cuenta la ideología de Guillén, ¿qué podría representar la serpiente en este poema?

2. ¿Qué elementos de sincretismo cultural aparecen en "Sensemayá"?

3. ¿Qué temas sociales trata "Balada de los dos abuelos"? Explica tu respuesta.

4. En "Balada de los dos abuelos" el poeta escribe: "Sombras que sólo yo veo". ¿A qué sombras se refiere? ¿Por qué dice que solo las ve él?

5. En "Angustia primera", ¿qué significa el verso "las espadas, que hundieron su punta en las auroras"? ¿Qué verso de este poema sintetiza mejor la idea de que España está viviendo un momento trágico?

INVESTIGACIÓN

1. La obra de Guillén se ha comparado con la del poeta Federico García Lorca. Averigua por qué.

2. Guillén mantuvo una estrecha amistad con el poeta Langston Hughes. Investiga cómo enfocó cada uno de ellos el tema de la negritud y el mestizaje en sus respectivos países.

JORGE LUIS BORGES

1899–1986

> "El mundo, desgraciadamente, es real; yo, desgraciadamente, soy Borges."
>
> —Jorge Luis Borges, "Nueva refutación del tiempo", *Otras inquisiciones*

Jorge Luis Borges nació en Buenos Aires en una familia acomodada y culta de ascendencia parcialmente anglosajona. Fue un lector voraz y precoz, y desde niño supo que se dedicaría a la literatura. En su adolescencia, se trasladó con su familia a Europa, donde estudió idiomas y se interesó por las tradiciones nórdicas. En España, formó parte del movimiento ultraísta, nacido en oposición a la estética del modernismo. A su regreso a Buenos Aires, la ciudad le inspira temas que perdurarán en toda su obra. En 1923 publicó *Fervor de Buenos Aires*, su primer libro, al que seguiría más poesía, cuentos y ensayos breves; nunca escribió novela.

Sus libros *Ficciones* (1944), *El Aleph* (1949) y *El hacedor* (1960) lo consagraron en todo el mundo. Fue profesor, director de la Biblioteca Nacional y conferenciante. Frecuentemente colaboró en la composición de obras con otros autores, como su amigo Adolfo Bioy Casares. Con él dirigió su famosa colección de novela policial *El séptimo círculo*. En 1961 compartió el Premio del Congreso Internacional de Escritores con Samuel Beckett y en 1980 recibió el Premio Cervantes. A los 55 años se quedó ciego por una enfermedad heredada de su padre que empezó a afectarle en su juventud. Su ceguera no solo no le impidió seguir escribiendo, sino que se convirtió en tema e influencia de su abundante obra hasta su muerte en Ginebra, Suiza, a los 86 años de edad.

En la literatura de Borges destacan los temas de Buenos Aires como ciudad mitificada, la muerte, el tiempo, el mundo como sueño, el "yo" y el "otro". También aparecen los símbolos del laberinto, la biblioteca, los libros, los espejos, el tigre y el ajedrez. Sus cuentos inspirados en doctrinas filosóficas, paradojas matemáticas y religiones esotéricas los adaptaba a sus fines con datos falsos o alusiones a autores o textos imaginarios.

Lo autobiográfico tiene un importante espacio en su obra. En 1938, al subir una escalera, se golpeó con una ventana; la herida se le infectó y sufrió una septicemia que casi le cuesta la vida. Este episodio dio origen a su cuento favorito: "El Sur" (*Ficciones*). Las similitudes entre Borges y su personaje Juan Dahlmann son varias: los dos trabajaban en una biblioteca y, sin ser hombres de acción, ambos tenían antepasados heroicos, y a ambos un accidente los llevó al borde de la muerte. Este accidente supuso, además, un cambio para la temática de la obra de Borges, quien, tras el percance se interesó por la metafísica. Para Borges, todo intento humano de descifrar la realidad, ya sea filosófico o teológico, está destinado al fracaso. El tiempo no es lineal; cada instante está cargado de posibilidades y, por lo tanto, todo es impredecible, como dice en su poema "Doomsday" (*Los conjurados*, 1985). Frente al caos que presenta el universo, el género policial "está salvando el orden en una época de desorden". Cultivó dicho género en *Seis problemas para Isidro Parodi*, escrito con Bioy Casares bajo el seudónimo H. Bustos Domecq, y especialmente en el cuento de *Ficciones* "La muerte y la brújula", donde maneja elementos de la cábala judía para la resolución del crimen.

Conocidísimo por sus cuentos, Borges comenzó escribiendo poesía. En España fue influido por el poeta sevillano Rafael Cansinos Assens, al que considera su maestro, y quien le introduce en el movimiento ultraísta que él mismo implantaría en la Argentina a su regreso y del que acabaría renegando. A escribir poesía nunca renunció y en su célebre poemario *El hacedor* figura "Poema de los dones", poema donde expresó la ironía de ser nombrado director de la Biblioteca Nacional en el momento en que su ceguera se agudizaba, impidiéndole leer y escribir.

Jorge Luis
Borges
El Aleph

Biblioteca Borges
Alianza Editorial

OBRAS PRINCIPALES

Poesía

1923 | *Fervor de Buenos Aires*
1925 | *Luna de enfrente*
1929 | *Cuaderno de San Martín*
1943 | *Poemas (1923–1943)*
1960 | *El hacedor*
1964 | *El otro, el mismo*
1965 | *Para las seis cuerdas*
1969 | *Elogio de la sombra*
1972 | *El oro de los tigres*
1975 | *La rosa profunda*
1976 | *La moneda de hierro*
1977 | *Historia de la noche*
1977 | *Adrogué*
1981 | *La cifra*
1985 | *Los conjurados*

Cuento

1935 | *Historia universal de la infamia*
1944 | *Ficciones*
1949 | *El Aleph*
1970 | *El informe de Brodie*
1975 | *El libro de arena*

Ensayo

1925 | *Inquisiciones*
1926 | *El tamaño de mi esperanza*
1928 | *El idioma de los argentinos*
1930 | *Evaristo Carriego*
1932 | *Discusión*
1936 | *Historia de la eternidad*
1952 | *Otras inquisiciones*
1980 | *Siete noches*
1982 | *Nueve ensayos dantescos*
1985 | *Atlas*

EL SUR

De *Ficciones*, 1944

El hombre que desembarcó en Buenos Aires en 1871 se llamaba Johannes Dahlmann y era pastor de la iglesia evangélica; en 1939, uno de sus nietos, Juan Dahlmann, era secretario de una biblioteca municipal en la calle Córdoba y se sentía hondamente argentino. Su abuelo materno había sido aquel Francisco Flores, del 2 de infantería de línea, que murió
5 en la frontera de Buenos Aires, lanceado por indios de Catriel: en la discordia de sus dos linajes, Juan Dahlmann (tal vez a impulso de la sangre germánica) eligió el de ese antepasado romántico, o de muerte romántica. Un estuche con el daguerrotipo[1] de un hombre inexpresivo y barbado, una vieja espada, la dicha y el coraje de ciertas músicas, el hábito de estrofas del *Martín Fierro*, los años,
10 el desgano• y la soledad, fomentaron ese criollismo algo voluntario, pero nunca ostentoso. A costa de algunas privaciones, Dahlmann había logrado salvar el casco• de una estancia en el Sur, que fue de los Flores: una de las costumbres de su memoria era la imagen de los eucaliptos balsámicos y de la larga casa rosada que alguna vez fue carmesí. Las tareas y acaso la indolencia lo retenían en la
15 ciudad. Verano tras verano se contentaba con la idea abstracta de posesión y con la certidumbre de que su casa estaba esperándolo, en un sitio preciso de la llanura. En los últimos días de febrero de 1939, algo le aconteció.

Ciego a las culpas, el destino puede ser despiadado con las mínimas
20 distracciones. Dahlmann había conseguido, esa tarde, un ejemplar descabalado• de *Las mil y una noches* de Weil; ávido de examinar ese hallazgo, no esperó que bajara el ascensor y subió con apuro las escaleras; algo en la oscuridad le rozó la frente ¿un murciélago, un pájaro? En la cara de la mujer que le abrió la puerta vio grabado el horror, y la mano que se pasó por la frente salió roja de sangre.
25 La arista de un batiente• recién pintado que alguien se olvidó de cerrar le habría hecho esa herida. Dahlmann logró dormir, pero a la madrugada estaba despierto y desde aquella hora el sabor de todas las cosas fue atroz. La fiebre lo gastó y las ilustraciones de *Las mil y una noches* sirvieron para decorar pesadillas. Amigos y parientes lo visitaban y con exagerada sonrisa le repetían que lo hallaban muy
30 bien. Dahlmann los oía con una especie de débil estupor• y le maravillaba que no supieran que estaba en el infierno. Ocho días pasaron, como ocho siglos. Una tarde, el médico habitual se presentó con un médico nuevo y lo condujeron a un sanatorio de la calle Ecuador, porque era indispensable sacarle una radiografía. Dahlmann, en el coche de plaza que los llevó, pensó que en una habitación que
35 no fuera la suya podría, al fin, dormir. Se sintió feliz y conversador; en cuanto llegó, lo desvistieron; le raparon• la cabeza, lo sujetaron con metales a una

• falta de ánimo, de vigor, de ganas

• edificios

• incompleto

• lado del marco de una puerta o ventana

• asombro

• afeitaron

[1] Fotografía cuyo negativo se obtenía sobre una plancha de cobre. Procedimiento inventado por Louise Daguerre.

camilla, lo iluminaron hasta la ceguera y el vértigo, lo auscultaron y un hombre enmascarado le clavó una aguja en el brazo. Se despertó con náuseas, vendado, en una celda que tenía algo de pozo y, en los días y noches que siguieron a la operación pudo entender que apenas había estado, hasta entonces, en un arrabal* del infierno. El hielo no dejaba en su boca el menor rastro de frescura. En esos días, Dahlmann minuciosamente se odió; odió su identidad, sus necesidades corporales, su humillación, la barba que le erizaba la cara. Sufrió con estoicismo las curaciones, que eran muy dolorosas, pero cuando el cirujano le dijo que había estado a punto de morir de una septicemia*, Dahlmann se echó a llorar, condolido* de su destino. Las miserias físicas y la incesante previsión de las malas noches no le habían dejado pensar en algo tan abstracto como la muerte. Otro día, el cirujano le dijo que estaba reponiéndose y que, muy pronto, podría ir a convalecer a la estancia. Increíblemente, el día prometido llegó.

    A la realidad le gustan las simetrías y los leves anacronismos; Dahlmann había llegado al sanatorio en un coche de plaza y ahora un coche de plaza lo llevaba a Constitución. La primera frescura del otoño, después de la opresión del verano, era como un símbolo natural de su destino rescatado de la muerte y la fiebre. La ciudad, a las siete de la mañana, no había perdido ese aire de casa vieja que le infunde la noche; las calles eran como largos zaguanes*, las plazas como patios. Dahlmann la reconocía con felicidad y con un principio de vértigo; unos segundos antes de que las registraran sus ojos, recordaba las esquinas, las carteleras, las modestas diferencias de Buenos Aires. En la luz amarilla del nuevo día, todas las cosas regresaban a él.

    Nadie ignora que el Sur empieza del otro lado de Rivadavia.[2] Dahlmann solía repetir que ello no es una convención y que quien atraviesa esa calle entra en un mundo más antiguo y más firme. Desde el coche buscaba entre la nueva edificación, la ventana de rejas, el llamador, el arco de la puerta, el zaguán, el íntimo patio.

    En el *hall* de la estación advirtió que faltaban treinta minutos. Recordó bruscamente que en un café de la calle Brasil (a pocos metros de la casa de Yrigoyen)[3] había un enorme gato que se dejaba acariciar por la gente, como una divinidad desdeñosa*. Entró. Ahí estaba el gato, dormido. Pidió una taza de café, la endulzó lentamente, la probó (ese placer le había sido vedado en la clínica) y pensó, mientras alisaba el negro pelaje, que aquel contacto era ilusorio y que estaban como separados por un cristal, porque el hombre vive en el tiempo, en la sucesión, y el mágico animal, en la actualidad, en la eternidad del instante.

*barrio de las afueras

*infección de la sangre
*apenado, triste

*pasillos, corredores

*soberbia, arrogante

---

[2] Avenida que divide la ciudad de Buenos Aires en dos, la parte norte y la parte sur.
[3] Juan Hipólito Yrigoyen (1852–1933), presidente de la Argentina (1916–1922) y (1928–1930).

A lo largo del penúltimo andén el tren esperaba. Dahlmann recorrió los vagones y dio con uno casi vacío. Acomodó en la red la valija[*]; cuando los coches arrancaron, la abrió y sacó, tras alguna vacilación, el primer tomo de *Las mil y una noches*. Viajar con este libro, tan vinculado a la historia de su desdicha[*], era una afirmación de que esa desdicha había sido anulada y un desafío alegre y secreto a las frustradas fuerzas del mal.

A los lados del tren, la ciudad se desgarraba en suburbios; esta visión y luego la de jardines y quintas[*] demoraron el principio de la lectura. La verdad es que Dahlmann leyó poco; la montaña de piedra imán y el genio[4] que ha jurado matar a su bienhechor eran, quién lo niega, maravillosos, pero no mucho más que la mañana y que el hecho de ser. La felicidad lo distraía de Shahrazad y de sus milagros superfluos; Dahlmann cerraba el libro y se dejaba simplemente vivir.

El almuerzo (con el caldo servido en boles de metal reluciente, como en los ya remotos veraneos de la niñez) fue otro goce tranquilo y agradecido.

Mañana me despertaré en la estancia, pensaba, y era como si a un tiempo fuera dos hombres: el que avanzaba por el día otoñal y por la geografía de la patria, y el otro, encarcelado en un sanatorio y sujeto a metódicas servidumbres. Vio casas de ladrillo sin revocar[*], esquinadas y largas, infinitamente mirando pasar los trenes; vio jinetes en los terrosos caminos; vio zanjas y lagunas y hacienda; vio largas nubes luminosas que parecían de mármol, y todas estas cosas eran casuales, como sueños de la llanura. También creyó reconocer árboles y sembrados que no hubiera podido nombrar, porque su directo conocimiento de la campaña era harto inferior a su conocimiento nostálgico y literario.

Alguna vez durmió y en sus sueños estaba el ímpetu del tren. Ya el blanco sol intolerable de las doce del día era el sol amarillo que precede al anochecer y no tardaría en ser rojo. También el coche era distinto; no era el que fue en Constitución, al dejar el andén: la llanura y las horas lo habían atravesado y transfigurado. Afuera la móvil sombra del vagón se alargaba hacia el horizonte. No turbaban la tierra elemental ni poblaciones ni otros signos humanos. Todo era vasto, pero al mismo tiempo era íntimo y, de alguna manera, secreto. En el campo desaforado[*], a veces no había otra cosa que un toro. La soledad era perfecta y tal vez hostil, y Dahlmann pudo sospechar que viajaba al pasado y no sólo al Sur. De esa conjetura fantástica lo distrajo el inspector, que al ver su boleto, le advirtió que el tren no lo dejaría en la estación de siempre sino en otra, un poco anterior y apenas conocida por Dahlmann. (El hombre añadió una explicación que Dahlmann no trató de entender ni siquiera de oír, porque el mecanismo de los hechos no le importaba.)

El tren laboriosamente se detuvo, casi en medio del campo. Del otro lado de las vías quedaba la estación, que era poco más que un andén con un cobertizo.

---

[4]Las historias de la montaña de piedra imán y del genio son dos de los relatos que Shahrazad cuenta en *Las mil y una noches*.

*maleta

*infortunio, infelicidad

*fincas

*enyesar

*enorme

Ningún vehículo tenían, pero el jefe opinó que tal vez pudiera conseguir uno en un comercio que le indicó a unas diez, doce, cuadras.

Dahlmann aceptó la caminata como una pequeña aventura. Ya se había hundido el sol, pero un esplendor final exaltaba la viva y silenciosa llanura, antes de que la borrara la noche. Menos para no fatigarse que para hacer durar esas cosas, Dahlmann caminaba despacio, aspirando con grave felicidad el olor del trébol.

El almacén, alguna vez, había sido punzó*, pero los años habían mitigado para su bien ese color violento. Algo en su pobre arquitectura le recordó un grabado en acero, acaso de una vieja edición de *Pablo y Virginia*.[5] Atados al palenque* había unos caballos. Dahlmann, adentro, creyó reconocer al patrón; luego comprendió que lo había engañado su parecido con uno de los empleados del sanatorio. El hombre, oído el caso, dijo que le haría atar la jardinera;[6] para agregar otro hecho a aquel día y para llenar ese tiempo, Dahlmann resolvió comer en el almacén.

En una mesa comían y bebían ruidosamente unos muchachones, en los que Dahlmann, al principio, no se fijó. En el suelo, apoyado en el mostrador, se acurrucaba*, inmóvil como una cosa, un hombre muy viejo. Los muchos años lo habían reducido y pulido como las aguas a una piedra o las generaciones de los hombres a una sentencia. Era oscuro, chico y reseco, y estaba como fuera del tiempo, en una eternidad. Dahlmann registró con satisfacción la vincha, el poncho de bayeta, el largo chiripá y la bota de potro[7] y se dijo, rememorando inútiles discusiones con gente de los partidos del Norte o con entrerrianos,[8] que gauchos de esos ya no quedan más que en el Sur.

Dahlmann se acomodó junto a la ventana. La oscuridad fue quedándose con el campo, pero su olor y sus rumores aún le llegaban entre los barrotes de hierro. El patrón le trajo sardinas y después carne asada; Dahlmann las empujó con unos vasos de vino tinto. Ocioso, paladeaba el áspero sabor y dejaba errar* la mirada por el local, ya un poco soñolienta. La lámpara de kerosén pendía de uno de los tirantes; los parroquianos* de la otra mesa eran tres: dos parecían peones de chacra*: otro, de rasgos achinados y torpes, bebía con el chambergo** puesto. Dahlmann, de pronto, sintió un leve roce en la cara. Junto al vaso ordinario de vidrio turbio, sobre una de las rayas del mantel, había una bolita de miga. Eso era todo, pero alguien se la había tirado.

Los de la otra mesa parecían ajenos* a él. Dahlmann, perplejo, decidió que nada había ocurrido y abrió el volumen de *Las mil y una noches*, como para tapar la realidad. Otra bolita lo alcanzó a los pocos minutos, y esta vez los peones se rieron. Dahlmann se dijo que no estaba asustado, pero que sería un disparate que él, un

*rojo

*poste para atar animales

*se agachaba

*vagar

*clientes

*granja **sombrero

*indiferentes

---

[5] Novela melodramática (1787) de Jacques Henri Bernardin de Saint-Pierre (1737–1814) en la que los jóvenes protagonistas se enamoran, pero mueren trágicamente.

[6] Coche de cuatro ruedas descubierto y ligero tirado por un caballo.

[7] La vincha, el poncho de bayeta, el largo chiripá y la bota de potro son las piezas típicas que conforman el traje tradicional del gaucho.

[8] De la provincia Entre Ríos, en el noreste de la Argentina.

convaleciente, se dejara arrastrar por desconocidos a una pelea confusa. Resolvió salir; ya estaba de pie cuando el patrón se le acercó y lo exhortó con voz alarmada:

150 —Señor Dahlmann, no les haga caso a esos mozos, que están medio alegres*. •borrachos

Dahlmann no se extrañó de que el otro, ahora, lo conociera, pero sintió que estas palabras conciliadoras agravaban, de hecho, la situación. Antes, la provocación de los peones era a una cara accidental, casi a nadie; ahora iba contra él y contra su nombre y lo sabrían los vecinos. Dahlmann hizo a un lado

155 al patrón, se enfrentó con los peones y les preguntó qué andaban buscando.

El compadrito de la cara achinada se paró*, tambaleándose. A un paso •se levantó de Juan Dahlmann, lo injurió a gritos, como si estuviera muy lejos. Jugaba a exagerar su borrachera y esa exageración era una ferocidad y una burla. Entre malas palabras y obscenidades, tiró al aire un largo cuchillo, lo siguió con los

160 ojos, lo barajó e invitó a Dahlmann a pelear. El patrón objetó con trémula voz que Dahlmann estaba desarmado. En ese punto, algo imprevisible ocurrió.

Desde un rincón, el viejo gaucho extático, en el que Dahlmann vio una cifra del Sur (del Sur que era suyo), le tiró una daga desnuda que vino a caer a sus pies. Era como si el Sur hubiera resuelto que Dahlmann aceptara el duelo. Dahlmann

165 se inclinó a recoger la daga y sintió dos cosas. La primera, que ese acto casi instintivo lo comprometía a pelear. La segunda, que el arma, en su mano torpe, no serviría para defenderlo, sino para justificar que lo mataran. Alguna vez había jugado con un puñal, como todos los hombres, pero su esgrima no pasaba de una noción de que los golpes deben ir hacia arriba y con el filo para adentro.

170 *No hubieran permitido en el sanatorio que me pasaran estas cosas*, pensó.

—Vamos saliendo— dijo el otro.

Salieron, y si en Dahlmann no había esperanza, tampoco había temor. Sintió, al atravesar el umbral, que morir en una pelea a cuchillo, a cielo abierto y acometiendo, hubiera sido una liberación para él, una felicidad y una fiesta,

175 en la primera noche del sanatorio, cuando le clavaron la aguja. Sintió que si él, entonces, hubiera podido elegir o soñar su muerte, ésta es la muerte que hubiera elegido o soñado.

Dahlmann empuña con firmeza el cuchillo, que acaso no sabrá manejar, y sale a la llanura. ✺

BORGES Y YO — "yo y el otro"

De *El hacedor*, 1960

Al otro, a Borges, es a quien le ocurren las cosas. Yo camino por Buenos Aires y me demoro, acaso ya mecánicamente, para mirar el arco de un zaguán y la puerta cancel; de Borges tengo noticias por el correo y veo su nombre en una terna de profesores o en un diccionario biográfico. Me gustan los relojes de arena, los mapas, la tipografía del siglo XVIII, las etimologías, el sabor del café y la prosa de Stevenson;[1] el otro comparte esas preferencias, pero de un modo vanidoso que las convierte en atributos de un actor. Sería exagerado afirmar que nuestra relación es hostil; yo vivo, yo me dejo vivir, para que Borges pueda tramar su literatura y esa literatura me justifica. Nada me cuesta confesar que ha logrado ciertas páginas válidas, pero esas páginas no me pueden salvar, quizá porque lo bueno ya no es de nadie, ni siquiera del otro, sino del lenguaje o la tradición. Por lo demás, yo estoy destinado a perderme, definitivamente, y sólo algún instante de mí podrá sobrevivir en el otro. Poco a poco voy cediéndole todo, aunque me consta su perversa costumbre de falsear y magnificar. Spinoza[2] entendió que todas las cosas quieren perseverar en su ser; la piedra eternamente quiere ser piedra y el tigre un tigre. Yo he de quedar en Borges, no en mí (si es que alguien soy), pero me reconozco menos en sus libros que en muchos otros o que en el laborioso rasgueo de una guitarra. Hace años yo traté de librarme de él y pasé de las mitologías del arrabal a los juegos con el tiempo y con lo infinito, pero esos juegos son de Borges ahora y tendré que idear otras cosas. Así mi vida es una fuga y todo lo pierdo y todo es del olvido, o del otro.

No sé cuál de los dos escribe esta página. ❧

[1] Robert Louis Stevenson (1850–1894), novelista escocés, autor de las célebres obras *La isla del tesoro* y *El extraño caso del Dr. Jekyll y Mr. Hyde.*

[2] Baruch Spinoza (1632–1677), filósofo racionalista holandés. Defensor de la interpretación panteísta del universo, según la cual todas las formas en las que se manifiesta la realidad son idénticas a Dios.

DOOMSDAY

De *Los conjurados*, 1985

Será cuando la trompeta resuene, como escribe San Juan el Teólogo.[1]
Ha sido en 1757, según el testimonio de Swedenborg.[2]
Fue en Israel cuando la loba clavó en la cruz la carne de Cristo, pero no sólo entonces.
Ocurre en cada pulsación de tu sangre.
5 No hay un instante que no pueda ser el cráter del Infierno.
No hay un instante que no pueda ser el agua del Paraíso.
No hay un instante que no esté cargado como un arma.
En cada instante puedes ser Caín o Siddharta, la máscara o el rostro.
En cada instante puede revelarte su amor Helena de Troya.
10 En cada instante el gallo puede haber cantado tres veces.
En cada instante la clepsidra[*] deja caer la última gota.   [*]reloj de agua

[1] Alusión al *Apocalipsis* o *Revelación de San Juan, el Teólogo*, en el Nuevo Testamento, donde se anuncia el día del Juicio Final.
[2] Emanuel Swedenborg (1688–1772), científico, filósofo y teólogo sueco. A los 56 años, su enfoque científico de la realidad evolucionó hacia una dimensión de carácter místico. En su obra *Del cielo y del infierno* describe cómo será la vida después de la muerte.

LA MUERTE Y LA BRÚJULA

De *Ficciones*, 1944

A Madie Molina Vedia

De los muchos problemas que ejercitaron la temeraria perspicacia de Lönnrot, ninguno tan extraño —tan rigurosamente extraño, diremos— como la periódica serie de hechos de sangre que culminaron en la quinta de Triste-le-Roy, entre el interminable olor de los eucaliptos. Es verdad que Erik Lönnrot no logró impedir el 5 último crimen, pero es indiscutible que lo previó. Tampoco adivinó la identidad del infausto[*] asesino de Yarmolinsky, pero sí la secreta morfología de la malvada serie y la participación de Red Scharlach, cuyo segundo apodo es Scharlach el Dandy. Ese criminal (como tantos) había jurado por su honor la muerte de 10 Lönnrot, pero éste nunca se dejó intimidar. Lönnrot se creía un puro razonador, un Auguste Dupin,[1] pero algo de aventurero había en él y hasta de tahúr[*].

[*]desdichado, desgraciado, con mala suerte

[*]jugador que hace trampas

El primer crimen ocurrió en el Hôtel du Nord —ese alto prisma que domina el estuario cuyas aguas tienen el color del desierto. A esa torre (que muy notoriamente reúne la aborrecida blancura de un sanatorio, la numerada

[1] Referencia al detective de ficción creado por Edgar Allan Poe cuya principal herramienta para resolver los misterios era el razonamiento.

divisibilidad de una cárcel y la apariencia general de una casa mala) arribó el día tres de diciembre el delegado de Podólsk al Tercer Congreso Talmúdico, doctor Marcelo Yarmolinsky, hombre de barba gris y ojos grises. Nunca sabremos si el Hôtel du Nord le agradó: lo aceptó con la antigua resignación que le había permitido tolerar tres años de guerra en los Cárpatos y tres mil años de opresión y de pogroms.[2] Le dieron un dormitorio en el piso R, frente a la *suite* que no sin esplendor ocupaba el Tetrarca de Galilea. Yarmolinsky cenó, postergó para el día siguiente el examen de la desconocida ciudad, ordenó en un *placard* sus muchos libros y sus muy pocas prendas, y antes de medianoche apagó la luz. (Así lo declaró el *chauffeur* del Tetrarca, que dormía en la pieza contigua.) El cuatro, a las 11 y 3 minutos a.m., lo llamó por teléfono un redactor de la *Yidische Zaitung*; el doctor Yarmolinsky no respondió; lo hallaron en su pieza, ya levemente oscura la cara, casi desnudo bajo una gran capa anacrónica. Yacía no lejos de la puerta que daba al corredor; una puñalada profunda le había partido el pecho. Un par de horas después, en el mismo cuarto, entre periodistas, fotógrafos y gendarmes, el comisario Treviranus y Lönnrot debatían con serenidad el problema.

—No hay que buscarle tres pies al gato[*] —decía Treviranus, blandiendo un imperioso cigarro—. Todos sabemos que el Tetrarca de Galilea posee los mejores zafiros del mundo. Alguien, para robarlos, habrá penetrado aquí por error. Yarmolinsky se ha levantado; el ladrón ha tenido que matarlo. ¿Qué le parece?

*complicaciones a un asunto que no las tiene

—Posible, pero no interesante —respondió Lönnrot—. Usted replicará que la realidad no tiene la menor obligación de ser interesante. Yo le replicaré que la realidad puede prescindir de esa obligación, pero no las hipótesis. En la que usted ha improvisado interviene copiosamente el azar. He aquí un rabino muerto; yo preferiría una explicación puramente rabínica, no los imaginarios percances[*] de un imaginario ladrón.

*contratiempos; accidentes poco graves que desordenan un plan

Treviranus repuso con mal humor:

—No me interesan las explicaciones rabínicas; me interesa la captura del hombre que apuñaló a este desconocido.

—No tan desconocido —corrigió Lönnrot—. Aquí están sus obras completas—. Indicó en el *placard* una fila de altos volúmenes: una *Vindicación de la cábala*; un *Examen de la filosofía de Robert Flood*; una traducción literal del *Sepher Yezirah*; una *Biografía del Baal Shem*; una *Historia de la secta de los Hasidim*; una monografía (en alemán) sobre el Tetragrámaton; otra, sobre la nomenclatura divina del Pentateuco. El comisario los miró con temor, casi con repulsión. Luego, se echó a reír.

—Soy un pobre cristiano —repuso—. Llévese todos esos mamotretos[*], si quiere; no tengo tiempo que perder en supersticiones judías.

*librotes

[2] Término tomado del ruso. Son matanzas que, con la complicidad de las autoridades, se realizan a ciertos grupos de personas en una sociedad determinada.

—Quizás este crimen pertenece a la historia de las supersticiones judías —murmuró Lönnrot.

55 —Como el cristianismo —se atrevió a completar el redactor de la *Yidische Zaitung*. Era miope, ateo y muy tímido.

Nadie le contestó. Uno de los agentes había encontrado en la pequeña máquina de escribir una hoja de papel con esta sentencia inconclusa:

La primera letra del Nombre ha sido articulada.

60 Lönnrot se abstuvo de sonreír. Bruscamente bibliófilo o hebraísta, ordenó que le hicieran un paquete con los libros del muerto y los llevó a su departamento. Indiferente a la investigación policial, se dedicó a estudiarlos. Un libro en octavo mayor le reveló las enseñanzas de Israel Baal Shem Tobh, fundador de la secta de los Piadosos; otro, las virtudes y terrores del Tetragrámaton, que es el inefable 65 Nombre de Dios; otro, la tesis de que Dios tiene un nombre secreto, en el cual está compendiado (como en la esfera de cristal que los persas atribuyen a Alejandro de Macedonia). Su noveno atributo, la eternidad —es decir, el conocimiento inmediato— de todas las cosas que serán, que son y que han sido en el universo. La tradición enumera noventa y nueve nombres de Dios; los hebraístas atribuyen ese 70 imperfecto número al mágico temor de las cifras pares; los Hasidim razonan que ese hiato señala un centésimo nombre —el Nombre Absoluto.

De esa erudición lo distrajo, a los pocos días, la aparición del redactor de la *Yidische Zaitung*. Éste quería hablar del asesinato; Lönnrot prefirió hablar de los diversos nombres de Dios; el periodista declaró en tres columnas que el investigador Erik Lönnrot se había dedicado a estudiar los nombres de Dios 75 para dar con el nombre del asesino. Lönnrot, habituado a las simplificaciones del periodismo, no se indignó. Uno de esos tenderos que han descubierto que cualquier hombre se resigna a comprar cualquier libro, publicó una edición popular de la *Historia de la secta de los Hasidim*.

80 El segundo crimen ocurrió la noche del tres de enero, en el más desamparado y vacío de los huecos suburbios occidentales de la capital. Hacia el amanecer, uno de los gendarmes que vigilan a caballo esas soledades vio en el umbral de una antigua pintorería un hombre emponchado*, yacente. El duro rostro estaba como enmascarado de sangre; una puñalada profunda le había rajado el pecho. 85 En la pared, sobre los rombos amarillos y rojos, había unas palabras en tiza. El gendarme las deletreó… Esa tarde, Treviranus y Lönnrot se dirigieron a la remota escena del crimen. A izquierda y a derecha del automóvil, la ciudad se desintegraba; crecía el firmamento y ya importaban poco las casas y mucho un horno de ladrillos o un álamo*. Llegaron a su pobre destino: un callejón final 90 de tapias* rosadas que parecían reflejar de algún modo la desaforada puesta de sol. El muerto ya había sido identificado. Era Daniel Simón Azevedo, hombre de alguna fama en los antiguos arrabales del Norte, que había ascendido de carrero* a guapo electoral, para degenerar después en ladrón y hasta en delator.

*muy abrigado

*tipo de árbol

*paredes, muros

*conductor de carros

(El singular estilo de su muerte les pareció adecuado: Azevedo era el último representante de una generación de bandidos que sabía el manejo del puñal, pero no del revólver.) Las palabras en tiza eran las siguientes:

La segunda letra del Nombre ha sido articulada.

El tercer crimen ocurrió la noche del tres de febrero. Poco antes de la una, el teléfono resonó en la oficina del comisario Treviranus. Con ávido sigilo, habló un hombre de voz gutural; dijo que se llamaba Ginzberg (o Ginsburg) y que estaba dispuesto a comunicar, por una remuneración razonable, los hechos de los dos sacrificios de Azevedo y Yarmolinsky. Una discordia de silbidos y de cornetas ahogó la voz del delator. Después, la comunicación se cortó. Sin rechazar aún la posibilidad de una broma (al fin, estaban en carnaval), Treviranus indagó que le habían hablado desde *Liverpool House*, taberna de la Rue de Toulon —esa calle salobre en la que conviven el cosmorama y la lechería, el burdel y los vendedores de biblias. Treviranus habló con el patrón. Éste (Black Finnegan, antiguo criminal irlandés, abrumado y casi anulado por la decencia) le dijo que la última persona que había empleado el teléfono de la casa era un inquilino, un tal Gryphius, que acababa de salir con unos amigos. Treviranus fue enseguida a *Liverpool House*. El patrón le comunicó lo siguiente: Hace ocho días, Gryphius había tomado una pieza en los altos del bar. Era un hombre de rasgos afilados, de nebulosa barba gris, trajeado pobremente de negro; Finnegan (que destinaba esa habitación a un empleo que Treviranus adivinó) le pidió un alquiler sin duda excesivo; Gryphius inmediatamente pagó la suma estipulada. No salía casi nunca; cenaba y almorzaba en su cuarto; apenas si le conocían la cara en el bar. Esa noche, bajó a telefonear al despacho de Finnegan. Un cupé* cerrado se detuvo ante la taberna. El cochero no se movió del pescante*; algunos parroquianos recordaron que tenía máscara de oso. Del cupé bajaron dos arlequines; eran de reducida estatura y nadie pudo no observar que estaban muy borrachos. Entre balidos de cornetas, irrumpieron en el escritorio de Finnegan; abrazaron a Gryphius, que pareció reconocerlos, pero que les respondió con frialdad; cambiaron unas palabras en yiddish —él en voz baja, gutural, ellos con voces falsas, agudas— y subieron a la pieza del fondo. Al cuarto de hora bajaron los tres, muy felices; Gryphius, tambaleante, parecía tan borracho como los otros. Iba, alto y vertiginoso, en el medio, entre los arlequines enmascarados. (Una de las mujeres del bar recordó los losanges* amarillos, rojos y verdes.) Dos veces tropezó; dos veces lo sujetaron los arlequines. Rumbo a la dársena* inmediata, de agua rectangular, los tres subieron al cupé y desaparecieron. Ya en el estribo del cupé, el último arlequín garabateó una figura obscena y una sentencia en una de las pizarras de la recova*.

Treviranus vio la sentencia. Era casi previsible; decía:

La última de las letras del Nombre ha sido articulada.

*carruaje

*asiento

*rombos

*muelle

*puesto en el mercado

Examinó, después, la piecita de Gryphius-Ginzberg. Había en el suelo una
brusca estrella de sangre; en los rincones, restos de cigarrillo de marca húngara;
en un armario, un libro en latín —el *Philologus hebraeograecus* (1739), de
Leusden— con varias notas manuscritas. Treviranus lo miró con indignación e
hizo buscar a Lönnrot. Éste, sin sacarse el sombrero, se puso a leer, mientras el
comisario interrogaba a los contradictorios testigos del secuestro posible. A las
cuatro salieron. En la torcida Rue de Toulon, cuando pisaban las serpentinas•   •tipo de piedra
muertas del alba, Treviranus dijo:

—¿Y si la historia de esta noche fuera un simulacro?

Erik Lönnrot sonrió y le leyó con toda gravedad un pasaje (que estaba
subrayado) de la disertación trigésima tercera del *Philologus: Dies Judaeorum
incipit a solis occasu usque ad solis occasum diei sequentis.* Esto quiere decir
—agregó—, *El día hebreo empieza al anochecer y dura hasta el siguiente anochecer.*

El otro ensayó una ironía.

—¿Ese dato es el más valioso que usted ha recogido esta noche?

—No. Más valiosa es una palabra que dijo Ginzberg.

Los diarios de la tarde no descuidaron esas desapariciones periódicas. *La
Cruz de la Espada* las contrastó con la admirable disciplina y el orden del
último Congreso Eremítico; Ernst Palast, en *El Mártir*, reprobó "las demoras
intolerables de un pogrom clandestino y frugal, que ha necesitado tres meses
para liquidar tres judíos"; la *Yidische Zaitung* rechazó la hipótesis horrorosa de
un complot antisemita, "aunque muchos espíritus penetrantes no admiten otra
solución del triple misterio"; el más ilustre de los pistoleros del Sur, Dandy Red
Scharlach, juró que en su distrito nunca se producirían crímenes de esos y acusó
de culpable negligencia al comisario Franz Treviranus.

Este recibió, la noche del primero de marzo, un imponente sobre sellado. Lo
abrió: el sobre contenía una carta firmada *Baruj Spinoza* y un minucioso plano
de la ciudad, arrancado notoriamente de un Baedeker. La carta profetizaba que
el tres de marzo no habría un cuarto crimen, pues la pinturería del Oeste, la
taberna de la Rue de Toulon y el Hôtel du Nord eran "los vértices perfectos de un
triángulo equilátero y místico"; el plano demostraba en tinta roja la regularidad
de ese triángulo. Treviranus leyó con resignación ese argumento *more geometrico*
y mandó la carta y el plano a casa de Lönnrot, indiscutible merecedor de
tales locuras.

Erik Lönnrot las estudió. Los tres lugares, en efecto, eran equidistantes.
Simetría en el tiempo (3 de diciembre, 3 de enero, 3 de febrero); simetría en el
espacio también… Sintió, de pronto, que estaba por descifrar el misterio. Un
compás y una brújula completaron esa brusca intuición. Sonrió, pronunció
la palabra *Tetragrámaton* (de adquisición reciente) y llamó por teléfono al
comisario. Le dijo:

—Gracias por ese triángulo equilátero que usted anoche me mandó. Me ha permitido resolver el problema. Mañana viernes los criminales estarán en la cárcel; podemos estar muy tranquilos.

—Entonces ¿no planean un cuarto crimen?

—Precisamente, porque planean un cuarto crimen, podemos estar muy tranquilos. —Lönnrot colgó el tubo. Una hora después, viajaba en un tren de los Ferrocarriles Australes, rumbo a la quinta abandonada de Triste-le-Roy. Al sur de la ciudad de mi cuento fluye un ciego riachuelo de aguas barrosas, infamado de curtiembres[*] y de basuras. Del otro lado hay un suburbio fabril donde, al amparo de un caudillo barcelonés, medran los pistoleros. Lönnrot sonrió al pensar que el más afamado —Red Scharlach— hubiera dado cualquier cosa por conocer su clandestina visita. Azevedo fue compañero de Scharlach; Lönnrot consideró la remota posibilidad de que la cuarta víctima fuera Scharlach. Después, la desechó… Virtualmente, había descifrado el problema; las meras circunstancias, la realidad (nombres, arrestos, caras, trámites judiciales y carcelarios), apenas le interesaban ahora. Quería pasear, quería descansar de tres meses de sedentaria investigación. Reflexionó que la explicación de los crímenes estaba en un triángulo anónimo y en una polvorienta palabra griega. El misterio casi le pareció cristalino; se abochornó[*] de haberle dedicado cien días.

El tren paró en una silenciosa estación de cargas. Lönnrot bajó. Era una de esas tardes desiertas que parecen amaneceres. El aire de la turbia llanura era húmedo y frío. Lönnrot echó a andar por el campo. Vio perros, vio un furgón en una vía muerta, vio el horizonte, vio un caballo plateado que bebía del agua crapulosa de un charco. Oscurecía cuando vio el mirador rectangular de la quinta de Triste-le-Roy, casi tan alto como los negros eucaliptos que lo rodeaban. Pensó que apenas un amanecer y un ocaso (un viejo resplandor en el oriente y otro en el occidente) lo separaban de la hora anhelada por los buscadores del Nombre.

Una herrumbrada verja definía el perímetro irregular de la quinta. El portón principal estaba cerrado. Lönnrot, sin mucha esperanza de entrar, dio toda la vuelta. De nuevo ante el portón infranqueable, metió la mano entre los barrotes, casi maquinalmente, y dio con el pasador. El chirrido del hierro lo sorprendió. Con una pasividad laboriosa, el portón entero cedió.

Lönnrot avanzó entre los eucaliptos, pisando confundidas generaciones de rotas hojas rígidas. Vista de cerca, la casa de la quinta de Triste-le-Roy abundaba en inútiles simetrías y en repeticiones maniáticas[*]: a una Diana glacial en un nicho lóbrego correspondía en un segundo nicho otra Diana; un balcón se reflejaba en otro balcón; dobles escalinatas se abrían en doble balaustrada. Un Hermes de dos caras proyectaba una sombra monstruosa. Lönnrot rodeó la casa como había rodeado la quinta. Todo lo examinó; bajo el nivel de la terraza vio una estrecha persiana[*].

La empujó: unos pocos escalones de mármol descendían a un sótano. Lönnrot, que ya intuía las preferencias del arquitecto, adivinó que en el opuesto

[*] residuos de los talleres que tratan las pieles de animales

[*] se puso rojo de vergüenza

[*] obsesivas

[*] cortina hecha con listones de madera

muro del sótano había otros escalones. Los encontró, subió, alzó las manos y abrió la trampa• de salida.

Un resplandor lo guió a una ventana. La abrió: una luna amarilla y circular definía en el triste jardín dos fuentes cegadas. Lönnrot exploró la casa. Por
220 antecomedores y galerías salió a patios iguales y repetidas veces al mismo patio. Subió por escaleras polvorientas a antecámaras circulares; infinitamente se multiplicó en espejos opuestos; se cansó de abrir o entreabrir ventanas que le revelaban, afuera, el mismo desolado jardín desde varias alturas y varios ángulos; adentro, muebles con fundas amarillas y arañas• embaladas en
225 tarlatán•. Un dormitorio lo detuvo; en ese dormitorio, una sola flor en una copa de porcelana; al primer roce los pétalos antiguos se deshicieron. En el segundo piso, en el último, la casa le pareció infinita y creciente. *La casa no es tan grande*, pensó. *La agrandan la penumbra, la simetría, los espejos, los muchos años, mi desconocimiento, la soledad.*

230 Por una escalera espiral llegó al mirador. La luna de esa tarde atravesaba los losanges de las ventanas; eran amarillos, rojos y verdes. Lo detuvo un recuerdo asombrado y vertiginoso.

Dos hombres de pequeña estatura, feroces y fornidos•, se arrojaron sobre él y lo desarmaron; otro, muy alto, lo saludó con gravedad y le dijo:

235 —Usted es muy amable. Nos ha ahorrado una noche y un día.

Era Red Scharlach. Los hombres maniataron a Lönnrot. Éste, al fin, encontró su voz.

—Scharlach ¿usted busca el Nombre Secreto?

Scharlach seguía de pie, indiferente. No había participado en la breve lucha,
240 apenas si alargó la mano para recibir el revólver de Lönnrot. Habló; Lönnrot oyó en su voz una fatigada victoria, un odio del tamaño del universo, una tristeza no menor que aquel odio.

—No —dijo Scharlach—. Busco algo más efímero y deleznable•, busco a Erik Lönnrot. Hace tres años, en un garito• de la Rue de Toulon, usted mismo arrestó
245 e hizo encarcelar a mi hermano. En un cupé, mis hombres me sacaron del tiroteo con una bala policial en el vientre. Nueve días y nueve noches agonicé en esta desolada quinta simétrica; me arrasaba la fiebre, el odioso Jano bifronte[3] que mira los ocasos y las auroras daba horror a mi ensueño y a mi vigilia. Llegué a abominar de mi cuerpo, llegué a sentir que dos ojos, dos manos, dos pulmones,
250 son tan monstruosos como dos caras. Un irlandés trató de convertirme a la fe de Jesús; me repetía la sentencia de los *goím*:[4] Todos los caminos llevan a Roma. De noche, mi delirio se alimentaba de esa metáfora: yo sentía que el mundo es un laberinto, del cual era imposible huir, pues todos los caminos, aunque

[3] En la mitología romana, dios de los principios y los finales representado por el perfil de dos caras que miran a lados opuestos, el pasado y el futuro.
[4] En hebreo, término despectivo para referirse a los gentiles, o los no judíos.

fingieran ir al norte o al sur, iban realmente a Roma, que era también la cárcel
cuadrangular donde agonizaba mi hermano y la quinta de Triste-le-Roy. En esas
noches yo juré por el dios que ve con dos caras y por todos los dioses de la fiebre
y de los espejos tejer un laberinto en torno del hombre que había encarcelado a
mi hermano. Lo he tejido y es firme: los materiales son un heresiólogo• muerto,   •estudioso de la herejía
una brújula, una secta del siglo XVIII, una palabra griega, un puñal, los rombos
de una pinturería.

El primer término de la serie me fue dado por el azar. Yo había tramado
con algunos colegas —entre ellos, Daniel Azevedo— el robo de los zafiros del
Tetrarca. Azevedo nos traicionó: se emborrachó con el dinero que le habíamos
adelantado y acometió la empresa el día antes. En el enorme hotel se perdió;
hacia las dos de la madrugada irrumpió en el dormitorio de Yarmolinsky. Éste,
acosado por el insomnio, se había puesto a escribir. Verosímilmente, redactaba
unas notas o un artículo sobre el Nombre de Dios; había escrito ya las palabras:
La primera letra del Nombre ha sido articulada. Azevedo le intimó silencio;
Yarmolinsky alargó la mano hacia el timbre que despertaría todas las fuerzas del
hotel; Azevedo le dio una sola puñalada en el pecho. Fue casi un movimiento
reflejo; medio siglo de violencia le había enseñado que lo más fácil y seguro es
matar… A los diez días yo supe por la *Yidische Zaitung* que usted buscaba en los
escritos de Yarmolinsky la clave de la muerte de Yarmolinsky. Leí la *Historia de
la secta de los Hasidim*; supe que el miedo reverente de pronunciar el Nombre
de Dios había originado la doctrina de que ese Nombre es todopoderoso y
recóndito. Supe que algunos Hasidim, en busca de ese Nombre secreto, habían
llegado a cometer sacrificios humanos… Comprendí que usted conjeturaba que
los Hasidim habían sacrificado al rabino; me dediqué a justificar esa conjetura.

Marcelo Yarmolinsky murió la noche del tres de diciembre; para el segundo
"sacrificio" elegí la del tres de enero. Murió en el Norte; para el segundo
"sacrificio" nos convenía un lugar del Oeste. Daniel Azevedo fue la víctima
necesaria. Merecía la muerte: era un impulsivo, un traidor; su captura podía
aniquilar todo el plan. Uno de los nuestros lo apuñaló; para vincular su cadáver
al anterior, yo escribí encima de los rombos de la pinturería *La segunda letra del
Nombre ha sido articulada.*

El tercer "crimen" se produjo el tres de febrero. Fue, como Treviranus
adivinó, un mero simulacro. Gryphius-Ginzberg-Ginsburg soy yo; una semana
interminable sobrellevé• (suplementado por una tenue barba postiza) en ese   •sobreviví con resignación
perverso cubículo de la Rue de Toulon, hasta que los amigos me secuestraron.
Desde el estribo del cupé, uno de ellos escribió en un pilar *La última de las letras
del Nombre ha sido articulada.* Esa escritura divulgó que la serie de crímenes era
triple. Así lo entendió el público; yo, sin embargo, intercalé repetidos indicios
para que usted, el razonador Erik Lönnrot, comprendiera que es *cuádruple.* Un
prodigio en el Norte, otros en el Este y en Oeste, reclaman un cuarto prodigio en
el Sur; el Tetragrámaton —el nombre de Dios, JHVH— consta de *cuatro* letras;

los arlequines y la muestra del pinturero sugieren *cuatro* términos. Yo subrayé cierto pasaje en el manual de Leusden; ese pasaje manifiesta que los hebreos computaban el día de ocaso a ocaso; ese pasaje da a entender que las muertes ocurrieron el *cuatro* de cada mes. Yo mandé el triángulo equilátero a Treviranus.
300 Yo presentí que usted agregaría el punto que falta. El punto que determina un rombo perfecto, el punto que prefija el lugar donde una exacta muerte lo espera. Todo lo he premeditado, Erik Lönnrot, para atraerlo a usted a las soledades de Triste-le-Roy.

Lönnrot evitó los ojos de Scharlach. Miró los árboles y el cielo subdivididos
305 en rombos turbiamente amarillos, verdes y rojos. Sintió un poco de frío y una tristeza impersonal, casi anónima. Ya era de noche; desde el polvoriento jardín subió el grito inútil de un pájaro. Lönnrot consideró por última vez el problema de las muertes simétricas y periódicas.

—En su laberinto sobran tres líneas —dijo por fin—. Yo sé de un laberinto
310 griego que es una línea única, recta. En esa línea se han perdido tantos filósofos que bien puede perderse un mero *detective*. Scharlach, cuando en otro avatar usted me dé caza, finja (o cometa) un crimen en A, luego un segundo crimen en B, en 8 kilómetros de A, luego un tercer crimen en C, a 4 kilómetros de A y de B, a mitad de camino entre los dos. Aguárdeme* después en D, a 2 kilómetros de   *espéreme
315 A y de C, de nuevo a mitad de camino. Máteme en D, como ahora va a matarme en Triste-le-Roy.

Para la otra vez que lo mate —replicó Scharlach— le prometo ese laberinto, que consta de una sola línea recta y que es invisible, incesante.

Retrocedió unos pasos. Después, muy cuidadosamente, hizo fuego. ✺

POEMA DE LOS DONES
De *El hacedor*, 1960

A María Esther Vázquez[1]

Nadie rebaje a lágrima o reproche
Esta declaración de la maestría
De Dios, que con magnífica ironía
Me dio a la vez los libros y la noche.

5 De esta ciudad de libros hizo dueños
A unos ojos sin luz, que sólo pueden
Leer en las bibliotecas de los sueños
Los insensatos párrafos que ceden

[1] María Esther Vázquez (n. 1937), periodista y escritora argentina. Fue amiga y compañera sentimental de Jorge Luis Borges.

Las albas a su afán. En vano el día
10 Les prodiga* sus libros infinitos,
Arduos como los arduos manuscritos
Que perecieron en Alejandría.

> *da con generosidad

De hambre y de sed (narra una historia griega)
Muere un rey entre fuentes y jardines;
15 Yo fatigo* sin rumbo los confines
De esta alta y honda biblioteca ciega.

> *me esfuerzo hasta cansarme

Enciclopedias, atlas, el Oriente
Y el Occidente, siglos, dinastías,
Símbolos, cosmos y cosmogonías
20 Brindan los muros, pero inútilmente.

Lento en mi sombra, la penumbra hueca
Exploro con el báculo* indeciso,
Yo, que me figuraba el Paraíso
Bajo la especie de una biblioteca.

> *bastón para apoyarse
> al caminar

25 Algo, que ciertamente no se nombra
Con la palabra azar, rige* estas cosas;
Otro ya recibió en otras borrosas
Tardes los muchos libros y la sombra.

> *gobierna

Al errar por las lentas galerías
30 Suelo sentir con vago horror sagrado
Que soy el otro, el muerto, que habrá dado
Los mismos pasos en los mismos días.

¿Cuál de los dos escribe este poema
De un yo plural y de una sola sombra?
35 ¿Qué importa la palabra que me nombra
si es indiviso y uno el anatema*?

> *condena, maldición

Groussac[2] o Borges, miro este querido
Mundo que se deforma y que se apaga
En una pálida ceniza vaga
40 Que se parece al sueño y al olvido.

---

[2] Paul-François Groussac (1848–1929), escritor, historiador, crítico literario y bibliotecario
argentino nacido en Francia.

DE VIVA VOZ: JORGE LUIS BORGES
Un poema, tres ciegos y una biblioteca

A Borges siempre le fascinó el significado oculto de las cosas y su interpretación. Esta pasión por lo críptico explica su faceta como traductor, y su interés por la numerología y la cábala. En esta conferencia celebrada en el teatro Coliseo de Buenos Aires en 1977, el escritor argentino habla de su famoso "Poema de los dones", una obra en la que describe su ceguera como un designio divino. Años después de escribirlo, cuenta Borges, Dios le envió una señal inequívoca de que así fue.

[...] He hablado de mi modesta ceguera personal, y es modesta en primer término porque no es esa ceguera perfecta en que piensa la gente, y en segundo término porque se trata de mí, y mi caso no es especialmente dramático. Es dramático el caso de aquellos que pierden bruscamente la vista; entonces se trata de una fulminación, de un eclipse. Pero en el caso mío, ese lento crepúsculo que empezó, esa lenta pérdida de la vista que empezó cuando yo empecé a ver y que ha durado hasta ahora; es decir, que se ha extendido desde 1899 hasta 1977. Y no hubo un momento dramático, fue un lento crepúsculo, salvo que ese crepúsculo ha durado más de medio siglo; fue un lento crepúsculo como digo, pero para el propósito de esta conferencia tengo que buscar un momento patético, fue el momento en el cual yo comprendí que ya había cesado mi vista de lector y de escritor, que me veía apartado de los libros y apartado del hábito de la escritura. [...]

Yo he recibido en mi vida muchos inmerecidos honores, pero hay uno que me ha alegrado más que ninguno como ha observado Ballesteros Acevedo, y fue el honor de que me nombraran director de la Biblioteca Nacional. [...] Esto tuvo que haber ocurrido a fines de 1955, y entonces ocurrió el primero de los hechos extraños que voy a referir hoy. Me hice cargo de la dirección, pregunté el número de volúmenes, me dijeron que era un millón. Averigüé después que eran novecientos mil. Parecía una suma suficientemente vasta. Quizá novecientos mil parezcan más que un millón.

Yo siempre me había imaginado el paraíso bajo la especie de una biblioteca. Otras personas piensan en un jardín, otras personas pueden pensar en un palacio. Yo siempre me había imaginado mi paraíso, mi paraíso personal, como una biblioteca. Y ahí estaba yo, y era de algún modo el centro de novecientos mil libros en tantos idiomas. Y al mismo tiempo comprendí que podía apenas descifrar las carátulas y los lomos de los libros. Y entonces escribí aquel poema titulado, "Poema de los dones", que empieza así:

> *Nadie rebaje a lágrima o reproche*
> *esta declaración de la maestría*
> *de Dios, que con magnífica ironía*
> *me dio a la vez los libros y la noche.*

Esos dos dones que se contradicen: los muchos libros y, al mismo tiempo, la noche, la incapacidad de leerlos. Y escribí un poema del cual yo imaginé autor a [Paul-François] Groussac, porque Groussac fue también director de la biblioteca, y fue también ciego, como yo, salvo que Groussac fue más valiente: Groussac no escribió ningún poema. Pero yo pensé que sin duda había instantes en que nuestras vidas coincidían, ya que los dos estábamos ciegos; los dos queríamos a los libros; él había honrado a la literatura con libros muy superiores a los míos pero, en fin, los dos éramos hombres de letras y recorrimos esa biblioteca de libros vedados. Casi podríamos decir, para nuestros ojos oscuros de libros en blanco, de libros sin letras. [...] Pero cuando yo escribí ese poema yo ignoraba una circunstancia que es importante también. Yo ignoraba que hubo otro director de la biblioteca, José Mármol, que también fue ciego. Es decir, aquí ya tenemos el número tres que de algún modo parece cerrar las cosas ya que dos es una mera coincidencia, pero tres ya es una confirmación, una confirmación de orden ternario, una confirmación de algún modo divina. [...]

PREGUNTAS

ANÁLISIS

1. ¿Qué antepasado le gustaba a Juan Dahlmann, el protagonista de "El Sur", y qué cosas le atraían de él?

2. A pesar de conservar el casco de la estancia familiar en el sur, ¿cuánto sabe Dahlmann realmente del campo?

3. ¿Qué elementos de "El Sur" dan indicios de que la realidad puede estar alterada?

4. ¿Qué expresa el autor sobre su propia literatura en "Borges y yo"?

5. Describe a los dos Borges descritos en "Borges y yo" e indica las diferencias que subraya el autor.

6. ¿Cuándo ocurre el día del Juicio Final según el poema "Doomsday"?

7. ¿Cuáles son las pistas que deja el asesino en "La muerte y la brújula" y con qué motivo lo hace?

8. En "Poema de los dones", ¿a quién atribuye el poeta la situación que atraviesa?

INTERPRETACIÓN

1. Busca en "El Sur" las menciones al tiempo no cronológico que comienza a experimentar el protagonista.

2. ¿Por qué crees que durante la enfermedad "Dahlmann minuciosamente se odió, odió su identidad"? ¿Cuáles fueron las consecuencias de este acontecimiento en su actitud vital?

3. Interpreta la función de *Las mil y una noches* en la vida y en el destino de Dahlmann.

4. Explica cómo entiendes la afirmación "pero me reconozco menos en sus libros que en muchos otros o que en el laborioso rasgueo de una guitarra" que aparece en "Borges y yo".

5. ¿Piensas que Borges tiene que fugarse realmente de ese "otro"? ¿Qué es lo que busca al hacerlo?

6. "Doomsday" es, según ciertos críticos, un poema sobre la inminencia continua de la vida. Según el autor, ¿qué cosas están siempre a punto de suceder?

7. ¿Cuál crees que fue el error de Lönnrot en la investigación de los crímenes de "La muerte y la brújula"?

8. ¿A qué dones se refiere el título de "Poema de los dones"? ¿Te parece que el poema está escrito a partir de la gratitud, del rencor o de alguna actitud "más borgiana"?

INVESTIGACIÓN

1. Borges fue un estudioso de la numerología. Busca las alusiones a los números en "La muerte y la brújula" e investiga el sentido que tradicionalmente se les adjudica a esos números.

2. El laberinto es uno de los símbolos favoritos de Borges. Averigua qué clases de laberintos existen, su origen mitológico y cómo los reelabora Borges en su literatura.

BIBLIOGRAFÍA

Bioy Casares, Adolfo. *Descanso de caminantes*. Buenos Aires: Editorial Sudamericana Señales, 2001.

Borges, Jorge Luis. *Poesía completa*. Knopf Doubleday Publishing Group, 2012.

Borges, Jorge Luis. *Obras Completas: 1923-1936*. Volumen I. Barcelona: Círculo de Lectores, 1992.

Borges, Jorge Luis, *Obras Completas: 1941-1960*. Volumen II. Barcelona: Círculo de Lectores, 1992.

Borges, Jorge Luis, *Obras Completas: 1964-1975*. Volumen III. Barcelona: Círculo de Lectores, 1992.

Borges, Jorge Luis, *Obras Completas: 1976-1985*. Volumen IV. Barcelona: Círculo de Lectores, 1992.

Borges, Jorge Luis y Ferrari, Osvaldo. *En Diálogo*. México: Siglo XXI, 2005.

Borges, Jorge Luis y Ferrari, Osvaldo. *Diálogos últimos*. Buenos Aires: Editorial Sudamericana, 1987.

Franco, Jean. *Historia de la literatura hispanoamericana*. Barcelona: Ariel, S.A. Instrumenta 7, 1979.

Oviedo, José Miguel. *Historia de la literatura hispanoamericana: del romanticismo al modernismo*. Volumen III. Madrid: Alianza Universidad Textos, 1997.

Teitelboim, Volodia. *Los dos Borges: vida, sueños, enigmas*. Editor Jesús Boyero para España y México. Ediciones Merán, 2003.

JULIO CORTÁZAR

1914–1984

> "Andábamos sin buscarnos
> pero sabiendo que andábamos
> para encontrarnos."
>
> —**Julio Cortázar**, *Rayuela*

Julio Cortázar nació en Bruselas, Bélgica, aunque sus padres eran argentinos. En 1918 se trasladó a la Argentina con su familia, pero poco después su padre abandonó el hogar. El pequeño Julio creció con su madre, su hermana y su abuela. Su amor por las palabras se corporizó en uno de sus juguetes favoritos, su diccionario, mientras la fantasía le daba un sentido del espacio y del tiempo distinto al de los otros niños. El propio Cortázar habla de "un mundo paralelo" en su vida cotidiana. Esa conexión entre la realidad real y la realidad imaginaria aparece a veces en sus relatos con "túneles" entre diferentes espacios y tiempos. En 1932, tras graduarse como maestro de escuela, comenzó sus estudios en la Universidad de Buenos Aires, pero los abandonó por motivos económicos y se hizo maestro. Jorge Luis Borges dio a conocer en 1946 su primer cuento, "Casa tomada", en la revista *Anales*, de la que fue director. Poco después, disconforme con el rumbo de la política del gobierno de Juan Domingo Perón, Cortázar viajó a Francia con una beca y allí se estableció. Trabajó como traductor para la ONU mientras continuaba escribiendo y publicando sus libros de cuentos. En 1963, su novela *Rayuela* se convertiría en gran éxito internacional del llamado *Boom* latinoamericano. A pesar de vivir muchos años en Europa, siempre siguió con gran interés la realidad sociopolítica de América Latina. Murió en París en 1984.

La carrera literaria de Cortázar comenzó con su libro *Presencia* (1938), publicado bajo el seudónimo de Jorge Denis. Aunque el libro reunía sonetos, Cortázar ya buceaba en lo íntimo del ser humano a través del lenguaje, que siempre le fascinó y que llegó a manejar de manera magistral. "Para Cortázar, las palabras no solo tenían significado y sonido, sino color y peso", dice de él el crítico Abelardo Castillo. También su último libro, *Salvo el crepúsculo* (1984), sería poesía de música, amores, París y Buenos Aires.

Desde niño tuvo una percepción de la realidad distinta a la de los demás, y esto aparece en sus relatos como un juego constante entre realidad y fantasía. Tras la publicación de sus primeros cuentos (*Bestiario*, 1951), Cortázar tomó conciencia de la originalidad de su prosa y exploró el nuevo camino por él mismo marcado. "La noche boca arriba", (*Final del juego*, 1956) uno de sus relatos más famosos y emblemáticos, sigue a un motociclista accidentado y, paralelamente, a un guerrero indio; ambos huyendo de la muerte. Entre los dos mundos existen fisuras y puntos de encuentro: la noche y el sueño son los elementos de unión de estos personajes que aguardan boca arriba, inmovilizados, la resolución de su historia. Cortázar transmite una sensación de vértigo con la técnica cinematográfica de descripción detallada.

Con una multitud de preguntas sin respuestas, rompe Cortázar en *Rayuela* con la novela cronológica tradicional. En algunos de los "capítulos prescindibles" aparece Morelli, un autor que propone romper con las convenciones de la narración en busca de una obra abierta a la participación del lector. En cuanto a su carácter lúdico, escribe Vargas Llosa: "*Rayuela* rebosa vida por todos sus poros. Es una explosión de frescura y movimiento, de exaltación e irreverencia juveniles, una resonante carcajada frente a aquellos escritores que, como solía decir Cortázar, se ponen cuello y corbata para escribir".

El castigo por eludir esta participación se expresa en "Continuidad de los parques", (*Final del juego*) donde un hombre lee en su mundo seguro, sin sospechar que su falta de atención lo va a convertir en víctima de su lectura pasiva. El marco del relato se desvanece cuando la ficción invade la realidad, dimensiones que, para Cortázar, no van separadas; se superponen.

JULIO CORTÁZAR

Final del juego

ALFAGUARA
BIBLIOTECA CORTÁZAR

OBRAS PRINCIPALES

Cuento
1945 | *La otra orilla*
1951 | *Bestiario*
1956 | *Final del juego*
1959 | *Las armas secretas*
1962 | *Historias de cronopios y de famas*
1966 | *Todos los fuegos el fuego*
1967 | *La vuelta al día en ochenta mundos*
1967 | *El perseguidor y otros cuentos*
1969 | *Último round*
1971 | *La isla a mediodía y otros relatos*
1974 | *Octaedro*
1977 | *Alguien que anda por ahí*
1979 | *Un tal Lucas*
1979 | *Territorios*
1980 | *Queremos tanto a Glenda*
1982 | *Deshoras*

Novela
*1949 | *Divertimento*
*1950 | *El examen*
1960 | *Los premios*
1963 | *Rayuela*
1968 | *62 Modelo para armar*
1973 | *Libro de Manuel*
1995 | *Diario de Andrés Fava*

Poesía
1938 | *Presencia*
1971 | *Pameos y meopas*
1984 | *Salvo el crepúsculo*

Teatro
1949 | *Los reyes*
1995 | *Adiós, Robinson y otras piezas breves*

*Obras publicadas póstumamente entre 1986 y 1995.

LA NOCHE BOCA ARRIBA

De *Final del juego*, 1956

Y salían en ciertas épocas a cazar enemigos;
le llamaban la guerra florida.

A mitad del largo zaguán del hotel pensó que debía ser tarde y se apuró a salir a la calle y sacar la motocicleta del rincón donde el portero de al lado le permitía guardarla. En la joyería de la esquina vio que eran las nueve menos diez; llegaría con tiempo sobrado adonde iba. El sol se filtraba entre los altos edificios del centro, y él —porque para sí mismo, para ir pensando, no tenía nombre— montó en la máquina saboreando el paseo. La moto ronroneaba entre sus piernas, y un viento fresco le chicoteaba* los pantalones.

    *daba latigazos

Dejó pasar los ministerios (el rosa, el blanco) y la serie de comercios con brillantes vitrinas de la calle Central. Ahora entraba en la parte más agradable del trayecto, el verdadero paseo: una calle larga, bordeada de árboles, con poco tráfico y amplias villas que dejaban venir los jardines hasta las aceras, apenas demarcadas por setos bajos. Quizá algo distraído*, pero corriendo por la derecha como correspondía, se dejó llevar por la tersura*, por la leve crispación de ese día apenas empezado. Tal vez su involuntario relajamiento le impidió prevenir el accidente. Cuando vio que la mujer parada en la esquina se lanzaba a la calzada a pesar de las luces verdes, ya era tarde para las soluciones fáciles. Frenó con el pie y con la mano, desviándose a la izquierda; oyó el grito de la mujer, y junto con el choque perdió la visión. Fue como dormirse de golpe.

    *sin prestar atención
    *suavidad

Volvió bruscamente del desmayo. Cuatro o cinco hombres jóvenes lo estaban sacando de debajo de la moto. Sentía gusto a sal y sangre, le dolía una rodilla y cuando lo alzaron gritó, porque no podía soportar la presión en el brazo derecho. Voces que no parecían pertenecer a las caras suspendidas sobre él, lo alentaban con bromas y seguridades. Su único alivio fue oír la confirmación de que había estado en su derecho al cruzar la esquina. Preguntó por la mujer, tratando de dominar la náusea que le ganaba la garganta. Mientras lo llevaban boca arriba hasta una farmacia próxima, supo que la causante del accidente no tenía más que rasguños en las piernas. "Usted la agarró apenas, pero el golpe le hizo saltar la máquina de costado…"; Opiniones, recuerdos, despacio, éntrenlo de espaldas, así va bien, y alguien con guardapolvo* dándole de beber un trago que lo alivió en la penumbra de una pequeña farmacia de barrio.

    *bata blanca

La ambulancia policial llegó a los cinco minutos, y lo subieron a una camilla blanda donde pudo tenderse a gusto. Con toda lucidez, pero sabiendo que estaba bajo los efectos de un shock terrible, dio sus señas* al policía que lo acompañaba. El brazo casi no le dolía; de una cortadura en la ceja goteaba sangre por toda la cara. Una o dos veces se lamió los labios para beberla. Se sentía bien, era un

    *datos personales

accidente, mala suerte; unas semanas quieto y nada más. El vigilante le dijo que
la motocicleta no parecía muy estropeada. "Natural", dijo él. "Como que me la
ligué° encima…" Los dos rieron y el vigilante le dio la mano al llegar al hospital
y le deseó buena suerte. Ya la náusea volvía poco a poco; mientras lo llevaban en
una camilla de ruedas hasta un pabellón del fondo, pasando bajo árboles llenos
de pájaros, cerró los ojos y deseó estar dormido o cloroformado. Pero lo tuvieron
largo rato en una pieza con olor a hospital, llenando una ficha, quitándole la
ropa y vistiéndolo con una camisa grisácea y dura. Le movían cuidadosamente
el brazo, sin que le doliera. Las enfermeras bromeaban todo el tiempo, y si no
hubiera sido por las contracciones del estómago se habría sentido muy bien,
casi contento.

°me cayó

Lo llevaron a la sala de radio, y veinte minutos después, con la placa todavía
húmeda puesta sobre el pecho como una lápida negra, pasó a la sala de
operaciones. Alguien de blanco, alto y delgado, se le acercó y se puso a mirar
la radiografía. Manos de mujer le acomodaban la cabeza, sintió que lo pasaban
de una camilla a otra. El hombre de blanco se le acercó otra vez, sonriendo, con
algo que le brillaba en la mano derecha. Le palmeó la mejilla e hizo una seña a
alguien parado atrás.

Como sueño era curioso porque estaba lleno de olores y él nunca soñaba
olores. Primero un olor a pantano°, ya que a la izquierda de la calzada empezaban
las marismas, los tembladerales de donde no volvía nadie. Pero el olor cesó, y en
cambio vino una fragancia compuesta y oscura como la noche en que se movía
huyendo de los aztecas. Y todo era tan natural, tenía que huir de los aztecas que
andaban a caza de hombre, y su única probabilidad era la de esconderse en lo
más denso de la selva, cuidando de no apartarse de la estrecha calzada° que sólo
ellos, los motecas,[1] conocían.

°terreno cubierto de barro

°calle, carretera

Lo que más lo torturaba era el olor, como si aun en la absoluta aceptación
del sueño algo se revelara contra eso que no era habitual, que hasta entonces no
había participado del juego. "Huele a guerra", pensó, tocando instintivamente el
puñal de piedra atravesado en su ceñidor de lana tejida. Un sonido inesperado
lo hizo agacharse y quedar inmóvil, temblando. Tener miedo no era extraño, en
sus sueños abundaba el miedo. Esperó, tapado por las ramas de un arbusto y la
noche sin estrellas. Muy lejos, probablemente del otro lado del gran lago, debían
estar ardiendo fuegos de vivac°; un resplandor rojizo teñía esa parte del cielo. El

°campamento

[1] Juego de palabras entre "motocicleta" y "aztecas".

sonido no se repitió. Había sido como una rama quebrada. Tal vez un animal
que escapaba como él del olor a guerra. Se enderezó despacio, venteando. No se
oía nada, pero el miedo seguía allí como el olor, ese incienso dulzón de la guerra
florida. Había que seguir, llegar al corazón de la selva evitando las ciénagas*. A   *terrenos pantanosos

75 tientas, agachándose a cada instante para tocar el suelo más duro de la calzada,
dio algunos pasos. Hubiera querido echar a correr, pero los tembladerales
palpitaban a su lado. En el sendero en tinieblas, buscó el rumbo. Entonces sintió
una bocanada del olor que más temía, y saltó desesperado hacia adelante.

—Se va a caer de la cama —dijo el enfermo de la cama de al lado—. No
80 brinque tanto, amigazo.

Abrió los ojos y era de tarde, con el sol ya bajo en los ventanales de la larga
sala. Mientras trataba de sonreír a su vecino, se despegó casi físicamente de la
última visión de la pesadilla. El brazo, enyesado, colgaba de un aparato con
pesas y poleas. Sintió sed, como si hubiera estado corriendo kilómetros, pero
85 no querían darle mucha agua, apenas para mojarse los labios y hacer un buche*.   *llenarse la boca
La fiebre lo iba ganando despacio y hubiera podido dormirse otra vez, pero
saboreaba el placer de quedarse despierto, entornados los ojos, escuchando el
diálogo de los otros enfermos, respondiendo de cuando en cuando a alguna
pregunta. Vio llegar un carrito blanco que pusieron al lado de su cama, una
90 enfermera rubia le frotó con alcohol la cara anterior del muslo, y le clavó
una gruesa aguja conectada con un tubo que subía hasta un frasco lleno de
líquido opalino. Un médico joven vino con un aparato de metal y cuero que le
ajustó al brazo sano para verificar alguna cosa. Caía la noche, y la fiebre lo iba
arrastrando blandamente a un estado donde las cosas tenían un relieve como de
95 gemelos de teatro, eran reales y dulces y a la vez ligeramente repugnantes; como
estar viendo una película aburrida y pensar que sin embargo en la calle es peor;
y quedarse.

Vino una taza de maravilloso caldo de oro oliendo a puerro, a apio, a perejil.
Un trocito de pan, más precioso que todo un banquete, se fue desmigajando
100 poco a poco. El brazo no le dolía nada y solamente en la ceja, donde lo
habían suturado, chirriaba a veces una punzada caliente y rápida. Cuando los
ventanales de enfrente viraron* a manchas de un azul oscuro, pensó que no   *cambiaron
iba a ser difícil dormirse. Un poco incómodo, de espaldas, pero al pasarse la
lengua por los labios resecos y calientes sintió el sabor del caldo, y suspiró de
105 felicidad, abandonándose.

Primero fue una confusión, un atraer hacia sí todas las sensaciones por un
instante embotadas o confundidas. Comprendía que estaba corriendo en plena
oscuridad, aunque arriba el cielo cruzado de copas de árboles era menos negro
que el resto. "La calzada", pensó. "Me salí de la calzada." Sus pies se hundían en
110 un colchón de hojas y barro, y ya no podía dar un paso sin que las ramas de los
arbustos le azotaran el torso y las piernas. Jadeante, sabiéndose acorralado* a   *rodeado; indefenso
pesar de la oscuridad y el silencio, se agachó para escuchar. Tal vez la calzada

estaba cerca, con la primera luz del día iba a verla otra vez. Nada podía ayudarlo
ahora a encontrarla. La mano que sin saberlo él aferraba el mango del puñal,
115 subió como un escorpión de los pantanos hasta su cuello, donde colgaba el
amuleto protector. Moviendo apenas los labios musitó la plegaria* del maíz que
trae las lunas felices, y la súplica a la Muy Alta, a la dispensadora de los bienes
motecas. Pero sentía al mismo tiempo que los tobillos se le estaban hundiendo
despacio en el barro, y la espera en la oscuridad del chaparral* desconocido se
120 le hacía insoportable. La guerra florida había empezado con la luna y llevaba
ya tres días y tres noches. Si conseguía refugiarse en lo profundo de la selva,
abandonando la calzada más allá de la región de las ciénagas, quizá los guerreros
no le siguieran el rastro. Pensó en la cantidad de prisioneros que ya habrían
hecho. Pero la cantidad no contaba, sino el tiempo sagrado. La caza continuaría
125 hasta que los sacerdotes dieran la señal del regreso. Todo tenía su número y su
fin, y él estaba dentro del tiempo sagrado, del otro lado de los cazadores.

Oyó los gritos y se enderezó de un salto, puñal en mano. Como si el cielo
se incendiara en el horizonte, vio antorchas moviéndose entre las ramas, muy
cerca. El olor a guerra era insoportable, y cuando el primer enemigo le saltó
130 al cuello casi sintió placer en hundirle la hoja de piedra en pleno pecho. Ya lo
rodeaban las luces y los gritos alegres. Alcanzó a cortar el aire una o dos veces, y
entonces una soga* lo atrapó desde atrás.

—Es la fiebre —dijo el de la cama de al lado—. A mí me pasaba igual cuando
me operé del duodeno. Tome agua y va a ver que duerme bien.

135 Al lado de* la noche de donde volvía, la penumbra tibia de la sala le pareció
deliciosa. Una lámpara violeta velaba* en lo alto de la pared del fondo como
un ojo protector. Se oía toser, respirar fuerte, a veces un diálogo en voz baja.
Todo era grato* y seguro, sin acoso**, sin… Pero no quería seguir pensando
en la pesadilla. Había tantas cosas en qué entretenerse. Se puso a mirar el
140 yeso del brazo, las poleas que tan cómodamente se lo sostenían en el aire. Le
habían puesto una botella de agua mineral en la mesa de noche. Bebió del
gollete, golosamente. Distinguía ahora las formas de la sala, las treinta camas,
los armarios con vitrinas. Ya no debía tener tanta fiebre, sentía fresca la cara.
La ceja le dolía apenas, como un recuerdo. Se vio otra vez saliendo del hotel,
145 sacando la moto. ¿Quién hubiera pensado que la cosa iba a acabar así? Trataba
de fijar el momento del accidente, y le dio rabia advertir que había ahí como un
hueco, un vacío que no alcanzaba a rellenar. Entre el choque y el momento en
que lo habían levantado del suelo, un desmayo o lo que fuera no le dejaba ver
nada. Y al mismo tiempo tenía la sensación de que ese hueco, esa nada, había
150 durado una eternidad. No, ni siquiera tiempo, más bien como si en ese hueco
él hubiera pasado a través de algo o recorrido distancias inmensas. El choque,
el golpe brutal contra el pavimento*. De todas maneras al salir del pozo negro
había sentido casi un alivio mientras los hombres lo alzaban del suelo. Con el
dolor del brazo roto, la sangre de la ceja partida, la contusión en la rodilla; con

*oración, rezo

*lugar donde abundan
las chaparras: tipo de
matorral

*cuerda

*comparada con
*vigilaba

*agradable **persecución

*suelo asfaltado

155 todo eso, un alivio al volver al día y sentirse sostenido y auxiliado*. Y era raro. Le **ayudado**
preguntaría alguna vez al médico de la oficina. Ahora volvía a ganarlo el sueño,
a tirarlo despacio hacia abajo. La almohada era tan blanda, y en su garganta
afiebrada la frescura del agua mineral. Quizá pudiera descansar de veras*, sin las **de verdad**
malditas pesadillas. La luz violeta de la lámpara en lo alto se iba apagando poco
160 a poco.

Como dormía de espaldas, no lo sorprendió la posición en que volvía
a reconocerse, pero en cambio el olor a humedad, a piedra rezumante* de **que transpira**
filtraciones, le cerró la garganta y lo obligó a comprender. Inútil abrir los
ojos y mirar en todas direcciones; lo envolvía una oscuridad absoluta. Quiso
165 enderezarse y sintió las sogas en las muñecas y los tobillos. Estaba estaqueado* **atado con estacas**
en el piso, en un suelo de lajas* helado y húmedo. El frío le ganaba la espalda **láminas de piedra delgadísimas**
desnuda, las piernas. Con el mentón buscó torpemente el contacto con su
amuleto, y supo que se lo habían arrancado. Ahora estaba perdido, ninguna
plegaria podía salvarlo del final. Lejanamente, como filtrándose entre las piedras
170 del calabozo, oyó los atabales* de la fiesta. Lo habían traído al teocalli**, estaba en **tambores** ****templo azteca**
las mazmorras del templo a la espera de su turno.

Oyó gritar, un grito ronco que rebotaba en las paredes. Otro grito, acabando
en un quejido. Era él que gritaba en las tinieblas, gritaba porque estaba vivo,
todo su cuerpo se defendía con el grito de lo que iba a venir, del final inevitable.
175 Pensó en sus compañeros que llenarían otras mazmorras, y en los que ascendían
ya los peldaños del sacrificio. Gritó de nuevo sofocadamente, casi no podía abrir
la boca, tenía las mandíbulas agarrotadas y a la vez como si fueran de goma y se
abrieran lentamente, con un esfuerzo interminable. El chirriar de los cerrojos
lo sacudió como un látigo. Convulso*, retorciéndose, luchó por zafarse** de las **inquieto** ****soltarse, liberarse**
180 cuerdas que se le hundían en la carne. Su brazo derecho, el más fuerte, tiraba hasta
que el dolor se hizo intolerable y hubo que ceder. Vio abrirse la doble puerta, y el
olor de las antorchas le llegó antes que la luz. Apenas ceñidos con el taparrabos
de la ceremonia, los acólitos* de los sacerdotes se le acercaron mirándolo con **ayudantes**
desprecio. Las luces se reflejaban en los torsos sudados, en el pelo negro lleno
185 de plumas. Cedieron las sogas, y en su lugar lo aferraron* manos calientes, **agarraron**
duras como el bronce; se sintió alzado, siempre boca arriba, tironeado* por los **estirado, empujado**
cuatro acólitos que lo llevaban por el pasadizo. Los portadores de antorchas iban
adelante, alumbrando vagamente el corredor de paredes mojadas y techo tan
bajo que los acólitos debían agachar la cabeza. Ahora lo llevaban, lo llevaban,
190 era el final. Boca arriba, a un metro del techo de roca viva que por momentos
se iluminaba con un reflejo de antorcha. Cuando en vez del techo nacieran las
estrellas y se alzara ante él la escalinata incendiada de gritos y danzas, sería el fin.
El pasadizo no acababa nunca, pero ya iba a acabar, de repente olería el aire libre
lleno de estrellas, pero todavía no, andaban llevándolo sin fin en la penumbra
195 roja, tironeándolo brutalmente, y él no quería, pero cómo impedirlo si le habían
arrancado el amuleto que era su verdadero corazón, el centro de la vida.

Salió de un brinco a la noche del hospital, al alto cielo raso°dulce, a la sombra
blanda que lo rodeaba. Pensó que debía haber gritado, pero sus vecinos dormían
callados. En la mesa de noche, la botella de agua tenía algo de burbuja, de
200 imagen traslúcida contra la sombra azulada de los ventanales. Jadeó° buscando
el alivio de los pulmones, el olvido de esas imágenes que seguían pegadas a sus
párpados. Cada vez que cerraba los ojos las veía formarse instantáneamente,
y se enderezaba aterrado pero gozando a la vez del saber que ahora estaba
despierto, que la vigilia lo protegía, que pronto iba a amanecer, con el buen
205 sueño profundo que se tiene a esa hora, sin imágenes, sin nada… Le costaba
mantener los ojos abiertos, la modorra° era más fuerte que él. Hizo un último
esfuerzo, con la mano sana esbozó un gesto hacia la botella de agua; no llegó a
tomarla, sus dedos se cerraron en un vacío otra vez negro, y el pasadizo seguía
interminable, roca tras roca, con súbitas°fulguraciones°° rojizas, y él boca arriba
210 gimió apagadamente porque el techo iba a acabarse, subía, abriéndose como una
boca de sombra, y los acólitos se enderezaban y de la altura una luna menguante
le cayó en la cara donde los ojos no querían verla, desesperadamente se cerraban
y abrían buscando pasar al otro lado, descubrir de nuevo el cielo raso protector
de la sala. Y cada vez que se abrían era la noche y la luna mientras lo subían por
215 la escalinata, ahora con la cabeza colgando hacia abajo, y en lo alto estaban las
hogueras, las rojas columnas de rojo perfumado, y de golpe vio la piedra roja,
brillante de sangre que chorreaba°, y el vaivén de los pies del sacrificado, que
arrastraban para tirarlo rodando por las escalinatas del norte. Con una última
esperanza apretó los párpados, gimiendo por despertar. Durante un segundo
220 creyó que lo lograría, porque estaba otra vez inmóvil en la cama, a salvo del
balanceo cabeza abajo. Pero olía a muerte y cuando abrió los ojos vio la figura
ensangrentada del sacrificador que venía hacia él con el cuchillo de piedra en la
mano. Alcanzó a cerrar otra vez los párpados, aunque ahora sabía que no iba a
despertarse, que estaba despierto, que el sueño maravilloso había sido el otro,
225 absurdo como todos los sueños; un sueño en el que había andado por extrañas
avenidas de una ciudad asombrosa, con luces verdes y rojas que ardían sin llama
ni humo, con un enorme insecto de metal que zumbaba bajo sus piernas. En
la mentira infinita de ese sueño también lo habían alzado del suelo, también
alguien se le había acercado con un cuchillo en la mano, a él tendido boca arriba,
230 a él boca arriba con los ojos cerrados entre las hogueras. ❧

°techo

°respiró con dificultad

°sopor, letargo, somnolencia

°repentinas °°destellos de
luz muy brillante

°caía a chorros o
abundantemente

RAYUELA

De *Rayuela*, 1963

82

Morelliana.

¿Por qué escribo esto? No tengo ideas claras, ni siquiera tengo ideas. Hay jirones*, impulsos, bloques, y todo busca una forma, entonces entra en juego el ritmo y yo escribo dentro de ese ritmo, escribo por él, movido por él y no por eso que llaman el pensamiento y que hace la prosa, literaria u otra. Hay primero una situación confusa, que sólo puede definirse en la palabra; de esa penumbra parto, y si lo que quiero decir (si lo que quiere *decirse*) tiene suficiente fuerza, inmediatamente se inicia el *swing*, un balanceo rítmico que me saca a la superficie, lo ilumina todo, conjuga esa materia confusa y el que la padece en una tercera instancia clara y como fatal: la frase, el párrafo, la página, el capítulo, el libro. Ese balanceo, ese *swing* en el que se va informando la materia confusa, es para mí la única certidumbre de su necesidad, porque apenas cesa comprendo que no tengo ya nada que decir. Y también es la única recompensa de mi trabajo: sentir que lo que he escrito es como un lomo de gato bajo la caricia, con chispas y un arquearse* cadencioso**. Así por la escritura bajo al volcán, me acerco a las Madres, me conecto con el Centro —sea lo que sea. Escribir es dibujar mi mandala[1] y a la vez recorrerlo, inventar una purificación purificándose; tarea de pobre shamán blanco con calzoncillos de nylon. ❧

*pedazos

*curvarse **melódico, rítmico

[1] En el budismo y el hinduismo, un mandala es la representación simbólica del universo en el esquema de una imagen circular.

CONTINUIDAD DE LOS PARQUES

De *Final del juego*, 1956

Había empezado a leer la novela unos días antes. La abandonó por negocios urgentes, volvió a abrirla cuando regresaba en tren a la finca; se dejaba interesar lentamente por la trama, por el dibujo de los personajes. Esa tarde, después de escribir una carta a su apoderado y discutir con el mayordomo una cuestión de aparcerías*, volvió al libro en la tranquilidad del estudio que miraba hacia el parque de los robles. Arrellanado* en su sillón favorito, de espaldas a la puerta que lo hubiera molestado como una irritante posibilidad de intrusiones, dejó que su mano izquierda acariciara una y otra vez el terciopelo verde y se puso a leer los últimos capítulos. Su memoria retenía sin esfuerzo los nombres y las imágenes de los

*contrato entre dueño y trabajador

*cómodamente sentado

protagonistas; la ilusión novelesca lo ganó casi en seguida. Gozaba del placer casi perverso de irse desgajando[*] línea a línea de lo que lo rodeaba, y sentir a la vez que su cabeza descansaba cómodamente en el terciopelo del alto respaldo, que los cigarrillos seguían al alcance de la mano, que más allá de los ventanales danzaba el aire del atardecer bajo los robles. Palabra a palabra, absorbido por la sórdida disyuntiva de los héroes, dejándose ir hacia las imágenes que se concertaban[*] y adquirían color y movimiento, fue testigo del último encuentro en la cabaña del monte. Primero entraba la mujer, recelosa[*]; ahora llegaba el amante, lastimada la cara por el chicotazo[*] de una rama. Admirablemente restallaba[**] ella la sangre con sus besos, pero él rechazaba las caricias, no había venido para repetir las ceremonias de una pasión secreta, protegida por un mundo de hojas secas y senderos furtivos. El puñal se entibiaba contra su pecho, y debajo latía la libertad agazapada[*]. Un diálogo anhelante corría por las páginas como un arroyo de serpientes, y se sentía que todo estaba decidido desde siempre. Hasta esas caricias que enredaban el cuerpo del amante como queriendo retenerlo y disuadirlo[*], dibujaban abominablemente la figura de otro cuerpo que era necesario destruir. Nada había sido olvidado: coartadas, azares, posibles errores. A partir de esa hora cada instante tenía su empleo minuciosamente atribuido. El doble repaso despiadado[*] se interrumpía apenas para que una mano acariciara una mejilla. Empezaba a anochecer. Sin mirarse ya, atados rígidamente a la tarea que los esperaba, se separaron en la puerta de la cabaña. Ella debía seguir por la senda que iba al norte. Desde la senda opuesta él se volvió un instante para verla correr con el pelo suelto. Corrió a su vez, parapetándose[*] en los árboles y los setos, hasta distinguir en la bruma malva del crepúsculo la alameda[*] que llevaba a la casa. Los perros no debían ladrar, y no ladraron. El mayordomo no estaría a esa hora, y no estaba. Subió los tres peldaños del porche y entró. Desde la sangre galopando en sus oídos le llegaban las palabras de la mujer: primero una sala azul, después una galería, una escalera alfombrada. En lo alto, dos puertas. Nadie en la primera habitación, nadie en la segunda. La puerta del salón, y entonces el puñal en la mano, la luz de los ventanales, el alto respaldo de un sillón de terciopelo verde, la cabeza del hombre en el sillón leyendo una novela. ❧

[*] desprendiendo

[*] se establecían
[*] desconfiada, suspicaz
[*] latigazo [**] absorbía sonoramente

[*] oculta

[*] convencerlo de que no haga lo que quiere hacer

[*] cruel

[*] protegiéndose detrás
[*] paseo arbolado

EL NIÑO BUENO

De *Salvo el crepúsculo*, 1984

No sabré desatarme los zapatos
y dejar que la ciudad me muerda los pies,
no me emborracharé bajo los puentes,
no cometeré faltas de estilo.
5   Acepto este destino de camisas planchadas,
llego a tiempo a los cines,
cedo mi asiento a las señoras.
El largo desarreglo de los sentidos me va mal.
Opto por el dentífrico y las toallas. Me vacuno.
10 Mira qué pobre amante,
incapaz de meterse en una fuente
para traerte un pescadito rojo
bajo la rabia de gendarmes y niñeras.

DE VIVA VOZ: JULIO CORTÁZAR
Los "lectores cómplices" de *Rayuela*

Julio Cortázar escribió *Rayuela* con la intención de involucrar al lector en el proceso de creación y, así, acuñó el concepto de "lector cómplice". Lo que no sospechaba el escritor argentino era que la complicidad que buscaba no vendría de personas de su edad y condición. En esta entrevista concedida a Televisión Española en 1977, Cortázar explica los porqués de *Rayuela* y comenta, lleno de agradecimiento y satisfacción, quién encontró realmente sentido a su audaz desafío literario.

[…] A mí se me ocurrió —y sé muy bien que era una cosa difícil, realmente muy, muy difícil— escribir, intentar escribir un libro en donde el lector, en vez de leer la novela así, consecutivamente, tuviera en primer lugar diferentes opciones, lo cual lo situaba ya casi en un pie de igualdad con el autor, porque el autor también había tomado diferentes opciones al escribir el libro; posibilidad de elecciones, de dejar de lado una parte del libro y leer otra, o leerla en otro orden y crearse un mundo en el cual él desempeñaba un papel activo y no pasivo. Yo sé muy bien que, en la práctica, eso no corresponde, exactamente, con mis deseos, digamos, teóricos, porque finalmente los lectores de *Rayuela* la han aceptado, en su conjunto, como un libro y, en ese sentido, es una novela como cualquier otra; pero también sé que muchos de esos lectores han sentido que se les reclamaba una participación mucho más activa, que es lo que yo llamo en el libro el "lector cómplice", es decir, ese lector que en un momento dado está leyendo el libro y dice: "bueno, esto a mí no me gusta, al diablo, tiro el libro por la ventana", cosa que a mí, como autor, me parecería perfecto, porque nada me parecería más positivo que una especie de polémica en ausencia, ¿no?, porque ni él ni yo sabremos de eso, una especie de polémica entre un autor y un lector. La posibilidad de desempeñar un papel —incluso crítico— mucho más amplio que la mera crítica literaria de la lectura de un libro. Esa es un poco, una de las finalidades.

Ahora, el segundo motivo de *Rayuela* me tocaba a mí directamente. Ese libro es una tentativa para ir hasta el fondo de un largo camino de negación de la realidad cotidiana y de admisión de otras posibles realidades, de otras posibles aperturas. Entonces tú ves que ese libro, en ese sentido, se desarrolla a lo largo de episodios incongruentes, absurdos, a veces, incluso, incoherentes, donde las situaciones más dramáticas son tratadas con sentido del humor, y viceversa, donde hay episodios inaceptables desde un criterio realista cotidiano… Bueno, y para mi gran sorpresa y mi gran maravilla, yo pensé —cuando terminé *Rayuela*— que había escrito un libro de un hombre de mi edad para lectores de mi edad. La gran maravilla fue que ese libro, cuando se publicó en la Argentina y se conoció en toda América Latina, encontró sus lectores en los jóvenes, en quienes yo no había pensado directamente, jamás, al escribir ese libro; los verdaderos lectores de *Rayuela* han sido los jóvenes. Las primeras reacciones, las primeras cartas —o cartas de adhesión, o cartas de insulto, las dos eran igualmente positivas dentro de la óptica de lo que yo quería con ese libro— venían de jóvenes. Y ese fenómeno se ha seguido manteniendo a lo largo de los años y, por ejemplo, —ya para darte una situación más concreta— hace dos años estuve en México y en Caracas, y dialogué con los estudiantes de las universidades, y cuando llegó el momento de las preguntas los jóvenes centraron, prácticamente todo, en *Rayuela* y, luego, por motivos más contemporáneos, en *El libro de Manuel*, pero eso ya era otro plano. Entonces, la gran maravilla para un escritor es haber escrito un libro pensando que hacía una cosa que correspondía a su edad, a su tiempo, a su clima, y de golpe descubrir que en realidad planteó problemas que son los problemas de la generación siguiente. Me parece una recompensa maravillosa y sigue siendo para mí la justificación del libro. […]

PREGUNTAS

ANÁLISIS

1. ¿Cómo se da el salto de la realidad de un personaje a la realidad del otro en "La noche boca arriba"? ¿Qué verbos utiliza el autor para marcar estos saltos?

2. En el relato leemos, "se enderezaba aterrado pero gozando a la vez del saber que ahora estaba despierto, que la vigilia lo protegía". ¿Cómo es el entorno del motociclista? ¿Cómo es el del guerrero? ¿Cuál de las dos situaciones describe el narrador como realidad y cuál como sueño? ¿Qué ocurre al final?

3. En el fragmento de *Rayuela*, ¿de quién o de qué se preocupa por diferenciarse o distanciarse el escritor?

4. Escribe un breve retrato del personaje lector de "Continuidad de los parques". ¿Qué grado de concentración tiene en el libro que está leyendo? ¿En qué se diferencia del otro hombre?

5. ¿Por qué dirías que "Continuidad de los parques" supone un ejemplo de metaficción?

6. ¿Cuál es el clímax de "Continuidad de los parques"? ¿De qué manera se produce?

7. Describe los elementos de humor o ironía que identifiques en "El niño bueno".

INTERPRETACIÓN

1. Desarrolla tu interpretación del final de "La noche boca arriba" y menciona los elementos que la sustentan. ¿Piensas que hay otras interpretaciones posibles?

2. *Rayuela* está conformada por fragmentos que pueden leerse en orden o según una numeración dada. ¿Qué pretendía Cortázar, a tu juicio, con esta estructura?

3. "Rayuela" es el nombre de un juego que consiste en arrojar una piedrita a una casilla de una figura geométrica dibujada en el suelo y avanzar por las 8 o 10 casillas a la pata coja. ¿Cuál crees que puede ser la metáfora pensada por Cortázar al dar a la novela el nombre de este juego infantil?

4. Los mandalas son representaciones esquemáticas y simbólicas del universo que se utilizan en el budismo y en el hinduismo. ¿Estarías de acuerdo en que *Rayuela* sea equiparable a un mandala?

5. ¿A qué crees que se refiere el título "Continuidad de los parques"?

6. "La ilusión novelesca lo ganó casi en seguida", se dice en "Continuidad de los parques". ¿Cuáles piensas que son los ingredientes necesarios para que la ficción logre imponerse a la realidad?

7. ¿Cuál es el mensaje de "El niño bueno"? ¿Cómo interpretas los últimos cuatro versos?

INVESTIGACIÓN

1. En *Rayuela*, Cortázar compara al escritor con un chamán. Busca las características básicas que definen a un chamán y desarrolla los puntos en común que podría tener con un escritor.

2. Cortázar utiliza repetidas veces la figura del *doppelgänger,* o doble espiritual, que aparece de distintas maneras a lo largo de su obra. Averigua cómo se ha tratado este recurso en la literatura.

BIBLIOGRAFÍA

Alegría, Fernando. *Historia de la novela hispanoamericana, 1*. México: Ediciones de Andrea, 2ª Edición, 1965.

Aróstegui, Cristina. *Cortázar: doce ensayos sobre el cuento 'La noche boca arriba'*. El Arca, 1995.

Anderson Imbert, Enrique. *Historia de la literatura hispanoamericana*. México: Fondo de Cultura Económica, 1970.

Burgos, Fernando. *Los ochenta mundos de Cortázar*. Madrid: Edelsa Grupo Didascalia, S.A., 1987.

Cortázar, Julio. *Rayuela*. Edición y estudio crítico de Andrés Amorós. Madrid: Cátedra Letras Hispánicas, 1992.

Cortázar, Julio y Prego Gadea, Omar. *La fascinación de las palabras*. Madrid: Editorial Alfaguara, 1997.

Cortázar, Julio y González Bermejo, Ernesto. *Conversaciones con Cortázar*. Madrid: Editorial Hispanoamericana, 1978.

Franco, Jean, *Historia de la literatura hispanoamericana*. Barcelona: Ariel, S.A. Instrumenta 7, 1979.

Fuentes, Carlos. *La nueva novela hispanoamericana*. Colección obras de Carlos Fuentes: Ensayo. México: Editor Joaquín Mortiz, 1998.

Oviedo, José Miguel. *Historia de la literatura hispanoamericana: de Borges al presente*. Volumen IV. Madrid: Alianza Universidad Textos, 2001.

GABRIEL GARCÍA MÁRQUEZ

n. 1928

"[…] y que en cualquier lugar en que estuvieran, recordaran siempre que el pasado era mentira, que la memoria no tenía caminos de regreso, que toda primavera antigua era irrecuperable, y que el amor más desatinado y tenaz era de todos modos una verdad efímera."

—**Gabriel García Márquez,** *Cien años de soledad*

Gabriel García Márquez es un escritor y periodista colombiano, Premio Nobel de Literatura 1982 y figura clave del realismo mágico. Nació en Aracataca, en la costa caribeña de Colombia, en una familia de once hijos y fue criado por sus abuelos maternos hasta los ocho años. Su abuelo fue el modelo de los coroneles que aparecen a lo largo de su obra y su abuela influyó en su manera de relatar las historias fantásticas como si fueran una verdad innegable. Durante aquellos años, comenta el propio autor, desarrolló una percepción peculiar de la realidad, que habría de reflejarse en buena parte de su producción literaria.

García Márquez empezó la carrera de Derecho, pero en 1950 la abandona y se dedica al periodismo. Escribió en diversos periódicos colombianos como *El Universal, El Heraldo* y *El Espectador.* En 1955, viaja a Europa como enviado especial de este último. Durante su estancia en el extranjero, el gobierno colombiano cierra el periódico y el escritor decide quedarse en París. Con apenas recursos para subsistir, escribió *El coronel no tiene quien le escriba* (1961). Durante las décadas de 1960 y 1970, vivió un exilio voluntario en España y México. En 1962, publicó la colección de cuentos *Los funerales de la Mamá Grande.* Con *Cien años de soledad* (1967), la novela más vendida de la segunda mitad del siglo XX, debió empeñar objetos personales para sobrevivir, hasta que logró enviar el manuscrito a una editorial. En 1985, obtuvo otro gran éxito con *El amor en los tiempos del cólera.*

Cien años de soledad, una de las obras más traducidas y leídas en lengua española, narra el origen, la evolución y el fin de la ciudad de Macondo y de las seis generaciones de la familia Buendía, condenada a vivir cien años de soledad, alegrías, guerras y penurias. Esta novela es representativa del llamado realismo mágico, un ámbito literario específicamente latinoamericano, donde lo inverosímil acontece de forma natural en la cotidianidad. Así sucede en Macondo, trasunto literario de Aracataca. La novela se sitúa entre mediados del siglo XIX y mediados del siglo XX, periodo de división y conflicto entre los seguidores de los partidos liberal y conservador de Colombia.

"La prodigiosa tarde de Baltazar" (*Los funerales de la Mamá Grande*) es otro claro ejemplo de la sensibilidad social de García Márquez. En esta alegoría psicosocial se refleja el curioso enfrentamiento entre Baltazar, un hábil, humilde y bondadoso artesano, y don Chepe Montiel, un famoso e influyente ricachón. Baltazar fabrica "la jaula más bella del mundo" por encargo del hijo del poderoso Montiel. No hay nada ni nadie en el pueblo donde los largos tentáculos de Montiel no alcancen, con una notable excepción: la jaula de Baltazar.

El maestro del realismo mágico vuelve a exhibir su talento en "La luz es como el agua" (*Doce cuentos peregrinos*, 1992). Sin conjuros mágicos, explicaciones metafísicas ni ciencia ficción, los protagonistas del cuento navegan por las habitaciones de un apartamento en el centro de Madrid. Este cuento demuestra por qué, como dijo Vargas Llosa, el de Aracataca "tiene muchos imitadores pero ningún discípulo".

Su genialidad le es reconocida con el Premio Nobel en 1982. Su discurso de aceptación también es considerado una obra maestra. En "La soledad de América Latina" García Márquez repasa las penurias de un continente al que el resto del mundo le ha dado la espalda. No es, sin embargo, un discurso de la desesperanza. El galardonado interpreta el premio como un punto de inflexión que dirige la mirada del mundo al sufrido continente latinoamericano, y viceversa.

Gabriel García Márquez

Cien años de soledad

Estudio introductorio de
Joaquín Marco

Selecciones Austral
Espasa Calpe

OBRAS PRINCIPALES

Novela

1955 | *La hojarasca*
1961 | *El coronel no tiene quien le escriba*
1962 | *La mala hora*
1967 | *Cien años de soledad*
1975 | *El otoño del patriarca*
1981 | *Crónica de una muerte anunciada*
1985 | *El amor en los tiempos del cólera*
1989 | *El general en su laberinto*
1994 | *Del amor y otros demonios*
2004 | *Memoria de mis putas tristes*

Cuento

1962 | *Los funerales de la Mamá Grande*
1972 | *La increíble y triste historia de la cándida Eréndira y de su abuela desalmada*
1974 | *Ojos de perro azul*
1992 | *Doce cuentos peregrinos*
1996 | *Cuentos: 1947–1992*

Memorias y obra periodística

1955 | *Relato de un náufrago*
1973 | *Cuando era feliz e indocumentado*
1974 | *Chile, el golpe y los gringos*
1976 | *Crónicas y reportajes*
1978 | *De viaje por los países socialistas: 90 días en la "Cortina de hierro"*
1982 | *El olor de la guayaba: Conversaciones con Plinio Apuleyo Mendoza*
1982 | *Viva Sandino*
1986 | *La aventura de Miguel Littín clandestino en Chile*
1986 | *El cataclismo de Damocles*
1990 | *Primeros reportajes*
1996 | *Noticia de un secuestro*
2002 | *Vivir para contarla*
2010 | *Yo no vengo a decir un discurso*

Teatro

1988 | *Diatriba de amor contra un hombre sentado*

CIEN AÑOS DE SOLEDAD

De *Cien años de soledad,* 1967

I

Muchos años después, frente al pelotón de fusilamiento, el coronel Aureliano Buendía había de recordar aquella tarde remota en que su padre lo llevó a conocer el hielo. Macondo era entonces una aldea de veinte casas de barro y cañabrava construidas a la orilla de un río de aguas diáfanas que se precipitaban por un lecho de piedras pulidas, blancas y enormes como huevos prehistóricos. El mundo era tan reciente, que muchas cosas carecían de nombre, y para mencionarlas había que señalarlas con el dedo. Todos los años, por el mes de marzo, una familia de gitanos desarrapados· plantaba su carpa cerca de la aldea, y con un grande alboroto de pitos y timbales daban a conocer los nuevos inventos. Primero llevaron el imán. Un gitano corpulento, de barba montaraz· y manos de gorrión, que se presentó con el nombre de Melquíades, hizo una truculenta· demostración pública de lo que él mismo llamaba la octava maravilla de los sabios alquimistas de Macedonia. Fue de casa en casa arrastrando dos lingotes metálicos, y todo el mundo se espantó al ver que los calderos, las pailas, las tenazas y los anafes se caían de su sitio, y las maderas crujían por la desesperación de los clavos y los tornillos tratando de desenclavarse, y aun los objetos perdidos desde hacía mucho tiempo aparecían por donde más se les había buscado, y se arrastraban en desbandada· turbulenta detrás de los fierros mágicos de Melquíades. "Las cosas tienen vida propia —pregonaba el gitano con áspero acento—, todo es cuestión de despertarles el ánima." José Arcadio Buendía, cuya desaforada· imaginación iba siempre más lejos que el ingenio de la naturaleza, y aun más allá del milagro y la magia, pensó que era posible servirse de aquella invención inútil para desentrañar el oro de la tierra. Melquíades, que era un hombre honrado, le previno: "Para eso no sirve." Pero José Arcadio Buendía no creía en aquel tiempo en la honradez de los gitanos, así que cambió su mulo y una partida de chivos por los dos lingotes imantados. Úrsula Iguarán, su mujer, que contaba con aquellos animales para ensanchar el desmedrado· patrimonio doméstico, no consiguió disuadirlo. "Muy pronto ha de sobrarnos oro para empedrar la casa", replicó su marido. Durante varios meses se empeñó en demostrar el acierto de sus conjeturas. Exploró palmo a palmo la región, inclusive el fondo del río, arrastrando los dos lingotes de hierro y recitando en voz alta el conjuro de Melquíades. Lo único que logró desenterrar fue una armadura del siglo xv con todas sus partes soldadas por un cascote de óxido, cuyo interior tenía la resonancia hueca de un enorme calabazo lleno de piedras. Cuando José Arcadio Buendía y los cuatro hombres de su expedición lograron desarticular la

·con ropas miserables

·silvestre

·horripilante, espantosa

·estampida

·sin límites

·reducido

armadura, encontraron dentro un esqueleto calcificado que llevaba colgado en el cuello un relicario de cobre con un rizo de mujer.

En marzo volvieron los gitanos. Esta vez llevaban un catalejo• y una lupa ·telescopio
del tamaño de un tambor, que exhibieron como el último descubrimiento de los judíos de Ámsterdam. Sentaron una gitana en un extremo de la aldea e instalaron el catalejo a la entrada de la carpa. Mediante el pago de cinco reales, la gente se asomaba al catalejo y veía a la gitana al alcance de su mano. "La ciencia ha eliminado las distancias", pregonaba Melquíades. "Dentro de poco, el hombre podrá ver lo que ocurre en cualquier lugar de la tierra, sin moverse de su casa." Un mediodía ardiente hicieron una asombrosa demostración con la lupa gigantesca: pusieron un montón de hierba seca en mitad de la calle y le prendieron fuego mediante la concentración de los rayos solares. José Arcadio Buendía, que aún no acababa de consolarse por el fracaso de sus imanes, concibió la idea de utilizar aquel invento como un arma de guerra. Melquíades, otra vez, trató de disuadirlo. Pero terminó por aceptar los dos lingotes imantados y tres piezas de dinero colonial a cambio de la lupa. Úrsula lloró de consternación. Aquel dinero formaba parte de un cofre de monedas de oro que su padre había acumulado en toda una vida de privaciones, y que ella había enterrado debajo de la cama en espera de una buena ocasión para invertirlas. José Arcadio Buendía no trató siquiera de consolarla, entregado por entero a sus experimentos tácticos con la abnegación de un científico y aun a riesgo de su propia vida. Tratando de demostrar los efectos de la lupa en la tropa enemiga, se expuso él mismo a la concentración de los rayos solares y sufrió quemaduras que se convirtieron en úlceras y tardaron mucho tiempo en sanar. Ante las protestas de su mujer, alarmada por tan peligrosa inventiva, estuvo a punto de incendiar la casa. Pasaba largas horas en su cuarto, haciendo cálculos sobre las posibilidades estratégicas de su arma novedosa, hasta que logró componer un manual de una asombrosa claridad didáctica y un poder de convicción irresistible. Lo envió a las autoridades acompañado de numerosos testimonios sobre sus experiencias y de varios pliegos de dibujos explicativos, al cuidado de un mensajero que atravesó la sierra, se extravió en pantanos desmesurados, remontó ríos tormentosos y estuvo a punto de perecer bajo el azote de las fieras, la desesperación y la peste, antes de conseguir una ruta de enlace con las mulas del correo. A pesar de que el viaje a la capital era en aquel tiempo poco menos que imposible, José Arcadio Buendía prometía intentarlo tan pronto como se lo ordenara el gobierno, con el fin de hacer demostraciones prácticas de su invento ante los poderes militares, y adiestrarlos• personalmente en las complicadas artes de la guerra solar. Durante ·entrenarlos

varios años esperó la respuesta. Por último, cansado de esperar, se lamentó ante
75 Melquíades del fracaso de su iniciativa, y el gitano dio entonces una prueba
convincente de honradez: le devolvió los doblones a cambio de la lupa, y le dejó
además unos mapas portugueses y varios instrumentos de navegación. De su
puño y letra escribió una apretada síntesis de los estudios del monje Hermann,
que dejó a su disposición para que pudiera servirse del astrolabio, la brújula y
80 el sextante. José Arcadio Buendía pasó los largos meses de lluvia encerrado en
un cuartito que construyó en el fondo de la casa para que nadie perturbara sus
experimentos. Habiendo abandonado por completo las obligaciones domésticas,
permaneció noches enteras en el patio vigilando el curso de los astros, y estuvo
a punto de contraer una insolación por tratar de establecer un método exacto
85 para encontrar el mediodía. Cuando se hizo experto en el uso y manejo de
sus instrumentos, tuvo una noción del espacio que le permitió navegar por
mares incógnitos[*], visitar territorios deshabitados y trabar relación con seres   [*]desconocidos
espléndidos, sin necesidad de abandonar su gabinete. Fue esa la época en que
adquirió el hábito de hablar a solas, paseándose por la casa sin hacer caso de
90 nadie, mientras Úrsula y los niños se partían el espinazo[*] en la huerta cuidando   [*]trabajaban duramente
el plátano y la malanga, la yuca y el ñame, la ahuyama y la berenjena. De pronto,
sin ningún anuncio, su actividad febril se interrumpió y fue sustituida por una
especie de fascinación. Estuvo varios días como hechizado, repitiéndose a sí
mismo en voz baja un sartal[*] de asombrosas conjeturas, sin dar crédito a su   [*]serie, sucesión
95 propio entendimiento. Por fin, un martes de diciembre, a la hora del almuerzo,
soltó de un golpe toda la carga de su tormento. Los niños habían de recordar por
el resto de su vida la augusta solemnidad con que su padre se sentó a la cabecera
de la mesa, temblando de fiebre, devastado por la prolongada vigilia y por el
encono[*] de su imaginación, y les reveló su descubrimiento: [*]ferocidad, brutalidad
100   —La tierra es redonda como una naranja.
Úrsula perdió la paciencia. "Si has de volverte loco, vuélvete tú solo", gritó.
"Pero no trates de inculcar[*] a los niños tus ideas de gitano." José Arcadio Buendía,   [*]transmitir, contagiar
impasible, no se dejó amedrentar[*] por la desesperación de su mujer, que en un   [*]intimidar, asustar
rapto de cólera le destrozó el astrolabio contra el suelo. Construyó otro, reunió
105 en el cuartito a los hombres del pueblo y les demostró, con teorías que para
todos resultaban incomprensibles, la posibilidad de regresar al punto de partida
navegando siempre hacia el Oriente. Toda la aldea estaba convencida de que
José Arcadio Buendía había perdido el juicio, cuando llegó Melquíades a poner
las cosas en su punto. Exaltó en público la inteligencia de aquel hombre que
110 por pura especulación astronómica había construido una teoría ya comprobada
en la práctica, aunque desconocida hasta entonces en Macondo, y como una
prueba de su admiración le hizo un regalo que había de ejercer una influencia
terminante[*] en el futuro de la aldea: un laboratorio de alquimia.   [*]definitiva, decisiva
Para esa época, Melquíades había envejecido con una rapidez asombrosa.
115 En sus primeros viajes parecía tener la misma edad de José Arcadio Buendía.

Pero mientras éste conservaba su fuerza descomunal, que le permitía derribar un caballo agarrándolo por las orejas, el gitano parecía estragado· por una *·deteriorado* dolencia tenaz. Era, en realidad, el resultado de múltiples y raras enfermedades contraídas en sus incontables viajes alrededor del mundo. Según él mismo le contó a José Arcadio Buendía mientras lo ayudaba a montar el laboratorio, la muerte lo seguía a todas partes, husmeándole· los pantalones, pero sin decidirse *·olfateándole* a darle el zarpazo final. Era un fugitivo de cuantas plagas y catástrofes habían flagelado al género humano. Sobrevivió a la pelagra en Persia, al escorbuto en el archipiélago de Malasia, a la lepra en Alejandría, al beriberi en el Japón, a la peste bubónica en Madagascar, al terremoto de Sicilia y a un naufragio multitudinario en el estrecho de Magallanes. Aquel ser prodigioso que decía poseer las claves de Nostradamus, era un hombre lúgubre, envuelto en un aura triste, con una mirada asiática que parecía conocer el otro lado de las cosas. Usaba un sombrero grande y negro, como las alas extendidas de un cuervo, y un chaleco de terciopelo patinado por el verdín de los siglos. Pero a pesar de su inmensa sabiduría y de su ámbito misterioso, tenía un peso humano, una condición terrestre que lo mantenía enredado en los minúsculos problemas de la vida cotidiana. Se quejaba de dolencias de viejo, sufría por los más insignificantes percances económicos y había dejado de reír desde hacía mucho tiempo, porque el escorbuto le había arrancado los dientes. El sofocante mediodía en que reveló sus secretos, José Arcadio Buendía tuvo la certidumbre de que aquel era el principio de una grande amistad. Los niños se asombraron con sus relatos fantásticos. Aureliano, que no tenía entonces más de cinco años, había de recordarlo por el resto de su vida como lo vio aquella tarde, sentado contra la claridad metálica y reverberante de la ventana, alumbrando con su profunda voz de órgano los territorios más oscuros de la imaginación, mientras chorreaba· *·se derramaba, brotaba* por sus sienes la grasa derretida por el calor. José Arcadio, su hermano mayor, *abundantemente* había de transmitir aquella imagen maravillosa, como un recuerdo hereditario, a toda su descendencia. Úrsula, en cambio, conservó un mal recuerdo de aquella visita, porque entró al cuarto en el momento en que Melquíades rompió por distracción un frasco de bicloruro de mercurio.

—Es el olor del demonio —dijo ella.

—En absoluto —corrigió Melquíades—. Está comprobado que el demonio tiene propiedades sulfúricas, y esto no es más que un poco de solimán.

Siempre didáctico, hizo una sabia exposición sobre las virtudes diabólicas del cinabrio·, pero Úrsula no le hizo caso, sino que se llevó los niños a rezar. Aquel *·mineral del que se* olor mordiente quedaría para siempre en su memoria, vinculado al recuerdo *extrae el mercurio* de Melquíades.

El rudimentario laboratorio —sin contar una profusión de cazuelas, embudos, retortas, filtros y coladores— estaba compuesto por un atanor primitivo; una probeta de cristal de cuello largo y angosto, imitación del *huevo filosófico*, y un destilador construido por los propios gitanos según las descripciones modernas

del alambique de tres brazos de María la judía. Además de estas cosas, Melquíades
dejó muestras de los siete metales correspondientes a los siete planetas, las fórmulas
de Moisés y Zósimo para el doblado del oro, y una serie de apuntes y dibujos sobre
los procesos del *Gran Magisterio*, que permitían a quien supiera interpretarlos
intentar la fabricación de la piedra filosofal. Seducido por la simplicidad de las
fórmulas para doblar el oro, José Arcadio Buendía cortejó* a Úrsula durante varias   *sedujo, enamoró
semanas, para que le permitiera desenterrar sus monedas coloniales y aumentarlas
tantas veces como era posible subdividir el azogue*. Úrsula cedió, como ocurría   *mercurio
siempre, ante la inquebrantable obstinación de su marido. Entonces José Arcadio
Buendía echó treinta doblones en una cazuela, y los fundió con raspadura de
cobre, oropimente, azufre y plomo. Puso a hervir todo a fuego vivo en un caldero
de aceite de ricino hasta obtener un jarabe espeso y pestilente* más parecido al   *de un olor horrible
caramelo vulgar que al oro magnífico. En azarosos y desesperados procesos de
destilación, fundida con los siete metales planetarios, trabajada con el mercurio
hermético y el vitriolo* de Chipre, y vuelta a cocer en manteca de cerdo a falta de   *sulfato
aceite de rábano, la preciosa herencia de Úrsula quedó reducida a un chicharrón*   *piel de cerdo frita
carbonizado que no pudo ser desprendido del fondo del caldero.

Cuando volvieron los gitanos, Úrsula había predispuesto contra ellos a
toda la población. Pero la curiosidad pudo más que el temor, porque aquella
vez los gitanos recorrieron la aldea haciendo un ruido ensordecedor con toda
clase de instrumentos músicos, mientras el pregonero anunciaba la exhibición
del más fabuloso hallazgo de los nasciancenos*. De modo que todo el mundo   *nacimientos
se fue a la carpa, y mediante el pago de un centavo vieron un Melquíades
juvenil, repuesto, desarrugado, con una dentadura nueva y radiante. Quienes
recordaban sus encías destruidas por el escorbuto, sus mejillas fláccidas y sus
labios marchitos, se estremecieron de pavor ante aquella prueba terminante de
los poderes sobrenaturales del gitano. El pavor se convirtió en pánico cuando
Melquíades se sacó los dientes, intactos, engastados en las encías, y se los mostró
al público por un instante —un instante fugaz en que volvió a ser el mismo
hombre decrépito de los años anteriores— y se los puso otra vez y sonrió de
nuevo con un dominio pleno de su juventud restaurada. Hasta el propio José
Arcadio Buendía consideró que los conocimientos de Melquíades habían
llegado a extremos intolerables, pero experimentó un saludable alborozo*   *alegría inmensa
cuando el gitano le explicó a solas el mecanismo de su dentadura postiza.
Aquello le pareció a la vez tan sencillo y prodigioso, que de la noche a la mañana
perdió todo interés en las investigaciones de alquimia; sufrió una nueva crisis de
mal humor, no volvió a comer en forma regular y se pasaba el día dando vueltas
por la casa. "En el mundo están ocurriendo cosas increíbles", le decía a Úrsula.
"Ahí mismo, al otro lado del río, hay toda clase de aparatos mágicos, mientras
nosotros seguimos viviendo como los burros." Quienes lo conocían desde los
tiempos de la fundación de Macondo, se asombraban de cuánto había cambiado
bajo la influencia de Melquíades.

200 Al principio, José Arcadio Buendía era una especie de patriarca juvenil, que daba instrucciones para la siembra y consejos para la crianza de niños y animales, y colaboraba con todos, aun en el trabajo físico, para la buena marcha de la comunidad. Puesto que su casa fue desde el primer momento la mejor de la aldea, las otras fueron arregladas a su imagen y semejanza. Tenía una salita 205 amplia y bien iluminada, un comedor en forma de terraza con flores de colores alegres, dos dormitorios, un patio con un castaño gigantesco, un huerto bien plantado y un corral donde vivían en comunidad pacífica los chivos, los cerdos y las gallinas. Los únicos animales prohibidos no sólo en la casa, sino en todo el poblado, eran los gallos de pelea.

210 La laboriosidad de Úrsula andaba a la par con la de su marido. Activa, menuda, severa, aquella mujer de nervios inquebrantables, a quien en ningún momento de su vida se la oyó cantar, parecía estar en todas partes desde el amanecer hasta muy entrada la noche, siempre perseguida por el suave susurro de sus pollerines˙ de olán. Gracias a ella, los pisos de tierra golpeada, los muros ˙faldas 215 de barro sin encalar, los rústicos muebles de madera construidos por ellos mismos estaban siempre limpios, y los viejos arcones donde se guardaba la ropa exhalaban un tibio olor de albahaca.

José Arcadio Buendía, que era el hombre más emprendedor que se vería jamás en la aldea, había dispuesto de tal modo la posición de las casas, que desde todas 220 podía llegarse al río y abastecerse de agua con igual esfuerzo, y trazó las calles con tan buen sentido que ninguna casa recibía más sol que otra a la hora del calor. En pocos años, Macondo fue una aldea más ordenada y laboriosa que cualquiera de las conocidas hasta entonces por sus 300 habitantes. Era en verdad una aldea feliz, donde nadie era mayor de treinta años y donde nadie había muerto.

225 Desde los tiempos de la fundación, José Arcadio Buendía construyó trampas y jaulas. En poco tiempo llenó de turpiales, canarios, azulejos y petirrojos no sólo la propia casa, sino todas las de la aldea. El concierto de tantos pájaros distintos llegó a ser tan aturdidor˙, que Úrsula se tapó los oídos con cera de ˙ensordecedor, atronador abejas para no perder el sentido de la realidad. La primera vez que llegó la tribu 230 de Melquíades vendiendo bolas de vidrio para el dolor de cabeza, todo el mundo se sorprendió de que hubieran podido encontrar aquella aldea perdida en el sopor˙ de la ciénaga˙˙, y los gitanos confesaron que se habían orientado por el ˙letargo ˙˙pantano canto de los pájaros.

Aquel espíritu de iniciativa social desapareció en poco tiempo, arrastrado por 235 la fiebre de los imanes, los cálculos astronómicos, los sueños de trasmutación y las ansias de conocer las maravillas del mundo. De emprendedor y limpio, José Arcadio Buendía se convirtió en un hombre de aspecto holgazán, descuidado en el vestir, con una barba salvaje que Úrsula lograba cuadrar a duras penas con un cuchillo de cocina. No faltó quien lo considerara víctima de algún 240 extraño sortilegio˙. Pero hasta los más convencidos de su locura abandonaron ˙embrujo, hechizo trabajo y familias para seguirlo, cuando se echó al hombro sus herramientas de

desmontar, y pidió el concurso de todos para abrir una trocha* que pusiera a
Macondo en contacto con los grandes inventos.

    José Arcadio Buendía ignoraba por completo la geografía de la región. Sabía
245 que hacia el oriente estaba la sierra impenetrable, y al otro lado de la sierra
la antigua ciudad de Riohacha, donde en épocas pasadas —según le había
contado el primer Aureliano Buendía, su abuelo— Sir Francis Drake se daba
al deporte de cazar caimanes a cañonazos, que luego hacía remendar y rellenar
de paja para llevárselos a la reina Isabel. En su juventud, él y sus hombres, con
250 mujeres y niños y animales y toda clase de enseres* domésticos, atravesaron la
sierra buscando una salida al mar, y al cabo de veintiséis meses desistieron de
la empresa y fundaron a Macondo para no tener que emprender el camino de
regreso. Era, pues, una ruta que no le interesaba, porque sólo podía conducirlo
al pasado. Al sur estaban los pantanos, cubiertos de una eterna nata vegetal, y el
255 vasto universo de la ciénaga grande, que según testimonio de los gitanos carecía
de límites. La ciénaga grande se confundía al occidente con una extensión
acuática sin horizontes, donde había cetáceos de piel delicada con cabeza y torso
de mujer, que perdían a los navegantes con el hechizo de sus tetas descomunales.
Los gitanos navegaban seis meses por esa ruta antes de alcanzar el cinturón de
260 tierra firme por donde pasaban las mulas del correo. De acuerdo con los cálculos
de José Arcadio Buendía, la única posibilidad de contacto con la civilización era
la ruta del norte. De modo que dotó de herramientas de desmonte y armas de
cacería a los mismos hombres que lo acompañaron en la fundación de Macondo;
echó en una mochila sus instrumentos de orientación y sus mapas, y emprendió
265 la temeraria aventura.

    Los primeros días no encontraron un obstáculo apreciable. Descendieron por
la pedregosa ribera del río hasta el lugar en que años antes habían encontrado la
armadura del guerrero, y allí penetraron al bosque por un sendero de naranjos
silvestres. Al término de la primera semana, mataron y asaron un venado,
270 pero se conformaron con comer la mitad y salar el resto para los próximos
días. Trataban de aplazar con esa precaución la necesidad de seguir comiendo
guacamayas, cuya carne azul tenía un áspero sabor de almizcle*. Luego, durante
más de diez días, no volvieron a ver el sol. El suelo se volvió blando y húmedo,
como ceniza volcánica, y la vegetación fue cada vez más insidiosa* y se hicieron
275 cada vez más lejanos los gritos de los pájaros y la bullaranga de los monos, y el
mundo se volvió triste para siempre. Los hombres de la expedición se sintieron
abrumados por sus recuerdos más antiguos en aquel paraíso de humedad y
silencio, anterior al pecado original, donde las botas se hundían en pozos de
aceites humeantes y los machetes destrozaban lirios sangrientos y salamandras
280 doradas. Durante una semana, casi sin hablar, avanzaron como sonámbulos por
un universo de pesadumbre*, alumbrados apenas por una tenue reverberación
de insectos luminosos y con los pulmones agobiados por un sofocante olor de
sangre. No podían regresar, porque la trocha que iban abriendo a su paso se

*camino, sendero

*pertenencias

*secreción aromática
de ciertos mamíferos

*traidora

*tristeza, pena

volvía a cerrar en poco tiempo, con una vegetación nueva que casi veían crecer
ante sus ojos. "No importa", decía José Arcadio Buendía. "Lo esencial es no
perder la orientación." Siempre pendiente de la brújula, siguió guiando a sus
hombres hacia el norte invisible, hasta que lograron salir de la región encantada.
Era una noche densa, sin estrellas, pero la oscuridad estaba impregnada por un
aire nuevo y limpio. Agotados por la prolongada travesía, colgaron las hamacas
y durmieron a fondo por primera vez en dos semanas. Cuando despertaron, ya
con el sol alto, se quedaron pasmados de fascinación. Frente a ellos, rodeado
de helechos y palmeras, blanco y polvoriento en la silenciosa luz de la mañana,
estaba un enorme galeón español. Ligeramente volteado a estribor, de su
arboladura* intacta colgaban las piltrafas escuálidas del velamen, entre jarcias**   *mástiles **cuerdas
adornadas de orquídeas. El casco, cubierto con una tersa coraza de rémora*   *pez que se pega a los objetos
petrificada y musgo tierno, estaba firmemente enclavado en un suelo de piedras.
Toda la estructura parecía ocupar un ámbito propio, un espacio de soledad y
de olvido, vedado* a los vicios del tiempo y a las costumbres de los pájaros. En   *prohibido
el interior, que los expedicionarios exploraron con un fervor sigiloso, no había
nada más que un apretado bosque de flores.

El hallazgo del galeón, indicio de la proximidad del mar, quebrantó el ímpetu
de José Arcadio Buendía. Consideraba como una burla de su travieso* destino   *juguetón
haber buscado el mar sin encontrarlo, al precio de sacrificios y penalidades sin
cuento, y haberlo encontrado entonces sin buscarlo, atravesado en su camino
como un obstáculo insalvable. Muchos años después, el coronel Aureliano
Buendía volvió a atravesar la región, cuando era ya una ruta regular del correo,
y lo único que encontró de la nave fue el costillar* carbonizado en medio de un   *esqueleto
campo de amapolas. Sólo entonces convencido de que aquella historia no había
sido un engendro de la imaginación de su padre, se preguntó cómo había podido
el galeón adentrarse hasta ese punto en tierra firme. Pero José Arcadio Buendía
no se planteó esa inquietud* cuando encontró el mar, al cabo de otros cuatro   *curiosidad
días de viaje, a doce kilómetros de distancia del galeón. Sus sueños terminaban
frente ese mar color de ceniza, espumoso y sucio, que no merecía los riesgos y
sacrificios de su aventura.

—¡Carajo! —gritó—. Macondo está rodeado de agua por todas partes. ✺

LA PRODIGIOSA TARDE DE BALTAZAR

De *Los funerales de la Mamá Grande*, 1962

L a jaula estaba terminada. Baltazar la colgó en el alero, por la fuerza de la costumbre, y cuando acabó de almorzar ya se decía por todos lados que era la jaula más bella del mundo. Tanta gente vino a verla, que se formó un tumulto frente a la casa, y Baltazar tuvo que descolgarla y

5 cerrar la carpintería.

—Tienes que afeitarte —le dijo Úrsula, su mujer—. Pareces un capuchino˙. ˙fraile, franciscano

—Es malo afeitarse después del almuerzo —dijo Baltazar.

Tenía una barba de dos semanas, un cabello corto, duro y parado como las crines de un mulo, y una expresión general de muchacho. Pero era una expresión

10 falsa. En febrero había cumplido 30 años, vivía con Úrsula desde hacía cuatro, sin casarse y sin tener hijos, y la vida le había dado muchos motivos para estar alerta, pero ninguno para estar asustado. Ni siquiera sabía que para algunas personas, la jaula que acababa de hacer era la más bella del mundo. Para él, acostumbrado a hacer jaulas desde niño, aquél había sido apenas un trabajo más

15 arduo que los otros.

—Entonces repósate un rato —dijo la mujer—. Con esa barba no puedes presentarte en ninguna parte.

Mientras reposaba tuvo que abandonar la hamaca varías veces para mostrar la jaula a los vecinos. Úrsula no le había prestado atención hasta entonces. Estaba

20 disgustada porque su marido había descuidado el trabajo de la carpintería para dedicarse por entero a la jaula, y durante dos semanas había dormido mal, dando tumbos y hablando disparates˙, y no había vuelto a pensar en afeitarse. ˙absurdidades Pero el disgusto se disipó ante la jaula terminada. Cuando Baltazar despertó de la siesta, ella le había planchado los pantalones y una camisa, los había puesto

25 en un asiento junto a la hamaca, y había llevado la jaula a la mesa del comedor. La contemplaba en silencio.

—¿Cuánto vas a cobrar? —preguntó.

—No sé —contestó Baltazar—. Voy a pedir treinta pesos para ver si me dan veinte.

30 —Pide cincuenta —dijo Úrsula—. Te has trasnochado˙ mucho en estos quince ˙no has dormido días. Además, es bien grande. Creo que es la jaula más grande que he visto en mi vida.

Baltazar empezó a afeitarse.

—¿Crees que me darán los cincuenta pesos?

35 —Eso no es nada para don Chepe Montiel, y la jaula los vale —dijo Úrsula—. Deberías pedir sesenta.

La casa yacía en una penumbra sofocante. Era la primera semana de abril y el calor parecía menos soportable por el pito de las chicharras˙. Cuando acabó de ˙insectos reconocibles por su sonido monótono

vestirse, Baltazar abrió la puerta del patio para refrescar la casa, y un grupo de
niños entró en el comedor.

La noticia se había extendido. El doctor Octavio Giraldo, un médico viejo,
contento de la vida pero cansado de la profesión, pensaba en la jaula de Baltazar
mientras almorzaba con su esposa inválida. En la terraza interior donde ponían
la mesa en los días de calor, había muchas macetas con flores y dos jaulas con
canarios. A su esposa le gustaban los pájaros, y le gustaban tanto que odiaba a
los gatos porque eran capaces de comérselos. Pensando en ella, el doctor Giraldo
fue esa tarde a visitar a un enfermo, y al regreso pasó por la casa de Baltazar a
conocer la jaula.

Había mucha gente en el comedor. Puesta en exhibición sobre la mesa,
la enorme cúpula de alambre con tres pisos interiores, con pasadizos y
compartimientos especiales para comer y dormir, y trapecios en el espacio
reservado al recreo* de los pájaros, parecía el modelo reducido de una gigantesca   *diversión
fábrica de hielo. El médico la examinó cuidadosamente, sin tocarla, pensando
que en efecto aquella jaula era superior a su propio prestigio, y mucho más bella
de lo que había soñado jamás para su mujer.

—Esto es una aventura de la imaginación —dijo. Buscó a Baltazar en
el grupo, y agregó, fijos en él sus ojos maternales—: Hubieras sido un
extraordinario arquitecto.

Baltazar se ruborizó.

—Gracias —dijo.

—Es verdad —dijo el médico. Tenía una gordura lisa y tierna como la de
una mujer que fue hermosa en su juventud, y unas manos delicadas. Su voz
parecía la de un cura hablando en latín—. Ni siquiera será necesario ponerle
pájaros —dijo, haciendo girar la jaula frente a los ojos del público, como si la
estuviera vendiendo—. Bastará con colgarla entre los árboles para que cante
sola. —Volvió a ponerla en la mesa, pensó un momento, mirando la jaula, y
dijo: —Bueno, pues me la llevo.

—Está vendida —dijo Úrsula.

—Es del hijo de don Chepe Montiel —dijo Baltazar—. La mandó a
hacer expresamente*.   *especialmente para él

El médico asumió una actitud respetable.

—¿Te dio el modelo?

—No —dijo Baltazar—. Dijo que quería una jaula grande, como ésa, para
una pareja de turpiales.

El médico miró la jaula.

—Pero ésta no es para turpiales.

—Claro que sí, doctor —dijo Baltazar, acercándose a la mesa. Los niños lo rodearon—. Las medidas están bien calculadas —dijo, señalando con el índice los diferentes compartimientos. Luego golpeó la cúpula con los nudillos, y la jaula se llenó de acordes profundos—. Es el alambre más resistente que se puede encontrar, y cada juntura está soldada por dentro y por fuera —dijo.

—Sirve hasta para un loro —intervino uno de los niños.

—Así es —dijo Baltazar.

El médico movió la cabeza.

—Bueno, pero no te dio el modelo —dijo—. No te hizo ningún encargo preciso, aparte de que fuera una jaula grande para turpiales. ¿No es así?

—Así es —dijo Baltazar.

—Entonces no hay problema —dijo el médico—. Una cosa es una jaula grande para turpiales y otra cosa es esta jaula. No hay pruebas de que sea ésta la que te mandaron hacer.

—Es esta misma —dijo Baltazar, ofuscado•—. Por eso la hice.   •obstinado

El médico hizo un gesto de impaciencia.

—Podrías hacer otra —dijo Úrsula, mirando a su marido. Y después, hacia el médico—: Usted no tiene apuro•.   •prisa

—Se la prometí a mi mujer para esta tarde —dijo el médico.

—Lo siento mucho, doctor —dijo Baltazar—, pero no se puede vender una cosa que ya está vendida.

El médico se encogió de hombros. Secándose el sudor del cuello con un pañuelo, contempló la jaula en silencio, sin mover la mirada de un mismo punto indefinido, como se mira un barco que se va.

—¿Cuánto te dieron por ella?

Baltazar buscó a Úrsula sin responder.

—Sesenta pesos —dijo ella.

El médico siguió mirando la jaula.

—Es muy bonita —suspiró—. Sumamente bonita. —Luego, moviéndose hacia la puerta, empezó a abanicarse con energía, sonriente, y el recuerdo de aquel episodio desapareció para siempre de su memoria.

—Montiel es muy rico —dijo.

En verdad, José Montiel no era tan rico como parecía, pero había sido capaz de todo por llegar a serlo. A pocas cuadras de allí, en una casa atiborrada• de arneses donde nunca se había sentido un olor que no se pudiera vender, permanecía indiferente a la novedad de la jaula. Su esposa, torturada por la obsesión de la muerte, cerró puertas y ventanas después del almuerzo y yació dos horas con los ojos abiertos en la penumbra del cuarto, mientras José Montiel hacía la siesta. Así la sorprendió un alboroto de muchas voces. Entonces abrió la puerta de la sala y vio un tumulto frente a la casa, y a Baltazar con la jaula en medio del tumulto, vestido de blanco y acabado de afeitar, con esa expresión de decoroso candor• con que los pobres llegan a la casa de los ricos.   •llena, saturada

•inocencia

—Qué cosa tan maravillosa —exclamó la esposa de José Montiel, con una
expresión radiante, conduciendo a Baltazar hacia el interior—. No había visto
nada igual en mi vida —dijo, y agregó, indignada con la multitud que se agolpaba
en la puerta—: Pero llévesela para adentro que nos van a convertir la sala en
una gallera.

Baltazar no era un extraño en la casa de José Montiel. En distintas ocasiones,
por su eficacia y buen cumplimiento, había sido llamado para hacer trabajos de
carpintería menor. Pero nunca se sintió bien entre los ricos. Solía pensar en ellos,
en sus mujeres feas y conflictivas, en sus tremendas operaciones quirúrgicas, y
experimentaba siempre un sentimiento de piedad. Cuando entraba en sus casas
no podía moverse sin arrastrar los pies.

—¿Está Pepe? —preguntó.

Había puesto la jaula en la mesa del comedor.

—Está en la escuela —dijo la mujer de José Montiel—. Pero ya no debe
demorar. —Y agregó: —Montiel se está bañando.

En realidad José Montiel no había tenido tiempo de bañarse. Se estaba dando
una urgente fricción de alcohol alcanforado para salir a ver lo que pasaba. Era un
hombre tan prevenido, que dormía sin ventilador eléctrico para vigilar durante
el sueño los rumores de la casa.

—Adelaida —gritó—. ¿Qué es lo que pasa?

—Ven a ver qué cosa maravillosa —gritó su mujer.

José Montiel —corpulento y peludo, la toalla colgada en la nuca— se asomó
por la ventana del dormitorio.

—¿Qué es eso?

—La jaula de Pepe —dijo Baltazar.

La mujer lo miró perpleja.

—¿De quién?

—De Pepe —confirmó Baltazar. Y después dirigiéndose a José Montiel—:
Pepe me la mandó a hacer.

Nada ocurrió en aquel instante, pero Baltazar se sintió como si le hubieran
abierto la puerta del baño. José Montiel salió en calzoncillos del dormitorio.

—Pepe —gritó.

—No ha llegado —murmuró su esposa, inmóvil.

Pepe apareció en el vano de la puerta. Tenía unos doce años y las mismas
pestañas rizadas y el quieto patetismo de su madre.

—Ven acá —le dijo José Montiel—. ¿Tú mandaste a hacer esto?

El niño bajó la cabeza. Agarrándolo por el cabello, José Montiel lo obligó a
mirarlo a los ojos.

—Contesta.

El niño se mordió los labios sin responder.

—Montiel —susurró la esposa.

160 José Montiel soltó al niño y se volvió hacia Baltazar con una expresión exaltada[*]. *de rabia

—Lo siento mucho, Baltazar —dijo—. Pero has debido consultarlo conmigo antes de proceder. Sólo a ti se te ocurre contratar con un menor. —A medida que hablaba, su rostro fue recobrando la serenidad. Levantó la jaula sin mirarla
165 y se la dio a Baltazar—. Llévatela en seguida y trata de vendérsela a quien puedas —dijo—. Sobre todo, te ruego que no me discutas. —Le dio una palmadita en la espalda, y explicó: —El médico me ha prohibido coger rabia.

El niño había permanecido inmóvil, sin parpadear, hasta que Baltazar lo miró perplejo con la jaula en la mano. Entonces emitió un sonido gutural, como
170 el ronquido de un perro, y se lanzó al suelo dando gritos.

José Montiel lo miraba impasible, mientras la madre trataba de apaciguarlo[*]. *calmarlo

—No lo levantes —dijo—. Déjalo que se rompa la cabeza contra el suelo y después le echas sal y limón para que rabie con gusto.

El niño chillaba sin lágrimas, mientras su madre lo sostenía por las muñecas.
175 —Déjalo —insistió José Montiel.

Baltazar observó al niño como hubiera observado la agonía de un animal contagioso. Eran casi las cuatro. A esa hora, en su casa, Úrsula cantaba una canción muy antigua, mientras cortaba rebanadas de cebolla.

—Pepe —dijo Baltazar.
180 Se acercó al niño, sonriendo, y le tendió la jaula. El niño se incorporó de un salto, abrazó la jaula, que era casi tan grande como él, y se quedó mirando a Baltazar a través del tejido metálico, sin saber qué decir. No había derramado una lágrima.

—Baltazar —dijo Montiel, suavemente—, ya te dije que te la lleves.
185 —Devuélvela —ordenó la mujer al niño.

—Quédate con ella —dijo Baltazar. Y luego, a José Montiel—: Al fin y al cabo, para eso la hice.

José Montiel lo persiguió hasta la sala.

—No seas tonto, Baltazar —decía, cerrándole el paso—. Llévate tu trasto[*] *objeto inservible
190 para la casa y no hagas más tonterías. No pienso pagarte ni un centavo.

—No importa —dijo Baltazar—. La hice expresamente para regalársela a Pepe. No pensaba cobrar nada.

Cuando Baltazar se abrió paso a través de los curiosos que bloqueaban la puerta, José Montiel daba gritos en el centro de la sala. Estaba muy pálido y sus
195 ojos empezaban a enrojecer.

—Estúpido —gritaba—. Llévate tu cacharro. Lo último que faltaba es que un cualquiera venga a dar órdenes en mi casa. ¡Carajo!

En el salón de billar recibieron a Baltazar con una ovación. Hasta ese momento, pensaba que había hecho una jaula mejor que las otras, que había
200 tenido que regalársela al hijo de José Montiel para que no siguiera llorando, y que ninguna de esas cosas tenía nada de particular. Pero luego se dio cuenta de

que todo eso tenía una cierta importancia para muchas personas, y se sintió un poco excitado.

—De manera que te dieron cincuenta pesos por la jaula.

205 —Sesenta —dijo Baltazar.

—Hay que hacer una raya en el cielo —dijo alguien—. Eres el único que ha logrado sacarle ese montón de plata a don Chepe Montiel. Esto hay que celebrarlo.

Le ofrecieron una cerveza, y Baltazar correspondió con una tanda para 210 todos. Como era la primera vez que bebía, al anochecer estaba completamente borracho, y hablaba de un fabuloso proyecto de mil jaulas de a sesenta pesos, y después de un millón de jaulas hasta completar sesenta millones de pesos.

—Hay que hacer muchas cosas para vendérselas a los ricos antes que se mueran —decía, ciego de la borrachera—. Todos están enfermos y se van a 215 morir. Cómo estarán de jodidos que ya ni siquiera pueden coger bien.

Durante dos horas el tocadiscos automático estuvo por su cuenta tocando sin parar. Todos brindaron por la salud de Baltazar, por su suerte y su fortuna, y por la muerte de los ricos, pero a la hora de la comida lo dejaron solo en el salón.

Úrsula lo había esperado hasta las ocho, con un plato de carne frita cubierto 220 de rebanadas de cebolla. Alguien le dijo que su marido estaba en el salón de billar, loco de felicidad, brindando cerveza a todo el mundo, pero no lo creyó porque Baltazar no se había emborrachado jamás. Cuando se acostó, casi a la medianoche, Baltazar estaba en un salón iluminado, donde había mesitas de cuatro puestos con sillas alrededor, y una pista de baile al aire libre, por donde 225 se paseaban los alcaravanes.* Tenía la cara embadurnada de colorete, y como no podía dar un paso más, pensaba que quería acostarse con dos mujeres en la misma cama. Había gastado tanto, que tuvo que dejar el reloj como garantía, con el compromiso de pagar al día siguiente. Un momento después, despatarrado* por la calle, se dio cuenta de que le estaban quitando los zapatos, pero no quiso 230 abandonar el sueño más feliz de su vida. Las mujeres que pasaron para la misa de cinco no se atrevieron a mirarlo, creyendo que estaba muerto. ✥

*tipo de pájaros

*tumbado con las piernas abiertas

LA LUZ ES COMO EL AGUA

De *Doce cuentos peregrinos,* 1992

En Navidad los niños volvieron a pedir un bote de remos.

—De acuerdo —dijo el papá, lo compraremos cuando volvamos a Cartagena.

Totó, de nueve años, y Joel, de siete, estaban más decididos de lo que sus padres creían.

—No —dijeron a coro—. Nos hace falta ahora y aquí.

—Para empezar —dijo la madre—, aquí no hay más aguas navegables que la que sale de la ducha.

Tanto ella como el esposo tenían razón. En la casa de Cartagena de Indias había un patio con un muelle sobre la bahía, y un refugio para dos yates grandes. En cambio aquí en Madrid vivían apretados* en el piso quinto del número 47 del Paseo de la Castellana. Pero al final ni él ni ella pudieron negarse, porque les habían prometido un bote de remos con su sextante y su brújula si se ganaban el laurel del tercer año de primaria, y se lo habían ganado. Así que el papá compró todo sin decirle nada a su esposa, que era la más reacia* a pagar deudas de juego. Era un precioso bote de aluminio con un hilo dorado en la línea de flotación.

—El bote está en el garaje —reveló el papá en el almuerzo—. El problema es que no hay cómo subirlo ni por el ascensor ni por la escalera, y en el garaje no hay más espacio disponible.

Sin embargo, la tarde del sábado siguiente los niños invitaron a sus condiscípulos para subir el bote por las escaleras, y lograron llevarlo hasta el cuarto de servicio.

—Felicitaciones —les dijo el papá ¿ahora qué?

—Ahora nada —dijeron los niños—. Lo único que queríamos era tener el bote en el cuarto, y ya está.

La noche del miércoles, como todos los miércoles, los padres se fueron al cine. Los niños, dueños y señores de la casa, cerraron puertas y ventanas, y rompieron la bombilla encendida de una lámpara de la sala. Un chorro de luz dorada y fresca como el agua empezó a salir de la bombilla rota, y lo dejaron correr hasta que el nivel llegó a cuatro palmos. Entonces cortaron la corriente, sacaron el bote, y navegaron a placer por entre las islas de la casa.

Esta aventura fabulosa fue el resultado de una ligereza* mía cuando participaba en un seminario sobre la poesía de los utensilios domésticos. Totó me preguntó cómo era que la luz se encendía con sólo apretar un botón, y yo no tuve el valor de pensarlo dos veces.

—La luz es como el agua —le contesté: uno abre el grifo, y sale.

De modo que siguieron navegando los miércoles en la noche, aprendiendo el manejo del sextante y la brújula, hasta que los padres regresaban del cine y los encontraban dormidos como ángeles de tierra firme. Meses después, ansiosos

*sin mucho espacio, estrechos

*la que más se oponía

*imprudencia

de ir más lejos, pidieron un equipo de pesca submarina. Con todo: máscaras, aletas, tanques y escopetas de aire comprimido.

—Está mal que tengan en el cuarto de servicio un bote de remos que no les sirve para nada —dijo el padre—. Pero está peor que quieran tener además equipos de buceo.

—¿Y si nos ganamos la gardenia de oro del primer semestre? —dijo Joel.

—No —dijo la madre, asustada—. Ya no más.

El padre le reprochó su intransigencia·.   · rigidez, intolerancia

—Es que estos niños no se ganan ni un clavo por cumplir con su deber —dijo ella—, pero por un capricho son capaces de ganarse hasta la silla del maestro.

Los padres no dijeron al fin ni que sí ni que no. Pero Totó y Joel, que habían sido los últimos en los dos años anteriores, se ganaron en julio las dos gardenias de oro y el reconocimiento público del rector. Esa misma tarde, sin que hubieran vuelto a pedirlos, encontraron en el dormitorio los equipos de buzos en su empaque original. De modo que el miércoles siguiente, mientras los padres veían *El último tango en París*, llenaron el apartamento hasta la altura de dos brazas, bucearon como tiburones mansos por debajo de los muebles y las camas, y rescataron del fondo de la luz las cosas que durante años se habían perdido en la oscuridad.

En la premiación final los hermanos fueron aclamados como ejemplo para la escuela, y les dieron diplomas de excelencia. Esta vez no tuvieron que pedir nada, porque los padres les preguntaron qué querían. Ellos fueron tan razonables, que sólo quisieron una fiesta en casa para agasajar· a los compañeros de curso.   · mostrar su cariño y amistad

El papá, a solas con su mujer, estaba radiante.

—Es una prueba de madurez —dijo.

—Dios te oiga —dijo la madre.

El miércoles siguiente, mientras los padres veían *La Batalla de Argel*, la gente que pasó por la Castellana vio una cascada de luz que caía de un viejo edificio escondido entre los árboles. Salía por los balcones, se derramaba a raudales por la fachada, y se encauzó· por la gran avenida en un torrente dorado que iluminó la ciudad hasta el Guadarrama.   · se encaminó

Llamados de urgencia, los bomberos forzaron la puerta del quinto piso, y encontraron la casa rebosada de luz hasta el techo. El sofá y los sillones forrados en piel de leopardo flotaban en la sala a distintos niveles, entre las botellas del bar y el piano de cola y su mantón de Manila que aleteaba a media agua como una mantarraya· de oro. Los utensilios domésticos, en la plenitud de su poesía, volaban con sus propias alas por el cielo de la cocina. Los instrumentos de la banda de guerra, que los niños usaban para bailar, flotaban al garete entre los peces de colores liberados de la pecera de mamá, que eran los únicos que flotaban vivos y felices en la vasta ciénaga iluminada. En el cuarto de baño flotaban los   · la especie más grande de pez raya

cepillos de dientes de todos, los preservativos de papá, los pomos de cremas y la
dentadura de repuesto de mamá, y el televisor de la alcoba principal flotaba de
costado, todavía encendido en el último episodio de la película de media noche
prohibida para niños.

Al final del corredor, flotando entre dos aguas, Totó estaba sentado en la popa
del bote, aferrado[•] a los remos y con la máscara puesta, buscando el faro del
puerto hasta donde le alcanzó el aire de los tanques, y Joel flotaba en la proa
buscando todavía la altura de la estrella polar con el sextante, y flotaban por
toda la casa sus treinta y siete compañeros de clase, eternizados en el instante
de hacer pipí en la maceta de geranios, de cantar el himno de la escuela con la
letra cambiada por versos de burla contra el rector, de beberse a escondidas
un vaso de brandy de la botella de papá. Pues habían abierto tantas luces al
mismo tiempo que la casa se había rebosado, y todo el cuarto año elemental de
la escuela de San Julián el Hospitalario se había ahogado en el piso quinto del
número 47 del Paseo de la Castellana. En Madrid de España, una ciudad remota
de veranos ardientes y vientos helados, sin mar ni río, y cuyos aborígenes de
tierra firme nunca fueron maestros en la ciencia de navegar en la luz. 🔊

[•]agarrado con fuerza

LA SOLEDAD DE AMÉRICA LATINA
Discurso de aceptación del Premio Nobel 1982

Antonio Pigafetta, un navegante florentino que acompañó a
Magallanes en el primer viaje alrededor del mundo, escribió a su
paso por nuestra América meridional una crónica rigurosa que
sin embargo parece una aventura de la imaginación. Contó que
había visto cerdos con el ombligo en el lomo, y unos pájaros sin
patas cuyas hembras empollaban en las espaldas del macho, y otros como
alcatraces sin lengua cuyos picos parecían una cuchara. Contó que había visto
un engendro animal con cabeza y orejas de mula, cuerpo de camello, patas de
ciervo y relincho de caballo. Contó que al primer nativo que encontraron en la
Patagonia le pusieron enfrente un espejo, y que aquel gigante enardecido[•] perdió
el uso de la razón por el pavor[•] de su propia imagen.

[•]entusiasmado
[•]terror

Este libro breve y fascinante, en el cual ya se vislumbran los gérmenes de
nuestras novelas de hoy, no es ni mucho menos el testimonio más asombroso
de nuestra realidad de aquellos tiempos. Los Cronistas de Indias nos legaron
otros incontables. El dorado, nuestro país ilusorio tan codiciado, figuró en
mapas numerosos durante largos años, cambiando de lugar y de forma según
la fantasía de los cartógrafos. En busca de la fuente de la Eterna Juventud, el

mítico Álvar Núñez Cabeza de Vaca[1] exploró durante ocho años el norte de
México, en una expedición venática* cuyos miembros se comieron unos a   *loca
20   otros y sólo llegaron cinco de los 600 que la emprendieron. Uno de los tantos
misterios que nunca fueron descifrados, es el de las once mil mulas cargadas con
cien libras de oro cada una, que un día salieron del Cuzco para pagar el rescate
de Atahualpa[2] y nunca llegaron a su destino. Más tarde, durante la colonia, se
vendían en Cartagena de Indias unas gallinas criadas en tierras de aluvión, en
25   cuyas mollejas se encontraban piedrecitas de oro. Este delirio áureo de nuestros
fundadores nos persiguió hasta hace poco tiempo. Apenas en el siglo pasado la
misión alemana de estudiar la construcción de un ferrocarril interoceánico en
el istmo de Panamá, concluyó que el proyecto era viable con la condición de que
los rieles no se hicieran de hierro, que era un metal escaso en la región, sino que
30   se hicieran de oro.

La independencia del dominio español no nos puso a salvo de la demencia.
El general Antonio López de Santana, que fue tres veces dictador de México,
hizo enterrar con funerales magníficos la pierna derecha que había perdido en la
llamada Guerra de los Pasteles.[3] El general García Moreno gobernó al Ecuador
35   durante 16 años como un monarca absoluto, y su cadáver fue velado con su
uniforme de gala y su coraza de condecoraciones sentado en la silla presidencial.
El general Maximiliano Hernández Martínez, el déspota teósofo[4] de El Salvador
que hizo exterminar en una matanza bárbara a 30 mil campesinos, había
inventado un péndulo para averiguar si los alimentos estaban envenenados, e
40   hizo cubrir con papel rojo el alumbrado público para combatir una epidemia
de escarlatina. El monumento al general Francisco Morazán, erigido en la plaza
mayor de Tegucigalpa, es en realidad una estatua del mariscal Ney comprada en
París en un depósito de esculturas usadas.

Hace once años, uno de los poetas insignes de nuestro tiempo, el chileno
45   Pablo Neruda, iluminó este ámbito con su palabra. En las buenas conciencias
de Europa, y a veces también en las malas, han irrumpido desde entonces con
más ímpetus que nunca las noticias fantasmales de la América Latina, esa
patria inmensa de hombres alucinados y mujeres históricas, cuya terquedad sin
fin se confunde con la leyenda. No hemos tenido un instante de sosiego*. Un   *paz, tranquilidad

---

[1] Álvar Núñez Cabeza de Vaca (c.1489–c.1558), explorador español del Nuevo Mundo. Escribió
relatos en los que detallaba sus expediciones y sus conocimientos sobre la vida y costumbres de
los pueblos indígenas.
[2] Atahualpa (1497–1533), soberano del Imperio inca. Durante la conquista española, fue
apresado por Francisco Pizarro, quien lo manipuló para dominar a su imperio. Finalmente fue
ejecutado por los españoles y con él murió el imperio.
[3] La incursión bélica del ejército francés en México derivó en un conflicto denominado la Guerra
de los Pasteles que se libró entre los años 1838 y 1839.
[4] Miembro del movimiento filosófico-religioso conocido con el nombre de Teosofía, cuya
búsqueda de Dios se alcanza a través del desarrollo personal y la espiritualidad.

presidente prometeico[5] atrincherado°en su palacio en llamas murió peleando solo contra todo un ejército, y dos desastres aéreos sospechosos y nunca esclarecidos segaron la vida de otro de corazón generoso, y la de un militar demócrata que había restaurado la dignidad de su pueblo. En este lapso ha habido 5 guerras y 17 golpes de estado, y surgió un dictador luciferino°que en el nombre de Dios lleva a cabo el primer etnocidio°de América Latina en nuestro tiempo. Mientras tanto 20 millones de niños latinoamericanos morían antes de cumplir dos años, que son más de cuantos han nacido en Europa occidental desde 1970. Los desaparecidos por motivos de la represión son casi los 120 mil, que es como si hoy no se supiera dónde están todos los habitantes de la ciudad de Upsala.[6] Numerosas mujeres arrestadas encintas dieron a luz en cárceles argentinas, pero aún se ignora el paradero y la identidad de sus hijos, que fueron dados en adopción clandestina o internados en orfanatos por las autoridades militares. Por no querer que las cosas siguieran así han muerto cerca de 200 mil mujeres y hombres en todo el continente, y más de 100 mil perecieron en tres pequeños y voluntariosos países de la América Central, Nicaragua, El Salvador y Guatemala. Si esto fuera en los Estados Unidos, la cifra proporcional sería de un millón 600 mil muertes violentas en cuatro años.

De Chile, país de tradiciones hospitalarias, ha huido un millón de personas: el 10 por ciento de su población. El Uruguay, una nación minúscula de dos y medio millones de habitantes que se consideraba como el país más civilizado del continente, ha perdido en el destierro a uno de cada cinco ciudadanos. La guerra civil en El Salvador ha causado desde 1979 casi un refugiado cada 20 minutos. El país que se pudiera hacer con todos los exiliados y emigrados forzosos de América latina, tendría una población más numerosa que Noruega.

Me atrevo a pensar que es esta realidad descomunal, y no sólo su expresión literaria, la que este año ha merecido la atención de la Academia Sueca de las Letras. Una realidad que no es la del papel, sino que vive con nosotros y determina cada instante de nuestras incontables muertes cotidianas, y que sustenta un manantial de creación insaciable, pleno de desdicha y de belleza, del cual éste colombiano errante y nostálgico no es más que una cifra más señalada por la suerte. Poetas y mendigos, músicos y profetas, guerreros y malandrines°, todas las criaturas de aquella realidad desaforada hemos tenido que pedirle muy poco a la imaginación, porque el desafío mayor para nosotros ha sido la insuficiencia de los recursos convencionales para hacer creíble nuestra vida. Este es, amigos, el nudo de nuestra soledad.

°defendiéndose

°diabólico

°exterminio de un grupo étnico

°pícaros, estafadores, ladrones

[5] De Prometeo, personaje de la mitología griega que robó el fuego a los dioses para ofrecérselo a los hombres. A raíz de esa hazaña, se le considera benefactor y protector de los humanos. Por extensión, el adjetivo "prometeico" se emplea para calificar aquellas acciones, realizadas en cualquier ámbito de la experiencia humana, que de alguna manera benefician a la Humanidad.
[6] Cuarta ciudad de Suecia en número de habitantes.

Pues si estas dificultades nos entorpecen a nosotros, que somos de su esencia, no es difícil entender que los talentos racionales de este lado del mundo, extasiados en la contemplación de sus propias culturas, se hayan quedado sin un método válido para interpretarnos. Es comprensible que insistan en medirnos con la misma vara con que se miden a sí mismos, sin recordar que los estragos* *daños, desgracias de la vida no son iguales para todos, y que la búsqueda de la identidad propia es tan ardua y sangrienta para nosotros como lo fue para ellos. La interpretación de nuestra realidad con esquemas ajenos sólo contribuye a hacernos cada vez más desconocidos, cada vez menos libres, cada vez más solitarios. Tal vez la Europa venerable sería más comprensiva si tratara de vernos en su propio pasado. Si recordara que Londres necesitó 300 años para construir su primera muralla y otros 300 para tener un obispo, que Roma se debatió en las tinieblas de incertidumbre durante 20 siglos antes de que un rey etrusco la implantara en la historia, y que aún en el siglo XVI los pacíficos suizos de hoy, que nos deleitan con sus quesos mansos y sus relojes impávidos, ensangrentaron a Europa con soldados de fortuna. Aún en el apogeo* del Renacimiento, 12 mil lansquenetes[7] *auge, esplendor a sueldo de los ejércitos imperiales saquearon y devastaron a Roma, y pasaron a cuchillo a ocho mil de sus habitantes.

No pretendo encarnar las ilusiones de Tonio Kröger,[8] cuyos sueños de unión entre un norte casto y un sur apasionado exaltaba Thomas Mann hace 53 años en este lugar. Pero creo que los europeos de espíritu clarificador, los que luchan también aquí por una patria grande más humana y más justa, podrían ayudarnos mejor si revisaran a fondo su manera de vernos. La solidaridad con nuestros sueños no nos haría sentir menos solos, mientras no se concrete con actos de respaldo legítimo a los pueblos que asuman la ilusión de tener una vida propia en el reparto del mundo.

América Latina no quiere ni tiene por qué ser un alfil[9] sin albedrío*, ni tiene *voluntad propia nada de quimérico* que sus designios** de independencia y originalidad se *utópico **planes conviertan en una aspiración occidental.

No obstante, los progresos de la navegación que han reducido tantas distancias entre nuestras Américas y Europa, parecen haber aumentado en cambio nuestra distancia cultural. ¿Por qué la originalidad que se nos admite sin reservas en la literatura se nos niega con toda clase de suspicacias* en nuestras tentativas *prejuicios, sospechas tan difíciles de cambio social? ¿Por qué pensar que la justicia social que los europeos de avanzada tratan de imponer en sus países no puede ser también un objetivo latinoamericano con métodos distintos en condiciones diferentes? No: la violencia y el dolor desmesurados de nuestra historia son el resultado de

---

[7] Soldados mercenarios de la infantería alemana.
[8] *Tonio Kröger* (1903) es una novela corta del escritor alemán Thomas Mann (1875-1955), Premio Nobel de Literatura 1929.
[9] Pieza del ajedrez que solo puede moverse diagonalmente.

injusticias seculares y amarguras sin cuento, y no una confabulación urdida a 3
mil leguas de nuestra casa. Pero muchos dirigentes y pensadores europeos lo han
125   creído, con el infantilismo de los abuelos que olvidaron las locuras fructíferas de
su juventud, como si no fuera posible otro destino que vivir a merced de los dos
grandes dueños del mundo. Este es, amigos, el tamaño de nuestra soledad.

Sin embargo, frente a la opresión, el saqueo y el abandono, nuestra respuesta
es la vida. Ni los diluvios ni las pestes, ni las hambrunas ni los cataclismos, ni
130   siquiera las guerras eternas a través de los siglos y los siglos han conseguido
reducir la ventaja tenaz de la vida sobre la muerte. Una ventaja que aumenta y se
acelera: cada año hay 74 millones más de nacimientos que de defunciones, una
cantidad de vivos nuevos como para aumentar siete veces cada año la población
de Nueva York. La mayoría de ellos nacen en los países con menos recursos,
135   y entre éstos, por supuesto, los de América Latina. En cambio, los países
más prósperos han logrado acumular suficiente poder de destrucción como
para aniquilar cien veces no sólo a todos los seres humanos que han existido
hasta hoy, sino la totalidad de los seres vivos que han pasado por este planeta
de infortunios*.   *desgracias, adversidades

140   Un día como el de hoy, mi maestro William Faulkner dijo en este lugar: "Me
niego a admitir el fin del hombre". No me sentiría digno de ocupar este sitio
que fue suyo si no tuviera la conciencia plena de que por primera vez desde
los orígenes de la humanidad, el desastre colosal que él se negaba a admitir
hace 32 años es ahora nada más que una simple posibilidad científica. Ante
145   esta realidad sobrecogedora* que a través de todo el tiempo humano debió de   *espantosa, horrorosa
parecer una utopía, los inventores de fábulas que todo lo creemos, nos sentimos
con el derecho de creer que todavía no es demasiado tarde para emprender la
creación de la utopía contraria. Una nueva y arrasadora utopía de la vida, donde
nadie pueda decidir por otros hasta la forma de morir, donde de veras sea cierto
150   el amor y sea posible la felicidad, y donde las estirpes* condenadas a cien años de   *razas
soledad tengan por fin y para siempre una segunda oportunidad sobre la tierra.

Agradezco a la Academia de Letras de Suecia el que me haya distinguido con
un premio que me coloca junto a muchos de quienes orientaron y enriquecieron
mis años de lector y de cotidiano celebrante de ese delirio sin apelación que es el
155   oficio de escribir. Sus nombres y sus obras se me presentan hoy como sombras
tutelares, pero también como el compromiso, a menudo agobiante*, que se   *opresivo, asfixiante
adquiere con este honor. Un duro honor que en ellos me pareció de simple
justicia, pero que en mí entiendo como una más de esas lecciones con las que
suele sorprendernos el destino, y que hacen más evidente nuestra condición de
160   juguetes de un azar indescifrable, cuya única y desoladora* recompensa, suelen   *dolorosa
ser, la mayoría de las veces, la incomprensión y el olvido.

Es por ello apenas natural que me interrogara, allá en ese trasfondo secreto
en donde solemos trasegar* con las verdades más esenciales que conforman   *incesante ir y venir
nuestra identidad, cuál ha sido el sustento constante de mi obra, qué pudo

haber llamado la atención de una manera tan comprometedora a este tribunal de árbitros tan severos. Confieso sin falsas modestias que no me ha sido fácil encontrar la razón, pero quiero creer que ha sido la misma que yo hubiera deseado. Quiero creer, amigos, que este es, una vez más, un homenaje que se rinde a la poesía. A la poesía por cuya virtud el inventario abrumador de las naves que numeró en su *Ilíada* el viejo Homero está visitado por un viento que las empuja a navegar con su presteza* intemporal y alucinada. La poesía que sostiene, en el delgado andamiaje de los tercetos del Dante, toda la fábrica densa y colosal de la Edad Media. La poesía que con tan milagrosa totalidad rescata a nuestra América en las "Alturas de Machu Picchu" de Pablo Neruda el grande, el más grande, y donde destilan su tristeza milenaria nuestros mejores sueños sin salida. La poesía, en fin, esa energía secreta de la vida cotidiana, que cuece los garbanzos en la cocina, y contagia el amor y repite las imágenes en los espejos.

En cada línea que escribo trato siempre, con mayor o menor fortuna, de invocar los espíritus esquivos* de la poesía, y trato de dejar en cada palabra el testimonio de mi devoción por sus virtudes de adivinación, y por su permanente victoria contra los sordos poderes de la muerte. El premio que acabo de recibir lo entiendo, con toda humildad, como la consoladora revelación de que mi intento no ha sido en vano. Es por eso que invito a todos ustedes a brindar por lo que un gran poeta de nuestras Américas, Luis Cardoza y Aragón, ha definido como la única prueba concreta de la existencia del hombre: la poesía. Muchas gracias. ✒

*rapidez, prontitud

*evasivos, huidizos

DE VIVA VOZ: GABRIEL GARCÍA MÁRQUEZ
La soledad de los Buendía

Después de vender más de treinta millones de ejemplares en 17 idiomas diferentes, *Cien años de soledad* sigue siendo el gran icono de la literatura hispanoamericana contemporánea. Durante una conversación con su amigo Plinio Apuleyo, el de Aracataca comparte entrañables anécdotas en torno a la escritura de su libro más universal y cuenta de dónde surgen realmente la trama, los personajes y la condición que los define: su profunda soledad.

[…]

APULEYO ¿Cuál fue tu propósito cuando te sentaste a escribir *Cien años de soledad*?

GARCÍA MÁRQUEZ Darle una salida literaria, integral, a todas las experiencias que de algún modo me hubieran afectado durante la infancia.

APULEYO Muchos críticos ven en el libro una parábola o alegoría de la historia de la humanidad.

GARCÍA MÁRQUEZ No, quise sólo dejar una constancia poética del mundo de mi infancia, que como sabes transcurrió en una casa grande, muy triste, con una hermana que comía tierra y una abuela que adivinaba el porvenir, y numerosos parientes de nombres iguales que nunca hicieron mucha distinción entre la felicidad y la demencia.

[…]

APULEYO ¿Es cierto que a los dieciocho años de edad intentaste escribir esta misma novela?

GARCÍA MÁRQUEZ Sí, se llamaba *La casa*, porque pensé que toda la historia debía transcurrir dentro de la casa de los Buendía.

APULEYO ¿Hasta dónde llegó aquel esbozo? ¿Era desde entonces una historia que se proponía abarcar un lapso de cien años?

GARCÍA MÁRQUEZ Nunca logré armar una estructura continua, sino trozos sueltos, de los cuales quedaron algunos publicados en los periódicos donde trabajaba entonces. El número de años no fue nunca nada que me preocupara. Más aún: no estoy muy seguro de que la historia de *Cien años de soledad* dure en realidad cien años.

APULEYO ¿Por qué la interrumpiste?

GARCÍA MÁRQUEZ Porque no tenía en aquel momento la experiencia, el aliento ni los recursos técnicos para escribir una obra así.

APULEYO Pero la historia siguió dándote vueltas en la cabeza.

GARCÍA MÁRQUEZ Unos quince años más. Pero no encontraba el tono que me la hiciera creíble a mí mismo. Un día, yendo para Acapulco con Mercedes y los niños, tuve la revelación: debía contar la historia como mi abuela me contaba las suyas, partiendo de aquella tarde en que el niño es llevado por su padre para conocer el hielo.

APULEYO Una historia lineal.

GARCÍA MÁRQUEZ Una historia lineal donde con toda inocencia lo extraordinario entrara en lo cotidiano.

APULEYO ¿Es cierto que diste media vuelta en la carretera y te pusiste a escribirla?

GARCÍA MÁRQUEZ Es cierto, nunca llegué a Acapulco.

[…]

APULEYO Hablemos del libro. ¿De dónde proviene la soledad de los Buendía?

GARCÍA MÁRQUEZ Para mí, de su falta de amor. En el libro se advierte que el Aureliano con la cola de cerdo era el único de los Buendía que en un siglo había sido concebido con amor. Los Buendía no eran capaces de amar, y ahí está el secreto de su soledad, de su frustración. La soledad, para mí, es lo contrario de la solidaridad.

[…]

APULEYO ¿Cuál fue para ti el momento más difícil de la novela?

GARCÍA MÁRQUEZ Empezar. Recuerdo muy bien el día en que terminé con mucha dificultad la primera frase, y me pregunté aterrorizado qué carajo vendría después. En realidad, hasta el hallazgo del galeón en medio de la selva no creí de verdad que aquel libro pudiera llegar a ninguna parte. Pero a partir de allí todo fue una especie de frenesí, por lo demás, muy divertido.

[…]

PREGUNTAS

ANÁLISIS

1. De *Cien años de soledad*, describe Macondo, sus habitantes y la relación del pueblo con el mundo exterior.

2. Destaca las diferencias de actitud de José Arcadio Buendía y de su mujer respecto a la vida en Macondo.

3. En el cuento "La prodigiosa tarde de Baltazar", ¿quién está más preocupado por las apariencias, Baltazar o su mujer? ¿Por qué?

4. ¿Por qué no le vende Baltazar la jaula al médico? Explica la intención del autor al dar este giro a la trama del cuento.

5. ¿En qué se diferencia el elemento fantástico de "La luz es como el agua" de lo fantástico en la ciencia ficción?

6. Un símil consiste en comparar expresamente una cosa con otra para dar una idea viva y eficaz de una de ellas. Identifica varios símiles de "La luz es como el agua" y describe su efecto en la lectura.

7. ¿Por qué se titula el discurso de aceptación del Premio Nobel 1982 "La soledad de América Latina"? ¿En qué sentido está solo este continente para García Márquez?

INTERPRETACIÓN

1. ¿Por qué crees que José Arcadio Buendía, en *Cien años de soledad*, sigue probando cosas nuevas a pesar de las advertencias de Melquíades y de su mujer?

2. ¿Cómo perciben los habitantes de Macondo a José Arcadio Buendía? ¿Encuentras algún paralelismo entre la excentricidad de Buendía y la de algún personaje de nuestra sociedad? Da ejemplos.

3. En *Cien años de soledad*, ¿qué simboliza Melquíades en la vida de los habitantes de Macondo?

4. ¿Qué representan las jaulas que hace Baltazar en el cuento "La prodigiosa tarde de Baltazar"?

5. Interpreta la "desobediencia" de Baltazar. Explica por qué siente, al final, que está viviendo "el sueño más feliz de su vida".

6. ¿Qué significado tiene la última oración de "La luz es como el agua"? ¿Cómo se relaciona con el argumento de la historia?

7. Antes de dedicarse de lleno a la literatura, Gabriel García Márquez fue periodista. ¿Qué elementos del artículo y de la crónica periodística identificas en su discurso de aceptación del Premio Nobel?

INVESTIGACIÓN

1. Algunos críticos consideran que la "La prodigiosa tarde de Baltazar" es una alegoría. Averigua cuáles son los elementos principales de una alegoría y determina por qué este cuento podría considerarse alegórico.

2. Investiga sobre las raíces del realismo mágico y sus características esenciales. Busca ejemplos de obras literarias articuladas sobre este recurso.

BIBLIOGRAFÍA

Cobo Borda, Juan Gustavo. *Para llegar a García Márquez*. Bogotá: Tercer Mundo, 1997.

Franco, Jean. *Historia de la literatura hispanoamericana*. Barcelona: Ariel, S.A. Instrumenta 7, 1979.

García Núñez, Luis Fernando. *Repertorio crítico sobre Gabriel García Márquez I*. Bogotá: Instituto Caro y Cuervo, 1995.

Martin, Gerald. *Gabriel García Márquez: una vida*. Nueva York: Knopf Doubleday Publishing Group, 2009.

Méndez, José Luis. *Cómo leer a García Márquez*. San Juan: Editorial de la Universidad de Puerto Rico, 2000.

Oviedo, José Miguel. *Historia de la literatura hispanoamericana: del Borges al presente*. Volumen IV. Madrid: Alianza Universidad Textos, 1997.

MARIO VARGAS LLOSA

n. 1936

"Toda novela es un testimonio cifrado: constituye una representación del mundo, pero de un mundo al que el novelista ha añadido algo: su resentimiento, su nostalgia, su crítica."

—Mario Vargas Llosa, *García Márquez: historia de un deicidio*

Mario Vargas Llosa nació en Arequipa, Perú, pocos meses después de la separación de sus padres. Pasó varios años de su infancia en Bolivia con su familia materna. Durante esos años le hicieron creer que su padre había muerto; su primer encuentro con él fue a los diez años. En 1953 ingresa en la Universidad de San Marcos para estudiar Derecho. En 1955, a los diecinueve años de edad, se casa con su tía política, Julia Urquidi, de veintinueve años. Aunque había escrito narrativa y teatro desde años antes, su carrera literaria comienza a tomar vuelo en 1956, con la publicación de varios cuentos que formarían parte de su primer libro *Los jefes* (1959). Tras graduarse de Literatura en 1958, recibe una beca para estudiar en la Universidad Complutense de Madrid, donde vive dos años. En 1960 se muda con su esposa a París. Con la publicación de *La ciudad y los perros* (1963) y *La casa verde* (1966), Vargas Llosa demuestra su virtuosismo narrativo y se confirma como uno de los principales escritores del *Boom*. En 1964 termina su matrimonio con Julia Urquidi y un año después se casa con Patricia Llosa, su prima hermana. La publicación en 1969 de *Conversación en La Catedral* sellará su prestigio.

Es en esos años cuando Vargas Llosa, quien se había identificado con la Revolución cubana desde los inicios de su carrera, comienza a distanciarse de la izquierda militante para llegar a convertirse años más tarde en un demócrata liberal. Aunque sus lealtades han cambiado a lo largo de su vida, su participación y compromiso políticos han sido constantes; en 1990 llega a ser candidato a la presidencia del Perú.

En las décadas siguientes, Vargas Llosa publica novelas de tono más ligero que las anteriores, como *Pantaleón y las visitadoras* (1973) o *La tía Julia y el escribidor* (1977), y varias novelas históricas como *La guerra del fin del mundo* (1981), *La fiesta del Chivo* (2000), *El paraíso en la otra esquina* (2003) o *El sueño del celta* (2010). El denominador común de esas obras es la refinada técnica narrativa, la combinación de diálogos e historias paralelas y la precisión del lenguaje. Mario Vargas Llosa recibió el Premio Cervantes en 1994 y el Premio Nobel de Literatura en 2010. Desde hace años vive en España con su esposa Patricia.

En *La casa verde*, como en muchas de sus obras, el autor entrelaza diferentes historias. En el primer capítulo se narra la llegada de varios soldados y dos monjas a una aldea de indígenas. Los soldados peruanos, las monjas españolas y los indígenas forman parte de tres mundos diferentes cuyo encuentro será traumático. A medida que estos mundos chocan, la narración se hace cada vez más compleja: se mezclan los diálogos y pensamientos de los personajes, los tiempos verbales y el discurso directo e indirecto. La prosa convulsa del final del capítulo refleja exactamente lo que le sucede a tres grupos de personajes con visiones del mundo totalmente diferentes.

La verdad de las mentiras (1990) es un libro de veinticinco ensayos sobre célebres obras de ficción de autores de diferentes nacionalidades. El libro lo encabeza una reflexión sobre "La verdad de las mentiras" en la que Vargas Llosa aborda la relación entre la realidad y la ficción. El novelista, además de comentar la relación "técnica" entre una y otra, analiza también los nexos entre la narrativa de ficción y la libertad, la novela y la religión, la libertad y la censura, el periodismo y la novela, la verdad histórica y la verdad artística. Vargas Llosa define el carácter transgresor, la rebeldía o insatisfacción que están en el origen mismo de toda ficción y, a partir de ese "pecado original", explica la relación de la novela con el poder y la censura.

OBRAS PRINCIPALES

Novela
1963 | La ciudad y los perros
1966 | La casa verde
1969 | Conversación en La Catedral
1973 | Pantaleón y las visitadoras
1977 | La tía Julia y el escribidor
1981 | La guerra del fin del mundo
1984 | Historia de Mayta
1986 | ¿Quién mató a Palomino Molero?
1987 | El hablador
1988 | Elogio de la madrastra
1993 | Lituma en los Andes
1997 | Los cuadernos de don Rigoberto
2000 | La fiesta del Chivo
2003 | El paraíso en la otra esquina
2006 | Travesuras de la niña mala
2010 | El sueño del celta

Cuento
1959 | Los jefes
1967 | Los cachorros

Ensayo
1971 | Historia secreta de una novela
1975 | La orgía perpetua: Flaubert y Madame Bovary
1981 | Entre Sartre y Camus
1983 | Contra viento y marea
1990 | La verdad de las mentiras
1992 | Un hombre triste y feroz
1997 | Cartas a un joven novelista
2008 | El viaje a la ficción: El mundo de Juan Carlos Onetti

Teatro
1952 | La huida del Inca
1981 | La señorita de Tacna
1983 | Kathie y el hipopótamo
1986 | La Chunga
1993 | El loco de los balcones
2007 | Odiseo y Penélope
2008 | Al pie del Támesis

Memorias
1993 | El pez en el agua

LA CASA VERDE
De *La casa verde*, 1966

I

El Sargento echa una ojeada a la Madre Patrocinio y el moscardón sigue allí. La lancha cabecea sobre las aguas turbias, entre dos murallas de árboles que exhalan un vaho quemante, pegajoso. Ovillados° bajo el pamacari, desnudos de la cintura para arriba, los guardias duermen abrigados por el verdoso, amarillento sol del mediodía: la cabeza del Chiquito yace sobre el vientre del Pesado, el Rubio transpira a chorros, el Oscuro gruñe con la boca abierta. Una sombrilla de jejenes° escolta la lancha, entre los cuerpos evolucionan mariposas, avispas, moscas gordas. El motor ronca parejo, se atora, ronca y el práctico Nieves lleva el timón con la izquierda, con la derecha fuma y su rostro muy bruñido permanece inalterable bajo el sombrero de paja. Estos selváticos no eran normales, ¿por qué no sudaban como los demás cristianos? Tiesa° en la popa, la Madre Angélica está con los ojos cerrados, en su rostro hay lo menos mil arrugas, a ratos saca una puntita de lengua, sorbe el sudor del bigote y escupe. Pobre viejita, no estaba para estos trotes°. El moscardón bate las alitas azules, despega con suave impulso de la frente rosada de la Madre Patrocinio, se pierde trazando círculos en la luz blanca y el práctico iba a apagar el motor, Sargento, ya estaban llegando, detrás de esa quebradita venía Chicais. Pero al Sargento el corazón le decía no habrá nadie. Cesa el ruido del motor, las Madres y los guardias abren los ojos, yerguen las cabezas, miran. De pie, el práctico Nieves ladea la tangana a derecha e izquierda, la lancha se acerca a la orilla silenciosamente, los guardias se incorporan, se ponen las camisas, los quepís°, se acomodan las polainas. La empalizada vegetal de la margen derecha se interrumpe bruscamente pasado el recodo del río y hay un barranco°, un breve paréntesis de tierra rojiza que desciende hasta una minúscula ensenada de fango, guijarros, matas de cañas y de helechos. No se divisa ninguna canoa a la orilla, ninguna silueta humana en el barranco. La embarcación encalla, Nieves y los guardias saltan, chapotean° en el lodo plomizo. Un cementerio, el corazón no engañaba, tenían razón los mangaches.[1] El Sargento está inclinado sobre la proa, el práctico y los guardias arrastran la lancha hacia la tierra seca. Que ayudaran a las Madrecitas, que les hicieran sillita de mano, no se fueran a mojar. La Madre Angélica permanece muy grave en los brazos del Oscuro y del Pesado, la Madre Patrocinio vacila cuando el Chiquito y el Rubio unen sus manos para recibirla y, al dejarse caer, enrojece como un camarón. Los guardias cruzan la playa bamboleándose, depositan a las Madres donde acaba el fango. El Sargento salta, llega al pie del barranco y la Madre Angélica trepa ya por la pendiente, muy

° acurrucados, envueltos unos con otros

° tipo de mosquitos

° rígida y tensa

° movimientos, fatigas

° gorra de los militares
° pendiente profunda en un terreno

° golpean con los pies

---

[1] Descendientes de los esclavos africanos procedentes de Madagascar.

resuelta, seguida por la Madre Patrocinio, ambas gatean, desaparecen entre
remolinos de polvo colorado. La tierra del barranco es floja, cede a cada paso, el
Sargento y los guardias avanzan hundidos hasta las rodillas, agachados, ahogados
en el polvo, el pañuelo contra la boca, el Pesado estornudando y escupiendo. En
40 la cima se sacuden los uniformes unos a otros y el Sargento observa: un claro
circular, un puñado de cabañas de techo cónico, breves sembríos de yucas y de
plátanos y, en todo el rededor, monte tupido*. Entre las cabañas, arbolitos con   *espeso
bolsas ovaladas que penden de las ramas: nidos de paucares. Él se lo había dicho,
Madre Angélica, dejaba constancia, ni un alma, ya veían. Pero la Madre Angélica
45 va de un lado a otro, entra a una cabaña, sale y mete la cabeza en la de al lado,
espanta a palmadas a las moscas, no se detiene un segundo y así, de lejos,
desdibujada por el polvo, no es una anciana sino un hábito ambulante, erecto,
una sombra muy enérgica. En cambio, la Madre Patrocinio se halla inmóvil, las
manos escondidas en el hábito y sus ojos recorren una vez y otra el poblado
50 vacío. Unas ramas se agitan y hay chillidos, una escuadrilla de alas verdes, picos
negros y pecheras azules revolotea sonoramente sobre las desiertas cabañas de
Chicais, los guardias y las madres los siguen hasta que se los traga la maleza, su
griterío dura un rato. Había loritos, bueno saberlo por si faltaba comida. Pero
daban disentería, Madre, es decir, se le soltaba a uno el estómago. En el barranco
55 aparece un sombrero de paja, el rostro tostado del práctico Nieves: así que se
espantaron los aguarunas, madrecitas. De puro tercas*, quién les mandó no   *obstinados
hacerle caso. La Madre Angélica se acerca, mira aquí y allá con los ojitos
arrugados, y sus manos nudosas, rígidas, de lunares castaños, se agitan ante la
cara del Sargento: estaban por aquí cerca, no se habían llevado sus cosas, tenían
60 que esperar que vuelvan. Los guardias se miran, el Sargento enciende un
cigarrillo, dos paucares van y vienen por el aire, sus plumas negras y doradas
relucen con brillos húmedos. También pajaritos, de todo había en Chicais. Salvo
aguarunas y el Pesado ríe. ¿Por qué no caerles a la descuidada*?, la Madre   *aparecer informalmente
Angélica jadea, ¿acaso no los conocía, madrecita?, el plumerito de pelos blancos
65 de su mentón tiembla suavemente, les daban miedo los cristianos y se escondían,
que ni se soñara que iban a volver, mientras estuvieran aquí no les verían ni el
polvo. Pequeña, rolliza*, la Madre Patrocinio está allí también, entre el Rubio y   *gordita
el Oscuro. Pero si el año pasado no se escondieron, salieron a recibirlos y hasta
les regalaron una gamitana* fresquita, ¿no se acordaba el Sargento? Pero entonces   *tipo de pescado
70 no sabían, Madre Patrocinio, ahora sí, que se diera cuenta. Los guardias y el
práctico Nieves se sientan en el suelo, se descalzan, el Oscuro abre su cantimplora,
bebe y suspira. La Madre Angélica alza la cabeza: que hagan las carpas, Sargento,

un rostro ajado, que pongan los mosquiteros, una mirada líquida, esperarían a que regresaran, una voz cascada•, y que no le pusiera esa cara, ella tenía experiencia. El Sargento arroja el cigarrillo, lo entierra a pisotones, qué más le daba, muchachos, que se sacudieran. Y en eso brota un cacareo y un matorral escupe una gallina, el Rubio y el Chiquito lanzan un grito de júbilo, negra, la corretean, con pintas blancas, la capturan y los ojos de la Madre Angélica chispean, bandidos, qué hacían, su puño vibra en el aire, ¿era suya?, que la soltaran, y el Sargento que la soltaran, pero, madres, si iban a quedarse necesitaban comer, no estaban para pasar hambres. La Madre Angélica no permitiría abusos, ¿qué confianza podían tenerles si les robaban sus animalitos? Y la Madre Patrocinio asiente, Sargento, robar era ofender a Dios, con su rostro redondo y saludable, ¿no conocía los mandamientos? La gallina toca el suelo, cacarea, se espulga las axilas, escapa contoneándose y el Sargento se encoge de hombros: por qué se harían ilusiones si ellas los conocían tanto o más que él. Los guardias se alejan hacia el barranco, en los árboles chillan de nuevo los loritos y los paucares, hay zumbido de insectos, una brisa leve agita las hojas de yarina de los techos de Chicais. El Sargento se afloja las polainas, regaña entre dientes, tiene la boca torcida y el práctico Nieves le da una palmadita en el hombro, Sargento: que no se pusiera de malhumor y tomara las cosas con calma. Y el Sargento furtivamente señala a las madres, don Adrián, estos trabajitos le reventaban el alma. La Madre Angélica tenía mucha sed y a lo mejor un poco de fiebre, el espíritu seguía animoso pero el cuerpo ya estaba lleno de achaques•, Madre Patrocinio y ella no, no, que no dijera eso, Madre Angélica, ahora que subieran los guardias tomaría una limonada y se sentiría mejor, ya vería. ¿Murmuraban de su persona?, el Sargento observa el contorno con ojos distraídos, ¿lo creían un cojudo•?, se abanica con el quepí, ¡ese par de gallinazas!, y de repente se vuelve hacia el práctico Nieves: secretos en reunión era falta de educación y él que mirara, Sargento, los guardias volvían corriendo. ¿Una canoa?, y el Oscuro sí, ¿con aguarunas?, y el Rubio mi Sargento sí, y el Chiquito sí, y el Pesado y las Madres sí, sí, van y preguntan y vienen sin rumbo y el Sargento que el Rubio volviera al barranco y avisara si subían, que los demás se escondieran y el práctico Nieves recoge las polainas del suelo, los fusiles. Los guardias y el Sargento entran a una cabaña, las Madres siguen en el claro, madrecitas, que se escondieran, Madre Patrocinio, rápido, Madre Angélica. Ellas se miran, cuchichean•, dan brinquitos, entran a la cabaña del frente y, desde las matas que lo ocultan, el Rubio apunta con un dedo al río, ya bajaban mi Sargento, amarraban la canoa, ya subían mi Sargento y él calzonazos•, que viniera y se escondiera, Rubio, que no se durmiera. Tendidos de barriga, el Pesado y el Chiquito espían el exterior por los intersticios• del tabique de rajas de chonta•; el Oscuro y el práctico Nieves están parados al fondo de la cabaña y el Rubio llega corriendo, se acuclilla• junto al Sargento. Ahí estaban, Madre Angélica, ahí estaban ya y la Madre Angélica sería vieja pero tenía buena vista,

•rota, estropeada

•dolores

•tonto

•hablan muy bajito

•cobarde

•aberturas
•madera de palmera
•se agacha

115 Madre Patrocinio, los estaba viendo, eran seis. La vieja, melenuda, lleva una pampanilla blancuzca y dos tubos de carne blanda y oscura penden hasta su cintura. Tras ella, dos hombres sin edad, bajos, ventrudos•, de piernas •barrigudos esqueléticas, el sexo cubierto con retazos de tela ocre sujetos con lianas, las nalgas al aire, los pelos en cerquillo hasta las cejas. Cargan racimos de plátanos.

120 Después hay dos chiquillas con diademas de fibras, una lleva un pendiente en la nariz, la otra aros de piel en los tobillos. Van desnudas como el niño que las sigue, él parece menor y es más delgado. Miran el claro desierto, la mujer abre la boca, los hombres menean las cabezas. ¿Iban a hablarles, Madre Angélica? Y el Sargento sí, ahí salían las madres, atención muchachos. Las seis cabezas giran al

125 mismo tiempo, quedan fijas. Las madres avanzan hacia el grupo a pasos iguales, sonriendo, y simultáneos, casi imperceptibles, los aguarunas se arriman unos a otros, pronto forman un solo cuerpo terroso y compacto. Los seis pares de ojos no se apartan de las dos figuras de pliegues oscuros que flotan hacia ellos y si se respingaban había que pegar la carrera, muchachos, nada de tiritos, nada de

130 asustarlos. Las dejaban acercarse, mi Sargento, el Rubio creía que se escaparían al verlas. Y qué tiernecitas las criaturas, qué jovencitas, ¿no, mi Sargento?, este Pesado no tenía cura. Las madres se detienen y, al mismo tiempo, las chiquillas retroceden, estiran las manos, agarran las piernas de la vieja que ha comenzado a golpearse los hombros con la mano abierta, cada palmada estremece sus

135 larguísimas telas, las columpia•: que el Señor fuera con ellos. Y la Madre Angélica •balancea da un gruñido, escupe, lanza un chorro de sonidos crujientes, toscos y silbantes, se interrumpe para escupir y, ostentosa, marcial, sigue gruñendo, sus manos evolucionan, dibujan trazos solemnes ante los inmóviles, pálidos, impasibles rostros aguarunas. Los estaba palabreando• en pagano, muchachos, y escupía •hablando

140 igualito que las chunchas• la madrecita. Eso tenía que gustarles, mi Sargento, que •indias del Amazonas una cristiana les hablara en su idioma, pero que hicieran menos bulla•, •ruido muchachos, si los oían se espantaban. Los gruñidos de la Madre Angélica llegan hasta la cabaña muy nítidos, robustos, destemplados y también el Oscuro y el práctico Nieves espían ahora el claro, las caras pegadas al tabique. Se los había

145 metido al bolsillo•, muchachos, qué sabida la monjita, y las madres y los dos •se había ganado aguarunas se sonríen, cambian reverencias. Y además cultísima, ¿sabía el   su confianza Sargento que en la Misión se la pasaban estudiando? Más bien sería rezando, Chiquito, por los pecados del mundo. La Madre Patrocinio sonríe a la vieja, ésta desvía los ojos y sigue muy seria, sus manos en el hombro de las chiquillas. Qué

150 se andarían diciendo, mi Sargento, cómo conversaban. La Madre Angélica y los dos hombres hacen muecas, ademanes, escupen, se quitan la palabra y, de pronto, los tres niños se apartan de la vieja, corretean, ríen muy fuerte. Los estaba mirando el churre, muchachos, no quitaba la vista de aquí. Qué flaquito era, ¿se había fijado el Sargento?, tremenda cabezota y tan poquito cuerpo,

155 parecía araña. Bajo la mata de pelos, los ojos grandes del chiquillo apuntan fijamente a la cabaña. Está tostado como una hormiga, sus piernas son curvas y

enclenques[*]. De repente alza la mano, grita, muchachos, malparido, mi Sargento y hay una violenta agitación tras el tabique, juramentos, encontrones y estallan voces guturales en el claro cuando los guardias lo invaden corriendo y
160 tropezando. Que bajaran esos fusiles, alcornoques[*], la Madre Angélica muestra a los guardias sus manos iracundas, ah, ya verían con el Teniente. Las dos chiquillas ocultan la cabeza en el pecho de la vieja, aplastan sus senos blandos y el varoncito permanece desorbitado, a medio camino entre los guardias y las madres. Uno de los aguarunas suelta el mazo de plátanos, en alguna parte
165 cacarea la gallina. El práctico Nieves está en el umbral de la cabaña, el sombrero de paja hacia atrás, un cigarrillo entre los dientes. Qué se creía el Sargento, y la Madre Angélica da un saltito, ¿por qué se metía si no lo llamaban? Pero si bajaban los fusiles se harían humo, Madre, ella le muestra su puño pecoso y él que bajaran los máuseres[*], muchachos. Suave, continúa, la Madre Angélica
170 habla a los aguarunas, sus manos tiesas dibujan figuras lentas, persuasivas, poco a poco los hombres pierden la rigidez, ahora responden con monosílabos y ella risueña, inexorable, sigue gruñendo. El chiquillo se aproxima a los guardias, olfatea los fusiles, los palpa, el Pesado le da un golpecito en la frente, él se agazapa[*] y chilla, era desconfiado el puta y la risa sacude la fláccida cintura del
175 Pesado, su papada, sus pómulos. La Madre Patrocinio se demuda[*], desvergonzado, qué decía, por qué les faltaba así el respeto, so[2] grosero y el Pesado mil disculpas, menea su confusa cabeza de buey, se le escapó sin darse cuenta, Madre, tiene la lengua trabada[*]. Las chiquillas y el varoncito circulan entre los guardias. Los examinan, los tocan con la punta de los dedos. La Madre Angélica y los dos
180 hombres se gruñen amistosamente y el sol brilla todavía a lo lejos, pero el contorno está encapotado y sobre el bosque se amontona otro bosque de nubes blancas y coposas: llovería. A ellos la Madre Angélica los había insultado enantes, Madre, y ellos qué habían dicho. La Madre Patrocinio sonríe, pedazo de bobo, alcornoque no era un insulto sino un árbol duro como su cabeza y la Madre
185 Angélica se vuelve hacia el Sargento: iban a comer con ellos, que subieran los regalitos y las limonadas. Él asiente, da instrucciones al Chiquito y al Rubio señalándoles el barranco, plátanos verdes y pescado crudo, muchachos, un banquetazo de la puta madre. Los niños merodean en torno al Pesado, al Oscuro y al práctico Nieves, y la Madre Angélica, los hombres y la vieja disponen hojas
190 de plátano en el suelo, entran a las cabañas, traen recipientes de greda, yucas, encienden una pequeña fogata, envuelven bagres y bocachicas[*] en hojas que anudan con bejucos[*] y los acercan a la llama. ¿Iban a esperar a los otros, Sargento? Sería de nunca acabar y el práctico Nieves arroja su cigarrillo, los otros no volverían, si se fueron no querían visitas y éstos se irían al primer descuido. Sí,
195 el Sargento sabía, sólo que era de balde[*] pelearse con las madrecitas. El Chiquito

Márgenes (notas):
- delgadas y débiles
- torpes, obtusos
- Máuser: marca de los fusiles
- se encoge
- se altera, se irrita
- inmóvil
- dos tipos de pescado
- tallos de esta planta
- en vano

---

[2] En lenguaje informal, sílaba que puede anteponerse a cualquier insulto para intensificar la emoción con la que este se dice.

y el Rubio regresan con las bolsas y los termos, las madres, los aguarunas y los guardias están sentados en círculo frente a las hojas de plátano y la vieja ahuyenta los insectos a palmadas. La Madre Angélica distribuye los regalos y los aguarunas los reciben sin dar muestras de entusiasmo, pero luego, cuando las madres y los guardias comienzan a comer trocitos de pescado que arrancan con las manos, los dos hombres, sin mirarse, abren las bolsas, acarician espejitos y collares, se reparten las cuentas de colores y en los ojos de la vieja se encienden súbitas luces codiciosas. Las chiquillas se disputan una botella, el varoncito mastica con furia y el Sargento se enfermaría del estómago, miéchica,[3] le vendrían diarreas, se hincharía como un hualo barrigudo, le crecerían pelotas en el cuerpo, reventarían y saldría pus. Tiene el trozo de pescado a orillas de los labios, sus ojitos parpadean y el Oscuro, el Chiquito y el Rubio también hacen pucheros*, la Madre Patrocinio cierra los ojos, traga, su rostro se crispa y sólo el práctico Nieves y la Madre Angélica alargan las manos constantemente hacia las hojas de plátano y con una especie de regocijo presuroso desmenuzan la carne blanca, la limpian de espinas, se la llevan a la boca. Todos los selváticos eran un poco chunchos*, hasta las madres, cómo comían. El Sargento suelta un eructo, todos lo miran y él tose. Los aguarunas se han puesto los collares, se los muestran uno al otro. Las bolitas de vidrio son granates y contrastan con el tatuaje que adorna el pecho del que lleva seis pulseras de cuentecillas en un brazo, tres en el otro. ¿A qué hora partirían, Madre Angélica? Los guardias observan al Sargento, los aguarunas dejan de masticar. Las chiquillas estiran las manos, tímidamente tocan los collares deslumbrantes, las pulseras. Tenían que esperar a los otros, Sargento. El aguaruna del tatuaje gruñe y la Madre Angélica sí, Sargento, ¿veía?, que comiera, los estaba ofendiendo con tantos ascos* que hacía. Él no tenía apetito pero quería decirle algo, madrecita, no podían quedarse en Chicais más tiempo. La Madre Angélica tiene la boca llena, el Sargento había venido a ayudar, su mano menuda* y pétrea* estruja un termo de limonada, no a dar órdenes. El Chiquito había oído al Teniente, ¿qué había dicho?, y él que volvieran antes de ocho días, Madre. Ya llevaban cinco y ¿cuántos para volver, don Adrián?, tres días siempre que no lloviera, ¿veía?, eran órdenes, Madre, que no se molestara con él. Junto al rumor de la conversación entre el Sargento y la Madre Angélica hay otro, áspero: los aguarunas dialogan a viva voz, chocan sus brazos y comparan sus pulseras. La Madre Patrocinio traga y abre los ojos, ¿y si los otros no volvían?, ¿y si se demoraban un mes en volver?, claro que era sólo una opinión, y cierra los ojos, a lo mejor se equivocaba y traga. La Madre Angélica frunce el ceño*, brotan nuevos pliegues en su rostro, su mano acaricia el mechoncito de pelos blancos del mentón. El Sargento bebe un trago de su cantimplora: peor que purgante, todo se calentaba en esta tierra, no era el calor de su tierra, el de aquí pudría* todo. El Pesado y el Rubio se han tumbado de espaldas, los quepís sobre la cara,

*el gesto de llorar

*primitivos

*muestras de repugnancia

*pequeña
*dura como la piedra

*arruga la frente

*descomponía

[3] Eufemismo de "mierda".

y el Chiquito quería saber si a alguien le constaba° eso, don Adrián, y el Oscuro [°sabía]
de veras, que siguiera, que contara, don Adrián. Eran medio pez y medio mujer,
estaban al fondo de las conchas esperando a los ahogados y apenas se volcaba
una canoa venían y agarraban a los cristianos y se los llevaban a sus palacios de
240 abajo. Los ponían en unas hamacas que no eran de yute sino de culebras y ahí se
daban gusto con ellos, y la Madre Patrocinio ¿ya estaban hablando de
supersticiones?, y ellos no, no, ¿y se creían cristianos?, nada de eso, madrecita,
hablaban de si iba a llover. La Madre Angélica se inclina hacia los aguarunas
gruñendo dulcemente, sonriendo con obstinación, tiene enlazadas las manos y
245 los hombres, sin moverse del sitio, se enderezan poco a poco, alargan los cuellos
como las garzas° cuando se asolean a la orilla del río y surge un vaporcito, y algo [°aves de cuello largo y delgado]
asombra, dilata sus pupilas y el pecho de uno se hincha, su tatuaje se destaca,
borra, destaca y gradualmente se adelantan hacia la Madre Angélica, muy
atentos, graves, mudos, y la vieja melenuda abre las manos, coge a las chiquillas.
250 El varoncito sigue comiendo, muchachos, se venía la parte brava, atención. El
práctico, el Chiquito y el Oscuro callan. El Rubio se incorpora con los ojos
enrojecidos y remece al Pesado, un aguaruna mira al Sargento de soslayo, luego
al cielo y ahora la vieja abraza a las chiquillas, las incrusta contra sus senos largos
y chorreados y los ojos del varoncito rotan de la Madre Angélica a los hombres,
255 de éstos a la vieja, de ésta a los guardias y a la Madre Angélica. El aguaruna del
tatuaje comienza a hablar, lo sigue el otro, la vieja, una tormenta de sonidos
ahoga la voz de la Madre Angélica que niega ahora con la cabeza y con las manos
y de pronto, sin dejar de roncar ni de escupir, lentos, ceremoniosos, los dos
hombres se despojan° de los collares, de las pulseras y hay una lluvia de [°se quitan]
260 abalorios° sobre las hojas de plátano. Los aguarunas estiran las manos hacia los [°bolitas de colores]
restos del pescado, entre los que discurre un delgado río de hormigas pardas. Ya
se habían puesto chúcaros°, muchachos, pero ellos estaban listos, mi Sargento, [°de mal humor]
cuando él mandara. Los aguarunas limpian las sobras de carne blanca y azul,
atrapan con las uñas a las hormigas, las aplastan y con mucho cuidado envuelven
265 la comida en las hojas venosas. Que el Chiquito y el Rubio se encargaran de las
churre°, se las recomendaba el Sargento y el Pesado qué suertudos°°. La Madre [°chiquillas °°cuánta suerte]
Patrocinio está muy pálida, mueve los labios, sus dedos aprietan las cuentas
negras de un rosario y eso sí, Sargento, que no olvidaran que eran niñas, ya lo
sabía, ya lo sabía, y que el Pesado y el Oscuro tuvieran quietos a los calatos° y que [°desnudos (indígenas)]
270 la Madre no se preocupara y la Madre Patrocinio ¡ay! si cometían brutalidades y
el práctico se encargaría de llevar las cosas, muchachos, nada de brutalidades:
Santa María, Madre de Dios. Todos contemplan los labios exangües° de la Madre [°agotados, débiles]
Patrocinio, y ella ruega° por nosotros, tritura con sus dedos las bolitas negras y [°reza]
la Madre Angélica cálmese, Madre, y el Sargento ya, ahora era cuando. Se ponen
275 de pie, sin prisa. El Pesado y el Oscuro sacuden sus pantalones, se agachan,
cogen los fusiles y hay carreras ahora, chillidos y en la hora, pisotones, el
varoncito se tapa la cara, de nuestra muerte, y los dos aguarunas han quedado

rígidos amén, sus dientes castañetean* y sus ojos perplejamente miran los fusiles que los apuntan. Pero la vieja está de pie forcejeando con el Chiquito y las
280 chiquillas se debaten* como anguilas entre los brazos del Rubio. La Madre Angélica se cubre la boca con un pañuelo, la polvareda crece y se espesa, el Pesado estornuda y el Sargento listo, podían irse al barranco, muchachos, Madre Angélica. Y al Rubio quién lo ayudaba, Sargento, ¿no veía que se le soltaban*? El Chiquito y la vieja ruedan al suelo abrazados, que el Oscuro fuera a ayudarlo, el
285 Sargento lo reemplazaría, vigilaría al calato. Las madres caminan hacia el barranco tomadas del brazo, el Rubio arrastra dos figuras entreveradas y gesticulantes y el Oscuro sacude furiosamente la melena de la vieja hasta que el Chiquito queda libre y se levanta. Pero la vieja salta tras ellos, los alcanza, los araña y el Sargento listo, Pesado, se fueron. Siempre apuntando a los dos hombres
290 retroceden, se deslizan sobre los talones y los aguarunas se levantan al mismo tiempo y avanzan imantados por los fusiles. La vieja brinca como un maquisapa*, cae y apresa dos pares de piernas, el Chiquito y el Oscuro trastabillean*, Madre de Dios, caen también y que la Madre Patrocinio no diera esos gritos. Una rápida brisa viene del río, escala la pendiente y hay activos, envolventes
295 torbellinos anaranjados y granos de tierra robustos, aéreos como moscardones. Los dos aguarunas se mantienen dóciles frente a los fusiles y el barranco está muy cerca. ¿Si se le aventaban*, el Pesado disparaba? Y la Madre Angélica bruto, podía matarlos. El Rubio coge de un brazo a la chiquilla del pendiente, ¿por qué no bajaban, Sargento?, a la otra del pescuezo*, se le zafaban**, ahorita se le
300 zafaban y ellas no gritan pero tironean* y sus cabezas, hombros, pies y piernas luchan y golpean y vibran y el práctico Nieves pasa cargado de termos: que se apurara*, don Adrián, ¿no se le quedaba nada? No, nada, cuando el Sargento quisiera. El Chiquito y el Oscuro sujetan a la vieja de los hombros y los pelos y ella está sentada chillando, a ratos los manotea sin fuerza en las piernas y bendito
305 era el fruto, Madre, Madre, de su vientre y al Rubio se le escapaban, Jesús. El hombre del tatuaje mira el fusil del Pesado, la vieja lanza un alarido y llora, dos hilos húmedos abren finísimos canales en la costra de polvo de su cara y que el Pesado no se hiciera el loco. Pero si se le aventaba, Sargento, él le abría el cráneo, aunque fuera un culatazo*, Sargento, y se acababa la broma. La Madre Angélica
310 retira el pañuelo de su boca: bruto, ¿por qué decía maldades?, ¿por qué se lo permitía el Sargento?, y el Rubio ¿podía ir bajando?, estas bandidas lo despellejaban. Las manos de las chiquillas no llegan a la cara del Rubio, sólo a su cuello, lleno ya de rayitas violáceas, y han desgarrado su camisa y arrancado los botones. Parecen desanimarse a veces, aflojan el cuerpo y gimen y de nuevo
315 atacan, sus pies desnudos chocan contra las polainas del Rubio, él maldice y las sacude*, ellas siguen sordamente y que la Madre bajara, qué esperaba, y también el Rubio y la Madre Angélica ¿por qué las apretaba así si eran niñas?, de su vientre Jesús, Madre, Madre. Si el Chiquito y el Oscuro la soltaban la vieja se les echaría encima, Sargento, ¿qué hacían?, y el Rubio que ella las cogiera, a ver,

*tiemblan, chocan

*se retuercen, se contorsionan

*escapaban

*mono
*tropiezan

*escapaban

*cuello **escapaban
*dan tirones

*se diera prisa

*golpe con la culata del fusil

*golpea

320 Madre, ¿no veía cómo lo arañaban? El Sargento agita el fusil, los aguarunas respingan, dan un paso atrás y el Chiquito y el Oscuro sueltan a la vieja, quedan con las manos listas para defenderse pero ella no se mueve, se restriega los ojos solamente y ahí está el varoncito como segregado por los remolinos: se acuclilla y hunde la cara entre las tetas líquidas. El Chiquito y el Oscuro van cuesta abajo,

325 una muralla rosada se los traga a poco, y cómo mierda iba a bajarlas el Rubio solito, qué les pasaba, Sargento, por qué se iban ésos y la Madre Angélica se le acerca braceando con resolución: ella lo ayudaba. Estira las manos hacia la chiquilla del pendiente pero no la toca y se dobla y el pequeño puño pega otra vez y el hábito se hunde y la Madre Angélica lanza un quejido y se encoge: qué

330 le decía, el Rubio remece* a la chiquilla como un trapo, Madre, ¿no era una fiera?   *agita, sacude
Pálida y plegada, la Madre Angélica reincide, atrapa el brazo con las dos manos, Santa María, y ahora aúllan, Madre de Dios, patalean, Santa María, rasguñan, todos tosen, Madre de Dios y en vez de tanto rezo que fueran bajando, Madre Patrocinio, por qué chucha se asustaba tanto y hasta qué hora, y hasta cuándo,

335 que bajaran que el Sargento ya se calentaba, miéchica. La Madre Patrocinio gira, se lanza por la pendiente y se esfuma*, el Pesado adelanta el fusil y el del tatuaje   *desaparece
retrocede. Con qué odio miraba, Sargento, parecía rencoroso, puta de tu madre, y orgulloso: así debían ser los ojos del chulla-chaqui,[4] Sargento. Los nubarrones que envuelven a los que descienden son más distantes, la vieja llora, se

340 contorsiona y los dos aguarunas observan el cañón, la culata, las bocas redondas de los fusiles: que el Pesado no se muñequeara*. No se muñequeaba, Sargento,   *moviera la muñeca
pero qué manera de mirar era ésta, caracho, con qué derecho. El Rubio, la Madre Angélica y las chiquillas se desvanecen también entre oleadas de polvo y la vieja ha reptado* hasta la orilla del barranco, mira hacia el río, sus pezones tocan la   *se ha arrastrado

345 tierra y el varoncito profiere voces extrañas, ulula como un ave lúgubre y al Pesado no le gustaba tenerlos tan cerca a los calatos, Sargento, qué iban a hacer para bajar ahora que estaban solitos. Y en eso ronca el motor de la lancha: la vieja calla y alza la cara, mira al cielo, el varoncito la imita, los dos aguarunas la imitan y los cojudos estaban buscando un avión. Pesado, no se daban cuenta,

350 ahora era cuando. Retroceden el fusil y lo adelantan de golpe, los dos hombres saltan hacia atrás y hacen gestos y ahora el Sargento y el Pesado bajan de espaldas, siempre apuntando, hundiéndose hasta las rodillas y el motor ronca cada vez más fuerte, envenena el aire de hipos, gárgaras, vibraciones y sacudimientos y en la pendiente no es como en el claro, no hay brisa, sólo vaho caliente y polvo

355 rojizo y picante que hace estornudar. Borrosamente, allá en lo alto del barranco unas cabezas peludas exploran el cielo, pendulan suavemente buscando entre las

---

[4] En la mitología de la Amazonía, demonio o duende que adopta el aspecto físico de la persona a la que quiere engañar para que se pierda en la jungla. Su nombre significa en quechua *pies* (chaqui) *diferentes* (chulla). El tener un pie deforme da a sus víctimas la única oportunidad de identificarlo y salvarse.

nubes y el motor estaba ahí y las churres llorando, Pesado, y él ¿qué?, mi Sargento, no podía más. Cruzan el fango a la carrera y cuando llegan a la lancha acezan* y tienen las lenguas afuera. Ya era hora, ¿por qué se habían demorado tanto?

*jadean, les falta el aliento

360 Cómo querían que el Pesado subiera, qué bien se habían acomodado conchudos*, que le hicieran sitio. Pero él tenía que enflaquecer, que se fijaran, subía el Pesado y la lancha se hundía y no era momento para bromas, que partieran de una vez, Sargento. Ahorita mismo partían, Madre Angélica, de nuestra muerte amén. ॐ

*pícaros, astutos

LA VERDAD DE LAS MENTIRAS

De *La verdad de las mentiras*, 1990

I

Desde que escribí mi primer cuento me han preguntado si lo que escribía "era verdad". Aunque mis respuestas satisfacen a veces a los curiosos, a mí me queda rondando, vez que contesto a esa pregunta, no importa cuán sincero sea, la incómoda sensación de haber dicho
5 algo que nunca da en el centro del blanco.

Si las novelas son ciertas o falsas importa a cierta gente tanto como que sean buenas o malas y muchos lectores, consciente o inconscientemente, hacen depender lo segundo de lo primero. Los inquisidores españoles, por ejemplo, prohibieron que se publicaran o importaran novelas en las colonias
10 hispanoamericanas con el argumento de que esos libros disparatados y absurdos —es decir, mentirosos— podían ser perjudiciales para la salud espiritual de los indios. Por esta razón, los hispanoamericanos sólo leyeron ficciones de contrabando durante trescientos años y la primera novela que, con tal nombre, se publicó en la América española apareció sólo después de la independencia
15 (en México, en 1816). Al prohibir no unas obras determinadas sino un género literario en abstracto, el Santo Oficio[1] estableció algo que a sus ojos era una ley sin excepciones: que las novelas siempre mienten, que todas ellas ofrecen una visión falaz de la vida. Hace años escribí un trabajo ridiculizando a esos arbitrarios, capaces de una generalización semejante. Ahora pienso que los inquisidores
20 españoles fueron acaso los primeros en entender —antes que los críticos y que los propios novelistas— la naturaleza de la ficción y sus propensiones sediciosas*.

*revolucionarias

En efecto, las novelas mienten —no pueden hacer otra cosa— pero ésa es sólo una parte de la historia. La otra es que, mintiendo, expresan una curiosa verdad, que sólo puede expresarse disimulada y encubierta, disfrazada de lo que

---

[1] El Santo Oficio de la Inquisición fue una institución creada por los Reyes Católicos en 1478 y dirigida por la Santa Iglesia para juzgar a las personas que vivían y trabajaban en España fingiendo ser católicas.

25 no es. Dicho así, esto tiene el semblante de un galimatías*. Pero, en realidad, se
trata de algo muy sencillo. Los hombres no están contentos con su suerte y casi
todos —ricos o pobres, geniales o mediocres, célebres u oscuros— quisieran
una vida distinta de la que viven. Para aplacar —tramposamente— ese apetito
nacieron las ficciones. Ellas se escriben y se leen para que los seres humanos
30 tengan las vidas que no se resignan a no tener. En el embrión de toda novela
bulle una inconformidad, late un deseo.

  ¿Significa esto que la novela es sinónimo de irrealidad? ¿Que los introspectivos
bucaneros de Conrad, los morosos aristócratas proustianos, los anónimos
hombrecillos castigados por la adversidad de Franz Kafka y los eruditos
35 metafísicos de los cuentos de Borges nos exaltan o nos conmueven porque no
tienen nada que hacer con nosotros, porque nos es imposible identificar sus
experiencias con las nuestras? Nada de eso. Conviene pisar con cuidado, pues
este camino —el de la verdad y la mentira en el mundo de la ficción— está
sembrado de trampas y los invitadores oasis que aparecen en el horizonte suelen
40 ser espejismos.

  ¿Qué quiere decir que una novela *siempre miente*? No lo que creyeron los
oficiales y cadetes del Colegio Militar Leoncio Prado, donde —en apariencia,
al menos— sucede mi primera novela, *La ciudad y los perros*, que quemaron el
libro acusándolo de calumnioso a la institución. Ni lo que pensó mi primera
45 mujer al leer otra de mis novelas, *La tía Julia y el escribidor*, y que, sintiéndose
inexactamente retratada en ella, ha publicado luego un libro que pretende
restaurar la verdad alterada por la ficción. Desde luego que en ambas historias
hay más invenciones, tergiversaciones y exageraciones que recuerdos y que, al
escribirlas, nunca pretendí ser anecdóticamente fiel a unos hechos y personas
50 anteriores y ajenos a la novela. En ambos casos, como en todo lo que he escrito,
partí de algunas experiencias aún vivas en mi memoria y estimulantes para mi
imaginación y fantaseé algo que refleja de manera muy infiel esos materiales
de trabajo. No se escriben novelas para contar la vida sino para transformarla,
añadiéndole algo. En las novelitas del francés Restif de la Bretonne la realidad
55 no puede ser más fotográfica, ellas son un catálogo de las costumbres del
siglo XVIII francés. En estos cuadros costumbristas tan laboriosos, en los
que todo semeja la vida real, hay, sin embargo, algo diferente, mínimo pero
revolucionario. Que, en ese mundo, los hombres no se enamoran de las
damas por la pureza de sus facciones, la galanura* de su cuerpo, sus prendas
60 espirituales, etc., sino, *exclusivamente*, por la belleza de sus pies (se ha llamado,
por eso, "bretonismo" al fetichismo del botín*). De una manera menos cruda
y explícita, y también menos consciente, todas las novelas rehacen la realidad
—embelleciéndola o empeorándola— como lo hizo, con deliciosa ingenuidad,
el profuso Restif. En esos sutiles o groseros agregados a la vida —en los que
65 el novelista materializa sus secretas obsesiones— reside la originalidad de una
ficción. Ella es más profunda cuanto más ampliamente exprese una necesidad

*lío, confusión

*elegancia, gracia

*bota que no pasa la
altura del tobillo

general y cuantos más sean, a lo largo del espacio y del tiempo, los lectores que identifiquen, en esos contrabandos filtrados a la vida, los oscuros demonios que los desasosiegan*. ¿Hubiera podido yo, en aquellas novelas, intentar una
70 escrupulosa exactitud con los recuerdos? Ciertamente. Pero aun si hubiera conseguido esa aburrida proeza de sólo narrar hechos ciertos y describir personajes cuyas biografías se ajustaban como un guante a las de sus modelos, mis novelas no hubieran sido, por eso, menos mentirosas o más ciertas de lo que son.

*intranquilizan, les quitan la calma

75 Porque no es la anécdota lo que en esencia decide la verdad o la mentira de una ficción. Sino que ella sea escrita, no vivida, que esté hecha de palabras y no de experiencias concretas. Al traducirse en palabras, los hechos sufren una profunda modificación. El hecho real —la sangrienta batalla en la que tomé parte, el perfil gótico de la muchacha que amé— es uno, en tanto que los signos
80 que podrían describirlo son innumerables. Al elegir unos y descartar otros, el novelista privilegia una y asesina otras mil posibilidades o versiones de aquello que describe: esto, entonces, muda de naturaleza, *lo que describe* se convierte en *lo descrito*. ¿Me refiero sólo al caso del escritor realista, aquella secta, escuela o tradición a la que sin duda pertenezco, cuyas novelas relatan sucesos que los
85 lectores pueden reconocer como posibles a través de su propia vivencia de la realidad? Parecería, en efecto, que para el novelista de linaje fantástico, el que describe mundos irreconocibles y notoriamente inexistentes, no se plantea siquiera el cotejo* entre la realidad y la ficción. En verdad, sí se plantea, aunque de otra manera. La "irrealidad" de la literatura fantástica se vuelve, para el lector,
90 símbolo o alegoría, es decir, representación de realidades, de experiencias que sí puede identificar en la vida. Lo importante es esto: no es el carácter "realista" o "fantástico" de una anécdota lo que traza la línea fronteriza entre verdad y mentira en la ficción.

*comparación

A esta primera modificación —la que imprimen las palabras a los hechos—
95 se entrevera* una segunda, no menos radical: la del tiempo. La vida real fluye y no se detiene, es inconmensurable, un caos en el que cada historia se mezcla con todas las historias y por lo mismo no empieza ni termina jamás. La vida de la ficción es un simulacro en el que aquel vertiginoso desorden se vuelve orden: organización, causa y efecto, fin y principio. La soberanía de una novela
100 no resulta sólo del lenguaje en que está escrita. También, de su sistema temporal, de la manera como discurre en ella la existencia: cuándo se detiene, cuándo se acelera y cuál es la perspectiva cronológica del narrador para describir ese tiempo inventado. Si entre las palabras y los hechos hay una distancia, entre el tiempo real y el de una ficción hay siempre un abismo. El tiempo novelesco es
105 un artificio fabricado para conseguir ciertos efectos psicológicos. En él el pasado puede ser posterior al presente —el efecto preceder a la causa— como en ese relato de Alejo Carpentier, *Viaje a la semilla*, que comienza con la muerte de un hombre anciano y continúa hasta su gestación, en el claustro materno; o ser

*entrecruza

sólo pasado remoto que nunca llega a disolverse en el pasado próximo desde el
que narra el narrador, como en la mayoría de las novelas clásicas; o ser eterno
presente sin pasado ni futuro, como en las ficciones de Samuel Beckett; o un
laberinto en que pasado, presente y futuro coexisten, anulándose, como en *El
sonido y la furia*, de Faulkner.

Las novelas tienen principio y fin y, aun en las más informes y espasmódicas,
la vida adopta un sentido que podemos percibir porque ellas nos ofrecen una
perspectiva que la vida verdadera, en la que estamos inmersos, siempre nos
niega. Ese orden es invención, un añadido del novelista, simulador que aparenta
recrear la vida cuando en verdad la rectifica. A veces sutil, a veces brutalmente,
la ficción traiciona la vida, encapsulándola en una trama* de palabras que la   *red
reducen de escala y la ponen al alcance del lector. Éste puede, así, juzgarla,
entenderla, y, sobre todo, vivirla con una impunidad que la vida verdadera
no consiente*.   *permite

¿Qué diferencia hay, entonces, entre una ficción y un reportaje periodístico
o un libro de historia? ¿No están compuestos ellos de palabras? ¿No encarcelan
acaso en el tiempo artificial del relato ese torrente sin riberas*, el tiempo real? La   *orillas, márgenes
respuesta es: se trata de sistemas opuestos de aproximación a lo real. En tanto
que la novela se rebela y transgrede la vida, aquellos géneros no pueden dejar
de ser sus siervos. La noción de verdad o mentira funciona de manera distinta
en cada caso. Para el periodismo o la historia la verdad depende del cotejo
entre lo escrito y la realidad que lo inspira. A más cercanía, más verdad, y, a
más distancia, más mentira. Decir que la *Historia de la Revolución Francesa*, de
Michelet, o la *Historia de la Conquista del Perú*, de Prescott, son "novelescas" es
vejarlas*, insinuar que carecen de seriedad. En cambio, documentar los errores   *humillarlas
históricos de *La guerra y la paz* sobre las guerras napoleónicas sería una pérdida
de tiempo: la verdad de la novela no depende de eso. ¿De qué, entonces? De su
propia capacidad de persuasión, de la fuerza comunicativa de su fantasía, de
la habilidad de su magia. Toda buena novela dice la verdad y toda mala novela
miente. Porque "decir la verdad" para una novela significa hacer vivir al lector
una ilusión y "mentir" ser incapaz de lograr esa superchería*. La novela es, pues,   *engaño, fraude
un género amoral, o, más bien, de una ética sui géneris, para la cual verdad
o mentira son conceptos exclusivamente estéticos. Arte "enajenante*", es de   *seductor, cautivador
constitución anti-brechtiana:[2] sin "ilusión" no hay novela.

De lo que llevo dicho, parecería desprenderse que la ficción es una fabulación
gratuita, una prestidigitación* sin trascendencia. Todo lo contrario: por delirante   *juegos y trucos de magia
que sea, hunde sus raíces en la experiencia humana, de la que se nutre y a la que

---

[2] Bertolt Brecht (1898–1956), poeta y dramaturgo alemán. Uno de los precursores del llamado
teatro épico, o narrativo. En sus escenificaciones de fondo social, histórico y político invitaba al
espectador a distanciarse de sí mismo para adoptar un pensamiento crítico y adquirir un nivel
de conciencia superior que lo liberara de las manipulaciones de la sociedad conformista.

alimenta. Un tema recurrente en la historia de la ficción es: el riesgo que entraña tomar lo que dicen las novelas al pie de la letra, creer que la vida es como ellas la describe. Los libros de caballerías queman el seso a Alonso Quijano y lo lanzan por los caminos a alancear molinos de viento, y la tragedia de Emma Bovary no ocurriría si el personaje de Flaubert no intentara parecerse a las heroínas de las novelitas románticas que lee. Por creer que la realidad es como pretenden las ficciones, Alonso Quijano y Emma sufren terribles quebrantos*.   *debilidad física y mental
¿Los condenamos por ello? No, sus historias nos conmueven y nos admiran: su empeño* imposible de *vivir la ficción* nos parece personificar una actitud   *insistencia
idealista que honra a la especie. Porque querer ser distinto de lo que se es ha sido la aspiración humana por excelencia. De ella resultó lo mejor y lo peor que registra la historia. De ella han nacido también las ficciones.

Cuando leemos novelas no somos el que somos habitualmente, sino también los seres hechizos entre los cuales el novelista nos traslada. El traslado es una metamorfosis: el reducto* asfixiante que es nuestra vida real se abre y salimos a   *espacio limitado
ser otros, a vivir vicariamente* experiencias que la ficción vuelve nuestras. Sueño   *asumiendo el rol de otras personas
lúcido, fantasía encarnada, la ficción nos completa, a nosotros, seres mutilados a quienes ha sido impuesta la atroz dicotomía de tener una sola vida y los deseos y fantasías de desear mil. Ese espacio entre nuestra vida real y los deseos y las fantasías que le exigen ser más rica y diversa es el que ocupan las ficciones.

En el corazón de todas ellas llamea* una protesta. Quien las fabuló lo hizo   *arde
porque no pudo vivirlas y quien las lee (y las cree en la lectura) encuentra en sus fantasmas las caras y aventuras que necesitaba para aumentar su vida. Esa es la verdad que expresan las mentiras de las ficciones: las mentiras que somos, las que nos consuelan y desagravian* de nuestras nostalgias y frustraciones.   *compensan
¿Qué confianza podemos prestar, pues, al testimonio de las novelas sobre la sociedad que las produjo? ¿Eran esos hombres así? Lo eran, en el sentido de que así querían ser, de que así se veían amar, sufrir y gozar. Esas mentiras no documentan sus vidas sino los demonios que las soliviantaron*, los sueños   *incitaron, animaron
en que se embriagaban para que la vida que vivían fuera más llevadera*. Una   *soportable, aceptable
época no está poblada únicamente de seres de carne y hueso; también, de los fantasmas en que estos seres se mudan para romper las barreras que los limitan y los frustran.

Las mentiras de las novelas no son nunca gratuitas: llenan las insuficiencias de la vida. Por eso, cuando la vida parece plena y absoluta y, gracias a una fe que todo lo justifica y absorbe, los hombres se conforman con su destino, las novelas no suelen cumplir servicio alguno. Las culturas religiosas producen poesía, teatro, rara vez grandes novelas. La ficción es un arte de sociedades donde la fe experimenta alguna crisis, *donde hace falta creer en algo*, donde la visión unitaria, confiada y absoluta ha sido sustituida por una visión resquebrajada*   *rota
y una incertidumbre creciente sobre el mundo en que se vive y el trasmundo. Además de amoralidad, en las entrañas de las novelas anida* cierto escepticismo.   *vive, habita

Cuando la cultura religiosa entra en crisis, la vida parece escurrirse* de los
esquemas, dogmas, preceptos que la sujetaban y se vuelve caos: ése es el momento
190 privilegiado para la ficción. Sus órdenes artificiales proporcionan refugio,
seguridad, y en ellos se despliegan, libremente, aquellos apetitos y temores que
la vida real incita y no alcanza a saciar* o conjurar**. La ficción es un sucedáneo
transitorio de la vida. El regreso a la realidad es siempre un empobrecimiento
brutal: la comprobación de que somos menos de lo que soñamos. Lo que quiere
195 decir que, a la vez que aplacan transitoriamente la insatisfacción humana, las
ficciones también la azuzan*, espoleando** los deseos y la imaginación.

Los inquisidores españoles entendieron el peligro. Vivir las vidas que uno
no vive es fuente de ansiedad, un desajuste con la existencia que puede tornarse
rebeldía, actitud indócil frente a lo establecido. Es comprensible, por ello, que los
200 regímenes que aspiran a controlar totalmente la vida, desconfíen de las ficciones
y las sometan a censuras. Salir de sí mismo, ser otro, aunque sea ilusoriamente,
es una manera de ser menos esclavo y de experimentar los riesgos de la libertad.
[…] �

*escaparse

*satisfacer **eliminar

*estimulan **avivando

DE VIVA VOZ: MARIO VARGAS LLOSA
"La técnica puede ser un personaje más."

En su segunda novela, *La casa verde*, Vargas Llosa pone a prueba todo su repertorio estilístico. El novelista peruano experimenta con la estructura, con el lenguaje y con la técnica de "contar por omisión", como un escultor que crea formas a partir de espacios vacíos. En este artículo de 1985, el narrador sudamericano sitúa la casa verde de su novela en el mundo real y nos cuenta a quién hizo caso para armar su obra.

[...] La escribí en Europa. Vivía yo en París, y creo que un elemento fundamental al escribir yo esa novela fue la nostalgia. Nació de una imagen, una imagen de infancia. Yo había vivido en Piura al regresar de Bolivia a Perú mi familia, una ciudad del norte de Perú rodeada de arenales. En ese año en Piura hice muchas cosas, por supuesto, pero con los años, a la distancia, con la perspectiva del tiempo, quedaron unos cuantos recuerdos de esa ciudad más fuertes que los otros, más presentes, y uno de esos recuerdos era la imagen de una casa verde, de una cabaña en realidad pintada de verde que estaba en el arenal, al otro lado del río Piura, donde terminaba la ciudad. Era una construcción extraña, solitaria en el desierto, y ejercía una atracción fascinante sobre los niños del colegio salesiano porque estaba rodeada de prohibiciones. Nos prohibían que nos acercáramos los curas, las familias; nunca terminaban de explicarnos exactamente por qué no debíamos acercarnos. Se sabía que había algún elemento pecaminoso en aquel lugar. Nosotros intuíamos y no intuíamos qué era lo que ocurría allí dentro y pasábamos buena parte del tiempo fascinados por esta construcción que de día era una construcción muy tranquila y curiosamente se llenaba de vida de noche.

Ese pues, es el punto de partida de *La casa verde*, una novela enteramente construida sobre lo que pudo ser la historia de la casa verde y también la historia de un barrio de Piura que se llamaba La Mangachería, que yo asociaba inmediatamente con un barrio que conocía sólo por las novelas, "La corte de los milagros de París", ese barrio que aparecía en las novelas de Alejandro Dumas y los autores que yo había leído con más amor, con más pasión, un barrio de aventureros, de poetas, donde convivían criminales con príncipes y donde realmente la vida era pura aventura, con cuchillo, poesía. [...]

Con esos recuerdos, con esas imágenes, escribí *La casa verde* y la escribí también con las lecciones que aprendí de un extraordinario novelista, uno de los personajes por los que tengo verdadera devoción, William Faulkner. [...] En Faulkner aprendí que velar, oscurecer ciertos episodios, es cargarlos de una importancia extraordinaria, que silenciar algunos datos a veces es mucho más importante que pronunciarlos. Y también cómo alargar, alargar una situación puede transformarla exactamente en lo contrario de lo que parece al principio. La riqueza técnica, la maestría formal de Faulkner, me hizo realmente descubrir la técnica narrativa. Aprendí que la técnica puede ser un personaje más dentro de la historia, incluso el protagonista, el personaje principal. [...]

PREGUNTAS

ANÁLISIS

1. Al inicio de *La casa verde*, la Madre Patrocinio dice que el año anterior los indígenas habían salido a recibirlos en lugar de huir como ahora, y el sargento le responde: "Pero entonces no sabían". ¿Qué era lo que ahora sí sabían los indígenas? ¿Por qué cambiaron de actitud?

2. ¿Qué imagen nos da el narrador de las monjas, los soldados y los indígenas? ¿De qué grupo se siente más cercano? Explícalo con tus propias palabras.

3. Cuando el Pesado le da un golpecito en la frente al niño indígena, la Madre Patrocinio lo llama "desvergonzado" y le pide que no les falte el respeto a los indígenas. En tu opinión, ¿se corresponde la actitud de las dos monjas con esas palabras? ¿Por qué?

4. Según explica Vargas Llosa en su ensayo *La verdad de las mentiras*, ¿cuál es "la línea fronteriza entre verdad y mentira en la ficción"?

5. ¿Por qué afirma el autor que "la ficción traiciona la vida"? ¿Esa traición, según Vargas Llosa, es positiva, mala o inevitable?

6. Con la ayuda de uno o dos ejemplos, compara la relación que hay entre la vida y la historia y entre la vida y la novela, según Vargas Llosa.

INTERPRETACIÓN

1. ¿Cómo ven las monjas a los soldados y a los indígenas? ¿Te parecen sinceras sus palabras y recriminaciones? ¿Por qué?

2. La Madre Angélica habla la lengua de los indígenas. ¿Crees que eso la hace entenderlos mejor o ser más solidaria con ellos? ¿Por qué crees que la monja se ha esforzado en aprender sus costumbres?

3. ¿Quién muestra una actitud más respetuosa con los indígenas, los soldados que les regalan collares de cuentas de vidrio o la monja que conoce su lengua y sus costumbres? Justifica tu respuesta.

4. ¿Crees que sería posible que el encuentro de las monjas y los soldados con los indígenas tuviera mejores resultados? Describe brevemente cómo sería ese encuentro.

5. Explica con tus propias palabras por qué "querer ser distinto de lo que se es ha sido la aspiración humana por excelencia".

6. ¿Por qué es comprensible, según Vargas Llosa, que "los regímenes que aspiran a controlar totalmente la vida, desconfíen de las ficciones"?

INVESTIGACIÓN

1. Al final del capítulo de *La casa verde* que has leído, el autor mezcla el "avemaría" que rezan las monjas con el rapto de las indígenas. Compara ese pasaje con la escena de la película *El padrino* (1972), de Francis Ford Coppola, donde se contraponen el rito del bautismo católico con una matanza de mafiosos. ¿Por qué crees que ambos autores eligieron esa mezcla de imágenes?

2. Según afirma reiteradamente Vargas LLosa, Gustave Flaubert y William Faulkner han sido las dos influencias más destacadas en su literatura. Investiga cómo influyeron esos dos autores en su escritura y en su actitud ante la tarea de escribir.

3. Vargas Llosa cuenta que su primera esposa escribió un libro para desmentir las "inexactitudes" de su novela *La tía Julia y el escribidor*. Investiga quién fue su primera esposa y qué libro escribió para desmentir al novelista. ¿Qué opinas de lo que hizo cada uno de ellos con la historia de su noviazgo y su matrimonio?

BIBLIOGRAFÍA

Lewis, Marvin A. *From Lima to Leticia: The Peruvian novels of Mario Vargas Llosa.* Lanham: University Press of America, 1983.

Morote, Herbert. *Vargas Llosa, tal cual.* San Sebastián: Sociedad Guipuzcoana de Ediciones y Publicaciones, 1998.

Roldán, Julio. *Vargas Llosa, entre el mito y la realidad.* Marburgo: Tectum Verlag, 2000.

Rossman, Charles y Warren Friedman, Alan. *Mario Vargas Llosa: estudios críticos.* Madrid: Alhambra, 1983.

Williams, Raymond L. *Vargas Llosa, otra historia de un deicidio.* Madrid: Aguilar, Altea, Taurus, Alfaguara, S.A., 2002.

CARLOS FUENTES

1928–2012

"La literatura es una herida por donde mana el indispensable divorcio entre las palabras y las cosas. Toda la sangre se nos puede ir por ese hoyo."

—**Carlos Fuentes**, *Diana o la cazadora solitaria*

El escritor mexicano Carlos Fuentes nació en Ciudad de Panamá, Panamá. Su padre fue miembro del cuerpo diplomático mexicano, por lo que el escritor vivió en diversas capitales durante su niñez. De los ocho a los catorce años residió en Washington, D.C., donde hizo del inglés su segunda lengua. Durante un tiempo se planteó si debía escribir su obra en castellano o en inglés. Al final se decidió por su lengua materna porque, según él, la lengua inglesa no necesitaba un escritor más. También, desde muy joven, hablaba fluidamente el francés. De Washington su familia se mudaría a Santiago de Chile y, finalmente, a sus dieciséis años de edad, iría a vivir por primera vez a México. Aunque desde joven tuvo vocación de escritor, estudió Derecho y Economía, y trabajó como diplomático.

De la fascinación por la patria ausente y la tensión entre el inglés y el castellano, nacerían sus primeras obras, cuya narrativa se alimentaría de la relación entre la cultura y la política. En 1958 publica su novela *La región más transparente*, e irrumpe en la cultura mexicana y en la narrativa latinoamericana como uno de los escritores esenciales del *Boom*. Esta ambiciosa novela es un retrato de un país marcado por la traición a los ideales de la Revolución mexicana. Fuentes repetiría esa historia en carne propia como ferviente admirador de la Revolución cubana en sus inicios, para más tarde denunciar el creciente carácter autoritario del régimen y la represión de los intelectuales. Fue crítico habitual de la política exterior norteamericana, y apoyó la Revolución Sandinista de Nicaragua y el Movimiento Zapatista en México.

Fuentes fue por largos años profesor en las más prestigiosas universidades de Estados Unidos. Publicó más de veinte novelas, ocho colecciones de cuentos, quince libros de ensayos y varias obras de teatro. Su última columna de opinión, sobre las elecciones francesas de 2012, apareció en un periódico mexicano el mismo día de su muerte. Alguna vez afirmó que "la cultura o es universal o no es cultural, lo demás es folclore". Su vida fue una demostración de esa sentencia. Carlos Fuentes murió el 15 de mayo de 2012 en Ciudad de México.

"La pena" es el segundo relato de los nueve que conforman *La frontera de cristal*, escrita en 1995; en él Fuentes sintetiza uno de los temas recurrentes de su obra: la difícil relación entre México y Estados Unidos. Ni la hospitalidad fría de la familia Wingate, ni las mentiras que les cuenta Juan Zamora para complacerlos, ni sus amores con Jim, ese muchacho americano de destino inalterable, ayudarán a que sus mundos se encuentren. Las ideas preconcebidas de ambos lados, nacidas de una larga historia de malentendidos, impedirán la comunicación. Jim y Juan hablan de lo difícil que a veces les resulta hablar: clave real del problema. Al final, Juan,

Jim y los Wingates aceptan su fracaso regresando todos a sus mundos particulares, a sus vidas originales, tras un encuentro que no salvó la distancia que los separaba desde siempre.

En el breve ensayo seleccionado, Fuentes vuelve a presentarnos el encuentro traumático de dos mundos: Hernán Cortés es el soldado español que conquistó el imperio azteca y arrasó con toda una cultura para fundar sobre sus ruinas otra distinta. Pero en este caso, a pesar del genocidio, la esclavización y el saqueo de México por parte de los conquistadores españoles, Fuentes nos recuerda que el pueblo mexicano actual es el producto de ese encuentro de horror. La fusión de dos culturas —la azteca y la europea—, a pesar de lo traumática que fue, ha producido una realidad nueva que lleva en sí lo mejor y lo peor de sus progenitores. En "La pena", Fuentes nos muestra que el resultado de la difícil relación entre México y Estados Unidos ha sido el distanciamiento, mientras que el choque de la cultura azteca con la española dio origen a ese país que hoy llamamos México.

OBRAS PRINCIPALES

Novela

1958 | *La región más transparente*
1959 | *Las buenas conciencias*
1962 | *La muerte de Artemio Cruz*
1962 | *Aura*
1967 | *Zona Sagrada*
1967 | *Cambio de piel*
1975 | *Terra nostra*
1985 | *Gringo viejo*
1987 | *Cristóbal Nonato*
1990 | *Constancia y otras novelas para vírgenes*
1990 | *La campaña*
1994 | *Diana o la cazadora solitaria*
1995 | *La frontera de cristal*
1999 | *Los años con Laura Díaz*
2001 | *Instinto de Inez*
2006 | *Todas las familias felices*
2008 | *La voluntad y la fortuna*
2009 | *Adán en Edén*

Ensayo

1969 | *La nueva novela hispanoamericana*
1970 | *Casa con dos puertas*
1990 | *Valiente mundo nuevo. Épica, utopía y mito en la novela hispanoamericana*
1992 | *El espejo enterrado*
1993 | *Geografía de la novela*
2002 | *En esto creo*
2011 | *La gran novela latinoamericana*

Cuento

1954 | *Los días enmascarados*
1964 | *Cantar de ciegos*
1981 | *Agua quemada*
1993 | *El naranjo o los círculos del tiempo*
2010 | *Carolina Grau*

Teatro

1970 | *El tuerto es rey*
1982 | *Orquídeas a la luz de la luna*

LA PENA
De *La frontera de cristal*, 1995

A Julio Ortega

1

Juan Zamora me ha pedido que cuente este cuento de espaldas. Es decir: él va a estar de espaldas al lector todo el tiempo. Dice que siente vergüenza. O como él dice, "estoy apenado". La "pena" como sinónimo de "vergüenza" es una particularidad del habla mexicana, igual que
5   decir "mayor" en vez de "viejos" para no ofender a éstos, o decir "está malito" para suavizar una enfermedad mortal. La vergüenza duele; el dolor, a veces, avergüenza.

De manera que Juan Zamora no les dará la cara a ustedes a lo largo de esta narración. Sólo podrán ver su nuca, su espalda. No digo "sus nalgas" porque ya
10 sabemos lo que esto significa en México. Darlas. El acto más ruin de cobardía, entrega o cortesía• abyecta••. No es el caso de Juan Zamora. Usa una sudadera universitaria de esas muy largas, tamaño xxx (extra large) que al frente trae los blasones de la universidad en cuestión, que se arremangan fácilmente y cuelgan hasta los muslos, enfundados en unos jeans. No, Juan Zamora insiste en que les
15 diga que no va a darlas. Nada más quiere insistir en su vergüenza igualita a su pena. No culpa a nadie. Es cierto que el mundo lo tocó y a él le tocó un mundo.

Pero al cabo, cuanto ocurrió pasó por él y en él. Eso es lo que cuenta.

Ésta es una historia de la época del auge petrolero en México, fines de los setenta, principios de los ochenta. De arranque, eso ya explica parte de
20 la identificación pena-vergüenza de la que habla Juan Zamora. Vergüenza porque festejamos• el auge como nuevos ricos. Pena porque la riqueza fue mal empleada. Vergüenza porque el presidente dijo que nuestro problema ahora era administrar la riqueza. Pena porque los amolados• siguieron siéndolo. Vergüenza porque nos volvimos frívolos, dispendiosos•, esclavos de un capricho vulgar y
25 de una cómica prepotencia. Pena porque no fuimos capaces de administrar ni la vergüenza. Pena y vergüenza porque no servimos para ser ricos, sólo nos conviene la pobreza, la dignidad, el esfuerzo… En México siempre ha habido gente corrupta, autoritaria y con exceso de poder. Pero todo se les perdona si al menos son serios (¿hay una corrupción seria y otra frívola?). La frivolidad es lo
30 insoportable, lo imperdonable, la burla a todos los jodidos•. De allí la pena y la vergüenza de esos años en que fuimos millonarios de temporada para amanecer al poco tiempo quebrados, en la calle, y llorando de risa antes de reír de dolor.

Juan Zamora está pues de espaldas a ustedes. A él le tocó irse a estudiar a Cornell gracias a una beca cuando tenía 23 años de edad. Era un esforzado
35 estudiante de medicina en la prepa y luego en la UNAM, y él les jura a ustedes que con eso le hubiera bastado si a su madre no se le mete en la cabeza que en

•cortesía ••despreciable, vil

•celebramos

•desgraciados

•derrochadores, malgastadores

•desaventajados

la época del auge mexicano se necesitaba una temporada de posgrado en una universidad yanqui.

—Tu padre nunca supo aprovecharse. Mira que ser durante 20 años abogado administrador de don Leonardo Barroso y morirse sin un quinto partido por la mitad. ¿En qué estaría pensando? Ni en ti ni en mí, Juanito, eso tenlo por seguro.

—¿Qué te decía, mamá?

—Que la honestidad es recompensa suficiente. Que él era un profesional honrado. Que no iba a traicionar al maestro Mario de la Cueva y a sus demás profesores de la Facultad de Derecho. Que a él le inculcaron que la abogacía era una profesión honorable. Que no se podía defender la ley siendo uno mismo corrupto. Pero si no es nada indebido, Gonzalo, yo le decía a tu papá, aceptar un pago por hacer favores o llevar un asunto a la atención del ministro Barroso no es ningún crimen. ¡Todos en el gobierno se hacen ricos menos tú!

"—Eso se llama soborno, Lelia. Es un triple engaño, además una mentira. Si el asunto sale*, parece que fue porque me pagaron para impulsarlo. Si no sale, parezco un ratero*. En todo caso, engaño al ministro, al país y a mí mismo."

"—Un contratito de obras públicas, Gonzalo, nomás eso te pido que pidas. Te dan tu comisión y santas pascuas.[1] Ni quién se entere. Nos podemos comprar con eso una casa en Anzures. Salir de la colonia Santa María. Mandar a Juanito a una universidad gringa. Mira que el muchacho es muy buen estudiante y sería una lástima que se desperdiciara entre la chusma* de la UNAM."

Juan nos manda decir que su madre contaba estas cosas con una sonrisa amarga, un rictus* que su hijo sólo veía, a veces, en los cadáveres que estudiaba en la escuela.

Tuvo que morirse su padre el licenciado Gonzalo Zamora para que su viuda le pidiera un solo favor a don Leonardo Barroso, vea si puede usted darle una beca a Juanito para que estudie medicina en los Estados Unidos. Don Leonardo, con gran elegancia, dijo que no faltaba más, lo haría de mil amores, es lo menos que se merecía la memoria de Zamorita, un abogado tan honesto, un funcionario tan cumplido*...

*tiene éxito

*ladrón

*gente vulgar

*gesto de dolor

*atento, amable

[1] Expresión que da por finalizado un asunto sobre el cual ya no hay más que hablar.

2

Voy siguiendo a Juan Zamora, el estudiante mexicano con su sudadera gris, por las tristes calles de Ithaca, Nueva York, donde tiene su sede la Universidad de Cornell. No sé qué cosa busca, pues hay muy poco qué ver aquí. La calle central apenas si tiene comercios, dos o tres restoranes muy malos y en seguida las montañas y las barrancas*. Juanito se siente, casi, en México, en San Juan del Río o Tepeji, esos lugares donde a veces iba de excursión, a respirar el aire de los bosques y las barrancas, lejos de la polución capitalina*. La barranca de Ithaca es un gran tajo hondo y prohibitivo, pero por lo visto también es un abismo seductor. Cornell es famosa por la cantidad de suicidios de estudiantes desesperados que se arrojan desde el puente de la barranca. El chiste dice que aquí ningún profesor se atreve a reprobar* a un mal alumno, por miedo a que se aviente* a la barranca.

Sin mucho que ver en un domingo aquí, Juan Zamora va a regresar a la casa donde está alojado. Es una bella residencia de ladrillo color rosa pálido con tejas de pizarra azul y rodeada de una pelusa bien cuidada que se convierte en grava alrededor de la casa y se prolonga en un bosque enmarañado, delgado y sombrío detrás de ella. La hiedra trepa por el ladrillo rosa.

Las estaciones suplen aquí la falta de encanto de la ciudad. Ahora es el otoño y el bosque se desnuda, los árboles de los montes parecen palillos de dientes carbonizados y el cielo desciende dos o tres peldaños para comunicarnos a todos el silencio y la pena de dios ante la muerte pasajera del mundo. Pero el invierno en Cornell le devuelve una voz a la naturaleza, que se venga de dios, vistiéndose de blanco, regando polvo congelado y estrellas de nieve, extendiendo grandes mantos albos que son como sábanas suntuosas de la tierra, y también una respuesta al cielo. La primavera estalla rápida y agónica en puñados de rosas espléndidas que perfuman y dejan una ráfaga de olvidos antes de que el verano se instale pesado, soñoliento, lento él a cambio de la veloz primavera, vagabundo y perezoso verano de aguas estancadas, mosquitos traviesos, gran respiración húmeda y montes intensamente verdes.

La barranca, para todo esto, refleja las estaciones pero también las devora, las desploma y las somete a la muerte implacable de la gravedad, abrazo sofocante y final de todas las cosas. Esa barranca es el vértigo en el orden de este lugar.

Hay una fábrica de armas y municiones junto a la barranca, un espantoso edificio de ladrillo ennegrecido y chimeneas indecentes, casi una evocación de la fealdad de la noche y la niebla nazis. Las pistolas producidas por la fábrica de Ithaca son las reglamentarias del ejército salvadoreño, razón por la cual la oficialidad y los soldados de esa república las llaman "itaquitas".

Juan Zamora me pide que les cuente todo esto mientras él nos da la espalda porque fue recibido como huésped en la residencia de un próspero negociante que en otra época estuvo relacionado con la fabricación de armas, pero que

*barrancos; una depresión en el terreno

*de la capital

*suspender
*se tire, se arroje

ahora prefiere ser consejero de bufetes que hacen contratos de defensa entre los fabricantes y el gobierno norteamericano. Tarleton Wingate y su familia, en los días en que Juan Zamora llega a vivir con ellos, están entusiasmados por el triunfo de Ronald Reagan en la campaña contra Jimmy Carter. Ven la televisión todas las noches y aplauden las decisiones del nuevo presidente, su sonrisa de estrella de cine, su voluntad para acabar con el exceso de intromisión gubernamental, su optimismo en declarar que vuelve a amanecer en América, su firmeza en detener los avances del comunismo en Centroamérica.

El jefe de la casa, Tarleton Wingate, es un simpático gigantón con menos arrugas en su fresca cara juvenil que una vieja silla de montar; su opaca cabellera color arena contrasta con el rubio platino de su mujer, Charlotte, y con el castaño bruñido rojizo de la niña de la casa, Becky, que tiene 13 años. Cuando los Wingate se sientan todos a ver la televisión, amablemente invitan a Juan a unirse a ellos. Él no entiende si les apena cuando salen imágenes terribles de la guerra en El Salvador, monjas asesinadas a la vera[*] del camino, rebeldes asesinados por los batallones paramilitares, un pueblo entero ametrallado por el ejército al huir cruzando un río…

Juan Zamora le da la espalda a la pantalla y les asegura que en México se aplaude igual que aquí al presidente Reagan por salvarnos a todos del comunismo. Les dice también que a México lo que le interesa es crecer y prosperar, como lo prueba la gran explotación del petróleo por el gobierno de López Portillo.

Los gringos sonríen al oír esto pues creen que la prosperidad inocula contra el comunismo y Juan Zamora tiene ganas de preguntarle al señor Wingate cómo van sus negocios con el Pentágono, pero mejor se calla. Lo que insinúa primero y luego declara enfáticamente es que ellos, los Zamora, se adaptan perfectamente a la nueva riqueza de México porque ellos desde siempre han tenido tierras, haciendas —la palabra tiene un gran prestigio en los Estados Unidos, hasta la pronuncian con jota, "jacienda"— y pozos petroleros. Se da cuenta de que los Wingate ignoran que el petróleo es propiedad del Estado en México y se admiran de cuanto les dice Juan. Dogmática, aunque inocentemente, creen que la expresión "mundo libre" es idéntica a "libre empresa".

Ellos lo han recibido con gusto y por tradición. Desde siempre, los estudiantes extranjeros han sido acogidos con hospitalidad en las casas privadas cercanas a los campus norteamericanos. No llama la atención que los ricos jóvenes latinoamericanos busquen así una prolongación de sus hogares y, sobre todo, que de este modo aceleren sus conocimientos del inglés.

—Hay chicos —le asegura Tarleton Wingate— que han aprendido inglés pasándose horas delante de la televisión.

Juntos ven en la pantallita la película de Peter Sellers, *Being There*, donde el pobre hombre no sabe más que lo que ha aprendido viendo televisión y por eso mismo pasa por un genio.

[*]orilla, margen

Los Wingate le preguntan a Juan Zamora si la televisión en México es buena
y él debe responder con honestidad que no, es aburrida, vulgar, sin libertad y un
150 escritor muy bueno y muy leído por los jóvenes, Carlos Monsiváis, la llama "la
caja idiota". Esto le provoca gran hilaridad a Becky y dice que lo va a repetir en
su clase, *the idiot box*. No te des aires de intelectual, le dice Charlotte a su hija,
cabecita de huevo, le dice sonriendo mesándole el pelo y la bruñida pelirroja
protesta, no me revuelvas el peinado, voy a tener que arreglarme otra vez antes
155 de salir de niñera esa noche, y Juan Zamora se asombra de que los niños gringos
trabajen todos desde chiquitos, de niñeros, repartiendo periódicos o vendiendo
limonada en el verano. —Es para inculcarles la ética de trabajo protestante
—dice con solemnidad Mr. Wingate. ¿Y él? ¿Cómo es posible que haya crecido
sin televisión?, le pregunta Becky. Juan Zamora sabe muy bien lo que dice. Ser
160 rico y aristocrático en México es cuestión de tierras, haciendas, peones, un estilo
de vida elegante, caballos, andar vestido de charro*, tener muchos criados, eso   *típico jinete mexicano
es ser gente pudiente* en México. No ver la televisión. Y como sus anfitriones   *rica y poderosa
tienen exactamente la misma idea en sus cabezas, la entienden, la alaban, la
envidian y Becky sale a ganarse cinco dólares como niñera, la señora Charlotte
165 se pone el delantal y va a asear* la cocina y el señor Tarleton se queda leyendo   *limpiar
con profundo sentido de la obligación el best seller número uno en la lista del
New York Times, una novela de espionaje que, de paso, le confirma su obsesiva
paranoia acerca del peligro rojo.

3

Si la ciudad de Ithaca es una especie de averno* suburbano, la Universidad de   *infierno
170 Cornell es su parnaso:[2] un templo rutilante*, de colores crema, líneas modernas,   *esplendoroso
casi *art déco* por momentos, y grandes espacios verdes y luminosos. El campus
se comunica, dado lo abrupto del terreno, mediante hermosas terracerías y
grandes escalinatas. Ambas conducen a dos lugares que fueron centros de la
vida del estudiante mexicano, Juan Zamora. Uno es la Unión Estudiantil, que
175 trata de suplir* todas las ausencias de Ithaca: librería y papelería, cine, teatro,   *compensar
ropa, casillas de correo, restoranes y espacios de reunión. Moviéndose entre
estos espacios, dándonos la espalda, Juan Zamora intenta relacionarse. Le llama
la atención el extremo desaliño* de los estudiantes. Usan gorras de beisbol que   *aspecto descuidado
no se quitan en el interior ni para saludar a las mujeres. Rara vez se rasuran* por   *afeitan
180 completo. Beben la cerveza empinando la botella sobre los labios. Usan camisetas
sin mangas, mostrando a todas horas el vello de las axilas. Lucen rasgaduras en
las rodillas de sus blue jeans y a veces andan con éstos cortados a la altura de los
muslos, deshebrándose. Se sientan a comer con las gorras puestas y se llenan las
bocas de hamburguesa, papas fritas y todo un menú salido de bolsas de plástico.

[2] En la mitología griega, monte donde habitaban las musas. Simboliza el reino del arte y la poesía.

Cuando de veras quieren ser informales, usan la gorra de beisbol al revés, con la visera enfriándoles la nuca.

Un día, un muchacho atlético, rubio, de facciones pellizcadas, se sirvió un platón de espagueti y empezó a comerlo con las manos, a puños. Juan Zamora sintió una revulsión incontrolable que le cortó el apetito y le obligó, por primera y quizás única vez, a interpelar[*] a un compañero.   [*]cuestionar

—¡Qué asco! ¿No te enseñaron a comer en tu casa?

—Claro que me enseñaron. Mis gentes son bien ricas, qué te crees…

—¿Entonces por qué comes como un animal?

—Porque ahora soy libre —dijo el güero[*] con la boca llena.   [*]muchacho

Juan Zamora no llegó de saco[*] y corbata a Cornell, sino de blue jeans y   [*]chaqueta
chamarra[*], suéter y mocasines. Su padre, en vida, se resignó a estas "fachas[**]".   [*]camiseta [**]aspectos
—Nosotros íbamos de saco y corbata a las clases en San Ildefonso—. Poco a
poco, Juan fue alivianando su ajuar[*], la sudadera, los zapatos Keds, pero siempre   [*]vestuario
mantuvo —de espaldas— una corrección mínima. Él pensaba en sus padres de
otra manera. Entendió que el astroso[*] disfraz de los estudiantes era una manera   [*]desaliñado, descuidado
de igualar el origen social, para que nadie preguntara sobre el origen familiar y el
estatus económico. Todos iguales, igualados por la facha, el uniforme de mezclilla,
la gorra de beisbol, los zapatos tenis. Sólo en su refugio —la residencia de la
familia Wingate— podía Juan Zamora decir, impunemente, con aprobación de
todos, incluso impresionándolos: —Mi familia es muy antigua. Siempre hemos
sido ricos. Tenemos haciendas, caballos, criados. Con el petróleo, simplemente
viviremos como siempre, pero con más lujo aún. Ojalá que algún día nos visiten
en México. A mi madre le dará mucho gusto recibirlos y agradecerles sus
finas atenciones.

Y la señora Charlotte suspiraba con admiración. Era la primera señora blanca
y platinada a la que Juan Zamora veía con delantal.

—¡Qué bien educados son los aristócratas españoles! Aprende Becky.

La señora Charlotte nunca llamó "mexicano" a Juan Zamora. Temía ofenderlo.

4

El otro espacio de la vida del estudiante mexicano era la escuela de medicina y
sobre todo el anfiteatro de líneas griegas, albo y sólido, que coronaba una colina
como para que los olores de cloroformo y formol no contaminaran al resto del
campus. Aquí las modas estrafalarias[*] eran sustituidas por el blanco uniforme   [*]excéntricas
de la medicina, aunque a veces aparecían piernas velludas y casi siempre Keds
ennegrecidos en las extremidades del alto batón de clínica.

Hombres y mujeres, todos de blanco, le daban un aire de comunidad
religiosa al edificio. Por sus pasillos relucientes pasaban monjes y monjas
juveniles. A Juan se le ocurrió que la castidad sería la regla de esta orden de
jóvenes médicos. Además, el uniforme blanco (cuando no asomaban las piernas
velludas) acentuaba la androginia generacional. Algunas muchachas usaban el

pelo muy corto, algunos muchachos lo usaban muy largo y a veces, desde atrás (de espaldas), era difícil distinguir el sexo.

Juan Zamora había tenido uno que otro contacto sexual en México. El sexo no era su fuerte. Las prostitutas no le agradaban. Las compañeras de la universidad mexicana eran muy exigentes, muy devoradoras, lo distraían, hablaban de tener familia o de ser independientes, de vivir así o asado, de triunfar con una decisión que lo hacía sentirse chinche*, culpable, avergonzado de no ser, nunca, aún no, todo lo que podía ser. El mal de Juan Zamora era confundir cada etapa de su vida con algo definitivo, acabado. Así como hay jóvenes que dejan que las cosas fluyan y el azar impere*, hay otros que creen que cada 24 horas se acaba el mundo. Juan era de éstos. Sin admitirlo, sabía que las angustias de su madre por la modestia en que vivían, y el orgullo probo* de su padre, así como la incertidumbre acerca de las ventajas de su moral, le daban a él un sentimiento de sobresalto* perpetuo, de inminencia que, sin embargo, era burlada por el gris, implacable flujo de la vida diaria. Si hubiese aceptado ese paso tranquilo de los días, quizás, también, habría encontrado una relación más o menos estable con alguna muchacha. Pero ellas mismas veían en Juan Zamora a un muchacho demasiado tenso, asustado, inseguro. Un hombre de espaldas, apenado.

—¿Por qué miras siempre para atrás? ¿Crees que alguien nos viene siguiendo?

—Cruza la calle sin miedo. Aquí no hay coches.

—Oye, no te agaches. No viene el golpe.

Ahora en Cornell se puso su bata blanca y se lavó bien las manos. Iba a hacer su primera autopsia, junto con otro estudiante. ¿Le tocaría hombre o mujer? La pregunta se le impuso porque se refería también al cadáver que iba a estudiar.

El auditorio estaba a oscuras.

Juan Zamora se acercó a tientas a la mesa de autopsias apenas visible. Entonces su espalda rozó la de otra persona. Ambos rieron nerviosamente. Las luces cegantes, implacables, como de un Jehová vengativo, se encendieron de un golpe y el portero pidió excusas por no haber llegado a tiempo. Trataba de ser siempre más puntual que los chicos, exclamó riendo, apenado.

¿A quién miraría primero Juan Zamora? ¿Al estudiante o al cadáver? Bajó la mirada y vio al muerto cubierto por una sábana. Levantó los ojos y encontró que le daba la espalda una persona muy rubia, de melena larga y hombros no muy anchos. Se volteó y descubrió la cara del cadáver. No era posible saber si era hombre o mujer. La muerte había borrado no sólo su tiempo sino su personalidad sexual. Era viejo, o vieja, eso sí. Era de cera. Había que creer siempre que los cadáveres eran de cera. Resultaba más fácil disecarlos. Éste no cerraba bien los ojos y a Juan le sobresaltó sentir que aún lloraban. Pero la nariz afilada y retacada de algodones, la mandíbula rígida, los labios hundidos, ya no eran suyos o nuestros. La muerte despojaba de pronombres al individuo. Ya no era él o ella, tuyo o mío. La otra mano, enguantada, le tendió el bisturí.

*insecto, bicho

*mande, reine

*noble

*inquietud, ansiedad

Trabajaron en silencio. Estaban enmascarados. La persona rubia, menuda pero decisiva que trabajaba con él conocía mejor que él las entrañas de un muerto. Lo guiaba en los cortes que era necesario hacer. Era un experto o una experta. Juan se atrevió a mirarle los ojos. Eran grises, de ese gris avellanado que a veces se da en los más bellos anglosajones, porque el color insólito va acompañado, casi siempre, de párpados soñadores, profundidades de deseo, fluidez pero también intensidad.

Se tocaron las manos enguantadas, con la misma calidad de los preservativos, aislados por el hule, las mascarillas, los batones. Sólo los ojos se vieron. Ahora Juan Zamora nos da la cara, se voltea a mirarnos, se arranca la mascarilla, ya no está de espaldas, muestra su rostro mestizo, joven, moreno, de huesos notables, recortados, su piel de postre, piloncillo, panochita de canela, café con leche, su mentón suave y firme, su labio inferior grueso, su mirada líquida, negra, que encuentra la mirada gris avellanada. Juan Zamora ya no está de espaldas. Instintiva, apasionadamente, nos da la cara, la acerca a los labios del otro, se une en un beso liberador, completo, que le lava de todas sus inseguridades, de todas sus soledades, de todas sus penas y vergüenzas. Se besan los dos muchachos para vencer la muerte, si no para siempre, sí ahora, en este momento, urgidos, temblorosos, ardientes.

5

Jim era un muchacho de 22 años, delicado y refinado, serio y estudioso, interesado por la política y el arte. Por todas estas razones, los otros estudiantes lo llamaban "Lord Jim" y su cabeza rubia, sus ojos avellanados y su menudez[*] corpórea, iban acompañados de buenos músculos, buenos huesos, agilidad nerviosa y sobre todo manos agilísimas y dedos largos. Sería un gran médico —le decía Juan Zamora— pero no por los dedos y las manos, sino por la vocación. Era un poco —nos manda decir Juan, a pesar de la distancia— como su propio padre Gonzalo Zamora, un hombre dedicado, de una pieza, aunque no digno de compasión.

*pequeñez

Contrastaban los dos hombres jóvenes y se veían bien juntos, el rubio y el moreno. Primero llamaron la atención en el campus, luego fueron aceptados e incluso admirados por el cariño obvio que se profesaban y la manera espontánea de su relación. Amorosamente, Juan Zamora se encontraba a sí mismo finalmente satisfecho, identificado a la vez que sorprendido. Desconocía en verdad su tendencia homosexual y sentirla revelada de esta manera, con este hombre, tan plena y apasionadamente, con semejante satisfacción y entendimiento, lo llenó de un tranquilo orgullo.

Continuaron estudiando y trabajando juntos. Su conversación y su vida tenían un carácter inmediato, como si el mal de Juan Zamora —el temor de que cada día fuese el último, o por lo menos el definitorio— se hubiese convertido, gracias a Lord Jim, en su bien. No hubo, durante varias semanas, ni antes ni después. El goce compartido llenaba los días, impedía la entrada de otras preocupaciones, de otros tiempos.

Una tarde, trabajando juntos en una autopsia, Jim le preguntó por primera vez a Juan sobre sus estudios en México. El estudiante mexicano dijo que a él le tocó estudiar en la Ciudad Universitaria, pero que a veces pasaba por la antigua escuela de medicina en la plaza de Santo Domingo. Era un edificio colonial muy bello, donde estuvo alojada la Santa Inquisición. Esto le produjo una risa nerviosa a Lord Jim; era la primera vez que Juan se alejaba de él hasta un periodo no sólo remoto sino, acaso, prohibido y detestado para el alma anglosajona. Juan persistió. No hubo mujeres doctoras en México hasta el año 1873 y a la primera de ellas, Matilde Montoya, sólo se le permitió hacer autopsias en auditorios vacíos y con los cadáveres vestidos.

La risa nerviosa de Jim rompió un poco la tensión o la distancia (¿eran la misma cosa?) que esa simple referencia a la Santa Inquisición introdujo en la manera de estar juntos. Era la primera irrupción de un pasado en una relación que instintivamente los dos muchachos vivían sólo para el presente. Juan Zamora tuvo una sensación inasible• pero desoladora•• de que en ese momento también se abría una perspectiva aún más peligrosa, la del futuro. Cubrieron con lentitud el cadáver de una bella muchacha suicida que nadie reclamó.

•incomprensible ••triste

Juan Zamora tuvo cuidado de que sus citas de amor con Lord Jim fuesen siempre en la tarde, para regresar a tiempo a casa de los Wingate, cenar con ellos, ver televisión, hacer comentarios. Ahora Reagan iniciaba su guerra sucia y secreta contra Nicaragua y esto empezaba a molestar, sin saber bien por qué, a Juan Zamora. En cambio, Tarleton celebraba la decisión de Reagan de ponerle un hasta aquí• al marxismo en las Américas. Quizás éste era el motivo de la frialdad creciente de Charlotte y Tarleton Wingate, y de la confusión un tanto cómica de la niña Becky, quien era despachada a su cuarto cuando llegaba Juan, como si su mera aparición fuese anuncio de una peste. ¿Tenía Juan Zamora cara de guerrillero y sandinista?[3]

•límite

Claro, el estudiante mexicano entendió en seguida que los rumores de su asociación homosexual habían bajado desde el Parnaso hasta la Suburbia, en una comunidad tan pequeña, pero decidió no ceder, continuar normalmente, porque su relación era exactamente eso, una relación normal, para los únicos que tenían algo que opinar al respecto, y que eran Jim y él.

Jim era demasiado sensible, tenía muy buenas antenas, y se dio cuenta de cierto malestar nervioso en su amante. Sabía que no era atribuible a la relación entre ambos. Abrazados juntos en la cama del norteamericano en uno de los dormitorios del colegio, Juan trató de excusarse porque esa tarde no había podido funcionar correctamente y Jim, acariciándole la cabeza recostada sobre

---

[3] Partidario de Augusto César Sandino (1895–1934), líder revolucionario nicaragüense que luchó contra la ocupación militar de Estados Unidos (1927–1933).

su hombro, le dijo que era normal, eso le pasaba a todo el mundo. Los dos eran médicos y debían saber bien la cantidad de estereotipos que rodeaban toda actividad sexual, del signo que fuese, desde la masturbación que supuestamente enloquecía a los adolescentes hasta el uso perfectamente normal de material pornográfico por los ancianos. Pero los mitos de la homosexualidad eran los peores. Él entendía. Los Wingate no toleraban a una pareja gay. No era la diferencia racial ni la diferencia social lo que les molestaba. Pero Juan nunca se las echó de rico con Jim. No dijo nada. A Jim no le interesaba el pasado.

Juan trató de besar a Jim pero éste se incorporó, desnudo, enojado y dijo que era él quien no toleraba el puritanismo repugnante de esa gente, su espantoso disfraz de bondad y su perpetua, inviolable santidad política y sexual. Se volteó con furia a ver a Juan.

—¿Sabes a qué se dedica tu casero el señor Tarleton Wingate? A inflar presupuestos de las compañías privadas que hacen negocios con el Pentágono. ¿Sabes en cuánto vende el señor Wingate un retrete para los aviones de la Fuerza Aérea? En 200 mil dólares por excusado. ¡Casi un cuarto de millón para cagar cómodamente en el aire! ¿Quién paga el gasto de la defensa y la ganancia de la compañía de Wingate? Yo. El contribuyente.

—Pero él dice que adora a Reagan porque acaba con el gobierno y baja los impuestos…

—Pregúntale al señor Wingate si quiere que el gobierno deje de gastar en la defensa, en salvar bancos quebrados o en subsidiar a agricultores ineficientes. Díselo, a ver qué te contesta.

—Me llamará comunista, probablemente.

—Son unos cínicos. Quieren la libertad de empresa para todo, menos para armar ejércitos y salvar a financieros pillos•. •astutos, tramposos

Le cuesta a Juan Zamora admitir las razones de Lord Jim, aceptar algo que rompe su regla de hacerse querer y quedar bien con los Wingate y a través de ellos, con la sociedad norteamericana. Pero esta crítica la lanza su amante, el ser que Juan más quiere en el mundo, y la lanza implacable, enojado, sin importarle la reacción de nadie, incluso Juan.

El estudiante mexicano había temido algo así, algo que rompiera la perfecta intimidad enclaustrada de la pareja, la autosuficiencia de los amantes. Odia al mundo, mundo metiche•, cruel, que no gana nada con entrometerse•• con los amantes, salvo eso, el goce malicioso de distanciarlos. ¿Podrían otra vez gozar de la plenitud anterior a este pequeño incidente? Juan confió en que sí, multiplicó sus pruebas de cariño y lealtad a Lord Jim, sus pequeños mimos•, su atención. Acaso, la voluntad de reconstruir algo que por ser tan perfecto algún día debía fisurarse, se notaba demasiado.

•intruso ••meterse en la vida privada

•caricias, muestras de afecto

6

Están otra vez juntos, con las mascarillas blancas, enguantados, disecando otro
385 cadáver de mujer, anciana ésta. Lord Jim le pide a Juan que le recuerde cómo
era ese lugar, el palacio de la Inquisición en México, convertido en escuela de
medicina. Le divierte la idea de que el mismo local sirva un día para la tortura
y al siguiente para el alivio de los cuerpos. El estudiante mexicano desvía el
tema y le cuenta de la plaza de Santo Domingo y la antigua tradición de los
390 "evangelistas", que son unos viejos con máquinas de escribir tan viejas como
ellos, sentados en los portales y tomando el dictado de los analfabetas que
quieren mandarles cartas a sus padres, novios, amigos.

—¿Cómo saben que el mecanógrafo les fue fiel?

—No lo saben. Tienen que tener fe.

395 —Confianza, Juan.

—Sí.

Jim se quitó la máscara y Juan le hizo un gesto de advertencia, había que
cuidarse, ya una vez, la primera vez, se besaron junto a un cadáver, las bacterias
de los muertos han matado a más de un médico incauto•… Jim lo miró de   •imprudente
400 una manera extraña. Le pidió que le dijera la verdad. ¿De qué? De su familia,
de su casa. Jim sabía lo que se decía en la universidad, que Juan era hijo de
gente pudiente, hacendados, etcétera. Juan no se lo había dicho, porque nunca
hablaban del pasado. Ahora le pedía por favor que le mandara una carta hablada,
como si él, el gringo, fuese el evangelista de la plaza y él, Juan, el analfabeta…

405 —No es cierto —dijo Juan otra vez de espaldas, pero sin titubear•—. Son   •dudar, vacilar
puras mentiras. Vivimos en un apartamento bastante modesto. Mi padre era
muy honrado y murió sin un centavo. Mi madre se lo recriminó• siempre. Se   •reprochó, echó en cara
morirá recriminándolo. Siento pena y vergüenza por los dos. Siento pena por la
moral inútil de mi padre, que nadie la recuerda ni la aprecia y no sirvió para un
410 carajo•. Le hubieran celebrado en cambio su riqueza. Siento vergüenza de que no   •nada (vulgar)
haya robado, de que haya sido un pobre diablo. Pero igual vergüenza sentiría si
fuera ladrón. Mi jefe. Mi pobre, pobre jefe.

Se sintió aliviado, limpio. Le había sido fiel a Lord Jim. Desde ahora, no
habría una sola mentira entre los dos. Pensó esto y sintió un malestar fugitivo.
415 Lord Jim, también, podía ser sincero con él, también.

—Explícame sin pena y vergüenza, como les dices, son algo así como *pity
shame* en inglés —dijo el norteamericano.

—Me da pena mi madre, quejándose siempre de lo que no fue, adolorida por
su vida que debe aceptar y que ya nunca será de otra manera. Me da vergüenza
420 su compasión de sí misma, tienes razón, ese horrible pecado del *self pity*, de
estarse dando pena a uno mismo el día entero. Sí, creo que tienes razón. Hay que
tener un poco de compasión para encubrir la pena y la vergüenza por los demás.

Apretó la mano de Lord Jim y le dijo que no debían hablar del pasado, se entendían tan bien en el presente. El norteamericano lo miró de una manera extraña, que Juan casi asimiló a la de la mujer muerta que no se resignaba a cerrar los ojos, la mujer que ambos no acababan de disecar.

—Me sienta muy mal decírtelo, Juan, pero también tenemos que hablar del futuro.

El estudiante mexicano hizo un gesto involuntario pero intenso, un movimiento veloz y simultáneo, aunque reiterado, de una mano llevada a la boca, como si implorara silencio, y otra adelantada, negando, deteniendo lo que se venía…

—Lo siento, Juan. De verdad me apena lo que voy a decirte. Bueno, hasta me avergüenza. Tú entiendes que nadie es totalmente dueño de su destino.

7

Juan, esta vez literalmente, le dio la espalda a Cornell. Cortó los estudios, se despidió cortésmente de los Wingate y éstos se mostraron sorprendidos, azorados•, preguntándole por qué, ¿tenía algo que ver con ellos, con el trato de la casa?, pero sus miradas eran de alivio y de secreta seguridad: esto tenía que acabar mal… Esperaba verlos un día. Le daría gusto pasearlos por la hacienda a caballo. —Búsquenme si van a México.

La familia norteamericana se sintió aliviada pero al mismo tiempo culpable. Tarleton y Charlotte lo discutieron varias veces. El chico tuvo que notar el cambio de actitud de sus anfitriones cuando empezó a andar con Jim Rowlands. ¿Habían faltado a las leyes de la hospitalidad? ¿Se habían dejado arrastrar por un prejuicio irracional? Seguramente. Pero los prejuicios no se extirpaban de un día para otro, eran viejísimos, tenían más realidad, vamos, que un partido político o una cuenta de banco. Negros, homosexuales, pobres, ancianos, mujeres, extranjeros… la lista era interminable. Pero Becky, para qué exponerla a una mala influencia, a una relación escandalosa. Ella era inocente. La inocencia era digna de protección. Becky los escuchaba murmurar mientras ellos la imaginaban mirando el programa educativo Sesame Street y ella trataba de mantener una cara seria. Si supieran. Trece años y en una escuela privada. ¿Qué le podían reprochar? ¿Para qué servía el dinero? Día tras día, todo el día, la cantinela de la Generación Egoísta, la *Me Generation* con derecho a todos los caprichos, todos los placeres, y un solo valor, Yo. ¿No eran así sus padres? ¿No tenían éxito porque eran así? ¿Qué le iban a pedir a ella? ¿Que fuera una puritana de la época de la cacería de brujas en Nueva Inglaterra? Entonces la niña se perdía en los sucesos de la pantalla para no oír las voces de sus padres, que no querían ser escuchados y se hizo la pregunta que la confundía mucho, ¿cómo gozar de todo pero parecer una persona muy moral, muy puritana? La sangre le hacía cosquillas, el cuerpo le cambiaba y Becky se angustiaba de no tener respuestas. Abrazó a su conejo de peluche y se atrevió a decirle, ¿Y tú?, ¿entiendes algo Bunny?

•confusos

Juan, en su vuelo clase económica de Eastern Airlines a la Ciudad de México, quiso imaginar, desde las nubes, un futuro sin Lord Jim y lo aceptó con amargura,
465 con desolación, como si la vida se la hubieran cancelado. Fue lo malo de admitir el pasado primero, el futuro después. Fue lo penoso de salirse del instante donde ellos se amaban sin explicaciones, dueños de un solo tiempo, de un solo espacio, el edén de la juventud amorosa que excluye padres, amigos, profesores, jefes. Pero no otros amantes.

470 Suspendido en el aire, Juan Zamora quiso recordarlo todo, lo bueno y lo malo, sólo una vez más y luego cancelarlo para siempre, no pensar nunca más en lo que sucedió. Nunca más sentir el odio, la pena, la vergüenza, la compasión por el pasado que vivieron sus pobres padres. Y tampoco sentir eso mismo —*pity, shame*— por sí o por Lord Jim, por el futuro que iban a vivir ambos,
475 separados para siempre, desolado el de Juan Zamora, feliz, cómodo, seguro el de Lord Jim, su matrimonio concertado desde siempre, desde antes de conocer a Juan, arreglado por las familias de la rica clase profesional de Seattle, del otro lado del continente, donde se esperaba que un joven médico con futuro estuviera casado, tuviera hijos, eso inspiraba respeto, inspiraba confianza, y bueno, en la
480 tradición anglosajona, una experiencia homosexual era aceptada como parte de la educación de un caballero, no había un inglés en Oxford que no pasara por eso, lo decía por si algo llegaba a saberse; Cornell y Seattle estaban muy lejos, el país era inmenso, los amores eran frágiles y pequeños…

—Y los ricos, te diré citando a un buen escritor, somos distintos de la demás
485 gente —clavó el clavo final Lord Jim.

Lo recordó una sola vez, airado•, indignado contra la hipocresía de Tarleton   •rabioso, enojado
Wingate. Ése es el Lord Jim que Juan quería recordar.

Clavó la frente ardiente en la ventanilla helada y le dio la espalda a todo. Abajo, la barranca de Cornell le parecía insignificante, no lo convocaba, no era para él.

8

490 Cuando cuatro años más tarde los Wingate decidieron ir de vacaciones a Cancún, se detuvieron en la Ciudad de México para que Becky conociera el maravilloso museo de antropología. Pero la muchacha —ahora una estudiante de 17 años, bastante descolorida a pesar de que imitaba a su madre y se pintaba el pelo de amarillo— era muy curiosa y hasta liberada. Se consiguió un noviecito
495 mexicano en el lobby del hotel y juntos se fueron a pasar un día a Cuernavaca. Era un chico muy apasionado y eso como que le molestó al chofer que los llevó, un tipo enojón e inseguro que trataba de asustar a los turistas con su velocidad en las curvas.

Ahora fue Becky la que animó a sus padres para caerle de sorpresa a Juan
500 Zamora, el estudiante mexicano que vivió con ellos en 1981, ¿se acordaban? Cómo no se iban a acordar. Y como Tarleton y Charlotte Wingate sentían un poco de vergüenza por la manera como partió Juan de su casa, aceptaron la

proposición de su hija. Además, el propio Juan Zamora los había invitado a visitarlo.

505 Tarleton llamó larga distancia a Cornell y pidió la dirección de Juan. La computadora universitaria se la dio enseguida. No era una dirección en el campo.

—Pero yo quiero conocer una jacienda —dijo Becky.

—Ésta ha de ser su *town house* —dijo Charlotte—. ¿Lo llamamos?

510 —No —se alborotó Becky—, mejor vamos de sorpresa.

—Eres muy fantasiosa —contestó su padre—. Pero estoy de acuerdo. Quizá si lo llamamos, busque la manera de no vernos. Siento que salió con rencor[*] de la casa.

[*] resentimiento

El mismo chofer de turismo que llevó a Becky a Cuernavaca la condujo ahora
515 con sus padres. El chofer tenía una sonrisa burlona. Quién la hubiera visto el día anterior, besuqueándose de lo lindo[*] con un naco de miedo[**]. Ahora, toda modosa la muy hipócrita, con esa pareja de gringos distinguidos —a veces se daba el caso— pero en busca de un lugar imposible.

[*] mucho [**] tonto absoluto

—¿La colonia Santa María? —casi se rió Leandro Reyes, el nombre que
520 Tarleton leyó y anotó mentalmente en el permiso de circular, por si las dudas—. Es la primera vez que alguien me pide llevarlo allí.

Atravesaron no sólo el espacio urbano grueso, amarejado, rumoroso como un río sin agua, de pura piedra suelta, no sólo penetraron la nata corrupta del aire pardo, también cruzaron los tiempos de México D.F. desordenados, anárquicos,
525 inmortales: tiempo imbricado[*] en su anterior y en su porvenir, como un niño que será padre de su descendencia, como un nieto que será la prueba única de que su abuelo caminó por estas calles: al norte siempre, por Mariano Escobedo a Ejército Nacional a Puente de Alvarado y la estación de Buenavista, más allá de San Rafael, cada vez más bajo todo, más incierto entre su construcción y su
530 derrumbe, ¿qué es nuevo, qué es viejo, qué está naciendo en esta ciudad, qué se está muriendo, son la misma cosa?

[*] colocado entre, superpuesto

Los Wingate se miraron entre sí, asombrados, adoloridos.

—Quizás hay un error.

—No —les dijo el chofer—. Aquí estamos. Es esa casa de apartamentos.

535 —Sería más prudente regresar —dijo Tarleton.

—No —casi grita Becky—. Ya estamos aquí. Me muero de curiosidad.

—Entonces ve tu sola —le dijo su madre.

Esperaron un rato frente al edificio verde, color limón, necesitado de una buena mano de pintura. Tenía tres pisos y ropa colgada a secar en los balcones,
540 una antena de TV y un expendio de gaseosas a la entrada. Una muchacha chapeteada[*], con delantal pero con permanente, se ocupaba de acomodar las botellas en la nevera. Un viejo pequeño, arrugado y con sombrero de petate[*], se asomó a la puerta y los miró con curiosidad. A cada lado, una balatería. Pasó un tamalero gritando rojos, verdes, de chile, de dulce y de manteca. El

[*] de mejillas sonrosadas

[*] fibras de esta planta

545 chofer —Leandro Reyes, leyó Tarleton Wingate en el permiso— hablaba
interminablemente en inglés sobre deudas, inflación, el costo de la vida,
devaluaciones del peso, merma*de salarios, pensiones que no servían para nada,   *reducción
todo muy amolado*.   *mal

Salió Becky de la casa y subió con premura al automóvil.

550 —Él no estaba. Su madre sí. Se asomó a la ventana a ver el coche. Dijo que
hacía mucho que nadie la visitaba. Juan está bien. Trabaja en un hospital. Le hice
jurar que no le diría que estuvimos aquí.

9

Todas las noches, Juan Zamora tiene exactamente el mismo sueño. A veces,
quisiera soñar algo distinto. Se acuesta pensando en otra cosa, pero por más
555 esfuerzos que haga, el sueño de siempre regresa siempre, puntualmente.
Entonces él se resigna y admite la soberanía del sueño, lo convierte en compañero
inevitable de sus noches: un sueño amante, un sueño que debe adorar a quien
visita, porque no se deja expulsar de ese segundo cuerpo del antiguo estudiante
y ahora joven doctor del Seguro Social Juan Zamora.

560 Regresa él, noche tras noche, hasta habitarlo a él, su gemelo, su socia*, su camisa   *doble
mitológica, que no se puede mudar sin arrancarle la piel al soñador: sueña con
una mezcla de confusión, gratitud, rechazo y enamoramiento; cuando quisiera
escaparse del sueño, lo hace deseando intensamente ser poseído de nuevo por
el sueño; cuando quisiera adueñarse del sueño, la vida cotidiana se asoma con
565 la sonrisa amarga de todas las auroras de Juan Zamora, secuestrándolo en los
hospitales, las ambulancias, las morgues de su geografía citadina. Secuestrado
por la vida, rehén del sueño, Juan Zamora regresa todas las noches a Cornell
y camina de la mano de Lord Jim hacia el puente sobre la barranca. Es el
otoño y los árboles vuelven a mostrarse desnudos como agujas negras: el
570 cielo ha descendido un par de peldaños pero la barranca es más honda que el
firmamento y convoca a los dos jóvenes amantes con una promesa mentirosa:
el cielo está allá abajo, el cielo existe boca arriba, respirando maleza y breña, su
aliento es verde, sus brazos espinosos: hay que merecer el cielo entregándose a
él, poniendo de cabeza la mentira que desubica al paraíso y lo exalta hasta las
575 nubes: el paraíso, de existir, está en la entraña misma de la tierra, nos aguarda
con su abrazo húmedo, donde se confunden carne y arcilla, donde el gran útero
materno se confunde con el barro de la creación y la vida nace y renace de su gran
profundidad genésica, jamás de su ilusión aérea, jamás de las líneas de aviación
que falsamente unen Nueva York y México, Atlántico y Pacífico, separando,
580 rompiendo la maravillosa unidad de los amantes, su androginia perfecta, su
identidad siamesa, su bellísima anormalidad, su monstruosa perfección, para
arrojarlos a destinos incompatibles, a horizontes opuestos, ¿qué horas son en
Seattle cuando en México cae la noche, por qué la ciudad de Jim mira hacia un

585 mar jadeante y la ciudad de Juan hacia un polvo inquieto, por qué el aire de la costa es de cristal y el aire de la meseta de excremento?

Entonces Juan y Jim se sientan a horcajadas• sobre la baranda del puente y se miran profundamente, hasta el fondo de los ojos negros del mexicano y grises del norteamericano, sin tocarse, poseídos por sus miradas, entendiéndolo todo, aceptándolo todo, sin rencores, sin ilusiones, dispuestos a tenerlo, sin embargo, 590 todo, el origen del amor convertido en destino del amor, sin separación posible, por más que la vida diaria los escinda•.

•con una pierna por cada lado

•separe

Se miran, sonríen, se ponen ambos de pie sobre la cornisa del puente, se toman de la mano y saltan los dos al vacío, con los ojos cerrados, pero convencidos de que todas las estaciones se han dado cita para mirarlos morir juntos, el invierno 595 regando polvo congelado, el otoño lamentando la muerte pasajera del mundo con una voz roja y dorada, el lento verano perezoso y verde, y por fin otra primavera, ya no fugaz e imperceptible, sino eterna ésta, una barranca repleta de rosas, una caída suave, mortal, hasta el rocío que los baña cogidos de las manos, con los ojos cerrados, Lord Jim y Juan, ahora hermanos…

10

600 Juan Zamora sí. Pidió que les contara todo esto. Siente pena, siente vergüenza, pero tiene compasión. Nos ha dado la cara. ✺

HERNÁN CORTÉS[1]

Los mexicanos no hemos escatimado• homenajes a nuestra cultura colonial. Los misioneros Gantes, Motolinia y Bartolomé de las Casas, los escritores Bernardo de Balbuena y Sor Juana Inés de la Cruz, incluso los virreyes de la Nueva España, que cuentan con barrio propio 5 y toda la cosa en las Lomas de Chapultepec, certifican que México es consciente del proceso histórico y cultural que, entre 1519 y 1810, forjó eso que podemos llamar "la nacionalidad" mexicana.

•ahorrrado

El gran ausente de estas nomenclaturas es el conquistador Hernán Cortés. Un palacio en Cuernavaca, un busto y una calle secretos, marcan un paso que 10 se diría invisible si no estuviese estigmatizado por las huellas de la sangre, el crimen y la destrucción. Hernán Cortés, en México, ha sido tradicionalmente olvidado o execrado•, aunque a veces, también, elogiado. La tradición liberal abjura• de él, la conservadora lo exalta, pero el justo medio historiográfico es obra de un eminente escritor contemporáneo, José Luis Martínez, quien en 1990 15 publicó la más equilibrada biografía del conquistador.

•maldecido, detestado
•reniega

[1] Este ensayo fue publicado en el ejemplar número 67 de la revista madrileña *Letra Internacional* en el año 2000, [pp. 9–10].

A pesar de todo ello, Hernán Cortés sigue siendo un personaje vivo; la censura no logra matarlo y, acaso, el odio lo vivifica. Cortés es parte de nuestro trauma nacional. Lo execramos porque venció a los indios, destruyó una cultura y demostró, sobradamente, la violenta crueldad de su carácter. Pero, en el fondo, nos identificamos —criollos y mestizos— con la sociedad indohispana fundada por el extremeño. Voy más allá; los mexicanos modernos veneramos a los indios en los museos, donde no nos pueden hacer daño. Pero al indio de carne y hueso lo despreciamos con crueldad más severa, por engañosa, que la batalla abierta librada por Cortés contra el imperio de Moctezuma Xocoyotzin.

Sin embargo, nos cuesta mucho, así sea a regañadientes*, no admirar la épica encarnada por un hombre que, al frente de once navíos, quinientos soldados, dieciséis caballos y varias piezas de artillería, logró someter un imperio indígena que se extendía del centro de México a la América Central. La quema de las naves, la decisión de marchar hasta Tenochtitlan,[2] la inteligencia política para advertir las fisuras del imperio azteca y sumar descontentos en contra del autócrata Moctezuma,[3] todo ello identifica a Hernán Cortés con su tiempo, el renacimiento europeo, y su psicología, la del Príncipe maquiavélico. Realmente, la gesta mexicana de Cortés puede leerse como si el extremeño hubiese leído al florentino. Claro que *El Príncipe* no es publicado hasta 1531, después de consumada la conquista de México. Pero que la figura del político maquiavélico ya estaba presente en el aire del tiempo, lo prueba, como nadie, Hernán Cortés.

Virtud, Fortuna y Necesidad; los tres términos capitales de la política maquiavélica encarnan soberanamente en Cortés. La fortuna de Cortés es que su desembarco en Veracruz coincide con la profecía del regreso del dios blanco, barbado y bienhechor, Quetzalcóatl.[4] El asombro y el temor paralizan, por principio de cuentas, al adversario indígena. La necesidad, dice Maquiavelo, puede limitar la capacidad política, pero también acicatearla*. En el caso de Cortés, la necesidad de vencer a Moctezuma lo estimula como a un jugador de ajedrez. El extremeño supera constantemente los azares de la fortuna haciendo —literalmente— de tripas corazón*. Si no persuade, traiciona. Si no traiciona, combate. Si no combate, asesina. Las matanzas de Cholula[5] son la más negra página de la biografía de Cortés. La virtud, en fin, lo mueve a asumir la paradoja de amar lo que ha combatido, de destruir una civilización pero de fundar una nueva. La necesaria alianza con la traductora indígena, doña Marina, *la Malinche*, se traduce, a su vez, en el símbolo del mestizaje, base de la comunidad mexicana y augurio*, hoy mismo, de lo que será el siglo XXI.

*sin ganas, con disgusto

*estimularla

*recuperándose para hacer algo muy difícil

*predicción

[2] Capital del imperio azteca.
[3] Soberano de Tenochtitlan (1502–1520) asesinado por el ejército de Hernán Cortés.
[4] "Serpiente emplumada" en náhuatl. Uno de los dioses más antiguos e importantes de Mesoamérica.
[5] Referencia a la masacre de los habitantes de Cholula en 1519 por las tropas de Hernán Cortés.

La conquista de México fue una catástrofe. Pero una catástrofe sólo es catastrófica, advierte María Zambrano,[6] si de ella no nace nada que la redima. De la conquista de México nacimos todos nosotros, ya no aztecas, ya no españoles, sino indo-hispano-americanos, mestizos. Hablamos castellano. Adaptamos, sincréticamente, la religión católica a nuestro universo sagrado. Nos apropiamos, a través de España, de las culturas helénicas, latinas, musulmanas y hebreas de la cuenca del Mediterráneo. Somos los que somos porque Hernán Cortés, para bien y para mal, hizo lo que hizo.

Hay un tema final que quisiera tocar. Hernán Cortés era un "hombre nuevo", un producto de la naciente civilización urbana post-feudal de España. Ignoro si era portador de ese impulso democratizador que fue brutalmente arrestado en Villalar en 1521. No deja de ser llamativo que ese mismo año 1521, Cortés conquista la capital del imperio azteca y Carlos V[7] derrota a las comunidades de Castilla. ¿Perdieron las burguesías post-medievales españolas en Villalar y ganaron en México? Si así fue, si el hijo del molinero de Medellín y pasajero alumno de Salamanca venció con su genio político y militar al imperio del Gran Tlatoani Moctezuma, no cabe duda de que, también, Cortés fue derrotado por la corona española. Cualquier veleidad democrática o independentista en estos hombres de Andalucía y Extremadura que le dieron al Habsburgo el dominio del mundo sin necesidad de que se desplazara de Flandes y de Castilla fue rápidamente aplastada por el poder real. Cortés mismo no puede consolidar poder alguno en México. Los emisarios del rey lo acusan, lo humillan, lo desplazan y lo condenan a un melancólico ocaso*.

*declive, decadencia

Pero los dos hijos de Cortés, los dos Martines, el Martín criollo hijo de Juana de Zúñiga y el Martín mestizo hijo de la Malinche, serán los protagonistas, en 1566, de la primera intentona* independentista de México. Es como si los hijos hubiesen querido cumplir el imposible destino del padre, Hernán Cortés, el Príncipe que no fue, el buen burgués condenado a esperar su hora histórica. Pero si ésta tardó en llegarle a Hernán Cortés y los "hombres nuevos" de España, el momento épico sí les perteneció; la virtud, la necesidad y la fortuna sí les sonrieron y si al cabo* las tres les dieron la espalda, ¿quién, como escribió Bernal Díaz del Castillo,[8] podría quitarles la memoria de aquellas jornadas de gloria? 🔊

*intento, tentativa

*fin

---

[6] María Zambrano (1904–1991), filósofa y escritora española.
[7] Carlos V (1500–1558), rey de España (1516–1556). En 1521 las tropas de su imperio derrotaron en la Batalla de Villalar, o Guerra de las Comunidades, a las fuerzas sublevadas que se oponían a su soberanía.
[8] Bernal Díaz del Castillo (1492–1585), conquistador español. Participó en la conquista de México bajo el mando de Hernán Cortés y relató la crónica de dicha hazaña en su libro *Historia verdadera de la conquista de la Nueva España*.

PREGUNTAS

ANÁLISIS

1. La vergüenza es el tema central de "La pena". ¿De qué siente vergüenza Juan Zamora?

2. En "La pena" Fuentes experimenta con el punto de vista. ¿En qué se diferencia la posición que toma el autor en la obra del punto de vista del narrador omnisciente puro? ¿Qué efecto logra?

3. Describe la transformación que experimenta Juan Zamora en el transcurso de "La pena".

4. ¿Qué claves da Fuentes en "La pena" para explicar las diferencias económicas entre México y Estados Unidos?

5. ¿Qué hipocresía denuncia Fuentes en *Hernán Cortés* respecto a la relación de México con sus indígenas?

6. ¿Por qué cree Fuentes que México tiene una deuda con la memoria de Cortés?

7. ¿Por qué dice Fuentes que Hernán Cortés "sigue vivo" en la memoria colectiva de los mexicanos?

8. ¿Qué aspectos contribuyeron, según Fuentes, al éxito militar y político de Hernán Cortés en el Tenochtitlan de Moctezuma?

INTERPRETACIÓN

1. Cuando los Wingate van a México y averiguan que Juan Zamora vive en un barrio humilde, Becky asegura que se "muere de curiosidad" por verlo. ¿Qué te sugiere esa reacción sobre el vínculo emocional entre Juan Zamora y su familia estadounidense?

2. A tu juicio, ¿cómo trata Carlos Fuentes el tema de la homosexualidad en "La pena"?

3. ¿Es real el suicidio de Juan Zamora y Lord Jim al final de la narración? ¿Qué recurso emplea Fuentes para sembrar la duda en el lector?

4. En su ensayo sobre Hernán Cortés, Carlos Fuentes hace el balance de las contribuciones del conquistador español al nacimiento de México. ¿Consideras que el escritor es justo?

5. ¿Dirías tú que Fuentes "perdona" a Hernán Cortés por las atrocidades cometidas contra los aztecas?

6. Fuentes dice que el desembarco del conquistador en Veracruz "coincide con la profecía del regreso del dios blanco, barbudo y bienhechor". ¿Qué opinas respecto al cumplimiento de esta profecía?

INVESTIGACIÓN

1. Fuentes compara a Hernán Cortés con *El Príncipe* de Maquiavelo. Localiza en la biografía citada por el autor algún ejemplo de la astucia política del conquistador español.

2. Compara los sistemas de educación superior de México y Estados Unidos, y averigua por qué la madre de Juan Zamora tenía tanto interés en que su hijo estudiara la carrera de medicina al otro lado de la frontera.

OCTAVIO PAZ

1914–1998

"Vivir, es separarnos del que
fuimos para internarnos
en el que vamos a ser, futuro
extraño siempre."

—Octavio Paz, *El laberinto de la soledad*

Octavio Paz nace en Michoacán, México. Hijo y nieto de intelectuales, creció cercano a la literatura y a la acción política. Su contacto con la literatura se inició en la gran biblioteca de su abuelo, con quien vivía. Su padre se había unido a la reforma agraria que siguió a la Revolución mexicana y se ausentaba durante largos periodos a causa de su trabajo como escribano y abogado de Emiliano Zapata.

Octavio Paz publicó sus primeros poemas en revistas literarias. La crítica lo consideró un poeta prometedor. En 1937, participó en el Congreso de Escritores Antifascistas en España, dando su apoyo al bando republicano. Estudió en Estados Unidos con una beca y luego ingresó en el servicio diplomático mexicano y fue destinado a Francia. Allí escribió *El laberinto de la soledad* (1950), un libro fundamental en la exploración de la identidad mexicana. Trabajó como escritor, traductor y editor, y fundó revistas literarias. Cosechó importantes premios literarios, como el Cervantes en 1981 y el Nobel en 1990. Su denuncia a la violación de los derechos humanos en el comunismo le valió la hostilidad de parte del mundo intelectual vinculado con la izquierda. Octavio Paz murió en Coyoacán, Ciudad de México.

Debido a su experimentación, inconformismo y originalidad, la poesía de Octavio Paz es difícil de encuadrar. Sin embargo, el crítico Antonio Puro Morales distingue en la obra del autor mexicano "dos grandes pilares: el Romanticismo y el surrealismo". De los románticos, Paz toma las visiones cósmicas, el infinito, la inspiración como fuerza, la poesía como rito mágico. De los surrealistas, hereda, en palabras del propio autor "las ideas de rebelión, amor y libertad en relación con el hombre".

El contacto de Paz con los surrealistas se inició durante un viaje a España y se afianzó gracias a su amistad con Benjamin Péret y André Breton. El surrealismo, que se gestó en Francia durante la década de l920, alcanzó su mayor difusión entre 1930 y 1940, momento en que Paz publica sus primeras obras. Como en los poemas de T. S. Eliot y Valéry Eliot, los de Paz combinan imagen, palabra y brevedad. El concepto del espacio y la eternidad del instante son ejes de su pensamiento; el erotismo y la reflexión sobre el destino del hombre, constantes en su obra.

En "Himno entre ruinas" (*La estación violenta*, 1958), poema escrito durante la posguerra, Paz desarrolla la idea de la piedra como espacio eterno para suscitar la revitalización de Europa. Su optimismo es aún mayor en "El cántaro roto" (1955). Ahora el trasfondo es la realidad mexicana, pero la conclusión es similar: el cántaro está roto y la hierba escapa entre sus grietas. En "Los hijos de la Malinche", uno de sus ensayos más reconocidos incluido en *El laberinto de la soledad*, el autor denuncia la violación sufrida por el pueblo mexicano y a la que debe su nacimiento, y llama a transformar la pesadilla en visión, a conseguir la liberación a través de la creación. En "Árbol adentro" (*Árbol adentro*, 1987), poema existencialista con clara influencia oriental, el poeta habla de la relación del hombre consigo mismo y con *el otro*, de la palabra-semilla, del hombre-árbol y de la exigencia de lo eterno, conceptos recurrentes en su poesía.

Octavio Paz

El laberinto de la soledad

Edición de
Enrico Mario Santí

CATEDRA
Letras Hispánicas

OBRAS PRINCIPALES

Poesía

1933 | *Luna silvestre*
1942 | *A la orilla del mundo*
1949 | *Libertad bajo palabra*
1958 | *La estación violenta*
1962 | *Salamandra*
1969 | *Ladera este*
1974 | *El mono gramático*
1975 | *Pasado en claro*
1976 | *Vuelta*
1979 | *Poemas (1935-1975)*
1987 | *Árbol adentro*
1989 | *El fuego de cada día*

Ensayo

1950 | *El laberinto de la soledad*
1956 | *El arco y la lira*
1957 | *Las peras del olmo*

1965 | *Cuadrivio*
1966 | *Puertas al campo*
1967 | *Claude Levi-Strauss o el nuevo festín de Esopo*
1969 | *Conjunciones y disyunciones*
1973 | *El signo y el garabato*
1974 | *Los hijos del limo*
1979 | *El ogro filantrópico*
1982 | *Sor Juana Inés de la Cruz o las trampas de la fe*
1983 | *Tiempo nublado*
1983 | *Sombras de obras*
1984 | *Hombres en su siglo*
1990 | *Pequeña crónica de grandes días*
1991 | *Convergencias*
1992 | *Al paso*
1993 | *La llama doble*
1995 | *Vislumbres de la India*

HIMNO ENTRE RUINAS

De *La estación violenta*, 1958

donde espumoso el mar siciliano…
Góngora

Coronado de sí el día extiende sus plumas.
¡Alto grito amarillo,
caliente surtidor en el centro de un cielo
imparcial y benéfico!
5 Las apariencias son hermosas en esta su verdad momentánea.

El mar trepa la costa,
se afianza• entre las peñas, araña deslumbrante;   •se sujeta, se asegura
la herida cárdena• del monte resplandece;   •violácea
un puñado de cabras en un rebaño de piedras;
10 el sol pone su huevo de oro y se derrama sobre el mar.
Todo es dios.
¡Estatua rota,
columnas comidas por la luz,
ruinas vivas en un mundo de muertos en vida!

15 *Cae la noche sobre Teotihuacán.*[1]
En lo alto de la pirámide los muchachos fuman marihuana,
suenan guitarras roncas.
¿Qué yerba, qué agua de vida ha de darnos la vida,
dónde desenterrar la palabra,
20 *la proporción que rige• al himno y al discurso,*   •gobierna, dirige
al baile, a la ciudad y a la balanza?
El canto mexicano estalla en un carajo•,   •expresión de enfado
estrella de colores que se apaga,
piedra que nos cierra las puertas del contacto.
25 *Sabe la tierra a tierra envejecida.*

Los ojos ven, las manos tocan.
Bastan aquí unas cuantas cosas:
tuna•, espinoso planeta coral,   •planta de hojas
higos encapuchados,   carnosas y espinosas
30 uvas con gusto a resurrección,
almejas, virginidades ariscas•,   •insociables
sal, queso, vino, pan solar.
Desde lo alto de su morenía una isleña me mira,

---

[1] Teotihuacán, o "ciudad de los dioses", (c. 100 a.C. – VII-VIII d.C.) fue la ciudad más extensa
y poblada de la América precolombina. En este sitio arqueológico situado al noreste
de México D.F. se encuentran algunas de las pirámides más grandes de aquella época.

esbelta catedral vestida de luz.
35 Torres de sal, contra los pinos verdes de la orilla
surgen las velas blancas de las barcas.
La luz crea templos en el mar.

Nueva York, Londres, Moscú.
La sombra cubre al llano con su yedra fantasma,
40 *con su vacilante vegetación de escalofrío,*
su vello ralo°*, su tropel*°° *de ratas.*
A trechos° *tirita un sol anémico.*
Acodado en montes que ayer fueron ciudades, Polifemo[2] *bosteza.*
Abajo, entre los hoyos, se arrastra un rebaño de hombres.
45 *(Bípedos domésticos, su carne*
—a pesar de recientes interdicciones religiosas—
es muy gustada por las clases ricas.
Hasta hace poco el vulgo° *los consideraba animales impuros.)*

Ver, tocar formas hermosas, diarias.
50 Zumba la luz, dardos y alas.
Huele a sangre la mancha de vino en el mantel.
Como el coral sus ramas en el agua
extiendo mis sentidos en la hora viva:
el instante se cumple en una concordancia amarilla,
55 ¡oh mediodía, espiga henchida de minutos,
copa de eternidad!

Mis pensamientos se bifurcan, serpean°*, se enredan,*
recomienzan,
y al fin se inmovilizan, ríos que no desembocan,
60 *delta de sangre bajo un sol sin crepúsculo.*
¿Y todo ha de parar° *en este chapoteo*°° *de aguas muertas?*

¡Día, redondo día,
luminosa naranja de veinticuatro gajos,
todos atravesados por una misma y amarilla dulzura!
65 La inteligencia al fin encarna,
se reconcilian las dos mitades enemigas

°poco espeso °°tropa
°a intervalos

°masa, populacho

°serpentean

°cesar °°revuelo, agitación

[2] Cíclope de la mitología griega. Autores como Homero, Virgilio y el poeta barroco español Luis de Góngora, entre otros, incluyen al mito como personaje en sus obras la *Odisea*, *La Eneida* y *Fábula de Polifemo y Galatea*, respectivamente.

y la conciencia-espejo se licúa,
vuelve a ser fuente, manantial de fábulas:
Hombre, árbol de imágenes,
70 palabras que son flores que son frutos que son actos.

EL CÁNTARO ROTO

De *La estación violenta*, 1958

La mirada interior se despliega y un mundo de vértigo y llama nace bajo la
    frente del que sueña:
soles azules, verdes remolinos, picos de luz que abren astros como granadas,
tornasol• solitario, ojo de oro girando en el centro de una explanada calcinada,   • girasol
5 bosques de cristal de sonido, bosques de ecos y respuestas y ondas,
    diálogo de transparencias,
¡viento, galope de agua entre los muros interminables de una garganta
    de azabache•,   • negra
caballo, cometa, cohete que se clava justo en el corazón de la noche,
10   plumas, surtidores,
plumas, súbito• florecer de las antorchas, velas, alas, invasión de lo blanco,   • repentino
pájaros de las islas cantando bajo la frente del que sueña!
Abrí los ojos, los alcé hasta el cielo y vi cómo la noche se cubría de estrellas.
¡Islas vivas, brazaletes de islas llameantes, piedras ardiendo, respirando,
15   racimos de piedras vivas,
cuánta fuente, qué claridades, qué cabelleras sobre una espalda obscura,
cuánto río allá arriba, y ese sonar remoto de agua junto al fuego, de luz
    contra la sombra!
Harpas, jardines de harpas.

20 [...]

Hay que dormir con los ojos abiertos, hay que soñar con las manos,
soñemos sueños activos de río buscando su cauce, sueños de sol
    soñando sus mundos,
hay que soñar en voz alta, hay que cantar hasta que el canto eche raíces,
25   tronco, ramas, pájaros, astros,
cantar hasta que el sueño engendre y brote del costado del dormido la espiga
    roja de la resurrección,
el agua de la mujer, el manantial para beber y mirarse y reconocerse
    y recobrarse,
30 el manantial para saberse hombre, el agua que habla a solas en la noche y nos
    llama con nuestro nombre,
el manantial de las palabras para decir yo, tú, él, nosotros, bajo el gran árbol
    viviente estatua de la lluvia,

35 para decir los pronombres hermosos y reconocernos y ser fieles a
   nuestros nombres
hay que soñar hacia atrás, hacia la fuente, hay que remar siglos arriba,
más allá de la infancia, más allá del comienzo, más allá de las aguas
   del bautismo,
echar abajo las paredes entre el hombre y el hombre, juntar de nuevo
40   lo que fue separado,
vida y muerte no son mundos contrarios, somos un solo tallo con dos
   flores gemelas,
hay que desenterrar la palabra perdida, soñar hacia dentro y también
   hacia fuera,
45 descifrar el tatuaje de la noche y mirar cara a cara al mediodía y arrancarle
   su máscara,
bañarse en luz solar y comer los frutos nocturnos, deletrear la escritura del
   astro y la del río,
recordar lo que dicen la sangre y la marea, la tierra y el cuerpo, volver al punto
50   de partida,
ni adentro ni afuera, ni arriba ni abajo, al cruce de caminos, adonde empiezan
   los caminos,
porque la luz canta con un rumor de agua, con un rumor de follaje canta
   el agua
55 y el alba está cargada de frutos, el día y la noche reconciliados fluyen como un
   río manso,
el día y la noche se acarician largamente como un hombre y una
   mujer enamorados,
como un solo río interminable bajo arcos de siglos fluyen las estaciones y
60   los hombres,
hacia allá, al centro vivo del origen, más allá de fin y comienzo.

LOS HIJOS DE LA MALINCHE

De *El laberinto de la soledad*, 1950

La extrañeza que provoca nuestro hermetismo ha creado la leyenda del mexicano, ser insondable[*]. Nuestro recelo[**] provoca el ajeno. Si nuestra cortesía atrae, nuestra reserva hiela. Y las inesperadas violencias que nos desgarran, el esplendor convulso o solemne de nuestras fiestas,
5 el culto a la muerte, el desenfreno de nuestras alegrías y de nuestros duelos, acaban por desconcertar al extranjero. La sensación que causamos no es diversa a la que producen los orientales. También ellos, chinos, indostanos o árabes, son herméticos e indescifrables. También ellos arrastran en andrajos[*] un pasado todavía vivo. Hay un misterio mexicano como hay un misterio amarillo
10 y uno negro. El contenido concreto de esas representaciones depende de cada

[*]misterioso [**]desconfianza

[*]ropas rotas y viejas

espectador. Pero todos coinciden en hacerse de nosotros una imagen ambigua, cuando no contradictoria: no somos gente segura y nuestras respuestas como nuestros silencios son imprevisibles, inesperados. Traición y lealtad, crimen y amor, se agazapan en el fondo de nuestra mirada. Atraemos y repelemos.

se ocultan, se esconden

15 No es difícil comprender los orígenes de esta actitud. Para un europeo, México es un país al margen de la Historia universal. Y todo lo que se encuentra alejado del centro de la sociedad aparece como extraño e impenetrable. Los campesinos, remotos, ligeramente arcaicos en el vestir y el hablar, parcos, amantes de expresarse en formas y fórmulas tradicionales, ejercen siempre una fascinación sobre el hombre urbano. En todas partes representan el elemento más antiguo 20 y secreto de la sociedad. Para todos, excepto para ellos mismos, encarnan lo oculto, lo escondido y que no se entrega sino difícilmente: tesoro enterrado, espiga que madura en las entrañas terrestres, vieja sabiduría escondida entre los pliegues de la tierra.

reservados

25 La mujer, otro de los seres que viven aparte, también es figura enigmática. Mejor dicho, es el Enigma. A semejanza del hombre de raza o nacionalidad extraña, incita y repele. Es la imagen de la fecundidad, pero asimismo de la muerte. En casi todas las culturas las diosas de la creación son también deidades de destrucción. Cifra viviente de la extrañeza del universo y de su 30 radical heterogeneidad, la mujer ¿esconde la muerte o la vida?, ¿en qué piensa?, ¿piensa acaso?, ¿siente de veras?, ¿es igual a nosotros? El sadismo se inicia como venganza ante el hermetismo femenino o como tentativa desesperada para obtener una respuesta de un cuerpo que tememos insensible. Porque, como dice Luis Cernuda,[1] "el deseo es una pregunta cuya respuesta no existe". A pesar 35 de su desnudez —redonda, plena— en las formas de la mujer siempre hay algo que desvelar:

Eva y Cipris[2] concentran el misterio del corazón del mundo.

Para Rubén Darío, como para todos los grandes poetas, la mujer no es solamente un instrumento de conocimiento, sino el conocimiento mismo. 40 El conocimiento que no poseeremos nunca, la suma de nuestra definitiva ignorancia: el misterio supremo.

Es notable que nuestras representaciones de la clase obrera no estén teñidas de sentimientos parecidos, a pesar de que también vive alejada del centro de la sociedad —incluso físicamente, recluida en barrios y ciudades especiales—. 45 Cuando un novelista contemporáneo introduce un personaje que simboliza la salud o la destrucción, la fertilidad o la muerte, no escoge, como podría esperarse, a un obrero —que encierra en su figura la muerte de la vieja sociedad y el nacimiento de otra—. D. H. Lawrence, que es uno de los críticos más violentos y profundos del mundo moderno, describe en casi todas sus obras las

[1] Luis Cernuda (1902–1963), poeta español.
[2] Otro nombre con el que se conocía a Afrodita, diosa del amor erótico en la mitología griega.

virtudes que hacen del hombre fragmentario de nuestros días de verdad, dueño de una visión total del mundo. Para encarnar esas virtudes crea personajes de razas antiguas y no-europeas. O inventa la figura de Mellors, un guardabosque, un hijo de la sierra. Es posible que la infancia de Lawrence, transcurrida entre las minas de carbón inglesas, explique esta deliberada ausencia. Es sabido que detestaba a los obreros tanto como a los burgueses. Pero ¿cómo explicar que en todas las grandes novelas revolucionarias tampoco aparezcan los proletarios como héroes, sino como fondo? En todas ellas el héroe es siempre el aventurero, el intelectual o el revolucionario profesional. El hombre aparte, que ha renunciado a su clase, a su origen o a su patria. Herencia del romanticismo sin duda, que hace del héroe un ser antisocial. Además, el obrero es demasiado reciente. Y se parece a sus señores: todos son hijos de la máquina.

El obrero moderno carece de individualidad. La clase es más fuerte que el individuo y la persona se disuelve en lo genérico. Porque ésa es la primera y más grave mutilación que sufre el hombre al convertirse en asalariado industrial. El capitalismo lo despoja[*] de su naturaleza humana —lo que no ocurrió con el siervo— puesto que reduce todo su ser a fuerza de trabajo, transformándolo por este solo hecho en objeto. Y como a todos los objetos, en mercancía, en cosa susceptible de compra y venta. El obrero pierde, bruscamente y por razón misma de su estado social, toda relación humana y concreta con el mundo: ni son suyos los útiles[*] que emplea, ni es suyo el fruto de su esfuerzo. Ni siquiera lo ve. En realidad no es un obrero, puesto que no hace obras o no tiene conciencia de las que hace, perdido en un aspecto de la producción. Es un trabajador, nombre abstracto, que no designa una tarea determinada, sino una función. Así, no lo distingue de los otros hombres su obra, como acontece con el médico, el ingeniero o el carpintero. La abstracción que lo califica —el trabajo medido en tiempo— no lo separa, sino lo liga a otras abstracciones. De ahí su ausencia de misterio, de problematicidad, su transparencia, que no es diversa a la de cualquier instrumento.

La complejidad de la sociedad contemporánea y la especialización que requiere el trabajo extienden la condición abstracta del obrero a otros grupos sociales. Vivimos en un mundo de técnicos, se dice. A pesar de las diferencias de salarios y de nivel de vida, la situación de estos técnicos no difiere esencialmente de la de los obreros: también son asalariados y tampoco tienen conciencia de la obra que realizan. El gobierno de los técnicos, ideal de la sociedad contemporánea, sería así el gobierno de los instrumentos. La función sustituiría al fin; el medio, al creador. La sociedad marcharía con eficacia, pero sin rumbo. Y la repetición del mismo gesto, distintiva de la máquina, llevaría a una forma desconocida de la inmovilidad: la del mecanismo que avanza de ninguna parte hacia ningún lado.

Los regímenes totalitarios no han hecho sino extender y generalizar, por medio de la fuerza o de la propaganda, esta condición. Todos los hombres sometidos a

[*] le quita

[*] instrumentos, herramientas

su imperio la padecen*. En cierto sentido se trata de una transposición a la esfera social y política de los sistemas económicos del capitalismo. La producción en masa se logra a través de la confección de piezas sueltas que luego se unen en talleres especiales. La propaganda y la acción política totalitaria—así como el terror y la represión— obedecen al mismo sistema. La propaganda difunde verdades incompletas, en serie y por piezas sueltas. Más tarde esos fragmentos se organizan y se convierten en teorías políticas, verdades absolutas para las masas. El terror obedece al mismo principio. La persecución comienza contra grupos aislados —razas, clases, disidentes, sospechosos—, hasta que gradualmente alcanza a todos. Al iniciarse, una parte del pueblo contempla con indiferencia el exterminio de otros grupos sociales o contribuye a su persecución, pues se exasperan los odios internos. Todos se vuelven cómplices y el sentimiento de culpa se extiende a toda la sociedad. El terror se generaliza: ya no hay sino persecutores y perseguidos. El persecutor, por otra parte, se transforma muy fácilmente en perseguido. Basta una vuelta de la máquina política. Y nadie escapa a esta dialéctica feroz, ni los dirigentes.

El mundo del terror como el de la producción en serie, es un mundo de cosas, de útiles. (De ahí la vanidad de la disputa sobre la validez histórica del terror moderno.) Y los útiles nunca son misteriosos o enigmáticos, pues el misterio proviene de la indeterminación del ser o del objeto que lo contiene. Un anillo misterioso se desprende inmediatamente del género anillo; adquiere vida propia, deja de ser un objeto. En su forma yace, escondida, presta* a saltar, la sorpresa. El misterio es una fuerza o una virtud oculta, que no nos obedece y que no sabemos a qué hora y cómo va a manifestarse. Pero los útiles no esconden nada, no nos preguntan nada y nada nos responden. Son inequívocos y transparentes. Meras prolongaciones de nuestras manos, no poseen más vida que la que nuestra voluntad les otorga. Nos sirven; luego, gastados, viejos, los arrojamos sin pesar* al cesto de la basura, al cementerio de automóviles, al campo de concentración. O los cambiamos a nuestros aliados o enemigos por otros objetos.

Todas nuestras facultades, y también todos nuestros defectos, se oponen a esta concepción del trabajo como esfuerzo impersonal, repetido en iguales y vacías porciones de tiempo: la lentitud y cuidado en la tarea, el amor por la obra y por cada uno de los detalles que la componen, el buen gusto, innato ya, a fuerza de ser herencia milenaria. Si no fabricamos productos en serie, sobresalimos en el arte difícil, exquisito e inútil de vestir pulgas. Lo que no quiere decir que el mexicano sea incapaz de convertirse en lo que se llama un buen obrero. Todo es cuestión de tiempo. Y nada, excepto un cambio histórico cada vez más remoto e impensable, impedirá que el mexicano deje de ser un problema, un ser enigmático, y se convierta en una abstracción más.

Mientras llega ese momento, que resolverá—aniquilándolas— todas nuestras contradicciones, debo señalar que lo extraordinario de nuestra situación reside en que no solamente somos enigmáticos ante los extraños, sino ante nosotros

*sufren

*dispuesta, a punto para

*pena, tristeza

mismos. Un mexicano es un problema siempre, para otro mexicano y para sí mismo. Ahora bien, nada más simple que reducir todo el complejo grupo de actitudes que nos caracteriza —y en especial la que consiste en ser un problema para nosotros mismos— a lo que se podría llamar "moral de siervo", por oposición no solamente a la "moral de señor" sino a la moral moderna, proletaria o burguesa.

La desconfianza, el disimulo˙, la reserva cortés que cierra el paso al extraño, la ironía, todas, en fin, las oscilaciones psíquicas con que al eludir˙ la mirada ajena nos eludimos a nosotros mismos, son rasgos de gente dominada, que teme y finge frente al señor. Es revelador que nuestra intimidad jamás aflore˙ de manera natural, sin el acicate˙ de la fiesta, el alcohol o la muerte. Esclavos, siervos y razas sometidas se presentan siempre recubiertos por una máscara, sonriente o adusta˙. Y únicamente a solas, en los grandes momentos, se atreven a manifestarse tal como son. Todas sus relaciones están envenenadas por el miedo y el recelo. Miedo al señor, recelo ante sus iguales. Cada uno observa al otro, porque cada compañero puede ser también un traidor. Para salir de sí mismo el siervo necesita saltar barreras, embriagarse˙, olvidar su condición. Vivir a solas, sin testigos. Solamente en la soledad se atreve a ser.

La indudable analogía que se observa entre ciertas de nuestras actitudes y las de los grupos sometidos al poder de un amo, una casta o un Estado extraño, podría resolverse en esta afirmación; el carácter de los mexicanos es un producto de las circunstancias sociales imperantes˙ en nuestro país; la historia de México, que es la historia de esas circunstancias, contiene la respuesta a todas las preguntas. La situación del pueblo durante el período colonial sería así la raíz de nuestra actitud cerrada e inestable. Nuestra historia como nación independiente contribuiría también a perpetuar y hacer más neta esta psicología servil, puesto que no hemos logrado suprimir la miseria popular ni las exasperantes diferencias sociales, a pesar de siglo y medio de luchas y experiencias constitucionales. El empleo de la violencia como recurso dialéctico, los abusos de autoridad de los poderosos —vicio que no ha desaparecido todavía— y finalmente el escepticismo y la resignación del pueblo, hoy más visibles que nunca debido a las sucesivas desilusiones posrevolucionarias, completarían esta explicación histórica.

El defecto de interpretaciones como la que acabo de bosquejar reside, precisamente, en su simplicidad. Nuestra actitud ante la vida no está condicionada por los hechos históricos, al menos de la manera rigurosa con que en el mundo de la mecánica la velocidad o la trayectoria de un proyectil se encuentra determinada por un conjunto de factores conocidos. Nuestra actitud vital —que es un factor que nunca acabaremos de conocer totalmente, pues cambio e indeterminación son las únicas constantes de su ser— también es historia. Quiero decir, los hechos históricos no son nada más hechos, sino que están teñidos de humanidad, esto es, de problematicidad. Tampoco son el mero resultado de otros hechos, que los causan, sino de una voluntad singular, capaz

Glosas marginales:

˙hipocresía, disfraz
˙evitar

˙se manifieste
˙incentivo

˙seria

˙emborracharse

˙vigentes, dominantes

de regir dentro de ciertos límites su fatalidad. La historia no es un mecanismo y las influencias entre los diversos componentes de un hecho histórico son recíprocas, como tantas veces se ha dicho. Lo que distingue a un hecho histórico de los otros hechos es su carácter histórico. O sea, que es por sí mismo y en sí mismo una unidad irreducible* a otras. Irreductible e inseparable. Un hecho histórico no es la suma de los llamados factores de la historia, sino una realidad indisoluble. Las circunstancias históricas explican nuestro carácter en la medida que nuestro carácter también las explica a ellas. Ambas son lo mismo. Por eso toda explicación puramente histórica es insuficiente —lo que no equivale a decir que sea falsa.

*irreducible

Basta una observación para reducir a sus verdaderas proporciones la analogía entre la moral de los siervos y la nuestra: las reacciones habituales del mexicano no son privativas de una clase, raza o grupo aislado, en situación de inferioridad. Las clases ricas también se cierran al mundo exterior y también se desgarran* cada vez que intentan abrirse. Se trata de una actitud que rebasa** las circunstancias históricas, aunque se sirve de ellas para manifestarse y se modifica a su contacto. El mexicano, como todos los hombres, al servirse de las circunstancias las convierte en materia plástica y se funde a ellas. Al esculpirlas, se esculpe.

*se rompen **supera, traspasa

Si no es posible identificar nuestro carácter con el de los grupos sometidos, tampoco lo es negar su parentesco. En ambas situaciones el individuo y el grupo luchan, simultánea y contradictoriamente, por ocultarse y revelarse. Mas una diferencia radical nos separa. Siervos, criados o razas víctimas de un poder extraño cualquiera (los negros norteamericanos, por ejemplo), entablan* un combate con una realidad concreta. Nosotros, en cambio, luchamos con entidades imaginarias, vestigios del pasado o fantasmas engendrados por nosotros mismos. Esos fantasmas y vestigios son reales, al menos para nosotros. Su realidad es de un orden sutil y atroz, porque es una realidad fantasmagórica. Son intocables e invencibles, ya que no están fuera de nosotros, sino en nosotros mismos. En la lucha que sostiene contra ellos nuestra voluntad de ser, cuentan con un aliado secreto y poderoso: nuestro miedo a ser. Porque todo lo que es el mexicano actual, como se ha visto, puede reducirse a esto: el mexicano no quiere o no se atreve a ser él mismo.

*inician

En muchos casos estos fantasmas son vestigios de realidades pasadas. Se originaron en la Conquista, en la Colonia, en la Independencia o en las guerras sostenidas contra yanquis y franceses. Otros reflejan nuestros problemas actuales, pero de una manera indirecta, escondiendo o disfrazando su verdadera naturaleza. ¿Y no es extraordinario que, desaparecidas las causas, persisten los efectos? ¿Y que los efectos oculten a las causas? En esta esfera es imposible escindir* causas y efectos. En realidad, no hay causas y efectos, sino un complejo de reacciones y tendencias que se penetran mutuamente. La persistencia de ciertas actitudes y la libertad e independencia que asumen frente a las causas

*separar, dividir

que las originaron, conduce a estudiarlas en la carne viva del presente y no en los textos históricos.

En suma, la historia podrá esclarecer· el origen de muchos de nuestros fantasmas, pero no los disipará. Sólo nosotros podemos enfrentarnos a ellos. O dicho de otro modo: la historia nos ayuda a comprender ciertos rasgos de nuestro carácter, a condición de que seamos capaces de aislarlos y denunciarlos previamente. Nosotros somos los únicos que podemos contestar a las preguntas que nos hacen la realidad y nuestro propio ser.

·aclarar, explicar

En nuestro lenguaje diario hay un grupo de palabras prohibidas, secretas, sin contenido claro, y a cuya mágica ambigüedad confiamos la expresión de las más brutales o sutiles de nuestras emociones y reacciones. Palabras malditas, que sólo pronunciamos en voz alta cuando no somos dueños de nosotros mismos. Confusamente reflejan nuestra intimidad: las explosiones de nuestra vitalidad las iluminan y las depresiones de nuestro ánimo las oscurecen. Lenguaje sagrado, como el de los niños, la poesía y las sectas. Cada letra y cada sílaba están animadas de una vida doble, al mismo tiempo luminosa y oscura, que nos revela y oculta. Palabras que no dicen nada y dicen todo. Los adolescentes, cuando quieren presumir de hombres, las pronuncian con voz ronca. Las repiten las señoras, ya para significar su libertad de espíritu, ya para mostrar la verdad de sus sentimientos. Pues estas palabras son definitivas, categóricas, a pesar de su ambigüedad y de la facilidad con que varía su significado. Son las malas palabras, único lenguaje vivo en un mundo de vocablos anémicos. La poesía al alcance de todos.

Cada país tiene la suya. En la nuestra, en sus breves y desgarradas, agresivas, chispeantes· sílabas, parecidas a la momentánea luz que arroja el cuchillo cuando se le descarga contra un cuerpo opaco y duro, se condensan todos nuestros apetitos, nuestras iras, nuestros entusiasmos y los anhelos que pelean en nuestro fondo, inexpresados. Esa palabra es nuestro santo y seña·. Por ella y en ella nos reconocemos entre extraños y a ella acudimos cada vez que aflora a nuestros labios la condición de nuestro ser. Conocerla, usarla, arrojándola al aire como un juguete vistoso o haciéndola vibrar como un arma afilada, es una manera de afirmar nuestra mexicanidad.

·con brillo intenso

·contraseña

Toda la angustiosa tensión que nos habita se expresa en una frase que nos viene a la boca cuando la cólera, la alegría o el entusiasmo nos llevan a exaltar nuestra condición de mexicanos: ¡Viva México, hijos de la Chingada! Verdadero grito de guerra, cargado de una electricidad particular, esta frase es un reto y una afirmación, un disparo, dirigido contra un enemigo imaginario, y una explosión en el aire. Nuevamente, con cierta patética y plástica fatalidad, se presenta la imagen del cohete que sube al cielo, se dispersa en chispas y cae oscuramente. O la del aullido en que terminan nuestras canciones, y que posee la misma ambigua resonancia: alegría rencorosa, desgarrada afirmación que se abre el pecho y se consume a sí misma.

260 Con ese grito, que es de rigor gritar cada 15 de septiembre, aniversario de la Independencia, nos afirmamos y afirmamos a nuestra patria, frente, contra y a pesar de los demás. ¿Y quiénes son los demás? Los demás son los "hijos de la chingada": los extranjeros, los malos mexicanos, nuestros enemigos, nuestros rivales. En todo caso, los "otros". Esto es, todos aquellos que no son lo que

265 nosotros somos. Y esos otros no se definen sino en cuanto hijos de una madre tan indeterminada y vaga como ellos mismos.

¿Quién es la Chingada? Ante todo, es la Madre. No una Madre de carne y hueso, sino una figura mítica. La Chingada es una de las representaciones mexicanas de la Maternidad, como la Llorona o la "sufrida madre mexicana" que

270 festejamos el diez de mayo. La Chingada es la madre que ha sufrido, metafórica o realmente, la acción corrosiva e infamante implícita en el verbo que le da nombre. Vale la pena detenerse en el significado de esta voz.

En la *Anarquía del Lenguaje en la América Española*, Darío Rubio examina el origen de esta palabra y enumera las significaciones que le prestan casi todos

275 los pueblos hispanoamericanos. Es probable su procedencia azteca: chingaste es xinachtli (semilla de hortaliza) o xinaxtli (aguamiel fermentado). La voz y sus derivados se usan, en casi toda América y en algunas regiones de España, asociados a las bebidas, alcohólicas o no: chingaste son los residuos o heces que quedan en el vaso, en Guatemala y El Salvador; en Oaxaca llaman chingaditos

280 a los restos del café; en todo México se llama chínguere —o, significativamente, piquete—al alcohol; en Chile, Perú y Ecuador la chingana es la taberna; en España chingar equivale a beber mucho, a embriagarse; y en Cuba, un chinguirito es un trago de alcohol.

Chingar también implica la idea de fracaso. En Chile y Argentina se chinga

285 un petardo cuando no hace explosión, "cuando no revienta, se frustra o sale fallido". Y las empresas que fracasan, las fiestas que se aguan, las acciones que no llegan a su término, se chingan. En Colombia, chingarse es llevarse un chasco[*]. [*]decepción, desilusión En el Plata un vestido desgarrado es un vestido chingado. En casi todas partes chingarse es salir burlado, fracasar. Chingar, asimismo, se emplea en algunas

290 partes de Sudamérica como sinónimo de molestar, zaherir[*], burlar. Es un [*]humillar, maltratar verbo agresivo, como puede verse por todas estas significaciones: descolar a los animales, incitar o hurgar a los gallos, chunguear, chasquear, perjudicar, echar a perder, frustrar.

En México los significados de la palabra son innumerables. Es una voz mágica.

295 Basta un cambio de tono, una inflexión apenas, para que el sentido varíe. Hay tantos matices como entonaciones: tantos significados, como sentimientos. Se puede ser un chingón, un Gran Chingón (en los negocios, en la política, en el crimen, con las mujeres), un chingaquedito (silencioso, disimulado, urdiendo tramas en la sombra, avanzando cauto para dar el mazazo), un chingoncito.

300 Pero la pluralidad de significaciones no impide que la idea de agresión —en todos sus grados, desde el simple de incomodar, picar, zaherir, hasta el de violar,

desgarrar y matar— se presente siempre como significado último. El verbo denota violencia, salir de sí mismo y penetrar por la fuerza en otro. Y también, herir, rasgar, violar —cuerpos, almas, objetos—, destruir. Cuando algo se rompe; decimos: "se chingó".

Cuando alguien ejecuta un acto desmesurado y contra las reglas, comentamos: "hizo una chingadera".

La idea de romper y de abrir reaparece en casi todas las expresiones. La voz está teñida de sexualidad, pero no es sinónima del acto sexual; se puede chingar una mujer sin poseerla. Y cuando se alude al acto sexual, la violación o el engaño le prestan un matiz particular. El que chinga jamás lo hace con el consentimiento de la chingada. En suma, chingar es hacer violencia sobre otro. Es un verbo masculino, activo, cruel: pica, hiere, desgarra, mancha. Y provoca una amarga, resentida satisfacción en el que lo ejecuta.

Lo chingado es lo pasivo, lo inerte y abierto, por oposición a lo que chinga, que es activo, agresivo y cerrado. El chingón es el macho, el que abre. La chingada, la hembra, la pasividad, pura, inerme˙ ante el exterior. La relación entre ambos es violenta, determinada por poder cínico del primero y la impotencia de la otra. La idea de violación rige oscuramente todos los significados. La dialéctica de "lo cerrado" y "lo abierto" se cumple así con precisión casi feroz.   ˙indefensa

El poder mágico de la palabra se intensifica por su carácter prohibido. Nadie la dice en público. Solamente un exceso de cólera, una emoción o el entusiasmo delirante, justifican su expresión franca. Es una voz que sólo se oye entre hombres, o en las grandes fiestas. Al gritarla, rompemos un velo de pudor, de silencio o de hipocresía. Nos manifestamos tales como somos de verdad. Las malas palabras hierven en nuestro interior, como hierven nuestros sentimientos. Cuando salen, lo hacen brusca, brutalmente, en forma de alarido, de reto, de ofensa. Son proyectiles o cuchillos. Desgarran.

Los españoles también abusan de las expresiones fuertes. Frente a ellos el mexicano es singularmente pulcro˙. Pero mientras los españoles se complacen˙˙ en la blasfemia y la escatología, nosotros nos especializamos en la crueldad y el sadismo. El español es simple: insulta a Dios porque cree en él. La blasfemia, dice Machado,[3] es una oración al revés. El placer que experimentan muchos españoles, incluso algunos de sus más altos poetas, al aludir a los detritus y mezclar la mierda con lo sagrado se parece un poco al de los niños que juegan con lodo. Hay, además del resentimiento, el gusto por los contrastes, que ha engendrado el estilo barroco y el dramatismo de la gran pintura española. Sólo un español puede hablar con autoridad de Onán y Don Juan. En las expresiones mexicanas, por el contrario, no se advierte la dualidad española simbolizada por la oposición de lo real y lo ideal, los místicos y los pícaros, el Quevedo[4] fúnebre y   ˙limpio ˙˙se deleitan

[3] Antonio Machado (1875–1939), poeta español de la Generación del 98.
[4] Francisco de Quevedo (1580–1645), escritor barroco del Siglo de Oro español.

el escatológico, sino la dicotomía entre lo cerrado y lo abierto. El verbo *chingar* indica el triunfo de lo cerrado, del macho, del fuerte sobre lo abierto.

La palabra *chingar*, con todas estas múltiples significaciones, define gran parte de nuestra vida y califica nuestras relaciones con el resto de nuestros amigos y compatriotas. Para el mexicano la vida es una posibilidad de chingar o de ser chingado. Es decir, de humillar, castigar y ofender. O a la inversa. Esta concepción de la vida social como combate engendra fatalmente la división de la sociedad en fuertes y débiles. Los fuertes —los chingones sin escrúpulos, duros e inexorables— se rodean de fidelidades ardientes e interesadas. El servilismo ante los poderosos —especialmente entre la casta de los "políticos", esto es, de los profesionales de los negocios públicos— es una de las deplorables consecuencias de esta situación. Otra, no menos degradante, es la adhesión a las personas y no a los principios. Con frecuencia nuestros políticos confunden los negocios públicos con los privados. No importa. Su riqueza o su influencia en la administración les permite sostener una mesnada˙ que el pueblo llama, muy atinadamente˙ "lambiscones˙˙" (de lamer).

El verbo *chingar* —maligno, ágil y juguetón como un animal de presa— engendra muchas expresiones que hacen de nuestro mundo una selva: hay tigres en los negocios, águilas en las escuelas o en los presidios˙, leones con los amigos. El soborno se llama "morder". Los burócratas roen sus huesos (los empleos públicos). Y en un mundo de chingones, de relaciones duras, presididas por la violencia y el recelo, en el que nadie se abre ni se raja y todos quieren chingar, las ideas y el trabajo cuentan poco. Lo único que vale es la hombría, el valor personal, capaz de imponerse.

La voz tiene además otro significado, más restringido. Cuando decimos "vete a la Chingada", enviamos a nuestro interlocutor a un espacio lejano, vago e indeterminado. Al país de las cosas rotas, gastadas. País gris, que no está en ninguna parte, inmenso y vacío. Y no sólo por simple asociación fonética lo comparamos a la China, que es también inmensa y remota. La Chingada, a fuerza de uso, de significaciones contrarias y del roce de labios coléricos o entusiasmados, acaba por gastarse, agotar sus contenidos y desaparecer. Es una palabra hueca. No quiere decir nada. Es la Nada.

Después de esta digresión sí se puede contestar a la pregunta ¿qué es la Chingada? La Chingada es la Madre abierta, violada o burlada por la fuerza. El "hijo de la Chingada" es el engendro de la violación, del rapto o de la burla. Si se compara esta expresión con la española, "hijo de puta", se advierte inmediatamente la diferencia. Para el español la deshonra consiste en ser hijo de una mujer que voluntariamente se entrega, una prostituta; para el mexicano, en ser fruto de una violación.

Manuel Cabrera me hace observar que la actitud española refleja una concepción histórica y moral del pecado original, en tanto que la del mexicano, más honda y genuina, trasciende anécdota y ética. En efecto, toda mujer,

˙grupo de partidarios

˙acertadamente ˙˙aduladores

˙prisiones

aun la que se da voluntariamente, es desgarrada, chingada por el hombre. En cierto sentido todos somos, por el solo hecho de nacer de mujer, hijos de la Chingada, hijos de Eva. Mas lo característico del mexicano reside, a mi juicio, en la violenta, sarcástica humillación de la Madre, a la que se condena por el solo delito de serlo, y en la no menos violenta afirmación del Padre. Una amiga —las mujeres son más sensibles a la extrañeza de la situación— me hacía ver que la admiración por el Padre, símbolo de lo cerrado y agresivo, capaz de chingar y abrir, se transparenta en una expresión que empleamos siempre que queremos imponer a otro nuestra superioridad: "Yo soy tu padre". En suma, la cuestión del origen es el centro secreto de toda nuestra ansiedad y angustia. Vale la pena detenerse un poco en el sentido que todo esto tiene para nosotros.

[…]

Si la Chingada es una representación de la Madre violada, no me parece forzado asociarla a la Conquista que fue también una violación, no solamente en el sentido histórico, sino en la carne misma de las indias. El símbolo de la entrega es doña Malinche, la amante de Cortés. Es verdad que ella se da voluntariamente al Conquistador, pero éste, apenas deja de serle útil, la olvida. Doña Marina se ha convertido en una figura que representa a las indias, fascinadas, violadas o seducidas por los españoles. Y del mismo modo que el niño no perdona a su madre que lo abandone para ir en busca de su padre, el pueblo mexicano no perdona su traición a la Malinche. Ella encarna lo abierto, lo chingado, frente a nuestros indios, estoicos, impasibles y cerrados. Cuauhtémoc[5] y doña Marina son así dos símbolos antagónicos y complementarios. Y no es sorprendente el culto que todos profesamos al joven emperador —"único héroe a la altura del arte", imagen del hijo sacrificado— tampoco es extraña la maldición que pesa contra la Malinche. De ahí el éxito del adjetivo despectivo• "malinchista", recientemente puesto en circulación por los periódicos para denunciar a todos los contagiados por tendencias extranjerizantes. Los malinchistas son los partidarios de que México se abra al exterior: los verdaderos hijos de la Malinche, que es la Chingada en persona. De nuevo aparece lo cerrado por oposición a lo abierto.

Nuestro grito es una expresión de la voluntad mexicana de vivir cerrados al exterior, sí, pero sobre todo, cerrados frente al pasado. En ese grito condenamos nuestro origen y renegamos de nuestro hibridismo. La extraña permanencia de Cortés y de la Malinche en la imaginación y en la sensibilidad de los mexicanos actuales revela que son algo más que figuras históricas: son los símbolos de un conflicto secreto, que aún no hemos resuelto. Al repudiar a la Malinche —Eva mexicana, según la representa José Clemente Orozco[6] en su mural de la Escuela

• peyorativo, ofensivo

---

[5] Cuauhtémoc (c. 1495–1525), rey de los aztecas (1520–1521).
[6] José Clemente Orozco (1883–1949), pintor mexicano que interpretó la realidad político-social de la época en sus murales.

Nacional Preparatoria— el mexicano rompe sus ligas[•] con el pasado, reniega de   [•]ataduras
su origen y se adentra solo en la vida histórica.

El mexicano condena en bloque toda su tradición, que es un conjunto de
gestos, actitudes y tendencias en el que ya es difícil distinguir lo español de
425   lo indio. Por eso la tesis hispanista, que nos hace descender de Cortés con
exclusión de la Malinche, es el patrimonio de unos cuantos extravagantes —que
ni siquiera son blancos puros—. Y otro tanto se puede decir de la propaganda
indigenista, que también está sostenida por criollos y mestizos maniáticos, sin
que jamás los indios le hayan prestado atención. El mexicano no quiere ser ni
430   indio, ni español. Tampoco quiere descender de ellos. Los niega. Y no se afirma
en tanto que mestizo, sino como abstracción: es un hombre. Se vuelve hijo de la
Nada. Él empieza en sí mismo.

Esta actitud no se manifiesta nada más en nuestra vida diaria, sino en el curso
de nuestra historia, que en ciertos momentos ha sido encarnizada[•] voluntad de   [•]implacable, inflexible
435   desarraigo[•]. Es pasmoso que un país con un pasado tan vivo, profundamente   [•]separación, exclusión
tradicional, atado a sus raíces, rico en antigüedad legendaria si pobre en historia
moderna, sólo se conciba como negación de su origen.

Nuestro grito popular nos desnuda y revela cuál es esa llaga que
alternativamente mostramos o escondemos, pero no nos indica cuáles fueron
440   las causas de esa separación y negación de la Madre, ni cuando se realizó la
ruptura. A reserva de examinar más detenidamente el problema, puede
adelantarse que la Reforma liberal de mediados del siglo pasado parece ser el
momento en que el mexicano se decide a romper con su tradición, que es una
manera de romper con uno mismo. Si la Independencia corta los lazos políticos
445   que nos unían a España, la Reforma niega que la nación mexicana en tanto
que proyecto histórico, continúe la tradición colonial. Juárez[7] y su generación
fundan un Estado cuyos ideales son distintos a los que animaban a Nueva
España o a las sociedades precortesianas. El Estado mexicano proclama una
concepción universal y abstracta del hombre: la República no está compuesta
450   por criollos, indios y mestizos, como con gran amor por los matices y respeto
por la naturaleza heteróclita[•] del mundo colonial especificaban las Leyes de   [•]heterogénea
Indias, sino por hombres, a secas. Y a solas.

La Reforma es la gran Ruptura con la Madre. Esta separación era un acto
fatal y necesario, porque toda vida verdaderamente autónoma se inicia como
455   ruptura con la familia y el pasado. Pero nos duele todavía esa separación. Aún
respiramos por la herida. De ahí que el sentimiento de orfandad sea el fondo
constante de nuestras tentativas políticas y de nuestros conflictos íntimos.
México está tan solo como cada uno de sus hijos.

---

[7] Benito Juárez (1806–1872), presidente de México (1858–1872) quien con las bases de una
política liberal se propuso modernizar el país en un periodo conocido como la Reforma.

El mexicano y la mexicanidad se definen como ruptura y negación. Y, asimismo, como búsqueda, como voluntad por trascender ese estado de exilio. En suma, como viva conciencia de la soledad, histórica y personal.

La historia, que no nos podía decir nada sobre la naturaleza de nuestros sentimientos y de nuestros conflictos, sí nos puede mostrar ahora cómo se realizó la ruptura y cuáles han sido nuestras tentativas para trascender la soledad. ❧

ÁRBOL ADENTRO
De *Árbol adentro*, 1987

Creció en mi frente un árbol.
Creció hacia dentro.
Sus raíces son venas,
nervios sus ramas,
sus confusos follajes pensamientos.
Tus miradas lo encienden
y sus frutos de sombras
son naranjas de sangre,
son granadas de lumbre.
　　　Amanece
en la noche del cuerpo.
Allá adentro, en mi frente,
el árbol habla.
　　　Acércate, ¿lo oyes?

PREGUNTAS

ANÁLISIS

1. En "Himno entre ruinas" encontramos una conversación entre dos voces poéticas. Localízalas y reflexiona sobre la diferencia temática que aporta cada una. Utiliza ejemplos del poema.

2. La estrofa final de "Himno entre ruinas" concluye con la reconciliación de "las dos mitades enemigas". ¿A qué hace referencia esta imagen? ¿Qué importancia tiene en el mensaje final del poema?

3. En "Cántaro roto" el poeta representa la realidad a través de las imágenes de la sequía y el agua. ¿Qué simbolizan estas imágenes? Ilustra tu respuesta con ejemplos.

4. ¿Cuál es el tema principal de "Cántaro roto"? ¿En qué tono concluye el poema?

5. Octavio Paz afirma en "Los hijos de la Malinche" que hay tres figuras fundamentales en el culto mexicano. Identifícalas y di cómo explica el autor su importancia en la tradición mexicana.

6. Explica por qué, según Octavio Paz, el mexicano renuncia a su tradición al repudiar a la Malinche.

7. ¿De quién son las miradas en el poema "Árbol adentro"? ¿Qué provocan estas en el "yo poético"?

INTERPRETACIÓN

1. En la última estrofa de "Himno entre ruinas", Octavio Paz habla de conciencia-espejo. ¿A qué crees que hace referencia? Explica tu respuesta.

2. "Himno entre ruinas" y "Cántaro roto" forman parte de un mismo poemario: *La estación violenta*. Busca los paralelismos entre los dos y comenta el papel mágico del lenguaje en estos poemas.

3. Explica por qué Cuauhtémoc y Malinche son dos símbolos antagónicos y complementarios según explica Paz en "Los hijos de la Malinche".

4. Octavio Paz afirmó que "la historia es conocimiento que se sitúa entre la ciencia propiamente dicha y la poesía". Relaciona esa idea con lo expresado en "Los hijos de la Malinche".

5. ¿Cuál es, a tu juicio, el tema de "Árbol adentro"?

6. La obra de Octavio Paz contiene multitud de imágenes recurrentes de la naturaleza. Localiza algunas de ellas en los textos que has leído y analiza qué simbolizan dentro su obra.

7. Busca en las obras seleccionadas las referencias al mundo contemporáneo y resume con tus propias palabras la opinión que tiene de él Octavio Paz.

INVESTIGACIÓN

1. El poema "Himno entre ruinas" se inicia con un verso de *Fábula de Polifemo y Galatea* del poeta barroco Luis de Góngora. Investiga qué importancia tiene el epígrafe en el poema y busca en la composición otras referencias a la obra del poeta español. ¿Qué crees que tiene la obra de Góngora en común con la de Paz?

2. Investiga la figura histórica de la Malinche. ¿Cómo ha sido percibida en el pasado? ¿Cómo se ve su figura en la actualidad?

ALEJO CARPENTIER

1904–1980

El escritor cubano Alejo Carpentier, de padre francés y madre rusa, nació en Lausana, Suiza. La familia viaja a Cuba, lugar donde el escritor pasa su niñez, y ocho años después, a París. De esa adolescencia parisina le quedaría un marcado acento francés. En 1920 comienza a estudiar Arquitectura en la Universidad de La Habana, pero poco después su padre abandona la familia y Carpentier se ve obligado a dejar sus estudios. En esa época trabaja como crítico de arte y periodista, y comienza a interesarse en la política; se convierte en colaborador de la prestigiosa publicación literaria *Revista de Avance* y participa en el llamado Grupo Minorista. Su actividad política contra el gobierno de Machado lo lleva a la cárcel en 1927, donde comienza a escribir su primera novela: *Écue-Yamba-Ó* (1933). Al año siguiente de salir de la cárcel regresa a París, donde permanece durante una década. Allí conoce a Picasso, Louis Aragon, Paul Éluard y otras figuras del mundo intelectual parisino de entreguerras. El mismo Carpentier afirmaba que esos años en Francia le permitieron ver a Latinoamérica con una nueva fascinación.

Aunque escribió poesía, ópera, crítica, periodismo y narrativa desde su adolescencia, su obra novelística empieza a cobrar fuerza en su viaje a Haití, en 1942, travesía que lo marcará profundamente. Entre 1946 y 1959, vive en Venezuela y escribe algunas de sus novelas más conocidas: *El reino de este mundo* (1949), *Los pasos perdidos* (1953) y *El acoso* (1958). Con esas obras Carpentier da cuerpo a su concepto de lo real maravilloso, una versión anterior a la estética del realismo mágico de García Márquez y otros escritores del *Boom*. En las dos últimas décadas de su vida se identificó estrechamente con la Revolución cubana, a pesar de que su novela *El siglo de las luces* (1962) fuera una advertencia en contra de los excesos revolucionarios. Desde 1966 vivió en París como representante diplomático del gobierno cubano. Allí escribió novelas como *La consagración de la primavera* y *El arpa y la sombra*, ambas publicadas en 1978. Murió en París a los setenta y seis años de edad.

En el prólogo de su novela *El reino de este mundo*, Carpentier cuestiona el surrealismo y, con él, a toda la cultura europea de la primera mitad del siglo xx. Sin embargo, ese ataque frontal no es más que un recurso para definir, por contraste, su visión de la realidad latinoamericana y para proponer una literatura que responda a esa realidad. Para Carpentier, los relojes derretidos de Dalí y los paraguas difuntos de Lautréamont son meras decoraciones en comparación con la realidad cotidiana del Nuevo Mundo. Desde su visión, una cultura como la europea, que ha dejado de creer en los mitos, no puede resucitarlos a fuerza de mera literatura. Esa literatura debe ser escrita en América, donde la fe en los milagros es parte de la vida cotidiana: y eso es lo que se propone el autor. En esas páginas está resumido el programa de la literatura latinoamericana de los siguientes cuarenta años.

"Viaje a la semilla" (*Guerra del tiempo*, 1958) es uno de los cuentos de Carpentier más leídos y comentados. Es un relato que muestra varios de los elementos esenciales de toda su obra. Real maravilloso es, sin duda, que el tiempo retroceda hacia sus orígenes, como sucede en este cuento. Esta idea viene armada con todos los recursos literarios de Carpentier: su poder descriptivo, el uso del vocabulario arquitectónico, la palabra que falsea la realidad para hacernos mirarla con nuevos ojos, la erudición, la capacidad de evocación, y los símiles sorprendentes y precisos. El relato es una erupción de los abundantes fuegos de artificio de que disponía su autor para seducir a sus lectores.

OBRAS PRINCIPALES

Novela

1933 | *Écue-Yamba-Ó*
1949 | *El reino de este mundo*
1953 | *Los pasos perdidos*
1958 | *El acoso*
1962 | *El siglo de las luces*
1974 | *Concierto barroco*
1974 | *El recurso del método*
1978 | *La consagración de la primavera*
1978 | *El arpa y la sombra*

Cuento

1958 | *Guerra del tiempo*

Ensayo

1946 | *La música en Cuba*
1949 | *Tristán e Isolda en tierra firme*
1964 | *Tientos y diferencias*
1969 | *Literatura y conciencia en América Latina*
1970 | *La ciudad de las columnas*
1975 | *América Latina en su música*
1975 | *Letra y solfa*
1976 | *Razón de ser*
1979 | *Afirmación literaria americanista*
1979 | *Bajo el signo de Cibeles: Crónicas sobre España y los españoles*
1980 | *El adjetivo y sus arrugas*
1980 | *El músico que llevo dentro*
1981 | *La novela latinoamericana en vísperas de un nuevo siglo y otros ensayos*
1987 | *Conferencias*

PRÓLOGO

De *El reino de este mundo*, 1949

…Lo que se ha de entender desto de convertirse
en lobos es que hay una enfermedad a quien
llaman los médicos manía lupina…

Los trabajos de Persiles y Segismunda[1]

A fines del año 1943 tuve la suerte de poder visitar el reino de Henri Christophe[2] —las ruinas, tan poéticas, de Sans-Souci; la mole, imponentemente intacta a pesar de rayos y terremotos, de la Ciudadela La Ferrière— y de conocer la todavía normanda Ciudad del Cabo —el Cap Français de la antigua colonia—, donde una calle

5 de larguísimos balcones conduce al palacio de cantería habitado antaño por Paulina Bonaparte. Después de sentir el nada mentido sortilegio•de las tierras de   •magia, hechizo
Haití, de haber hallado advertencias mágicas en los caminos rojos de la Meseta Central, de haber oído los tambores del Petro y del Rada, me vi llevado a acercar

10 la maravillosa realidad vivida a la agotante•pretensión de suscitar lo maravilloso   •extenuante, fatigosa
que caracterizó ciertas literaturas europeas de estos últimos treinta años. Lo maravilloso, buscado a través de los viejos clisés de la selva de Brocelianda,[3] de los caballeros de la Mesa Redonda, del encantador Merlín y del ciclo de Arturo. Lo maravilloso, pobremente sugerido por los oficios y deformidades

15 de los personajes de feria —¿no se cansarán los jóvenes poetas franceses de los fenómenos y payasos de la *fête foraine*•, de los que ya Rimbaud[4] se había   •feria al aire libre (francés)
despedido en su Alquimia del Verbo?—. Lo maravilloso, obtenido con trucos de prestidigitación, reuniéndose objetos que para nada suelen encontrarse: la vieja y embustera•historia del encuentro fortuito del paraguas y de la máquina   •mentirosa

20 de coser sobre una mesa de disección, generador de las cucharas de armiño, los caracoles en el taxi pluvioso, la cabeza de león en la pelvis de una viuda, de las exposiciones surrealistas. O, todavía, lo maravilloso literario: el rey de la *Julieta* de Sade, el supermacho de Jarry, el monje de Lewis[5], la utilería escalofriante

---

[1] Obra de Miguel de Cervantes en la cual predomina lo fantástico.
[2] Henri Christophe (1767–1820), líder de la Revolución haitiana y elegido presidente de la República en 1807.
[3] Escenario de muchas leyendas e historias fantásticas medievales. Entre ellas, este bosque aparece como el entorno del rey Arturo y el encantador Merlín.
[4] Arthur Rimbaud (1854–1891), poeta francés. Completó toda su obra antes de cumplir los veinte años. El simbolismo, el surrealismo, así como un gran número de escritores, músicos y artistas del siglo XX fueron marcadamente influenciados por su poesía y por su relación con la vida.
[5] Marqués de Sade (1740–1814), escritor francés. En la línea temática de sus obras prima el vicio por encima de las virtudes. Alfred Jarry (1873–1907), escritor francés. Precursor del teatro del absurdo y el surrealismo. Matthew Gregory Lewis (1775–1818), escritor inglés de novelas góticas y de terror.

de la novela negra inglesa: fantasmas, sacerdotes emparedados˙, licantropías[6],   ˙encerrados, recluidos
manos clavadas sobre la puerta de un castillo.

Pero, a fuerza de querer suscitar lo maravilloso a todo trance˙, los taumaturgos   ˙cualquier precio
se hacen burócratas. Invocado por medio de fórmulas consabidas que hacen de
ciertas pinturas un monótono baratillo de relojes amelcochados˙, de maniquíes   ˙derretidos; con la
de costurera, de vagos monumentos fálicos, lo maravilloso se queda en paraguas   consistencia de la miel
o langosta o máquina de coser, o lo que sea, sobre una mesa de disección, en
el interior de un cuarto triste, en un desierto de rocas. Pobreza imaginativa,
decía Unamuno, es aprenderse códigos de memoria. Y hoy existen códigos de
lo fantástico, basados en el principio del burro devorado por un higo, propuesto
por los *Cantos de Maldoror*[7] como suprema inversión de la realidad, a los que
debemos muchos "niños amenazados por ruiseñores", o los "caballos devorando
pájaros" de André Masson. Pero obsérvese que cuando André Masson quiso
dibujar la selva de la isla de Martinica, con el increíble entrelazamiento de sus
plantas y la obscena promiscuidad de ciertos frutos, la maravillosa verdad del
asunto devoró al pintor, dejándolo poco menos que impotente frente al papel
en blanco. Y tuvo que ser un pintor de América, el cubano Wifredo Lam, quien
nos enseñara la magia de la vegetación tropical, la desenfrenada Creación de
Formas de nuestra naturaleza —con todas sus metamorfosis y simbiosis—,
en cuadros monumentales de una expresión única en la era contemporánea.
Ante la desconcertante pobreza imaginativa de un Tanguy,[8] por ejemplo, que
desde hace veinticinco años pinta las mismas larvas pétreas bajo el mismo cielo
gris, me dan ganas de repetir una frase que enorgullecía a los surrealistas de la
primera hornada˙: *Vous qui ne voyez pas, pensez à ceux qui voient.*[9] Hay todavía   ˙generación
demasiados "adolescentes que hallan placer en violar los cadáveres de hermosas
mujeres recién muertas" (Lautréamont), sin advertir que lo maravilloso estaría
en violarlas vivas. Pero es que muchos se olvidan, con disfrazarse de magos a
poco costo, que lo maravilloso comienza a serlo de manera inequívoca cuando

[6] La licantropía es una enfermedad mental que hace que el enfermo crea ser un lobo.
[7] Obra de gran influencia para los surrealistas. Su autor, Isidoro Ducasse (1846–1870), conocido por el seudónimo de Conde de Lautréamont, fue un escritor francés de origen uruguayo.
[8] Yves Tanguy (1900–1955), pintor surrealista francés.
[9] Los que no veis, pensad en los que ven (del francés).

surge de una inesperada alteración de la realidad (el milagro), de una revelación privilegiada de la realidad, de una iluminación inhabitual o singularmente favorecedora de las inadvertidas riquezas de la realidad, de una ampliación de las escalas y categorías de la realidad, percibidas con particular intensidad en virtud de una exaltación del espíritu que lo conduce a un modo de "estado límite". Para empezar, la sensación de lo maravilloso presupone una fe. Los que no creen en santos no pueden curarse con milagros de santos, ni los que no son Quijotes pueden meterse, en cuerpo, alma y bienes, en el mundo de *Amadís de Gaula* o *Tirante el Blanco*.[10] Prodigiosamente fidedignas resultan ciertas frases de Rutilio en *Los trabajos de Persiles y Segismunda*, acerca de hombres transformados en lobos, porque en tiempos de Cervantes se creía en gentes aquejadas de manía lupina. Asimismo el viaje del personaje, desde Toscana a Noruega, sobre el manto de una bruja. Marco Polo admitía que ciertas aves volaran llevando elefantes entre las garras, y Lutero vio de frente al demonio a cuya cabeza arrojó un tintero. Víctor Hugo, tan explotado por los tenedores[•poseedores] de libros de lo maravilloso, creía en aparecidos, porque estaba seguro de haber hablado, en Guernesey, con el fantasma de Leopoldina. A Van Gogh bastaba con tener fe en el Girasol, para fijar su revelación en una tela. De ahí que lo maravilloso invocado en el descreimiento[•falta de fe] —como lo hicieron los surrealistas durante tantos años— nunca fue sino una artimaña[•maniobra, trampa] literaria, tan aburrida, al prolongarse, como cierta literatura onírica "arreglada", ciertos elogios de la locura, de los que estamos muy de vuelta[•curados, desengañados]. No por ello va a darse la razón, desde luego, a determinados partidarios de un regreso a lo real —término que cobra, entonces, un significado gregariamente político—, que no hacen sino sustituir los trucos del prestidigitador por los lugares comunes del literato "enrolado" o el escatológico[11] regodeo[•placer ávido] de ciertos existencialistas. Pero es indudable que hay escasa defensa para poetas y artistas que loan[•alaban, elogian] el sadismo sin practicarlo, admiran el supermacho por impotencia, invocan espectros sin creer que respondan a los ensalmos[•hechizos, embrujos], y fundan sociedades secretas, sectas literarias, grupos vagamente filosóficos, con santos y señas y arcanos[•misteriosos] fines —nunca alcanzados—, sin ser capaces de concebir una mística válida ni de abandonar los más mezquinos hábitos para jugarse el alma sobre la temible carta de una fe.

Esto se me hizo particularmente evidente durante mi permanencia en Haití, al hallarme en contacto cotidiano con algo que podríamos llamar lo *real maravilloso*. Pisaba yo una tierra donde millares de hombres ansiosos de libertad creyeron en los poderes licantrópicos de Mackandal, a punto de que esa fe colectiva produjera un milagro el día de su ejecución. Conocía ya la historia

---

[10] Destacadas obras del género de novelas de caballería. *Amadís de Gaula*, escrita en castellano y publicada en el siglo XVI, y *Tirante el Blanco*, escrita en catalán y publicada en el siglo XV, son narraciones impregnadas de elementos fantásticos.

[11] Relativo a la muerte y el más allá.

prodigiosa de Bouckman, el iniciado jamaiquino. Había estado en la Ciudadela
La Ferrière, obra sin antecedentes arquitectónicos, únicamente anunciada por
las *Prisiones Imaginarias* del Piranese.[12] Había respirado la atmósfera creada por
Henri Christophe, monarca de increíbles empeños*, mucho más sorprendente
que todos los reyes crueles inventados por los surrealistas, muy afectos* a tiranías
imaginarias, aunque no padecidas. A cada paso hallaba lo *real maravilloso.* Pero
pensaba, además, que esa presencia y vigencia de lo real maravilloso no era
privilegio único de Haití, sino patrimonio de la América entera, donde todavía
no se ha terminado de establecer, por ejemplo, un recuento de cosmogonías.
Lo real maravilloso se encuentra a cada paso en las vidas de hombres que
inscribieron fechas en la historia del Continente y dejaron apellidos aún llevados:
desde los buscadores de la Fuente de la Eterna Juventud, de la áurea ciudad de
Manoa, hasta ciertos rebeldes de la primera hora o ciertos héroes modernos de
nuestras guerras de independencia de tan mitológica traza* como la coronela
Juana de Azurduy.[13] Siempre me ha parecido significativo el hecho de que, en
1780, unos cuerdos* españoles, salidos de Angostura, se lanzaran todavía a la
busca de El Dorado, y que, en días de la Revolución Francesa —¡vivan la Razón
y el Ser Supremo!—, el compostelano Francisco Menéndez anduviera por tierras
de Patagonia buscando la Ciudad Encantada de los Césares. Enfocando otro
aspecto de la cuestión, veríamos que, así como en Europa occidental el folklore
danzario, por ejemplo, ha perdido todo carácter mágico o invocatorio, rara es la
danza colectiva, en América, que no encierre un hondo sentido ritual, creándose
en torno a él todo un proceso inicíaco*: tal los bailes de la santería cubana, o la
prodigiosa versión negroide de la fiesta del Corpus, que aun puede verse en el
pueblo de San Francisco de Yare, en Venezuela.

Hay un momento, en el sexto canto de Maldoror, en que el héroe,
perseguido por toda la policía del mundo, escapa a "un ejército de agentes y
espías" adoptando el aspecto de animales diversos y haciendo uso de su don
de transportarse instantáneamente a Pekín, Madrid o San Petersburgo. Esto
es "literatura maravillosa" en pleno. Pero en América, donde no se ha escrito
nada semejante, existió un Mackandal dotado de los mismos poderes por la fe
de sus contemporáneos, y que alentó*, con esa magia, una de las sublevaciones
más dramáticas y extrañas de la Historia. Maldoror —lo confiesa el mismo
Ducasse— no pasaba de ser un "poético Rocambole".[14] De él sólo quedó una
escuela literaria de vida efímera. De Mackandal el americano, en cambio, ha

*esfuerzos obstinados
*aficionados, simpatizantes

*apariencia

*sensatos, razonables

*de iniciación

*animó

---

[12] Giovanni Battista Piranesi (1720–1778), artista italiano reconocido por su serie de grabados de prisiones de ambiente surrealista.
[13] Juana de Azurduy de Padilla (1781–1862), guerrillera que luchó por la independencia de Bolivia a quien la historia recuerda como heroína.
[14] Personaje de las novelas de aventuras del escritor francés del siglo XIX, Pierre Alexis Ponson du Terrail. El adjetivo "rocambolesco" describe situaciones o sucesos que son tan increíbles que parecen ficciones.

quedado toda una mitología, acompañada de himnos mágicos, conservados por
125   todo un pueblo que aún se cantan en las ceremonias del Vaudou. (Hay, por otra
parte, una rara casualidad en el hecho de que Isidoro Ducasse, hombre que tuvo
un excepcional instinto de lo fantástico-poético, hubiera nacido en América y se
jactara* tan enfáticamente al final de uno de sus cantos, de ser "Le Montevidéen".)   •presumiera, alardeara
Y es que, por la virginidad del paisaje, por la formación, por la ontología, por
130   la presencia fáustica* del indio y del negro, por la Revelación que constituyó su   •esplendorosa
reciente descubrimiento, por los fecundos mestizajes que propició, América está
muy lejos de haber agotado su caudal de mitologías.

Sin habérmelo propuesto de modo sistemático, el texto que sigue ha
respondido a este orden de preocupaciones. En él se narra una sucesión de
135   hechos extraordinarios, ocurridos en la isla de Santo Domingo, en determinada
época que no alcanza el lapso de una vida humana, dejándose que lo maravilloso
fluya libremente de una realidad estrictamente seguida en todos sus detalles.
Porque es menester* advertir que el relato que va a leerse ha sido establecido   •necesario
sobre una documentación extremadamente rigurosa que no solamente
140   respeta la verdad histórica de los acontecimientos, los nombres de personajes
—incluso secundarios—, de lugares y hasta de calles, sino que oculta, bajo su
aparente intemporalidad, un minucioso cotejo* de fechas y de cronologías. Y sin   •comprobación
embargo, por la dramática singularidad de los acontecimientos, por la fantástica
apostura* de los personajes que se encontraron, en determinado momento, en   •belleza, elegancia
145   la encrucijada mágica de la Ciudad del Cabo, todo resulta maravilloso en una
historia imposible de situar en Europa, y que es tan real, sin embargo, como
cualquier suceso ejemplar de los consignados*, para pedagógica edificación,   •escritos
en los manuales escolares. ¿Pero qué es la historia de América toda sino una
crónica de lo real-maravilloso?
150   A.C. ❧

VIAJE A LA SEMILLA
De *Guerra del tiempo,* 1958

I

—¿Qué quieres, viejo?...

Varias veces cayó la pregunta de lo alto de los andamios*. Pero el viejo no   •armazón de tablas para trabajar en un edificio en construcción
respondía. Andaba de un lugar a otro, fisgoneando, sacándose de la garganta
un largo monólogo de frases incomprensibles. Ya habían descendido las tejas,
5   cubriendo los canteros muertos con su mosaico de barro cocido. Arriba, los
picos desprendían piedras de mampostería, haciéndolas rodar por canales de
madera, con gran revuelo de cales y de yesos. Y por las almenas* sucesivas que   •intervalos sólidos que coronan una muralla

iban desdentando las murallas aparecían —despojados de su secreto— cielos rasos ovales o cuadrados, cornisas, guirnaldas, dentículos, astrágalos, y papeles
10 encolados que colgaban de los testeros como viejas pieles de serpiente en muda. Presenciando la demolición, una Ceres[1] con la nariz rota y el peplo^• desvaído, ^•vestidura
veteado de negro el tocado^• de mieses, se erguía en el traspatio, sobre su fuente ^•prenda que cubre la cabeza
de mascarones borrosos. Visitados por el sol en horas de sombra, los peces grises del estanque bostezaban en agua musgosa y tibia, mirando con el ojo
15 redondo aquellos obreros, negros sobre claro de cielo, que iban rebajando la altura secular de la casa. El viejo se había sentado, con el cayado^• apuntalándole ^•bastón
la barba, al pie de la estatua. Miraba el subir y bajar de cubos en que viajaban restos apreciables. Oíanse, en sordina, los rumores de la calle mientras, arriba, las poleas concertaban, sobre ritmos de hierro con piedra, sus gorjeos de aves
20 desagradables y pechugonas.

Dieron las cinco. Las cornisas y entablamentos se despoblaron. Sólo quedaron escaleras de mano, preparando el salto del día siguiente. El aire se hizo más fresco, aligerado de sudores, blasfemias, chirridos de cuerdas, ejes que pedían alcuzas^• y palmadas en torsos pringosos^••. Para la casa mondada el crepúsculo ^•aceiteras ^••aceitosos
25 llegaba más pronto. Se vestía de sombras en horas en que su ya caída balaustrada superior solía regalar a las fachadas algún relumbre de sol. La Ceres apretaba los labios. Por primera vez las habitaciones dormirían sin persianas, abiertas sobre un paisaje de escombros.

Contrariando sus apetencias^•, varios capiteles yacían entre las hierbas. Las ^•deseos
30 hojas de acanto descubrían su condición vegetal. Una enredadera aventuró sus tentáculos hacia la voluta jónica, atraída por un aire de familia. Cuando cayó la noche, la casa estaba más cerca de la tierra. Un marco de puerta se erguía aún, en lo alto, con tablas de sombras suspendidas de sus bisagras desorientadas.

II

Entonces el negro viejo, que no se había movido, hizo gestos extraños, volteando
35 su cayado sobre un cementerio de baldosas.

Los cuadrados de mármol, blancos y negros, volaron a los pisos, vistiendo la tierra. Las piedras con saltos certeros, fueron a cerrar los boquetes^• de las ^•aberturas
murallas. Hojas de nogal claveteadas se encajaron en sus marcos, mientras los tornillos de las charnelas^• volvían a hundirse en sus hoyos, con rápida rotación. ^•bisagras
40 En los canteros muertos, levantadas por el esfuerzo de las flores, las tejas juntaron sus fragmentos, alzando un sonoro torbellino de barro, para caer en lluvia sobre la armadura del techo. La casa creció, traída nuevamente a sus proporciones habituales, pudorosa y vestida. La Ceres fue menos gris. Hubo más peces en la fuente. Y el murmullo del agua llamó begonias olvidadas.

---

[1] Diosa de la agricultura en la antigua Roma.

El viejo introdujo una llave en la cerradura de la puerta principal, y comenzó a abrir ventanas. Sus tacones sonaban a hueco. Cuando encendió los velones, un estremecimiento* amarillo corrió por el óleo de los retratos de familia, y gentes vestidas de negro murmuraron en todas las galerías, al compás de cucharas movidas en jícaras* de chocolate.

*temblor

*vasijas, tacitas, pocillos

Don Marcial, el Marqués de Capellanías, yacía en su lecho de muerte, el pecho acorazado de medallas, escoltado por cuatro cirios* con largas barbas de cera derretida.

*velas

III

Los cirios crecieron lentamente, perdiendo sudores. Cuando recobraron su tamaño, los apagó la monja apartando una lumbre. Las mechas blanquearon, arrojando el pabilo*. La casa se vació de visitantes y los carruajes partieron en la noche. Don Marcial pulsó un teclado invisible y abrió los ojos.

*trocitos de la mecha carbonizada

Confusas y revueltas, las vigas del techo se iban colocando en su lugar. Los pomos de medicina, las borlas de damasco, el escapulario de la cabecera, los daguerrotipos*, las palmas de la reja, salieron de sus nieblas. Cuando el médico movió la cabeza con desconsuelo profesional, el enfermo se sintió mejor. Durmió algunas horas y despertó bajo la mirada negra y cejuda del Padre Anastasio. De franca, detallada, poblada de pecados, la confesión se hizo reticente*, penosa, llena de escondrijos*. ¿Y qué derecho tenía, en el fondo, aquel carmelita, a entrometerse en su vida? Don Marcial se encontró, de pronto, tirado en medio del aposento*. Aligerado de un peso en las sienes, se levantó con sorprendente celeridad. La mujer desnuda que se desperezaba sobre el brocado del lecho buscó enaguas y corpiños, llevándose, poco después, sus rumores de seda estrujada y su perfume. Abajo, en el coche cerrado, cubriendo tachuelas del asiento, había un sobre con monedas de oro.

*fotografías

*desconfiada, ambigua

*escondites

*habitación

Don Marcial no se sentía bien. Al arreglarse la corbata frente a la luna de la consola se vio congestionado. Bajó al despacho donde lo esperaban hombres de justicia, abogados y escribientes, para disponer la venta pública de la casa. Todo había sido inútil. Sus pertenencias* se irían a manos del mejor postor, al compás de martillo golpeando una tabla. Saludó y le dejaron solo. Pensaba en los misterios de la letra escrita, en esas hebras negras que se enlazan y desenlazan sobre anchas hojas afiligranadas de balanzas, enlazando y desenlazando compromisos, juramentos, alianzas, testimonios, declaraciones, apellidos, títulos, fechas, tierras, árboles y piedras; maraña de hilos, sacada del tintero, en que se enredaban las piernas del hombre, vedándole* caminos desestimados** por la Ley; cordón al cuello, que apretaban su sordina al percibir el sonido temible de las palabras en libertad. Su firma lo había traicionado, yendo a complicarse en nudo y enredos de legajos*. Atado por ella, el hombre de carne se hacía hombre de papel.

*posesiones

*prohibiéndole **negados

*documentos

Era el amanecer. El reloj del comedor acababa de dar las seis de la tarde.

IV

Transcurrieron meses de luto, ensombrecidos por un remordimiento cada vez mayor. Al principio, la idea de traer una mujer a aquel aposento se le hacía casi razonable. Pero, poco a poco, las apetencias de un cuerpo nuevo fueron desplazadas por escrúpulos crecientes, que llegaron al flagelo. Cierta noche, Don Marcial se ensangrentó las carnes con una correa, sintiendo luego un deseo mayor, pero de corta duración. Fue entonces cuando la Marquesa volvió, una tarde, de su paseo a las orillas del Almendares. Los caballos de la calesa[•] no traían en las crines más humedad que la del propio sudor. Pero, durante todo el resto del día, dispararon coces a las tablas de la cuadra, irritados, al parecer, por la inmovilidad de nubes bajas.

Al crepúsculo, una tinaja llena de agua se rompió en el baño de la Marquesa. Luego, las lluvias de mayo rebosaron el estanque. Y aquella negra vieja, con tacha[•] de cimarrona[••] y palomas debajo de la cama, que andaba por el patio murmurando: "¡Desconfía de los ríos, niña; desconfía de lo verde que corre!" No había día en que el agua no revelara su presencia. Pero esa presencia acabó por no ser más que una jícara derramada sobre el vestido traído de París, al regreso del baile aniversario dado por el Capitán General de la Colonia.

Reaparecieron muchos parientes. Volvieron muchos amigos. Ya brillaban, muy claras, las arañas del gran salón. Las grietas de la fachada se iban cerrando. El piano regresó al clavicordio. Las palmas perdían anillos. Las enredaderas saltaban la primera cornisa. Blanquearon las ojeras de la Ceres y los capiteles parecieron recién tallados. Más fogoso, Marcial solía pasarse tardes enteras abrazando a la Marquesa. Borrábanse patas de gallina[•], ceños y papadas, y las carnes tornaban a su dureza. Un día, un olor de pintura fresca llenó la casa.

V

Los rubores eran sinceros. Cada noche se abrían un poco más las hojas de los biombos, las faldas caían en rincones menos alumbrados y eran nuevas barreras de encajes. Al fin la Marquesa sopló las lámparas. Sólo él habló en la oscuridad.

Partieron para el ingenio[•], en gran tren de calesas —relumbrante de grupas alazanas, bocados de plata y charoles al sol. Pero, a la sombra de las flores de Pascua que enrojecían el soportal interior de la vivienda, advirtieron que se conocían apenas. Marcial autorizó danzas y tambores de Nación, para distraerse un poco en aquellos días olientes a perfumes de Colonia, baños de benjuí, cabelleras esparcidas, y sábanas sacadas de armarios que, al abrirse, dejaban caer sobre las lozas un mazo de vetiver[•]. El vaho del guarapo[••] giraba en la brisa con el toque de oración. Volando bajo, las auras anunciaban lluvias reticentes, cuyas primeras gotas, anchas y sonoras, eran sorbidas por tejas tan secas que tenían diapasón de cobre. Después de un amanecer alargado por un abrazo deslucido, aliviados de desconciertos y cerrada la herida, ambos regresaron a la ciudad. La

[•]carruaje

[•]defecto [••]esclava fugitiva

[•]arrugas en los extremos de los ojos

[•]fábrica de caña de azúcar

[•]planta olorosa [••]jugo de la caña de azúcar

Marquesa trocó[*] su vestido de viaje por un traje de novia, y, como era costumbre,   [*]cambió
los esposos fueron a la iglesia para recobrar su libertad. Se devolvieron presentes
a parientes y amigos, y, con revuelo de bronces y alardes de jaeces[*], cada cual   [*]adornos de los caballos
125 tomó la calle de su morada. Marcial siguió visitando a María de las Mercedes por
algún tiempo, hasta el día en que los anillos fueron llevados al taller del orfebre
para ser desgrabados. Comenzaba, para Marcial, una vida nueva. En la casa de
las rejas, la Ceres fue sustituida por una Venus italiana, y los mascarones de la
fuente adelantaron casi imperceptiblemente el relieve al ver todavía encendidas,
130 pintada ya el alba, las luces de los velones.

VI

Una noche, después de mucho beber y marearse con tufos[*] de tabaco frío,   [*]mal olor
dejados por sus amigos, Marcial tuvo la sensación extraña de que los relojes de
la casa daban las cinco, luego las cuatro y media, luego las cuatro, luego las tres
135 y media... Era como la percepción remota de otras posibilidades. Como cuando
se piensa, en enervamiento[*] de vigilia[**], que puede andarse sobre el cielo raso   [*]debilidad [**]insomnio
con el piso por cielo raso, entre muebles firmemente asentados entre las vigas
del techo. Fue una impresión fugaz, que no dejó la menor huella en su espíritu,
poco llevado, ahora, a la meditación.

140 Y hubo un gran sarao[*], en el salón de música, el día en que alcanzó la   [*]fiesta
minoría de edad. Estaba alegre, al pensar que su firma había dejado de tener
un valor legal, y que los registros y escribanías, con sus polillas, se borraban de
su mundo. Llegaba al punto en que los tribunales dejan de ser temibles para
quienes tienen una carne desestimada por los códigos. Luego de achisparse[*] con   [*]emborracharse un poco
145 vinos generosos, los jóvenes descolgaron de la pared una guitarra incrustada
de nácar, un salterio y un serpentón. Alguien dio cuerda al reloj que tocaba
la Tirolesa de las Vacas y la Balada de los Lagos de Escocia. Otro embocó un
cuerno de caza que dormía, enroscado en su cobre, sobre los fieltros encarnados
de la vitrina, al lado de la flauta travesera traída de Aranjuez. Marcial, que
150 estaba requebrando[*] atrevidamente a la de Campoflorido, se sumó al guirigay[**],   [*]piropeando [**]ruido estridente
buscando en el teclado, sobre bajos falsos, la melodía del Trípili-Trápala. Y
subieron todos al desván, de pronto, recordando que allá, bajo vigas que iban
recobrando el repello[*], se guardaban los trajes y libreas de la Casa de Capellanías.   [*]capas de yeso
En entrepaños escarchados de alcanfor descansaban los vestidos de corte, un
155 espadín de Embajador, varias guerreras emplastronadas, el manto de un Príncipe
de la Iglesia, y largas casacas, con botones de damasco y difuminos de humedad
en los pliegues. Matizáronse las penumbras con cintas de amaranto, miriñaques
amarillos, túnicas marchitas y flores de terciopelo. Un traje de chispero con
redecilla de borlas, nacido en una mascarada de carnaval, levantó aplausos. La
160 de Campoflorido redondeó los hombros empolvados bajo un rebozo de color
de carne criolla, que sirviera a cierta abuela, en noche de grandes decisiones
familiares, para avivar los amansados fuegos de un rico Síndico de Clarisas.

Disfrazados regresaron los jóvenes al salón de música. Tocado con un tricornio de regidor, Marcial pegó tres bastonazos en el piso, y se dio comienzo a la danza de la valse, que las madres hallaban terriblemente impropio de señoritas, con eso de dejarse enlazar por la cintura, recibiendo manos de hombre sobre las ballenas del corset que todas se habían hecho según el reciente patrón de "El Jardín de las Modas". Las puertas se obscurecieron de fámulas, cuadrerizos, sirvientes, que venían de sus lejanas dependencias y de los entresuelos sofocantes, para admirarse ante fiesta de tanto alboroto. Luego se jugó a la gallina ciega y al escondite. Marcial, oculto con la de Campoflorido detrás de un biombo chino, le estampó un beso en la nuca, recibiendo en respuesta un pañuelo perfumado, cuyos encajes de Bruselas guardaban suaves tibiezas de escote. Y cuando las muchachas se alejaron en las luces del crepúsculo, hacia las atalayas y torreones que se pintaban en grisnegro sobre el mar, los mozos fueron a la Casa de Baile, donde tan sabrosamente se contoneaban las mulatas de grandes ajorcas·, sin perder nunca —así fuera de movida una guaracha·— sus zapatillas de alto tacón. Y como se estaba en carnavales, los del Cabildo Arará Tres Ojos levantaban un trueno de tambores tras de la pared medianera, en un patio sembrado de granados. Subidos en mesas y taburetes, Marcial y sus amigos alabaron el garbo· de una negra de pasas· entrecanas··, que volvía a ser hermosa, casi deseable, cuando miraba por sobre el hombro, bailando con altivo mohín· de reto.

·pulseras
·baile cubano

·gracia en el andar
·pelo ··con canas
·gesto, mueca

VII

Las visitas de don Abundio, notario y albacea de la familia, eran más frecuentes. Se sentaba gravemente a la cabecera de la cama de Marcial, dejando caer al suelo su bastón de ácana para despertarlo antes de tiempo. Al abrirse, los ojos tropezaban con una levita de alpaca, cubierta de caspa, cuyas mangas lustrosas recogían títulos y rentas. Al fin sólo quedó una pensión razonable, calculada para poner coto· a toda locura. Fue entonces cuando Marcial quiso ingresar en el Real Seminario de San Carlos.

·fin, detener

Después de mediocres exámenes, frecuentó los claustros, comprendiendo cada vez menos las explicaciones de los dómines. El mundo de las ideas se iba despoblando. Lo que había sido, al principio, una ecuménica asamblea de peplos, jubones, golas y pelucas, controversistas y ergotantes,[2] cobraba la inmovilidad de un museo de figuras de cera. Marcial se contentaba ahora con una exposición escolástica de los sistemas, aceptando por bueno lo que se dijera en cualquier texto. "León", "Avestruz", "Ballena", "Jaguar", leíase sobre los grabados en cobre de la Historia Natural. Del mismo modo, "Aristóteles", "Santo Tomás", "Bacon", "Descartes", encabezaban páginas negras, en que se catalogaban aburridamente

[2] En latín, "ergo" significa *por lo tanto*, conjunción consecutiva utilizada en el razonamiento silogístico que ejemplifica la máxima de Descartes: "Cogito, ergo sum". Por extensión, los que exponen sus argumentos basándose en la lógica y la razón son ergotantes.

las interpretaciones del universo, al margen de una capitular* espesa. Poco a
poco, Marcial dejó de estudiarlas, encontrándose librado de un gran peso. Su
mente se hizo alegre y ligera, admitiendo tan sólo un concepto instintivo de
las cosas. ¿Para qué pensar en el prisma, cuando la luz clara de invierno daba
mayores detalles a las fortalezas del puerto? Una manzana que cae del árbol
sólo es incitación para los dientes. Un pie en una bañadera no pasa de ser un
pie en una bañadera. El día que abandonó el Seminario, olvidó los libros. El
gnomon recobró su categoría de duende; el espectro fue sinónimo de fantasma;
el octandro era bicho acorazado, con púas en el lomo.

    Varias veces, andando pronto, inquieto el corazón, había ido a visitar a las
mujeres que cuchicheaban*, detrás de puertas azules, al pie de las murallas. El
recuerdo de la que llevaba zapatillas bordadas y hojas de albahaca en la oreja lo
perseguía, en tardes de calor, como un dolor de muelas. Pero, un día, la cólera y
las amenazas de un confesor le hicieron llorar de espanto. Cayó por última vez
en las sábanas del infierno, renunciando para siempre a sus rodeos por calles
poco concurridas, a sus cobardías de última hora que le hacían regresar con
rabia a su casa, luego de dejar a sus espaldas cierta acera rajada —señal, cuando
andaba con la vista baja, de la media vuelta que debía darse por hollar* el umbral
de los perfumes.

    Ahora vivía su crisis mística, poblada de detentes,[3] corderos pascuales*,
palomas de porcelana, Vírgenes de manto azul celeste, estrellas de papel dorado,
Reyes Magos, ángeles con alas de cisne, el Asno, el Buey, y un terrible San
Dionisio que se le aparecía en sueños, con un gran vacío entre los hombros y
el andar vacilante de quien busca un objeto perdido. Tropezaba con la cama y
Marcial despertaba sobresaltado, echando mano al rosario de cuentas sordas.
Las mechas, en sus pocillos de aceite, daban luz triste a imágenes que recobraban
su color primero.

VIII

Los muebles crecían. Se hacía más difícil sostener los antebrazos sobre el borde
de la mesa del comedor. Los armarios de cornisas labradas ensanchaban el
frontis. Alargando el torso, los moros de la escalera acercaban sus antorchas
a los balaustres del rellano. Las butacas eran mas hondas y los sillones de
mecedora tenían tendencia a irse para atrás. No había ya que doblar las piernas
al recostarse en el fondo de la bañadera con anillas de mármol.

    Una mañana en que leía un libro licencioso*, Marcial tuvo ganas, súbitamente,
de jugar con los soldados de plomo que dormían en sus cajas de madera. Volvió
a ocultar el tomo bajo la jofaina del lavabo, y abrió una gaveta sellada por las
telarañas. La mesa de estudio era demasiado exigua para dar cabida a tanta gente.

---

[3] Amuleto con la imagen del Sagrado Corazón de Jesús que los soldados llevaban prendido en la
ropa como escudo protector de las balas.

Notas al margen:
*letra mayúscula inicial
*rumoreaban
*pisar
*de Pascua
*lujurioso, lascivo

Por ello, Marcial se sentó en el piso. Dispuso los granaderos por filas de ocho. Luego, los oficiales a caballo, rodeando al abanderado. Detrás, los artilleros, con sus cañones, escobillones y botafuegos. Cerrando la marcha, pífanos y timbales, con escolta de redoblantes. Los morteros estaban dotados de un resorte que permitía lanzar bolas de vidrio a más de un metro de distancia.

—¡Pum...! ¡Pum...! ¡Pum...!

Caían caballos, caían abanderados, caían tambores. Hubo de ser llamado tres veces por el negro Eligio, para decidirse a lavarse las manos y bajar al comedor.

Desde ese día, Marcial conservó el hábito de sentarse en el enlosado. Cuando percibió las ventajas de esa costumbre, se sorprendió por no haberlo pensado antes. Afectas al terciopelo de los cojines, las personas mayores sudan demasiado. Algunas huelen a notario —como Don Abundio— por no conocer, con el cuerpo echado, la frialdad del mármol en todo tiempo. Sólo desde el suelo pueden abarcarse totalmente los ángulos y perspectivas de una habitación. Hay bellezas de la madera, misteriosos caminos de insectos, rincones de sombra, que se ignoran a altura de hombre. Cuando llovía, Marcial se ocultaba debajo del clavicordio. Cada trueno hacía temblar la caja de resonancia, poniendo todas las notas a cantar. Del cielo caían los rayos para construir aquella bóveda de calderones —órgano, pinar al viento, mandolina de grillos.

IX

Aquella mañana lo encerraron en su cuarto. Oyó murmullos en toda la casa y el almuerzo que le sirvieron fue demasiado suculento para un día de semana. Había seis pasteles de la confitería de la Alameda —cuando sólo dos podían comerse, los domingos, después de misa. Se entretuvo mirando estampas de viaje, hasta que el abejeo creciente, entrando por debajo de las puertas, le hizo mirar entre persianas. Llegaban hombres vestidos de negro, portando una caja con agarraderas de bronce. Tuvo ganas de llorar, pero en ese momento apareció el calesero Melchor, luciendo sonrisa de dientes en lo alto de sus botas sonoras. Comenzaron a jugar al ajedrez. Melchor era caballo. Él era Rey. Tomando las losas del piso por tablero, podía avanzar de una en una, mientras Melchor debía saltar una de frente y dos de lado, o viceversa. El juego se prolongó hasta más allá del crepúsculo, cuando pasaron los Bomberos del Comercio.

Al levantarse, fue a besar la mano de su padre que yacía en su cama de enfermo. El Marqués se sentía mejor, y habló a su hijo con el empaque* y los ejemplos usuales. Los "Sí, padre" y los "No, padre", se encajaban entre cuenta y cuenta del rosario de preguntas, como las respuestas del ayudante en una misa. Marcial respetaba al Marqués, pero era por razones que nadie hubiera acertado a suponer. Lo respetaba porque era de elevada estatura y salía, en noches de baile, con el pecho rutilante* de condecoraciones; porque le envidiaba el sable y los entorchados de oficial de milicias; porque, en Pascuas, había comido un pavo entero, relleno de almendras y pasas, ganando una apuesta; porque,

*aires de importancia

*resplandeciente

cierta vez, sin duda con el ánimo de azotarla, agarró a una de las mulatas que barrían la rotonda, llevándola en brazos a su habitación. Marcial, oculto detrás de una cortina, la vio salir poco después, llorosa y desabrochada, alegrándose del castigo, pues era la que siempre vaciaba las fuentes de compota devueltas a la alacena.

El padre era un ser terrible y magnánimo al que debía amarse después de Dios. Para Marcial era más Dios que Dios, porque sus dones eran cotidianos y tangibles. Pero prefería el Dios del cielo, porque fastidiaba* menos.

*molestaba

X

Cuando los muebles crecieron un poco más y Marcial supo como nadie lo que había debajo de las camas, armarios y bargueños, ocultó a todos un gran secreto: la vida no tenía encanto fuera de la presencia del calesero Melchor. Ni Dios, ni su padre, ni el obispo dorado de las procesiones del Corpus, eran tan importantes como Melchor.

Melchor venía de muy lejos. Era nieto de príncipes vencidos. En su reino había elefantes, hipopótamos, tigres y jirafas. Ahí los hombres no trabajaban, como Don Abundio, en habitaciones obscuras, llenas de legajos. Vivían de ser más astutos que los animales. Uno de ellos sacó el gran cocodrilo del lago azul, ensartándolo* con una pica oculta en los cuerpos apretados de doce ocas asadas. Melchor sabía canciones fáciles de aprender, porque las palabras no tenían significado y se repetían mucho. Robaba dulces en las cocinas; se escapaba, de noche, por la puerta de los cuadrerizos, y, cierta vez, había apedreado a los de la guardia civil, desapareciendo luego en las sombras de la calle de la Amargura.

*atravesándolo

En días de lluvia, sus botas se ponían a secar junto al fogón de la cocina. Marcial hubiese querido tener pies que llenaran tales botas. La derecha se llamaba *Calambín*. La izquierda, *Calambán*. Aquel hombre que dominaba los caballos cerreros con sólo encajarles dos dedos en los belfos*; aquel señor de terciopelos y espuelas, que lucía chisteras tan altas, sabía también lo fresco que era un suelo de mármol en verano, y ocultaba debajo de los muebles una fruta o un pastel arrebatados a las bandejas destinadas al Gran Salón. Marcial y Melchor tenían en común un depósito secreto de grageas y almendras, que llamaban el "Urí, urí, urá", con entendidas carcajadas. Ambos habían explorado la casa de arriba abajo, siendo los únicos en saber que existía un pequeño sótano lleno de frascos holandeses, debajo de las cuadras, y que en desván inútil, encima de los cuartos de criadas, doce mariposas polvorientas acababan de perder las alas en caja de cristales rotos.

*labios

XI

Cuando Marcial adquirió el hábito de romper cosas, olvidó a Melchor para acercarse a los perros. Había varios en la casa. El atigrado grande; el podenco que arrastraba las tetas; el galgo, demasiado viejo para jugar; el lanudo que los demás perseguían en épocas determinadas, y que las camareras tenían que encerrar.

Marcial prefería a "Canelo" porque sacaba zapatos de las habitaciones y desenterraba los rosales del patio. Siempre negro de carbón o cubierto de tierra roja, devoraba la comida de los demás, chillaba sin motivo y ocultaba huesos robados al pie de la fuente. De vez en cuando, también, vaciaba un huevo acabado de poner, arrojando la gallina al aire con brusco palancazo del hocico. Todos daban de patadas al "Canelo". Pero Marcial se enfermaba cuando se lo llevaban. Y el perro volvía triunfante, moviendo la cola, después de haber sido abandonado más allá de la Casa de Beneficencia, recobrando un puesto que los demás, con sus habilidades en la caza o desvelos en la guardia, nunca ocuparían.

"Canelo" y Marcial orinaban juntos. A veces escogían la alfombra persa del salón, para dibujar en su lana formas de nubes pardas que se ensanchaban lentamente. Eso costaba castigo de cintarazos. Pero los cintarazos no dolían tanto como creían las personas mayores. Resultaban, en cambio, pretexto admirable para armar concertantes de aullidos, y provocar la compasión de los vecinos. Cuando la bizca° del tejadillo calificaba a su padre de "bárbaro", Marcial miraba a "Canelo", riendo con los ojos. Lloraban un poco más, para ganarse un bizcocho, y todo quedaba olvidado. Ambos comían tierra, se revolcaban al sol, bebían en la fuente de los peces, buscaban sombra y perfume al pie de las albahacas. En horas de calor, los canteros húmedos se llenaban de gente. Ahí estaba la gansa gris, con bolsa colgante entre las patas zambas; el gallo viejo de culo pelado; la lagartija que decía "urí, urá", sacándose del cuello una corbata rosada; el triste jubo nacido en ciudad sin hembras; el ratón que tapiaba su agujero con una semilla de carey. Un día, señalaron el perro a Marcial.

—¡Guau, guau! —dijo.

Hablaba su propio idioma. Había logrado la suprema libertad. Ya quería alcanzar, con sus manos, objetos que estaban fuera del alcance de sus manos.

°con un ojo desviado

XII

Hambre, sed, calor, dolor, frío. Apenas Marcial redujo su percepción a la de estas realidades esenciales, renunció a la luz que ya le era accesoria. Ignoraba su nombre. Retirado el bautismo, con su sal desagradable, no quiso ya el olfato, ni el oído, ni siquiera la vista. Sus manos rozaban formas placenteras. Era un ser totalmente sensible y táctil. El universo le entraba por todos los poros. Entonces cerró los ojos que sólo divisaban gigantes nebulosos y penetró en un cuerpo caliente, húmedo, lleno de tinieblas, que moría. El cuerpo, al sentirlo arrebozado con su propia sustancia, resbaló hacia la vida.

Pero ahora el tiempo corrió más pronto, adelgazando sus últimas horas. Los minutos sonaban a *glissando* de naipes bajo el pulgar de un jugador.

Las aves volvieron al huevo en torbellino de plumas. Los peces cuajaron la hueva, dejando una nevada de escamas en el fondo del estanque. Las palmas doblaron las pencas*, desapareciendo en la tierra como abanicos cerrados. *hojas

355 Los tallos sorbían sus hojas y el suelo tiraba de todo lo que le perteneciera. El trueno retumbaba en los corredores. Crecían pelos en la gamuza de los guantes. Las mantas de lana se destejían, redondeando el vellón de carneros distantes. Los armarios, los bargueños, las camas, los crucifijos, las mesas, las persianas, salieron volando en la noche, buscando sus antiguas raíces al pie de

360 las selvas. Todo lo que tuviera clavos se desmoronaba. Un bergantín*, anclado *tipo de barco no se sabía dónde, llevó presurosamente a Italia los mármoles del piso y de la fuente. Las panoplias, los herrajes, las llaves, las cazuelas de cobre, los bocados de las cuadras, se derretían, engrosando un río de metal que galerías sin techo canalizaban hacia la tierra. Todo se metamorfoseaba, regresando a la condición

365 primera. El barro volvió al barro, dejando un yermo* en lugar de la casa. *lugar inhóspito
y desolado

XIII

Cuando los obreros vinieron con el día para proseguir la demolición, encontraron el trabajo acabado. Alguien se había llevado la estatua de Ceres, vendida la víspera a un anticuario. Después de quejarse al Sindicato, los hombres fueron a sentarse en los bancos de un parque municipal. Uno recordó entonces

370 la historia, muy difuminada, de una Marquesa de Capellanías, ahogada, en tarde de mayo, entre las malangas del Almendares. Pero nadie prestaba atención al relato, porque el sol viajaba de oriente a occidente, y las horas que crecen a la derecha de los relojes deben alargarse por la pereza, ya que son las que más seguramente llevan a la muerte. ❧

PREGUNTAS

ANÁLISIS

1. Según el prólogo de *El reino de este mundo,* ¿qué sentimientos e ideas inspiró en Carpentier su visita a Haití?

2. ¿Qué comparación establece Carpentier entre "lo maravilloso invocado desde el descreimiento" de los surrealistas y "la fe colectiva" que produjo el milagro durante la ejecución de Mackandal?

3. En "Viaje a la semilla", ¿por qué dice el autor que el viejo se saca el monólogo incomprensible "de la garganta"?

4. ¿En qué momento se da cuenta el lector de que el tiempo está retrocediendo?

5. ¿Por qué dice el autor que cuando "el médico movió la cabeza con desconsuelo profesional, el enfermo se sintió mejor"?

6. ¿Qué idea de la religión sugiere el autor en este cuento?

INTERPRETACIÓN

1. ¿Por qué dice Carpentier que en Europa "los taumaturgos se hacen burócratas"? ¿Compartes esa opinión? ¿Por qué?

2. Carpentier nació en Europa, de padres europeos, y vivió allí buena parte de su vida, pero se identificaba como cubano. En tu opinión, ¿qué relación hay entre esos detalles de su biografía y las comparaciones que establece entre Europa y América en este texto?

3. El autor afirma que "la sensación de lo maravilloso presupone una fe". ¿Qué opinas sobre esa afirmación? ¿Cómo se podría aplicar al cuento "Viaje a la semilla"?

4. Carpentier compara la maravillosa realidad de América Latina con la racionalidad europea. ¿Podrían servir esos conceptos para describir la convivencia de anglosajones y latinos en Estados Unidos?

5. Carpentier cree que la fe en los milagros, muerta en Europa, sigue viva en América. ¿Consideras tú que esa apreciación sigue siendo válida? ¿Por qué?

6. El autor de "Viaje a la semilla" afirma que "los esposos fueron a la iglesia para recobrar su libertad". ¿Qué idea del matrimonio te sugiere esa frase?

7. ¿Por qué dice Marcial que su padre es "más Dios que Dios"? ¿Cómo es la relación entre padre e hijo?

8. Compara la transformación que experimenta la casa del cuento con la de su protagonista. ¿Para cuál de ellos es más dichoso "el viaje a la semilla"?

INVESTIGACIÓN

1. En el prólogo de *El reino de este mundo*, Carpentier dice que su visita a las ruinas de los palacios de Henri Christophe lo llevó a darse cuenta de "la maravillosa realidad" de América. Investiga sobre Henri Christophe y explica por qué un personaje así pudo llevar a Carpentier a afirmar el carácter real maravilloso de la historia latinoamericana.

2. Busca una copia del cuadro "La jungla" de Wifredo Lam. Comenta cómo esta obra refleja la maravillosa realidad latinoamericana que desea plasmar Carpentier en su obra.

JOSÉ LEZAMA LIMA

1910–1976

"...cuando me sentía claro escribía prosa y cuando me sentía oscuro escribía poesía."

—José Lezama Lima, *Interrogando a Lezama Lima*

José Lezama Lima nació en La Habana, Cuba, ciudad que jamás abandonó salvo en dos breves viajes a México y a Jamaica. La muerte de su padre, el coronel José Lezama y Rodda, en 1919, marcaría profundamente la vida del poeta. En 1926 comienza la carrera de Derecho. La Universidad de La Habana es clausurada, y Lezama debe esperar hasta 1936 para reiniciar sus estudios, que termina en 1938. Entre 1937 y 1942 funda tres revistas literarias: *Verbum*, *Espuela de plata* y *Nadie parecía*. En 1937, publica en *Verbum* su primer poema, "Muerte de Narciso", uno de los textos esenciales de la poesía cubana. En 1944 aparece el primer número de la revista *Orígenes*, dirigida por Lezama y Rodríguez Feo, la cual se publicará durante doce años y llegará a ser la revista literaria en español más importante de su época.

En 1941 publica su libro de poemas *Enemigo rumor*. Para entonces, Lezama es ya el líder de un grupo de intelectuales de marcada identidad católica y martiana. Durante los años a cargo de la revista *Orígenes*, Lezama Lima publica los libros de poesía *Aventuras sigilosas* (1945) y *La fijeza* (1949) y de ensayo *Analecta del reloj* (1953), y se convierte en una figura respetada aunque poco comprendida. Tras el cierre de *Orígenes,* publica una colección de ensayos bajo el título *La expresión americana* (1957), seguida poco después del poemario *Dador* (1960).

Cinco años después de la Revolución cubana, que el poeta aplaude inicialmente, se produce el evento más devastador de su vida: la muerte de su madre. Poco después, en 1964, se casa con su secretaria, María Luisa Bautista. En 1966 publica su novela *Paradiso*, que le hizo ganar fama internacional, pero que lo condenó al ostracismo en su patria. El erotismo homosexual de ciertos capítulos de la novela, así como su estilo culterano y hermético recibieron la condena del oficialismo cubano. Lezama pasó los últimos diez años de su vida ignorado y visitado por muy pocos amigos en su casa de Trocadero 162, donde permaneció el resto de sus días.

"Ah, que tú escapes" es el primer poema del libro *Enemigo rumor*. El propio Lezama se encargaría de aclarar que el enemigo rumor es la poesía misma, la obra que se independiza de su creador y se vuelve contra él. El crítico literario Cintio Vitier apunta que en este y otros textos de *Enemigo rumor* "todos los elementos reminiscentes de lo cubano —la égloga, nostalgia, lejanía— se restituyen a su tiempo sagrado". En el poema se respira ese "inmóvil paisaje" de los cuadros de Romañach y de la poesía cubana del XIX, pero llevados a un espacio atemporal donde conviven estrellas enemistadas, reptiles y antílopes con esa amiga que puede ser la amante o la creación. Este poema, el segundo que aparece en las obras completas de Lezama, es su mejor carta de presentación: la "oscuridad" del texto viene acompañada de una sucesión de imágenes sorprendentes, que por sí mismas sostienen el interés del lector ante un texto caracterizado por cierto hermetismo.

"Rapsodia para el mulo" (*La fijeza*, 1949), un poema mucho más extenso, es otro de los textos esenciales de Lezama. La filósofa española María Zambrano, refiriéndose al poema, afirmó: "'Rapsodia para el mulo' nos parece encerrar en lo posible el secreto de su poesía; la definición más clara de su acción". Y Jorge Luis Arcos, estudioso del autor, ve en el poema un cántico a la fe en la resurrección. Pero como en tantos otros poemas del cubano, "Rapsodia para el mulo" permite a cada lector hacer su lectura, su interpretación de un texto que nos reta. "Sólo lo difícil es estimulante" dice el propio Lezama en uno de sus ensayos, y esa sentencia pudiera ser una definición de su poesía. La evocación de la muerte, de Dios, de la simpleza de la bestia y de la resurrección sugiere una fe sencilla que lleva a la resurrección, como ese mulo que se salva por ignorar el paisaje y las maravillas que lo rodean para fijar la mirada en el paso que da junto al abismo. "Con esa misma prudencia, con ese mismo ahínco de mulo terco", propone el crítico Jorge I. Domínguez, "debe acercarse el lector a la poesía de Lezama Lima".

OBRAS PRINCIPALES

Novela
1966 | *Paradiso*
*1977 | *Oppiano Licario*

Poesía
1937 | *Muerte de Narciso*
1941 | *Enemigo rumor*
1945 | *Aventuras sigilosas*
1949 | *La fijeza*
1960 | *Dador*
1965 | *Antología de la poesía cubana*
1970 | *Poesía completa*
*1978 | *Fragmentos a su imán*

Ensayo
1938 | *Coloquio con Juan Ramón Jiménez*
1950 | *Arístides Fernández*
1953 | *Analecta del reloj*
1957 | *La expresión americana*
1958 | *Tratados en La Habana*
1969 | *La expresión americana*
1970 | *La cantidad hechizada*
1970 | *Nuevo encuentro con Víctor Manuel*
1971 | *Las eras imaginarias*
1971 | *Introducción a los vasos órficos*
*1981 | *Imagen y posibilidad*

*Obras publicadas póstumamente.

AH, QUE TÚ ESCAPES
De *Enemigo rumor*, 1941

Ah, que tú escapes en el instante
en el que ya habías alcanzado tu definición mejor.
Ah, mi amiga, que tú no quieras creer
las preguntas de esa estrella recién cortada,
5   que va mojando sus puntas en otra estrella enemiga.
Ah, si pudiera ser cierto que a la hora del baño,
cuando en una misma agua discursiva
se bañan el inmóvil paisaje y los animales más finos:
antílopes, serpientes de pasos breves, de pasos evaporados,
10 parecen entre sueños, sin ansias levantar
los más extensos cabellos y el agua más recordada.
Ah, mi amiga, si en el puro mármol de los adioses
hubieras dejado la estatua que nos podía acompañar,
pues el viento, el viento gracioso,
15 se extiende como un gato para dejarse definir.

RAPSODIA PARA EL MULO
De *La fijeza*, 1949

Con qué seguro paso el mulo en el abismo.

Lento es el mulo. Su misión no siente.
Su destino frente a la piedra, piedra que sangra
creando la abierta risa en las granadas⋅.   ⋅fruta con granos rojos
5   Su piel rajada⋅, pequeñísimo triunfo ya en lo oscuro,   ⋅agrietada
pequeñísimo fango de alas ciegas.
La ceguera, el vidrio y el agua de tus ojos
tienen la fuerza de un tendón oculto,
y así los inmutables ojos recorriendo
10 lo oscuro progresivo y fugitivo.
El espacio de agua comprendido⋅   ⋅incluido
entre sus ojos y el abierto túnel,
fija su centro que le faja⋅   ⋅ciñe, aprieta
como la carga de plomo⋅ necesaria   ⋅metal muy pesado
15 que viene a caer como el sonido
de mulo cayendo en el abismo.

Las salvadas alas en el mundo inexistentes,
más apuntala⋅ su cuerpo en el abismo   ⋅refuerza, asegura
la faja⋅ que le impide⋅⋅ la dispersión   ⋅corsé ⋅⋅hace imposible
20 de la carga de plomo que en la entraña⋅   ⋅núcleo

del mulo pesa cayendo en la tierra húmeda
de piedras pisadas con un nombre.
Seguro, fajado por Dios,
entra el poderoso mulo en el abismo.

25 Las sucesivas coronas del desfiladero°   °precipicio
—van creciendo corona tras corona—
y allí en lo alto la carroña°   °carne podrida
de las ancianas aves que en el cuello
muestran corona tras corona.
30 Seguir con su paso en el abismo.
Él no puede, no crea ni persigue,
ni brincan° sus ojos   °saltan
ni sus ojos buscan el secuestrado asilo°   °refugio
al borde preñado° de la tierra.   °lleno, repleto
35 No crea, eso es tal vez decir:
¿No siente, no ama ni pregunta?
El amor traído a la traición de alas sonrosadas,
infantil en su oscura caracola°.   °concha, caparazón
Su amor a los cuatro signos
40 del desfiladero, a las sucesivas coronas
en que asciende vidrioso, cegato°,   °ciego
como un oscuro cuerpo hinchado
por el agua de los orígenes,
no la de la redención y los perfumes.
45 Paso es el paso del mulo en el abismo.

Su don ya no es estéril: su creación
la segura marcha en el abismo.
Amigo del desfiladero, la profunda
hinchazón° del plomo dilata sus carrillos°°.   °inflamación °°mejillas
50 Sus ojos soportan° cajas de agua   °aguantan, sujetan
y el jugo de sus ojos
—sus sucias lágrimas—
son en la redención ofrenda° altiva°°.   °sacrificio °°orgullosa
Entontado el ojo del mulo en el abismo
55 y sigue en lo oscuro con sus cuatro signos.
Peldaños de agua soportan sus ojos,
pero ya frente al mar
la ola retrocede como el cuerpo volteado
en el instante de la muerte súbita°.   °repentina, inesperada
60 Hinchado está el mulo, valerosa° hinchazón   °valiente
que le lleva a caer hinchado en el abismo.
Sentado en el ojo del mulo,
vidrioso, cegato, el abismo
lentamente repasa su invisible.

65 En el sentado abismo,
paso a paso, sólo se oyen,
las preguntas que el mulo
va dejando caer sobre la piedra al fuego.

Son ya los cuatro signos
70 con que se asienta* su fajado cuerpo   *se coloca, se sitúa
sobre el serpentín de calcinadas* piedras.   *carbonizadas
Cuando se adentra más en el abismo
la piel le tiembla cual si fuesen clavos
las rápidas preguntas que rebotan.
75 En el abismo sólo el paso del mulo.
Sus cuatro ojos de húmeda yesca*   *madera seca que
sobre la piedra envuelven rápidas miradas.   arde con rapidez
Los cuatro pies, los cuatro signos
maniatados revierten en las piedras.
80 El remolino* de chispas sólo impide   *torbellino, espiral
seguir la misma aventura en la costumbre.
Ya se acostumbra, colcha del mulo,
a estar clavado* en lo oscuro sucesivo;   *fijo, sujeto
a caer sobre la tierra hinchado
85 de aguas nocturnas y pacientes lunas.
En los ojos del mulo, cajas de agua.
Aprieta Dios la faja del mulo
y lo hincha de plomo como premio.
Cuando el gamo* bailarín pellizca el fuego   *ciervo
90 en el desfiladero prosigue el mulo
avanzando como las aguas impulsadas
por los ojos de los maniatados.
Paso es el paso del mulo en el abismo.

El sudor manando* sobre el casco   *fluyendo
95 ablanda la piedra entresacada
del fuego no en las vasijas educado,
sino al centro del tragaluz*, oscuro miente.   *abertura de luz
Su paso en la piedra nueva carne
formada de un despertar brillante
100 en la cerrada sierra que oscurece,
ya despertado, mágica soga*   *cuerda
cierra el desfiladero comenzado
por hundir sus rodillas vaporosas.
Ese seguro paso del mulo en el abismo
105 suele confundirse con los pintados guantes de lo estéril.
Suele confundirse con los comienzos
de la oscura cabeza negadora.
Por ti suele confundirse, descastado* vidrioso.   *indiferente, frío

Por ti, cadera con lazos charolados•   •de charol
110   que parece decirnos yo no soy y yo no soy,
pero que penetra también en las casonas
donde la araña hogareña ya no alumbra•   •da luz
y la portátil lámpara traslada
de un horror a otro horror.
115   Por ti suele confundirse, tú, vidrio descastado,
que paso es el paso del mulo en el abismo.

La faja de Dios sigue sirviendo.
Así cuando sólo no es chispas la caída
sino una piedra que volteando
120   arroja el sentido como pelado fuego
que en la piedra deja sus mordidas intocables.
Así contraída• la faja, Dios lo quiere,   •apretada
la entraña no revierte sobre el cuerpo,
aprieta el gesto posterior a toda muerte.
125   Cuerpo pesado, tu plomada entraña,
inencontrada ha sido en el abismo,
ya que cayendo, terrible vertical
trenzada de luminosos puntos ciegos,
aspa• volteando incesante oscuro,   •cruz
130   has puesto en cruz los dos abismos.

Tu final no siempre es la vertical de dos abismos.
Los ojos del mulo parecen entregar
a la entraña del abismo, húmedo árbol.
Árbol que no se extiende en acanalados• verdes   •ondulados
135   sino cerrado como la única voz de los comienzos.
Entontado, Dios lo quiere,
el mulo sigue transportado en sus ojos
árboles visibles y en sus músculos
los árboles que la música han rehusado•.   •han rechazado
140   Árbol de sombra y árbol de figura
han llegado también a la última corona desfilada.
La soga hinchada transporta la marea
y en el cuello del mulo nadan voces
necesarias al pasar del vacío al haz del abismo.

145   Paso es el paso, cajas de aguas, fajado por Dios
el poderoso mulo duerme temblando.
Con sus ojos sentados y acuosos,
al fin el mulo árboles encaja• en todo abismo.   •introduce, acopla

PREGUNTAS

ANÁLISIS

1. El símil es una figura estilística que consiste en comparar explícitamente dos cosas para describir una de ellas. Identifica un símil en "Ah, que tú escapes" y explica cómo compara el poeta los dos elementos.

2. En "Ah, que tú escapes" el poeta habla de las serpientes "de pasos evaporados". ¿Qué expresa esa metáfora?

3. Algunos críticos han señalado que el poema "Ah, que tú escapes" trata de la poesía misma, mientras que otros opinan que habla de una persona. ¿Qué opinas tú? Explica tu respuesta.

4. Busca dos metáforas en "Rapsodia para el mulo" y explica lo que sugiere el poeta en cada una de ellas.

5. Se ha dicho que "Rapsodia para el mulo" es un poema de estructura musical, donde ciertos versos o frases se repiten del mismo modo que los temas de ciertas piezas musicales. Busca dos ejemplos de estas repeticiones en el poema.

6. ¿Qué imagen del mulo nos da Lezama? ¿Cómo lo describe? Explica tu respuesta con ejemplos del poema.

INTERPRETACIÓN

1. Cintio Vitier ha apuntado que en "Ah, que tú escapes" Lezama nos presenta un paisaje paradisíaco que "se remonta al primer día de la creación". ¿Estás de acuerdo con esta afirmación? Explica tu respuesta basándote en el poema.

2. ¿A qué crees que se refiere el poeta cuando habla de "el puro mármol de los adioses"? ¿Por qué crees que relaciona el mármol y las estatuas con el adiós?

3. En el poema "Rapsodia para el mulo" aparece repetidamente el número cuatro. ¿Qué significado crees que tiene ese número en el poema?

4. El mulo y el abismo son los dos protagonistas de "Rapsodia para el mulo". En tu opinión, ¿qué representa cada uno de ellos? Cita ejemplos del poema para apoyar tu respuesta.

5. Casi todos los críticos de Lezama han visto en "Rapsodia para el mulo" un profundo sentido religioso. ¿Estás de acuerdo? Explica tu respuesta.

6. Lezama dice que el mulo lleva sobre sus músculos "los árboles que la música han rehusado". ¿Qué nos quiere decir con ese verso? ¿Cuáles podrían ser esos árboles que han rehusado la música?

INVESTIGACIÓN

1. Lezama Lima y el poeta y crítico Cintio Vitier fueron amigos por más de treinta años. Busca un ensayo de Vitier sobre la poesía de Lezama y resúmelo con tus propias palabras.

2. Busca los distintos significados de la palabra *rapsodia* y explica por qué crees que Lezama tituló este poema "Rapsodia para el mulo".

ROSARIO CASTELLANOS

1925–1974

"Escribo porque yo, un día, adolescente, me incliné ante un espejo y no había nadie. ¿Se da cuenta? El vacío."

—**Rosario Castellanos, Entrevista de prensa**

Rosario Castellanos, poetisa, novelista y ensayista, nació en México D.F. en una familia acaudalada de terratenientes. Creció bajo la tutela de una niñera indígena, según era costumbre en familias terratenientes como la suya, y fue educada con la refinación y esmero propios de toda señorita de su clase. Pasó su infancia en Chiapas y allí supo de las penurias que sufrían los indígenas, de cuyos derechos acabó siendo ferviente defensora. También, desde muy joven, conoció el agobio del espíritu femenino en una cultura dominada por los hombres, y se reveló contra la discriminación y los prejuicios de la sociedad conservadora. Estudió Filosofía, Estética y Estilística en México y Madrid. Escribió, además, textos escolares; fue promotora cultural, directora de un grupo de teatro, y jefa de información y prensa de la Universidad Nacional Autónoma de México. Posteriormente, enseñó en varias universidades de México y del extranjero, y escribió para varios periódicos. Su novela, *Balún Canán* (1957), junto con *Ciudad Real* (1960), su primer libro de cuentos, y *Oficio de tinieblas* (1962) forman una trilogía de tema indígena considerada una de las muestras literarias más importantes de la narrativa mexicana del siglo XX. Sufrió frecuentemente de depresión y también de amores no correspondidos, lo que se testimonia en su poesía y en el epistolario publicado póstumamente. Murió en Israel mientras ocupaba el cargo de embajadora de México en ese país.

La obra de Rosario Castellanos es apasionada y crítica. La mexicana entendía la literatura como un instrumento de cambio social y defensa de los oprimidos. Con esa convicción expuso la situación cultural de la minoría indígena de Chiapas y de las mujeres en una sociedad conservadora y patriarcal. La temática de su obra es universal: emprendió una cruzada personal contra el racismo, los prejuicios, la desigualdad y la hipocresía de la sociedad. Se propuso crear una perspectiva de género y negó que la identificación con los valores masculinos fuera la única vía de acceso al ámbito de la cultura. Considerada como la pionera del feminismo en México, atacó el pensamiento oficial rebelándose contra el dogma de que la mujer y sus temas vienen determinados por la cultura, de la que es excluida de forma sistemática. Este es el planteamiento de su ensayo "Y las madres, ¿qué opinan?" (*El uso de la palabra*, 1974).

Castellanos confesó que su doble condición de mujer y mexicana le complicó la vida tanto en lo profesional como en sus relaciones sentimentales. Lo que se propuso fue penetrar en terrenos propios de la masculinidad sin perder los rasgos intelectuales de su feminidad. En más de una ocasión manifestó que el pensamiento masculino le resultaba completamente ajeno. Su búsqueda fue la del pensamiento de la mujer y en esa aventura no dudó en hablar de un espíritu femenino y otro masculino: el primero impone la maternidad, el segundo, la creación cultural.

En "Autorretrato" (*Poesía no eres tú*, 1972), la poeta se mira al espejo y se confiesa. Contrasta con ironía la imagen social, que cumple desganadamente, con la tristeza interior y las dudas y desencuentros que la afligen en su intimidad. El maquillaje y las pelucas enmascaran el dolor por el paso del tiempo y la búsqueda insatisfecha de felicidad solo encuentra refugio en las palabras, en la poesía que puede escribir. "Reflexiono sobre el mundo", escribió Castellanos, "ya no como objeto de contemplación estética sino como lugar de lucha en el que uno está comprometido."

OBRAS

Poesía

1948 | *Trayectoria del polvo*
1948 | *Apuntes para una declaración de fe*
1950 | *De la vigilia estéril*
1950 | *Dos poemas*
1952 | *El rescate del mundo*
1952 | *Presentación en el templo*
1957 | *Poemas: 1953-1955*
1959 | *Al pie de la letra*
1959 | *Salomé y Judith*
1960 | *Lívida luz*
1969 | *Materia memorable*
1969 | *La tierra de en medio*
1972 | *Poesía no eres tú*

Cuento

1960 | *Ciudad Real*
1971 | *Álbum de familia*
1974 | *Los convidados de agosto*

Novela

1950 | *De la vigilia estéril*
1952 | *El rescate del mundo*
1957 | *Balún Canán*
1962 | *Oficio de tinieblas*
*1992 | *Rito de iniciación*

Ensayo

1966 | *La novela mexicana contemporánea y su valor testimonial*
1970 | *La corrupción*
1973 | *Mujer que sabe latín*
1974 | *El uso de la palabra*
*1975 | *El mar y sus pescaditos*

Teatro

1952 | *Tablero de damas*
*1975 | *El eterno femenino*

*Obras publicadas póstumamente.

Y LAS MADRES, ¿QUÉ OPINAN?

De *El uso de la palabra*, 1974

1. En los últimos años se ha debatido con pasión, con violencia y hasta con razonamientos, el problema del control de la natalidad. Desde el punto de vista religioso, es un delicadísimo asunto que pone en crisis las concepciones ancestrales acerca del respeto incondicional a la vida humana en potencia y que obligaría a la revisión de muchos dogmas morales que rigen nuestra conducta. Los economistas, por su parte, se atienen a las cifras y éstas indican lo que se llama en términos técnicos una explosión demográfica que seguirá una curva ascendente hasta el momento en que ya no haya sitio para nadie más en el planeta ni alimentos suficientes para el exceso de la población. Esta sombría perspectiva no tenemos que imaginarla para darnos cuenta de su gravedad sino que basta con que ampliemos nuestra visión actual de los países en los que la miseria es regla y la opulencia la excepción de la que gozan hasta reventar, unos cuantos; en los que el hambre es el estado crónico de la mayoría; en los que la educación es un privilegio; en los que, en fin, la salud es la lotería con la que resultan agraciados·unos cuantos pero que ninguna de las condiciones propician·, ninguna institución preserva y ninguna ley asegura.

2. Los sociólogos ponen el grito en el cielo·clamando·· por un remedio, tanto para lo que ya sucede como para evitar que la catástrofe prevista se consume. Los sicólogos estudian los inconvenientes y las ventajas de las familias numerosas y de las constituidas por los padres y un hijo único. Los políticos calculan de qué manera pesará, en las asambleas mundiales, la voluntad de un país cuando cuenta (o no cuenta) con el brazo ejecutor de una multitud que sobrepasa cuantitativamente, como decía la Biblia, las estrellas de los cielos y las arenas del mar.

3. Entre tantos factores que intervienen para hacer de este problema uno de los más complejos y arduos con los que se enfrenta el hombre moderno, se olvida uno, que acaso no deja de tener importancia y que es el siguiente: ¿quién tiene los hijos? Porque un niño no es sólo un dato que modifica las estadísticas ni un consumidor para el que no hay satisfactores suficientes ni la ocasión de conflictos emocionales ni el instrumento para acrecentar·el poderío o para defender las posiciones de una nación. Un niño es, antes que todo eso (que no negamos, pero que posponemos), una criatura concreta, un ser de carne y hueso que ha nacido de otra criatura concreta, de otro ser de carne y hueso también y con el que mantiene —por lo menos durante una época—, una relación de intimidad entrañable. Esta segunda criatura a la que nos hemos referido es la madre.

4. Al pronunciar la palabra "madre" los señores se ponen en pie, se quitan el sombrero y aplauden, con discreción o con entusiasmo, pero siempre

·favorecidos
·favorecen

·se indignan ··exigiendo

·aumentar

40 con sinceridad. Los festivales de homenaje se organizan y los artistas consagrados acuden a hacer alarde° gratuito de sus habilidades mientras el auditorio llora conmovido por este acto de generosidad que es apenas débil reflejo de la generosidad en que se consumió su vida la cabecita blanca que casi no alcanza ya a darse cuenta de lo que sucede a su alrededor, por lo

45 avanzado de su edad, lo que la hace doblemente venerable.

°ostentación

5. Pues bien, aunque nos cueste trabajo reconstruir el pasado, esa anciana que suscita paroxismos de gratitud fue, en su hora, la protagonista del drama sublime de la maternidad. Durante los consabidos nueve meses, sirvió de asilo corporal a un germen que se desarrolló a expensas suyas, que hizo uso

50 y abuso de todos los órganos en su propio provecho y que cuando fue apto para soportar otras condiciones rompió con los obstáculos que le impedían el acceso al mundo exterior.

6. Después vienen la lactancia o sus equivalentes y las noches en vela° y los cuidados especiales que deben prodigarse° a quien no se aclimata con

55 facilidad en la tierra, que es frágil, que es precioso.

°sin dormir
°darse generosamente

7. Las responsabilidades se multiplican con los años. Ya no es únicamente la atención al bienestar físico sino la vigilancia de la evolución intelectual y del equilibrio de los sentimientos. Y la preocupación por equipar, lo mejor posible, a quien pronto ha de apartarse del seno materno para su viaje y su

60 aventura, para la lucha y el éxito.

8. Si la tarea de ser madre consume tantas energías, tanto tiempo y tanta capacidad, si es tan absorbente que no se encuentra raro que sea exclusiva, lo menos que podían hacer quienes deliberan en torno al asunto del control de la natalidad, es qué opinan de él las madres.

65 9. Porque tanto si se mantienen los tabús que hasta ahora han tenido vigencia como si se destruyen; tanto si la natalidad continúa asumiéndose como una de las fatalidades con que la Naturaleza nos agobia° como si se extendiese hasta allí el campo del dominio del hombre, vale la pena plantearse, como si nunca se hubiera hecho (y a propósito, ¿se hizo alguna vez?...¿cuándo?,

70 ¿con qué resultados?), un cuestionamiento acerca de lo que la maternidad significa no como proceso biológico sino como experiencia humana.

°presiona, oprime

10. Porque a ratos se dicta, como un axioma, la sentencia de que la maternidad es un instinto que marcha con absoluta regularidad tanto en la mujer como en las hembras de la especies animales superiores. Si esto es verdad (lo que

75 habría que probar primero porque luego nos salen los investigadores con el domingo siete de que el instinto maternal en los animales es esporádico, se extingue una vez cumplido cierto plazo con una absoluta indiferencia de la suerte que corran las crías, aumenta, disminuye o desaparece por

80 variaciones de la dieta, de las hormonas, etc. —por lo que, como fatalidad es bastante deficiente—, sería un atentado contra ese instinto impedir que se ejercite con plenitud y sacrificarlo a otros intereses.

11. Súbitamente se recuerda entonces que en el nivel de la conciencia los instintos se supeditan[*] a otros valores. Y que la maternidad, en el mundo occidental, ha sido uno de los valores supremos al que se inmolan[*] diariamente muchas vidas, muchas honras, muchas felicidades.

85

[*] se subordinan

[*] se sacrifican

12. Pero es un valor que, según demuestran la historia y la antropología, no estiman por igual todas las culturas y aun se da el caso de que en algunas sea lo contrario de un valor. Así que no puede tener pretensiones absolutistas y si las tiene debe renunciar a ellas.

90 13. La consecuencia es que resulta un atentado contra la libre determinación individual imponer obligatoriamente la maternidad a mujeres que la rechazan porque carecen de vocación, que la evitan porque es un estorbo[*] para la forma de vida que eligieron o de la que se alejan como de un peligro para su integridad física.

[*] obstáculo

95 14. Mas para proceder de esta manera se necesitaría, previamente, considerar a las mujeres no como lo que se les considera hoy: meros objetos, aparatos (por desgracia, insustituibles) de reproducción o criaturas subordinadas a sus funciones y no personas en el completo uso de sus facultades, de sus potencialidades y de sus derechos. ❧

AUTORRETRATO

De *Poesía no eres tú*, 1972

Yo soy una señora: tratamiento
arduo de conseguir, en mi caso, y más útil
para alternar con los demás que un título
extendido a mi nombre en cualquier academia.

5 Así, pues, luzco[*] mi trofeo y repito:
yo soy una señora. Gorda o flaca
según las posiciones de los astros,
los ciclos glandulares
y otros fenómenos que no comprendo.

[*] muestro con orgullo

10 Rubia, si elijo una peluca rubia.
O morena, según la alternativa.
(En realidad, mi pelo encanece, encanece).

Soy más o menos fea. Eso depende mucho
de la mano que aplica el maquillaje.

15   Mi apariencia ha cambiado a lo largo del tiempo
    —aunque no tanto como dice Weininger[1]
    que cambia la apariencia del genio. Soy mediocre.
    Lo cual, por una parte, me exime° de enemigos   °me libra, me salva
    y, por la otra, me da la devoción   de tener
20   de algún admirador y la amistad
    de esos hombres que hablan por teléfono
    y envían largas cartas de felicitación,
    que beben lentamente whisky sobre las rocas
    y charlan de política y de literatura.

25   Amigas… hmmm… a veces, raras veces
    y en muy pequeñas dosis.
    En general, rehúyo° los espejos.   °evito
    Me dirían lo de siempre: que me visto muy mal
    y que hago el ridículo
30   cuando pretendo coquetear con alguien.

    Soy madre de Gabriel: ya usted sabe, ese niño
    que un día se erigirá° en juez inapelable   °se convertirá
    y que acaso, además, ejerza° de verdugo°°.   °actúe °°ejecutor
    Mientras tanto lo amo.

35   Escribo. Este poema. Y otros. Y otros.
    Hablo desde una cátedra.[2]
    Colaboro en revistas de mi especialidad
    y un día a la semana publico en un periódico.

    Vivo enfrente del Bosque. Pero casi
40   nunca vuelvo los ojos para mirarlo. Y nunca
    atravieso la calle que me separa de él
    y paseo y respiro y acaricio
    la corteza rugosa de los árboles.

    Sé que es obligatorio escuchar música
45   pero la eludo° con frecuencia. Sé   °evito
    que es bueno ver pintura
    pero no voy jamás a las exposiciones
    ni al estreno teatral ni al cine-club.

    Prefiero estar aquí, como ahora, leyendo
50   y, si apago la luz, pensando un rato
    en musarañas° y otros menesteres°°.   °fantaseando °°asuntos

---

[1] Otto Weininger (1880–1903), filósofo austriaco. En su libro *Sexo y carácter* filosofa sobre la naturaleza del genio y sobre los aspectos de masculinidad y feminidad, atribuyendo a cada uno de ellos una proporción imprecisa, pero fija, del otro.

[2] Posición de catedrática; título más elevado que puede desempeñar un profesor o profesora de universidad en su especialidad.

Sufro más bien por hábito, por herencia, por no
diferenciarme más de mis congéneres•
que por causas concretas.

•semejantes

55 Sería feliz si yo supiera cómo.
Es decir, si me hubieran enseñado los gestos,
los parlamentos, las decoraciones.

En cambio me enseñaron a llorar. Pero el llanto
es en mí un mecanismo descompuesto
60 y no lloro en la cámara mortuoria
ni en la ocasión sublime ni frente a la catástrofe.

Lloro cuando se quema el arroz o cuando pierdo
el último recibo del impuesto predial•.

•de una finca o propiedad

PREGUNTAS

ANÁLISIS

1. En el ensayo "Y las madres, ¿qué opinan?", Rosario Castellanos enumera una serie de profesionales que han tratado el tema del control de la natalidad. Menciona qué profesionales son y explica qué efecto consigue la autora con su enumeración.

2. Según la autora, ¿por qué es importante que las madres decidan sobre el control de la natalidad?

3. Extrae del ensayo los argumentos que están en contra del control de la natalidad.

4. ¿Qué sociedad se refleja en el ensayo? Ilustra tu respuesta con ejemplos.

5. En "Autorretrato" estamos ante dos retratos: el de la mujer del momento y el de la autora. ¿Qué se esperaba de la mujer en el México de la época? ¿Cómo se describe Castellanos a sí misma?

6. ¿En qué ocasiones dice la poeta de "Autorretrato" que llora? ¿Por qué crees que habla del llanto al final del poema?

7. La poesía conversacional o coloquial surgió en los años 50 y se caracteriza por su claridad y sus referencias a lo cotidiano. En este tipo de poesía el poeta es desmitificado y está más cercano al lector. Busca ejemplos de poesía conversacional en "Autorretrato".

INTERPRETACIÓN

1. Menciona las referencias que aparecen en el ensayo "Y las madres, ¿qué opinan?" sobre una sociedad dominada por los hombres.

2. ¿Crees que Rosario Castellanos piensa que existe el instinto maternal? ¿Qué opinión crees que tiene la autora sobre la maternidad? Justifica tus respuestas.

3. ¿Te parece convincente el ensayo? ¿Crees que tiene validez en la actualidad? ¿Por qué?

4. A pesar de ser un poema, "Autorretrato" tiene un marcado tono narrativo. Explica cuáles son las particularidades formales que sitúan este poema entre la narrativa y la lírica.

5. ¿Qué crees que quiere decir la poeta en el verso "y que acaso, además, ejerza de verdugo"?

6. La ironía es un recurso frecuente en la obra de Castellanos. Lee otra vez el ensayo y el poema y localiza las afirmaciones irónicas. Explica qué función cumplen en los textos.

7. ¿Qué valores y costumbres sociales critica Rosario Castellanos en las dos obras seleccionadas?

INVESTIGACIÓN

1. ¿Cómo era la situación de la mujer en México a mediados del siglo xx? ¿Cómo es en la actualidad?

2. Busca otras mujeres artistas mexicanas, no necesariamente del ámbito literario, contemporáneas de Rosario Castellanos. ¿Qué temas tratan en su arte? ¿Comparten las mismas preocupaciones?

SERGIO VODANOVIĆ

1926–2001

"Lo único que podemos hacer es aprovechar, aprovechar la vida lo más posible, antes de que se acabe."

—Sergio Vodanović, *Deja que los perros ladren*

Sergio Vodanović nació en Split, Croacia, en la antigua Yugoslavia, pero desde niño se establece con sus padres en Chile, destino frecuente de la emigración balcánica al Nuevo Mundo. Tras estudiar Derecho, emprende una carrera exitosa como autor teatral, periodista, profesor y guionista de televisión. A los veinte años escribió su primera obra teatral, *El príncipe azul* (1947), a la que le siguieron otras como *Mi mujer necesita marido* (1953) y *La cigüeña también espera* (1955), obras pertenecientes al género de la comedia ligera. Su reconocimiento llegó con piezas realistas en las que critica los valores nacionales y donde denuncia las corruptelas de su clase política. Figura clave en la dramaturgia de su generación —junto a autores como Egon Wolff, Luis Alberto Heiremans o Jorge Díaz—, entre sus obras más destacadas se encuentran *Deja que los perros ladren* (1959), la trilogía *Viña* (1964), compuesta por "El delantal blanco", "La gente como nosotros" y "Las exiliadas", y *Perdón, estamos en guerra* (1966). Según el crítico Juan Andrés Pina, lo que caracteriza a la obra de Vodanović es "la preocupación por el tema moral, por las conductas éticas de las personas en sus vidas públicas y privadas".

A partir de 1959, Vodanović salta de la comedia ligera al neorrealismo. Al igual que los dramaturgos de su generación, comienza a escribir para los teatros universitarios de la Universidad de Chile y la Universidad Católica. La creación de estas instituciones en la década de 1940 generó un cambio cualitativo y cuantitativo en la escena chilena. Se fomentó la producción de obras —de mayor rigor técnico y artístico que las del teatro comercial anterior— y la creación de nuevas compañías. Él, que había estudiado técnica teatral en las universidades de Columbia y Yale, contribuiría a esta renovación no solo como autor, sino como docente; no en vano fue profesor de técnica dramática en la Pontificia Universidad Católica de Chile y director del taller de escritores de la Universidad de Concepción. Su obra *Deja que los perros ladren*, donde aborda el fenómeno de la corrupción en la clase media chilena, surgió mientras trabajaba como abogado de la Caja de Empleados Públicos y Periodistas. Desde su puesto de funcionario tuvo que hacer frente a las presiones de un ministro.

Tras el golpe de Estado de 1973 colaboró con el grupo teatral Ictus, y con el estreno de su primera telenovela, *Los Títeres* (1984), empezó a despuntar como autor de guiones de series de televisión. Frente al recelo de otros intelectuales a probar suerte en este género, el dramaturgo chileno consiguió aunar calidad y éxito comercial. Sus teleseries, con personajes de inusitada complejidad psicológica, rezumaban una fina crítica social. Falleció en su Croacia natal a los setenta y cinco años.

La trilogía *Viña: tres comedias en traje de baño* alude al mundo decadente de una ya caduca aristocracia chilena en el elegante balneario de Viña del Mar. En "El delantal blanco", Vodanović nos presenta a una altiva dama de la aristocracia chilena que, orgullosa de su estirpe, plantea un humillante juego a su criada: le ofrece cambiarle su elegante traje de baño por su delantal blanco, presumiendo que, pese a vestir con el uniforme de trabajo, siempre será una señora reconocida por los demás. Su idea es ver el mundo desde el punto de vista de sus subordinados. De estructura sencilla, la pieza se basa principalmente en el diálogo entre las dos mujeres: la Señora encarna a la clase alta; la empleada a la clase baja, que se expresa con deferencia y sumisión. La función dramática de los demás personajes es comentar el irónico desenlace: la alcurnia de la señora no es reconocible cuando lleva el sencillo guardapolvo. La obra critica una clase social superflua y cuestiona los valores tradicionales y las instituciones sociales. "Cuando escribo teatro me estoy dirigiendo a un público que creo que conozco, o sea la gente como yo. O sea gente de clase media, gente de la burguesía, que pueden tener posiciones de izquierda o derecha pero que tienen el mismo entorno en cierta media, y en realidad yo a ellos me dirijo y a ellos los pinto o me pinto a mí mismo también", declaró en 1984 el propio Vodanović a la *Latin American Theatre Review*.

OBRAS PRINCIPALES

Teatro

1947 | *El príncipe azul*
1952 | *El senador no es honorable*
1953 | *Mi mujer necesita marido*
1955 | *La cigüeña también espera*
1959 | *Deja que los perros ladren*
1964 | *Viña: tres comedias en traje de baño*
1965 | *Los fugitivos*

1966 | *Perdón, estamos en guerra*
1969 | *Nos tomamos la Universidad*
1972 | *Igual que antes*
1974 | *Nosotros, los de entonces*
1978 | *Cuántos años tiene un día*
1982 | *La mar estaba serena*
1992 | *El gordo y el flaco*
2000 | *Girasol*

EL DELANTAL BLANCO

De *Viña: tres comedias en traje de baño,* 1964

La playa. Al fondo, una carpa. Frente a ella, sentadas a su sombra, **La señora** *y* **La empleada.** **La señora** *está en traje de baño y, sobre él, usa un blusón de toalla blanca que le cubre hasta las caderas. Su tez está tostada por un largo veraneo.* **La empleada** *viste su uniforme blanco.* **La señora** *es una mujer de 30 años, pelo claro, rostro atrayente aunque algo duro.* **La empleada** *tiene 20 años, tez blanca, pelo negro, rostro plácido y agradable.*

La señora	(*Gritando hacia su pequeño hijo, a quien no ve y que se supone está a la orilla del mar, justamente, al borde del escenario*): ¡Alvarito! ¡Alvarito! ¡No le tire arena a la niñita! ¡Métase al agua! Está rica… ¡Alvarito, no! ¡No le deshaga el castillo a la niñita! Juegue con ella… Sí, mi hijito… juegue.
La empleada	Es tan peleador…
La señora	Salió al padre… Es inútil corregirlo. Tiene una personalidad dominante que le viene de su padre, de su abuelo, de su abuela… ¡sobre todo de su abuela!
La empleada	¿Vendrá el caballero mañana?
La señora	(*Se encoge de hombros con desgano*): ¡No sé! Ya estamos en marzo, todas mis amigas han regresado, y Álvaro me tiene todavía aburriéndome en la playa. Él dice que quiere que el niño aproveche las vacaciones, pero para mí que es él quien está aprovechando. (*Se saca el blusón y se tiende a tomar sol*). ¡Sol! ¡Sol! Tres meses tomando sol. Estoy intoxicada de sol. (*Mirando inspectivamente a la Empleada*). ¿Qué haces tú para no quemarte?
La empleada	He salido tan poco de la casa…
La señora	¿Y qué querías? Viniste a trabajar, no a veranear. Estás recibiendo sueldo, ¿no?
La empleada	Sí, señora. Yo sólo contestaba su pregunta…
	(*La señora permanece tendida recibiendo el Sol. La Empleada saca de una bolsa de género una revista de historietas fotografiadas y principia a leer*).
La señora	¿Qué haces?
La empleada	Leo esta revista.
La señora	¿La compraste tú?
La empleada	Sí, señora.
La señora	No se te paga tan mal, entonces, si puedes comprarte tus revistas, ¿eh? (*La Empleada no contesta y vuelve a mirar la revista*).
La señora	¡Claro! Tú leyendo y que Alvarito reviente, que se ahogue…
La empleada	Pero si está jugando con la niñita…
La señora	Si te traje a la playa es para que vigilaras a Alvarito y no para que te pusieras a leer. (*La Empleada deja la revista y se incorpora para ir donde está Alvarito*).

45	*La señora*	¡No! Lo puedes vigilar desde aquí. Quédate a mi lado, pero observa al niño. ¿Sabes? Me gusta venir contigo a la playa.
	La empleada	¿Por qué?
50	*La señora*	Bueno… no sé… Será por lo mismo que me gusta venir en el auto, aunque la casa esté a dos cuadras. Me gusta que vean el auto. Todos los días, hay alguien que se para al lado de él y lo mira y comenta. No cualquiera tiene un auto como el de nosotros… Claro, tú no te das cuenta de la diferencia. Estás demasiado acostumbrada a lo bueno… Dime… ¿Cómo es tu casa?
55	*La empleada*	Yo no tengo casa.
	La señora	No habrás nacido empleada, supongo. Tienes que haberte criado en alguna parte, debes haber tenido padres… ¿Eres del campo?
	La empleada	Sí.
	La señora	Y tuviste ganas de conocer la ciudad, ¿ah?
60	*La empleada*	No. Me gustaba allá.
	La señora	¿Por qué te viniste, entonces?
	La empleada	Tenía que trabajar.
65	*La señora*	No me vengas con ese cuento. Conozco la vida de los inquilinos en el campo. Lo pasan bien. Les regalan una cuadra para que cultiven. Tienen alimentos gratis y hasta les sobra para vender. Algunos tienen hasta sus vaquitas… ¿Tus padres tenían vacas?
	La empleada	Sí, señora. Una.
	La señora	¿Ves? ¿Qué más quieren? ¡Alvarito! ¡No se meta tan allá que puede venir una ola! ¿Qué edad tienes?
70	*La empleada*	¿Yo?
	La señora	A ti te estoy hablando. No estoy loca para hablar sola.
	La empleada	Ando en los veintiuno…
75	*La señora*	¡Veintiuno! A los veintiuno yo me casé. ¿No has pensado en casarte? (*La Empleada baja la vista y no contesta*). ¡Las cosas que se me ocurre preguntar! ¿Para qué querrías casarte? En la casa tienes de todo: comida, una buena pieza, delantales limpios… Y si te casaras… ¿Qué es lo que tendrías? Te llenarías de chiquillos, nomás.
	La empleada	(*Como para sí*): Me gustaría casarme…
80	*La señora*	¡Tonterías! Cosas que se te ocurren por leer historias de amor en las revistas baratas… Acuérdate de esto: Los príncipes azules ya no existen. No es el color lo que importa, sino el bolsillo. Cuando mis padres no me aceptaban un pololo porque no tenían plata, yo me indignaba, pero llegó Álvaro con sus industrias y sus fundos y no quedaron contentos hasta que lo casaron conmigo. A mí no me gustaba porque era gordo y tenía la costumbre de sorberse los mocos, pero después en el matrimonio, uno se acostumbra a todo. Y llega a la conclusión de que todo da lo
85		

	90 mismo, salvo la plata. Sin plata no somos nada. Yo tengo plata, tú no tienes. Esa es toda la diferencia entre nosotras. ¿No te parece?
La empleada	Sí, pero…
La señora	¡Ah! Lo crees ¿eh? Pero es mentira. Hay algo que es más importante que la plata: la clase. Eso no se compra. Se tiene o no se tiene. Álvaro no tiene clase. Yo sí la tengo. Y podría vivir en una pocilga y todos se darían cuenta de que soy alguien. No una cualquiera. Alguien. Te das cuenta ¿verdad?
La empleada	Sí, señora.
La señora	A ver… Pásame esa revista. (*La Empleada lo hace. La Señora la hojea. Mira algo y lanza una carcajada*). ¿Y esto lees tú?
La empleada	Me entretengo, señora.
La señora	¡Qué ridículo! ¡Qué ridículo! Mira a este roto vestido de smoking. Cualquiera se da cuenta que está tan incómodo en él como un hipopótamo con faja… (*Vuelve a mirar en la revista*). ¡Y es el conde de Lamarquina! ¡El conde de Lamarquina! A ver… ¿Qué es lo que dice el conde? (*Leyendo*). "Hija mía, no permitiré jamás que te cases con Roberto. Él es un plebeyo. Recuerda que por nuestras venas corre sangre azul." ¿Y ésta es la hija del conde?
La empleada	Sí. Se llama María. Es una niña sencilla y buena. Está enamorada de Roberto, que es el jardinero del castillo. El conde no lo permite. Pero… ¿sabe? Yo creo que todo va a terminar bien. Porque en el número anterior Roberto le dijo a María que no había conocido a sus padres y cuando no se conoce a los padres, es seguro que ellos son gente rica y aristócrata que perdieron al niño de chico o lo secuestraron…
La señora	¿Y tú crees todo eso?
La empleada	Es bonito, señora.
La señora	¿Qué es tan bonito?
La empleada	Que lleguen a pasar cosas así. Que un día cualquiera, uno sepa que es otra persona, que en vez de ser pobre, se es rica; que en vez de ser nadie se es alguien, así como dice usted…
La señora	Pero no te das cuenta que no puede ser… Mira a la hija… ¿Me has visto a mi alguna vez usando unos aros así? ¿Has visto a alguna de mis amigas con una cosa tan espantosa? ¿Y el peinado? Es detestable. ¿No te das cuenta que una mujer así no puede ser aristócrata?… ¿A ver? Sale fotografiado aquí el jardinero…
La empleada	Sí. En los cuadros del final. (*Le muestra en la revista. La Señora ríe encantada*).
La señora	¿Y éste crees tú que puede ser un hijo de aristócrata? ¿Con esa nariz? ¿Con ese pelo? Mira… Imagínate que mañana me rapten a Alvarito. ¿Crees tú que va a dejar por eso de tener su aire de distinción?
La empleada	¡Mire, señora! Alvarito le botó el castillo de arena a la niñita de una patada.

La señora	¿Ves? Tiene cuatro años y ya sabe lo que es mandar, lo que es no importarle los demás. Eso no se aprende. Viene en la sangre.
La empleada	(*Incorporándose*): Voy a ir a buscarlo.
La señora	Déjalo. Se está divirtiendo.

(*La Empleada se desabrocha el primer botón de su delantal y hace un gesto en el que muestra estar acalorada*).

La señora	¿Tienes calor?
La empleada	El sol está picando fuerte.
La señora	¿No tienes traje de baño?
La empleada	No.
La señora	¿No te has puesto nunca traje de baño?
La empleada	¡Ah, sí!
La señora	¿Cuándo?
La empleada	Antes de emplearme. A veces, los domingos, hacíamos excursiones a la playa en el camión del tío de una amiga.
La señora	¿Y se bañaban?
La empleada	En la playa grande de Cartagena. Arrendábamos trajes de baño y pasábamos todo el día en la playa. Llevábamos de comer y…
La señora	(*Divertida*): ¿Arrendaban trajes de baño?
La empleada	Sí. Hay una señora que arrienda en la misma playa.
La señora	Una vez con Álvaro, nos detuvimos en Cartagena a echar bencina al auto y miramos a la playa. ¡Era tan gracioso! ¡Y esos trajes de baño arrendados! Unos eran tan grandes que hacían bolsas por todos los lados y otros quedaban tan chicos que las mujeres andaban con el traste afuera. ¿De cuáles arrendabas tú? ¿De los grandes o de los chicos?

(*La Empleada mira al suelo taimada*).

La señora	Debe ser curioso… Mirar el mundo desde un traje de baño arrendado o envuelta en un vestido barato… o con uniforme de empleada como el que usas tú… Algo parecido le debe suceder a esta gente que se fotografía para estas historietas: se ponen smoking o un traje de baile, y debe ser diferente la forma como miran a los demás, como se sienten ellos mismos… Cuando yo me puse mi primer par de medias, el mundo entero cambió para mí. Los demás eran diferentes; yo era diferente y el único cambio efectivo era que tenía puesto un par de medias… Dime… ¿Cómo se ve el mundo cuando se está vestida con un delantal blanco?
La empleada	(*Tímidamente*): Igual… La arena tiene el mismo color… las nubes son iguales… Supongo.
La señora	Pero no… Es diferente. Mira. Yo con este traje de baño, con este blusón de toalla, tendida sobre la arena, sé que estoy en "mi lugar", que esto me pertenece… En cambio tú, vestida como empleada sabes que la playa no es tu lugar, que eres diferente… Y eso, eso te debe hacer ver todo distinto.
La empleada	No sé.
La señora	Mira. Se me ha ocurrido algo. Préstame tu delantal.

La empleada	¿Cómo?
La señora	Préstame tu delantal.
La empleada	Pero… ¿Para qué?
La señora	Quiero ver cómo se ve el mundo, qué apariencia tiene la playa cuando se la ve encerrada en un delantal de empleada.
La empleada	¿Ahora?
La señora	Sí, ahora.
La empleada	Pero es que… No tengo un vestido debajo.
La señora	(*Tirándole el blusón*): Toma… Ponte esto.
La empleada	Voy a quedar en calzones…
La señora	Es lo suficientemente largo como para cubrirte. Y en todo caso vas a mostrar menos que lo que mostrabas con los trajes de baño que arrendabas en Cartagena. (*Se levanta y obliga a levantarse a la Empleada*). Ya. Métete en la carpa y cámbiate. (*Prácticamente obliga a la Empleada a entrar a la carpa y luego lanza al interior de ella el blusón de toalla. Se dirige al primer plano y le habla a su hijo*).
La señora	Alvarito, métase un poco al agua. Mójese las patitas siquiera… No sea tan de rulo*… ¡Eso es! ¿Ves que es rica el agüita? (*Se vuelve hacia la carpa y habla hacia dentro de ella*). ¿Estás lista? (*Entra a la carpa*).
	(*Después de un instante sale la Empleada vestida con el blusón de toalla. Se ha prendido el pelo hacia atrás y su aspecto ya difiere algo de la tímida muchacha que conocemos. Con delicadeza se tiende de bruces sobre la arena. Sale la Señora abotonándose aún su delantal blanco. Se va a sentar delante de la Empleada, pero vuelve un poco más atrás*).
La señora	No. Adelante no. Una empleada en la playa se sienta siempre un poco más atrás que su patrona. (*Se sienta sobre sus pantorrillas y mira, divertida, en todas direcciones*).
	(*La Empleada cambia de postura con displicencia*. La Señora toma la revista de la empleada y principia a leerla. Al principio, hay una sonrisa irónica en sus labios que desaparece luego al interesarse por la lectura. Al leer mueve los labios. La Empleada, con naturalidad, toma de la bolsa de playa de La Señora un frasco de aceite bronceador y principia a extenderlo con lentitud por sus piernas. La Señora la ve. Intenta una reacción reprobatoria, pero queda desconcertada*).
La señora	¿Qué haces?
	(*La Empleada no contesta. La Señora opta por seguir la lectura. Vigilando de vez en vez con la vista lo que hace la Empleada. Esta ahora se ha sentado y se mira detenidamente las uñas*).
La señora	¿Por qué te miras las uñas?
La empleada	Tengo que arreglármelas.
La señora	Nunca te había visto antes mirarte las uñas.
La empleada	No se me había ocurrido.
La señora	Este delantal acalora.

*tierra de secano

*indiferencia, frialdad

230	*La empleada*	Son los mejores y los más durables.
	La señora	Lo sé. Yo los compré.
	La empleada	Le queda bien.
	La señora	(*Divertida*): Y tú no te ves nada de mal con esa tenida… (*Se ríe*). Cualquiera se equivocaría. Más de un jovencito te podría hacer
235		la corte•… ¡Sería como para contarlo!
	La empleada	Alvarito se está metiendo muy adentro. Vaya a vigilarlo.
	La señora	(*Se levanta inmediatamente y se adelanta*). ¡Alvarito! ¡Alvarito! No se vaya tan adentro… Puede venir una ola. (*Recapacita de pronto y se vuelve desconcertada hacia la Empleada*). ¿Por qué
240		no fuiste?
	La empleada	¿Adónde?
	La señora	¿Por qué me dijiste que yo fuera a vigilar a Alvarito?
	La empleada	(*Con naturalidad*): Usted lleva el delantal blanco.
	La señora	Te gusta el juego, ¿ah?
245		(*Una pelota de goma, impulsada por un niño que juega cerca, ha caído a los pies de la Empleada. Ella la mira y no hace ningún movimiento. Luego mira a la Señora. Esta, instintivamente, se dirige a la pelota y la tira en la dirección en que vino. La Empleada busca en la bolsa de playa de la Señora y se pone sus
250		anteojos para el sol*).
	La señora	(*Molesta*): ¿Quién te ha autorizado para que uses mis anteojos?
	La empleada	¿Cómo se ve la playa vestida con un delantal blanco?
	La señora	Es gracioso. ¿Y tú? ¿Cómo ves la playa ahora?
255	*La empleada*	Es gracioso.
	La señora	(*Molesta*): ¿Dónde está la gracia?
	La empleada	En que no hay diferencia.
	La señora	¿Cómo?
	La empleada	Usted con el delantal blanco es la empleada; yo, con este blusón
260		y los anteojos oscuros, soy la señora.
	La señora	¿Cómo?… ¿Cómo te atreves a decir eso?
	La empleada	¿Se habría molestado en recoger la pelota si no estuviese vestida de empleada?
	La señora	Estamos jugando.
265	*La empleada*	¿Cuándo?
	La señora	Ahora.
	La empleada	¿Y antes?
	La señora	¿Antes?
	La empleada	Sí. Cuando yo estaba vestida de empleada…
270	*La señora*	Eso no es juego. Es la realidad.
	La empleada	¿Por qué?
	La señora	Porque sí.
	La empleada	Un juego… un juego más largo… como el "paco-ladrón". A unos les corresponde ser "pacos", a otros "ladrones".
275	*La señora*	(*Indignada*): ¡Usted se está insolentando!

•enamorar

La empleada	¡No me grites! ¡La insolente eres tú!
La señora	¿Qué significa eso? ¿Usted me está tuteando?
La empleada	¿Y acaso tú me tratas de usted?
La señora	¿Yo?
La empleada	Sí.
La señora	¡Basta ya! ¡Se acabó este juego!
La empleada	¡A mí me gusta!
La señora	¡Se acabó! (*Se acerca violentamente a la Empleada*).
La empleada	(*Firme*): ¡Retírese!
	(*La Señora se detiene sorprendida*).
La señora	¿Te has vuelto loca?
La empleada	¡Me he vuelto señora!
La señora	Te puedo despedir en cualquier momento.
	(*La Empleada explota en grandes carcajadas, como si lo que hubiera oído fuera el chiste más gracioso que jamás ha escuchado*).
La señora	¿Pero de qué te ríes?
La empleada	(*Sin dejar de reír*): ¡Es tan ridículo!
La señora	¿Qué? ¿Qué es tan ridículo?
La empleada	Que me despida… ¡vestida así! ¿Dónde se ha visto a una empleada despedir a su patrona?
La señora	¡Sácate esos anteojos! ¡Sácate el blusón! ¡Son míos!
La empleada	¡Vaya a ver al niño!
La señora	Se acabó el juego, te he dicho. O me devuelves mis cosas o te las saco.
La empleada	¡Cuidado! No estamos solas en la playa.
La señora	¿Y qué hay con eso? ¿Crees que por estar vestida con un uniforme blanco no van a reconocer quién es la empleada y quién la señora?
La empleada	(*Serena*): No me levante la voz.
	(*La Señora exasperada se lanza sobre la Empleada y trata de sacarle el blusón a viva fuerza*).
La señora	(*Mientras forcejea*): ¡China! ¡Ya te voy a enseñar quién soy! ¿Qué te has creído? ¡Te voy a meter presa*!
	(*Un grupo de bañistas ha acudido a ver la riña*. Dos **jóvenes**, una **muchacha** y un **señor** de edad madura y de apariencia muy distinguida. Antes que puedan intervenir la Empleada ya ha dominado la situación manteniendo bien sujeta a la Señora contra la arena. Esta sigue gritando ad libitum expresiones como: "rota cochina"… "ya te la vas a ver con mi marido"… "te voy a mandar presa"… "esto es el colmo*," etc., etc*.).
Un joven	¿Qué sucede?
El otro joven	¿Es un ataque?
La jovencita	Se volvió loca.
Un joven	Puede que sea efecto de una insolación.

Marginal glosses:
*en la cárcel
*pelea
*intolerable

El otro joven	¿Podemos ayudarla?	
La empleada	Sí. Por favor. Llévensela. Hay una posta* por aquí cerca…	*servicio de urgencias
El otro joven	Yo soy estudiante de Medicina. Le pondremos una inyección para que se duerma por un buen tiempo.	

325 *La señora* ¡Imbéciles! ¡Yo soy la patrona! Me llamo Patricia Hurtado, mi marido es Álvaro Jiménez, el político…

La jovencita (*Riéndose*): Cree ser la señora.

Un joven Está loca.

El otro joven Un ataque de histeria.

330 *Un joven* Llevémosla.

La empleada Yo no los acompaño… Tengo que cuidar a mi hijito… Está ahí, bañándose…

La señora ¡Es una mentirosa! ¡Nos cambiamos de vestido sólo por jugar! ¡Ni siquiera tiene traje de baño! ¡Debajo del blusón está en 335 calzones! ¡Mírenla!

El otro joven (*Haciéndole un gesto al joven*): ¡Vamos! Tú la tomas por los pies y yo por los brazos.

La jovencita ¡Qué risa! ¡Dice que está en calzones!

(*Los dos jóvenes toman a la Señora y se la llevan, mientras ésta se 340 resiste y sigue gritando*).

La señora ¡Suéltenme! ¡Yo no estoy loca! ¡Es ella! ¡Llamen a Alvarito! ¡Él me reconocerá!

(*Mutis* de los dos jóvenes llevando en peso** a la Señora.   *silencio **cargando
La Empleada se tiende sobre la arena, como si nada hubiera
345 sucedido, aprontándose para un prolongado baño del sol*).

*El caballero
distinguido* ¿Está usted bien, señora? ¿Puedo serle útil en algo?

La empleada (*Mira inspectivamente al Caballero Distinguido y sonríe con amabilidad*): Gracias. Estoy bien.

350 *El caballero
distinguido* Es el símbolo de nuestro tiempo. Nadie parece darse cuenta, pero a cada rato, en cada momento sucede algo así.

La empleada ¿Qué?

*El caballero
distinguido* La subversión del orden establecido. Los viejos quieren ser jóvenes; los jóvenes quieren ser viejos; los pobres quieren ser ricos y los ricos quieren ser pobres. Sí, señora. Asómbrese usted.
355 También hay ricos que quieren ser pobres. Mi nuera va todas las tardes a tejer con mujeres de poblaciones callampas*. ¡Y le gusta   *barrios pobres
hacerlo! (*Transición*). ¿Hace mucho tiempo que está con usted?

La empleada ¿Quién?

360 *El caballero
distinguido* (*Haciendo un gesto hacia la dirección en que se llevaron a la Señora*): Su empleada.

La empleada (*Dudando. Haciendo memoria*): Poco más de un año.

*El caballero
distinguido* Y así le paga a usted. ¡Queriéndose hacer pasar por una señora! ¡Como si no se reconociera a primera vista quién es quién! ¿Sabe usted por qué suceden estas cosas?

365 *La empleada* ¿Por qué?

El caballero distinguido	(*Con aire misterioso*): El comunismo…
La empleada	¡Ah!
El caballero distinguido	(*Tranquilizado*): Pero no nos inquietemos. El orden está restablecido. Al final, siempre el orden se restablece… Es un hecho… Sobre eso no hay discusión… (*Transición*). Ahora, con permiso, señora. Voy a hacer mi footing diario. Es muy conveniente a mi edad. Para la circulación ¿sabe? Y usted quede tranquila. El sol es el mejor sedante. (*Ceremoniosamente*). A sus órdenes, señora. (*Inicia el mutis. Se vuelve*). Y no sea muy dura con su empleada, después que se haya tranquilizado… Después de todo… Tal vez tengamos algo de culpa nosotros mismos… ¿Quién puede decirlo? (*El Caballero Distinguido hace mutis. La Empleada cambia de posición. Se tiende de espaldas para recibir el sol en la cara. De pronto se acuerda de Alvarito. Mira hacia donde él está*).
La empleada	¡Alvarito! ¡Cuidado con sentarse en esa roca! Se puede hacer una nana en el pie… Eso es, corra por la arenita… Eso es, mi hijito… (*Y mientras la Empleada mira con ternura y delectación maternal cómo Alvarito juega a la orilla del mar se cierra lentamente el telón.*) ✺

370

375

380

385

PREGUNTAS

ANÁLISIS

1. ¿Cómo intuyes que es la relación entre la Señora y su marido en "El delantal blanco"?

2. Explica qué es lo que pretende demostrar la Señora al ponerse el delantal.

3. ¿A qué se debe el cambio repentino en la actitud de la Empleada? Explica tu respuesta y pon ejemplos de la obra.

4. ¿Cómo describirías la personalidad de la Señora? ¿Y la de la Empleada?

5. ¿Qué quiere decir el Caballero Distinguido cuando afirma que "siempre el orden se restablece"? ¿Estás de acuerdo con él? ¿Por qué?

6. ¿Qué lleva a la Empleada a llamar "hijito" a Alvarito?

7. Los nombres de los dos personajes principales no aparecen de forma directa en el texto. ¿Cuál crees que es la razón? ¿Conoces otras obras que utilicen este mismo recurso?

INTERPRETACIÓN

1. ¿Cómo es el niño? ¿Qué importancia tiene que se llame igual que su padre?

2. ¿Qué hace que la Señora le diga a la Empleada que se está insolentando? ¿Qué quiere decir la empleada al afirmar que "A unos les corresponde ser 'pacos'; a otros 'ladrones'"?

3. ¿A qué piensas que se refiere el Caballero Distinguido cuando habla de "comunismo"? Desarrolla la idea y pon ejemplos de la obra.

4. "El delantal blanco" es una obra breve, en un solo acto y pocos personajes. ¿Con qué intención crees que construye Vodanović la obra sobre elementos tan sencillos? ¿Qué efectos produce en el texto esta sencillez?

5. ¿Cuál es el mensaje principal de esta obra teatral? ¿Te parece una historia verosímil? ¿Crees que ese era el objetivo de Vodanović? Explica tu respuesta.

INVESTIGACIÓN

1. Investiga acerca de las influencias de los dramaturgos europeos de la primera mitad del siglo xx en la obra de Vodanović y destaca cómo se manifiestan en esta obra.

2. Vodanović consigue el reconocimiento de la crítica con esta obra. Lee alguna de sus obras anteriores, como *La cigüeña también espera*, y determina en qué consistió ese salto de calidad destacado por la crítica.

JOSÉ DONOSO

1924–1996

"Las cosas que terminan dan paz y las cosas que no cambian comienzan a concluirse, están siempre concluyéndose. Lo terrible es la esperanza."

—**José Donoso**, *El lugar sin límites*

José Donoso nació en Santiago de Chile en una familia que alentó su vocación literaria desde su niñez. A los veinte años partió a la aventura por la Patagonia chilena y argentina; allí estuvo trabajando de peón en una hacienda y después en el puerto de Buenos Aires. En 1947 empezó a estudiar Filología Inglesa en la Universidad de Chile; poco después, recibió una beca para realizar estudios de literatura inglesa en Princeton. De hecho, sus primeros cuentos publicados, que datan de esa época, están escritos en inglés. No es hasta 1954 que Donoso, ya de vuelta en su país natal, publica su primer relato en español, "China". Fuertemente influido por la tradición anglosajona, de Charles Dickens a Truman Capote, pasando por Faulkner o Steinbeck, compagina su labor periodística con la literaria. En 1957 ve la luz su primera novela, *Coronación*. En 1967, Donoso se traslada a España con su mujer, la pintora María Pilar Serrano. Su obra maestra que consolida a Donoso como uno de los pilares del *Boom* —término acuñado por él mismo— es *El obsceno pájaro de la noche* (1970). A través de un tono onírico y personajes monstruosos o ambiguos, el escritor hace un corrosivo retrato de la burguesía chilena y su decadencia moral. Donoso pone punto final a su exilio en 1981 y regresa a Santiago para dirigir un importante taller literario donde se formaron muchas de las voces representativas de la narrativa chilena de finales del siglo xx. No dejó de escribir acerca del exilio; sus temas recurrentes, casi obsesivos, serían la desesperanza y el envejecimiento. En 1990 recibió el Premio Nacional de Literatura de Chile. Falleció en su casa, cinco años más tarde. En 2009, su hija adoptiva publicó *Correr un tupido velo*, en el que presentaba a su padre como un hombre convulso y neurótico. La obra estaba basada en los diarios íntimos del escritor a los que había tenido acceso y en los que él mismo hablaba de su atormentada bisexualidad.

"Santelices" es una de las obras de Donoso más alabadas por la crítica. En este cuento se narra la historia de un oficinista que vive hospedado en una gris pensión de Santiago, donde vive en un régimen casi familiar con Don Eusebio, su anciano casero, y la solterona Bertita, hija de este. Donoso reproduce la relación claustrofóbica de los tres personajes que viven encerrados en un represivo triángulo de dependencias recíprocas del que ninguno puede escapar. El único resquicio de libertad vive en la imaginación del inquilino Santelices, que se escabulle de su monótono paisaje físico y vital a través de un exuberante mundo interior: una selva tórrida poblada por todo tipo de fieras.

Donoso hace una detallada descripción de los felinos que merodean en la mente de su protagonista: sus olores penetrantes, sus ojos, su personalidad, plácida y previsible durante las horas diurnas, y traicionera durante las noches. Los predadores que el protagonista ve merodeando en las tristes jaulas del zoológico municipal aparecen luego en una imaginaria selva: el ámbito fantástico donde su mente busca la plenitud. Como observa la crítica Sharon Magnarelli, la línea que separa la realidad imaginaria de la realidad real acaba por desvanecerse. Santelices, tigre y humano al mismo tiempo, contempla desde una ventana de su oficina a una joven que se peina: el verdadero objeto de su deseo.

En este cuento, Donoso lleva al lector por la mente esquizofrénica del protagonista, cuyos episodios de locura se intercalan en su vida cotidiana con asombrosa naturalidad y trágicas consecuencias.

OBRAS

Novela

1957 | *Coronación*
1965 | *El lugar sin límites*
1966 | *Este domingo*
1970 | *El obsceno pájaro de la noche*
1973 | *Tres novelitas burguesas*
1978 | *Casa de campo*
1980 | *La misteriosa desaparición de
    la marquesita de Loria*
1981 | *El jardín de al lado*
1982 | *Cuatro para Delfina*
1986 | *La desesperanza*
1990 | *Taratuta: Naturaleza muerta
    con cachimba*
1995 | *Donde van a morir los elefantes*
*1997 | *El mocho*
*2007 | *Lagartija sin cola*

Cuento

1955 | *Veraneo y otros cuentos*
1960 | *El charlestón*
1966 | *Los mejores cuentos de José Donoso*
1971 | *Cuentos*

Poesía

1981 | *Poemas de un novelista*

Ensayo

1972 | *Historia personal del "boom"*
1998 | *Artículos de incierta necesidad*

Memorias

1996 | *Conjeturas sobre la memoria de mi tribu*

*Obras publicadas póstumamente.

SANTELICES

De *Los mejores cuentos de José Donoso*, 1966

I

—Porque usted comprenderá, pues, Santelices, que si dejáramos que todos los pensionistas hicieran lo mismo que usted, nos quedaríamos en la calle. Sí, sí, ya sé lo que me va a decir y le encuentro toda la razón. ¿Cómo cree que le íbamos a negar permiso para clavar unos cuantos, si ha vivido con nosotros tres años y me imagino que ya no se irá más?

Era imposible comprender cómo don Eusebio hablaba tanto si los vencidos músculos de su boca desdentada parecían incapaces de producir otra cosa que débiles borbotones y pucheros. Santelices meditó que si él se dejaba tentar por las facilidades que la Bertita le daba para no usar su plancha de dientes —"Con confianza, no más, Santelices", le decía, o "Póngase cómodo, que aquí no hay niñas bonitas que pretender"—, su propia boca quedaría como la de don Eusebio en poco tiempo.

—Pero clavar veinticinco es demasiado.

—Veintitrés… —corrigió Santelices, trabándose en su lengua.

—Veinticinco, veintitrés, da lo mismo. Póngase en mi caso. ¿Cómo me dejarían el empapelado de la casa si a todos se les ocurriera clavar veinticinco cuadritos en su pieza? ¿Se da cuenta? Después nadie querría tomar las piezas. Usted sabe cómo es esta gente de fijada en pequeñeces, exigiendo, cuando le apuesto que antes de venir a vivir aquí ni sabían lo que es un excusado de patente…

—Claro, pero no eran ni clavos…

—Clavos, tachuelas, qué sé yo, da lo mismo. Mire esa pared. Y esa otra. No quiero ni pensar en el boche* que va a armar** la Bertita cuando vea. ¿Y cuánto me va a costar empapelar de nuevo? Calcule. ¡Un platal! Y con lo sinvergüenzas para cobrar que se han puesto los empapeladores…

*escándalo **montar

—Pero, si el papel estaba malón ya, pues…

—Hágame el favor de decirme, Santelices: ¿qué le entró de repente por clavar todos esos monos tan feazos en la pared? ¿Y de dónde diablos sacó tantos? Francamente, le diré que lo encuentro un poco raro…, como cosa de loco. Y usted lo que menos tiene es de loco, pues, Santelices. El otro día no más comentábamos con la Bertita que si todos los pensionistas que nos llegan fueran como usted, tan tranquilos y ordenados para sus cosas, este negocio sería un gusto en vez del calvario que es…

—Muy agradecido, pero…

—No tiene nada que agradecerme. No digo más que la purita verdad. Más que un pensionista usted es un familiar, casi un pariente se podría decir, sobre todo porque es una persona corriente en su trato, sin pretensiones, como uno. Y le voy a decir una cosa en confianza, de hombre a hombre; no lo repita por ahí después… mire que la Bertita, usted sabe…

—Cómo se le ocurre, don Eusebio…

El viejo bajó la voz:

—Si los cuadros fueran mujeres en traje de baño, o de ésas con un poquitito de ropa interior de encaje negro que salen en esos calendarios tan bonitos que hay ahora, fíjese que yo lo comprendería.

Qué quiere que le diga, lo comprendería. Viejo soy, pero usted me conoce y sabe que soy harto joven de espíritu, alegre y todo. Y no le diría nada a la Bertita. Pero esto… Si es muy raro, pues, Santelices; no me venga a decir que no…

—No sé, pero…

—y mire cómo dejó el empapelado…; mire ese hoyo…

—Pero, don Eusebio, si yo me pienso quedar con la pieza…

—… y ese otro. La tierra de la pared se está cayendo encima de la sábana que yo mismo le cambié la semana pasada. ¡Mire, por Dios! Antes que a mi pobre hijita le dé un ataque cuando vea, yo mismo voy a llamar a un empapelador para pedirle un presupuesto y, cueste lo que cueste, usted va a tener que correr con todos los gastos…

Y don Eusebio salió de la habitación, llevándose un puñado de estampas como prueba de la perversidad de su pensionista.

II

Santelices estaba atrasado para la oficina. Generalmente se ponía los calcetines y las ligas, la camiseta y los calzoncillos, sentado encima de la cama. Cuando hacía mucho frío en la mañana se vestía casi entero, sin destaparse, en el calorcito acumulado por las frazadas durante la noche. Faltaban dos minutos para la hora de entrada, que era a las ocho y media. Sentado al borde del catre tiritaba sin saber qué hacer. Las ilustraciones y fotografías clavadas en la pared la noche anterior, que fue arrancando apresuradamente durante la retahíla* de don Eusebio, se hallaban rajadas, arrugadas, revueltas con los pantalones de su pijama encima de las sábanas agrias aún con el olor de su cuerpo.

*enumeración de inconvenientes

Al subir a su dormitorio, después de la partida de canasta de la noche anterior, supo que entonces lo iba a hacer. La intención de hacerlo se venía acumulando dentro de él desde tiempo atrás, porque al pasar frente a una ferretería la semana pasada había comprado un kilo de tachuelas sin saber para qué. Era demasiado difícil dormirse sintiendo que esos largos ojos amarillos, esas patas acolchadas, esos cuerpos suntuosos en el letargo caldeado de otros climas, estaban prisioneros, planos en el último cajón de su cómoda. Era como si los hubiera oído dar alaridos desde allí, y no pudo resistirse, a pesar de que eran cerca de las tres de la mañana.

Porque anoche, como si la Bertita hubiera adivinado que después de retirarse a su dormitorio él tenía la intención de hacer algo de lo cual ella quedaba excluida, prolongó la canasta vuelta tras vuelta, hasta una hora increíble. Santelices tenía sueño y protestó que debía ir a trabajar temprano al día siguiente. Más que sueño tenía una avidez por ir allá arriba, a su cuarto, como otras noches, cuando la Bertita se mostraba menos implacable con la hora, para abrir sus álbumes con recortes y fotografías, sus libros, sus carpetas con estampas, sus sobres llenos de ilustraciones, dibujos, datos y artículos. Como la Bertita sabía que la canasta habitual de después de comida con ella, don Eusebio y un muerto, le gustaba a Santelices con locura y que jamás abandonaba el juego si había cartas sobre la mesa, era fácil retenerlo prolongando la partida. No jugaban por dinero. Cada uno tenía una bolsita con porotos —unos porotos grandes, muy blancos, como de porcelana— que hacían las veces de dinero. Los sábados sacaban las cuentas. El que iba perdiendo invitaba a los otros dos al cine, a ver la película que ellos eligieran, y ella volvía a guardar las bolsitas.

Al final de esa noche, Santelices estaba casi dormido. Le pesaban las cartas en la mano y los párpados sobre los ojos, hasta que al final, en la mesa del comedor, de cielo alto, iluminado por una sola ampolleta, lejana, no veía más que una ensalada de piques, tréboles y corazones. A cada vuelta la Bertita lo sacaba de su sopor[*] dándole un codazo.

[*]modorra, letargo

—Ya, pues, Santelices —le decía—. A usted le toca. La gracia de la canasta es que sea rápida, sobre todo si se juega con un muerto…

—Esta noche parece que fueran dos los muertos —acotó don Eusebio, soltando una carcajada tan enérgica que la plancha de dientes de Santelices se agitó como un pez rosado dentro del vaso en la mesa que trepidaba.

—Ya, papá —mandó la Bertita—. Parece que tuviera ocho años en vez de ochenta. No se ría más.

Al final, Santelices revivió un poco, porque don Eusebio comenzó a inventar reglas nuevas para el juego, que lo favorecían. Al principio las dejó pasar, porque estaba demasiado amodorrado[*] para discutir, y su esperanza era que todo terminara pronto. Pero cuando don Eusebio aseguró descaradamente que en la canasta bien jugada se podía tomar el mazo con carta y comodín antes de bajarse, siempre que la carta fuera un as, la indignación despertó de golpe a Santelices.

[*]adormilado

—No es cierto —vociferó, agarrando la mano del viejo, estirada ya para apoderarse del mazo.

La Bertita se atragantó con la granadina que estaba tomando.

—¿Insinúa que mi papá está haciendo trampa?

—No se puede, no se puede, no se puede —chillaba Santelices—. Cuando
yo veraneaba en las termas de Panimávida, conocí a una señora que estuvo
en Uruguay…

—¡Cuándo ha veraneado en termas usted! —le gritó el viejo, con la mano
todavía prisionera en la de Santelices.

—Deje a mi papá y, por favor, no sea farsante —le dijo la Bertita—. Usted
sabe que no hay nada que me moleste más que la gente mentirosa, ah…

—Y después dice que yo soy el mentiroso —protestó don Eusebio—.
Convídame un trago de granadina, hija, mira que esta pelea me dio sed de
algo dulce…

—No. Me queda muy poca.

—Te vas a hinchar. Es mucho tomarse media botella en una noche…

—No se puede llevar el mazo —insistió Santelices—. No se puede, no se
puede; a mí no me hacen leso[•]…

          [•]tonto

—¿Quién lo va a estar haciendo leso por unos cuantos porotos? —dijo
don Eusebio.

—¿Y el biógrafo no es nada? Hace cuatro domingos que estoy convidando yo.

—Bah, el biógrafo, el biógrafo…

—Esta canasta es una lata —dijo la Bertita—. Nunca me había aburrido
tanto. Bueno, terminemos, me dio sueño. Mayoría de votos. Usted, ¿qué dice,
Santelices? ¿Que se puede o que no se puede tomar el mazo con as y comodín
antes de bajarse?

—Que no se puede.

—Que no se puede, un voto. Yo voto que se puede. Un voto a favor y uno en
contra. ¿Y usted, papá: que se puede o que no se puede?

—Que no se puede —respondió el viejo, distraído porque estaba mirando
codiciosamente la botella de granadina.

La Bertita, indignada con la confusión de su padre que, según ella, la dejó
en ridículo, revolvió de un manotazo todas las cartas sobre la mesa y se paró.
Partió a dormir sin despedirse, dejando que los hombres ordenaran las cartas
para guardarlas. Pero no olvidó llevarse las bolsitas con porotos.

Subiendo la escalera hasta su dormitorio, Santelices iba pensando en que no
le quedaban más que escasas cuatro horas de sueño antes de levantarse para
ir a la oficina. Por un vidrio roto de la claraboya caía una gota insistente en
una palangana[•]. De las piezas del pasadizo oscuro salían los ronquidos de los
pensionistas con los que don Eusebio y la Bertita no se mezclaban, concediéndole
sólo a él el favor de su intimidad. La forma precisa y helada de la llave en su
mano y el minúsculo ruido metálico al meterla en la cerradura lo despertaron
un poco. Se puso su pijama. Con el llavero en la mano se dirigió a su cómoda y
abrió el último cajón.

          [•]recipiente

Le bastó volcar los sobres en su cama y extender algunas carpetas para que
su cuarto se transformara. Nuevos olores, potentes y animales, vencieron los

fatigados olores cotidianos. Se crearon ramas inmóviles, listas para temblar después del salto feroz. En lo más hondo de la vegetación, los matorrales crujieron bajo el peso de patas sigilosas y el pasto se agitó con la astucia de los cuerpos que merodeaban. Las efusiones animales dejaron el aire impuro. Y la
160 sombra verde y violeta, y la luz manchada, se conmovieron con la peligrosa presencia de la belleza, con la amenaza que acecha* desde la gracia y la fuerza.

*vigila y espera

    Santelices sonrió. Esto la Bertita era incapaz de comprenderlo. Ya no importaban ni la hora, ni el sueño, ni la oficina: el tiempo había extendido sus límites en un abrazo generoso. Santelices lo sacó todo. Las extendió encima de
165 su cama, en el suelo, en la mesa, en la cómoda y en el tocador, y contemplándolas con lentitud y regodeo* buscó su kilo de tachuelas. Su colección era la mayor, la más hermosa del mundo. Aunque jamás la mostró ni habló de ella a nadie, le bastaba esta seguridad íntima para sentirse superior, firme, orgulloso frente a los demás, que jamás llegarían a sospechar lo que él guardaba en el último cajón
170 de su cómoda.

*vehemente pasión

    Con su primer sueldo de archivero, hacía muchos años, se dio el lujo de comprar una caja de chocolates adornada con una cinta celeste, en cuya tapa figuraba un mimoso cachorro de la especie doméstica, jugando con un ovillo de lana. Después de comidos los bombones se resistió a botar la caja porque
175 la encontraba muy bonita, y la guardó. La tuvo guardada durante muchos años. A veces recordaba esa sonrisa que no era sonrisa, esa insinuación de peligro en la pata juguetona de uñas apenas descubiertas. Entonces sacaba la caja para mirarla. Con el tiempo la fue sacando más a menudo, hasta sentir que no le bastaba, que lo esencial que lo impulsó a guardarla estaba diluido,
180 casi completamente ausente de ella. Una tarde en que hojeaba números atrasados de revistas en una librería de viejo, descubrió un reportaje en colores que mostraba no la especie doméstica, sino otras maravillosamente distintas: las que viven en la selva y matan. Se acordó de su caja de bombones, y al enamorarse de lo que veía, la olvidó. Aquí en las fotografías sensacionales que contemplaba
185 con la nuca fría de emoción, la proximidad de la amenaza, la crueldad desnuda, parecían acrecentar la belleza, dotarla de eficacia agobiadora*, hacerla hervir, llamear, cegar, hasta dejar sus manos transpiradas y sus párpados temblorosos. Compró golosamente la revista. Desde entonces comenzó a recorrer a menudo las librerías, buscando algo, algo que prolongara esa emoción, que la ampliara,
190 la multiplicara, y compraba todo lo que podía encontrar. A veces se tentaba con libros carísimos, que lo dejaban desbancado durante varios meses. Más de una vez encargó al extranjero monografías en idiomas incomprensibles, pero hojeándolas, acariciándolas, le parecía que adquiría algo, algo más.

*opresiva, asfixiante

    A veces pasaban meses en que, en su vagar por las librerías, no lograba
195 encontrar nada. En la penumbra de su pieza, con sólo el globo azul de su velador encendido, miraba las estampas, buscaba su emoción extraviada entre las ilustraciones, que permanecían perversamente inanimadas, reducidas a papel

y tinta de imprenta. Algo en él mismo también quedaba inanimado. La avidez de su búsqueda tullía[*] su imaginación, porque el ansia de obtener ese algo justo crecía como una enredadera enceguecedora y paralizante, que no dejaba espacio más que para sí misma.

*atrofiaba, incapacitaba

Fue una de esas tardes cuando la Bertita le dijo:

—Oiga, Santelices, ¿que le tienen comida la color por ahí, que anda tan raro?

Fue como si le hubieran arrebatado lo poco suyo que le quedaba.

En la oficina pretextó una enfermedad y se fue al zoológico. Pasó largo rato junto a las jaulas de las fieras. Las moscas zumbaban alrededor de sus fauces y sus excrementos fétidos. Las colas estaban sucias, las pieles raídas y opacas, las jaulas eran desilusionantemente pequeñas. Cuando los cuidadores les echaron trozos de reses con unas horquetas largas, las fieras se lanzaban sobre las piltrafas sanguinolentas, haciendo crujir los huesos, gruñendo, echando una baba caliente al devorarlas. Santelices huyó. Eso era lo que quería, pero no era eso. Durante el tiempo que siguió a su visita al zoológico, en sus búsquedas por las librerías, ya no se conformaba con las bellas estampas en que las fieras lucían su sonrisa triangular y su paseo sinuoso como una satisfactoria insinuación de la muerte. Sediento, buscaba escenas feroces, donde la actualidad de las fauces humeantes estuviera teñida aún con el ardor de la sangre, o en las que el peso del animal dejara caer toda su brutalidad sobre la víctima espantada. El pecho de Santelices palpitaba junto con la víctima, y para salvarse del pánico pegaba sus ojos al agresor para identificarse con él.

Anoche había dado libertad a los más hermosos, a los príncipes, a sus preferidos. Los clavó sobre la cabecera de su catre, junto al tocador y al ropero de luna, y permaneció largo rato tendido en la cama con la luz velada, más que mirándolos, sintiéndolos adueñarse de su pieza. Se liberaron rumores peligrosos, que podían no ser más que una pata en un charco, una rama quebrada o el repentino erguirse de orejas puntiagudas. Acudieron cuerpos de andar perfecto, guiños de ojos que al oscurecer fulguraban hasta quemar, olores, bocanadas de aire usado en pulmones poderosos, presencias, roces, calor de pieles tendidas sobre la elegancia de músculos precisos, toda una enervante[*] incitación a participar en una vida candente, a exponerse a ser fauce y sangre, víctima y agresor.

*excitante

Pero Santelices se quedó dormido.

Fue menos de una hora más tarde cuando don Eusebio golpeó a su puerta, entrando sin esperar.

Al encender la luz explicó que venía a pedirle el favor —que Santelices, sin duda, concedería, dada la intimidad exclusiva que ellos le brindaban— de que se levantara temprano ese día, porque el calentador de agua de uno de los baños estaba malo y sería conveniente descongestionar lo más posible el otro a la hora en que los pensionistas salían para el trabajo. No alcanzó a terminar su explicación, porque sus ojos se fijaron de pronto, su boca desdentada quedó

240 abierta, y un segundo después del pasmo comenzó la retahíla, obligando a Santelices a que arrancara todo eso de la pared inmediatamente.

Cuando el viejo salió, Santelices se demoró mucho en vestirse. No le importaba llegar tarde a la oficina ese día: al fin y al cabo, en dieciséis años de trabajo jamás lo había hecho. Mientras bajaba en la punta de los pies, se le

245 revolvió el estómago con la certeza de que la Bertita lo oiría salir. Volvió a su cuarto y se cambió los zapatos por otros de suela de goma, y volvió a bajar, más silenciosamente aún. No había luz en su pieza… ¿o sí? Se deslizó con la mayor suavidad que pudo frente a su puerta, pero oyó el grito esperado:

—¡Santelices!

250 Se detuvo con el sombrero en alto sobre su cabeza calva.

—¿Me hablaba, Bertita?

—No se me haga el leso, oiga. Venga para acá…

Santelices titubeó con la mano en la perilla antes de entrar, examinando dos moscas muertas, secas durante años, presas entre el visillo polvoriento y el

255 vidrio. La Bertita estaba en cama todavía, incorporada en medio de lo que parecía un mar de almohadones gordos en la inmensa marquesa. Sobre la mesa del velador había una caja de polvos volcada, una peineta con pelos enredados, pinches, bigudíes, horquillas. Junto a ella vigilaba don Eusebio, con una escoba en la mano y un trapo amarrado a la cabeza.

260 —¿Que le parece poco lo que hay que hacer, que se queda parado ahí como un idiota? —le gritó la Bertita, y el viejo salió a escape a suplir a la sirvienta despedida la semana anterior.

Cuando quedaron solos, la Bertita bajó los ojos y comenzó a lloriquear. Las manos le temblaban sobre la colcha de raso azul. El pecho era como una gran

265 bomba que ella inflaba, inflaba. Las lágrimas se revenían en las amplias mejillas recién empolvadas; al ver esto, Santelices comprendió que la Bertita se había compuesto especialmente para esperarlo, y quiso salir de la habitación.

—¡Santelices! —oyó de nuevo.

La Bertita lo tenía preso en su mirada, ahora seca.

270 —Es que…

—Quiere decirme, mire…

—Si yo no…

—… cómo es posible que después de todo lo que yo he hecho por usted…

Y comenzó a lloriquear de nuevo, diciendo:

275 —Todos esos monos mugrientos°…; usted me odia… °sucios

—Cómo puede decir…

—Sí, sí, me odia. Y yo que me porté como una madre con usted cuando lo operaron, haciéndole sus comiditas especiales, acompañándolo todo el tiempo para que no se aburriera solo, y acuérdese de que le cedí esta pieza, mi propia

280 pieza y mi propia cama, para que estuviera más cómodo y se sanara bien. Usted es el colmo de lo malagradecido…

Santelices recordó con un escalofrío su convalecencia en el dormitorio de la Bertita, después de su operación de úlcera. Se había imaginado ese mes de reposo en cama con sueldo pagado y suplente en la oficina como el paraíso mismo. ¡Todo el tiempo que tendría para examinar con tranquilidad continuada sus álbumes con recortes y fotografías! ¡Todo lo que podría llegar a leer sobre sus costumbres, sobre la distribución geográfica de las especies, sobre sus extraños hábitats! Pero sin que él pudiera oponerse, la Bertita lo instaló en el piso bajo cuando él estaba todavía demasiado endeble•, en su propio dormitorio, para tenerlo más a mano, y se pasaba el día entero junto a él, ahogándolo con sus cuidados, sin dejarlo solo ni un minuto en todo el día, entreteniéndolo, vigilándolo, viendo en su menor gesto un deseo inexistente, un significado que él no quería darle, un pedido de algo que no necesitaba. Allá arriba, en su propio dormitorio, los ojos brillaron ciegos y los cuerpos perfectos permanecieron planos en el cajón de su cómoda todo el mes entero, aguardándolo. Porque la Bertita no le permitió regresar a su habitación hasta quedar enteramente satisfecha de la mejoría completa de Santelices.

—Pero si yo la aprecio tanto, pues, Bertita…

—¿Me aprecia, ah? —preguntó, dejando de llorar de pronto, mientras agitaba las estampas traídas por don Eusebio—. ¿Ah sí, ah? ¿Y cree que por eso tiene derecho a romper toda la casa como se le antoja? Y estos monos asquerosos… Por eso es que se encerraba en su pieza; ahora sí que lo descubrí y ahora sí que ya no va a poder hacer ninguna de sus cosas raras sin que yo sepa, y esas cosas no pueden pasar en esta casa, porque pobres seremos, pero somos gente decente. ¡Mírenlo no más, rompiéndole la casa a gente decente! Usted quiere la breva• pelada y en la boca, sí, eso es lo que quiere, igual que todos los hombres, que una, la tonta, se sacrifique por ellos y después hacen cosas raras y ni le dicen a una…, y después la odian…

—Cómo se le ocurre, Bertita, si yo la quiero mucho…

—No venga a hacer risa de mí porque soy una pobre solterona sola, que tengo que aguantar al inservible de mi papá, que no es capaz ni de defenderme. Usted lo conoce ahora de viejo, cuando no le quedan muchos años de vida, pero viera cómo era antes; todo lo que nos hizo sufrir, por Dios. Un inconsciente, como todos los hombres, como usted: egoísta, creído, cochino•, porque estos monos, mírelos, no me venga con cuentos, son una pura cochinada. Y después jugando canasta con una como un santito, para pasarle gato por liebre•…, cómo no. Creen que una es lesa. Voy a hacer estucar de nuevo toda su pieza y empapelarla con el papel más caro, y aunque me cueste un millón va a tener que pagar usted. Voy a ir al tiro• a ver la mugre•• que dejó allá arriba, y capaz que hasta me resfríe por culpa suya.

Al ver que el gran cuerpo de la Bertita se alzaba de un salto entre las sábanas y los cojines, impúdicamente vestido con un camisón semitransparente que le había comprado a una señora de la pensión después de un viajecito, Santelices

• débil

• higo grande

• sucio, asqueroso

• engañar fingiendo ser lo que no se es

• ahora mismo •• suciedad

abrió la puerta y huyó. El olor a pieza encerrada, a polvos, a granadina pegajosa y rosada, a cuerpo flojo de virgen vieja, lo persiguió en la carrera de cuatro cuadras hasta su oficina. Subió los cinco pisos corriendo, porque el ascensor estaba descompuesto, entró sin saludar a nadie y se encerró en su oficina, pidiendo que por ningún motivo lo molestaran, que no pidieran expedientes hasta el lunes, porque hoy debía revisar. Se paseó entre los anaqueles* llenos de papelorios. En el alféizar de su ventana unas palomas picoteaban algo y, de vez en cuando, lo miraban. Se sentó en su escritorio y se volvió a parar. Desde la ventana miró el estrecho patio de luz cortado en dos por los rayos oblicuos, las nubes que se arrastraban en el cielo terso de la mañana allá arriba, y la muchacha rubia que jugaba en el fondo del patio, cinco pisos más abajo.

Esperó toda la mañana, no salió a almorzar y continuó encerrado toda la tarde. Lo miró todo una y otra vez, el cielo, los anaqueles, la muchacha que jugaba con un gato, tratando de no pensar, de alejar el momento de la llegada a su casa para encontrar que ahora no tenía nada…

*estantes

III

Cuando Santelices salió del trabajo esa tarde, se fue a vagar por las calles y alrededor del zoológico, que ya estaba cerrado para el público. Dando una y otra vuelta cerca de las rejas, se detenía bruscamente al distinguir entre la turbia multiplicidad de olores los que le eran conocidos. Desde el encierro de las jaulas nocturnas le llegaban rugidos débiles que se fueron agotando. Pero como no tenía ganas de ver nada, ni de oír nada, se fue en cuanto la noche se cerró bruscamente y siguió vagando por las calles. Comió un sándwich con salsa demasiado condimentada que lo hizo pensar en la posibilidad de otra úlcera. Después se metió a un cine rotativo y se quedó dormido en la butaca. Cuando salió era cerca de la una de la mañana. Con seguridad, en la pensión de la Bertita ya no quedaba nadie en pie. Sólo entonces se resolvió a regresar.

En el pasillo lo acogió un olor a papeles quemados, sobreimpuesto al olor de fritura de todos los viernes —pejerreyes* falsos—, pero sin lograr borrarlo. Había un silencio muy grande en el caserón, como si nadie nunca lo hubiera habitado. Llegó a su cuarto y se puso el pijama de franela a rayas. Durante un rato se dedicó a buscar con desgana sus estampas y recortes, sus álbumes y sobres, por los cajones, debajo de la cama, encima del ropero. Pero le dio frío y se acostó tiritando, después de hacer unas buchadas* con toda tranquilidad, porque sabía, estaba seguro antes de llegar, que la Bertita lo había destruido todo. Las había quemado. Durante el día en la oficina estuvo pasándoles revista en su mente para despedirse de ellas. ¿Qué más podía hacer? Cualquier protesta o reivindicación era imposible. Al evocar las estampas se veía a sí mismo como un niño muy chico y a la Bertita parada junto a él, dando vuelta a las páginas de los álbumes, señalándole las ilustraciones sin dejar que las tocara. Su presencia forzada junto al hechizo de las bestias fue aplastando las imágenes evocadas,

*tipo de pescado

*gárgaras

desangrándolas, dejándolas reducidas al recuerdo de las circunstancias de la
365 compra, al peso de los libros, a la dimensión variada de las fotografías brillantes,
a papel, a cartulina, a colores de imprenta. La esencia de las fieras se resistió a
acudir. Era como si Santelices hubiera ido quemando mentalmente cada una de
las estampas en una llama que después se apagó.

Tomó la costumbre de levantarse al alba para evitar a la Bertita y a don
370 Eusebio. Regresaba muy tarde a desplomarse agotado en su cama y dejar
que un sueño pesante y sin imágenes se apoderara de él. Se alimentaba de
sándwiches, de maní, de caramelos, de modo que su digestión, siempre tan
delicada, se descompuso. En la oficina era el mismo de siempre: cumplidor*,   *responsable
decoroso, ordenado. Nadie notó ningún cambio. Como era una temporada de
375 poco trabajo, tenía tiempo de sobra para no hacer nada, para sentarse junto
a la ventana y mirar el cielo, para darles migas a las palomas que acudían al
alféizar, para escudriñar los techos de la ciudad por un costado abierto del patio
o para entretenerse observando a la muchacha rubia que en el fondo del patio
de luz, cinco pisos más abajo, parecía estar siempre ocupada en algo: lavando
380 ropa, regando una mata* apestada, jugando con el gato o peinando largamente   *planta
sus cabellos.

A veces pasaba frente a casas que tenían pegados algún letrero que decía:
Se arriendan piezas con pensión. Entraba a examinar lo ofrecido, figurándose
que le sería posible cambiarse de casa. Conversaba un rato con la patrona, que
385 quedaba encantada con la respetabilidad tan clara de su posible pensionista,
pero Santelices siempre terminaba encontrando algún defecto, la luz del baño,
la escalera muy larga, el cielo del dormitorio descascarándose, para pretextar
una negativa. Sin embargo, no se engañaba: sabía que no era pretexto. Sabía que
jamás se iría de la casa de la Bertita. Era demasiado difícil comenzar a fabricar
390 una nueva relación con alguien, con cualquiera que fuese. La idea le dolía. Le
causaba una aprensión muy definida. Además, ya tenía edad suficiente como
para que fuera lícito* prendarse** de lo cómodo y pagar un alto precio por ello.   *permitido **enamorarse
Mal que mal, saber que todas las noches podía jugar unas manos de canasta
sin sus dientes postizos, estar seguro de que nunca les faltaría un botón a sus
395 camisas, que sus zapatos estarían limpios en la mañana, que se respetaban sus
irregularidades estomacales, sus gustos, sus pequeñas manías*, era algo tan   *costumbres o aficiones
sólido que sería una tragedia para él abandonarlo.   obsesivas

Pero todavía no lograba resolverse a regresar a la casa a una hora en que
un encuentro lo obligaría a tomar posiciones definidas respecto a sus estampas
400 perdidas. Al fin y al cabo, era innegable que había estropeado la pared. Tenían
derecho a represalias. Cada vez que se acordaba, sentía algo caliente que
hozaba dentro de sus tripas…; estaban quemadas. Pero prefería cualquier cosa
antes que un enfrentamiento con la Bertita —no podía extender la mano para
pedirle lo que era de él—. Ganas de volver, sin embargo, de retomar el canon
405 de su existencia ordenada, no podía decir que le faltaran. Meditaba estas cosas

mientras numeraba expedientes, o junto a la ventana de su oficina. En la ventana de enfrente habían pintado un letrero nuevo: *Leiva Hermanos*. ¿Quiénes serían? Allá abajo, en el fondo del patio de luz, la muchacha cosía. Era una lástima no poder verle la cara, que debía ser de un extraordinario embeleso al jugar con su

> •éxtasis

410 gata; sabía que era gata porque había tenido cría y ahora eran cinco; tal vez seis, los animalitos que circulaban alrededor de la muchacha, y ella les daba leche y les hacía mimos.

Fue tal vez el embeleso que le procuró el nacimiento de los gatitos lo que le hizo olvidar sus temores. Esa tarde se dirigió derecho a su casa, después del

415 trabajo, como si nada hubiera sucedido, con la intención de que su naturalidad borrara toda exigencia de su parte y anulara todo reproche de parte de la Bertita. Jamás había existido, tenía que implicar, un episodio desagradable entre ellos. Por lo demás, como iba a tener que entregar las armas tarde o temprano, más valía hacerlo ahora, antes de que su digestión se resintiera definitivamente y sus

420 pies reventaran de tanto caminar por las calles.

Entró a la casa silbando. Se dio cuenta de que al oírlo la Bertita cortaba repentinamente el poderoso chorro de agua del baño para salir a su encuentro. Santelices subió la escalera sin mirarla, y desde el rellano se fijó en ella, que lo miraba pasmada desde abajo, secándose los brazos con una toalla.

425 —Ah, Bertita… —exclamó Santelices—. Buenas tardes…

Y siguió subiendo sin escuchar lo que la Bertita decía.

Al llegar a su cuarto se tendió en su cama sonriendo. Resultaba intensamente placentero este cuarto amplio, aunque un poco oscuro; esta nueva vida sin siquiera el peligro del papel impreso, sin la atormentadora invitación que

430 desde tantos años él mismo venía extendiéndose día a día, noche a noche, sin participar más que de ecos alejados e inofensivos. Se había adormilado un poco, cuando sintió un llamado muy suave en su puerta.

—¿Santelices?

—¿Bertita? Pase no más…

435 Santelices sintió cómo la mano de la Bertita abandonaba bruscamente la perilla al oír su invitación…

—No, no, gracias. No quiero molestarlo. Usted tendrá sus cosas que hacer… Santelices no respondió, para ver qué sucedía. Después de unos segundos, la Bertita siguió:

440 —… es para decirle que la comida va a estar lista como en un cuarto de hora, así que…

Hubo una pausa, tentativa que Santelices no llenó.

—… hice de ese guiso de pollo que a usted le gusta tanto…

—¿Cuál? —preguntó él.

445 La mano ansiosa de la Bertita volvió a posarse en la perilla.

—Ese que vimos juntos ahora tiempo en una revista argentina, ¿se acuerda?; y que para probarlo lo hice para el día de mi papá…

—Ah, bueno, en un ratito más bajo…

—Regio* entonces; pero no se apure. Es un cuarto de hora…

*buenísimo

Le pareció que la Bertita permanecía junto a la puerta un minuto, no, un segundo más de la cuenta antes de regresar por el pasadizo tarareando algo. Aguardó un rato, se mojó la cara en el lavatorio, botó el agua en el balde floreado, se arregló la corbata y bajó.

El pollo estaba sabrosísimo. Había que confesar que la Bertita tenía muy buena mano para la cocina cuando se dignaba preparar algo. Pareció marearse con el halago de Santelices:

—Tiene mano de ángel, Bertita, mano de ángel. Feliz mortal el que pase la vida al lado suyo…

Se sirvió tres presas.

Pusieron la radio, el programa "Noches de España", que don Eusebio celebró con un entusiasmo sospechosamente excesivo, como obedeciendo a una consigna. La Bertita lo miró severa, y cuando el viejo se puso a contar chistes andaluces bastante subidos de color, su hija lo interrumpió para proponer una canasta. Todos celebraron la idea como brillantísima y sacaron los naipes. Las partidas de esa noche fueron amenas, risueñas, rápidas. Santelices ganó con facilidad, sin que la Bertita ni don Eusebio protestaran.

—Mire, toque cómo está de llena su bolsita, Santelices. Qué rico, ¿no?

—¿Me la guarda usted, por favor?

—Claro, yo se la cuido…

Al finalizar la semana, la bolsita de Santelices estaba repleta, y las otras dos escuálidas. Don Eusebio parecía un poco picado* de tener que invitar al cine ese domingo y habló poco, enfrascándose* en la página hípica del diario hasta que su hija se la arrebató. Santelices eligió la película *Volcán de pasiones*, como homenaje a la Bertita, que durante toda la semana estuvo hablando de las ganas que tenía de verla, porque la misma pensionista que le había vendido la camisa de nylon de contrabando le contó que se trataba de una mujer preciosa que parecía mala, pero que en el fondo era buena. Tanto mimaron* a Santelices esa semana que se sintió con fuerzas para pedir prestados a don Eusebio sus anteojos de larga vista, los que usaba para ir a las carreras antes de que la Bertita lo redimiera* de ese vicio que tantas lágrimas le había costado. Santelices explicó que era para entretenerse mirando por la ventana de su oficina, en esa época de poco trabajo.

*molesto, disgustado
*sumergiéndose

*cuidaron

*liberara

Los anteojos eran, en realidad, para mirar por la ventana. Específicamente para mirar a la muchacha que jugaba en el patio con los gatos todo el día, todos los días.

Cuando llegó a la oficina se fue derecho a la ventana, pero le costó encontrar el foco preciso. El ansia trababa* sus manos y lo hacía pensar que siempre podía haber un foco mejor. Por fin quedó satisfecho. Era una muchacha de unos diecisiete años, de lacios cabellos rubios, delicada, con una fatal cifra de

*paralizaba

melancolía en el rostro que parecía decir que no pertenecía a nadie ni a nada: Santelices se conmovió. Alrededor de la muchacha jugueteaban los ocho o nueve gatos overos, romanos, rojizos, hijos de la gata enorme que dormía en su falda. Santelices sintió un sobresalto al ver lo grande que era la gata. Examinó el patio con los anteojos. Pero, ¿no había otro gato muy grande agazapado en la sombra de la artesa*? ¿Y qué eran esas sombras que se movían detrás de las matas? A medida que avanzó la tarde, Santelices vio que por encima de la tapia, desde los alféizares, y descolgándose de las ramas de un árbol que antes él no había notado, llegaron al patio varios gatos más, que la muchacha acariciaba sonriente. ¿Qué sucedía en ese patio cuando era de noche y todas las oficinas del edificio se cerraban? Sabido es que los félidos se tornan traicioneros en la noche, que algo les sucede, que los llena una ferocidad que se aplaca con el día. ¿Permanecía siempre allí la muchacha, rodeada de los félidos indolentes?

> *recipiente

Entre los mimos prolongados de su casa, le era fácil olvidar los sobresaltos que le proporcionaba la muchacha. Por lo demás, y éste era su secreto, si las delicadezas de la Bertita para con él llegaban a terminarse, como siempre y detrás de cada una de sus atenciones temía, quedaba siempre el consuelo de esa amistad a la distancia con la muchacha rubia que vivía en el patio de luz. Fue tanta la seguridad que la conciencia de esto le proporcionó, que una noche, cuando supo que había charquicán de comida, Santelices dijo:

—No me gusta el charquicán, quiero pollo.

—Pollo dos veces por semana, ni que fuera corredor de la bolsa…; mírenlo, qué se cree… —respondió la Bertita.

—Sí, pero tengo ganas de comer pollo.

La Bertita se enojó:

—Oiga, mire, se le está pasando el tejo de exigente, Santelices; todo porque sabe que nosotros a usted…

Algo se había ido descubriendo en los ojos de la Bertita que, de nuevo, después de estos meses, quedaron peligrosamente desnudos. Mientras se subía las mangas del delantal floreado no pestañeó ni una vez y después se sirvió un vaso enorme de granadina. Santelices dijo rápido, antes de que esa mirada extinguiera su osadía:

—Oiga, Bertita, cuénteme una cosa, ¿No se acuerda de unos monitos míos, unos cuadritos que ahora tiempo puse en la pared de mi pieza y después no los pude encontrar? ¿No sabe qué se hicieron?

A la Bertita casi se le cayó el vaso de la mano. Sus ojos duros se disolvieron al esquivar la mirada de Santelices:

—Ay, por Dios, que friega* usted con sus monitos, ¿no? ¿Para qué se le ocurre hablar de eso ahora, cuando ya hace como dos meses? ¿No le da vergüenza de andar preocupado con jueguitos de chiquillo chico? Después de… bueno, de eso, estuve hablando con mi papá y como parece que usted piensa quedarse definitivamente con la pieza…

> *molesta

Él la venció diciendo:

—Mm, puede ser…

Los ojos de la Bertita se fijaron en él y ya no volvieron a abandonarlo.

535 —… así que decidimos que no valía la pena volver a empapelar ni cobrarle nada. No se preocupe…

—Claro, ustedes siempre tan dijes…

Esperó a que la Bertita esbozara un suspiro de alivio para contárselo insistiendo:

—Pero, y las estampas.

540 —Ay, pues, Santelices, por Dios; déjese de leseras•. ¿Qué sé yo qué habrá hecho con ellas mi papá? Le digo que a él se las di. Claro que… no sé si a usted le va a parecer mal, pero fíjese que yo me quedé con una en colores pensando que a usted no le importaría y la puse en ese marquito de espejo azul que se le quedó a esa pensionista del 8 que se fue. ¿Quiere pasar a mi pieza a verla? Se ve

545 un amor; le diré cómo se llama el animal, entre todas esas hojas tan grandes y esas flores raras, Fíjese que una vez vi una película…

Santelices salió sin despedirse.

Esa tarde se quedó en la oficina hasta que todos los demás se fueron. A medida que avanzaba la noche, en el ala de enfrente, una a una, se fueron apagando

550 todas las luces hasta que el edificio de cemento adquirió una resonancia propia, de inmensa caja vacía. Una bocanada de aire cargada de insinuaciones espesas entró por la ventana abierta. Estaban sólo él y la muchacha incauta entre los gatos, cinco pisos más abajo. Las sombras se hundieron, cayendo bloque sobre bloque en el patio exiguo•, iluminado por el fulgor de ojos verdes, dorados,

555 rojos, parpadeantes. Santelices apenas divisaba las formas a que pertenecían con la ayuda del anteojo. Los animales eran docenas, que circulaban alrededor de la muchacha: ella no era más que una mancha pálida en medio de todos esos ojos que se encendían al mirarla codiciosos. Santelices le iba a gritar una advertencia inclinado por la ventana; pero, enfrente, el vidrio de «Leiva Hermanos» se

560 encendió de pronto, se abrió con un chirrido, y el desparpajo de una risa vulgar atravesó de parte a parte el silencio del edificio. Santelices buscó su sombrero en la penumbra y se fue.

Esa noche no llegó a comer a su casa. Al día siguiente, sin embargo, se fue derecho desde la oficina, buscó a la Bertita y le dijo que, como había encontrado

565 otro lugar donde vivir, se pensaba cambiar al mes siguiente y ella podía disponer de la pieza para esa fecha.

—Pero, Santelices, ¿por qué? ¿Qué le hemos hecho? —balbuceó.

—Nada…

—Entonces, no entiendo…

570 —Es que una compañera, de oficina viuda de oficial me cede una pieza en su departamento, porque no tiene niños, y el departamento es lindo, de lujo, viera qué moderno. Yo sería el único pensionista. Imagínese la comodidad, y sobre todo la señora es tan simpática. Hasta toca guitarra…

•tonterías, absurdidades

•minúsculo, diminuto

Lívida, la Bertita acezaba[*] como si algo estuviera haciendo presión dentro de ella, llenándola, hasta que estalló:

    —Ustedes…, siempre se van donde más caliente el sol, malagradecidos. Váyase, si quiere…, a mí, ¿qué me importa? Malagradecido, después de como lo hemos tratado en esta casa. ¿Qué me importa? Usted es un cochino[*], como todos los hombres, que no les interesa más que una cosa…, cochino, cochino…

    A medida que repetía las palabras, comenzó a gemir, a deshacerse, llorando desesperada. Un muro que se había alzado en Santelices le impidió conmoverse. No la odiaba, ni siquiera la quería mal, ni siquiera tenía planes para irse a otra pensión. Pero vio que esto era lo que desde hacía mucho tiempo quería presenciar con sus propios ojos: la Bertita destrozada, llorando sin consuelo por causa suya. Antes que las olas de su propia compasión aumentaran y destruyeran el muro, salió de la pieza. Afuera, ya no le importaba nada, absolutamente nada. Se fue a acostar.

    Se tendió en la cama sin desvestirse. Alguien roncaba en la habitación contigua. En el cuarto del frente despertó un niño y le dijo a su madre que quería pipí. Algunos rezagados[*] entraban a sus habitaciones en la punta de los pies, despertando las viejas tablas dormidas del piso. Contempló los muros donde poco tiempo atrás campearon una noche sus bestias obedientes, destruidas por la Bertita. No le importaba nada, porque la selva crecía dentro de él ahora, con sus rugidos y calores, con la efusión de la muerte y de la vida. Pero algo, algo sí le importaba, debía importarle. En el fondo de su imaginación, como en el fondo de un patio muy oscuro, fue apareciendo una mancha pálida que creció aterrada ante la amenaza que venía rodeándola. Ella creía que eran sólo gatos, como el de la tapa de su caja de bombones con la cinta celeste. Pero no, él debía gritarle una advertencia para salvarla de ser devorada. No pudo dormir porque sentía la imploración de la muchacha dirigida a él, sólo a él. Se revolvía sobre su cama, vestido, sin lograr que los animales peligrosos quedaran exorcizados por sus esfuerzos. Se levantó, hizo unas buchadas porque tenía la boca amarga, y se dispuso a salir. Bajó la escalera sin importarle que sus pasos despertaran a la pensión entera. Tenía prisa. Al pasar frente a la pieza de la Bertita, se encendió la luz y oyó:

    —¿Santelices?

    Se quedó parado sin responder.

    —¡Santelices! ¿A dónde va a esta hora, por Diosito santo?

    Después de unos segundos de silencio, respondió:

    —Tengo que salir.

    Al cerrar la puerta oyó un gemido como de animal que rajó la noche:

    —¡Papá!

    Afuera, el aire helado recortó su forma, separándolo de manera definitiva de todas las cosas. A pesar del frío tranquilo, sin viento ni humedad, se sacó el sombrero y sintió el aire acariciando su nuca y su calva, su frente y su cuello,

[*]jadeaba, respiraba aceleradamente

[*]cerdo

[*]retrasados, demorados

apartándolo, salvándolo de toda preocupación que no fuera por la muchacha que iba a ser devorada.

Subió los cinco pisos de una carrera. Sin saber cómo, abrió puertas y más puertas, hasta llegar a su oficina. En la oscuridad se allegó° a la ventana y la abrió °se acercó
de par en par; enorme ventana que descubrió sobre su cabeza toda la oscuridad
620 de un cielo desteñido, en que la luna caliente, roja, de bordes imprecisos, como un absceso, parecía que ya iba a estallar sobre las copas de los árboles gigantescos. Ahogó un grito de horror: el patio era un viscoso vivero de fieras, desde donde todos los ojos —amarillos, granates, dorados, verdes— lo miraban
625 a él. Se llevó las manos a los oídos para que la marea de rugidos no destruyera sus tímpanos. ¿Dónde estaba la muchacha? ¿Dónde estaba su forma ahogada en esa vegetación caliente, en ese aire impuro? Más y más tigres de ojos iluminados saltaban desde la tapia al patio. Los ocelotes, los pumas hambrientos, arañaban los jirones de oscuridad, entre las hojas violeta. Las onzas destrozaban a los
630 linces, las panteras se trepaban a los árboles que casi, casi llegaban a la ventana desde donde Santelices escudriñaba° ese patio en busca de la muchacha que ya °miraba intensamente
no veía. Todo crujía, rugía, trepidaba de insectos enloquecidos por el peligro en el aire venenoso y turbio de la selva. Desde una rama muy cercana, un jaguar quiso morder la mano de Santelices, pero sólo se apoderó del anteojo de larga
635 vista. Una pantera enfurecida, de multifacéticos ojos color brasa, rugió frente a su cara.

Santelices no tenía miedo. Había una necesidad, un imperativo que era como el reencuentro de su valor en un triunfo posible, la definición más rica y ambiciosa, pero la única por ser la más difícil. Las ramas se despejaron allá
640 abajo, en el fondo más lejano. Santelices contuvo la respiración: era ella; sí, ella que le pedía que la rescatara de ese hervidero pavoroso°. Animales cuyos °horrible, espantoso
nombres ignoraba se arrastraban trepándose por las ramas estremecidas y los pájaros agitaban sus plumajes de maravilla entre los helechos monstruosos.
Con las manos empavorecidas espantaba a los bichos° calientes de humedad que °insectos
645 chocaban contra su rostro. Toda la noche era de ojos fulgurantes°; arriba, en el °brillantes
cielo, a través de las ramas gigantes que lo ahogaban, y allá abajo, en la borrasca de fieras que se destrozaban mutuamente. El aire espeso de la noche, iluminada apenas por una luna opaca —¿o era un sol desconocido?—, venía cargado de aullidos presos en su densidad. Allá estaba la muchacha esperándolo; tal vez
650 gemía; no podía oír su voz en medio del trueno de alaridos, rugidos, gritos, pero tenía que salvarla. Santelices se trepó al alféizar. Sí, allá abajo estaba. De un grito espantó a una fiera de la rama vecina y, para bajar por ella, dio un salto feroz para alcanzarla. 🙂

PREGUNTAS

ANÁLISIS

1. Santelices, Bertita y Don Eusebio están atrapados en una relación de dependencias mutuas. Explica por qué ninguno de los personajes es capaz de escapar de ese triángulo.

2. ¿Qué razones se da el protagonista a sí mismo para no irse de la pensión? ¿Las encuentras apropiadas? Razona tu respuesta.

3. Explica por qué el mundo de ficción de Santelices podría entenderse como una reacción a su realidad cotidiana.

4. ¿Cómo está estructurado el cuento y qué aporta dicha estructura? ¿Sigue una secuencia temporal?

INTERPRETACIÓN

1. ¿A qué se refiere Bertita cuando se dirige a Santelices con las siguientes palabras?

   "Usted quiere la breva pelada y en la boca, sí, eso es lo que quiere, igual que todos los hombres, que una, la tonta, se sacrifique por ellos y después hacen cosas raras y ni le dicen a una… y después la odian…"

2. ¿Qué crees que impulsa a Santelices a recorrer "sediento" las librerías buscando las estampas? ¿Qué aportan las estampas de las fieras a su vida?

3. En tu opinión, ¿cuál es la razón de que los álbumes de Santelices tengan esa connotación perversa para los demás personajes?

4. El narrador omnisciente describe todo lo que pasa por la mente del protagonista. ¿Qué palabra utilizarías para describir los dos mundos de Santelices? Justicia tu respuesta con ejemplos del cuento.

5. ¿Crees que hubiera sido posible escribir este cuento en primera persona? ¿Por qué?

INVESTIGACIÓN

1. En "Santelices" se funden la realidad y la fantasía en la mente del protagonista. Averigua si hay otras obras de Donoso en las que se produzca esta fusión entre lo real y lo irreal.

2. Uno de los temas recurrentes en la obra de Donoso es la decadencia y la esperanza. ¿Cómo se manifiesta este último rasgo en "Santelices"?

NICANOR PARRA

n. 1914

"Durante medio siglo la poesía fue el paraíso del tonto solemne. Hasta que vine yo y me instalé con mi montaña rusa. Suban, si les parece. Claro que yo no respondo si bajan echando sangre por boca y narices."

—**Nicanor Parra**, *"La montaña rusa"*

Nicanor Parra nació en San Fabián de Alico, un pequeño pueblo del centro de Chile. Fue el mayor de ocho hermanos. Su padre fue maestro de escuela y su madre, campesina. Su hermana Violeta Parra, tres años menor que él, fue una famosa cantautora, poeta y pintora. En 1932 se muda a la capital, Santiago, donde traba amistad con los escritores Jorge Millas y Luis Oyarzún, y con el pintor Carlos Pedraza. Un año más tarde comienza sus estudios de Matemáticas y Física en el Instituto Pedagógico de la Universidad de Chile. Por esa época, comienza a leer a poetas chilenos como Vicente Huidobro, Pablo de Rokha y Pablo Neruda, así como a los poetas del surrealismo francés. Su primer poemario, *Cancionero sin nombre* (1937), es un libro donde la influencia del *Romancero gitano* de Lorca se mezcla con el punzante sentido del humor de Parra. En 1938 se gradúa de la universidad y comienza a trabajar como profesor de secundaria. Viaja a Estados Unidos en 1943 para hacer estudios de postgrado en Física en la Universidad de Brown. A su regreso en 1945, comienza a trabajar como profesor en la Universidad de Chile. Entre 1949 y 1952 cursa estudios de Cosmología en la Universidad de Oxford, en Inglaterra. Tras regresar a Chile, publica en 1954 el libro que lo hará famoso en el ámbito hispano: *Poemas y antipoemas*. Diecisiete años después de su primer poemario, este físico teórico y humorista alcanza su definición de poesía, que radica en la navegación de todos los conceptos y principios que sus predecesores usaban como fundamento de su obra. En las décadas siguientes, Parra irá desarrollando la fórmula "antipoética", hallada en su cuaderno de 1954, en varios de sus libros de poesía. Su influencia, tanto en Chile como en Latinoamérica, fue en aumento desde la publicación de su segundo libro, aunque la esencia misma de su sistema poético sea difícilmente repetible. En 2011, a los noventa y siete años de edad, Nicanor Parra recibió el Premio Cervantes, el galardón más importante de la literatura en español.

El poema "Manifiesto" pertenece al libro *Obra gruesa* (1969). En él Parra vuelve a un tema constante en su obra: la definición de su poética en contraposición a toda la poesía anterior. El lenguaje es directo y sencillo, y el tono es claramente irónico. El poema está escrito como un discurso político: comienza diciendo "Señoras y señores", y usa el plural mayestático y la reiteración de frases y giros. Por una parte, Parra rechaza la poesía etérea y despegada de la realidad por considerarla inútil y hasta ridícula. Sin embargo, también condena la poesía claramente política de los escritores comunistas de la época, a los que acusa de haber asumido las corrientes intelectuales europeas, sin entenderlas realmente, para ponerlas al servicio de la ideología. Sus ataques van dirigidos por igual a "burgueses" y a "comunistas", y su propuesta es una poesía "de tierra firme" y "de protesta social". Otro de los textos más conocidos de su *Poemas y antipoemas* es "El túnel". En un lenguaje franco, donde escasean los tropos y las metáforas, el poeta nos narra su horripilante experiencia de vivir en casa de tres tías acosadas por un fantasma. Al mismo tiempo, el poema es una burla de ciertos recursos de la poesía surrealista que aún estaba en boga en esa época en Latinoamérica. Parra se retrata a sí mismo como un joven poeta que exagera las peculiaridades, miserias y rarezas de sus tres tías para convertirlas en literatura. Es de notar también que el poeta chileno atribuye a sus tías el mismo lenguaje edulcorado y pretencioso del que él mismo se burla en su "Manifiesto".

OBRAS PRINCIPALES

Poesía

1937 | *Cancionero sin nombre*
1954 | *Poemas y antipoemas*
1958 | *La cueca larga*
1962 | *Versos de salón*
1967 | *Canciones rusas*
1969 | *Obra gruesa*
1971 | *Los profesores*
1972 | *Artefactos*
1972 | *Emergency poems*
1977 | *Sermones y prédicas del Cristo de Elqui*
1979 | *Nuevos sermones y prédicas del Cristo de Elqui*

1981 | *El anti-Lázaro*
1982 | *Ecopoemas de Nicanor Parra*
1982 | *Poema y antipoema de Eduardo Frei*
1983 | *Chistes par(r)a (des)orientar a la (policía) poesía*
1983 | *Coplas de Navidad*
1983 | *Cachureos, ecopoemas, guatapiques, últimas prédicas*
1983 | *Poesía política*
1985 | *Hojas de Parra*
1993 | *Poemas para combatir la calvicie*
1996 | *Trabajos prácticos*
1997 | *Discursos de sobremesa*

MANIFIESTO

De *Obra gruesa*, 1969

Señoras y señores
Ésta es nuestra última palabra.
—Nuestra primera y última palabra—
Los poetas bajaron del Olimpo.

5   Para nuestros mayores
La poesía fue un objeto de lujo
Pero para nosotros
Es un artículo de primera necesidad:
No podemos vivir sin poesía.

10 A diferencia de nuestros mayores
—Y esto lo digo con todo respeto—
Nosotros sostenemos
Que el poeta no es un alquimista
El poeta es un hombre como todos
15 Un albañil que construye su muro:
Un constructor de puertas y ventanas.

Nosotros conversamos
En el lenguaje de todos los días
No creemos en signos cabalísticos.

20 Además una cosa:
El poeta está ahí
Para que el árbol no crezca torcido.

Este es nuestro mensaje.
Nosotros denunciamos al poeta demiurgo[•]   [•]Dios creador
25 Al poeta Barata
Al poeta Ratón de Biblioteca.
Todos estos señores
—Y esto lo digo con mucho respeto—
Deben ser procesados y juzgados
30 Por construir castillos en el aire
Por malgastar el espacio y el tiempo
Redactando sonetos a la luna
Por agrupar palabras al azar
A la última moda de París.
35 Para nosotros no:
El pensamiento no nace en la boca
Nace en el corazón del corazón.

Nosotros repudiamos
La poesía de gafas obscuras
40 La poesía de capa y espada
La poesía de sombrero alón.
Propiciamos en cambio
La poesía a ojo desnudo
La poesía a pecho descubierto
45 La poesía a cabeza desnuda.

No creemos en ninfas ni tritones.
La poesía tiene que ser esto:
Una muchacha rodeada de espigas
O no ser absolutamente nada.

50 Ahora bien, en el plano político
Ellos, nuestros abuelos inmediatos,

¡Nuestros buenos abuelos inmediatos!
Se retractaron y se dispersaron
Al pasar por el prisma de cristal.

55 Unos pocos se hicieron comunistas.
Yo no sé si lo fueron realmente.
Supongamos que fueron comunistas,
Lo que sé es una cosa:
Que no fueron poetas populares,
60 Fueron unos reverendos poetas burgueses.

Hay que decir las cosas como son:
Sólo uno que otro
Supo llegar al corazón del pueblo.
Cada vez que pudieron
65 Se declararon de palabra y de hecho
Contra la poesía dirigida
Contra la poesía del presente
Contra la poesía proletaria.

Aceptemos que fueron comunistas
70 Pero la poesía fue un desastre
Surrealismo de segunda mano
Decadentismo de tercera mano,
Tablas viejas devueltas por el mar.
Poesía adjetiva
75 Poesía nasal y gutural
Poesía arbitraria
Poesía copiada de los libros
Poesía basada
En la revolución de la palabra
80 En circunstancias de que debe fundarse
En la revolución de las ideas;
Poesía de círculo vicioso
Para media docena de elegidos:
"Libertad absoluta de expresión".
85 Hoy nos hacemos cruces*preguntando,   *hacer la señal de la
Para qué escribirían esas cosas   cruz para mostrar
¿Para asustar al pequeño burgués?   gran asombro
¡Tiempo perdido miserablemente!
El pequeño burgués no reacciona
90 Sino cuando se trata del estómago.

¡Qué lo van a asustar con poesías!

La situación es ésta:
Mientras ellos estaban
Por una poesía del crepúsculo

95 Por una poesía de la noche
Nosotros propugnamos
La poesía del amanecer.
Éste es nuestro mensaje,
Los resplandores de la poesía
100 Deben llegar a todos por igual
La poesía alcanza para todos.

Nada más, compañeros
Nosotros condenamos
—Y esto sí que lo digo con respeto—
105 La poesía del pequeño dios
La poesía de vaca sagrada
La poesía de toro furioso.

Contra la poesía de las nubes
Nosotros oponemos
110 La poesía de la tierra firme
—Cabeza fría, corazón caliente
Somos tierrafirmistas decididos—
Contra la poesía de café
La poesía de la naturaleza
115 Contra la poesía de salón
La poesía de la plaza pública
La poesía de protesta social.

Los poetas bajaron del Olimpo.

EL TÚNEL

De *Poemas y antipoemas*, 1954

Pasé una época de mi juventud en casa de unas tías
a raíz de la muerte de un señor íntimamente ligado a ellas
cuyo fantasma las molestaba sin piedad
haciéndoles imposible la vida.

5 En el principio yo me mantuve sordo a sus telegramas
a sus epístolas concebidas en un lenguaje de otra época
llenas de alusiones mitológicas
y de nombres propios desconocidos para mí
varios de ellos pertenecientes a sabios de la antigüedad
10 a filósofos medievales de menor cuantía•   •insignificantes
a simples vecinos de la localidad que ellas habitaban.

Abandonar de buenas a primeras la universidad
romper con los encantos de la vida galante

interrumpirlo todo

15 con el objeto de satisfacer los caprichos de tres ancianas histéricas

llenas de toda clase de problemas personales

resultaba, para una persona de mi carácter,

un porvenir poco halagador*   *prometedor

una idea descabellada.

20 Cuatro años viví en El Túnel, sin embargo,

en comunidad con aquellas temibles damas

cuatro años de martirio constante

de la mañana a la noche.

Las horas de regocijo que pasé debajo de los árboles

25 tornáronse pronto en semanas de hastío*   *tedio, aburrimiento

en meses de angustia que yo trataba de disimular al máximo

con el objeto de no despertar curiosidad en torno a mi persona,

tornáronse en años de ruina y de miseria

¡en siglos de prisión vividos por mi alma

30 en el interior de una botella de mesa!

Mi concepción espiritualista del mundo

me situó ante los hechos en un plano de franca inferioridad:

yo lo veía todo a través de un prisma

en el fondo del cual las imágenes de mis tías se entrelazaban como hilos vivientes

35 formando una especie de malla impenetrable

que hería mi vista haciéndola cada vez más ineficaz.

Un joven de escasos recursos no se da cuenta de las cosas.

Él vive en una campana de vidrio que se llama Arte

que se llama Lujuria, que se llama Ciencia

40 tratando de establecer contacto con un mundo de relaciones

que sólo existen para él y para un pequeño grupo de amigos.

Bajo los efectos de una especie de vapor de agua

que se filtraba por el piso de la habitación

inundando la atmósfera hasta hacerlo todo invisible

45 yo pasaba las noches ante mi mesa de trabajo

absorbido en la práctica de la escritura automática.

Pero para qué profundizar en estas materias desagradables:

aquellas matronas se burlaron miserablemente de mí

con sus falsas promesas, con sus extrañas fantasías

50 con sus dolores sabiamente simulados*   *fingidos, aparentados

lograron retenerme entre sus redes durante años

obligándome tácitamente a trabajar para ellas

en faenas de agricultura

en compraventa de animales

55 hasta que una noche, mirando por la cerradura

me impuse que una de ellas

¡mi tía paralítica!

caminaba perfectamente sobre la punta de sus piernas
y volví a la realidad con un sentimiento de los demonios.

PREGUNTAS

ANÁLISIS

1. En "Manifiesto", ¿cuál es la diferencia entre "el pensamiento que nace de la boca" y el que nace "en el corazón del corazón"? Explica lo que quiere decir el poeta con ambas caracterizaciones.

2. Identifica dos anáforas en el poema "Manifiesto" y di con qué propósito podría usar el autor ese recurso.

3. ¿Cuál es "la poesía de las nubes" que condena el poeta y cuál es la "poesía de la tierra firme" que él propone?

4. La sinestesia es una figura literaria que consiste en describir una experiencia sensorial en términos de otro sentido. Identifica una sinestesia en el poema "El túnel" y explica cómo compara el poeta los dos elementos.

5. ¿Por qué titula Parra "El túnel" a este poema? ¿Qué aporta ese título a la atmósfera del poema?

6. Basándote en las dos primeras estrofas de "El túnel", ¿di por qué Parra califica sus textos de "antipoemas"?

INTERPRETACIÓN

1. ¿A qué crees que se refiere Parra cuando dice que los poetas deben tener "la cabeza fría" y "el corazón caliente"? Explica tu respuesta.

2. Según Parra, ¿cuál es la diferencia entre la poesía de "protesta social" que él propone y la poesía que escribían los poetas comunistas de su época? Justifica tu respuesta.

3. Explica con tus propias palabras qué quiere decir Parra al afirmar que la poesía tiene que ser "Una muchacha rodeada de espigas/ O no ser absolutamente nada".

4. Compara la crítica que hace Nicanor Parra del lenguaje de sus tías en "El túnel" con las críticas que expresa sobre los poetas tradicionales en "Manifiesto".

5. En "El túnel" el poeta se burla de los imitadores del surrealismo. Cita ejemplos del poema que justifiquen esta afirmación.

6. ¿Qué diferencia hay, en tu opinión, entre un "antipoeta" y un "no poeta"?

INVESTIGACIÓN

1. Pablo Neruda era un hombre comprometido con la causa del comunismo, como los poetas que Parra critica en su "Manifiesto". Investiga cómo fue la relación artística y personal entre estos dos poetas chilenos.

2. Violeta Parra, la hermana de Nicanor, es la autora de "Gracias a la vida" y otras famosas canciones. Investiga sobre la relación entre las obras de ambos artistas.

GUILLERMO CABRERA INFANTE

1929–2005

"El arte (como la religión o como la ciencia o la filosofía) es otro intento de imponer la luz del orden a las tinieblas del caos."

—**Guillermo Cabrera Infante**, *Tres tristes tigres*

Guillermo Cabrera Infante nació en Gibara, un pueblo de la región oriental de Cuba, en el seno de una familia de militantes comunistas. Su padre, el periodista Guillermo Cabrera, y su madre estuvieron en la cárcel debido a su militancia política. En 1941 la familia se muda a La Habana. Cabrera Infante tiene entonces doce años y la llegada a la capital cubana transformará su vida. Allí desarrolla su pasión por el cine y la literatura. La ciudad, o la vida nocturna que tiene lugar en ella, terminaría convirtiéndose en la verdadera protagonista de toda su obra narrativa.

A los dieciocho años publica su primer cuento e ingresa a la universidad para estudiar Medicina, carrera que luego cambiaría por la de Periodismo. En 1953 se casa con Marta Calvo, con la que tuvo dos hijas. En la segunda mitad de los años cincuenta se convierte en el crítico de cine más importante de Cuba. Con el triunfo de la Revolución en 1959, Cabrera Infante súbitamente pasa a ser una figura central en el estamento cultural cubano. Es nombrado director del Consejo Nacional de Cultura y subdirector de *Revolución*, el periódico oficial del régimen.

El panorama cambiaría abruptamente cuando su hermano, Sabá Cabrera, filma con Orlando Jiménez Leal el documental *PM* sobre la vida nocturna en La Habana. El filme fue censurado por las autoridades y desencadenó un proceso que terminaría con la desaparición de *Lunes de Revolución*, suplemento del periódico *Revolución*, y con el famoso discurso de Fidel Castro en el que se fijan los límites de la libertad intelectual bajo su gobierno al afirmar: "Dentro de la Revolución, todo; contra la Revolución, nada". Tras el desencuentro con la cúpula del régimen, se le prohíbe publicar usando su nombre; desde entonces, firma sus críticas con el criptónimo G. Caín.

Poco después, Cabrera Infante viaja a Bruselas como agregado cultural. En 1965 regresa a la Isla para el funeral de su madre. El gobierno le impide salir por cuatro meses. Cuando sale, finalmente, daría un paso definitivo: nunca más regresaría a Cuba. Su novela *Tres tristes tigres (TTT)*, que ganó el Premio Biblioteca Breve en 1964, fue publicada en 1967. Es la obra que cimienta su prestigio como escritor. Otros textos de Cabrera Infante, como *Vista del amanecer en el trópico* (1974) o *La Habana para un infante difunto* (1979), se pueden leer como variaciones del tema predominante del escritor: la noche habanera. En 1997 recibió el Premio Cervantes. Murió en Londres, ciudad en la que había vivido con sus hijas y su segunda esposa, la actriz Miriam Gómez, por casi cuatro décadas.

Tres tristes tigres es una novela polifónica. El trabalenguas del título es la primera indicación de la complejidad léxica de la obra, un conjunto de historias entrelazadas que narran varios personajes de diferentes medios sociales y niveles de educación. Cabrera Infante se apropia de la forma de hablar de cada uno de esos personajes para hacer un retablo del lenguaje de La Habana nocturna de finales de los años cincuenta. El disfrute del autor con las palabras es evidente; en palabras de Mario Vargas Llosa, en *TTT* se manifiesta "una de las venas de su personalidad literaria, la joyciana, la del juego y la prestidigitación lingüística, que […] se exacerbaría hasta extremos a veces delirantes". El fragmento de *Tres tristes tigres* que se incluye en esta antología relata el momento en que Códac, uno de los protagonistas y narradores de la novela, conoce a La Estrella, una cantante de boleros marginal, que regala su talento a los últimos borrachos de la noche. Códac describe su fascinación ante el personaje con la ironía y los juegos de palabras característicos de Cabrera Infante. *Tres tristes tigres* presenta ese mundo que está a punto de desaparecer; es una elegía a esa ciudad fiestera y pecadora que sería radicalmente transformada por la Revolución de 1959.

OBRAS PRINCIPALES

Novela

Cuento

Ensayo

*Obra publicada póstumamente.

TRES TRISTES TIGRES

De *Tres tristes tigres*, 1967

[…] Fue entonces cuando la vi por primera vez.

Era una mulata enorme, gorda gorda, de brazos como muslos y de muslos que parecían dos troncos sosteniendo el tanque del agua que era su cuerpo. Le dije a Irenita, le pregunté a Irenita, le dije, Quién es la gorda, porque la mujer parecía dominar absolutamente el chowcito —y ahora tengo que explicar qué es el chowcito. El chowcito era el grupo de gente que se reunía a descargar en la barra, pegados a la vitrola, después que terminaba el último show y que descargando se negaban a reconocer que afuera era de día y que todo el mundo estaba ya trabajando hace rato o entrando al trabajo ahora mismo, todo el mundo menos este mundo de la gente que se sumergía en las noches y nadaba en cualquier hueco oscuro, aunque fuera artificial, en este mundo de los hombres rana de la noche. Pues allá en el centro del chowcito estaba ahora la gorda vestida con un vestido barato, de una tela carmelita cobarde que se confundía con el chocolate de su piel chocolate y unas sandalias viejas, malucas, y un vaso en la mano, moviéndose al compás de la música, moviendo las caderas, todo su cuerpo de una manera bella, no obscena pero sí sexual y bellamente, meneándose a ritmo, canturreando por entre los labios aporreados, sus labios gordos y morados, a ritmo, agitando el vaso a ritmo, rítmicamente, bellamente, artísticamente ahora y el efecto total era una belleza tan distinta, tan horrible, tan nueva que lamenté no haber llevado la cámara para haber retratado aquel elefante que bailaba ballet, aquel hipopótamo en punta, aquel edificio movido por la música y le dije a Irenita, antes de preguntarle el nombre, interrumpiéndome cuando preguntaba el nombre, al preguntarle el nombre, Es la salvaje belleza de la vida, sin que me oyera naturalmente, sin que me entendiera si me había oído, naturalmente y le dije, le pregunté, le dije, Quién es, tú. Ella me dijo con un tono muy desagradable, Es la caguama que canta, la única tortuga que canta boleros, y se rió y Vítor pasó entonces por mi lado del lado de la oscuridad y me dijo bajito al oído, Ten cuidado que es la prima de Moby Dick, La Ballena Negra, y me alegré de estar alegre, de haber tomado dos o tres tragos, porque pude agarrar a Vítor por su brazo de dril cien y decirle, Gallego de mierda, eres un discriminador de mierda, eres un racista de mierda, culo: eres un culo, y él me dijo, Te lo paso porque estás borracho, no me dijo más que eso y se metió como quien pasa entre unas cortinas en la oscuridad del fondo. Me acerqué y le pregunté que quién era ella y me dijo, La Estrella, y yo le dije, No, no, su nombre, y ella me dijo, La Estrella, yo soy la Estrella, niño, y soltó una carcajada profunda de barítono o como se llame la voz de mujer que corresponde al bajo pero que suena a barítono, contralto o cosa así, y me dijo sonriendo, Me llamo Estrella, Estrella Rodríguez para servirle, me dijo y me dije, Es negra, negra negra, totalmente negra, y empezamos a hablar y pensé qué país más aburrido sería éste si no hubiera existido el padre Las Casas y le dije, Te bendigo, cura, por haber traído negros del África como esclavos para aliviar la esclavitud de los indios que de todas maneras ya se estaban acabando, y le dije, Cura te bendigo, has salvado este país, y le dije otra vez a Estrella, La Estrella yo la amo a usted, y ella se rió a carcajadas y me dijo, Estás completamente borracho, yo protesté y le dije, No, borracho no estoy, le dije, estoy sobrio, y ella me interrumpió, Estás borracho como carajo, me dijo y yo le dije, Usted es una dama y las damas no dicen malas palabras, y ella me dijo, Yo no soy una dama, yo soy una artista coño, y yo la interrumpí y le dije, Usted es La Estrella, bromeando le dije y ella me dijo, Pero estás borracho y yo le dije, Estoy como una botella, le dije, estoy lleno de alcohol, pero no borracho, y le pregunté, Están borrachas las botellas, y ella dijo, No, qué va, y se rió de nuevo, y yo le dije, Pero por sobre todas las cosas, la amo La Estrella, me gusta usted más que todos los demás aparatos juntos, prefiero La Estrella a la montaña rusa, al avión del mar, a los caballitos, y ella se rió de nuevo a carcajadas, se bamboleó y finalmente se golpeó uno de los muslos infinitos con una de sus manos interminables y el chasquido rebotó en las paredes como si el cañonazo de las nueve se disparara, por la mañana, en aquel bar, y entonces ella me preguntó, Con la pasión, y yo le dije, Con pasión y con locura y con amor, y ella me dijo, No, no, yo decía que si con mi pasión si con la pasa, y se llevó las manos a la cabeza queriendo decir con su pelo, y yo le dije, A usted entera, y pareció de pronto la criatura más feliz sobre la tierra. Fue entonces que yo le hice la gran, única, imposible proposición a La Estrella. Me acerqué y muy bajito, al oído, le dije, La Estrella quiero hacerle una proposición deshonesta, le dije, La Estrella vamos a tomar algo, y me dijo, En-can-ta-da, y se bebió de un trago, el trago que tenía en la mano, tiró dos pasillos de chachachá para llegar al mostrador y le dijo al cantinero, Muñecón, de lo mío, y yo le pregunté, Qué es de lo mismo, y ella me respondió, No, de lo mismo no, *de lo mío*, que no es lo mismo que de lo mismo, y se rió y dijo, Lo mío es lo que toma La Estrella y nadie más puede tomarlo, te enteraste, y se volvió a reír a carcajadas que sacudían sus enormes senos como un motor sacude cancaneando los guardafangos de un camión viejo.

Entonces una manito me agarró por un brazo y era Irenita. Te vas a quedar toda la noche, me preguntó, ahí con la gorda, y yo no le contesté y volvió a preguntarme, Te quedas con la gorda, y le dije, Sí, nada más que sí, y no dijo nada pero me clavó las uñas en la mano y entonces La Estrella se rió a carcajadas, muy superior, segura de ella misma y me cogió la mano y me dijo, Déjala, las gatas están mejor en el tejado, y le dijo a Irenita, Esta niña, vamos, súbete en una silla, y todo el mundo se rió, hasta Irenita, que se rió por compromiso, por no quedar mal, por no hacer el ridículo, y que enseñó dos huecos de las muelas que le faltaban detrás de los colmillos de arriba cuando se reía.

En el chowcito siempre había show después que se acababa el show y ahora había una rumbera bailando al son de la vitrola, y se paró ahora y le dijo a un camarero que pasaba, Papi, ponle reflectores y estamos campana, y el camarero fue y quitó el chucho una vez y otra y otra más, pero como la música se iba cada vez que se apagaba la vitrola, la rumbera se quedaba en el aire y daba unos pasillos raros, largos, con su cuerpo tremendo y alargaba una pierna sepia, tierra ahora, chocolate ahora, tabaco ahora, azúcar, prieta ahora, canela ahora, café ahora, café con leche ahora, miel ahora, brillante por el sudor, tersa por el baile, en este momento dejando que la falda subiese por las rodillas redondas y pulidas y sepia y canela y tabaco y café y miel, sobre los muslos largos, llenos, elásticos y perfectos y su cara se echaba hacia atrás, arriba, a un lado, al otro, izquierda y derecha, atrás de nuevo, atrás siempre, atrás golpeando en la nuca, en la espalda escotada y radiante y tabaco, atrás y alante, moviendo las manos, los brazos, los hombros de una piel de increíble erotismo, increíblemente sensual, increíble siempre, moviéndolos por sobre los senos, al frente, sobre los senos llenos y duros, sueltos evidentemente, parados evidentemente, evidentemente suaves: la rumbera sin nada debajo, Oliva, se llamaba, se llama todavía por Brasil, ya sin pareja, suelta, libre ahora, con la cara de una niña terriblemente pervertida increíblemente inocente también, inventando el movimiento, el baile, la rumba ahora frente a mis ojos: todo el movimiento, toda África, todas las hembras, todo el baile, toda la vida, frente a mis ojos y yo sin una maldita cámara, y detrás de mí La Estrella que lo veía todo y decía, Te gusta, te gusta, y se levantó del trono de su banqueta y cuando la rumbera no había acabado todavía, fue hasta el tocadiscos, hasta el chucho, diciendo, Tanta novelería, lo apagó, lo arrancó casi con furia, como echando espuma de malas palabras por la boca y dijo, Se acabó, ahora viene la música. Y sin música, quiero decir sin orquesta, sin acompañante, comenzó a cantar una canción desconocida, nueva, que salía de su pecho, de sus dos enormes tetas, de su barriga de barril, de aquel cuerpo monstruoso, y apenas me dejó acordarme del cuento de la ballena que cantó en la ópera, porque ponía algo más que el falso, azucarado, sentimental, fingido sentimiento en la canción, nada de bobería amelcochada, del sentimiento comercialmente fabricado del feeling, sino verdadero sentimiento y su voz salía suave, pastosa, líquida, con aceite ahora, una voz coloidal que fluía de todo su cuerpo como el plasma de su voz y de pronto me estremecí. Hacía tiempo que algo no me conmovía así y comencé a sonreírme en alta voz, porque acababa de reconocer la canción, a reírme, a soltar carcajadas porque era Noche de ronda y pensé, Agustín[1] no has inventado nada, no has compuesto nada, esta mujer te está inventando tu

---

[1] Agustín Lara (1897–1970), cantautor mexicano. *Noche de ronda* es una de las cientos de canciones que escribió y que muchísimos intérpretes conocidos popularizaron en distintos países.

canción ahora: ven mañana y recógela y cópiala y ponla a tu nombre de nuevo: Noche de ronda está naciendo esta noche.

La Estrella cantó más. Parecía incansable. Una vez le pidieron que cantara la Pachanga y ella, detenida, un pie delante del otro, los rollos sucesivos de sus brazos sobre el gran oleaje de rollos de su cadera, golpeando el suelo con una sandalia que era una lancha naufragando debajo del océano de rollos de sus piernas, golpeando, haciendo sonar el bote contra el suelo, repetidamente, echando la cara sudada, la jeta de animal salvaje, de jabalí pelón, los bigotes goteando sudor, echando por delante toda la fealdad de su cara, los ojos ahora más pequeños, más malvados, más ocultos bajo las cejas que no existían más que como dos viseras de grasa donde se dibuja con un chocolate más oscuro las líneas de las cejas de maquillaje, toda su cara por delante del cuerpo infinito, respondió, La Estrella no canta más que boleros, dijo y añadió, Canciones dulces, con sentimiento, del corazón a los labios y de la boca a tu oreja, nena, para que lo sepas, y comenzó a cantar, Nosotros, inventando al Malogrado Pedrito Junco,[2] convirtiendo su canción plañidera* en una verdadera canción, en una canción vigorosa, llena de nostalgia poderosa y verdadera. Cantó más La Estrella, cantó hasta las ocho de la mañana, sin que nosotros supiéramos que eran las ocho de la mañana hasta que los camareros empezaron a recogerlo todo y uno de ellos, el cajero dijo, Lo sentimos, familia, y quería decir de veras, familia, no decía la palabra por decirla, decir familia y decir otra cosa bien diferente de familia, sino que quería decir familia de verdad, dijo: Familia, tenemos que cerrar. Pero antes, un poco antes, antes de eso, un guitarrista, un buen guitarrista, un tipo flaquito, chupado, un mulatico sencillo y noble, que no tenía trabajo porque era muy modesto y muy natural y muy bueno, pero un gran guitarrista, que sabía cómo sacar melodías extrañas de una canción de moda por barata y comercial que fuera, que sabía pescar sentimiento del fondo de la guitarra, que de entre las cuerdas podía extraerle la semilla a cualquier canción, a cualquier melodía, a cualquier ritmo, a ese que le falta una pierna y tiene una pata de palo y una gardenia en el ojal, siempre, al que decíamos, cariñosamente, en broma, el Niño Nené, imitando a los niños cantaores de flamenco, el Niño Sabicas o el Niño de Utrera o el Niño de Parma, el Niño Nené, dijo, pidió, Déjame acompañarte en un bolero, Estrella, y La Estrella le respondió muy altanera*, llevándose la mano al pecho y dándose dos o tres palmadas sobre las tetas enormes, No, Niñito, le dijo, La Estrella canta siempre sola: a ella le sobra la música. Después fue que cantó Mala noche, haciendo su luego famosa parodia de Cuba Venegas, en que todos nos moríamos de risa y después fue que cantó Noche y día y después fue que el cajero nos pidió que nos fuéramos. Y como ya la noche se había acabado, nos fuimos. ❧

*lacrimógena, triste

*orgullosa

[2] Pedro Junco (1916–1939), compositor cubano. De entre los muchos boleros que compuso destaca el famosísimo *Nosotros*, interpretado por una larga lista de distinguidos cantantes.

PREGUNTAS

ANÁLISIS

1. Compara la imagen que tienen de La Estrella los personajes Códac, Irene y Vítor.

2. ¿Qué recursos lingüísticos usa Cabrera Infante para describir la belleza física y la sensualidad del baile de la rumbera Oliva? Cita ejemplos del texto para apoyar tu respuesta.

3. ¿Por qué crees que La Estrella se molesta al ver bailar a Oliva? ¿A qué se refiere cuando dice, "se acabó, ahora viene la música"?

4. En retórica, una paradoja es un enunciado que expresa una idea contradictoria. Identifica esta figura en la descripción que hace Códac de La Estrella.

5. ¿Por qué cree Códac que el padre Las Casas salvó a Cuba al proponer que se trajeran esclavos africanos a la Isla?

6. ¿Qué interpreta La Estrella —o finge interpretar— cuando Códac le dice que la ama "con pasión"? ¿Por qué cree La Estrella que "la pasión" impediría a Códac amarla?

INTERPRETACIÓN

1. ¿Qué imagen de la vida nocturna de La Habana nos da Cabrera Infante? ¿Crees que alaba o condena el ambiente que describe? Justifica tu respuesta con ejemplos del pasaje.

2. Códac acusa a Vítor de racista. ¿Crees que la visión que nos da Códac de La Estrella es racista? Explica tu respuesta.

3. El crítico Emir Rodríguez Monegal afirmó que "en *Tres tristes tigres* predomina un sentimiento de nostalgia por una sociedad que se ve a la distancia y como si ya estuviera abolida". ¿Estás de acuerdo? ¿Cómo se aprecia ese sentimiento de nostalgia en el fragmento?

4. Códac se siente atraído por las tres mujeres que aparecen en la escena: Irene, La Estrella y Oliva. ¿Cómo describirías a la mujer ideal de Códac si se pudieran reunir en una sola persona los rasgos que le fascinan de cada una de ellas?

5. El autor dice que el "chowcito" era para los que "se negaban a reconocer que afuera era de día". ¿Qué nos dice esa frase de los personajes de este fragmento?

6. Compara la reacción de La Estrella cuando ve bailar a Oliva y cuando Irene le clava las uñas a Códac. ¿Qué relación ves entre esas reacciones y la pasión de La Estrella por el canto?

INVESTIGACIÓN

1. El personaje de La Estrella está basado en Fredesvinda García. Busca la canción "Freddy", que Ela O'Farril compuso especialmente para ella, y compárala con la imagen de la cantante que nos da Cabrera Infante.

2. Códac afirma: "prefiero La Estrella a la montaña rusa". Investiga qué significado específico tiene la palabra "estrella" en Cuba y explica qué quiere decir Códac con esa frase.

6

TESTIMONIOS DE LA DEMOCRATIZACIÓN

En 1968, se ha dicho, la política era joven. El mundo estaba convulsionado y los protagonistas del cambio eran las nuevas generaciones. Ese año la palabra "revolución" está en el aire: en París y en Praga, los universitarios salen a las calles para rebelarse contra sus gobiernos; en los campus de Estados Unidos comienzan las protestas contra la guerra de Vietnam; en China, la llamada "revolución cultural", ideada por Mao Tse-Tung y respaldada por millones de jóvenes, es brutalmente aplastada. En Estados Unidos la promesa de un cambio inminente se vive en la lucha por los derechos civiles y el "sexo, drogas y rock'n roll"; y en América Latina, en las luchas armadas y la Teología de la Liberación. Se escucha en el festival de Woodstock, en la canción "Revolution" de los Beatles, en consignas como "Prohibido prohibir" y "La imaginación al poder". Se ve en el nuevo cine francés, en el llamado "tercer cine" latinoamericano y en distopías cinematográficas como *2001: Odisea del espacio*.

Y se lee. De la urgencia por comunicar y "concientizar" (la palabra del momento) a una sociedad que debía despertarse y actuar, surge en las letras hispanoamericanas un nuevo género literario: el testimonio. Si la ambición de los escritores del *Boom* es la "novela total" que represente a un país o región, la de los escritores de testimonio es dar voz a grupos oprimidos que han quedado relegados en la historia. El testimonio es un género de la denuncia que promueve la acción. Generalmente, supone un letrado o mediador (periodista, antropólogo, transcriptor) que escribe lo que dice una víctima y testigo directo. El lector del testimonio no tiene tiempo que perder, porque no lee hipótesis ni ficciones, sino acuciantes realidades: ha habido una grave injusticia y es necesario actuar.

Una narración testimonial de 1968 da cuenta de lo acontecido en México durante una manifestación de estudiantes en la plaza de Tlatelolco que terminó con una salvaje represión policial y, se calcula, centenares de muertos. Allí, las voces de la calle, los grafitis y las consignas se combinan con la experiencia personal de la narradora, la periodista Elena Poniatowska. No es este el primer testimonio (se considera que la primera obra del género es la *Biografía de un Cimarrón*, de Miguel Barnet, 1966) ni el más célebre (que seguramente es *Me llamo Rigoberta Menchú y así me nació la conciencia*, de Elizabeth Burgos, 1983), pero *La noche de Tlatelolco* nos sitúa en un año clave cuando la juventud de América Latina, como la de todo el mundo, intentó tomar las riendas de su historia y las de la Historia.

Así, la política ingresa, apremiante, en la literatura. En el ámbito del ensayo, en 1971 irrumpen dos textos que denuncian el imperialismo: los canónicos *Las venas abiertas de América Latina*, del uruguayo Eduardo Galeano, y *Calibán, apuntes sobre la cultura de nuestra América*, del cubano Roberto Fernández Retamar. En poesía, una generación de poetas comprometidos con la izquierda critican las hipocresías de la sociedad capitalista; se destacan el uruguayo Mario Benedetti, con su lenguaje sencillo y directo; el salvadoreño Roque Dalton, con su humor corrosivo, y el chileno Enrique Lihn, con sus continuas referencias a la muerte. La literatura se había vuelto decididamente militante y escribir se transformó en un oficio de alto riesgo. Algunos escritores ocuparon cargos políticos y hasta eclesiásticos, como Ernesto Cardenal, un poeta que llegó a ser ministro de Cultura de Nicaragua y que, desde su posición de sacerdote, promovió el compromiso activo del catolicismo en la causa de los pobres y oprimidos. La mayoría sufrió la persecución y el exilio. Algunos fueron torturados y asesinados.

Con el transcurrir de los años setenta, el sueño de una sociedad más justa y participativa sufrió duros embates. Las dictaduras de Chile (1973–1990), Uruguay (1973–1985), la Argentina (1976–1983), la perpetuación de gobiernos militares en Brasil y Paraguay, así como la permanencia ininterrumpida de partidos y modelos políticos en Cuba y México resultaron asfixiantes. Pero también surgieron cuestionamientos a las posiciones que consideraban a "la sociedad" como un grupo homogéneo. La causa de la izquierda revolucionaria dejaba fuera a grandes sectores de la población y, precisamente, ese carácter monolítico la acercaba peligrosamente a algunas características de los sectores represores. Esa es la lección que aprende el guerrillero revolucionario ortodoxo, obligado a convivir con un vidrierista homosexual en la novela *El beso de la mujer araña* (1976) de Manuel Puig.

En un entorno a menudo marcado por la censura, algunos escritores como Puig se las arreglan para dar expresión a lo que en otras latitudes se denominó "la lucha por los derechos civiles". Los sectores marginados o tradicionalmente oprimidos por su raza, color, sexo y orientación sexual empiezan a ocupar un lugar que hasta entonces se les había negado. No es casualidad, entonces, que las voces de poetas y narradoras empiecen a cobrar más fuerza; todo esto en un entorno que obliga al murmullo, a la alegoría y a la referencia sesgada.

Es en este contexto de denuncia críptica donde el propio cuerpo de la mujer toma la palabra. En sus relatos fantásticos, Rosario Ferré lo redefine sutilmente: deja de ser un mero objeto de deseo y pasa a convertirse en un territorio donde quedan expuestos los abusos y las invasiones del hombre y de la medicina, donde la política interviene en el cuerpo. El cuerpo, nuevamente, aparece como expresión de la heterogeneidad social en escritoras que recuperan las voces afroamericanas, como Nancy Morejón. También en la poesía de la cubana la política es encarnada e íntima, profundamente personal. En la lista de escritoras para las que el cuerpo es campo de batalla de lo social está Cristina Peri Rossi, una de las escritoras más reconocidas de su generación. En el texto de esta antología, al cuerpo femenino se le pide lo que contiene (y esconde): la fecundidad y la posibilidad de un futuro.

La política ocupa un lugar casi monopólico en la literatura de la década de 1970 y, más tarde, en la de 1980. Sin embargo, también hubo escritores abocados a la experimentación formal que querían aproximarse a lo real a partir de nuevas maneras de narrar o hacer poesía. Tal es el caso de Alejandra Pizarnik y de novelistas como Juan José Saer y Alfredo Bryce Echenique, quien en *Un mundo para Julius* (1970) critica la sociedad peruana en un extraño tono, entre risueño y grave. Un caso especial de experimentación es el de Augusto Monterroso, el inventor de los llamados "minicuentos": relatos brevísimos (a veces de una sola oración) en los que el lenguaje, a través de evocaciones inesperadas, propone al lector fascinantes desafíos de la imaginación.

Pero la política nacional seguirá siendo el tema literario predominante. El regreso de la democracia durante la década de 1980 suscita nuevas cuestiones: cómo representar un pasado traumático, recuperar la memoria de los perseguidos y, también, repasar una historia oficial que hasta entonces había sido escrita por los ganadores. A partir de entonces, la política deja de ser inminente y revolucionaria: lo importante pasa a ser cómo definir la nación a partir de un doloroso pasado. Cómo convivir. En estos momentos de "una generalizada ansiedad por el presente" surge la novela histórica, que quiere encontrar explicaciones en un pasado anterior a la represión (Jitrik). Aparecen también relatos marcados por una asfixiante paranoia y por la necesidad e imposibilidad de recordar. En el teatro abundan desgarradoras obras unipersonales del llamado "teatro de la memoria". En la poesía se percibe la fractura social, y una mirada lenta y demorada a un pasado donde el silencio parece ser lo único recuperable.

La posdictadura daría paso, en los años noventa, al surgimiento de las políticas neoliberales en la región. La globalización cultural trae consigo una atomización de poéticas e intereses. El horizonte de referencia deja de ser la identidad de la nación, su pasado y su futuro. Muchos escritores se desentienden o, abiertamente, evitan definirse por los límites de lo nacional. La escala ahora se reduce y surgen ficciones sobre el barrio y comunidades afectivas reducidas; o se expande y aparecen novelas de ambición "planetaria"; o queda desencajada en poemas sobre familias de provincia; o se desintegra en obras teatrales sobre la migración y el viaje inesperado. Los autores hablan cada vez más de su "escritura" y de sus precursores e influencias, y menos de llevar al público un proyecto nacional o continental.

Las ambiciones revolucionarias persisten, sin embargo, en tono de nostalgia. Diamela Eltit concibe a su Chile a partir de la metáfora organicista (el país como cuerpo social enfermo), pero no para hablar de curas ni intervenciones, sino para expresar el dolor sordo de una esperanza reducida a carne y hueso. La obra monumental de Roberto Bolaño también vuelve, obsesivamente, sobre promesas del pasado que no se materializaron o se convirtieron en pesadillas. Sus novelas y cuentos conforman un réquiem del siglo XX que es tan extrañamente tierno como angustiante.

La política ocupa un lugar más sutil en la literatura. Las poéticas construyen maneras de repensar el límite de lo humano, de examinar cómo nos relacionamos con la naturaleza devastada y con la tecnología omnipresente, de representar el devenir de "vidas líquidas" en el que las relaciones sociales cambian constantemente. Por todo esto, ha surgido la literatura del "yo". Acaso la ansiedad por configurar una identidad personal sea un efecto del exceso de realidades: la que me da el espejo, la de mi ciudadanía, la de *Facebook*, la de mi papel como consumidor, como espectador, como participante de un *reality show* sumado a la falta de un lenguaje para expresar estas experiencias. La literatura, experta en estados intermedios, seguirá ofreciendo respuestas y esperanza.

Martín Gaspar

BIBLIOGRAFÍA DEL PERIODO

Bauman, Zygmunt. *Liquid Life*. Malden: Polity Press, 2005.

Beverly, John. *Testimonio: On the Politics of Truth*. Minneapolis: Univeristy of Minnesota Press, 2004.

Hobsbawm, Eric. *The Age of Extremes*. New York: Vintage Books, 1994.

Ludmer, Josefina. "Literaturas postautónomas". Blog. Enlace permanente: http://www.lehman.cuny.edu/ciberletras/v17/ludmer.htm

Jitrik, Noé. "De la historia a la escritura: Predominios, disimetrías, acuerdos en la novela histórica latinoamericana", en *El balcón barroco*. México: UNAM, 1988.

Sarlo, Beatriz. "Cuando la política era joven", en *Punto de vista*. No. 58, págs. 15–19, 1997.

CRONOLOGÍA: HISTORIA Y LITERATURA

1975

1980

**1976
ARGENTINA**
Inicio de la
"Guerra sucia"
contra los
guerrilleros
de izquierda

**1977
ESPAÑA**
Primeras
elecciones
generales
tras la
dictadura

**1979
NICARAGUA**
Triunfo de la
Revolución
sandinista

**1982
ARGENTINA**
Guerra de
las Malvinas

**1979
ARGENTINA**
Ernesto Sábato,
*Apologías y
rechazos*

**1976
ARGENTINA**
Manuel Puig,
*El beso de la
mujer araña*

**1980
ARGENTINA**
Ricardo Piglia,
*Respiración
artificial*

**1982
COLOMBIA**
Gabriel García
Márquez recibe
el Premio
Nobel de
Literatura.

**1983
URUGUAY**
Cristina Peri
Rossi, *El museo
de los esfuerzos
inútiles*

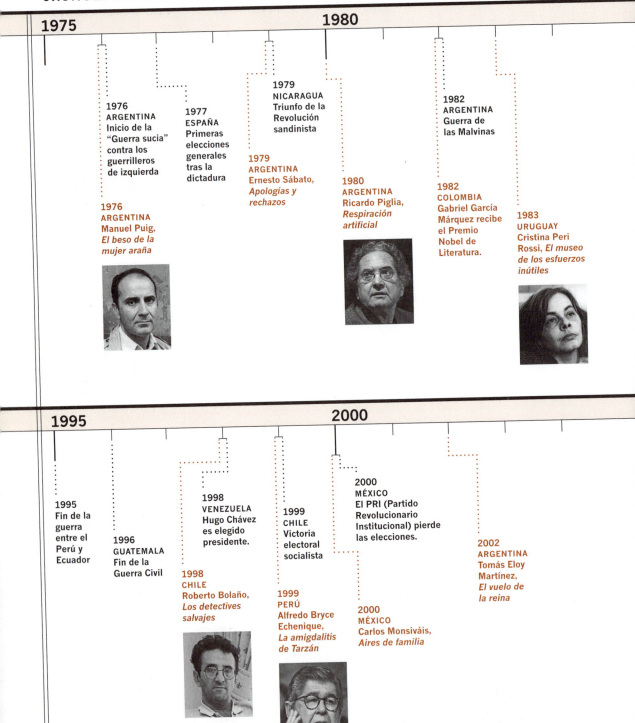

1995

2000

1995
Fin de la
guerra
entre el
Perú y
Ecuador

**1996
GUATEMALA**
Fin de la
Guerra Civil

**1998
VENEZUELA**
Hugo Chávez
es elegido
presidente.

**1999
CHILE**
Victoria
electoral
socialista

**2000
MÉXICO**
El PRI (Partido
Revolucionario
Institucional) pierde
las elecciones.

**2002
ARGENTINA**
Tomás Eloy
Martínez,
*El vuelo de
la reina*

**1998
CHILE**
Roberto Bolaño,
*Los detectives
salvajes*

**1999
PERÚ**
Alfredo Bryce
Echenique,
*La amigdalitis
de Tarzán*

**2000
MÉXICO**
Carlos Monsiváis,
Aires de familia

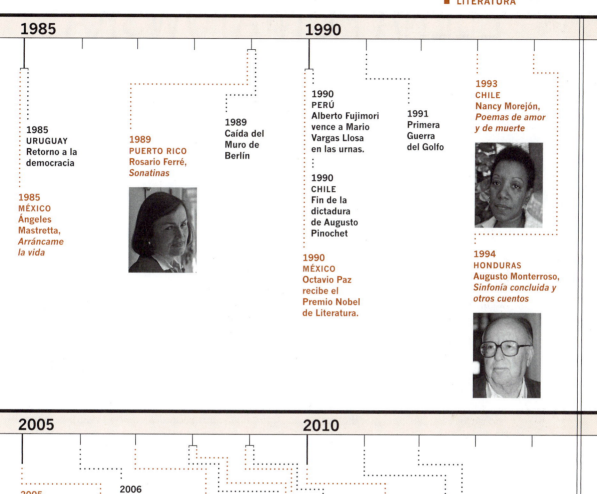

1985

1990

**1985
URUGUAY
Retorno a la
democracia**

**1985
MÉXICO
Ángeles
Mastretta,
*Arráncame
la vida***

**1989
PUERTO RICO
Rosario Ferré,
*Sonatinas***

**1989
Caída del
Muro de
Berlín**

**1990
PERÚ
Alberto Fujimori
vence a Mario
Vargas Llosa
en las urnas.**

**1990
CHILE
Fin de la
dictadura
de Augusto
Pinochet**

**1990
MÉXICO
Octavio Paz
recibe el
Premio Nobel
de Literatura.**

**1991
Primera
Guerra
del Golfo**

**1993
CHILE
Nancy Morejón,
*Poemas de amor
y de muerte***

**1994
HONDURAS
Augusto Monterroso,
*Sinfonía concluida y
otros cuentos***

2005

2010

**2005
NICARAGUA
Ernesto Cardenal,
*Versos del
pluriverso***

**2005
MÉXICO
Elena Poniatowska,
*El tren pasa
primero***

**2006
TLC (Tratado de
Libre Comercio)
entre EE.UU. y
Centroamérica**

**CHILE
Michelle Bachelet,
primera mujer
elegida presidente**

**2007
CHILE
Diamela Eltit,
*Jamás el fuego
nunca***

**2008
Se crea
UNASUR
(Unión de
Naciones
Suramericanas).**

**2008
ARGENTINA
Susana Torres
Molina, *A otra
cosa mariposa***

**2009
HONDURAS
Manuel
Zelaya es
derrocado.**

**2009
MÉXICO
Jorge Volpi,
*El insomnio
de Bolívar***

**2010
PERÚ
Mario Vargas
Llosa recibe
el Premio
Nobel de
Literatura.**

**2011
PERÚ
Ollanta
Humala
es elegido
presidente.**

**2012
VENEZUELA
Miembro de
Mercosur**

ELENA PONIATOWSKA

n. 1932

"Todos estamos —oh mi amor—
tan llenos de retratos interiores,
tan llenos de paisajes no vividos."

—Elena Poniatowska, *"El recado"*

Nacida en París, la escritora y periodista Elena Poniatowska es una de las autoras más destacadas y reconocidas de México, país al que se trasladó a los nueve años de edad, junto a su madre y su hermana, en plena Segunda Guerra Mundial. Hija de una mexicana y un noble polaco, Elena fue educada en colegios estadounidenses hasta que regresó a su país de adopción para dedicarse al periodismo, labor en la que debutó a los veintiún años de edad y que no volvería a abandonar jamás. De hecho, su obra periodística y literaria están íntimamente ligadas.

A lo largo de su carrera, Poniatowska ha cultivado una amplia gama de géneros periodísticos y literarios, e incluso los que podrían llamarse géneros híbridos, como la biografía y la crónica novelada. Por sus páginas han desfilado los acontecimientos y personajes más importantes de la historia contemporánea de México, como el movimiento estudiantil de 1968, que relató en *La noche de Tlatelolco: Testimonios de historia oral* (1971); el terremoto que asoló la Ciudad de México en 1985, del que dio cuenta en *Nada, nadie: Las voces del temblor* (1988); la figura del pintor Diego Rivera, cuya relación amorosa con Angelina Bloff retrató en *Querido Diego, te abraza Quiela* (1978); o la semblanza de la fotógrafa Tina Modotti, cuya vida contó en *Tinísima* (1992). También escribió biografías de otros personajes destacados, como Octavio Paz y Juan Soriano.

Muy apegada a la realidad y al tiempo que le ha tocado vivir y conocer, la obra de Poniatowska compone un fresco diverso y rico de la sociedad mexicana, como lo prueban obras como *Todo empezó el domingo* (1963), retrato costumbrista de la vida de los mexicanos en ese día de la semana; *De noche vienes* (1979), sobre la vida de los vendedores ambulantes; y, muy especialmente, *Hasta no verte, Jesús mío* (1969), célebre novela que escribió a partir de sus conversaciones, no con un estadista o un pintor célebre, sino con una mujer del más bajo estrato social mexicano, a quien entrevista a fondo hasta extraer la novela de su vida. Este es quizá uno de los afanes de su vida literaria: dar voz a aquellos a quienes la historia jamás se ha detenido a escuchar. En esa labor, Poniatowska rescata del silencio no solo a la gente humilde, sino a la mujer y al racialmente distinto. Esta orientación de su temática se vio influida por su colaboración con el antropólogo Oscar Lewis, que investigó sobre la cultura de la pobreza.

Identificada siempre con posiciones de izquierdas, Poniatowska puso su pluma al servicio de la defensa de los Derechos Humanos en infinidad de ocasiones, como hizo con los estudiantes que se movilizaron en 1968. "Son muchos. Vienen a pie, vienen riendo.": con estas palabras da comienzo *La noche de Tlatelolco*, obra por la que desfila un variado mosaico de personajes —desde estudiantes hasta soldados y padres de familia— que sobrevivieron a la masacre del fatídico 2 de octubre de 1968, cuando el Ejército mexicano abrió fuego contra una multitud de estudiantes que se manifestaba pacíficamente en la Plaza de las Tres Culturas de México D.F. *La noche de Tlatelolco* se erige en el documento que con más fidelidad refleja lo que ocurrió en la Ciudad de México durante aquellos trágicos días.

Aunque en la obra de Poniatowska no todo es puramente testimonial, la producción creativa de la autora mexicana está fuertemente arraigada en la realidad. La escritora mexicana debutó en la ficción con *Lilus Kikus* (1954). Su siguiente colección de cuentos llegaría más de dos décadas después con *De noche vienes*, donde se encuentra el texto tragicómico "Cine Prado", una descripción literaria de la fragilidad psicológica y emocional del hombre. Según ciertos críticos, este cuento contiene una crítica a la violencia misógina, cuyas trágicas consecuencias trascienden con frecuencia las portadas de la prensa mexicana.

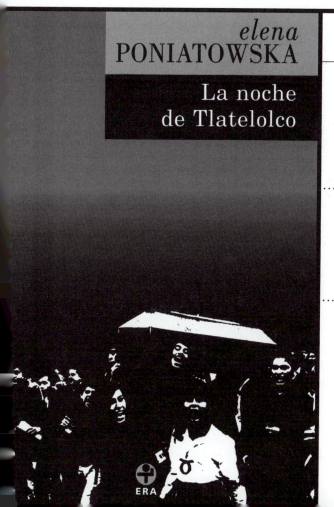

OBRAS PRINCIPALES

Novela
1969 | *Hasta no verte, Jesús mío*
1978 | *Querido Diego, te abraza Quiela*
1988 | *La flor de Lis*
1992 | *Tinísima*
2005 | *El tren pasa primero*
2011 | *Leonora*

Cuento
1954 | *Lilus Kikus*
1979 | *De noche vienes*
2003 | *Tlapalería*
2008 | *Boda en Chimalistac*
2009 | *La vendedora de nubes*

Ensayo
1963 | *Todo empezó el domingo*
1971 | *La noche de Tlatelolco: Testimonios de historia oral*
1979 | *Gaby Brimmer*
1988 | *Nada, nadie: Las voces del temblor*

LA NOCHE DE TLATELOLCO
De *La noche de Tlatelolco*, 1971

Son muchos. Vienen a pie, vienen riendo. Bajaron por Melchor Ocampo, la Reforma, Juárez, Cinco de Mayo, muchachos y muchachas estudiantes que van del brazo en la manifestación con la misma alegría con que hace apenas unos días iban a la feria; jóvenes despreocupados que no saben que mañana, dentro de dos días, dentro de cuatro estarán allí hinchándose bajo la lluvia, después de una feria en donde el centro del tiro al blanco lo serán ellos, niños-blanco, niños que todo lo maravillan, niños para quienes todos los días son día-de-fiesta, hasta que el dueño de la barraca del tiro al blanco les dijo que se formaran así el uno junto al otro como la tira de pollitos plateados que avanza en los juegos, click, click, click, click y pasa a la altura de los ojos, ¡Apunten, fuego!, y se doblan para atrás rozando la cortina de satín rojo.

El dueño de la barraca les dio los fusiles a los cuicos*, a los del ejército, y les ordenó que dispararan, que dieran en el blanco y allí estaban los monitos plateados con el azoro* en los ojos, boquiabiertos ante el cañón de los fusiles. ¡Fuego! El relámpago verde de una luz de bengala. ¡Fuego! Cayeron pero ya no se levantaban de golpe impulsados por un resorte* para que los volvieran a tirar al turno siguiente; la mecánica de la feria era otra; los resortes no eran de alambre sino de sangre; una sangre lenta y espesa que se encharcaba, sangre joven pisoteada en este reventar* de vidas por toda la Plaza de las Tres Culturas. Aquí vienen los muchachos, vienen hacia mí, son muchos, ninguno lleva las manos en alto, ninguno trae los pantalones caídos entre los pies mientras los desnudan para cachearlos, no hay puñetazos sorpresivos ni macanazos*, ni vejaciones*, ni vómitos por las torturas, ni zapatos amontonados, respiran hondo, caminan seguros, pisando fuerte, obstinados; vienen cercando la Plaza de las Tres Culturas y se detienen junto al borde donde la Plaza cae a pico dos o tres metros para que se vean las ruinas prehispánicas; reanudan la marcha, son muchos, vienen hacia mí con sus manos que levantan la pancarta, manos aniñadas porque la muerte aniña las manos; todos vienen en filas apretadas, felices, andan felices, pálidos, sí, y un poco borroneados pero felices; ya no hay muros de bayonetas que los rechacen violentamente, ya no hay violencia; los miro a través de una cortina de lluvia, o será de lágrimas, igual a la de Tlatelolco; no alcanzo a distinguir sus heridas, qué bueno, ya no hay orificios, ni bayonetazos, ni balas expansivas; los veo nublados pero sí oigo sus voces, oigo sus pasos, pas, pas, pas, paaaaas, paaaaaas, como en la manifestación del silencio, toda la vida oiré esos pasos que avanzan; muchachas de mini con sus jóvenes piernas quemadas por el sol, maestros sin corbata, muchachos con el suéter amarrado a la cintura, al cuello, vienen a pie, vienen riendo, son muchos, vienen con esa loca alegría que se siente al caminar juntos en esta calle, nuestra calle, rumbo

* policías

* temor

* espiral de alambre

* explotar

* golpes de macana; porra
* humillaciones

al Zócalo, nuestro Zócalo; aquí vienen; 5 de agosto, 13 de agosto, 27 de agosto,
13 de septiembre, el padre Jesús Pérez echó a vuelo las campanas de catedral
para recibirlos, toda la Plaza de la Constitución está iluminada; constelada
con millares de cempazúchitl,[1] millares de veladoras•; los muchachos están en
el corazón de una naranja, son el estallido más alto del fuego de artificio, ¿no
que México era triste? Yo lo veo alegre, qué loca alegría; suben por Cinco de
Mayo, Juárez, cuántos aplausos, la Reforma, se les unen trescientas mil personas
que nadie acarrea•, Melchor Ocampo, las Lomas, se remontan a la sierra, los
bosques, las montañas, Mé-xi-co, Li-ber-tad, Mé-xi-co, Li-ber-tad, Mé-xi-co,
Li-ber-tad, Mé-xi-co, Li-ber-tad, Mé-xi-co, Li-ber-tad. ✺

•velas dentro
de recipientes

•las lleva a la fuerza

E.P.

[1] Caléndula, o maravilla (náhuatl). Flor de múltiples pétalos de un amarillo brillantísimo. Típica
en la celebración del Día de los Muertos en México.

CINE PRADO
De *De noche vienes*, 1979

Señorita:

A partir de hoy, debe usted borrar mi nombre de la lista de sus
admiradores. Tal vez convendría• ocultarte esta deserción, pero
callándome, iría en contra de una integridad personal que jamás ha
eludido las exigencias de la verdad. Al apartarme de usted, sigo un
profundo viraje• de mi espíritu, que se resuelve en el propósito final
de no volver a contarme entre los espectadores de una película suya.

•sería aconsejable

•giro, cambio

Esta tarde, más bien, esta noche, usted me destruyó. Ignoro si le importa
saberlo, pero soy un hombre hecho pedazos. ¿Se da usted cuenta? Soy un
aficionado que persiguió su imagen en la pantalla de todos los cines de estreno
y de barrio, un crítico enamorado que justificó sus peores actuaciones morales
y que ahora jura de rodillas separarse para siempre de usted aunque el simple
anuncio de *Fruto Prohibido* haga vacilar su decisión. Lo ve usted, sigo siendo un
hombre que depende de una sombra engañosa.

Sentado en una cómoda butaca, fui uno de tantos, un ser perdido en la
anónima oscuridad, que de pronto se sintió atrapado en una tristeza individual,
amarga y sin salida. Entonces fui realmente yo, el solitario que sufre y que le
escribe. Porque ninguna mano fraterna se ha extendido para estrechar la mía.
Cuando usted destrozaba tranquilamente mi corazón en la pantalla, todos se

sentían inflamados y fieles. Hasta hubo el canalla* que rió descaradamente**,   *mezquino **sin vergüenza
20   mientras yo la veía desfallecer en brazos de ese galán abominable que la condujo
a usted al último extremo de la degradación humana.

     Y un hombre que pierde de golpe todos sus ideales, ¿no cuenta para
nada, señorita?

     Dirá usted que soy un soñador, un excéntrico, uno de esos aerolitos que caen
25   sobre la tierra al margen de todo cálculo. Prescinda* usted de cualquiera de sus   *omita, deje de lado
hipótesis, el que la está juzgando soy yo, y hágame el favor de ser más responsable
de sus actos, y antes de firmar un contrato o de aceptar un compañero estelar,
piense que un hombre como yo puede contarse entre el público futuro y recibir
un golpe mortal. No hablo movido por los celos, pero créame usted, en *Esclavas*
30   *del deseo* fue besada, acariciada y agredida con exceso. No sé si mi memoria
exagera, pero en la escena del cabaret no tenía usted por qué entreabrir de esa
manera sus labios, desatar sus cabellos sobre los hombros y tolerar los procaces*   *indecentes
ademanes de aquel marinero, que sale bostezando, después de sumergirla en el
lecho del desdoro* y abandonarla como una embarcación que hace agua.   *deshonra
35   Yo sé que los actores se deben a su público, que pierden en cierto modo
su libre albedrío y que se hallan a la merced de los caprichos de un director
perverso; sé también que están obligados a seguir punto por punto todas las
deficiencias y las falacias del texto que deben interpretar, pero déjeme decirle
que a todo el mundo le queda, en el peor de los casos, un mínimo de iniciativa,
40   una brizna de libertad que usted no pudo o no quiso aprovechar.

     Si se tomara la molestia, usted podría alegar en su defensa que desde su
primera irrupción en el celuloide aparecieron algunos de los rasgos de conducta
que ahora le reprocho. Es verdad; y admito avergonzado que ningún derecho
ampara* mis querellas. Yo acepté amarla tal como es. Perdón, tal como creía   *protege
45   que era. Como todos los desengañados, maldigo el día en que uní mi vida a
su destino cinematográfico. Y conste* que la acepté toda opaca y principiante,   *sepa
cuando nadie la conocía y le dieron aquel papelito de trotacalles con las rayas
de las medias chuecas* y los tacones carcomidos**, papel que ninguna mujer   *torcidas **gastados
decente habría sido capaz de aceptar. Y sin embargo yo la perdoné, y en aquella
50   sala indiferente y llena de mugre* saludé la aparición de una estrella. Yo fui su   *suciedad
descubridor, el único que supo asomarse a su alma, entonces inmaculada, pese
a su bolsa arruinada y a sus vueltas de carnero*. Por lo que más quiera en la vida,   *andares de cabra
perdóneme este brusco arrebato*.   *impulso de furia

     Se le cayó la máscara, señorita. Me he dado cuenta de la vileza* de su engaño.   *maldad
55   Usted no es la criatura de delicias, la paloma frágil y tierna a la que yo estaba
acostumbrado, la golondrina de inocentes revuelos, el rostro perdido entre
gorgueras* de encaje que yo soñé, sino una mala mujer hecha y derecha**, un   *cuellos **auténtica
despojo* de la humanidad, novelera** en el peor sentido de la palabra. De ahora   *residuo **farsante
en adelante, muy estimada señorita, usted irá por su camino y yo por el mío.
60   Ande, ande usted, siga trotando por las calles, que yo ya me caí como una rata

en una alcantarilla. Y conste que lo de señorita se lo digo porque a pesar de los golpes que me ha dado la vida sigo siendo un caballero. Mi viejita santa me inculcó en lo más hondo el guardar siempre las apariencias. Las imágenes se detienen y mi vida también. Así es que... señorita. Tómelo usted, si quiere, como una despiadada˙ ironía. •cruel

Yo la había visto prodigar˙ besos y recibir caricias en cientos de películas, •dar a manos llenas, generosamente
pero antes, usted no alojaba a su dichoso compañero en el espíritu. Besaba usted sencillamente como todas las buenas actrices: como se besa a un muñeco de cartón. Porque, sépalo usted de una vez por todas, la única sensualidad que vale la pena es la que se nos da envuelta en alma, porque el alma envuelve entonces nuestro cuerpo, como la piel de la uva comprime la pulpa, la corteza guarda al zumo. Antes, sus escenas de amor no me alteraban, porque siempre había en usted un rasgo de dignidad profanada, porque percibía siempre un íntimo rechazo, una falla en el último momento que rescataba mi angustia y consolaba mi lamento. Pero en *La Rabia en el cuerpo*, con los ojos húmedos de amor, usted volvió hacia mí su rostro verdadero, ese que no quiero ver nunca más. Confiéselo de una vez: usted está realmente enamorada de ese malvado, de ese comiquillo de segunda, ¿no es cierto? ¿Se atrevería a negarlo impunemente? Por lo menos todas las palabras, todas las promesas que le hizo, eran auténticas, y cada uno de sus gestos estaba respaldado en la firme decisión de un espíritu entregado. ¿Por qué ha jugado conmigo como juegan todas? ¿Por qué me ha engañado usted como engañan todas las mujeres, a base de máscaras sucesivas y distintas? ¿Por qué no me enseñó desde el principio, de una vez, el rostro desatado que ahora me atormenta?

Mi drama es casi metafísico y no le encuentro posible desenlace. Estoy solo en la noche de mi desvarío˙. Bueno, debo confesar que mi esposa todo lo •delirio, locura
comprende y que a veces comparte mi consternación. Estábamos gozando aún de los deliquios˙ y la dulzura propia de los recién casados cuando acudimos •éxtasis
inermes a su primera película. ¿Todavía la guarda usted en su memoria? Aquella del buzo atlético y estúpido que se fue al fondo del mar, por culpa suya, con todo y escafandra. Yo salí del cine completamente trastornado, y habría sido una vana pretensión el ocultárselo a mi mujer. Ella, por lo demás, estuvo completamente de mi parte; y hubo de admitir que sus *deshabillés*˙ son realmente espléndidos. No •salto de cama (francés): bata ligera de mujer que se pone al levantarse de la cama
tuvo inconveniente en acompañarme al cine otras seis veces, creyendo de buena fe que la rutina rompería el encanto. Pero ¡ay! las cosas fueron empeorando a •doméstico
medida que se estrenaban sus películas. Nuestro presupuesto hogareño˙ tuvo que sufrir importantes modificaciones a fin de permitirnos frecuentar las pantallas unas tres veces por semana. Está por demás˙ decir que después de cada sesión •sobra
cinematográfica pasábamos el resto de la noche discutiendo. Sin embargo, mi compañera no se inmutaba. Al fin y al cabo, usted no era más que una sombra indefensa, una silueta de dos dimensiones, sujeta a las deficiencias de la luz. Y mi mujer aceptó buenamente tener como rival a un fantasma cuyas apariciones

podían controlarse a voluntad, pero no desaprovechaba la oportunidad de reírse a costa de usted y de mí. Recuerdo su regocijo° aquella noche fatal en que,
105 debido a un desajuste fotoeléctrico, usted habló durante diez minutos con voz inhumana, de robot casi, que iba del falsete al bajo profundo… A propósito de su voz, sepa usted que me puse a estudiar francés porque no podía conformarme con el resumen de los títulos en español, aberrantes e incoloros. Aprendí a descifrar el sonido melodioso de su voz, y con ello vino el flagelo de entender a
110 fuerza mía algunas frases vulgares, la comprensión de ciertas palabras atroces que puestas en sus labios o aplicadas a usted me resultaron intolerables. Deploré aquellos tiempos en que llegaban a mí, atenuadas por pudibundas° traducciones; ahora, las recibo como bofetadas.

Lo más grave del caso es que mi mujer está dando inquietantes° muestras de
115 mal humor. Las alusiones a usted, y a su conducta en la pantalla, son cada vez más frecuentes y feroces. Últimamente ha concentrado sus ataques en la ropa interior y dice que estoy hablándole en balde° a una mujer sin fondo. Y hablando sinceramente, aquí entre nosotros, ¿a qué viene toda esa profusión de infames transparencias, ese derroche de íntimas prendas de tenebroso acetato? Si yo lo
120 único que quiero hallar en usted es esa chispita triste y amarga que ayer había en sus ojos… Pero volvamos a mi mujer. Hace visajes° y la imita. Me arremeda°° a mí también. Repite burlona algunas de mis quejas más lastimeras. "Los besos que me duelen en *Qué me duras*, me están ardiendo como quemaduras". Dondequiera que estemos se complace en recordarla, dice que debemos afrontar
125 este problema desde un ángulo puramente racional, con todos los adelantos de la ciencia y echa mano de argumentos absurdos pero contundentes°. Alega, nada menos, que usted es irreal y que ella es una mujer concreta. Y a fuerza de demostrármelo está acabando una por una con mis ilusiones. No sé qué va a ser de mí si resulta cierto lo que aquí se rumora, que usted va a venir a filmar una
130 película y honrará a nuestro país con su visita. Por amor de Dios, por lo más sagrado, quédese en su patria, señorita.

Sí, no quiero volver a verla, porque cada vez que la música cede poco a poco y los hechos se van borrando en la pantalla, yo soy un hombre anonadado. Me refiero a la barrera mortal de esas tres letras crueles que ponen fin a la modesta felicidad de
135 mis noches de amor, a dos pesos la luneta°. He ido desechando poco a poco el deseo de quedarme a vivir con usted en la película y ya no muero de pena cuando tengo que salir del cine remolcado por mi mujer, que tiene la mala costumbre de ponerse de pie al primer síntoma de que el último rollo se está acabando.

Señorita, la dejo. No le pido siquiera un autógrafo, porque si llegara a
140 enviármelo yo sería capaz de olvidar su traición imperdonable. Reciba esta carta como el homenaje final de un espíritu arruinado y perdóneme por haberla incluido entre mis sueños. Sí, he soñado con usted más de una noche, y nada tengo que envidiar a esos galanes de ocasión que cobran un sueldo por estrecharla en sus brazos y que la seducen con palabras prestadas.

°placer

°puritanas

°preocupantes

°en vano

°gestos exagerados °°me imita

°decisivos, incuestionables

°butaca, asiento

145 Créame sinceramente su servidor.[1]

P.D.:

Olvidaba decirle que escribo tras las rejas de la cárcel. Esta carta no habría llegado nunca a sus manos si yo no tuviera el temor de que el mundo le diera noticias erróneas acerca de mí. Porque los periódicos, que siempre falsean
150 los hechos, están abusando aquí de este suceso ridículo: "Ayer por la noche, un desconocido, tal vez en estado de ebriedad o perturbado de sus facultades mentales, interrumpió la proyección de *Esclavas del deseo* en su punto más emocionante, cuando desgarró la pantalla del cine Prado al clavar un cuchillo en el pecho de Françoise Arnoul. A pesar de la oscuridad, tres espectadores vieron
155 cómo el maniático corría hacia la actriz con el cuchillo en alto y se pusieron de pie para examinarlo de cerca y poder reconocerlo a la hora de la consignación. Fue fácil porque el individuo se desplomó una vez consumado el acto".

Sé que es imposible, pero daría lo que no tengo con tal de que usted conservara para siempre en su pecho el recuerdo de esa certera puñalada. ❧

---

[1] Fórmula de cortesía que se usaba en las cartas a modo de despedida y que ha caído en desuso.

PREGUNTAS

ANÁLISIS

1. ¿Qué características de la crónica periodística identificas en *La noche de Tlatelolco*?

2. Este fragmento de *La noche de Tlatelolco* es una narración discontinua en la que se hacen alusiones constantes a un antes y a un después. Identifica esos saltos en el tiempo y describe su efecto en la narración.

3. Poniatowska alude a las víctimas de la masacre diciendo "vienen hacia mí". ¿Cuál crees que es la intención de la autora al describir la escena onírica que sigue a continuación?

4. Poniatowska es considerada como una autora del testimonio, un rasgo que define buena parte de su obra. ¿Qué elemento testimonial adviertes en la técnica de "Cine Prado"?

5. ¿Qué acto concreto de la actriz conduce a su admirador a escribir la carta?

6. ¿Qué sucede exactamente al final de "Cine Prado"? ¿Por qué razón está encarcelado el narrador?

INTERPRETACIÓN

1. ¿Por qué crees que Poniatowska elige el símil de la feria de barraca para describir la masacre en la Plaza de las Tres Culturas? ¿Quién es, a tu juicio, el dueño de la barraca? Explica tu respuesta.

2. ¿Qué sentimientos te suscita el uso de la onomatopeya "pas, pas, paaaas" en la descripción de los muchachos que caminan hacia la narradora?

3. Interpreta la escena final de *La noche de Tlatelolco*. ¿Cómo describirías el mensaje? ¿Qué crees que trata de transmitir la autora con esa imagen?

4. ¿Qué elementos humorísticos identificas en "Cine Prado"? ¿Cómo describirías el humor de este relato? ¿Crees que la autora se burla del narrador? ¿Cuál crees que es la actitud de Poniatowska hacia este personaje?

5. En "Cine Prado" la esposa del admirador comparte la decepción de su marido. ¿Qué elemento de crítica social hay en la inclusión de ese punto de vista femenino en la narración?

INVESTIGACIÓN

1. Investiga sobre el concepto de la muerte en la cultura mexicana y explica cómo se manifiesta esa percepción en *La noche de Tlatelolco*.

2. Poniatowska fue una de las voces que se alzó contra la llamada "guerra sucia" del gobierno mexicano del Partido Revolucionario Institucional (PRI), en la segunda mitad del siglo xx. ¿Qué periodistas y escritores mexicanos se han atrevido a denunciar la violencia que sacude ese país actualmente?

ALFREDO BRYCE ECHENIQUE

n. 1939

"Mi literatura nace de un empacho de asombro. El escritor es un hombre sorprendido."

—**Alfredo Bryce Echenique,** *"La persona literaria y sentimental"*

Alfredo Bryce Echenique nació en el seno de una familia acaudalada e ilustre de Lima; su padre era banquero, y entre sus antepasados se cuentan un virrey y un presidente del Perú. Estudió Derecho en la Universidad de San Marcos y, tras graduarse, viajó a París para estudiar Literatura Francesa en la Universidad de la Sorbona. Desde la década del sesenta trabajó de profesor en las universidades de Austin, Montpellier, Nanterre, la Sorbona, Vincennes y Yale. Durante esas décadas, ejerció también el periodismo de opinión en importantes periódicos españoles e hispanoamericanos.

Su primer libro de relatos, *Huerto cerrado* (1968), recibió mención en el concurso Casa de las Américas. En 1970 publicó su primera novela, *Un mundo para Julius*, que lo haría famoso, y por la que ganaría el Premio Nacional de Literatura en 1972. Desde entonces ha publicado una docena de novelas y una veintena de libros de cuentos, ensayos y escritos de carácter autobiográfico. Ha ganado también, entre otros, el Premio Nacional de Narrativa de España, en 1998, por su novela *Reo de nocturnidad*, y el Premio Planeta, en 2002, por la novela *El huerto de mi amada*. Desde mediados de la década del ochenta, después de vivir en varios países europeos, Bryce Echenique ha residido fundamentalmente en España. En el verano de 2012 lanzó su novela, *Dándole pena a la tristeza*, asegurando que sería la última que escribiría.

En *Un mundo para Julius*, su novela más apreciada por la crítica, el peruano narra la vida de un niño de la más rancia oligarquía limeña. La novela comienza poco después de la muerte del padre de Julius, y nos narra su infancia rodeada de todos los lujos y los privilegios posibles, pero marcada por la soledad. Julius, a la deriva entre la ausencia de su padre y la frivolidad de su madre, encuentra refugio en la servidumbre de la casa. Como han señalado numerosos críticos, el encanto de la obra quizás radique en la mezcla de nostalgia e ironía con que Bryce Echenique retrata una vida que tiene numerosos puntos de contacto con su propia biografía. De ella, el propio autor manifestó que quiso limitarse "a desarrollar una serie de temáticas —la fatalidad, el amor, el cariño, la rebelión— en sordina".

OBRAS PRINCIPALES

EL PALACIO ORIGINAL

De *Un mundo para Julius*, 1970

I

"Recuerdas que durante los viajes a los que nos llevaba mi madre, cuando éramos niños, solíamos escaparnos del vagón-cama para ir a corretear por los vagones de tercera clase. Los hombres que veíamos recostados en el hombro de un desconocido, en un vagón sobrecargado, o simplemente tirados por el suelo, nos fascinaban. Nos
5 *parecían más reales que las gentes que frecuentaban nuestras familias. Una noche, en la estación de Tolón, regresando de Cannes a París, vimos a los viajeros de tercera bebiendo en la pequeña fuente del andén; un obrero te ofreció agua en una cantimplora de soldado; te la bebiste de un trago, y enseguida me lanzaste la mirada de la pequeñuela que acaba de realizar la primera hazaña de su vida… Hemos*
10 *nacido pasajeros de primera clase; pero, a diferencia del reglamento de los grandes barcos, aquello parecía prohibirnos las terceras clases."*

Roger Vailland, Beau Masque

Julius nació en un palacio de la avenida Salaverry, frente al antiguo hipódromo de San Felipe; un palacio con cocheras, jardines, piscina,
15 pequeño huerto donde a los dos años se perdía y lo encontraban siempre parado de espaldas, mirando, por ejemplo, una flor; con departamentos para la servidumbre, como un lunar de carne en el rostro más bello; hasta con una carroza que usó tu bisabuelo, Julius, cuando era presidente de la República, ¡cuidado!, no la toques, está llena de telarañas, y él, de espaldas a su

20 mamá, que era linda, tratando de alcanzar la manija de la puerta. La carroza y la sección servidumbre ejercieron siempre una extraña fascinación sobre Julius, la fascinación de "no lo toques, amor; por ahí no se va, darling". Ya entonces, su padre había muerto.

Su padre murió cuando él tenía año y medio. Hacía algunos meses que 25 Julius iba de un lado a otro del palacio, caminando solito cada vez que podía. Se escapaba hacia la sección servidumbre del palacio que era, ya lo hemos dicho, como un lunar de carne en el rostro más bello, una lástima, pero aún no se atrevía a entrar por ahí. Lo cierto es que cuando su padre empezó a morirse de cáncer, todo en Versalles giraba en torno al cuarto del enfermo, menos sus 30 hijos que no debían verlo, con excepción de Julius que aún era muy pequeño para darse cuenta del espanto y que andaba lo suficientemente libre como para aparecer cuando menos lo pensaban, envuelto en pijamas de seda, de espaldas a la enfermera que dormitaba, observando cómo se moría su padre, cómo se moría un hombre elegante, rico y buenmozo. Y Julius nunca ha olvidado esa 35 madrugada, tres de la mañana, una velita a Santa Rosa, la enfermera tejiendo para no dormirse, cuando su padre abrió un ojo y le dijo pobrecito, y la enfermera salió corriendo a llamar a su mamá que era linda y lloraba todas las noches en un dormitorio aparte, para descansar algo siquiera, ya todo se había acabado.

40 Papá murió cuando el último de los hermanos en seguir preguntando, dejó de preguntar cuándo volvía papá de viaje, cuando mamá dejó de llorar y salió un día de noche, cuando se acabaron las visitas que entraban calladitas y pasaban de frente al salón más oscuro del palacio (hasta en eso había pensado el arquitecto), cuando los sirvientes recobraron su mediano tono de voz al hablar, 45 cuando alguien encendió la radio un día, papá murió.

Nadie pudo impedir que Julius se instalara prácticamente a vivir en la carroza del bisabuelo-presidente. Ahí se pasaba todo el día, sentado en el desvencijado[•] •viejo y roto
asiento de terciopelo azul con ex-ribetes de oro, disparándoles siempre a los mayordomos y a las amas que, tarde tras tarde, caían muertos al pie de la 50 carroza, ensuciándose los guardapolvos que, por pares, la señora les había mandado comprar para que no estropearan sus uniformes, y para que pudieran caer muertos cada vez que a Julius se le antojara acribillarlos a balazos desde la carroza. Nadie le impedía pasarse mañana y tarde metido en la carroza, pero a eso de las seis, cuando empezaba ya a oscurecer, venía a buscarlo una muchacha, 55 una que su mamá, que era linda, decía hermosa la chola[•], debe descender de •de sangre europea
e indígena
algún indio noble, un inca, nunca se sabe.

La chola que podía ser descendiente de un inca, sacaba a Julius cargado en peso de la carroza, lo apretaba contra unos senos probablemente maravillosos bajo el uniforme, y no lo soltaba hasta llegar al baño del palacio, al baño de los 60 niños más pequeños, sólo el de Julius, ahora. Muchas veces tropezó la chola con los mayordomos o con el jardinero que yacían muertos alrededor de la carroza, para que Julius, Jesse James o Gary Cooper según el día, pudiese partir tranquilo a bañarse.

Y ahí en el baño empezó a despedirse de él su madre, dos años después de la muerte de su padre. Lo encontraba siempre de espaldas, parado frente a la tina, desnudo, con el pipí al aire pero ella no se lo podía ver, contemplando la subida de la marea en esa tina llena de cisnes, gansos y patos, una tina enorme, como de porcelana y celeste. Su mamá le decía darling, él no volteaba, le daba un beso en la nuca y partía muy linda, mientras la hermosa chola adoptaba posturas incomodísimas para meter el codo y probar la temperatura del agua, sin caerse a lo que bien podía ser una piscina de Beverly Hills.

Y a eso de las seis y media de la tarde, diariamente, la chola hermosa cogía a Julius por las axilas, lo alzaba en peso y lo iba introduciendo poco a poco en la tina. Los cisnes, los patos y los gansos lo recibían con alegres ondulaciones sobre la superficie del agua calentita y límpida, parecían hacerle reverencias. Él los cogía por el cuello y los empujaba suavemente, alejándolos de su cuerpo, mientras la hermosa chola se armaba de toallitas jabonadas y jabones perfumados para niños, y empezaba a frotar dulce, tiernamente, con amor el pecho, los hombros, la espalda, los brazos y las piernas del niño. Julius la miraba sonriente y siempre le preguntaba las mismas cosas; le preguntaba, por ejemplo: "¿Y tú de dónde eres?", y escuchaba con atención cuando ella le hablaba de Puquio, de Nazca camino a la sierra, un pueblo con muchas casas de barro. Le hablaba del alcalde, a veces de brujos, pero se reía como si ya no creyera en eso, además hacía ya mucho tiempo que no subía por allá. Julius la miraba atentamente y esperaba que terminara con una explicación para hacerle otra pregunta, y otra y otra. Así todas las tardes mientras sus hermanos, en los bajos, acababan sus tareas escolares y se preparaban para comer.

Sus hermanos comían ya en el comedor verdadero o principal del palacio, un comedor inmenso y lleno de espejos al cual la chola hermosa traía siempre cargado a Julius, para que le diera un beso con sueño a su padre, primero, y luego, al otro extremo de la mesa, toda una caminata, el último besito del día a su madre que siempre olía riquísimo. Pero esto cuando tenía meses, no ahora en que solito se metía al comedor principal y pasaba largos ratos contemplando un enorme juego de té de plata, instalado como cúpula de catedral en una inmensa consola que el bisabuelo-presidente había adquirido en Bruselas. Julius no alcanzaba a la tetera brillantemente atractiva, siempre probaba y nada. Por fin un día logró alcanzarla pero ya no aguantaba más en punta de pies, total que no la soltó a tiempo y la tetera se vino abajo con gran estrépito, le chancó el pie, se abolló[*], en fin, fue toda una catástrofe y desde entonces no quiso volver a saber más de juegos de té de plata en comedores principales o verdaderos de palacios. En ese comedor que, además del juego de té y los espejos, tenía vitrinas de cristal, alfombra persa, vajilla de porcelana y la que nos regaló el presidente

[*] se deformó

Sánchez Cerro una semana antes de que lo mataran, ahí comían ahora sus hermanos.

Sólo Julius comía en el comedorcito o comedor de los niños, llamado ahora comedor de Julius. Aquí lo que había era una especie de Disneylandia: las paredes eran puro Pato Donald, Caperucita Roja, Mickey Mouse, Tarzán, Chita, Jane bien vestidita, Supermán sacándole la mugre probablemente a Drácula, Popeye y Olivia muy muy flaca; en fin, todo esto pintado en las cuatro paredes. Los espaldares de las sillas eran conejos riéndose a carcajadas, las patas eran zanahorias y la mesa en que comía Julius la cargaban cuatro indiecitos que nada tenían que ver con los indiecitos sobre los que la chola hermosa de Puquio le contaba mientras lo bañaba en Beverly Hills. ¡Ah!, además había un columpio, con su silletita colgante para lo de toma tu sopita, Julito (a veces, hasta Juliuscito), una cucharadita por tu mamá, otra por Cintita, otra por tu hermanito Bobicito y así sucesivamente, pero nunca una por tu papito porque papito había muerto de cáncer. A veces, su madre pasaba por ahí mientras lo columpiaban atragantándolo de sopa, y escuchaba los horrendos diminutivos con que la servidumbre arruinaba los nombres de sus hijos. "Realmente no sé para qué les hemos puesto esos nombres tan lindos —decía—. Si los oyeras decir Cintita en vez de Cinthia, Julito en vez de Julius, ¡qué horror!" Se lo decía a alguien por teléfono, pero Julius casi no lograba escucharla porque, entre la sopa que se acababa y el columpio que lo mecía abrazándolo como la planta del sueño, poco a poco se iba adormeciendo, hasta quedar listo para que la chola hermosa lo recogiera y se lo llevara a su dormitorio.

Pero, cosa que nunca sucedió cuando sus hermanos comían en Disneylandia, ahora toda la servidumbre venía a acompañar a Julius; venía hasta Nilda, la Selvática, la cocinera, la del olor a ajos, la que aterraba en su zona, despensa y cocina, con el cuchillo de la carne; venía pero no se atrevía a tocarlo. Era él quien hubiera querido tocarla, pero entonces más podían las frases de su madre contra el olor a ajos: para Julius todo lo que olía mal olía a ajos, a Nilda, y como no sabía muy bien qué eran los ajos, una noche le preguntó, Nilda se puso a llorar, y Julius recuerda que ése fue el primer día más triste de su vida.

Hacía tiempo que Nilda lo venía fascinando con sus historias de la selva y la palabra Tambopata; eso de que quedara en Madre de Dios especialmente, era algo que lo sacaba de quicio[*] y él le pedía más y más historias sobre las tribus calatas[*], todo lo cual dio lugar a una serie de intrigas y odios secretos que Julius descubrió hacia los cuatro años: Vilma, así se llamaba la chola hermosa de Puquio, atraía la atención de Julius mientras lo bañaba, pero luego, cuando lo llevaba al comedor, era Nilda con sus historias plagadas de pumas y chunchos[*] pintarrajeados la que captaba toda su atención. La pobre Nilda solo trataba de mantener a Julius con la boca abierta para que Vilma pudiera meterle con mayor facilidad las cucharadas de sopa, pero no; no porque Vilma se moría de celos y la miraba con odio. Lo genial es que Julius se dio cuenta muy

[*]enfurecía
[*]desnudas

[*]indios de la Amazonía

145 pronto de lo que pasaba a su alrededor y resolvió el problema con gran astucia: empezó a interrogar también a los mayordomos, a la lavandera y a su hija que también lavaba, a Anatolio, el jardinero y hasta a Carlos, el chofer, en las pocas oportunidades en que no había tenido que llevar a la señora a alguna parte y se hallaba presente.

150 Los mayordomos se llamaban Celso y Daniel. Celso contó que era sobrino del alcalde del distrito de Huarocondo, de la provincia de Anta, en el departamento del Cuzco. Además, era tesorero del Club Amigos de Huarocondo, con sede en Lince. Allí se reunían mayordomos, mozos de café, empleadas domésticas, cocineras y hasta un chofer de la línea Descalzos-San Isidro. Y como si todo

155 esto fuera poco, añadió que, en su calidad de tesorero que era del club, le correspondía el cuidado de la caja del mismo, y como el candado de la puerta del local estaba un poco viejito, la caja la tenía guardada arriba en su cuarto. Julius se quedó cojudo°. Se olvidó por completo de Vilma y de Nilda. "¡Enséñame la caja! ¡Enséñame la caja!", le rogaba, y ahí en Disneylandia, la servidumbre en pleno

160 gozaba pensando que Julius, propietario de una suculenta alcancía° a la que no le prestaba ninguna atención, insistiera tanto en ver, tocar y abrir la caja del Club Amigos de Huarocondo. Esa noche, Julius tomó la decisión de escaparse y de entrar, de una vez por todas, en la lejana y misteriosa sección servidumbre que, ahora, además, ocultaba un tesoro. Mañana iría para allá; esta noche ya no, no

165 porque la sopa acababa de terminarse y el columpio se iba poniendo cada vez más suave, la silletita voladora hubiera alcanzado la luna, pero siempre sucedía lo mismo: Vilma lo sorprendía con sus manos ásperas como palo de escoba y se lo llevaba a Fuerte Apache.

Fuerte Apache (así decía un letrero colocado en la puerta) era el dormitorio

170 de Julius. Allí estaban todos los cowboys del mundo pegados a las paredes, en tamaño natural y también parados en medio del dormitorio, de cartón y con pistolas de plástico que brillaban como metal. Los indios ya habían muerto todos para que Julius se pudiera acostar tranquilo y sin reclamar°. En realidad, en Fuerte Apache, la batalla había terminado y sólo el indio Jerónimo, uno que

175 despertaba las simpatías de Julius, como si eventualmente fuera a amistar con Burt Lancaster, por ejemplo, sólo Jerónimo había sobrevivido y continuaba parado al fondo del cuarto, pensativo y orgulloso.

Vilma adoraba a Julius. Sus orejotas, su pinta° increíble habían despertado en ella enorme cariño y un sentido del humor casi tan fino como el de la señora

180 Susan, la madre de Julius, a quien la servidumbre criticaba un poco últimamente porque a diario salía de noche y no regresaba hasta las mil y quinientas.

Siempre lo despertaba. Y eso que Julius se dormía mucho después de que Vilma lo había dejado bien dormidito: se hacía el dormido y, en cuanto ella se marchaba, abría grandazos los ojos y pensaba regularmente un par de horas

185 en miles de cosas. Pensaba en el amor que Vilma sentía por él, por ejemplo; pensaba y pensaba y todo se le hacía un mundo porque Vilma, aunque era

°tonto

°hucha

°protestar, quejarse

°aspecto, apariencia

medio blancona, era también medio india y sin embargo nunca se quejaba de andar metida entre todos los indios muertos que había ahí en Fuerte Apache; además, nunca había manifestado simpatía por Jerónimo, más bien miraba a Gary Cooper, claro que todo eso pasaba en los Estados Unidos, pero indios y mi dormitorio y Celso ése sí que es indio… Así hasta que se dormía, tal vez esperando que los pasos de mami en la escalera lo despertaran, ahí llega, sube. Julius escuchaba sus pasos en la escalera y sentía adoración, se acerca, pasa por la puerta, sigue de largo hacia su cuarto, al fondo del corredor donde murió papi, donde mañana iré a despertarla linda… Se dormía rapidito para ir a despertarla cuanto antes, siempre la despertaba.

Para Vilma era un templo; para Julius, el paraíso; para Susan, su dormitorio, donde ahora dormía viuda, a los treinta y tres años y linda. Vilma lo llevaba hasta ahí todas las mañanas, alrededor de las once. La escena se repetía siempre: Susan dormía profundamente y a ellos les daba ni sé qué entrar. Se quedaban parados aguaitando* por la puerta entreabierta hasta que, de pronto, Vilma se armaba de valor y le daba un empujoncito que lo ponía en marcha hacia la cama soñada, con techo, con columnas retorcidas, con tules y con angelitos barrocos esculpidos en los cuatro ángulos superiores. Julius volteaba a mirar hacia la puerta, desde donde Vilma le hacía señas para que la tocara; entonces él extendía una mano, la introducía apartando dos tules y veía a su madre tal cual era, sin una gota de maquillaje, profundamente dormida, bellísima. Por fin se decidía a tocarla, su mano alcanzaba apenas el brazo de Susan y ella, que despertaba siempre viviendo un último instante lo de anoche, respondía con una sonrisa dirigida a través de la mesa de un club nocturno al hombre que acariciaba su mano. Julius la tocaba nuevamente: Susan giraba dándole la espalda y escondiendo la cara en la almohada para volver a dormirse, porque durante un segundo acababa de regresar cansada de tanto bailar y no veía las horas de acostarse. "Mami", le decía, atrevido, gritándole suavecito, casi resondrándola* en broma, envalentonado por las señas de Vilma desde la puerta. Susan empezaba a enterarse de la llegada del día pero, aprovechando que aún no había abierto los ojos, volvía a dirigir una sonrisa a través de la mesa de un club nocturno e insistía en girar hundiéndose un poco más en el lado hacia el cual se había volteado al acostarse cansada, la segunda vez que Julius la tocó; luego, en una fracción de segundo, dormía íntegra* su noche hasta que ella misma dejaba que el eco del "mami", pronunciado por Julius, se filtrara iluminándole la llegada del día, reapareciendo por fin en una sonrisa dulce y perezosa que esta vez sí era para él.

—Darling —bostezaba, linda—, ¿quién se va a ocupar de mi desayuno?

—Yo, señora; voy a avisarle a Celso que ya puede subir el azafate*.

Susan terminaba de despertar cuando divisaba a Vilma, al fondo, en la puerta. Ése era el momento en que pensaba que podía ser descendiente

*espiando

*regañándola

*completa

*bandeja

de un indio noble, aunque blancona, ¿por qué no un inca?, después de todo fueron catorce.

230   Julius y Vilma asistían al desayuno de Susan. La cosa empezaba con la llegada del mayordomo-tesorero trayendo, sin el menor tintineo, la tacita con el café negro hirviendo, el vaso de cristal con el jugo de naranjas, el azucarerito y la cucharita de plata, la cafetera también de plata, por si acaso la señora lo desea más cargado, las tostadas, la mantequilla holandesa y la mermelada inglesa. No

235 bien* arrancaban los soniditos del desayuno, el de la mermelada untada, el de   *tan pronto como la cucharilla removiendo el azúcar, el golpecito de la tacita contra el platito, el bocado de tostada crocante, no bien sonaban todos esos detalles, una atmósfera tierna se apoderaba de la habitación, como si los primeros ruidos de la mañana hubieran despertado en ellos infinitas posibilidades de cariño. A Julius le

240 costaba trabajo quedarse tranquilo, Vilma y Celso sonreían, Susan desayunaba observada, admirada, adorada, parecía saber todo lo que podía desencadenar con sus soniditos. De rato en rato alzaba la cara y los miraba sonriente, como preguntándoles: "¿Más soniditos? ¿Jugamos a los golpecitos?".

    Terminado el desayuno, Susan empezaba una larga serie de llamadas

245 telefónicas y Vilma partía con Julius rumbo al huerto, a la piscina o a la carroza. Pero, por una vez, Julius no esperó que Vilma lo cogiera de la mano; se le anticipó y salió corriendo detrás de Celso que bajaba con el azafate. "¡Enséñame la caja! ¡Enséñame la caja!", le iba gritando, mientras el otro se le alejaba en la escalera. Por fin lo logró alcanzar en la cocina y el mayordomo-tesorero aceptó

250 mostrársela no bien terminara de poner la mesa, porque sus hermanos ya no tardaban en llegar del colegio con hambre. "Vuelve en un cuarto de hora", le dijo.

    —¡Cinthia! —gritó Julius, apareciendo en el gran *hall* de la escalera.

    Como todos los días, Carlos, el chofer negro-uniformado-con-gorra de la familia, acababa de traerlos del colegio y ahora subían a saludar a su mamá.

255   —¡Orejitas! —exclamó Santiago, sin detenerse.

    Bobby no volteó a mirar; en cambio Cinthia se había quedado parada en el descanso de la escalera.

    —Cinthia, Celso me va a enseñar la caja del Club de los Amigos de Gua…

    —Huarocondo —lo ayudó Cinthia, sonriente—. Ahorita bajo para que me

260 acompañes a almorzar.

    Minutos después, Julius entró por primera vez en la sección servidumbre del palacio. Miraba hacia todos lados: todo era más chiquito, más ordinario, menos bonito, feo también, todo disminuía por ahí. De repente escuchó la voz de Celso, pasa, y recordó que lo había venido siguiendo, pero sólo al ver la cama

265 de fierro marrón y frío comprendió que se hallaba en un dormitorio. Estaba oliendo pésimo cuando el mayordomo le dijo:

    —Ésa es la caja —señalándole la mesita redonda.

    —¿Cuál? —preguntó Julius, mirando bien la mesita.

    —Ésa, pues.

270 Julius vio la que no podía ser. "¿Cuál?", volvió a preguntar, como quien busca algo en la punta de su nariz y espera que le digan ¿no ves?, ¡ésa! ¡ahí!, ¡en la punta de tus narices!

—Ciego estás, Julius; ésta es.

Celso se inclinó para recoger la lata de galletas de encima de la mesa, se la 275 alcanzó. Julius la cogió por la tapa, mal, se le destapó la lata: un montón de billetes y monedas sucias le cayeron sobre el pantalón y se regaron* por el suelo.   *se esparcieron

—¡Este niño! Lo que has hecho… ayúdame.

—…

—Apúrate, tengo que servirle a tus hermanos…

280 —Tengo que acompañar a Cinthia.

Cinthia también tenía su ama, como Julius tenía a Vilma, pero no era hermosa sino gorda y buena; gorda, buena, antigua, vieja, responsable y canosa. Julius se pasaba la vida haciéndole la misma pregunta y ella nunca sabía cómo respondérsela.

285 —Mamá dice que eres una de las pocas mujeres del pueblo con canas, ¿por qué?

La pobre Bertha, buenísima como era, hizo todo lo humanamente posible por averiguar y un día se apareció con la respuesta.

—Entre la gente pobre el *indicio* de *mortaldá** es más alto que entre la gente   *índice de mortalidad
decente y bien.

290 Julius no le entendió ni papa*, pero retuvo la frase probablemente en el   *absolutamente nada
subconsciente porque un día, siete años más tarde, le vino así igualita, con sus errores y todo, mientras se paseaba en bicicleta por el Club de Polo. Ahí sí que la comprendió.

Pero entonces hacía también siete años que Bertha había muerto. Bertha 295 se murió un día, una calurosa tarde de verano. Habían vaciado la piscina y estaba sentada en un sillón esperando que Cinthia viniera para escarmenarla* y   *peinarla
refrescarla con borbotones de agua colonia que ella jamás dejó que le entraran a sus ojitos. Lo mismo había hecho treinta años atrás con la niña Susan, hasta que la mandaron a estudiar a Inglaterra, y luego cuando regresó, hasta que se casó 300 con el señor Santiago y empezaron a nacer los niños. Cinthia apareció corriendo, sofocada, gritándole ¡aquí estoy mama Bertha!, pero la pobre acababa de morir por lo de la presión tan alta que siempre la había molestado. Antes de sentirse a la muerte, tuvo la precaución de poner el frasco de agua colonia en lugar seguro para que no se fuera a caer; escogió el suelo porque era lo más cercano, al ladito 305 puso el peine de Cinthia, cuya voz logró escuchar, y su escobillita*.   *cepillo de dientes

Cinthia insistió en que la vistieran de luto y le anduvo rogando a su mamá para que le comprara una corbata negra a Julius.

—¡No! ¡Por nada de este mundo! —exclamaba Susan linda—. ¡Me van a arruinar al pobre Julius! Bastante tengo con verlo revolcarse todo el día 310 en el huerto. Además se pasa todo el día con la servidumbre. ¡Por nada de este mundo!

Pero después se marchaba oliendo delicioso y ya no regresaba hasta las mil y quinientas. Fue así que, de repente, Julius se le apareció incomodísimo y con el cuellito irritado, pero decidido a no quitarse la corbata esa de tela negra y ordinaria ni por todas las propinas del mundo. ¿Cuál de los dos mayordomos se la dio? Eso es algo que mamá, por más linda que fuera, nunca llegó a saber. Con la corbata colgándole mucho más abajo de la braguetita, Julius seguía a Cinthia por todo el palacio porque con ella se sufría mejor por la muerte de Bertha. El lío* era cuando se iba al colegio porque le entraban ganas de jugar en el huerto o en la carroza, y ya la otra tarde se había descubierto quitándose la corbatota porque el cuello le sudaba a chorros de tanto disparar contra los indios. Felizmente en ese instante llegó Cinthia; no bien la vio, Julius recordó el duelo y empezó a ajustarse la corbata al mismo tiempo que bajaba de la carroza muy compungido*.

*problema

*triste y arrepentido

Más que nunca, ahora, porque Cinthia acababa de descubrir las fotografías del entierro de papá y había empezado a relacionar. Susan, linda, se quejaba: era indecible lo que esa criaturita la hacía sufrir, la torturaba con sus nervios, es hipersensible, Baby, le contaba a una amiga, me vuelve loca con sus preguntas… ¡Y Julius vive prendido de ella! ¡Pendiente de que llegue del colegio! Ya le he dicho a Vilma que trate de separarlos, ¡inútil! Vilma vive enamorada de Julius, todos en esta casa. Lo que Susan no contaba es que Cinthia la traía loca con lo de papá, ¿por qué, mami?, mami, yo me escapé, yo vi por la ventana, ¿por qué, a papi se lo llevaron en un cadillac negro con un montón de negros vestidos como cuando papi iba a un banquete en palacio de Gobierno?, ¿por qué, mami?, ¿ah?, ¿mami? Horas se pasaba diciéndole yo sé, mami, yo vi cuando se llevaban a papá, me han contado también. Y es que entonces no se daba muy bien cuenta pero ahora de pronto se acordaba y relacionaba con la manera en que se llevaron a Bertha, en una ambulancia mami, por la puerta falsa. Pero ahí se atracaba y titubeaba y es que no encontraba las palabras o la acusación para expresar la maldad ¿de quién? cuando se llevaron a Bertha por la puerta falsa, bien rapidito, como quien no quiere la cosa.

Julius presenciaba el asedio* de su madre. Mientras Cinthia preguntaba, él permanecía inmóvil, con las orejotas como alfajores*-voladores, las manos pegaditas al cuerpo, los tacos* juntos, pero las puntas de los pies bien separadas como un soldado distraído en atención. El asedio tenía lugar en el baño que usó su padre. Ahí estaban aún sus frascos; no los habían movido: ahí estaban sus lociones, sus cremas de afeitar, sus navajas, hasta su jabón se había quedado ahí y su escobilla de dientes. Todo a medio usar, para siempre. "Parece que fuera a venir", le dijo un día Cinthia a Julius, pero no por eso se olvidaba de Bertha.

*acoso; interrogatorio
*tipo de dulce redondo
*tacones

—Julius, limpia bien tu corbata negra —le dijo, otro día.

—¿Por qué?

—Mañana por la tarde vamos a enterrar a Bertha.

Al día siguiente, Cinthia regresó muy nerviosa del colegio. No bien saludó a su mamá le dijo que no tenía tareas que hacer y corrió a buscar a Julius que estaba jugando con Vilma en el huerto. El pobre no había pegado los ojos en toda la noche. Toda la tarde la había estado esperando y, no bien la vio aparecer, corrió a su encuentro. Cinthia lo cogió de la mano y él la siguió como siempre en esos días. Vilma venía detrás. Cinthia lo llevó hasta su dormitorio y le pidió que la esperara afuera mientras se cambiaba el uniforme. Salió linda pero toda vestida de negro; desde la muerte de Bertha se vestía siempre de negro, menos cuando iba al colegio. Susan ya no hacía nada por evitarlo. Lo llevó de la mano hasta el baño y le lavó la cara con amor. Entonces le dijo que lo iba a peinar y que quería humedecerle el pelo. Julius aceptó que lo bañaran en agua colonia y se dejó peinar; también dejó que ella le anudara nuevamente la corbatota negra, a pesar de que Vilma podía resentirse porque era ella quien se la amarraba siempre con un estilo muy suyo. Unas gotas de agua colonia se deslizaron por el cuello de Julius, ¡cómo le ardió!, las lágrimas le saltaron a los ojos, tanto que Cinthia le preguntó si quería que le cambiara de corbata, pero él le dijo que no y luego sintió lo que uno siente cuando grita ¡por nada!, al ver que Cinthia sonreía aliviada, porque sin corbata negra no podía asistir al entierro. Del baño lo llevó nuevamente de la mano hasta su dormitorio y ahí se puso a llorar, ante la cara de espanto de Vilma que los seguía siempre silenciosa, como si estuviera de acuerdo con todo, aun con lo que estaba viendo: siempre llorando, Cinthia abría un cajón de su cómoda y sacaba una caja. Julius la miró aterrado; sabía que iban a enterrar a Bertha, pero ¿cómo? Cinthia destapó la caja y les enseñó el contenido. Vilma y Julius soltaron el llanto al ver el peine, la escobilla y el frasco de agua colonia con que Bertha le escarmenaba diariamente el pelo, un mechoncito también de Cinthia, *de cuando te cortaron tu pelito la primera vez*. Se fueron los tres llorando hacia los bajos. Cinthia había cerrado la caja y la llevaba a la altura de su pecho, cogida con ambas manos, mientras atravesaban el jardín de la piscina, rumbo al huerto. Julius se quedó sorprendido al ver que en el camino se les unían Celso, Daniel, Carlos, Arminda, su hija Dora y Anatolio. Hasta Nilda apareció, que en esos días andaba en muy malas relaciones con Vilma, siempre por causa de Julius. Los habían estado esperando, Cinthia lo había organizado todo, también era idea suya el que se vistieran cuando menos* de oscuro, y ahí estaban ahora, pidiéndole que se apurara*, por favor, niñita, la señora nos va a pescar*. Los mayordomos, sobre todo, le pedían; Carlos, el chofer, acompañaba entre sonriente y respetuoso, la quería mucho a la niñita Cinthia. Por fin encontraron el lugar apropiado para que Anatolio abriera el hueco donde iban a depositar la caja con el peine, la escobilla y el último frasco de agua colonia que usó Bertha. Terminó su pequeña excavación y ahí sí que todos soltaron el llanto, al pobre Julius la corbata le ardía como nunca y los mocos le colgaban hasta el suelo. ¡Qué triste era todo! Y por qué ni él ni nadie se espantó sino que todos la quisieron más cuando Cinthia se sacó la medallita

*por lo menos

*se diera prisa

*encontrar, descubrir

395 de platino que le colgaba del cuello y la enterró también. Por turno, Cinthia y Julius primero, fueron echando un poquito de tierra; esa última parte fue idea de Nilda. Luego todos se escaparon, menos Carlos que caminó serio a tomar su té de las seis.

400 Una semana más tarde, Susan trató de resondrar a Cinthia por ser tan descuidada, por haber perdido la medallita de platino que ¿te regaló?... pero en ese instante se le olvidó completamente quién se la había regalado y en cambio recordó que en estos días andaba más tranquilita, y ahora que se fijaba, hace por lo menos una semana que no se pone el traje negro.

—¿Y usted?

405 Se abalanzó sobre Julius, paradito ahí con las puntas de los pies separadísimas, volvió a sentir esa necesidad de que fuera un bebé y, en vez de decirle usted ya tiene cinco años, a usted ya deberíamos ponerlo en el colegio, le dio un beso oliendo delicioso.

—Mami está apurada, darling —dijo, volteando a mirarse en un espejo.

410 Luego se inclinó para que ellos alcanzaran sus mejillas, un mechón lacio, rubio, maravilloso se le vino abajo como siempre que se inclinaba, los enterró entre sus cabellos: Cinthia y Julius dejaron sus besos ahí, guardaditos, protegidos, para que le duren hasta que vuelva. ঽ

PREGUNTAS

ANÁLISIS

1. ¿Cómo es la relación de Julius con la servidumbre? ¿Qué medios usa el autor para mostrarnos esa relación?

2. ¿Cuándo dice el narrador que realmente murió el padre? Explica con tus propias palabras por qué se describe el hecho en esos términos.

3. ¿Qué recursos usa el autor para mostrarnos la soledad de Julius? Apoya tu respuesta con ejemplos del texto.

4. ¿Desde qué punto de vista está escrito este fragmento? ¿Qué visión nos da de la servidumbre, de Julius y de su familia?

5. ¿Qué relación se establece entre las películas del Oeste y los dos grupos que habitan la casa de Julius? Explica tu respuesta con ejemplos del texto.

6. ¿Cómo compara el autor la vida de la familia con la de la servidumbre? ¿Quiénes son "más felices"? ¿De quiénes se sienten más cerca los niños?

INTERPRETACIÓN

1. ¿Cómo definirías la visión que tiene Bryce Echenique de la oligarquía peruana a partir de este capítulo de *Un mundo para Julius*?

2. ¿Te parece que la obra de Bryce Echenique es una defensa o una condena de la escala de valores de la familia de Julius? Cita ejemplos del capítulo que apoyen tu respuesta.

3. La narración de la muerte de Bertha nos da una imagen de su carácter. ¿Por qué podemos decir que ella, hasta el momento de su muerte, es un producto de la injusta estructura social en la que ha vivido?

4. ¿Cómo enfrenta cada uno de los personajes principales —Julius, su madre y su hermana— la muerte del padre y de la criada? ¿Por qué los niños no reaccionan de la misma manera ante ambas muertes?

5. ¿Qué representa el padre de Julius en este relato? Justifica tu respuesta con pasajes del texto.

6. ¿Qué representa la antigua carroza en la novela? ¿Qué simboliza el hecho de que Julius se refugie siempre allí?

INVESTIGACIÓN

1. Investiga un poco más sobre la biografía de Alfredo Bryce Echenique y comenta qué detalles de su vida personal podrían haberle servido al escribir *Un mundo para Julius*.

2. Bryce Echenique es solo tres años menor que Vargas Llosa. Investiga qué relación han tenido y compara sus visiones del Perú a partir de las obras que has leído de ambos escritores.

ERNESTO CARDENAL

n. 1925

"Entras otra vez como música, como luz,
música sin ondas acústicas, luz sin fotones.
Caricia sin el tacto, sólo la pura caricia.
El que inventó el sexo, ¿no sabrá amar?"

—Ernesto Cardenal, *"Entras otra vez como música"*

Ernesto Cardenal nació en la ciudad de Granada, Nicaragua. Allí estudió en el Colegio Centro América de los padres jesuitas. Entre 1944 y 1949 estudió Filosofía y Letras en la Universidad Nacional Autónoma de México y en la Universidad de Columbia, Nueva York. En 1954 participa en la "Revolución de Abril" contra el dictador nicaragüense Anastasio Somoza, suceso en el que mueren varios de sus compañeros. En 1960 escribe su largo poema "La hora 0" y entra en el monasterio trapense de Gethsemani en Kentucky, Estados Unidos. Allí tuvo como maestro de novicios al monje, teólogo y poeta norteamericano Thomas Merton, quien tuvo una gran influencia en su formación espiritual e intelectual. En 1959 sale del monasterio y se ordena finalmente como sacerdote en Managua, Nicaragua, en 1965, donde funda la comunidad de Solentiname.

Luchó contra Somoza, y apoyó la Revolución cubana y la Teología de la Liberación. Tras el triunfo de la Revolución sandinista en 1979, es nombrado ministro de Cultura, cargo que ocupa hasta 1987. Rompe con los líderes de sus dos grandes fes, el comunismo y el catolicismo, pero se mantiene fiel a sus creencias. Su actividad política sigue marcada por su apoyo a la izquierda latinoamericana. Paralelamente a su compromiso político y social, Cardenal escribe más de treinta libros de poesía y ensayo, y varios tomos de carácter autobiográfico. En 2009 recibe el Premio Iberoamericano de Poesía Pablo Neruda y, en 2012, el Premio Reina Sofía de Poesía Iberoamericana.

La poesía de Cardenal, que él llama "exteriorista", toma el relevo de Ezra Pound para expresar sus temas esenciales: el amor, la denuncia de la injusticia y su fe cristiana. En la serie de poemas breves *Epigramas* (1961), usa un lenguaje sencillo, directo e irónico para contar de un modo diferente el tema más recurrente de la historia de la poesía: el amor del poeta por una mujer. El poema "Como latas de cerveza vacías" pertenece al cuaderno *Gethsemani, Ky.* (1960), una colección de poemas sobre su vocación monástica. Con imágenes urbanas y recursos típicos de su poesía exteriorista, el poeta habla de su vida anterior al convento como una época de pecado y preocupaciones banales. El poema "Salmo 5" es una recreación, en un lenguaje actual, del Salmo 5 de la Biblia. Cardenal traduce la simbología bíblica usando su escala de valores; usa el lenguaje poético para acercar al lector actual al texto bíblico, al mismo tiempo que reclama la autoridad moral de texto sagrado para denunciar la injusticia.

OBRAS PRINCIPALES

Poesía
1960 | *La hora 0*
1960 | *Gethsemani, Ky.*
1961 | *Epigramas*
1964 | *Salmos*
1965 | *Oración por Marilyn Monroe
          y otros poemas*
1969 | *Homenaje a los indios americanos*
1981 | *Tocar el cielo*
2005 | *Versos del pluriverso*

Ensayo
1974 | *Fidel Castro: cristianismo y revolución*
1975 | *El Evangelio en Solentiname*
1981 | *La paz mundial y la revolución en Nicaragua*

Memorias
1999 | Vida perdida
2001 | Los años de Granada
2004 | La revolución perdida

EPIGRAMAS

De *Epigramas*, 1961

Te doy, Claudia, estos versos, porque tú eres su dueña.
Los he escrito sencillos para que tú los entiendas.
Son para ti solamente, pero si a ti no te interesan,
un día se divulgarán tal vez por toda Hispanoamérica
5 Y si al amor que los dictó, tú también lo desprecias,
otras soñarán con este amor que no fue para ellas.
Y tal vez verás, Claudia, que estos poemas,
(escritos para conquistarte a ti) despiertan
en otras parejas enamoradas que los lean
10 los besos que en ti no despertó el poeta.

* * * * * *

Cuídate Claudia, cuando estés conmigo,
porque el gesto más leve, cualquier palabra, un suspiro
de Claudia, el menor descuido*,   *error, imprudencia
tal vez un día lo examinen eruditos,
15 y este baile de Claudia se recuerde por siglos.

Claudia, ya te lo aviso.

* * * * * *

De estos cines, Claudia, de estas fiestas,
de estas carreras de caballos,
no quedará nada para la posteridad

20 sino los versos de Ernesto Cardenal para Claudia
(si acaso)
y el nombre de Claudia que yo puse en esos versos
y los de mis rivales, si es que yo decido rescatarlos
del olvido, y los incluyo también en mis versos
25 para ridiculizarlos.

* * * * * *

Esta será mi venganza:
Que un día llegue a tus manos el libro de un poeta famoso
y leas estas líneas que el autor escribió para ti
y tú no lo sepas.

* * * * * *

30 Me contaron que estabas enamorada de otro
y entonces me fui a mi cuarto
y escribí ese artículo contra el Gobierno
por el que estoy preso.
[…]

COMO LATAS DE CERVEZA VACÍAS

De *Gethsemani, Ky.*, 1960

Como latas de cerveza vacías y colillas
de cigarrillos apagados, han sido mis días.
Como figuras que pasan por una pantalla de televisión
y desaparecen, así ha pasado mi vida.
5 Como automóviles que pasaban rápidos por las carreteras
con risas de muchachas y músicas de radios…
Y la belleza pasó rápida, como el modelo de los autos
y las canciones de los radios que pasaron de moda.
Y no ha quedado nada de aquellos días, nada,
10 más que latas vacías y colillas apagadas,
risas en fotos marchitas, boletos rotos,
y el aserrín con que al amanecer barrieron los bares.

SALMO 5

De *Salmos*, 1964

Escucha mis palabras oh Señor
               Oye mis gemidos
Escucha mi protesta
Porque no eres tú un Dios amigo de los dictadores
ni partidario de su política
ni te influencia la propaganda
ni estás en sociedad con el gángster

No existe sinceridad en sus discursos
ni en sus declaraciones de prensa

Hablan de paz en sus discursos
mientras aumentan su producción de guerra

Hablan de paz en las Conferencias de Paz
y en secreto se preparan para la guerra

              Sus radios mentirosos rugen toda la noche.

Sus escritorios están llenos de planes criminales
              y expedientes siniestros
Pero tú me salvarás de sus planes.

Hablan con la boca de las ametralladoras
Sus lenguas relucientes
              son las bayonetas…
Castígalos oh Dios
           malogra su política
confunde sus memorandums
             impide sus programas.

A la hora de la Sirena de Alarma
tú estarás conmigo
tú serás mi refugio el día de la Bomba.

Al que no cree en la mentira de sus anuncios
  comerciales
ni en sus campañas publicitarias, ni en sus campañas
  políticas
Tú lo bendices
Lo rodeas con tu amor
             como con tanques blindados.

PREGUNTAS

ANÁLISIS

1. ¿A qué etapa de la vida de Ernesto Cardenal pertenece "Epigramas"? ¿Qué detalles del poema puedes usar como claves para saberlo?

2. ¿Por qué dice el poeta que algún día "otras soñarán con este amor que no fue para ellas"?

3. "Como latas de cerveza vacías" forma parte de una serie de poemas sobre la vida de Cardenal en un monasterio trapense. ¿Cómo nos ayuda este dato a entender el poema?

4. ¿Qué elementos de la vida urbana usa el poeta como ejemplos de la banalidad de su vida? Apoya tu respuesta con ejemplos del poema.

5. ¿A qué se refiere el poeta con las frases "el día de la bomba" y "la hora de la Sirena de Alarma" en "Salmo 5"? ¿Qué relación tiene esa imagen con la época en que fue escrito el poema?

6. ¿A quiénes identifica el poeta con el mal y con la mentira? ¿De parte de quiénes está el dios del que habla el poema?

INTERPRETACIÓN

1. En tu opinión, ¿qué sueña lograr el autor con el fragmento del poema "Epigramas": conquistar a Claudia o conquistar la fama?

2. ¿Consideras que este poema es una declaración de amor o de despecho? ¿Por qué?

3. En "Como latas de cerveza vacías", ¿por qué dice el poeta que su vida ha pasado como "figuras que pasan por una pantalla de televisión y desaparecen"? ¿Qué visión de su vida tiene Cardenal?

4. ¿Qué representa "el aserrín con que al amanecer barrieron los bares"? ¿Qué otra imagen podría haber usado el poeta para expresar esa misma idea?

5. Con tus propias palabras, explica cómo el poeta combina su vocación religiosa y sus preocupaciones políticas en "Salmo 5".

6. ¿Qué relación establece el poeta entre la publicidad comercial, la propaganda política y la guerra?

INVESTIGACIÓN

1. Averigua qué se entiende por poesía exteriorista. Observa luego los cuadros "Kennedy" y "Stop" del artista plástico Robert Rauschenberg, y explica qué relación encuentras entre la imaginería de esas obras y el poema "Como latas de cerveza vacías".

2. Lee el Salmo 5 de la Biblia y compáralo con el poema "Salmo 5" de Cardenal. Busca al menos cuatro ejemplos de imágenes del texto de Cardenal que se correspondan con imágenes del pasaje bíblico y explica cómo cambia Cardenal el significado del texto original.

AUGUSTO MONTERROSO

1921–2003

"Observar a las personas le sirve
más a un escritor que la lectura
de los mejores libros. El autor que
se olvide de esto está perdido."

—Augusto Monterroso, *"Leopoldo (sus trabajos)"*

Augusto Monterroso es el máximo exponente del microrrelato. Nació en Tegucigalpa, Honduras. Cuando tenía quince años, su familia se mudó a Guatemala. Más tarde, la situación política lo hizo abandonar también ese país rumbo al exilio, hasta que en 1956 se estableció finalmente en México, donde permaneció hasta su muerte en febrero de 2003. Abandonó la escuela a los once años por voluntad propia. Leyó por su cuenta a los clásicos de la literatura castellana e inglesa y estudió música. Publicó sus primeros cuentos en 1941 en revistas y periódicos. En México, fue profesor en la Universidad Autónoma y entró en contacto con la escena literaria de ese país. Allí se hizo cargo del Taller de Cuento de la Dirección General de Difusión Cultural de la UNAM y del Taller de Narrativa del Instituto Nacional de Bellas Artes. La publicación de *Obras completas (y otros cuentos)* en 1959 le valió un amplio reconocimiento que se confirmó con *La oveja negra y demás fábulas* en 1969. Monterroso mira la naturaleza humana con ironía, y con una brevedad y sencillez extremas; el microcuento de Monterroso es un género casi propio que está entre el cuento y la fábula. Por su obra recibió varios premios y reconocimientos internacionales, entre ellos el Príncipe de Asturias de las Letras y el Juan Rulfo, ambos en 2000.

Monterroso cultivó también la novela, las memorias, el ensayo y el aforismo. Como escritor posmoderno reúne discursos procedentes de diversas áreas del pensamiento. En sus textos se vislumbra la influencia de los clásicos de la literatura española, latinoamericana e inglesa. Su estilo, solo en apariencia tradicional, plantea críticas centrales a temas como la cultura de masas, el conformismo y la desobediencia civil, entre otros. El autor siempre busca la exactitud de la palabra, revisando sus textos hasta llegar al punto de afirmar: "yo no escribo; yo sólo corrijo". Sus giros alteran los esquemas mentales del lector, provocando una gran sorpresa en el final, como en su cuento "El eclipse" (*Obras completas*), que pone en jaque la teoría de la superioridad de la cultura occidental. En su famoso microcuento "El dinosaurio" (*Obras completas*), el lector se enfrenta a un texto de siete palabras. ¿Es una genialidad? ¿Es una broma? Para Monterroso, el lector siempre tiene la última palabra.

OBRAS PRINCIPALES

Cuento
1959 | *Obras completas (y otros cuentos)*
1969 | *La oveja negra y demás fábulas*
1994 | *Sinfonía concluida y otros cuentos*
1994 | *Mr. Taylor*

Novela
1978 | *Lo demás es silencio*

Ensayo
1983 | *La palabra mágica*
2001 | *Literatura y vida*

Memorias
1987 | *La letra e: fragmentos de un diario*
1993 | *Los buscadores de oro*

EL ECLIPSE

De *Obras completas (y otros cuentos)*, **1959**

Cuando fray Bartolomé Arrazola se sintió perdido aceptó que ya nada podría salvarlo. La selva poderosa de Guatemala lo había apresado, implacable y definitiva. Ante su ignorancia topográfica se sentó con tranquilidad a esperar la muerte. Quiso morir allí, sin ninguna esperanza, aislado, con el pensamiento fijo en la España distante, particularmente en el convento de Los Abrojos, donde Carlos Quinto condescendiera° una vez a bajar de su eminencia°° para decirle que confiaba en el celo° religioso de su labor redentora.

°aceptara °°superioridad
°entusiasmo

Al despertar se encontró rodeado por un grupo de indígenas de rostro impasible que se disponían a sacrificarlo ante un altar, un altar que a Bartolomé le pareció como el lecho en que descansaría, al fin, de sus temores, de su destino, de sí mismo.

Tres años en el país le habían conferido un mediano dominio de las lenguas nativas. Intentó algo. Dijo algunas palabras que fueron comprendidas.

Entonces floreció en él una idea que tuvo por digna de su talento y de su cultura universal y de su arduo conocimiento de Aristóteles. Recordó que para ese día se esperaba un eclipse total de sol. Y dispuso°, en lo más íntimo, valerse de aquel conocimiento para engañar a sus opresores y salvar la vida.

°decidió

—Si me matáis —les dijo— puedo hacer que el sol se oscurezca en su altura.

Los indígenas lo miraron fijamente y Bartolomé sorprendió° la incredulidad en sus ojos. Vio que se produjo un pequeño consejo°, y esperó confiado, no sin cierto desdén.

°descubrió
°reunión

Dos horas después el corazón de fray Bartolomé Arrazola chorreaba[*] su sangre vehemente sobre la piedra de los sacrificios (brillante bajo la opaca luz de un sol eclipsado), mientras uno de los indígenas recitaba sin ninguna inflexión de voz, sin prisa, una por una, las infinitas fechas en que se producirían eclipses solares y lunares, que los astrónomos de la comunidad maya habían previsto y anotado en sus códices sin la valiosa ayuda de Aristóteles. ✑

[*]derramaba a chorros, abundantemente

EL DINOSAURIO

De *Obras completas (y otros cuentos)*, 1959

Cuando despertó, el dinosaurio todavía estaba allí. ✑

PREGUNTAS

ANÁLISIS

1. ¿Cómo se describe a fray Bartolomé Arrazola en el cuento "El eclipse"?

2. "Entonces floreció en él una idea que tuvo por digna de su talento y de su cultura universal y de su arduo conocimiento de Aristóteles". ¿Qué interpretaciones se pueden extraer de esta oración?

3. ¿Qué importancia tiene la palabra "desdén" en la actitud de Bartolomé Arrazola y cómo influye en el desenlace del cuento?

4. ¿Qué personaje aparece en "El dinosaurio"? ¿Qué lecturas posibles sugiere su presencia?

5. Explica la función del sueño y de la vigilia en la trama de "El dinosaurio".

6. Identifica el punto de vista temporal del texto, es decir, la relación que hay entre el tiempo desde el cual narra el narrador y el tiempo de los sucesos que describe. Explica qué efecto le imprime al microrrelato. ¿Desde qué otros puntos de vista podría narrarse? ¿Qué matices de significado se lograrían desde cada punto de vista diferente?

INTERPRETACIÓN

1. En "El eclipse", Monterroso plantea una teoría sobre el etnocentrismo. ¿Cuál crees que es su pensamiento con respecto al tema y cómo lo expresa? ¿Estás de acuerdo?

2. El relato señala que el misionero, al observar a los indígenas, "sorprendió la incredulidad en sus ojos". ¿Cómo te parece que Arrazola ve a los nativos? ¿Cómo incide esa percepción en su intento de librarse de la muerte?

3. ¿Cuál crees que es el error de fray Arrazola? ¿Te parece que podría haberse librado de su cruento final? ¿Por qué?

4. La escritora argentina Ana María Shua equipara los microcuentos a las pirañas porque "son pequeños y feroces". ¿Estás de acuerdo con esa apreciación aplicada a "El dinosaurio"? Explica tu respuesta.

5. ¿A qué género dirías tú que pertenece "El dinosaurio"? ¿Por qué?

6. En su *Decálogo del escritor*, Monterroso aconseja: "Trata de decir las cosas de manera que el lector sienta siempre que en el fondo es tanto o más inteligente que tú. De vez en cuando procura que efectivamente lo sea; pero para lograr eso tendrás que ser más inteligente que él." ¿Crees que Monterroso sigue esta regla en los textos seleccionados?

INVESTIGACIÓN

1. "El dinosaurio" se consideró el cuento más breve en español hasta 2005, año en que fue publicado "El inmigrante", del mexicano Luis Felipe Lomelí. Lee ese microcuento de tan solo cuatro palabras y expresa tu opinión sobre su efectividad y precisión.

2. Revisa el *Decálogo del escritor* de Monterroso y compáralo con el *Decálogo del perfecto cuentista* de Horacio Quiroga. Analiza el estilo y el tono de los consejos de cada uno de ellos en relación a los escritos de sus autores. ¿Crees que estos decálogos ayudan a explicar su literatura?

ROSARIO FERRÉ

n. 1938

"[...] la ira ha sido el incentivo para que muchas mujeres escriban bien."

—Rosario Ferré, *¿Cómo escribí "Cuando las mujeres quieren a los hombres"?*

Rosario Ferré nació en Ponce, en una familia de la oligarquía socioeconómica puertorriqueña. Ferré forma parte de una generación de intelectuales puertorriqueños decididos a definir la identidad cultural de Puerto Rico, una colonia a medio camino entre la independencia y la integración política plena en Estados Unidos. Fue educada en escuelas privadas y realizó sus estudios universitarios en el Wellesley College de Massachusetts y en Manhattanville College de Nueva York. Años después obtuvo un doctorado en Literatura en la Universidad de Maryland.

Los años setenta fueron para Rosario Ferré un periodo de búsqueda intensa que la llevó a asumir posturas críticas frente a las desigualdades sociales y raciales, y ante la discriminación secular de la mujer. Estos eran los grandes temas de debate de los jóvenes escritores puertorriqueños, especialmente en el grupo que publicaba la revista *Zona de carga y descarga*. Precisamente, el primer libro de Ferré, *Papeles de Pandora*, reunió muchas de sus colaboraciones para esta revista, especialmente cuentos. Tras la publicación de la obra en 1976, Rosario Ferré es incluida por algunos críticos en la llamada generación del *Post Boom*, que seguía la estela del celebrado *Boom* de la generación anterior.

Según el crítico literario José Alcántara Almanzar, *Papeles de Pandora* "explora todo un universo social deformado por el colonialismo, incursionando en la vida de la clase dominante, poniendo al desnudo sus perversiones y progresiva extranjerización".

Posteriormente vinieron otros libros como *Fábulas de la garza desangrada* (1982), la novela corta *Maldito amor* (1987) y varios libros para niños y libros de ensayos como *Sitio a Eros* (1980) y *El coloquio de las perras* (1990). En los años noventa, Rosario Ferré escribió directamente en inglés la novela *The House on the Lagoon* (1995), la cual fue candidata al National Book Award de Estados Unidos. Su novela más reciente, *Lazos de sangre,* fue publicada en 2010.

Según algunos críticos, "La muñeca menor", uno de los cuentos incluido en *Papeles de Pandora*, está concebido como una distorsión mordaz del cuento de hadas. Para María Cecilia Graña, "Muñeca menor" representa la decadencia de la sociedad puertorriqueña en la que se presenta a la mujer desde el punto de vista de la sociedad patriarcal, es decir, como un objeto de belleza y absoluta pasividad y, al mismo tiempo, como portadora de misterio.

OBRAS PRINCIPALES

LA MUÑECA MENOR

De *Papeles de Pandora*, 1976

L a tía vieja había sacado desde muy temprano el sillón al balcón que daba
al cañaveral como hacía siempre que se despertaba con ganas de hacer
una muñeca. De joven se bañaba a menudo en el río, pero un día en que
la lluvia había recrecido la corriente en cola de dragón había sentido
5 en el tuétano de los huesos una mullida sensación de nieve. La cabeza
metida en el reverbero negro de las rocas, había creído escuchar, revolcados
con el sonido del agua, los estallidos del salitre sobre la playa y pensó que sus
cabellos habían llegado por fin a desembocar en el mar. En ese preciso momento
sintió una mordida terrible en la pantorrilla. La sacaron del agua gritando y se la
10 llevaron a la casa en parihuelas• retorciéndose de dolor.   •camilla

El médico que la examinó aseguró que no era nada, probablemente había
sido mordida por una chágara• viciosa. Sin embargo pasaron los días y la llaga   •camarón de río
no cerraba. Al cabo de un mes el médico había llegado a la conclusión de que
la chágara se había introducido dentro de la carne blanda de la pantorrilla,
15 donde había evidentemente comenzado a engordar. Indicó que le aplicaran un
sinapismo• para que el calor la obligara a salir. La tía estuvo una semana con   •cataplasma
la pierna rígida, cubierta de mostaza desde el tobillo hasta el muslo, pero al
finalizar el tratamiento se descubrió que la llaga se había abultado aún más,
recubriéndose de una substancia pétrea• y limosa que era imposible tratar   •dura como una piedra
20 de remover sin que peligrara toda la pierna. Entonces se resignó a vivir para
siempre con la chágara enroscada dentro de la gruta de su pantorrilla.

Había sido muy hermosa, pero la chágara que escondía bajo los largos pliegues de gasa de sus faldas la había despojado[*] de toda vanidad. Se había encerrado en la casa rehusando a todos sus pretendientes. Al principio se había dedicado a la crianza de las hijas de su hermana, arrastrando por toda la casa la pierna monstruosa con bastante agilidad. Por aquella época la familia vivía rodeada de un pasado que dejaba desintegrar a su alrededor con la misma impasible musicalidad con que la lámpara de cristal del comedor se desgranaba a pedazos sobre el mantel raído de la mesa del comedor. Las niñas adoraban a la tía. Ella las peinaba, las bañaba y les daba de comer. Cuando les leía cuentos se sentaban a su alrededor y levantaban con disimulo el volante almidonado de su falda para oler el perfume de guanábana madura que supuraba la pierna en estado de quietud.

Cuando las niñas fueron creciendo la tía se dedicó a hacerles muñecas para jugar. Al principio eran sólo muñecas comunes, con carne de guata[*] de higüera[**] y ojos de botones perdidos. Pero con el pasar del tiempo fue refinando su arte hasta ganarse el respeto y la reverencia de toda la familia. El nacimiento de una muñeca era siempre motivo de regocijo sagrado, lo cual explicaba el que jamás se les hubiese ocurrido vender una de ellas, ni siquiera cuando las niñas eran ya grandes y la familia comenzaba a pasar necesidad. La tía había ido agrandando el tamaño de las muñecas de manera que correspondieran a la estatura y a las medidas de cada una de las niñas. Como eran nueve y la tía hacía una muñeca de cada niña por año, hubo que separar una pieza de la casa para que la habitasen exclusivamente las muñecas. Cuando la mayor cumplió diez y ocho años había ciento veintiséis muñecas de todas las edades en la habitación. Al abrir la puerta, daba la sensación de entrar en un palomar, o en el cuarto de muñecas del palacio de las tzarinas, o en un almacén donde alguien había puesto a madurar una larga hilera de hojas de tabaco. Sin embargo, la tía no entraba en la habitación por ninguno de estos placeres, sino que echaba el pestillo a la puerta e iba levantando amorosamente cada una de las muñecas canturreándoles mientras las mecía: Así eras cuando tenías un año, así cuando tenías dos, así cuando tenías tres, reviviendo la vida de cada una de ellas por la dimensión del hueco que le dejaban entre los brazos.

El día que la mayor de las niñas cumplió diez años, la tía se sentó en el sillón frente al cañaveral y no se volvió a levantar jamás. Se balconeaba días enteros observando los cambios de agua de las cañas y sólo salía de su sopor[*] cuando la venía a visitar el doctor o cuando se despertaba con ganas de hacer una muñeca. Comenzaba entonces a clamar para que todos los habitantes de la casa viniesen a ayudarla. Podía verse ese día a los peones de la hacienda haciendo constantes relevos al pueblo como alegres mensajeros incas, a comprar cera, o comprar barro de porcelana, encajes, agujas, carretes de hilo de todos los colores. Mientras se llevaban a cabo estas diligencias, la tía llamaba a su habitación a la niña con la que había soñado esa noche y le tomaba las medidas. Luego le hacía una mascarilla de cera que cubría de yeso por ambos lados, como una cara

[*] desvestido

[*] algodón [**] fruto del higüero

[*] letargo

viva dentro de dos caras muertas; luego hacía salir un hilillo rubio interminable
por un hoyito en la barbilla. La porcelana de las manos era siempre translúcida;
tenía un ligero tinte marfileño que contrastaba con la blancura granulada de las
caras de biscuit. Para hacer el cuerpo, la tía enviaba al jardín por veinte higüeras
relucientes. Las cogía con una mano y con un movimiento experto de la cuchilla
las iba rebanando una a una en cráneos relucientes de cuero verde. Luego las
inclinaba en una hilera contra la pared del balcón para que el sol y el aire secaran
los cerebros algodonosos de guano gris. Al cabo de algunos días raspaba el
contenido con una cuchara y lo iba introduciendo con infinita paciencia por la
boca de la muñeca.

Lo único que la tía transigía* en utilizar en la creación de las muñecas sin
que estuviese hecho por ella, eran las bolas de los ojos. Se los enviaban por
correo desde Europa en todos los colores, pero la tía los consideraba inservibles
hasta no haberlos dejado sumergidos durante un número de días en el fondo
de la quebrada para que aprendiesen a reconocer el más leve movimiento de
las antenas de las chágaras. Sólo entonces los lavaba con agua de amoniaco y
los guardaba, relucientes como gemas, colocados sobre camas de algodón, en el
fondo de una lata de galletas holandesas. El vestido de las muñecas no variaba
nunca, a pesar de que las niñas iban creciendo. Vestía siempre a las más pequeñas
de tira bordada y a las mayores de broderí, colocando en la cabeza de cada una el
mismo lazo abullonado y trémulo de pecho de paloma.

Las niñas empezaron a casarse y a abandonar la casa. El día de la boda la
tía les regalaba a cada una la última muñeca dándoles un beso en la frente
y diciéndoles con una sonrisa: Aquí tienes tu Pascua de Resurrección. A los
novios los tranquilizaba asegurándoles que la muñeca era sólo una decoración
sentimental que solía colocarse sentada, en las casas de antes, sobre la cola del
piano. Desde lo alto del balcón la tía observaba a las niñas bajar por última vez
las escaleras de la casa sosteniendo en una mano la modesta maleta a cuadros
de cartón y pasando el otro brazo alrededor de la cintura de aquella exuberante
muñeca, hecha a su imagen y semejanza, calzada con zapatillas de ante, faldas de
bordados nevados y pantaletas* de valenciennes**. Las manos y la cara de estas
muñecas, sin embargo, se notaban menos transparentes, tenían la consistencia
de la leche cortada. Esta diferencia encubría otra más sutil: la muñeca de boda
no estaba jamás rellena de guata, sino de miel.

Ya se habían casado todas las niñas y en la casa quedaba sólo la más joven
cuando el doctor hizo a la tía la visita mensual, acompañado de su hijo que
acababa de regresar de sus estudios de medicina en el norte. El joven levantó
el volante de la falda almidonada y se quedó mirando aquella inmensa vejiga
abotagada* que manaba** una esperma perfumada por la punta de sus escamas
verdes. Sacó su estetoscopio y la auscultó cuidadosamente. La tía pensó que
auscultaba la respiración de la chágara para verificar si todavía estaba viva, y
cogiéndole la mano con cariño se la puso sobre un lugar determinado para que

*aceptaba

*ropa interior **tela fina de encaje

*hinchada **fluía, brotaba

palpara el movimiento constante de las antenas. El joven dejó caer la falda y miró fijamente al padre. Usted hubiese podido curar esto en sus comienzos, le dijo. Es cierto, contestó el padre, pero yo sólo quería que vinieras a ver la chágara que te había pagado los estudios durante veinte años.

En adelante fue el joven médico quien visitó mensualmente a la tía vieja. Era evidente su interés por la menor y la tía pudo comenzar su última muñeca con amplia anticipación. Se presentaba siempre con el cuello almidonado, los zapatos brillantes y el ostentoso alfiler de corbata oriental del que no tiene donde caerse muerto. Luego de examinar a la tía se sentaba en la sala recostando su silueta de papel dentro de un marco ovalado, a la vez que le entregaba a la menor el mismo ramo de siemprevivas moradas. Ella le ofrecía galletitas de jengibre y cogía el ramo quisquillosamente con la punta de los dedos, como quien coge el estómago de un erizo vuelto al revés. Decidió casarse con él porque le intrigaba su perfil dormido, y porque ya tenía ganas de saber cómo era por dentro la carne de delfín.

El día de la boda la menor se sorprendió al coger la muñeca por la cintura y encontrarla tibia, pero lo olvidó en seguida, asombrada ante su excelencia artística. Las manos y la cara estaban confeccionadas con delicadísima porcelana de Mikado. Reconoció en la sonrisa entreabierta y un poco triste la colección completa de sus dientes de leche. Había, además, otro detalle particular: la tía había incrustado en el fondo de las pupilas de los ojos sus dormilonas° de brillantes.

°pendientes en forma de aro

El joven médico se la llevó a vivir al pueblo, a una casa encuadrada dentro de un bloque de cemento. La obligaba todos los días a sentarse en el balcón, para que los que pasaban por la calle supiesen que él se había casado en sociedad. Inmóvil dentro de su cubo de calor, la menor comenzó a sospechar que su marido no sólo tenía el perfil de silueta de papel sino también el alma. Confirmó sus sospechas al poco tiempo. Un día él le sacó los ojos a la muñeca con la punta del bisturí y los empeñó por un lujoso reloj de cebolla con una larga leontina°. Desde entonces la muñeca siguió sentada sobre la cola del piano, pero con los ojos bajos.

°cadena

A los pocos meses el joven médico notó la ausencia de la muñeca y le preguntó a la menor qué había hecho con ella. Una cofradía de señoras piadosas le había ofrecido una buena suma por la cara y las manos de porcelana para hacerle un retablo° a la Verónica en la próxima procesión de Cuaresma. La menor le contestó que las hormigas habían descubierto por fin que la muñeca estaba rellena de miel y en una sola noche se la habían devorado. Como las manos y la cara eran de porcelana de Mikado, dijo, seguramente las hormigas las creyeron hechas de azúcar, y en este preciso momento deben de estar quebrándose los dientes, royendo con furia dedos y párpados en alguna cueva subterránea. Esa noche el médico cavó toda la tierra alrededor de la casa sin encontrar nada.

°recreación de una escena religiosa en un altar

Pasaron los años y el médico se hizo millonario. Se había quedado con toda la clientela del pueblo, a quienes no les importaba pagar honorarios exorbitantes para poder ver de cerca a un miembro legítimo de la extinta aristocracia cañera. La menor seguía sentada en el balcón, inmóvil dentro de sus gasas y encajes, siempre con los ojos bajos. Cuando los pacientes de su marido, colgados de collares, plumachos y bastones, se acomodaban cerca de ella removiendo los rollos de sus carnes satisfechas con un alboroto de monedas, percibían a su alrededor un perfume particular que les hacía recordar involuntariamente la lenta supuración de una guanábana. Entonces les entraban a todos unas ganas irresistibles de restregarse las manos como si fueran patas.

Una sola cosa perturbaba la felicidad del médico. Notaba que mientras él se iba poniendo viejo, la menor guardaba la misma piel aporcelanada y dura que tenía cuando la iba a visitar a la casa del cañaveral. Una noche decidió entrar en su habitación para observarla durmiendo. Notó que su pecho no se movía. Colocó delicadamente el estetoscopio sobre su corazón y oyó un lejano rumor de agua. Entonces la muñeca levantó los párpados y por las cuencas vacías de los ojos comenzaron a salir las antenas furibundas* de las chágaras. ✺

*furiosas

PREGUNTAS

ANÁLISIS

1. Explica cómo se enlaza lo fantástico, lo simbólico y lo real en este cuento de Rosario Ferré.

2. ¿Qué crees que simbolizan la chágara, las muñecas y la miel en este cuento? Explica tu respuesta de acuerdo con lo que sabes sobre la posición política de la autora.

3. ¿Quién crees que es el personaje principal: la tía vieja, la menor, la chágara o las muñecas? Explica tu respuesta.

4. ¿Qué elementos utiliza la autora para indicar la transformación del personaje principal?

INTERPRETACIÓN

1. ¿Por qué crees que Ferré evita referirse a sus personajes con un nombre propio?

2. ¿Qué elementos del cuento manifiestan el feminismo de Rosario Ferré? Explica tu respuesta.

3. Según lo que has leído en este cuento, ¿con qué propósito se usa la personificación? Explica tu respuesta y selecciona algunos ejemplos.

4. Rosario Ferré usa los rasgos del carácter para categorizarlos en femeninos y masculinos. ¿Qué estereotipos usa la autora para describir a los hombres y a las mujeres en "La muñeca menor"?

INVESTIGACIÓN

1. ¿Cómo ha contribuido la obra de Rosario Ferré al debate sobre la fragmentación de la sociedad latinoamericana?

2. ¿Qué obras de Rosario Ferré se pueden clasificar como una reescritura de la historia de Puerto Rico? ¿Qué importancia social tiene este aspecto de la obra de esta autora?

MANUEL PUIG

1932–1990

"Es que la película era divina, y para mí la película es lo que me importa, porque total, mientras estoy acá encerrado no puedo hacer otra cosa que pensar en cosas lindas, para no volverme loco."

—**Manuel Puig**, *El beso de la mujer araña*

Manuel Puig nació y creció en un pequeño pueblo de la Argentina, General Villegas. Casi todos los días asistía a las funciones de cine acompañando a su madre, de ahí surgió su fascinación por las grandes estrellas de las décadas de 1930 y 1940 que le duraría toda su vida y que lo impulsó a comenzar el estudio del inglés, "la lengua del cine", en 1942.

En 1946 fue a Buenos Aires a estudiar la secundaria. Decidido a seguir una carrera relacionada con el cine, consideró Dirección cinematográfica, pero finalmente estudió Filosofía y Letras, y comenzó a trabajar en la industria cinematográfica argentina. En 1956 se marchó a Italia con una beca para estudiar en el Centro Experimental de Cinematografía, pero se desilusionó del ambiente del cine y descubrió que no le agradaba trabajar en un set ni colaborar con mucha gente. Viajó a París, Londres y Estocolmo, donde comenzó a escribir guiones de cine en inglés mientras se ganaba la vida haciendo de camarero y profesor de español e italiano. Después de colaborar como asistente de dirección en algunas películas en la Argentina e Italia, se mudó a Nueva York, donde trabajaba para Air France por la mañana y por la tarde escribía *La traición de Rita Hayworth*. Publicada en 1968 por Gallimard, fue considerada una de las mejores novelas del año por el diario *Le Monde*.

Boquitas pintadas (1969) lo consagró en el mercado internacional. Sin embargo, *The Buenos Aires Affair* (1973) fue prohibida por la censura y Puig fue incluido en la lista negra del peronismo. Amenazado por la Triple A (Alianza Anticomunista Argentina), abandonó la Argentina. Vivió en México y más tarde en Nueva York, donde dictó cursos de escritura creativa en la Universidad de Columbia y luego en Río de Janeiro, mientras continuaba escribiendo novelas, guiones dramáticos de cine y teatro, y libretos de comedias musicales. Se hallaba en Cuernavaca, México, cuando enfermó repentinamente de la vesícula y murió por complicaciones de la cirugía, dejando inconclusa la novela *Humedad relativa 95%*.

El pastiche, o *collage*, que une y mezcla múltiples géneros discursivos en una misma obra, es uno de los recursos principales de la narrativa de Puig, junto con las técnicas cinematográficas que aprendió de las muchas tardes pasadas en el cine de General Villegas. De hecho, *La traición de Rita Hayworth*, primera novela de Puig, nació como guión cinematográfico, aunque pronto se convirtió en una novela. Puig construyó este relato basado en experiencias autobiográficas con fragmentos de radioteatros, diálogos telefónicos, diarios íntimos, composiciones escolares, que mezcla tomando prestado el montaje del cine con cambios de punto de vista, *flashbacks* y monólogos interiores de los personajes. Con el mismo estilo, *Boquitas pintadas* recrea las novelas por entregas o folletines, mientras que *The Buenos Aires Affair* retoma el género policial de las populares novelas de detectives.

Puig demuestra que las técnicas experimentales no tienen por qué disminuir el interés de una historia al utilizar la cultura de masas y sus manifestaciones —películas de cine, radioteatros, novelas rosas, boleros— para dar forma a la experiencia de los personajes en relatos que tratan sobre la evasión de la realidad. En su novela *El beso de la mujer araña* (1976), posteriormente adaptada con éxito al cine y al teatro, el narrador desaparece y los protagonistas aparecen en primer plano; sus diálogos, de tono muy coloquial, sobre sus vidas o los relatos de películas son interrumpidos solo para intercalar informes policiales o las entrevistas de uno de ellos, Molina, con el director de la cárcel donde los personajes se encuentran. Esta novela anticipa las obras de teatro que Puig comienza a escribir tras abandonar la Argentina en 1973, obras caracterizadas por un carácter minimalista, pocos personajes y un escenario fijo como trasfondo de la acción.

Barral Biblioteca Manuel Puig

Manuel Puig
l beso de la mujer araña

OBRAS PRINCIPALES

Novela
1968 | *La traición de Rita Hayworth*
1969 | *Boquitas pintadas*
1973 | *The Buenos Aires Affair*
1976 | *El beso de la mujer araña*
1979 | *Pubis angelical*
1980 | *Maldición eterna a quien lea estas páginas*
1982 | *Sangre de amor correspondido*
1988 | *Cae la noche tropical*

. . . .

Teatro
1974 | *Amor del bueno*
1975 | *Muy señor mío*
1983 | *Bajo un manto de estrellas*
1983 | *El beso de la mujer araña*
1985 | *La cara de villano*
1985 | *Recuerdos de Tijuana*
1987 | *El misterio del ramo de rosas*
1987 | *Tango de la medianoche*
1988 | *Triste golondrina macho*
1988 | *Un espía en mi corazón*

. . . .

Cuento
*1993 | *Los ojos de Greta Garbo*

*Obra publicada póstumamente.

EL BESO DE LA MUJER ARAÑA

De *El beso de la mujer araña*, 1976

I

Aella se le ve que algo raro tiene, que no es una mujer como todas. Parece muy joven, de unos veinticinco años cuanto más, una carita un poco de gata, la nariz chica, respingada, el corte de cara es… más redondo que ovalado, la frente ancha, los cachetes* también grandes •mejillas

5 pero que después se van para abajo en punta, como los gatos.

—¿Y los ojos?

—Claros, casi seguro que verdes, los entrecierra para dibujar mejor. Mira al modelo, la pantera negra del zoológico, que primero estaba quieta en la jaula, echada*. Pero cuando la chica hizo ruido con el atril y la silla, la pantera la vio •tumbada

10 y empezó a pasearse por la jaula y a rugirle a la chica, que hasta entonces no encontraba bien el sombreado que le iba a dar al dibujo.

—¿El animal no la puede oler antes?

—No, porque en la jaula tiene un enorme pedazo de carne, es lo único que puede oler. El guardián le pone la carne cerca de las rejas, y no puede entrar

15 ningún olor de afuera, a propósito para que la pantera no se alborote*. Y es al •se excite notar la rabia de la fiera que la chica empieza a dar trazos cada vez más rápidos, y dibuja una cara que es de animal y también de diablo. Y la pantera la mira, es una pantera macho y no se sabe si es para despedazarla y después comerla, o si la mira llevada por otro instinto más feo todavía.

20 —¿No hay gente en el zoológico ese día?

—No, casi nadie. Hace frío, es invierno. Los árboles del parque están pelados. Corre un aire frío. La chica es casi la única, ahí sentada en el banquito plegadizo que se trae ella misma, y el atril para apoyar la hoja del dibujo. Un poco más lejos, cerca de la jaula de las jirafas hay unos chicos con la maestra, pero se van

25 rápido, no aguantan el frío.

—¿Y ella no tiene frío?

—No, no se acuerda del frío, está como en otro mundo, ensimismada* •absorta, concentrada dibujando a la pantera.

—Si está ensimismada no está en otro mundo. Esa es una contradicción.

30 —Sí, es cierto, ella está ensimismada, metida en el mundo que tiene adentro de ella misma, y que apenas si lo está empezando a descubrir. Las piernas las tiene entrelazadas, los zapatos son negros, de taco alto y grueso, sin puntera, se asoman las uñas pintadas de oscuro. Las medias son brillosas, ese tipo de malla cristal de seda, no se sabe si es rosada la carne o la media.

35 —Perdón pero acordate de lo que te dije, no hagas descripciones eróticas. Sabés que no conviene.

—Como quieras. Bueno, sigo. Las manos de ella están enguantadas, pero para llevar adelante el dibujo se saca el guante derecho. Las uñas son largas, el esmalte casi negro, y los dedos blancos, hasta que el frío empieza a amoratárselos. Deja un momento el trabajo, mete la mano debajo del tapado para calentársela. El tapado es grueso, de felpa negra, las hombreras bien grandes, pero una felpa espesa como la pelambre de un gato persa, no, mucho más espesa. ¿Y quién está detrás de ella?, alguien trata de encender un cigarrillo, el viento apaga la llama del fósforo.

—¿Quién es?

—Esperá. Ella oye el chasquido del fósforo y se sobresalta, se da vuelta. Es un tipo de buena pinta*, no un galán lindo, pero de facha** simpática, con sombrero de ala baja y un sobretodo* bolsudo**, pantalones muy anchos. Se toca el ala del sombrero como saludo y se disculpa, le dice que el dibujo es bárbaro. Ella ve que es buen tipo, la cara lo vende, es un tipo muy comprensivo, tranquilo. Ella se retoca un poco el peinado con la mano, medio deshecho por el viento. Es un flequillo de rulos, y el pelo hasta los hombros que es lo que se usaba, también con rulos chicos en las puntas, como de permanente casi.

—Yo me la imagino morocha*, no muy alta, redondita, y que se mueve como una gata. Lo más rico que hay.

—¿No era que no te querías alborotar?

—Seguí.

—Ella contesta que no se asustó. Pero en eso, al retocarse el pelo suelta la hoja y el viento se la lleva. El muchacho corre y la alcanza, se la devuelve a la chica y le pide disculpas. Ella le dice que no es nada y él se da cuenta que es extranjera por el acento. La chica le cuenta que es una refugiada, estudió bellas artes en Budapest, al estallar la guerra se embarcó para Nueva York. Él le pregunta si extraña su ciudad. A ella es como si le pasara una nube por los ojos, toda la expresión de la cara se le oscurece, y dice que no es de una ciudad, ella viene de las montañas, por ahí por Transilvania.

—De donde es Drácula.

—Sí, esas montañas tienen bosques oscuros, donde viven las fieras que en invierno se enloquecen de hambre y tienen que bajar a las aldeas, a matar. Y la gente se muere de miedo, y les pone ovejas y otros animales muertos en las puertas y hacen promesas, para salvarse. A todo esto el muchacho quiere volver a verla y ella le dice que a la tarde siguiente va a estar dibujando ahí otra vez, como toda esa última temporada cuando ha habido días de sol. Entonces él, que es un arquitecto, está a la tarde siguiente en su estudio con sus arquitectos

*aspecto **apariencia
*abrigo **ancho

*morena

compañeros y una chica colega también, y cuando suenan las tres y ya queda
poco tiempo de luz quiere largar* las reglas y compases para cruzarse al zoológico
que está casi enfrente, ahí en el Central Park. La colega le pregunta adónde va,
y por qué está tan contento. Él la trata como amiga pero se nota que en el fondo
ella está enamorada de él, aunque lo disimula.

    —¿Es un loro?

    —No, de pelo castaño, cara simpática, nada del otro mundo pero agradable.
Él sale sin darle el gusto de decirle adónde va. Ella queda triste pero no deja que
nadie se dé cuenta y se enfrasca en el trabajo para no deprimirse más. Ya en el
zoológico no ha empezado todavía a hacerse de noche, ha sido un día con luz
de invierno muy rara, todo parece que se destaca con más nitidez que nunca, las
rejas son negras, las paredes de las jaulas de mosaico blanco, el pedregullo* blanco
también, y grises los árboles deshojados. Y los ojos rojo sangre de las fieras. Pero
la muchacha, que se llamaba Irena, no está. Pasan los días y el muchacho no la
puede olvidar, hasta que un día caminando por una avenida lujosa algo le llama
la atención en la vidriera de una galería de arte. Están expuestas las obras de
alguien que dibuja nada más que panteras. El muchacho entra, allí está Irena,
que es felicitada por otros concurrentes*. Y no sé bien cómo sigue.

    —Hacé memoria.

    —Esperá un poco… No sé si es ahí que la saluda una que la asusta… Bueno,
entonces el muchacho también la felicita y la nota distinta a Irena, como feliz, no
tiene esa sombra en la mirada, como la primera vez. Y la invita a un restaurant y
ella deja a todos los críticos ahí, y se van. Ella parece que pudiera caminar por la
calle por primera vez, como si hubiese estado presa y ahora libre puede agarrar*
para cualquier parte.

    —Pero él la lleva a un restaurant, dijiste vos, no para cualquier parte.

    —Ay, no me exijas tanta precisión. Bueno, cuando él se para frente a un
restaurant húngaro o rumano, algo así, ella se vuelve a sentir rara. Él creía darle
un gusto llevándola ahí a un lugar de compatriotas de ella, pero le sale el tiro por
la culata*. Y se da cuenta que a ella algo le pasa, y se lo pregunta. Ella miente y
dice que le trae recuerdos de la guerra, que todavía está en pleno fragor* en esos
momentos. Entonces él le dice que van a otra parte a almorzar. Pero ella se da
cuenta que él, pobre, no tiene mucho tiempo, está en su hora libre de almuerzo
y después tiene que volver al estudio. Entonces ella se sobrepone y entra al
restaurant, y todo perfecto, porque el ambiente es muy tranquilo y comen bien,
y ella otra vez está encantada de la vida.

    —¿Y él?

    —Él está contento, porque ve que ella se sobrepuso a un complejo para darle
el gusto a él, que él justamente al principio lo había planeado, de ir ahí, para
darle un gusto a ella. Esas cosas de cuando dos se conocen y las cosas empiezan a
funcionar bien. Y él está tan embalado* que decide no volver al trabajo esa tarde.

Marginal glosses:

75 | *soltar

85 | *gravilla: piedra picada
para hacer caminos

90 | *asistentes

*ir

*se equivoca
*estallido; explosión

*excitado

Le cuenta que pasó por la galería de casualidad, lo que él estaba buscando era otro negocio, para comprar un regalo.

—Para la colega arquitecta.

—¿Cómo sabés?

—Nada, lo acerté no más.

—Vos viste la película.

—No, te lo aseguro. Seguí.

—Y la chica, la Irena, le dice que entonces pueden ir a ese negocio. Él enseguida lo que piensa es si le alcanzará la plata para comprar dos regalos iguales, uno para el cumpleaños de la colega y otro para Irena, así termina de conquistársela. Por la calle Irena le dice que esa tarde, cosa rara, no le da lástima notar que ya está anocheciendo, apenas a las tres de la tarde. Él le pregunta por qué le da tristeza que anochezca, si es porque le tiene miedo a la oscuridad. Ella lo piensa y le contesta que sí. Y él se para frente al negocio donde van, ella mira la vidriera con desconfianza, se trata de una pajarería, lindísima, en las jaulas que se pueden ver desde afuera hay pájaros de todo tipo, volando alegres de un trapecio a otro, o hamacándose, o picoteando hojitas de lechuga, o alpiste, o tomando a sorbos el agüita fresca, recién cambiada.

—Perdoná… ¿hay agua en la garrafa?

—Sí, la llené yo cuando me abrieron para ir al baño.

—Ah, está bien entonces.

—¿Querés un poco?, está linda, fresquita.

—No, así mañana no hay problema con el mate. Seguí.

—Pero no exageres. Nos alcanza para todo el día.

—Pero vos no me acostumbres mal. Yo me olvidé de traer cuando nos abrieron la puerta para la ducha, si no era por vos que te acordaste después estábamos sin agua.

—Hay de sobra, te digo… Pero al entrar los dos a la pajarería es como si hubiese entrado quién sabe quién, el diablo. Los pájaros se enloquecen y vuelan ciegos de miedo contra las rejitas de las jaulas, y se machucan las alas. El dueño no sabe qué hacer. Los pajaritos chillan de terror, son como chillidos de buitres, no como cantos de pájaros. Ella le agarra la mano al muchacho y lo saca afuera. Los pájaros enseguida se calman. Ella le pide que la deje irse. Hacen cita y se separan hasta la noche siguiente. Él vuelve a entrar a la pajarería, los pájaros siguen cantando tranquilos, compra un pajarito para la del cumpleaños. Y después… bueno, no me acuerdo muy bien cómo sigue, tengo sueño.

—Seguí un poco más.

—Es que con el sueño se me olvida la película, ¿qué te parece si la seguimos mañana?

—Si no te acordás, mejor la seguimos mañana.

—Con el mate te la sigo.

—No, mejor a la noche, durante el día no quiero pensar en esas macanas*. Hay   *absurdidades, disparates
cosas más importantes en que pensar.

—…

—Si yo no estoy leyendo y me quedo callado es porque estoy pensando. Pero
160 no me vayas a interpretar mal.

—No, está bien. No te voy a distraer la atención, perdé cuidado*.   *no te preocupes

—Veo que me entendés, te lo agradezco. Hasta mañana.

—Hasta mañana. Que sueñes con Irena.

A mí me gusta más la colega arquitecta.

165 —Yo ya lo sabía. Chau.

—Hasta mañana.

———————————— ✳ ✳ ✳ ✳ ✳ ✳ ————————————

—Habíamos quedado en que él entró a la pajarería y los pájaros no se
asustaron de él. Que era de ella que tenían miedo.

—Yo no te dije eso, sos vos que lo pensaste.

170 —¿Qué pasa entonces?

—Bueno, ellos se siguen viendo y se enamoran. A él ella lo atrae bárbaramente,
porque es tan rara, por un lado ella lo mima con muchas ganas, y lo mira, lo
acaricia, se le acurruca en los brazos, pero cuando él la quiere abrazar fuerte y
besarla ella se le escurre y apenas si le deja rozarle los labios con los labios de
175 él. Le pide que no la bese, que la deje a ella besarlo a él, besos muy tiernos, pero
como de una nena, con los labios carnosos, suavecitos, pero cerrados.

—Antes en las películas nunca había sexo.

—Esperá, y vas a ver. La cuestión es que una noche él la lleva de nuevo al
restaurant aquel, que es no de lujo pero muy pintoresco, con manteles a cuadros
180 y todo de madera, o no, de piedra, no, sí, ahora sé, adentro parece como estar
en una cabaña, y con lámparas a gas y en las mesas simples velas. Y él levanta el
vaso de vino, un vaso de estilo rústico, y brinda porque esa noche un hombre
muy enamorado se va a comprometer en matrimonio, si su elegida lo acepta. A
ella se le llenan los ojos de lágrimas, pero de felicidad. Chocan los vasos y toman
185 sin decir más nada, se agarran las manos. De golpe ella se le retira: ha visto
que alguien se acerca a la mesa. Es una mujer hermosa, al primer vistazo, pero
enseguida después se le nota algo rarísimo en la cara, algo que da miedo y no
se sabe qué es. Porque es una cara de mujer pero también una cara de gato. Los
ojos para arriba, y raros, no sé cómo decirte, el blanco del ojo no lo tiene, el ojo
190 es todo color verde, con la pupila negra en el centro y nada más. Y el cutis muy
pálido, como con mucho polvo.

—Pero me decías que era linda.

—Sí, es hermosa. Y por la ropa rara se nota que es europea, un peinado de
banana todo alrededor de la cabeza.

195 —¿Qué es banana?

—Como un…, ¿cómo te puedo explicar?, un rodete así como un tubo alrededor de la cabeza, que alza la frente y sigue todo para atrás.

—No importa, seguí.

—Pero es que a lo mejor me equivoco, me parece que tiene como una trenza alrededor de la cabeza, que es más de esa región. Y un traje largo hasta los pies, una capa corta de zorros sobre los hombros. Y llega a la mesa y la mira a Irena como con odio, o no, una forma de mirar como de quien hipnotiza, pero un mirar mal intencionado de todas formas. Y le habla en un idioma rarísimo, parada al lado de la mesa. Él, como le corresponde a un caballero, se levanta, al acercarse una dama, pero la felina esta ni lo mira y le dice una segunda frase a Irena. Irena le contesta en el mismo idioma, muy asustada. Él no entiende ni una palabra de lo que se dicen. La mujer entonces, para que entienda también él, le dice a Irena: "Te reconocí enseguida, tú sabes por qué. Hasta pronto…" Y se va, sin haber siquiera mirado al muchacho. Irena está como petrificada, los ojos los tiene llenos de lágrimas, pero turbios, parecen lágrimas de agua sucia de un charco. Se levanta sin decir ni una palabra y se envuelve la cabeza con un velo largo, blanco, él deja un billete en la mesa, y sale con ella tomándola del brazo. No se dicen nada, él ve que ella mira con miedo para Central Park, nieva despacito, la nieve amortigua todos los ruidos y sonidos, los autos pasan por la calle como deslizándose, bien silenciosos, el farol de la calle ilumina los copos blanquísimos que caen, muy lejos parece que se oyen rugidos de fieras. Y no sería difícil que fuera cierto, porque a poca distancia de ahí es donde está el zoológico de la ciudad, en el mismo parque. Ella no sigue, le pide que la abrace. Él la estrecha en sus brazos. Ella tiembla, de frío o de miedo, aunque los rugidos parecen haberse aplacado. Ella dice, apenas en un susurro, que tiene miedo de ir a su casa y pasar la noche sola. Pasa un taxi, él le hace señas de parar, suben los dos sin decir una palabra. Van al departamento de él, en todo el trayecto no hablan. Llegan al edificio, es una de esas casas de departamentos antiguas muy cuidada, con alfombras, de techo de vigas muy alto, una escalera de madera oscura toda tallada y ahí a la entrada al pie de la escalera una planta grande de palmera aclimatada en una maceta regia. Ponele* que con dibujos chinos. La planta que se refleja en un espejo alto de marco también muy trabajado, como los tallados de la escalera. Ella se mira al espejo, se estudia la cara, como buscando algo en sus facciones, no hay ascensor, en el primer piso vive él. Los pasos en la alfombra no se oyen casi, como en la nieve. Es un departamento grande, con todas cosas fin de siglo, muy sobrio, era el departamento de la madre del muchacho.

*imagina, digamos

—¿Él qué hace?

—Nada, sabe que ella tiene algo adentro, que la está atormentando. Le ofrece bebidas, café, lo que quiera. Ella no toma nada, le pide que se siente, tiene algo que decirle. Él enciende la pipa y la mira con esa bondad que se le nota en todo momento. Ella no se anima a mirarlo en los ojos, coloca la cabeza sobre las rodillas de él. Entonces empieza a contar que había una leyenda terrible en su

aldea de la montaña, que siempre la ha aterrorizado, desde chica. Y eso yo no me
acuerdo bien cómo era, algo de la Edad Media, que una vez esas aldeas quedaron
aisladas por la nieve meses y meses, y se morían de hambre, y que todos los
hombres se habían ido a la guerra, algo así, y las fieras del bosque llegaban
hambrientas hasta las casas, no me acuerdo bien, y el diablo se apareció y pidió
que saliera una mujer si querían que él les trajese comida, y salió una mujer, la
más valiente, y el diablo tenía al lado una pantera hambrienta enfurecida, y esa
mujer hizo un pacto con el diablo, para no morir, y no sé qué pasó y la mujer
tuvo una hija con cara de gata. Y cuando volvieron los cruzados de la Guerra
Santa, el soldado que estaba casado con esa mujer entró a la casa y cuando la fue
a besar ella lo despedazó vivo, como una pantera lo hubiese hecho.

—No entiendo bien, es muy confuso como lo contás.

—Es que la memoria me falla. Pero no importa. Lo que cuenta Irena que sí
me acuerdo bien es que siguieron naciendo en la montaña mujeres pantera. De
todos modos ya ese soldado había muerto pero otro cruzado se dio cuenta que
era la mujer la que lo había matado y la empezó a seguir y por la nieve ella se
escapó y primero eran pisadas de mujer las huellas que quedaban y al acercarse
al bosque eran de pantera, y el cruzado la siguió y se metió al bosque que era
de noche, hasta que vio en la oscuridad los ojos verdes brillantes de alguien
que lo esperaba agazapado[*], y él hizo con la espada y el puñal una cruz y la

[*escondido]

pantera se quedó quieta y se transformó de nuevo en mujer, ahí echada medio
dormida, como hipnotizada, y el cruzado retrocedió porque oyó otros rugidos
que se acercaban y eran las fieras que la olieron a la mujer y se la comieron. El
cruzado llegó casi desfalleciente a la aldea y lo contó. Y la leyenda es que la raza
de las mujeres pantera no se acabó y están escondidas en algún lugar del mundo,
y parecen mujeres normales, pero si un hombre las besa se pueden transformar
en una bestia salvaje.

—¿Y ella es una mujer pantera?

—Ella lo único que sabe es que esos cuentos la asustaron mucho cuando
era chica, y ha vivido siempre con la pesadilla de ser una descendiente de
aquellas mujeres.

—¿Y la del restaurant qué le había dicho?

—Eso es lo que le pregunta el muchacho. Y entonces Irena se echa en los
brazos de él llorando y le dice que esa mujer la saludó simplemente. Pero después
no, se arma de valor y cuenta que en el dialecto de su aldea le dijo que recordara
quién era, que de sólo verle la cara se había dado cuenta que eran hermanas. Y
que se cuidara de los hombres. Él se echa a reír. "No te das cuenta", le dice, "ella
vio que eras de esa zona, porque todos los compatriotas se reconocen, si yo
veo un norteamericano en la China también me acerco y lo saludo. Y porque
era mujer, y un poco chapada a la antigua[*], te dijo que te cuidaras, ¿no te das

[*anticuada]

cuenta?" Eso lo dice él, y ella se tranquiliza bastante. Y tan tranquila se siente
que se empieza a dormir en los brazos de él, y él la recuesta ahí en el sofá, le

coloca un almohadón debajo de la cabeza, y le trae una frazada de su cama. Ella se duerme. Entonces él se va a su pieza y la escena termina que él está en piyama y una robe de chambre buena pero no de lujo, lisa, y, la mira desde la puerta como duerme y enciende la pipa y se queda pensativo. La chimenea está encendida, no, no me acuerdo, la luz debe venir del velador de la mesa de luz de él. Cuando la chimenea ya se está apagando Irena se despierta, queda apenas una brasa. Está ya aclarando.

—Se despierta de frío, como nosotros.

—No, otra cosa la despierta, sabía que ibas a decir eso. La despierta un canario que canta en la jaula. Irena primero siente miedo de acercarse, pero oye que el pajarito está contento y ella se anima a acercársele. Lo mira, y suspira hondo, aliviada, contenta porque el pajarito no se asusta de ella. Va a la cocina y prepara tostadas, con mantequilla como dicen ellos, y cereales y…

—No hables de comidas.

—Y panqueques…

—De veras, te lo pido en serio. Ni de comidas ni de mujeres desnudas.

—Bueno, y lo despierta y él está feliz al ver que ella está tan a gusto en la casa y le pregunta si se quiere quedar a vivir para siempre ahí.

—¿Él está acostado todavía?

—Sí, ella le llevó el desayuno a la cama.

—A mí nunca me gustó desayunarme recién levantado, primero más que nada me gusta lavarme los dientes. Seguí por favor.

—Bueno, él la quiere besar. Y ella no se le deja acercar.

—Y tendrá mal aliento, que no se lavó los dientes.

—Si te vas a burlar no tiene gracia que te cuente más.

—No, por favor, te escucho.

—Él le repite si se quiere casar. Ella le contesta que lo quiere con toda el alma, y que no quiere irse más de esa casa, se siente tan bien ahí, y mira y las cortinas son de terciopelo oscuro para atajar la luz y para hacer entrar la luz ella va y las corre y detrás hay otro cortinado de encaje. Se ve entonces toda la decoración de fin de siglo. Ella pregunta quién eligió esas cosas tan lindas y me parece que él le cuenta que está ahí presente la madre, en todos esos adornos, que la madre era muy buena y la hubiese querido a Irena, como a una hija. Irena se le acerca y le da un beso casi de adoración, como se besa a un santo, ¿no?, en la frente. Y le pide que nunca la deje, que ella quiere estar con él para siempre, que lo único que quiere es poder despertarse cada día para volver a verlo, siempre al lado de ella…, pero que para ser su esposa de verdad le pide que le dé un poco de tiempo, hasta que se le pasen todos los miedos…

—Vos te das cuenta de lo que le pasa, ¿no?

—Que tiene miedo de volverse pantera.

—Bueno, yo creo que ella es frígida, que tiene miedo al hombre, o tiene una idea del sexo muy violenta, y por eso inventa cosas.

—Esperate. Él acepta, y se casan. Y cuando llega la noche de bodas; ella duerme en la cama y él en el sofá.

—Mirando los adornos de la madre.

325 —Si te vas a reír no sigo, yo te la estoy contando en serio, porque a mí me gusta. Y además hay otra cosa que no te puedo decir, que hace que esta película me guste realmente mucho.

—Decime lo que sea, ¿qué es?

—No, yo te iba a sacar el tema pero ahora veo que te reís, y a mí me da rabia, 330 la verdad sea dicha.

—No, me gusta la película, pero es que vos te divertís contándola y por ahí también yo quiero intervenir un poco, ¿te das cuenta? No soy un tipo que sepa escuchar demasiado, ¿sabés, no?, y de golpe me tengo que estarte escuchando callado horas.

335 —Yo creí que te servía para entretenerte, y agarrar el sueño.

—Sí, perfecto, es la verdad, las dos cosas, me entretengo y agarro el sueño.

—¿Entonces?

—Pero, si no te parece mal, me gustaría que fuéramos comentando un poco la cosa, a medida que vos avanzás, así yo puedo descargarme un poco con algo. 340 Es justo, ¿no te parece?

—Si es para burlarte de una película que a mí me gustó, entonces no.

—No, mirá, podría ser que comentemos simplemente. Por ejemplo: a mí me gustaría preguntarte cómo te la imaginás a la madre del tipo.

—Si es que no te vas a reír más.

345 —Te lo prometo.

—A ver… no sé, una mujer muy buena. Un encanto de persona, que ha hecho muy feliz a su marido y a sus hijos, muy bien arreglada[•] siempre.   [•]vestida

—¿Te la imaginás fregando la casa?

—No, la veo impecable, con un vestido de cuello alto, la puntilla le disimula 350 las arrugas del cuello. Tiene esa cosa tan linda de algunas mujeres grandes, que es ese poquito de coquetería, dentro de la seriedad, por la edad, pero que se les nota que siguen siendo mujeres y quieren gustar.

—Sí, está siempre impecable. Perfecto. Tiene sirvientes, explota a gente que no tiene más remedio que servirla, por unas monedas. Y claro, fue muy feliz con 355 su marido, que la explotó a su vez a ella, le hizo hacer todo lo que él quiso, que estuviera encerrada en su casa como una esclava, para esperarlo…

—Oíme…

—… para esperarlo todas las noches a él, de vuelta de su estudio de abogado; o de su consultorio de médico. Y ella estuvo perfectamente de acuerdo con ese 360 sistema, y no se rebeló, y le inculcó al hijo toda esa basura y el hijo ahora se topa con la mujer pantera. Que se la aguante.

—¿Pero no te gustaría, la verdad, tener una madre así?, cariñosa, cuidada siempre en su persona… Vamos, no macanees[•]…   [•]digas estupideces

—No, y te voy a explicar por qué, si no entendiste.

365 —Mirá, tengo sueño, y me da rabia que te salgas con eso porque hasta que saliste con eso yo me sentía fenómeno, me había olvidado de esta mugre• de •asquerosidad celda, de todo, contándote la película.

—Yo también me había olvidado de todo.

—¿Y entonces?, ¿por qué cortarme la ilusión, a mí, y a vos también?, ¿qué 370 hazaña es ésa?

—Veo que tengo que hacerte un planteo más claro, porque por señas no entendés.

—Aquí en la oscuridad me hacés señas, me parece perfecto.

—Te voy a explicar.

375 —Sí, pero mañana, porque ahora me vino toda la mufa• encima, mañana •mal humor la seguís… Por qué no me habrá tocado de compañero el novio de la mujer pantera, en vez de vos.

—Ah, esa es otra historia, y no me interesa.

—¿Tenés miedo de hablar de esas cosas?

380 —No, miedo no. Es que no me interesa. Yo ya sé todo de vos; aunque no me hayas contado nada.

—Bueno, te conté que estoy acá por corrupción de menores, con eso te dije todo, no la vayas de psicólogo ahora.

—Vamos, confesá que te gusta porque fuma en pipa.

385 —No, porque es un tipo pacífico, y comprensivo.

—La madre lo castró, eso es todo.

—Me gusta y basta. Y a vos te gusta la colega arquitecta, ¿qué tiene de guerrillera esa?

—Me gusta, bueno, más que la pantera.

390 —Chau, mañana me explicás por qué. Dejame dormir.

—Chau.

————————— * * * * * * —————————

—Estábamos en que se va a casar con el de la pipa. Te escucho.

—¿Por qué ese tonito burlón?

—Nada, contame, dale Molina.

395 —No, hablame del de la pipa vos, ya que lo conocés mejor que yo, que vi la película.

—No te conviene el de la pipa.

—¿Por qué?

—Porque vos lo querés con fines no del todo castos•, ¿eh?, confesá. •decentes

400 —Claro.

—Bueno, a él le gusta Irena porque ella es frígida y no la tiene que atacar, por eso la protege y la lleva a la casa donde está la madre presente; aunque esté muerta está presente, en todos los muebles, y cortinas y porquerías, ¿no lo dijiste vos mismo?

—Seguí.

—Él si ha dejado todo lo de la madre en la casa intacto es porque quiere ser siempre un chico, en la casa de la madre, y lo que trae a la casa no es una mujer, sino una nena para jugar.

—Pero eso es todo de tu cosecha. Yo qué sé si la casa era de la madre, yo te dije eso porque me gustó mucho ese departamento y como era de decoración antigua dije que podía ser de la madre, pero nada más. A lo mejor él lo alquila amueblado.

—Entonces me estás inventando la mitad de la película.

—No, yo no invento, te lo juro, pero hay cosas que para redondeártelas, que las veas como las estoy viendo yo, bueno, de algún modo te las tengo que explicar. La casa, por ejemplo.

—Confesá que es la casa en que te gustaría vivir a vos.

—Sí, claro. Y ahora te tengo que aguantar que me digas lo que dicen todos.

—A ver… ¿qué te voy a decir?

—Todos igual, me vienen con lo mismo, ¡siempre!

—¿Qué?

—Que de chico me mimaron demasiado, y por eso soy así, que me quedé pegado a las polleras* de mi mamá y soy así, pero que siempre se puede uno   *faldas
enderezar, y que lo que me conviene es una mujer, porque la mujer es lo mejor que hay.

—¿Te dicen eso?

—Sí, y eso les contesto… ¡regio!, ¡de acuerdo!, ya que las mujeres son lo mejor que hay… yo quiero ser mujer. Así que ahorrame de escuchar consejos, porque yo sé lo que me pasa y lo tengo todo clarísimo en la cabeza.

—Yo no lo veo tan claro, por lo menos como lo acabás de definir vos.

—Bueno, no necesito que vengas a aclararme nada, y si querés te sigo la película, y si no querés, paciencia, me la cuento yo a mí mismo en voz baja, y saluti tanti, arrivederci, Sparafucile.

—¿Quién es Sparafucile?

—No sabés nada de ópera, es el traidor de Rigoletto.

—Contame la película y chau, que ahora quiero saber cómo sigue.

—¿En qué estábamos?

—En la noche de bodas. Que él no la toca.

—Así es, él duerme en el sofá de la sala, ah, y lo que no te dije es que han arreglado, se han puesto de acuerdo, en que ella vaya a un psicoanalista. Y ella empieza a ir, y va la primera vez y se encuentra con que el tipo es un tipo buen mocísimo, un churro bárbaro.

—¿Qué es para vos un tipo buen mocísimo?, me gustaría saber.

—Bueno, es un morocho alto, de bigotes, muy distinguido, frente amplia, pero con un bigotito medio de hijo de puta, no sé si me explico, un bigote de

cancherito*, que lo vende. Bueno, ya que estamos, no es mi tipo el que hace
de psicoanalista.

—¿Qué actor es?

—No me acuerdo, es un papel de reparto. Es buen mozo pero muy flaco para
mi gusto, si te interesa saber, esos tipos que quedan bien con un traje cruzado, o
si es traje derecho tienen que llevar chaleco. Es un tipo que gusta a las mujeres.
Pero a este tal por cual* algo se le nota, no sé, de que está muy seguro de gustar
a las mujeres, que ni bien aparece… choca*, y también le choca a Irena, ella ahí
en el diván empieza a hablar de sus problemas pero no se siente cómoda, no se
siente al lado de un médico, sino al lado de un tipo, y se asusta.

—Es notable la película.

—¿Notable de qué?, ¿de ridícula?

—No, de coherente, está bárbara, seguí. No seas tan desconfiado.

—Ella le empieza a hablar de su miedo de no ser una buena esposa y quedan
en que la vez siguiente le va a contar de sus sueños, o pesadillas, y de que en
un sueño se convirtió en pantera. Y todo tranquilo, se despiden, pero la vez
siguiente que le toca sesión ella no va, le miente al marido, y en vez de ir al
médico se va al zoológico, a mirar a la pantera. Y ahí se queda como fascinada,
ella está con ese tapado de felpa negra pero con reflejos como tornasolados*,
y la piel de la pantera también es negra tornasolada. La pantera se pasea en
la jaula enorme, sin sacarle la vista de encima a la chica. Y en eso aparece el
cuidador, y abre la puerta de la jaula que está a un costado. Pero la abre apenas
un segundo, le echa la carne y vuelve a cerrar, pero distraído* con el gancho de
que traía colgada la carne, se deja olvidada la llave en la cerradura de la jaula.
Irena ve todo, se queda callada, el cuidador agarra una escoba y se pone a barrer
los papeles y puchos* de cigarrillos que hay desparramados por ahí cerca de las
jaulas. Irena se acerca un poco, disimuladamente, a la cerradura. Saca la llave y
la mira, una llave grande, oxidada, se queda pensando, pasan unos segundos.

—¿Qué va a hacer?

—Pero va a donde está el cuidador y se la entrega. El viejo, un tipo tranquilo
de buen humor, se lo agradece. Irena vuelve a la casa, espera que llegue el
marido, es ya la hora en que tiene que volver de la oficina. Y a todo esto se me
olvidó decirte que a la mañana ella con todo cariño siempre le pone alpiste al
canario, y le cambia el agua, y el canario canta. Y llega por fin el marido y ella lo
abraza y casi lo besa, tiene un gran deseo de besarlo, en la boca, y él se alborota,
y piensa que tal vez el tratamiento psicoanalítico le está haciendo bien a ella, y
se acerca el momento de ser realmente marido y mujer. Pero comete el error de
preguntarle cómo le fue esa tarde en la sesión. Ella, que no fue, se siente pésima,
culpable, y ya se le escurre de los brazos y le miente, que sí fue y todo anduvo
bien. Pero se le escurre y ya no hay nada que hacer. Él se tiene que aguantar las
ganas. Y al otro día está en el trabajo con los otros arquitectos, y la colega que

*canchero: que derrocha seguridad y autoestima
*por una razón u otra
*sorprende
*que chispean brillos de distintos colores
*entretenido; ocupado
*colillas

siempre lo está estudiando, porque lo sigue queriendo, lo nota preocupado y le dice de ir a tomar una copa a la salida, para levantar el espíritu, y él no, dice que tiene mucho que hacer, que se va a quedar después de hora y entonces ella que siempre lo ha querido le dice que se puede quedar también ella a ayudarlo.

490 —Le tengo simpatía a la mina˙ esa. Qué cosas raras hay, vos no me has dicho nada de ella pero me cayó simpática. Cosas raras de la imaginación.

˙muchacha

—Ella se queda ahí con él, pero no es que sea una cualquiera, ella después que él se casó ya se resignó, pero ahora lo quiere ayudar como amiga. Y ahí están trabajando después de la hora. El salón es grande, hay varias mesas de trabajo, de diseño, cada arquitecto tiene una, pero ahora ya se han ido y está

495 todo sumido en la oscuridad, salvo la mesa del muchacho, que tiene un vidrio y de abajo del vidrio viene la luz, entonces las caras están iluminadas de abajo, y los cuerpos echan una sombra medio siniestra contra las paredes, sombras de gigantes, y la regla de dibujo parece una espada cuando él o la colega la agarran

500 para trazar una línea. Pero trabajan callados. Ella lo relojea˙ de tanto en tanto, y aunque se muere por saber qué es lo que lo preocupa, no le pregunta nada.

˙lo mira de arriba abajo

—Está muy bien. Es respetuosa, discreta, será eso que me gusta.

—Mientras tanto, Irena espera y espera y por fin se decide y llama a la oficina. Atiende la otra y le pasa al muchacho. Irena está celosa, trata de disimular, él le

505 dice que la llamó temprano para avisarle pero que ella no estaba. Claro, ella se había ido de nuevo al zoológico. Entonces como él la agarra en falta˙ ella tiene que quedarse callada, no puede protestar. Y él empieza a llegar tarde seguido, porque algo le hace retrasar la llegada a la casa.

˙error, culpa

—Está todo tan lógico, es fenómeno.

510 —Entonces en qué quedamos… ves que él es bien normal, quiere acostarse con ella.

—No, escuchá. Antes él volvía con gusto a la casa porque sabía que ella no se iba a acostar, pero ahora con el tratamiento hay posibilidad, y eso lo inquieta. Mientras que si ella era como una nena, como al principio, no iban más que a jugar, como chicos. Y por ahí a lo mejor jugando empezaban a hacer

515 algo sexualmente.

—Jugando como chicos, ¡ay, qué desabrido˙!

˙soso, insípido

—A mí eso no me suena mal, ves, de parte de tu arquitecto. Perdoname que me contradiga.

520 —¿Qué no te suena mal?

—Que empezaran como jugando, sin tantos bombos y platillos˙.

˙publicidad, propaganda

—Bueno, vuelvo a la película. Pero una cosa, ¿por qué entonces él ahora se queda a gusto con la colega?

—Y, porque se supone que siendo casado no puede pasar nada, la colega ya no

525 es una posibilidad sexual, porque aparentemente él ya está copado por la esposa.

—Es todo imaginación tuya.

—Si vos también ponés de tu cosecha, ¿por qué no yo?

—Sigo. Irena una noche está con la cena preparada, y él no llega. La mesa está puesta, con luz de velas. Ella no sabe una cosa, que él, como es el aniversario del día en que se casaron, ha ido a buscarla esa tarde temprano a la salida del psicoanalista, y claro, no la encuentra porque ella no va nunca. Y él ahí se entera que ella no va desde hace tiempo y telefonea a Irena, que no está en la casa, por supuesto como todas las tardes ha salido, atraída irresistiblemente en dirección al zoológico. Él entonces se ha vuelto desesperado a la oficina, necesita contarle todo a la compañera. Y se van a un bar cerca a tomar una copa, pero lo que quieren no es tomar, sino hablar en privado y fuera del estudio. Irena cuando ve que se hace tan tarde empieza a pasearse por el cuarto como una fiera enjaulada, y llama a la oficina. No contesta nadie. Trata de hacer algo para entretenerse, está nerviosísima, se acerca a la jaula del canario y nota que el canario aletea desesperado al sentirla acercarse, y vuela como ciego de un lado a otro de la jaulita, machucándose las alas. Ella no resiste un impulso y abre la jaula y mete la mano. El pájaro cae muerto, como fulminado, al sentir la mano acercarse. Irena se desespera, todas sus alucinaciones vuelven, sale corriendo, va en busca de su marido, solamente a él le puede pedir ayuda, él la va a comprender. Pero al ir hacia la oficina pasa inevitablemente por el bar y los ve. Queda inmóvil, no puede dar un paso más, la rabia la hace temblar, los celos. La pareja se levanta para salir, Irena se esconde detrás de un árbol. Los ve que se saludan y se separan.

—¿Cómo se saludan?

—Él la besa en la mejilla. Ella tiene un sombrero de ala requintada. Irena no tiene sombrero, el pelo enrulado le brilla bajo los faroles de la calle desierta, porque la está siguiendo a la otra. La otra toma un camino directo a su casa, que es atravesando el parque, el Central Park, que está ahí frente a las oficinas, es una calle que a veces es como túnel, porque el parque tiene como lomas, y este camino es recto, y está a veces excavado en las lomas, es como una calle, con tráfico pero no mucho, como un atajo, y un ómnibus que la atraviesa. Y a veces la colega toma el ómnibus para no caminar tanto, y otras veces va caminando, porque el ómnibus pasa de tanto en tanto. Y la colega decide caminar esta vez, para un poco ventilarse las ideas, porque le explota la cabeza después de hablar con el muchacho, él le ha contado todo, de Irena que no se acuesta con él, de las pesadillas que tiene con las mujeres panteras. Y esta tipa que está enamorada del muchacho, de veras se siente de lo más confundida, porque ya se había resignado a perderlo, y ahora no, está otra vez con esperanza. Y por un lado está contenta, ya que no todo se perdió, y por el otro lado tiene miedo de ilusionarse de nuevo y después sufrir, de quedarse con las manos vacías todas las veces. Y va pensando en todo eso, caminando rapidito porque hace frío. No hay nadie por ahí, a los lados del camino está el parque oscuro, no hay viento, no se mueve una hoja, lo único que se siente es pasos detrás de la colega, taconeo de zapatos de mujer. La colega se da vuelta y ve una silueta, pero a cierta distancia, y con la poca luz, no distingue quién es. Pero por ahí el taconeo cada vez se oye más

570 rápido. La colega se empieza a alarmar, porque vos vistes cómo es, cuando has estado hablando de cosas de miedo, como fantasmas o crímenes, uno está más impresionable, y se sugestiona por cualquier cosa, y esta mujer se acuerda de las mujeres panteras y todo eso y se empieza a asustar y apura el paso, pero está justo por la mitad del camino, como a cuatro cuadras del final, donde empiezan

575 las casas porque termina el parque. Así que si se pone a correr casi que es peor.

—¿Te puedo interrumpir, Molina?

—Sí, pero ya falta poco, por esta noche quiero decir.

—Una cuestión sola, que me intriga un poco.

—¿Qué?

580 —¿No te vas a enojar?

—Depende.

—Es interesante saberlo. Y después vos si querés me lo preguntás a mí.

—Dale*.   *adelante

—¿Con quién te identificás?, ¿con Irena o la arquitecta?

585 —Con Irena, qué te creés. Es la protagonista, pedazo de pavo. Yo siempre con la heroína.

—Seguí.

—¿Y vos Valentín, con quién?, estás perdido porque el muchacho te parece un tarado*.   *imbécil

590 —Reíte. Con el psicoanalista. Pero nada de burlas, yo te respeté tu elección, sin comentarios. Seguí.

—Después lo comentamos si querés, o mañana.

—Sí, pero seguí un poco más.

—Un poquito no más, me gusta sacarte el dulce en lo mejor, así te gusta más

595 la película. Al público hay que hacerle así, si no no está contento. En la radio antes te hacían siempre eso. Y ahora en las telenovelas.

—Dale.

—Bueno, estábamos en que esta mina no sabe si ponerse a correr o no, cuando por ahí los pasos casi no se oyen más, el taconeo de la otra quiero decir, porque

600 son pasos distintos, imperceptibles casi, los que siente ahora la arquitecta, como los pasos de un gato, o algo peor. Y se da vuelta y no ve a la mujer, ¿cómo pudo desaparecer de golpe?, pero cree ver otra sombra, que se escurre, y que también enseguida desaparece. Y lo que se oye ahora es el ruido de pisadas entre los matorrales del parque, pisadas de animal, que se acercan.

605 —¿Y?

—Mañana seguimos. Chau, que duermas bien.

Ya me las vas a pagar*.   *me voy a vengar

—Hasta mañana.

—Chau. ✦

PREGUNTAS

ANÁLISIS

1. ¿De qué trata el primer capítulo de *El beso de la mujer araña*?

2. ¿Cuál es el escenario de esta novela? ¿Quiénes son los dos protagonistas principales?

3. ¿Quién es Irena? ¿Qué la atormenta? Desarrolla la interpretación que Valentín hace del trauma que le impide llevar una vida normal. ¿Cuál es la opinión de Molina?

4. ¿Para qué cuenta películas Molina? ¿Cómo reacciona Valentín a esos relatos?

5. ¿Quién es el narrador de esta historia? ¿Cómo está estructurada? Identifica los elementos que dan forma a esta estructura y comenta su valor y eficacia narrativa.

INTERPRETACIÓN

1. ¿Dónde crees que podría originarse la obsesión de Molina por el cine?

2. ¿Crees que todo lo que cuenta Molina es exacto o te parece que inventa o adorna el relato? Justifica tu respuesta con detalles del capítulo.

3. En una entrevista, Puig señaló que desde niño le llamó la atención la desigualdad entre el protagonismo de las mujeres en la ficción y su función secundaria en la vida real. En tu opinión, ¿por qué habrá impactado tanto a Molina la película *La mujer pantera*?

4. Identifica las interpretaciones que hace Molina sobre la trama y las motivaciones de los personajes de la película, y explica los aspectos de su personalidad que, en tu opinión, reflejan sus comentarios.

5. ¿Cómo analiza Valentín la trama de la película y sus personajes? ¿En qué se diferencia su análisis del de Molina?

INVESTIGACIÓN

1. *El beso de la mujer araña* fue publicado en 1976. Averigua cuál era la situación política y social de la Argentina en ese momento e identifica el contexto histórico que utilizó Puig para escribir esta novela.

2. Busca la película *La mujer pantera* (*Cat People*) y examina las principales diferencias que encuentres con el relato que hace Molina.

CRISTINA PERI ROSSI

n. 1941

"La literatura nos separó: todo lo que supe de ti lo aprendí en los libros y a lo que faltaba, yo le puse palabras."

—**Cristina Peri Rossi, "*Dedicatoria*"**

Cristina Peri Rossi es una poeta, narradora y ensayista nacida en Montevideo, aunque residente en Barcelona desde 1974. Hija de emigrantes italianos, desde su debut en las Letras usó el segundo apellido en homenaje a su madre, una maestra de escuela que le inculcó el interés por la música, la literatura y la ciencia. Se licenció en Literatura Comparada, materia que empezó a impartir como catedrática en su país en 1963. Su primer libro fue *Viviendo* (1963), una colección de cuentos; más adelante publica otra colección de relatos bajo el título *Los museos abandonados* (1968) y la novela *El libro de mis primos* (1969).

La dictadura uruguaya censuró sus primeros textos, caracterizados por una fuerte carga erótica. En 1972, la autora se autoexilia a España, pero, acosada por la dictadura franquista, vuelve a cambiar su residencia a París. En 1974 regresa a Barcelona donde se instala definitivamente. En España sigue ejerciendo de profesora de Literatura en la Universidad Autónoma de Barcelona, también de traductora y columnista de prensa, sin abandonar nunca su producción literaria. Durante su extensa y prolífica trayectoria ha ganado numerosos premios literarios, como el Premio Internacional de Poesía Rafael Alberti (2003), el Premio Loewe de Poesía (2008) y el Premio Internacional de Relatos Mario Vargas Llosa (2010). La riqueza metafórica y su talento para la evocación son los principales rasgos de su estilo, que pone con frecuencia al servicio de la defensa del feminismo, de los derechos de los homosexuales y de la lucha contra la tiranía.

Peri Rossi incide de forma recurrente en los temas del amor y del sexo. El desarraigo del exilio y la angustia existencial también suelen estar presentes en sus escritos, como sucede en los cuentos que conforman *El museo de los esfuerzos inútiles* (1983). El título hace referencia a un museo imaginario en el que están catalogadas todas las dedicaciones sin sentido ni fruto que puede llegar a realizar el ser humano. Uno de los relatos de esta obra es el titulado "La Navidad de los lagartos", en el que un niño se dedica a cazar reptiles y a ofrecerlos sin fortuna como ofrenda para el belén navideño de su localidad, mientras su abuelo llama inútilmente a la lluvia desde el fondo de un pozo seco. La crudeza de las descripciones contrasta con la evocación al sentido absurdo de la existencia en una ambientación rebosante de realismo mágico.

OBRAS PRINCIPALES

[Anotación manuscrita: Cristina Peri Rossi — Montevideo — dictadura uruguaya censuró sus primeros textos por ser eróticos]

LA NAVIDAD DE LOS LAGARTOS

De *El museo de los esfuerzos inútiles*, 1983

Me levanté temprano y me fui a cazar lagartos. Con el palo negro que tiene una piedra en la punta. Hace nueve meses que no llueve, y si sigue sin llover, si no llueve antes de que el Niño nazca en el pesebre de la iglesia, seguramente no tendremos ni Navidad, ni Año Nuevo, ni ningún año, los años van a detenerse, los años se volverán de piedra y no pasarán. Nos quedaremos para siempre fijos en esta edad, yo no creceré y moriremos niños, sedientos y cubiertos de polvo, amarillaremos, como el campo, como las plantas, nos secaremos, como la hierba. Tampoco nacerá el Niño, aunque el camino esté lleno de lagartos que salen a calentarse al sol, a dormir bajo la modorra° de la luz, en el lecho de tierra seca, tan seca que no se ve ni un mendrugo de planta, ni un retoño de árbol. Pero a mí me gusta el calor. Mi abuelo, desde el fondo del pozo seco, grita que soy una mala bestia porque estoy contento con el calor. Él se ha bajado al fondo del pozo, a esperar el agua. La lluvia que no llega, a pesar de que muchas tardes el cielo se llena de nubes grises y entre las nubes grises hay algunas que son más oscuras, tienen el lomo renegrido, y se instalan sobre el monte, sobre el monte amarillo que da lástima mirarlo. Todos pensamos entonces que va a llover, que por fin el agua caerá y las mujeres corren a poner cazos afuera, ponen ollas y miran para arriba, esperando las primeras gotas y todos pensamos que mi abuelo por fin saldrá del fondo del pozo, que ha hecho una promesa, me voy al pozo, dijo, hace ya muchos días y no saldré de allí hasta que el agua me desaloje°, hasta que en el pozo el agua empiece a subir y al cruzar el aire los pájaros se reflejen.

°pereza

°me eche, me haga salir

Y la mala bestia del calor hace que los lagartos aparezcan, dejen el monte, el arroyo seco que ya nadie recuerda qué arroyo es, donde las vacas sedientas
25 se echan, cansadas, sin nada que beber o masticar. Yo los acecho˙, escondido, y cuando aparecen, apunto bien hacia el centro de la cabeza, cierro uno de los ojos para no errar el tiro, vuela la piedra (con el calor, mis piedras son las únicas cosas que vuelan en medio del aire seco, como aves prehistóricas) y se estrella contra la testa parda˙, redonda y sin pupilas. Cada cinco lagartos que atrapo, el hombre
30 de las pieles me da un peso. Pero no todos los días salen los lagartos. Hay que esperar que el sol caliente mucho y ellos bajen de los matorrales o salgan de los agujeros donde pasaron el invierno. Porque les gusta el calor, y cuando el sol aprieta, lentos, pesados, como si arrastraran una carcasa muy dura, avanzan entre las hierbas secas hasta encontrar un lugar que hierve y echarse allí, a
35 cocinarse bajo el sol.

Me levanté temprano y me fui al monte. Al pasar por el pozo, me asomé para ver al abuelo. El abuelo que sentado allí, en el fondo seco del pozo, espera que el agua llegue, y cuando pasé hice un poco de ruido con el palo, para que él supiera que yo andaba cerca, entonces él me escuchó y a los gritos —como si el
40 pozo fuera una montaña— me preguntó cómo estaba el cielo. Para consolarlo, le dije que había anchas nubes negras. De qué lado están, preguntó el viejo, algo más quedo˙. Miré hacia un lado y otro el cielo despejado, liso, orlado˙˙ de luz, y le dije: "Del lado del Norte. Las nubes gordas de agua están del lado del Norte". "Bien. Entonces son las verendas", dijo el abuelo, a quien le gusta bautizar las cosas.
45 Él espera la lluvia, y los lagartos esperan al sol. Muchos lagartos abandonan sus agujeros estos días, lentos y perezosos se deslizan por la tierra e inmensamente quietos, como si fueran de piedra, se echan a recibir el calor. Yo también los espero. Y la Virgen, espera al Niño. La Virgen que tenemos en el pueblo, es vecina mía. No siempre ha sido Virgen: ésta es la primera vez. Y yo no sabía
50 que era la Virgen, pero ayer, cuando entré a la iglesia para ver el pesebre, vi que ella era la Virgen y en seguida me arrodillé. Estaban armando el cobertizo˙, y José amontonaba la paja, y había una cuna vacía donde seguramente pondrán al Niño cuando nazca. Ella estaba allí, muy callada, con un vestido largo que yo no le conocía y un manto en la cabeza; ordenaba las flores y ayudaba a preparar
55 la casa y yo la veía muy bien, a pesar de la oscuridad de la iglesia. Había gente alrededor y se escuchaba un murmullo porque con la escasez de agua todo el mundo va a la iglesia, salvo mi abuelo, que se metió en el pozo. Me pareció muy alta, más que cuando desde el fondo de mi casa la veo alzarse para arrancar una manzana o pasearse entre los girasoles. José le hablaba, pero no pude oír lo que
60 le decía. Hacia arriba, allí donde el cobertizo termina en dos maderas en pico, había una enorme estrella con su resplandor. El manto me pareció muy bonito, aunque yo prefiero mirarla cuando va con los cabellos sueltos. Después se sentó, se sentó en el banco de madera, al lado de la cuna del niño que aún no ha llegado y se quedó inmóvil, con sus grandes ojos azules muy fijos mirando hacia

˙vigilo, espío

˙del color de la tierra

˙bajo ˙˙adornado

˙establo

adelante. Justo en ese momento se me cayó el palo que siempre llevo conmigo y tiene una piedra en la punta, de modo que tuve que inclinarme para recogerlo, y ella me miró. Yo estaba un poco avergonzado por el ruido del palo al caer, pero como me sonrió, me acerqué un poco más y le dije: "¿Cuándo nacerá el niño?" "Mañana —me respondió ella—. Mañana será el advenimiento." Y como estaba un poco nervioso, me fui corriendo al monte, abrasado por el calor. Cuando llegué, me puse a tirarle piedras a los árboles, porque no encontré lagartos.

Hoy me desperté pensando que es el día en que el Niño llega y quizás con él llegue también un poco de lluvia. Todo el mundo irá a depositar regalos al pie de su cuna, porque no es un niño cualquiera. Y allí estará ella, esperándolo para mecerlo. De modo que bien temprano me fui al monte, a ver si algún lagarto madrugador quería salir y al salir me encontraba a mí, esperándolo con el palo que tiene una piedra en la punta, porque cuando veo que se trata de un lagarto muy somnoliento•, no hay necesidad de apuntar desde lejos, me alcanza•• con aplastarle la cabeza con el palo. Y tuve suerte, porque no más al llegar al monte y ponerme a liar unas briznas• de choclo••, me di cuenta de que a lo lejos, lentos y pesados, llenos de sueño y de sol, asomaban dos grandes lagartos. Me gusta echarme al sol, de modo que esperé sin impaciencia; ni una nube se veía en el horizonte, y las chicharras• cantaban, borrachas de luz. Con el calor, el pueblo está lleno de moscas y el monte también. Zumban, azules, bordonas•, y si uno se queda quieto, se le meten por los ojos y por la nariz. Pero el humo las espanta, así que yo expulsaba el de las briznas de choclo apuntando hacia ellas. Los lagartos, lentos, bajaban. El Niño tendría muchos regalos. Su venida sería celebrada, a pesar del calor, de la seca, del cielo despejado. Y a lo mejor tenía más regalos que nunca, para convencerlo de que hiciera llover. Vendrían todos los del pueblo, más los Reyes,[1] gente de un lado y de otro, a conocer al Niño. Y ella estaría allí, muy quieta, mirando la cuna. Uno de los lagartos se echó en la pendiente, al lado de una piedra blanca de sol, y como una estatua, permaneció inmóvil. Le di un golpe seco con el palo, y apenas se sacudió•. El sol me daba en la cara, pequeños rayos luminosos se me metían entre las pestañas y yo los intentaba espantar• con la mano. El otro se echó no muy lejos de allí, entre unos yuyos• secos. Me acerqué por atrás y apunté bien al centro de su cabeza roma••. Tenía la piel caliente, como los bañistas cuando han tomado mucho sol. Con los dos en las manos, me fui del monte, acompañado por el chillido ebrio de las chicharras. Están en las ramas, cantando porque hay mucho sol, crujiendo con las piñas que se abren y largan• su semilla de alas blancas, transparentes. Es difícil verlas, tan difícil como dejar de oírlas. Por el camino, encontré otros lagartos pequeños, pero no les hice caso•. Anduve rápido y, cuando llegué al pueblo, me dirigí a la iglesia.

•adormilado ••me basta

•filamentos ••mazorca de maíz

•insecto que chirría sin parar
•bordona: cuerda más gruesa de la guitarra

•se movió

•ahuyentar, alejar
•malas hierbas ••obtusa y sin punta

•liberan

•puse atención

[1] Los Reyes Magos, Melchor, Gaspar y Baltasar, quienes acuden desde tierras lejanas a celebrar el nacimiento del Niño Jesús y le obsequian oro, incienso y mirra.

Había mucha gente en la puerta, como cada vez que hay alguna ceremonia.
105 Pensé en mi abuelo, que estaba en el fondo del pozo, y desde allí no podía ver la
mentira del cielo despejado, pero ya se habría dado cuenta, de todos modos. La
gente, a la puerta de la iglesia, parecía indecisa entre entrar o seguir mirando,
melancólicamente, el cielo claro, la evidencia del sol rotundo e implacable. Al
fin, hartos de calor, entraban. Yo también entré, pero por la puerta más pequeña,
110 la que está medio rota y el cura siempre pide limosna para arreglarla. La empujé
despacio, porque en cualquier momento se rompe del todo. Al costado, pude
ver el gran pesebre ya dispuesto, con su paja esparcida por el suelo, su luminosa
estrella en lo alto, los enseres* de José, que es carpintero, la cuna de madera, por   *herramientas de trabajo
fin la Virgen, con su vestido largo y su manto en la cabeza. Me acerqué despacio,
115 sin hacer ruido, porque la iglesia, a pesar de la gente, estaba en silencio, como
solemne. Había poca luz, pero del establo donde se esperaba al Niño, salía un
resplandor de velas.

A los pies de la cuna, vi manzanas rojas, naranjas, grandes limones maduros,
una cabra atada.

120 Me acerqué a la Virgen por un costado, sin que me viera. Ella miraba hacia
adelante y tenía una expresión muy serena, muy compuesta, muy digna. Yo la
había visto antes andar por el patio, encalar* las paredes, juntar limones caídos,   *blanquear con cal
desplumar los pollos que servirían para el almuerzo. Entonces, yo no sabía que
era la Virgen; entonces, hablábamos como vecinos, me preguntaba por el abuelo,
125 por mi madre, yo le decía que se nos había muerto el perro.

Me acerqué y, en silencio, deposité los lagartos en su falda. Ella se sorprendió
un poco, al sentir el peso. Recogió los ojos de donde los tenía (¿dónde estarían
navegando como peces?) y posiblemente no me vio, en medio de la penumbra.
Los volvió hacia los lagartos muertos. Yo seguía quieto, apoyado contra un
130 ángulo en la oscuridad. El Niño todavía no había nacido, pues la cuna estaba
vacía. Pero ella sin duda lo estaba esperando.

—Quiero ser el Niño —dije, desde la oscuridad, hablando bajo—. Por favor
—insistí—, haz que el Niño sea yo.

Los lagartos seguían en su falda, inmóviles, tan quietos como cuando
135 en el camino se echan para recibir al sol. Nada los diferencia, cuando están
dormidos, cuando están muertos. En su falda, los lagartos eran una pequeña
mancha oscura.

—Para el Niño —dijo ella, sin descubrirme aún en la oscuridad—, las ofrendas
deben ser de vida, no de muerte. Perdónalos hoy, en el día del advenimiento.
140 Nadie debe estar muerto, alrededor de su cuna. Todo debe respirar, estar fresco.
¿Entiendes? Se había erguido un poco, sobre el banco de madera al pie de la
cuna del Niño y con los lagartos en la mano, asidos por la cola, me buscaba en
la oscuridad.

—No, son para Él —respondí— rabioso—. No los he cazado para el Niño
145 a quien todo se ofrece, no para ti —dije, rebelde—. Puedo traerte más, todos

los que quieras. Cada cinco, el hombre de las pieles paga un peso. Puedes ir al norte a cada rato, y bajar con más. Tú los guardarás hasta la noche, y cuando ya no se vea más el sol, tendrás muchos lagartos a tu alrededor, muchas pieles, las venderás al hombre que paga…

150 —Los homenajes de este día —dijo— son para Él. Para el recién llegado. Para el que está viniendo. Toma tus lagartos, ofréceselos a Él, o mejor: en su nombre, perdónales la vida.

Los cogí, no tuve más remedio, y salí corriendo de la iglesia. No sé hacia adónde iba, pero por el camino pasé por el pozo, donde estaba el abuelo. Tiré 155 los lagartos lejos y jalé la cuerda. Me deslicé hasta el fondo, donde el abuelo rumiaba*, a la luz de una vela, sus maldiciones acerca de la vida. Cuando estuve   *pensaba reflexivo en el fondo del pozo, el abuelo no se sorprendió.

—Era hora de que bajaras —me dijo él, sin sonreír—. Ponte a hacer ruido con esas latas —agregó—. A veces, así, se atrae al agua. ✵

PREGUNTAS

ANÁLISIS

1. En "La Navidad de los lagartos" se hacen muchas referencias a la espera: el niño espera a los lagartos, el abuelo espera la llegada de la lluvia, el pueblo espera el nacimiento del Niño. ¿Qué atmósfera crea la autora con este recurso?

2. El narrador nos muestra una realidad interpretada desde el pensamiento mágico, es decir, una visión del mundo desde la imaginación y las creencias. Busca un ejemplo de pensamiento mágico en el fragmento seleccionado y explica por qué lo incluyes en esta categoría.

3. El muchacho entrega los lagartos que ha cazado a la joven que hace de Virgen. Según tu opinión, ¿cuál es la razón que le lleva a hacerlo?

4. ¿Qué razones da la muchacha para rechazar los lagartos?

5. ¿Crees que es importante que el único adulto protagonista esté metido en un pozo?

INTERPRETACIÓN

1. ¿Qué tipo de creencias prevalecen en el pueblo? Ilustra tu respuesta con ejemplos del cuento.

2. ¿Por qué, en tu opinión, quiere el narrador ser el Niño?

3. ¿Qué podrían representar los lagartos en el contexto de esta obra?

4. ¿Cómo reacciona el abuelo cuando el protagonista baja al pozo? ¿A qué crees que se refiere cuando dice "Era hora de que bajaras"?

5. El cuento termina cuando el protagonista desciende al pozo donde está su abuelo. En tu opinión, ¿qué simboliza esta acción?

INVESTIGACIÓN

1. "La Navidad de los lagartos" forma parte de la colección *El museo de los esfuerzos inútiles*. Averigua qué otros relatos aparecen en la obra. ¿Tienen elementos temáticos o estructurales en común?

2. En este cuento nos encontramos ante el despertar de la sexualidad del protagonista. Investiga el tema del deseo en la obra de Peri Rossi.

DIAMELA ELTIT

n. 1949

"Su alma es cerrar los ojos cuando vienen los pensamientos y reabrirlos hacia el césped. Su alma es este mundo y nada más en la plaza encendida."

—**Diamela Eltit**, *Lumpérica*

Diamela Eltit es una novelista y ensayista chilena cuya obra literaria y actividad profesional han estado íntimamente ligadas a la situación de su país en el último tercio del siglo xx. En 1979, mientras estudiaba en la Universidad de Chile, participó en la fundación del Colectivo de Acciones de Arte (CADA), en compañía de creadores como el poeta Raúl Zurita y el artista visual Lotty Rosenfeld, entre otros. Al igual que otros artistas chilenos de su generación, Eltit se enfrentó a una continua censura. En sus textos se refleja el profundo malestar que compartió con el resto de narradores de la llamada Generación del 87, que reaccionaron contra aquellos límites mediante la exploración de nuevas formas expresivas. Eltit retrata ambientes y personajes marginales —en ocasiones sórdidos— y trata sin pudor ni prejuicios la sexualidad femenina; esta actitud literaria ha sido interpretada por algunos críticos como un desafío al régimen militar. Formalmente, la autora apostó por un lenguaje innovador y ambiguo, rico en expresividad y de difícil lectura.

Así han sido sus textos desde su debut literario en 1980 con el libro de ensayos *Una milla de cruces sobre el pavimento*, al que siguieron *Lumpérica* (1983) y otras novelas. Su último libro escrito durante la dictadura de Augusto Pinochet fue *El padre mío* (1989), en el que denuncia la corrupción y la violencia del gobierno, y la decadencia social de su país. La vuelta de la democracia en 1990 influyó en el rumbo personal y literario de Eltit. Entre 1991 y 1994 inició una intensa actividad como articulista en diversos periódicos y revistas culturales, y comenzó su periplo como profesora y conferenciante en múltiples universidades norteamericanas.

Su novela *Jamás el fuego nunca* (2007) es un claro ejemplo de su narrativa trepidante, espontánea y psicológica, y plagada de recursos de oralidad. En el fragmento seleccionado de esta novela se narra la caída de una célula comunista de oposición a Pinochet y se retrata la psicología de algunos de los integrantes del grupo armado. La novela está protagonizada por una pareja de antiguos revolucionarios que, a pesar del tiempo transcurrido desde el final de la represión, continúa viviendo en la clandestinidad. Contada a través de una voz de mujer, la historia discurre en el escondite que habitan, y es en esa atmósfera agobiante donde se despliegan sus construcciones mentales, sus dudas y sus paranoias.

OBRAS PRINCIPALES

Diamela Eltit

- Chile

- CADA

JAMÁS EL FUEGO NUNCA

De *Jamás el fuego nunca*, 2007

Yo ya había caído, atrapada como un animal salvaje o un animal de circo, en plena vía pública, cercada y capturada. Después ibas a caer tú. Una suma implacable, la célula completa: los diez. Sobrevivimos siete. Tres muertos. (Los tres muertos están aquí, enhiestos*, decorativos, rutilan* en la oscuridad). Antes de mi salida, caíste. Cuatro meses ni vivo ni muerto. Finalmente hubimos de reencontrarnos. Lo hicimos entrampados en una aguda perplejidad. Mi estado te obligó a suspender tu dolor, tu agravio, la suma de humillaciones. El terror.

    No, dijiste, no.

    Me miraste y sentado en la silla, en la pieza que había conseguido, esta pieza, la misma, te tomaste la cabeza con las manos para esconderte o evadir la gravidez de mi figura. Parecías arrasado por un cataclismo. Sí, te hablaba toda mi inclemente* naturaleza de espaldas a cualquier razón. Pero qué podía hacer. ¿Qué puedo hacer?, te dije. No tenía, comprendes, ni una sola alternativa. Estaba, sí, furiosa, dolida, furiosa. Derrumbada y furiosa, estupefacta* y furiosa, aterrada. Todos, cada uno de los sentimientos me pertenecían, eran míos y tú llegabas demolido después de un tiempo que no podía ser contabilizado por la cronología a poner tu pena sobre la mía, tu rencor encima de mi impresionante rencor, un asombro que pretendía disminuir el mío. Llegabas medio vivo o medio muerto, volvías provisto* de una distancia impenetrable ante mi desdicha**.

    "Las cosas son como son".

*rígidos
*brillan

*rabiosa, desagradable

*desconcertada, confundida

*equipado **desgracia, infortunio

Así lo dije ante tu intento de apropiación. Sé que conseguí, desde un espacio insospechado, un resto de fuerza y de ira. Sé también que estaba a punto de gritar o de llorar pero aun así, más allá de mis sentimientos legítimos, estoy
25 segura que si hubieses avanzado un ápice• en tus acusaciones te habría matado. •medida pequeñísima
Todo sucedía como en un mal sueño. Pero ahora tengo que dormir o tengo que morirme o tengo que escaparme. Pero ¿dónde?, ¿dónde?, una vez que el siglo nos ha desalojado•. Cien años ya y pese a saber que todo fue consumado •expulsado
en un pasado remoto, en otro siglo y, más aún, en otro milenio, mil años en
30 realidad, allí está el reciente siglo entero o los mil años decrépitos, insidiosos•, •engañosos, maliciosos
que se ríen con un horrible gesto para ostentar su estela• de desgracia. Lo sé, lo •rastro, camino
entiendo, cómo no. Lo sé y lo entiendo. Los procesos históricos se acentúan o se difuminan, ocurren en una tensión que sólo puede ser fugazmente aminorada•. •brevemente reducida
Yo soy o fui un cuadro. Me formé serenamente pero con una completa decisión,
35 lo hice con una actitud marcada por la tenacidad y ordenada en la lucidez y en
una comprensión nunca ingenua de la historia. Allí estaban disponibles para nosotros o para mí las principales figuras ya antiguas, esas figuras frías pero no, no, obsoletas ni, menos, equivocadas.

Eso no.

40 Devoré el halo de las figuras que ahora no, no, no, no se pueden nombrar.
Heladas y lúcidas y aún supremas en sus errores, pero ¿cuáles errores? Es acaso un error afirmar que: "Las relaciones burguesas resultan demasiado estrechas para contener las riquezas creadas en su seno. ¿Cómo vence esta crisis la burguesía? De una parte, por la destrucción obligada de una masa de fuerzas productivas;
45 de otra, por la conquista de nuevos mercados y la explotación más intensa de
los antiguos. ¿De qué modo lo hace pues? Preparando crisis más extensas y más violentas y disminuyendo los medios de prevenirlas". Una lucidez ensimismada•, •sumergida en sí misma
una puesta en escena irrebatible•, un trazado•• que contiene mil años, cien de •indiscutible ••trayecto, itinerario
historia. Sí, ¿no?, pero nunca, nunca pensé en el funcionamiento autónomo
50 del cuerpo, su cíclica sorpresa y su catástrofe. Nunca en tu cara asombrada o
asqueada, la tuya, en las horas de un reencuentro trágico, mi trágica aunque fugaz sobrevivencia. Tres muertos: el loco Jiménez, Pedro Cevallos y Luis o Lucho, como le decíamos. (Los tres muertos pasean su terrible contaminación por la pieza. Adoptan una actitud cínica o irónica).
55 Lucho, bajo, compuesto, solemne.
Lucho que viajaba desde Rancagua para llegar a la hora exacta, nunca atrasado, jamás. A la hora precisa para la reunión de la célula, un militante clandestino, querido y serio, compuesto y solemne, que jamás, en ninguna oportunidad, soltó una carcajada. Lucho que se impacientaba pero ocultaba su
60 impaciencia ante algún comentario que resultara ajeno a la reunión. Nada, nada
externo. Porque así era él. No aceptaba rumores ni menos una alusión a lo que podría ser considerado como personal. Odiaba eso, eso lo odiaba, se negaba a las preguntas, jamás emitía una opinión ajena a los temas de la célula. Lucho no

se reía ni preguntaba y evadía cualquier personalización. Era así. Era así. Más
bien bajo y moreno y serio, tanto que causaba un vago rechazo o infundía un
respeto cruzado por la molestia porque nos recordaba sin tregua que éramos
una célula, sólo eso, que entre nosotros no había nada personal o, peor aún,
íntimo, que no teníamos derecho a reírnos o a besarnos o a odiarnos más allá
del marco celular. Lucho, el nombre chapa•, que viajaba desde Rancagua, severo   •mote, apodo
y triste, formal y triste, puntual y triste con su cara más legítima, una cara que no
era clandestina. Lucho no se reía y volvía en bus a Rancagua, justo en el instante
que la reunión terminaba y no tomaba siquiera un sorbo de café, sólo un vaso
de agua.

   Agua para Lucho, agua de la llave.

   El mismo Lucho que no quiso, no pudo, no aceptó su captura ni los golpes
y cada uno de los agravios• programados y científicos y tomando una decisión   •ofensas, insultos
histórica, alejada de cualquier personalismo, Lucho, con su parquedad• minera   •austeridad, sobriedad
y rancagüina, la de él, recubierto en la parsimonia• que cultivaba, se ahorcó   •calma
como un militante. Lo planificó serio y triste, ocupando rigurosamente los
trapos con los que contaba.

   En cambio, el loco Jiménez y Pedro Cevallos fueron derribados de la misma
manera en que iban muriendo los numerosos integrantes de las células, de esas
células que caían y morían y, entre tantas chapas, Jiménez y Cevallos, los dos, no
lograron, no, no, pervivir. Un azar, dijiste, es azaroso y comprensible, parte del
proceso, pude ser yo, cualquiera, olvídalo, dijiste, me cansas, me canso, basta.
Caímos y morimos después que la célula ya había experimentado la crisis y
se produjo la ruptura, cuando todo había terminado. Pero caímos tal como lo
hubiese hecho una célula activa, nuestros organismos sumados alrededor de un
único objetivo: la célula, la célula.

   Han pasado mil años.

   Ya todos formamos la anónima superficie de los cuadros muertos de otro
siglo, entregados a los mil años que transcurren en los periódicos que leemos o
dejamos de leer, en los buses que me llevan y me traen, en las tiendas, los locales,
las oficinas siempre fugaces o sutiles que tú detestas• más, más, mucho más que   •odias
yo. No me digas, no quiero saber, no me interesa, ¿trajiste mis cigarros?, ¿me
los trajiste?, ¿no? Sí, aquí están. Te entrego la cajetilla de cigarros, guardo en la
bolsa otra, la que inevitablemente te vas a fumar, dos cajetillas que incorporo
a la columna de números que analizaré esta tarde. Me voy a poner los lentes,
los últimos que compré en la vía pública, y que ofrecían arrumbados• sobre la   •amontonados
vereda•. Me agaché, me los puse, miré los letreros para tener la certeza de que   •acera
mis cuentas están bien y que sostienen nuestra célula, una célula de otro siglo
o de otro milenio, empecinada• ahora en conseguir el té, el arroz, una cantidad   •obstinada, empeñada
razonable de aceite, una bolsa de azúcar. Una célula rezagada• que se mantiene   •demorada, atrasada
en estado larvario, aparentemente desactivada, una apariencia engañosa, porque
sabemos lo que sabemos: que tenemos, sí, ciertas importantes habilidades, pese

a que los huesos, los nuestros, milenarios, sean presionados por desagradables calcificaciones o aunque la mirada que le pertenece al nervio óptico no consiga la correcta contextura de las imágenes, aún somos una célula, lo sabemos, desactivados y larvarios o casi ciegos, imperfectos, pero sólidos, ¿no? Lucho
110 era, me dices, en último término, en su sentido más concreto, un reaccionario, un socialista clerical. Se amparó en un acto histriónico[*] provisto de un falso   [*]teatral
valor, un burgués que actuó bajo la forma de un ascetismo cristiano. Eso fue. Lo dices de manera contundente y en un punto, lo sé, tu análisis es certero; sin embargo, te discuto y alzo la voz molesta: la improvisada cuerda que puso
115 alrededor de su cuello, ese trapo que pudo rescatar en medio de un ambiente increíble y adverso, no puede ser reducido a un simple histrionismo o a un factor odiosamente religioso. Fue un trabajo celular, una empresa materialista, extensamente lograda, que lo condujo al éxito final. Estás, te digo, utilizando un pensamiento demasiado simple, obviando partes de los elementos, los
120 más contundentes, aquellos que yacen detrás de las simples apariencias, de cualquier fantasmagoría.

Nos callamos, meditamos. ✿

PREGUNTAS

ANÁLISIS

1. En la obra de Eltit, el cuerpo humano suele presentarse como alegoría de la colectividad. Busca en el texto las referencias que se hacen al cuerpo y conéctalas al estado de la sociedad, según la visión de la narradora.

2. La elipsis es una figura estilística que consiste en omitir alguna parte de la oración que se pueda sobrentender por el contexto. Busca en el texto ejemplos de elipsis y explica qué intención puede tener la autora al utilizarla.

3. En este fragmento de la novela aparecen dos espacios claramente delimitados: la estancia en la que viven y el exterior. ¿Qué simboliza cada uno de ellos? Ilustra tu respuesta con ejemplos del texto.

4. ¿Qué es exactamente la "célula" a la que se hace referencia en este relato? ¿Qué paralelismos encuentras entre el significado figurado de esta palabra y su acepción biológica?

INTERPRETACIÓN

1. Explica con tus propias palabras cuál podría ser el origen del rencor que sienten la narradora y su compañero durante su reencuentro en *Jamás el fuego nunca*.

2. La prosa de *Jamás el fuego nunca* representa el pensamiento de la narradora, con sus interrupciones y reiteraciones. ¿Qué efecto crees que tiene este recurso en la narración?

3. La narración está escrita desde el punto de vista de una idealista revolucionaria hispanoamericana del siglo xx. ¿Consideras que el relato cuestiona esos ideales o que los ensalza? ¿Por qué?

4. ¿Qué sentimientos te suscita la descripción de Lucho ("bajo, compuesto, solemne") y su trágico final, tal y como lo describe la autora?

INVESTIGACIÓN

1. El título *Jamás el fuego nunca* procede de un poema de César Vallejo. Identifica esa composición e intenta conectar su significado con la obra de Eltit.

2. Diamela Eltit formó parte activa de la resistencia al gobierno de Augusto Pinochet. Averigua qué otros artistas chilenos se posicionaron en contra del gobierno militar chileno. ¿Hubo alguno que se posicionara a favor? ¿Cómo expresaron su rechazo a esa dictadura?

NANCY MOREJÓN

n. 1944

"Ahora soy: sólo hoy tenemos y creamos. Nada nos es ajeno. Nuestra la tierra. Nuestros el mar y el cielo. Nuestras la magia y la quimera."

—**Nancy Morejón**, *"Mujer negra"*

Nancy Morejón nació en Los Sitios, un popular barrio de La Habana, Cuba. Su padre era estibador del puerto y su madre, trabajadora de una fábrica de tabaco. A inicios de la Revolución cubana, siendo aún adolescente, forma parte del grupo El Puente, en cuya editorial publica sus dos primeros poemarios: *Mutismos* (1962) y *Amor, ciudad atribuida* (1964). En 1966 obtiene la licenciatura de Lengua y Literatura Francesa en la Universidad de La Habana.

Como ensayista ha publicado, entre otros, *Recopilación de textos sobre Nicolás Guillén* (1972) y *Nación y mestizaje en Nicolás Guillén* (1982). Ha traducido obras de poetas como Arthur Rimbaud, Paul Éluard, Aimé Césaire y René Depestre, entre otros. En 1986 fue nombrada directora del Centro de Estudios del Caribe de la Casa de las Américas, cargo que ocupó hasta 1993.

Con una docena de libros de poemas publicados, Nancy Morejón es una de las poetisas cubanas más internacionales. La negritud, el mestizaje y el racismo, y la discriminación de la mujer son algunos de los temas recurrentes en su obra. Desde finales de los setenta ha sido invitada a dictar conferencias en prestigiosas universidades de Estados Unidos. En 2004 la Universidad de Nueva York le otorgó el Premio Yari-Yari de Poesía Contemporánea. Es, además, miembro de la Academia Cubana de la Lengua y presidenta de la Asociación de Escritores de la Unión de Escritores y Artistas de Cuba (UNEAC).

Uno de los poemas más elogiados de Morejón, incluido en el poemario *Octubre imprescindible* (1982), es "Mujer negra", una crónica metafórica en verso de la historia de los africanos de Cuba. La denuncia de la injusticia, que predomina en la primera parte del poema, va transformándose poco a poco en un canto de libertad ante la llegada de la revolución y el comunismo. Se advierte, una progresiva identificación con el país que al inicio del texto resulta ajeno y adverso.

"Madrigal para cimarrones" (*Octubre imprescindible*) es un poema elegíaco sobre los esclavos que huían al monte. El texto nos presenta dos imágenes opuestas del cimarrón: es un hombre que debe estar dispuesto a la violencia y al derramamiento de sangre para poder escapar de sus perseguidores; sin embargo, una vez recobra su libertad, ese hombre violento y desesperado se convierte en un niño al que le ha sido devuelta también su inocencia.

En el poema "Hablando con una culebra" (*Octubre imprescindible*), la autora invita a la serpiente a no olvidar los abusos que ha sufrido y la urge a "matar", si es preciso, para seguir viviendo en su "justo lugar". Refiriéndose a este poema, el crítico Juan Nicolás Padrón afirma: "Nancy nos devuelve en su poética una dimensión social e histórica que no olvida las mitologías culturales, estereotipos de religiosidades o símbolos satanizados; con su coloquialismo íntimo se acerca a la naturaleza con una reminiscencia panteísta".

OBRAS PRINCIPALES

Poesía

1962 | *Mutismos*
1964 | *Amor, ciudad atribuida*
1967 | *Richard trajo su flauta y otros argumentos*
1979 | *Parajes de una época*
1982 | *Octubre imprescindible*
1986 | *Piedra pulida*
1989 | *Baladas para un sueño*

1993 | *Paisaje célebre*

Nancy Morejón
- Los sitios, la Habana cuba
- El puente
- UNEAC

MUJER NEGRA

De *Octubre imprescindible*, **1982**

Todavía huelo la espuma del mar que me hicieron atravesar.
La noche, no puedo recordarla.
Ni el mismo océano podría recordarla.
Pero no olvido al primer alcatraz • que divisé.   •ave marina
5 Altas, las nubes, como inocentes testigos presenciales.
Acaso no he olvidado ni mi costa perdida, ni mi lengua ancestral.
Me dejaron aquí y aquí he vivido.
Y porque trabajé como una bestia,
aquí volví a nacer.
10 A cuanta epopeya mandinga[1] intenté recurrir.

        Me rebelé.

Su Merced • me compró en una plaza.   •Señor
Bordé la casaca de Su Merced y un hijo macho le parí.
Mi hijo no tuvo nombre.
15 Y Su Merced, murió a manos de un impecable *lord* inglés.

        Anduve.

Esta es la tierra donde padecí bocabajos y azotes.
Bogué • a lo largo de todos sus ríos.   •remé
Bajo su sol sembré, recolecté y las cosechas no comí.
20 Por casa tuve un barracón.

[1] De la etnia africana que habita en las tierras de Guinea, Mali, Senegal y Costa de Marfil.

Yo misma traje piedras para edificarlo,
pero canté al natural compás de los pájaros nacionales.

    Me sublevé.

En esta misma tierra toqué la sangre húmeda
25 y los huesos podridos de muchos otros,
traídos a ella, o no, igual que yo.
Ya nunca más imaginé el camino a Guinea.
¿Era a Guinea? ¿A Benín? ¿Era a Madagascar? ¿O a Cabo Verde?

    Trabajé mucho más.

30 Fundé mejor mi canto milenario y mi esperanza.
Aquí construí mi mundo.

    Me fui al monte.

Mi real independencia fue el palenque[2]
y cabalgué entre las tropas de Maceo.[3]

35 Sólo un siglo más tarde,
junto a mis descendientes,
desde una azul montaña,

    bajé de la Sierra

para acabar con capitales y usureros,
40 con generales y burgueses.
Ahora soy: Sólo hoy tenemos y creamos.
Nada nos es ajeno.
Nuestra la tierra.
Nuestros el mar y el cielo.
45 Nuestras la magia y la quimera·.   ·ilusión, utopía
Iguales míos, aquí los veo bailar
alrededor del árbol que plantamos para el comunismo.
Su pródiga· madera ya resuena.   ·generosa

[2] Refugio de los esclavos fugitivos que se ocultaba en lugares remotos de dificilísimo acceso.
[3] Antonio Maceo Grajales (1845-1896), militar del ejército que luchó por la Independencia de Cuba. Considerado el líder guerrillero más destacado de Latinoamérica del siglo XIX.

MADRIGAL[1] PARA CIMARRONES

De *Octubre imprescindible,* 1982

A Miguel Barnet

La cabeza y las manos colgadas, llameantes,
burlando el rastro° del Perseguidor.
Los cuerpos sudorosos se lanzan a la manigua° húmeda.
Qué belleza tan dura tienen sus corazones.
5 Sobre sus machetes, como sobre ramales,
anidan palomas y jutías,[2]
y el tiempo de sol,
y el tiempo de luna,
y el tiempo de la voluntad
10 haciéndolos renacer como a niños,
como a dulces niños de una libertad ya conquistada.

° rastreo, búsqueda
° bosque tropical impenetrable

[1] Composición poética breve cuyo argumento suele ser de tipo amoroso.
[2] La jutía, o hutía, es un mamífero similar a la rata que habita en las Antillas.

HABLANDO CON UNA CULEBRA

De *Octubre imprescindible,* 1982

A ti también te dieron con un palo.
te estrujaron° y te escupieron, te pisotearon siempre;
a ti, te mataron con delicia
y te echaron una maldición que hasta hoy hicieron cumplir.
5 No digas tú que en la hora de la queja
fuiste más poseedora que Angélica, mi madre.

Mas cuando entre sicomoros e hicacos°
hayas iniciado tu majomía° irredenta°°,
recuerda bien el acíbar° de tus verdugos,
10 pon atención a las lágrimas y no a su llanto,
pon atención al puñal y no a su empuñadura,
desoye la oración y la sorda palabra del Señor
y rodéanos después de una sola mirada,
que ya te alcanzaremos animada,
15 y cuando despiertes de tu sueño, continuada tu estirpe°,
sacúdete, pega, muerde y mata tú también
que ya vuelas y vives en tu justo° lugar.

° aplastaron

° dos tipos de árboles
° estupidez °° no liberada
° amargura, pena

° raza, sangre

° preciso, apropiado

PREGUNTAS

ANÁLISIS

1. La metonimia es una figura retórica que consiste en designar una cosa con el nombre de otra tomando el efecto por la causa, o viceversa. Busca dos ejemplos de metonimia en el poema "Mujer negra".

2. Explica qué papel desempeñan en "Mujer negra" los versos breves que encabezan cada estrofa.

3. ¿Cómo nos describe la poeta a los cimarrones en "Madrigal para cimarrones"?

4. Busca una metáfora en el poema "Madrigal para cimarrones" y explica su sentido.

5. Explica qué relación encuentra la autora entre la vida de su madre y la de la culebra en "Hablando con una culebra".

6. ¿Qué quiere decir la autora en el verso "recuerda bien el acíbar de tus verdugos"?

INTERPRETACIÓN

1. ¿Por qué crees que "Mujer negra" está narrado en primera persona del singular y en los dos últimos versos cambia a la primera persona del plural?

2. ¿Por qué dice la poeta, refiriéndose a Cuba, "aquí volví a nacer"? ¿Cómo explica ese renacimiento en el resto del poema?

3. ¿Qué representan "el tiempo del sol, el tiempo de la luna, el tiempo de la voluntad" en "Madrigal para cimarrones"? ¿Qué nos sugieren esas imágenes sobre la vida de los esclavos que han escapado de sus amos?

4. ¿Por qué crees que la autora llama a los cimarrones "dulces niños"? ¿Cómo ve la autora a los esclavos fugitivos? ¿Qué opinión te merece esa percepción?

5. ¿Qué le pide la autora a la culebra del poema? ¿A quién le habla realmente Nancy Morejón?

6. ¿Qué relación puedes establecer entre "Hablando con una culebra" y la historia que se cuenta en "Mujer negra"?

INVESTIGACIÓN

1. Nancy Morejón es una estudiosa de la obra de Nicolás Guillén. Busca el poema "Balada de los dos abuelos", de Nicolás Guillén, y explica qué relación se puede establecer con "Mujer negra". ¿Son similares o contrapuestos los conceptos que tienen ambos poetas de la historia cubana?

2. "Madrigal para cimarrones" está dedicado a Miguel Barnet. Investiga quién es este poeta, novelista y etnólogo, y da una posible explicación a esa dedicatoria.

ROBERTO BOLAÑO

1953–2003

"[...] puedo decir que mi patria es mi hijo y mi biblioteca."

—**Roberto Bolaño**, *"El exilio y la literatura"*

Chileno de nacimiento, Roberto Bolaño se muda con su familia a México durante su adolescencia. Bolaño escribió sus narraciones más famosas en España, donde murió en 2003 a la temprana edad de cincuenta años. Su obra y también su vida están marcadas por el viaje, los sueños políticos derrotados y el rescate de personajes marginales, olvidados por una historia que no les hizo lugar. Cuando llegó a México en 1968, se dedicó al periodismo, integró un grupo de poetas llamados "infrarrealistas" y apoyó las causas de la izquierda en Hispanoamérica, entre ellas la de su Chile natal. La vida bohemia y rebelde, la poesía y la pobreza marcaron sus años mexicanos. A fines de 1970 se mudó a España. Allí fue dejando de lado la poesía para dedicarse a la narración. Según afirma su editor, el cambio de género literario surgió de la necesidad económica planteada por el nacimiento de su primer hijo.

Sus novelas cortas *La literatura nazi en América* y *Estrella distante*, ambas publicadas en 1996, serían el augurio de una novela que transcurre en tres continentes, tiene más de cincuenta personajes y termina en el desierto de Sonora: *Los detectives salvajes* (1998). Esta novela le valió a Bolaño los premios Herralde y Rómulo Gallegos, y la fama internacional. A la espera de un trasplante de hígado que nunca recibió, pasó los últimos años de su vida escribiendo incesantemente. El resultado fue la voluminosa *2666* (2005). Se trata de una novela donde el escenario es el mundo y cada detalle da pie para contar anécdotas y para plasmar con ternura e ironía lo que fue para él el siglo xx.

En "El Ojo Silva", de *Putas asesinas* (2001), encontramos elementos típicos de la obra de Bolaño: un narrador que rememora el exilio; un protagonista marginado y errante, que va de Chile a México y a Ecuador, de París a la India y a Berlín; la crueldad de un mundo violento y sin compasión. El cuento destila una extraña combinación de tristeza y alegría de narrar, de ganas de seguir adelante y llanto por aquello que se perdió. Hacia el final del cuento, algo del llanto del Ojo queda en los ojos de quien lee su historia: la tristeza por nuestro mundo, implacable con los seres más necesitados, y la pena de haber llegado al fin del relato.

OBRAS PRINCIPALES

Narrativa

1984 | *Consejos de un discípulo de Morrison a un fanático de Joyce*
1993 | *La pista de hielo*
1996 | *La literatura nazi en América*
1996 | *Estrella distante*
1998 | *Los detectives salvajes*
2001 | *Putas asesinas*
2002 | *Una novelita lumpen*

*2003 | *El gaucho insufrible*
*200~ ~2666

Roberto Bolaño
Chile
—murio a 5̶0̶ años en 2003 en España

EL OJO SILVA

De *Putas asesinas*, 2001

Para Rodrigo Pinto y María y Andrés Braithwaite

L o que son las cosas, Mauricio Silva, llamado el Ojo, siempre intentó escapar de la violencia aun a riesgo de ser considerado un cobarde, pero de la violencia, de la verdadera violencia, no se puede escapar, al menos no nosotros, los nacidos en Latinoamérica en la década del cincuenta, los que rondábamos los veinte años cuando murió Salvador Allende.

El caso del Ojo es paradigmático y ejemplar y tal vez no sea ocioso volver a recordarlo, sobre todo cuando ya han pasado tantos años.

En enero de 1974, cuatro meses después del golpe de Estado, el Ojo Silva se marchó de Chile. Primero estuvo en Buenos Aires, luego los malos vientos que soplaban en la vecina república lo llevaron a México en donde vivió un par de años y en donde lo conocí.

No era como la mayoría de los chilenos que por entonces vivían en el DF: no se vanagloriaba de haber participado en una resistencia más fantasmal que real, no frecuentaba los círculos de exiliados. Nos hicimos amigos y solíamos encontrarnos una vez a la semana, por lo menos, en el café La Habana, de Bucareli, o en mi casa de la calle Versalles en donde yo vivía con mi madre y con mi hermana. Los primeros meses el Ojo Silva sobrevivió a base de tareas esporádicas y precarias, luego consiguió trabajo como fotógrafo de un periódico del DF. No recuerdo qué periódico era, tal vez *El Sol*, si alguna vez existió en México un periódico de ese nombre, tal vez *El Universal*; yo hubiera preferido que fuera *El Nacional*, cuyo suplemento cultural dirigía el viejo poeta español Juan Rejano, pero en *El Nacional* no fue porque yo trabajé allí y nunca vi al Ojo en la redacción. Pero trabajó en un periódico mexicano, de eso no me cabe la menor duda, y su situación económica mejoró, al principio imperceptiblemente, porque el Ojo se había acostumbrado a vivir de forma espartana, pero si uno afinaba la mirada podía apreciar señales inequívocas que hablaban de un repunte· económico.

·incremento

Los primeros meses en el DF, por ejemplo, lo recuerdo vestido con sudaderas. Los últimos ya se había comprado un par de camisas e incluso una vez lo vi con corbata, una prenda que nosotros, es decir mis amigos poetas y yo, no usábamos nunca. De hecho, el único personaje encorbatado que alguna vez se sentó a nuestra mesa del café La Habana fue el Ojo.

Por aquellos días se decía que el Ojo Silva era homosexual. Quiero decir: en los círculos de exiliados chilenos corría ese rumor, en parte como manifestación de maledicencia y en parte como un nuevo chisme que alimentaba la vida más bien aburrida de los exiliados, gente de izquierda que pensaba, al menos de cintura para abajo, exactamente igual que la gente de derecha que en aquel tiempo se enseñoreaba· de Chile.

·se adueñaba, se apoderaba

Una vez vino el Ojo a comer a mi casa. Mi madre lo apreciaba y el Ojo correspondía al cariño haciendo de vez en cuando fotos de la familia, es decir de mi madre, de mi hermana, de alguna amiga de mi madre y de mí. A todo el mundo le gusta que lo fotografíen, me dijo una vez. A mí me daba igual, o eso creía, pero cuando el Ojo dijo eso estuve pensando durante un rato en sus palabras y terminé por darle la razón. Sólo a algunos indios no les gustan las fotos, dijo. Mi madre creyó que el Ojo estaba hablando de los mapuches, pero en realidad hablaba de los indios de la India, de esa India que tan importante iba a ser para él en el futuro.

Una noche me lo encontré en el café La Habana. Casi no había parroquianos· y el Ojo estaba sentado junto a los ventanales que daban a Bucareli con un café con leche servido en vaso, esos vasos grandes de vidrio grueso que tenía el Quito y que nunca más he vuelto a ver en un establecimiento público. Me senté junto a él y estuvimos charlando durante un rato. Parecía translúcido. Ésa fue la impresión que tuve. El Ojo parecía de cristal, y su cara y el vaso de vidrio de su café con leche parecían intercambiar señales, como si se acabaran de encontrar, dos fenómenos incomprensibles en el vasto universo, y trataran con más voluntad que esperanza de hallar un lenguaje común.

·clientes

Esa noche me confesó que era homosexual, tal como propagaban los exiliados, y que se iba de México. Por un instante creí entender que se marchaba porque era homosexual. Pero no, un amigo le había conseguido un trabajo en una agencia de fotógrafos de París y eso era algo con lo que siempre había soñado. Tenía ganas de hablar y yo lo escuché. Me dijo que durante algunos años había llevado con ¿pesar?, ¿discreción?, su inclinación sexual, sobre todo porque él se consideraba de izquierdas y los compañeros veían con cierto prejuicio a los homosexuales. Hablamos de la palabra invertido (hoy en desuso) que atraía como un imán paisajes desolados, y del término colisa, que yo escribía con ese y que el Ojo pensaba se escribía con zeta.

Recuerdo que terminamos despotricando* contra la izquierda chilena y que en algún momento yo brindé por los *luchadores chilenos errantes**, una fracción numerosa de los *luchadores latinoamericanos errantes*, entelequia* compuesta de huérfanos que, como su nombre indica, erraban por el ancho mundo ofreciendo sus servicios al mejor postor*, que casi siempre, por lo demás, era el peor. Pero después de reírnos el Ojo dijo que la violencia no era cosa suya. Tuya sí, me dijo con una tristeza que entonces no entendí, pero no mía. Detesto la violencia. Yo le aseguré que sentía lo mismo. Después nos pusimos a hablar de otras cosas, libros, películas, y ya no nos volvimos a ver.

Un día supe que el Ojo se había marchado de México. Me lo comunicó un antiguo compañero suyo del periódico. No me pareció extraño que no se hubiera despedido de mí. El Ojo nunca se despedía de nadie. Yo nunca me despedía de nadie. Mis amigos mexicanos nunca se despedían de nadie. A mi madre, sin embargo, le pareció un gesto de mala educación.

Dos o tres años después yo también me marché de México. Estuve en París, lo busqué (si bien no con excesivo ahínco*), no lo encontré. Con el paso del tiempo empecé a olvidar hasta su rostro, aunque siempre persistió en mi memoria una forma de acercarse, un estar, una forma de opinar desde cierta distancia y desde cierta tristeza nada enfática que asociaba con el Ojo Silva, un Ojo Silva que ya no tenía rostro o que había adquirido un rostro de sombras, pero que aún mantenía lo esencial, la memoria de su movimiento, una entidad casi abstracta pero en donde no cabía la quietud*.

Pasaron los años. Muchos años. Algunos amigos murieron. Yo me casé, tuve un hijo, publiqué algunos libros.

En cierta ocasión tuve que ir a Berlín. La última noche, después de cenar con Heinrich von Berenberg y su familia, cogí un taxi (aunque usualmente era Heinrich el que cada noche me iba a dejar al hotel) al que ordené que se detuviera antes porque quería pasear un poco. El taxista (un asiático ya mayor que escuchaba a Beethoven) me dejó a unas cinco cuadras del hotel. No era muy tarde aunque casi no había gente por las calles. Atravesé una plaza. Sentado en un banco estaba el Ojo. No lo reconocí hasta que él me habló. Dijo mi nombre y luego me preguntó cómo estaba. Entonces me di la vuelta y lo miré durante un rato sin saber quién era. El Ojo seguía sentado en el banco y sus ojos me miraban y luego miraban el suelo o a los lados, los árboles enormes de la pequeña plaza berlinesa y las sombras que lo rodeaban a él con más intensidad (eso creí entonces) que a mí. Di unos pasos hacia él y le pregunté quién era. Soy yo, Mauricio Silva, dijo. ¿El Ojo Silva de Chile?, dije yo. Él asintió y sólo entonces lo vi sonreír.

---

*criticando e insultando

*peregrinos, vagabundos

*realidad demasiado perfecta para poder existir

*quien ofrece el precio más alto

*esfuerzo, vehemencia

*inmovilidad, pasividad

Aquella noche conversamos casi hasta que amaneció. El Ojo vivía en Berlín desde hacía algunos años y sabía encontrar los bares que permanecían abiertos toda la noche. Le pregunté por su vida. A grandes rasgos me hizo un dibujo de los avatares* del fotógrafo free lancer. Había tenido casa en París, en Milán y ahora en Berlín, viviendas modestas en donde guardaba los libros y de las que se ausentaba durante largas temporadas. Sólo cuando entramos en el primer bar pude apreciar* cuánto había cambiado. Estaba mucho más flaco, el pelo entrecano y la cara surcada de arrugas. Noté asimismo que bebía mucho más que en México. Quiso saber cosas de mí. Por supuesto, nuestro encuentro no había sido casual. Mi nombre había aparecido en la prensa y el Ojo lo leyó o alguien le dijo que un compatriota suyo daba una lectura o una conferencia a la que no pudo ir, pero llamó por teléfono a la organización y consiguió las señas de mi hotel. Cuando lo encontré en la plaza sólo estaba haciendo tiempo, dijo, y reflexionando a la espera de mi llegada.

Me reí. Reencontrarlo, pensé, había sido un acontecimiento feliz. El Ojo seguía siendo una persona rara y sin embargo asequible*, alguien que no imponía su presencia, alguien al que le podías decir adiós en cualquier momento de la noche y él sólo te diría adiós, sin un reproche, sin un insulto, una especie de chileno ideal, estoico y amable, un ejemplar que nunca había abundado mucho en Chile pero que sólo allí se podía encontrar.

Releo estas palabras y sé que peco de inexactitud. El Ojo jamás se hubiera permitido estas generalizaciones. En cualquier caso, mientras estuvimos en los bares, sentados delante de un whisky y de una cerveza sin alcohol, nuestro diálogo se desarrolló básicamente en el terreno de las evocaciones, es decir fue un diálogo informativo y melancólico. El diálogo, en realidad el monólogo, que de verdad me interesa es el que se produjo mientras volvíamos a mi hotel, a eso de las dos de la mañana.

La casualidad quiso que se pusiera a hablar (o que se lanzara a hablar) mientras atravesábamos la misma plaza en donde unas horas antes nos habíamos encontrado. Recuerdo que hacía frío y que de repente escuché que el Ojo me decía que le gustaría contarme algo que nunca antes le había contado a nadie. Lo miré. El Ojo tenía la vista puesta en el sendero de baldosas que serpenteaba por la plaza. Le pregunté de qué se trataba. De un viaje, contestó en el acto. ¿Y qué pasó en ese viaje?, le pregunté. Entonces el Ojo se detuvo y durante unos instantes pareció existir sólo para contemplar las copas de los altos árboles alemanes y los fragmentos de cielo y nubes que bullían silenciosamente por encima de éstos.

Algo terrible, dijo el Ojo. ¿Tú te acuerdas de una conversación que tuvimos en La Habana antes de que me marchara de México? Sí, dije. ¿Te dije que era gay?, dijo el Ojo. Me dijiste que eras homosexual, dije yo. Sentémonos, dijo el Ojo.

*fases, altibajos

*notar, observar

*accesible, sencilla

Juraría que lo vi sentarse en el mismo banco, como si yo aún no hubiera llegado, aún no hubiera empezado a cruzar la plaza, y él estuviera esperándome y reflexionando sobre su vida y sobre la historia que el destino o el azar lo obligaba a contarme. Alzó el cuello de su abrigo y empezó a hablar. Yo encendí un cigarrillo y permanecí de pie. La historia del Ojo transcurría en la India. Su oficio y no la curiosidad de turista lo había llevado hasta allí, en donde tenía que realizar dos trabajos. El primero era el típico reportaje urbano, una mezcla de Marguerite Duras[1] y Hermann Hesse,[2] el Ojo y yo sonreímos, hay gente así, dijo, gente que quiere ver la India a medio camino entre *India Song* y *Siddharta*, y uno está para complacer a los editores. Así que el primer reportaje había consistido en fotos donde se vislumbraban casas coloniales, jardines derruidos, restaurantes de todo tipo, con predominio más bien del restaurante canalla* o •miserable
del restaurante de familias que parecían canallas y sólo eran indias, y también fotos del extrarradio*, las zonas verdaderamente pobres, y luego el campo y las •periferia, afueras
vías de comunicación, carreteras, empalmes ferroviarios, autobuses y trenes que entraban y salían de la ciudad, sin olvidar la naturaleza como en estado latente, una hibernación ajena al concepto de hibernación occidental, árboles distintos de los árboles europeos, ríos y riachuelos, campos sembrados o secos, el territorio de los santos, dijo el Ojo.

El segundo reportaje fotográfico era sobre el barrio de las putas de una ciudad de la India cuyo nombre no conoceré nunca.

Aquí empieza la verdadera historia del Ojo. En aquel tiempo aún vivía en París y sus fotos iban a ilustrar un texto de un conocido escritor francés que se había especializado en el submundo de la prostitución. De hecho, su reportaje sólo era el primero de una serie que comprendería* barrios de tolerancia o zonas •incluiría
rojas de todo el mundo, cada una fotografiada por un fotógrafo diferente, pero todas comentadas por el mismo escritor.

No sé a qué ciudad llegó el Ojo, tal vez Bombay, Calcuta, tal vez Benarés o Madrás, recuerdo que se lo pregunté y que él ignoró mi pregunta. Lo cierto es que llegó a la India solo, pues el escritor francés ya tenía escrita su crónica y él únicamente debía ilustrarla, y se dirigió a los barrios que el texto del francés indicaba y comenzó a hacer fotografías. En sus planes —y en los planes de sus editores— el trabajo y por lo tanto la estadía en la India no debía prolongarse más allá de una semana. Se hospedó en un hotel en una zona tranquila, una habitación

---

[1] Marguerite Duras (1914–1996), escritora y directora de cine francesa. En 1973 se publicó su obra de teatro *India Song*, ambientada en la India colonial de los años treinta. La historia de amor de los privilegiados protagonistas blancos sirve para explorar la desigualdad entre el lujo en el que estos se refugian y la miseria en la que malvive el pueblo colonizado.

[2] Hermann Hesse (1877–1962), escritor suizo-alemán, Premio Nobel de Literatura 1946. Sus obras fueron especialmente leídas por los jóvenes inconformistas de los años sesenta quienes encontraron en ellas un fondo de autenticidad y espiritualidad. *Siddhartha* (1922) narra el viaje de un joven nepalí en búsqueda de sí mismo y del sentido de su existencia en la época que vivió Buda.

con aire acondicionado y con una ventana que daba a un patio que no pertenecía al hotel y en donde había dos árboles y una fuente entre los árboles y parte de una terraza en donde a veces aparecían dos mujeres seguidas o precedidas de varios niños. Las mujeres vestían a la usanza* india, o lo que para el Ojo eran *manera, estilo
vestimentas indias, pero a los niños incluso una vez los vio con corbatas. Por las tardes se desplazaba a la zona roja y hacía fotos y charlaba con las putas, algunas jovencísimas y muy hermosas, otras un poco mayores o más estropeadas, con pinta de matronas escépticas y poco locuaces*. El olor, que al principio más bien *habladoras
lo molestaba, terminó gustándole. Los chulos (no vio muchos) eran amables y trataban de comportarse como chulos occidentales o tal vez (pero esto lo soñó después, en su habitación de hotel con aire acondicionado) eran estos últimos quienes habían adoptado la gestualidad de los chulos hindúes.

Una tarde lo invitaron a tener relación carnal con una de las putas. Se negó educadamente. El chulo comprendió en el acto que el Ojo era homosexual y a la noche siguiente lo llevó a un burdel de jóvenes maricas. Esa noche el Ojo enfermó. Ya estaba dentro de la India y no me había dado cuenta, dijo estudiando las sombras del parque berlinés. ¿Qué hiciste?, le pregunté. Nada. Miré y sonreí. Y no hice nada. Entonces a uno de los jóvenes se le ocurrió que tal vez al visitante le agradara visitar otro tipo de establecimiento. Eso dedujo el Ojo, pues entre ellos no hablaban en inglés. Así que salieron de aquella casa y caminaron por calles estrechas e infectas* hasta llegar a una casa cuya fachada era pequeña pero *pestilentes, malolientes
cuyo interior era un laberinto de pasillos, habitaciones minúsculas y sombras de las que sobresalía, de tanto en tanto, un altar o un oratorio.

Es costumbre en algunas partes de la India, me dijo el Ojo mirando el suelo, ofrecer un niño a una deidad cuyo nombre no recuerdo. En un arranque* *impulso
desafortunado le hice notar que no sólo no recordaba el nombre de la deidad sino que tampoco el nombre de la ciudad ni el de ninguna persona de su historia. El Ojo me miró y sonrió. Trato de olvidar, dijo.

En ese momento me temí lo peor, me senté a su lado y durante un rato ambos permanecimos con los cuellos de nuestros abrigos levantados y en silencio. Ofrecen un niño a ese dios, retomó su historia tras escrutar* la plaza *observar minuciosamente
en penumbras, como si temiera la cercanía de un desconocido, y durante un tiempo que no sé medir el niño encarna* al dios. Puede ser una semana, lo *personifica, representa
que dure la procesión, un mes, un año, no lo sé. Se trata de una fiesta bárbara, prohibida por las leyes de la república india, pero que se sigue celebrando. Durante el transcurso de la fiesta el niño es colmado de regalos que sus padres reciben con gratitud y felicidad, pues suelen ser pobres. Terminada la fiesta el niño es devuelto a su casa, o al agujero inmundo donde vive y todo vuelve a recomenzar al cabo de un año.

La fiesta tiene la apariencia de una romería* latinoamericana, sólo que tal vez *fiesta popular religiosa
es más alegre, más bulliciosa* y probablemente la intensidad de los que participan, *ruidosa
de los que se saben participantes, sea mayor. Con una sola diferencia. Al niño,

días antes de que empiecen los festejos, lo castran. El dios que se encarna en él durante la celebración exige un cuerpo de hombre —aunque los niños no suelen tener más de siete años— sin la mácula[•] de los atributos masculinos. Así que los padres lo entregan a los médicos de la fiesta o a los barberos de la fiesta o a los sacerdotes de la fiesta y éstos lo emasculan y cuando el niño se ha recuperado de la operación comienza el festejo. Semanas o meses después, cuando todo ha acabado, el niño vuelve a casa, pero ya es un castrado y los padres lo rechazan. Y entonces el niño acaba en un burdel. Los hay de todas clases, dijo el Ojo con un suspiro. A mí, aquella noche, me llevaron al peor de todos.

    Durante un rato no hablamos. Yo encendí un cigarrillo. Después el Ojo me describió el burdel y parecía que estaba describiendo una iglesia. Patios interiores techados. Galerías abiertas. Celdas en donde gente a la que tú no veías espiaba todos tus movimientos. Le trajeron a un joven castrado que no debía tener más de diez años. Parecía una niña aterrorizada, dijo el Ojo. Aterrorizada y burlona *al mismo tiempo*. ¿Lo puedes entender? Me hago una idea, dije. Volvimos a enmudecer. Cuando por fin pude hablar otra vez dije que no, que no me hacía ninguna idea. Ni yo, dijo el Ojo. Nadie se puede hacer una idea. Ni la víctima, ni los verdugos, ni los espectadores. Sólo una foto.

    ¿Le sacaste una foto?, dije. Me pareció que el Ojo era sacudido[•] por un escalofrío[•]. Saqué mi cámara, dijo, y le hice una foto. Sabía que estaba condenándome para toda la eternidad, pero lo hice.

    Ignoro cuánto rato estuvimos en silencio. Sé que hacía frío pues yo en algún momento me puse a temblar. A mi lado oí sollozar al Ojo un par de veces, pero preferí no mirarlo. Vi los faros de un coche que pasaba por una de las calles laterales de la plaza. A través del follaje vi encenderse una ventana.

    Después el Ojo siguió hablando. Dijo que el niño le había sonreído y luego se había escabullido mansamente por uno de los pasillos de aquella casa incomprensible. En algún momento uno de los chulos le sugirió que si allí no había nada de su agrado se marcharan. El Ojo se negó. No podía irse. Se lo dijo así: no puedo irme todavía. Y era verdad, aunque él desconocía qué era aquello que le impedía abandonar aquel antro[•] para siempre. El chulo, sin embargo, lo entendió y pidieron té o un brebaje[•] parecido. El Ojo recuerda que se sentaron en el suelo, sobre unas esteras o sobre unas alfombrillas estropeadas por el uso. La luz provenía de un par de velas. Sobre la pared colgaba un póster con la efigie del dios. Durante un rato el Ojo miró al dios y al principio se sintió atemorizado, pero luego sintió algo parecido a la rabia, tal vez al odio.

    Yo nunca he odiado a nadie, dijo mientras encendía un cigarrillo y dejaba que la primera bocanada se perdiera en la noche berlinesa.

    En algún momento, mientras el Ojo miraba la efigie del dios, aquellos que lo acompañaban desaparecieron. Se quedó solo con una especie de puto de unos veinte años que hablaba inglés. Y luego, tras unas palmadas, reapareció el niño. Yo estaba llorando, o yo creía que estaba llorando, o el pobre puto creía que yo

---

[•]defecto

[•]golpeado
[•]temblor

[•]lugar sórdido
[•]bebida extraña

estaba llorando, pero nada era verdad. Yo intentaba mantener una sonrisa en la
cara (una cara que ya no me pertenecía, una cara que se estaba alejando de mí
como una hoja arrastrada por el viento), pero en mi interior lo único que hacía
era maquinar. No un plan, no una forma vaga de justicia, sino una voluntad.

Y después el Ojo y el puto y el niño se levantaron y recorrieron un pasillo
mal iluminado y otro pasillo peor iluminado (con el niño a un lado del Ojo,
mirándolo, sonriéndole, y el joven puto también le sonreía, y el Ojo asentía y
prodigaba• ciegamente las monedas y los billetes) hasta llegar a una habitación
en donde dormitaba el médico y junto a él otro niño con la piel aún más
oscura que la del niño castrado y menor que éste, tal vez seis años o siete, y
el Ojo escuchó las explicaciones del médico o del barbero o del sacerdote,
unas explicaciones prolijas• en donde se mencionaba la tradición, las fiestas
populares, el privilegio, la comunión, la embriaguez y la santidad, y pudo ver los
instrumentos quirúrgicos con que el niño iba a ser castrado aquella madrugada
o la siguiente, en cualquier caso el niño había llegado, pudo entender, aquel
mismo día al templo o al burdel, una medida preventiva, una medida higiénica,
y había comido bien, como si ya encarnara al dios, aunque lo que el Ojo vio fue
un niño que lloraba medio dormido y medio despierto, y también vio la mirada
medio divertida y medio aterrorizada del niño castrado que no se despegaba
de su lado. Y entonces el Ojo se convirtió en otra cosa, aunque la palabra que él
empleó no fue "otra cosa" sino "madre".

Dijo madre y suspiró. Por fin. Madre.

Lo que sucedió a continuación de tan repetido es vulgar: la violencia de la que
no podemos escapar. El destino de los latinoamericanos nacidos en la década
de los cincuenta. Por supuesto, el Ojo intentó sin gran convicción el diálogo, el
soborno•, la amenaza. Lo único cierto es que hubo violencia y poco después dejó
atrás las calles de aquel barrio como si estuviera soñando y transpirando a mares.
Recuerda con viveza la sensación de exaltación que creció en su espíritu, cada
vez mayor, una alegría que se parecía peligrosamente a algo similar a la lucidez,
pero que no era (no *podía* ser) lucidez. También: la sombra que proyectaba su
cuerpo y las sombras de los dos niños que llevaba de la mano sobre los muros
descascarados•. En cualquier otra parte hubiera concitado la atención. Allí, a
aquella hora, nadie se fijó en él.

El resto, más que una historia o un argumento, es un itinerario. El Ojo volvió
al hotel, metió sus cosas en la maleta y se marchó con los niños. Primero en un
taxi hasta una aldea o un barrio de las afueras. Desde allí en un autobús hasta
otra aldea en donde cogieron otro autobús que los llevó a otra aldea. En algún
punto de su fuga se subieron a un tren y viajaron toda la noche y parte del día.
El Ojo recordaba el rostro de los niños mirando por la ventana un paisaje que la
luz de la mañana iba deshilachando, como si nunca nada hubiera sido real salvo
aquello que se ofrecía, soberano y humilde, en el marco de la ventana de aquel
tren misterioso.

•ofrecía

•detalladas y extensas

•sobornar: ofrecer un
regalo para obtener
algún favor

•cayéndose a trozos

Después cogieron otro autobús, y un taxi, y otro autobús, y otro tren, y hasta hicimos dedo*, dijo el Ojo mirando la silueta de los árboles berlineses pero en realidad mirando la silueta de otros árboles, innombrables, imposibles, hasta que finalmente se detuvieron en una aldea en alguna parte de la India y alquilaron una casa y descansaron.

Al cabo de dos meses el Ojo ya no tenía dinero y fue caminando hasta otra aldea desde donde envió una carta al amigo que entonces tenía en París. Al cabo de quince días recibió un giro bancario y tuvo que ir a cobrarlo a un pueblo más grande, que no era la aldea desde la que había mandado la carta ni mucho menos la aldea en donde vivía. Los niños estaban bien. Jugaban con otros niños, no iban a la escuela y a veces llegaban a casa con comida, hortalizas que los vecinos les regalaban. A él no lo llamaban padre, como les había sugerido más que nada como una medida de seguridad, para no atraer la atención de los curiosos, sino Ojo, tal como le llamábamos nosotros. Ante los aldeanos, sin embargo, el Ojo decía que eran sus hijos. Se inventó que la madre, india, había muerto hacía poco y él no quería volver a Europa. La historia sonaba verídica. En sus pesadillas, no obstante, el Ojo soñaba que en mitad de la noche aparecía la policía india y lo detenían con acusaciones indignas. Solía despertar temblando. Entonces se acercaba a las esterillas en donde dormían los niños y la visión de éstos le daba fuerzas para seguir, para dormir, para levantarse.

Se hizo agricultor. Cultivaba un pequeño huerto y en ocasiones trabajaba para los campesinos ricos de la aldea. Los campesinos ricos, por supuesto, en realidad eran pobres, pero menos pobres que los demás. El resto del tiempo lo dedicaba a enseñar inglés a los niños, y algo de matemáticas, y a verlos jugar. Entre ellos hablaban en un idioma incomprensible. A veces los veía detener los juegos y caminar por el campo como si de pronto se hubieran vuelto sonámbulos. Los llamaba a gritos. A veces los niños fingían no oírlo y seguían caminando hasta perderse. Otras veces volvían la cabeza y le sonreían.

¿Cuánto tiempo estuviste en la India?, le pregunté alarmado.

Un año y medio, dijo el Ojo, aunque a ciencia cierta no lo sabía.

En una ocasión su amigo de París llegó a la aldea. Todavía me quería, dijo el Ojo, aunque en mi ausencia se había puesto a vivir con un mecánico argelino de la Renault. Se rió después de decirlo. Yo también me reí. Todo era tan triste, dijo el Ojo. Su amigo que llegaba a la aldea a bordo de un taxi cubierto de polvo rojizo, los niños corriendo detrás de un insecto, en medio de unos matorrales secos, el viento que parecía traer buenas y malas noticias.

Pese a los ruegos del francés no volvió a París. Meses después recibió una carta de éste en donde le comunicaba que la policía india no lo perseguía. Al parecer la gente del burdel no había interpuesto denuncia alguna. La noticia no impidió que el Ojo siguiera sufriendo pesadillas, sólo cambió la vestimenta de los personajes que lo detenían y lo zaherían*: en lugar de ser policías se convirtieron en esbirros* de la secta del dios castrado. El resultado final era aún

*autoestop

*maltrataban

*seguidores

más horroroso, me confesó el Ojo, pero yo ya me había acostumbrado a las
pesadillas y de alguna forma siempre supe que estaba en el interior de un sueño,
que eso no era la realidad.

Después llegó la enfermedad a la aldea y los niños murieron. Yo también
quería morirme, dijo el Ojo, pero no tuve esa suerte.

Tras convalecer* en una cabaña que la lluvia iba destrozando cada día, el Ojo   *recuperarse
abandonó la aldea y volvió a la ciudad en donde había conocido a sus hijos. Con
atenuada* sorpresa descubrió que no estaba tan distante como pensaba, la huida   *débil
había sido en espiral y el regreso fue relativamente breve. Una tarde, la tarde
en que llegó a la ciudad, fue a visitar el burdel en donde castraban a los niños.
Sus habitaciones se habían convertido en viviendas en donde se hacinaban*   *se amontonaban
familias enteras. Por los pasillos que recordaba solitarios y fúnebres ahora
pululaban niños que apenas sabían andar y viejos que ya no podían moverse y
se arrastraban. Le pareció una imagen del paraíso.

Aquella noche, cuando volvió a su hotel, sin poder dejar de llorar por sus
hijos muertos, por los niños castrados que él no había conocido, por su juventud
perdida, por todos los jóvenes que ya no eran jóvenes y por los jóvenes que
murieron jóvenes, por los que lucharon por Salvador Allende y por los que
tuvieron miedo de luchar por Salvador Allende, llamó a su amigo francés, que
ahora vivía con un antiguo levantador de pesas búlgaro, y le pidió que le enviara
un billete de avión y algo de dinero para pagar el hotel.

Y su amigo francés le dijo que sí, que por supuesto, que lo haría de inmediato,
y también le dijo ¿qué es ese ruido?, ¿estás llorando?, y el Ojo dijo que sí, que no
podía dejar de llorar, que no sabía qué le pasaba, que llevaba horas llorando. Y
su amigo francés le dijo que se calmara. Y el Ojo se rió sin dejar de llorar y dijo
que eso haría y colgó el teléfono. Y luego siguió llorando sin parar. ✺

PREGUNTAS

ANÁLISIS

1. ¿A qué tipo de violencia se refiere Bolaño cuando dice "pero de la violencia, de la verdadera violencia, no se puede escapar…"? Explica tu respuesta.

2. ¿Qué función tiene la emigración en la evolución del carácter de los dos personajes en el cuento "El Ojo Silva"? Explica tu respuesta.

3. ¿Qué elementos utiliza el autor para denunciar la homofobia en "El Ojo Silva"? Extrae tres ejemplos del texto y explícalos.

4. ¿Qué características de la voz narrativa nos hacen pensar que este cuento presenta rasgos de la narración oral? Justifica tu respuesta.

INTERPRETACIÓN

1. ¿Qué papel desempeña la "sombra de la dictadura" en el cuento de Bolaño?

2. ¿Qué aspectos de la sociedad chilena de la época critica el autor en "El Ojo Silva"?

3. ¿Qué opinión te merece la descripción que hace el autor de los chilenos? Expresa ese retrato del chileno en tus propias palabras.

4. ¿Qué visión del mundo crees que transmite Bolaño en "El Ojo Silva"?

INVESTIGACIÓN

1. Roberto Bolaño fue muy explícito respecto a sus gustos literarios. Investiga a qué autores admiraba y a cuáles repudiaba, y haz una valoración personal de sus predilecciones.

2. Investiga qué es la diégesis y escribe un pequeño ensayo sobre su función en la obra cuentística de Roberto Bolaño.

7 LETRAS HISPANAS DE ESTADOS UNIDOS

En Estados Unidos el español no es una lengua extranjera. Para darse cuenta de esto basta con observar en un mapa nombres como "Los Ángeles", "San Antonio", "Montana", "Calaveras County", "Fresno" y "Nevada", o ver los datos del censo: en el país viven más de cuarenta y cinco millones de hispanohablantes y más de cincuenta millones de personas de origen hispano. La presencia del idioma español en el territorio que ahora es Estados Unidos no es reciente. De hecho, los primeros escritos occidentales en estas tierras fueron en español: los diarios de viaje de Juan Ponce de León en la Florida (1513) o los *Naufragios y comentarios* de Álvar Núñez Cabeza de Vaca (1542), un asombroso testimonio de sus experiencias durante los ocho años que tardó en atravesar a pie una distancia de más de dos mil millas; desde la Bahía de Tampa, al sur de la Florida, hasta Culiacán, en el Pacífico.

Durante cuatro siglos se habló español en grandes áreas que luego pasaron a ser parte de Estados Unidos en el siglo xix. Fue entonces cuando la joven nación inició su trepidante expansión territorial: compró Louisiana (1803) y la Florida (1819), se anexionó la "República de Texas" (1846) y, en 1848, firmó un tratado por el que el país vecino cedía territorios al norte del río Grande (Bravo, en la orilla mexicana), que pasarían a formar los estados de California, Nevada, Utah, Nuevo México y partes de Arizona, Colorado, Kansas, Oklahoma y Wyoming.

Pero la presencia del español en Estados Unidos no se limita, evidentemente, al pasado: es un idioma del presente y del futuro, que convive cotidianamente, choca y, a veces, se mezcla con el inglés. Un idioma hablado por el segmento de población más joven y con mayor crecimiento del país y que es, además, el idioma por antonomasia del inmigrante.

De hecho, los principales temas de las letras hispanas en Estados Unidos tratan sobre la experiencia del inmigrante venido de "la otra" América. La relación con Estados Unidos del inmigrante que se dispone a cruzar la frontera es compleja: unas veces es de admiración, otras de recelo ante el poderoso país del norte que históricamente ha influido en la política de su país. Y, sin embargo, a pesar del miedo y la desconfianza, decide partir, ya sea para buscar oportunidades o para huir de circunstancias insostenibles en su país de origen. Entonces enfrenta la segunda experiencia: cruzar la frontera, evitar la migra, sufrir la ilegalidad y soportar todo tipo de privaciones para poder llegar. Una vez superados esos escollos, sobreviene una tercera experiencia que lo acompañará durante años: el inmigrante deberá aprender quién es en el nuevo país, adquirir o elegir una nueva identidad, sentirse aislado de su familia, vérselas con un país que habla inglés y convertirse en bilingüe.

En este capítulo aparecerán, en diferentes modalidades, estos tres temas representativos de la literatura hispana: la influencia de Estados Unidos, el cruce y la necesidad de una definición o redefinición identitaria.

En ninguna otra región de las Américas la influencia política estadounidense ha tenido tanto peso como en el Caribe y en América Central. Y en ningún país ha sido tan continua y directa como en Puerto Rico. Hacia finales del siglo XIX, cuando España perdió sus últimas colonias y Puerto Rico estuvo a punto de independizarse, el gobierno español firmó un tratado por el que cedía el gobierno de la Isla a Estados Unidos. Durante décadas, la lucha por la soberanía continuó, expresada en los versos de poetas como José de Diego, Luis Palés Matos y Julia de Burgos; esta última, aparece en esta antología con una obra que combina el amor a la patria con las demandas de una voz femenina que quiere emanciparse. En 1952, Puerto Rico pasó a tener el estatus actual de "estado libre asociado". La literatura puertorriqueña empezó a representar la experiencia de la americanización cultural del país y la migración masiva a Estados Unidos, en particular, a Nueva York.

Los inmigrantes boricuas recién llegados a la gran ciudad enfrentaron conflictos con otras minorías culturales (recordemos el musical *West Side Story*, de 1957) y encontraron serias dificultades para integrarse y triunfar en la gran metrópoli. Ese es el drama de la discriminación urbana que narra Pedro Juan Soto en los cuentos de *Spiks* (1956) como lo hiciera más adelante Piri Thomas en su novela *Down These Mean Streets* (1967). Pero no todo fue sufrimiento: la solidaridad de la población de origen puertorriqueño en Nueva York —que hoy supera los dos millones— se fue consolidando y organizando en el sur del Bronx, en Alphabet City, y en la zona este de Harlem, rebautizada desde entonces como "El Barrio" o Spanish Harlem: el centro de la vida económica y cultural de la inmigración boricua a Nueva York. Allí aparecieron numerosos relatos, canciones y poemas hispanos. A esta literatura que podríamos llamar "de barrio" se suman los dominicanos de Paterson (Nueva Jersey), los chicanos de East L.A. y los cubanos de Miami. El cuento del cubano Roberto G. Fernández en esta antología es un ejemplo de un relato barrial, en el que se combina el bullicio de South Miami con una nostálgica ternura costumbrista. En esta línea encontramos novelas de formación como las de Julia Álvarez (*How the García Girls Lost Their Accents*, 1991), Sandra Cisneros (*The House on Mango Street*, 1984), Cristina García (*Dreaming in Cuban*, 1992) y, aunque en un ambiente y tono diferente, la opulenta y exitosísima *The Brief and Wondrous Life of Oscar Wao* (2007), de Junot Díaz.

A pesar de encontrar un segundo hogar en estos barrios, los puertorriqueños de Nueva York, así como muchos otros hispanos en situaciones similares, continuaron luchando para que su lugar en la sociedad fuera debidamente reconocido. Durante la década de 1960, cuando empiezan a aflorar por todo el país las luchas por los derechos civiles, el activismo político se suma a esta causa. El término *nuyorican*, usado despectivamente por los puertorriqueños de la Isla para distinguirse de los emigrados a Nueva York, pasó a enarbolarse como identidad propia (la jueza de la Corte Suprema Sonia Sotomayor se ha definido orgullosamente como *nuyorican*). Los poemas de Tato Laviera de la década de 1980, presentes en esta antología, representan un aspecto clave de la condición de esta nueva identidad híbrida: el *nuyorican* vive en el barrio, sí, pero es sobre todo bilingüe y dúctil; es capaz de elegir entre idiomas y de reírse corrosivamente de los prejuicios de las identidades monolingües y las culturas monolíticas.

Mientras que el auge de la inmigración puertorriqueña puede precisarse con cierta exactitud —la llamada "guagua aérea" de esta emigración de aeropuerto empieza a partir de la década de 1950—, la inmigración desde México es mucho más difícil de establecer. Esto es porque la frontera de 1848 no creó un abismo: ambas orillas del río Bravo compartieron y comparten geografías, necesidades económicas, culturas e idiomas. Esa porosidad se manifiesta en obras como la de Sabine Ulibarrí: las costumbres que relata son las de una familia que, tras la guerra, quedó a "este lado" de la frontera. Y, sin embargo, aunque escriba sobre Nuevo México, el aroma del tabaco de su abuela evoca el México viejo y, antes aún, el imperio español y la hidalguía y las casas blancas de los colonos y sus descendientes. "¡La casa de mi granma!", llega a exclamar el narrador: vemos aquí el espanglish en acción, aunque acaso diferente del de Laviera, más instintivo que calculado. Esta alternancia de códigos, o *code switching*, en que un hablante pasa del inglés al español, y viceversa, en medio de una frase, es una de las características de la literatura chicana a la que pertenece Ulibarrí, junto a narradores como Tomás Rivera y Sandra Cisneros, dramaturgos como Cherríe Moraga y ensayistas como Gloria Anzaldúa y Ana Castillo, entre muchos otros.

Por esa fluidez entre idiomas y por prejuicios raciales, económicos, sociales y culturales, los chicanos han sido frecuentemente discriminados a ambas orillas del río Grande. Pero al igual que los *nuyoricans*, ellos, en la década de 1960, transformaron la discriminación en gentilicio: "chicano", una palabra que empezó siendo un insulto, se convirtió en identidad y en bandera de lucha de los derechos de los trabajadores y de la comunidad gay y lesbiana de origen mexicano en Estados Unidos.

Los escritores chicanos han indagado, en inglés y en español, en su compleja identidad transfronteriza. Tino Villanueva, del llamado *Chicano Literary Renaissance* de principios de la década de 1970, o Francisco Jiménez, un novelista cuyas obras se empezaron a publicar con el cambio de milenio, son dos de los muchos autores que buscan respuestas en el material autobiográfico. El cruce de la frontera hacia la tierra prometida ante la acechante migra, quizá sea la imagen más dramática de esta literatura. Pero igualmente difícil es, en los poemas de Villanueva y en la saga de relatos de Jiménez, redefinirse personal y culturalmente como habitantes del guion que une (o separa) los dos términos de "Mexican-American".

Entre guiones, idiomas e identidades ambiguas se sitúa la exuberante obra del mexicano-chicano Guillermo Gómez-Peña. A través de proclamas, poesías, relatos, instalaciones y *performances*, este artista ha venido explorando lo fronterizo como el espacio paradigmático de la vida actual. La frontera de Estados Unidos y México se vuelve, en su obra, un espacio coral y cacofónico, atravesado por el malentendido y la hibridez, el bilingüismo, el mestizaje de lenguas, la violencia y la asimetría de poderes en tiempos de la globalización. La obra de Mayra Santos-Febres indaga en esta valoración de lo que la identidad hispana puede decirnos sobre el mundo actual, en el que se relativizan conceptos como "nación", "idioma nacional" e "identidad". La narradora puertorriqueña encuentra en el Caribe otro espacio de identidades nacionales políglotas y difusas, un lugar fronterizo de libertad.

Las letras hispanas son prolíficas y están cada vez más presentes en las librerías estadounidenses y del mundo. Algunos autores latinoamericanos reconocidos han venido como exiliados de países de menor inmigración a Estados Unidos —Ariel Dorfman (Chile), Tomás Eloy Martínez (Argentina), entre otros— y muchos, cada vez más, escriben sobre este país desde dentro, como participantes y no como turistas. Representamos en esta antología a uno de ellos, Edmundo Paz Soldán (Bolivia), con un relato en el que la literatura y la vida se imbrican con las desventuras de un migrante en tránsito. Acaso esta literatura del ir y venir, de las identidades múltiples, de las lenguas cambiantes y del encuentro fortuito, ofrezca una posición privilegiada desde la que podamos entender la vida contemporánea.

Martín Gaspar

BIBLIOGRAFÍA DEL PERIODO

Bruce-Novoa, Juan. *Retro Space: Collected Essays on Chicano Literature: Theory and History*. Houston: Arte Público Press, 1990.

Durand, Jorge, E.; Telles, J. Flashman. "The Demographic Foundations of the Latino Population". *Hispanics and the Future of America*. Washington: National Academies Press, (2006): págs. 66-99.

Humes, Karen; Jones, Nicholas; Ramírez, Roberto. "Overview of Race and Hispanic Origin: 2010". U.S. Census Bureau. Online.

Kallenos, Nicolás. "An Overview of Hispanic Literature in the United States". Herencia. Cambridge: Oxford UP, (2002): págs. 1-32.

Mohr, Eugene. *The Nuyorican Experience: Literature of the Puerto Rican Minority*. Westport: Greenwood Press, 1982.

CRONOLOGÍA: HISTORIA Y LITERATURA

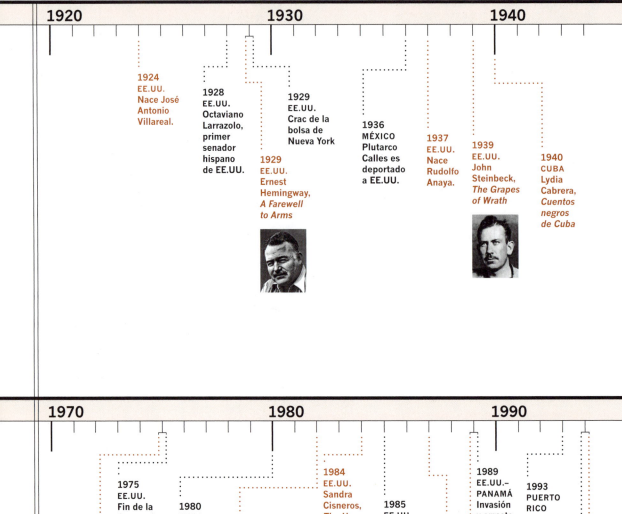

1920

1930

1940

1924
EE.UU.
Nace José
Antonio
Villareal.

1928
EE.UU.
Octaviano
Larrazolo,
primer
senador
hispano
de EE.UU.

1929
EE.UU.
Crac de la
bolsa de
Nueva York

1929
EE.UU.
Ernest
Hemingway,
*A Farewell
to Arms*

1936
MÉXICO
Plutarco
Calles es
deportado
a EE.UU.

1937
EE.UU.
Nace
Rudolfo
Anaya.

1939
EE.UU.
John
Steinbeck,
*The Grapes
of Wrath*

1940
CUBA
Lydia
Cabrera,
*Cuentos
negros
de Cuba*

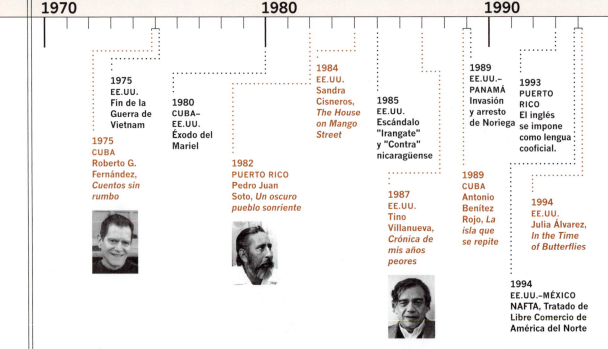

1970

1980

1990

1975
EE.UU.
Fin de la
Guerra de
Vietnam

1975
CUBA
Roberto G.
Fernández,
*Cuentos sin
rumbo*

1980
CUBA–
EE.UU.
Éxodo del
Mariel

1982
PUERTO RICO
Pedro Juan
Soto, *Un oscuro
pueblo sonriente*

1984
EE.UU.
Sandra
Cisneros,
*The House
on Mango
Street*

1985
EE.UU.
Escándalo
"Irangate"
y "Contra"
nicaragüense

1987
EE.UU.
Tino
Villanueva,
*Crónica de
mis años
peores*

1989
EE.UU.–
PANAMÁ
Invasión
y arresto
de Noriega

1989
CUBA
Antonio
Benítez
Rojo, *La
isla que
se repite*

1993
PUERTO
RICO
El inglés
se impone
como lengua
cooficial.

1994
EE.UU.
Julia Álvarez,
*In the Time
of Butterflies*

1994
EE.UU.–MÉXICO
NAFTA, Tratado de
Libre Comercio de
América del Norte

■ **HISTORIA Y POLÍTICA**
■ **LITERATURA**

1950   1960

1948
PUERTO RICO
Luis Muñoz
Marín, primer
gobernador
electo de
la Isla

1950
EE.UU.
Estalla
la Guerra
de Corea.

1951
PUERTO RICO
Nace Tato
Laviera.

1952
CUBA
Golpe de
Estado de
Fulgencio
Batista
con apoyo
de EE.UU.

1952
PUERTO RICO
Estado Libre
Asociado de
EE.UU.

1953
EE.UU.
Muere
Julia de
Burgos
en Nueva
York.

1957
EE.UU.
Jack
Kerouac,
On the Road

1959
EE.UU.
Estalla la
Guerra de
Vietnam

1959
CUBA
Triunfo de la
Revolución
cubana
liderada por
Fidel Castro

1961
**CUBA–
EE.UU.**
Invasión de
Bahía de
Cochinos

1962
**EE.UU.–
CUBA**
Crisis de
los misiles

1965
EE.UU.
*Immigration and
Nationality Act*

1964
EE.UU.
Sabine Ulibarrí,
Tierra amarilla

1966
PUERTO RICO
Nace Mayra
Santos-Febres.

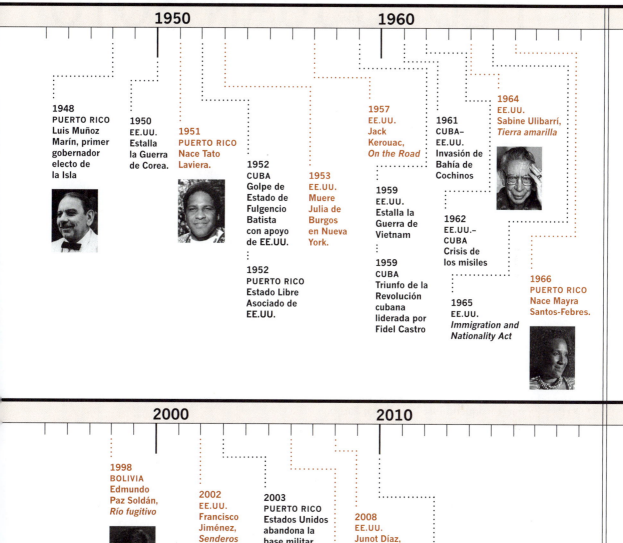

2000   2010

1998
BOLIVIA
Edmundo
Paz Soldán,
Río fugitivo

2002
EE.UU.
Francisco
Jiménez,
*Senderos
fronterizos*

2003
PUERTO RICO
Estados Unidos
abandona la
base militar
de Vieques.

2008
EE.UU.
Junot Díaz,
Premio
Pulitzer de
Literatura

2010
EE.UU.
Ley antiinmigrante
en Arizona

EE.UU.
La población
hispana sobrepasa
los 50 millones.

2006
MÉXICO
Guillermo
Gómez-Peña,
*Bitácora del
cruce*

PEDRO JUAN SOTO

1928–2002

"En Puerto Rico [...] lo conocía la gente. Podía salir porque lo conocía la gente. Pero en Niu Yol la gente no se ocupa y uno no conoce al vecino. La vida eh dura."

—**Pedro Juan Soto, "*Los inocentes*"**

En la vida y en la obra del escritor puertorriqueño Pedro Juan Soto puede verse una metáfora de la complicada relación entre Estados Unidos y su Isla. Nacido en Cataño, su infancia y adolescencia trascurrieron en Puerto Rico. En 1946 comienza sus estudios en la Universidad de Long Island, donde obtiene su licenciatura en Humanidades en 1950. Al terminar, se enrola durante un año en el ejército de Estados Unidos. Posteriormente ingresa en la Universidad de Columbia, donde obtiene su maestría en 1953. En 1976 obtiene un doctorado en Estudios Hispánicos en la Universidad de Toulouse, Francia.

A partir de 1953 comienza a publicar relatos breves y artículos en diferentes revistas y periódicos de Puerto Rico y Nueva York. En 1955 regresa a Puerto Rico y en 1956 publica su obra más conocida, *Spiks*, una colección de siete cuentos. En este libro, como en buena parte de su obra posterior, se aprecia la influencia de escritores como Ernest Hemingway y el puertorriqueño José I. de Diego Padró.

Soto fue durante años profesor de la Universidad de Puerto Rico en el Recinto de Río Piedras. Publicó cinco novelas, varias obras de teatro y libros de ensayo. En 1991 publicó sus memorias bajo el título *Memoria de mi amnesia*. Con su novela *Un oscuro pueblo sonriente* ganó el Premio Casa de las Américas en 1982.

En 1978, su hijo Carlos Soto Arriví fue abatido por la policía junto a otro joven independentista en el Cerro Maravilla. Ese trágico suceso marcaría profundamente al escritor, activo partidario de la independencia puertorriqueña quien consideraba que su hijo había sido asesinado. Pedro Juan Soto murió el 7 de noviembre de 2002.

"La cautiva" es uno de los siete cuentos que forman parte del libro *Spiks*. El autor nos relata la partida de Fernanda desde Puerto Rico hacia Nueva York. El cuento nos presenta dos temas clave de la obra de Pedro Juan Soto: la emigración hacia Nueva York como solución a los problemas de la Isla y un estilo narrativo directo y económico que recuerda la narrativa de Hemingway. En "La cautiva", como en otros relatos de *Spiks*, Soto usa en los diálogos una ortografía que intenta imitar y rescatar el habla popular puertorriqueña. Los personajes se expresan con las peculiaridades sintácticas y fonéticas de las clases menos educadas. Las frases hechas y los refranes le sirven para describir la situación en la que se encuentran Fernanda y su madre.

OBRAS PRINCIPALES

[Nota manuscrita:] Pedro Juan Soto — Cataño, Puerto Rico — vive en E.U. — Maestría en Colombia, doctorado en Frati — Premio Casa de las Américas en 1982

LA CAUTIVA

De *Spiks*, 1956

"Yo no soy nadie:
Un hombre con un grito de estopa* en la garganta y una gota de asfalto
en la retina."
(Tal vez me llame Jonás)
Leon Felipe

*material que se usa para hacer cuerdas, escobas y telas rústicas

Distinguió a lo lejos la capota roja del taxi, lo enfocó y persiguió luego en la curva donde el verde húmedo de los jardines resplandecía al sol, emplazó* entonces su mirada en el parachoques delantero y lo atrajo hasta la entrada del edificio. Se abrió la portezuela de la izquierda…

*fijó

5 y no era él. Un cuerpo repulsivo —tan pequeño, tan escuálido, tan distinto al de él— cruzó la entrada cargando una maleta y subió el empinado* pasadizo que conducía a la sala de espera.

*cuesta arriba

No vendrá, pensó. *Le bastó con un simple apretón de manos en el porch, siempre pendiente de los ojos de Inés y mamá. Canalla. Cobarde. No… Probablemente Inés,*
10 *sin siquiera darse cuenta, lo mantiene a raya* con sus encargos. Nene, necesito ajos. Tomates, nene. Nene… Y seguramente ese renacuajo* también lo hace pensar. Aunque me quiera — ¡y me quiere! —, no querrá dejarlo. Cobarde. Yo puedo darle hijos de más un buen hogar hacerle felicidad maldita Inés estar contentos en una eterna luna de miel es mío Inés yo puedo y si en verdad me quiere — ¡y me quiere,*
15 *me quiere!…*

*lo controla
*pequeñajo: muy pequeño y delgado

En la pared de cristal vio el reflejo de la frente arrugada bajo el ridículo sombrerito de fieltro, los ojos acuosos y la boca fruncida* (sobre los labios había trazado unas curvas gruesas que ahora formaban un minúsculo corazón) y sintió deseos de derribarla a cabezazos.

*muy apretada

20 —Fernanda, yo ehtoy cansá y quiero sentarme.

—Pueh siéntate. Yo no te tengo aguantá —dijo ella, volviendo airada˙ la cabeza ˙enojada
hacia la anciana peliteñida e incómodamente enhiesta˙ dentro de su ceñido ˙rígida
traje floreado.

—Ay, virgen, que tú… Fernanda te dicho que no llores más. La gente se va
25 dar cuenta.

—Déjame quieta —musitó ella, secándose el ojo derecho con los dedos.

Rugió el sistema de altoparlantes:

—Su atención, por favor. Llamada telefónica para Aníbal Montero. Señor
Aníbal Montero, favor de acudir al mostrador de la Pan American…

30 Se dio vuelta porque ya no quería seguir a caza de taxis. Necesitaba olvidarse
de él y del tiempo que tan lentamente transcurría.

A uno y otro lado de la sala, los pasajeros paseábanse alrededor de los bancos
—sin animarse a tomar asiento, por no arrugar el uniforme de la excitación que
lucían sobre sus vestidos de viaje—, se entretenían recogiendo hojas y folletos
35 de propaganda comercial, se sentaban dentro de la caseta junto al portal de la
sala para posar por las cuatro instantáneas de veinticinco centavos, o llevaban a
los niños a montar los caballos que por diez centavos no mordían ni coceaban
ni relinchaban pero sí hacían chirriar sus piezas oxidadas cada vez que giraban
en los tubos palmisudados.

40 Todos se hallaban empeñados˙ en la matanza de un enjambre de minutos ˙obstinados
como quienes se han impuesto la tarea de papar moscas˙ en una pescadería. ˙hipnotizarse,
embelesarse

Sin ánimo de imitarlos, volvió a darles la espalda. Detuvo otro taxi y tampoco
de éste lo vio descender.

—Fernanda, t'estoy viendo —dijo la anciana, rascándose disimuladamente
45 la espalda con la pared—. No los sigas ehperando, que no viene. Ya se lo dije
anoche, que si se presenta voy se lo cuento to a Inés.

Su mirada giró hacia la izquierda y embistió˙ como una antorcha contra el ˙se abalanzó, atacó
semblante añejo, desolado y grietoso.

—Pero ¿qué tú te creeh? —resistió la anciana—. Lo qui has hecho eh terrible
50 y ya Dios te cahtigará. No le dicho na Inés porque lo botará˙ de la casa y se ˙echará
quedará sola y amargá. No eh por él que me priocupo. Él no vale na.

—Ehtá bien —dijo ella reanimándose—. Ponle punto final, por ahora. Pero
tengo esperanzah…

—¿Tú me quiereh decir que si te busca…?

55 —Yo no sé.

—Él es un sinvergüenza, Fernanda. Deja que Inés lo coja con otra.

—Él no tuvo la culpa.

—Ponte a defenderlo ahora —cuchicheó˙ la anciana, mirando de soslayo˙˙ al ˙murmuró ˙˙de reojo
hombre que pasaba silbando—. Si él fuera persona decente… Él no rehpetó ni
60 la casa donde toh estábanoh unidos ni rehpetó mis canas, ni a Inés, ni a ti. La
mujer en el hospital, dando a luz, y él en tu cuarto, Fernanda…

—Y los oía de noche —dijo ella, persiguiendo otro taxi—. Aunque mi acohtaba temprano, me quedaba en vela*pa oírlos…

    *despierta

—¿Oírlos?

65   —… pero en los últimoh meses ella no quería y yo entonceh…

—Dios mío, Fernanda. Y siendo tu hermana…

Sin mirar a la anciana, ella sacó el pañuelo de su bolso y, limpiando el marco de resignación que colocaba alrededor de sus ojos, dijo:

—Yo me voy, ¿no?

70   Fue entonces cuando lo vio descender del taxi, pagar el chofer, y entrar pausadamente al edificio. No supo qué hacer. *Si mamá la ve…*, pensó. Echó a andar más hacia el fondo de la sala. *Que no se enfrente ahora a mamá. Que espere.*

—¿Pa dónde tú vas? —dijo la anciana yendo tras ella.

75   —¿Tú no queríah sentarte? Yo también ehtoy cansá.

—Pero si aquí hay un banco, Fernanda.

Simuló no haber oído. Sin pedir excusas, rompió el corro* de los cuatro hombres: cuatro caras festivas, cuatro pares de pantalones abombachados, algo sobre "la dulce vida de los sábadoh", y una mano distraída que hacía girar una

    *círculo

80   leontina* en el aire bullicioso.

    *cadena de un reloj de bolsillo

Dejándose caer en el banco vacío, de espaldas al portal, se quitó los zapatos. *Aléjalo un poquito, San Alejo, hasta que mamá me deje sola.*

—¿Qué te pasa?

—Aquí no hay tanta gente y me puedo quedar en mediah.

85   —Eso no se ve na de bien —dijo la anciana sentándose a su lado.

—Na de lo que yo hago se ve bien.

—*¿Me habrá visto?*, pensó. *Estará plantado en la entrada buscándome.* Calzóse de nuevo, se incorporó, se dio vuelta, se llevó una mano a la frente y cerró los ojos. Él la miraba desde lejos, muy tieso*, luego se viraba y salía. *¿Para dónde*

    *rígido

90   *vas? No tengas tanto miedo, que ella no come gente.*

Le temblaban las manos. Su corazón era un cachorro secuestrado y furioso dentro de un saco.

—Tengo dolor de cabeza. Voy a buhcar aspi…

Evadió a los dos niños que corrían a través de la sala, enredó el borde de su

95   vestido en la punta de una sombrilla, tropezó con la pareja que caminaba cogida de manos, recibió un pisotón del piloto que caminaba absorto* en la lectura del periódico, y por fin cruzó el portal en dirección al ala izquierda del edificio.

    *concentrado

De repente, se detuvo en seco. Él la observaba desde la pequeña terraza de la izquierda, entre los estanques. Instintivamente, su mano se alzó un poco para

100   blandir un saludo o una señal de cautela, y en seguida miró atrás, al gentío por entre el cual avanzaba la anciana.

Retrocedió hacia el portal, puso la ancha columna como muro a los ojos de la anciana, y esperó a que ésta se acercara.

—¡Dios mío! Ehta gente no deja uno caminar…

105 —Cómprame unas ahpirinas en la falmacia —rogó ella—. Me siento muy mal pa ir allá.

La anciana miró en torno, como quien teme una puñalada en la espalda.

—Ehtás tratando de deshacerte de mí, ¿verdá?

—Me siento mal. No es lo que tú piensas.

110 —La falmacia no ehtá tan lejos, Fernanda. Vamoh las doh.

—Déjalo, déjalo —dijo ella, y se abrió paso hasta el mostrador de la Pan American.

—¿Hay algún cambio en la salida del dos cincuentiséis?

—La hora sigue igual —dijo el empleado—. Doce y cinco.

115 —Graciah.

Se hizo a un lado, volvió el cuerpo hacia el portal, y descansó un codo en el mostrador. Su madre permanecía frente a ella, leyendo el itinerario a otro lado del mostrador.

120 —Voy simplemente a vivir todo un mes en Harlem —decía el hombre larguirucho, orondo[*], al joven que garrapateaba[**] en la libreta de apuntes—. Mi labor será, verdá, realizar una invehtigación de la condicioneh de vida del puertorriqueño en Nueva York. Diga en su periódico también… *[* satisfecho ** escribía con mala letra]*

—Your attention, please —clamó la voz que, a través del sistema de altoparlantes, parecía transmitir bajo una lluvia de cascajo—. Eastern Airlines 125 announces the departure of Flight Three-sixty-four to Miami. Please present your tickets at Gate Three. Su atención, por favor. La Eastern Airlines…

Rojos, seriotes, cargando libros y revistas bajo el brazo, siete pasajeros se movieron hacia la puerta número tres.

La anciana cambiaba de uno a otro pie el peso de su cuerpo, resollaba[*], *[* respiraba ruidosamente]* 130 preocupábase porque ninguna mano al pasar rozara sus caderas, mientras ella miraba con disimulo la pared de cristal que daba a la terraza. Ahora él se hallaba escondido tras de una columna y, bajo el ala del sombrero, dejaba ver la mano fija al cigarrillo caviloso[*]. *Como en el cine*, pensó ella. *Él es Alan Ladd, yo soy* *[* pensativo]* *Ava Gardner, y mamá es Bela Lugosi. Sólo que aquí Alan Ladd ha empeñado[*]* *[* ha dejado a cambio de un préstamo]* 135 *su pistola.*

Comenzó a reír y no calló hasta darse cuenta de que el movimiento de su boca y el escozor[*] en los ojos no concertaban con la risa. *[* picor]*

—Y ahora, ¿qué te pasa?

—Na —logró balbucear—. Es un chiste.

140 —Pero ehtás queriendo llorar otra vez.

—No eh na, no eh na.

Sacó el pañuelo, se secó los ojos, y se sonó. Luego fue a sentarse en el banco más cercano al portal, de perfil a la terraza. La anciana se escurrió[*] a su lado. *[* se hizo sitio]*

—¿Por qué tú no te vah pa tu casa? Tú debeh tener algo qui hacer.

145 —Cuando salga el avión —dijo la anciana.

—Quieres ehtar segura, ¿ah? Pero ¿qué más necesitah? Tú mihma l'ehcribihte a Julio diciéndole que yo iba trabajar.

—Y a vivir con elloh, Fernanda. Que no se ti olvide. Ya mi ocuparé yo di averiguar si tú te has ido a vivir sola.

150 —O si he cogido el avión otra veh pa Puerto Rico.

—O si has cogido el avión otra veh pa Puerto Rico. Yo ehtaré pendiente de to tuh pasos.

—¿Debo mantenerte al tanto° de mis amoreh?   °informarte

—Julio te velará°, que pa eso eh tu hermano mayor. Yo lo único que no quiero   °cuidará
155 eh verte aquí en Puerto Rico, hahta que to vuelva ehtar bien.

—Bien ¿cómo?

—Hahta que crehcas y te deh cuenta del pecado qui ha cometido.

—¿Y cuándo me daré cuenta? ¿Cuándo cumpla loh veintiún añoh?

—Ojalá.

160 *Cuatro años más*, pensó. *Después podré venir a pelear por él. A llevármelo, a casarme con él, si es que aún no ha tenido el valor de abandonar a Inés para buscarme.*

—Le dices a Julio que quizáh yo vaya verlo pa Navidadeh —dijo la anciana—. Quiero conocer a su mujer y los doh nenes…

165 *No me va a dejar sola*, pensó ella. *Ni siquiera voy a poderlo besar.* Detuvo su vista en los letreros —"Viaje ahora y pague después", "Asegúrese por $25,000"— tratando de olvidar aquella boca parlanchina. Sobre el escaparate de los objetos de concha, giraba el anuncio con su aureola neón: "Tim's Shell Gifts… Tim's Shell Gifts… Tim's…"

170 Miró de reojo hacia la terraza. Todavía estaba allí, escondido como un gángster, fumando su viciosa precaución. Cruzó las piernas. *Que las vea*, pensó. *Que se fije bien en lo que va a perder. Inés las tiene flacas. Inés no tiene nada de lo que yo tengo. Excepto a él. Pero eso no fue más que suerte, labia, y yo era entonces sólo una muchachita con barros*° *y trenzas. Pero él tampoco se fijaba en eso. Me*   °granos
175 *tiraba la vista a la espalda como un garfio para rasgarme el traje sobre las caderas y los muslos. No era bobo y yo tampoco.*

—…Y en Nueva York cualquier trabajo secretarial lo pagan mejor qui aquí —decía la anciana.

—Sí.

180 —Se trabaja duro, pero se hace buen dinero. Y cuando uno sabe dos idiomas…

Comenzaba a oír el ronco fragor de unos motores invadiendo la sala, cuando repercutió la voz:

—Your attention, please. Pan American World Airways announces the
185 arrival of Clipper Flight Two-sixteen from New York. Su atención, por favor…

Conversando agitadamente, varias personas corrieron a asomarse por las aberturas redondas que dominaban la pista de aterrizaje.

—…Llegada del Clipper Vuelo dos dieciséis de Nueva York…

Ella miró su reloj de pulsera. *Quince minutos más,* pensó. *Anda y ven a besarme. Mamá no dirá nada. Atrévete. Ven acá, ven acá. No estabas leyendo el periódico, sino que me hablabas con esos ojos diabólicos. Ven acá, decías. Estas manos, esta boca y esto van a ser tuyos. Todo eso con los ojos, cuando echaste a un lado el periódico y te estiraste en la butaca mordiendo tu bostezo. Ven acá. Toma. Ven acá, que ya tu mamá se fue a la cama.*

—Fernanda.

—¿Qué quiereh?

—Que si no vah almorzar. En el avión seguro que no darán almuerzo, porque ya to el mundo habrá comido.

—No tengo hambre.

—Aunque sea un vaso de leche y un sandwich.

—No quiero na.

En la sala habiendo sometido su equipaje al examen aduanero, los pasajeros que acaban de descender a tierra repartían besos y abrazos entre amigos y parientes alborozados.

—Y cuando cai la nieve, aquello parece una taljeta de Navidá —decía un hombre.

—Yo no tardo seih meseh más en irme di aquí, porque ya el campo s'está volviendo un patio pa to ese montón de fábricas que van levantando —decía otro.

Ella volvió la vista hacia el chiquillo que, medrosamente* y sólo a instancias** de su madre, acariciaba un flanco del caballo de madera. La madre le hablaba y el chiquillo sacudía la cabeza. *No, me va a doler.* La madre seguía hablándole con ternura, mesándole los cabellos, pasándole una mano sobre la mejilla. *No me atrevo porque me duele y porque tú eres mi cuñado.* El chiquillo al fin se dejaba convencer. La mujer lo alzaba, lo colocaba en la montura, y echaba la moneda en la ranura. Entonces el caballo comenzó a brincar, a girar, a mecerse… Y brincaba, giraba y se mecía luego sin dejar caer el tembluzco grito del jinete asido* a su pescuezo**.

*con miedo **por consejo

*agarrado **cuello

Se movió nerviosamente en el banco. *No fue tanto el dolor, pero hubiera querido gritar de dolor y de placer.* Miró hacia el agua del primer estanque y, sin levantar la cabeza, alzando sólo los ojos, escudriñó* la columna. Ahora el humo del cigarrillo era lo único que delataba su presencia. *Cobarde, ¿por qué no vienes acá? Un solo beso. Mamá no dirá nada. Ella se conforma con verme volar. Lo que no te perdona es que hayas salido de mi cuarto cuando ella volvía a acostarse después de ir al baño. Escríbeme, cobarde. Piensa en mí.*

*examinó cuidadosamente

—Your attention, please. Pan American World Airways announces the departure of Clipper Flight Two-fifty-six to New York. Passengers please present your tickets at Gate Seven.

Un tropel* de gente comenzó a hacer fila para pasar a través del torno de la galería de observación. Las niñas que se acicalaban* frente al espejo de la caseta de fotografías, echaron a correr hacia quienes les llamaban.

—…Anuncia la salida del Clipper Vuelo dos cincuentiséis con destino a Nueva York. Sírvanse presentar sus boletos en la puerta número siete.

La sala servía ahora de pista a la turba* que, riendo y llorando y dando voces frenéticas y taconeando apresuradamente, desfilaba hacia la puerta señalada.

La anciana terminaba de prensar los labios sobre cada uno de sus ojos, y ella cerraba la boca para rozar la mejilla descarnada.

—Que Dios te bendiga, Fernanda. Yo voy ehtar arriba, en la galería.

Cuando la vio alejarse, miró hacia la terraza. Pero ya no lo divisaba en el lugar de antes. Miró en derredor, sobre las caras desconocidas, y no lo halló.

—Su boleto, por favor.

Dio el boleto y volvió a buscarle con la mirada.

—Perdone, señorita, pero hay más pasajeros.

Echó a andar hacia la pista de aterrizaje, donde trepidaba un carromato lleno de equipaje y vociferaban los mecánicos. Subió las escalinatas ladeando la cabeza hacia la galería de observación, y vio entre el montón de brazos y rostros el pañuelo de la anciana. Entró precipitadamente, sin corresponder a aquel gesto, para tomar asiento junto a una ventanilla. Su vecino de asiento no cesó de lanzar besos ni de agitar la mano hasta que el avión comenzó a moverse.

Desapareció de su vista la galería de observación, toda la fachada trasera del edificio, y luego se esparció ante ella la carretera interior del aeropuerto. *¿Por qué no aprovechó cuando mamá me dejó sola?*, pensó. *Un beso nada más hubiera sido suficiente. Maldita seas, mamá. Si te hubieras ido…*

Súbitamente, cuando el avión giraba lentamente hacia la torre de señales, la figura que salía a la acera atrajo su atención. Se detenía —las manos en los bolsillos, la corbata al viento, el sombrero aleteando— y contemplaba el avión. *¡Es él, es él!* Desesperadamente, su mano gesticuló un adiós a través de la ventanilla. Y él seguía con su cabeza alzada, su sombrero aleteando, sus manos en los bolsillos…

Tú sabes que yo voy aquí. Encórvate un poco, aunque no llores.* Él ensanchaba el pecho, afirmaba las piernas. *A menos que no te importe, que sólo hayas venido para estar seguro. A menos que como mamá…*

El avión giró por completo, corrió sobre la pista y despegó. Entonces ella comenzó a reír sin ganas, sin fuerzas. Y el llanto le vino luego. ✦

---

*multitud

*se arreglaban, se ponían atractivas

*masa

*dóblate

PREGUNTAS

ANÁLISIS

1. ¿Dónde está el aeropuerto en el que tiene lugar "La cautiva"? ¿Qué importancia tiene que la escena se represente mientras los personajes esperan la salida de un avión?

2. ¿Qué diferencia encuentras entre la manera en que se expresan los personajes cuando hablan y cuando piensan? ¿Por qué crees que el autor establece esa diferencia?

3. ¿Qué edad tiene Fernanda? ¿Qué relación tiene con Inés y su esposo? ¿Qué solución busca la familia para su relación inapropiada? ¿Por qué?

4. Hacia el final del cuento, el autor fusiona la relación sexual de la protagonista con la descripción de la escena del niño que va a montar en un caballito de juguete. ¿Qué intenta el autor al fundir estas dos situaciones? Explica tu respuesta con ejemplos del texto.

5. ¿Qué recurso utiliza el autor para recordarnos constantemente que la escena ocurre en la sala de espera de un aeropuerto?

INTERPRETACIÓN

1. ¿Cuál es el único protagonista del relato cuyo nombre no se menciona? ¿Por qué crees que ninguno de los personajes —ni el propio narrador— llega a nombrarlo?

2. ¿Por qué crees que Fernanda dice: "Na de lo que yo hago se ve bien."?

3. Fernanda y su madre tienen ideas completamente distintas sobre lo sucedido. Explica con tus propias palabras cuáles son los valores o la moral que expresa cada una de ellas.

4. Al final del cuento, Fernanda, que antes estaba segura de que su amor era correspondido, ahora lo duda. ¿Cómo expresa esa inseguridad? ¿Por qué crees tú que él fue al aeropuerto? Explica tu respuesta.

5. ¿Te parece que Fernanda está preparada para vivir en Nueva York? ¿Por qué?

INVESTIGACIÓN

1. Pedro Juan Soto fue un admirador y estudioso de la obra del escritor puertorriqueño José I. de Diego Padró. Investiga qué aspectos o temas de la narrativa de Diego Padró están presentes en la obra de Soto.

2. Busca información sobre el suceso conocido como "Caso del Cerro Maravilla" y explica cómo esa tragedia afectó a Pedro Juan Soto y cómo, al mismo tiempo, afianzó su ideología independentista.

JULIA DE BURGOS

1914–1953

"Y fui toda en mí como fue en mí la vida… Yo quise ser como los hombres quisieron que yo fuese: un intento de vida; un juego al escondite con mi ser. Pero yo estaba hecha de presentes."

—**Julia de Burgos, *"Yo misma fui mi ruta"***

Julia de Burgos nació en Carolina, Puerto Rico. Fue la mayor de trece hermanos en una familia campesina de escasos recursos. En 1928 la familia se mudó a Río Piedras; dos años más tarde, Burgos comenzó sus estudios de Magisterio en la Universidad de Puerto Rico. Obtuvo su título de maestra de enseñanza básica a los diecinueve años de edad.

En 1934 comenzó a trabajar como empleada de la estación de leche de la PRERA (Puerto Rico Economical Rehabilitation Agency) y se casó con Rubén Rodríguez Beauchamp. Un año más tarde, trabajó en la escuela rural de Cerdo Arriba y entró en contacto con conocidos escritores como Luis Llorens Torres y Luis Palés Matos.

La escritora, que desde muy joven tuvo inquietudes políticas, se hizo miembro en 1936 de las "Hijas de la Libertad", rama femenina del Partido Nacionalista de Puerto Rico, de la que llegó a ser secretaria general. Ese mismo año terminó su cuaderno de poesía *Poemas exactos a mí misma*, que nunca llegó a publicar. En 1938 publica su primera obra, *Poema en veinte surcos*, y conoce al médico dominicano Juan Isidro Jimenes Grullón, con quien mantendría una turbulenta relación amorosa. Al año siguiente sale a la luz su segundo libro de poemas, *Canción de la verdad sencilla*, que sería el último que publicaría en vida. Julia viajó extensamente por Puerto Rico para promover la venta de ambos libros con lecturas de poesía y charlas sobre su obra. Un año después de su muerte, se publicó su tercer libro de poesía *El mar y tú*.

En 1940 viaja a Nueva York, donde se reúne con Jimenes Grullón, da varios exitosos recitales de su poesía y recibe diversos homenajes de la comunidad puertorriqueña. En junio viaja a Cuba para encontrarse con Jimenes Grullón, que ya estaba en la Isla, y conoce a importantes intelectuales como Juan Marinello, Juan Bosch y Raúl Roa. Toma varios cursos en la Universidad de La Habana y publica artículos y poemas en la prensa cubana. Más adelante, termina su relación con Jimenes Grullón y, en medio de una profunda depresión, decide irse a Nueva York.

La escritora se casa con el músico Armando Marín en 1944 y se van a vivir a Washington; sin embargo, al año siguiente, Julia regresa a Nueva York. Se le diagnostica cirrosis hepática, por lo que debe ser hospitalizada en numerosas ocasiones. En esa época, debido a sus problemas personales y de salud, su alcoholismo se agudiza. En 1953 se va a vivir a Brooklyn con unos parientes. A principios de julio sale un día de su casa, pero no regresa: la hallan inconsciente en una acera de Manhattan y la llevan al Hospital de Harlem, donde muere poco después. Tenía treinta y nueve años.

Julia de Burgos es una de las más conocidas poetisas puertorriqueñas. Su obra, difícil de ubicar en una escuela o estilo específicos, revela las más variadas influencias, desde José María Heredia hasta Pablo Neruda. En algunos de sus poemas se observa una marcada influencia de Lorca, así como esporádicas apariciones de la imaginería surrealista. La naturaleza, tema recurrente en su obra, le sirve como vehículo para expresar su visión del mundo y su sensualidad.

En la poesía de Burgos se adivina también un anuncio del feminismo sobre el que se desarrollará la obra de poetisas posteriores, y su visión personal sobre el amor y el erotismo, que transgreden las normas de su entorno. Igualmente audaz es la idea que la autora proyecta de sí misma y del lugar al que aspira en la sociedad.

El poema "A Julia de Burgos" (*Poema en veinte surcos*) es un interesante ejercicio estético y psicológico. En él, la poeta contrapone dos facetas divergentes de su identidad. Por una parte, Julia de Burgos es una mujer convencional y respetable que acata las normas sociales y se limita a desempeñar el papel que le han asignado en la sociedad. Por otro lado, es una mujer creadora e independiente, dispuesta a ignorar cualquier regla que no corresponda a sus principios o que la disminuya como persona. La autora deja claro con cuál de esas dos versiones de sí misma se identifica.

OBRAS

Julia de Burgos
- carolina, puerto rico
- PRESA
- 39 murio

*Obras publicadas póstumamente.

A JULIA DE BURGOS

De *Poema en veinte surcos*, 1938

Ya las gentes murmuran que yo soy tu enemiga
porque dicen que en verso doy al mundo tu yo

Mienten, Julia de Burgos. Mienten, Julia de Burgos.
La que se alza en mis versos no es tu voz: es mi voz;
5 porque tú eres ropaje y la esencia soy yo;
y el más profundo abismo se tiende entre las dos.

Tú eres fría muñeca de mentira social,
y yo, viril destello˙ de la humana verdad.   ˙ráfaga de luz

Tú, miel de cortesanas˙ hipocresías; yo no;   ˙amables, educadas
10 que en todos mis poemas desnudo el corazón.

Tú eres como tu mundo, egoísta; yo no;
que todo me lo juego˙ a ser lo que soy yo.   ˙lo arriesgo

Tú eres sólo la grave señora señorona;
yo no, yo soy la vida, la fuerza, la mujer.

15 Tú eres de tu marido, de tu amo; yo no;
yo de nadie, o de todos, porque a todos, a todos,
en mi limpio sentir y en mi pensar me doy.

Tú te rizas el pelo y te pintas; yo no;
a mí me riza el viento; a mí me pinta el sol.

20 Tú eres dama casera, resignada, sumisa˙,   ˙dócil, obediente
atada a los prejuicios de los hombres; yo no;
que yo soy Rocinante[1] corriendo desbocado˙   ˙sin freno, alocadamente
olfateando horizontes de justicia de Dios.

Tú en ti misma no mandas; a ti todos te mandan;
25 en ti mandan tu esposo, tus padres, tus parientes,
el cura, la modista, el teatro, el casino,
el auto, las alhajas˙, el banquete, el champán,   ˙joyas
el cielo y el infierno, y el qué dirán social.

En mí no, que en mí manda mi solo corazón,
30 mi solo pensamiento; quien manda en mí soy yo.

Tú, flor de aristocracia; y yo la flor del pueblo.
Tú en ti lo tienes todo y a todos se lo debes,
mientras que yo; mi nada a nadie se la debo.

[1] Caballo de don Quijote, personaje de la obra de Miguel de Cervantes,
Don Quijote de la Mancha.

Tú, clavada al estático dividendo ancestral,
35 y yo, un uno en la cifra del divisor social,
somos el duelo a muerte que se acerca fatal.

Cuando las multitudes corran alborotadas
dejando atrás cenizas de injusticias quemadas,
y cuando con la tea• de las siete virtudes,
40 tras los siete pecados, corran las multitudes,
contra ti, y contra todo lo injusto y lo inhumano,
yo iré en medio de ellas con la tea en la mano.

•antorcha

PREGUNTAS

ANÁLISIS

1. La antifonía consiste en repetir a modo de estribillo una idea o frase en un poema. Identifica un ejemplo de antifonía en "A Julia de Burgos".

2. ¿Quién habla en este poema? ¿Quién es la "Julia de Burgos" de la que se habla en él? Explica tu respuesta.

3. La antítesis consiste en usar dos frases opuestas para contraponer dos elementos o conceptos. Busca dos ejemplos de antítesis en "A Julia de Burgos" y explica qué función cumplen en el poema.

4. ¿Qué otros recursos literarios utiliza la poeta para comparar a las dos Julias? Ilustra tu respuesta con ejemplos.

5. ¿Por qué dice la autora que quisiera ir contra Julia de Burgos "con la tea en la mano"? ¿Qué nos revela este detalle acerca del carácter de la autora?

INTERPRETACIÓN

1. ¿Por qué la persona que habla en el poema es "la enemiga" de "la otra" Julia de Burgos?

2. "Tú, flor de aristocracia; y yo la flor del pueblo", escribe la poeta. ¿Qué opinión crees que tiene la autora de la aristocracia puertorriqueña de su época? ¿Por qué?

3. La escritora afirma, refiriéndose a "la otra" Julia de Burgos, "tú eres ropaje y la esencia soy yo". Interpreta ese desdoblamiento.

4. En este poema Julia de Burgos usa un conflicto personal para expresar los problemas de la sociedad en la que vive. ¿Estás de acuerdo? Analiza este enunciado y explica si tal paralelismo existe o no en el poema. ¿Cómo insinúa la autora que podría resolverse el dilema que enfrenta a nivel personal?

5. Muchos críticos han afirmado que Julia de Burgos es una precursora del movimiento feminista en la poesía latinoamericana. ¿Cómo se expresa esa ideología en este poema? Cita al menos tres ejemplos.

6. ¿Crees que los sentimientos que expresa este poema siguen siendo válidos en la actualidad? ¿Por qué?

INVESTIGACIÓN

1. Investiga la biografía de Julia de Burgos y explica a qué período de su vida crees que corresponde cada una de "las dos Julias" de las que trata este poema.

2. Lee el poema "Borges y yo" del escritor argentino Jorge Luis Borges. Compara el estilo y el contenido de ese poema con los de "A Julia de Burgos". ¿Cuál es la diferencia esencial entre estos dos poemas?

SABINE ULIBARRÍ

1919–2003

"Mi padre me vio llegar y me esperó sin hablar. En la cara le jugaba una sonrisa y en los ojos le bailaba una chispa [...]. Me estrechó la mano un poco más fuerte que de ordinario y me dijo: 'Eso son hombres. Nada más'."

—Sabine Ulibarrí, *"Mi caballo Mago"*

Sabine Ulibarrí fue poeta, narrador, crítico y héroe de guerra de Estados Unidos. Sus antepasados mexicanos se convirtieron en estadounidenses por defecto tras la anexión de una amplia franja de territorio mexicano (tratado Guadalupe-Hidalgo), a mediados del siglo XIX. Nacido en Tierra Amarilla, Nuevo México, dos generaciones después del gran trauma territorial mexicano, la literatura de Ulibarrí contribuyó a dotar de identidad a una población desarraigada.

Al estallar la Segunda Guerra Mundial, Ulibarrí deja de lado su carrera literaria y se alista en el ejército. Sus arriesgadas incursiones aéreas durante el conflicto le hicieron merecedor de las más altas condecoraciones. Sin embargo, Ulibarrí no plasmó esas experiencias en el papel: su gran misión vital no fue militar, sino literaria y documental. Los cuentos de este narrador de ascendencia vasca reflejaban las costumbres y modo de vida de sus paisanos, cuya cultura quedó marginada por la imposición de lo anglosajón. Sus padres, sin embargo, le dieron una sólida formación en castellano. Su padre le leía el *Quijote* de niño, y de mayor siguió su vocación de profesor. Trabajó de maestro en una escuela pública de 1938 a 1940. A la vuelta de la guerra, ingresó en la Universidad de Nuevo México y obtuvo una doble licenciatura en Español e Inglés.

Su primer libro de poemas, *Al cielo se sube a pie,* se publica en México en 1961. En 1964 se edita en España su disertación doctoral sobre Juan Ramón Jiménez y en 1966 se publica su segundo poemario *Amor y Ecuador*. En esta misma época de su vida, Sabine Ulibarrí contaba historias sobre su aldea natal a sus amigos de la Universidad de México, quienes lo animaron a que las escribiera. El resultado es *Tierra Amarilla: cuentos de Nuevo México* (1964). Sus siguientes colecciones de cuentos confirman el nexo íntimo del autor con el lugar donde nació y creció. El ejemplo más claro de ello quizá sea *Mi abuela fumaba puros y otros cuentos de Tierra Amarilla* (1977), un retrato familiar en el que Ulibarrí capta el carácter indómito de su gente. La bravura de su abuelo y el carácter recio de su abuela, la gran matriarca del clan familiar, traen ecos del escritor Pío Baroja y sus descripciones del mundo rural vasco. Sobre las historias de Ulibarrí, afirma John Ledoux que "en la cuentística ulibarriana, una característica sobresaliente es que la voz narrativa es casi siempre un niño o adolescente que observa su alrededor desde un punto de vista inocente y está pasando por una transformación hacia la madurez". En el cuento "Mi abuela fumaba puros", Ulibarrí escribe sobre la familia y para la familia (o los amigos), un rasgo singular que dota a su obra de un tono cercano, cálido y entrañable.

OBRAS

MI ABUELA FUMABA PUROS

De *Mi abuela fumaba puros y otros cuentos de Tierra Amarilla*, 1977

Según entiendo, mi abuelo era un tipazo*. Se cuentan muchas cosas de él. Algunas respetables, otras no tanto. Una de las últimas va como sigue. Que volviendo de Tierra Amarilla a Las Nutrias, después de copas y cartas, ya en su coche ligero con sus caballos bien trotadores, ya en su caballo criollo, solía quitarse el sombrero, colgarlo en un poste, sacar la pistola y dirigirse al tieso* caballero de su invención.

— Dime, ¿Quién es el más rico de todas estas tierras?

Silencio.

— Pues toma.

Disparo. Saltaban astillas del poste o aparecía un agujero en el sombrero.

— ¿Quién es el más hombre de por acá?

Silencio.

— Pues, toma.

Otra vez lo mismo. Era buen tirador. Más preguntas de la misma índole*, acentuadas con balazos. Cuando el majadero* madero entraba en razón y le daba las contestaciones que mi abuelo quería oír, terminaba el ritual y seguía su camino, cantando o tarareando una canción sentimental de la época. Allá en el pueblo se oía el tiroteo sin que nadie se preocupara. No faltaba quien dijera con una sonrisa, "Allá está don Prudencio haciendo sus cosas."

Claro que mi abuelo tenía otros lados (el plural es intencionado) que no interesan en este relato. Fue ente cívico, social, y político, y padre de familias (el

*guapo, alto y arrogante

*rígido y estirado

*naturaleza

*estúpido

plural tiene segunda intención). Lo que ahora me importa es hacer constar⸱ que mi pariente fue un tipazo, pendenciero⸱, atrevido y travieso.

⸱manifestar
⸱agresivo, peleador

Murió de una manera misteriosa, o quizás vergonzosa. Nunca he podido sacar en limpio⸱ qué tranvía tomó para el otro mundo mi distinguido antecedente. Acaso ese caballero de palo con el sombrero calado⸱, de las afrentas del hidalgo de Las Nutrias, le dio un palo mortal. Hidalgo era—y padre de más de cuatro.

⸱aclarar
⸱con un diseño hecho con agujeros

Yo no lo conocí. Cuando me presenté en ese mundo con mis credenciales de Turriaga, ya él había entregado los suyos. Me figuro que allá donde esté estará haciéndoles violento y apasionado amor a las mujeres salvadas—o perdidas, según el caso. Esto es si mi abuela no ha logrado encontrarlo por esos mundos del trasmundo⸱.

⸱ultratumba

No creo que él y mi abuela tuvieran un matrimonio idílico en el sentido de las novelas sentimentales donde todo es dulzura, suavidad y ternura. Esos son lujos, acaso decadencias, que no pertenecían a ese mundo violento, frecuentemente hostil, del condado de Río Arriba a fines del siglo pasado. Además las recias⸱ personalidades de ambos lo habrían impedido. Sí, creo que fueron muy felices. Su amor fue una pasión que no tuvo tiempo de convertirse en costumbre o en simple amistad. Se amaron con mutuo respeto y miedo, entre admiración y rabias, entre ternura y bravura. Ambos eran hijos de su tierra y su tiempo. Había tanto que hacer. Labrar una vida de una frontera inhospitalaria. Criar unos cachorros rebeldes y feroces. Su vida fue una cariñosa y apasionada guerra sentimental.

⸱fuertes

Todo esto lo digo como preámbulo para entrar en materia: mi abuela. Son tantos y tan gratos⸱ los recuerdos que guardo de ella. Pero el primero de todos es un retrato que tengo colgado en sitio de honor en la sala principal de mi memoria.

⸱agradables

Tenía sus momentos en que acariciaba su soledad. Se apartaba de todos y todos sabían que valía más apartarse de ella. Siempre la vi vestida de negro. Blusa de encajes y holanes⸱ en el frente. Falda hasta los tobillos. Todo de seda. Delantal de algodón. Zapatos altos. El cabello apartado en el centro y peinado para atrás, liso y apretado, con un chongo (moño) redondo y duro atrás. Nunca la vi con el cabello suelto.

⸱volantes

Era fuerte. Fuerte como ella sola. A través de los años en tantas peripecias⸱, grandes y pequeñas tragedias, accidentes y problemas, nunca la vi torcerse o doblarse. Era seria y formal fundamentalmente. De modo que una sonrisa, un cumplido o una caricia de ella eran monedas de oro que se apreciaban y se guardaban de recuerdo para siempre. Monedas que ella no despilfarraba⸱.

⸱incidentes, dificultades

⸱malgastaba

El rancho era negocio grande. La familia era grande y problemática. Ella regía su imperio con mano firme y segura. Nunca hubo duda adonde iban sus asuntos ni quién llevaba las riendas.

Ese primer recuerdo: el retrato. La veo en este momento en el alto de la loma como si estuviera ante mis ojos. Silueta negra sobre fondo azul. Recta, alta y esbelta. El viento de la loma pegándole la ropa al cuerpo delante, perfilando sus formas, una por una. La falda y el chal aleteando agitados detrás. Los ojos puestos no sé dónde. Los pensamientos fijos en no sé qué. Estatua animada. Alma petrificada.

Mi abuelo fumaba puros. El puro era el símbolo y la divisa del señor feudal, del patrón. Cuando alguna vez le regalaba un puro al mayordomo o a alguno de los peones por impulso o como galardón por algo bien hecho, era de ver la transfiguración de los tíos. Chupar ese tabaco era beber de las fuentes de la autoridad. El puro daba categoría.

Dicen que cuando el abuelo murió la abuela encendía puros y los ponía en los ceniceros por toda la casa. El aroma del tabaco llenaba la casa. Esto le daba a la viuda la ilusión de que su marido todavía andaba por la casa. Un sentimentalismo y romanticismo difíciles de imaginar antes.

Al pasar el tiempo, y después de tanto encender puros, parece que al fin le entró el gusto. Mi abuela empezó a fumar puros. Al anochecer, todos los días, después de la comida, cuando los quehaceres del día habían terminado, se encerraba en su cuarto, se sentaba en su mecedora y encendía su puro.

Allí pasaba su largo rato. Los demás permanecíamos en la sala haciendo vida de familia como si nada. Nadie se atrevió nunca a interrumpir su arbitraria y sagrada soledad. Nadie nunca hizo alusión a su extraordinaria costumbre.

El puro que antes había sido símbolo de autoridad ahora se había convertido en instrumento afectivo. Estoy convencido que en la soledad y el silencio, con el olor y el sabor del tabaco, allí en el humo, mi abuela establecía alguna mística comunicación con mi abuelo. Creo que allí, a solas, se consiguió el matrimonio idílico, lleno de ternura, suavidad y dulzura, que no fue posible mientras él vivía. Sólo bastaba verle la cara enternecida y transfigurada a la abuela cuando volvía a nosotros de esa extraña comunión, ver el cariño y mimo con que nos trataba a nosotros los niños.

Allí mismo, y en las mismas condiciones, se hicieron las decisiones, se tomaron las determinaciones, que rigieron el negocio, que dirigieron a la familia. Allí, al sol o a la sombra de un viejo amor, ahora un eterno amor, se forjó la fuerza espiritual que mantuvo a mi abuela recta, alta y esbelta, una animada mujer de piedra, frente a los vientos y tormentas de su vida cabal[*] y densa.

[*]honrada, decente

Cuando mis padres se casaron construyeron su casa al lado de la vieja casona solariega. Yo crecí en la ventosa loma en el centro del valle de Las Nutrias, con los pinos en todos los horizontes, el arroyo lleno de nutrias, *boquinetes* y truchas, el chamizal lleno de conejos y coyotes, ganado en todas partes, ardillas y tecolotes en las caballerizas[*].

[*]establo

Crecí al lado y a la distancia de mi abuela, entre tierno amor y reverente temor.

Cuando yo tenía ocho años se decidió en la familia que nos mudaríamos a Tierra Amarilla para que yo y mis hermanitos asistiéramos a la escuela. Todavía me arden los surcos que me dejaron las lágrimas en la cara y todavía recuerdo su sabor salado el día que abandonamos a mi abuela recta, alta y esbelta, agitando su pañuelo, con el viento en la frente en la loma en el fondo del valle.

En Tierra Amarilla yo fui un antisocial. Habiendo crecido solo, yo no sabía jugar con otros niños. Jugaba con mis perros. A pesar de esto me fue bien en la escuela y un día llegué a los quince años, más o menos adaptado a mis circunstancias.

Un día de invierno nos preparamos todos para ir a Las Nutrias. Todos con mucha ilusión. Ir a visitar a la abuela siempre era un acontecimiento. La familia iría conmigo en el automóvil. Mi padre seguiría con los trineos y los peones. Se trataba de ir a cortar postes.

Todo el camino cantamos. Es decir, hasta que llegamos a donde se aparta el camino. Había mucha nieve. La carretera estaba barrida pero el caminito a Las Nutrias no.

Le puse cadenas al coche y nos lanzamos a ese mar blanco. Ahora callados y aprehensivos. Pronto nos atascamos. Después de mucha pala y mucho empujar seguimos, sólo para volvernos a atascar más allá, una y otra vez.

Estábamos todos vencidos y congelados y el día se nos iba. Por fin subimos la ladera y salimos del pinar de donde se divisaba la casa de mi abuela. Nos volvimos a atascar. Esta vez no hubo manera de sacar el coche. Mi madre y los niños siguieron a pie, abriéndose camino por dos pies y medio de nieve blanda. Mi hermano Roberto iba tirando un pequeño trineo con mi hermanita Carmen. Ya estaba oscureciendo. Un viaje de nueve millas nos había tomado casi todo el día.

Pronto vino Juan Maes, el mayordomo, con un tiro de caballos y me llevó arrastrando hasta la casa.

Apenas había entrado y estaba deshelándome, mi madre me había sacado ropa seca para que me pusiera, cuando vimos las luces de un coche en el pinar. Lo vimos acercarse lentamente, vacilando a ratos. Era más fácil ahora, ya el camino estaba abierto.

Era mi tío Juan Antonio. Al momento que entró todos supimos que traía muy malas noticias. Hubo un silencio espantoso. Nadie dijo nada. Todos mudos y tiesos como muñecos de madera en una escena grotesca.

Mi madre rompió el silencio con un desgarrador "¡Alejandro!"

Mi tío asintió con la cabeza.

—¿Qué pasó? —Era mi abuela.

—Alejandro. Un accidente.

—¿Qué pasó?

—Un disparo accidental. Estaba limpiando el rifle. Se le fue un tiro.

—¿Cómo está?

—Está mal, pero saldrá bien.

Todos supimos que mentía, que mi padre estaba muerto. En la cara se le veía.

Mi madre lloraba desaforadamente, en punto de ponerse histérica. Nosotros la abrazábamos, todos llorando. Mi tío con el sombrero en la mano sin saber qué hacer. Había venido otro hombre con él. Nadie le había hecho caso.

150   Entonces entró mi abuela en acción. Ni una sola lágrima. La voz firme. Los ojos espadas que echaban rayos. Tomó control total de la situación.

    Entró en una santa ira contra mi padre. Le llamó ingrato, sinvergüenza, indino (indigno), mal agradecido. Un torrente inacabable de insultos. Una furia soberbia. Entretanto tomó a mi madre en sus brazos y la mecía y la acariciaba
155 como a un bebé. Mi madre se entregó y poco a poco se fue apaciguando. También nosotros. La abuela que siempre habló poco, esa noche no dejó de hablar.

    Yo no comprendí entonces. Sentí un fuerte resentimiento. Quise defender a mi padre. No lo hice porque a mi abuela no la contradecía nadie. Mucho menos yo. Es que ella comprendió muchas cosas.

160   La situación de mi madre rayaba en la locura. Había que hacer algo. La abuela creó una situación dramática tan violenta que nos obligó a todos, a mi madre especialmente, a fijarnos en ella y distraernos de la otra situación hasta poder acostumbrarnos poco a poco a la tragedia. No dejó de hablar para no dejar un solo intersticio por donde podría meterse la desesperación. Hablando, hablando,
165 entre arrullos e injurias consiguió que mi madre, en su estado vulnerable, se quedara dormida a las altas horas de la madrugada. Como tantas veces, la abuela había dominado la realidad difícil en que vivió.

    Comprendió otra cosa. Que a mi padre no se le iban disparos accidentales. Las dificultades para enterrarlo en sagrado confirmaron el instinto infalible de
170 la dama y dueña de Las Nutrias. Todo afirmó el talento y vivencias de la madre del Clan Turriaga.

    Pasaron algunos años. Ya yo era profesor. Un día volvimos a visitar a la abuela. Veníamos muy contentos. Ya lo he dicho, visitarla era un acontecimiento. Las cosas habían cambiado mucho. Con la muerte de mi padre la abuela se deshizo
175 de todo el ganado. Con el ganado se fueron los peones. Sólo la acompañaban y la cuidaban Rubel y su familia.

    Cuando nos apartamos de la carretera y tomamos el poco usado y muy ultrajado camino lleno de las acostumbradas zanjas la antigua ilusión nos embargaba. De pronto vimos una columna de humo negro que se alzaba más
180 allá de la loma. Mi hermana gritó:

    —¡La casa de mi granma!

    —No seas tonta. Estarán quemando hierbas, o chamizas* o basura.   *pequeños trozos de leña

    Eso dije pero me quedó el recelo. Pisé el acelerador fuerte.

    Cuando salimos del pinar vimos que sólo quedaban los escombros* de la casa   *restos
185 de la abuela. Llegué a matacaballo.* La encontramos rodeada de las pocas cosas   *a toda velocidad
que se pudieron salvar. Rodeada también de todos los vecinos de los ranchos de toda la región que acudieron cuando vieron el humo.

No sé qué esperaba, pero no me sorprendió hallarla dirigiendo todas las actividades, dando órdenes. Nada de lágrimas, nada de quejumbres, nada de lamentos.

—Dios da y Dios quita, mi hijito. Bendito sea su dulce nombre.

Yo sí me lamenté. Las arañas° de cristal, deshechas. Los magníficos juegos de mesas y aguamaniles° con sobres de mármol, los platones y jarrones que había en cada dormitorio, destruidos. Los muebles, traídos desde Kansas, hechos carbón. Las colchas de encaje, de crochet, bordadas. Los retratos, las fotos, los recuerdos de la familia.

°lámparas

°palanganas para lavarse la cara y las manos

Ironía de ironías. Había un frasco de agua bendita en la ventana del desván. Los rayos del sol, penetrando a través del agua, lo convirtieron en una lupa, se concentró el calor y el fuego en un solo punto e incendiaron los papeles viejos que había allí. Y se quemaron todos los santos, las reliquias y relicarios, el altar al Santo Niño de Atocha, las ramas del Domingo de Ramos. Toda la protección celestial se quemó.

Esa noche nos recogimos en la casa que antes había sido nuestra. Me pareció mi abuela más pequeña, un poco apagada, hasta un poco dócil, "Lo que tú quieras, mi hijito." Esto me entristeció.

Después de la cena mi abuela desapareció. La busqué aprehensivo. La encontré donde bien me habría sospechado. En la punta de la loma. Perfilada por la luna. El viento en la frente. La falda agitándose en el viento. La vi crecer. Y fue como antes era: recta, alta y esbelta.

Vi encenderse la brasa de su puro. Estaba con mi abuelo, el travieso, atrevido y pendenciero. Allí se harían las decisiones, se tomarían las determinaciones. Estaba recobrando sus fuerzas espirituales. Mañana sería otro día pero mi abuela seguiría siendo la misma. Y me alegré. ✺

PREGUNTAS

ANÁLISIS

1. ¿Qué contradicciones encuentras en la relación entre el abuelo y la abuela del narrador?

2. ¿Qué detalle sensorial representa con más eficacia lo sentimientos de la abuela del narrador respecto a su difunto esposo?

3. "El puro que antes había sido símbolo de autoridad ahora se había convertido en instrumento afectivo", escribe Ulibarrí. Explica por qué.

4. El humo de tabaco tenía un significado espiritual para algunos de los pueblos indígenas de Nuevo México. Busca alguna alusión al humo que refleje el mestizaje cultural entre la población indígena y la de procedencia española.

5. Explica las razones por las cuales la abuela se enfurece al conocer la noticia de la muerte del padre del narrador.

INTERPRETACIÓN

1. El narrador dice en dos ocasiones que su abuelo era "un tipazo". ¿Qué connotaciones tiene para ti esa expresión? ¿Con qué intención consideras que la utiliza el autor?

2. ¿Por qué crees que el abuelo del narrador necesitaba su ritual de preguntas y disparos? ¿Qué relación existe entre este ritual y la situación de los chicanos en Estados Unidos?

3. El narrador nos dice que su abuelo muere "de una manera misteriosa". A continuación, da una serie de claves para resolver ese misterio. ¿Cuál sería la hipótesis más probable de su muerte a partir de esa información?

4. ¿Es posible inventar un texto como este o, por el contrario, solo podría ser biográfico? Razona tu respuesta.

5. Reflexiona sobre el incidente del agua bendita. ¿Consideras que hay alguna intencionalidad en la inclusión de esa paradoja?

INVESTIGACIÓN

1. ¿Qué argumentos políticos existen en Washington a favor y en contra del bilingüismo en Estados Unidos?

2. Compara "Mi abuela fumaba puros" con "Los funerales de la Mamá Grande" de Gabriel García Márquez. ¿Qué similitudes y diferencias encuentras entre los dos textos en cuanto al papel de la mujer en la familia y en cuanto al estilo literario?

FRANCISCO JIMÉNEZ

n. 1943

"—¿Tú eres Francisco Jiménez? —preguntó él
con firmeza. […]
—Sí —respondí, secándome las lágrimas […]—.
En ese momento yo deseé haber sido otro,
alguien con un nombre diferente."

—Francisco Jiménez, *"Expulsados"*

Cuando tenía cuatro años, Francisco Jiménez emigró con su familia desde México a California, sin papeles y con el sueño de una vida mejor. Sin embargo, allí se encontraron con la dura realidad de la inestabilidad laboral que los forzó a mudarse constantemente para trabajar en la recolección de la fresa, la uva, la lechuga, la zanahoria o el algodón, además de tener que ocultarse continuamente de la policía de migración.

Para Jiménez, la educación fue siempre un desafío y a la vez un refugio: los constantes traslados interrumpían sus estudios y su desconocimiento del inglés le impedía comunicarse o comprender a sus maestros; sin embargo, era también allí donde encontraba la única estabilidad de su vida, y esto lo marcó para siempre.

Con becas y préstamos escolares pudo asistir a la Universidad de Santa Clara, donde se graduó en Español. Posteriormente, realizó estudios de posgrado en la Universidad de Columbia, doctorándose en Literatura Latinoamericana.

En 1997 publicó *Cajas de cartón: relatos de la vida peregrina de un niño campesino*, una colección de historias autobiográficas que relatan, a través de los ojos de un niño, la historia de su familia migrante. A este libro le siguieron *Senderos fronterizos* (2002) y *Más allá de mí* (2009), que le valieron diversos premios nacionales. En 2002 fue elegido Profesor del Año por CASE y la Fundación Carnegie para la Promoción de la Enseñanza. Es actualmente profesor Fay Boyle en el Departamento de Idiomas y Literaturas Modernas de la Universidad Santa Clara y director del Programa de Estudios Étnicos.

Su prosa es directa, estoica y sencilla; quizá como las propias aspiraciones de un narrador en cuya memoria subyace la Lucha, con mayúscula, por algo tan elemental como un techo y un trabajo digno. Esa es la lucha por la que transcurren los senderos de Francisco Jiménez y su familia, atrapados entre la miseria y la injusticia de su México natal, y una alambrada de espinos: la frontera. Travesías por el desierto, deportaciones, racismo, discriminación; estos son algunos de los elementos principales de esa historia personal contada en tres libros: *Cajas de cartón*, *Senderos fronterizos* y *Más allá de mí*. Y, sin embargo, para el autor no se trata de una mera lucha por la supervivencia; en el viaje del narrador y sus familiares hay también un elemento de peregrinaje espiritual alentado por las aspiraciones expresadas en la Constitución de Estados Unidos.

OBRAS

EXPULSADOS

De *Senderos fronterizos*, 2002

Yo viví con un miedo constante durante diez años largos desde que era un niño de cuatro años hasta que cumplí los catorce.

Todo empezó allá a finales de los años 40 cuando Papá, Mamá, mi hermano mayor, Roberto, y yo salimos de El Rancho Blanco, un pueblecito enclavado entre lomas secas y pelonas*, muchas millas al norte de Guadalajara, Jalisco, México y nos dirigimos a California, con la esperanza de dejar atrás nuestra vida de pobreza. Recuerdo lo emocionado que yo estaba mientras me trasladaba en un tren de segunda clase que iba hacia el norte desde Guadalajara hacia Mexicali. Viajamos durante dos días y dos noches. Cuando llegamos a la frontera de México y los Estados Unidos, Papá nos dijo que teníamos que cruzar el cerco de alambre sin ser vistos por la *migra*, los funcionarios de inmigración vestidos de uniforme verde. Durante la noche cavamos un hoyo debajo del cerco de alambre y nos deslizamos como serpientes debajo de éste hasta llegar al otro lado.

—Si alguien les pregunta dónde nacieron —dijo Papá firmemente—, díganles que en Colton, California. Si la *migra* los agarra, los echará de regreso a México.

Fuimos recogidos por una mujer a quien Papá había contactado en Mexicali. Él le pagó para que nos llevara en su carro a un campamento de carpas para trabajadores que estaba en las afueras de Guadalupe, un pueblito junto a la costa. A partir de ese día, durante los siguientes diez años, mientras nosotros viajábamos de un lugar a otro a través de California, siguiendo las cosechas y viviendo en campos para trabajadores migrantes, yo viví con el miedo de ser agarrado por la Patrulla Fronteriza.

A medida que yo crecía, aumentaba mi miedo de ser deportado. Yo no quería regresar a México porque me gustaba ir a la escuela, aun cuando era difícil para

*sin vegetación

mí, especialmente la clase de inglés. Yo disfrutaba aprendiendo, y sabía que no
había escuela en El Rancho Blanco. Cada año Roberto y yo perdíamos varios
meses de clase para ayudar a Papá y a Mamá a trabajar en el campo. Luchábamos

30 duramente para sobrevivir, especialmente durante el invierno, cuando el trabajo
escaseaba. Las cosas empeoraron cuando Papá empezó a padecer de la espalda
y tuvo problemas para pizcar* las cosechas. Afortunadamente, en el invierno de
1957, Roberto encontró un trabajo permanente de medio tiempo como conserje
en Main Street Elementary School en Santa María, California.

*agarrar el fruto
con un pellizco

35   Nosotros nos establecimos en el Rancho Bonetti, donde habíamos vivido en
barracas del ejército de modo intermitente durante los últimos años. El trabajo
de mi hermano y el mío —desahijando lechuga y pizcando zanahorias después
de clase y en los fines de semana— ayudaba a mantener a mi familia. Yo estaba
emocionado porque nos habíamos establecido finalmente en un solo lugar. Ya

40 no teníamos que mudarnos a Fresno al final de cada verano y perder las clases
durante dos meses y medio para pizcar uvas y algodón y vivir en carpas o en
viejos garajes.

    Pero lo que yo más temía sucedió ese mismo año. Me encontraba en la clase
de estudios sociales en el octavo grado en El Camino Junior High School en

45 Santa María. Estaba preparándome para recitar el preámbulo a la Declaración
de Independencia, que nuestra clase tenía que memorizar. Había trabajado duro
para memorizarlo y me sentía con mucha confianza. Mientras esperaba que la
clase empezara me senté en mi escritorio y recité en silencio una última vez:

Nosotros consideramos estas verdades evidentes:
50 *que todos los hombres nacen iguales; que ellos*
fueron dotados por su Creador con ciertos
derechos inalienables, entre los cuales están la
vida, la libertad y la búsqueda de la felicidad…

Yo estaba listo.

55   Después de que sonó la campana, la señorita Ehlis, mi maestra de inglés y de
estudios sociales, empezó a pasar lista. Fue interrumpida por unos golpes en la
puerta. Cuando la abrió, vi al director de la escuela y a un hombre detrás de él.
Tan pronto vi el uniforme verde, me entró pánico. Yo temblaba y podía sentir
mi corazón golpeando contra mi pecho como si quisiera escaparse también. Mis

60 ojos se nublaron. La señorita Ehlis y el funcionario caminaron hacia mí.

    —Es él —dijo ella suavemente poniendo su mano derecha sobre mi hombro.

    —¿Tú eres Francisco Jiménez? —preguntó él con firmeza. Su ronca voz
resonó en mis oídos.

    —Sí —respondí, secándome las lágrimas y clavando mi vista en sus negras

65 botas grandes y relucientes—. En ese momento yo deseé haber sido otro, alguien
con un nombre diferente. Mi maestra tenía una mirada triste y adolorida. Yo salí
de la clase, siguiendo al funcionario de inmigración, dirigiéndonos a su carro

que llevaba un letrero en la puerta que decía BORDER PATROL. Me senté en
el asiento de adelante y nos dirigimos por Broadway a Santa María High School
para recoger a Roberto, quien estaba en su segundo año. Mientras los carros
pasaban junto a nosotros, yo me deslicé hacia abajo en el asiento y mantuve
mi cabeza agachada. El funcionario estacionó el carro frente a la escuela y me
ordenó que lo esperara mientras él entraba al edificio de la administración.

Pocos minutos después, el funcionario regresó seguido de Roberto. La cara
de mi hermano estaba blanca como un papel. El funcionario me dijo que me
sentara en el asiento trasero junto con Roberto.

—Nos agarraron, hermanito —dijo Roberto, temblando y echándome el
brazo sobre mi hombro.

—Sí, nos agarraron —repetí yo. Yo nunca había visto a mi hermano tan triste.
Enojado, yo agregué en un susurro:

—Pero les tomó diez años—. Roberto me señaló al funcionario con un
rápido movimiento de los ojos y puso el dedo índice en los labios indicándome
que me callara. El funcionario giró a la derecha en Main Street y se dirigió al
Rancho Bonetti, pasando por lugares familiares que yo pensé no volvería a ver
nunca: Main Street Elementary School; *Kress*, la tienda de cinco y diez centavos;
la estación de gasolina Texaco donde conseguíamos nuestra agua para beber.
Yo me preguntaba si mis amigos en El Camino Junior High School me echarían
tanto de menos como yo los echaría de menos a ellos.

—¿Saben quién los denunció? —preguntó el funcionario, interrumpiendo
mis pensamientos.

—No —contestó Roberto.

—Fue uno de su propia raza, —dijo riéndose.

Yo no lograba imaginarme quién podría haber sido. Nosotros nunca le
dijimos a nadie que estábamos aquí ilegalmente, ni siquiera a nuestros mejores
amigos. Miré a Roberto, esperando que él supiera la respuesta. Mi hermano se
encogió de hombros.

—Pregúntale a él quién fue —le susurré.

—No, pregúntaselo tú —respondió él.

El funcionario, que llevaba anteojos grandes color verde oscuro, debió
habernos oído, porque nos lanzó una mirada por el espejo retrovisor y dijo:

—Lo siento, pero no puedo decirles su nombre.

Cuando llegamos al Rancho Bonetti, la camioneta de una patrulla fronteriza
se encontraba estacionada frente a nuestra casa, que era una de las ruinosas
barracas del ejército que Bonetti, el dueño del rancho, compró después de la
Segunda Guerra Mundial y se las rentaba a los trabajadores agrícolas. Toda
mi familia estaba afuera, parada junto al carro de la patrulla. Mamá sollozaba
y acariciaba a Rubén, el menor de mis hermanos y a Rorra, mi hermanita.
Ellos se abrazaban a las piernas de Mamá como dos niños que acaban de ser
encontrados después de haber estado perdidos. Papá estaba de pie entre mis dos

110 hermanitos menores, Trampita y Torito. Ambos lloraban en silencio mientras Papá se apoyaba en los hombros de los dos, tratando de aliviar su dolor de espalda. Roberto y yo bajamos del carro y nos unimos a ellos. Los funcionarios de inmigración, que sobresalían entre todos por su altura, registraron el rancho en busca de otros indocumentados, pero no encontraron a ninguno.

115 Nos metieron en la camioneta de la Patrulla Fronteriza y nos llevaron a San Luis Obispo, donde estaba la sede de inmigración. Ahí nos hicieron interminables preguntas y nos dieron a firmar unos papeles. Ya que Papá no sabía inglés y Mamá solo entendía un poco, Roberto y yo les servimos de intérpretes. Papá les mostró su tarjeta verde que Ito, el aparcero japonés para quien pizcábamos

120 fresas, le había ayudado a conseguir años antes. Mamá mostró los certificados de nacimiento de Trampita, Torito, Rorra y Rubén, quienes nacieron en los Estados Unidos. Mamá, Roberto y yo no teníamos documentos; nosotros éramos los únicos que forzosamente teníamos que salir. Mamá y Papá no querían separar a la familia. Ellos le rogaron al funcionario de inmigración que estaba a cargo que

125 nos permitiera permanecer unos cuantos días más, hasta que pudiéramos salir todos juntos del país. El funcionario aceptó finalmente y nos dijo que podíamos salir voluntariamente. Él nos dio tres días para que nos presentáramos en la oficina de inmigración estadounidense fronteriza de Nogales, Arizona.

A la mañana siguiente, mientras nos preparábamos para nuestro viaje

130 de regreso a México, salí de la casa y vi que el camión escolar recogía a los muchachos que vivían en el rancho. A medida que el vehículo se alejaba, sentí un vacío dentro de mí y un dolor en el pecho. Entonces entré de nuevo para ayudar a empacar. Papá y Mamá estaban sentados junto a la mesa de la cocina rodeados por mis hermanos y mi hermanita, quienes escuchaban tranquilamente

135 mientras mis padres planeaban nuestro viaje. Papá sacó la caja metálica en que guardaba nuestros ahorros y los contó.

—No tenemos mucho, pero tendremos que vivir al otro lado de la frontera con lo poco que tenemos. Quizás nos dure hasta que arreglemos nuestros papeles y regresemos legalmente —dijo él.

140 —¡Y con la ayuda de Dios lo haremos! —dijo mamá. De eso no hay duda. Yo estaba feliz de oír a Papá y a Mamá decir eso. Me encantaba la idea de volver a Santa María, asistir a la escuela y no tenerle ya miedo a la *migra*. Sabía que Roberto sentía lo mismo. Él mostraba una sonrisa y los ojos le brillaban.

Papá y Mamá decidieron cruzar la frontera en Nogales porque ellos habían

145 oído decir que la oficina de inmigración ahí no era tan frecuentada como la de Tijuana o Mexicali. Nosotros empacamos algunas pertenencias, guardamos el resto en nuestra barraca y dejamos nuestra vieja Carcachita cerrada con llave y estacionada al frente. Joe y Espy, nuestros vecinos de la casa de al lado, nos llevaron en su carro a la estación camionera de la *Greyhound*, situada en North

150 Broadway, en Santa María. Compramos nuestros boletos a Nogales y abordamos el camión. Papá y Rorra se sentaron al lado de Roberto y yo, pero al otro lado del

pasillo. Torito y Trampita se sentaron delante de nosotros. Roberto cerró los ojos y reclinó hacia atrás la cabeza. Las lágrimas rodaron por sus mejillas. Frunció el labio inferior y empuñó las manos. Puse mi brazo izquierdo sobre su hombro y
155 me asomé por la ventana. El cielo gris amenazaba con lluvia. Un muchachito de aproximadamente mi misma edad dijo adiós con la mano a una pareja sentada detrás de nosotros. Él me recordó a Miguelito, mi mejor amigo en el tercer grado en Corcorán. Yo lo eché de menos por mucho tiempo después de que él y su familia se mudaron del campamento de trabajadores donde vivíamos.
160 Abandonamos el Valle de Santa María, pasando por acres y acres de tierra sembrados de fresas, alcachofas y alfalfa. Atravesamos pueblitos y ciudades de las que nunca había oído hablar. Una vez que entramos en Arizona, los campos verdes y las ondulantes colinas cedieron el paso a llanuras desérticas y montañas escabrosas. Yo gocé viendo a las liebres saltar súbitamente de su
165 escondite bajo los arbustos del desierto, aterrizar cerca de nuestro camión, que corría aceleradamente, y brincar de nuevo hacia los arbustos. Trampita y Torito inventaron un juego para ver quién detectaba más conejos, pero Papá tuvo que detenerlos porque ellos empezaron a pelearse. Torito acusó a Trampita de ver doble, y Trampita alegó que Torito no sabía contar.
170 Pasamos junto a casas de adobe sin céspedes delanteros y calles sin pavimentar. Papá dijo que le recordaban ciertos lugares de México. Conforme nos acercábamos a la base de las montañas, vimos centenares de cactos.

—Mira, viejo —dijo Mamá, señalando a través de la ventana—. Esos nopales parecen unos pobres que estiran los brazos para rezar.
175 —Parecen más bien hombres que se están rindiendo —dijo Papá.

—¿Y qué me dices de esos dos?

—¿Cuáles? —le preguntó Papá—. ¿Los dos que están trenzados uno con el otro? Parecen dos personas asustadas.

—No, viejo —replicó ella—. Parecen dos personas que se están abrazando.
180 Mamá continuó señalando otros cactos a Papá hasta que él se aburrió y se negó a seguir respondiendo.

Nos detuvimos en Tucson y continuamos hasta Nogales. Las montañas distantes bordeaban la carretera a ambos lados en gran parte del trayecto. Se elevaban al cielo varios miles de pies, semejando orugas gigantes alzándose a
185 gatas del suelo. Esa noche llovió a cántaros. Las gotas de lluvia caían con fuerza sobre la ventana, haciendo difícil conciliar el sueño.

Después de viajar por cerca de veinte horas, llegamos por la mañana, agotados, a la estación camionera de Nogales, Arizona. Recogimos nuestras pertenencias y nos dirigimos a la oficina de inmigración y aduana, donde nos reportamos.
190 Habíamos llegado antes de la fecha límite. Fuimos entonces escoltados a pie para cruzar la frontera hacia el lado mexicano de Nogales. Las ciudades gemelas estaban separadas por una alta cerca de malla. Pastizales, mezquite, arbustos bajos dispersos y suelo rocoso desnudo rodeaban ambos lados de la frontera.

El cielo estaba despejado y las calles se encontraban muy áridas. Caminamos paralelamente a la cerca por las calles sin asfaltar, buscando un lugar donde hospedarnos. Nos encontramos con niños descalzos, vestidos de harapos, que escarbaban en los botes de basura. Yo sentí un nudo en la garganta. Me recordaron el tiempo en que vivíamos en Corcorán e íbamos al pueblo por la noche a buscar comida entre la basura detrás de las tiendas de comestibles.

Finalmente encontramos un motel barato y ruinoso en la Calle Campillo, a unas cuantas cuadras de la frontera. Mientras Papá y Mamá se registraban, inspeccioné la pequeña oficina. A través de la ventana sucia, pude ver parte del puente que unía los dos Nogales y el cerco de malla que separaba a las dos ciudades. En la esquina del mostrador amarillo oscuro, que me llegaba hasta la barbilla, había un rimero de folletos descoloridos del motel que estaban sujetos en su lugar por tres piedritas. El color y la forma de las piedras me fascinaban. Parecían pepitas de oro. Tomé una de ellas para examinarla de cerca, pero Mamá me dio una palmada en la mano y me dijo que la devolviera a su lugar. Cuando nadie estaba mirando, agarré una y me la metí en el bolsillo.

El cuarto del hotel era pequeño, como las cabañas en que vivíamos en los campamentos para trabajadores del algodón. Quitamos de la cama el hundido colchón y lo pusimos en el gastado piso amarillo de linóleo para que Papá y Mamá pudieran dormir en él. El resto de nosotros se acostó encima del armazón de resortes. Esa noche me sentía inquieto y me tomó mucho tiempo dormirme. Pensaba en lo que había hecho. A la mañana siguiente, salí del motel, llevando la piedrita en el puño y preguntándome qué debería hacer. Pensé arrojarla debajo del puente, pero me sentía culpable y asustado. Regresé a la oficina y, fingiendo que iba a tomar un folleto, la puse de nuevo en su sitio.

Todos los días, después que Mamá compraba a los vendedores callejeros los alimentos para nuestra comida, ella y Papá iban a la oficina de inmigración a averiguar sobre nuestra solicitud de visas. Cada vez que iban les pedían más información. Papá envió un telegrama a Fito, mi primo en Guadalajara, pidiéndole que consiguiera nuestros certificados de nacimiento y que nos los enviara por correo. Cuatro días después de que llegaron, se nos citó para una evaluación médica. Se nos extendió un pase por un día para cruzar la frontera estadounidense y someternos a una evaluación en el Hospital Saint Joseph, el cual estaba situado a pocas cuadras de la oficina de aduanas. Nos registramos en la recepción y nos sentamos en la sala de espera hasta que nos llamaran. Las paredes del cuarto eran color verde claro y los pisos blancos y limpiecitos, igual que los uniformes de las enfermeras y los médicos. La recepcionista salió y nos entregó un formulario de Evaluación Médica para Aplicantes de Visa del Servicio Exterior de los Estados Unidos. Roberto le ayudó a Mamá a leer la larga lista de enfermedades contenidas en el formulario y a marcar sí o no las padecía o había padecido.

235   Después de esperar durante varias horas, fuimos llamados al fin por una enfermera, que recogió los formularios. Me pidieron pasar primero. Ella me llevó a un cuartito y entregó mis papeles al médico, que les echó un vistazo y me pidió que me quitara la ropa, menos mis calzoncillos. Miré a la enfermera, sintiendo que mi cara ardía.

240   —No tiene piojos, está limpio —dijo ella, después de pasarme un peine fino por el pelo. El médico confirmó la lista de enfermedades que yo había marcado antes en el formulario.

     —¿Amebiasis, gonorrea, sífilis, tracoma?

     —No —le respondí.

245   —¿Tuberculosis?

     Me acordé del bracero que todo el mundo pensaba que tenía tuberculosis. Él pizcó fresas un verano con nosotros cuando trabajábamos para Ito. Pensábamos que tenía tuberculosis porque era flaco como una lombriz y con frecuencia tosía sangre. Lo llamábamos *El Tuberculosis*. Un día se agravó tanto en el trabajo que

250 Ito lo llevó de regreso al campamento de braceros. Ésa fue la última vez que lo vi.

     —¿Tuberculosis? —repitió el médico impaciente.

     —No.

     —¿Tiña*? —preguntó, haciendo girar mi cuerpo para revisar mi espalda.

255   —La tuve, pero hace muchos años —le dije.

     Cuando yo estaba en tercer grado, noté que tenía dos manchas rojas aproximadamente del tamaño de una moneda de veinticinco centavos, una al lado derecho de mi estómago y la otra en la parte trasera del cráneo. Se las mostré a Mamá y le dije que me daban comezón*. "El diablo te hizo esas señas.

260 Por eso es que están rojas", dijo ella, sin parpadear. Cuando ella vio que yo estaba a punto de llorar, me abrazó y dijo: "Estaba bromeando, Panchito, es roña*. Yo me encargaré de ella". Ella frotó las manchas rojas con ajo todos los días y al cabo de dos semanas desaparecieron. El fuerte olor no sólo acabó con la roña, sino que también mantenía alejados a mis compañeros de clase. Siempre que yo me

265 les acercaba ellos gritaban: "¡Hiedes* como un mexicano!" y se alejaban de mí a toda prisa, tapándose la nariz.

     —Tu espalda se ve bien —dijo el médico. Yo sentía una comezón en el cráneo, pero no me atreví a rascarme.

     —¿Y qué hay de las afecciones mentales: debilidad mental, locura, personalidad

270 psicópata, epilepsia, adicción a drogas narcóticas, alcoholismo crónico?

     —No —dije yo, ignorando lo que significaban aquellas palabras.

     —¿Y qué hay de defectos físicos?

     —Ninguno—. Pensé que él no me creyó, porque me hizo estirar los brazos y caminar de un lado del cuarto al otro. Él me hizo sentar entonces en una mesa

275 de evaluación, y golpeó mis rodillas con un mazo de goma de cabeza chata. Mi

*enfermedad que diversos parásitos causan en la piel

*picor

*suciedad

*apestas

rodilla se sacudió tan fuerte que casi lo pateo en la barbilla. La enfermera revisó entonces mi peso y altura.

—Cien libras y cuatro pies once pulgadas. Eres un poco pequeño para tu edad —declaró ella.

280 No era la primera vez que me decían eso. Mis compañeros de clase en El Camino Junior High School, donde yo era el chico más pequeño, me lo recordaban cada vez que escogían equipos para jugar al básquetbol durante el recreo.

—Puedes vestirte ahora —dijo ella—. Hemos terminado.

285 Roberto pasó después. Cuando salió su cara estaba roja como un betabel˙. Parecía como si hubiera participado en una pelea. Su pelo estaba revuelto y llevaba la camisa desfajada˙. Él y yo comparamos nuestra experiencia y nos reímos nerviosamente cuando llegamos a la parte en que nos desnudaron frente a la enfermera.

˙remolacha

˙por fuera de los pantalones

290 —¡Qué vergüenza! —dijo él.

El chequeo de Mamá tomó mucho más tiempo que el de Roberto o el mío. Ella no dijo una palabra al respecto y Roberto y yo no se lo preguntamos.

Después de esperar varios días se nos notificó que nuestra solicitud de una visa de inmigrantes había sido aprobada. Papá, Mamá, Roberto y yo nos 295 pusimos locos de contentos cuando recibimos la noticia. No podíamos dejar de sonreír. Mis hermanitos no entendían lo que significaba todo aquello, pero ellos brincaban arriba y abajo sobre el manchado colchón como chapulines˙.

˙langostas (insectos)

—Esto merece una comida especial —dijo Mamá. Esa noche ella salió y compró enchiladas, arroz y frijoles.

300 Después de la cena, Papá se acostó en la cama para descansar su espalda.

—He estado pensando acerca de dónde iremos al salir de aquí —dijo él, encendiendo un cigarrillo. "De vuelta a Santa María, por supuesto, ¿Adónde más?", pensaba yo. Papá se mordió el labio inferior y continuó:

—Estábamos en la estación lluviosa. Hay poco trabajo en los campos durante 305 este tiempo, y mi espalda está empeorando. Él hizo una pausa. Dio una chupada a su cigarrillo y siguió.

—La única cosa segura es el trabajo de Roberto como conserje. ¿Qué tal si él regresa a Santa María y el resto de nosotros se va a Guadalajara y se queda con mi hermana Chana? Eso me dará la oportunidad de buscar a una curandera 310 que me vea la espalda. En la primavera, cuando esté curado, podemos regresar a Santa María y yo puedo trabajar de nuevo en el campo. El alma se me vino al suelo. Yo no quería perder más clases. Quería decirle a Papá que no me gustaba la idea, pero no dije nada. Papá nunca nos permitía que discrepáramos de él. Me decía que eso era una falta de respeto. […] ✍

PREGUNTAS

ANÁLISIS

1. ¿Qué indica el título del relato sobre la vivencia del narrador? ¿Es literal o metafórico? Explica tu respuesta.

2. ¿Cuáles son las constantes de los primeros diez años en Estados Unidos para el narrador y su familia?

3. ¿Qué papel han representado las despedidas y los traslados hasta ese momento en la vida del narrador? ¿Cómo se siente al respecto?

4. ¿En qué se diferencian la mirada de la madre y la del padre?

5. ¿Cuál es el objetivo al que se aferra la familia tras ser deportada? ¿Qué opina de esto el narrador? ¿Cuál es su esperanza personal?

INTERPRETACIÓN

1. Examina "Expulsados" a la luz del Preámbulo de la Declaración de Independencia de Estados Unidos. Explica cómo entiendes el relato y qué función piensas que cumple el texto que el protagonista iba a recitar de memoria en el momento en que es deportado.

2. En tu opinión, ¿qué implica que el narrador y su familia fueran denunciados por uno de los suyos? ¿Crees que el oficial dijo la verdad o mintió? ¿Con qué fin lo dijo?

3. ¿Qué sentimientos produce en el protagonista y en su familia el control médico? ¿Piensas que el control fue abusivo o consideras que fue estrictamente necesario?

4. El narrador presiente un conflicto con su padre, a quien no puede llevarle la contraria a riesgo de faltarle el respeto. ¿Crees que esta concepción se debe a los valores culturales latinos, de clase social, generacional o de otro tipo?

5. ¿Dónde crees que el protagonista siente que está su hogar, en México o en Estados Unidos?

INVESTIGACIÓN

1. El escritor estadounidense John Steinbeck también escribió sobre movimientos migratorios en *The Grapes of Wrath*. Investiga sobre las similitudes entre esta obra y la trilogía de Francisco Jiménez a la que pertenece esta selección.

2. Una de las funciones de la literatura es dar voz a las personas olvidadas por la historia. Busca las opiniones de otros autores sobre esta idea y extrae tus propias conclusiones al respecto.

TINO VILLANUEVA

n. 1941

"[...] comprendí con mis huesos más que nunca el angosto marco de mi tiempo. Tendrás que irte de aquí me dije. Haz como puedas para alzarte a otro estado donde no tengas que entregarte dócil a la patria."

—Tino Villanueva, *"El angosto marco de mi tiempo"*

La educación de Tino Villanueva, texano de padres mexicanos, se vio constantemente interrumpida por los repetidos traslados de su familia, obreros migrantes que seguían las cosechas por el oeste y suroeste del país. Tras graduarse en 1960, trabajó en una fábrica de muebles hasta que en 1963 fue reclutado por el ejército y enviado a Panamá. Allí descubrió la literatura hispanoamericana y quedó deslumbrado por las obras de Rubén Darío y José Martí. Al volver, ingresó en la universidad para estudiar Inglés y Español, y se interesó por la obra de varios poetas del siglo XX, especialmente Dylan Thomas, T. S. Eliot y los escritores de la llamada generación *Beat*. Continuó sus estudios en Buffalo, Nueva York, y obtuvo el doctorado en la Universidad de Boston.

A comienzos de la década de 1970 empieza a escribir poesía en inglés y español, y en 1972 publica su primer poemario: *Hay otra voz*. Años más tarde, en 1994, su libro *Escena de la película Giant* obtiene el Premio Nacional del Libro. Comprometido con lo que se ha venido a llamar literatura chicana (una mezcla heterogénea de voces interfronterizas del suroeste de Estados Unidos) fundó una editorial y una revista para difundir las obras de sus autores.

Tino Villanueva es considerado uno de los exponentes de la llamada literatura chicana, surgida en la década de 1960, en una época en la que los poetas levantaron su voz como grito de rebeldía al servicio de las causas populares. A pesar de que en su poesía, especialmente en sus primeras obras, Villanueva se expresa contra la opresión, el racismo y las malas condiciones de vida que deben sufrir los trabajadores, también se ocupa de la naturaleza de la creación literaria y el lenguaje, el amor y el paso del tiempo.

Como en el caso de tantos otros autores de frontera, Villanueva recurre a veces a la llamada alternancia de códigos, o *code switching*: un cambio de idioma fiel a la experiencia lingüística del autor que con frecuencia adapta la ortografía inglesa a la fonética del español. No obstante, su poemario *Crónica de mis años peores* (1987) es una obra fundamentalmente monolingüe. El poema seleccionado, "Tierras prometidas", funciona como un susurro al oído; una confesión en la que Villanueva transmite la servidumbre de un trabajo tan incesante en el esfuerzo como incierto en el futuro. En esta sucesión de intimidades, el poeta presenta cada día del trabajador como una piedra en el camino: la vida como pura lucha; el hombre sin recompensa y sin honra humillado ante la tierra de otro. Día a día, década a década, el poeta describe la dura peregrinación del emigrante por una vida de la que, confiesa aliviado, escapa al dejar atrás "los caminos de la malasombra y de la escarcha".

OBRAS PRINCIPALES

Novela
1972 | *Hay otra voz*
1984 | *Shaking off the dark*
1987 | *Crónica de mis años peores*

1993 | *Escena de la película Giant*
1999 | *Primera causa*

TIERRAS PROMETIDAS

De *Crónica de mis años peores*, **1987**

Era fácil no despertar
tan de mañana,
pero ya por el entresueño de la casa
entraban y salían
5   figuras desteñidas
acarreando˙ no sé qué cajas   ˙transportando
como por sumisión a un itinerario.
Cómo olvidar que el desayuno
lo tomaba sin estar consciente,
10   que de pronto sonaba el metal
contra el metal
al engancharse una *treila*˙ verde   ˙tráiler (anglicismo)
de dos ruedas,
cargadora de bultos
15   de doméstica intención.

Ahora todos los viajes
son uno: a buena hora
y bien dispuestos salíamos
por la carretera de chicle
20   abandonada
(recuerdo siempre un carro negro),
salíamos furtivamente
mucho antes de la media luz,
como quienes deseaban
25   ahorrarse la vergüenza de vivir.
Y daban ganas de no ir, de descansar
de las veces anteriores.

Cada verano retoñábamos
porque la tierra hacia el sur
30 (El Campo, Wharton, Taiton,
New Taiton, Glen Flora)
prometía capullos y verdor;
porque no había modo
de aliviar la vida de esa vida,
35 de redimirnos
de una sola tarde excesivamente
soleada cuando el cuerpo
se enjuagaba en el sudor,
y las dagas• del sol   •puñales
40 nos traicionaban por la espalda.
(¿Quién vendrá por mí un día
a curarme del horror de estar aquí,
a quitarme la sed para siempre
y por favor?)

45 Muy entrado septiembre
y ya rendidas las plantas
yo seguía siendo el niño involuntario,
pues no había otra esperanza
más que la de subirnos
50 al camino hacia el norte
(Hale Center, Plainview,
Levelland, Seymour, Seminole)
donde repentinamente ya estábamos
atragantándonos con la arena fría,
55 donde otra vez íbamos a contrarreloj
codo a codo
como una jorobada masa congénita
por el estado repartida
            arropados
60 agachados   ahincados•   •arrodillados
por encima de la helada quebradiza
marcados por el rozón• del ramaje,   •roce
dando el preciso tirón y arrancón
a capullos con cáscara seca.
65 Íbamos por el mes de enero,
y un vientecillo nos odiaba
cada vez que levantábamos la cara.
Allí también sólo los terrones,
no la tierra, eran nuestros.
70 (Quién fuera liebre para dar

el salto vital, para correr,
correr de aquí y no volver.)

Desde toda la sustancia
que hoy me pertenece,
75 con más razón ahora considero,
cuán presa estuvo aquella infancia
en el dominio aborrecible*
de las labores de algodón.
¿Quién mandó que en los 40
80 fueran tan largos los surcos*,
y que el tiempo
que tardé en piscarlos
fuera voraz para mi vida?
En los 50 ya no me importaba
85 la respuesta. Me dije:
todo está perdido, andavete*
como puedas. De aquí no sacas nada.
Mas sólo en los 60 pude separar
el pasado del futuro,
90 y dejar atrás los caminos de la malasombra*
y de la escarcha.

*odioso, detestable

*filas cóncavas en el
terreno desnivelado
de una plantación

*márchate

*tórridos y sin sombra

PREGUNTAS

ANÁLISIS

1. ¿Cómo viven el poeta y su familia? ¿Qué significa la palabra "sumisión" en ese contexto?

2. ¿En qué sentido pudo el poeta haber sido un "niño involuntario"?

3. Describe la estructura del poema, desde el despertar somnoliento del niño hasta el momento en que mira atrás.

4. ¿Por qué dice el poeta que no es suya la tierra pero sí los terrones?

5. ¿En qué términos recuerda el poeta su pasado? ¿Ha cambiado en algo su perspectiva?

6. ¿Cuánto tiempo tardó el poeta en escapar de la servidumbre de la tierra?

INTERPRETACIÓN

1. Los trabajadores se sienten avergonzados de la dureza de su labor. ¿A qué atribuyes ese sentimiento?

2. ¿Cómo imaginas que es "la carretera de chicle" por la que van al trabajo cada día?

3. ¿Cuál es tu opinión sobre la afirmación del poeta de que el tiempo que pasó como recolector "fue voraz" para su vida? ¿Consideras que está justificada su amargura?

4. ¿Qué elementos fundamentales consideras que le falta a la familia del poeta para encontrar orgullo y plenitud en el esfuerzo del trabajo?

INVESTIGACIÓN

1. A diferencia de Villanueva, algunos de los representantes más destacados de la literatura chicana, como Rudolfo Anaya y Sandra Cisneros, apenas escribieron en español. Investiga por qué estos autores y muchos otros escritores chicanos optaron por escribir en inglés.

2. Busca información sobre la dimensión política y social de la literatura chicana. ¿Qué relación tuvo con el movimiento chicano de los derechos civiles durante la década de 1960?

EDMUNDO PAZ SOLDÁN

n. 1967

> "[...] amor y dolor son una misma cosa y quien paga barato por el amor se está engañado."
>
> —**Edmundo Paz Soldán**, *"Faulkner"*

Edmundo Paz Soldán nace en Cochabamba, Bolivia, país en el que vive hasta los diecinueve años. A esa edad se marcha a estudiar Relaciones Internacionales a Buenos Aires y allí se consolida su vocación de escritor. En 1989 decide seguir sus estudios en Estados Unidos, que compagina con una intensa actividad creadora. En 1992 gana el Premio Erich Guttentag por su primera novela, *Días de Papel*. En 1996 escribe el cuento "Amor en la distancia", que pasará a formar parte de la antología *McOndo*. Esta colección da origen, a su vez, al movimiento del mismo nombre, que rechaza el arquetipo de literatura latinoamericana ligado al *Boom* y al realismo mágico. Esta renovación literaria reclama el espacio urbano, las nuevas tecnologías y la cultura pop.

En 2004 obtiene el Premio Nacional de Novela de Bolivia con *El delirio de Turing*. Años después pasa a enseñar literatura hispanoamericana en la Universidad de Cornell. Su última novela, *Norte* (2011), es un *thriller* que aborda la incomunicación y la pérdida de identidad. Sus grandes influencias iniciales son Kafka y Borges. El escritor le da especial importancia a la estructura formal de sus obras; un ejemplo de ello se encuentra en "Dochera" (1997), cuento sobre los amores de un creador de crucigramas en el que se explora la creación literaria absoluta a través de la invención de palabras.

En la obra del narrador boliviano, la frontera es la clave de la identidad individual (su ciudad natal aparece reinventada con el sobrenombre de "Río Fugitivo" en varias de sus novelas). Hasta tal punto es importante lo geográfico que decidió dar a su novela el título de *Norte*, coincidiendo con el de su colección de cuentos, en la que aparece el relato seleccionado en esta antología, "Faulkner".

El hilo conductor de los cuentos de *Norte* es el paisaje norteamericano en el que se mueven sus protagonistas. Cada relato es un cuidado ejercicio formal, en el que sus solitarios personajes se encuentran unas veces en situaciones ridículas, como en "Lluvia en los inviernos de Michigan", o están inmersos en lo fantástico, como ocurre en "En el cementerio". En "Faulkner", narrado en estilo indirecto libre, nos cuenta la lucha interna del protagonista por intentar comunicarse con su padre. Los cuidados diálogos abren la puerta a emociones y sentimientos que los mismos personajes no se atreven a confesar.

OBRAS PRINCIPALES

Narrativa

[Nota manuscrita:]

Edmundo Paz Soldán
- Cochabamba, Bolivia
- Premio Erich Guttentag
- Premio Nacional de Novela

FAULKNER

De *Norte*, 2006

A W. F.

Después de leer los letreros que anunciaban la cercanía de Natchez Trace, Jorge le dijo a su padre que se hallaban a punto de entrar en reserva y que lo más conveniente era llenar el tanque. Su padre asintió. Mientras me encuentre en este país, dijo, tú decides. Jorge lo miró por un instante y supo que no había caso, que a pesar de todas sus esperanzas él jamás cambiaría. Apenas vio una gasolinera, disminuyó la velocidad.

Una vez apagado el motor del Chevrolet Cavalier rojo, Jorge le preguntó a su padre si quería algo. Un paquete de Marlboro. Bajó del auto, llenó el tanque y entró a la tienda. Se acercó a la cajera, una obesa mujer que poseía, como única y suficiente belleza exterior, un par de ojos verdes de conmovedora, intensa dulzura.

—Would that be all? —preguntó ella. Jorge pidió un paquete de Marlboros. Luego pagó.

—Have a nice day.

—You too —respondió, saliendo de la tienda y retornando al Chevrolet. Hacía calor, la humedad adhería la camisa a su cuerpo, las nubes se habían ido disipando a medida que avanzaba la mañana. Gracias, dijo su padre, y encendió un cigarrillo. Jorge reanudó la marcha.

—Allá vamos, Willy —dijo.

Jorge obtenía en cuatro días el B.A. en periodismo y su padre había venido desde Bolivia para asistir a la ceremonia. Con lo poco por ver ya visto en

Huntsville, la ciudad donde se hallaba su universidad, Jorge había propuesto viajar a Oxford, Mississippi, a conocer la ciudad de William Faulkner. Eran sólo cuatro horas de viaje. Su padre había aceptado. Jorge se había emocionado mucho con la idea, tanto que la tensa felicidad del reencuentro con su padre y de la cercana graduación habían pasado por un momento a segundo plano: siempre había querido visitar la ciudad (y siempre algo se lo había impedido) del escritor que más admiraba, del hombre cuyo ejemplo lo incitaba a consumirse en noches y madrugadas escribiendo y a soñar con tornarse escritor algún día. Pero ahora, en la Natchez Trace, rodeado de bosques de pinos y cada vez más cerca de Oxford, Faulkner se había escondido en algún recodo de su mente y sus pensamientos y sensaciones merodeaban en torno a su padre.

Repitiendo un gesto de adolescencia, lo miró de reojo. ¿Es que siempre lo tenía que mirar de reojo? Por un tiempo, después de recibir su llamado tres semanas atrás comunicándole que asistiría a su graduación, Jorge había pensado en la posibilidad de una reconciliación. Tiene que haber cambiado, se decía, después de todo, está viniendo. Hizo planes que incluían largas charlas en algún bar, al calor de buen jazz y cerveza de barril. Le contaría de sus planes y le preguntaría acerca de su vida: ¿cómo había sido su infancia? ¿Había participado en la revolución del 52? ¿Cómo había vivido su primer amor? ¿Y qué de sus años de exilio en Buenos Aires? ¿Todavía amaba a su madre? Eran tantas las cosas que podía preguntarle que se sintió avergonzado de saber tan poco de él: sí, había sido un imbécil incapaz del primer paso. Recordó la tarde en que había golpeado a la puerta cerrada de su despacho, y una voz quebrada le preguntó qué quería, y él dijo que si le podía dar algunos pesos para el cine, y la voz respondió que sí, por supuesto que sí, y cuando se abrió la puerta Jorge vio un rostro de inconsolable tristeza, pero al rato sintió las monedas en su mano y se despidió. Nunca más, hasta ahora, había vuelto a recordar aquel rostro.

La desolación era excesiva en Natchez Trace: uno que otro auto de rato en rato, una que otra ardilla. A los bordes del camino, en extraña y fascinante combinación, árboles secos color polvo, dignos del otoño, alternaban con el esplendor primaveral de árboles pródigos en verde. Jorge se hallaba cansado de manejar. Volvió a mirar a su padre que, en silencio, fumaba y contemplaba el paisaje. Pensó que si de algo estaba seguro era de no haber sido él el culpable del distanciamiento. Recordó el encuentro en el aeropuerto, el abrazo frugal, las escasas palabras; recordó los dos días siguientes hasta el día de hoy, el retorno de esa sensación de la inminencia de una comunicación que siempre tenía cuando se encontraba con su padre: comunicación que muy pocas veces se realizaba: en general, la elusividad los regía*, las palabras no eran pronunciadas, los sentimientos no eran expresados. Él no lo hacía porque esperaba que su padre tomara la iniciativa. Y su padre, ¿por qué no lo hacía? Al venir hasta acá, ¿no lo había hecho? Esa había sido la primera conclusión, pero ahora Jorge no podía

*gobernaba

menos que pensar que su padre había decidido asistir a la graduación porque acaso creía que estaba obligado a estar presente en ella.

Y aquí estaban, pensó Jorge, alejados del país y sin intercambiar entre ellos nada más que lo necesario, acaso contando los minutos para que la ceremonia de graduación concluyera y ambos pudieran retomar sus vidas. Pensó increparlo, preguntarle qué cuernos le sucedía, si pensaba quedarse callado hasta el día de su entierro. Pero no, sabía que no lo haría: era incapaz de esos desbordes• temperamentales. En ese instante, una idea lo estremeció: al reprimirse, ¿no ponía en movimiento una cualidad heredada de su padre? ¿No se parecía a él más de lo que se hallaba dispuesto a aceptar? ¿No se hallaban unidos por medio de una compleja relación especular? Y Jorge se imaginó a sí mismo dentro de veinte años, sentado en silencio y fumando al lado de su hijo, mientras este manejaba un Chevrolet Cavalier rojo en dirección a Oxford.

—Hace años que no leo a Faulkner —dijo su padre—. Tengo muy buenos recuerdos de él. Un tiempo fue mi gran pasión.

—¿De veras? —dijo Jorge. Un Mazda los sobrepasó a gran velocidad; pudo distinguir que una mujer lo conducía.

—Fue en mis días de exiliado, cuando vivía en una pensión de quinta. Tú tuviste suerte. Yo no tenía un centavo para extras y mi compañero de cuarto era un cordobés que se la pasaba leyendo. Yo leía sus libros. Recuerdo un montón de novelas de Perry Mason y otro tanto de Faulkner, ¡qué combinación! Perry Mason me gustaba mucho: lo leía y punto, todo se acababa ahí. Faulkner era otra cosa, difícil de entender, pero magnífico, magnífico. Y, ¿lo creerías?, hay frases e imágenes que jamás pude olvidar. Recuerdo, sobre todo, un personaje: Bayard Sartoris. Nunca olvidaré su melancolía, sus alocados viajes en auto, en caballo, en aeroplano…También recuerdo a Temple Drake, así creo que se llamaba, ¿no? Y el cuento de la mujer que dormía con el cadáver de su novio. Y ese otro, el del establo que se incendió y el chiquillo que no sabía si ser fiel a su padre, al llamado de la sangre de la familia, o a sí mismo.

Hizo una pausa.

—Oh sí, Faulkner; el gran Faulkner —continuó—. ¿Sabías que por unos días quise ser escritor? Sí, estoy hablando en serio, el prosaico• ingeniero que tú ves aquí quiso un día ser escritor… Pero claro, lo único que hacía era remedar• torpemente a Faulkner. Después de unos meses de hacer el ridículo, renuncié. Y, lo que es la vida, al año el cordobés se fue y nunca más volví a leer a Faulkner. Pensé hacerlo varias veces, pero nunca lo hice. Y ya ves, treinta años pasaron como si nada y jamás lo hice.

Jorge quiso decir algo. No supo qué.

—Tu pasión por Faulkner me hizo recordar mucho esos días —continuó su padre, que hablaba sin dejar de mirar hacia el horizonte—. Nunca me mostraste tus escritos, pero confío en que tú no renunciarás. Confío en que lo tuyo no es pasajero, y en que escribirás las cosas que yo no pude escribir. Y volverás a

•arrebatos, arranques

•pragmático
•imitar, copiar

decir a todos, porque es necesario volverlo a decir de tiempo en tiempo, que entre el dolor y la nada es necesario elegir el dolor. Que amor y dolor son una misma cosa y quien paga barato por el amor se está engañado. Que no hay mejor cosa que estar vivos, aunque sea por el poco tiempo en que se nos ha prestado el aliento.

Jorge se desvió del camino y apagó el motor.

—Papá… —dijo—. ¿Me puedes mirar?

El padre, lentamente, giró el cuello y enfrentó sus ojos cafés a los ojos cafés de Jorge.

—Nuestra relación no ha sido precisamente ejemplar, ¿no?

—No tenía por qué haberlo sido. ¿Conoces alguna?

—Pero podía haber sido mejor.

—Podía.

—¿Ya es tarde?

—Hay cosas de las que es mejor no hablar.

—Te quiero mucho, papá. Muchísimo.

—Ya lo sé —dijo el padre, y le tomó el hombro derecho con la mano izquierda. Fue una caricia suave, fugaz—. Ahora vuelve a manejar.

—Me gustaría charlar un rato.

—Podemos charlar mientras manejas.

Jorge hizo una mueca de disgusto, encendió el motor y reanudó la marcha.

El disgusto, sin embargo, no duró mucho. Al rato, pensó que las cosas se habían dado de esa manera y que de nada valía lamentarse por lo no sucedido. No valía la pena amargarse por todas las palabras no pronunciadas y todos los sentimientos no expresados. Más bien, todo ello le daba más fuerza y significado a los escasos encuentros que se daban entre ellos. Habrá más Faulkners, se dijo. Es cuestión de excavar.

Enfrentando con la mirada la excesiva, intimidatoria belleza que los cercaba, Jorge dijo en voz alta que el día era muy hermoso.

—Sí —dijo su padre—. Muy hermoso.

—Y Jorge esbozó una sonrisa ambigua, acaso sincera, acaso irónica. ❧

PREGUNTAS

ANÁLISIS

1. ¿Cómo define el primer párrafo de "Faulkner" la relación entre el narrador y su padre?

2. ¿Qué claves sobre la relación entre ambos nos dan los personajes de William Faulkner descritos en el cuento?

3. Uno de los rasgos más llamativos del cuento es la información que el autor decide no contar. ¿Qué datos echas en falta? ¿Qué efecto tienen esas omisiones en el relato?

4. ¿Qué se puede inferir del narrador a partir de la descripción que hace de la cajera?

INTERPRETACIÓN

1. ¿Cuál crees que puede ser la causa del distanciamiento entre el padre y el hijo?

2. El narrador se pregunta si su padre y él podrían estar unidos por una "compleja relación especular". Describe a qué tipo de relación se puede estar refiriendo el autor.

3. Los dos personajes de este relato son suramericanos y, sin embargo, sus referencias culturales (Perry Mason, William Faulkner, el *jazz*) son estadounidenses. ¿Dirías que los personajes se sienten en casa a pesar de estar en el extranjero?

4. ¿Qué función tiene la irrupción de la naturaleza en su máximo esplendor al final de la conversación entre ambos personajes?

5. El narrador de la historia sabe lo que piensa y siente el protagonista. Sin embargo, no puede descifrar la sonrisa final del personaje. ¿Cómo la interpretas tú?

6. La búsqueda tortuosa de la comunicación con el padre también es uno de los temas recurrentes en la obra de Paz Soldán. ¿Crees que la comunicación entre padres e hijos es complicada de por sí?

INVESTIGACIÓN

1. ¿Cuáles son las características del movimiento literario McOndo? ¿Quiénes son sus integrantes más representativos?

2. Investiga cómo evoluciona el tema del desarraigo en la obra de Paz Soldán.

TATO LAVIERA

n. 1951

"Tengo cinco sombreros, todos puertorriqueños: el latino, el urbano, el negro, el boricua y el hemisférico."

—Tato Laviera, *Puerto Rican voices in English: interviews with writers*

Jesús Laviera Sánchez se considera hijo de Puerto Rico, del Lower East Side y del Spanish Harlem. Su obra es un cóctel de negritud antillana, español puertorriqueño e inglés urbano; una mezcla complicada y emotiva que empieza a los diez años de edad y de la que seis décadas después siguen surgiendo vibrantes poemas. Valentía nunca le faltó. Con tan solo dieciséis años, Laviera dirige la llamada Universidad de la Calle, en la que prepara a los estudiantes para pasar el GED. Más adelante enseñó escritura en Rutgers y se incorporó al Departamento de Estudios de Puerto Rico. Ha publicado cinco libros de poesía en inglés y español, y varias de sus obras de teatro han sido estrenadas en Nueva York. En 2005 perdió la vista, pero no el deseo de continuar escribiendo. En 2012 llevó a escena su obra teatral *King of Cans*.

Según él mismo confesaría, recién llegados a América, la primera advertencia de la tía que los acoge es "no te juntes con los prietos [negros], negrito". Este tipo de contradicciones son las que alimentan la creatividad de Laviera, un poeta que hace suya la perplejidad cultural y la confusión de las lenguas. ¿En qué idioma escribe Laviera? Para el de Santurce, el idioma es algo circunstancial. Todo depende del lugar, del momento, del interlocutor: inglés, si no sabes español; español, si no sabes inglés; y *mixturao* si, como él, sabes un poco de los dos. Tato Laviera recurre con frecuencia al extranjerismo espontáneo, o *code switching*; o recurre al generoso repertorio de palabras en espanglish que le proporciona su entorno urbano, bilingüe y pluricultural.

El lenguaje y el bilingüismo como seña de identidad son temas fundamentales para él, por la hibridación cultural y lingüística de la experiencia puertorriqueña en Nueva York. Y aunque Tato Laviera escribe para sus paisanos boricuas de *El Barrio*, el mensaje trasciende y llega a cualquiera que haya tenido que abandonar su tierra. Desde la espontaneidad, el ritmo y la musicalidad importada del trópico, Laviera dedica a su patria caribeña "Nuyorican" (*AmeRícan*, 1985), un poema de largas pausas lleno de lealtad, amargura y desarraigo. Su obra, sin embargo, no se rinde a la tristeza, sino que es un esfuerzo de adaptación continuo, una batalla que también es capaz de enfrentar con el humor. Tal es el caso de "Praying" (*AmeRícan*), un divertido retrato de las beatas de su barrio y de su familia, y de sus rezos reiterados y pertinaces a un Dios que de tanto oírlas ya tiene dolor de cabeza.

OBRAS PRINCIPALES

Poesía

1979 | *La Carreta Made a U-turn*
1981 | *Enclave*
1985 | *AmeRícan*
1988 | *Mainstream Ethics-Ética Corriente*
2008 | *Mixturao and Other Poems*

Teatro

1975 | *Can pickers*
1979 | *Olú Clemente*
1980 | *La chefa*
1984 | *Becoming García*
1989 | *The base of soul in heaven's café*
1993 | *Lady Elizabeth*

NUYORICAN

De *AmeRícan*, 1985

yo peleo por ti, puerto rico,   ¿sabes?
yo me defiendo por tu nombre,   ¿sabes?
entro a tu isla, me siento extraño,   ¿sabes?
entro a buscar más y más,   ¿sabes?

5   pero tú con tus calumnias•,   •falsedades, difamaciones
        me niegas tu sonrisa,
        me siento mal, agallao•,   •harto, cansado, agotado
        yo soy tu hijo,
        de una migración,
10   pecado forzado,
        me mandaste a nacer nativo en otras tierras,
        por qué, porque éramos pobres, ¿verdad?
        porque tu querías vaciarte de tu gente pobre,
        ahora regreso, con un corazón boricua•, y tú,   •puertorriqueño
15   me desprecias, me miras mal, me atacas mi hablar,
        mientras comes mcdonalds en discotecas americanas,
        y no pude bailar la salsa en san juan, la que yo
        bailo en mis barrios llenos de todas tus costumbres,
        así que, si tú no me quieres, pues yo tengo
20   un puerto rico sabrosísimo en que buscar refugio
        en nueva york, y en muchos otros callejones
        que honran tu presencia, preservando todos
        tus valores, así que, por favor, no me
        hagas sufrir, ¿sabes?

PRAYING

De *AmeRícan*, 1985

papá dios está agallao•, ya no puede soportar   •harto, molesto
los "puerto ricans" están orando overtime
no dejamos dormir a dios, está volviéndose loco
con las comiquerías de nosotros, siempre chavándole•   •fastidiándole, molestándole
5 la vida, papá dios está prendío•, los "puerto ricans"   •enfadado
están "overloading the circuits with numerous requests"
te lo juro, créemelo, yo te lo advertí, lo escribí,
papá dios está enfogonao•, deme esto, consígame   •de mal humor, enojado
aquello, dele luz a mi vida, la com puta dora
10 tiene corte circuito, las operadoras "complaining"
a la supervisora, "qué diablo' hablan esas viejas,
rezan el rosario, murmurando como hormigas, their
spanish is unintelligible, they pray too fast"
dios-te-salve-maría-llena-eres-de-padre-nuestro-
15 gloria-al-padre-y-a-las-galletitas-y-el-chocolate-
caliente amen, we don't understand.

the angels brought a law suit to the supreme
court of heaven, protesting puerto rican prayers
"we cannot pick up their signals, them puerto rican
20 ladies, they pray non-stop, when they pray, they
pray for everybody, their prayers are over
flowing their allotted time, and it's working
against you, papá dios, we cannot answer their
prayers, they must be wondering, 'how come papá
25 dios, does not reply?' they are taking over
the english channels, we cannot identify the items,
judge strictly for yourself, look at this daily sample,
just those pentecostals alone are driving the holy
spirit insane, all they want is transformations,
30 transformations, we're not coming down on them
puerto rican bodies, those crazy people are praying
themselves into our jobs, all they want are crazy
indian angels to come down, to assist some crazy
spiritualist, and we don't understand those native
35 dialects, papá dios, please change the laws."
papá dios got up and said… "Bendito, they work so
hard, bendito, they are so passive, i never get
angry with my worthy faithful subjects, it is
just that some crazy puerto rican poet is misinforming
40 the people, i'm not enfogonao," papá dios ordered
a new computerized system to solve the inundation

problem, but papá dios said to please tell them
puerto ricans that he'll listen to their every
desire, if they will give papá dios un brakecito,
45   concho, "y déjenme dormir. De vez en cuando
duerman ustedes, por favor."

PREGUNTAS

ANÁLISIS

1. ¿Cuál es el tema de "Nuyorican"? ¿De qué se lamenta el poeta?

2. ¿Qué le reprocha el poeta a Puerto Rico?

3. ¿Qué paradoja se expresa en los versos: "me desprecias, me miras mal, atacas mi hablar / mientras comes mcdonalds en discotecas americanas"?

4. ¿En qué sentido la migración se convierte en un "pecado forzado"? ¿Cuál es el castigo y quién lo sufre?

5. ¿En qué idioma hablan los ángeles en "Praying"? ¿Qué problema tienen para comprender las plegarias de los puertorriqueños?

INTERPRETACIÓN

1. Lee "Nuyorican" en voz alta y di qué efectos tienen las largas pausas de los primeros versos ("¿sabes?").

2. ¿Cuáles piensas que son las razones que motivan a los isleños a rechazar a los puertorriqueños que viven en Nueva York?

3. ¿Cómo interpretas la declaración del poeta: "yo me defiendo por tu nombre"?

4. Describe con tus propias palabras la escena que se representa en "Praying".

5. ¿A quién o a qué critica Laviera en "Praying"? Explica tu respuesta.

6. Explica a qué podría obedecer el cambio de idioma que se produce en la primera parte de "Praying". ¿Consideras que es un cambio premeditado?

INVESTIGACIÓN

1. Busca información audiovisual en Internet sobre Tato Laviera y analiza en profundidad los poemas seleccionados.

2. Puerto Rico es considerado el último territorio del mundo en régimen colonial. Investiga si existe una posición definida de los puertorriqueños de Nueva York, en general, y de Tato Laviera, en particular, respecto al estatus político de la Isla.

ROBERTO G. FERNÁNDEZ

n. 1951

"Además, no quiero que me entierren aquí [...], quién se entiende con los muertos de este país."

—**Roberto G. Fernández**, *Raining Backwards*

Roberto G. Fernández, oriundo de Sagua la Grande, Cuba, se trasladó con su familia a Estados Unidos a principios de la década de 1960. Se establecieron en el sur de Florida, pero no en la comunidad cubana de Miami, sino en una zona donde se hablaba mayoritariamente el inglés.

Mientras estudiaba para obtener el doctorado en la Universidad Estatal de Florida, enseñaba literatura española y escribía. Cuando concluyó sus estudios en 1978, ya había publicado *Cuentos sin rumbo* (1975) y *El jardín de la luna* (1976). En los años posteriores aparecieron *La vida es un special* (1981) y *La montaña rusa* (1985) y, en 1988, escribió su primera novela en inglés, *Raining Backwards*, un éxito de público y crítica. Todos sus libros están conformados por viñetas que, con humor, relatan la crónica del desarrollo y el proceso de aculturación de la comunidad cubana en Estados Unidos.

Roberto G. Fernández recibió la beca de Artistas de Florida y la beca Cintas para escritura de ficción (1986–1987). Actualmente es profesor de escritura creativa en la Universidad Estatal de Florida, en Tallahassee, mientras continúa escribiendo y colaborando con distintas publicaciones.

La obra literaria de Fernández se centra en la vida cotidiana de la comunidad cubana en Estados Unidos y está poblada de personajes coloridos que muchas veces idealizan su tierra natal desde la distancia, a la vez que tratan de integrarse con éxito relativo. En sus narraciones, ambientadas en Miami, Fernández satiriza tanto a los cubanos emigrados como a los estadounidenses que se resisten ante lo que perciben como la irrupción de una minoría, convirtiéndose el encuentro de estas dos culturas en el centro del relato.

Sus crónicas caricaturescas, construidas sobre la base de diálogos confusos que generan una comunicación defectuosa, interrumpida y esporádicamente bilingüe, no siguen una secuencia lineal, porque el interés está puesto más en los personajes y sus características (que a veces llegan al estereotipo) que en el orden cronológico. Esto dota a su obra de un poderoso comentario social sobre temas como la asimilación cultural y la identidad que se esconde bajo el comportamiento hiperbólico y humorístico de los protagonistas. En su novela de 2001, *En la Ocho y la Doce*, Fernández continúa con su visión satírica, coloquial y llena de humor de la comunidad cubana en una estructura fragmentada en conversaciones telefónicas y cartas, en español y en espanglish.

OBRAS

MILAGRO EN LA OCHO Y LA DOCE

De *En la Ocho y la Doce*, 2001

Pues Many y yo íbamos caminando por la Ocho y la Doce, veníamos del Grocery de Pepe, el que está casado con Migdalia la jorobada. Pues resulta ser que los hijos de mi sobrina venían el domingo y por eso habíamos salido a comprar unas chucherías° para ellos. Si ves °dulces, caramelos
5 a Luis, el mayor, está para comérselo, pero no puedo hablar con él porque no sabe español y por eso compré el curso de inglés *Follow Me to South Miami*. Imagínate, ahora para hablar con él estoy como los sordomudos, todo por señas. Él me dice *auntie*. ¿Qué te iba diciendo, que ya se me perdió el hilo? Últimamente estoy que todo se me olvida. Dice Many que es el estrés. Ok, ya me
10 acuerdo. Y yo iba de lo más atareada tratando de guiar el carrito de la compra y servirle de lazarillo a Many. Chica, lazarillo es el que guía al ciego. Por si estás pensando algo malo, el carrito es mío. Lo compré en un *garage sale* hace como diez años. Allá tú si te lo robas, pero déjame decirte que en esta familia ha habido de todo menos ladrones.

15   Many a cada rato se me iba contra las cercas o los parquímetros, y yo estaba pensando lo difícil que se me había vuelto la vida desde que Many perdió la vista cuando le explotó la cocinita de kerosén que usábamos pa' ir a los cayos. Yo se lo advertí, pero que va, él nunca me ha hecho caso. Le explotó en la misma cara. Yo en seguida llamé al 911 y estuvo grave por casi dos semanas. Lo peor del caso fue
20 cuando lo trajimos pa' la casa y le dio por decir que podía ver, y un día hasta se montó en el Impala y lo chocó contra el garaje de los Parker, y Jim, el hijo, salió diciendo que nos iba a meter un pleito. Gracias a Dios que Tita, la que vive en la esquina, habló con él y le explicó lo que estaba pasando porque yo me puse tan nerviosa que las palabras no me salían. Nada, mi amiga que la vida se me había
25 vuelto una naranja agria y yo sin azúcar pa' endulzarla.

Pa' seguirte contando, íbamos caminando y era Viernes Santo. ¿No hueles a quemado? ¿Many, Manolo? ¡Tengo que tener un cuidado con él! La semana pasada casi quema la casa. Dejó todas las hornillas* encendidas. Ahora le ha dado por hacerse el ciego. Parece que le cogió el gusto a que lo mimara. Aunque déjame decirte que yo siempre lo he cuidado como a una joya. Pues íbamos caminando por la Ocho y la Doce y era Viernes Santo. Serían como las tres de la tarde porque el cielo empezaba a oscurecerse y comenzaba a destaparse un vendaval muy fuerte. Yo iba diciendo un rosario pa' apartar los rayos y centellas, y a la vez estaba mirando un mango hermosísimo, cuando me fijé que al lado de la mata de mango, la uva caleta de Mr. Olsen estaba llorando. No, no era rocío. Mi amor, ¿cómo va a ser rocío a las tres de la tarde? Era más bien esa cosa que sueltan las matas cuando las cortas. Y tú puedes creer que me vino una fuerza por dentro, como una inspiración, y entonces le dije a Many que teníamos que brincar la cerca. El pobre Many no sabía lo que estaba pasando, y el caso fue que le di un pie pa' que saltara y luego la brinqué yo. Pa' serte sincera no fue tan fácil pues la cosa de Many se le había enredado en la cerca y tuve que desenredársela pa' que pudiera brincar. Me acuerdo que el pobre Many me decía "Barbarita ni te preocupes, pa' lo que sirve mejor la dejas enredá". Óyeme, esto último que te he dicho no se lo digas a nadie. Mira que confío en ti igual que si fueras mi hermana Olga que es lo más grande que he tenido en mi vida después de mi madre. ¿Quieres una tacita de café con espumita?

Tienes que echarle más azúcar. El azúcar de aquí no endulza. Déjame decirte que después que salté la cerca fui derecho a la uva caleta*, y recogí la savia, así me dijo Many que se llama, y se la restregué a mi marido por los ojos. Al principio él me mentó la madre*, pero cuando le iba a responder lo veo arrodillado y con los brazos extendidos al cielo, y de pronto comenzó a gritar: "¡Puedo ver! Barbarita, ya puedo ver". Yo de incrédula no le creí y le pregunté que de qué color era la blusa que tenía puesta. "Roja, blanca y azul como la bandera", me dijo. La verdad es que todavía no estaba muy convencida y le pregunté que de qué color eran sus zapatos. Tenis azules, me respondió con una sonrisa de lado a lado. En ese mismo momento, me postré frente al árbol y me estaba dando golpes de pecho y rezando una Salve cuando apareció Mister Olsen amenazándonos con una escopeta, y señalando al letrero que colgaba de la cerca: NO TRESPASSING, PRIVATE PROPERTY. Yo le traté de explicar en mi inglés, pero qué va, no había forma que me entendiera. Por fin, se me iluminó la mente y le di un paquetito de chicles que había comprado para los niños. Tú sabes que a los americanos les encanta el chicle para hacer globitos. Parece que se conmovió con lo del chicle y nos dejó salir mientras gritaba algo de que Superman tenía que salvarlo. Mientras él estaba refunfuñando*, aproveché pa' coger un poquito de la savia santa en caso de que Many tuviera una recaída, pero con tan mala suerte que el americano me vio y me puso el cañón de la escopeta en la misma nariz y yo temblando que no estornudara porque como tú sabes sufro de coriza*, y me dijo:

*fogones

*árbol cuyo fruto es la uva de playa

*insultó a mi madre

*murmurando entre dientes enojado

*catarro nasal

"Lady, put that sap where it belongs... you... you... you tropical scum or I'll blow your head off". No lo entendí mucho, pero me imaginé lo que quería que hiciera.

70 ¿Quieres un poquito más de café? No es ninguna molestia.

Como te imaginarás, estábamos horrorizados de Mister Olsen, pero agradecidos al cielo por el milagro de la vista de Manolo, y por eso es que vamos todas las tardes a las tres menos cuarto a rezar frente a la uva caleta y Mister Olsen se sienta en el portal encañonándonos con la escopeta. Espérate un

75 momento, vengo enseguida.

—¡Manolo, Many! ¿Dónde te has metido?

Por fin lo encontré en el baño. Quería que lo limpiara. Sigue con el jueguito de hacerse el ciego. Óyeme bien, yo quiero que tú me jures por los restos de tu madre, que Dios la tenga en la gloria porque de veras que era una santa, que le

80 vas a decir a todo el mundo este milagro que se nos ha hecho. Quiero que lo digas pa' que la gente crea y se salve la humanidad.

ATTENTION PLEASE: POR FAVOR. PLEASE GO HOME. GO CASA! THIS AREA IS BEING CORDONED OF BY ORDER OF THE POLICE. POR FAVOR GO RÁPIDO! PLEASE.

85 Me hace el favor, señora. ¡Señora por favor no empuje! ¡Déjeme pasar, no ve que mi esposo está lisiado*! ¡Esquiusmiplis! ¡Abran paso que se me muere! Dios te salve María llena eres de gracia el señor de la camisa verde que se quite del medio que no deja ver. Get out, out, out, out! This is private property, *proupiedad private. My beautiful sea grape! What´re you people doing to my sea grape!* ¡Oye, *inválido, mutilado

90 no me mires a mi novia así! *My country tis of thee sweet land of liberty.* ¡Compre su ticket pa' la pelea de gallos aquí! ¿Quién me tocó la nalga? Hot dogs! ¡Perritos calientes! Corn dogs! ¡Ahora Caridad sácale una astilla al árbol pa' que tú veas que consigues novio! *If you touch my tree again I´ll shoot you! Shut up*, viejo! ¿Tú hablas inglés? Yes, a lirel. ¿Qué dijo el Americano del helicóptero, el que decía

95 algo de casa? Dijo que no se fueran pa' la casa, que San Guiven se iba a aparecer como pa' las seis de la tarde. ¿Y cómo lo supo? Es gringo. Ellos lo saben todo. Gracias, men. Mira, déjame darte un ticket pa' la pelea de gallos. Cógelo, es gratis. ¡Frasquitos de savia santa a dólar, a dólar, en *special!* ¿Quién me tocó la nalga? ¡La madre de quien me tocó la nalga!

100 Mire, yo le juro por mi hijito que lo vi todo de la ventana, cuando me estaba afeitando el sobaco. Ella venía empujando el carrito con un hombre adentro. El hombre no tenía pies. Luego, la vi brincar la cerca y sacar algo de la uva caleta y en seguida lo restregó* en los mochos** que tenía el hombre, y de pronto le empezaron a brotar dos piernas con uñas y todo. Yo me quedé maravillada y *frotó **amputaciones

105 espantada a la vez. Le juro por los restos de mi abuelita que me crió y que no la pude ver más porque se quedó en Cuba que lo vi todo de la ventana, y por eso aquí me tiene rezando mucho porque tengo un problema con las uñas que se me parten. *Hello, hello, is this the police station? This is Mr. Olsen. No, I don't*

have time to sign a formal complaint. The foreign plague is here! Cheeseburger,
110 bacalaítos, root beer! ¡Estampitas, astillas y hojitas santas! Estampitas de San
Guiven rezando al lado del árbol con su orden de una pizza mediana y una
jarra de Bud. Y déjeme decirle que le brotaron dos piernas y una mano con
cinco dedos. Se lo juro por la salud de mi hijito, Tony. *If Superman could only
hear me, but they even broke my watch!* Toca el árbol, Manguito. Tócalo, mijito,
115 pa' que se te cure la patica•. ¡Mamá, ya puedo caminar, ya puedo caminaaar!   •pierna
Apúrate Many y échate un poquito de savia en el rabito pa' que te funcione otra
vez. ¡Hazlo por mí, Manolo! ¡Ok, Barbarita pero na' ma' que• un poquito! ¡San   •solo
Guiven! ¡Es San Guiven! Está posándose sobre el árbol santo. Arrodíllese todo
el mundo… ruega por nosotros los pecadores ahora y en la hora de… ironbeer,
120 pasteles de guayaba, alcapurrias puertorriqueñas y arepas venezolanas además
de serpentinas, confeti y un foto de usted junto a San Guiven y el árbol por
sólo $3.99 aquí en el kiosco de su *American friend: Mr. Olsen's Old Kentucky
Home Mini Market.* ¡Te dije que la próxima vez que me miraras a la novia así
te iba a partir la cara! ¡Abran paso que voy con el machete! ¡Óigame, suelte
125 el machete que esa rama es mía! ¡Yo la vi primero! ¿Quién me tocó la nalga?
¡Manolo! ¡Increíííble! ✺

WRONG CHANNEL

De *En la Ocho y la Doce*, 2001

Mima esperaba impacientemente a su amiga, que la iba a llevar en
carro, y el sudor le resbalaba de las cejas hasta la taza de café, la
tercera que tomaba. Iba hacia la cocina cuando oyó los ronquidos
del viejo Impala de Barbarita.
5   —Por fin llegas —le gritó Mima desde el porche.
—¡Es que esta máquina no quería arrancar!
Mima se subió, acomodó el espejo retrovisor, y se puso suficiente rouge
en las mejillas para darse un aspecto más saludable. Quería causar una buena
impresión al doctor que le iba a aprobar los certificados médicos para su tarjeta
10 de inmigrante. Camino al hospital Jackson Memorial, Barbarita le habló de un
posible trabajo de auxiliar de maestra.
Cuando la enfermera finalmente llamó, Mima tropezó tumbando todas las
biblias y las *Selecciones del Reader's Digest.*
—Lo siento señora, pero usted no puede pasar —le dijo la enfermera a
15 Barbarita cuando ésta quiso entrar con Mima.
—Yo soy la intérprete —respondió la políglota.

—*No good* —dijo el médico haciendo un gesto de preocupación mientras entraba con los rayos X de Mima. Luego el doctor le dijo a Barbarita: —Pregúntele si ha tenido TB.

20 Barbarita se volvió hacia Mima: —Pregunta que si alguna vez has tenido un televisor.

—Dile que sí, pero en La Habana. No en Miami. Pero mi hija sí tiene un televisor aquí.

Barbarita miró al doctor y tradujo: —Ella dice que tuvo TV en Cuba, no en 25 Miami, pero que su hija tiene TV aquí.

—En ese caso tendremos que examinar a su hija para ver si también tiene TB.

Barbarita le tradujo a Mima otra vez: —El doctor dice que necesita examinar el televisor de tu hija para ver si funciona, de lo contrario no te van a dar tu tarjeta de inmigrante.

30 —¿Para qué va a examinar el televisor? —le preguntó Mima, abismada*.   *concentrada

—¿Cuántas veces no te he dicho Mima, que aquí necesitas comprar un buen TV? —le espetó Barbarita—. ¿O es que no te has dado cuenta que ahora vivimos en los Estados Unidos? �֍

PREGUNTAS

ANÁLISIS

1. ¿Por qué en "Milagro en la Ocho y la Doce" el personaje de Barbarita tiene dificultades para hablar con su sobrino Luis y dice que interactúan "como los sordomudos"?

2. ¿Cuál es la historia detrás de la ceguera de Many y cómo se ha tomado él su situación?

3. ¿Por qué razón Barbarita se decide a brincar la cerca de un terreno ajeno? ¿Cómo reacciona el propietario?

4. ¿A qué clase de cita tiene que asistir Mima en "Wrong Channel"? ¿Qué impresión quiere causar ella? ¿Por qué?

5. ¿Cuál es el malentendido que se produce en "Wrong Channel" entre el doctor y las dos mujeres? ¿Qué lo causó?

INTERPRETACIÓN

1. ¿Qué clase de personalidad piensas que tiene Barbarita según lo que puedes inferir de su monólogo en "Milagro en la Ocho y la Doce"?

2. ¿Piensas que la fe religiosa puede haber influido en la "inspiración" que recibió Barbarita? ¿Hasta qué punto crees que las creencias y la cultura condicionan la percepción de las personas?

3. "Yo le traté de explicar en mi inglés…", señala Barbarita. ¿Cómo interpretas esta frase? ¿Cuál imaginas que es la situación concreta que se genera a partir de ese intento fallido de comunicación? Señala quién es el responsable, en tu opinión, y por qué.

4. Explica cómo interpretas el significado del título del capítulo "Wrong Channel".

5. El humor es un recurso literario muy utilizado por Roberto G. Fernández. Busca algunos ejemplos en los textos seleccionados. Explica cómo funciona en la narración y para qué sirve.

INVESTIGACIÓN

1. ¿Qué diferencias y semejanzas encuentras entre el desarraigo de los cubanos de Miami, como el propio Roberto G. Fernández, y el de los puertorriqueños de Nueva York, como Tato Laviera o Pedro Juan Soto?

2. Investiga sobre la influencia cultural y política de la comunidad cubana de Miami en el resto de Estados Unidos.

GUILLERMO GÓMEZ-PEÑA

n. 1955

"[...] from Patagonia to Alaska,
from Juarez to Ramalla,
todos somos mojados."

—Guillermo Gómez-Peña, *A Declaration of
Poetic Disobedience from the New Border*

Guillermo Gómez-Peña es un creador de difícil clasificación. Nacido en México D. F., estudió Filosofía y Letras y Filología en la Universidad Autónoma de México. En 1978 emigró a Estados Unidos. En su obra se mezclan la literatura y el periodismo, la fotografía y la instalación, la radio y la televisión, la poesía y la prosa. La relación entre las dos culturas en las que ha vivido es el tema central de su multifacética obra. Se considera un "performero" y entre sus obras más conocidas se encuentran *Border brujo* (1988), *The couple in the cage* (1992), *The Mexterminator project* (1997), entre muchas otras. Su método es conscientemente bicultural y fronterizo: mezcla el inglés y el español hasta llegar al espanglish; así, las claves culturales con las que trabaja son siempre un híbrido de la herencia latina y anglosajona.

En febrero de 1988, Gómez-Peña se casó con la artista norteamericana Emily Hicks en una ceremonia durante la cual la novia permaneció del lado estadounidense de la frontera mientras el novio estaba del lado mexicano. En 1984 fundó el Taller de Arte Fronterizo, del que se separó en 1990. En 1991 recibió el prestigioso Premio MacArthur Foundation Fellowship, popularmente conocido como la beca "genio", siendo el primer mexicano en recibirlo. Actualmente vive en San Francisco, donde dirige el grupo artístico La Pocha Nostra.

Gómez-Peña ha publicado varios libros y videos de sus *performances*. Su obra es un reto constante a las fronteras geográficas y políticas, pero también a las fronteras sociales, étnicas, lingüísticas y de género. *La experiencia emigrante del performero* es un texto dramático del que se han tomado tres fragmentos. En el primero de ellos, en pocas palabras, el autor se presenta a sí mismo, comenta su original concepto de una Latinoamérica flotante y, a la vez, ingresa en Estados Unidos y define el propósito de su grupo artístico La Pocha Nostra. La segunda parte es una lección sobre la mezcla de culturas en la que el autor combina imágenes, idiomas, pueblos y ciudades para detallar su idea de la presencia y la influencia latinoamericana en Estados Unidos. Finalmente, en el último fragmento relata una experiencia vivida en Alemania que le sirve para poner en entredicho la capacidad del mundo desarrollado para entender esa realidad supuestamente exótica que ellos llaman "el Tercer Mundo".

OBRAS PRINCIPALES

Guillermo Gómez-Peña
-Mexico
-Unesil Autonoma de Mexe
-Premio MacArthur Foundation talosto.

LECCIÓN DE GEOGRAFÍA FINISECULAR* EN ESPAÑOL PARA ANGLOSAJONES MONOLINGÜES

*de fin de siglo

De *La experiencia emigrante del performero. Texto poético-dramático. (Fragmentos).*

Como performancero o performeador entre teatreros, y como chicano entre latinoamericanos, soy una voz un tanto solitaria, pero debo decirles que me siento verdaderamente en casa. Mi Latinoamérica es más bien un archipiélago que se extiende a los barrios chicanos, nuyorriqueños, a las reservaciones indígenas en los Estados Unidos,
5 a las zonas afroamericanas; incluso yo siento que habito un Tercer Mundo injertado en las entrañas del etcétera.

Soy parte de la gran diáspora latinoamericana en los Estados Unidos, somos treinta y cinco millones y constituimos una población flotante inmensa, una de las más grandes del planeta: Aztlán, Chicanolandia. Formo parte de una
10 organización interdisciplinaria llamada La Pocha Nostra. Utilizamos lenguajes interindisciplinados y performances para articular nuestras identidades híbridas, nuestras realidades binacionales, y nuestra lucha política. Quisiera compartir con ustedes algunos ejemplos de intervenciones poético-performáticas pensadas
15 para radio, televisión o en vivo. Y por favor, disculpen mi espanglish.

Lección de geografía finisecular para anglosajones monolingües (también para radio)

Estimado radioescucha monolingüe, repita conmigo en este momento desde la soledad de su casa:
20 México es California
Marruecos es Madrid
Pakistán es Londres

Argelia es París
Cambodia es San Francisco
Turquía es Frankfurt
Puerto Rico es Nueva York
Centroamérica es Los Ángeles
Honduras es Nueva Orleans
Argentina es París ·
Beijing es San Francisco
Haití es Nueva York
Nicaragua es Miami
Quebec es Euskadi
Chiapas es Irlanda
Your house is also mine
Your language mine as well
and your heart will be ours one of these nights
Es la fuerza del Sur, el Sur en el Norte, el Norte se desangra,
El Norte se evapora por los siglos de los siglos and suddenly you're homeless,
you've lost your land again
Estimado antipaisano your present dilemma is to wonder in a trans geography de
locos without a flashlight, without a clue,
sin visa ni flota, joder.
Interface after the seventh Margarita —hip!—, after the twelveth Margarita
—hip!—, the drunk tourist approches a sexy señorita at El Faisán Club in
Mérida, Yucatán:
—Oye preciousa, my Mayan Queen, tu 'star muchio, muy bela, con tu ancient
fire en la piel para que yo queme mis bony fingers, mi pájara, belísima, yo
compro tu amor con mía Mastercard.
She answers in very broken French:
—Ne mais derange plus, je vous arroche le jous!
    […]
    Y para terminar, otra pequeña intervención performática. En este caso
estoy en Alemania, un lugar en el que se fetichiza profundamente a las culturas
indígenas. Me encuentro en un Pow Wow, en una reunión ritual de alemanes
indigenizados vestidos de indígenas, con esa sabiduría enciclopédica que tienen
de la otredad cultural, como a diez kilómetros de Hamburgo, y de pronto un
chamán charlatán se dirige a un grupo de germatlanis encuerados:
Eritsu mecunitsu tinitsum E tv video patriopni im po ten ti
pero mea sécula seculero, hip
Wotyuma yuka ahhhhhja re krishna
Hare Krishna, krisha waple jare grama
Hairy nalga jiiiiiiiii
Kiyu kama

65 Hakayuma

hakayama

Ommmmmmmmmmmmmmmm

(*Golpea la mesa rítmicamente*)

Christian girls, christian girls (*bis, bis*)

70 Oh how I love, those christian girls

Ahhhhhhhhhhhhhhhhhhh (*orgásmico*)

New age girls, (*bis, bis*)

Oh! how love those new age girls

Ahhhhhhhhhhhhhhhhhhhhhh (*orgásmico*)

75 Skin head girls, (*bis, bis*)

Oh I love, those skin head girls

Ahhhhhhhhhhhhhhhhhhhhhhhhhh (*orgásmico*)

Jama kaya tyama Krishna

Hakayama Tescatlipon

80 Hakayama Krisnavato

Hakayama Chichi Colgatzing

Hakayama Chile con carne

Hakayama Taco del chihuahua

Hakayama Santa Frida

85 Hakayama Santa Selena

Hakayama Santa Pocahontas

Hakayama Santa Shakira

Hakayama Virgen tatuada

Nafta, viagra

90 Melatonic

(*grito*) ¡Melatoniiiiic! ⚘

PREGUNTAS

ANÁLISIS

1. ¿A qué se refiere el autor con la frase "las entrañas del etcétera"? ¿Qué concepto expresa esa frase acerca del grupo social al que pertenece el autor?

2. ¿Qué tipo de lenguaje usa Gómez-Peña en su "Lección de geografía finisecular para anglosajones monolingües"? ¿Qué relación tiene ese recurso literario con el título?

3. ¿Cuál es el Norte del que habla el autor? ¿Estás de acuerdo con su caracterización? ¿Por qué?

4. ¿Cuáles son las características más llamativas del lenguaje en que está escrito el tercer fragmento? ¿Cómo le sirve ese lenguaje al autor para describir su experiencia en Alemania?

5. ¿Qué imagen nos da el autor de los "alemanes indigenizados"? Explica tu respuesta con ejemplos del texto.

INTERPRETACIÓN

1. Explica con tus propias palabras la idea de la "Latinoamérica flotante" de Gómez-Peña.

2. ¿Qué diferencia hay entre la "identidad híbrida" y la "realidad binacional"?

3. El autor afirma: "Your house is also mine / Your language mine as well / and your heart will be ours one of these nights". ¿Quién es el conquistador y quién el conquistado en este texto? ¿Qué similitudes y diferencias notas entre esta fusión de culturas y la conquista de América?

4. ¿Por qué cree el autor que el dilema del anglosajón "is to wonder in a trans geography de locos without a flashlight, without a clue, sin visa ni flota, joder"? ¿Qué sugiere la interjección final?

5. ¿Cuál es el futuro que le espera a Estados Unidos, según el autor? ¿Te parece que este texto expresa un reclamo de justicia o un deseo de venganza? ¿Por qué?

6. ¿Qué simboliza el turista borracho? ¿Qué relación hay entre ese turista y los "alemanes indigenizados" de los que habla después Gómez-Peña?

INVESTIGACIÓN

1. Guillermo Gómez-Peña se define a sí mismo como "performero", "performancero" o "performeador". Investiga quiénes son los performeros y cuáles son las características esenciales de su arte.

2. Investiga sobre el proyecto La Pocha Nostra que dirige Gómez-Peña. ¿Qué aspectos de esta iniciativa te parecen más sorprendentes? Imagina una entrevista con el director. ¿Qué preguntas, sugerencias o comentarios le harías?

MAYRA SANTOS-FEBRES

n. 1966

"Sólo estoy yo sentada al pie de la escalera
con el universo revertido en mi cintura, con
el sol hinchándome las axilas, con la soledad
mamándome del seno."

—**Mayra Santos-Febres**, *"Espero mi pasado"*

La poeta, narradora y crítica Mayra Santos-Febres es una de las escritoras más conocidas de Puerto Rico. Nacida en Carolina en 1966 en una familia de maestros, Santos-Febres cuenta que comenzó a escribir a la edad de cinco años porque, siendo asmática, a menudo le era imposible jugar con los otros niños. Estudió en un colegio de monjas dominicas. Obtuvo una licenciatura en la Universidad de Puerto Rico y, más tarde, hizo la maestría y el doctorado en la Universidad de Cornell. Entre 1990 y 1991 publica sus poemarios *Anamú y manigua* y *El orden escapado*. En 1994 publica su colección de cuentos *Pez de vidrio* y recibe el Premio Juan Rulfo, que otorga Radio Internacional de Francia. En el año 2000 publica su novela *Sirena Selena vestida de pena*, que trata de las aventuras de un adolescente homosexual y travesti con un talento especial para el canto. En el año 2002 publica *Cualquier miércoles soy tuya*, su segunda novela. Su obra ha sido traducida al inglés, al francés, al alemán y al italiano. Santos-Febres ha sido también presentadora de programas de televisión y actualmente trabaja como profesora en la Universidad de Puerto Rico, Recinto de Río Piedras.

En el fragmento seleccionado de la novela *Sirena Selena vestida de pena*, la obra más conocida de Santos-Febres, se describe el viaje de los dos personajes desde Puerto Rico hasta la República Dominicana. Durante el vuelo se relata la historia de Selena, abandonada por sus padres y criada por su abuela. A la muerte de esta, se queda sin familia y se va a vivir a la calle. El encuentro casual con Martha Divine, que la oye cantar en la calle, la salva de la prostitución y las drogas.

Santos-Febres mezcla en su relato el habla popular puertorriqueña, la jerga callejera y los anglicismos con su propia voz narrativa. Así, nos retrata el mundo marginal del que proviene la protagonista, al tiempo que revela su sensibilidad y talento que, de alguna forma, han sobrevivido al horror de su adolescencia callejera. El mundo de los despreciados y los marginados se presenta aquí sin ser enjuiciado, con una mirada solidaria que no condesciende ni a la compasión ni al desprecio.

OBRAS

[handwritten note: Mayra Santos-Febres — Carolina, Puertorico? — Premio Juan Rulfo]

SIRENA SELENA VESTIDA DE PENA

De *Sirena Selena vestida de pena*, 2000

I

Cáscara de coco,[1] contento de jirimilla[2] azul, por los dioses di, azucarada selena, suculenta sirena de las playas alumbradas, bajo un spotlight confiésate, lunática. Tú conoces los deseos desatados por las noches urbanas. Tú eres el recuerdo de remotos orgasmos reducidos a ensayos de recording. Tú y tus siete moños desalmados como un ave selenita, como ave fotoconductora de electrodos insolentes. Eres quien eres, Sirena Selena... y sales de tu luna de papel a cantar canciones viejas de Lucy Favery,[3] de Sylvia Rexach,[4] de la Lupe[5] sibarita, vestida y adorada por los seguidores de tu rastro*...

*pasos, trayectoria

[1] La cáscara de coco se usa en la santería para las prácticas de adivinación.
[2] Su pronunciación correcta es "jiribilla". Se usa para definir a una persona muy inquieta, nerviosa o intranquila que tiene la necesidad de hablar o moverse constantemente.
[3] Luz Ercilia Fabery Zenón (n. 1931), cantante puertorriqueña cuya voz ronca y sensual triunfó en las décadas de los años 40 y 50. Sus sensuales y exuberantes trajes de sirena, pantera negra, pavo real, entre muchísimas otras creaciones de distinguidos modistos, reflejaban el *glamour* de una época de cabaré.
[4] Sylvia Rexach (1922–1961), cantante y compositora puertorriqueña. Está considerada como una de las cantautoras populares más influyentes de Latinoamérica. Sus canciones han sido interpretadas por múltiples cantantes de dentro y fuera de Puerto Rico.
[5] Guadalupe Victoria Yolí Raymond, la Lupe, (1939–1992), cantante cubana que destacó por la energía y pasión que vertía en sus interpretaciones de boleros, guarachas, salsa y *latin soul* de una extensa discografía.

II

En el avión, sentadito de chamaco• con la Martha, que es toda una señora
veterana de miles candilejas•: El Cotorrito, Boccaccio's, Bachelors. Hasta hizo
shows en La Escuelita, calle 39, Nueva York. Hasta tuvo marido asiduo que le
montó apartamento en El Condado. "Así como tú ahora, niña, que estás en la
punta de tu cénit. Yo era su decente mujercita cuando venía a Puerto Rico desde
Honduras. Él era negociante, mi marido. Y como tengo sangre de empresaria,
aprendí de él a llevar libros•, mas le saqué cuanto pude para montarme mi propio
negocito. Ni pienses que iba a quedar abandonada cuando el marchante se
cansara. Yo en la calle de nuevo, jamás de los jamases, demasiadas bosteaderas⁶
me costaron ya los trasplantes y las hormonas que me hacen fabulosa. Sorry,
nena. Me malacostumbré al buen vivir."

Martha, toda una señora, su guía, su mamá. La que nunca tuvo, la que
lo sacó de la calle para ponerlo a cantar en El Danubio Azul. Era alta y rubia
oxigenada, ya con sus arrugas, con su par portentoso de pechos de silicón con piel
increíblemente tersa por las hendiduras del escote. Bronceada y de piernas largas,
siempre llevaba las uñas esmaltadas de rojo granate, todo un coágulo de sangre en
la punta de cada uno de sus dedos, los de los pies, los de las manos. No exhibía un
solo pelo que la delatara•. Solo su altura y su voz y sus ademanes•• tan femeninos,
demasiado femeninos, estudiadamente femeninos. Su dentadura era perfecta, sin
una mancha de nicotina, aunque fumaba sin parar. Este hábito acaso explicara
aquella voz granulenta, como si millones de partículas de arena se hubiesen
aposentado en la garganta, en el cuello largo y bien humectado, arrugado un poco
ya, pero elegante, espigado• en una curva sigilosa que terminaba hacia arriba en
cabellera con permanente, hacia abajo en espalda un tanto ancha, pero espalda
fina de mujer entrada en años, que había vivido ya muchas vidas.

"Vampiresa en tu novela, la gran tirana…", ensayaba en el avión la Sirena
camino a la República Dominicana. Iban de negocios él y Martha. Primer avión
que coge, primera vez que brinca el charco. La segunda será a Nueva York, lo
presiente•. Allá a probar suerte como quien es.

Y no era que antes de Martha Sirena siempre hubiese sido un deambulante•.
Techo tuvo alguna vez la Selena, pero cuando se le murió la abuela de tanto
limpiar casas de ricos no había nadie que velara• por él. Tíos muertos, emigrados
al extranjero. Madre en paradero• desconocido. Servicios Sociales se lo quería
llevar a un hogar. Pero bien sabía la Sirena que para él no había gran diferencia
entre un hogar de crianza y un círculo en el infierno. Allí abusarían de él los
más fuertes, le darían palizas, lo violarían a la fuerza para luego dejarlo tirado,
ensangrentado y casi muerto en el piso sucio de un almacén. Así que Selena

---

⁶ Anglicismo que, por un lado, puede hacer referencia a favores sexuales y, por otro, a halagos
exagerados dirigidos a personas que podían influir en el avance de su carrera.

• muchacho joven

• luces entre el escenario de un teatro y la primera fila de butacas

• mantener ordenadas y actualizadas las cuentas de un negocio

• traicionara •• gestos

• largo y delgado

• intuye
• vagabundo, callejero

• se preocupara, lo cuidara
• lugar

prefirió hacer de la calle su hogar. Antes con Valentina. Y después, con Martha, su nueva mamá.

Ahora iban juntas a la República Dominicana en plan de negocios. Martha le había enseñado a ahorrar. Martha le había enseñado adónde ir por bases y pelucas bien baratas. Martha le había quitado el vicio de coca, que le tenía los tabiques perforados y sangrantes —"Loca, que por ahí no se cae señorita"— y le había dado otra opción que la de tirarse* viejos en carros europeos. Le sacó el asco del semblante*, le devolvió la dulzura a su voz. "Tú cantas como los ángeles del cielo", le había dicho un día emocionada la Martha, un día que Selena recogía latas por los alrededores del Danubio, y casi sin darse cuenta, tarareaba un bolero de los de su abuela. Lo cantó a viva voz, lo cantó como si se fuera a morir cuando terminara de cantarlo, lo cantó para percatarse* ella misma de su agonía, como un perro agonizante lo cantó, como un perro de raza pero leproso, muriendo bajo una goma de carro recién desmantelado.

Las dragas* que le oyeron al bolero quedaron boquiabiertas. Estaban trabajando en la calle, negociando con clientes. Pero de repente empezaron a oír un murmullo de pena, una agonía desangrada que se les metía por las carnes y no las dejaba estar lo suficientemente alertas como para negociar precios de agarradas*, o de virazones** de maridos escapados de su hogar. No podían sino recordar cosas que les hacían llorar, y les despegaban las pestañas postizas de los párpados. Tuvieron que girar tacones y alisarse las pelucas para oír mejor. Así, lelas*, lograron llamar a su manager, Miss Martha Divine, para que oyera aquel portento* de bugarroncito** con voz de ángel dominical.

Fue Lizzy Star quien logró avisar a Martha, a grito puro. Estaba más cerca de la puerta del Danubio Azul, barcito de travestis descarrilados del cual era propietaria la divina, la esplendorosa Martha Divine. Fue cuestión de halar* el mango*, meter la cabeza unos segundos y gritar "Martha, corre, mira esto". Martha salió ajorada* del Danubio, preparándose para lo peor. Pensaba que iba a tener que pelear con algún policía que, buscando propinas extras, pateaba a las muchachas, o le caía a macanazos* a algún cliente. Pero no, eso no era. Tan pronto la puerta se cerró a sus espaldas, pudo oír una melodía sutil que mantenía a toda la calle en animación suspendida. Con la vista Martha buscó el origen de aquella voz. Lo encontró. Venía de la garganta de un muchachito que, endrogado más allá de la inconsciencia, cantaba y buscaba latas. Martha se quedó como todas las otras dragas, como todos los otros clientes, como todos los otros carros que paseaban calle abajo. Cuando reaccionó, la sangre de empresaria burbujeó por sus venas. Caminó hasta donde estaba el muchacho, lo invitó al bar, a tomarse una Coca-Cola. Le ordenó comida, se lo llevó a su apartamento, lo ayudó a romper vicio, lo vistió de bolerosa*. Poco a poco lo ayudó a convertirse en quien en verdad era. Y ahora se lo llevaba a la República Dominicana porque nunca la Selena se había montado en un avión. Iban de negocios, a ver si vendían su show a algún hotel. Sangre de empresarias.

---

*tener relaciones sexuales

*cara

*darse cuenta

*travestis (anglicismo)

*citas sexuales **cambios de orientación sexual

*embobadas

*prodigio **sodomita (anglicismo)

*tirar

*agarrador de una puerta

*veloz

*golpes dados con una macana (arma similar a la porra)

*cantante de boleros

De jovencito Selena iba nervioso, tal vez por la emoción del viaje, la premonición de una vida nueva a partir de ese plan de presentarse en otro país, aunque fuera en la isla de al lado. Ya había hecho su showcito en la Crasholetta, ya les había cantado en privado a las locas más lujosas del ambiente. Pero era muy nena todavía como para ganarse contratos en los hoteles de la zona turística. "Ni mintiendo te lo dan, mi amor, que las leyes federales prohíben el child labour. ¿Tú no sabías eso? Así que mejor —le dijo su mamá—, mejor nos vamos a la República Dominicana que allí no se tragan esos cuentos." Y ahora, gracias a las leyes federales, Sirena Selena estaba a punto de convertirse en la diva del Caribe. Despertaría ansias* en todo un público nuevo con la ilusión de su canto. Se convertiría en la estrella de un show para hoteles de cuatro estrellas. Tendría un vestidor y luces y vestuarios confeccionados con las mejores telas que se prestaran para el simulacro. Allí podría hacer al fin entera gala de su voz. Ay su voz, que no le fallara ahora su voz, Virgen santa, que no le fuera a cambiar el timbre, que se le quedará así, dulce y cristalina. Sus compañeras de trabajo del Danubio no se cansaban de decirle que del centro del pecho le sale un gorgojeo de pena percudida, pero siempre fresca, tan antigua y tan fresca como el mismísimo mal de amores sobre la faz de la tierra. Millones de gentes le han dicho millones de cosas acerca de su voz. "Huele a miel tu voz, tu boca es una fruta", le había susurrado un día un admirador que intentó besarla. Ella acababa de cantar. Estaba exhausta de tanta puesta en escena. Así que se dejó besar. Dejó que la lengua de aquel hombre le recorriera el hueco de sus dientes, le sorbiera la saliva densa de una noche de cabaret. Permitió que enredara la lengua con su lengua agotada, que le hiciera caricias para ver si así la aliviaba un poco. Pero a mitad de beso, Sirena notó que aquella boca buscaba algo más de lo que normalmente se busca en los besos. Aquella boca quería tragarse una melodía. Era un beso que buscaba devorarle la voz.

Cuando el admirador terminó de besarla, la miró victorioso. Sirena asumió de nuevo su papel de mujer misteriosa y se alejó sin más hacia la trastienda que les servía de camerino a todas las dragas del Danubio. Ondeó su menuda caderita, aguantó saliva ajena en la boca, sin tragársela, sospechando sabotaje. Cuando llegó a su camerino, se enjuagó la boca con agua de grifo, y con Listerine. Después, al llegar al apartamento de la Martha, hizo gárgaras de pétalos de rosa y magnolia con ajo para espantar cualquier bacteria de envidia que se le hubiese quedado rondando por la boca.

Así se sentía ahora, con ganas de hacer gárgaras y luego ponerse un paño con hojas de yerbabruja alrededor del cuello, de tomarse un trago de brandy con miel, agua de azahar y canela, tragarse una yema de huevo cruda, rezarle oraciones a San Judas Tadeo. Quería protegerse la voz. Bien que lo sabe la Sirena. Lo único que tiene es su voz para lograrse otra más lejos.

Pero en el avión, ni la Martha le notó el nerviosismo. Veía musitando a la Serena, pero jamás la pensó rezándole a Santa Clara, ni a la Virgen de la

*deseos

130 Caridad del Cobre. La creyó repasando los boleros escogidos para su demo-show. Le daba gracia la estampa familiar que formaban, ella de madre con su hijito quinceañero, que parecía pero no era exactamente un chamaquito más; que en las uñas demasiado cuidadas, en las cejas arqueadísimas, en el ademán de la cintura perfilaba otra cosa. Y ella que era, pero no, la madre celosa, la

135 doña entrada en años que no se dejaba vencer por la maternidad, que había sido madre joven, confidente amistosa y apoyo de la familia. La Martha Divine, un poquitín demasiado alta, un poquitín demasiado fuerte en las líneas de la barbilla, un poquitín demasiado llena de tersuras y redondeces fuera de sitio en la piel… Pero aun así, cualquiera podría pensar, un poco distraídamente,

140 que esa señora y su nene constituían una familia vacacionando en la República Dominicana. Miró con cariño a su hijito, le tocó la cabeza y la Selena respondió con la sonrisa de siempre, lejana y casi imperceptible, sin dejar de musitar aquel montón de palabras, de rezos y canciones que se le agolpaban˙ en   ˙amontonaban la conciencia. �

PREGUNTAS

ANÁLISIS

1. ¿Qué recursos lingüísticos usa Santos-Febres para mostrarnos la androginia del personaje principal? ¿Qué referencias del texto revelan su naturaleza? ¿Cómo la expresan?

2. ¿Quiénes son las dragas? ¿Qué hacían cuando oyeron por primera vez cantar a Selena? ¿Cómo se sintieron al escucharla? ¿Cómo explicarías su reacción?

3. ¿Por qué se van de viaje Martha y Selena? Describe con tus propias palabras lo que piensan estos dos personajes durante el vuelo.

4. ¿Qué quiere hacer Selena con su vida? ¿Qué podría impedirle cumplir sus sueños? Explica tu respuesta con ejemplos del texto.

INTERPRETACIÓN

1. ¿Qué concepto de los hombres tienen Martha y Selena? ¿Cómo lo expresan en el relato?

2. ¿Qué motivaciones crees que tenía Martha para rescatar a Selena de la calle? Apoya tu respuesta con ejemplos del texto.

3. ¿Qué quiere decir la autora cuando afirma, refiriéndose a Selena, que Martha "lo ayudó a convertirse en quien en verdad era"? Explica tu respuesta.

4. ¿Qué simboliza el admirador que besa a Selena con "un beso que buscaba devorarle la voz"? ¿Qué nos dice esa anécdota sobre el éxito y el futuro de Selena?

5. En el avión, Selena reza, pero Martha piensa que está cantando sus boleros. ¿Qué relación puedes ver entre los rezos a la Virgen y los boleros de Selena?

6. ¿Qué intencionalidad crees que hay en la aliteración de las sílabas de "Sirena Selena"? ¿A qué podría hacer alusión este nombre en tu opinión?

INVESTIGACIÓN

1. El tema del travestismo es recurrente en la novela latinoamericana de las últimas dos décadas del siglo XX. Compara cómo Mayra Santos-Febres aborda el tema con el tratamiento que le da Luis Rafael Sánchez en su novela *La guaracha del macho Camacho*.

2. Tanto Sirena Selena como Fernanda, la protagonista del cuento "La cautiva", de Pedro Juan Soto, han sido rechazadas por sus familia y por la sociedad en la que viven. ¿Qué similitudes y diferencias muestran estos dos personajes?

GLOSARIO

A

acento Énfasis que en la pronunciación de una palabra se da a una sílaba, distinguiéndola de las demás con una mayor intensidad de voz o por un tono más alto.

acto Cada una de las partes, tres generalmente, de una obra teatral. El acto se compone de escenas.

agudeza Ironía sutil y astucia de la expresión con la que se pretende decir algo de forma que no resulte evidente. Este recurso es característico de los escritores del Siglo de Oro español y, en particular, de Francisco de Quevedo. La agudeza, que en inglés podríamos traducir como *wit,* es el rasgo característico de la publicación estadounidense *The Onion.*

alegoría Recurso estilístico que consiste en hacer visible en el discurso, por medio de una serie de metáforas consecutivas, los sentidos literal y figurado para sugerir una cosa expresando otra diferente.

alejandrino Verso de catorce sílabas procedente de la poesía medieval francesa al que recurrieron con frecuencia los poetas del modernismo.

aliteración Repetición de varios sonidos similares en una palabra, oración o verso; p. ej., *Lúgubre ulular de nocturnas aves.*

anáfora Repetición de la misma palabra o frase al principio de dos o más versos u oraciones; p. ej., *Yo peleo por ti, puerto rico, ¿sabes? / Yo me defiendo por tu nombre, ¿sabes?*

antítesis Figura retórica que consiste en contraponer una frase o una palabra a otra de significado contrario; p. ej., *Me esfuerzo por olvidarte y sin querer te recuerdo.*

argumento 1. Secuencia de acontecimientos que se suceden en orden en una narración. 2. Razonamiento que estructura la proposición de un ensayo literario, político, etc.

arquetipo Representación ideal que se considera modelo de cualquier aspecto de la realidad y que engloba sus características esenciales.

arte mayor Composición poética de versos de nueve o más sílabas.

arte menor Composición poética de versos de menos de nueve sílabas.

asíndeton Supresión de conjunciones en un mismo enunciado o verso; p. ej., *Corre, truena, canta, sube, vuela.*

B

Barroco Corriente cultural que, en lo literario, se caracteriza por una sintaxis compleja y un vocabulario rico. Importado de España a América en el siglo XVI, este movimiento encuentra en la colorida y exuberante naturaleza del Nuevo Mundo un medio ideal para su desarrollo.

Boom Término con el que se designa el éxito comercial y de crítica de la narrativa de un grupo de escritores sudamericanos durante las décadas de 1960 y 1970, entre los que se destacan Gabriel García Márquez, Mario Vargas Llosa, Julio Cortázar, José Donoso, Juan Rulfo y Carlos Fuentes, entre otros.

C

caligrama Versos agrupados con una disposición geométrica determinada. Este recurso rescatado de la antigüedad por el poeta vanguardista francés Guillaume Apollinaire es empleado por Vicente Huidobro y otros autores de las vanguardias.

canon Corpus de obras literarias que se consideran indispensables.

canto Cada una de las partes en que se divide un poema épico o, en general, un poema de gran extensión. La primera parte de *El gaucho Martín Fierro,* de José Hernández, está estructurada en trece cantos.

carpe diem Locución latina que invita a gozar del momento presente. Este concepto es un tema frecuente de la lírica universal y fue popularizado en la película *The Dead Poet Society* (1989), dirigida por Peter Weir.

catarsis Del griego *Kátharsis;* purificación. Proceso de purificación íntegra del ser que experimenta el espectador de una tragedia a través de las intensas emociones que en él provoca, como el miedo o la compasión.

circunloquio Rodeo de palabras para dar a entender algo que se hubiera podido expresar más brevemente;

p. ej., "Los asuntos consuetudinarios que acontecen en la rúa" (Antonio Machado), es un conocido circunloquio de "lo que pasa en la calle".

clímax Momento culminante de un poema o de una acción dramática.

comedia Obra teatral escrita y representada para divertir, cuyo desenlace suele ser feliz.

connotación Significado de una palabra que adquiere un nuevo matiz en un contexto determinado y que se aleja de su sentido literal, o denotativo, recogido en el diccionario.

copla Breve poema de métrica muy variada, compuesto por cuatro versos de arte mayor o menor.

cosmovisión Manera de ver o interpretar el mundo.

costumbrismo Representación literaria de las costumbres y tipos sociales de una región determinada. Las *Tradiciones peruanas* de Ricardo Palma son un ejemplo claro de literatura costumbrista.

creacionismo En literatura, se refiere al movimiento de vanguardia fundado por Vicente Huidobro a principios del siglo xx que daba al poeta el rango de creador de la realidad. El creacionismo postula que la función del poeta no es describir la realidad convencional, sino desarrollar toda realidad que habite la imaginación.

criollismo Movimiento literario hispanoamericano del siglo xix caracterizado por la narración épica de la lucha contra los elementos de la naturaleza o contra el poder político. También alude a las obras que describen la vida de las gentes humildes y critican los poderes establecidos.

crónicas Relatos históricos donde se narra, mezclando realidad y ficción, un hecho histórico destacado.

cuarteta Estrofa de cuatro versos de arte menor con rima consonante *abab*.

cuarteto Estrofa de cuatro versos de arte mayor con rima consonante *ABBA* o *ABAB*.

cuento Relato breve con pocos personajes donde la intriga gira en torno a un único acontecimiento. La narración predomina sobre otros recursos discursivos, como el diálogo.

culteranismo Estilo literario desarrollado en España desde finales del siglo xvi y a lo largo del siglo xvii, caracterizado, entre otros rasgos, por la desmesurada riqueza de metáforas sorprendentes, el uso exagerado de cultismos y la complejidad sintáctica.

cultismo Palabra culta, generalmente de origen griego o latino, que se emplea en la lengua intelectual, literaria y científica.

D

dadaísmo Movimiento vanguardista literario y artístico surgido durante la Primera Guerra Mundial. Se caracteriza por la negación de los cánones estéticos establecidos y por abrir el camino a diversas formas de expresión de la irracionalidad.

décima Estrofa de diez octosílabos consonantes con rima *abbaaccdde*. También se conoce con el nombre de espinela.

diéresis Licencia métrica mediante la cual se separan en dos sílabas las vocales que forman un diptongo, y que se indica usando el signo ortográfico del mismo nombre sobre la vocal cerrada; p. ej., *vïuda, rüido*.

dodecasílabo Verso de doce sílabas.

doppelgänger Del alemán *doppel*, doble, y *gänger*, que camina. En términos literarios, hace referencia al doble espiritual o físico que coexiste con un personaje de una obra. En *Rayuela*, Cortázar hace una referencia explícita a esta figura clásica de la literatura universal.

dramaturgia Género en el que se cuenta una historia por medio de la representación teatral. El dramaturgo comunica su mensaje al público a través del diálogo y la interacción de los actores en el escenario. Ese mensaje se complementa con efectos de iluminación, sonido, vestuario, maquillaje y escenografía.

E

elegía Poema compuesto para expresar el duelo por la muerte de un ser querido.

elipsis Supresión de algún elemento lingüístico del discurso que no contradice las reglas gramaticales; p. ej., *Borges escribió más poemas que Cortázar (escribió).*

encabalgamiento Al leer un poema, pausa que se hace al final de un verso sin que coincida con una coma, punto u otro signo ortográfico. Se refiere también a la distribución de una idea completa en dos versos contiguos.

endecasílabo Verso de once sílabas.

eneasílabo Verso de nueve sílabas.

ensayo Escrito en prosa, a veces de carácter didáctico,

cuyos temas pueden ser literarios, sociales, históricos, filosóficos o artísticos, según las preocupaciones e intereses de cada autor.

epigrama   Poema breve e irónico.

epíteto   Adjetivo o participio cuyo fin principal no es determinar o especificar el nombre, sino resaltar una característica intrínseca a él; p. ej., *Pedro I el Grande*.

epopeya   Poema extenso en verso o en prosa, de elevado estilo, acción grande y pública, personajes heroicos o de suma importancia, y en el cual interviene lo sobrenatural o maravilloso.

escena   Cada una de las partes en las que se divide el acto de la obra dramática, y en las que están presentes unos mismos personajes.

esperpento   Género literario creado por Ramón del Valle–Inclán, escritor español de la Generación del 98, en el que se deforma la realidad, recargando sus rasgos grotescos y sometiendo a una elaboración muy personal el lenguaje coloquial y desgarrado. *Tirano Banderas*, de este autor español, es considerada precursora de la novela *El señor presidente*, de Miguel Ángel Asturias.

estribillo   Verso o versos que se repiten después de cada estrofa de un poema.

estrofa   Grupo de versos con una estructura determinada que forman las partes de las que se compone un poema.

estructura   Forma en que están ordenadas y distribuidas las partes de una obra literaria.

estructuralismo   Movimiento desarrollado por Ferdinand de Saussure, según el cual, el lenguaje está formado por un conjunto de elementos cuya interdependencia constituye una estructura. Los estructuralistas consideran que el significado de las obras literarias depende de las estructuras que los sustentan, sin necesidad de apoyarse en un marco de referencia exterior.

exempla   Relato medieval similar a la fábula, en cuanto a su brevedad y carácter moralizante, en el que se representan situaciones cotidianas.

existencialismo   Escuela de pensamiento, en la que destaca el filósofo francés Jean Paul Sartre, que da prioridad a la existencia individual y material por encima de cualquier otra consideración metafísica o religiosa.

expresionismo   Movimiento alemán de las artes plásticas y la literatura que floreció a principios del siglo xx y que refleja los desafíos psicológicos a los que se enfrenta el hombre moderno. Se caracteriza por un distanciamiento premeditado de la realidad hasta el extremo de deformarla. Entre sus autores más destacados figuran, entre muchos otros, Bertolt Brecht (teatro), Franz Kafka (narrativa) y Rainer Maria Rilke (poesía).

F

fábula   Breve relato ficticio, en prosa o en verso, con una intención didáctica frecuentemente manifestada en una moraleja final, y en el que pueden intervenir personas, animales y otros seres animados o inanimados.

fluir de la conciencia   Técnica de escritura que consiste en transcribir la actividad mental de un personaje determinado.

G

gauchesco   Relativo al entorno paisajístico, cultural y literario del gaucho argentino o uruguayo.

H

heptasílabo   Verso de siete sílabas.

heterónimo   Seudónimo. Son famosos los heterónimos del escritor portugués Fernando Pessoa: Alberto Caeiro, Ricardo Reis, Bernardo Soares, Álvaro de Campos, etc.

hexadecasílabo   Verso de diecisiete sílabas.

hexasílabo   Verso de seis sílabas.

hiato   Disolución de una sinalefa, por licencia poética, para alargar un verso.

hipérbaton   Inversión del orden habitual de las palabras para dar mayor elocuencia a un texto, generalmente, poético; p. ej., *De mis tres corazones compendio y suma*.

hipérbole   Exageración; figura retórica que consiste en aumentar o disminuir excesivamente aquello de que se habla; p. ej., *Me habría comido un buey*.

historicismo   Interpretación en clave histórica de cualquier ámbito del conocimiento.

humanismo   Corriente de pensamiento renacentista que pone al hombre por encima de todas las cosas.

I

Iluminismo (Véase *Ilustración.*)

Ilustración Movimiento filosófico y cultural del siglo XVIII que acentúa el predominio de la razón y la creencia en el progreso humano.

in medias res Literalmente, "en medio de las cosas". Esta locución latina hace referencia a una estructura narrativa en la cual la historia comienza en plena acción o a mitad de camino entre el inicio y el final cronológico de esta.

indianismo Tendencia del Romanticismo hispanoamericano a entender al indígena como una cosa o figura homogénea y sin identidad singular.

indigenismo Movimiento literario de Hispanoamérica, derivado del Realismo, dedicado a la descripción de las culturas indígenas y a la denuncia de las estructuras sociales que los oprimen.

intertextualidad Relación que es posible establecer entre un texto literario y otros.

ironía Figura retórica que consiste en dar a entender lo contrario de lo que se dice.

J

jitanjáfora Figura que consiste en el empleo de palabras sin sentido pero que resultan rítmicas o musicales.

L

lector cómplice Lector cuya capacidad de interpretación es considerada un acto tácito de creación que complementa la obra que está leyendo. Esta función lectora se desarrolla en la llamada teoría de la recepción.

leitmotiv Motivo central o asunto que se repite en una obra literaria.

lira Estrofa de cinco versos, tres heptasílabos y dos endecasílabos con rima consonante *aBabB*. Su precursor en las letras españolas fue Garcilaso de la Vega.

literatura del absurdo Obras de teatro, sobre todo, y narrativas en las que se representa la existencia como un acontecimiento absurdo y sin una finalidad clara. Los representantes más destacados de este movimiento son Jean Paul Sartre, Albert Camus, Samuel Beckett, Eugène Ionesco y Juan Cavestany, entre otros.

locus amoenus Lugar idílico que corresponde a una descripción más o menos fija de la tradición grecolatina. Generalmente se trata de paisajes pastorales que invitan al romance y al amor.

M

madrigal Poema breve, generalmente amoroso.

metáfora Tropo que consiste en trasladar el sentido literal de las palabras a otro figurado mediante una comparación tácita; p. ej., *Corrieron ríos de tinta sobre…*, en vez de *Se escribió mucho sobre…*

metonimia Tropo que consiste en designar una cosa con el nombre de otra con la que guarda una relación intuitiva; p. ej., *Se bebió al menos tres vasos.*

métrica Conjunto de normas relacionadas con la extensión de los versos y la estructura de las estrofas que los contienen.

metro Número de sílabas de un verso determinado.

misticismo Doctrina religiosa y filosófica que enseña la comunicación directa con la divinidad. En España este movimiento está relacionado con la escuela ascética, cuyas figuras principales son Santa Teresa de Jesús y San Juan de la Cruz.

modernismo Movimiento artístico que, en Hispanoamérica y en España, entre finales del siglo XIX y principios del XX, se caracterizó por su voluntad de independencia creadora y por la configuración de un mundo refinado, que en la literatura se concreta en innovaciones lingüísticas, especialmente rítmicas, y en una sensibilidad abierta a diversas culturas, particularmente a las exóticas.

mundonovismo Faceta ideológica del modernismo que florece a principios del siglo XX y que tiene su máximo exponente en el *Ariel* de José Enrique Rodó.

N

narrador omnisciente Narrador que conoce todos los detalles de una historia, además de las intenciones, pensamientos y sentimientos de cada uno de sus personajes. Por lo general, es el narrador de un relato en tercera persona.

naturalismo Corriente literaria del siglo xix que intensifica los caracteres del Realismo reflejando en sus obras los hechos que trata de reproducir. Esta corriente literaria sigue los métodos de la ciencia experimental para explicar las actitudes humanas.

Neoclasicismo Corriente literaria y artística, dominante en Europa en la segunda mitad del siglo xviii, que aspira a restaurar el gusto y las normas del clasicismo.

novela de caballerías Narraciones medievales sobre las aventuras de los caballeros que se caracterizan, generalmente, por el uso de diversos elementos fantásticos y mágicos. Tuvieron mucho éxito durante el Renacimiento.

novela picaresca Narración de carácter realista donde un muchacho o muchacha pobre cuenta su vida. El protagonista o pícaro suele servir a varios amos de diversos estratos sociales. La novela picaresca surge en España en el siglo xvi. La obra picaresca *El Periquillo Sarniento*, de José Joaquín Fernández de Lizardi, está considerada por algunos críticos como la primera novela de Hispanoamérica.

O

octava real Estrofa que consta de ocho versos endecasílabos con rima consonante *ABABABCC*.

octosílabo Verso de ocho sílabas. Es uno de los metros más comunes.

oda Composición poética del género lírico que admite asuntos muy diversos y diferentes tonos y formas. Se divide frecuentemente en estrofas o partes iguales.

onomatopeya Palabra que representa un ruido o un sonido del mundo real; p. ej., *Miau*.

P

panamericanismo Concepto asociado, generalmente, a Simón Bolívar y a su sueño de ver una única patria hispanoamericana.

parábola Alegoría de intención didáctica que aparece con frecuencia en los textos religiosos.

paradoja Figura retórica de pensamiento que consiste en emplear expresiones o frases que entrañan una contradicción; p. ej., *La gélida estepa se extendía como una blanca oscuridad*.

paráfrasis Interpretación de un texto para hacerlo más claro y comprensible.

parnasianismo Movimiento poético francés de la segunda mitad del siglo xix, caracterizado por la importancia que, frente al sentimentalismo romántico, concedía a la perfección puramente formal de la obra literaria.

parodia Imitación burlesca de una persona o de una obra literaria. En "Sinfonía de color de fresa con leche", José Asunción Silva parodia a los imitadores de Rubén Darío.

paronomasia Juego de palabras consistente en colocar próximos en la frase dos vocablos semejantes en el sonido pero diferentes en el significado; p. ej., *Secreto de dos* y *secreto de Dios*.

payada Competencia musical gauchesca en la que, alternándose, dos payadores improvisan cantos sobre un mismo tema.

pentasílabo Verso de cinco sílabas.

perífrasis (Véase *circunloquio*.)

personificación (Véase *prosopopeya*.)

pie quebrado Verso corto, de cinco sílabas a lo más, y de cuatro, generalmente, que alterna con otros más largos en ciertas combinaciones métricas.

pleonasmo Figura retórica que consiste en emplear en la oración uno o más vocablos innecesarios para que tenga sentido completo, pero con los cuales se añade expresividad a lo dicho. También, redundancia excesiva de palabras.

poema épico (Véase *epopeya*.)

poesía concreta (Véase *caligrama*.)

posmodernismo En Hispanoamérica, movimiento heterogéneo situado entre el final del modernismo y el surgimiento de las vanguardias literarias. El postmodernismo se caracteriza por un rechazo de la interpretación dual de la realidad, por un interés en "los otros" y por la convicción de que el pensamiento no es posible sin el lenguaje.

prefiguración Representación anticipada de algo que sucederá más adelante. Este recurso narrativo se emplea para generar curiosidad en el lector e invitarle a comprobar si lo anticipado se cumple o no en páginas posteriores.

proemio Prólogo, discurso que precede al cuerpo de un libro.

prosa poética Composición escrita en un estilo narrativo que, por su atención al ritmo y al contenido metafórico, reúne ciertas características de la poesía.

prosopopeya Figura retórica que consiste en atribuir a las cosas inanimadas o abstractas acciones y cualidades propias de seres animados; inversamente, atribuir al hombre cualidades de los seres irracionales.

R

real maravilloso Término acuñado por el escritor cubano Alejo Carpentier en *El reino de este mundo* para describir el deslumbramiento del observador ante la exuberante realidad del Nuevo Mundo. Según algunos autores como José Lezama Lima o el propio Carpentier, este éxtasis sensorial encuentra su forma de expresión ideal en el Barroco.

realismo Corriente literaria europea que se propone reflejar fielmente la realidad. Horacio Quiroga y Mariano Azuela se encuentran entre los principales representantes de este movimiento en Hispanoamérica.

realismo mágico Estética narrativa en la que lo imaginario convive con lo real sin estridencias ni artificios argumentales. El término fue acuñado por el crítico de arte alemán Franz Roh, que lo menciona por primera vez en su artículo *Nach Expressionismus: Magischer Realismus* (1925). El término fue aplicado posteriormente a la narrativa del *Boom* y, más específicamente, a la producción literaria de Gabriel García Márquez. Se pueden encontrar antecedentes de esta estética en Miguel Ángel Asturias y Ricardo Palma, e incluso en el telurismo de la literatura oral precolombina.

redondilla Combinación métrica de octosílabos u otros versos de arte menor de estructura variada.

Renacimiento Época que comienza al final de la Edad Media, en la que se despertó en Occidente un entusiasmo renovado por el estudio de la Antigüedad clásica griega y latina. El Renacimiento se caracteriza por iniciar el proceso de disociación entre el conocimiento y la fe. La vida terrenal empieza a tener un valor intrínseco, con independencia de su trascendencia sobrenatural. El Renacimiento español empieza en el siglo de XVI, coincidiendo con el llamado Siglo de Oro.

retruécano Contraposición de dos frases que contienen expresiones idénticas, parecidas o antitéticas, con otro orden, régimen y significado; p. ej., *Si elijes hacer lo que no debes, acabarás debiendo hacer lo que no elijas.*

rima asonante Rima de solo los sonidos vocálicos a partir de la última vocal tónica de las palabras finales de dos o más versos; p. ej., *hermana* y *sensata.*

rima consonante Rima entre palabras cuyos últimos sonidos, tanto vocales como consonantes, son iguales a partir de la última vocal tónica; p. ej., *Macondo* y *redondo.*

romance Combinación métrica de origen español que consiste en repetir al final de todos los versos pares una misma asonancia y en no dar a los impares rima de ningún tipo.

Romanticismo Corriente literaria del siglo XIX que se desvincula de las normas clásicas, a las que antepone la subjetividad individual y la pasión.

S

sainete Pieza dramática jocosa en un acto, de carácter popular, que se representaba en el intermedio o al final de una función.

sátira Composición en verso o en prosa cuyo objetivo es hacer una crítica o censura ácida de alguien o algo.

serventesio Estrofa de cuatro versos, generalmente endecasílabos, de rima alterna.

sextina Composición poética que consta de seis estrofas de seis versos endecasílabos cada una, y de otra que solo se compone de tres versos. En todas las estrofas, menos en esta, acaban los versos con las mismas palabras, aunque no ordenadas de igual manera, por haber de concluir con la voz final del último verso de una estrofa el primero de la siguiente. En cada uno de los tres versos con que se concluye esta composición entran dos de los seis vocablos repetidos de las estrofas anteriores.

Siglo de Oro Periodo de gran auge en la literatura española que abarca los siglos XVI y XVII. Entre los autores de este periodo de esplendor literario se destacan Lope de Vega, Miguel de Cervantes y Francisco de Quevedo, entre muchos otros.

silva Tipo de composición poética formada por versos endecasílabos, o por la combinación de versos endecasílabos y heptasílabos; los versos no están sujetos a ningún orden de rima o de estrofas.

simbolismo Escuela poética y, en general, artística surgida en Francia a finales del siglo XIX que elude nombrar directamente los objetos y prefiere sugerirlos o evocarlos. Mallarmé, Rimbaud y Verlaine son algunos de sus representantes.

símil Comparación explícita de una cosa con otra para dar una idea más viva de una de ellas; p. ej., *Los hombres caían a sus pies como hojas de otoño.*

sinalefa Enlace de sílabas por medio del cual se forma una sola a partir de la última sílaba de un vocablo y de la primera del siguiente, cuando aquel acaba en vocal y este empieza con vocal, precedida o no de *h* muda. A veces enlaza sílabas de tres palabras; p. ej., *Besó a Irene.*

sinécdoque Tropo que consiste en extender, restringir o alterar, de algún modo, la significación de las palabras, para designar un todo con el nombre de una de sus partes, o viceversa; un género con el de una especie o, al contrario, una cosa con el de la materia de que está formada, etc. p. ej., *Lo suyo son las letras.*

sinestesia En términos clínicos, un sinestésico es capaz de oír colores y ver sonidos. Extrapolada al ámbito literario, la sinestesia es un tropo que consiste en unir sensaciones procedentes de diferentes dominios sensoriales; p. ej., *El día amaneció de un deslumbrante y melodioso azul.*

soneto Composición poética que consta de catorce versos endecasílabos distribuidos en dos cuartetos y dos tercetos. En cada uno de los cuartetos riman, por regla general, el primer verso con el cuarto y el segundo con el tercero, y en ambos deben coincidir las consonancias. En los tercetos las rimas pueden ir ordenadas de distintas maneras.

Sturm und Drang Corriente literaria precursora del Romanticismo literario, que empieza con la obra homónima del autor alemán Friedrich Maximilian Klinger, publicada en 1776. Su significado (*tormenta* y *pasión*) apela a las fuerzas desatadas de la naturaleza como fuente de inspiración. El cubano José María Heredia, con sus descripciones poéticas de las tempestades del Caribe, es uno de los máximos representantes de esta corriente en Hispanoamérica.

surrealismo Movimiento literario y artístico cuyo primer manifiesto fue realizado por André Breton en 1924. Intenta sobrepasar lo real, impulsando con automatismo psíquico lo imaginario y lo irracional. Alejo Carpentier y Pablo Neruda tuvieron una fase surrealista en su producción literaria. La obra de Octavio Paz también tiene una clara influencia surrealista.

T

tautología Figura retórica en la que se repite un mismo pensamiento expresado de diferentes maneras.

tradiciones Género desarrollado por el autor peruano Ricardo Palma, caracterizado por sus narraciones breves, basadas en hechos históricos y en leyendas populares.

tragedia Obra dramática cuya acción presenta conflictos que suscitan la compasión y el espanto del espectador. El objeto de la tragedia es purificar las pasiones y los pensamientos del espectador y llevarlo a reflexionar sobre el enigma del destino humano.

trasunto Nombre con el que un autor designa a un personaje que existe o existió en la vida real, y que con frecuencia es el propio autor.

tropo Uso del lenguaje en un sentido que no se corresponde con su definición literal. Empleo de las palabras en un sentido distinto del que propiamente les corresponde, pero que tiene con este alguna conexión, correspondencia o semejanza. El tropo comprende la sinécdoque, la metonimia y la metáfora en todas sus variedades.

U

ultraísmo Movimiento poético nacido en España en 1918 como reacción al modernismo imperante durante finales del siglo XIX y principios del XX. Sus fundadores fueron Rafael Cansinos Assens y Guillermo de la Torre, entre otros. Se caracteriza por su ascetismo léxico y por el protagonismo de la metáfora como instrumento primordial de la expresión poética. Jorge Luis Borges exportó el ultraísmo a Hispanoamérica, pero acabó renegando de sus postulados.

unipersonal En teatro, obra en la que participa un solo actor o actriz que interpreta uno o varios personajes.

V

versos blancos Versos de métrica medida pero sin rima.

versos libres Versos que no se sujetan a ninguna disciplina métrica.

W

Weltanschauung (Véase *cosmovisión.*)

ÍNDICE

CRÉDITOS

TEXT CREDITS

Chapter Four

278 By permission of Writers House LLC.

292 Miguel Ángel Asturias. Capítulo XXII, EL SEÑOR PRESIDENTE © Herederos de Miguel Ángel Asturias, 2012.

317 Entrevista de César González Ruano a César Vallejo, publicada en el desaparecido Heraldo de Madrid el 27 de Enero de 1931.

324 Fundación Vicente Huidobro.

343 "Capricho de América" pag. 75-78, incluido en las OBRAS COMPLETAS TOMO XI del autor Alfonso Reyes. D.R. © (1960) FONDO DE CULTURA ECONÓMICA. Carretera Picacho-Ajusco 227, C.P. 14728, México, D.F.

Chapter Five

366 Pablo Neruda. "Poema 20", VEINTE POEMAS DE AMOR Y UNA CANCIÓN DESESPERADA; "Walking around", SEGUNDA RESIDENCIA EN LA TIERRA; "Alturas de Macchu Picchu" (fragmentos IX, X), CANTO GENERAL; "Oda al tomate", ODAS ELEMENTALES; Fragmentos de CONFIESO QUE HE VIVIDO (c) Fundación Pablo Neruda, 2012.

378 Juan Rulfo. "No oyes ladrar los perros" y "Macario", *El llano en llamas* © Juan Rulfo, herederos de Juan Rulfo, 1953.

385 Excerpt from interview "Juan Rulfo: El tiempo detenido", published in GENTES MÁGICAS DE AMÉRICA, Editorial 3er Milenio, 1998; Excerpt from interview published in ESCRITURA, 1976.

390 Herederos de Nicolás Guillén.

398 "El Sur," "Borges y yo," "Doomsday," "Muerte y la Brújula," "Poesía de los Dones", excerpt from "De viva voz: Un poema tres ciegos y una biblioteca", by Jorge Luis Borges. Copyright © 1995 by Maria Kodama, used by permission of The Wylie Agency LLC.

420 Julio Cortázar. "La noche boca arriba" y "Continuidad de los parques", FINAL DEL JUEGO; Fragmento (Morelliana) de RAYUELA; "El niño bueno", SALVO EL CREPÚSCULO © Herederos de Julio Cortázar, 2012; Fragmento de entrevista en "A Fondo" (c) Herederos de Julio Cortázar, 2013.

434 Gabriel García Márquez. Fragmento de la obra CIEN AÑOS DE SOLEDAD © Gabriel García Márquez, 1967; "La prodigiosa tarde de Baltazar", LOS FUNERALES DE LA MAMA GRANDE © Gabriel García Márquez, 1962; "La luz es como el agua", DOCE CUENTOS PEREGRINOS © Gabriel García Márquez, 1992; Gabriel García Márquez - Nobel address © The Nobel Foundation 1982.; Fragmentos de la obra EL OLOR DE LA GUAYABA (c) Gabriel García Márquez y Plinio Apuleyo Mendoza, 1982.

462 Mario Vargas Llosa. Fragmento de LA CASA VERDE © Mario Vargas Llosa, 1965; "La verdad de las mentiras", LA VERDAD DE LAS MENTIRAS © Mario Vargas Llosa, 1990, 2002; Fragmento del artículo "Un escritor y sus demonios (II)" © Mario Vargas Llosa, 1985".

482 Carlos Fuentes. "La pena", LA FRONTERA DE CRISTAL; "Hernán Cortés" © Herederos de Carlos Fuentes, 2012.

524 © Fundación Alejo Carpentier.

542 Agencia Literaria Latinoamericana.

550 "Autorretrato" y "Las madres que opinan", incluidos en la obra OBRAS I y II del autor Rosario Castellanos. D.R. © (1998) FONDO DE CULTURA ECONOMICA. Carretera Picacho-Ajusco 227, C.P. 14738, Mexico, D.F.

558 Permiso de publicación otorgado por la Sucesora de Sergio Vodanovic.

570 José Donoso. Fragmento del cuento "Santelices", CUENTOS © Herederos de José Donoso, 2012"

589 "Manifiesto", OBRA GRUESA (c) Nicanor Parra, 1969; "El túnel", POEMAS Y ANTIPOEMAS (c) Nicanor Parra, 1954.

598 Excerpt from "Tres Tristes Tigres" by Guillermo Cabrera Infante Estate. Copyright © 1967 by Guillermo Cabrera Infante, used by permission of The Wylie Agency LLC.

Chapter Six

614 Elena Poniatowska.

623 Alfredo Bryce Echenique. Fragmento de UN MUNDO PARA JULIUS © Alfredo Bryce Echenique, 1970.

637 © Ernesto Cardenal.

643 © Augusto Monterroso.

647 From PAPELES DE PANDORA. Copyright © 1976 by Rosario Ferré. Published by Vintage Español/US (2000) and first published by Editorial Joaquín Mortiz. By permission of Susan Bergholz Literary Services, New York, NY and Lamy, NM. All rights reserved.

656 **Herederos de Manuel Puig**; c/o Guillermo Schavelzon & Asociados, Agencia Literaria; www.schavelzon.com.

673 © LA NAVIDAD DE LOS LAGARTOS by CRISTINA PERI ROSSI.

681 Diamela Eltit, Jamás el fuego nunca. By permission of the author.

687 Nancy Morejón.

693 Fragment of "El Ojo Silva" by Roberto Bolano. Used by permission of The Wylie Agency LLC.

PHOTOGRAPHY AND ART CREDITS

All images © Vista Higher Learning unless otherwise noted.

Chapter Four

228 (tl) Public Domain; (tr) © INTERFOTO/Alamy; (bl) Public Domain; (bml) Randy Krauss; (bmm) Biblioteca Nacional digital de chile; (bmr) © Agencia el Universal/El Universal de Mexico/Newscom; (br) © GL Archive/Alamy; **229** (tl) © ARCHIVO P/El Tiempo de Colombia/Newscom; (tr) © Foto: Chute and Brooks, Montevideo; (bl) Jose Carlos Mariategui Archive; (bm) © ZUMA Wire Service/Alamy; (br) © Prisma VWPics/SuperStock; **230** Public Domain; **240** © ARCHIVO P/El Tiempo de Colombia/Newscom; **241** Edición de Remedios Mataix, Madrid, Cátedra, col. Letras Hispánicas, 2006. Por cortesía de Ediciones Cátedra.; **248** © INTERFOTO/Alamy; **249** Diseño de cubierta: Ángel Uriarte. Ilustración: Puvis de Chavannes "La roca Blanca" (fragmento); **266** Public domain from Wikimedia Commons; **267** © Plutón Ediciones/http://www.plutonediciones.com; **276** © SUN/Newscom; **278** Fundación Pablo Neruda; **290** © Odile Montserrat/Sygma/Corbis; **298** © Foto: Chute and Brooks, Montevideo; Rodó, José Enrique, Obras Completas, ed. Emir Rodríguez Monegal, Madrid, Aguilar, 1967. Fundación Biblioteca Virtual Miguel de Cervantes; **304** Public Domain; **310** © akg-images/Interfoto; **311** Edición de Julio Ortega, Madrid, Cátedra, colección Letras Hispánicas, 2003. Por cortesía de Ediciones Cátedra; **322** Biblioteca Nacional digital de chile; **323** Vicente Huidobro, "Cagliostro", edición de Gabriele Morelli, Madrid, Cátedra, colección Letras Hispánicas, 2011. Por cortesía de Ediciones Cátedra; **336** © Prisma VWPics/SuperStock; **342** © Agencia el Universal/El Universal de Mexico/Newscom; **348** © Archivo José Carlos Maríategui, Lima, Peru (www.mariategui.org)/Fotografía tomada por José Malanca en 1928.

Chapter Five

362 (tl) © Jesus Umbria Digital Press Photos/Newscom; (tml) © Agencia el Universal GDA Photo Service/Newscom; (tmr) © Odile Montserrat/Sygma/Corbis; (tr) © Photo by Joseph Fabry/Time Life Pictures/Getty Images; (bl) © Agencia el Universal GDA Photo Service/Newscom; (bm) © CORTESIA/NOTIMEX/Newscom; (br) © jeremy sutton-hibbert/Alamy; **363** (tl) © Paco Junquera/Cover/Getty Images; (tr) © ddrbildarchiv.de/picture alliance/ZB/Newscom; (bl) © Colita/CORBIS; (br) © Mary Evans Picture Library/The Image Works; **364** © Mary Evans Picture Library/The Image Works; **365** Colección Biblioteca Nacional disponible en Memoria Chilena/www.memoriachilena.cl. España en el corazón/Pablo Neruda. [Santiago]: Cruz del Sur, 1948 (Santiago: Universidad de Chile); **376** © Paco Junquera/Cover/Getty Images; **377** Juan Rulfo, "El Llano en llamas", edición de Carlos Blanco Aguinaga, Madrid, Cátedra, colección Letras Hispánicas, 1985, 2012. Por cortesía de Ediciones Cátedra;; **388** © ddrbildarchiv.de/picture alliance/ZB/Newscom; **396** © Agencia el Universal GDA Photo Service/Newscom; **397** © Alianza Editorial, S.A.; **418** © Photo Ulf Andersen/Getty Images; **419** Cubierta: Atelier Jóvenes Arrugas de Julio Silva y Sophie Moret. Saúl Yurkievich, Foto: © Camila Van Zuylen, 1976; **432** © Reuters/Corbis; **433** © Album/Oronoz/Newscom; **460** © jeremy sutton-hibbert/Alamy; **461** © Mario Vargas Llosa /Al Fin Liebre Ediciones Digitales. 1988; **480** © ZUMA Wire Service/Alamy; **502** © Fred R. Conrad/New York Times Co./Getty Images; **503** Edición de Enrico Mario Santí, Madrid, Cátedra, colección Letras Hispánicas, 2012. Por cortesía de Ediciones Cátedra; **522** © Photo by Joseph Fabry/Time Life Pictures/Getty Images; **540** © CORTESIA/NOTIMEX/Newscom; **548** © Agencia el Universal GDA Photo Service/Newscom; **556** Biblioteca Nacional digital de Chile; **568** © Colita/CORBIS; **588** © Sophie Bassouls/Sygma/Corbis; **596** © EFE.

Chapter Six

610 (tl) © Photo by Ulf Andersen/Getty Images; (tm) © JUAN BARRETO/AFP/Getty Image; (tr) © Colita/CORBIS; (bl) © Fernando Nahuel/picture-alliance/dpa; (br) © RAUL GARCIA/epa/Corbis; **611** (tl) © ALBERTO CRISTOFARI/Contrasto/Redux; (trt) © Philippe Caron/Sygma/Corbis; (trb) © EFE/DUEÑAS; (bl) © Christopher Felver/Corbis; (bm) © Susana Gonzalez/dpa/Corbis; (br) © Sophie Bassouls/Sygma/Corbis; **612** © Susana Gonzalez/dpa/Corbis; **613** © Poniatowska, Elena, La Noche de Tlatelolco, Ediciones Era, México, 1998; **622** © RAUL GARCIA/epa/Corbis; **636** © Christopher Felver/Corbis; **642** © EFE/DUEÑAS; **646** © ALBERTO CRISTOFARI/Contrasto/Redux; **654** © Photo by Ulf Andersen/Getty Images; **655** © Editorial Seix Barral, Grupo Planeta; **672** © Colita/CORBIS; **680** © Sophie Bassouls/Sygma/Corbis; **686** © Philippe Caron/Sygma/Corbis; **692** © Fernando Nahuel/picture-alliance/dpa.

Chapter Seven

710 (tl) © Photos 12/Alamy; (tr) © Pictorial Press Ltd/Alamy; (bl) Courtesy of Roberto G. Fernández; (bm) Courtesy of Carmen Lugo-Filippi; (br) © 2003 Michael Hamilton; **711** (tl) © George Silk//Time Life Pictures/Getty Images; (tml) © EFE; (tmr) Courtesy of Carlos A. Ulibarri; (tr) © Xavier J. Araujo-Berrios /El Nuevo Dia /2010/Newscom; (bl) © EFE; (bm) Courtesy of Francisco Jiménez; (br) © Michael Macor/San Francisco Chronicle/Corbis; **712** Courtesy of Carmen Lugo-Filippi; **722** Public Domain; **723** Courtesy of EDICIONES DE LA DISCRETA S.L.; **728** Courtesy of Carlos A. Ulibarri; **736** Courtesy of Francisco Jiménez; **746** © 2003 Michael Hamilton; **752** © EFE; **758** © EFE; **762** Courtesy of Roberto G. Fernández; **770** © Michael Macor/San Francisco Chronicle/Corbis; **776** © Xavier J. Araujo-Berrios/El Nuevo Dia/2010/Newscom.

AUTORES

JULIO ORTEGA (Perú, 1942) es uno de los más lúcidos y distinguidos expertos en literatura hispanoamericana de la actualidad. Estudioso y partícipe de los procesos y tendencias culturales de Hispanoamérica en su conjunto, el profesor Ortega tiene en su haber más de 15 libros, entre los que se incluyen novelas, obras de teatro y poemarios. Después de seis años como profesor en la Universidad de Texas en Austin, se incorpora al Departamento de Estudios Hispánicos de la Universidad de Brown. Su intensa actividad le ha llevado como profesor invitado a las universidades más prestigiosas del mundo. La curiosidad y compromiso del profesor Ortega con la literatura no se limita a lo académico; siempre en la vanguardia, participa activamente en la identificación de las tendencias literarias nacientes, a cuya difusión ha contribuido con numerosas antologías.

GUSTAVO PELLÓN (Cuba, 1953) es profesor adjunto de español y literatura comparada de la Universidad de Virginia. Nació en Cuba y recibió su licenciatura en Historia y Literatura Comparada por la Universidad de Brown en 1975. Varios años después obtuvo su doctorado en Literatura Comparada por la Universidad del estado de Nueva York en Binghamton. El profesor Pellón se especializó en el ámbito de la novela contemporánea de Latinoamérica. Actualmente está escribiendo sobre las tendencias de la novelística hispanoamericana durante las décadas de 1980 y 1990, y las relaciones entre el arte y la cultura de los medios de comunicación de masas. Entre sus trabajos académicos, muchos de ellos centrados en los autores del *Boom*, destaca *José Lezama Lima's Joyful Vision* (1989). Destacan también sus traducciones al inglés de algunos clásicos de la literatura hispanoamericana, como Horacio Quiroga, Juan Bosch y Augusto Roa Bastos, entre otros.

MARTÍN GASPAR (Argentina, 1972) es investigador y docente en los departamentos de Español, Portugués e Inglés en la Universidad de Wisconsin–Madison. Nació en Buenos Aires, recibió una licenciatura en Traducción por la Universidad de El Salvador, una maestría en Literatura Inglesa por la Northeastern University y un doctorado en Lenguas Románicas por la Universidad de Harvard. Sus intereses críticos se centran en la literatura de las Américas en general y en la novela en particular, así como en la cultura visual latinoamericana contemporánea. Analiza las grandes transformaciones de la cultura latinoamericana a partir de elementos latentes de su producción literaria y cinematográfica que suelen pasar inadvertidos: la traducción, el personaje anónimo, la posición de la cámara y el detalle menor.